Hundt-Eßwein · USt-Taschenbuch

NWB-Taschenbücher für die Praxis

USt-Taschenbuch

Gesetze · Richtlinien · Erlasse · Rechtsprechung

bearbeitet von

Hans Ulrich Hundt-Eßwein

Regierungsdirektor im Bundesfinanzministerium

2. Auflage

Verlag Neue Wirtschafts-Briefe
Herne/Berlin

Die Deutsche Bibliothek – CIP-Einheitsaufnahme

USt-Taschenbuch: Gesetze, Richtlinien, Erlasse, Rechtsprechung / bearb. von Hans Ulrich Hundt-Eßwein. – 2. Aufl. – Herne ; Berlin : Verl. Neue Wirtschafts-Briefe, 1997
  (NWB-Taschenbücher für die Praxis)
  ISBN 3-482-47702-7

ISBN 3-482-**47702**-7 – 2. Auflage 1997

© Verlag Neue Wirtschafts-Briefe, Herne/Berlin, 1996

Alle Rechte vorbehalten.

Dieses Buch und alle in ihm enthaltenen Beiträge und Abbildungen sind urheberrechtlich geschützt. Mit Ausnahme der gesetzlich zugelassenen Fälle ist eine Verwertung ohne Einwilligung des Verlages unzulässig.

Druck: Griebsch & Rochol Druck GmbH, Hamm

Vorwort

Bereits kurze Zeit nach Erscheinen der Erstauflage kommt das USt-Taschenbuch in 2. Auflage heraus. Die schnelle Entwicklung auf dem Gebiet des Umsatzsteuerrechts macht dies erforderlich. Nicht nur der Gesetz- und Verordnungsgeber hat mit dem Umsatzsteuer-Änderungsgesetz 1997 vom 12. 12. 1996 (BGBl I, 1851) verschiedene Vorschriften geändert bzw. neu geschaffen. Auch die Finanzverwaltung und die Finanzgerichtsbarkeit haben mit einer Fülle von Entscheidungen und Erlassen für die Weiterentwicklung gesorgt. Mithin sind in dieser Auflage die Abschnitte „Verwaltungsanweisungen" und „Rechtsprechung" beträchtlich angewachsen. Dem Benutzer des Buches wird die Handhabe dieser Abschnitte, die Quellen bis zum Frühjahr 1997 belegen, dadurch erleichtert, daß sie in chronologischer Folge abgelegt sind.

Das USt-Taschenbuch soll einen schnellen Zugriff auf Grundlagen und Einzelheiten des Umsatzsteuerrechts ermöglichen. Daher ist es nach der Paragraphenfolge des Umsatzsteuergesetzes aufgebaut. Hinter jeder Vorschrift werden die EG-rechtlichen Ermächtigungsvorschriften (aus der 6. EG-Richtlinie oder aus anderen gemeinschaftsrechtlichen Akten), die verwaltungsrechtlichen Ausführungsbestimmungen (Vorschriften der Umsatzsteuer-Durchführungsverordnung sowie Abschnitte der Umsatzsteuer-Richtlinien) sowie die Detailregelungen (Verwaltungsanweisungen, Rechtsprechung) dargestellt. Damit soll der Praktiker auf einen Blick alle wesentlichen Informationen über das Umsatzsteuerrecht in seiner aktuellen Auslegung erlangen.

Für Anregungen und Verbesserungsvorschläge bin ich jederzeit dankbar.

Rösrath, im Juli 1997 　　　　　　　　　　　　　　　　　　　　　　　　Hans Ulrich Hundt-Eßwein

Inhaltsverzeichnis

Seite

Vorwort 5
Abkürzungsverzeichnis 31

Erster Abschnitt: Steuergegenstand und Geltungsbereich

UStG § 1 Steuerbare Umsätze 37

6. EGRL Artikel 2 *Steueranwendungsbereich* 39
           Artikel 3 *Territorialität* 39
           Artikel 5 *Lieferung von Gegenständen* 40
           Artikel 6 *Dienstleistungen* 41
           Artikel 16 *Besondere Steuerbefreiungen beim grenzüberschreitenden Warenverkehr* 41
           Artikel 28 *Übergangsbestimmungen* 43
           Artikel 28a *Anwendungsbereich* 44

UStR 1. Leistungsaustausch 47
      2. Verwertung von Sachen und Forderungen 50
      3. Schadensersatz 52
      4. Mitgliederbeiträge 54
      5. Geschäftsveräußerung 55
      6. Leistungsaustausch bei Gesellschaftsverhältnissen .. 56
      7. Eigenverbrauch 58
      8. Entnahmeeigenverbrauch 59
      9. Leistungseigenverbrauch 60
      10. Aufwendungseigenverbrauch 61
      11. Unentgeltliche Lieferungen und sonstige Leistungen zwischen Vereinigungen und ihren Mitgliedern 62
      12. Sachzuwendungen und sonstige Leistungen an Arbeitnehmer 63
      13. Inland – Ausland 69
      13a. Gemeinschaftsgebiet – Drittlandsgebiet 69
      14. Umsätze in Freihäfen usw. (§ 1 Abs. 3 Nr. 1 bis 3 und 6 UStG) 70
      15. Freihafen-Veredelungsverkehr, Freihafenlagerung und einfuhrumsatzsteuerrechtlich freier Verkehr (§ 1 Abs. 3 Nr. 4 und 5 UStG) ... 70

Verwaltungsanweisungen 71
Rechtsprechung 73

UStG § 1a Innergemeinschaftlicher Erwerb 77

6. EGRL *Artikel 28a Anwendungsbereich* 78
UStR 15a. Innergemeinschaftlicher Erwerb 78
      15b. Innergemeinschaftliches Verbringen 79
Verwaltungsanweisungen 84

Inhaltsverzeichnis

UStG § 1b Innergemeinschaftlicher Erwerb neuer Fahrzeuge 84
6. EGRL Artikel 28a Anwendungsbereich 85
UStR   15c. Innergemeinschaftlicher Erwerb neuer Fahrzeuge 85
Verwaltungsanweisungen 86

UStG § 1c Innergemeinschaftlicher Erwerb durch diplomatische Missionen, zwischenstaatliche Einrichtungen und Streitkräfte der Vertragsparteien des Nordatlantikvertrages 86
6. EGRL Artikel 28a Anwendungsbereich 87
UStR   15d. Ausnahme vom innergemeinschaftlichen Erwerb bei diplomatischen Missionen usw. (§ 1c Abs. 1 UStG) 87

UStG § 2 Unternehmer, Unternehmen 88
6. EGRL Artikel 4 Steuerpflichtiger 89
UStR   16. Unternehmer 90
           17. Selbständigkeit 92
           18. Gewerbliche oder berufliche Tätigkeit 92
           19. Beginn und Ende der Unternehmereigenschaft 94
           20. Unternehmen 95
           21. Organschaft 95
           21a. Beschränkung der Organschaft auf das Inland 97
           22. Unternehmereigenschaft und Vorsteuerabzug bei Vereinen, Forschungsbetrieben und ähnlichen Einrichtungen 100
           23. Juristische Personen des öffentlichen Rechts 104
Verwaltungsanweisungen 110
Rechtsprechung 110

UStG § 2a Fahrzeuglieferer 114
6. EGRL Artikel 28a Anwendungsbereich 114
Verwaltungsanweisungen 114

UStG § 3 Lieferung, sonstige Leistung 115
6. EGRL Artikel 5 Lieferung von Gegenständen 117
       Artikel 6 Dienstleistungen 117
       Artikel 8 Lieferung von Gegenständen 118
       Artikel 28a Anwendungsbereich 119
       Artikel 28b Ort der Umsätze 120
UStR   24. Lieferungen und sonstige Leistungen 120
           25. Abgrenzung zwischen Lieferungen und sonstigen Leistungen 121
           26. Vermittlung oder Eigenhandel 122
           27. Werklieferung, Werkleistung 123

Inhaltsverzeichnis

28.	Lieferungsgegenstand bei noch nicht abgeschlossenen Werklieferungen .	124
29.	Einheitlichkeit der Leistung	125
29a.	Kreditgewährung im Zusammenhang mit anderen Umsätzen	126
30.	Ort der Lieferung	128
31.	Lieferungsort in besonderen Fällen (§ 3 Abs. 8 UStG)	129
32.	Besorgungsleistungen (§ 3 Abs. 11 UStG)	130

Verwaltungsanweisungen 131
Rechtsprechung 131

UStG § 3a Ort der sonstigen Leistung 132

6. EGRL *Artikel 9 Dienstleistungen* 134
Artikel 27 Vereinfachungsmaßnahmen 136
Artikel 28b Ort der Umsätze 136

UStDV *§ 1 Sonderfälle des Ortes der sonstigen Leistung* 137

UStR 33. Ort der sonstigen Leistung nach § 3a Abs. 1 UStG 137
34. Leistungen im Zusammenhang mit einem Grundstück 139
34a. Ort der sonstigen Leistungen bei Messen und Ausstellungen 140
35. (weggefallen) 143
36. Ort der Tätigkeit 143
37. (weggefallen) 144
38. Ort des Leistungsempfängers 144
39. Leistungskatalog des § 3a Abs. 4 UStG 145
40. Ort des Eigenverbrauchs nach § 1 Abs. 1 Nr. 2 Buchstabe b UStG .. 149
41. Ort der sonstigen Leistung bei Einschaltung eines Erfüllungsgehilfen .. 149
42. Sonderfälle des Ortes der sonstigen Leistung 149

Verwaltungsanweisungen 150
Rechtsprechung 150

UStG § 3b Ort der Beförderungsleistungen und der damit zusammenhängenden sonstigen Leistungen 151

6. EGRL *Artikel 9 Dienstleistungen* 152
Artikel 27 Vereinfachungsmaßnahmen 153
Artikel 28b Ort der Umsätze 153

UStDV *§ 2 Verbindungsstrecken im Inland* 155
§ 3 Verbindungsstrecken im Ausland 155
§ 4 Anschlußstrecken im Schienenbahnverkehr 155
§ 5 Kurze Straßenstrecken im Inland 155
§ 6 Straßenstrecken in den in § 1 Abs. 3 des Gesetzes bezeichneten Gebieten 155
§ 7 Kurze Strecken im grenzüberschreitenden Verkehr mit Wasserfahrzeugen 155

UStR 42a. Ort einer Personenbeförderung und Ort einer Güterbeförderung, die keine innergemeinschaftliche Güterbeförderung ist 156
42b. Ort der Leistung, die im Zusammenhang mit einer Güterbeförderung steht. 161

9

Inhaltsverzeichnis

    42c. Begriff des Leistungsempfängers im Sinne des § 3b Abs. 3 bis 6 UStG   162
    42d. Ort der innergemeinschaftlichen Güterbeförderung 162
    42e. Ort der gebrochenen innergemeinschaftlichen Güterbeförderung 165
    42f. Ort der Leistung, die im Zusammenhang mit einer innergemeinschaftlichen Güterbeförderung steht 166
    42g. Ort der Vermittlung einer innergemeinschaftlichen Güterbeförderung und einer Leistung, die im Zusammenhang mit einer innergemeinschaftlichen Güterbeförderung steht 168
    42h. Ort der Besorgung einer innergemeinschaftlichen Güterbeförderung und einer Leistung, die im Zusammenhang mit einer innergemeinschaftlichen Güterbeförderung steht 169
    42i. Besteuerungsverfahren bei innergemeinschaftlichen Güterbeförderungen und damit zusammenhängenden sonstigen Leistungen 170
Verwaltungsanweisungen 171
Rechtsprechung 171

UStG § 3c Ort der Lieferung in besonderen Fällen 172

6. EGRL Artikel 28b Ort der Umsätze 173

UStR   42j. Ort der Lieferung bei innergemeinschaftlichen Beförderungs- und Versendungslieferungen an bestimmte Abnehmer (§ 3c UStG) 174

UStG § 3d Ort des innergemeinschaftlichen Erwerbs.............. 176

6. EGRL Artikel 28b Ort der Umsätze 176

UStG § 3e Ort der Lieferung während einer Beförderung an Bord eines Schiffes, in einem Luftfahrzeug oder in einer Eisenbahn 177

6. EGRL Artikel 8 Lieferung von Gegenständen 177
Verwaltungsanweisungen 178

Zweiter Abschnitt: Steuerbefreiungen und Steuervergütungen

UStG § 4 Nr. 1 Steuerbefreiungen bei Lieferungen, sonstigen Leistungen und Eigenverbrauch 179

6. EGRL Artikel 15 Steuerbefreiungen bei Ausfuhren nach einem Drittland, gleichgestellten Umsätzen und grenzüberschreitenden Beförderungen   179
    Artikel 16 Besondere Steuerbefreiungen beim grenzüberschreitenden Warenverkehr 180

UStDV   § 8 Grundsätze für den Ausfuhrnachweis bei Ausfuhrlieferungen 181
    § 9 Ausfuhrnachweis bei Ausfuhrlieferungen in Beförderungsfällen 181
    § 10 Ausfuhrnachweis bei Ausfuhrlieferungen in Versendungsfällen 181
    § 11 Ausfuhrnachweis bei Ausfuhrlieferungen in Bearbeitungs- und Verarbeitungsfällen 181
    § 12 Ausfuhrnachweis bei Lohnveredelungen an Gegenständen der Ausfuhr. 181

Inhaltsverzeichnis

	§ 13 Buchmäßiger Nachweis bei Ausfuhrlieferungen und Lohnveredelungen an Gegenständen der Ausfuhr	181
	§§ 14 bis 16 (weggefallen)	181
	§ 17 Abnehmernachweis bei Ausfuhrlieferungen im nicht kommerziellen Reiseverkehr	181
	§ 17a Nachweis bei innergemeinschaftlichen Lieferungen in Beförderungs- und Versendungsfällen	181
	§ 17b Nachweis bei innergemeinschaftlichen Lieferungen in Bearbeitungs- oder Verarbeitungsfällen	181
	§ 17c Buchmäßiger Nachweis bei innergemeinschaftlichen Lieferungen	181
UStR	43. Ausfuhrlieferungen und Lohnveredelungen an Gegenständen der Ausfuhr	182
Verwaltungsanweisungen		182
Rechtsprechung		182

UStG § 4 Nr. 2 Steuerbefreiungen usw. (Fortsetzung) 182

6. EGRL	Artikel 15 Steuerbefreiungen bei Ausfuhren nach einem Drittland, gleichgestellten Umsätzen und grenzüberschreitenden Beförderungen	182
UStDV	§ 18 Buchmäßiger Nachweis bei Umsätzen für die Seeschiffahrt und für die Luftfahrt	183
UStR	44. Umsätze für die Seeschiffahrt und für die Luftfahrt	183
Verwaltungsanweisungen		184
Rechtsprechung		184

UStG § 4 Nr. 3 Steuerbefreiungen usw. (Fortsetzung) 184

6. EGRL	Artikel 11 Besteuerungsgrundlage	185
	Artikel 14 Steuerbefreiungen bei der Einfuhr	185
	Artikel 15 Steuerbefreiungen bei Ausfuhren nach einem Drittland, gleichgestellten Umsätzen und grenzüberschreitenden Beförderungen	185
	Artikel 16 Besondere Steuerbefreiungen beim grenzüberschreitenden Warenverkehr	186
UStDV	§ 19 (weggefallen)	187
	§ 20 Belegmäßiger Nachweis bei steuerfreien Leistungen, die sich auf Gegenstände der Ausfuhr oder Einfuhr beziehen	187
	§ 21 Buchmäßiger Nachweis bei steuerfreien Leistungen, die sich auf Gegenstände der Ausfuhr oder Einfuhr beziehen	187
UStR	45. Allgemeines	188
	46. Grenzüberschreitende Güterbeförderungen	188
	47. Grenzüberschreitende Güterbeförderungen und andere sonstige Leistungen, die sich auf Gegenstände der Einfuhr beziehen	189
	48. Grenzüberschreitende Beförderungen und andere sonstige Leistungen, die sich unmittelbar auf Gegenstände der Ausfuhr oder der Durchfuhr beziehen	194

Inhaltsverzeichnis

	49. Ausnahmen von der Steuerbefreiung	197
	50. Buchmäßiger Nachweis	197

UStG § 4 Nr. 4 Steuerbefreiungen usw. (Fortsetzung). 197

6. EGRL *Artikel 15 Steuerbefreiungen bei Ausfuhren nach einem Drittland, gleichgestellten Umsätzen und grenzüberschreitenden Beförderungen* 198

UStR 51. Lieferungen von Gold an Zentralbanken 198

UStG § 4 Nr. 5 Steuerbefreiungen usw. (Fortsetzung). 198

6. EGRL *Artikel 15 Steuerbefreiungen bei Ausfuhren nach einem Drittland, gleichgestellten Umsätzen und grenzüberschreitenden Beförderungen* 199
Artikel 28 Übergangsbestimmungen 199
Anhang E: Liste der in Artikel 28 Absatz 3 Buchstabe a) vorgesehenen Umsätze 200

UStDV § 22 Buchmäßiger Nachweis bei steuerfreien Vermittlungen 200

UStR 52. Steuerfreie Vermittlungsleistungen 200
53. Vermittlungsleistungen der Reisebüros 201
54. Buchmäßiger Nachweis 203

Rechtsprechung 204

UStG § 4 Nr. 6 Steuerbefreiungen usw. (Fortsetzung). 204

6. EGRL *Artikel 27 Vereinfachungsmaßnahmen* 205

UStR 55. Leistungen der Eisenbahnen des Bundes 205

UStG § 4 Nr. 7 Steuerbefreiungen usw. (Fortsetzung). 205

6. EGRL *Artikel 15 Steuerbefreiungen bei Ausfuhren nach einem Drittland, gleichgestellten Umsätzen und grenzüberschreitenden Beförderungen* 206

UStR 56. Leistungen an Vertragsparteien des Nordatlantikvertrages, NATO-Streitkräfte, diplomatische Missionen und zwischenstaatliche Einrichtungen . 207

Verwaltungsanweisungen 208

UStG § 4 Nr. 8 Steuerbefreiungen usw. (Fortsetzung). 208

6. EGRL *Artikel 13 Steuerbefreiungen im Inland* 209
Artikel 28 Übergangsbestimmungen 210
Anhang E: Liste der in Artikel 28 Absatz 3 Buchstabe a) vorgesehenen Umsätze 211
Anhang F: Liste der in Artikel 28 Absatz 3 Buchstabe b) vorgesehenen Umsätze 211

UStR 57. Gewährung und Vermittlung von Krediten 211
58. (weggefallen) 213
59. Gesetzliche Zahlungsmittel 213
60. Umsätze im Geschäft mit Geldforderungen 213
61. Einlagengeschäft 214

Inhaltsverzeichnis

62. Inkasso von Handelspapieren 214
63. Zahlungs-, Überweisungs- und Kontokorrentverkehr 214
64. Umsätze im Geschäft mit Wertpapieren 214
65. Verwahrung und Verwaltung von Wertpapieren 214
66. Gesellschaftsanteile 215
67. Übernahme von Verbindlichkeiten 215
68. Übernahme von Bürgschaften und anderen Sicherheiten 215
69. Verwaltung von Sondervermögen 215
70. Amtliche Wertzeichen 216
70a. Umsätze im Geschäft mit Gold 216
Verwaltungsanweisungen 217
Rechtsprechung 218

UStG § 4 Nr. 9 Steuerbefreiungen usw. (Fortsetzung). 218

6. EGRL Artikel 4 Steuerpflichtiger 219
Artikel 13 Steuerbefreiungen im Inland 219
Artikel 28 Übergangsbestimmungen 219
Anhang F: Liste der in Artikel 28 Absatz 3 Buchstabe b) vorgesehenen Umsätze 220

UStR   71. Umsätze, die unter das Grunderwerbsteuergesetz fallen 220
         72. Umsatze, die unter das Rennwett- und Lotteriegesetz fallen 221
Verwaltungsanweisungen 221
Rechtsprechung 221

UStG § 4 Nr. 10 Steuerbefreiungen usw. (Fortsetzung) 222

6. EGRL Artikel 13 Steuerbefreiungen im Inland 222

UStR   73. Versicherungsleistungen 223
         74. Verschaffung von Versicherungsschutz 223
Verwaltungsanweisungen 223

UStG § 4 Nr. 11 Steuerbefreiungen usw. (Fortsetzung). 223

6. EGRL Artikel 13 Steuerbefreiungen im Inland 224

UStR   75. Bausparkassenvertreter, Versicherungsvertreter, Versicherungsmakler ... 224
Verwaltungsanweisungen 225
Rechtsprechung 225

UStG § 4 Nr. 11a Steuerbefreiungen usw. (Fortsetzung) 225

6. EGRL Artikel 28 Übergangsbestimmungen 226
Anhang F: Liste der in Artikel 28 Absatz 3 Buchstabe b) vorgesehenen Umsätze 226

UStG § 4 Nr. 11b Steuerbefreiungen usw. (Fortsetzung) 226

6. EGRL Artikel 13 Steuerbefreiungen im Inland 227

Inhaltsverzeichnis

UStG § 4 Nr. 12 Steuerbefreiungen usw. (Fortsetzung) ... 227

6. EGRL   *Artikel 13 Steuerbefreiungen im Inland* ... 228

UStR   76. Vermietung und Verpachtung von Grundstücken ... 228
        77. Vermietung von Plätzen für das Abstellen von Fahrzeugen ... 229
        78. Vermietung von Campingflächen ... 231
        79. Abbauverträge und Ablagerungsverträge ... 232
        80. Gemischte Verträge ... 232
        81. Verträge besonderer Art ... 233
        82. Kaufanwartschaftsverhältnisse ... 234
        83. Dingliche Nutzungsrechte ... 234
        84. Beherbergungsumsätze ... 235
        85. Vermietung und Verpachtung von Betriebsvorrichtungen ... 235
        86. Vermietung von Sportanlagen ... 235

Verwaltungsanweisungen ... 239
Rechtsprechung ... 240

UStG § 4 Nr. 13 Steuerbefreiungen usw. (Fortsetzung) ... 241

6. EGRL   *Protokollerklärung Nr. 7 zu Artikel 13* ... 241

UStR   87. Wohnungseigentümergemeinschaften ... 241

UStG § 4 Nr. 14 Steuerbefreiungen usw. (Fortsetzung) ... 242

6. EGRL   *Artikel 13 Steuerbefreiungen im Inland* ... 243

UStR   88. Tätigkeit als Arzt ... 243
        89. Tätigkeit als Zahnarzt ... 245
        90. Freiberufliche Tätigkeit als Angehöriger anderer Heilberufe ... 246
        91. Tätigkeit als klinischer Chemiker ... 248
        92. Fortführung einer heilberuflichen Praxis durch Erben ... 248
        93. Gemeinschaftspraxen ... 248
        94. Praxis- und Apparategemeinschaften ... 249

Verwaltungsanweisungen ... 249
Rechtsprechung ... 250

UStG § 4 Nr. 15 Steuerbefreiungen usw. (Fortsetzung) ... 250

6. EGRL   *Artikel 13 Steuerbefreiungen im Inland* ... 251

UStR   95. Sozialversicherung, Sozialhilfe, Kriegsopferversorgung ... 251

UStG § 4 Nr. 15a Steuerbefreiungen usw. (Fortsetzung) ... 251

6. EGRL   *Artikel 13 Steuerbefreiungen im Inland* ... 251

UStG § 4 Nr. 16 Steuerbefreiungen usw. (Fortsetzung) ... 252

6. EGRL   *Artikel 13 Steuerbefreiungen im Inland* ... 252

UStR   96. Krankenhäuser ... 253

Inhaltsverzeichnis

  97. Diagnosekliniken und andere Einrichtungen ärztlicher Heilbehandlung oder Diagnostik 253
  98. Einrichtungen ärztlicher Befunderhebung 254
  99. Altenheime, Altenwohnheime und Pflegeheime 254
  100. Eng verbundene Umsätze 255
Verwaltungsanweisungen 256
Rechtsprechung 257

UStG § 4 Nr. 17 Steuerbefreiungen usw. (Fortsetzung) 257

6. EGRL *Artikel 13 Steuerbefreiungen im Inland* 257
UStR 101. Menschliches Blut und Frauenmilch 258
    102. Beförderung von kranken und verletzten Personen 258
Verwaltungsanweisungen 258
Rechtsprechung 259

UStG § 4 Nr. 18 Steuerbefreiungen usw. (Fortsetzung) 259

6. EGRL *Artikel 13 Steuerbefreiungen im Inland* 259
UStDV *§ 23 Amtlich anerkannte Verbände der freien Wohlfahrtspflege* 260
UStR 103. Wohlfahrtseinrichtungen 260
Verwaltungsanweisungen 262
Rechtsprechung 262

UStG § 4 Nr. 18a Steuerbefreiungen usw. (Fortsetzung) 262

6. EGRL *Artikel 13 Steuerbefreiungen im Inland* 263

UStG § 4 Nr. 19 Steuerbefreiungen usw. (Fortsetzung) 263

6. EGRL *Artikel 28 Übergangsbestimmungen* 263
  Anhang F: Liste der in Artikel 28 Absatz 3 Buchstabe b) vorgesehenen Umsätze 264
UStR 104. Blinde 264
    105. Blindenwerkstätten 264

UStG § 4 Nr. 20 Steuerbefreiungen usw. (Fortsetzung) 265

6. EGRL *Artikel 13 Steuerbefreiungen im Inland* 265
UStR 106. Theater 266
    107. Orchester, Kammermusikensembles und Chöre 266
    108. Museen und Denkmäler der Bau- und Gartenbaukunst 267
    109. Zoologische Gärten und Tierparks 268
    110. Bescheinigungsverfahren 268
Verwaltungsanweisungen 268
Rechtsprechung 269

Inhaltsverzeichnis

UStG § 4 Nr. 21 und 21a Steuerbefreiungen usw. (Fortsetzung) 269

6. EGRL Artikel 13 Steuerbefreiungen im Inland 270

UStR   111. Ersatzschulen 270
        112. Ergänzungsschulen und andere allgemeinbildende oder berufsbildende Einrichtungen 270
        112a. Erteilung von Unterricht durch selbständige Lehrer an Schulen und Hochschulen 271
        113. Unmittelbar dem Schul- und Bildungszweck dienende Leistungen 272
        114. Bescheinigungsverfahren 272

Verwaltungsanweisungen 273
Rechtsprechung 273

UStG § 4 Nr. 22 Steuerbefreiungen usw. (Fortsetzung) 273

6. EGRL Artikel 13 Steuerbefreiungen im Inland 274

UStR   115. Veranstaltung wissenschaftlicher und belehrender Art 274
        116. Andere kulturelle und sportliche Veranstaltungen 275

Rechtsprechung 275

UStG § 4 Nr. 23 Steuerbefreiungen usw. (Fortsetzung) 275

6. EGRL Artikel 13 Steuerbefreiungen im Inland 276

UStR   117. Beherbergung und Beköstigung von Jugendlichen 276

Verwaltungsanweisungen 277
Rechtsprechung 277

UStG § 4 Nr. 24 Steuerbefreiungen usw. (Fortsetzung) 277

6. EGRL Artikel 13 Steuerbefreiungen im Inland 278

UStR   118. Jugendherbergswesen 278

Rechtsprechung 280

UStG § 4 Nr. 25 Steuerbefreiungen usw. (Fortsetzung) 280

6. EGRL Artikel 13 Steuerbefreiungen im Inland 281

UStR   119. Leistungen im Rahmen der Jugendhilfe 281

Verwaltungsanweisungen 282

UStG § 4 Nr. 26 Steuerbefreiungen usw. (Fortsetzung) 282

6. EGRL Protokollerklärung zu Artikel 4 282

UStR   120. Ehrenamtliche Tätigkeit 283

Rechtsprechung 283

UStG § 4 Nr. 27 Steuerbefreiungen usw. (Fortsetzung) 283

6. EGRL Artikel 13 Steuerbefreiungen im Inland 284

Inhaltsverzeichnis

UStR	121. Gestellung von Mitgliedern geistlicher Genossenschaften und Angehörigen von Mutterhäusern	284
	121a. Gestellung von land- und forstwirtschaftlichen Arbeitskräften sowie Gestellung von Betriebshelfern und Haushaltshilfen	285

UStG § 4 Nr. 28 Steuerbefreiungen usw. (Fortsetzung) 286

6. EGRL Artikel 13 Steuerbefreiungen im Inland 286

UStR	122. Lieferung, Entnahme und unternehmensfremde Verwendung bestimmter Gegenstände	287

Verwaltungsanweisungen 288
Rechtsprechung 288

UStG § 4a Steuervergütung 288

6. EGRL Artikel 15 Steuerbefreiungen bei Ausfuhren nach einem Drittland, gleichgestellten Umsätzen und grenzüberschreitenden Beförderungen 289

UStDV	§ 24 Antragsfrist für die Steuervergütung und Nachweis der Voraussetzungen	290
UStR	123. Vergütungsberechtigte	290
	124. Voraussetzungen für die Vergütung	291
	125. Nachweis der Voraussetzungen	292
	126. Antragsverfahren	292
	127. Wiedereinfuhr von Gegenständen	293

UStG § 4b Steuerbefreiung beim innergemeinschaftlichen Erwerb von Gegenständen 293

6. EGRL Artikel 28c Befreiungen 293

UStR	127a. Steuerbefreiung beim innergemeinschaftlichen Erwerb von Gegenständen	294

Verwaltungsanweisungen 295

UStG § 5 Steuerbefreiungen bei der Einfuhr 295

6. EGRL Artikel 14 Steuerbefreiungen bei der Einfuhr 296

Artikel 16 Besondere Steuerbefreiungen beim grenzüberschreitenden Warenverkehr 298

Artikel 28c Befreiungen 298

EUStBV	§ 1 Allgemeines	298
	§ 2 Investitionsgüter und andere Ausrüstungsgegenstände	299
	§ 3 Landwirtschaftliche Erzeugnisse	299
	§ 4 Gegenstände erzieherischen, wissenschaftlichen oder kulturellen Charakters	299
	§ 5 Tiere für Laborzwecke	300
	§ 6 Gegenstände für Organisationen der Wohlfahrtspflege	300
	§ 7 Werbedrucke	300
	§ 8 Werbemittel für den Fremdenverkehr	300

Inhaltsverzeichnis

  § 9 Amtliche Veröffentlichungen, Wahlmaterialien 300
  § 10 Behältnisse und Verpackungen 301
  § 11 Vorübergehende Verwendung 301
  § 12 Rückwaren 301
  § 12a Freihafenlagerung 301
  § 12b Freihafen-Veredelung 302
  § 13 Fänge deutscher Fischer 303
  § 14 Erstattung oder Erlaß 303
  § 15 Absehen von der Festsetzung der Steuer 303
  § 16 Inkrafttreten, abgelöste Vorschrift 303

UStG § 6 Ausfuhrlieferung 303

6. EGRL **Artikel 15 Steuerbefreiungen bei Ausfuhren nach einem Drittland, gleichgestellten Umsätzen und grenzüberschreitenden Beförderungen**   305
    Artikel 16 Besondere Steuerbefreiungen beim grenzüberschreitenden Warenverkehr 305

UStDV § 8 Grundsätze für den Ausfuhrnachweis bei Ausfuhrlieferungen 305
   § 9 Ausfuhrnachweis bei Ausfuhrlieferungen in Beförderungsfällen 306
   § 10 Ausfuhrnachweis bei Ausfuhrlieferungen in Versendungsfällen 306
   § 11 Ausfuhrnachweis bei Ausfuhrlieferungen in Bearbeitungs- und Verarbeitungsfällen 307
   § 12 Ausfuhrnachweis bei Lohnveredelungen an Gegenständen der Ausfuhr 307
   § 13 Buchmäßiger Nachweis bei Ausfuhrlieferungen und Lohnveredelungen an Gegenständen der Ausfuhr 307
   §§ 14 bis 16 (weggefallen) 308
   § 17 Abnehmernachweis bei Ausfuhrlieferungen im nichtkommerziellen Reiseverkehr 308

UStR 128. Ausfuhrlieferungen 309
   129. Ausländischer Abnehmer 310
   130. Ausschluß der Steuerbefreiung bei der Ausrüstung und Versorgung bestimmter Beförderungsmittel 311
   131. Ausfuhrnachweis (Allgemeines) 312
   132. Ausfuhrnachweis in Beförderungsfällen 313
   133. Ausfuhrnachweis in Versendungsfällen 315
   134. Ausfuhrnachweis in Bearbeitungs- und Verarbeitungsfällen 316
   135. Sonderregelungen zum Ausfuhrnachweis 317
   136. Buchmäßiger Nachweis 321
   137. bis 139. (weggefallen) 322
   140. Abnehmernachweis bei Ausfuhrlieferungen im Reiseverkehr 322
   140a. Gesonderter Steuerausweis bei Ausfuhrlieferungen 324

Verwaltungsanweisungen 324
Rechtsprechung 325

Inhaltsverzeichnis

UStG § 6a Innergemeinschaftliche Lieferung 325

6. EGRL *Artikel 28c Befreiungen* 326

UStDV § *17a Nachweis bei innergemeinschaftlichen Lieferungen in Beförderungs- und Versendungsfällen* 327
§ *17b Nachweis bei innergemeinschaftlichen Lieferungen in Bearbeitungs- oder Verarbeitungsfällen* 328
§ *17c Buchmäßiger Nachweis bei innergemeinschaftlichen Lieferungen* 328

Verwaltungsanweisungen 329

UStG § 7 Lohnveredelung an Gegenständen der Ausfuhr 330

6. EGRL *Artikel 15 Steuerbefreiungen bei Ausfuhren nach einem Drittland, gleichgestellten Umsätzen und grenzüberschreitenden Beförderungen* 331
Artikel 16 Besondere Steuerbefreiungen beim grenzüberschreitenden Warenverkehr 331

UStDV § 8 *Grundsätze für den Ausfuhrnachweis bei Ausfuhrlieferungen* 331
§ 9 *Ausfuhrnachweis bei Ausfuhrlieferungen in Beförderungsfällen* 331
§ 10 *Ausfuhrnachweis bei Ausfuhrlieferungen in Versendungsfällen* 331
§ 11 *Ausfuhrnachweis bei Ausfuhrlieferungen in Bearbeitungs- und Verarbeitungsfällen* 331
§ 12 *Ausfuhrnachweis bei Lohnveredelungen an Gegenständen der Ausfuhr* .. 331
§ 13 *Buchmäßiger Nachweis bei Ausfuhrlieferungen und Lohnveredelungen an Gegenständen der Ausfuhr* 331
§§ 14 bis 16 *(weggefallen)* 331
§ 17 *Abnehmernachweis bei Ausfuhrlieferungen im nichtkommerziellen Reiseverkehr* 331

UStR 141. Lohnveredelung an Gegenständen der Ausfuhr 331
142. Ausfuhrnachweis 333
143. Buchmäßiger Nachweis 334
144. Abgrenzung zwischen Lohnveredelungen im Sinne des § 7 UStG und Ausfuhrlieferungen im Sinne des § 6 UStG 334

UStG § 8 Umsätze für die Seeschiffahrt und für die Luftfahrt 335

6. EGRL *Artikel 15 Steuerbefreiungen bei Ausfuhren nach einem Drittland, gleichgestellten Umsätzen und grenzüberschreitenden Beförderungen* 336

UStDV § 18 *Buchmäßiger Nachweis bei Umsätzen für die Seeschiffahrt und für die Luftfahrt* 336

UStR 145. Umsätze für die Seeschiffahrt 337
146. Umsätze für die Luftfahrt 339
147. Buchmäßiger Nachweis 341

Verwaltungsanweisungen 341
Rechtsprechung 341

Inhaltsverzeichnis

UStG § 9 Verzicht auf Steuerbefreiungen 341

6. EGRL *Artikel 13 Steuerbefreiungen im Inland* 342
         Artikel 28 Übergangsbestimmungen 342
         Anhang G: Optionsrecht 342

UStR 148. Verzicht auf Steuerbefreiungen (§ 9 Abs. 1 UStG) 343
      148a. Einschränkung des Verzichts auf Steuerbefreiungen (§ 9 Abs. 2 UStG) 347

Verwaltungsanweisungen 347
Rechtsprechung 347

Dritter Abschnitt: Bemessungsgrundlagen

UStG § 10 Bemessungsgrundlage für Lieferungen, sonstige Leistungen, innergemeinschaftlichen Erwerb und Eigenverbrauch 349

6. EGRL *Artikel 11 Besteuerungsgrundlage* 350
         Artikel 28e Besteuerungsgrundlage und Steuersatz 351

UStDV *§ 25 Durchschnittsbeförderungsentgelt* 352

UStR 149. Entgelt 352
      150. Zuschüsse 355
      151. Entgeltsminderungen 359
      152. Durchlaufende Posten 360
      153. Bemessungsgrundlage beim Tausch und bei tauschähnlichen Umsätzen 361
      154. (weggefallen) 364
      155. Bemessungsgrundlage beim Eigenverbrauch 364
      156. Bemessungsgrundlage bei Lieferungen und sonstigen Leistungen an Arbeitnehmer 365
      157. Bemessungsgrundlage bei Leistungen von Vereinigungen an ihre Mitglieder 365
      158. Mindestbemessungsgrundlage (§ 10 Abs. 5 UStG) 366
      159. Durchschnittsbeförderungsentgelt 367

Verwaltungsanweisungen 367
Rechtsprechung 368

UStG § 11 Bemessungsgrundlage für die Einfuhr 370

6. EGRL *Artikel 11 Besteuerungsgrundlage* 371

Vierter Abschnitt: Steuer und Vorsteuer

UStG § 12 Steuersätze 373

6. EGRL *Artikel 12 Steuersätze* 381
         Artikel 13 Steuerbefreiungen im Inland 383
         Artikel 28 Übergangsbestimmungen 383

Inhaltsverzeichnis

	Anhang E: Liste der in Artikel 28 Absatz 3 Buchstabe a) vorgesehenen Umsätze	383
UStDV	§ 30 Schausteller	383
UStR	160. Steuersätze	383
	161. Verzehr an Ort und Stelle (§ 12 Abs. 2 Nr. 1 Satz 2 UStG)	384
	162. Vieh- und Pflanzenzucht	385
	163. Vatertierhaltung, Förderung der Tierzucht usw.	386
	164. (weggefallen)	387
	165. Umsätze der Zahntechniker und Zahnärzte	388
	166. Leistungen der Theater, Orchester, Museen usw. (§ 12 Abs. 2 Nr. 7 Buchstabe a UStG)	388
	167. Überlassung von Filmen und Filmvorführungen (§ 12 Abs. 2 Nr. 7 Buchstabe b UStG)	389
	168. Einräumung, Übertragung und Wahrnehmung urheberrechtlicher Schutzrechte (§ 12 Abs. 2 Nr. 7 Buchstabe c UStG)	389
	169. Zirkusunternehmen, Schausteller und zoologische Gärten (§ 12 Abs. 2 Nr. 7 Buchstabe d UStG)	396
	170. Gemeinnützige, mildtätige und kirchliche Einrichtungen sowie deren Zusammenschlüsse	397
	171. Schwimm- und Heilbäder, Bereitstellung von Kureinrichtungen	400
	172. Übergangsregelung bei Personenbeförderungen mit Schiffen	402
	173. Begünstigte Verkehrsarten	403
	174. Begünstigte Beförderungsstrecken	406
	175. Beförderung von Arbeitnehmern zwischen Wohnung und Arbeitsstelle	407
	176. (weggefallen)	407
Verwaltungsanweisungen		407
Rechtsprechung		408

UStG § 13 Entstehung der Steuer und Steuerschuldner 410

6. EGRL	Artikel 10 Steuertatbestand und Steueranspruch	411
	Artikel 21 Steuerschuldner gegenüber dem Fiskus	412
	Artikel 28d Steuertatbestand und Steueranspruch	413
UStR	177. Entstehung der Steuer bei der Besteuerung nach vereinbarten Entgelten	413
	178. Sollversteuerung in der Bauwirtschaft	414
	179. Sollversteuerung bei Architekten und Ingenieuren	415
	180. Teilleistungen	416
	181. Istversteuerung von Anzahlungen	417
	182. Entstehung der Steuer bei der Besteuerung nach vereinnahmten Entgelten	417
Verwaltungsanweisungen		418
Rechtsprechung		418

21

Inhaltsverzeichnis

UStG § 14 Ausstellung von Rechnungen ... 419

6. EGRL Artikel 21 Steuerschuldner gegenüber dem Fiskus ... 420
Artikel 22 Verpflichtungen im inneren Anwendungsbereich ... 421

UStDV § 31 Angaben in der Rechnung ... 422
§ 32 Rechnungen über Umsätze, die verschiedenen Steuersätzen unterliegen. . 422
§ 33 Rechnungen über Kleinbeträge ... 422
§ 34 Fahrausweise als Rechnungen ... 423

UStR 183. Zum Begriff der Rechnung ... 423
184. Gutschriften als Rechnungen ... 424
185. Angaben in der Rechnung ... 425
186. Fahrausweise ... 426
187. Rechnungserteilung bei der Istbesteuerung von Anzahlungen ... 426
187a. Rechnungserteilung bei unentgeltlichen und verbilligten Leistungen (§ 1 Abs. 1 Nr. 3 und § 10 Abs. 5 UStG) ... 431
188. Rechnungserteilung in Einzelfällen ... 431
189. Unrichtiger Steuerausweis ... 432
190. Unberechtigter Steuerausweis (§ 14 Abs. 3 UStG) ... 435

Verwaltungsanweisungen ... 437
Rechtsprechung ... 437

UStG § 14a Ausstellung von Rechnungen in besonderen Fällen ... 439

6. EGRL Artikel 22 Verpflichtungen im inneren Anwendungsbereich ... 440

UStR 190a. Ausstellung von Rechnungen in besonderen Fällen ... 440

UStG § 15 Vorsteuerabzug ... 441

6. EGRL Artikel 17 Entstehung und Umfang des Rechts auf Vorsteuerabzug ... 443
Artikel 18 Einzelheiten der Ausübung des Rechts auf Vorsteuerabzug ... 445
Artikel 19 Berechnung des Pro-rata-Satzes des Vorsteuerabzugs ... 446
Artikel 28a Anwendungsbereich ... 447

UStDV § 35 Vorsteuerabzug bei Rechnungen über Kleinbeträge und bei Fahrausweisen ... 447
§ 36 Vorsteuerabzug bei Reisekosten nach Pauschbeträgen ... 447
§ 37 Gesamtpauschalierung des Vorsteuerabzugs bei Reisekosten ... 448
§ 38 Geschäftsreisen, Dienstreisen ... 449
§ 39 Vorsteuerabzug bei Umzugskosten ... 449
§ 39a Vorsteuerabzug bei Anwendung des Abzugsverfahrens ... 449
§ 40 Vorsteuerabzug bei unfreien Versendungen ... 449
§ 41 Vorsteuerabzug bei Einfuhren durch im Ausland ansässige Unternehmer ... 450
§ 41a Vorsteuerabzug bei Lieferungen von in einem Zollverfahren befindlichen Gegenständen ... 450
§ 42 Vorsteuerabzug bei Ordergeschäften ... 450
§ 43 Erleichterungen bei der Aufteilung der Vorsteuern ... 451

Inhaltsverzeichnis

UStR	191. Zum Vorsteuerabzug berechtigter Personenkreis	451
	192. Abzug der gesondert in Rechnung gestellten Steuerbeträge als Vorsteuer	452
	192a. Vorsteuerabzug ohne gesonderten Steuerausweis in einer Rechnung	459
	193. Vorsteuerabzug bei Zahlungen vor Empfang der Leistung	460
	194. Vorsteuerabzug bei Rechnungen über Kleinbeträge	460
	195. Vorsteuerabzug bei Fahrausweisen	462
	196. Vorsteuerabzug bei Reisekosten	463
	197. Vorsteuerabzug bei Umzugskosten	467
	198. Vorsteuerabzug bei unfreien Versendungen und innergemeinschaftlichen Güterbeförderungen	467
	199. Abzug der Einfuhrumsatzsteuer bei Einfuhr in das Inland	468
	200. Abzug der Einfuhrumsatzsteuer in den Fällen des § 1 Abs. 3 UStG	471
	201. Abzug der Einfuhrumsatzsteuer bei bestimmten Einfuhranschlußlieferungen	473
	202. Nachweis der Voraussetzungen für den Vorsteuerabzug	476
	203. Allgemeines zum Ausschluß vom Vorsteuerabzug	477
	204. Ausschluß des Vorsteuerabzugs bei steuerfreien Umsätzen	479
	205. Ausschluß des Vorsteuerabzugs bei Umsätzen im Ausland	481
	206. Ausschluß des Vorsteuerabzugs bei unentgeltlichen Leistungen	482
	207. Grundsätze zur Aufteilung der Vorsteuerbeträge	482
	208. Aufteilung der Vorsteuerbeträge nach § 15 Abs. 4 UStG	483
	209. (weggefallen)	485
	210. Erleichterungen bei der Aufteilung der Vorsteuerbeträge	485
	211. (weggefallen)	486
	212. Vorsteuerabzug bei juristischen Personen des öffentlichen Rechts	486
	213. Vorsteuerabzug bei Überlassung von Gegenständen durch Gesellschafter an die Gesellschaft	487
Verwaltungsanweisungen		488
Rechtsprechung		489

UStG § 15a Berichtigung des Vorsteuerabzugs ... 491

6. EGRL Artikel 20 Berichtigung der Vorsteuerabzüge ... 493

UStDV	§ 44 Vereinfachungen bei der Berichtigung des Vorsteuerabzugs	494
	§ 45 Maßgebliches Ende des Berichtigungszeitraums	494
UStR	214. Anwendungsgrundsätze	494
	215. Änderung der Verhältnisse	495
	216. Maßgeblicher Berichtigungszeitraum	498
	217. Berichtigungsverfahren	499
	218. Vereinfachungen bei der Berichtigung des Vorsteuerabzugs	501
	219. Aufzeichnungspflichten für die Berichtigung des Vorsteuerabzugs	501
Verwaltungsanweisungen		502
Rechtsprechung		503

Inhaltsverzeichnis

Fünfter Abschnitt: Besteuerung

UStG § 16 Steuerberechnung, Besteuerungszeitraum und Einzelbesteuerung ... 503

6. EGRL	Artikel 11 Besteuerungsgrundlage ...	505
	Artikel 22 Verpflichtungen im inneren Anwendungsbereich ...	505
UStDV	§ 46 Fristverlängerung ...	505
	§ 47 Sondervorauszahlung ...	506
	§ 48 Verfahren ...	506
UStR	220. Steuerberechnung ...	506
	221. Beförderungseinzelbesteuerung ...	507
	221a. Fahrzeugeinzelbesteuerung ...	509
	222. Umrechnung von Werten in fremder Währung ...	509
Verwaltungsanweisungen ...		509
Rechtsprechung ...		509

UStG § 17 Änderung der Bemessungsgrundlage ... 510

6. EGRL	Artikel 11 Besteuerungsgrundlage ...	511
	Artikel 20 Berichtigung der Vorsteuerabzüge ...	511
	Artikel 28b Ort der Umsätze ...	512
UStR	223. Steuer- und Vorsteuerberichtigung bei Änderung der Bemessungsgrundlage ...	512
	224. Berichtigung des Vorsteuerabzugs des Gemeinschuldners im Konkurs oder im Gesamtvollstreckungsverfahren ...	514
Verwaltungsanweisungen ...		514
Rechtsprechung ...		514

UStG § 18 Besteuerungsverfahren ... 515

6. EGRL	Artikel 17 Entstehung und Umfang des Rechts auf Vorsteuerabzug ...	521
	Artikel 18 Einzelheiten der Ausübung des Rechts auf Vorsteuerabzug ...	521
	Artikel 22 Verpflichtungen im inneren Anwendungsbereich ...	522
UStDV	§ 46 Fristverlängerung ...	525
	§ 47 Sondervorauszahlung ...	525
	§ 48 Verfahren ...	525
	§ 49 Verzicht auf die Steuererhebung im Börsenhandel mit Edelmetallen ...	526
	§ 50 Verzicht auf die Steuererhebung bei Einfuhren ...	526
	§ 51 Einbehaltung und Abführung der Umsatzsteuer ...	526
	§ 52 Ausnahmen ...	527
	§ 53 Berechnung der Steuer ...	527
	§ 54 Anmeldung und Fälligkeit der Steuer ...	528
	§ 55 Haftung ...	528
	§ 56 Aufzeichnungspflichten ...	528

Inhaltsverzeichnis

§ 57 Besteuerung der Umsätze des im Ausland ansässigen Unternehmers nach § 16 und § 18 Abs. 1 bis 4 des Gesetzes 529
§ 58 Besteuerung nach vereinnahmten Entgelten, Anrechnung 529
§ 59 Vergütungsberechtigte Unternehmer 530
§ 60 Vergütungszeitraum 530
§ 61 Vergütungsverfahren 530
§ 62 Berücksichtigung von Vorsteuerbeträgen, Belegnachweis 531

Verordnungen 531

UStR
225. Verfahren bei der Besteuerung nach § 18 Abs. 1 bis 4 UStG 532
226. Vordrucke, die von den amtlich vorgeschriebenen Vordrucken im Voranmeldungszeitraum abweichen 532
227. Abgabe der Steueranmeldungen auf maschinell verwertbaren Datenträgern 533
228. Dauerfristverlängerung 534
229. Vereinfachte Steuerberechnung bei Kreditverkäufen 535
230. Abgabe der Voranmeldungen in Sonderfällen 535
231. Verfahren bei der Beförderungseinzelbesteuerung 536
231a. Verfahren bei der Fahrzeugeinzelbesteuerung 536
232. Durchführung von Umsatzsteuer-Sonderprüfungen 537
233. Einbehaltung und Abführung der Umsatzsteuer im Abzugsverfahren .. 540
234. Ausnahmen vom Abzugsverfahren 542
235. Berechnung der Umsatzsteuer im Abzugsverfahren 544
236. Anmeldung und Fälligkeit der Umsatzsteuer im Abzugsverfahren 546
237. Haftung des Leistungsempfängers 546
238. Besteuerung des im Ausland ansässigen Unternehmers nach § 16 und § 18 Abs. 1 bis 4 UStG 547
239. Aufzeichnungspflichten 548
240. Unter das Vorsteuer-Vergütungsverfahren fallende Unternehmer und Vorsteuerbeträge 549
241. Vom Vorsteuer-Vergütungsverfahren ausgeschlossene Vorsteuerbeträge. 550
242. Vergütungszeitraum 551
243. Vorsteuer-Vergütungsverfahren 552
244. Vorsteuer-Vergütungsverfahren und allgemeines Besteuerungsverfahren 554
245. Unternehmerbescheinigung für Unternehmer, die im Inland ansässig sind 555

Verwaltungsanweisungen 555
Rechtsprechung 556

UStG § 18a Zusammenfassende Meldung 558

6. EGRL Artikel 22 Verpflichtungen im inneren Anwendungsbereich 560

Verordnungen 562

UStR
245a. Verpflichtung zur Abgabe der Zusammenfassenden Meldung 574
245b. Abgabefrist 574
245c. Angaben für den Meldezeitraum 574

25

Inhaltsverzeichnis

245d. Änderung der Bemessungsgrundlage	575
245e. Berichtigung der ZM	575
245f. Vordrucke, die von den amtlich vorgeschriebenen Vordrucken für die ZM abweichen	576
245g. Abgabe der ZM auf maschinell verwertbaren Datenträgern	576
Verwaltungsanweisungen	576

UStG § 18b Gesonderte Erklärung innergemeinschaftlicher Lieferungen im Besteuerungsverfahren 577

6. EGRL Artikel 22 Verpflichtungen im inneren Anwendungsbereich 577

UStG § 18c Meldepflicht bei der Lieferung neuer Fahrzeuge 578

6. EGRL Artikel 22 Verpflichtungen im inneren Anwendungsbereich 578

UStG § 18d Vorlage von Urkunden 579

Verordnungen 579

UStR 245h. Zuständigkeit und Verfahren 579
Verwaltungsanweisungen 580

UStG § 18e Bestätigungsverfahren 580

Verordnungen 580

UStR 245i. Bestätigung der USt-IdNr. 580
245j. Übersicht über den Aufbau der USt-IdNrn. der EG-Mitgliedstaaten .. 581
Verwaltungsanweisungen 582

UStG § 19 Besteuerung der Kleinunternehmer 582

6. EGRL Artikel 24 Sonderregelung für Kleinunternehmen 583

UStR 246. Nichterhebung der Steuer 585
247. Verzicht auf die Anwendung des § 19 Abs. 1 UStG 587
248. bis 250. (weggefallen) 587
251. Gesamtumsatz 587
252. Verhältnis des § 19 zu § 24 UStG 588
253. Wechsel der Besteuerungsform 588
Verwaltungsanweisungen 589
Rechtsprechung 590

UStG § 20 Berechnung der Steuer nach vereinnahmten Entgelten . 590

6. EGRL Artikel 10 Steuertatbestand und Steueranspruch 591

UStR 254. Berechnung der Steuer nach vereinnahmten Entgelten 591
Verwaltungsanweisungen 591
Rechtsprechung 591

Inhaltsverzeichnis

UStG § 21 Besondere Vorschriften für die Einfuhrumsatzsteuer 592

6. EGRL Artikel 10 *Steuertatbestand und Steueranspruch* 593
Artikel 11 *Besteuerungsgrundlage* 593
Artikel 21 *Steuerschuldner gegenüber dem Fiskus* 593
Artikel 23 *Pflichten bei der Einfuhr* 593

EUStBV § 1 *Allgemeines* 594
§ 2 *Investitionsgüter und andere Ausrüstungsgegenstände* 594
§ 3 *Landwirtschaftliche Erzeugnisse* 594
§ 4 *Gegenstände erzieherischen, wissenschaftlichen oder kulturellen Charakters* 594
§ 5 *Tiere für Laborzwecke* 594
§ 6 *Gegenstände für Organisationen der Wohlfahrtspflege* 594
§ 7 *Werbedrucke* 594
§ 8 *Werbemittel für den Fremdenverkehr* 594
§ 9 *Amtliche Veröffentlichungen, Wahlmaterialien* 594
§ 10 *Behältnisse und Verpackungen* 594
§ 11 *Vorübergehende Verwendung* 594
§ 12 *Rückwaren* 594
§ 12a *Freihafenlagerung* 594
§ 12b *Freihafen-Veredelung* 594
§ 13 *Fänge deutscher Fischer* 594
§ 14 *Erstattung oder Erlaß* 594
§ 15 *Absehen von der Festsetzung der Steuer* 594
§ 16 *Inkrafttreten, abgelöste Vorschrift* 594

UStG § 22 Aufzeichnungspflichten 594

6. EGRL Artikel 22 *Verpflichtungen im inneren Anwendungsbereich* 596

UStDV § 63 *Aufzeichnungspflichten* 597
§ 64 *Aufzeichnung im Falle der Einfuhr* 598
§ 65 *Aufzeichnungspflichten der Kleinunternehmer* 598
§ 66 *Aufzeichnungspflichten bei der Anwendung allgemeiner Durchschnittssätze* 598
§ 66a *Aufzeichnungspflichten bei der Anwendung des Durchschnittsatzes für Körperschaften, Personenvereinigungen und Vermögensmassen im Sinne des § 5 Abs. 1 Nr. 9 des Körperschaftsteuergesetzes* 598
§ 67 *Aufzeichnungspflichten bei der Anwendung der Durchschnittssätze für land- und forstwirtschaftliche Betriebe* 598
§ 68 *Befreiung von der Führung des Steuerheftes* 598

UStR 255. Ordnungsgrundsätze 599
256. Umfang der Aufzeichnungspflichten 599
256a. Aufzeichnungspflichten bei innergemeinschaftlichen Warenlieferungen und innergemeinschaftlichen Erwerben 601
257. Aufzeichnungen bei Aufteilung der Vorsteuern 602

Inhaltsverzeichnis

	258. Erleichterungen der Aufzeichnungspflichten	603
	259. Erleichterungen für die Trennung der Bemessungsgrundlagen	604
Verwaltungsanweisungen		608

UStG § 22a Fiskalvertretung 608
Verwaltungsanweisungen 609

UStG § 22b Rechte und Pflichten des Fiskalvertreters 609
Verwaltungsanweisungen 609

UStG § 22c Ausstellung von Rechnungen im Falle der Fiskalvertretung 610
Verwaltungsanweisungen 610

UStG § 22d Steuernummer und zuständiges Finanzamt 610
Verwaltungsanweisungen 610

UStG § 22e Untersagung der Fiskalvertretung 611
Verwaltungsanweisungen 611

Sechster Abschnitt: Besondere Besteuerungsformen

UStG § 23 Allgemeine Durchschnittssätze 611

6. EGRL	*Artikel 24 Sonderregelung für Kleinunternehmen*	612
UStDV	*§ 69 Festsetzung allgemeiner Durchschnittssätze*	612
	§ 70 Umfang der Durchschnittssätze	613
UStR	260. Anwendung der Durchschnittssätze	617
	261. Berufs- und Gewerbezweige	618
	262. Umfang der Durchschnittssätze	619
	263. Verfahren	619
Rechtsprechung		620

UStG § 23a Durchschnittsatz für Körperschaften, Personenvereinigungen und Vermögensmassen im Sinne des § 5 Abs. 1 Nr. 9 des Körperschaftsteuergesetzes 620

6. EGRL	*Artikel 24 Sonderregelung für Kleinunternehmen*	621
Rechtsprechung		621

UStG § 24 Durchschnittssätze für land- und forstwirtschaftliche Betriebe 621

6. EGRL	*Artikel 25 Gemeinsame Pauschalregelung für landwirtschaftliche Erzeuger*	623
UStDV	*§ 71 Verkürzung der zeitlichen Bindungen für land- und forstwirtschaftliche Betriebe*	626
UStR	264. Umsätze im Rahmen eines land- und forstwirtschaftlichen Betriebes ..	626

Inhaltsverzeichnis

265. Erzeugnisse im Sinne des § 24 Abs. 1 Satz 1 UStG 627
266. Steuerfreie Umsätze im Sinne des § 4 Nr. 8 ff. UStG im Rahmen eines land- und forstwirtschaftlichen Betriebes 628
267. Ausfuhrlieferungen und Umsätze im Ausland bei land- und forstwirtschaftlichen Betrieben 628
268. Vereinfachungsregelung für Umsätze von Getränken und alkoholischen Flüssigkeiten 629
269. Zusammentreffen der Durchschnittsbesteuerung mit anderen Besteuerungsformen 629
270. Verzicht auf die Durchschnittsbesteuerung 630
271. Ausstellung von Rechnungen bei land- und forstwirtschaftlichen Betrieben 631

Verwaltungsanweisungen 631
Rechtsprechung 631

UStG § 25 Besteuerung von Reiseleistungen 632

6. EGRL *Artikel 26 Sonderregelung für Reisebüros* 633
    Artikel 28 Übergangsbestimmungen 634
    Anhang E: Liste der in Artikel 28 Absatz 3 Buchstabe a) vorgesehenen Umsätze 634

UStDV *§ 72 Buchmäßiger Nachweis bei steuerfreien Reiseleistungen* 634

UStR 272. Besteuerung von Reiseleistungen 635
      273. Steuerfreiheit von Reiseleistungen 638
      274. Bemessungsgrundlage bei Reiseleistungen 640
      275. Vorsteuerabzug bei Reiseleistungen 643
      276. Aufzeichnungspflichten bei Reiseleistungen 644

Verwaltungsanweisungen 646
Rechtsprechung 647

UStG § 25a Differenzbesteuerung 647

6. EGRL *Artikel 28o Übergangsbestimmungen für Gebrauchtgegenstände, Kunstgegenstände, Sammlungsstücke oder Antiquitäten* 649

UStR 276a. Differenzbesteuerung 652

Verwaltungsanweisungen 658
Rechtsprechung 658

UStG § 25b Innergemeinschaftliche Dreiecksgeschäfte 658

Siebenter Abschnitt: Durchführung, Bußgeld-, Übergangs- und Schlußvorschriften

UStG § 26 Durchführung 659

6. EGRL *Artikel 15 Steuerbefreiungen bei Ausfuhren nach einem Drittland, gleichgestellten Umsätzen und grenzüberschreitenden Beförderungen* .. 661
    Artikel 27 Vereinfachungsmaßnahmen 661

Inhaltsverzeichnis

	Artikel 28 Übergangsbestimmungen	661
	Anhang F: Liste der in Artikel 28 Absatz 3 Buchstabe b) vorgesehenen Umsätze	662
UStDV	§ 73 Nachweis der Voraussetzungen der in bestimmten Abkommen enthaltenen Steuerbefreiungen	
UStR	277. Luftverkehrsunternehmer	662
	278. Grenzüberschreitende Beförderungen im Luftverkehr	662
	279. Beförderung über Teilstrecken durch verschiedene Luftfrachtführer	663
	280. Gegenseitigkeit	663
	281. Zuständigkeit	664
	282. (weggefallen)	664

Verwaltungsanweisungen 664
Rechtsprechung 665

UStG § 26a Bußgeldvorschriften 665

UStG § 27 Allgemeine Übergangsvorschriften 665

UStG § 27a Umsatzsteuer-Identifikationsnummer 666

6. EGRL Artikel 22 Verpflichtungen im inneren Anwendungsbereich 667
UStR   282a. Antrag auf Erteilung der USt-IdNr. 668
Verwaltungsanweisungen 669

UStG § 28 Zeitlich begrenzte Fassungen einzelner Gesetzesvorschriften 669

UStG § 29 Umstellung langfristiger Verträge 670

6. EGRL Artikel 12 Steuersätze 670
UStR   283. Zivilrechtliche Ausgleichsansprüche für umsatzsteuerliche Mehr- und Minderbelastungen 671

Stichwortverzeichnis 673

Abkürzungsverzeichnis

a. a. O.	am angeführten/angegebenen Ort
ABl. EG	Amtsblatt der Europäischen Gemeinschaft
AfA	Absetzungen für Abnutzung
AFG	Arbeitsförderungsgesetz
AG	Aktiengesellschaft
AktG	Aktiengesetz
AO	Abgabenordnung
AWV	Außenwirtschaftsverordnung
BA	Bundesanstalt für Arbeit
BAnz.	Bundesanzeiger
BauGB	Baugesetzbuch
BdF	Bundesminister der Finanzen
BewG	Bewertungsgesetz
BFH	Bundesfinanzhof
BGB	Bürgerliches Gesetzbuch
BGBl	Bundesgesetzblatt
BGH	Bundesgerichtshof
BGHZ	Sammlung der Entscheidungen des Bundesgerichtshofs in Zivilsachen
BMF	Bundesministerium der Finanzen
BMWF	Bundesminister für Wirtschaft und Finanzen
BNotO	Bundesnotarordnung
BStBl	Bundessteuerblatt
DEGT	Deutscher Eisenbahngütertarif
DStR	Deutsches Steuerrecht
EG	Europäische Gemeinschaft
EGBGB	Einführungsgesetz zum Bürgerlichen Gesetzbuch
EStDV	Einkommensteuer-Durchführungsverordnung
EStG	Einkommensteuergesetz
EStR	Einkommensteuer-Richtlinien
EuGH	Europäischer Gerichtshof
EUStBV	Einfuhrumsatzsteuer-Befreiungsverordnung
EVO	Eisenbahnverkehrsordnung
FahrlG	Fahrlehrergesetz
FG	Finanzgericht
FinMin	Finanzministerium
FVG	Finanzverwaltungsgesetz
GbR	Gesellschaft bürgerlichen Rechts
GenG	Genossenschaftsgesetz
GesO	Gesamtvollstreckungsordnung
GewStDV	Gewerbesteuer-Durchführungsverordnung
GewStG	Gewerbesteuergesetz
GewStR	Gewerbesteuer-Richtlinien

Abkürzungsverzeichnis

GmbH	Gesellschaft mit beschränkter Haftung
gVV	Gemeinschaftliches Versandverfahren
HFR	Höchstrichterliche Finanzrechtsprechung
HGB	Handelsgesetzbuch
HOAI	Honorarordnung für Architekten und Ingenieure
i. S. d.	im Sinne des
JWG	Gesetz für Jugendwohlfahrt
KAGG	Gesetz über die Kapitalanlagegesellschaften
KFZ	Kraftfahrzeug
KG	Kommanditgesellschaft
KHG	Krankenhausfinanzierungsgesetz
KO	Konkursordnung
KostO	Kostenordnung (freiwillige Gerichtsbarkeit)
KraftStG	Kraftfahrzeugsteuergesetz
KStDV	Körperschaftsteuer-Durchführungsverordnung
KStG	Körperschaftsteuergesetz
KStR	Körperschaftsteuer-Richtlinien
KVStG	Kapitalverkehrsteuergesetz
LStDV	Lohnsteuer-Durchführungsverordnung
LStR	Lohnsteuer-Richtlinien
NATO	North Atlantic Treaty Organization (Organisation für den Nord-Atlantik-Vertrag)
NJW	Neue Juristische Wochenschrift
OHG	Offene Handelsgesellschaft
PBefG	Personenbeförderungsgesetz
RA	Rechtsanwalt
RFH	Reichsfinanzhof
RKT	Reichskraftwagentarif
Rspr.	Rechtsprechung
RStBl	Reichssteuerblatt
SachbezV	Sachbezugsverordnung
SGB	Sozialgesetzbuch
StADV	Steueranmeldungs-Datenträger-Verordnung
StEd	Steuer-Eildienst
StGB	Strafgesetzbuch
StVZO	Straßenverkehrszulassungsordnung
UR	Umsatzsteuer-Rundschau
UrhG	Urheberrechtsgesetz
UStDV	Umsatzsteuer-Durchführungsverordnung
UStG	Umsatzsteuergesetz
USt-IdNr.	Umsatzsteuer-Identifikationsnummer
UStR	Umsatzsteuer-Richtlinien
UVR	Umsatzsteuer- und Verkehrsteuer-Recht
VerglO	Vergleichsordnung

Abkürzungsverzeichnis

VersStG	Versicherungssteuergesetz
VO	Verordnung
VwV	Verwaltungsvorschrift
WEG	Wohnungseigentumsgesetz
WGG	Wohnungsgemeinnützigkeitsgesetz
WoPG	Wohnungsbau-Prämiengesetz
ZK	Zollkodex (Verordnung (EWG) Nr. 2913/92 des Rates)
ZK-DVO	Zollkodex-Durchführungsverordnung (Verordnung (EWG) Nr. 2454/93 der Kommission)
ZM	Zusammenfassende Meldung
ZMDV	Datenträger-Verordnung über die Abgabe Zusammenfassender Meldungen
ZollV	Zollverordnung
ZollVG	Zollverwaltungsgesetz
ZusammenarbeitsV	Verordnung (EWG) Nr. 218/92 des Rates über die Zusammenarbeit der Verwaltungsbehörden auf dem Gebiet der indirekten Besteuerung
ZVG	Gesetz über die Zwangsversteigerung und die Zwangsverwaltung

Umsatzsteuergesetz 1993 (UStG 1993)

vom 27. 4. 93 (BGBl I, 566, ber. 1160)

geändert durch Art. 27 des Gesetzes zur Umsetzung des Föderalen Konsolidierungsprogramms (FKPG) v. 23. 6. 93 (BGBl I, 944); Art. 18 Standortsicherungsgesetz (StandOG) v. 13. 9. 93 (BGBl I, 1569); Art. 20 Mißbrauchsbekämpfungs- und Steuerbereinigungsgesetz (StMBG) v. 21. 12. 93 (BGBl I, 2310); Art. 6 Abs. 57 Eisenbahnneuordnungsgesetz (ENeuOG) v. 27. 12. 93 (BGBl I, 2378, ber. 1994 I, 2439); Art. 27 Pflege-Versicherungsgesetz (PflegeVG) v. 26. 5. 94 (BGBl I, 1014, ber. 2797); Art. 4 Gesetz über die Errichtung einer Bundesanstalt für Landwirtschaft und Ernährung und zur Änderung von Vorschriften auf den Gebieten der Land- und Ernährungswirtschaft v. 2. 8. 94 (BGBl I, 2018); Art. 1 Gesetz zur Änderung des Umsatzsteuergesetzes und anderer Gesetze v. 9. 8. 94 (BGBl I, 2058); Art. 12 Abs. 44 Postneuordnungsgesetz (PTNeuOG) v. 14. 9. 94 (BGBl I, 2325, 2389, ber. BGBl 1996 I, 103); Art. 29 Markenrechtsreformgesetz v. 25. 10. 94 (BGBl I, 3082, 3122, ber. BGBl 1995 I, 156); Art. 20 Jahressteuergesetz 1996 (JStG 1996) v. 11. 10. 95 (BGBl I, 1250, 1394, ber. BGBl 1996 I, 714); Art. 12 Jahressteuer-Ergänzungsgesetz 1996 (JStErgG 1996) v. 18. 12. 95 (BGBl I, 1959); Art. 1 Gesetz zur Änderung des Umsatzsteuergesetzes v. 22. 3. 96 (BGBl I, 526); Art. 1 Gesetz zur Änderung des Umsatzsteuergesetzes und anderer Gesetze (Umsatzsteuer-Änderungsgesetz 1997) v. 12. 12. 96 (BGBl I, 1851).

Sechste Richtlinie des Rates zur Harmonisierung der Rechtsvorschriften der Mitgliedstaaten über die Umsatzsteuern (6. EG-Richtlinie)

vom 17. 5. 77 (ABl. EG Nr. L 145 S. 1)

geändert durch Artikel 21 i. V. m. Anhang I Abschnitt VI Nr. 3 der Akte über die Bedingungen des Beitritts der Republik Griechenland und die Anpassungen der Verträge v. 24. 5. 79 (ABl. EG 1979 Nr. L 291 S. 17); Elfte Richtlinie des Rates v. 26. 3. 80 zur Harmonisierung der Rechtsvorschriften der Mitgliedstaaten über die Umsatzsteuern (80/388/EWG) (ABl. EG 1980 Nr. L 90 S. 41); Verordnung (EWG, Euratom) Nr. 3308/80 des Rates v. 16. 12. 80 zur Ersetzung der Europäischen Rechnungseinheit durch die ECU in den Rechtsakten der Gemeinschaft (ABl. EG 1980 Nr. L 345 S. 1); Zehnte Richtlinie des Rates v. 31. 7. 84 zur Harmonisierung der Rechtsvorschriften der Mitgliedstaaten über die Umsatzsteuern (84/386/EWG) (ABl. EG 1984 Nr. L 208 S. 58); Artikel 26 i. V. m. Anhang I Abschn. V Nr. 2 der Akte über die Bedingungen des Beitritts des Königreichs Spanien und der Portugiesischen Republik und die Anpassungen der Verträge v. 12. 6. 85 (ABl. EG 1985 Nr. L 302 S. 23); Achtzehnte Richtlinie des Rates v. 18. 7. 89 zur Harmonisierung der Rechtsvorschriften der Mitgliedstaaten über die Umsatzsteuern (89/465/EWG) (ABl. EG 1989 Nr. L 226 S. 21); Richtlinie des Rates v. 16. 12. 91 zur Ergänzung des gemeinsamen Mehrwertsteuersystems und zur Änderung der Richtlinie 77/388/EWG im Hinblick auf die Beseitigung der Steuergrenzen (91/680/EWG) (ABl. EG 1991 Nr. L 376 S. 1); Richtlinie des Rates (92/77/EWG) v. 19. 10. 92 zur Ergänzung des gemeinsamen Mehrwertsteuersystems und zur Änderung der Richtlinie 77/388/EWG/Annäherung der Mehrwertsteuersätze (ABl. EG 1992 Nr. L 316 S. 1); Richtlinie des Rates (92/111/EWG) v. 14. 12. 92 zur Änderung der Richtlinie 77/388/EWG und zur Einführung von Vereinfachungsmaßnahmen im Bereich der Mehrwertsteuer (ABl. EG 1992 Nr. L 384 S. 47); Richtlinie des Rates (94/4/EG) v. 14. 2. 94 zur Änderung der Richtlinien 69/169/EWG und 77/388/EWG sowie zur Erhöhung der Freibeträge für Reisende aus Drittländern und der Höchstgrenzen für steuerfreie Käufe im innergemeinschaftlichen Reiseverkehr (ABl. EG 1994 Nr. L 60 S. 14); Richtlinie des Rates (94/5/EG) v. 14. 2. 94 zur Ergänzung des gemeinsamen Mehrwertsteuersystems und zur Änderung der Richtlinie 77/388/EWG – Sonderregelung für Gebrauchtgegenstände, Kunstgegenstände, Sammlungsstücke oder Antiquitäten (ABl. EG 1994 Nr. L 60 S. 16); Richtlinie des Rates (94/76/EG) v. 22. 12. 94 zur Änderung der Richtlinie 77/388/EWG durch Übergangsmaßnahmen auf dem Gebiet der Mehrwertsteuer im Zusammenhang mit der Erweiterung der Europäischen Union zum 1. 1. 1995 (ABl. EG 1994 Nr. L 365 S. 53); Richtlinie des Rates (95/7/EG) v. 10. 4. 95 zur Änderung der Richtlinie 77/388/EWG und zur Einführung weiterer Vereinfachungsmaßnahmen im Bereich der Mehrwertsteuer - Geltungsbereich bestimmter Steuerbefreiungen und praktische Einzelheiten ihrer Durchführung (ABl. EG 1995 Nr. L 102 S. 18; Richtlinie des Rates (96/42/EG) v. 25. 6. 96 zur Änderung der Richtlinie 77/388/EWG über das gemeinsame Mehrwertsteuersystem (ABl. EG 1996 Nr. L 170 S. 34); Richtlinie des Rates (96/95/EG) v. 20. 12. 96 zur Änderung der Richtlinie 77/388/EWG über das gemeinsame Mehrwertsteuersystem hinsichtlich der Höhe des Normalsteuersatzes (ABl. EG 1996 Nr. L 338 S. 89).

Umsatzsteuer-Durchführungsverordnung (UStDV 1993)

vom 27. 4. 93 (BGBl I, 601, ber. 1161)

geändert durch Art. 6 Abs. 58 Eisenbahnneuordnungsgesetz (ENeuOG) v. 27. 12. 93 (BGBl I, 2378, ber. 1994 I, 2439); Art. 21 Jahressteuergesetz 1996 (JStG 1996) v. 11. 10. 95 (BGBl I, 1250, 1398, ber. BGBl 1996 I, 714); Art. 1 Zehnte Verordnung zur Änderung der Umsatzsteuer-Durchführungsverordnung v. 4. 6. 96 (BGBl I, 789); Art. 2 Gesetz zur Änderung des Umsatzsteuergesetzes und anderer Gesetze (Umsatzsteuer-Änderungsgesetz 1997) v. 12. 12. 96 (BGBl I, 1851).

Einfuhrumsatzsteuer-Befreiungsverordnung 1993 (EUStBV 1993)

vom 11. 8. 92 (BGBl I, 1526)

geändert durch die Erste Verordnung zur Änderung der Einfuhrumsatzsteuer-Befreiungsverordnung 1993 v. 9. 2. 94 (BGBl I, 302, ber. 523).

Umsatzsteuer-Richtlinien 1996 (UStR 1996)

vom 7. 12. 95 (BStBl I Sondernummer 4/1995)

berichtigt durch BMF-Schreiben v. 11. 10. 1996 (BStBl I, 1206) und 20. 12. 1996 (BStBl 1997, 127).

UStG

Erster Abschnitt: Steuergegenstand und Geltungsbereich

§ 1[1]) Steuerbare Umsätze

(1) Der Umsatzsteuer unterliegen die folgenden Umsätze:
1. die Lieferungen und sonstigen Leistungen, die ein Unternehmer im Inland gegen Entgelt im Rahmen seines Unternehmens ausführt. ²Die Steuerbarkeit entfällt nicht, wenn
   a) der Umsatz auf Grund gesetzlicher oder behördlicher Anordnung ausgeführt wird oder nach gesetzlicher Vorschrift als ausgeführt gilt oder
   b) ein Unternehmer Lieferungen oder sonstige Leistungen an seine Arbeitnehmer oder deren Angehörige auf Grund des Dienstverhältnisses ausführt, für die die Empfänger der Lieferung oder sonstigen Leistung (Leistungsempfänger) kein besonders berechnetes Entgelt aufwenden. ²Das gilt nicht für Aufmerksamkeiten;
2. der Eigenverbrauch im Inland. ²Eigenverbrauch liegt vor, wenn ein Unternehmer
   a) Gegenstände aus seinem Unternehmen für Zwecke entnimmt, die außerhalb des Unternehmens liegen,
   b) im Rahmen seines Unternehmens sonstige Leistungen der in § 3 Abs. 9 bezeichneten Art für Zwecke ausführt, die außerhalb des Unternehmens liegen,
   c) im Rahmen seines Unternehmens Aufwendungen tätigt, die unter das Abzugsverbot des § 4 Abs. 5 Satz 1 Nr. 1 bis 7 oder Abs. 7 oder § 12 Nr. 1 des Einkommensteuergesetzes fallen. ²Das gilt nicht für Geldgeschenke und für Bewirtungsaufwendungen, soweit § 4 Abs. 5 Satz 1 Nr. 2 des Einkommensteuergesetzes den Abzug von 20 vom Hundert der angemessenen und nachgewiesenen Aufwendungen ausschließt;
3. die Lieferungen und sonstigen Leistungen, die Körperschaften und Personenvereinigungen im Sinne des § 1 Abs. 1 Nr. 1 bis 5 des Körperschaftsteuergesetzes, nichtrechtsfähige Personenvereinigungen sowie Gemeinschaften im Inland im Rahmen ihres Unternehmens an ihre Anteilseigner, Gesellschafter, Mitglieder, Teilhaber oder diesen nahestehende Personen ausführen, für die die Leistungsempfänger kein Entgelt aufwenden;
4. die Einfuhr von Gegenständen aus dem Drittlandsgebiet in das Inland oder die österreichischen Gebiete Jungholz und Mittelberg (Einfuhrumsatzsteuer);
5. der innergemeinschaftliche Erwerb im Inland gegen Entgelt.

---

1) Anm.: § 1 Abs. 1 i. d. F., Abs. 1a eingefügt, Abs. 2 i. d. F des Art. 20 Nr. 1 StMBG v. 21. 12. 93 (BGBl I, 2310); Abs. 2a i. d. F. des Art. 1 Nr. 2 Gesetz zur Änderung des UStG und anderer Gesetze v. 9. 8. 94 (BGBl I, 2058); Abs. 3 i. d. F. des Art. 20 Nr. 1 JStG 1996 v. 11. 10. 95 (BGBl I, 1250). – Zur Umsatzbesteuerung des Entnahmeeigenverbrauchs vgl. BMF v. 13. 5. 94 (BStBl I, 298).

(1a) ¹Die Umsätze im Rahmen einer Geschäftsveräußerung an einen anderen Unternehmer für dessen Unternehmen unterliegen nicht der Umsatzsteuer. ²Eine Geschäftsveräußerung liegt vor, wenn ein Unternehmen oder ein in der Gliederung eines Unternehmens gesondert geführter Betrieb im ganzen entgeltlich oder unentgeltlich übereignet oder in eine Gesellschaft eingebracht wird. ³Der erwerbende Unternehmer tritt an die Stelle des Veräußerers.

(2) ¹Inland im Sinne dieses Gesetzes ist das Gebiet der Bundesrepublik Deutschland mit Ausnahme des Gebiets von Büsingen, der Insel Helgoland, der Freihäfen, der Gewässer und Watten zwischen der Hoheitsgrenze und der jeweiligen Strandlinie sowie der deutschen Schiffe und der deutschen Luftfahrzeuge in Gebieten, die zu keinem Zollgebiet gehören. ²Ausland im Sinne dieses Gesetzes ist das Gebiet, das danach nicht Inland ist. ³Wird ein Umsatz im Inland ausgeführt, so kommt es für die Besteuerung nicht darauf an, ob der Unternehmer deutscher Staatsangehöriger ist, seinen Wohnsitz oder Sitz im Inland hat, im Inland eine Betriebsstätte unterhält, die Rechnung erteilt oder die Zahlung empfängt.

(2a) ¹Das Gemeinschaftsgebiet im Sinne dieses Gesetzes umfaßt das Inland im Sinne des Absatzes 2 Satz 1 und die Gebiete der übrigen Mitgliedstaaten der Europäischen Gemeinschaft, die nach dem Gemeinschaftsrecht als Inland dieser Mitgliedstaaten gelten (übriges Gemeinschaftsgebiet). ²Das Fürstentum Monaco gilt als Gebiet der Französischen Republik; die Insel Man gilt als Gebiet des Vereinigten Königreichs Großbritannien und Nordirland. ³Drittlandsgebiet im Sinne dieses Gesetzes ist das Gebiet, das nicht Gemeinschaftsgebiet ist.

(3) ¹Folgende Umsätze, die in den Freihäfen und in den Gewässern und Watten zwischen der Hoheitsgrenze und der jeweiligen Strandlinie bewirkt werden, sind wie Umsätze im Inland zu behandeln:

1. die Lieferungen von Gegenständen, die zum Gebrauch oder Verbrauch in den bezeichneten Gebieten oder zur Ausrüstung oder Versorgung eines Beförderungsmittels bestimmt sind, wenn die Lieferungen nicht für das Unternehmen des Abnehmers ausgeführt werden;
2. die sonstigen Leistungen, die nicht für das Unternehmen des Auftraggebers ausgeführt werden;
3. der Eigenverbrauch;
4. die Lieferungen von Gegenständen, die sich im Zeitpunkt der Lieferung
    a) in einem zollamtlich bewilligten Freihafen-Veredelungsverkehr oder in einer zollamtlich besonders zugelassenen Freihafenlagerung oder
    b) einfuhrumsatzsteuerrechtlich im freien Verkehr befinden;
5. die sonstigen Leistungen, die im Rahmen eines Veredelungsverkehrs oder einer Lagerung im Sinne der Nummer 4 Buchstabe a ausgeführt werden;
6. der innergemeinschaftliche Erwerb durch eine juristische Person, die nicht Unternehmer ist oder den Gegenstand nicht für ihr Unternehmen erwirbt, soweit die erworbenen Gegenstände zum Gebrauch oder Verbrauch in den bezeichneten Gebieten oder zur Ausrüstung oder Versorgung eines Beförderungsmittels bestimmt sind;
7. der innergemeinschaftliche Erwerb eines neuen Fahrzeugs durch die in § 1a Abs. 3 und § 1b Abs. 1 genannten Erwerber.

Steuerbare Umsätze   *6. EGRL Art. 2, 3*   **§ 1 UStG**

²Lieferungen und sonstige Leistungen an juristische Personen des öffentlichen Rechts sowie deren innergemeinschaftlicher Erwerb in den bezeichneten Gebieten sind als Umsätze im Sinne der Nummern 1, 2 und 6 anzusehen, soweit der Unternehmer nicht anhand von Aufzeichnungen und Belegen das Gegenteil glaubhaft macht.

6. EG-Richtlinie

Abschnitt II: Steueranwendungsbereich

Artikel 2
Der Mehrwertsteuer unterliegen:
1. *Lieferungen von Gegenständen und Dienstleistungen, die ein Steuerpflichtiger als solcher im Inland gegen Entgelt ausführt;*
2. *die Einfuhr von Gegenständen.*

Abschnitt III: Territorialität

Artikel 3
(1) Im Sinne dieser Richtlinie ist zu verstehen unter
- *„Hoheitsgebiet eines Mitgliedstaates" das Inland, wie es für jeden Mitgliedstaat in den Absätzen 2 und 3 definiert ist;*
- *„Gemeinschaft" und „Gebiet der Gemeinschaft" das Inland der Mitgliedstaaten, wie es für jeden Mitgliedstaat in den Absätzen 2 und 3 definiert ist;*
- *„Drittlandsgebiet" und „Drittland" jedes Gebiet, das in den Absätzen 2 und 3 nicht als Inland eines Mitgliedstaates definiert ist.*

(2) Für die Anwendung dieser Richtlinie ist unter „Inland" der Anwendungsbereich des Vertrags zur Gründung der Europäischen Wirtschaftsgemeinschaft zu verstehen, wie er in Artikel 227 für jeden Mitgliedstaat definiert ist.

(3) Folgende Hoheitsgebiete gelten nicht als Inland:
- *Bundesrepublik Deutschland:*
 die Insel Helgoland,
 das Gebiet von Büsingen;
- *Königreich Spanien:*
 Ceuta,
 Melilla;
- *Italienische Republik:*
 Livigno,

UStG § 1   *6. EGRL Art. 5*   *Steuerbare Umsätze*

Campione d'Italia,
der zum italienischen Hoheitsgebiet gehörende Teil des Luganer Sees.
Ferner gelten nicht als Inland:
- *Königreich Spanien:*
  Kanarische Inseln;
- *Französische Republik:*
  die überseeischen Departements;
- *Republik Griechenland:*
  Αγιο Ορος (Berg Athos).

(4) Abweichend von Absatz 1 gelten das Fürstentum Monaco und die Insel Man angesichts der Abkommen und Verträge, die sie mit der Französischen Republik bzw. mit dem Vereinigten Königreich Großbritannien und Nordirland geschlossen haben, für die Anwendung dieser Richtlinie nicht als Drittlandsgebiete.

Die Mitgliedstaaten treffen die erforderlichen Vorkehrungen, damit
- *Umsätze, deren Herkunfts- oder Bestimmungsort im Fürstentum Monaco liegt, wie Umsätze behandelt werden, deren Herkunfts- oder Bestimmungsort in der Französischen Republik liegt;*
- *Umsätze, deren Herkunfts- oder Bestimmungsort auf der Insel Man liegt, wie Umsätze behandelt werden, deren Herkunfts- oder Bestimmungsort im Vereinigten Königreich Großbritannien und Nordirland liegt.*

(5) Ist die Kommission der Ansicht, daß die Bestimmungen der Absätze 3 und 4 insbesondere in bezug auf die Wettbewerbsneutralität oder die eigenen Mittel nicht mehr gerechtfertigt sind, so unterbreitet sie dem Rat geeignete Vorschläge.

Abschnitt V: Steuerbarer Umsatz

Artikel 5   Lieferung von Gegenständen

...

(4) Als Lieferungen im Sinne des Absatzes 1 gelten ferner:
a) (abgedruckt zu § 3 UStG)

...

(6) Einer Lieferung gegen Entgelt gleichgestellt wird die Entnahme eines Gegenstands durch einen Steuerpflichtigen aus seinem Unternehmen für seinen privaten Bedarf, für den Bedarf seines Personals oder als unentgeltliche Zuwendung oder allgemein für unternehmensfremde Zwecke, wenn dieser Gegenstand oder seine Bestandteile zu einem vollen oder teilweisen Abzug der Mehrwertsteuer berechtigt haben. Jedoch fallen Entnahmen für Geschenke von geringem Wert und für Warenmuster zu Zwecken des Unternehmens nicht darunter.

...

(8) Die Mitgliedstaaten können die Übertragung des Gesamtvermögens oder eines Teilvermögens, die entgeltlich oder unentgeltlich oder durch Einbringung in eine Gesellschaft erfolgt, so behandeln, als ob keine Lieferung von Gegenständen vorliegt, und den Begünstigten der Übertragung als Rechtsnachfolger des Übertragenden ansehen. Die

Mitgliedstaaten treffen gegebenenfalls die erforderlichen Maßnahmen, um Wettbewerbsverzerrungen für den Fall zu vermeiden, daß der Begünstigte nicht voll steuerpflichtig ist.

Artikel 6   Dienstleistungen
(1) (abgedruckt zu § 3 UStG)
(2) Dienstleistungen gegen Entgelt werden gleichgestellt:
a) die Verwendung eines dem Unternehmen zugeordneten Gegenstands für den privaten Bedarf des Steuerpflichtigen, für den Bedarf seines Personals oder allgemein für unternehmensfremde Zwecke, wenn dieser Gegenstand zum vollen oder teilweisen Abzug der Mehrwertsteuer berechtigt hat;
b) die unentgeltliche Erbringung von Dienstleistungen durch den Steuerpflichtigen für seinen privaten Bedarf, oder für den Bedarf seines Personals oder allgemein für unternehmensfremde Zwecke.
Die Mitgliedstaaten können Abweichungen von diesem Absatz vorsehen, sofern solche Abweichungen nicht zu Wettbewerbsverzerrungen führen.
...
(5) Artikel 5 Absatz 8 gilt unter den gleichen Voraussetzungen für Dienstleistungen.
...

Abschnitt X: Steuerbefreiungen

...

Artikel 16   Besondere Steuerbefreiungen beim grenzüberschreitenden Warenverkehr
(1) Unbeschadet der übrigen gemeinschaftlichen Steuerbestimmungen können die Mitgliedstaaten vorbehaltlich der Konsultation nach Artikel 29 Sondermaßnahmen treffen, um folgende Umsätze oder einige von ihnen nicht der Mehrwersteuer zu unterwerfen, sofern diese nicht für eine endgültige Verwendung und/oder einen Endverbrauch bestimmt sind und sofern der beim Verlassen der nachfolgend in den Teilen A bis E bezeichneten Regelungen oder Sachverhalte geschuldete Mehrwertsteuerbetrag der Höhe der Abgabe entspricht, die bei der Besteuerung dieser Umsätze im Inland geschuldet worden wäre:
A. die Einfuhr von Gegenständen, die einer anderen Lagerregelung als der Zollagerregelung unterliegen sollen;
B. die Lieferungen von Gegenständen,
* a) die zollamtlich erfaßt und gegebenenfalls vorläufig verwahrt bleiben sollen,*
* b) die einer Freizonenregelung oder einer Freilagerregelung unterliegen sollen,*
* c) die einer Zollagerregelung oder einer Regelung für den aktiven Veredelungsverkehr unterliegen sollen,*
* d) die in die Hoheitsgewässer verbracht werden sollen,*
* – um für den Bau, die Wiederinstandsetzung, die Wartung, den Umbau oder die Ausrüstung von Bohrinseln oder Förderplattformen oder für die Verbindung dieser Bohrinseln oder Förderplattformen mit dem Festland verwendet zu werden,*
* – um zur Versorgung der Bohrinseln oder Förderplattformen verwendet zu werden,*

e) die im Inland einer anderen Lagerregelung als der Zollagerregelung unterliegen sollen.

Für die Anwendung dieses Artikels gelten als andere als Zollager

- bei verbrauchsteuerpflichtigen Waren die als Steuerlager im Sinne von Artikel 4 Buchstabe b) der Richtlinie 92/12/EWG definierten Orte,
- bei anderen als verbrauchsteuerpflichtigen Waren die Orte, die die Mitgliedstaaten als solche definieren. Die Mitgliedstaaten dürfen jedoch keine andere Lagerregelung als die Zollagerregelung vorsehen, wenn diese Gegenstände zur Lieferung auf der Einzelhandelsstufe bestimmt sind.

Die Mitgliedstaaten können jedoch eine derartige Regelung für Gegenstände vorsehen, die

- für Steuerpflichtige zum Zwecke ihrer Lieferungen nach Maßgabe von Artikel 28k bestimmt sind;
- für Tax-free-Verkaufsstellen im Sinne von Artikel 28k zum Zwecke ihrer Lieferungen an nach Artikel 15 befreite Reisende bestimmt sind, die sich per Flugzeug oder Schiff in einen Drittstaat begeben;
- für Steuerpflichtige zum Zwecke ihrer Lieferungen an Reisende bestimmt sind, die während eines Flugs oder einer Seereise, deren Zielort außerhalb der Gemeinschaft gelegen ist, an Bord eines Flugzeugs oder Schiffs durchgeführt werden;
- für Steuerpflichtige zum Zwecke ihrer nach Artikel 15 Nummer 10 steuerbefreiten Lieferungen bestimmt sind.

Die Orte im Sinne der Buchstaben a), b), c) und d) sind diejenigen, die in den geltenden Zollvorschriften der Gemeinschaft als solche definiert sind;

C. die Dienstleistungen, die mit den unter Teil B genannten Lieferungen von Gegenständen zusammenhängen;

D. die Lieferungen von Gegenständen und die Dienstleistungen,
   a) die an den in Teil B Buchstaben a) bis d) aufgeführten Orten unter Wahrung eines der dort bezeichneten Sachverhalte durchgeführt werden;
   b) die an den in Teil B Buchstabe e) aufgeführten Orten durchgeführt werden, wobei der dort bezeichnete Sachverhalt im Inland gewahrt bleibt.

Mitgliedstaaten, die von der unter Buchstabe a) vorgesehenen Möglichkeit für in Zollagern bewirkte Umsätze Gebrauch machen, treffen die erforderlichen Maßnahmen, um sicherzustellen, daß sie andere Lagerregelungen als Zollagerregelungen definiert haben, die die Anwendung der Bestimmung des Buchstabens b) auf die gleichen Umsätze ermöglichen, die mit in Anhang J aufgeführten Gütern in diesen einer anderen als der Zollagerregelung unterliegenden Lagern bewirkt wurden;

E. die Lieferungen
   - von Gegenständen nach Artikel 7 Absatz 1 Buchstabe a) unter Wahrung der Regelung der vorübergehenden Einfuhr bei vollständiger Befreiung von den Eingangsabgaben oder des externen Versandverfahrens,
   - von Gegenständen nach Artikel 7 Absatz 1 Buchstabe b) unter Wahrung des internen gemeinschaftlichen Versandverfahrens nach Artikel 33a

   sowie die mit diesen Lieferungen zusammenhängenden Dienstleistungen.

Abweichend von Artikel 21 Nummer 1 Buchstabe a) Unterabsatz 1 wird die nach Unterabsatz 1 geschuldete Steuer von der Person geschuldet, die veranlaßt, daß die Gegenstände die in diesem Absatz aufgeführten Regelungen oder Sachverhalte verlassen.

Ist das Verlassen der in diesem Absatz genannten Regelungen oder Sachverhalte mit einer Einfuhr im Sinne von Artikel 7 Absatz 3 verbunden, so trifft der Einfuhrmitgliedstaat die erforderlichen Maßnahmen, um eine Doppelbesteuerung innerhalb des Landes zu vermeiden.

(1a) Mitgliedstaaten, die von der Erleichterung nach Absatz 1 Gebrauch machen, treffen die erforderlichen Maßnahmen, um sicherzustellen, daß der innergemeinschaftliche Erwerb von Gegenständen, die unter eine der Regelungen oder unter einen der Sachverhalte nach Artikel 16 Absatz 1 Teil B fallen, denselben Vorschriften unterliegt, die auf Lieferungen von Gegenständen Anwendung finden, die unter gleichen Bedingungen im Inland bewirkt werden.

(2) Die Mitgliedstaaten können vorbehaltlich der Konsultation nach Artikel 29 den innergemeinschaftlichen Erwerb von Gegenständen durch einen Steuerpflichtigen, die Einfuhren und die Lieferungen von Gegenständen an einen Steuerpflichtigen, der diese unverarbeitet oder verarbeitet nach Orten außerhalb der Gemeinschaft auszuführen beabsichtigt, sowie die Dienstleistungen im Zusammenhang mit dieser Ausfuhrtätigkeit im Rahmen des Umfangs von der Steuer befreien, den die Ausfuhren dieses Steuerpflichtigen in den vorangegangenen zwölf Monaten gehabt haben.

Mitgliedstaaten, die von dieser Erleichterung Gebrauch machen, befreien vorbehaltlich der Konsultation nach Artikel 29 auch den innergemeinschaftlichen Erwerb von Gegenständen durch einen Steuerpflichtigen, die Einfuhren und die Lieferungen von Gegenständen an einen Steuerpflichtigen im Hinblick auf eine Lieferung mit oder ohne vorhergehende Verarbeitung in einen anderen Mitgliedstaat unter den in Artikel 28c Teil A vorgesehenen Bedingungen sowie die mit diesen Lieferungen zusammenhängenden Dienstleistungen, bis zu einem Betrag, der dem Wert seiner Lieferungen von Gegenständen, die er unter den in Artikel 28c Teil A vorgesehenen Bedingungen vorgenommen hat, in den vorangegangenen zwölf Monaten entspricht.

Die Mitgliedstaaten können für Umsätze, die sie nach Maßgabe des Unterabsatzes 1 und nach Maßgabe des Unterabsatzes 2 befreien, einen gemeinsamen Höchstbetrag festsetzen.

(3) Die Kommission unterbreitet dem Rat so bald wie möglich Vorschläge für Richtlinien über die gemeinsamen Modalitäten für die Anwendung der Mehrwertsteuer auf die in den Absätzen 1 und 2 genannten Umsätze.

Abschnitt XVI: Übergangsbestimmungen

Artikel 28

...

(5) Im Rahmen der endgültigen Regelung wird die Personenbeförderung für die innerhalb der Gemeinschaft zurückgelegte Strecke im Ausgangsland nach den vom Rat auf Vorschlag der Kommission einstimmig zu erlassenden Einzelheiten besteuert.

Abschnitt XVIa: Übergangsregelung für die Besteuerung des Handels zwischen den Mitgliedstaaten

Artikel 28a Anwendungsbereich

(1) Der Mehrwertsteuer unterliegen auch

a) der innergemeinschaftliche Erwerb von Gegenständen, der gegen Entgelt im Inland durch einen Steuerpflichtigen, der als solcher handelt, oder aber durch eine nichtsteuerpflichtige juristische Person bewirkt wird, wenn der Verkäufer ein Steuerpflichtiger ist und als solcher handelt und für ihn die Steuerbefreiung gemäß Artikel 24 nicht gilt und er nicht unter Artikel 8 Absatz 1 Buchstabe a Satz 2 oder Artikel 28b Teil B Absatz 1 fällt.

Abweichend von Unterabsatz 1 unterliegt der innergemeinschaftliche Erwerb von Gegenständen, der unter den Bedingungen von Absatz 1a durch einen Steuerpflichtigen oder durch eine nichtsteuerpflichtige juristische Person bewirkt wird, nicht der Mehrwertsteuer.

Die Mitgliedstaaten räumen den Steuerpflichtigen und den nichtsteuerpflichtigen juristischen Personen, auf die die Bestimmungen des Unterabsatzes 2 gegebenenfalls Anwendung finden, das Recht ein, die in Unterabsatz 1 vorgesehene allgemeine Regelung anzuwenden. Die Mitgliedstaaten legen die Modalitäten, unter denen diese Regelung in Anspruch genommen werden kann, fest; die Inanspruchnahme umfaßt mindestens einen Zeitraum von zwei Kalenderjahren.

b) der innergemeinschaftliche Erwerb neuer Fahrzeuge, der gegen Entgelt im Inland durch Steuerpflichtige oder nichtsteuerpflichtige juristische Personen, für die die Abweichung gemäß Buchstabe a) Unterabsatz 2 gilt, oder durch jede andere nichtsteuerpflichtige Person bewirkt wird.

c) der innergemeinschaftliche Erwerb von verbrauchsteuerpflichtigen Waren, der gegen Entgelt im Inland durch einen Steuerpflichtigen oder durch eine nichtsteuerpflichtige juristische Person, die unter die Ausnahmeregelung nach Buchstabe a) Unterabsatz 2 fällt, bewirkt wird und bei dem der Verbrauchsteueranspruch nach der Richtlinie 92/12/EWG[1] im Inland entsteht.

(1a) Unter die in Absatz 1 Buchstabe a) Unterabsatz 2 vorgesehene Ausnahmeregelung fällt

a) der innergemeinschaftliche Erwerb von Gegenständen, deren Lieferung im Inland nach Artikel 15 Nummern 4 bis 10 steuerfrei wäre;

b) der nicht unter Buchstabe a) fallende innergemeinschaftliche Ewerb von Gegenständen

  – durch einen Steuerpflichtigen für Zwecke seines landwirtschaftlichen, forstwirtschaftlichen oder fischereiwirtschaftlichen Betriebs, der der Pauschalregelung gemäß Artikel 25 unterliegt, durch einen Steuerpflichtigen, der nur Lieferungen von Gegenständen ausführt oder Dienstleistungen erbringt, für die kein Recht auf Vorsteuerabzug besteht, oder durch eine nichtsteuerpflichtige juristische Person,

---

1) **Anm.**: ABl. Nr. L 76 v. 23. 3. 92, 1.

- im Rahmen oder in Höhe eines Gesamtbetrags einer von den Mitgliedstaaten festzulegenden Schwelle, die nicht unter dem Gegenwert von 10 000 ECU in Landeswährung liegen darf und im laufenden Kalenderjahr nicht überschritten werden darf,
- sofern der Gesamtbetrag des innergemeinschaftlichen Erwerbs von Gegenständen im vorangegangenen Kalenderjahr die im zweiten Gedankenstrich genannte Schwelle nicht überschritten hat.

Die für die Anwendung der obenstehenden Bestimmungen maßgebliche Schwelle errechnet sich aus dem Gesamtbetrag des innergemeinschaftlichen Erwerbs von Gegenständen, ausgenommen neue Fahrzeuge und verbrauchsteuerpflichtige Waren, ohne die Mehrwertsteuer, die in dem Mitgliedstaat, von dem aus die Gegenstände versandt oder befördert werden, geschuldet oder entrichtet wird.

(2) Im Sinne dieses Abschnitts

a) gelten als „Fahrzeuge": Wasserfahrzeuge mit einer Länge von mehr als 7,5 Metern, Luftfahrzeuge, deren Gesamtgewicht beim Aufstieg mehr als 1550 Kilogramm beträgt, und motorbetriebene Landfahrzeuge mit einem Hubraum von mehr als 48 Kubikzentimetern oder einer Leistung von mehr als 7,2 Kilowatt, die zur Personen- oder Güterbeförderung bestimmt sind; ausgenommen sind Schiffe und Luftfahrzeuge gemäß Artikel 15 Nummern 5 und 6;

b) gelten nicht als „neue Fahrzeuge" die in Buchstabe a) genannten Fahrzeuge, wenn gleichzeitig die beiden nachstehenden Bedingungen erfüllt sind:
- Die Lieferung erfolgt mehr als drei Monate nach der ersten Inbetriebnahme. Für motorbetriebene Landfahrzeuge nach Buchstabe a) beträgt dieser Zeitraum sechs Monate;
- das Fahrzeug hat mehr als 6 000 Kilometer im Fall eines Landfahrzeugs, mehr als 100 Stunden auf Wasser im Fall eines Wasserfahrzeugs oder mehr als 40 Stunden in der Luft im Fall eines Luftfahrzeugs zurückgelegt.

Die Mitgliedstaaten legen die Voraussetzungen fest, unter denen die obengenannten Angaben als gegeben gelten.

(3) Als innergemeinschaftlicher Erwerb eines Gegenstands gilt die Erlangung der Befähigung, wie ein Eigentümer über einen beweglichen körperlichen Gegenstand zu verfügen, welcher durch den Verkäufer oder durch den Erwerber oder für ihre Rechnung nach einem anderen Mitgliedstaat als dem, in dem sich der Gegenstand zum Zeitpunkt des Beginns der Versendung oder Beförderung befand, an den Erwerber versendet oder befördert wird.

Werden von einer nichtsteuerpflichtigen juristischen Person erworbene Gegenstände von einem Drittlandsgebiet aus versandt oder befördert und von dieser nichtsteuerpflichtigen juristischen Person in einen anderen Mitgliedstaat als den der Beendigung des Versands oder der Beförderung eingeführt, so gelten die Gegenstände als vom Einfuhrmitgliedstaat aus versandt oder befördert. Dieser Mitgliedstaat gewährt dem Importeur im Sinne des Artikels 21 Nummer 2 die Erstattung der für die Einfuhr der Waren gezahlten Mehrwertsteuer, sofern der Importeur nachweist, daß der Erwerb dieser Waren in dem Mitgliedstaat der Beendigung des Versands oder der Beförderung der Güter der Mehrwertsteuer unterworfen war.

(4) Als Steuerpflichtiger gilt auch jede Person, die gelegentlich ein neues Fahrzeug nach Maßgabe des Artikels 28c Teil A liefert.

Der Mitgliedstaat, in dem die Lieferung erfolgt, gewährt dem Steuerpflichtigen das Recht zum Vorsteuerabzug mit folgender Maßgabe:
- das Abzugsrecht entsteht zum Zeitpunkt der Lieferung und kann nur zu diesem Zeitpunkt ausgeübt werden;
- der Steuerpflichtige ist berechtigt, die im Einkaufspreis enthaltene oder bei der Einfuhr oder dem innergemeinschaftlichen Erwerb des Fahrzeugs entrichtete Mehrwertsteuer im Umfang oder bis zur Höhe des Betrags abzuziehen, der als Steuer geschuldet würde, wenn die Lieferung nicht befreit wäre.

Die Mitgliedstaaten legen hierzu die Durchführungsbestimmungen fest.

(5) *Einer Lieferung von Gegenständen gegen Entgelt gleichgestellt ist*

a) *(weggefallen)*

b) *die von einem Steuerpflichtigen vorgenommene Verbringung eines Gegenstands seines Unternehmens in einen anderen Mitgliedstaat.*

Als in einen anderen Mitgliedstaat verbracht gilt jeder körperliche Gegenstand, der vom Steuerpflichtigen oder für seine Rechnung nach Orten außerhalb des in Artikel 3 bezeichneten Gebietes, aber innerhalb der Gemeinschaft für andere Zwecke seines Unternehmens als für die Zwecke einer der folgenden Umsätze versandt oder befördert wird:

- *Lieferung dieses Gegenstands durch den Steuerpflichtigen innerhalb des Mitgliedstaats der Beendigung des Versands oder der Beförderung unter den Bedingungen des Artikels 8 Absatz 1 Buchstabe a) zweiter Satz oder des Artikels 28b Teil B Absatz 1,*

- *Lieferung dieses Gegenstands durch den Steuerpflichtigen unter den Bedingungen des Artikels 8 Absatz 1 Buchstabe c),*

- *Lieferung dieses Gegenstands durch den Steuerpflichtigen im Inland unter den Bedingungen des Artikels 15 oder des Artikels 28c Teil A,*

- *Erbringung einer Dienstleistung an den Steuerpflichtigen, die in Arbeiten an diesem Gegenstand besteht, die im Mitgliedstaat der Beendigung des Versands oder der Beförderung des Gegenstands tatsächlich ausgeführt werden, sofern der Gegenstand nach der Bearbeitung wieder dem Steuerpflichtigen in dem Mitgliedstaat zugeschickt wird, von dem aus der Gegenstand ursprünglich versandt oder befördert worden war,*

- *vorübergehende Verwendung dieses Gegenstands im Gebiet des Mitgliedstaats der Beendigung des Versands oder der Beförderung zum Zwecke der Erbringung von Dienstleistungen durch den im Mitgliedstaat des Beginns des Versands oder der Beförderung niedergelassenen Steuerpflichtigen,*

- *vorübergehende Verwendung dieses Gegenstands während höchstens 24 Monaten in dem Gebiet eines anderen Mitgliedstaates, in dem für die Einfuhr des gleichen Gegenstands aus einem Drittland im Hinblick auf eine vorübergehende Verwendung die Regelung über die vollständige Befreiung von Eingangsabgaben bei der vorübergehenden Einfuhr gelten würde.*

Liegt jedoch eine der Voraussetzungen, an die die Inanspruchnahme der vorstehenden Bestimmungen geknüpft ist, nicht mehr vor, so wird davon ausgegangen, daß der Gegenstand in einen anderen Mitgliedstaat verbracht worden ist. In diesem Fall gilt die Verbringung als zu dem Zeitpunkt erfolgt, zu dem die betreffende Voraussetzung nicht mehr vorliegt.

(6) Einem innergemeinschaftlichen Erwerb von Gegenständen gegen Entgelt gleichgestellt ist die Verwendung eines Gegenstandes durch einen Steuerpflichtigen in seinem Unternehmen, der von dem Steuerpflichtigen oder für seine Rechnung aus einem anderen Mitgliedstaat, in dem der Gegenstand von dem Steuerpflichtigen im Rahmen seines in diesem Mitgliedstaat gelegenen Unternehmens hergestellt, gewonnen, umgestaltet, gekauft, im Sinne des Absatzes 1 erworben oder aber eingeführt worden ist, versandt oder befördert wurde.

Einem innergemeinschaftlichen Erwerb von Gegenständen gegen Entgelt gleichgestellt ist ferner die Verwendung von Gegenständen, die nicht gemäß den allgemeinen Besteuerungsbedingungen des Binnenmarktes eines Mitgliedstaats erworben wurden, durch die Streitkräfte von Staaten, die Vertragsparteien des Nordatlantikvertrags sind, für den Gebrauch oder Verbrauch dieser Streitkräfte oder ihres zivilen Begleitpersonals, sofern für die Einfuhr dieser Gegenstände nicht die in Artikel 14 Absatz 1 Buchstabe g) vorgesehene Steuerbefreiung in Anspruch genommen werden kann.

(7) Die Mitgliedstaaten ergreifen die Maßnahmen, die sicherstellen, daß als innergemeinschaftlicher Erwerb von Gegenständen die Umsätze gelten, die als Lieferung von Gegenständen im Sinne des Absatzes 5 und im Sinne des Artikels 5 gegolten hätten, wenn sie im Inland von einem Steuerpflichtigen, der als solcher handelt, getätigt worden wären.

UStR

1.[1]) Leistungsaustausch

(1) ¹Lieferungen und sonstige Leistungen sind nur dann steuerbar, wenn ein Leistungsaustausch vorliegt. ²Ein Leistungsaustausch setzt voraus, daß Leistender und Leistungsempfänger vorhanden sind und der Leistung eine Gegenleistung (Entgelt) gegenübersteht. ³Für die Annahme eines Leistungsaustausches müssen Leistung und Gegenleistung in einem wechselseitigen Zusammenhang stehen. ⁴Ein Leistungsaustausch kann nur zustande kommen, wenn sich die Leistung auf den Erhalt einer Gegenleistung richtet und damit die gewollte, erwartete oder erwartbare Gegenleistung auslöst, so daß schließlich die wechselseitig erbrachten Leistungen miteinander innerlich verbunden sind (BFH-Urteil vom 7. 5. 1981 – BStBl II S. 495). ⁵Der Annahme eines Leistungsaustausches steht nicht entgegen, daß sich die Entgeltserwartung nicht erfüllt, daß das Entgelt uneinbringlich wird oder daß es sich nachträglich mindert (vgl. BFH-Urteil vom 22. 6. 1989 – BStBl II S. 913). ⁶*Bloße – vorübergehende – Liquiditätsschwierigkeiten des Entgeltschuldners ändern hieran regelmäßig nichts (vgl. BFH-Urteil vom 16. 3. 1993 – BStBl II S. 562).* ⁷Auch wenn eine Gegenleistung freiwillig erbracht wird, kann ein Leistungsaustausch vorliegen (vgl. BFH-Urteil vom 17. 2. 1972 – BStBl II S. 405). ⁸Leistung und Gegenleistung brauchen sich nicht gleichwertig gegenüberzustehen (vgl. BFH-Urteil vom 22. 6. 1989 a. a. O.).

---

1) **Anm.:** Abschn. 1 Abs. 3 Satz 2 berichtigt durch BMF 20. 12. 1996 (BStBl 1997 I, 127).
*) Die senkrechten Randlinien kennzeichnen Stellen, an denen Text der UStR 1992 weggefallen ist. Änderungen und Ergänzungen gegenüber den UStR 1992 sind durch Kursivdruck hervorgehoben.

⁹An einem Leistungsaustausch fehlt es in der Regel, wenn eine Gesellschaft Geldmittel nur erhält, damit sie in die Lage versetzt wird, sich in Erfüllung ihres Gesellschaftszwecks zu betätigen (vgl. BFH-Urteil vom 20. 4. 1988 – BStBl II S. 792). ¹⁰Die Gewährung von Personalrabatt durch den Unternehmer beim Einkauf von Waren durch seine Mitarbeiter ist keine Leistung gegen Entgelt, sondern Preisnachlaß (BFH-Beschluß vom 17. 9. 1981 – BStBl II S. 775).

(1a) ¹Zur Prüfung der Leistungsbeziehungen zwischen nahen Angehörigen, wenn der Leistungsempfänger die Leistung für Umsätze in Anspruch nimmt, die den Vorsteuerabzug nicht ausschließen, vgl. BFH-Urteil vom 15. 3. 1993 – BStBl II S. 728. ²Zur rechtsmißbräuchlichen Gestaltung nach § 42 AO bei „Vorschaltung" von Minderjährigen in den Erwerb und die Vermietung von Gegenständen vgl. BFH-Urteile vom 21. 11. 1991 – BStBl 1992 II S. 446 und vom 4. 5. 1994 – BStBl II S. 829. ³Ist der Leistungsempfänger ganz oder teilweise nicht zum Vorsteuerabzug berechtigt, ist der Mißbrauch von rechtlichen Gestaltungsmöglichkeiten nach den Grundsätzen der BFH-Urteile vom 22. 10. 1992 – BStBl 1993 II S. 210 – und vom 4. 5. 1994 – BStBl II S. 829 zu prüfen.

(2) ¹Der Leistungsaustausch umfaßt alles, was Gegenstand eines Rechtsverkehrs sein kann. ²Leistungen im Rechtssinne unterliegen aber nur insoweit der Umsatzsteuer, als sie auch Leistungen im wirtschaftlichen Sinne sind, d. h. Leistungen, bei denen ein über die reine Entgeltsentrichtung hinausgehendes eigenes wirtschaftliches Interesse des Entrichtenden verfolgt wird (vgl. BFH-Urteil vom 31. 7. 1969 – BStBl II S. 637). ³Die bloße Entgeltsentrichtung, insbesondere die Geldzahlung oder Überweisung, ist keine Leistung im wirtschaftlichen Sinne. ⁴Unter welchen Voraussetzungen bei der Schuldübernahme eine Leistung im wirtschaftlichen Sinne anzunehmen ist vgl. die BFH-Urteile vom 18. 4. 1962 – BStBl III S. 292 und vom 31. 7. 1969 a. a. O. ⁵Die Übernahme einer Baulast gegen ein Darlehen zu marktunüblich niedrigen Zinsen kann einen steuerbaren Umsatz darstellen (vgl. BFH-Beschluß vom 12. 11. 1987 – BStBl 1988 II S. 156). ⁶Die Unterhaltung von Giro-, Bauspar- und Sparkonten stellt für sich allein keine Leistung im wirtschaftlichen Sinne dar (vgl. BFH-Urteil vom 1. 2. 1973 – BStBl II S. 172). ⁷Die geschäftsmäßige Ausgabe nicht börsengängiger sogenannter Optionen (Privatoptionen) auf Warenterminkontrakte gegen Zahlung einer Prämie ist eine steuerbare Leistung (BFH-Urteil vom 28. 11. 1985 – BStBl 1986 II S. 160). ⁸Zum Anbieten von Leistungen (Leistungsbereitschaft) als eine steuerbare Leistung, wenn dafür ein Entgelt gezahlt wird, vgl. BFH-Urteil vom 27. 8. 1970 – BStBl 1971 II S. 6. *⁹Zahlt ein Apotheker einem Hauseigentümer dafür etwas, daß dieser Praxisräume einem Arzt (mietweise oder unentgeltlich) überläßt, kann zwischen dem Apotheker und dem Hauseigentümer ein eigener Leistungsaustausch vorliegen (BFH-Urteil vom 20. 2. 1992 – BStBl II S. 705).*

(3) ¹Ein Leistungsaustausch liegt nicht vor, wenn eine Lieferung rückgängig gemacht wird (Rückgabe). ²Ob eine nicht steuerbare Rückgabe oder eine steuerbare Rücklieferung vorliegt, ist aus der Sicht des ursprünglichen Lieferungsempfängers und nicht aus der Sicht des ursprünglichen Lieferers zu beurteilen (vgl. BFH-Urteil vom 17. 12. 1981 – BStBl 1982 II S. 233).

(4) ¹Die Freigabe eines Fußballvertragsspielers oder Lizenzspielers gegen Zahlung einer Ablöseentschädigung vollzieht sich im Rahmen eines steuerbaren Leistungsaustausches (vgl. BFH-Urteil vom 31. 8. 1955 – BStBl III S. 333). ²Das gilt auch dann, wenn die Ablöseentschädigung für die Abwanderung eines Fußballspielers in das Ausland von dem ausländischen Verein gezahlt wird, weil die Spielerfreigabe eine im Inland ausgeführte sonstige Leistung des deutschen Vereins darstellt.

(5) ¹Personalgestellungen und -überlassungen gegen Entgelt, auch gegen Aufwendungsersatz, erfolgen grundsätzlich im Rahmen eines Leistungsaustausches. ²In den folgenden Beispielsfällen liegt bei der Freistellung von Arbeitnehmern durch den Unternehmer gegen Erstattung der Auf-

wendungen wie Lohnkosten, Sozialversicherungsbeiträge und dgl. jedoch kein Leistungsaustausch vor:

Freistellung:

1. für Luftschutz- und Katastrophenschutzübungen,
2. für Sitzungen des Gemeinderates oder seiner Ausschüsse,
3. an das Deutsche Rote Kreuz, das Technische Hilfswerk oder den Malteser-Hilfsdienst, die Johanniter-Unfallhilfe oder den Arbeiter Samariter Bund,
4. an die Feuerwehr für Zwecke der Ausbildung zu Übungen und Einsätzen,
5. für Wehrübungen,
6. zur Teilnahme an der Vollversammlung einer Handwerkskammer, an Konferenzen, Lehrgängen und dgl. einer Industriegewerkschaft,
7. für Sitzungen der Vertreterversammlung und des Vorstandes der Verwaltungsstellen der Bundesknappschaft,
8. für die ehrenamtliche Tätigkeit in den Selbstverwaltungsorganen der Allgemeinen Ortskrankenkassen,
9. als Heimleiter in Jugenderholungsheimen einer Industriegewerkschaft,
10. von Bergleuten für Untersuchungen durch das Berufsgenossenschaftliche Forschungsinstitut für Arbeitsmedizin (BGFA),
11. für Kurse der Berufsgenossenschaft zur Unfallverhütung.

(6) ¹Das Bestehen einer Gewinngemeinschaft (Gewinnpooling) beinhaltet für sich allein noch keinen Leistungsaustausch zwischen den Beteiligten (vgl. BFH-Urteil vom 26. 7. 1973 – BStBl II S. 766). ²Bei einer Innengesellschaft ist kein Leistungsaustausch zwischen Gesellschaftern und Innengesellschaft, sondern nur unter den Gesellschaftern denkbar (vgl. BFH-Urteil vom 27. 5. 1982 – BStBl II S. 678).

(7) ¹Die Führung der Geschäfte einer Personengesellschaft sowie deren Vertretung durch eine Gesellschaft mit beschränkter Haftung, die ihre einzige geschäftsführende persönlich haftende Gesellschafterin ist, ist unabhängig davon, ob eine gewinnabhängige oder gewinnunabhängige Geschäftsführervergütung oder nichts gezahlt wird, keine gegenüber einer anderen Person erbrachte Leistung im Sinne des § 1 Abs. 1 Nr. 1 UStG (BFH-Urteil vom 17. 7. 1980 – BStBl II S. 622). ²Die Tätigkeit eines Kassenarztes als Vorstandsmitglied einer Kassenärztlichen Vereinigung ist keine sonstige Leistung im Rahmen eines Leistungsaustausches, wie sie von einem Unternehmer durch geschäftliche Betätigung gegenüber Dritten erbracht wird (BFH-Urteil vom 4. 11. 1982 – BStBl 1983 II S. 156).

(8) ¹Werden aufgrund des Baugesetzbuchs (BauGB) Betriebsverlagerungen vorgenommen, so handelt es sich dabei um umsatzsteuerbare Leistungen des betreffenden Unternehmers an die Gemeinde oder den Sanierungsträger; das Entgelt für diese Leistungen besteht in den Entschädigungsleistungen. ²Reichen die normalen Entschädigungsleistungen nach dem BauGB nicht aus und werden zur anderweitigen Unterbringung eines von der städtebaulichen Sanierungsmaßnahme betroffenen gewerblichen Betriebs oder land- oder forstwirtschaftlichen Betriebs zusätzliche Sanierungsförderungsmittel in Form von Zuschüssen eingesetzt, sind sie als Teil des Entgelts für die oben bezeichnete Leistung des Unternehmers anzusehen.

(9) ¹Nach § 181 BauGB soll die Gemeinde bei der Durchführung des BauGB zur Vermeidung oder zum Ausgleich wirtschaftlicher Nachteile, die für den Betroffenen in seinen persönlichen Lebensumständen eine besondere Härte bedeuten, auf Antrag einen Geldausgleich im Billigkeitswege gewähren. ²Ein solcher Härteausgleich ist, wenn er einem Unternehmer gezahlt wird, nicht als Entgelt für eine steuerbare Leistung des Unternehmers gegenüber der Gemeinde anzusehen; es handelt sich vielmehr um eine nicht steuerbare Zuwendung. ³Das gleiche gilt, wenn dem Eigentümer eines Gebäudes ein Zuschuß gewährt wird

1. für Modernisierungs- und Instandsetzungsmaßnahmen nach § 177 BauGB,
2. für Modernisierungs- und Instandsetzungsmaßnahmen im Sinne des § 177 BauGB, zu deren Durchführung sich der Eigentümer gegenüber der Gemeinde vertraglich verpflichtet hat,
3. für andere der Erhaltung, Erneuerung und funktionsgerechten Verwendung dienende Maßnahmen an einem Gebäude, das wegen seiner geschichtlichen, künstlerischen oder städtebaulichen Bedeutung erhalten bleiben soll, zu deren Durchführung sich der Eigentümer gegenüber der Gemeinde vertraglich verpflichtet hat.

⁴Voraussetzung ist, daß in den Fällen der Nummern 2 und 3 der Zuschuß aus Sanierungsförderungsmitteln zu Deckung der Kosten der Modernisierung und Instandsetzung nur insoweit gewährt wird, als diese Kosten nicht vom Eigentümer zu tragen sind.

(10) ¹Überläßt eine Gemeinde nach § 147 Abs. 2 Satz 1 BauGB einem Grundstückseigentümer (Unternehmer) die Durchführung einer Ordnungsmaßnahme und zahlt sie ihm aufgrund eines Vertrags entsprechend § 155 Abs. 6 BauGB für die Freimachung des Grundstücks mit aufstehendem Gebäude die Abbruchkosten sowie eine Gebäude-Restwertentschädigung, so stellen diese Beträge das Entgelt für eine steuerbare und steuerpflichtige Leistung des Grundstückseigentümers an die Gemeinde dar. ²Führt die Gemeinde die Abbrucharbeiten selbst durch und zahlt dem Grundstückseigentümer eine Gebäude-Restwertentschädigung, so ist die Restwertentschädigung ebenfalls Entgelt für eine steuerbare Leistung (Duldung des Gebäudeabbruchs im Rahmen der Ordnungsmaßnahmen) des Grundstückseigentümers an die Gemeinde. ³Gemeinden ermöglichen den Bauherren, die große Bauvorhaben durchführen wollen, eine frühzeitige bauliche Nutzung ihrer Grundstücke, indem sie sich mit bestimmten Erschließungsmaßnahmen durch die Bauherren selbst einverstanden erklären. ⁴Soweit die Bauherren von ihnen erstellte Anlagen im Sinne des § 127 BauGB auf die Gemeinden übertragen, ist diese Übertragung nicht steuerbar, weil die Gemeinden dafür keine Gegenleistung erbringen.

(11) ¹Der Übergang eines Grundstücks im Flurbereinigungsverfahren nach dem Flurbereinigungsgesetz (FlurbG) und im Umlegungsverfahren nach dem Baugesetzbuch unterliegt grundsätzlich nicht der Umsatzsteuer. ²In den Fällen der Unternehmensflurbereinigung (§§ 87 bis 89 FlurbG) ist die Bereitstellung von Flächen insoweit umsatzsteuerbar, als dafür eine Geldentschädigung gezahlt wird. ³Ggf. kommt die Steuerbefreiung nach § 4 Nr. 9 Buchstabe a UStG in Betracht.

(12) Zum Bauen auf fremdem Boden vgl. BMF-Schreiben vom 23. 7. 1986 – BStBl I S. 432.

(13) Es ist darauf zu achten, daß bei der Anwendung umsatzsteuerlicher Vorschriften die im Beitrittsgebiet geltenden eigentumsrechtlichen Regelungen (insbesondere Sachenrechtsbereinigungsgesetz, Bodensonderungsgesetz, § 9 Grundbuchbereinigungsgesetz, Artikel 233 § 2a EGBGB) berücksichtigt werden.

2. Verwertung von Sachen und Forderungen

Verwertung von Sicherungsgut

(1) ¹Bei der Sicherungsübereignung erlangt der Sicherungsnehmer zu dem Zeitpunkt, in dem er von seinem Verwertungsrecht Gebrauch macht, auch die Verfügungsmacht über das Siche-

rungsgut. ²Die Verwertung der zur Sicherheit übereigneten Gegenstände führt zu zwei Umsätzen, und zwar zu einer Lieferung des Sicherungsgebers an den Sicherungsnehmer und zu einer Lieferung des Sicherungsnehmers an den Erwerber (vgl. BFH-Urteil vom 4. 6. 1987 – BStBl II S. 741). ³Entsprechendes gilt bei der Versteigerung verfallener Pfandsachen durch den Pfandleiher (vgl. BFH-Urteil vom 9. 7. 1970 – BStBl II S. 645). ⁴Auch wenn der Sicherungsnehmer nach Eintritt der Verwertungsreife ihm zur Sicherheit übereignete Gegenstände aufgrund einer Abrede mit dem Sicherungsgeber in dessen Namen veräußert, ist die Leistung eine solche des Sicherungsnehmers aufgrund der ihm vom Sicherungsgeber verschafften Verfügungsmacht (BFH-Urteil vom 17. 7. 1980 – BStBl II S. 673).

Verwertung durch den Gerichtsvollzieher

(2) Wird im Rahmen der Zwangsvollstreckung eine Sache durch den Gerichtsvollzieher oder ein anderes staatliches Vollstreckungsorgan öffentlich versteigert oder freihändig verkauft, so liegt darin keine Lieferung des Vollstreckungsschuldners an das jeweilige Bundesland, dem die Vollstreckungsorgane angehören, und keine Lieferung durch dieses an den Erwerber, sondern es handelt sich um eine Lieferung des Vollstreckungsschuldners unmittelbar an den Erwerber (vgl. BFH-Urteil vom 19. 12. 1985 – BStBl 1986 II S. 500).

Veräußerung von sicherungsübereigneten Sachen im Konkurs des Sicherungsgebers (§ 127 KO)

(3) ¹Durch das Recht auf abgesonderte Befriedigung (§ 48 KO) des Sicherungsnehmers im Konkurs des Sicherungsgebers (Gemeinschuldners) wird der Sicherungsnehmer dem Pfandrechtsgläubiger gleichgestellt. ²Bei der Verwertung der zur Sicherheit übereigneten Gegenstände handelt es sich um zwei Umsätze, nämlich um eine Lieferung des Sicherungsgebers an den Sicherungsnehmer und um eine solche des Sicherungsnehmers an den Erwerber (vgl. Absatz 1). *³Eine Vereinbarung, nach der der Sicherungsgeber dem Sicherungsnehmer das Sicherungsgut zur Verwertung freigibt und auf sein Auslöserecht verzichtet, stellt noch keine Lieferung des Sicherungsguts an den Sicherungsnehmer dar (BFH-Urteil vom 21. 7. 1994 – BStBl II S. 878). ⁴Das Gesamtvollstreckungsverfahren nach der Gesamtvollstreckungsordnung vom 23. 5. 1991 – GesO – (BGBl. I S. 1185) steht dem Konkursverfahren hinsichtlich der Anwendung der Umsatzsteuerrichtlinien gleich (vgl. § 1 Abs. 4 GesO).*

(4) ¹Veräußert der Konkursverwalter das Sicherungsgut selbst, so liegt – im Gegensatz zu der Verwertung des Sicherungsguts durch den Sicherungsnehmer – nur eine Lieferung des Gemeinschuldners an den Erwerber vor (vgl. BFH-Urteil vom 20. 7. 1978 – BStBl II S. 684). ²Werden zur Sicherung übereignete Gegenstände im Konkurs des Sicherungsgebers vom Konkursverwalter dem Gemeinschuldner mit der Maßgabe freigegeben, daß der Verwertungserlös der Konkursmasse zugute kommen soll (sog. modifizierte Freigabe), entsteht mit der Herausgabe des Sicherungsguts durch den Gemeinschuldner an den Sicherungsnehmer Umsatzsteuer zu Lasten der Konkursmasse. *³Eine Freigabe des Gegenstandes an den Gemeinschuldner zu dessen freier Verfügung, bei der der Konkursverwalter auch den wirtschaftlichen Wert des Gegenstandes aus der Hand gibt, beendet ihre Massezugehörigkeit, so daß der Gegenstand konkursfreies Vermögen des Gemeinschuldners wird (unbedingte Freigabe). ⁴Veräußert der Gemeinschuldner den Gegenstand, schuldet er die auf diese Lieferung entfallende Umsatzsteuer (vgl. BFH-Urteil vom 24. 9. 1987 – BStBl II S. 873).*

Einziehung einer sicherungshalber abgetretenen Warenforderung durch den Sicherungsnehmer im Falle des Konkurses

(5) Anders als bei der Verwertung von Sachen durch den Sicherungsnehmer findet bei der Einziehung von Forderungen kein doppelter Umsatz statt, denn die Lieferung, aus der die For-

derung entstanden ist, hatte der Sicherungsgeber (Gemeinschuldner) vor der Konkurseröffnung bereits bewirkt; der Sicherungsnehmer zieht die Forderung lediglich ein.

Verwertung von Grundstückszubehör im Konkurs

(6) [1]Mit der Konkurseröffnung verliert der Gemeinschuldner die Befugnis, sein zur Konkursmasse gehöriges Vermögen zu verwalten und über dasselbe zu verfügen (§ 6 Abs. 1 KO). [2]Dem Konkursverwalter wird jedoch weder durch die Konkurseröffnung noch durch die Verwertung der Konkursmasse die Verfügungsmacht im umsatzsteuerlichen Sinne verschafft. [3]Verwertet der Konkursverwalter mithaftendes Zubehör (§§ 1120 ff., 97 BGB), so verschafft er dem Erwerber die Verfügungsmacht als Vertreter des Gemeinschuldners. [4]Es liegt nur eine Lieferung vor. [5]Steuerschuldner im Sinne des § 13 Abs. 2 UStG ist der Gemeinschuldner. [6]Die Umsatzsteuer aus dieser Lieferung ist jedoch nach § 58 Nr. 2 KO gegenüber dem Konkursverwalter geltend zu machen und von diesem als Massekosten aus der Konkursmasse vorweg an das Finanzamt zu entrichten (vgl. BFH-Urteil vom 4. 7. 1957 – BStBl III S. 282).

(7) [1]Gibt der Konkursverwalter das Zubehör zur Veräußerung durch den Gemeinschuldner mit der obligatorischen Verpflichtung frei, den durch die Veräußerung erlangten Betrag an die Masse abzuführen, liegt eine „modifizierte Freigabe" vor. [2]Das Verfügungsrecht des Gemeinschuldners, das zunächst durch die Konkurseröffnung verlorengegangen war (vgl. Abs. 6), ist damit wieder aufgelebt. [3]Auch die „modifizierte Freigabe" ist umsatzsteuerlich nicht als Lieferung anzusehen. [4]Der Konkursverwalter hat die sich aus der Lieferung des Gemeinschuldners ergebende Steuer nach § 58 Nr. 2 KO vorweg an das Finanzamt zu entrichten. [5]Die Grundsätze über die Veräußerung von Zubehör gelten auch für die Veräußerung von Bestandteilen und Erzeugnissen (§§ 93 ff. BGB).

3. Schadensersatz

(1) [1]Im Falle einer echten Schadensersatzleistung fehlt es an einem Leistungsaustausch. [2]Der Schadensersatz wird nicht geleistet, weil der Leistende eine Lieferung oder sonstige Leistung erhalten hat, sondern weil er nach Gesetz oder Vertrag für den Schaden und seine Folgen einzustehen hat. [3]Echter Schadensersatz ist insbesondere gegeben bei Schadensbeseitigung durch den Schädiger oder durch einen von ihm beauftragten selbständigen Erfüllungsgehilfen, bei Zahlung einer Geldentschädigung durch den Schädiger, bei Schadensbeseitigung durch den Geschädigten oder in dessen Auftrag durch einen Dritten ohne einen besonderen Auftrag des Ersatzverpflichteten. [4]Ein Schadensersatz ist dagegen dann nicht anzunehmen, wenn die Ersatzleistung tatsächlich die – wenn auch nur teilweise – Gegenleistung für eine Lieferung oder sonstige Leistung darstellt (vgl. BFH-Urteil vom 22. 11. 1962 – BStBl 1963 III S. 106). [5]Beseitigt der Geschädigte im Auftrag des Schädigers einen ihm zugefügten Schaden selbst, ist die Schadensersatzleistung als Entgelt im Rahmen eines Leistungsaustausches anzusehen (vgl. BFH-Urteil vom 11. 3. 1965 – BStBl III S. 303).

(2) [1]Vertragsstrafen, die wegen Nichterfüllung oder wegen nicht gehöriger Erfüllung (§§ 340, 341 BGB) geleistet werden, haben Schadensersatzcharakter. [2]Hat der Leistungsempfänger die Vertragsstrafe an den leistenden Unternehmer zu zahlen, ist sie deshalb nicht Teil des Entgelts für die Leistung. [3]Zahlt der leistende Unternehmer die Vertragsstrafe an den Leistungsempfänger, so liegt darin keine Entgeltsminderung *(vgl. BFH-Urteil vom 4. 5. 1994 – BStBl II S. 589).* [4]Die Entschädigung, die ein Verkäufer nach den Geschäftsbedingungen vom Käufer verlangen kann, wenn dieser innerhalb bestimmter Fristen seinen Verpflichtungen aus dem Kaufvertrag nicht nachkommt (Schadensersatz wegen Nichterfüllung), ist nicht Entgelt, sondern Schadensersatz (vgl. BFH-Urteil vom 27. 4. 1961 – BStBl III S. 300). [5]Eine Willenserklärung, durch die der

Unternehmer seinem zur Übertragung eines Vertragsgegenstandes unfähig gewordenen Schuldner eine Ersatzleistung in Geld gestattet, kann nicht als sonstige Leistung (Rechtsverzicht) beurteilt werden. [6]Die Ersatzleistung ist echter Schadensersatz (vgl. BFH-Urteil vom 12. 11. 1970 – BStBl 1971 II S. 38). [7]Auch die Vergütung, die der Unternehmer nach Kündigung oder vertraglicher Auflösung eines Werklieferungsvertrags vereinnahmt, ohne an den Besteller die bereitgestellten Werkstoffe oder das teilweise vollendete Werk geliefert zu haben, ist kein Entgelt im Sinne des Umsatzsteuerrechts (vgl. BFH-Urteil vom 27. 8. 1970 – BStBl 1971 II S. 6). [8]Zum Leistungsgegenstand bei noch nicht abgeschlossenen Werklieferungen vgl. Abschnitt 28.

(3) [1]Erhält ein Unternehmer die Kosten eines gerichtlichen Mahnverfahrens erstattet, so handelt es sich dabei nicht um einen Teil des Entgelts für eine steuerbare Leistung, sondern um Schadensersatz. [2]Die Mahngebühren oder Mahnkosten, die ein Unternehmer von säumigen Zahlern erhebt und aufgrund seiner Geschäftsbedingungen oder anderer Unterlagen – z. B. Mahnschreiben – als solche nachweist, sind ebenfalls nicht das Entgelt für eine besondere Leistung. [3]Verzugszinsen, Fälligkeitszinsen und Prozeßzinsen (vgl. z. B. §§ 288, 291 BGB; § 353 HGB) sind als Schadensersatz zu behandeln. [4]Das gleiche gilt für Nutzungszinsen, die z. B. nach § 452 BGB nach Übergang des Nutzungsrechts am gekauften Gegenstand oder nach § 641 Abs. 2 BGB von der Abnahme des Werkes an erhoben werden. [5]Als Schadensersatz sind auch die nach den Artikeln 48 und 49 des Wechselgesetzes sowie den Artikeln 45 und 46 des Scheckgesetzes im Falle des Rückgriffs zu zahlenden Zinsen, Kosten des Protestes und Vergütungen zu behandeln.

(4) [1]Die Ausgleichszahlung für Handelsvertreter nach § 89b HGB ist kein Schadensersatz, sondern eine Gegenleistung des Geschäftsherrn für erlangte Vorteile aus der Tätigkeit als Handelsvertreter. [2]Dies gilt auch dann, wenn der Ausgleichsanspruch durch den Tod des Handelsvertreters fällig wird (BFH-Urteil vom 26. 9. 1968 – BStBl 1969 II S. 210).

(5) [1]Die Entschädigung, die aufgrund einer schriftlichen Vereinbarung an den Mieter für die vorzeitige Räumung der Geschäftsräume und die Aufgabe des noch laufenden Mietvertrages zur Abgeltung aller mit der Freimachung der bisherigen Mieträume zusammenhängenden Ansprüche gezahlt wird, ist nicht Schadensersatz, sondern Leistungsentgelt (vgl. BFH-Urteil vom 27. 2. 1969 – BStBl II S. 386). [2]Das gilt auch dann, wenn der Unternehmer zur Vermeidung einer Enteignung auf die vertragliche Regelung eingegangen ist. [3]Ob die Vertragsparteien die Zahlung als Schadensersatz bezeichnen oder vereinbaren, nur die durch die Freimachung entstandenen tatsächlichen Aufwendungen zu erstatten, ist unbeachtlich (vgl. BFH-Urteile vom 27. 2. 1969 und vom 7. 8. 1969 – BStBl II S. 387 und 696). [4]Entschädigungen, die als Folgewirkung einer Enteignung nach § 96 BauGB gezahlt werden, sind kein Schadensersatz und daher steuerbar (BFH-Urteil vom 10. 2. 1972 – BStBl II S. 403; *vgl. auch BFH-Urteil vom 24. 6. 1992 – BStBl II S. 986*). [5]Zur Behandlung von Entschädigungen für die Einräumung von Leitungsrechten an Grundstücken zugunsten von Energieversorgungsunternehmen vgl. BMF-Schreiben vom 4. 5. 1987 – BStBl I S. 397.

(6) [1]Die Ersatzleistung aufgrund einer Warenkreditversicherung stellt nicht die Gegenleistung für eine Lieferung oder sonstige Leistung dar, sondern nicht steuerbaren Schadensersatz. [2]Zur Frage des Leistungsaustausches bei Zahlungen von Fautfrachten wegen Nichterfüllung eines Chartervertrages vgl. BFH-Urteil vom 22. 1. 1970 – BStBl II S. 363.

(7) [1]In Gewährleistungsfällen ist die Erstattung der Material- und Lohnkosten, die ein Vertragshändler aufgrund vertraglicher Vereinbarungen für die Beseitigung von Mängeln an den bei ihm gekauften Gegenständen vom Hersteller ersetzt bekommt, echter Schadensersatz, wenn sich der Gewährleistungsanspruch des Kunden nicht gegen den Hersteller, sondern gegen den Vertragshändler richtet (vgl. BFH-Urteil vom 16. 7. 1964 – BStBl III S. 516). [2]In diesen Fällen erfüllt

der Händler mit der Garantieleistung unentgeltlich eine eigene Verpflichtung gegenüber dem Kunden aus dem Kaufvertrag und erhält aufgrund seiner Vereinbarung mit dem Herstellerwerk von diesem den durch den Materialfehler erlittenen, vom Werk zu vertretenden Schaden ersetzt (BFH-Urteil vom 17. 2. 1966 – BStBl III S. 261). [3]Wegen der Einzelheiten bei der umsatzsteuerrechtlichen Beurteilung von Garantieleistungen und Freiinspektionen in der Kraftfahrzeugwirtschaft vgl. BMF-Schreiben vom 3. 12. 1975 – BStBl I S. 1132. [4]Zur umsatzsteuerlichen Behandlung von Garantieleistungen in der Reifenindustrie vgl. BMF-Schreiben vom 21. 11. 1974 – BStBl I S. 1021.

(8) [1]Die Entschädigung von Zeugen nach dem Gesetz über die Entschädigung von Zeugen und Sachverständigen (ZSEG) stellt echten Schadensersatz dar. [2]Das gilt auch für die Kostenerstattungen bei Auskunftserteilungen aufgrund behördlicher oder gerichtlicher Anordnung z. B. durch Kreditinstitute, die in entsprechender Anwendung des ZSEG gewährt werden.

4. Mitgliederbeiträge

(1) [1]Soweit eine Vereinigung zur Erfüllung ihrer den Gesamtbelangen sämtlicher Mitglieder dienenden satzungsgemäßen Gemeinschaftszwecke tätig wird und dafür echte Mitgliederbeiträge erhebt, die dazu bestimmt sind, ihr die Erfüllung dieser Aufgaben zu ermöglichen, fehlt es an einem Leistungsaustausch mit dem einzelnen Mitglied. [2]Erbringt die Vereinigung dagegen Leistungen, die den Sonderbelangen der einzelnen Mitglieder dienen, und erhebt sie dafür Beiträge entsprechend der tatsächlichen oder vermuteten Inanspruchnahme ihrer Tätigkeit, so liegt ein Leistungsaustausch vor *(vgl. BFH-Urteil vom 4. 7. 1985 – BStBl 1986 II S. 153)*.

(2) [1]Voraussetzung für die Annahme echter Mitgliederbeiträge ist, daß die Beiträge gleich hoch sind oder nach einem für alle Mitglieder verbindlichen Bemessungsmaßstab gleichmäßig errechnet werden. [2]Die Gleichheit ist auch dann gewahrt, wenn die Beiträge nach einer für alle Mitglieder einheitlichen Staffel erhoben werden oder die Höhe der Beiträge nach persönlichen Merkmalen der Mitglieder, z. B. Lebensalter, Stand, Vermögen, Einkommen, Umsatz, abgestuft wird *(vgl. BFH-Urteil vom 8. 9. 1994 – BStBl II S. 957)*. [3]Allein aus der Gleichheit oder aus einem gleichen Bemessungsmaßstab kann auf die Eigenschaft der Zahlungen als echte Mitgliederbeiträge nicht geschlossen werden *(vgl. BFH-Urteil vom 8. 9. 1994 a. a. O.)*.

(3) [1]Beitragszahlungen, die Mitglieder einer Interessenvereinigung der Lohnsteuerzahler, z. B. Lohnsteuerhilfeverein, erbringen, um deren in der Satzung vorgesehene Hilfe in Lohnsteuersachen in Anspruch nehmen zu können, sind Entgelte für steuerbare Sonderleistungen dieser Vereinigung. [2]Dies gilt auch dann, wenn ein Mitglied im Einzelfall trotz Beitragszahlung auf die Dienste der Interessenvereinigung verzichtet, weil die Bereitschaft der Interessenvereinigung, für dieses Mitglied tätig zu werden, eine Sonderleistung ist (vgl. BFH-Urteil vom 9. 5. 1974 – BStBl II S. 530).

(4) Umlagen, die ein Wasserversorgungszweckverband satzungsgemäß zur Finanzierung der gemeinsamen Anlagen, der betriebsnotwendigen Vorratshaltung und der Darlehenstilgung entsprechend der Wasserabnahme durch die Mitgliedsgemeinden erhebt, sind Leistungsentgelte (BFH-Urteil vom 4. 7. 1985 – BStBl II S. 559).

(5) [1]Eine aus Mietern und Grundstückseigentümern eines Einkaufszentrums bestehende Werbegemeinschaft erbringt gegenüber ihren Gesellschaftern steuerbare Leistungen, wenn sie Werbemaßnahmen für das Einkaufszentrum vermittelt oder ausführt und zur Deckung der dabei entstehenden Kosten entsprechend den Laden- bzw. Verkaufsflächen gestaffelte Umlagen von ihren Gesellschaftern erhebt (BFH-Urteil vom 4. 7. 1985 – BStBl 1986 II S. 153). [2]Aus dem BFH-Urteil kann allerdings nicht hergeleitet werden, daß allein die unterschiedliche Höhe der von

Steuerbare Umsätze 5 UStR § 1 UStG

Mitgliedern erhobenen Umlagen zur Annahme eines Leistungsaustausches zwischen der Gemeinschaft und ihren Mitgliedern führt.

(6) ¹Die Abgabe von Druckerzeugnissen an die Mitglieder ist nicht als steuerbare Leistung der Vereinigung anzusehen, wenn es sich um Informationen und Nachrichten aus dem Leben der Vereinigung handelt. ²Steuerbare Sonderleistungen liegen jedoch vor, wenn es sich um Fachzeitschriften handelt, die das Mitglied andernfalls gegen Entgelt im freien Handel beziehen müßte.

(7) ¹Bewirkt eine Vereinigung Leistungen, die zum Teil den Einzelbelangen, zum Teil den Gesamtbelangen der Mitglieder dienen, so sind die Beitragszahlungen in Entgelte für steuerbare Leistungen und in echte Mitgliederbeiträge aufzuteilen (vgl. BFH-Urteil vom 22. 11. 1963 – BStBl 1964 III S. 147). ²Der auf die steuerbaren Leistungen entfallende Anteil der Beiträge entspricht der Bemessungsgrundlage, die nach § 10 Abs. 5 Nr. 1 in Verbindung mit § 10 Abs. 4 Nr. 2 UStG anzusetzen ist (vgl. Abschnitt 158 Abs. 1).

5. Geschäftsveräußerung

(1) ¹Eine Geschäftsveräußerung i. S. des § 1 Abs. 1a UStG liegt vor, wenn die wesentlichen Grundlagen eines Unternehmens oder eines gesondert geführten Betriebs an einen Unternehmer für dessen Unternehmen übertragen werden. ²Das gilt auch dann, wenn der Erwerber mit dem Erwerb des Unternehmens oder des gesondert geführten Betriebs seine unternehmerische Tätigkeit beginnt (vgl. Abschnitt 19 Abs. 1) oder diese nach dem Erwerb in veränderter Form fortführt. ³Welches die wesentlichen Grundlagen sind, richtet sich nach den tatsächlichen Verhältnissen im Zeitpunkt der Übereignung (BFH-Urteil vom 25. 11. 1965 – BStBl 1966 III S. 333). ⁴Auch ein einzelnes Grundstück kann wesentliche Betriebsgrundlage sein. ⁵Bei einem Herstellungsunternehmer bilden die Betriebsgrundstücke mit den Maschinen und sonstigen der Fertigung dienenden Anlagen regelmäßig die wesentlichen Grundlagen des Unternehmens (vgl. BFH-Urteil vom 5. 2. 1970, BStBl II S. 365). ⁶Eine Geschäftsveräußerung kann auch vorliegen, wenn verpachtete Gegenstände nach Beendigung der Pacht veräußert werden (vgl. BFH-Urteil vom 10. 5. 1961 – BStBl III S. 322). ⁷Bei entgeltlicher oder unentgeltlicher Übereignung eines Unternehmens oder eines gesondert geführten Betriebs im ganzen ist eine nicht steuerbare Geschäftsveräußerung auch dann anzunehmen, wenn einzelne unwesentliche Wirtschaftsgüter davon ausgenommen werden. ⁸Bei einer Einbringung eines Betriebs in eine Gesellschaft liegt eine nichtsteuerbare Geschäftsveräußerung im ganzen aber auch dann vor, wenn einzelne wesentliche Wirtschaftsgüter nicht mit dinglicher Wirkung übertragen, sondern an die Gesellschaft vermietet oder verpachtet werden (vgl. BFH-Urteil vom 26. 1. 1994 – BStBl II S. 458).

(2) ¹Gehören zu den wesentlichen Grundlagen des Unternehmens bzw. des Betriebs nicht eigentumsfähige Güter, z. B. Gebrauchs- und Nutzungsrechte an Sachen, Forderungen, Dienstverträge, Geschäftsbeziehungen usw., so muß der Unternehmer diese Rechte auf den Erwerber übertragen, soweit sie für die Fortführung des Unternehmens erforderlich sind. ²Wird das Unternehmen bzw. der Betrieb in gepachteten Räumen und mit gepachteten Maschinen unterhalten, so gehört das Pachtrecht zu den wesentlichen Grundlagen. ³Dieses Pachtrecht muß der Veräußerer auf den Erwerber übertragen, indem er ihm die Möglichkeit verschafft, mit dem Verpächter einen Pachtvertrag abzuschließen, so daß der Erwerber die dem bisherigen Betrieb dienenden Räume usw. unverändert nutzen kann (vgl. BFH-Urteil vom 19. 12. 1968 – BStBl 1969 II S. 303). ⁴Eine Übereignung in mehreren Akten ist dann als eine Geschäftsveräußerung anzusehen, wenn die einzelnen Teilakte in wirtschaftlichem Zusammenhang stehen und der Wille auf Erwerb des Unternehmens gerichtet ist (vgl. BFH-Urteil vom 16. 3. 1982 – BStBl II S. 483). ⁵Eine Übereignung ist auch anzunehmen, wenn der Erwerber beim Übergang des Unternehmens Einrichtungs-

gegenstände, die ihm bereits vorher zur Sicherung übereignet worden sind, und Waren, die er früher unter Eigentumsvorbehalt geliefert hat, übernimmt (vgl. BFH-Urteil vom 20. 7. 1967 – BStBl III S. 684).

(3) [1]Ein in der Gliederung eines Unternehmens gesondert geführter Betrieb liegt vor, wenn er wirtschaftlich selbständig ist. [2]Dies setzt voraus, daß der veräußerte Teil des Unternehmens einen für sich lebensfähigen Organismus gebildet hat, der unabhängig von den anderen Geschäften des Unternehmens nach Art eines selbständigen Unternehmens betrieben worden ist und nach außen hin ein selbständiges, in sich abgeschlossenes Wirtschaftsgebilde gewesen ist. [3]Soweit einkommensteuerrechtlich eine Teilbetriebsveräußerung angenommen wird (vgl. R 139 Abs. 3 EStR 1993), kann umsatzsteuerrechtlich von der Veräußerung eines gesondert geführten Betriebs ausgegangen werden. [4]Veräußert ein Beförderungsunternehmer, der Güterbeförderungen mit mehreren Kraftfahrzeugen betreibt, einen dem Güterfernverkehr dienenden Lastzug und verzichtet er auf die Konzession zugunsten des Erwerbers, so liegt nicht die Übereignung eines in der Gliederung des Unternehmens gesondert geführten Betriebs vor (vgl. BFH-Urteil vom 1. 12. 1966 – BStBl 1967 III S. 161).

(4) Zur Vorsteuerberichtigung des Erwerbers vgl. Abschnitt 215 Abs. 2.

(5) Liegen bei einer unentgeltlichen Übertragung die Voraussetzungen für eine Geschäftsveräußerung nicht vor, kann Eigenverbrauch in Betracht kommen (vgl. Abschnitt 8).

6. Leistungsaustausch bei Gesellschaftsverhältnissen

(1) [1]Zwischen Personen- und Kapitalgesellschaften und ihren Gesellschaftern ist ein Leistungsaustausch möglich (vgl. BFH-Urteil vom 23. 7. 1959 – BStBl III S. 379). [2]Unentgeltliche Leistungen von Gesellschaften an ihre Gesellschafter werden durch § 1 Abs. 1 Nr. 2 und 3 UStG erfaßt (vgl. Abschnitte 2 bis 4).

Leistungsaustausch oder nicht steuerbarer Gesellschafterbeitrag

(2) [1]Zwischen einem Gesellschafter und der Gesellschaft, an der er beteiligt ist, kommt es zu einem Leistungsaustausch, wenn der Gesellschafter eine Leistung gegen *besonderes Entgelt* erbringt. [2]Dabei ist es gleichgültig, ob die Leistung auf gesellschaftsrechtlicher Verpflichtung beruht oder nicht (vgl. BFH-Urteil vom 16. 3. 1993 – BStBl II S. 529). [3]Das Vorliegen einer sonstigen Leistung setzt aber voraus, daß der Gesellschafter seiner Gesellschaft tatsächlich etwas zuwendet (vgl. für Lieferung BFH-Urteil vom 29. 9. 1987 – BStBl 1988 II S. 153, unter 2.). [4]Eine sonstige Leistung durch Überlassung der Nutzung eines Gegenstandes muß beim Leistungsempfänger die Möglichkeit begründen, den Gegenstand für seine Zwecke zu verwenden. [5]Soweit die Verwendung durch den Leistungsempfänger in der Rücküberlassung der Nutzung an den Leistenden besteht, muß deutlich erkennbar sein, daß dieser nunmehr sein Recht zur Nutzung aus dem Nutzungsrecht des Leistungsempfängers ableitet (BFH-Urteil vom 9. 9. 1993 – BStBl 1994 II S. 56). [6]Zur Überlassung von Gegenständen gegen jährliche Pauschalvergütung vgl. BFH-Urteil vom 16. 3. 1993 – BStBl II S. 529 – und gegen Gutschriften auf dem Eigenkapitalkonto vgl. BFH-Urteil vom 16. 3. 1993 – BStBl II S. 562. [7]Dagegen liegt ein nicht steuerbarer Gesellschafterbeitrag vor, wenn der Gesellschafter eine Leistung erbringt, die durch die Beteiligung am Gewinn und Verlust abgegolten wird (vgl. BFH-Urteil vom 16. 3. 1993 – BStBl II S. 529). [8]Verteilt eine Gesellschaft bürgerlichen Rechts gemäß dem Gesellschaftsvertrag den gesamten festgestellten Gewinn je Geschäftsjahr an ihre Gesellschafter nach der Menge der jeweils gelieferten Gegenstände, so handelt es sich – unabhängig von der Bezeichnung als Gewinnverteilung – umsatzsteuerrechtlich um Entgelt für die Lieferungen der Gesellschafter an die Gesellschaft (vgl. BFH-Urteil vom 10. 5. 1990 – BStBl II S. 757). [9]Die Tätigkeit eines Kommanditisten als Beiratsmit-

glied, dem vor allem Zustimmungs- und Kontrollrechte übertragen sind, kann eine Sonderleistung sein (vgl. BFH-Urteil vom 24. 8. 1994 – BStBl 1995 II S. 150).

Einzelfälle

(3) ¹Die Behandlung der Überlassung von Gegenständen durch Gesellschafter an Gesellschaften, an denen sie beteiligt sind, richtet sich danach, ob die Gesellschafter nur in ihrer Eigenschaft als Gesellschafter oder selbst als Unternehmer tätig sind und ob die Überlassung entgeltlich oder unentgeltlich erfolgt. ²*Der Gesellschafter einer Personengesellschaft kann grundsätzlich frei entscheiden, in welcher Eigenschaft er für die Gesellschaft tätig wird.* ³*Dabei kann er seine Verhältnisse so gestalten, daß sie zu einer möglichst geringen steuerlichen Belastung führen (BFH-Urteil vom 16. 3. 1993 – BStBl II S. 530).*

1. ¹Der Gesellschafter erwirbt einen Gegenstand, den er der Gesellschaft zur Nutzung überläßt. ²Der Gesellschafter ist nur als Gesellschafter tätig.

a) Der Gesellschafter überläßt den Gegenstand gegen Entgelt.

Beispiel 1:

¹Der Gesellschafter einer OHG erwirbt für eigene Rechnung einen Pkw, den er auf seinen Namen zuläßt und den er in vollem Umfang der Gesellschaft zur Nutzung überläßt. ²Die OHG zahlt dem Gesellschafter für die Nutzung des Pkw eine besondere Vergütung, z. B. einen feststehenden Mietzins oder eine nach der tatsächlichen Fahrleistung bemessene Vergütung.
³Nach den Grundsätzen der BFH Urteile vom 7. 11. 1991 – BStBl 1992 II S. 269 – und vom 16. 3. 1993 – BStBl II S. 562 – ist die Unternehmereigenschaft des Gesellschafters zu bejahen. ⁴Er bewirkt mit der Überlassung des Pkw eine steuerbare Leistung an die Gesellschaft. ⁵Das Entgelt dafür besteht in der von der Gesellschaft gezahlten besonderen Vergütung. ⁶*Ein Leistungsaustausch kann auch dann vorliegen, wenn der Gesellschafter den Pkw ausschließlich selbst nutzt (vgl. BFH-Urteil vom 16. 3. 1993 – BStBl II S. 530).*

Beispiel 2:

¹Sachverhalt wie Beispiel 1, jedoch mit der Abweichung, daß der Pkw nur anteilig für Zwecke der Gesellschaft überlassen wird. ²Er wird zu 70 v. H. für Zwecke der Gesellschaft und zu 30 v. H. für eigene unternehmensfremde Zwecke des Gesellschafters genutzt.
³Ein Leistungsaustausch zwischen Gesellschafter und Gesellschaft findet nur insoweit statt, als der Gegenstand für Zwecke der Gesellschaft überlassen wird. ⁴Insoweit, als der Gesellschafter den Gegenstand für eigene unternehmensfremde Zwecke verwendet, liegt bei ihm ein nach § 1 Abs. 1 Nr. 2 Buchstabe b UStG steuerbarer Eigenverbrauch vor.

³Zum Vorsteuerabzug vgl. Abschnitt 213 Abs. 1 und 3.

b) Der Gesellschafter überläßt den Gegenstand unentgeltlich.

Beispiel 3:

¹Der Gesellschafter einer OHG erwirbt für eigene Rechnung einen Pkw, den er auf seinen Namen zuläßt und den er in vollem Umfang der Gesellschaft zur Nutzung überläßt. ²Der Gesellschafter erhält hierfür jedoch keine besondere Vergütung; ihm steht lediglich der im Gesellschaftsvertrag bestimmte Gewinnanteil zu.
³Überläßt der Gesellschafter der Gesellschaft den Gegenstand unentgeltlich zur Nutzung, handelt er insoweit nicht als Unternehmer. ⁴Weder der Gesellschafter noch die Gesellschaft sind berechtigt, die dem Gesellschafter beim Erwerb des Gegenstandes in Rechnung gestellte Umsatzsteuer als Vorsteuer abzuziehen (vgl. auch BFH-Urteil vom 26. 1. 1984 – BStBl II S. 231).

2. ¹Der Gesellschafter ist selbst als Unternehmer tätig. ²Er überläßt der Gesellschaft einen Gegenstand seines dem Unternehmen dienenden Vermögens zur Nutzung.

a) ¹Der Gesellschafter überläßt den Gegenstand gegen Entgelt. ²Bei der Nutzungsüberlassung gegen Entgelt handelt es sich um einen steuerbaren Umsatz im Rahmen des Unternehmens.

b) Der Gesellschafter überläßt den Gegenstand unentgeltlich.

Beispiel 4:
¹Ein Bauunternehmer ist Mitglied einer Arbeitsgemeinschaft und stellt dieser unentgeltlich Baumaschinen zur Verfügung.
²Der unentgeltlichen Überlassung des Gegenstandes an die Gesellschaft geht ein Eigenverbrauch beim Gesellschafter nicht voraus, wenn dafür unternehmerische Gründe ausschlaggebend waren. ³Es handelt sich um eine mangels Entgelt nicht steuerbare sonstige Leistung im Rahmen des Unternehmens (vgl. auch Abs. 4). ⁴Erfolgt die Überlassung des Gegenstandes aus unternehmensfremden Gründen, liegt beim Gesellschafter Eigenverbrauch nach § 1 Abs. 1 Nr. 2 Buchstabe b UStG vor. ⁵Das kann beispielsweise im Einzelfall bei der Überlassung von Gegenständen an Familiengesellschaften der Fall sein. ⁶Unternehmensfremde Gründe liegen nicht allein deshalb vor, weil der Gesellschafter die Anteile an der Gesellschaft nicht in seinem Betriebsvermögen hält (vgl. BFH-Urteil vom 20. 12. 1962 – BStBl 1963 III S. 169).

Zu 2a und 2b

¹Sowohl in den Fällen der entgeltlichen als auch denen der unentgeltlichen Überlassung kann der Gesellschafter die ihm bei der Anschaffung des überlassenen Gegenstandes in Rechnung gestellte Umsatzsteuer als Vorsteuer abziehen. ²Ein Vorsteuerabzug der Gesellschaft ist insoweit ausgeschlossen (vgl. Abschnitt 213).

Leistungsaustausch bei Arbeitsgemeinschaften des Baugewerbes

(4) ¹Überlassen die Gesellschafter einer Arbeitsgemeinschaft des Baugewerbes dieser für die Ausführung des Bauauftrages Baugeräte (Gerätevorhaltung), so kann sich die Überlassung im Rahmen eines Leistungsaustausches vollziehen. ²Vereinbaren die Gesellschafter, daß die Baugeräte von den Partnern der Arbeitsgemeinschaft kostenlos zur Verfügung zu stellen sind, so ist die Überlassung der Baugeräte ein nicht steuerbarer Gesellschafterbeitrag, wenn der die Geräte beistellende Gesellschafter die Überlassung der Geräte der Arbeitsgemeinschaft nicht berechnet und sich mit dem ihm zustehenden Gewinnanteil begnügt. ³Wird die Überlassung der Baugeräte seitens des Bauunternehmers an die Arbeitsgemeinschaft vor der Verteilung des Gewinns entsprechend dem Geräteeinsatz ausgeglichen oder wird der Gewinn entsprechend der Gerätevorhaltung aufgeteilt, obwohl sie nach dem Vertrag „kostenlos" zu erbringen ist, so handelt es sich im wirtschaftlichen Ergebnis um besonders berechnete sonstige Leistungen (vgl. BFH-Urteil vom *18. 3. 1988 – BStBl II S. 646).* ⁴Das gilt auch dann, wenn die Differenz zwischen vereinbarter und tatsächlicher Geräteüberlassung unmittelbar zwischen den Arbeitsgemeinschaftspartnern abgegolten (Spitzenausgleich) und der Gewinn formell von Ausgleichszahlungen unbeeinflußt verteilt wird (BFH-Urteile vom 21. 3. 1968 – BStBl II S. 449 und vom 11. 12. 1969 – BStBl 1970 II S. 356). ⁵In den Fällen, in denen im Arbeitsgemeinschaftsvertrag ein Spitzenausgleich der Mehr- und Minderleistungen und der darauf entfallenden Entgelte außerhalb der Arbeitsgemeinschaft zwischen den Partnern unmittelbar vereinbart und auch tatsächlich dementsprechend durchgeführt wird, ist ein Leistungsaustausch zwischen den Arbeitsgemeinschaftsmitgliedern und der Arbeitsgemeinschaft nicht feststellbar. ⁶Die Leistungen (Gerätevorhaltungen) der Partner an die Arbeitsgemeinschaft sind in diesen Fällen nicht steuerbare echte Mitgliederbeiträge (BFH-Urteil vom 11. 12. 1969 – BStBl 1970 II S. 358).

7. Eigenverbrauch

(1) ¹Eigenverbrauch nach § 1 Abs. 1 Nr. 2 Buchstaben a und b UStG ist die tatsächliche, vom Willen des Unternehmers gesteuerte Wertabgabe des Unternehmens zu unternehmensfremden

Zwecken (vgl. BFH-Urteil vom 3. 11. 1983 – BStBl 1984 II S. 169). ²Ein solcher Eigenverbrauch kann deshalb sowohl bei Einzelunternehmern als auch bei Personen- und Kapitalgesellschaften sowie bei Vereinen und bei Betrieben gewerblicher Art oder land- und forstwirtschaftlichen Betrieben von juristischen Personen des öffentlichen Rechts in Betracht kommen. ³Der Eigenverbrauch umfaßt den Verbrauch von Werten des Unternehmens durch den Unternehmer selbst und durch Dritte, denen sie der Unternehmer aus unternehmensfremden Zwecken zuwendet (vgl. BFH-Urteil vom 5. 4. 1984 – BStBl II S. 499).

(2) ¹Der Ort des Eigenverbrauchs ist dort, wo die entsprechende Lieferung oder sonstige Leistung ausgeführt würde (§§ 3, 3a, *3b* UStG). ²Benutzt ein Einzelunternehmer einen dem unternehmerischen Bereich zugeordneten Pkw zeitweilig privat, so liegt auch insoweit steuerbarer Eigenverbrauch nach § 1 Abs. 1 Nr. 2 Buchstabe b UStG vor, als die Privatfahrten im Ausland ausgeführt werden (vgl. BFH-Urteil vom 24. 11. 1988 – BStBl 1989 II S. 163).

(3) ¹Zur Bemessungsgrundlage für den Eigenverbrauch vgl. Abschnitt 155. ²Befreiungs- und Begünstigungsvorschriften sind nach Maßgabe der §§ 4 und 12 UStG auf den Eigenverbrauch anzuwenden.

8. *Entnahmeeigenverbrauch*

(1) ¹Die Entnahme eines Gegenstandes aus dem Unternehmen setzt die Zugehörigkeit des Gegenstandes zum Unternehmen voraus. ²Die Zuordnung eines Gegenstandes zum Unternehmen richtet sich nicht nach ertragsteuerrechtlichen Merkmalen, also nicht nach der Einordnung als Betriebs- oder als Privatvermögen. ³Maßgebend ist, ob der Unternehmer den Gegenstand dem unternehmerischen oder dem nichtunternehmerischen Tätigkeitsbereich zugewiesen hat (vgl. BFH-Urteil vom 21. 4. 1988 – BStBl II S. 746). ⁴Bei Gegenständen, die sowohl unternehmerisch als auch nichtunternehmerisch genutzt werden sollen, hat der Unternehmer unter den Voraussetzungen, die durch die Auslegung des Tatbestandsmerkmals „für sein Unternehmen" in § 15 Abs. 1 UStG zu bestimmen sind, die Wahl der Zuordnung (vgl. Abschnitt 192 Abs. 18).

(2) ¹Eine nach § 1 Abs. 1 Nr. 2 Buchstabe a UStG steuerbare Entnahme eines Gegenstandes aus dem Unternehmen liegt nur dann vor, wenn der Vorgang bei entsprechender Ausführung an einen Dritten als Lieferung – einschließlich Werklieferung – anzusehen wäre. ²Ein Vorgang, der Dritten gegenüber als sonstige Leistung – einschließlich Werkleistung – zu beurteilen wäre, erfüllt die Voraussetzungen des § 1 Abs. 1 Nr. 2 Buchstabe a UStG nicht (siehe jedoch Abschnitt 9). ³Das gilt auch insoweit, als dabei Gegenstände, z. B. Materialien, verbraucht werden (vgl. BFH-Urteil vom 13. 2. 1964 – BStBl III S. 174). ⁴Der Grundsatz der Einheitlichkeit der Leistung *(vgl. Abschnitt 29)* gilt auch für den Eigenverbrauch (vgl. BFH-Urteil vom 3. 11. 1983 – BStBl 1984 II S. 169).

(3) ¹Wird ein dem Unternehmen dienender Gegenstand während der Dauer einer nichtunternehmerischen Verwendung aufgrund äußerer Einwirkung zerstört, z. B. Totalschaden eines Personenkraftwagens infolge Unfalls auf einer Privatfahrt, so liegt keine Entnahme eines Gegenstandes aus dem Unternehmen vor. ²Das Schadensereignis fällt in den Vorgang der nichtunternehmerischen Verwendung und beendet sie wegen Untergangs der Sache. ³Eine Entnahmehandlung ist in bezug auf den unzerstörten Gegenstand nicht mehr möglich (BFH-Urteil vom 28. 2. 1980 – BStBl II S. 309).

(4) ¹Bei einem Rohbauunternehmer, der für eigene Wohnzwecke ein schlüsselfertiges Haus mit Mitteln des Unternehmens errichtet, ist Gegenstand der Entnahme das schlüsselfertige Haus, nicht lediglich der Rohbau (vgl. BFH-Urteil vom 3. 11. 1983 – BStBl 1984 II S. 169). ²Entscheidend ist nicht, was der Unternehmer in der Regel im Rahmen seines Unternehmens herstellt,

sondern was im konkreten Fall Gegenstand der Wertabgabe des Unternehmens ist (vgl. BFH-Urteil vom 21. 4. 1988 – BStBl II S. 746). ³Wird ein Einfamilienhaus für unternehmensfremde Zwecke auf einem zum Betriebsvermögen gehörenden Grundstück errichtet, überführt der Bauunternehmer das Grundstück in aller Regel spätestens im Zeitpunkt des Baubeginns in sein Privatvermögen. ⁴Dieser Vorgang ist ein nach § 4 Nr. 9 Buchstabe a UStG steuerfreier Eigenverbrauch. ⁵Errichtet ein Bauunternehmer auf einem ihm oder seiner Ehefrau gehörenden Grundstück für Zwecke, die außerhalb des Unternehmens liegen, ein Gebäude, das er der Grundstücksgemeinschaft unentgeltlich überläßt, so ist hinsichtlich des Gebäudes keine Werklieferung des Unternehmers an die Grundstücksgemeinschaft, sondern Eigenverbrauch nach § 1 Abs. 1 Nr. 2 Buchstabe a UStG gegeben, weil der Unternehmer das Gebäude zunächst seinem Unternehmen entnommen und es sodann der Grundstücksgemeinschaft überlassen hat, ohne daß er oder seine Ehefrau etwas dafür gezahlt haben (vgl. BFH-Urteil vom 9. 3. 1972 – BStBl II S. 511).

(5) ¹Die unentgeltliche Übertragung eines Betriebsgrundstücks durch einen Unternehmer auf seine Tochter unter Anrechnung auf ihren Erb- und Pflichtteil ist – *wenn nicht die Voraussetzungen des § 1 Abs. 1a UStG vorliegen (vgl. Abschnitt 5)* – ein steuerfreier Entnahmeeigenverbrauch, auch wenn das Grundstück aufgrund eines mit der Tochter geschlossenen Pachtvertrages weiterhin für die Zwecke des Unternehmens verwendet wird und die Tochter als Nachfolgerin des Unternehmers nach dessen Tod vorgesehen ist (vgl. BFH-Urteil vom 2. 10. 1986 – BStBl 1987 II S. 44). ²*Die unentgeltliche Übertragung des Miteigentums an einem Betriebsgrundstück durch einen Unternehmer auf seinen Ehegatten ist nach § 4 Nr. 9 Buchstabe a UStG steuerfreier Eigenverbrauch des Unternehmers gemäß § 1 Abs. 1 Nr. 2 Buchstabe b UStG, auch wenn das Grundstück weiterhin für die Zwecke des Unternehmens verwendet wird. ³Verwendet der Unternehmer dieses Grundstück aufgrund einer mit dem Ehegatten getroffenen Vereinbarung weiterhin für die Zwecke des Unternehmens, so liegt hinsichtlich des dem Unternehmer verbleibenden Miteigentumsanteils kein Entnahme- oder Leistungseigenverbrauch gemäß § 1 Abs. 1 Nr. 2 Buchstaben a und b UStG vor (zur Vorsteuerberichtigung nach § 15a UStG vgl. Abschnitt 215 Abs. 7 Nr. 3). ⁴Anders verhält es sich, wenn dem Unternehmer der Gebrauch an dem Miteigentumsanteil der Bruchteilsgemeinschaft eingeräumt wird (vgl. BFH-Urteil vom 27. 4. 1994 – BStBl 1995 II S. 30). ⁵Überträgt ein Unternehmer ein Betriebsgrundstück dagegen entgeltlich zur Hälfte auf seinen Ehegatten und verwendet er das Grundstück aufgrund eines mit dem Ehegatten geschlossenen Pachtvertrages weiterhin für Zwecke des Unternehmens, so liegt hinsichtlich des dem Unternehmer verbleibenden Miteigentumsanteils kein Entnahme- oder Leistungseigenverbrauch vor* (vgl. BFH-Urteil vom 27. 4. 1994 – BStBl II S. 826). ⁶Die Bestellung eines lebenslänglichen unentgeltlichen Nießbrauchs an einem unternehmerisch genutzten bebauten Grundstück zugunsten eines 65 Jahre alten Berechtigten ist im Regelfall ein steuerfreier Entnahmeeigenverbrauch (vgl. BFH-Urteil vom 16. 9. 1987 – BStBl 1988 II S. 205).

9. Leistungseigenverbrauch

(1) ¹Die Vorschrift des § 1 Abs. 1 Nr. 2 Buchstabe b UStG umfaßt alle sonstigen Leistungen, die ein Unternehmer im Rahmen seines Unternehmens für Zwecke ausführt, die außerhalb des Unternehmens liegen. ²Der Eigenverbrauch erstreckt sich auf alles, was seiner Art nach Gegenstand einer sonstigen Leistung im Sinne des § 3 Abs. 9 UStG sein kann (vgl. BFH-Urteil vom 5. 4. 1984 – BStBl II S. 499). ³Bei der Erfassung sonstiger Leistungen als Eigenverbrauch ist aus Vereinfachungsgründen entsprechend der ertragsteuerlichen Behandlung der Sachverhalte zu verfahren.

(2) ¹Zum Eigenverbrauch im Sinne des § 1 Abs. 1 Nr. 2 Buchstabe b UStG gehört insbesondere die Verwendung von Gegenständen des Unternehmens für unternehmensfremde Zwecke,

z. B. die private Benutzung eines unternehmenseigenen Personenkraftwagens (vgl. BFH-Urteil vom 12. 8. 1971 – BStBl II S. 789). ²Zur Frage, ob Gegenstände zum Unternehmen gehören, vgl. Abschnitt 8 Abs. 1. ³Aus der Bemessungsgrundlage sind solche Kosten auszuscheiden, bei denen kein Vorsteuerabzug möglich ist (vgl. Abschnitt 155 Abs. 3).

(3) ¹Umsatzsteuer aus den Anschaffungskosten unternehmerisch genutzter Fernsprechendgeräte (z. B. von Telefonanlagen nebst Zubehör, Telekopiergeräten, Mobilfunkeinrichtungen) kann der Unternehmer unter den Voraussetzungen des § 15 UStG in voller Höhe als Vorsteuer abziehen. ²Die nichtunternehmerische (private) Nutzung dieser Geräte unterliegt als Leistungseigenverbrauch der Umsatzsteuer (vgl. Abschnitt 192 Abs. 18 Nr. 2). ³Bemessungsgrundlage sind die Absetzungen für Abnutzung für die jeweiligen Geräte (vgl. Abschnitt 155 Abs. 2). ⁴Nicht zur Bemessungsgrundlage für den Leistungseigenverbrauch gehören die Grund- und Gesprächsgebühren (vgl. BFH-Urteil vom 23. 9. 1993 – BStBl 1994 II S. 200). ⁵Die auf diese Gebühren entfallende Umsatzsteuer ist in einen abziehbaren und einen nicht abziehbaren Anteil aufzuteilen (vgl. Abschnitt 192 Abs. 18 Nr. 1).

(4) Der Einsatz betrieblicher Arbeitskräfte für nichtunternehmerische (private) Zwecke zu Lasten des Unternehmens (z. B. Einsatz von Betriebspersonal im Privatgarten oder im Haushalt des Unternehmers) ist grundsätzlich als Leistungsentnahme anzusehen und führt somit zu Eigenverbrauch im Sinne des § 1 Abs. 1 Nr. 2 Buchstabe b UStG (vgl. BFH-Urteil vom 18. 5. 1993 – BStBl II S. 885).

(5) ¹Überläßt eine Gemeinde im Rahmen eines Betriebs gewerblicher Art eine Mehrzweckhalle unentgeltlich an Schulen, Vereine usw., so handelt es sich um Leistungseigenverbrauch, wenn die Halle nicht ausnahmsweise zur Anbahnung späterer Geschäftsbeziehungen mit Mietern für kurze Zeit unentgeltlich überlassen wird (vgl. BFH-Urteil vom 28. 11. 1991 – BStBl 1992 II S. 569). ²Leistungseigenverbrauch liegt auch vor, wenn Schulen und Vereine ein gemeindliches Schwimmbad unentgeltlich nutzen können (vgl. Abschnitt 23 Abs. 18). ³Die Mitbenutzung von Parkanlagen, die eine Gemeinde ihrem unternehmerischen Bereich – Kurbetrieb als Betrieb gewerblicher Art – zugeordnet hat, durch Personen, die nicht Kurgäste sind, führt nicht zu Leistungseigenverbrauch der Gemeinde (vgl. BFH-Urteil vom 18. 8. 1988 – BStBl II S. 971). ⁴Das gleiche gilt, wenn eine Gemeinde ein Parkhaus den Benutzern zeitweise (z. B. in der Weihnachtszeit) gebührenfrei zur Verfügung stellt, wenn damit neben dem Zweck der Verkehrsberuhigung auch dem Parkhausunternehmen dienende Zwecke (z. B. Kundenwerbung) verfolgt werden (vgl. BFH-Urteil vom 10. 12. 1992 – BStBl 1993 II S. 380).

(6) ¹Die Benutzung einer Mietwohnung durch den Vermieter im eigenen Mietwohnhaus ist ein steuerbarer, aber nach § 4 Nr. 12 Buchstabe a UStG steuerfreier Eigenverbrauch. ²Um steuerfreien Leistungseigenverbrauch kann es sich handeln, wenn eine Personengesellschaft einen Anbau mit Büro- und Wohnräumen errichtet und die Wohnräume unentgeltlich einem ihrer Gesellschafter überläßt (vgl. BFH-Urteil vom 29. 10. 1987 – BStBl 1988 II S. 90). ³Die als Leistungseigenverbrauch zu beurteilende unentgeltliche Überlassung von Mehrzweckhallen, Sportstätten, Schwimmbädern usw. (vgl. Abs. 5) ist insoweit steuerfrei, als es sich bei Überlassung gegen Entgelt um nach § 4 Nr. 12 UStG steuerfreie Vermietungsleistungen (vgl. Abschnitt 86) handeln würde (vgl. BFH-Urteil vom 10. 2. 1994 – BStBl II S. 668).

(7) Zum Leistungseigenverbrauch bei der Übertragung von Miteigentumsanteilen an Grundstücken vgl. Abschnitt 8 Abs. 5.

10. Aufwendungseigenverbrauch

(1) ¹Bei den Aufwendungen, die unter das Abzugsverbot des § 4 Abs. 5 Nr. 1 bis 7 EStG fallen, handelt es sich um bestimmte betriebliche Aufwendungen, die den nichtunternehmerischen

Bereich berühren. ²Für die Abgrenzung gelten die Grundsätze in *R 21 und R 23* EStR. ³Betrieblich veranlaßte Bewirtungsaufwendungen, die nach der allgemeinen Verkehrsauffassung als angemessen anzusehen und deren Höhe und betriebliche Veranlassung nachgewiesen sind, unterliegen auch insoweit nicht der Eigenverbrauchsbesteuerung nach § 1 Abs. 1 Nr. 2 Buchstabe c UStG, als sie nach § 4 Abs. 5 Satz 1 Nr. 2 EStG den Gewinn nicht mindern dürfen. ⁴Bei Aufwendungen, die unter das Abzugsverbot des § 12 Nr. 1 EStG fallen, handelt es sich um Aufwendungen, die die Lebensführung des Unternehmers betreffen (vgl. *R 117* EStR).

(2) ¹Die tatsächliche ertragsteuerliche Behandlung ist für den Bereich der Umsatzsteuer nicht bindend. ²So sind z. B. Aufwendungen im Sinne von § 4 Abs. 5 Nr. 1 bis 7 EStG auch dann als Eigenverbrauch zu erfassen, wenn ihr Abzug ertragsteuerlich zu Unrecht zugelassen worden ist. ³Als Eigenverbrauch sind auch Aufwendungen zu behandeln, die wegen Nichterfüllung von Aufzeichnungspflichten nach § 4 Abs. 7 EStG vom Abzug als Betriebsausgaben ausgeschlossen sind *(vgl. R 22 EStR).*

(3) ¹Zur Umsatzbesteuerung eines Eigenverbrauchs nach § 1 Abs. 1 Nr. 2 Buchstabe c UStG bei Unternehmern, für die § 4 Abs. 5 EStG ertragsteuerlich keine Bedeutung hat, weil sie keinen Gewinn zu ermitteln haben – z. B. gemeinnützige Einrichtungen, die gemäß § 5 Abs. 1 Nr. 9 KStG persönlich von der Körperschaftsteuer befreit sind – gilt folgendes:

²Aufwendungen, die ihrer Art nach unter das Abzugsverbot des § 4 Abs. 5 Nr. 1 bis 7 EStG fallen, unterliegen auch dann als Eigenverbrauch im Sinne des § 1 Abs. 1 Nr. 2 Buchstabe c UStG der Umsatzsteuer, wenn § 4 Abs. 5 EStG bei dem Unternehmer ertragsteuerlich keine Bedeutung hat. ³Danach sind z. B. Bewirtungsaufwendungen als Eigenverbrauch zu behandeln, wenn der Unternehmer die Höhe und betriebliche Veranlassung dieser Aufwendungen nicht nachweist. ⁴Die Aufzeichnungspflichten nach § 22 UStG schließen die Verpflichtung des Unternehmers ein, über die in § 4 Abs. 5 Nr. 2 EStG bezeichneten Aufwendungen alle erforderlichen Angaben zu machen, die es dem Finanzamt ermöglichen, die Höhe und die betriebliche Veranlassung dieser Aufwendungen zu prüfen. ⁵Da die Besteuerung des Eigenverbrauchs nach § 1 Abs. 1 Nr. 2 Buchstabe c UStG u. a. unmittelbar an § 4 Abs. 5 Nr. 2 EStG anknüpft, ist bei Bewirtungen, die nicht als Eigenverbrauch der Umsatzsteuer unterliegen, für umsatzsteuerliche Zwecke grundsätzlich der gleiche Nachweis zu verlangen, der einkommensteuerrechtlich zu führen ist oder zu führen wäre (vgl. § 4 Abs. 5 Satz 1 Nr. 2 Satz 2 und 3 EStG, *R 21 Abs. 7 bis 9* EStR). ⁶Bei den in § 5 Abs. 1 Nr. 5 und 9 KStG bezeichneten Einrichtungen können Aufwendungen auch einem nichtunternehmerischen Bereich zuzurechnen sein. ⁷In diesem Fall kommt es nicht zu einem Eigenverbrauch.

11. Unentgeltliche Lieferungen und sonstige Leistungen zwischen Vereinigungen und ihren Mitgliedern

(1) ¹Die Vorschrift des § 1 Abs. 1 Nr. 3 UStG regelt die Fälle, in denen Vereinigungen (z. B. Gesellschaften) im Rahmen ihres Unternehmens unentgeltliche Lieferungen oder sonstige Leistungen an ihre Mitglieder oder diesen nahestehende Personen erbringen. ²Sind für die Lieferungen und sonstige Leistungen an die Mitglieder oder diesen nahestehenden Personen unternehmensfremde Gründe maßgebend, kann es sich auch um Eigenverbrauch im Sinne des § 1 Abs. 1 Nr. 2 Buchstabe a oder b UStG handeln (vgl. Abschnitt 6 Abs. 1 und Abschnitt 7). ³Die unentgeltliche Abgabe von Speisen und Getränken durch eine Gesellschaft im Hotel- und Gaststättenbereich an ihre Gesellschafter ist als Eigenverbrauch im Sinne des § 1 Abs. 1 Nr. 2 Buchstabe a UStG zu behandeln. ⁴Dieser Eigenverbrauch unterliegt dem ermäßigten Steuersatz auch dann, wenn es sich um Entnahmen zum Verzehr an Ort und Stelle handelt (vgl. Abschnitt 161 Abs. 1).

(2) Aus Vereinfachungsgründen ist jedoch von einer Besteuerung der Zuwendungen abzusehen, soweit die Ausgaben ertragsteuerrechtlich als Betriebsausgaben anzuerkennen sind, z. B. bei der Bewirtung von Gesellschaftern oder Genossen im Rahmen einer Generalversammlung.

(3) Als „nahestehende Personen" sind Angehörige im Sinne des § 15 AO sowie andere Personen und Gesellschaften anzusehen, zu denen ein Anteilseigner, Gesellschafter usw. eine enge rechtliche, wirtschaftliche oder persönliche Beziehung hat.

(4) [1]Nicht unter die Vorschrift des § 1 Abs. 1 Nr. 3 UStG fallen Leistungen, die nicht im Rahmen eines Unternehmens erbracht werden, z. B. Leistungen, die ein Verein aufgrund seiner Satzung zur Erfüllung des Vereinszwecks für die Belange sämtlicher Mitglieder erbringt und die mit den Mitgliederbeiträgen abgegolten sind. [2]Diese Leistungen sind nicht steuerbar (vgl. BFH-Urteil *vom 4. 7. 1985 - BStBl 1986 II S. 153).*

(5) Nicht unter die Vorschrift des § 1 Abs. 1 Nr. 3 UStG fallen Leistungen von Vereinigungen an Gesellschafter und diesen nahestehende Personen, wenn die Gesellschaft glaubhaft macht, daß der Empfänger die Leistung nicht in seiner Eigenschaft als Gesellschafter oder nahestehende Person erhalten hat, z. B. wenn im Rahmen einer Werbeaktion alle Kunden die gleichen unentgeltlichen Zuwendungen erhalten.

12. Sachzuwendungen und sonstige Leistungen an Arbeitnehmer

Allgemeines

(1) [1]Wendet der Unternehmer (Arbeitgeber) seinen Arbeitnehmern als Vergütung für geleistete Dienste neben dem Barlohn auch einen Sachlohn zu, so bewirkt der Unternehmer mit dieser Sachzuwendung eine entgeltliche Leistung im Sinne des § 1 Abs. 1 Nr. 1 Satz 1 UStG, für die der Arbeitnehmer einen Teil seiner Arbeitsleistung als Gegenleistung aufwendet. [2]Wegen des Begriffs der Vergütung für geleistete Dienste vgl. Abschnitt 103 Abs. 5. [3]Ebenfalls nach § 1 Abs. 1 Nr. 1 Satz 1 UStG steuerbar sind Lieferungen oder sonstige Leistungen, die der Unternehmer an seine Arbeitnehmer oder deren Angehörige aufgrund des Dienstverhältnisses gegen besonders berechnetes Entgelt, aber verbilligt, ausführt. [4]Von einer entgeltlichen Leistung in diesem Sinne ist auszugehen, wenn der Unternehmer für die Leistung gegenüber dem einzelnen Arbeitnehmer einen unmittelbaren Anspruch auf eine Geldzahlung oder eine andere – nicht in der Arbeitsleistung bestehende – Gegenleistung in Geldeswert hat. [5]Für die Steuerbarkeit kommt es nicht darauf an, ob der Arbeitnehmer das Entgelt gesondert an den Unternehmer entrichtet oder ob der Unternehmer den entsprechenden Betrag vom Barlohn einbehält.

(2) [1]Nach § 1 Abs. 1 Nr. 1 Satz 2 Buchstabe b UStG sind Lieferungen oder sonstige Leistungen, die Unternehmer an ihre Arbeitnehmer oder deren Angehörige aufgrund des Dienstverhältnisses ausführen, auch dann steuerbar, wenn die Empfänger der Leistungen dafür kein besonders berechnetes Entgelt aufwenden. [2]Ein Leistungsaustausch im Sinne des § 1 Abs. 1 Nr. 1 Satz 1 UStG ist nicht Tatbestandsmerkmal der Vorschrift. [3]Für die Steuerbarkeit kommt es nicht darauf an, ob die Zuwendung des Arbeitgebers eine Vergütung für geleistete Dienste des Arbeitnehmers ist. [4]Die Steuerbarkeit setzt voraus, daß Leistungen aus unternehmerischen (betrieblichen) Gründen für den privaten, außerhalb des Dienstverhältnisses liegenden Bedarf des Arbeitnehmers ausgeführt werden (vgl. BFH-Urteile vom 11. 3. 1988 – BStBl II S. 643 und 651). [5]Steuerbar sind auch Leistungen an ausgeschiedene Arbeitnehmer aufgrund eines früheren Dienstverhältnisses sowie Leistungen an Auszubildende. [6]Keine steuerbaren Umsätze sind Aufmerksamkeiten (§ 1 Abs. 1 Nr. 1 Satz 2 Buchstabe b Satz 2 UStG) und Leistungen, die überwiegend durch das betriebliche Interesse des Arbeitgebers veranlaßt sind (BFH-Urteil vom 11. 3. 1988 – BStBl II S. 643).

(3) ¹Aufmerksamkeiten sind Zuwendungen des Arbeitgebers, die nach ihrer Art und nach ihrem Wert Geschenken entsprechen, die im gesellschaftlichen Verkehr üblicherweise ausgetauscht werden und zu keiner ins Gewicht fallenden Bereicherung des Arbeitnehmers führen (vgl. BFH-Urteil vom 22. 3. 1985 – BStBl II S. 641, Abschnitt 73 LStR). ²Zu den Aufmerksamkeiten rechnen danach gelegentliche Sachzuwendungen bis zu einem Wert von *60 DM,* z. B. Blumen, Genußmittel, ein Buch oder eine Schallplatte, die dem Arbeitnehmer oder seinen Angehörigen aus Anlaß eines besonderen Ereignisses zugewendet werden. ³Gleiches gilt für Getränke und Genußmittel, die der Arbeitgeber den Arbeitnehmern zum Verzehr im Betrieb unentgeltlich überläßt, sowie für Speisen, die der Arbeitgeber den Arbeitnehmern anläßlich und während eines außergewöhnlichen Arbeitseinsatzes zum Verzehr unentgeltlich überläßt.

(4) ¹Nicht steuerbare Leistungen, die überwiegend durch das betriebliche Interesse des Arbeitgebers veranlaßt sind, liegen vor, wenn betrieblich veranlaßte Maßnahmen zwar auch die Befriedigung eines privaten Bedarfs der Arbeitnehmer zur Folge haben, diese Folge aber durch die mit den Maßnahmen angestrebten betrieblichen Zwecke überlagert wird. ²Dies ist regelmäßig anzunehmen, wenn die Maßnahme die dem Arbeitgeber obliegende Gestaltung der Dienstausübung betrifft (vgl. BFH-Urteil vom 11. 3. 1988 a. a. O.). ³Hierzu gehören insbesondere:

1. Leistungen zur Verbesserung der Arbeitsbedingungen, z. B. die Bereitstellung von Aufenthalts- und Erholungsräumen sowie von betriebseigenen Dusch-, Bade- und Sportanlagen, die grundsätzlich von allen Betriebsangehörigen in Anspruch genommen werden können,

2. die betriebsärztliche Betreuung sowie die vom Arbeitgeber übernommenen Kosten einer Vorsorgeuntersuchung des Arbeitnehmers, wenn die Vorsorgeuntersuchung im überwiegenden betrieblichen Interesse des Arbeitgebers liegt (vgl. BFH-Urteil vom 17. 9. 1982 – BStBl 1983 II S. 39),

3. betriebliche Fort- und Weiterbildungsleistungen,

4. die Überlassung von Arbeitsmitteln zur beruflichen Nutzung einschließlich der Arbeitskleidung, wenn es sich um typische Berufskleidung, insbesondere um Arbeitsschutzkleidung, handelt, deren private Nutzung so gut wie ausgeschlossen ist,

5. das Zurverfügungstellen von Parkplätzen auf dem Betriebsgelände,

6. ¹Zuwendungen im Rahmen von Betriebsveranstaltungen, soweit sie sich im üblichen Rahmen halten. ²Die Üblichkeit der Zuwendungen ist bis zu einer Höhe von *200 DM einschließlich Umsatzsteuer* je Arbeitnehmer und Betriebsveranstaltung nicht zu prüfen. ³Darüber hinaus ist eine Prüfung im Einzelfall erforderlich. ⁴Satz 2 gilt nicht für mehrtägige Betriebsveranstaltungen sowie bei mehr als zwei Betriebsveranstaltungen im Jahr. ⁵Die lohnsteuerliche Beurteilung gilt entsprechend (vgl. Abschnitt 72 LStR),

7. das Zurverfügungstellen von Betriebskindergärten,

8. *das Zurverfügungstellen von Übernachtungsmöglichkeiten in gemieteten Zimmern, wenn der Arbeitnehmer an weit von seinem Heimatort entfernten Tätigkeitsstellen eingesetzt wird (vgl. BFH-Urteil vom 21. 7. 1994 – BStBl II S. 881).*

(5) ¹Nach § 1 Abs. 1 Nr. 1 Satz 1 und Satz 2 Buchstabe b UStG steuerbare Umsätze an Arbeitnehmer können steuerfrei, z. B. nach § 4 Nr. 10 Buchstabe b, Nr. 12, 18, 23 bis 25 UStG, sein. ²Die Überlassung von Werkdienstwohnungen durch Arbeitgeber an Arbeitnehmer ist nach § 4 Nr. 12 UStG steuerfrei (vgl. BFH-Urteile vom 30. 7. 1986 – BStBl II S. 877 und vom 7. 10. 1987 – BStBl 1988 II S. 88). ³Überläßt ein Unternehmer in seiner Pension Räume an eigene Saison-Arbeitnehmer, ist diese Leistung nach § 4 Nr. 12 Satz 2 UStG steuerpflichtig, wenn diese Räume

wahlweise zur vorübergehenden Beherbergung von Gästen oder zur Unterbringung des Saisonpersonals bereitgehalten werden (vgl. BFH-Urteil vom 13. 9. 1988, BStBl II S. 1021); *vgl. auch Abschnitt 84 Abs. 2.*

Bemessungsgrundlage

(6) ¹Bei der Ermittlung der Bemessungsgrundlage für die unentgeltlichen Lieferungen und sonstigen Leistungen an Arbeitnehmer (Absatz 1) ist die Vorschrift über die Mindestbemessungsgrundlage in § 10 Abs. 5 Nr. 2 UStG zu beachten. ²Danach ist als Bemessungsgrundlage mindestens der in § 10 Abs. 4 Nr. 1 oder 2 UStG bezeichnete Wert (Einkaufspreis, Selbstkosten, Kosten, vgl. Absatz 7) abzüglich der Umsatzsteuer anzusetzen, wenn dieser den vom Arbeitnehmer tatsächlich aufgewendeten (gezahlten) Betrag abzüglich der Umsatzsteuer übersteigt. ³Beruht die Verbilligung auf einem Belegschaftsrabatt, z. B. bei der Lieferung von sog. Jahreswagen an Werksangehörige in der Automobilindustrie, liegen die Voraussetzungen für die Anwendung der Vorschrift des § 10 Abs. 5 Nr. 2 UStG regelmäßig nicht vor; Bemessungsgrundlage ist dann der tatsächlich aufgewendete Betrag abzüglich Umsatzsteuer. ⁴Zuwendungen, die der Unternehmer in Form eines Sachlohns als Vergütung für geleistete Dienste gewährt, sind nach den Werten des § 10 Abs. 4 UStG zu bemessen.

(7) ¹Die Bemessungsgrundlage für die unentgeltlichen Lieferungen und sonstigen Leistungen an Arbeitnehmer (Absatz 2) ist in § 10 Abs. 4 UStG geregelt. ²Bei der Ermittlung der Bemessungsgrundlage für unentgeltliche Lieferungen (§ 10 Abs. 4 Nr. 1 UStG) ist vom Einkaufspreis zuzüglich der Nebenkosten für den Gegenstand oder für einen gleichartigen Gegenstand oder mangels eines Einkaufspreises von den Selbstkosten, jeweils zum Zeitpunkt des Umsatzes, auszugehen. ³Der Einkaufspreis entspricht in der Regel dem Wiederbeschaffungspreis des Unternehmers. ⁴Die Selbstkosten umfassen alle durch den betrieblichen Leistungsprozeß entstehenden Kosten. ⁵Bei der Ermittlung der Bemessungsgrundlage für unentgeltliche sonstige Leistungen (§ 10 Abs. 4 Nr. 2 UStG) ist von den bei der Ausführung dieser Leistungen entstandenen Kosten auszugehen. ⁶Hierzu gehören auch die anteiligen Gemeinkosten. ⁷*Aus der Bemessungsgrundlage sind solche Kosten auszuscheiden, bei denen kein Vorsteuerabzug möglich ist (vgl. Absatz 18 für Pkw-Überlassung).*

(8) ¹Die in § 10 Abs. 4 UStG vorgeschriebenen Werte weichen grundsätzlich von den für Lohnsteuerzwecke anzusetzenden Werten (§ 8 Abs. 2 und 3 EStG, Abschnitte 31 und 32 LStR) ab. ²In bestimmten Fällen (vgl. Absätze 9, *11, 14, 18*) ist es jedoch aus Vereinfachungsgründen nicht zu beanstanden, wenn für die umsatzsteuerliche Bemessungsgrundlage von den lohnsteuerlichen Werten ausgegangen wird. ³Diese Werte sind dann als Bruttowerte anzusehen, aus denen zur Ermittlung der Bemessungsgrundlage die Umsatzsteuer herauszurechnen ist. ⁴Der Freibetrag nach § 8 Abs. 3 Satz 2 EStG von 2 400 Deutsche Mark bleibt bei der umsatzsteuerlichen Bemessungsgrundlage unberücksichtigt.

Einzelfälle

(9) ¹Erhalten Arbeitnehmer von ihrem Arbeitgeber freie Verpflegung, *freie Unterkunft oder freie Wohnung, ist von den Werten auszugehen, die in der Sachbezugsverordnung in der jeweils geltenden Fassung festgesetzt sind.* ²Für die Gewährung von Unterkunft und Wohnung kann unter den Voraussetzungen des § 4 Nr. 12 Buchst. a UStG Steuerfreiheit in Betracht kommen (vgl. aber Absatz 5 Satz 3). ³Die Gewährung von *Verpflegung* unterliegt dem allgemeinen Steuersatz (vgl. BFH-Urteil vom 24. 11. 1988 – BStBl 1989 II S. 210; Abschnitt 161).

(10) ¹Bei der Abgabe von Mahlzeiten an die Arbeitnehmer ist hinsichtlich der Ermittlung der Bemessungsgrundlage zu unterscheiden, ob es sich um eine unternehmenseigene Kantine oder um

eine vom Unternehmer (Arbeitgeber) nicht selbst betriebene Kantine handelt. ²Eine unternehmenseigene Kantine ist nur anzunehmen, wenn der Unternehmer die Mahlzeiten entweder selbst herstellt oder die Mahlzeiten vor der Lieferung an die Arbeitnehmer mehr als nur geringfügig be- oder verarbeitet bzw. aufbereitet oder ergänzt. ³Von einer nicht selbst betriebenen Kantine ist auszugehen, wenn die Mahlzeiten nicht vom Arbeitgeber/Unternehmer selbst (d. h. durch eigenes Personal) zubereitet und an die Arbeitnehmer geliefert werden. ⁴Überläßt der Unternehmer (Arbeitgeber) im Rahmen der Fremdbewirtschaftung Küchen- und Kantinenräume, Einrichtungs- und Ausstattungsgegenstände sowie Koch- und Küchengeräte u. ä., so ist der Wert dieser Gebrauchsüberlassung bei der Ermittlung der Bemessungsgrundlage für die Mahlzeiten nicht zu berücksichtigen.

(11) ¹Bei der unentgeltlichen Abgabe von Mahlzeiten an die Arbeitnehmer durch unternehmenseigene Kantinen ist aus Vereinfachungsgründen bei der Ermittlung der Bemessungsgrundlage von dem Wert auszugehen, der dem amtlichen Sachbezugswert nach der Sachbezugsverordnung entspricht (vgl. Abschnitt 31 Abs. 6 LStR). ²Werden die Mahlzeiten in unternehmenseigenen Kantinen *entgeltlich* abgegeben, ist der vom Arbeitnehmer gezahlte Essenspreis, mindestens jedoch der Wert der Besteuerung zugrunde zu legen, der dem amtlichen Sachbezugswert entspricht. ³Abschläge für Jugendliche, Auszubildende und Angehörige der Arbeitnehmer sind nicht zulässig.

Beispiel 1:
Wert der Mahlzeit	4,30 DM
Zahlung des Arbeitnehmers	2,00 DM
maßgeblicher Wert	4,30 DM
darin enthalten 13,04 v. H. Umsatzsteuer (Steuersatz 15 v. H.)	./. 0,56 DM
Bemessungsgrundlage	3,74 DM

Beispiel 2:
Wert der Mahlzeit	4,00 DM
Zahlung des Arbeitnehmers	4,80 DM
maßgeblicher Wert	4,80 DM
darin enthalten 13,04 v. H. Umsatzsteuer (Steuersatz 15 v. H.)	./. 0,64 DM
Bemessungsgrundlage	4,16 DM

⁴Soweit unterschiedliche Mahlzeiten zu unterschiedlichen Preisen verbilligt an die Arbeitnehmer abgegeben werden, kann bei der umsatzsteuerlichen Bemessungsgrundlage von dem für Lohnsteuerzwecke gebildeten Durchschnittswert ausgegangen werden.

(12) ¹Die Abgabe von Mahlzeiten durch eine **vom Unternehmer (Arbeitgeber) nicht selbst betriebene Kantine oder Gaststätte** ist als Reihengeschäft anzusehen, wenn hierdurch entsprechende Umsatzgeschäfte des Gaststättenunternehmers gegenüber dem Arbeitgeber und des Arbeitgebers gegenüber seinen Arbeitnehmern erfüllt werden. ²Vertragliche Beziehungen zwischen dem Arbeitnehmer und dem Gaststättenunternehmer bestehen insoweit nicht.

Beispiel 3:
¹Der Arbeitgeber vereinbart mit einem Gaststätteninhaber die Abgabe von Essen an seine Arbeitnehmer zu einem Preis von 5 DM je Essen. ²Der Gaststättenunternehmer rechnet über die ausgegebenen Essen mit dem Arbeitgeber auf der Grundlage dieses Preises ab. ³Die Arbeitnehmer haben einen Anteil am Essenspreis von 2 DM zu entrichten, den der Arbeitgeber von den Arbeitslöhnen einbehält.

⁴Nach § 3 Abs. 2 UStG liegen Essenslieferungen von dem Gaststättenunternehmer an den Arbeitgeber und von diesem an seine Arbeitnehmer vor. ⁵Der Einkaufspreis je Essen beträgt für den Arbeitgeber 5 DM. ⁶Als Bemessungsgrundlage für die Essenslieferung des Arbeitgebers an den Arbeitnehmer ist nach § 10 Abs. 4 Nr. 1 UStG der Betrag von *4,35 DM* (5 DM abzüglich *13,04* v. H. Umsatzsteuer) anzusetzen.

³Für die Annahme eines Reihengeschäftes kommt es nicht allein auf die technische Gestaltung des Zahlungsvorganges an. ⁴Entscheidend ist vielmehr, daß die Essen aufgrund bestimmter Lieferungsvereinbarungen zwischen Arbeitgeber und Gastwirt an die Arbeitnehmer abgegeben werden, der Gastwirt also einen Zahlungsanspruch lediglich gegen den Arbeitgeber hat.

Beispiel 4:

¹Sachverhalt wie in Beispiel 3, jedoch vereinbart der Arbeitgeber mit dem Gastwirt und den Arbeitnehmern, daß diese ihren Anteil von 2 DM am Essenspreis unmittelbar an den Gastwirt entrichten. ²Der Gastwirt hat jedoch – ebenso wie im Beispiel 3 – einen vertraglichen Zahlungsanspruch ausschließlich gegen den Arbeitgeber; gleichzeitig übernimmt er die Verpflichtung zur Abgabe der vereinbarten Essen an die Arbeitnehmer. ³Den Nachweis über die Anzahl der ausgegebenen Essen kann der Gastwirt z. B. mit Hilfe der von den Arbeitnehmern abgelieferten Essensmarken des Arbeitgebers führen, die zur Einnahme des verbilligten Essens berechtigen. ⁴Die Bemessungsgrundlage ist die gleiche wie im Beispiel 3.

⁵Ein Reihengeschäft kann auch dann vorliegen, wenn der Arbeitgeber mit dem Pächter einer nach dem sog. Cafeteria-System betriebenen Kantine vertraglich vereinbart, daß für den Arbeitnehmer verschiedene Essen zur Auswahl bereitgestellt werden und die Arbeitnehmer die Speisenzusammenstellung selbst wählen können. ⁶Der Arbeitgeber vereinbart in diesem Falle mit dem Kantinenpächter die Bereitstellung von Speisen zu bestimmten Preisen bzw. innerhalb bestimmter Preisgrenzen. ⁷Anspruch auf Entgelt besteht gemäß betrieblicher Regelung ausschließlich gegenüber dem Arbeitgeber. ⁸Soweit die Arbeitnehmer Zuzahlungen leisten, sind diese Entgelt von dritter Seite für die Essenslieferung des Kantinenpächters an den Arbeitgeber. ⁹Im Fall des Reihengeschäftes kann der Arbeitgeber die ihm vom Gaststättenunternehmer für die Essenslieferungen gesondert in Rechnung gestellte Umsatzsteuer unter den Voraussetzungen des § 15 UStG als Vorsteuer abziehen.

(13) ¹Kein Reihengeschäft liegt dann vor, wenn Lieferungsvereinbarungen zwischen Arbeitgeber und Gastwirt nicht bestehen, der Arbeitnehmer selbst das gewünschte Essen nach Karte bestellt und dem Gastwirt den – ggf. um einen Arbeitgeberzuschuß geminderten – Essenspreis bezahlt. ²In diesem Fall liefert der Gastwirt das Essen unmittelbar an den Arbeitnehmer. ³Bemessungsgrundlage für die Essenslieferung des Gastwirts an den Arbeitnehmer ist der vom Arbeitnehmer gezahlte Betrag zuzüglich des Arbeitgeberzuschusses (Entgelt von dritter Seite). ⁴Im Verhältnis des Arbeitgebers zum Arbeitnehmer ist die Zahlung des Essenszuschusses ein nicht umsatzsteuerbarer Vorgang.

Beispiel 5:

¹Der Arbeitnehmer kauft in einer Gaststätte ein Mittagessen, welches mit einem Preis von 6 DM ausgezeichnet ist. ²Er übergibt dem Gastwirt eine Essensmarke des Arbeitgebers im Wert von 2 DM und zahlt die Differenz in Höhe von 4 DM. ³Der Gastwirt läßt sich den Wert der Essensmarken wöchentlich vom Arbeitgeber erstatten. ⁴Bemessungsgrundlage beim Gastwirt ist der Betrag von 6 DM abzüglich Umsatzsteuer. ⁵Die Erstattung der Essensmarke (Arbeitgeberzuschuß) führt nicht zu einer steuerbaren Sachzuwendung an den Arbeitnehmer.

(14) ¹Zu den steuerbaren Umsätzen im Sinne von § 1 Abs. 1 Nr. 1 Satz 2 Buchstabe b UStG rechnen auch unentgeltliche Deputate, z. B. im Bergbau und in der Land- und Forstwirtschaft, und die unentgeltliche Abgabe von G e t r ä n k e n u n d G e n u ß m i t t e l n zum häuslichen Verzehr, z. B. Haustrunk im Brauereigewerbe, Freitabakwaren in der Tabakwarenindustrie. ²Das gleiche gilt für Sachgeschenke, Jubiläumsgeschenke und ähnliche Zuwendungen aus Anlaß von

Betriebsveranstaltungen, soweit diese Zuwendungen weder Aufmerksamkeiten (vgl. Absatz 3) noch Leistungen im überwiegenden betrieblichen Interesse des Arbeitgebers (vgl. Absatz 4) sind. ³Als Bemessungsgrundlage sind in diesen Fällen grundsätzlich die in § 10 Abs. 4 Nr. 1 UStG bezeichneten Werte anzusetzen. ⁴Aus Vereinfachungsgründen kann von den nach den lohnsteuerrechtlichen Regelungen (vgl. Abschnitt 31 Abs. 2, Abschnitt 32 Abs. 2 LStR) ermittelten Werten ausgegangen werden.

(15) ¹Unentgeltliche B e f ö r d e r u n g e n   d e r   A r b e i t n e h m e r von ihrem Wohnsitz, gewöhnlichen Aufenthaltsort oder von einer Sammelhaltestelle, z. B. einem Bahnhof, zum Arbeitsplatz durch betriebseigene Kraftfahrzeuge oder durch vom Arbeitgeber beauftragte Beförderungsunternehmer sind nach § 1 Abs. 1 Nr. 1 Satz 2 Buchstabe b UStG steuerbar und keine Aufmerksamkeiten des Arbeitgebers. ²Hieran ändert sich nichts, wenn die Arbeitsstelle sich nicht an einem bestimmten Ort, sondern an ständig wechselnden Orten befindet (vgl. BFH-Urteil vom 11. 3. 1988 – BStBl II S. 651). ³Das gilt auch, wenn

1. es für die Arbeitnehmer aus zeitlichen und örtlichen Gründen beschwerlich ist, zu den Arbeitsstellen zu gelangen, und eine Beförderung der Arbeitnehmer durch den Einsatz an Orten bedingt ist, die mit öffentlichen Verkehrsmitteln nicht erreichbar sind,

2. der Arbeitgeber die Arbeitnehmer zur Vermeidung einer tarifvertraglich geregelten Fahrkostenabgeltung befördert oder befördern läßt.

⁴Etwas anderes kann gelten, wenn die Beförderungsleistungen wegen eines außergewöhnlichen Arbeitseinsatzes erforderlich werden oder wenn sie hauptsächlich dem Materialtransport an die Arbeitsstelle dienen und der Arbeitgeber dabei einige Arbeitnehmer unentgeltlich mitnimmt. ⁵Insoweit kann im Einzelfall eine Leistung im überwiegenden betrieblichen Interesse anzunehmen sein.

Beispiel 6:
Es werden Baumaterialien an eine Baustelle geliefert und dabei einige Arbeitnehmer von einem Sammelpunkt an die Baustelle mitgenommen.

(16) ¹Die Bemessungsgrundlage für die unentgeltlichen Beförderungsleistungen des Arbeitgebers richtet sich nach den bei der Ausführung der Umsätze entstandenen Kosten (§ 10 Abs. 4 Nr. 2 UStG). ²Es ist nicht zu beanstanden, wenn der Arbeitgeber die entstandenen Kosten schätzt, soweit er die Beförderung mit betriebseigenen Fahrzeugen durchführt. ³Die Bemessungsgrundlage für die Beförderungsleistungen eines Monats kann z. B. pauschal aus der Zahl der durchschnittlich beförderten Arbeitnehmer und aus dem Preis für eine Monatskarte der Deutschen *Bahn AG* für die kürzeste und weiteste gefahrene Strecke (Durchschnitt) abgeleitet werden.

Beispiel 7:
¹Ein Unternehmer hat in einem Monat durchschnittlich 6 Arbeitnehmer mit einem betriebseigenen Fahrzeug unentgeltlich von ihrer Wohnung zur Arbeitsstätte befördert. ²Die kürzeste Strecke von der Wohnung eines Arbeitnehmers zur Arbeitsstätte beträgt 10 km, die weiteste 30 km (Durchschnitt 20 km).
³Die Bemessungsgrundlage für die Beförderungsleistungen in diesem Monat berechnet sich wie folgt:
6 Arbeitnehmer x 114 DM (Monatskarte Deutsche *Bahn AG* 2. Klasse für 20 km) = 684 DM abzüglich 44,73 DM Umsatzsteuer (Steuersatz 7 v. H.) = 639,27 DM.

⁴Zur Anwendung der Steuerermäßigung des § 12 Abs. 2 Nr. 10 Buchstabe b UStG vgl. Abschnitt 175.

(17) ¹Werden von Verkehrsbetrieben die F r e i f a h r t e n aus betrieblichen Gründen für den privaten, außerhalb des Dienstverhältnisses liegenden Bedarf der Arbeitnehmer, ihrer Angehörigen und der Pensionäre gewährt, sind die Freifahrten nach § 1 Abs. 1 Nr. 1 Satz 2 Buchstabe b

Steuerbare Umsätze   13, 13a UStR   **§ 1 UStG**

UStG steuerbar. ²Die als Bemessungsgrundlage anzusetzenden Kosten *sind* nach den jeweiligen örtlichen Verhältnissen *zu ermitteln* und *können* im allgemeinen mit 25 v. H. des normalen Preises für den überlassenen Fahrausweis oder eines der Fahrberechtigung entsprechenden Fahrausweises angenommen werden. ⁴Die Umsatzsteuer ist herauszurechnen.

(18) Überläßt der Arbeitgeber dem Arbeitnehmer einen K r a f t w a g e n unentgeltlich zur privaten Nutzung, z. B. für Fahrten zwischen Wohnung und Arbeitsstätte, so bemißt sich die nach § 1 Abs. 1 Nr. 1 Satz 2 Buchstabe b UStG steuerbare sonstige Leistung nach den Kosten (§ 10 Abs. 4 Nr. 2 UStG).

(19) Zur umsatzsteuerlichen Behandlung unentgeltlicher oder verbilligter Reisen für Betriebsangehörige vgl. Abschnitt 274 Abs. 5 Nr. 1.

13. Inland – Ausland

(1) ¹Das Inland umfaßt das Hoheitsgebiet der Bundesrepublik Deutschland mit Ausnahme der in § 1 Abs. 2 Satz 1 UStG bezeichneten Gebiete, zu denen unter anderem die Freihäfen gehören. ²Freihäfen (Freizonen im Sinne des Artikels 166 ZK i. V. m. § 20 Abs. 1 ZollVG) sind die Teile der Häfen Bremen, Bremerhaven, Cuxhaven, Deggendorf, Duisburg, Emden, Hamburg und Kiel, *die vom übrigen deutschen Teil des Zollgebiets der Gemeinschaft getrennt sind.* ³Botschaften, Gesandtschaften und Konsulate anderer Staaten gehören selbst bei bestehender Exterritorialität zum Inland. ⁴Das gleiche gilt für Einrichtungen, die von Truppen anderer Staaten im Inland unterhalten werden.

(2) ¹Zum Ausland gehören das Drittlandsgebiet (einschließlich der Gebiete, die nach § 1 Abs. 2 Satz 1 UStG vom Inland ausgenommen sind) und das übrige Gemeinschaftsgebiet (vgl. Abschnitt 13a UStR). ²Die österreichischen Gemeinden Mittelberg (Kleines Walsertal) und Jungholz in Tirol gehören zum Ausland im Sinne des § 1 Abs. 2 Satz 2 UStG; die Einfuhr in diese Gebiete unterliegt jedoch der deutschen Einfuhrumsatzsteuer (§ 1 Abs. 1 Nr. 4 UStG).

13a. Gemeinschaftsgebiet – Drittlandsgebiet

(1) ¹Das Gemeinschaftsgebiet umfaßt das Inland der Bundesrepublik Deutschland im Sinne des § 1 Abs. 2 Satz 1 UStG sowie die gemeinschaftsrechtlichen Inlandsgebiete der übrigen EG-Mitgliedstaaten (übriges Gemeinschaftsgebiet). ²Zum übrigen Gemeinschaftsgebiet gehören:

– *Belgien*
– *Dänemark (ohne Grönland und die Färöer)*
– *Finnland (ohne die Åland-Inseln)*
– *Frankreich (ohne die überseeischen Departements Guadeloupe, Guyana, Martinique und Réunion) zuzüglich des Fürstentums Monaco*
– *Griechenland (ohne Berg Athos)*
– *Irland*
– *Italien (ohne Livigno, Campione d'Italia, San Marino und den zum italienischen Hoheitsgebiet gehörenden Teil des Luganer Sees)*
– *Luxemburg*
– *Niederlande (ohne die überseeischen Gebiete Aruba und Niederländische Antillen)*
– *Österreich*

69

- Portugal (einschließlich Madeira und der Azoren)
- Schweden
- Spanien (einschließlich Balearen, ohne Kanarische Inseln, Ceuta und Melilla)
- Vereinigtes Königreich und Nordirland (ohne die überseeischen Länder und Gebiete, die Selbstverwaltungsgebiete der Kanalinseln Jersey und Guernsey sowie die britischen Hoheitszonen auf Zypern) zuzüglich der Insel Man.

(2) Das Drittlandsgebiet umfaßt die Gebiete, die nicht zum Gemeinschaftsgebiet gehören, u. a. auch Andorra, Gibraltar und den Vatikan.

14. Umsätze in Freihäfen usw. (§ 1 Abs. 3 Nr. 1 bis 3 und 6 UStG)

(1) Unter § 1 Abs. 3 Nr. 1 UStG fallen z. B. Lieferungen von Speisen, Getränken und dgl. in Personalkantinen und auf Schiffen, z. B. Fährschiffen, oder der Verkauf von Tabakwaren aus Automaten in Freihäfen sowie Lieferungen von Schiffsausrüstungsgegenständen, Treibstoff und Proviant an private Schiffseigentümer zur Ausrüstung und Versorgung von Wassersportfahrzeugen.

(2) Unter § 1 Abs. 3 Nr. 2 UStG fallen z. B. *Beförderungen für private Zwecke*, Reparaturen an Wassersportfahrzeugen und die Veranstaltung von Wassersport-Lehrgängen.

(3) [1]Bei Lieferungen und sonstigen Leistungen an juristische Personen des öffentlichen Rechts *sowie bei deren innergemeinschaftlichem Erwerb* in den bezeichneten Gebieten enthält § 1 Abs. 3 Satz 2 UStG eine Vermutung, daß die Umsätze an diese Personen für ihren hoheitlichen und nicht für ihren unternehmerischen Bereich ausgeführt werden. [2]Der Unternehmer kann jedoch anhand von Aufzeichnungen und Belegen, z. B. durch eine Bescheinigung des Abnehmers, das Gegenteil glaubhaft machen.

15. Freihafen-Veredelungsverkehr, Freihafenlagerung und einfuhrumsatzsteuerrechtlich freier Verkehr (§ 1 Abs. 3 Nr. 4 und 5 UStG)

(1) [1]Der Freihafen-Veredelungsverkehr im Sinne von *§ 12b EUStBV* dient der Veredelung von *Gemeinschaftswaren (Art. 4 Nr. 7 ZK)*, die in einem Freihafen bearbeitet oder verarbeitet und anschließend in das *Inland oder die österreichischen Gebiete Jungholz und Mittelberg* eingeführt werden. [2]Die vorübergehende Lagerung von *Gemeinschaftswaren* kann nach *§ 12a EUStBV* im Freihafen zugelassen werden, wenn dort für den Außenhandel geschaffene Anlagen sonst nicht wirtschaftlich ausgenutzt werden können und der Freihafen durch die Lagerung seinem Zweck nicht entfremdet wird. [3]Bei der Einfuhr der veredelten oder vorübergehend gelagerten Gegenstände in das *Inland oder die österreichischen Gebiete Jungholz und Mittelberg* wird keine Einfuhrumsatzsteuer erhoben.

(2) Steuerbare Lieferungen liegen nach § 1 Abs. 3 Nr. 4 Buchstabe a UStG vor, wenn sich der Lieferungsgegenstand im Zeitpunkt der Lieferung in einem zollamtlich bewilligten Freihafen-Veredelungsverkehr oder in einer zollamtlich besonders zugelassenen Freihafenlagerung befindet.

Beispiel:
Der Unternehmer A in Hannover übersendet dem Freihafen-Unternehmer B Rohlinge. [2]Er beauftragt ihn, daraus Zahnräder herzustellen. [3]B versendet die von ihm im Rahmen eines bewilligten Freihafen-Veredelungsverkehrs gefertigten Zahnräder auf Weisung des A an dessen Abnehmer C in Lübeck. [4]Für die Einfuhr wird keine Einfuhrumsatzsteuer erhoben.

Steuerbare Umsätze **§ 1 UStG**

⁵Die Lieferung des A an C ist nach § 1 Abs. 3 Nr. 4 Buchstabe a UStG wie eine Lieferung im Inland zu behandeln.

(3) Wird ein Gegenstand, für dessen Einfuhr wegen eines Freihafen-Veredelungsverkehrs oder wegen einer besonders zugelassenen Freihafenlagerung keine Einfuhrumsatzsteuer erhoben wird, mehrere Male im Freihafen umgesetzt, so sind alle Lieferungen im Freihafen wie Lieferungen im Inland zu behandeln.

Beispiel:

¹Sachverhalt wie im Beispiel in Absatz 2 mit der Abweichung, daß der Freihafen-Unternehmer B die Zahnräder im Auftrag des A nicht an C in Lübeck, sondern an dessen Abnehmer D in Flensburg versendet (Reihengeschäft). ²Die im Freihafen bewirkten Lieferungen des A an C und des C an D sind wie Lieferungen im Inland zu behandeln.

(4) Steuerbare Lieferungen nach § 1 Abs. 3 Nr. 4 Buchstabe a UStG liegen nicht vor, wenn der Lieferungsgegenstand nicht in das Inland gelangt oder wenn die Befreiung von der Einfuhrumsatzsteuer auf anderen Vorschriften *als den §§ 12a oder b EUStBV* beruht.

(5) Durch die Regelung des § 1 Abs. 3 Nr. 4 Buchstabe b UStG werden insbesondere in Abholfällen technische Schwierigkeiten beim Abzug der Einfuhrumsatzsteuer als Vorsteuer vermieden.

Beispiel:

Ein Importeur läßt einen im Freihafen lagernden, aus dem *Drittlandsgebiet* stammenden Gegenstand bei einer vorgeschobenen Zollstelle *(§ 21 Abs. 2a UStG)* in den freien Verkehr *überführen (Artikel 79 ZK).* ²Anschließend veräußert er den Gegenstand. ³Der Abnehmer holt den Gegenstand im Freihafen ab und verbringt ihn in das Inland. ⁴Die Lieferung des Importeurs unterliegt nach § 1 Abs. 3 Nr. 4 Buchstabe b UStG der Umsatzsteuer. ⁵Er kann die entrichtete Einfuhrumsatzsteuer nach § 15 Abs. 1 Nr. 2 UStG als Vorsteuer abziehen. ⁶Der Abnehmer ist unter den Voraussetzungen des § 15 UStG zum Vorsteuerabzug berechtigt.

(6) ¹Unter § 1 Abs. 3 Nr. 5 UStG fallen insbesondere die sonstigen Leistungen des Veredelers, des Lagerhalters und des Beförderungsunternehmers im Rahmen eines zollamtlich bewilligten Freihafen-Veredelungsverkehrs oder einer zollamtlich besonders zugelassenen Freihafenlagerung. ²Beförderungen der veredelten Gegenstände aus dem Freihafen in das Inland sind deshalb insgesamt steuerbar und aufgrund des § 4 Nr. 3 Buchstabe a Satz 2 UStG auch insgesamt steuerpflichtig.

Verwaltungsanweisungen

- Ustl. Behandlung der Gebäudeerrichtung auf fremdem Grund und Boden (BMF 23. 7. 1986, BStBl I, 432);

- Überlassung von Wirtschaftsgütern durch Gesellschafter an Personengesellschaften (OFD Düsseldorf 27. 1. 1987, DStR 1987, 240);

- Einräumung von Leitungsrechten an Grundstücken für Energieversorgungsunternehmen (BMF 4. 5. 1987, BStBl I, 397);

UStG § 1 *Steuerbare Umsätze*

- Umsatzsteuer für Lieferungen von Freitabak und Haustrunk an Arbeitnehmer (OFD Saarbrücken 10. 4. 1991, UR 1991, 207 und OFD Nürnberg 4. 7. 1991, UR 1991, 329);
- Umsatzsteuer bei Leasinggeschäften (OFD Hamburg 15. 9. 1991, UR 1991, 327);
- Pauschbeträge für Sachentnahmen (OFD Köln 15. 2. 1993, UVR 1993, 285);
- ustl. Behandlung des Nutzungsentgelts der Duales System Deutschland GmbH („Grüner Punkt"; BMF 10. 3. 1993, UR 1993, 174);
- ustl. Behandlung der Vermögensübertragung der Wasserversorgungs-/Abwasserbeseitigungsunternehmen auf die Gemeinden im Beitrittsgebiet (BMF 16. 6. 1993, BStBl I, 486);
- Abgrenzung Drittland zu Gemeinschaftsgebiet (BMF 20. 8. 1993, UR 1993, 363);
- ustl. Behandlung der Ausgleichszahlungen an Land- und Forstwirte in Wasserschutzgebieten (BMF 22. 11. 1993, UR 1994, 201);
- Abstandszahlungen in Höhe der Vorsteuerberichtigung nach § 15a UStG nach der Beendigung der Vermietung für NATO-Zwecke als Leistungsentgelt (OFD Frankfurt a. M. 7. 1. 1994, UR 1995, 200);
- ustl. Behandlung der nichtunternehmerischen Nutzung von Fernsprechgeräten und -dienstleistungen (BMF 21. 2. 1994, BStBl I, 194);
- Umsatzsteuer beim Entnahmeeigenverbrauch (BMF 13. 5. 1994, BStBl I, 298);
- Anwendung des § 1 Abs. 1a (= Geschäftsveräußerung im ganzen) im Rahmen der Durchschnittsatzbesteuerung nach § 24 Abs. 1 (OFD München 27. 5. 1994, DStR 1994, 1013);
- ustl. Behandlung der Überlassung von Firmenwagen bei Unternehmen, die steuerfreie Umsätze nach § 4 Nr. 8 ff. UStG ausführen (BMF 23. 9. 1994, StEd 1994, 605);
- Sachzuwendungen und sonstige Leistungen an Arbeitnehmer bei Betriebsveranstaltungen (OFD Hannover 20. 10. 1994, UR 1995, 154);
- Übertragung von Milchreferenzmengen bei Gesellschaftsgründungen in der Land- und Forstwirtschaft (Bay. Staatsministerium der Finanzen 12. 12. 1994, UVR 1995, 30);
- Auswirkungen durch den Beitritt Österreichs, Finnlands und Schwedens zur EU (BMF 14. 12. 1994, DB 1995, 14);
- Gesellschaftsgründungen in der Land- und Forstwirtschaft (OFD Nürnberg 13. 2. 1995, UR 1995, 317);
- zur Geschäftsveräußerung im ganzen (§ 1 Abs. 1a; OFD Saarbrücken 17. 2. 1995, UR 1995, 318);
- ustl. Behandlung sog. ABS-Gesellschaften im Beitrittsgebiet (MdF Sachsen-Anhalt 28. 2. 1995, StEd 1995, 261);
- Folgerungen aus der Übertragung der örtlichen Versorgungsanlagen von Regionalversorgungsunternehmen auf Kommunen (MdF Brandenburg 16. 5. 1995, StEd 1995, 367);
- USt bei Freistellung von Arbeitnehmern (Abschn. 1 Abs. 5 UStR) (BMF 5. 1. 1996, StEd 1996, 149);
- Behandlung von Multifunktionskarten (Bay. Staatsministerium der Finanzen 19. 1. 1996, StEd 1996, 133);

Steuerbare Umsätze § 1 UStG

- Einbringung der stehenden Ernte bei Gesellschaftsgründungen in der Land- und Forstwirtschaft (OFD Nürnberg 29. 1. 1996, UR 1996, 239);
- ustl. Behandlung der nichtunternehmerischen Kfz-Nutzung ab 1. 1. 1996 (BMF 21. 2. 1996, BStBl I, 151 und 11. 3. 1997, BStBl I, 324);
- Umsatzbesteuerung von Telefonkarten und anderen Chipkarten (OFD Koblenz 5. 3. 1996, StEd 1996, 258);
- Behandlung von Erschließungsmaßnahmen durch Gemeinden (OFD Koblenz 9. 4. 1996, UR 1996, 238);
- ustl. Behandlung der nichtunternehmerischen Kfz-Nutzung; Pauschalabschlag von 20 v. H. in der Zeit vor dem 1. 1. 1996 (BMF 11. 4. 1996, BStBl I, 633);
- ustl. Behandlung der Beköstigung von Arbeitnehmern während einer Dienstreise ab dem 1. 1. 1996 (BMF 22. 5. 1996, BStBl I, 636);
- ustl. Behandlung sog. gemischt genutzter Gegenstände (BMF 27. 6. 1996, BStBl I, 702);
- Anpassung Abschn. 1 Abs. 3 Satz 2 UStR 1996 (BMF 20. 12. 1996, BStBl 1997 I, 127);
- Besteuerung des Eigenverbrauchs (OFD Hannover 19. 2. 1997, StEd 1997, 260);
- Behandlung der Multifunktionskarten und Telefonkarten (OFD Frankfurt a. M. 14. 5. 1996, UR 1997, 109).

Rechtsprechung

- Abgrenzung steuerbarer betrieblicher Sachzuwendungen gegenüber freiwilligen Leistungen an Arbeitnehmer (BFH 24. 3. 1983, BStBl II, 391);
- Überlassung eines dem Unternehmensvermögen zugeordneten Pkw für Privatfahrten eines Prokuristen (BFH 6. 6. 1984, BStBl II, 686);
- Überlassung eines Werkstatt-Pkw an Arbeitnehmer (BFH 6. 6. 1984, BStBl II, 688);
- Beurteilung der Arbeitnehmer-Sammelbeförderung zwischen Wohnung und Arbeitsstelle (BFH 13. 9. 1984, BStBl II, 806);
- Bewirtung von Geschäftsfreunden und Eigenverbrauchsbesteuerung (BFH 12. 12. 1985, BStBl 1986 II, 216);
- Beurteilung einer Testamentsvollstreckertätigkeit durch RA-Sozietät (BFH 13. 3. 1987, HFR 1987, 469);
- Errichtung eines Brunnens durch eine Personengesellschaft zu Werbezwecken (BFH 30. 4. 1987, BStBl II, 688);
- Verwertung von Sicherungsgut im Konkurs (BFH 4. 6. 1987, BStBl II, 741);
- unentgeltliche Übertragung von Erbbaurechten am Unternehmensvermögen in den nichtunternehmerischen Bereich (BFH 26. 2. 1987, UR 1988, 150);
- unentgeltliche Nießbrauchsbestellung als Eigenverbrauch (BFH 16. 9. 1987, BStBl 1988 II, 205);

UStG § 1 *Steuerbare Umsätze*

- Übernahme einer Baulast gegen ein Darlehen (BFH 12. 11. 1987, BStBl 1988 II, 156);
- kommunale Anschlußbeiträge als Gesellschafterbeiträge einer kommunalen Eigengesellschaft (BFH 20. 1. 1988, UR 1988, 376);
- ustl. Behandlung von kommunalen Anschlußleistungen (Wasseranschluß; BFH 28. 1. 1988, BStBl II, 473);
- kostenlose Arbeitnehmerbeförderung durch Arbeitgeber (BFH 11. 3. 1988, BStBl II, 643 und 651);
- Abgrenzung Leistungsaustausch und Zuschuß (BFH 20. 4. 1988, BStBl II, 792);
- Fahrtkosten zwischen häuslichem Arbeitszimmer und auswärtiger Betriebsstätte als Aufwendungseigenverbrauch (BFH 7. 12. 1988, BStBl 1989 II, 434 sowie 16. 2. 1994, BStBl II, 468);
- ertragsteuerliche Behandlung des Aufwendungseigenverbrauchs bei Einnahme-Überschuß-Rechnungen (BFH 25. 4. 1990, BStBl II, 742);
- ustl. Behandlung eines Nießbrauchs (BFH 28. 2. 1991, BStBl II, 649);
- Einschränkung des Eigenverbrauchs bei nicht vorsteuerentlasteten Gegenständen (BFH 29. 8. 1991, BStBl 1992 II, 267);
- Vermietung von Gegenständen an eine GbR durch einen Gesellschafter (BFH 7. 11. 1991, BStBl 1992 II, 269);
- nichtsteuerbarer Schadensersatz bei entgangenem Zinsgewinn (BGH 21. 11. 1991, UR 1992, 233);
- Erwerb eines Grundstücks durch Unternehmer für private Zwecke (EuGH 6. 5. 1992, UR 1992, 271 und UR 1994, 309);
- unentgeltliche Überlassung eines gemeindlichen Parkhauses und Eigenverbrauchsbesteuerung (BFH 10. 12. 1992, BStBl 1993 II, 380);
- Einschränkung der Eigenverbrauchsbesteuerung durch die EuGH-Rspr. (BFH 17. 12. 1992, BStBl 1994 II, 370);
- Vermietung eines Gegenstandes durch einen GbR-Gesellschafter an die Gesellschaft (BFH 16. 3. 1993, BStBl II, 530 sowie 529);
- Leistungsaustausch zwischen privatem Flugplatzbetreiber und öffentlicher Hand im Rahmen der Flugaufsicht (BFH 25. 3. 1993, BFH/NV 1994, 59);
- Eigenverbrauch bei Organschaft (BFH 18. 5. 1993, BStBl II, 855);
- Steuertatbestand des Verwendungseigenverbrauchs (EuGH 25. 5. 1993, BStBl II, 812);
- Eigenverbrauch bei einem Hobbysportler, der an seinem Rennfahrzeug Werbeflächen vermietet (BFH 15. 7. 1993, BStBl II, 810);
- Kostenerstattung für beruflich genutztes Kfz und entgeltlicher Leistungsaustausch zwischen GbR und einem Gesellschafter (BFH 9. 9. 1993, BStBl 1994 II, 56);
- Einschränkung der Eigenverbrauchsbesteuerung bei der Privatnutzung eines Betriebstelefons (BFH 23. 9. 1993, BStBl 1994 II, 200 und 14. 4. 1994, UR 1995, 19);
- Lieferung durch GmbH, die im Handelsregister gelöscht ist (BFH 9. 12. 1993, BStBl 1994 II, 483);

Steuerbare Umsätze **§ 1 UStG**

- Zahlung einer Abstandssumme wegen vorzeitiger Beendigung des Mietvertrages (EuGH 15. 12. 1993, BStBl 1995 II, 480);

- Eigenverbrauch bei der Überlassung eines kommunalen Schwimmbades an Schulen und Vereine (BFH 10. 2. 1994, BStBl II, 668);

- Eigenverbrauch bei Fahrten zwischen Wohnung und Betriebsstätte (BFH 16. 2. 1994, BStBl II, 468);

- Musizieren auf öffentlichen Plätzen begründet keinen Leistungsaustausch (EuGH 3. 3. 1994, HFR 1994, 357);

- Rechtsfähigkeit einer GBR im Umsatzsteuerrecht (BGH 23. 3. 1994, HFR 1994, 739);

- zur Identität des leistenden Unternehmers (BFH 21. 4. 1994, BStBl II, 671);

- entgeltliche Übertragung eines Miteigentumsanteils auf den Ehegatten und Eigenverbrauch (BFH 27. 4. 1994, BStBl II, 826) sowie unentgeltliche Übertragung (BFH 27. 4. 1994, BStBl 1995 II, 30);

- Abgabe von Dauerkarten eines Sportvereins als Eigenverbrauch (Nieders. FG 5. 5. 1994, EFG 1995, 594);

- auswärtige Unterbringung von Arbeitnehmern und Eigenverbrauch (BFH 21. 7. 1994, BStBl II, 881);

- die Incentive-Reise als Eigenverbrauch (BFH 28. 7. 1994, BStBl 1995 II, 274);

- Besteuerung von Forschungszuschüssen (BFH 28. 7. 1994, BStBl 1995 II, 86);

- Tätigkeit eines KG-Kommanditisten als Sonderleistung (BFH 24. 8. 1994, BStBl 1995 II, 150);

- Erbringung von Beratungsleistungen durch GbR an Gesellschafter mittels Kostenumlage (FG Münster 6. 9. 1994, StEd 1994, 614);

- Sonderleistungen eines Haus- und Grundbesitzervereins gegenüber seinen Mitgliedern (BFH 8. 9. 1994, BStBl II, 957);

- Umsatzsteuer eines Arztes bei Fahrten zwischen Wohnung und Arbeitsstätte (BFH 15. 9. 1994, BStBl 1995 II, 214);

- Verwendungseigenverbrauch bei (auch) zu eigenen Wohnzwecken genutztem Muster-Solarhaus (BFH 15. 9. 1994, BFH/NV 1995, 645);

- Teilnahme an einem Verkaufswettbewerb kein besonderer Leistungsaustausch (BFH 9. 11. 1994, BStBl 1995 II, 277);

- Besteuerung einer Incentive-Reise aufgrund eines Verkaufswettbewerbs (BFH 9. 11. 1994, BFH/NV 1995, 834);

- keine Durchbrechung der Bestandskraft durch Berufung auf günstigere EuGH-Rechtsprechung (FG Nürnberg 29. 11. 1994, UR 1995, 402 und Hessisches FG 6. 4. 1995, UR 1995, 402);

- Einbringen eines Betriebs, Teilbetriebs oder Mitunternehmeranteils (BFH 8. 12. 1994, BStBl 1995 II, 599);

- Leistungsaustausch bei Vermittlung von Abonennten gegen eine Werbeprämie (BFH 7. 3. 1995, BStBl II, 518);

- Verwertung von Sicherungsgut und Auswechslung des Sicherungsgebers (BFH 9. 3. 1995, BStBl II, 564);

- Zuwendungen von Reisen an Arbeitnehmer der Vertragsunternehmer (BFH 16. 3. 1995, BStBl II, 651);

- Umfang des Besteuerungsverbots beim Entnahme-Eigenverbrauch (BFH 30. 3. 1995, StEd 1995, 403);

- einmalige Zuzahlung eines Arbeitnehmers zu den Anschaffungskosten eines höherwertigen Betriebs-Pkw des Arbeitgebers (BFH 10. 5. 1995, StEd 1995, 562);

- Besteuerung der kostenlosen Arbeitnehmerbeförderungen (FG Köln 30. 5. 1995, UR 1996, 336);

- Getränkeverkauf in Filmtheatern (BFH 1. 6. 1995, UR 1996, 63);

- Vergabe von Angelerlaubnisscheinen durch gemeinnützige Vereine gegen Entgelt (FG München 1. 6. 1995, UR 1996, 259);

- Leistungsaustausch aufgrund der Auslobung eines Lieferanten; Unfallkosten als Eigenverbrauch (BFH 28. 6. 1995, BStBl II, 850);

- Außengesellschaft oder Bürogemeinschaft als Innengesellschaft (BFH 15. 9. 1995, BFH/NV 1996, 439);

- Verkauf eines Grundstücks, welches z. T. der privaten Nutzung vorbehalten war (EuGH 4. 10. 1995, BStBl 1996 II, 392);

- Steuerbarkeit bei Einbringung von Sacheinlagen durch Gründungsgesellschafter; Rebanlagen als selbständiger Liefergegenstand (BFH 8. 11. 1995, BStBl 1996 II, 114);

- Leistungsentgelt oder Schadensersatz (BGH 6. 12. 1995, UR 1996, 225);

- Leistungsaustausch bei Forschung mit öffentlichen Mitteln (BFH 25. 1. 1996, BFH/NV 1996, 715);

- Änderung des Einfuhrbegriffs durch das UStBMG hat keinen Einfluß auf das Truppenzollgesetz (BFH 30. 1. 1996, UVR 1996, 270);

- Aufgabe der Milcherzeugung gegen eine Vergütung ist nicht umsatzsteuerbar (EuGH 29. 2. 1996, UR 1996, 219);

- Bemessungsgrundlage für den Eigenverbrauch bei Anwendung der sog. 1 v. H.-Regelung (BFH 11. 4. 1996, UVR 1996, 211);

- Leistungsaustausch bei Leistungen im Rahmen von Gesellschaftsverhältnissen (BFH 18. 4. 1996, BStBl II, 387);

- Einbauten auf fremdem Grund und Boden (BFH 11. 10. 1996, UVR 1997, 137);

- Brachlegung von Ackerflächen gegen Zuwendung als Leistungsaustausch (BFH 30. 1. 1997, BuW 1997, 341).

UStG

§ 1a[1]) Innergemeinschaftlicher Erwerb

(1) Ein innergemeinschaftlicher Erwerb gegen Entgelt liegt vor, wenn die folgenden Voraussetzungen erfüllt sind:

1. Ein Gegenstand gelangt bei einer Lieferung an den Abnehmer (Erwerber) aus dem Gebiet eines Mitgliedstaates in das Gebiet eines anderen Mitgliedstaates oder aus dem übrigen Gemeinschaftsgebiet in die in § 1 Abs. 3 bezeichneten Gebiete, auch wenn der Lieferer den Gegenstand in das Gemeinschaftsgebiet eingeführt hat;
2. der Erwerber ist
   a) ein Unternehmer, der den Gegenstand für sein Unternehmen erwirbt, oder
   b) eine juristische Person, die nicht Unternehmer ist oder die den Gegenstand nicht für ihr Unternehmen erwirbt, und
3. die Lieferung an den Erwerber
   a) wird durch einen Unternehmer gegen Entgelt im Rahmen seines Unternehmens ausgeführt und
   b) ist nach dem Recht des Mitgliedstaates, der für die Besteuerung des Lieferers zuständig ist, nicht auf Grund der Sonderregelung für Kleinunternehmer steuerfrei.

(2) ¹Als innergemeinschaftlicher Erwerb gegen Entgelt gilt das Verbringen eines Gegenstandes des Unternehmens aus dem übrigen Gemeinschaftsgebiet in das Inland durch einen Unternehmer zu seiner Verfügung, ausgenommen zu einer nur vorübergehenden Verwendung, auch wenn der Unternehmer den Gegenstand in das Gemeinschaftsgebiet eingeführt hat. ²Der Unternehmer gilt als Erwerber.

(3) Ein innergemeinschaftlicher Erwerb im Sinne der Absätze 1 und 2 liegt nicht vor, wenn die folgenden Voraussetzungen erfüllt sind:

1. Der Erwerber ist
   a) ein Unternehmer, der nur steuerfreie Umsätze ausführt, die zum Ausschluß vom Vorsteuerabzug führen,
   b) ein Unternehmer, für dessen Umsätze Umsatzsteuer nach § 19 Abs. 1 nicht erhoben wird,
   c) ein Unternehmer, der den Gegenstand zur Ausführung von Umsätzen verwendet, für die die Steuer nach den Durchschnittsätzen des § 24 festgesetzt ist, oder
   d) eine juristische Person, die nicht Unternehmer ist oder die den Gegenstand nicht für ihr Unternehmen erwirbt, und

---

1) **Anm.:** § 1a Abs. 1 Nr. 1 i. d. F. des Art. 1 Nr. 1 Umsatzsteuer-Änderungsgesetz 1997 v. 12. 12. 96 (BGBl I, 1851); Abs. 2 i. d. F. des Art. 20 Nr. 2 JStG 1996 v. 11. 10. 95 (BGBl I, 1250). – Zur Behandlung des innergemeinschaftlichen Verbringens s. BMF v. 19. 11. 93 (BStBl I, 1004).

2. der Gesamtbetrag der Entgelte für Erwerbe im Sinne des Absatzes 1 Nr. 1 und des Absatzes 2 hat den Betrag von 25 000 Deutsche Mark im vorangegangenen Kalenderjahr nicht überstiegen und wird diesen Betrag im laufenden Kalenderjahr voraussichtlich nicht übersteigen (Erwerbsschwelle).

(4) [1]Der Erwerber kann auf die Anwendung des Absatzes 3 verzichten. [2]Der Verzicht ist gegenüber dem Finanzamt zu erklären und bindet den Erwerber mindestens für zwei Kalenderjahre.

(5) [1]Absatz 3 gilt nicht für den Erwerb neuer Fahrzeuge und verbrauchsteuerpflichtiger Waren. [2]Verbrauchsteuerpflichtige Waren im Sinne dieses Gesetzes sind Mineralöle, Alkohol und alkoholische Getränke sowie Tabakwaren.

6. EG-Richtlinie

Abschnitt XVIa: Übergangsregelung für die Besteuerung des Handels zwischen den Mitgliedstaaten

Artikel 28a   Anwendungsbereich

(1)   (abgedruckt zu § 1 UStG)

...

(5)   (abgedruckt zu § 1 UStG)

...

UStR

15a. *Innergemeinschaftlicher Erwerb*

(1) [1]Ein innergemeinschaftlicher Erwerb setzt insbesondere voraus, daß an den Erwerber eine Lieferung ausgeführt wird und der Gegenstand dieser Lieferung aus dem Gebiet eines EG-Mitgliedstaates in das Gebiet eines anderen EG-Mitgliedstaates oder aus dem übrigen Gemeinschaftsgebiet in die in § 1 Abs. 3 UStG bezeichneten Gebiete gelangt. [2]Zum Begriff Gegenstand vgl. Abschnitt 24 Abs. 1. [3]Ein Gegenstand gelangt aus dem Gebiet eines EG-Mitgliedstaates in das Gebiet eines anderen EG-Mitgliedstaates, wenn die Beförderung oder Versendung durch den Lieferer oder durch den Abnehmer im Gebiet des einen EG-Mitgliedstaates beginnt und im Gebiet des anderen EG-Mitgliedstaates endet. [4]Dies gilt auch dann, wenn die Beförderung oder Versendung im Drittlandsgebiet beginnt und der Gegenstand im Gebiet eines EG-Mitgliedstaates der Einfuhrumsatzsteuer unterworfen wird, bevor er in das Gebiet des anderen EG-Mitgliedstaates gelangt. [5]Kein Fall des innergemeinschaftlichen Erwerbs liegt demnach vor, wenn die Ware aus einem Drittland im Wege der Durchfuhr durch das Gebiet eines anderen EG-Mitgliedstaates in das Inland gelangt und erst hier einfuhrumsatzsteuerrechtlich zum freien Verkehr abgefertigt

Innergemeinschaftlicher Erwerb   15b UStR   **§ 1a UStG**

wird. [6]*Als innergemeinschaftlicher Erwerb gegen Entgelt gilt auch das innergemeinschaftliche Verbringen eines Gegenstandes in das Inland (vgl. Abschnitt 15b).*

(2) [1]*Ein innergemeinschaftlicher Erwerb ist bei einem Unternehmer, der ganz oder zum Teil zum Vorsteuerabzug berechtigt ist, unabhängig von einer Erwerbsschwelle steuerbar.* [2]*Bei*

a) einem Unternehmer, der nur steuerfreie Umsätze ausführt, die zum Ausschluß vom Vorsteuerabzug führen,

b) einem Unternehmer, für dessen Umsätze Umsatzsteuer nach § 19 Abs. 1 UStG nicht erhoben wird,

c) einem Unternehmer, der den Gegenstand zur Ausführung von Umsätzen verwendet, für die die Steuer nach den Durchschnittsätzen des § 24 UStG festgesetzt ist, oder

d) einer juristischen Person des öffentlichen oder privaten Rechts, die nicht Unternehmer ist oder den Gegenstand nicht für ihr Unternehmen erwirbt,

liegt ein steuerbarer innergemeinschaftlicher Erwerb nur vor, wenn der Gesamtbetrag der innergemeinschaftlichen Erwerbe nach § 1a Abs. 1 Nr. 1 und Abs. 2 UStG aus allen EG-Mitgliedstaaten mit Ausnahme der Erwerbe neuer Fahrzeuge und verbrauchsteuerpflichtiger Waren über der Erwerbsschwelle von 25 000 DM liegt oder wenn nach § 1a Abs. 4 UStG zur Erwerbsbesteuerung optiert wird. [3]*Bei dem in Satz 2 genannten Personenkreis unterliegt der innergemeinschaftliche Erwerb neuer Fahrzeuge und verbrauchsteuerpflichtiger Waren unabhängig von der Erwerbsschwelle stets der Erwerbsbesteuerung.* [4]*Liegen die Voraussetzungen der Sätze 2 und 3 nicht vor, ist die Besteuerung des Lieferers zu prüfen (vgl. Abschnitt 42j).* [5]*Wird die Erwerbsschwelle im vorangegangenen Kalenderjahr nicht überschritten und ist zu erwarten, daß sie auch im laufenden Kalenderjahr nicht überschritten wird, kann die Erwerbsbesteuerung unterbleiben, auch wenn die tatsächlichen innergemeinschaftlichen Erwerbe im Laufe des Kalenderjahres die Grenze von 25 000 DM überschreiten.* [6]*Der Erwerber kann dem Finanzamt erklären, daß er auf die Anwendung der Erwerbsschwelle verzichtet.* [7]*Er unterliegt dann in jedem Fall der Erwerbsbesteuerung nach § 1a Abs. 1 und 2 UStG.* [8]*Für die Erklärung ist keine bestimmte Form vorgeschrieben.* [9]*Die Erklärung bindet den Erwerber mindestens für zwei Kalenderjahre.*

(3) [1]*Juristische Personen des öffentlichen Rechts haben grundsätzlich alle in ihrem Bereich vorgenommenen innergemeinschaftlichen Erwerbe zusammenzufassen.* [2]*Bei den großen Gebietskörperschaften Bund und Länder können auch einzelne Organisationseinheiten (z. B. Ressorts, Behörden, Ämter) für ihre innergemeinschaftlichen Erwerbe als Steuerpflichtige behandelt werden.* [3]*Dabei wird aus Vereinfachungsgründen davon ausgegangen, daß die Erwerbsschwelle überschritten ist.* [4]*In diesem Fall können die einzelnen Organisationseinheiten eine eigene USt-IdNr. erhalten (vgl. Abschnitt 282a Abs. 3).*

15b. Innergemeinschaftliches Verbringen

Allgemeines

(1) [1]*Das innergemeinschaftliche Verbringen eines Gegenstandes gilt unter den Voraussetzungen des § 3 Abs. 1a UStG als Lieferung und unter den entsprechenden Voraussetzungen des § 1a Abs. 2 UStG als innergemeinschaftlicher Erwerb gegen Entgelt.* [2]*Ein innergemeinschaftliches Verbringen liegt vor, wenn ein Unternehmer*

UStG § 1a *15b UStR* *Innergemeinschaftlicher Erwerb*

– einen Gegenstand seines Unternehmens aus dem Gebiet eines EG-Mitgliedstaates (Ausgangsmitgliedstaat) zu seiner Verfügung in das Gebiet eines anderen EG-Mitgliedstaates (Bestimmungsmitgliedstaat) befördert oder versendet und
– den Gegenstand im Bestimmungsmitgliedstaat nicht nur vorübergehend verwendet.

[3]*Der Unternehmer gilt im Ausgangsmitgliedstaat als Lieferer, im Bestimmungsmitgliedstaat als Erwerber.*

(2) [1]*Ein innergemeinschaftliches Verbringen, bei dem der Gegenstand vom Inland in das Gebiet eines anderen EG-Mitgliedstaates gelangt, ist nach § 3 Abs. 1a UStG einer Lieferung gegen Entgelt gleichgestellt.* [2]*Diese Lieferung gilt nach § 6a Abs. 2 UStG als innergemeinschaftliche Lieferung, die unter den weiteren Voraussetzungen des § 6a UStG nach § 4 Nr. 1 Buchstabe b UStG steuerfrei ist.* [3]*Ein innergemeinschaftliches Verbringen, bei dem der Gegenstand aus dem übrigen Gemeinschaftsgebiet in das Inland gelangt, gilt nach § 1a Abs. 2 UStG als innergemeinschaftlicher Erwerb gegen Entgelt.* [4]*Lieferung und innergemeinschaftlicher Erwerb sind nach dem Einkaufspreis zuzüglich der Nebenkosten für den Gegenstand oder mangels eines Einkaufspreises nach den Selbstkosten, jeweils zum Zeitpunkt des Umsatzes und ohne Umsatzsteuer, zu bemessen (§ 10 Abs. 4 Nr. 1 UStG).* [5]*§ 3c UStG ist bei einem innergemeinschaftlichen Verbringen nicht anzuwenden.*

Voraussetzungen

(3) [1]*Ein Verbringen ist innergemeinschaftlich, wenn der Gegenstand auf Veranlassung des Unternehmers vom Ausgangsmitgliedstaat in den Bestimmungsmitgliedstaat gelangt.* [2]*Es ist unerheblich, ob der Unternehmer den Gegenstand selbst befördert oder ob er die Beförderung durch einen selbständigen Beauftragten ausführen oder besorgen läßt.*

(4) [1]*Ein innergemeinschaftliches Verbringen setzt voraus, daß der Gegenstand im Ausgangsmitgliedstaat bereits dem Unternehmen zugeordnet war und sich bei Beendigung der Beförderung oder Versendung im Bestimmungsmitgliedstaat weiterhin in der Verfügungsmacht des Unternehmers befindet.* [2]*Diese Voraussetzung ist insbesondere dann erfüllt, wenn der Gegenstand von dem im Ausgangsmitgliedstaat gelegenen Unternehmensteil erworben, hergestellt oder in diesen EG-Mitgliedstaat eingeführt, zur Verfügung des Unternehmers in den Bestimmungsmitgliedstaat verbracht und anschließend von dem dort gelegenen Unternehmensteil auf Dauer verwendet oder verbraucht wird.*

> **Beispiel 1:**
>
> [1]*Der französische Unternehmer F verbringt eine Maschine aus seinem Unternehmen in Frankreich in seinen Zweigbetrieb nach Deutschland, um sie dort auf Dauer einzusetzen.* [2]*Der deutsche Zweigbetrieb kauft in Deutschland Heizöl und verbringt es in die französische Zentrale, um damit das Bürogebäude zu beheizen.*
>
> [3]*F bewirkt mit dem Verbringen der Maschine nach § 1a Abs. 2 UStG einen innergemeinschaftlichen Erwerb in Deutschland.* [4]*Das Verbringen des Heizöls ist in Deutschland eine innergemeinschaftliche Lieferung im Sinne des § 3 Abs. 1a i. V. m. § 6a Abs. 2 UStG.*

(5) [1]*Weitere Voraussetzung ist, daß der Gegenstand zu einer nicht nur vorübergehenden Verwendung durch den Unternehmer in den Bestimmungsmitgliedstaat gelangt.* [2]*Diese Voraussetzung ist immer dann erfüllt, wenn der Gegenstand in dem im Bestimmungsmitgliedstaat gelegenen Unternehmensteil dem Anlagevermögen zugeführt oder dort als Roh-, Hilfs- oder Betriebsstoff verarbeitet oder verbraucht wird.*

(6) [1]*Eine nicht nur vorübergehende Verwendung liegt auch dann vor, wenn der Unternehmer den Gegenstand mit der konkreten Absicht in den Bestimmungsmitgliedstaat verbringt, ihn dort*

(unverändert) weiterzuliefern (z. B. Verbringen auf ein Auslieferungslager). ²*Es ist in diesen Fällen nicht erforderlich, daß der Unternehmensteil im Bestimmungsmitgliedstaat die abgabenrechtlichen Voraussetzungen einer Betriebsstätte (§ 12 AO) erfüllt.* ³*Verbringt der Unternehmer Gegenstände zum Zwecke des Verkaufs außerhalb einer Betriebsstätte in den Bestimmungsmitgliedstaat und gelangen die nicht verkauften Waren unmittelbar anschließend wieder in den Ausgangsmitgliedstaat zurück, kann das innergemeinschaftliche Verbringen aus Vereinfachungsgründen auf die tatsächlich verkaufte Warenmenge beschränkt werden.*

Beispiel 2:

¹*Der niederländische Blumenhändler N befördert im eigenen LKW Blumen nach Köln, um sie dort auf dem Wochenmarkt zu verkaufen.* ²*Die nicht verkauften Blumen nimmt er am selben Tag wieder mit zurück in die Niederlande.*

³*N bewirkt in bezug auf die verkauften Blumen einen innergemeinschaftlichen Erwerb nach § 1a Abs. 2 UStG in Deutschland.* ⁴*Er hat den Verkauf der Blumen als Inlandslieferung zu versteuern.* ⁵*Das Verbringen der nicht verkauften Blumen ins Inland muß nicht als innergemeinschaftlicher Erwerb im Sinne des § 1a Abs. 2 UStG, das Zurückverbringen der nicht verkauften Blumen muß nicht als innergemeinschaftliche Lieferung im Sinne des § 3 Abs. 1a i. V. m. § 6a Abs. 2 UStG behandelt werden.*

(7) ¹*Bei der Verkaufskommission liegt zwar eine Lieferung des Kommittenten an den Kommissionär erst im Zeitpunkt der Lieferung des Kommissionsgutes an den Abnehmer vor (vgl. BFH-Urteil vom 25. 11. 1986 – BStBl 1987 II S. 278).* ²*Gelangt das Kommissionsgut bei der Zurverfügungstellung an den Kommissionär vom Ausgangs- in den Bestimmungsmitgliedstaat, kann die Lieferung jedoch nach dem Sinn und Zweck der Regelung bereits zu diesem Zeitpunkt als erbracht angesehen werden.* ³*Dementsprechend ist der innergemeinschaftliche Erwerb beim Kommissionär der Besteuerung zu unterwerfen.*

(8) Bei einer grenzüberschreitenden Organschaft sind Warenbewegungen zwischen den im Inland und den im übrigen Gemeinschaftsgebiet gelegenen Unternehmensteilen Lieferungen, die beim liefernden inländischen Unternehmensteil nach § 3 Abs. 1 i. V. m. § 6a Abs. 1 UStG, beim erwerbenden inländischen Unternehmensteil nach § 1a Abs. 1 Nr. 1 UStG zu beurteilen sind.

Ausnahmen

(9) ¹*Nach dem Wortlaut der gesetzlichen Vorschriften ist das Verbringen zu einer nur vorübergehenden Verwendung von der Lieferungs- und Erwerbsfiktion ausgenommen.* ²*Diese Ausnahmeregelung ist unter Beachtung von Artikel 28a Abs. 5 Buchstabe b und Abs. 7 der 6. EG-Richtlinie auszulegen.* ³*Danach liegt kein innergemeinschaftliches Verbringen vor, wenn die Verwendung des Gegenstandes im Bestimmungsmitgliedstaat*

– *ihrer Art nach nur vorübergehend ist (vgl. Absatz 10 und 11) oder*

– *befristet ist (vgl. Absatz 12 und 13).*

Der Art nach vorübergehende Verwendung

(10) Eine ihrer Art nach vorübergehende Verwendung liegt in folgenden Fällen vor:

1. ¹*Der Unternehmer verwendet den Gegenstand bei einer Werklieferung, die im Bestimmungsmitgliedstaat steuerbar ist.* ²*Es ist gleichgültig, ob der Gegenstand Bestandteil der Lieferung wird und im Bestimmungsmitgliedstaat verbleibt oder ob er als Hilfsmittel verwendet wird und später wieder in den Ausgangsmitgliedstaat zurückgelangt.*

Beispiel 3:

¹*Der deutsche Bauunternehmer D errichtet in Frankreich ein Hotel.* ²*Er verbringt zu diesem Zwecke Baumaterial und einen Baukran an die Baustelle.* ³*Der Baukran gelangt nach Fertigstellung des Hotels nach Deutschland zurück.*

⁴*Das Verbringen des Baumaterials und des Baukrans ist keine innergemeinschaftliche Lieferung im Sinne des § 3 Abs. 1a und § 6a Abs. 2 UStG.* ⁵*Beim Zurückgelangen des Baukrans in das Inland liegt ein innergemeinschaftlicher Erwerb im Sinne des § 1a Abs. 2 UStG nicht vor.*

2. Der Unternehmer verbringt den Gegenstand im Rahmen oder in unmittelbarem Zusammenhang mit einer sonstigen Leistung in den Bestimmungsmitgliedstaat.

Beispiel 4:

a) *Der deutsche Unternehmer D vermietet eine Baumaschine an den niederländischen Bauunternehmer N und verbringt die Maschine zu diesem Zweck in die Niederlande.*

b) *Der französische Bauunternehmer F führt im Inland Malerarbeiten aus und verbringt zu diesem Zweck Farbe, Arbeitsmaterial und Leitern in das Inland.*

In beiden Fällen ist ein innergemeinschaftliches Verbringen nicht anzunehmen.

3. Der Unternehmer tätigt eine Materialbeistellung zu einer an ihn ausgeführten Werklieferung.

4. Der Unternehmer läßt an dem Gegenstand im Bestimmungsmitgliedstaat eine sonstige Leistung (z. B. Reparatur) ausführen.

5. Der Unternehmer überläßt einen Gegenstand an eine Arbeitsgemeinschaft als Gesellschafterbeitrag und verbringt den Gegenstand dazu in den Bestimmungsmitgliedstaat.

(11) ¹Bei einer ihrer Art nach vorübergehenden Verwendung kommt es auf die Dauer der tatsächlichen Verwendung des Gegenstandes im Bestimmungsmitgliedstaat nicht an. ²Geht der Gegenstand unter, nachdem er in den Bestimmungsmitgliedstaat gelangt ist, gilt er in diesem Zeitpunkt als geliefert. ³Das gleiche gilt, wenn zunächst eine ihrer Art nach vorübergehende Verwendung vorlag, der Gegenstand aber dann im Bestimmungsmitgliedstaat veräußert wird (z. B. wenn ein Gegenstand zunächst vermietet und dann verkauft wird).

Befristete Verwendung

(12) ¹Von einer befristeten Verwendung ist auszugehen, wenn der Unternehmer einen Gegenstand in den Bestimmungsmitgliedstaat im Rahmen eines Vorgangs verbringt, für den bei einer entsprechenden Einfuhr aus dem Drittlandsgebiet wegen vorübergehender Verwendung eine vollständige Befreiung von den Einfuhrabgaben bestehen würde. ²Die zu der zoll- und einfuhrumsatzsteuerrechtlichen Abgabenbefreiung erlassenen Rechts- und Verwaltungsvorschriften sind entsprechend anzuwenden. ³Dies gilt ab 1. 1. 1994 insbesondere für die Artikel

- 137 bis 144 ZK und
- 670 bis 747 ZK-DVO.

⁴Die Höchstdauer der Verwendung (Verwendungsfrist) ist danach grundsätzlich auf 24 Monate festgelegt (Artikel 140 Abs. 2 ZK); für bestimmte Gegenstände gelten kürzere Verwendungsfristen. ⁵Fälle der vorübergehenden Verwendung mit einer Verwendungsfrist von 24 Monaten sind z. B. die Verwendung von

- Berufsausrüstung (Artikel 671 und 672 ZK-DVO),
- Waren, die auf Ausstellungen, Messen, Kongressen und ähnlichen Veranstaltungen ausgestellt oder verwendet werden sollen (Artikel 673 ZK-DVO),
- medizinisch-chirurgischem Material und Labormaterial (Artikel 677 ZK-DVO),

- *Modellen, Meßgeräten, Spezialwerkzeugen, Vorführwaren, Mustern usw. (Artikel 680 ZK-DVO),*
- *Filmen und anderen Ton- oder Bildträgern zur Betrachtung vor ihrer kommerziellen Verwendung bzw. für bestimmte Verwendungen (Artikel 683 ZK-DVO),*
- *Werbematerial für den Fremdenverkehr (Artikel 684a ZK-DVO).*

⁶*Eine Verwendungsfrist von grundsätzlich 12 Monaten gilt u. a. für*
- *pädagogisches Material und wissenschaftliches Gerät (Artikel 674 bis 676 ZK-DVO),*
- *Eisenbahnfahrzeuge (Artikel 721 ZK-DVO),*
- *Paletten, deren Nämlichkeit festgestellt werden kann (Artikel 724 ZK-DVO),*
- *Behälter (Artikel 725 ZK-DVO).*

⁷*Eine Verwendungsfrist von 6 Monaten gilt u. a. für*
- *Umschließungen (Artikel 679 ZK-DVO),*
- *Austauschproduktionsmittel (Artikel 681 ZK-DVO),*
- *Straßenfahrzeuge, zivile Luftfahrzeuge und Wasserfahrzeuge zum privaten Gebrauch innerhalb eines Zeitraums von 12 Monaten (Artikel 719, 722 und 723 ZK-DVO),*
- *Paletten, deren Nämlichkeit nicht festgestellt werden kann (Artikel 724 ZK-DVO).*

(13) ¹*Werden die in Absatz 12 bezeichneten Verwendungsfristen überschritten, ist im Zeitpunkt des Überschreitens ein innergemeinschaftliches Verbringen mit den sich aus § 1a Abs. 2 und § 3 Abs. 1a UStG ergebenden Wirkungen anzunehmen.* ²*Entsprechendes gilt, wenn der Gegenstand innerhalb der Verwendungsfrist untergeht oder veräußert (geliefert) wird.* ³*Das Zurückgelangen des Gegenstandes in den Ausgangsmitgliedstaat nach einer befristeten Verwendung ist umsatzsteuerlich unbeachtlich.*

Entsprechende Anwendung des § 3 Abs. 8 UStG

(14) ¹*§ 1a Abs. 2 und § 3 Abs. 1a UStG sind grundsätzlich nicht anzuwenden, wenn der Gegenstand im Rahmen einer im Ausgangsmitgliedstaat steuerbaren Lieferung in den Bestimmungsmitgliedstaat gelangt, d. h. wenn der Abnehmer bei Beginn des Transports im Ausgangsmitgliedstaat feststeht und der Gegenstand an ihn unmittelbar ausgeliefert wird.* ²*Aus Vereinfachungsgründen kann in diesen Fällen jedoch unter folgenden Voraussetzungen ein innergemeinschaftliches Verbringen angenommen werden:*

1. Die Lieferungen werden regelmäßig an eine größere Zahl von Abnehmern im Bestimmungsland ausgeführt.

2. Bei entsprechenden Lieferungen aus dem Drittlandsgebiet wären die Voraussetzungen für eine Verlagerung des Ortes der Lieferung in das Gemeinschaftsgebiet nach § 3 Abs. 8 UStG erfüllt.

3. ¹*Der liefernde Unternehmer behandelt die Lieferung im Bestimmungsmitgliedstaat als steuerbar.* ²*Er wird bei einem Finanzamt des Bestimmungsmitgliedstaates für Umsatzsteuerzwecke geführt.* ³*Er gibt in den Rechnungen seine USt-IdNr. des Bestimmungsmitgliedstaates an.*

4. Die beteiligten Steuerbehörden im Ausgangs- und Bestimmungsmitgliedstaat sind mit dieser Behandlung einverstanden.

Beispiel 5:
¹Der niederländische Großhändler N in Venlo beliefert im grenznahen deutschen Raum eine Vielzahl von Kleinabnehmern (z. B. Imbißbuden, Gaststätten und Kasinos) mit Pommes frites. ²N verpackt und portioniert die Waren bereits in Venlo nach den Bestellungen der Abnehmer und liefert sie an diese mit eigenem LKW aus.

³N kann die Gesamtsendung als innergemeinschaftliches Verbringen (innergemeinschaftlicher Erwerb nach § 1a Abs. 2 UStG) behandeln und alle Lieferungen als Inlandslieferungen bei dem zuständigen inländischen Finanzamt versteuern, sofern er in den Rechnungen seine deutsche USt-IdNr. angibt und seine örtlich zuständige niederländische Steuerbehörde diesem Verfahren zustimmt.

Belegaustausch und Aufzeichnungspflichten

(15) Wegen des Belegaustauschs und der Aufzeichnungspflichten bei innergemeinschaftlichen Verbringensfällen vgl. Abschnitte 190a Abs. 3 und 256a Abs. 1.

Verwaltungsanweisungen

- Vereinfachungsregelungen im innergemeinschaftlichen Warenverkehr (Sächs. Staatsministerium der Finanzen 17. 3. 1993, UR 1993, 174);
- Merkblatt über die Besteuerung von ausländischen Messeausstellern (OFD Frankfurt a. M. 16. 4. 1993, UR 1994, 440);
- ustl. Behandlung innergemeinschaftlicher Lohnveredelungen (BMF 12. 10. 1993, BStBl I, 913);
- ustl. Behandlung des innergemeinschaftlichen Verbringens (BMF 19. 11. 1993, BStBl I, 1004);
- innergemeinschaftlicher Erwerb von Nutzfahrzeugen durch Autohändler (OFD Rostock 20. 1. 1994, UR 1994, 284);
- Besteuerung innergemeinschaftlicher Erwerbe pauschalierender Land- und Forstwirte (OFD Saarbrücken 11. 2. 1995, UR 1996, 351).

UStG

§ 1b[1]) Innergemeinschaftlicher Erwerb neuer Fahrzeuge

(1) Der Erwerb eines neuen Fahrzeugs durch einen Erwerber, der nicht zu den in § 1a Abs. 1 Nr. 2 genannten Personen gehört, ist unter den Voraussetzungen des § 1a Abs. 1 Nr. 1 innergemeinschaftlicher Erwerb.

---

1) **Anm.:** § 1b Abs. 3 i. d. F. des Art. 1 Nr. 1 Gesetz zur Änderung des UStG und anderer Gesetze v. 9. 8. 94 (BGBl I, 2058).

(2) ¹Fahrzeuge im Sinne dieses Gesetzes sind
1. motorbetriebene Landfahrzeuge mit einem Hubraum von mehr als 48 Kubikzentimetern oder einer Leistung von mehr als 7,2 Kilowatt,
2. Wasserfahrzeuge mit einer Länge von mehr als 7,5 Metern,
3. Luftfahrzeuge, deren Starthöchstmasse mehr als 1 550 Kilogramm beträgt.
²Satz 1 gilt nicht für die in § 4 Nr. 12 Satz 2 und Nr. 17 Buchstabe b bezeichneten Fahrzeuge.
(3) Ein Fahrzeug gilt als neu, wenn das
1. Landfahrzeug nicht mehr als 6 000 Kilometer zurückgelegt hat oder wenn seine erste Inbetriebnahme im Zeitpunkt des Erwerbs nicht mehr als sechs Monate zurückliegt,
2. Wasserfahrzeug nicht mehr als 100 Betriebsstunden auf dem Wasser zurückgelegt hat oder wenn seine erste Inbetriebnahme im Zeitpunkt des Erwerbs nicht mehr als drei Monate zurückliegt,
3. Luftfahrzeug nicht länger als 40 Betriebsstunden genutzt worden ist oder wenn seine erste Inbetriebnahme im Zeitpunkt des Erwerbs nicht mehr als drei Monate zurückliegt.

6. EG-Richtlinie

Abschnitt XVIa: Übergangsregelung für die Besteuerung des Handels zwischen den Mitgliedstaaten

Artikel 28a   Anwendungsbereich
(1) Der Mehrwertsteuer unterliegen auch
...
b) (abgedruckt zu § 1 UStG)
...
(2) (abgedruckt zu § 1 UStG)
...

UStR

15c. Innergemeinschaftlicher Erwerb neuer Fahrzeuge

¹*Der entgeltliche innergemeinschaftliche Erwerb eines neuen Fahrzeuges unterliegt auch bei Privatpersonen, nichtunternehmerisch tätigen Personenvereinigungen und Unternehmern, die*

UStG § 1c *Innergemeinschaftlicher Erwerb*

das Fahrzeug für ihren nichtunternehmerischen Bereich beziehen, der Besteuerung. ²Fahrzeuge im Sinne des § 1b UStG sind zur Personen- oder Güterbeförderung bestimmte Wasserfahrzeuge, Luftfahrzeuge und motorbetriebene Landfahrzeuge, die die in § 1b Abs. 2 UStG bezeichneten Merkmale aufweisen. ³Zu den Landfahrzeugen gehören insbesondere Personenkraftwagen, Lastkraftwagen, Motorräder, Motorroller, Mopeds und motorbetriebene Wohnmobile und Caravane. ⁴Die straßenverkehrsrechtliche Zulassung ist nicht erforderlich. ⁵Keine Landfahrzeuge sind dagegen Wohnwagen, Packwagen und andere Anhänger ohne eigenen Motor, die nur von Kraftfahrzeugen mitgeführt werden können, und selbstfahrende Arbeitsmaschinen und land- und forstwirtschaftliche Zugmaschinen, die nach ihrer Bauart oder ihren besonderen, mit dem Fahrzeug fest verbundenen Einrichtungen nicht zur Beförderung von Personen oder Gütern bestimmt und geeignet sind.

Verwaltungsanweisungen

- Innergemeinschaftlicher Erwerb neuer Fahrzeuge (BMF 15. 4. 1993, StEd 1993, 249).

UStG

§ 1c[1]) **Innergemeinschaftlicher Erwerb durch diplomatische Missionen, zwischenstaatliche Einrichtungen und Streitkräfte der Vertragsparteien des Nordatlantikvertrages**

(1) ¹Ein innergemeinschaftlicher Erwerb im Sinne des § 1a liegt nicht vor, wenn ein Gegenstand bei einer Lieferung aus dem Gebiet eines anderen Mitgliedstaates in das Inland gelangt und die Erwerber folgende Einrichtungen sind, soweit sie nicht Unternehmer sind oder den Gegenstand nicht für ihr Unternehmen erwerben:

1. im Inland ansässige ständige diplomatische Missionen und berufskonsularische Vertretungen,
2. im Inland ansässige zwischenstaatliche Einrichtungen oder
3. im Inland stationierte Streitkräfte anderer Vertragsparteien des Nordatlantikvertrages.

²Diese Einrichtungen gelten nicht als Erwerber im Sinne des § 1a Abs. 1 Nr. 2. ³§ 1b bleibt unberührt.

---

1) **Anm.:** § 1c eingefügt gem. Art. 20 Nr. 2 StMBG v. 21. 12. 93 (BGBl I, 2310); Abs. 2 i. d. F. des Art. 20 Nr. 3 JStG 1996 v. 11. 10. 95 (BGBl I, 1250).

(2) Als innergemeinschaftlicher Erwerb gegen Entgelt im Sinne des § 1a Abs. 2 gilt das Verbringen eines Gegenstandes durch die deutschen Streitkräfte aus dem übrigen Gemeinschaftsgebiet in das Inland für den Gebrauch oder Verbrauch dieser Streitkräfte oder ihres zivilen Begleitpersonals, wenn die Lieferung des Gegenstandes an die deutschen Streitkräfte im übrigen Gemeinschaftsgebiet oder die Einfuhr durch diese Streitkräfte nicht der Besteuerung unterlegen hat.

6. EG-Richtlinie

Abschnitt XVIa: Übergangsregelung für die Besteuerung des Handels zwischen den Mitgliedstaaten

Artikel 28a   Anwendungsbereich
(1) Der Mehrwertsteuer unterliegen auch
...
a) (abgedruckt zu § 1 UStG)
...
(1a) Unter die in Absatz 1 Buchstabe a) Unterabsatz 2 vorgesehene Ausnahmeregelung fällt
a) (abgedruckt zu § 1 UStG)
...
(6) (abgedruckt zu § 1 UStG)
...

UStR

15d. Ausnahme vom innergemeinschaftlichen Erwerb bei diplomatischen Missionen usw. (§ 1c Abs. 1 UStG)

[1]Ständige diplomatische Missionen und berufskonsularische Vertretungen, zwischenstaatliche Einrichtungen und Streitkräfte anderer Vertragsparteien des Nordatlantikvertrages sind nach Maßgabe des § 1c Abs. 1 UStG vom innergemeinschaftlichen Erwerb nach § 1a UStG ausgenommen. [2]Diese Einrichtungen werden nicht dem in § 1a Abs. 1 Nr. 2 UStG genannten Personenkreis zugeordnet. [3]Dies hat zur Folge, daß
– diesen Einrichtungen grundsätzlich keine USt-IdNr. zu erteilen ist,
– bei Lieferungen aus anderen EG-Mitgliedstaaten an diese Einrichtungen der Ort der Lieferung unter den Voraussetzungen des § 3c UStG in das Inland verlagert wird und
– diese Einrichtungen nur beim innergemeinschaftlichen Erwerb eines neuen Fahrzeugs der Erwerbsbesteuerung nach § 1b UStG unterliegen.

[4]*Soweit die genannten Einrichtungen Unternehmer im Sinne des § 2 UStG sind und den Gegenstand für ihr Unternehmen erwerben, ist die Ausnahmeregelung des § 1c Abs. 1 UStG nicht anzuwenden.*

UStG

§ 2[1]) Unternehmer, Unternehmen

(1) [1]Unternehmer ist, wer eine gewerbliche oder berufliche Tätigkeit selbständig ausübt. [2]Das Unternehmen umfaßt die gesamte gewerbliche oder berufliche Tätigkeit des Unternehmers. [3]Gewerblich oder beruflich ist jede nachhaltige Tätigkeit zur Erzielung von Einnahmen, auch wenn die Absicht, Gewinn zu erzielen, fehlt oder eine Personenvereinigung nur gegenüber ihren Mitgliedern tätig wird.

(2) Die gewerbliche oder berufliche Tätigkeit wird nicht selbständig ausgeübt,

1. soweit natürliche Personen, einzeln oder zusammengeschlossen, einem Unternehmen so eingegliedert sind, daß sie den Weisungen des Unternehmers zu folgen verpflichtet sind,

2. wenn eine juristische Person nach dem Gesamtbild der tatsächlichen Verhältnisse finanziell, wirtschaftlich und organisatorisch in das Unternehmen des Organträgers eingegliedert ist (Organschaft). [2]Die Wirkungen der Organschaft sind auf Innenleistungen zwischen den im Inland gelegenen Unternehmensteilen beschränkt. [3]Diese Unternehmensteile sind als ein Unternehmen zu behandeln. [4]Hat der Organträger seine Geschäftsleitung im Ausland, gilt der wirtschaftlich bedeutendste Unternehmensteil im Inland als der Unternehmer.

(3) [1]Die juristischen Personen des öffentlichen Rechts sind nur im Rahmen ihrer Betriebe gewerblicher Art (§ 1 Abs. 1 Nr. 6, § 4 des Körperschaftsteuergesetzes) und ihrer land- oder forstwirtschaftlichen Betriebe gewerblich oder beruflich tätig. [2]Auch wenn die Voraussetzungen des Satzes 1 nicht gegeben sind, gelten als gewerbliche oder berufliche Tätigkeit im Sinne dieses Gesetzes

1. (weggefallen)

2. die Tätigkeit der Notare im Landesdienst und der Ratschreiber im Land Baden-Württemberg, soweit Leistungen ausgeführt werden, für die nach der Bundesnotarordnung die Notare zuständig sind;

3. die Abgabe von Brillen und Brillenteilen einschließlich der Reparaturarbeiten durch Selbstabgabestellen der gesetzlichen Träger der Sozialversicherung;

---

1) **Anm.:** § 2 Abs. 3 i. d. F. des Art. 12 Abs. 44 Nr. 1 PTNeuOG v. 14. 9. 94 (BGBl I, 2325).

4. die Leistungen der Vermessungs- und Katasterbehörden bei der Wahrnehmung von Aufgaben der Landesvermessung und des Liegenschaftskatasters mit Ausnahme der Amtshilfe;
5. die Tätigkeit der Bundesanstalt für Landwirtschaft und Ernährung, soweit Aufgaben der Marktordnung, der Vorratshaltung und der Nahrungsmittelhilfe wahrgenommen werden.

6. EG-Richtlinie

Abschnitt IV: Steuerpflichtiger

Artikel 4

(1) Als Steuerpflichtiger gilt, wer eine der in Absatz 2 genannten wirtschaftlichen Tätigkeiten selbständig und unabhängig von ihrem Ort ausübt, gleichgültig zu welchem Zweck und mit welchem Ergebnis.

(2) Die in Absatz 1 genannten wirtschaftlichen Tätigkeiten sind alle Tätigkeiten eines Erzeugers, Händlers oder Dienstleistenden einschließlich der Tätigkeiten der Urproduzenten, der Landwirte sowie der freien Berufe und der diesen gleichgestellten Berufe. Als wirtschaftliche Tätigkeit gilt auch eine Leistung, die die Nutzung von körperlichen oder nicht körperlichen Gegenständen zur nachhaltigen Erzielung von Einnahmen umfaßt.

(3) Die Mitgliedstaaten können auch solche Personen als Steuerpflichtige betrachten, die gelegentlich eine der in Absatz 2 genannten Tätigkeiten ausüben und insbesondere eine der folgenden Leistungen erbringen:

a) die Lieferung von Gebäuden oder Gebäudeteilen und dem dazugehörigen Grund und Boden, wenn sie vor dem Erstbezug erfolgt. Die Mitgliedstaaten können die Einzelheiten der Anwendung dieses Kriteriums auf Umbauten von Gebäuden und den Begriff „dazugehöriger Grund und Boden" festlegen.

Die Mitgliedstaaten können andere Kriterien als das des Erstbezugs bestimmen, z. B. den Zeitraum zwischen der Fertigstellung des Gebäudes und dem Zeitpunkt seiner ersten Lieferung, oder den Zeitpunkt zwischen dem Erstbezug und der späteren Lieferung, sofern diese Zeiträume fünf bzw. zwei Jahre nicht überschreiten.

Als Gebäude gilt jedes mit dem Boden fest verbundene Bauwerk;

b) die Lieferung von Baugrundstücken.

Als Baugrundstück gelten erschlossene oder unerschlossene Grundstücke entsprechend den Begriffsbestimmungen der Mitgliedstaaten.

(4) Der in Absatz 1 verwendete Begriff „selbständig" schließt die Lohn- und Gehaltsempfänger und sonstige Personen von der Besteuerung aus, soweit sie an ihren Arbeitgeber durch einen Arbeitsvertrag oder ein sonstiges Rechtsverhältnis gebunden sind, das hinsichtlich der Arbeitsbedingungen und des Arbeitsentgelts sowie der Verantwortlichkeit des Arbeitgebers ein Verhältnis der Unterordnung schafft.

UStG § 2 16 UStR Unternehmer, Unternehmen

Vorbehaltlich der Konsultation nach Artikel 29 steht es jedem Mitgliedstaat frei, im Inland ansässige Personen, die zwar rechtlich unabhängig, aber durch gegenseitige finanzielle, wirtschaftliche und organisatorische Beziehungen eng miteinander verbunden sind, zusammen als einen Steuerpflichtigen zu behandeln.

(5) Staaten, Länder, Gemeinden und sonstige Einrichtungen des öffentlichen Rechts gelten nicht als Steuerpflichtige, soweit sie die Tätigkeiten ausüben oder Leistungen erbringen, die ihnen im Rahmen der öffentlichen Gewalt obliegen, auch wenn sie im Zusammenhang mit diesen Tätigkeiten oder Leistungen Zölle, Gebühren, Beiträge oder sonstige Abgaben erheben.

Falls sie jedoch solche Tätigkeiten ausüben oder Leistungen erbringen, gelten sie für diese Tätigkeiten oder Leistungen als Steuerpflichtige, sofern eine Behandlung als Nicht-Steuerpflichtige zu größeren Wettbewerbsverzerrungen führen würde.

Die vorstehend genannten Einrichtungen gelten in jedem Fall als Steuerpflichtige in bezug auf die in Anhang D aufgeführten Tätigkeiten, sofern der Umfang dieser Tätigkeiten nicht unbedeutend ist.

Die Mitgliedstaaten können die Tätigkeiten der vorstehend genannten Einrichtungen, die nach Artikel 13 oder 28 von der Steuer befreit sind, als Tätigkeiten behandeln, die ihnen im Rahmen der öffentlichen Gewalt obliegen.

UStR

16. Unternehmer

(1) ¹Natürliche und juristische Personen sowie Personenzusammenschlüsse können Unternehmer sein. ²Unternehmer ist jedes selbständig tätige Wirtschaftsgebilde, das nachhaltig Leistungen gegen Entgelt ausführt (vgl. BFH-Urteil vom 4. 7. 1956 – BStBl III S. 275). ³*Dabei kommt es weder auf die Rechtsform noch auf die Rechtsfähigkeit des Leistenden an (vgl. BFH-Urteil vom 21. 4. 1994 – BStBl II S. 671).* ⁴Für die Unternehmereigenschaft einer Personengesellschaft ist es unerheblich, ob ihre Gesellschafter Mitunternehmer im Sinne des § 15 Abs. 1 Nr. 2 EStG sind (vgl. BFH-Urteil vom 18. 12. 1980 – BStBl 1981 II S. 408). ⁵*Unternehmer kann auch eine Bruchteilsgemeinschaft sein.* ⁶Vermieten Ehegatten mehrere in ihrem Bruchteilseigentum stehende Grundstücke, ist die jeweilige Bruchteilsgemeinschaft ein gesonderter Unternehmer, wenn aufgrund unterschiedlicher Beteiligungsverhältnisse im Vergleich mit den anderen Bruchteilsgemeinschaften eine einheitliche Willensbildung nicht gewährleistet ist (vgl. BFH-Urteile vom 25. 3. 1993 – BStBl II S. 729 und vom 29. 4. 1993 – BStBl II S. 734).

(2) ¹Wem eine Leistung als Unternehmer zuzurechnen ist, richtet sich danach, wer dem Leistungsempfänger gegenüber als Schuldner der Leistung auftritt. ²Schließt eine Arbeitsgemeinschaft des Baugewerbes allein die Bauverträge mit dem Auftraggeber ab, entstehen unmittelbare Rechtsbeziehungen nur zwischen dem Auftraggeber und der Arbeitsgemeinschaft, nicht aber zwischen dem Auftraggeber und den einzelnen Mitgliedern der Gemeinschaft. ³In diesem Fall ist die Arbeitsgemeinschaft Unternehmer (vgl. BFH-Urteil vom 21. 5. 1971 – BStBl II S. 540). ⁴Zur Frage des Leistungsaustausches zwischen einer Arbeitsgemeinschaft des Baugewerbes und ihren Mitgliedern vgl. Abschnitt 6 Abs. 4. ⁵Nach außen auftretende Rechtsanwaltsgemeinschaften kön-

nen auch mit den Notariatsgeschäften ihrer Mitglieder Unternehmer sein (vgl. BFH-Urteile vom 5. 9. 1963 – BStBl III S. 520, vom 17. 12. 1964 – BStBl 1965 III S. 155 und vom 27. 8. 1970 – BStBl II S. 833). [6]Zur Bestimmung des Leistenden, wenn in einer Sozietät zusammengeschlossene Rechtsanwälte Testamentsvollstreckungen ausführen, vgl. BFH-Urteil vom 13. 3. 1987 (BStBl II S. 524). [7]Zur Frage, wer bei einem Sechs-Tage-Rennen Werbeleistungen an die Prämienzahler bewirkt, vgl. BFH-Urteil vom 28. 11. 1990 (BStBl 1991 II S. 381). [8]Zur Frage, wer bei der Durchführung von Gastspielen (z. B. Gastspiel eines Theaterensembles) als Veranstalter anzusehen ist, vgl. das BFH-Urteil vom 11. 8. 1960 (BStBl III S. 476). [9]Zur steuerlichen Behandlung einer aus Mietern und Grundstückseigentümern bestehenden Werbegemeinschaft vgl. Abschnitt 4 Abs. 5.

(3) [1]Innengesellschaften, die ohne eigenes Vermögen, ohne Betrieb, ohne Rechtsfähigkeit und ohne Firma bestehen, sind umsatzsteuerrechtlich unbeachtlich, weil ihnen mangels Auftretens nach außen hin die Unternehmereigenschaft fehlt. [2]Unternehmer sind – beim Vorliegen der sonstigen Voraussetzungen – nur die an der Innengesellschaft beteiligten Personen oder Personenzusammenschlüsse (BFH-Urteil vom 11. 11. 1965 – BStBl 1966 III S. 28). [3]Zu den Innengesellschaften gehört auch die – typische oder atypische – stille Gesellschaft. [4]Eine besondere Art der Innengesellschaft ist die Meta-Verbindung (vgl. BFH-Urteil vom 21. 12. 1955 – BStBl 1956 III S. 58). [5]Bei einer Gewinnpoolung sind Unternehmer nur die beteiligten Personen, die ihre Geschäfte ebenfalls nach außen in eigenem Namen betreiben, im Gegensatz zur Meta-Verbindung aber nicht in einem Leistungsaustauschverhältnis miteinander stehen (vgl. BFH-Urteil vom 12. 2. 1970 – BStBl II S. 477). [6]Eine zur Verwirklichung der privaten Jagd-Interessen ihrer Mitglieder gegründete Personengesellschaft ist regelmäßig nichtunternehmerisch tätig (vgl. BFH-Urteil vom 21. 5. 1987 – BStBl II S. 735).

(4) [1]Bei Sportveranstaltungen auf eigenem Sportplatz ist der Platzverein als Unternehmer anzusehen und mit den gesamten Einnahmen zur Umsatzsteuer heranzuziehen. [2]Der Gastverein hat die ihm aus dieser Veranstaltung zufließenden Beträge nicht zu versteuern. [3]Bei Sportveranstaltungen auf fremdem Platz hat der mit der Durchführung der Veranstaltung und insbesondere mit der Erledigung der Kassengeschäfte und der Abrechnung beauftragte Verein als Unternehmer die gesamten Einnahmen der Umsatzsteuer zu unterwerfen, während der andere Verein die ihm zufließenden Beträge nicht zu versteuern hat. [4]Nach diesen Grundsätzen ist auch dann zu verfahren, wenn bei Sportveranstaltungen nicht einer der beteiligten Vereine, sondern der jeweilige Verband als Veranstalter auftritt. [5]Das bedeutet, daß der veranstaltende Verband die Gesamteinnahmen aus der jeweiligen Veranstaltung versteuert, während die Einnahmeanteile der beteiligten Vereine nicht der Umsatzsteuer unterworfen werden.

(5) [1]Wird ein Unternehmen durch den Sachwalter nach den §§ 91, 92 VerglO, durch den Zwangsverwalter im Rahmen seiner Verwaltungstätigkeit nach § 152 Abs. 1 ZVG oder durch den Konkursverwalter geführt, ist nicht der Amtsinhaber der Unternehmer, sondern der Inhaber der Vermögensmasse, für die der Amtsinhaber tätig wird (vgl. BFH-Urteil vom 18. 5. 1988 – BStBl II S. 716, für den Sachwalter; BFH-Urteil vom 23. 6. 1988 – BStBl II S. 920, für den Zwangsverwalter; BFH-Urteile vom 20. 2. 1986 – BStBl II S. 579 und vom 16. 7. 1987 – BStBl II S. 691, für den Konkursverwalter). [2]Dieselben Grundsätze gelten auch dann, wenn ein zum Nachlaß gehörendes Unternehmen vom Testamentsvollstrecker als solchem für den Erben fortgeführt wird. [3]Führt ein Testamentsvollstrecker jedoch ein Handelsgeschäft als Treuhänder der Erben im eigenen Namen weiter, ist er der Unternehmer und Steuerschuldner (vgl. BFH-Urteil vom 11. 10. 1990 – BStBl 1991 II S. 191).

17. Selbständigkeit

(1) ¹Eine selbständige Tätigkeit liegt vor, wenn sie auf eigene Rechnung und auf eigene Verantwortung ausgeübt wird. ²Ob Selbständigkeit oder Unselbständigkeit anzunehmen ist, richtet sich grundsätzlich nach dem Innenverhältnis zum Auftraggeber. ³Aus dem Außenverhältnis zur Kundschaft lassen sich im allgemeinen nur Beweisanzeichen herleiten (vgl. BFH-Urteil vom 6. 12. 1956 – BStBl 1957 III S. 42). ⁴Dabei kommt es nicht allein auf die vertragliche Bezeichnung, die Art der Tätigkeit oder die Form der Entlohnung an. ⁵Entscheidend ist das Gesamtbild der Verhältnisse. ⁶Es müssen die für und gegen die Selbständigkeit sprechenden Umstände gegeneinander abgewogen werden; die gewichtigeren Merkmale sind dann für die Gesamtbeurteilung maßgebend (BFH-Urteil vom 24. 11. 1961 – BStBl 1962 III S. 125). ⁷Arbeitnehmer kann auch sein, wer nach außen wie ein Kaufmann auftritt (vgl. BFH-Urteil vom 15. 7. 1987 – BStBl II S. 746). ⁸Die Frage der Selbständigkeit natürlicher Personen ist für die Umsatzsteuer, Einkommensteuer und Gewerbesteuer nach denselben Grundsätzen zu beurteilen (vgl. BFH-Urteil vom 27. 7. 1972 – BStBl II S. 810). ⁹Wegen der Behandlung der Reisevertreter, Versicherungsvertreter, Hausgewerbetreibenden und Heimarbeiter vgl. R 134 Abs. 2 bis 4 EStR *1993*.

(2) ¹Ein Rundfunksprecher, der einer Rundfunkanstalt auf Dauer zur Verfügung steht, kann auch dann nicht als Unternehmer beurteilt werden, wenn er von der Rundfunkanstalt für jeden Einzelfall seiner Mitwirkung durch besonderen Vertrag verpflichtet wird (BFH-Urteil vom 14. 10. 1976 – BStBl 1977 II S. 50). ²Eine natürliche Person ist mit ihrer Tätigkeit im Rahmen eines Arbeitnehmer-Überlassungsvertrages Arbeitnehmer und nicht Unternehmer im Rahmen eines Werk- oder Dienstvertrages (vgl. BFH-Urteil vom 20. 4. 1988 – BStBl II S. 804).

(3) ¹Natürliche Personen können zum Teil selbständig, zum Teil unselbständig sein. ²In Krankenanstalten angestellte Ärzte sind insoweit selbständig tätig, als ihnen für die Behandlung von Patienten ein Liquidationsrecht zusteht. ³Auch die Tätigkeit der Honorarprofessoren ohne Lehrauftrag wird selbständig ausgeübt. ⁴Arbeitnehmervertreter, die hauptberuflich unselbständig sind, üben als Mitglied eines Aufsichtsrats einer Aktiengesellschaft eine selbständige Tätigkeit aus (vgl. BFH-Urteil vom 27. 7. 1972 – BStBl II S. 810). ⁵Zur Frage, ob eine Nebentätigkeit selbständig oder unselbständig ausgeübt wird, vgl. Abschnitt 68 LStR.

(4) ¹Nicht rechtsfähige Personenvereinigungen können lediglich als kollektive Zusammenschlüsse von Arbeitnehmern zwecks Anbietung der Arbeitskraft gegenüber einem gemeinsamen Arbeitgeber unselbständig sein. ²Eine Personengesellschaft des Handelsrechts ist stets selbständig (BFH-Urteil vom 8. 2. 1979 – BStBl II S. 362).

(5) ¹Regionale Untergliederungen (Landes-, Bezirks-, Ortsverbände) von Großvereinen sind neben dem Hauptverein selbständige Unternehmer, wenn sie über eigene satzungsgemäße Organe (Vorstand, Mitgliederversammlung) verfügen und über diese auf Dauer nach außen im eigenen Namen auftreten sowie eine eigene Kassenführung haben. ²Es ist nicht erforderlich, daß die regionalen Untergliederungen – neben der Satzung des Hauptvereins – noch eine eigene Satzung haben. ³Zweck, Aufgabe und Organisation der Untergliederungen können sich aus der Satzung des Hauptvereins ergeben.

18. Gewerbliche oder berufliche Tätigkeit

(1) ¹Der Begriff der gewerblichen oder beruflichen Tätigkeit im Sinne des UStG geht über den Begriff des Gewerbebetriebes nach dem Einkommensteuergesetz und dem Gewerbesteuergesetz hinaus (vgl. BFH-Urteil vom 5. 9. 1963 – BStBl III S. 520). ²Eine gewerbliche oder berufliche Tätigkeit setzt voraus, daß Leistungen im wirtschaftlichen Sinne ausgeführt werden. ³Betätigun-

gen, die sich nur als Leistungen im Rechtssinne, nicht aber zugleich auch als Leistungen im wirtschaftlichen Sinne darstellen, werden von der Umsatzsteuer nicht erfaßt (vgl. BFH-Urteil vom 31. 7. 1969 – BStBl II S. 637). [4]Die Unterhaltung von Giro-, Bauspar- und Sparkonten sowie das Eigentum an Wertpapieren begründen für sich allein noch nicht die Unternehmereigenschaft einer natürlichen Person (vgl. BFH-Urteile vom 1. 2. 1973 – BStBl II S. 172 und vom 11. 10. 1973 – BStBl 1974 II S. 47). [5]Auch das bloße Erwerben und Halten von Beteiligungen an Kapitalgesellschaften ist keine nachhaltige gewerbliche oder berufliche Tätigkeit im Sinne des § 2 Abs. 1 UStG. [6]Eine unternehmerische Betätigung kann aber dann vorliegen, wenn jemand durch geschäftsmäßigen An- und Verkauf von Kapital- oder Gesellschaftsbeteiligungen aller Art wie ein Händler auftritt und damit eine nachhaltige, auf Einnahmeerzielung gerichtete Tätigkeit entfaltet (vgl. BFH-Urteil vom 15. 1. 1987 – BStBl II S. 512).

(2) [1]Die gewerbliche oder berufliche Tätigkeit wird nachhaltig ausgeübt, wenn *sie auf Dauer zur Erzielung von Entgelten angelegt ist (vgl. BFH-Urteile vom 30. 7. 1986 – BStBl II S. 874 und vom 18. 7. 1991 – BStBl II S. 776).* [2]*Ob dies der Fall ist, richtet sich nach dem Gesamtbild der Verhältnisse im Einzelfall.* [3]*Die für und gegen die Nachhaltigkeit sprechenden Merkmale müssen gegeneinander abgewogen werden.* [4]*Als Kriterien, die für die Nachhaltigkeit sprechen können, kommen nach dem BFH-Urteil vom 18. 7. 1991 (a. a. O.) insbesondere in Betracht:*

– *mehrjährige Tätigkeit,*
– *planmäßiges Handeln,*
– *auf Wiederholung angelegte Tätigkeit,*
– *die Ausführung mehr als nur eines Umsatzes,*
– *Vornahme mehrerer gleichartiger Handlungen unter Ausnutzung derselben Gelegenheit oder desselben dauernden Verhältnisses,*
– *langfristige Duldung eines Eingriffs in den eigenen Rechtskreis,*
– *Intensität des Tätigwerdens,*
– *Beteiligung am Markt,*
– *Auftreten wie ein Händler,*
– *Unterhalten eines Geschäftslokals,*
– *Auftreten nach außen, z. B. gegenüber Behörden.*

[5]*Eine Verwaltungs- oder eine Auseinandersetzungs-Testamentsvollstreckung, die sich über mehrere Jahre erstreckt, ist in der Regel nachhaltig (vgl. BFH-Urteile vom 7. 8. 1975 – BStBl 1976 II S. 57 und vom 26. 9. 1991, UR 1993 S. 194).* [6]*Ein Angehöriger einer Automobilfabrik, der von dieser unter Inanspruchnahme des Werksangehörigenrabatts fabrikneue Automobile erwirbt und diese nach einer Behaltefrist von mehr als einem Jahr wieder verkauft, ist nach dem BFH-Urteil vom 18. 7. 1991 (BStBl II S. 776) nicht nachhaltig als Unternehmer tätig.* [7]Ein Briefmarkensammler, der aus privaten Neigungen sammelt, unterliegt nicht der Umsatzsteuer, soweit er Einzelstücke veräußert (wegtauscht), die Sammlung teilweise umschichtet oder die Sammlung ganz oder teilweise veräußert (BFH-Urteil vom 29. 6. 1987 – BStBl II S. 744). [8]Das gilt auch für die Tätigkeit eines Münzsammlers (vgl. BFH-Urteil vom 16. 7. 1987– BStBl II S. 752). [9]Der Erwerb eines Einzelunternehmens zu dem Zweck, es unmittelbar in eine Personengesellschaft einzubringen, begründet keine unternehmerische Betätigung, weil damit regelmäßig keine auf gewisse Dauer angelegte geschäftliche Tätigkeit entfaltet wird (vgl. BFH-Urteil vom 15. 1. 1987 – BStBl II S. 512). [10]Zur Frage der Nachhaltigkeit bei Unterlassen des Wettbewerbs vgl. BFH-Urteile vom 30. 7. 1986 – BStBl II S. 874. [11]*Wer einmalig einen Nießbrauch an seinem Grundstück bestellt, erbringt eine nachhaltige Duldungsleistung (vgl. BFH-Urteil vom 16. 12. 1971 –*

BStBl 1972 II S. 238). [12]*Der Gesellschafter einer Gesellschaft des bürgerlichen Rechts kann allein durch Vermietung eines Gegenstandes an die Gesellschaft nachhaltig tätig werden (vgl. BFH-Urteil vom 7. 11. 1991 – BStBl 1992 II S. 269).*

(3) [1]Die Tätigkeit muß auf die Erzielung von Einnahmen gerichtet sein. [2]Die Absicht, Gewinn zu erzielen, ist nicht erforderlich. [3]Eine Tätigkeit zur Erzielung von Einnahmen liegt vor, wenn die Tätigkeit im Rahmen eines Leistungsaustausches ausgeübt wird. [4]Die Unternehmereigenschaft setzt somit voraus, daß Lieferungen oder sonstige Leistungen gegen Entgelt bewirkt werden. [5]Der persönlich haftende Gesellschafter einer Personengesellschaft ist deshalb mit einer Geschäftsführertätigkeit für die Gesellschaft kein Unternehmer (vgl. BFH-Urteil vom 17. 7. 1980 – BStBl II S. 622). [6]Das gleiche gilt für den Vorstandsvorsitzenden einer kassenärztlichen Vereinigung, der als ihr Organwalter keine geschäftliche Betätigung gegenüber einem Dritten erbringt (BFH-Urteil vom 4. 11. 1982 – BStBl 1983 II S. 156). [7]Das echte Factoring (Forderungskauf mit voller Übernahme des Ausfallwagnisses) stellt beim Factoring-Institut keine unternehmerische Tätigkeit dar, weil das Institut weder mit dem Ankauf der Forderung noch mit ihrer Einziehung eine Leistung gegen Entgelt ausführt (vgl. BFH-Urteil vom 10. 12. 1981 – BStBl 1982 II S. 200). [8]Eine Personenhandelsgesellschaft ist, soweit sie an anderen Gesellschaften beteiligt ist, regelmäßig nicht Unternehmer (BFH-Urteile vom 20. 1. 1988 – BStBl II S. 557 und vom 28. 9. 1988 – BStBl 1989 II S. 122).

(4) *[1]Die bloße Absicht, entgeltliche Leistungen auszuführen, kann die Unternehmereigenschaft nicht begründen. [2]Erfolglose Vorbereitungshandlungen für eine neue Tätigkeit sind der unternehmerischen Sphäre nur dann zuzurechnen, wenn sie in einem sachlichen Zusammenhang mit der bisherigen unternehmerischen Tätigkeit stehen (vgl. BFH-Urteile vom 6. 5. 1993 – BStBl 1993 II S. 564 und vom 16. 12. 1993 – BStBl 1994 II S. 278).*

19. Beginn und Ende der Unternehmereigenschaft

(1) *[1]Die Unternehmereigenschaft beginnt mit dem ersten nach außen erkennbaren, auf eine Unternehmertätigkeit gerichteten Tätigwerden. [2]Hierzu gehören auch Vorbereitungshandlungen, z. B. Wareneinkauf vor Betriebseröffnung, sofern später nachhaltig Leistungen gegen Entgelt ausgeführt werden. [3]Eine Unternehmereigenschaft wird nicht begründet, wenn es nach den Vorbereitungshandlungen nicht oder nicht nachhaltig zur Ausführung entgeltlicher Leistungen kommt (vgl. BFH-Urteil vom 6. 5. 1993 – BStBl II S. 564). [4]Die Unternehmereigenschaft kann nicht im Erbgang übergehen (vgl. BFH-Urteil vom 19. 11. 1970 – BStBl 1971 II S. 121). [5]Der Erbe wird nur dann zum Unternehmer, wenn in seiner Person die Voraussetzungen verwirklicht werden, an die das Umsatzsteuerrecht die Unternehmereigenschaft knüpft. [6]Zur Unternehmereigenschaft des Erben einer Kunstsammlung vgl. BFH-Urteil vom 24. 11. 1992 (BStBl 1993 II S. 379).*

(2) *[1]Die Unternehmereigenschaft endet mit dem letzten Tätigwerden. [2]Der Zeitpunkt der Einstellung oder Abmeldung eines Gewerbebetriebs ist unbeachtlich. [3]Unternehmen und Unternehmereigenschaft erlöschen erst, wenn der Unternehmer alle Rechtsbeziehungen abgewickelt hat, die mit dem (aufgegebenen) Betrieb in Zusammenhang stehen (BFH-Urteil vom 21. 4. 1993 – BStBl II S. 696). [4]Die spätere Veräußerung von Gegenständen des Betriebsvermögens oder die nachträgliche Vereinnahmung von Entgelten gehören noch zur Unternehmertätigkeit. [5]Eine Einstellung der gewerblichen oder beruflichen Tätigkeit liegt nicht vor, wenn den Umständen zu entnehmen ist, daß der Unternehmer die Absicht hat, das Unternehmen weiterzuführen oder in absehbarer Zeit wiederaufleben zu lassen; es ist nicht erforderlich, daß laufend Umsätze bewirkt werden (vgl. BFH-Urteile vom 13. 12. 1963 – BStBl 1964 III S. 90 und vom 15. 3. 1993 – BStBl*

II S. 561). ⁶Eine Gesellschaft besteht als Unternehmer so lange fort, bis alle Rechtsbeziehungen, zu denen auch das Rechtsverhältnis zwischen der Gesellschaft und dem Finanzamt gehört, beseitigt sind (vgl. BFH-Urteil vom 21. 5. 1971 – BStBl II S. 540). ⁷*Die Unternehmereigenschaft einer GmbH ist weder von ihrem Vermögensstand noch von ihrer Eintragung im Handelsregister abhängig.* ⁸*Eine aufgelöste GmbH kann auch noch nach ihrer Löschung im Handelsregister Umsätze im Rahmen ihres Unternehmens ausführen (vgl. BFH-Urteil vom 9. 12. 1993 – BStBl 1994 II S. 483).* ⁹Zum Sonderfall des Ausscheidens eines Gesellschafters aus einer zweigliedrigen Personengesellschaft (Anwachsen) vgl. BFH-Urteil vom 18. 9. 1980 (BStBl 1981 II S. 293).

20. Unternehmen

(1) ¹Zum Unternehmen gehören sämtliche Betriebe oder berufliche Tätigkeiten desselben Unternehmers. ²Organgesellschaften sind – unter Berücksichtigung der Einschränkungen in § 2 Abs. 2 Nr. 2 Satz 2 bis 4 UStG (vgl. Abschnitt 21a) – Teile des einheitlichen Unternehmens eines Unternehmers. ³Innerhalb des einheitlichen Unternehmens sind steuerbare Umsätze *grundsätzlich* nicht möglich; *zu den Besonderheiten beim innergemeinschaftlichen Verbringen vgl. Abschnitt 15b.*

(2) ¹In den Rahmen des Unternehmens fallen nicht nur die Grundgeschäfte, die den eigentlichen Gegenstand der geschäftlichen Betätigung bilden, sondern auch die Hilfsgeschäfte (vgl. BFH-Urteil vom 24. 2. 1988 – BStBl II S. 622). ²Zu den Hilfsgeschäften gehört jede Tätigkeit, die die Haupttätigkeit mit sich bringt (vgl. BFH-Urteil vom 28. 10. 1964 – BStBl 1965 III S. 34). ³Auf die Nachhaltigkeit der Hilfsgeschäfte kommt es nicht an (vgl. BFH-Urteil vom 20. 9. 1990 – BStBl 1991 II S. 35). ⁴Ein Verkauf von Vermögensgegenständen fällt somit ohne Rücksicht auf die Nachhaltigkeit in den Rahmen des Unternehmens, wenn der Gegenstand zum unternehmerischen Bereich des Veräußerers gehörte. ⁵*Bei einem gemeinnützigen Verein fallen Veräußerungen von Gegenständen, die von Todes wegen erworben sind, nur dann in den Rahmen des Unternehmens, wenn sie für sich nachhaltig sind (vgl. BFH-Urteil vom 9. 9. 1993 – BStBl 1994 II S. 57).*

21. Organschaft

(1) ¹Organschaft nach § 2 Abs. 2 Nr. 2 UStG liegt vor, wenn eine juristische Person nach dem Gesamtbild der tatsächlichen Verhältnisse finanziell, wirtschaftlich und organisatorisch in ein Unternehmen eingegliedert ist. ²Es ist nicht erforderlich, daß alle drei Eingliederungsmerkmale gleichermaßen ausgeprägt sind; Organschaft kann auch gegeben sein, wenn die Eingliederung auf einem dieser drei Gebiete nicht vollkommen, dafür aber auf den anderen Gebieten um so eindeutiger ist, so daß sich die Eingliederung aus dem Gesamtbild der tatsächlichen Verhältnisse ergibt (vgl. BFH-Urteil vom 23. 4. 1964 – BStBl III S. 346 und vom 22. 6. 1967 – BStBl III S. 715). ³Liegt Organschaft vor, sind die untergeordneten juristischen Personen (Organgesellschaften, Tochtergesellschaften) ähnlich wie Angestellte des übergeordneten Unternehmens (Organträger, Muttergesellschaft) als unselbständig anzusehen; Unternehmer ist der Organträger. ⁴Für die Frage, ob der Organträger eine unternehmerische Tätigkeit ausübt, ist nicht erforderlich, daß er Umsätze im eigenen Namen bewirkt, also nach außen erkennbar hervortritt. ⁵Es reicht aus, wenn er sich hierbei der Tochtergesellschaften als seiner Organe bedient (vgl. BFH-Urteil vom 26. 2. 1959 – BStBl III S. 204).

(2) ¹Als Organgesellschaften kommen nur juristische Personen des Zivil- und Handelsrechts in Betracht (vgl. BFH-Urteil vom 20. 12. 1973 – BStBl 1974 II S. 311). ²Organträger kann jeder Unternehmer sein. ³War die seit dem Abschluß eines Gesellschaftsvertrages bestehende Gründergesellschaft einer später in das Handelsregister eingetragenen GmbH nach dem Gesamtbild

der tatsächlichen Verhältnisse finanziell, wirtschaftlich und organisatorisch in ein Unternehmen eingegliedert, so besteht die Organschaft zwischen der GmbH und dem Unternehmen bereits für die Zeit vor der Eintragung der GmbH in das Handelsregister (BFH-Urteil vom 9. 3. 1978 – BStBl II S. 486). [4]Eine GmbH, die an einer Kommanditgesellschaft als persönlich haftende Gesellschafterin beteiligt ist, kann nicht als Organgesellschaft in das Unternehmen dieser Kommanditgesellschaft eingegliedert sein (BFH-Urteil vom 14. 12. 1978 – BStBl 1979 II S. 288).

(3) Die Voraussetzungen für die umsatzsteuerliche Organschaft sind nicht in vollem Umfange identisch mit den Voraussetzungen der körperschaftsteuerlichen und gewerbesteuerlichen Organschaft.

(4) [1]Unter der finanziellen Eingliederung ist der Besitz der entscheidenden Anteilsmehrheit an der Organgesellschaft zu verstehen, die es ermöglicht, Beschlüsse in der Organgesellschaft durchzusetzen. [2]Entsprechen die Beteiligungsverhältnisse den Stimmrechtsverhältnissen, so ist die finanzielle Eingliederung gegeben, wenn die Beteiligung mehr als 50 v. H. beträgt. [3]Der Annahme einer finanziellen Eingliederung steht es nicht entgegen, wenn sich die Anteile nicht im Besitz der Muttergesellschaft befinden, sondern den Gesellschaftern der Muttergesellschaft selbst zustehen – mittelbare Beteiligung – (vgl. RFH-Urteil vom 12. 7. 1940 – RStBl S. 910). [4]Die maßgebliche Beteiligung von stillen Gesellschaftern einer offenen Handelsgesellschaft an einer GmbH muß bei der Beurteilung einer finanziellen Eingliederung der GmbH in die offene Handelsgesellschaft – im Wege mittelbarer Beteiligung – außer Betracht bleiben (BFH-Urteil vom 2. 8. 1979 – BStBl 1980 II S. 20).

(5) [1]Wirtschaftliche Eingliederung bedeutet, daß die Organgesellschaft gemäß dem Willen des Unternehmers im Rahmen des Gesamtunternehmens, und zwar in engem wirtschaftlichem Zusammenhang mit diesem, es fördernd und ergänzend, wirtschaftlich tätig ist (BFH-Urteil vom 22. 6. 1967 – BStBl III S. 715). [2]Für die Frage der wirtschaftlichen Verflechtung kommt der Entstehungsgeschichte der Tochtergesellschaft eine wesentliche Bedeutung zu. [3]Die Unselbständigkeit einer hauptsächlich im Interesse einer anderen Firma ins Leben gerufenen Produktionsfirma braucht nicht daran zu scheitern, daß sie einen Teil ihrer Erzeugnisse auf dem freien Markt absetzt. [4]Der Fremdanteil ihres Absatzes darf aber, wenn die für die wirtschaftliche Eingliederung gebotene enge wirtschaftliche Verflechtung mit der anderen Firma erhalten bleiben soll, im Durchschnitt der Jahre nicht überwiegen (BFH-Urteil vom 27. 8. 1964 – BStBl III S. 539). [5]Ist dagegen eine Produktionsgesellschaft zur Versorgung eines bestimmten Marktes gegründet worden, so kann ihre wirtschaftliche Eingliederung als Organgesellschaft auch dann gegeben sein, wenn zwischen ihr und der Muttergesellschaft Warenlieferungen nur in geringem Umfange oder überhaupt nicht vorkommen (vgl. BFH-Urteil vom 15. 6. 1972 – BStBl II S. 840). [6]Anders als bei der Gewerbesteuer ist bei der Umsatzsteuer nicht Voraussetzung für das Vorliegen einer Organschaft, daß die Muttergesellschaft einen nach außen in Erscheinung tretenden Gewerbebetrieb unterhält, sofern die erforderliche wirtschaftliche Verflechtung gegeben ist (vgl. BFH-Urteil vom 17. 4. 1969 – BStBl II S. 413). [7]Bei einer Betriebsaufspaltung in eine Besitzgesellschaft (Personengesellschaft) und eine Betriebsgesellschaft (Kapitalgesellschaft) und Verpachtung des Betriebsvermögens von der Besitzgesellschaft an die Betriebsgesellschaft steht die durch die Betriebsaufspaltung entstandene Kapitalgesellschaft im allgemeinen in einem Abhängigkeitsverhältnis zu der Besitzgesellschaft (vgl. BFH-Urteile vom 28. 1. 1965 – BStBl III S. 243 und vom 17. 11. 1966 – BStBl 1967 III S. 103). [8]*Auch wenn bei einer Betriebsaufspaltung nur das Betriebsgrundstück ohne andere Anlagegegenstände verpachtet wird, kann eine wirtschaftliche Eingliederung vorliegen (BFH-Urteil vom 9. 9. 1993 – BStBl 1994 II S. 129).*

(6) [1]Die organisatorische Eingliederung liegt vor, wenn der Organträger durch organisatorische Maßnahmen sicherstellt, daß in der Organgesellschaft sein Wille auch tatsächlich ausgeführt

wird. ²Dies ist z. B. durch Personalunion der Geschäftsführer in beiden Gesellschaften der Fall (vgl. BFH-Urteile vom 23. 4. 1959 – BStBl III S. 256 und vom 13. 4. 1961 – BStBl III S. 343).

³Nicht von ausschlaggebender Bedeutung ist, daß die Organgesellschaft in eigenen Räumen arbeitet, eine eigene Buchhaltung und eigene Einkaufs- und Verkaufsabteilungen hat, da dies dem Willen des Organträgers entsprechen kann (vgl. BFH-Urteil vom 23. 7. 1959 – BStBl III S. 376).

21a. Beschränkung der Organschaft auf das Inland

Allgemeines

(1) ¹Die Wirkungen der Organschaft sind nach § 2 Abs. 2 Nr. 2 Satz 2 UStG auf Innenleistungen zwischen den im Inland gelegenen Unternehmensteilen beschränkt. ²Sie bestehen nicht im Verhältnis zu den im Ausland gelegenen Unternehmensteilen sowie zwischen diesen Unternehmensteilen. ³Die im Inland gelegenen Unternehmensteile sind nach § 2 Abs. 2 Nr. 2 Satz 3 UStG als ein Unternehmen zu behandeln.

(2) ¹Der Begriff des Unternehmens in § 2 Abs. 1 Satz 2 UStG bleibt von der Beschränkung der Organschaft auf das Inland unberührt. ²Daher sind grenzüberschreitende Leistungen innerhalb des Unternehmens, insbesondere zwischen dem Unternehmer, z. B. Organträger oder Organgesellschaft, und seinen Betriebsstätten (§ 12 AO) oder umgekehrt – *mit Ausnahme von Warenbewegungen aufgrund eines innergemeinschaftlichen Verbringens (vgl. Abschnitt 15b)* – nicht steuerbare Innenumsätze.

Im Inland gelegene Unternehmensteile

(3) Im Inland gelegene Unternehmensteile im Sinne der Vorschrift sind

1. der Organträger, sofern er im Inland ansässig ist,
2. die im Inland ansässigen Organgesellschaften des in Nummer 1 bezeichneten Organträgers,
3. die im Inland gelegenen Betriebsstätten, z. B. auch Zweigniederlassungen, des in Nummer 1 bezeichneten Organträgers und seiner im Inland und Ausland ansässigen Organgesellschaften,
4. die im Inland ansässigen Organgesellschaften eines Organträgers, der im Ausland ansässig ist,
5. die im Inland gelegenen Betriebsstätten, z. B. auch Zweigniederlassungen, des im Ausland ansässigen Organträgers und seiner im Inland und Ausland ansässigen Organgesellschaften.

(4) ¹Die Ansässigkeit des Organträgers und der Organgesellschaften beurteilt sich danach, wo sie ihre Geschäftsleitung haben. ²Im Inland gelegene und vermietete Grundstücke sind wie Betriebsstätten zu behandeln.

(5) ¹Die im Inland gelegenen Unternehmensteile sind auch dann als ein Unternehmen zu behandeln, wenn zwischen ihnen keine Innenleistungen ausgeführt werden. ²Das gilt aber nicht, soweit im Ausland Betriebsstätten unterhalten werden (vgl. Absätze 6 und 8).

Organträger im Inland

(6) ¹Ist der Organträger im Inland ansässig, so umfaßt das Unternehmen die in Absatz 3 Nr. 1 bis 3 bezeichneten Unternehmensteile. ²Es umfaßt nach Absatz 2 auch die im Ausland gelegenen Betriebsstätten des Organträgers. ³Unternehmer und damit Steuerschuldner im Sinne des § 13 Abs. 2 UStG ist der Organträger. ⁴Hat der Organträger Organgesellschaften im Ausland, so gehören diese umsatzsteuerrechtlich nicht zum Unternehmen des Organträgers. ⁵Die Organgesellschaften im Ausland können somit im Verhältnis zum Unternehmen des Organträgers und zu Dritten sowohl Umsätze ausführen als auch Leistungsempfänger sein. ⁶Bei der Erfassung von

steuerbaren Umsätzen im Inland sowie bei Anwendung des Abzugsverfahrens und des Vorsteuer-Vergütungsverfahrens sind sie jeweils für sich als im Ausland ansässige Unternehmer anzusehen. [7]Im Ausland gelegene Betriebsstätten von Organgesellschaften im Inland sind zwar den jeweiligen Organgesellschaften zuzurechnen, gehören aber nicht zum Unternehmen des Organträgers (vgl. Absatz 2). [8]Leistungen zwischen den Betriebsstätten und dem Organträger oder anderen Organgesellschaften sind daher keine Innenumsätze.

Beispiel 1:
[1]Der im Inland ansässige Organträger O hat im Inland eine Organgesellschaft T 1, in Frankreich eine Organgesellschaft T 2 und in *der Schweiz* eine Betriebsstätte B. [2]O versendet Waren an T 1, T 2 und B. [3]Zum Unternehmen des O (Unternehmer) gehören T 1 und B. [4]Zwischen O und T 1 sowie zwischen O und B liegen nicht steuerbare Innenleistungen vor. [5]O bewirkt an T 2 steuerbare Lieferungen, auf die unter den Voraussetzungen der §§ 4 Nr. 1 *Buchstabe b* und 6a UStG die Steuerfreiheit für *innergemeinschaftliche Lieferungen* anzuwenden ist.

Beispiel 2:
[1]Sachverhalt wie Beispiel 1. [2]O führt an T 2 eine sonstige Leistung im Sinne des § 3a Abs. 1 UStG aus. [3]Die Leistung ist steuerbar und steuerpflichtig. [4]T 2 kann die Vergütung der ihr berechneten Umsatzsteuer im Vorsteuer-Vergütungsverfahren (§§ 59 bis 61 UStDV) geltend machen.

Beispiel 3:
[1]Sachverhalt wie Beispiel 1. [2]T 2 errichtet im Auftrag von T 1 eine Anlage im Inland. [3]Sie *befördert* dazu Gegenstände aus Frankreich zu ihrer Verfügung in das *Inland*. [4]T 2 bewirkt eine steuerbare und steuerpflichtige Werklieferung an O. [5]O hat das Abzugsverfahren anzuwenden (in der Regel Fall der Nullregelung nach § 52 Abs. 2 Nr. 2 UStDV). [6]*Die Beförderung der Gegenstände in das Inland ist kein innergemeinschaftliches Verbringen (vgl. Abschnitt 15b Abs. 10 Nr. 1).*

Beispiel 4:
[1]Sachverhalt wie in Beispiel 1, aber mit der Abweichung, daß B die *(schweizerische)* Betriebsstätte der im Inland ansässigen Organgesellschaft T 1 ist. [2]O versendet Waren an B und an T 1. [3]T 1 versendet die ihr von O zugesandten Waren an B. [4]O bewirkt an B steuerbare Lieferungen, die unter den Voraussetzungen der §§ 4 Nr. 1 Buchstabe *a* und 6 UStG als Ausfuhrlieferungen steuerfrei sind. [5]Zwischen O und T 1 sowie T 1 und B werden durch das Versenden von Waren nicht steuerbare Innenleistungen bewirkt.

Organträger im Ausland

(7) [1]Ist der Organträger im Ausland ansässig, so ist die Gesamtheit der in Absatz 3 Nr. 4 und 5 bezeichneten Unternehmensteile als ein Unternehmen zu behandeln. [2]In diesem Fall gilt nach § 2 Abs. 2 Nr. 2 Satz 4 UStG der wirtschaftlich bedeutendste Unternehmensteil im Inland als der Unternehmer und damit als der Steuerschuldner im Sinne des § 13 Abs. 2 UStG. [3]Wirtschaftlich bedeutendster Unternehmensteil im Sinne des § 2 Abs. 2 Nr. 2 Satz 4 UStG kann grundsätzlich nur eine im Inland ansässige juristische Person (Organgesellschaft) sein; beim Vorliegen der Voraussetzungen des § 18 KStG ist es jedoch die Zweigniederlassung. [4]Hat der Organträger mehrere Organgesellschaften im Inland, so kann der wirtschaftlich bedeutendste Unternehmensteil nach der Höhe des Umsatzes bestimmt werden, sofern sich die in Betracht kommenden Finanzämter nicht auf Antrag der Organgesellschaften über einen anderen Maßstab verständigen. [5]Diese Grundsätze gelten entsprechend, wenn die im Inland gelegenen Unternehmensteile nur aus rechtlich unselbständigen Betriebsstätten bestehen. [6]Bereitet die Feststellung des wirtschaftlich bedeutendsten Unternehmensteils Schwierigkeiten oder erscheint es aus anderen Gründen geboten, so kann zugelassen werden, daß der im Ausland ansässige Organträger als Bevollmächtigter für den wirtschaftlich bedeutendsten Unternehmensteil dessen steuerliche Pflichten erfüllt. [7]Ist der Or-

ganträger ein ausländisches Versicherungsunternehmen im Sinne des Versicherungsaufsichtsgesetzes (VAG), so gilt als wirtschaftlich bedeutendster Unternehmensteil im Inland die Niederlassung, für die nach § 106 Abs. 3 VAG ein Hauptbevollmächtigter bestellt ist; bestehen mehrere derartige Niederlassungen, so gilt Satz 4 entsprechend.

(8) ¹Unterhalten die im Inland ansässigen Organgesellschaften Betriebsstätten im Ausland, so sind diese der jeweiligen Organgesellschaft zuzurechnen, gehören aber nicht zur Gesamtheit der im Inland gelegenen Unternehmensteile. ²Leistungen zwischen den Betriebsstätten und den anderen Unternehmensteilen sind daher keine Innenumsätze.

(9) ¹Der Organträger und seine im Ausland ansässigen Organgesellschaften bilden jeweils gesonderte Unternehmen. ²Sie können somit an die im Inland ansässigen Organgesellschaften Umsätze ausführen und Empfänger von Leistungen dieser Organgesellschaften sein. ³Auch für die Erfassung der im Inland bewirkten steuerbaren Umsätze sowie für die Anwendung des Abzugsverfahrens und des Vorsteuer-Vergütungsverfahrens gelten sie einzeln als im Ausland ansässige Unternehmer. ⁴*Die* im Inland gelegenen Organgesellschaften und Betriebsstätten *sind* als ein gesondertes Unternehmen *zu* behandeln.

Beispiel 1:
¹Der in Frankreich ansässige Organträger O hat im Inland die Organgesellschaften T 1 (Jahresumsatz 2 Mio DM) und T 2 (Jahresumsatz 1 Mio. DM) sowie die Betriebsstätte B (Jahresumsatz 2 Mio. DM). ²In Belgien hat O noch eine weitere Organgesellschaft T 3. ³Zwischen T 1, T 2 und B finden Warenlieferungen statt. ⁴O und T 3 versenden Waren an B (§ 3 Abs. 7 UStG). ⁵T 1, T 2 und B bilden das Unternehmen im Sinne von § 2 Abs. 2 Nr. 2 Satz 3 UStG. ⁶T 1 ist als wirtschaftlich bedeutendster Unternehmensteil der Unternehmer. ⁷Die Warenlieferungen zwischen T 1, T 2 und B sind als Innenleistungen nicht steuerbar. ⁸*T 1 hat die von O und T 3 an B versandten Waren als innergemeinschaftlichen Erwerb zu versteuern.*

Beispiel 2:
¹Sachverhalt wie Beispiel 1. ²T 3 führt im Auftrag von T 2 eine sonstige Leistung im Sinne des § 3a Abs. 4 UStG aus. ³Es liegt eine Leistung an einen Unternehmer vor, der sein Unternehmen im Inland betreibt. ⁴Die Leistung ist daher nach § 3a Abs. 3 UStG steuerbar und steuerpflichtig. ⁵T 1 als Unternehmer und umsatzsteuerrechtlicher Leistungsempfänger hat das Abzugsverfahren anzuwenden.

Beispiel 3:
¹Der Organträger O in Frankreich hat die Organgesellschaften T 1 in Belgien und T 2 in den Niederlanden. ²Im Inland hat er keine Organgesellschaft. ³T 1 hat im Inland die Betriebsstätte B 1 (Jahresumsatz 500 000 DM), T 2 die Betriebsstätte B 2 (Jahresumsatz 300 000 DM). ⁴O hat abziehbare Vorsteuerbeträge aus Dienstreisen seiner Arbeitnehmer im Inland. ⁵B 1 und B 2 bilden das Unternehmen im Sinne von § 2 Abs. 2 Nr. 2 Satz 3 UStG. ⁶B 1 ist als wirtschaftlich bedeutendster Unternehmensteil der Unternehmer. ⁷O kann die abziehbaren Vorsteuerbeträge im Vorsteuer-Vergütungsverfahren geltend machen.

Beispiel 4:
¹Der in *Japan* ansässige Organträger O hat in *der Schweiz* die Organgesellschaft T und im Inland die Betriebsstätte B. ²O und T versenden Waren an B und umgekehrt. ³Außerdem hat O abziehbare Vorsteuerbeträge aus Dienstreisen seiner Arbeitnehmer im Inland. ⁴B gehört einerseits zum Unternehmen des O (§ 2 Abs. 1 Satz 2 UStG) und ist andererseits nach § 2 Abs. 2 Nr. 2 Satz 3 UStG ein Unternehmen im Inland. ⁵Die bei der Einfuhr der an B versandten Waren anfallende Einfuhrumsatzsteuer ist unter den Voraussetzungen des § 15 UStG bei B als Vorsteuer abziehbar. ⁶Soweit B an O Waren versendet, werden Innenleistungen bewirkt, die deshalb nicht steuerbar sind. ⁷Die Lieferungen von B an T sind steuerbar und unter den Voraussetzungen der §§ 4 Nr. 1 *Buchstabe a* und 6 UStG als Ausfuhrlieferungen steuerfrei. ⁸O kann die abziehbaren Vorsteuerbeträge aus den Dienstreisen seiner Arbeitnehmer im Vorsteuer-Vergütungsverfahren geltend machen.

22. Unternehmereigenschaft und Vorsteuerabzug bei Vereinen, Forschungsbetrieben und ähnlichen Einrichtungen

Unternehmereigenschaft

(1) ¹Soweit Vereine Mitgliederbeiträge vereinnahmen, um in Erfüllung ihres satzungsmäßigen Gemeinschaftszwecks die Gesamtbelange ihrer Mitglieder wahrzunehmen, ist ein Leistungsaustausch nicht gegeben (vgl. BFH-Urteile vom 12. 4. 1962 – BStBl III S. 260, und Abschnitt 4 Abs. 1). ²In Wahrnehmung dieser Aufgaben sind die Vereine daher nicht Unternehmer (vgl. BFH-Urteile vom 28. 11. 1963 – BStBl 1964 III S. 114, und vom 30. 9. 1965 – BStBl III S. 682). ³Das gleiche gilt für Einrichtungen, deren Aufgaben ausschließlich durch Zuschüsse finanziert werden, die nicht das Entgelt für eine Leistung darstellen, z. B. Forschungsbetriebe. ⁴Vereinnahmen Vereine, Forschungsbetriebe oder ähnliche Einrichtungen neben echten Mitgliederbeiträgen und Zuschüssen auch Entgelte für Lieferungen oder sonstige Leistungen, sind sie nur insoweit Unternehmer, als ihre Tätigkeit darauf gerichtet ist, nachhaltig entgeltliche Lieferungen oder sonstige Leistungen zu bewirken. ⁵Der unternehmerische Bereich umfaßt die gesamte zur Ausführung der entgeltlichen Leistungen entfaltete Tätigkeit einschließlich aller unmittelbar hierfür dienenden Vorbereitungen. ⁶Diese Beurteilung gilt ohne Rücksicht auf die Rechtsform, in der die Tätigkeit ausgeübt wird. ⁷Der umsatzsteuerrechtliche Unternehmerbegriff stellt nicht auf die Rechtsform ab *(vgl. Abschnitt 16 Abs. 1).* ⁸Außer Vereinen, Stiftungen, Genossenschaften können auch z. B. Kapitalgesellschaften oder Personengesellschaften einen nichtunternehmerischen Bereich besitzen (vgl. BFH-Urteil vom 20. 12. 1984 – BStBl 1985 II S. 176). ⁹Sogenannte Hilfsgeschäfte, die der Betrieb des nichtunternehmerischen Bereichs bei Vereinen und Erwerbsgesellschaften mit sich bringt, sind auch dann als nicht steuerbar zu behandeln, wenn sie wiederholt oder mit einer gewissen Regelmäßigkeit ausgeführt werden. ¹⁰Als Hilfsgeschäfte in diesem Sinne sind z. B. anzusehen:

1. Veräußerungen von Gegenständen, die im nichtunternehmerischen Bereich eingesetzt waren, z. B. der Verkauf von gebrauchten Kraftfahrzeugen, Einrichtungsgegenständen sowie von Altpapier,

2. Überlassung des Telefons an im nichtunternehmerischen Bereich tätige Arbeitnehmer zur privaten Nutzung,

3. Überlassung von im nichtunternehmerischen Bereich eingesetzten Kraftfahrzeugen an Arbeitnehmer zur privaten Nutzung.

Gesonderter Steuerausweis und Vorsteuerabzug

(2) ¹Einrichtungen im Sinne des Absatzes 1, die außerhalb des unternehmerischen Bereichs tätig werden, sind insoweit nicht berechtigt, Rechnungen mit gesondertem Steuerausweis auszustellen. ²Ein trotzdem ausgewiesener Steuerbetrag wird nach § 14 Abs. 3 UStG geschuldet. ³Der Leistungsempfänger ist nicht berechtigt, diesen Steuerbetrag als Vorsteuer abzuziehen. ⁴Zur Möglichkeit einer Rechnungsberichtigung aus Billigkeitsgründen vgl. Abschnitt 190 Abs. 3.

(3) ¹Unter den Voraussetzungen des § 15 UStG können die Einrichtungen die Steuerbeträge abziehen, die auf Lieferungen, sonstige Leistungen oder die Einfuhr von Gegenständen für den unternehmerischen Bereich entfallen. ²Abziehbar sind danach z. B. auch Steuerbeträge für Umsätze, die nur dazu dienen, den unternehmerischen Bereich in Ordnung zu halten oder eine Leistungssteigerung in diesem Bereich herbeizuführen. ³Maßgebend sind die Verhältnisse im Zeitpunkt des Umsatzes an die Einrichtung.

(4) ¹Bei Gegenständen, die nur für den nichtunternehmerischen Bereich bezogen wurden, später aber gelegentlich im unternehmerischen Bereich verwendet werden, können nur die Vorsteuern abgezogen werden, die unmittelbar durch die unternehmerische Verwendung anfallen. ²Nicht abziehbar sind die auf die Anschaffung oder Herstellung dieser Gegenstände entfallenden Steuerbeträge. ³Das gleiche gilt, wenn Gegenstände später ganz in den unternehmerischen Bereich überführt werden. ⁴Ebenfalls nicht abziehbar sind die mit den Hilfsgeschäften (vgl. Absatz 1) in Zusammenhang stehenden Vorsteuern.

(5) ¹Für Gegenstände, die zunächst nur im unternehmerischen Bereich verwendet worden sind, später aber zeitweise dem nichtunternehmerischen Bereich überlassen werden, bleibt der Vorsteuerabzug erhalten. ²Die unternehmensfremde Verwendung unterliegt aber als Eigenverbrauch nach § 1 Abs. 1 Nr. 2 Buchstabe b UStG der Umsatzsteuer. ³Auch eine spätere Überführung in den nichtunternehmerischen Bereich beeinflußt den ursprünglichen Vorsteuerabzug nicht; sie ist Eigenverbrauch nach § 1 Abs. 1 Nr. 2 Buchstabe a UStG.

(6) Ist ein Gegenstand oder eine sonstige Leistung sowohl für den unternehmerischen als auch für den nichtunternehmerischen Bereich der Einrichtung bestimmt, so ist beim Vorsteuerabzug nach den in Abschnitt 192 Abs. 18 dargestellten Grundsätzen zu verfahren.

Erleichterungen beim Vorsteuerabzug

(7) ¹Wegen der Schwierigkeiten bei der sachgerechten Zuordnung der Vorsteuern und bei der Versteuerung des Eigenverbrauchs kann das Finanzamt auf Antrag folgende Erleichterungen gewähren:

²Die Vorsteuern, die teilweise dem unternehmerischen und teilweise dem nichtunternehmerischen Bereich zuzurechnen sind, werden auf diese Bereiche nach dem Verhältnis aufgeteilt, das sich aus folgender Gegenüberstellung ergibt:

1. Einnahmen aus dem unternehmerischen Bereich abzüglich der Einnahmen *aus Hilfsgeschäften* und

2. Einnahmen aus dem nichtunternehmerischen Bereich.

³Hierzu gehören alle Einnahmen, die der betreffenden Einrichtung zufließen, insbesondere die Einnahmen aus Umsätzen, z. B. Veranstaltungen, Gutachten, Lizenzüberlassungen, sowie die Mitgliederbeiträge, Zuschüsse, Spenden usw. ⁴Das Finanzamt kann hierbei anordnen, daß bei der Gegenüberstellung das Verhältnis des laufenden, eines früheren oder mehrerer Kalenderjahre zugrunde gelegt wird. ⁵Falls erforderlich, z. B. bei Zugrundelegung des laufenden Kalenderjahres, kann für die Voranmeldungszeiträume die Aufteilung zunächst nach dem Verhältnis eines anderen Zeitraums zugelassen werden. ⁶Außerdem können alle Vorsteuerbeträge, die sich auf die sogenannten Verwaltungsgemeinkosten beziehen, z. B. die Vorsteuern für die Beschaffung des Büromaterials, einheitlich in den Aufteilungsschlüssel einbezogen werden, auch wenn einzelne dieser Vorsteuerbeträge an sich dem unternehmerischen oder dem nichtunternehmerischen Bereich ausschließlich zuzurechnen wären. ⁷Werden in diese Aufteilung Vorsteuerbeträge einbezogen, die durch den Erwerb, die Herstellung oder die Einfuhr einheitlicher Gegenstände angefallen sind, z. B. durch den Ankauf eines für den unternehmerischen und den nichtunternehmerischen Bereich bestimmten Kraftwagens, so braucht der Anteil der nichtunternehmerischen Verwendung des Gegenstandes nicht als Eigenverbrauch im Sinne des § 1 Abs. 1 Nr. 2 Buchstabe b UStG versteuert zu werden. ⁸Dafür sind jedoch alle durch die Verwendung oder Nutzung dieses Gegen-

standes anfallenden Vorsteuerbeträge in die Aufteilung einzubeziehen. [9]Die Versteuerung der Überführung eines solchen Gegenstandes in den nichtunternehmerischen Bereich als Eigenverbrauch (§ 1 Abs. 1 Nr. 2 Buchstabe a UStG) bleibt unberührt.

(8) [1]Das Finanzamt kann im Einzelfall ein anderes Aufteilungsverfahren zulassen. [2]Z. B. kann es gestatten, daß die teilweise dem unternehmerischen Bereich zuzurechnenden Vorsteuern, die auf die Anschaffung, Herstellung und Unterhaltung eines Gebäudes entfallen, insoweit als das Gebäude dauernd zu einem feststehenden Anteil für Unternehmenszwecke verwendet wird, entsprechend der tatsächlichen Verwendung und im übrigen nach dem in Absatz 7 bezeichneten Verfahren aufgeteilt werden.

Beispiel:
[1]Bei einem Vereinsgebäude, das nach seiner Beschaffenheit dauernd zu 75 v. H. als Gastwirtschaft und im übrigen mit wechselndem Anteil für unternehmerische und nichtunternehmerische Vereinszwecke verwendet wird, können die nicht ausschließlich zurechenbaren Vorsteuern von vornherein zu 75 v. H. als abziehbar behandelt werden. [2]Der restliche Teil von 25 v. H. kann entsprechend dem jeweiligen Einnahmeverhältnis (vgl. Absatz 7) in einen abziehbaren und einen nichtabziehbaren Teil aufgeteilt werden.

(9) [1]Ein vereinfachtes Aufteilungsverfahren ist nur unter dem Vorbehalt des jederzeitigen Widerrufs zu genehmigen und kann mit Auflagen verbunden werden. [2]Es darf nicht zu einem offensichtlich unzutreffenden Ergebnis führen. [3]Außerdem muß sich die Einrichtung verpflichten, das Verfahren mindestens für fünf Kalenderjahre anzuwenden. [4]Ein Wechsel des Verfahrens ist jeweils nur zu Beginn eines Besteuerungszeitraums zu gestatten.

(10) Beispiele zur Unternehmereigenschaft und zum Vorsteuerabzug:

Beispiel 1:
[1]Ein Verein hat die Aufgabe, die allgemeinen ideellen und wirtschaftlichen Interessen eines Berufsstandes wahrzunehmen (Berufsverband). [2]Er dient nur den Gesamtbelangen aller Mitglieder. [3]Die Einnahmen des Berufsverbandes setzen sich ausschließlich aus Mitgliederbeiträgen zusammen. [4]Der Berufsverband wird nicht im Rahmen eines Leistungsaustausches tätig. [5]Er ist nicht Unternehmer. [6]Ein Vorsteuerabzug kommt nicht in Betracht.

Beispiel 2:
[1]Derselbe Berufsverband übt seine Tätigkeit in gemieteten Räumen aus. [2]Im Laufe des Jahres hat er seine Geschäftsräume gewechselt, weil die bisher genutzten Räume vom Vermieter selbst beansprucht wurden. [3]Für die vorzeitige Freigabe der Räume hat der Verein vom Vermieter eine Abstandszahlung erhalten. [4]Die übrigen Einnahmen des Vereins bestehen ausschließlich aus Mitgliederbeiträgen. [5]Hinsichtlich seiner Verbandstätigkeit, die außerhalb eines Leistungsaustausches ausgeübt wird, ist der Verein nicht Unternehmer. [6]Bei der Freigabe der Geschäftsräume gegen Entgelt liegt zwar ein Leistungsaustausch vor. [7]Die Leistung des Vereins ist aber nicht steuerbar, weil die Geschäftsräume nicht im Rahmen eines Unternehmens genutzt worden sind. [8]Der Verein ist nicht berechtigt, für die Leistung eine Rechnung mit gesondertem Ausweis der Steuer zu erteilen. [9]Ein Vorsteuerabzug kommt nicht in Betracht.

Beispiel 3:
[1]Der in Beispiel 1 bezeichnete Berufsverband betreibt neben seiner nicht steuerbaren Verbandstätigkeit eine Kantine, in der seine Angestellten gegen Entgelt beköstigt werden. [2]Für die Verbandstätigkeit und die Kantine besteht eine gemeinsame Verwaltungsstelle. [3]Der Kantinenbetrieb war in gemieteten Räumen untergebracht. [4]Der Verein löst das bisherige Mietverhältnis und mietet neue Kantinenräume. [5]Vom bisherigen Vermieter erhält er für die vorzeitige Freigabe der Räume eine Abstandszahlung. [6]Die Einnahmen des Vereins bestehen aus Mitgliederbeiträgen, Kantinenentgelten und der vom Vermieter gezahlten Abstandszahlung. [7]Der Verein ist hinsichtlich seiner nicht steuerbaren Verbandstätigkeit nicht Unternehmer. [8]Nur im Rahmen des Kantinenbetriebs übt er eine unternehmerische Tätigkeit aus. [9]In den unternehmerischen Bereich fällt auch die entgeltliche Freigabe der Kantinenräume. [10]Diese Leistung ist daher *steuerbar, aber als eine der*

Unternehmer, Unternehmen   22 UStR   **§ 2 UStG**

Vermietung eines Grundstücks gleichzusetzende Leistung nach § 4 Nr. 12 Buchstabe a UStG steuerfrei (vgl. EuGH-Urteil vom 15. 12. 1993 – BStBl 1995 II S. 480). [11]*Die Vorsteuerbeträge, die dieser Leistung zuzurechnen sind, sind nicht abziehbar.* [12]*Lediglich die* den Kantinenumsätzen zuzurechnende*n Vorsteuern* können abgezogen werden.

[13]Wendet der Verein eine Vereinfachungsregelung an, so kann er die Vorsteuern, die *den Kantinenumsätzen* ausschließlich zuzurechnen sind, z. B. den Einkauf der Kantinenwaren und des Kantineninventars, voll abziehen. [14]Die für die gemeinsame Verwaltungsstelle angefallenen Vorsteuern, z. B. *für Büromöbel und Büromaterial*, sind nach dem Verhältnis der Einnahmen aus Mitgliederbeiträgen *und der Freigabe der Kantinenräume* zu den Einnahmen aus dem Kantinenbetrieb aufzuteilen. [15]Die Verwendung der Büromöbel der gemeinsamen Verwaltungsstelle für den nichtunternehmerischen Bereich braucht in diesem Fall nicht als Eigenverbrauch nach § 1 Abs. 1 Nr. 2 Buchstabe b UStG versteuert zu werden.

Beispiel 4:

[1]Ein Verein, der ausschließlich satzungsmäßige Gemeinschaftsaufgaben wahrnimmt, erzielt außer echten Mitgliederbeiträgen Einnahmen aus wiederholten Altmaterialverkäufen und aus der Erstattung von Fernsprechkosten für private Ferngespräche seiner Angestellten. [2]Die Altmaterialverkäufe und die Überlassung des Telefons an die Angestellten unterliegen als Hilfsgeschäfte zur nichtunternehmerischen Tätigkeit nicht der Umsatzsteuer. [3]Der Verein ist nicht Unternehmer. [4]Ein Vorsteuerabzug entfällt.

Beispiel 5:

[1]Mehrere juristische Personen des öffentlichen Rechts gründen eine GmbH zu dem Zweck, die Möglichkeiten einer Verwaltungsvereinfachung zu untersuchen. [2]Die Ergebnisse der Untersuchungen sollen in einem Bericht zusammengefaßt werden, der allen interessierten Verwaltungsstellen auf Anforderung kostenlos zu überlassen ist. [3]Die Tätigkeit der GmbH wird ausschließlich durch echte Zuschüsse der öffentlichen Hand finanziert. [4]Weitere Einnahmen erzielt die GmbH nicht. [5]Die Tätigkeit der GmbH vollzieht sich außerhalb eines Leistungsaustausches. [6]Die GmbH ist nicht Unternehmer und daher nicht zum Vorsteuerabzug berechtigt.

Beispiel 6:

[1]Die im Beispiel 5 bezeichnete GmbH verwendet für ihre Aufgabe eine Datenverarbeitungsanlage. [2]Die Kapazität der Anlage ist mit den eigenen Arbeiten nur zu 80 v. H. ausgelastet. [3]Um die Kapazität der Anlage voll auszunutzen, überläßt die GmbH die Anlage einem Unternehmer gegen Entgelt zur Benutzung. [4]Die Einnahmen der GmbH bestehen außer dem Benutzungsentgelt nur in Zuschüssen der öffentlichen Hand. [5]Die entgeltliche Überlassung der Datenverarbeitungsanlage ist eine nachhaltige Tätigkeit zur Erzielung von Einnahmen. [6]Insoweit ist die GmbH Unternehmer. [7]Die Leistung unterliegt der Umsatzsteuer. [8]Die Unternehmereigenschaft erstreckt sich nicht auf die unentgeltliche Forschungstätigkeit der GmbH.

[9]Für die Überlassung der Datenverarbeitungsanlage kann die GmbH Rechnungen mit gesondertem Ausweis der Steuer erteilen. [10]*Die gesamten Vorsteuern für die Anschaffung und Nutzung der Datenverarbeitungsanlage sind abziehbar (vgl. Abschnitt 192 Absatz 18 Nr. 2).* [11]Außerdem können die der entgeltlichen Überlassung der Datenverarbeitungsanlage zuzurechnenden Vorsteuerbeträge, insbesondere in dem Bereich der Verwaltungsgemeinkosten, abgezogen werden. [12]Die Verwendung der Datenverarbeitungsanlage für den nichtunternehmerischen Bereich ist als Eigenverbrauch nach § 1 Abs. 1 Nr. 2 Buchstabe b UStG zu versteuern.

[13]Bei Anwendung einer Vereinfachungsregelung kann die GmbH die Vorsteuern für die Verwaltungsgemeinkosten sowie die durch die Anschaffung und Nutzung der Datenverarbeitungsanlage angefallenen Vorsteuerbeträge nach dem Verhältnis der Einnahmen aus der Überlassung der Anlage an den Unternehmer zu den öffentlichen Zuschüssen auf den unternehmerischen und den nichtunternehmerischen Bereich aufteilen. [14]Der Eigenverbrauch durch die Verwendung der Datenverarbeitungsanlage für den nichtunternehmerischen Bereich ist nicht zur Umsatzsteuer heranzuziehen.

Beispiel 7:

[1]Mehrere Industriefirmen oder juristische Personen des öffentlichen Rechts gründen gemeinsam eine GmbH zum Zwecke der Forschung. [2]Die Forschungstätigkeit wird vorwiegend durch echte Zuschüsse der Gesellschafter finanziert. [3]Außerdem erzielt die GmbH Einnahmen aus der Verwertung der Ergebnisse ihrer Forschungstätigkeit, z. B. aus der Vergabe von Lizenzen an ihren Erfindungen.

[4]Die Vergabe von Lizenzen gegen Entgelt ist eine nachhaltige Tätigkeit zur Erzielung von Einnahmen. [5]Mit dieser Tätigkeit erfüllt die GmbH die Voraussetzungen für die Unternehmereigenschaft. [6]Die vorausgegangene Forschungstätigkeit steht mit der Lizenzvergabe in unmittelbarem Zusammenhang. [7]Sie stellt die Vorbereitungshandlung für die unternehmerische Verwertung der Erfindungen dar und kann daher nicht aus dem unternehmerischen Bereich der GmbH ausgeschieden werden (vgl. auch BFH-Urteil vom 30. 9. 1965 – BStBl III S. 682). [8]Auf das Verhältnis der echten Zuschüsse zu den Lizenzeinnahmen kommt es bei dieser Beurteilung nicht an. [9]Unter den Voraussetzungen des § 15 UStG ist die GmbH in vollem Umfang zum Vorsteuerabzug berechtigt. [10]Außerdem kann sie für ihre Leistungen Rechnungen mit gesondertem Steuerausweis erteilen.

[11]Dies gilt nicht, soweit die GmbH in einem abgrenzbaren Teilbereich die Forschung ohne die Absicht betreibt, Einnahmen zu erzielen.

Beispiel 8:

[1]Einige Wirtschaftsverbände haben eine GmbH zur Untersuchung wirtschafts- und steuerrechtlicher Grundsatzfragen gegründet. [2]Zu den Aufgaben der GmbH gehört auch die Erstellung von Gutachten auf diesem Gebiet gegen Entgelt. [3]Die Einnahmen der GmbH setzen sich zusammen aus echten Zuschüssen der beteiligten Verbände und aus Vergütungen, die für die Erstattung der Gutachten von den Auftraggebern gezahlt worden sind.

[4]Die Erstattung von Gutachten stellt eine nachhaltige Tätigkeit zur Erzielung von Einnahmen dar. [5]Die GmbH übt diese Tätigkeit als Unternehmer aus. [6]In der Regel wird davon auszugehen sein, daß die Auftraggeber Gutachten bei der GmbH bestellen, weil sie annehmen, daß die GmbH aufgrund ihrer Forschungstätigkeit über besondere Kenntnisse und Erfahrungen auf dem betreffenden Gebiet verfügt. [7]Die Auftraggeber erwarten, daß die von der GmbH gewonnenen Erkenntnisse in dem Gutachten verwertet werden. [8]Die Forschungstätigkeit steht hiernach mit der Tätigkeit als Gutachter in engem Zusammenhang. [9]Sie ist daher in den unternehmerischen Bereich einzubeziehen. [10]Vorsteuerabzug und gesonderter Steuerausweis wie im Beispiel 7.

Beispiel 9:

[1]Eine Industriefirma unterhält ein eigenes Forschungslabor. [2]Darin werden die im Unternehmen hergestellten Erzeugnisse auf Beschaffenheit und Einsatzfähigkeit untersucht und neue Stoffe entwickelt. [3]Die Entwicklungsarbeiten setzen eine gewisse Grundlagenforschung voraus, die durch echte Zuschüsse der öffentlichen Hand gefördert wird. [4]Die Firma ist verpflichtet, die Erkenntnisse, die sie im Rahmen des öffentliche Mittel geförderten Forschungsvorhabens gewinnt, der Allgemeinheit zugänglich zu machen.

[5]Die Firma übt mit ihren Lieferungen und sonstigen Leistungen eine unternehmerische Tätigkeit aus. [6]Auch die Grundlagenforschung soll dazu dienen, die Verkaufstätigkeit zu steigern und die Marktposition zu festigen. [7]Obwohl es insoweit an einem Leistungsaustausch fehlt, steht die Grundlagenforschung in unmittelbarem Zusammenhang mit der unternehmerischen Tätigkeit. [8]Die Grundlagenforschung wird daher im Rahmen des Unternehmens ausgeübt. [9]Vorsteuerabzug und gesonderter Steuerausweis wie im Beispiel 7.

23. Juristische Personen des öffentlichen Rechts

Allgemeines

(1) [1]Juristische Personen des öffentlichen Rechts im Sinne von § 2 Abs. 3 UStG sind insbesondere die Gebietskörperschaften (Bund, Länder, Gemeinden, Gemeindeverbände, Zweckverbände), die öffentlich-rechtlichen Religionsgemeinschaften, die Innungen, Handwerkskammern, Industrie- und Handelskammern und sonstige Gebilde, die aufgrund öffentlichen Rechts eigene Rechtspersönlichkeit besitzen. [2]Dazu gehören neben Körperschaften auch Anstalten und Stiftun-

gen des öffentlichen Rechts, z. B. Rundfunkanstalten des öffentlichen Rechts. ³Zur Frage, unter welchen Voraussetzungen kirchliche Orden juristische Personen des öffentlichen Rechts sind, vgl. das BFH-Urteil vom 8. 7. 1971 (BStBl 1972 II S. 70). ⁴Auf ausländische juristische Personen des öffentlichen Rechts ist die Vorschrift des § 2 Abs. 3 UStG analog anzuwenden. ⁵Ob eine solche Einrichtung eine juristische Person des öffentlichen Rechts ist, ist grundsätzlich nach deutschem Recht zu beurteilen. ⁶Das schließt jedoch nicht aus, daß für die Bestimmung öffentlich-rechtlicher Begriffe die ausländischen Rechtssätze mit herangezogen werden.

(2) ¹Die Gesamtheit aller Betriebe gewerblicher Art im Sinne von § 1 Abs. 1 Nr. 6, § 4 KStG und aller land- und forstwirtschaftlichen Betriebe stellt das Unternehmen der juristischen Person des öffentlichen Rechts dar (vgl. BFH-Urteil vom 18. 8. 1988 – BStBl II S. 932). ²Das Unternehmen erstreckt sich auch auf die Tätigkeitsbereiche, die nach § 2 Abs. 3 Satz 2 UStG als unternehmerische Tätigkeiten gelten. ³Nur die in diesen Betrieben und Tätigkeitsbereichen ausgeführten Umsätze unterliegen der Umsatzsteuer. ⁴Andere Leistungen sind nicht steuerbar, auch wenn sie nicht in Ausübung öffentlicher Gewalt bewirkt werden.

(3) Eine Tätigkeit, die der Erfüllung von Hoheitsaufgaben dient, ist steuerbar, wenn sie nicht von einer juristischen Person des öffentlichen Rechts, sondern von dritten Unternehmern ausgeübt wird (vgl. BFH-Urteil vom 10. 11. 1977 – BStBl 1978 II S. 80).

(4) ¹Für die Frage, ob ein Betrieb gewerblicher Art vorliegt, ist auf § 1 Abs. 1 Nr. 6 und § 4 KStG in der jeweils geltenden Fassung abzustellen. ²Die zu diesen Vorschriften von Rechtsprechung und Verwaltung für das Gebiet der Körperschaftsteuer entwickelten Grundsätze sind anzuwenden (vgl. insbesondere Abschnitt 5 KStR). ³Über die Anwendung der Umsatzgrenzen von 250 000 DM (Abschnitt 5 Abs. 4 KStR) und 60 000 DM (Abschnitt 5 Abs. 5 KStR) ist bei der Umsatzsteuer und bei der Körperschaftsteuer einheitlich zu entscheiden.

(5) Die Frage, ob ein land- und forstwirtschaftlicher Betrieb vorliegt, ist unabhängig von einer Umsatzgrenze nach den gleichen Merkmalen zu beurteilen, die im Einkommensteuer- und Gewerbesteuerrecht gelten (vgl. R 135 EStR 1993 und Abschnitt 13 GewStR) und die im Umsatzsteuerrecht auch bei der Durchschnittsbesteuerung nach § 24 UStG maßgebend sind (vgl. § 24 Abs. 2 UStG, Abschnitt 264 Abs. 1).

(6) ¹Auch wenn die Voraussetzungen eines Betriebes gewerblicher Art oder eines land- und forstwirtschaftlichen Betriebes nicht gegeben sind, gelten die in § 2 Abs. 3 Satz 2 Nr. 2 bis 5 UStG bezeichneten Tätigkeitsbereiche als unternehmerische Tätigkeiten (zu Nummer 4 vgl. Absätze 7 bis 12). ²Die in Nummer 2 geregelte Steuerbarkeit von Tätigkeiten der Notare im Landesdienst und der Ratschreiber ist auf das Land Baden-Württemberg beschränkt. ³Nach Nummer 3 sind die gesetzlichen Träger der Sozialversicherung insoweit Unternehmer, als sie Selbstabgabestellen unterhalten, in denen sie Brillen und Brillenteile abgeben und Reparaturarbeiten an diesen Gegenständen ausführen. ⁴Die Steuerbarkeit erstreckt sich auf die Lieferungen von Brillen und Brillenteilen einschließlich der Reparaturarbeiten sowie den entsprechenden Eigenverbrauch. ⁵Sie gilt unabhängig davon, ob die Tätigkeit gegenüber Mitgliedern oder gegenüber Nichtmitgliedern ausgeübt wird.

Vermessungs- und Katasterbehörden

(7) ¹Bei den Vermessungs- und Katasterbehörden unterliegen nach Sinn und Zweck des § 2 Abs. 3 Satz 2 Nr. 4 UStG solche Tätigkeiten der Umsatzsteuer, die ihrer Art nach auch von den in fast allen Bundesländern zugelassenen öffentlich bestellten Vermessungsingenieuren ausgeführt werden. ²Die Vorschrift beschränkt sich auf hoheitliche Vermessungen, deren Ergebnisse zur Fortführung des Liegenschaftskatasters bestimmt sind (Teilungsvermessungen, Grenzfeststellun-

gen und Gebäudeeinmessungen). ³Nicht dazu gehören alle übrigen hoheitlichen Leistungen, z. B. die Führung und Neueinrichtung des Liegenschaftskatasters sowie Auszüge und Abschriften hieraus. ⁴Auf besondere Verhältnisse in einzelnen Bundesländern kommt es nicht an. ⁵Der Umsatzsteuer unterliegen nur Leistungen an Dritte, dagegen nicht der Eigenverbrauch, z. B. Vermessungsleistungen für den Hoheitsbereich der eigenen Trägerkörperschaft. ⁶Die Regelung in Absatz 10 letzter Satz bleibt unberührt.

(8) ¹Die Unternehmereigenschaft erstreckt sich nicht auf die Amtshilfe, z. B. Überlassung von Unterlagen an die Grundbuchämter und Finanzämter. ²Keine Amtshilfe liegt vor, wenn Leistungen an juristische Personen des öffentlichen Rechts ausgeführt werden, denen nach Landesgesetzen keine Vermessungsaufgaben als eigene Aufgaben obliegen.

(9) ¹Wirtschaftliche Tätigkeiten der Kataster- und Vermessungsbehörden fallen nicht unter § 2 Abs. 3 Satz 2 Nr. 4 UStG. ²Sie sind – ebenso wie Vermessungsleistungen anderer Behörden – nach § 2 Abs. 3 Satz 1 UStG steuerbar, sofern die körperschaftsteuerlichen Voraussetzungen eines Betriebes gewerblicher Art vorliegen. ³Wirtschaftliche Tätigkeiten sind z. B. der Verkauf von Landkarten, Leistungen auf dem Gebiet der Planung wie Anfertigung von Bebauungsplänen und ingenieurtechnische Vermessungsleistungen.

(10) ¹Die Vorschrift des § 15 UStG können die Vermessungs- und Katasterbehörden für die Vorsteuerbeträge anwenden, die dem unternehmerischen Bereich zuzuordnen sind. ²Für Vorsteuerbeträge, die sowohl dem unternehmerischen als auch dem nichtunternehmerischen Bereich zuzuordnen sind, beurteilt sich der Vorsteuerabzug nach Abschnitt 212 Abs. 3. ³Das gilt auch für die Vorsteuerbeträge, die auf Anlagegegenstände entfallen. ⁴Zum Ausgleich dafür ist die Verwendung dieser Gegenstände für nichtunternehmerische Zwecke als Eigenverbrauch nach § 1 Abs. 1 Nr. 2 Buchstabe b UStG zu versteuern.

(11) ¹Die sachgerechte Zuordnung der Vorsteuern wird bei den Vermessungs- und Katasterbehörden vielfach zu verwaltungsmäßigen Schwierigkeiten führen. ²Es bestehen daher keine Bedenken, wenn die insgesamt abziehbaren Vorsteuerbeträge mit 1,8 v. H. der Bemessungsgrundlage für die steuerpflichtigen Vermessungsumsätze ermittelt werden. ³An die Vereinfachungsregelung ist die jeweilige Vermessungs- und Katasterbehörde für mindestens fünf Kalenderjahre gebunden. ⁴Ein Wechsel ist nur zum Beginn eines Kalenderjahres zulässig.

(12) ¹Bei Anwendung der Vereinfachungsregelung nach Absatz 11 braucht die Verwendung der Anlagegegenstände für nichtunternehmerische Zwecke (vgl. Absatz 10) nicht als Eigenverbrauch nach § 1 Abs. 1 Nr. 2 Buchstabe b UStG versteuert zu werden. ²Dagegen ist die Veräußerung von Gegenständen, die ganz oder teilweise für den unternehmerischen Bereich bezogen wurden, der Umsatzsteuer zu unterwerfen.

Einzelfälle

(13) Betreibt eine Gemeinde ein Parkhaus, kann ein Betrieb gewerblicher Art auch dann anzunehmen sein, wenn sie sich mit einer Benutzungssatzung der Handlungsformen des öffentlichen Rechts bedient (BFH-Urteil vom 10. 12. 1992 – BStBl 1993 II S. 380).

(14) ¹Gemeindliche Kurverwaltungen, die Kurtaxen und Kurförderungsabgaben erheben, sind in der Regel Betriebe gewerblicher Art (vgl. BFH-Urteil vom 15. 10. 1962 – BStBl III S. 542). ²Sofern die Voraussetzungen des Abschnitts 5 Abs. 4 und 5 KStR gegeben sind, unterliegen die Gemeinden mit den durch die Kurtaxe abgegoltenen Leistungen der Umsatzsteuer. ³Die Kurförderungsabgaben (Fremdenverkehrsbeiträge A) sind dagegen nicht als Entgelte für Leistungen der Gemeinden zu betrachten und nicht der Steuer zu unterwerfen.

(15) ¹Die Friedhofsverwaltung einer Gemeinde ist ein Hoheitsbetrieb, soweit sie Aufgaben des Bestattungswesens wahrnimmt. ²Dazu gehören neben dem eigentlichen Vorgang der Bestattung – Einäscherung – die Grabfundamentierung, das Vorhalten aller erforderlichen Einrichtungen und Vorrichtungen sowie die notwendigerweise anfallenden Dienstleistungen wie Wächterdienste, Sargaufbewahrung, Sargtransportdienste im Friedhofsbereich, Totengeleit, Kranzannahme, Graben der Gruft und ähnliche Leistungen. ³Ferner sind dem Hoheitsbetrieb solche Leistungen zuzuordnen, die kraft Herkommens oder allgemeiner Übung allein von der Friedhofsverwaltung erbracht oder die allgemein als ein unverzichtbarer Bestandteil einer würdigen Bestattung angesehen werden, z. B. das Läuten der Glocken, die übliche Ausschmückung des ausgehobenen Grabes, die musikalische Umrahmung der Trauerfeier. ⁴Blumenverkäufe und Grabpflegeleistungen sind dagegen wirtschaftliche, vom Hoheitsbetrieb abgrenzbare Tätigkeiten (vgl. BFH-Urteil vom 14. 4. 1983 – BStBl II S. 491). ⁵Die staatlichen Materialprüfungsanstalten oder Materialprüfungsämter üben neben ihrer hoheitlichen Tätigkeit vielfach auch Tätigkeiten wirtschaftlicher Natur, z. B. entgeltliche Untersuchungs-, Beratungs- und Begutachtungsleistungen für private Auftraggeber, aus. ⁶Unter den Voraussetzungen des Abschnitts 5 Abs. 4 und 5 KStR sind in diesen Fällen Betriebe gewerblicher Art anzunehmen.

(16) ¹Die Gestellung von Personal durch juristische Personen des öffentlichen Rechts gegen Erstattung der Kosten stellt grundsätzlich einen Leistungsaustausch dar, sofern die gestellende juristische Person Arbeitgeber bleibt. ²Ob dieser Leistungsaustausch der Umsatzsteuer unterliegt, hängt nach § 2 Abs. 3 UStG davon ab, ob die Personalgestellung im Rahmen eines Betriebes gewerblicher Art im Sinne von § 1 Abs. 1 Nr. 6, § 4 KStG vorgenommen wird.

Beispiel 1:

¹Eine juristische Person des öffentlichen Rechts setzt Bedienstete ihres Hoheitsbereichs in eigenen Betrieben gewerblicher Art ein.

²Es handelt sich um einen nicht steuerbaren Vorgang (Innenleistung).

Beispiel 2:

¹Eine juristische Person des öffentlichen Rechts stellt Bedienstete aus ihrem Hoheitsbereich an den Hoheitsbereich einer anderen juristischen Person des öffentlichen Rechts ab.

²Es handelt sich um einen nicht steuerbaren Vorgang (Amtshilfe).

Beispiel 3:

¹Eine juristische Person des öffentlichen Rechts stellt Bedienstete aus ihrem Hoheitsbereich an Betriebe gewerblicher Art anderer juristischer Personen des öffentlichen Rechts ab.

²Die Personalgestellung ist nicht durch hoheitliche Zwecke veranlaßt, sondern dient wirtschaftlichen Zielen. ³Sie ist insgesamt als Betrieb gewerblicher Art zu beurteilen, sofern die Voraussetzungen des Abschnitts 5 Abs. 4 und 5 KStR gegeben sind. ⁴Es liegen in diesem Falle steuerbare Leistungen vor.

Beispiel 4:

¹Eine juristische Person des öffentlichen Rechts stellt Bedienstete aus ihrem Hoheitsbereich an privatrechtliche Unternehmer ab.

²Beurteilung wie zu Beispiel 3.

Beispiel 5:

¹Eine juristische Person des öffentlichen Rechts stellt Bedienstete aus einem ihrer Betriebe gewerblicher Art an den Hoheitsbereich einer anderen juristischen Person des öffentlichen Rechts ab.

²Es ist eine steuerbare Leistung im Rahmen des Betriebs gewerblicher Art anzunehmen, wenn die Personalkostenerstattung unmittelbar dem Betrieb gewerblicher Art zufließt. ³Die Personalgestellung kann

jedoch dem hoheitlichen Bereich zugerechnet werden, sofern der Bedienstete zunächst in den Hoheitsbereich zurückberufen und von dort abgestellt wird und der Erstattungsbetrag dem Hoheitsbereich zufließt.

Beispiel 6:

[1]Eine juristische Person des öffentlichen Rechts stellt Bedienstete aus einem ihrer Betriebe gewerblicher Art an einen Betrieb gewerblicher Art einer anderen juristischen Person des öffentlichen Rechts oder an einen privatrechtlichen Unternehmer ab.

[2]Es liegt eine steuerbare Leistung im Rahmen des Betriebes gewerblicher Art vor.

Beispiel 7:

[1]Eine juristische Person des öffentlichen Rechts stellt Bedienstete aus einem ihrer Betriebe gewerblicher Art an den eigenen Hoheitsbereich ab.

[2]Die Überlassung des Personals ist dann nicht als Eigenverbrauch im Sinne von § 1 Abs. 1 Nr. 2 Buchstabe b UStG anzusehen, wenn beim Personaleinsatz eine eindeutige und leicht nachvollziehbare Trennung zwischen dem unternehmerischen Bereich (Betrieb gewerblicher Art) und dem Hoheitsbereich vorgenommen wird.

(17) Betriebe von juristischen Personen des öffentlichen Rechts, die vorwiegend zum Zwecke der Versorgung des Hoheitsbereichs der juristischen Person des öffentlichen Rechts errichtet worden sind (Selbstversorgungsbetriebe), sind nur dann Betriebe gewerblicher Art, wenn bezüglich der Umsätze an Dritte die Voraussetzung des Abschnitts 5 Abs. 5 KStR erfüllt ist.

Gemeindliche Schwimmbäder

(18) [1]Wird ein gemeindliches Schwimmbad sowohl für das Schulschwimmen als auch für den öffentlichen Badeverkehr genutzt, so ist unabhängig davon, welche Nutzung überwiegt, die Nutzung für den öffentlichen Badeverkehr grundsätzlich als wirtschaftlich selbständige Tätigkeit im Sinne des § 4 Abs. 1 KStG anzusehen. [2]Die wirtschaftliche Tätigkeit ist unter der Voraussetzung des Abschnitts 5 Abs. 5 KStR ein Betrieb gewerblicher Art. [3]Bei der umsatzsteuerrechtlichen Beurteilung sind folgende Fälle zu unterscheiden.

1. [1]Das Schwimmbad wird von der Gemeinde als Schulanlage errichtet (vgl. BFH-Urteil vom 11. 1. 1979 – BStBl II S. 746) in der Absicht, es nur für schulische Zwecke zu verwenden. [2]In diesem Falle wird die Gemeinde mit der Errichtung und mit dem Betreiben des Schwimmbades zu Unterrichtszwecken in Ausübung öffentlicher Gewalt tätig. [3]Das gilt auch, soweit sie Nachbargemeinden das Schwimmbad zur Erfüllung der ihnen obliegenden Erziehungsaufgaben zur Verfügung stellt. [4]Der Gemeinde steht für die Errichtung des Schulschwimmbades und den Betrieb zu Unterrichtszwecken kein Vorsteuerabzug zu. [5]Öffnet die Gemeinde das Schulschwimmbad entgegen der ursprünglichen Absicht nach der Inbetriebnahme in den unterrichtsfreien Zeiten dem allgemeinen Badeverkehr, so ist insoweit unter der Voraussetzung des Abschnitts 5 Abs. 5 KStR ein Betrieb gewerblicher Art gegeben. [6]Die Einnahmen daraus unterliegen der Umsatzsteuer.

   [7]Vorsteuern können dabei insoweit abgezogen werden, als sie unmittelbar durch den öffentlichen Badeverkehr anfallen.

   [8]Zu einem Eigenverbrauch kommt es in diesen Fällen nicht, weil das Schulschwimmbad nicht dem gewerblichen Bereich zugehört und somit auch nicht dem hoheitlichen Bereich für Zwecke des Schulschwimmens überlassen wird (vgl. BFH-Urteil vom 11. 1. 1979 a. a. O.).

2. [1]Die Gemeinde errichtet ein Schwimmbad, das von vornherein sowohl dem Schulschwimmen als auch dem öffentlichen Badeverkehr dienen soll. [2]In diesem Fall ist das Schulschwimmen nicht dem Betrieb gewerblicher Art, sondern dem nichtunternehmerischen Hoheitsbereich zuzurechnen. [3]Erwirbt die Gemeinde Gegenstände, die von vornherein für das Schulschwim-

men bestimmt sind, gehen diese unmittelbar in den Hoheitsbereich über, so daß es nicht zu einem Eigenverbrauch kommt. ⁴Der Gemeinde steht insoweit kein Vorsteuerabzug zu. ⁵Vorsteuerbeträge, die durch den Erwerb, die Herstellung sowie die Verwendung eines einheitlichen Gegenstandes, z. B. die Errichtung der Gesamtanlage Schwimmbad, anfallen, sind unter den Voraussetzungen des § 15 UStG abziehbar. ⁶Zum Ausgleich dafür ist die Verwendung des Gegenstandes für hoheitliche Zwecke (Schulschwimmen) nach § 1 Abs. 1 Nr. 2 Buchstabe b UStG als Eigenverbrauch zu behandeln. ⁷Dabei sind folgende Fälle zu unterscheiden:

a) ¹Den Schulen wird *zeitweise* das ganze Schwimmbad überlassen. ²In diesem Fall ist der Eigenverbrauch einer Vermietung gleichzusetzen und deshalb insoweit steuerfrei nach § 4 Nr. 12 Buchstabe a UStG, als Grundstücksteile überlassen werden. ³Steuerpflichtig ist nur der auf die im Schwimmbad enthaltenen Betriebsvorrichtungen entfallende Teil des Eigenverbrauchs (vgl. hierzu Abschnitt 86).

b) ¹Das Schulschwimmen findet während des öffentlichen Badebetriebes, *z. B. auch auf abgetrennten Schwimmbahnen,* statt. ²Der Eigenverbrauch ist bei diesem Sachverhalt nicht einer Vermietung gleichzusetzen. ³Die Steuerfreiheit nach § 4 Nr. 12 UStG greift daher nicht ein *(vgl. BFH-Urteil vom 10. 2. 1994 – BStBl II S. 668, Abschnitt 81 Abs. 2 Nr. 9).*

⁴Bemessungsgrundlage für den Eigenverbrauch sind gemäß § 10 Abs. 4 Nr. 2 UStG die durch die Überlassung des Schwimmbades für das Schulschwimmen entstandenen Kosten. ⁵Bei der Ermittlung dieser Kosten können die für den Betrieb des gemeindlichen Schwimmbades aufgewendeten Zuschüsse unberücksichtigt bleiben. ⁶Aus Vereinfachungsgründen kann der Eigenverbrauch nach den im öffentlichen Badeverkehr erhobenen Eintrittsgeldern bemessen werden. ⁷Ist der öffentliche Badeverkehr nicht als Betrieb gewerblicher Art zu behandeln, weil die Voraussetzung des Abschnitts 5 Abs. 5 KStR nicht erfüllt ist, rechnet die Gesamttätigkeit des gemeindlichen Schwimmbades zum nichtunternehmerischen Hoheitsbereich mit der Folge, daß Vorsteuerabzug und ein Eigenverbrauch in der Form der Überlassung des Schwimmbades für Zwecke des Schulschwimmens nicht in Betracht kommen.

Betriebe in privatrechtlicher Form

(19) ¹Von den Betrieben gewerblicher Art einer juristischen Person des öffentlichen Rechts sind die Betriebe zu unterscheiden, die in eine privatrechtliche Form (z. B. AG, GmbH) gekleidet sind. ²Solche Eigengesellschaften sind grundsätzlich selbständige Unternehmer. ³Sie können jedoch nach den umsatzsteuerrechtlichen Vorschriften über die Organschaft unselbständig sein, und zwar auch gegenüber der juristischen Person des öffentlichen Rechts. ⁴Da Organschaft die Eingliederung in ein Unternehmen voraussetzt, kann eine Kapitalgesellschaft nur dann Organgesellschaft einer juristischen Person des öffentlichen Rechts sein, wenn sie in den Unternehmensbereich dieser juristischen Person des öffentlichen Rechts eingegliedert ist. ⁵Die finanzielle Eingliederung wird in diesen Fällen nicht dadurch ausgeschlossen, daß die Anteile an der juristischen Person nicht im Unternehmensbereich, sondern im nichtunternehmerischen Bereich der juristischen Person des öffentlichen Rechts verwaltet werden. ⁶Eine wirtschaftliche Eingliederung in den Unternehmensbereich ist gegeben, wenn die Organgesellschaft Betrieben gewerblicher Art oder land- und forstwirtschaftlichen Betrieben der juristischen Person des öffentlichen Rechts wirtschaftlich untergeordnet ist. ⁷Tätigkeiten, die der Erfüllung öffentlich-rechtlicher Aufgaben dienen, können grundsätzlich eine wirtschaftliche Eingliederung in den Unternehmensbereich nicht begründen.

Verwaltungsanweisungen

- Unternehmereigenschaft von Werbegemeinschaften (FinMin Nordrhein-Westfalen 8. 9. 1986, DStR 1986, 721);
- Organschaft bei Betriebsaufspaltung (OFD Frankfurt a. M. 27. 10. 1987, UR 1988, 199);
- Unternehmereigenschaft eines „privaten" Zwischenhändlers bei Ausfuhren von Kfz (FinMin Rheinland-Pfalz 23. 2. 1989, UR 1989, 388);
- ustl. Behandlung von Telefonkarten der Deutschen Bundespost (OFD Hannover 10. 7. 1990, UR 1991, 29);
- Unternehmereigenschaft sog. ABS-Gesellschaften (FinMin Mecklenburg-Vorpommern 9. 2. 1994, UR 1994, 409);
- wirtschaftliche Eingliederung bei der Betriebsaufspaltung (OFD Saarbrücken 4. 3. 1994, UR 1994, 409);
- Unternehmereigenschaft bei der Umwandlung von einer Einzelfirma oder Personengesellschaft in eine GmbH (OFD Saarbrücken 25. 4. 1994, UR 1994, 409);
- Unternehmereigenschaft von Beamten und anderen öffentlich Bediensteten bei einer Aufsichtsratstätigkeit (OFD Hannover 13. 7. 1994, UR 1995, 230);
- Unternehmereigenschaft einer aufgelösten GmbH (OFD Koblenz 20. 10. 1994, DB 1994, 2319);
- Beginn und Ende der Unternehmereigenschaft einer Kapitalgesellschaft (OFD Saarbrücken 20. 4. 1995, StEd 1995, 441);
- Unternehmereigenschaft von Fleischzerlegern (OFD Münster 8. 5. 1995, StEd 1995, 368);
- Umsatzbesteuerung der Abwasserbeseitigung durch juristische Personen des öffentlichen Rechts (OFD Cottbus 22. 1. 1996, UR 1996, 240);
- Behandlung von Gutachterausschüssen nach dem BBauG (OFD Erfurt 2. 5. 1996, UR 1997, 38);
- Unternehmereigenschaft durch Betreiben einer Photovoltaikanlage (OFD Koblenz 19. 7. 1996, UR 1996, 435);
- Besteuerung der von Verfügungsberechtigten erbrachten Leistungen nach dem VermG in den neuen Ländern (BMF 6. 8. 1996, StEd 1996, 602);
- Erstattung von USt durch die EU im Rahmen der Finanzierung von Forschungsprojekten (OFD Düsseldorf 28. 1. 1997, StEd 1997, 136).

Rechtsprechung

- Wettbewerbsunterlassung und unternehmerische Betätigung (BFH 30. 7. 1986, BStBl II, 874);
- Einbringung eines Unternehmens in eine KG und Halten der Beteiligung (BFH 15. 1. 1987, BStBl II, 512);

Unternehmer, Unternehmen § 2 UStG

- Unternehmereigenschaft eines Briefmarkensammlers (BFH 29. 6. 1987, BStBl II, 744);
- Unternehmereigenschaft eines Münzsammlers (BFH 16. 7. 1987, BStBl II, 752);
- Zurechnung von Umsätzen an einen Vermittler (BFH 24. 9. 1987, BStBl II, 746; FG Münster 21. 6. 1994, StEd 1994, 515);
- Unternehmereigenschaft einer Beteiligungsgesellschaft (BFH 20. 1. 1988, BStBl II, 557);
- ustl. Behandlung einer Publikums-KG (BFH 29. 1. 1988, HFR 1988, 351);
- Abgrenzung Leistungsaustausch und Zuschuß (BFH 20. 4. 1988, BStBl II, 792);
- Abgrenzung unternehmerische/nichtunternehmerische Tätigkeit (BFH 19. 5. 1988, BStBl II, 916 und 18. 7. 1991, BStBl II, 776);
- ustl. Behandlung einer Körperschaft des öffentlichen Rechts trotz gesetzlicher Aufgabenzuweisung (BFH 30. 6. 1988, BStBl II, 910);
- Beteiligungsgesellschaft als gewerblicher Nichtunternehmer (BFH 28. 9. 1988, BStBl 1989 II, 122);
- unternehmerische Betätigung von Gemeinden (BFH 21. 9. 1989, BStBl 1990 II, 95; 28. 11. 1991, BStBl 1992 II, 569; 10. 12. 1992, BStBl 1993 II, 380);
- Abgrenzung der Ausübung öffentlicher Gewalt von Betrieben gewerblicher Art (EuGH 17. 10. 1989, UR 1991, 77);
- Abgrenzung kommunaler Tätigkeit nach hoheitlichem und privaten Handeln (EuGH 15. 5. 1990, UR 1991, 225);
- Umfang des Unternehmens bei Bauträgerleistungen (BFH 20. 9. 1990, BStBl 1991 II, 35);
- Testamentsvollstrecker als Unternehmer (BFH 11. 10. 1990, BStBl 1991 II, 191);
- stpfl. Einrichtungen des öffentlichen Rechts (EuGH 25. 7. 1991, UVR 1991, 307);
- Erben einer Kunstsammlung als Unternehmer (BFH 24. 11. 1992, BStBl 1993 II, 379);
- Erlöschen der Unternehmereigenschaft (BFH 21. 4. 1993, BStBl II, 696);
- stpfl. Leistungsaustausch zwischen Schlachthof-GmbH und seinen Benutzern (FG Nürnberg 20. 7. 1993, EFG 1994, 223);
- Unternehmerbegriff (BFH 28. 7. 1993, BFH/NV 1994, 205);
- Wirtschaftliche Eingliederung bei der Organschaft (BFH 9. 9. 1993, BStBl 1994 II, 129);
- Unternehmereigenschaft eines Vereins im Erbfall (BFH 9. 9. 1993, BStBl 1994 II, 57);
- Vorbereitungshandlung und Unternehmereigenschaft bei neuem Betriebszweig (BFH 16. 12. 1993, BStBl 1994 II, 278);
- BgA bei der Müllentsorgung durch eine Körperschaft (Schlesw.-Holstein. FG 16. 2. 1994, EFG 1994, 985);
- Leistungsempfänger beim Handeln im Namen eines Dritten (BFH 17. 2. 1994, BFH/NV 1995, 352);
- Personalgestellung durch Landkreis im Rahmen von ABM-Maßnahmen (BFH 24. 2. 1994, UR 1995, 391);

- Beendigung der Organschaft durch die Bestellung eines Vergleichsverwalters (FG Baden-Württemberg 4. 3. 1994, UR 1995, 267);

- Unternehmereigenschaft einer nach englischem Recht gegründeten „Company limited of shares" (BFH 21. 4. 1994, BStBl II, 671);

- Personengesellschaft auch bei Eingliederung in einem anderen Unternehmen selbständig (FG Baden-Württemberg 10. 5. 1994, StEd 1994, 541);

- hoheitliche oder unternehmerische Tätigkeit der Bundespost im Teilbereich Postdienst seit 1. 7. 1989 (BFH 31. 5. 1994, UR 1995, 393);

- Nachhaltigkeit der Unternehmensbeteiligung bei Vorhaltung von Geschäftsräumen (BFH 16. 6. 1994, BFH/NV 1995, 740);

- private Nutzung eines von Deutscher Bundespost 1987 überlassenen Telefons kein Eigenverbrauch (BFH 30. 6. 1994, BFH/NV 1995, 1024);

- Strohmann-GmbH ist kein Unternehmer (BFH 13. 7. 1994, UR 1995, 96);

- wirtschaftliche Eingliederung bei ustl. Organschaft (BFH 16. 8. 1994, UVR 1995, 340);

- Strohmann-Tätigkeit ist dem Hintermann zuzurechnen (BFH 15. 9. 1994, BStBl 1995 II, 275);

- leistender Unternehmer bei ehelicher Gütergemeinschaft (BFH 20. 9. 1994, BFH/NV 1995, 655);

- Verpachtung eines kommunalen Jagdbezirkes (OVG Saarland 7. 11. 1994, UR 1996, 57);

- zur Anrechnung von Organtochter geleisteter USt auf Schulden der Organmutter (BFH 17. 1. 1995, UR 1996, 268);

- Umsatzbesteuerung „beliehener" Unternehmer des Privatrechts bei öffentlicher Aufgabenwahrnehmung (BFH 18. 1. 1995, BStBl II, 559);

- Unternehmereigenschaft eines Rechtsanwalts nach Eintritt in eine Sozietät (BFH 27. 2. 1995, BFH/NV 1995, 835);

- zur Unternehmereigenschaft eines Strohmannes (Niedersächsisches FG 23. 3. 1995, StEd 1995, 594);

- Abgrenzung selbständiger von nichtselbständiger Tätigkeit (BFH 16. 5. 1995, BFH/NV 1995, 1103);

- Beendigung einer Organschaft bei Bestellung eines Vergleichsverwalters (BFH 18. 5. 1995, UR 1996, 229);

- Unternehmereigenschaft bei Ersatzkräften spielzeitverpflichteter Musiker (FG Hamburg, 6. 6. 1995, UR 1996, 265);

- Vertreter eines spielzeitverpflichteten Orchestermusikers und selbständige Tätigkeit (FG Hamburg 6. 6. 1995, StEd 1995, 692);

- Vermittlung eines Grundstücksverkaufs durch Pächter als unternehmerische Betätigung (FG Rheinland-Pfalz 21. 6. 1995, UR 1996, 261);

- Unternehmereigenschaft eines Erwerbers eines Mitunternehmeranteils bei Vermietungs-GbR (BFH 27. 6. 1995, BStBl 1995 II, 915);

Unternehmer, Unternehmen § **2 UStG**

- Zuordnung eines gemeindlichen Parkhauses zum Unternehmen (FG Rheinland-Pfalz 4. 8. 1995, UR 1997, 33);
- Nachhaltigkeit der Unternehmerbetätigung beim An- und Verkauf neuer Kfz (BFH 7. 9. 1995, BStBl 1996 II, 109);
- Dauer einer Organschaft (BFH 1. 10. 1995, BFH/NV 1996, 275);
- Wahlrecht bei der Zuordnung gemischt genutzter Gegenstände zum Unternehmen (EuGH 4. 10. 1995, BStBl 1996 II, 392);
- keine automatische Beendigung der Organschaft bei Liquiditätsschwierigkeiten der Organtochter (BFH 19. 10. 1995, UR 1996, 265);
- zur Auslegung der beschränkten Wirkungen der Organschaft auf sog. Innenleistungen (BFH 19. 10. 1995, UR 1996, 266);
- Unternehmereigenschaft einer Gesellschafter-GmbH bei Liquidatorentätigkeit für die GmbH & Co. KG (BFH 8. 11. 1995, BStBl 1996 II, 176);
- Unternehmereigenschaft der Deutschen Bundespost (FG Düsseldorf 15. 11. 1995, EFG 1996, 1127);
- zur Unternehmereigenschaft eines geerbten und sogleich verkauften Teilbetriebs (BFH 23. 11. 1995, UR 1996, 190);
- Abweichungsanfrage bei der Organschaft (BFH 28. 2. 1996, UR 1996, 334);
- Unternehmereigenschaft bei fehlgeschlagenen Unternehmensgründungen (EuGH 29. 2. 1996, UR 1996, 116);
- ustl. Regelung über Organschaft ist verfassungsgemäß (BVerfG 2. 4. 1996, UVR 1996, 212);
- Selbständigkeit einer gastspielverpflichteten Opernsängerin (BFH 30. 5. 1996, BStBl II, 493);
- Unternehmereigenschaft als Testamentsvollstrecker (BFH 30. 5. 1996, UVR 1997, 143);
- Verwaltung eines WP-Vermögens „wie ein privater Anleger" begründet keine Unternehmereigenschaft (EuGH 20. 6. 1996, UVR 1996, 235);
- Fremdgeldanlagen eines Immobilienverwalters als unternehmerische Betätigung (EuGH 11. 7. 1996, UR 1996, 304);
- Organträger als Schuldner des Vorsteuerberichtigungsanspruches bei Insolvenz der Organgesellschaft (FG Brandenburg 19. 7. 1996, UVR 1997, 18);
- Unternehmereigenschaft einer in der Schweiz ansässigen Domizilgesellschaft (FG Düsseldorf 28. 8. 1996, StEd 1996, 797);
- Begriff „wirtschaftliche Tätigkeit" beim Bezug von Freizeitgegenständen (EuGH 26. 9. 1996, UR 1996, 418);
- zur Unternehmereigenschaft eines GmbH-Geschäftsführers (BFH 9. 10. 1996, BStBl 1997 II, 255);
- zur Unternehmereigenschaft eines Fahrlehrers ohne Fahrschulerlaubnis (BFH 17. 10. 1996, BStBl 1997 II, 188);
- Hausmüllentsorgung einer Kommune in den Jahren 1984 und 1985 hoheitlich (BFH 23. 10. 1996, UVR 1997, 50);

UStG § 2a 6. EGRL Art. 28a Fahrzeuglieferer

- Gaststättenverpachtung durch Gemeinde als unternehmerische Tätigkeit (EuGH 6. 2. 1997, UVR 1997, 130);
- bloßer Erwerb und Besitz von Schuldverschreibungen keine unternehmerische Tätigkeit (EuGH 6. 2. 1997, UVR 1997, 132).

UStG

§ 2a Fahrzeuglieferer

[1]Wer im Inland ein neues Fahrzeug liefert, das bei der Lieferung in das übrige Gemeinschaftsgebiet gelangt, wird, wenn er nicht Unternehmer im Sinne des § 2 ist, für diese Lieferung wie ein Unternehmer behandelt. [2]Dasselbe gilt, wenn der Lieferer eines neuen Fahrzeugs Unternehmer im Sinne des § 2 ist und die Lieferung nicht im Rahmen des Unternehmens ausführt.

6. EG-Richtlinie

Abschnitt XVIa: Übergangsregelung für die Besteuerung des Handels zwischen den Mitgliedstaaten

Artikel 28a   Anwendungsbereich

...

(4) (abgedruckt zu § 1 UStG)

...

Verwaltungsanweisungen

- Innergemeinschaftliche Lieferung neuer Fahrzeuge nach § 2a UStG (OFD Frankfurt a. M. 8. 11. 1993, UR 1994, 482).

UStG

§ 3[1]) Lieferung, sonstige Leistung

(1) Lieferungen eines Unternehmers sind Leistungen, durch die er oder in seinem Auftrag ein Dritter den Abnehmer oder in dessen Auftrag einen Dritten befähigt, im eigenen Namen über einen Gegenstand zu verfügen (Verschaffung der Verfügungsmacht).

(1a) ¹Als Lieferung gegen Entgelt gilt das Verbringen eines Gegenstandes des Unternehmens aus dem Inland in das übrige Gemeinschaftsgebiet durch einen Unternehmer zu seiner Verfügung, ausgenommen zu einer nur vorübergehenden Verwendung, auch wenn der Unternehmer den Gegenstand in das Inland eingeführt hat. ²Der Unternehmer gilt als Lieferer.

(2) (weggefallen)

(3) ¹Beim Kommissionsgeschäft (§ 383 des Handelsgesetzbuchs) liegt zwischen dem Kommittenten und dem Kommissionär eine Lieferung vor. ²Bei der Verkaufskommission gilt der Kommissionär, bei der Einkaufskommission der Kommittent als Abnehmer.

(4) ¹Hat der Unternehmer die Bearbeitung oder Verarbeitung eines Gegenstandes übernommen und verwendet er hierbei Stoffe, die er selbst beschafft, so ist die Leistung als Lieferung anzusehen (Werklieferung), wenn es sich bei den Stoffen nicht nur um Zutaten oder sonstige Nebensachen handelt. ²Das gilt auch dann, wenn die Gegenstände mit dem Grund und Boden fest verbunden werden.

(5) ¹Hat ein Abnehmer dem Lieferer die Nebenerzeugnisse oder Abfälle, die bei der Bearbeitung oder Verarbeitung des ihm übergebenen Gegenstandes entstehen, zurückzugeben, so beschränkt sich die Lieferung auf den Gehalt des Gegenstandes an den Bestandteilen, die dem Abnehmer verbleiben. ²Das gilt auch dann, wenn der Abnehmer an Stelle der bei der Bearbeitung oder Verarbeitung entstehenden Nebenerzeugnisse oder Abfälle Gegenstände gleicher Art zurückgibt, wie sie in seinem Unternehmen regelmäßig anfallen.

(5a) Der Ort der Lieferung richtet sich vorbehaltlich der §§ 3c und 3e nach den Absätzen 6 bis 8.

(6) ¹Wird der Gegenstand der Lieferung durch den Lieferer, den Abnehmer oder einen vom Lieferer oder vom Abnehmer beauftragten Dritten befördert oder versendet, gilt die Lieferung dort als ausgeführt, wo die Beförderung oder Versendung an den Abnehmer oder in dessen Auftrag an einen Dritten beginnt. ²Befördern ist jede Fortbewegung eines Gegenstandes. ³Versenden liegt vor, wenn jemand die Beförderung durch einen selbständigen Beauftragten ausführen oder besorgen läßt. ⁴Die Versendung beginnt mit der Übergabe des Gegenstandes an den Beauf-

---

1) Anm.: § 3 Abs. 1a i. d. F. des Art. 20 Nr. 4 JStG 1996 v. 11. 10. 95 (BGBl I, 1250); Abs. 2 und 8a weggefallen, Abs. 5a bis 8 i. d. F. des Art. 1 Nr. 2 Umsatzsteuer-Änderungsgesetz 1997 v. 12. 12. 96 (BGBl I, 1851). – Zur Behandlung von innergemeinschaftlichen Lohnveredelungen vgl. a. BMF-Schr. v. 12. 10. 93 (BStBl I, 913).

tragten. ⁵Schließen mehrere Unternehmer über denselben Gegenstand Umsatzgeschäfte ab und gelangt dieser Gegenstand bei der Beförderung oder Versendung unmittelbar vom ersten Unternehmer an den letzten Abnehmer, ist die Beförderung oder Versendung des Gegenstandes nur einer der Lieferungen zuzuordnen. ⁶Wird der Gegenstand der Lieferung dabei durch einen Abnehmer befördert oder versendet, der zugleich Lieferer ist, ist die Beförderung oder Versendung der Lieferung an ihn zuzuordnen, es sei denn, er weist nach, daß er den Gegenstand als Lieferer befördert oder versendet hat.

(7) ¹Wird der Gegenstand der Lieferung nicht befördert oder versendet, wird die Lieferung dort ausgeführt, wo sich der Gegenstand zur Zeit der Verschaffung der Verfügungsmacht befindet. ²In den Fällen des Absatzes 6 Satz 5 gilt folgendes:

1. Lieferungen, die der Beförderungs- oder Versendungslieferung vorangehen, gelten dort als ausgeführt, wo die Beförderung oder Versendung des Gegenstandes beginnt.

2. Lieferungen, die der Beförderungs- oder Versendungslieferung folgen, gelten dort als ausgeführt, wo die Beförderung oder Versendung des Gegenstandes endet.

(8) Gelangt der Gegenstand der Lieferung bei der Beförderung oder Versendung aus dem Drittlandsgebiet in das Inland, gilt der Ort der Lieferung dieses Gegenstandes als im Inland gelegen, wenn der Lieferer oder sein Beauftragter Schuldner der Einfuhrumsatzsteuer ist.

(8a) (weggefallen)

(9) ¹Sonstige Leistungen sind Leistungen, die keine Lieferungen sind. ²Sie können auch in einem Unterlassen oder im Dulden einer Handlung oder eines Zustandes bestehen. ³In den Fällen der §§ 27 und 54 des Urheberrechtsgesetzes führen die Verwertungsgesellschaften und die Urheber sonstige Leistungen aus.

(10) Überläßt ein Unternehmer einem Auftraggeber, der ihm einen Stoff zur Herstellung eines Gegenstandes übergeben hat, an Stelle des herzustellenden Gegenstandes einen gleichartigen Gegenstand, wie er ihn in seinem Unternehmen aus solchem Stoff herzustellen pflegt, so gilt die Leistung des Unternehmers als Werkleistung, wenn das Entgelt für die Leistung nach Art eines Werklohns unabhängig vom Unterschied zwischen dem Marktpreis des empfangenen Stoffes und dem des überlassenen Gegenstandes berechnet wird.

(11) Besorgt ein Unternehmer für Rechnung eines anderen im eigenen Namen eine sonstige Leistung, so sind die für die besorgte Leistung geltenden Vorschriften auf die Besorgungsleistung entsprechend anzuwenden.

(12) ¹Ein Tausch liegt vor, wenn das Entgelt für eine Lieferung in einer Lieferung besteht. ²Ein tauschähnlicher Umsatz liegt vor, wenn das Entgelt für eine sonstige Leistung in einer Lieferung oder sonstigen Leistung besteht.

6. EG-Richtlinie

Abschnitt V: Steuerbarer Umsatz

Artikel 5   Lieferung von Gegenständen

(1) Als Lieferung eines Gegenstands gilt die Übertragung der Befähigung, wie ein Eigentümer über einen körperlichen Gegenstand zu verfügen.

(2) Als Gegenstand gelten Elektrizität, Gas, Wärme, Kälte und ähnliche Sachen.

...

(4) Als Lieferungen im Sinne des Absatzes 1 gelten ferner:

a) die Übertragung des Eigentums an einem Gegenstand gegen Zahlung einer Entschädigung aufgrund einer behördlichen Anordnung oder kraft Gesetzes;

b) die Übergabe eines Gegenstands aufgrund eines Vertrages, der die Vermietung eines Gegenstands während eines bestimmten Zeitraums oder den Ratenverkauf eines Gegenstands vorsieht, mit der Klausel, daß das Eigentum spätestens mit Zahlung der letzten fälligen Rate erworben wird;

c) die Übertragung eines Gegenstands aufgrund eines Vertrages über eine Einkaufs- oder Verkaufskommission.

(5) Als Lieferungen im Sinne des Absatzes 1 können die Mitgliedstaaten die Erbringung bestimmter Bauleistungen betrachten.

...

Artikel 6   Dienstleistungen

(1) Als Dienstleistung gilt jede Leistung, die keine Lieferung eines Gegenstands im Sinne des Artikels 5 ist.

Diese Leistung kann unter anderem bestehen

– in der Abtretung eines unkörperlichen Gegenstands, gleichgültig, ob in einer Urkunde verbrieft oder nicht;

– in der Verpflichtung, eine Handlung zu unterlassen oder eine Handlung oder einen Zustand zu dulden;

– in der Ausführung eines Dienstes aufgrund einer behördlichen Anordnung oder kraft Gesetzes.

...

(4) Steuerpflichtige, die bei der Erbringung von Dienstleistungen im eigenen Namen, aber für Rechnung Dritter tätig werden, werden so behandelt, als ob sie diese Dienstleistungen selbst erhalten und erbracht hätten.

...

Abschnitt VI: Ort des steuerbaren Umsatzes

Artikel 8 Lieferung von Gegenständen

(1) Als Ort der Lieferung gilt

a) *für den Fall, daß der Gegenstand vom Lieferer, vom Erwerber oder von einer dritten Person versandt oder befördert wird, der Ort, an dem sich der Gegenstand zum Zeitpunkt des Beginns der Versendung oder Beförderung an den Erwerber befindet. Falls der Gegenstand mit oder ohne probeweise Inbetriebnahme durch den Lieferer oder für dessen Rechnung installiert oder montiert wird, gilt als Ort der Lieferung der Ort, an dem die Installation oder Montage vorgenommen wird. Wird der Gegenstand in einem anderen Mitgliedstaat als dem des Lieferers installiert oder montiert, so trifft der Mitgliedstaat, in dem die Installation oder Montage vorgenommen wird, die zur Vermeidung einer Doppelbelastung in diesem Staat erforderlichen Maßnahmen;*

b) *für den Fall, daß der Gegenstand nicht versandt oder befördert wird, der Ort, an dem sich der Gegenstand zum Zeitpunkt der Lieferung befindet;*

c) *für den Fall, daß die Lieferung von Gegenständen an Bord eines Schiffes, eines Flugzeugs oder in einer Eisenbahn und während des innerhalb der Gemeinschaft stattfindenden Teils einer Beförderung erfolgt, der Abgangsort des Personenbeförderungsmittels.*

Im Sinne dieser Bestimmung gilt als

- *„innerhalb der Gemeinschaft stattfindender Teil einer Beförderung" der Teil einer Beförderung zwischen Abgangsort und Ankunftsort des Personenbeförderungsmittels ohne Zwischenaufenthalt außerhalb der Gemeinschaft;*

- *„Abgangsort eines Personenbeförderungsmittels" der erste Ort innerhalb der Gemeinschaft, an dem Reisende in das Beförderungsmittel einsteigen können, gegebenenfalls nach einem Zwischenaufenthalt außerhalb der Gemeinschaft;*

- *„Ankunftsort eines Personenbeförderungsmittels" der letzte Ort innerhalb der Gemeinschaft, an dem in der Gemeinschaft zugestiegene Reisende das Beförderungsmittel verlassen können, gegebenenfalls vor einem Zwischenaufenthalt außerhalb der Gemeinschaft.*

Im Fall einer Hin- und Rückfahrt gilt die Rückfahrt als gesonderte Beförderung.

Die Kommission unterbreitet dem Rat bis spätestens 30. Juni 1993 einen Bericht, gegebenenfalls zusammen mit geeigneten Vorschlägen zum Ort der Besteuerung der Lieferungen von Gegenständen, die zum Verbrauch an Bord bestimmt sind, und der Dienstleistungen, einschließlich Bewirtung, die an Reisende an Bord eines Schiffes, eines Flugzeugs oder in der Eisenbahn erbracht werden.

Der Rat entscheidet nach Anhörung des Europäischen Parlaments vor dem 31. Dezember 1993 einstimmig über den Vorschlag der Kommission.

Die Mitgliedstaaten können bis zum 31. Dezember 1993 Lieferungen von Gegenständen, die zum Verbrauch an Bord bestimmt sind und deren Besteuerungsort gemäß den vorstehenden Bestimmungen festgelegt wird, mit dem Recht auf Vorsteuerabzug von der Steuer befreien oder weiterhin befreien.

(2) Liegt der Ort, von dem aus der Gegenstand versandt oder befördert wird, in einem Drittlandsgebiet, so gelten abweichend von Absatz 1 Buchstabe a) der Ort der Lieferung, die durch den Importeur im Sinne des Artikels 21 Ziffer 2 bewirkt wird, sowie der Ort

etwaiger nachfolgender Lieferungen als in dem Mitgliedstaat gelegen, in den die Gegenstände eingeführt werden.

...

Abschnitt XVIa: Übergangsregelung für die Besteuerung des Handels zwischen den Mitgliedstaaten

Artikel 28a   Anwendungsbereich

...

(5) Einer Lieferung von Gegenständen gegen Entgelt gleichgestellt ist
a) (weggefallen)
b) die von einem Steuerpflichtigen vorgenommene Verbringung eines Gegenstands seines Unternehmens in einen anderen Mitgliedstaat.

Als in einen anderen Mitgliedstaat verbracht gilt jeder körperliche Gegenstand, der vom Steuerpflichtigen oder für seine Rechnung nach Orten außerhalb des in Artikel 3 bezeichneten Gebietes, aber innerhalb der Gemeinschaft für andere Zwecke seines Unternehmens als für die Zwecke einer der folgenden Umsätze versandt oder befördert wird:

– Lieferung dieses Gegenstands durch den Steuerpflichtigen innerhalb des Mitgliedstaats der Beendigung des Versands oder der Beförderung unter den Bedingungen des Artikels 8 Absatz 1 Buchstabe a) zweiter Satz oder des Artikels 28b Teil B Absatz 1,
– Lieferung dieses Gegenstands durch den Steuerpflichtigen unter den Bedingungen des Artikels 8 Absatz 1 Buchstabe c),
– Lieferung dieses Gegenstands durch den Steuerpflichtigen im Inland unter den Bedingungen des Artikels 15 oder des Artikel 28c Teil A,
– Erbringung einer Dienstleistung an den Steuerpflichtigen, die in Arbeiten an diesem Gegenstand besteht, die im Mitgliedstaat der Beendigung des Versands oder der Beförderung des Gegenstands tatsächlich ausgeführt werden, sofern der Gegenstand nach der Bearbeitung wieder dem Steuerpflichtigen in dem Mitgliedstaat zugeschickt wird, von dem aus der Gegenstand ursprünglich versandt oder befördert worden war,
– vorübergehende Verwendung dieses Gegenstands im Gebiet des Migliedstaats der Beendigung des Versands oder der Beförderung zum Zwecke der Erbringung von Dienstleistungen durch den im Mitgliedstaat des Beginns des Versands oder der Beförderung niedergelassenen Steuerpflichtigen,
– vorübergehende Verwendung dieses Gegenstands während höchstens 24 Monaten in dem Gebiet eines anderen Mitgliedstaates, in dem für die Einfuhr des gleichen Gegenstands aus einem Drittland im Hinblick auf eine vorübergehende Verwendung die Regelung über die vollständige Befreiung von Eingangsabgaben bei der vorübergehenden Einfuhr gelten würde.

Liegt jedoch eine der Voraussetzungen, an die die Inanspruchnahme der vorstehenden Bestimmungen geknüpft ist, nicht mehr vor, so wird davon ausgegangen, daß der Gegenstand in einen anderen Mitgliedstaat verbracht worden ist. In diesem Fall gilt die Verbringung als zu dem Zeitpunkt erfolgt, zu dem die betreffende Voraussetzung nicht mehr vorliegt.

...

UStG § 3 6. EGRL Art. 28b; 24 UStR Lieferung, sonstige Leistung

Artikel 28b   Ort der Umsätze

A. Ort des innergemeinschaftlichen Erwerbs von Gegenständen
(abgedruckt zu § 3d UStG)

B. Ort der Lieferung von Gegenständen
(abgedruckt zu § 3c UStG)

...

UStR

24. Lieferungen und sonstige Leistungen

Lieferungen

(1) [1]Eine Lieferung liegt vor, wenn die Verfügungsmacht an einem Gegenstand verschafft wird. [2]Gegenstände im Sinne von § 3 Abs. 1 UStG sind körperliche Gegenstände (Sachen gemäß § 90 BGB, Tiere gemäß § 90a BGB), Sachgesamtheiten und solche Wirtschaftsgüter, die im Wirtschaftsverkehr wie körperliche Sachen behandelt werden, z. B. elektrischer Strom, Wärme, Wasserkraft, Firmenwert (Geschäfts-, Praxiswert) und Kundenstamm (vgl. BFH-Urteil vom 21. 12. 1988 – BStBl 1989 II S. 430). [3]Eine Sachgesamtheit stellt die Zusammenfassung mehrerer selbständiger Gegenstände zu einem einheitlichen Ganzen dar, das wirtschaftlich als ein anderes Verkehrsgut angesehen wird als die Summe der einzelnen Gegenstände (vgl. BFH-Urteil vom 25. 1. 1968 – BStBl II S. 331). [4]Rechte sind dagegen keine Gegenstände, die im Rahmen einer Lieferung übertragen werden können; die Übertragung von Rechten stellt eine sonstige Leistung dar (vgl. BFH-Urteil vom 16. 7. 1970 – BStBl II S. 706).

(2) [1]*Die Verschaffung der Verfügungsmacht beinhaltet den von den Beteiligten endgültig gewollten Übergang der wirtschaftlichen Substanz eines Gegenstandes vom Leistenden auf den Leistungsempfänger.* [2]*Der Abnehmer muß faktisch in der Lage sein, mit dem Gegenstand nach Belieben zu verfahren, insbesondere ihn wie ein Eigentümer zu nutzen und veräußern zu können (vgl. BFH-Urteil vom 12. 5. 1993 – BStBl II S. 847).* [3]*Keine Lieferung, sondern eine sonstige Leistung ist danach die entgeltlich eingeräumte Bereitschaft zur Verschaffung der Verfügungsmacht (vgl. BFH-Urteil vom 25. 10. 1990 – BStBl 1991 II S. 193).* [4]Die Verschaffung der Verfügungsmacht ist ein Vorgang vorwiegend tatsächlicher Natur, der in der Regel mit dem bürgerlich-rechtlichen Eigentumsübergang verbunden ist, aber nicht notwendigerweise verbunden sein muß (BFH-Urteil vom 24. 4. 1969 – BStBl II S. 451). [5]An einem zur Sicherheit übereigneten Gegenstand wird durch die Übertragung des Eigentums noch keine Verfügungsmacht verschafft. [6]Zur Verwertung von Sicherungsgut vgl. Abschnitt 2. [7]Dagegen liegt eine Lieferung vor, wenn ein Gegenstand unter Eigentumsvorbehalt verkauft und übergeben wird. [8]Beim Kommissionsgeschäft (§ 3 Abs. 3 UStG) liegt eine Lieferung des Kommittenten an den Kommissionär erst im Zeitpunkt der Lieferung des Kommissionsgutes an den Abnehmer vor (vgl. BFH-Urteil vom 25. 11. 1986 – BStBl 1987 II S. 278). [9]*Gelangt das Kommissionsgut bei der Zurverfügungstellung an den Kommissionär im Wege des innergemeinschaftlichen Verbringens vom Ausgangs- in den Bestimmungsmitgliedstaat, kann die Lieferung jedoch nach dem Sinn und Zweck der Regelung bereits zu diesem Zeitpunkt als erbracht angesehen werden (vgl. Abschnitt 15b Abs. 7).*

Sonstige Leistungen

(3) ¹Sonstige Leistungen sind Leistungen, die keine Lieferungen sind (§ 3 Abs. 9 Satz 1 UStG). ²Als sonstige Leistungen kommen insbesondere in Betracht: Dienstleistungen, Gebrauchs- und Nutzungsüberlassungen – z. B. Vermietung, Verpachtung, Darlehensgewährung, Einräumung eines Nießbrauchs –, Einräumung, Übertragung und Wahrnehmung von Patenten, Urheberrechten, *Markenzeichenrechten* und ähnlichen Rechten, Reiseleistungen im Sinne des § 25 Abs. 1 UStG. ³Die Bestellung eines Nießbrauchs und eines Erbbaurechts ist eine Duldungsleistung in der Form der Dauerleistung im Sinne von § 3 Abs. 9 Satz 2 UStG (vgl. BFH-Urteil vom 20. 4. 1988 – BStBl II S. 744). *⁴Zur Behandlung des sog. Quotennießbrauchs vgl. BFH-Urteil vom 28. 2. 1991 – BStBl II S. 649.*

(4) ¹Die in § 3 Abs. 3 UStG enthaltene Regelung für Warenkommissionäre des Handelsrechts gilt nicht analog bei der Einschaltung einer Mittelsperson zur Weitergabe von sonstigen Leistungen (sog. Leistungskommission). ²Auf das BFH-Urteil vom *25. 10. 1990 – BStBl 1991 II S. 193* wird hingewiesen.

25. Abgrenzung zwischen Lieferungen und sonstigen Leistungen

(1) ¹Bei einer einheitlichen Leistung, die sowohl Lieferungselemente als auch Elemente einer sonstigen Leistung enthält, richtet sich die Einstufung als Lieferung oder sonstige Leistung danach, welche *Leistungselemente* unter Berücksichtigung des Willens der Vertrags*parteien* den wirtschaftlichen Gehalt der *Leistungen bestimmen (vgl. BFH-Urteil vom 19. 12. 1991 – BStBl 1992 II S. 449).* ²Die Überlassung von Matern, Klischees und Abzügen kann sowohl eine Lieferung als auch eine sonstige Leistung sein (vgl. BFH-Urteile vom 13. 10. 1960 – BStBl 1961 III S. 26 und vom 14. 2. 1974 – BStBl II S. 261).

(2) Sonstige Leistungen sind z. B.:

1. Übermittlung von Nachrichten zur Veröffentlichung;
2. Übertragung ideeller Eigentumsanteile – Miteigentumsanteile – (vgl. BFH-Urteil vom 22. 6. 1967 – BStBl III S. 662);
3. Überlassung von Lichtbildern zu Werbezwecken (vgl. BFH-Urteil vom 12. 1. 1956 – BStBl III S. 62);
4. Überlassung von Konstruktionszeichnungen und Plänen für technische Bauvorhaben sowie die Überlassung nicht geschützter Erfahrungen und technischer Kenntnisse (vgl. BFH-Urteil vom 18. 5. 1956 – BStBl III S. 198);
5. Veräußerung von Modellskizzen (vgl. BFH-Urteil vom 26. 10. 1961 – HFR 1962 S. 118);
6. Übertragung eines Verlagsrechts (vgl. BFH-Urteil vom 16. 7. 1970 – BStBl II S. 706);
7. ¹Überlassung von Know-how und von Ergebnissen einer Meinungsumfrage auf dem Gebiet der Marktforschung (vgl. BFH-Urteil vom 22. 11. 1973 – BStBl 1974 II S. 259) *sowie von nicht standardisierter Software, die speziell nach den Anforderungen des Anwenders erstellt wird oder die eine vorhandene Software den Bedürfnissen des Anwenders individuell anpaßt.* ²*Dagegen ist der Verkauf von Standard-Software und sog. Updates mit einem Anleitungshandbuch als Lieferung zu beurteilen;*
8. Überlassung sendefertiger Filme durch einen Filmhersteller im Sinne des § 94 UrhG – sog. Auftragsproduktion – (vgl. BFH-Urteil vom 19. 2. 1976 – BStBl II S. 515);

9. Überlassung von Fotografien zur Veröffentlichung durch Zeitungs- oder Zeitschriftenverlage (vgl. BFH-Urteil vom 12. 5. 1977 – BStBl II S. 808);

10. [1]Herstellung von Fotokopien *(vgl. BFH-Urteil vom 26. 9. 1991 – BStBl 1992 II S. 313).* [2]*Werden aus den Kopien jedoch neue Gegenstände (Bücher, Broschüren) hergestellt und den Abnehmern an diesen Gegenständen Verfügungsmacht verschafft, ist die Leistung als Lieferung (Werklieferung) zu beurteilen (vgl. BFH-Urteil vom 19. 12. 1991 – BStBl 1992 II S. 449).*

(3) Die Überlassung von Offsetfilmen, die unmittelbar zum Druck von Reklamematerial im Offsetverfahren verwendet werden können, stellt dagegen eine Lieferung dar (vgl. BFH-Urteil vom 25. 11. 1976 – BStBl 1977 II S. 270).

(4) [1]Weichen bei einem Mietvertrag mit Recht zum Kauf die getroffenen Vereinbarungen wesentlich von denen ab, die bei einer bloßen Gebrauchsüberlassung üblich sind, so kann ein Vorgang vorliegen, der in seinen Auswirkungen dem Kauf auf Abzahlung entspricht und eine Lieferung ist (vgl. BFH-Urteil vom 27. 1. 1955 – BStBl III S. 94). [2]Werden Gegenstände im Leasing-Verfahren überlassen, so ist die Übergabe des Leasing-Gegenstandes durch den Leasing-Geber an den Leasing-Nehmer eine Lieferung, wenn der Leasing-Gegenstand einkommensteuerrechtlich dem Leasing-Nehmer zuzurechnen ist. [3]Auf das BFH-Urteil vom 1. 10. 1970 (BStBl 1971 II S. 34) wird hingewiesen.

26. Vermittlung oder Eigenhandel

(1) [1]Ob jemand eine Vermittlungsleistung erbringt oder als Eigenhändler tätig wird, ist nach den Leistungsbeziehungen zwischen den Beteiligten zu entscheiden. [2]Maßgebend für die Bestimmung der umsatzsteuerrechtlichen Leistungsbeziehungen ist grundsätzlich das Zivilrecht. [3]Entsprechend der Regelung des § 164 Abs. 1 BGB liegt danach eine Vermittlungsleistung umsatzsteuerrechtlich grundsätzlich nur vor, wenn der Vertreter – Vermittler – das Umsatzgeschäft erkennbar im Namen des Vertretenen abgeschlossen hat. [4]Das gilt jedoch nicht, wenn durch das Handeln in fremdem Namen lediglich verdeckt wird, daß der Vertreter und nicht der Vertretene das Umsatzgeschäft ausführt (vgl. BFH-Urteile vom 25. 6. 1987 – BStBl II S. 657 und vom 29. 9. 1987 – BStBl 1988 II S. 153). [5]Dem Leistungsempfänger muß beim Abschluß des Umsatzgeschäfts nach den Umständen des Falles bekannt sein, daß er zu einem Dritten in unmittelbare Rechtsbeziehungen tritt (vgl. BFH-Urteil vom 21. 12. 1965 – BStBl 1966 III S. 162). [6]Werden Zahlungen für das Umsatzgeschäft an den Vertreter geleistet, so ist es zur Beschränkung des Entgelts auf die Vermittlungsprovision nach § 10 Abs. 1 Satz 5 UStG erforderlich, daß der Vertreter nicht nur im Namen, sondern auch für Rechnung des Vertretenen handelt. [7]Eine Vermittlungsleistung ist in diesem Falle grundsätzlich nur anzuerkennen, wenn der Vermittler Namen und Anschrift des von ihm Vertretenen dem Vertragspartner mitteilt und über die für das Umsatzgeschäft erhaltenen Zahlungen mit dem Vertretenen abrechnet.

(2) Zur Abgrenzung der Vermittlungsleistungen von Eigengeschäften bei
– *Verträgen über die Vermittlung des Verkaufs gebrauchter Kraftfahrzeuge durch Kraftfahrzeughändler – insbesondere in Verbindung mit Neuwagengeschäften –,*
– *der Abgabe von Autoschmierstoffen durch Tankstellen und Kraftfahrzeug-Reparaturwerkstätten,*
– *der Entnahme von Kraft- und Schmierstoffen durch Kraftfahrzeugunternehmer für eigene unternehmerische Zwecke (sog. In-sich-Geschäfte) und bei*
– *Versteigerungsgeschäften*
gelten die Anweisungen in Abschnitt 26 Abs. 2 bis 5 UStR 1992 weiter.

(3) ¹Unternehmer, die im eigenen Laden – dazu gehören auch gemietete Geschäftsräume – Waren verkaufen, sind umsatzsteuerrechtlich grundsätzlich als Eigenhändler anzusehen. ²Vermittler kann ein Ladeninhaber nur sein, wenn zwischen demjenigen, von dem er die Ware bezieht, und dem Käufer unmittelbare Rechtsbeziehungen zustande kommen. ³Auf das Innenverhältnis des Ladeninhabers zu seinem Vertragspartner, der die Ware zur Verfügung stellt, kommt es für die Frage, ob Eigenhandels- oder Vermittlungsgeschäfte vorliegen, nicht entscheidend an. ⁴Wesentlich ist das Außenverhältnis, d. h. das Auftreten des Ladeninhabers dem Kunden gegenüber. ⁵Wenn der Ladeninhaber eindeutig vor oder bei dem Geschäftsabschluß zu erkennen gibt, daß er in fremdem Namen und für fremde Rechnung handelt, kann seine Vermittlereigenschaft umsatzsteuerrechtlich anerkannt werden. ⁶Deshalb können bei entsprechender Ausgestaltung des Geschäftsablaufs auch beim Verkauf von Gebrauchtwaren in sogenannten Secondhandshops Vermittlungsleistungen angenommen werden *(vgl. auch Abschnitt 276a)*. ⁷Die für Verkäufe im eigenen Laden aufgestellten Grundsätze sind auch auf Fälle anwendbar, in denen der Ladeninhaber nicht liefert, sondern wegen der Art des Betriebs seinen Kunden gegenüber lediglich sonstige Leistungen erbringt (BFH-Urteil vom 9. 4. 1970 – BStBl II S. 506). ⁸Beim Bestehen einer echten Ladengemeinschaft sind die o. a. Grundsätze nicht anzuwenden. ⁹Eine echte Ladengemeinschaft ist anzuerkennen, wenn mehrere Unternehmer in einem Laden mehrere Betriebe unterhalten und dort Waren in eigenem Namen und für eigene Rechnung verkaufen (vgl. BFH-Urteil vom 6. 3. 1969 – BStBl II S. 361).

(4) ¹Die Grundsätze über den Verkauf im eigenen Laden (vgl. Absatz *3)* gelten nicht für den Verkauf von Waren, z. B. Blumen, Zeitschriften, die durch Angestellte eines anderen Unternehmers in Gastwirtschaften angeboten werden (vgl. BFH-Urteil vom 7. 6. 1962 – BStBl III S. 361). ²Werden in Gastwirtschaften mit Genehmigung des Gastwirts Warenautomaten aufgestellt, so liefert der Aufsteller die Waren an die Benutzer der Automaten. ³Der Gastwirt bewirkt eine steuerpflichtige sonstige Leistung an den Aufsteller, die darin besteht, daß er die Aufstellung der Automaten in seinen Räumen gestattet. ⁴Entsprechendes gilt für die Aufstellung von Spielautomaten in Gastwirtschaften. ⁵Als Unternehmer, der den Spielautomat in eigenem Namen und für eigene Rechnung betreibt, ist in der Regel der Automatenaufsteller anzusehen (vgl. BFH-Urteil vom 24. 9. 1987 – BStBl 1988 II S. 29).

27. Werklieferung, Werkleistung

(1) ¹Eine Werklieferung liegt vor, wenn der Werkhersteller für das Werk selbstbeschaffte Stoffe verwendet, die nicht nur Zutaten oder sonstige Nebensachen sind. ²Besteht das Werk aus mehreren Hauptstoffen, bewirkt der Werkunternehmer bereits dann eine Werklieferung, wenn er nur einen Hauptstoff oder einen Teil eines Hauptstoffes selbst beschafft hat, während alle übrigen Stoffe vom Besteller beigestellt werden. ³Verwendet der Werkunternehmer bei seiner Leistung keinerlei selbstbeschaffte Stoffe oder nur Stoffe, die als Zutaten oder sonstige Nebensachen anzusehen sind, so handelt es sich um eine Werkleistung. ⁴Für die Frage, ob es sich um Zutaten oder sonstige Nebensachen handelt, kommt es nicht auf das Verhältnis des Wertes der Arbeit oder des Arbeitserfolges zum Wert der vom Unternehmer beschafften Stoffe an, sondern darauf, ob diese Stoffe ihrer Art nach sowie nach dem Willen der Beteiligten als Hauptstoffe oder als Nebenstoffe bzw. Zutaten des herzustellenden Werkes anzusehen sind. ⁵In Zweifelsfällen entscheidet hierüber die Verkehrsauffassung (BFH-Urteil vom 28. 5. 1953 – BStBl III S. 217). ⁶Die Unentbehrlichkeit eines Gegenstandes allein macht diesen noch nicht zu einem Hauptstoff. ⁷Kleinere technische Hilfsmittel, z. B. Nägel, Schrauben, Splinte usw., sind in aller Regel Nebensachen. ⁸Beim Austausch eines unbrauchbar gewordenen Teilstücks, dem eine gewisse selbständige Bedeutung zukommt, z. B. Kurbelwelle eines Kraftfahrzeugs, kann nicht mehr von einer Nebensache gespro-

chen werden (vgl. BFH-Urteil vom 25. 3. 1965 – BStBl III S. 338). [9]Haupt- oder Nebenstoffe sind Werkstoffe, die gegenständlich im fertigen Werk enthalten sein müssen. [10]Elektrischer Strom, der bei der Herstellung des Werkes verwendet wird, ist kein Werkstoff (vgl. BFH-Urteil vom 8. 7. 1971 – BStBl 1972 II S. 44). [11]Zur Abgrenzung von Werklieferungen und Werkleistungen in Ausfuhrfällen vgl. Abschnitt 144 Abs. 2.

(2) [1]Bei Werklieferungen scheiden Materialbeistellungen des Bestellers aus dem Leistungsaustausch aus. [2]Das Material, das der Besteller dem Auftragnehmer zur Bewirkung der Werklieferung beistellt, geht nicht in die Verfügungsmacht des Werkherstellers über (vgl. BFH-Urteil vom 17. 1. 1957 – BStBl III S. 92). [3]Die beigestellte Sache kann ein Hauptstoff sein, die Beistellung kann sich aber auch auf Nebenstoffe oder sonstige Beistellungen, z. B. Arbeitskräfte, Maschinen, Hilfsstoffe wie Strom, Kohle oder ähnliche Betriebsmittel, beziehen (vgl. BFH-Urteil vom 12. 3. 1959 – BStBl III S. 227). [4]Gibt der Auftraggeber zur Herstellung des Werks den gesamten Hauptstoff hin, so liegt eine Materialgestellung vor (vgl. BFH-Urteil vom 10. 9. 1959 – BStBl III S. 435).

(3) [1]Es gehört grundsätzlich zu den Voraussetzungen für das Vorliegen einer Materialbeistellung, daß das beigestellte Material im Rahmen einer Werklieferung für den Auftraggeber be- oder verarbeitet wird. [2]Der Werkunternehmer muß sich verpflichtet haben, die ihm überlassenen Stoffe ausschließlich zur Herstellung des bestellten Werkes zu verwenden (vgl. BFH-Urteil vom 17. 1. 1957 – BStBl III S. 92). [3]Auf das Erfordernis der Stoffidentität kann verzichtet werden, wenn die anderen Voraussetzungen für die Materialbeistellung zusammen gegeben sind, der Auftragnehmer den vom Auftraggeber zur Verfügung gestellten Stoff gegen gleichartiges und gleichwertiges Material austauscht und der Austausch wirtschaftlich geboten ist (vgl. BFH-Urteil vom 10. 2. 1966 – BStBl III S. 257 und vom 3. 12. 1970 – BStBl 1971 II S. 355). [4]Eine Materialbeistellung ist jedoch zu verneinen, wenn der beigestellte Stoff ausgetauscht wird und der mit der Herstellung des Gegenstands beauftragte Unternehmer den Auftrag weitergibt (BFH-Urteil vom 21. 9. 1970 – BStBl 1971 II S. 77).

(4) [1]Eine Materialbeistellung liegt nicht vor, wenn der Werkunternehmer an der Beschaffung der Werkstoffe als Kommissionär (§ 3 Abs. 3 UStG) mitgewirkt hat. [2]In diesem Fall umfaßt die Lieferung des Werkunternehmers auch die beschafften Stoffe. [3]Eine Materialbeistellung ist aber anzunehmen, wenn der Werkunternehmer nur als Agent oder Berater an der Stoffbeschaffung beteiligt ist und dementsprechend zwischen dem Lieferer und dem Besteller der Werkstoffe unmittelbare Rechtsbeziehungen begründet werden. [4]Die Annahme einer Materialbeistellung hat zur Folge, daß der Umsatz des Werkunternehmers sich nicht auf die vom Besteller eingekauften Stoffe erstreckt. [5]Wenn dagegen unmittelbare Rechtsbeziehungen zwischen dem Lieferer der Werkstoffe und dem Werkunternehmer entstehen, ist davon auszugehen, daß eine Lieferung der Stoffe vom Lieferer an den Werkunternehmer und eine Werklieferung dieses Unternehmers an den Besteller vorliegt. [6]In einem solchen Fall schließt die Werklieferung den vom Werkunternehmer beschafften Stoff ein.

28. Lieferungsgegenstand bei noch nicht abgeschlossenen Werklieferungen

(1) [1]Fällt ein Unternehmer vor Lieferung des auf einem fremden Grundstück errichteten Bauwerks in Konkurs (Werkunternehmer-Konkurs) und lehnt der Konkursverwalter die weitere Erfüllung des Werkvertrages nach § 17 KO ab, so ist neu bestimmter Gegenstand der Werklieferung das nicht fertiggestellte Bauwerk (vgl. BFH-Urteil vom 2. 2. 1978 – BStBl II S. 483). [2]Fällt der Besteller eines Werkes vor dessen Fertigstellung in Konkurs (Besteller-Konkurs) und lehnt der Konkursverwalter die weitere Erfüllung des Werkvertrages ab, so beschränkt sich der Leistungs-

austausch zwischen Werkunternehmer und Besteller auf den vom Werkunternehmer gelieferten Teil des Werkes, der gemäß § 26 KO nicht mehr zurückgefordert werden kann (vgl. BFH-Beschluß vom 24. 4. 1980 – BStBl II S. 541). *³Das Gesamtvollstreckungsverfahren nach der Gesamtvollstreckungsordnung vom 23. 5. 1991 (BGBl. I S. 1185) steht dem Konkursverfahren hinsichtlich der Anwendung der Umsatzsteuer-Richtlinien gleich (vgl. § 1 Abs. 4 GesO).*

(2) Die Ausführungen in Absatz 1 gelten entsprechend, wenn der Werkunternehmer aus anderen Gründen die Arbeiten vorzeitig und endgültig einstellt (vgl. BFH-Urteil vom 28. 2. 1980 – BStBl II S. 535).

(3) Zur Entstehung der Steuer in diesen Fällen vgl. Abschnitt 178.

29. Einheitlichkeit der Leistung

(1) ¹Ob von einer einheitlichen Leistung oder von mehreren getrennt zu beurteilenden selbständigen Einzelleistungen auszugehen ist, hat umsatzsteuerrechtlich insbesondere Bedeutung für die Bestimmung des Orts und des Zeitpunkts der Leistung sowie für die Anwendung von Befreiungsvorschriften und des Steuersatzes. ²Ein einheitlicher wirtschaftlicher Vorgang darf umsatzsteuerrechtlich nicht in mehrere Leistungen aufgeteilt werden. ³Dies gilt auch dann, wenn sich die Abnehmer dem leistenden Unternehmer gegenüber mit einer solchen Aufspaltung einverstanden erklären (vgl. BFH-Urteile vom 20. 10. 1966 – BStBl 1967 III S. 159 und vom 12. 12. 1969 – BStBl 1970 II S. 362). ⁴Der Grundsatz der Einheitlichkeit der Leistung führt dazu, daß Vorgänge, die bürgerlich-rechtlich selbständig und je für sich betrachtet werden, nach umsatzsteuerrechtlichen Gesichtspunkten als ein einheitlicher wirtschaftlicher Vorgang behandelt werden müssen, wenn sie wirtschaftlich zusammengehören und als ein unteilbares Ganzes anzusehen sind (vgl. BFH-Urteile vom 27. 1. und 12. 5. 1955 – BStBl III S. 94 und 215).

(2) ¹Zusammengehörige Vorgänge können jedoch nicht bereits deshalb als einheitliche Leistung angesehen werden, weil sie einem einheitlichen wirtschaftlichen Ziel dienen. ²Wenn mehrere, untereinander gleichzuwertende Faktoren zur Erreichung dieses Ziels beitragen und aus diesem Grund zusammengehören, ist die Annahme einer einheitlichen Leistung nur gerechtfertigt, wenn die einzelnen Faktoren so ineinandergreifen, daß sie bei natürlicher Betrachtung hinter dem Ganzen zurücktreten. ³Daß die einzelnen Leistungen auf einem einheitlichen Vertrag beruhen und für sie ein Gesamtentgelt entrichtet wird, reicht noch nicht aus, sie umsatzsteuerrechtlich als Einheit zu behandeln. *⁴Ebenso führt die dem Leistungsempfänger aufgezwungene Koppelung mehrerer Leistungen allein nicht zu einer einheitlichen Leistung.* ⁵Zur Frage, ob die im Rahmen von Bauherrenmodellen übliche Baubetreuung, wenn sie von einem Unternehmer erbracht wird, als einheitliche Leistung anzusehen ist, oder ob eine Mehrheit selbständiger Leistungen vorliegt, *wird auf das BMF-Schreiben vom 27. 6. 1986 (BStBl I S. 352) und das BFH-Urteil vom 10. 9. 1992 (BStBl 1993 II S. 316) hingewiesen.*

(3) ¹Nebenleistungen teilen umsatzsteuerrechtlich das Schicksal der Hauptleistung. ²Das gilt auch dann, wenn für die Nebenleistung ein besonderes Entgelt verlangt und entrichtet wird (vgl. BFH-Urteil vom 28. 4. 1966 – BStBl III S. 476). ³Eine Leistung ist grundsätzlich dann als Nebenleistung zu einer Hauptleistung anzusehen, wenn sie im Vergleich zu der Hauptleistung nebensächlich ist, mit ihr eng – im Sinne einer wirtschaftlich gerechtfertigten Abrundung und Ergänzung – zusammenhängt und üblicherweise in ihrem Gefolge vorkommt *(vgl. BFH-Urteil vom 10. 9. 1992 – BStBl 1993 II S. 316).* ⁴Gegenstand einer Nebenleistung kann sowohl eine unselbständige Lieferung von Gegenständen als auch eine unselbständige sonstige Leistung sein.

29a. Kreditgewährung im Zusammenhang mit anderen Umsätzen

Inhalt des Leistungsaustauschs

(1) ¹Im Falle eines Abzahlungsgeschäftes im Sinne des *§ 4 des Verbraucherkreditgesetzes* erbringt der Verkäufer zwei Leistungen, und zwar einerseits die Warenlieferung und andererseits die Bewilligung der Teilzahlung gegen jeweils gesondert vereinbartes und berechnetes Entgelt (vgl. BFH-Beschluß vom 18. 12. 1980 – BStBl 1981 II S. 197). ²Die Teilzahlungszuschläge sind daher das Entgelt für eine gesondert zu beurteilende Kreditleistung.

(2) ¹Die Grundsätze des Absatzes 1 sind auch in anderen Fällen anzuwenden, in denen der Unternehmer im Zusammenhang mit einer Lieferung oder sonstigen Leistung einen Kredit gewährt. ²Die Kreditgewährung ist jedoch nur dann als gesonderte Leistung anzusehen, wenn eine eindeutige Trennung zwischen dem Kreditgeschäft und der Lieferung bzw. sonstigen Leistung vorliegt. ³Dazu ist erforderlich:

1. ¹Die Lieferung oder sonstige Leistung und die Kreditgewährung mit den dafür aufzuwendenden Entgelten müssen bei Abschluß des Umsatzgeschäfts je für sich gesondert vereinbart worden sein. ²Das für ein Umsatzgeschäft vereinbarte Entgelt kann nicht nachträglich in ein Entgelt für die Lieferung oder sonstige Leistung und ein Entgelt für die Kreditgewährung aufgeteilt werden.

2. In der Vereinbarung über die Kreditgewährung muß auch der Jahreszins angegeben werden.

3. Die Entgelte für die beiden Leistungen müssen getrennt abgerechnet werden.

⁴Für die Anerkennung einer gesonderten Kreditgewährung ist es unmaßgeblich, in welcher Form das Entgelt entrichtet wird, z. B. durch Bargeld, Scheck oder Wechsel.

(3) ¹Als Entgelt für gesonderte Kreditleistungen können in entsprechender Anwendung des Absatzes 2 z. B. angesehen werden:

²Stundungszinsen: Sie werden berechnet, wenn dem Leistungempfänger, der bei Fälligkeit der Kaufpreisforderung nicht zahlen kann, gestattet wird, die Zahlung zu einem späteren Termin zu leisten;

³Zielzinsen: Sie werden erhoben, wenn dem Leistungsempfänger zur Wahl gestellt wird, entweder bei kurzfristiger Zahlung den Barpreis oder bei Inanspruchnahme des Zahlungsziels einen höheren Zielpreis für die Leistung zu entrichten. ⁴Für die Annahme einer Kreditleistung reicht jedoch die bloße Gegenüberstellung von Barpreis und Zielpreis nicht aus; es müssen vielmehr die in Absatz 2 Nr. 1 bis 3 geforderten Angaben gemacht werden.

(4) ¹Kontokorrentzinsen sind stets Entgelt für eine Kreditgewährung, wenn zwischen den beteiligten Unternehmern ein echtes Kontokorrentverhältnis im Sinne des § 355 HGB vereinbart worden ist, bei dem die gegenseitigen Forderungen aufgerechnet werden und bei dem der jeweilige Saldo an die Stelle der einzelnen Forderungen tritt. ²Besteht kein echtes Kontokorrentverhältnis im Sinne des § 355 HGB, so können die neben dem Entgelt für die Lieferung erhobenen Zinsen nur dann als Entgelt für eine Kreditleistung behandelt werden, wenn entsprechende Vereinbarungen (vgl. Absatz 2) vorliegen.

(5) ¹Bietet ein Unternehmer in seinen Zahlungsbedingungen die Gewährung *eines Nachlasses (Skonto, Rabatt)* auf den ausgezeichneten Preis bei vorzeitiger Zahlung an und macht der Leistungsempfänger davon Gebrauch, führt der *Preisnachlaß* zu einer Entgeltsminderung. ²Nimmt der Leistungsempfänger jedoch keinen *Preisnachlaß* in Anspruch und entrichtet den Kaufpreis erst mit Ablauf der Zahlungsfrist, so bewirkt der Unternehmer *in Höhe des angebotenen Preisnachlasses* keine Kreditleistung (*vgl. BFH-Urteil vom 28. 1. 1993 – BStBl II S. 360*).

Beispiel:

¹Ein Unternehmer liefert eine Ware für 1 000 DM (einschließlich Umsatzsteuer), zahlbar nach 6 Wochen. ²Bei Zahlung innerhalb von 10 Tagen wird ein Skonto von 3 v. H. des Kaufpreises gewährt. ³Der Leistungsempfänger zahlt nach 6 Wochen den vollen Kaufpreis von 1 000 DM. ⁴Es ist nicht zulässig, daß der Unternehmer seine Leistung aufteilt in eine steuerpflichtige Warenlieferung in Höhe von 970 DM (einschließlich Umsatzsteuer) und eine steuerfreie Kreditleistung in Höhe von 30 DM.

Steuerfreiheit der Kreditgewährung

(6) ¹Ist die Kreditgewährung als selbständige Leistung anzusehen, fällt sie unter die Steuerbefreiung nach § 4 Nr. 8 Buchstabe a UStG. ²Unberührt bleibt die Möglichkeit, unter den Voraussetzungen des § 9 UStG auf die Steuerbefreiung zu verzichten.

Entgeltsminderungen

(7) ¹Entgeltsminderungen, die sowohl auf steuerpflichtige Umsätze als auch auf die im Zusammenhang damit erbrachten steuerfreien Kreditgewährungen entfallen, sind anteilig dem jeweiligen Umsatz zuzuordnen. ²Deshalb hat z. B. bei Uneinbringlichkeit von Teilzahlungen der Unternehmer die Steuer für die Warenlieferung entsprechend ihrem Anteil zu berichtigen (§ 17 Abs. 2 Nr. 1 in Verbindung mit § 17 Abs. 1 UStG). ³Bei der Zuordnung der Entgeltsminderung zu den steuerpflichtigen und steuerfreien Umsätzen kann nach Abschnitt 259 Abs. 19 und 20 verfahren werden. *⁴Fällt eine Einzelforderung, die in ein Kontokorrent im Sinne des § 355 HGB eingestellt wurde, vor der Anerkennung des Saldos am Ende eines Abrechnungszeitraums ganz oder zum Teil aus, so mindert sich dadurch das Entgelt für die der Forderung zugrundelegende Warenlieferung.*

Auswirkungen auf den Vorsteuerabzug des leistenden Unternehmers

(8) ¹Die den steuerfreien Kreditgewährungen zuzurechnenden Vorsteuerbeträge sind unter den Voraussetzungen des § 15 Abs. 2 und 3 UStG vom Abzug ausgeschlossen. ²Das gilt auch für solche Vorsteuerbeträge, die lediglich in mittelbarem wirtschaftlichem Zusammenhang mit diesen Umsätzen stehen, z. B. Vorsteuerbeträge, die im Bereich der Gemeinkosten anfallen. ³Vorsteuerbeträge, die den Kreditgewährungen nur teilweise zuzurechnen sind, hat der Unternehmer nach den Grundsätzen des § 15 Abs. 4 UStG in einen abziehbaren und einen nichtabziehbaren Teil aufzuteilen (vgl. im übrigen Abschnitte 207 ff.). ⁴Die Vorschrift des § 43 UStDV kann auf die den Kreditgewährungen zuzurechnenden Vorsteuerbeträge nicht angewendet werden. ⁵Werden die Kredite im Zusammenhang mit einer zum Vorsteuerabzug berechtigenden Lieferung oder sonstigen Leistung an einen Unternehmer gewährt, so ist es jedoch nicht zu beanstanden, wenn aus Vereinfachungsgründen die Vorsteuern abgezogen werden, die den Kreditgewährungen nicht ausschließlich zuzurechnen sind.

Beispiel:

¹Ein Maschinenhersteller M liefert eine Maschine an den Unternehmer U in *Ungarn*. ²Für die Entrichtung des Kaufpreises räumt M dem U einen Kredit ein, der nach den Merkmalen des Absatz 1 als selbständige Leistung zu behandeln ist.

³Die Lieferung der Maschine ist nach § 4 Nr. 1 Buchst. a, § 6 UStG steuerfrei und berechtigt zum Vorsteuerabzug. ⁴Die Kreditgewährung ist nach § 3a Abs. 3 in Verbindung mit Abs. 4 Nr. 6 Buchstabe a UStG nicht steuerbar und schließt nach § 15 Abs. 2 und 3 UStG den Vorsteuerabzug aus. ⁵Aus Vereinfachungsgründen kann jedoch M die Vorsteuern, die der Kreditgewährung nicht ausschließlich zuzurechnen sind – z. B. Vorsteuern, die im Bereich der Verwaltungsgemeinkosten angefallen sind – in vollem Umfang abziehen.

127

30. Ort der Lieferung

(1) ¹Lieferungen werden – *vorbehaltlich der Sonderregelungen in den §§ 3c und 3e UStG* – nach § 3 Abs. 6 UStG grundsätzlich dort ausgeführt, wo sich der Gegenstand zur Zeit der Verschaffung der Verfügungsmacht befindet. ²Dies gilt insbesondere für Fälle, in denen der Abnehmer oder ein von ihm beauftragter Dritter den Gegenstand bei dem Lieferer abholt oder in denen die Verfügungsmacht z. B. durch Vereinbarung eines Besitzkonstituts (§ 930 BGB), durch Abtretung des Herausgabeanspruchs (§ 931 BGB) oder durch Übergabe von Traditionspapieren (Lagerscheine, Ladescheine, Konnossemente, §§ 424, 447, 647 HGB) verschafft wird. ³Wird der Gegenstand der Lieferung *vom Unternehmer* an den Abnehmer oder in dessen Auftrag an einen Dritten befördert oder versendet, so ist § 3 Abs. 7 UStG anzuwenden. ⁴*Dies gilt über den Gesetzeswortlaut hinaus auch, wenn der Lieferer nicht Unternehmer ist (vgl. BFH-Urteil vom 12. 9. 1991 – BStBl II S. 937).*

(2) ¹In den Fällen der Beförderung gilt die Lieferung mit dem Beginn des Beförderns an den Abnehmer oder in dessen Auftrag an einen Dritten als ausgeführt. ²Die Fiktion gilt jedoch nur für die Fälle, in denen der Unternehmer oder sein unselbständiger Erfüllungsgehilfe den Gegenstand der Lieferung selbst befördert. ³Eine Beförderung liegt auch vor, wenn der Gegenstand der Lieferung mit eigener Kraft fortbewegt wird, z. B. bei Kraftfahrzeugen Fortbewegung auf eigener Achse, bei Schiffen auf eigenem Kiel. ⁴Die Bewegung eines Gegenstandes innerhalb des Unternehmens, die lediglich der Vorbereitung des Transports dient, stellt keine Beförderung an den Abnehmer im Sinne des § 3 Abs. 7 Satz 1 UStG dar. ⁵Befördert im Falle eines Kommissionsgeschäftes (§ 3 Abs. 3 UStG) der Kommittent das Kommissionsgut mit eigenem Fahrzeug an den im Ausland ansässigen Kommissionär, so liegt eine Lieferung im Inland nach § 3 Abs. 7 Satz 1 UStG nicht vor, weil die – anschließende – Übergabe des Kommissionsgutes an den Verkaufskommissionär keine Lieferung im Sinne des § 3 Abs. 1 UStG ist (vgl. BFH-Urteil vom 25. 11. 1986 – BStBl 1987 II S. 278, Abschnitt 24 Abs. 2 *und Abschnitt 15b Abs. 7).*

(3) ¹Eine Versendungslieferung im Sinne des § 3 Abs. 7 Satz 3 UStG setzt voraus, daß der Gegenstand an den Abnehmer oder in dessen Auftrag an einen Dritten versendet wird. ²Diese Voraussetzung ist auch dann als erfüllt anzusehen, wenn der Lieferer im Zeitpunkt der Übergabe des Gegenstandes an den Frachtführer, Verfrachter oder Spediteur alles Erforderliche getan hat, um den Gegenstand an den bereits feststehenden Abnehmer gelangen zu lassen. ³Das ist der Fall, wenn der Lieferer den Gegenstand einem selbständigen Frachtführer, Verfrachter oder Spediteur zur Beförderung an einen weiteren von ihm beauftragten Frachtführer, Verfrachter oder Spediteur übergibt und diesem entweder durch einen Zusatz in den Versendungsunterlagen, z. B. zur Verfügung des Abnehmers, oder nachweislich spätestens bei der Übergabe des Gegenstandes an den ersten Frachtführer, Verfrachter oder Spediteur unmittelbar die Weisung erteilt, den Gegenstand an den Abnehmer oder dessen Beauftragten weiterzuleiten.

(4) ¹Der Ort der Lieferung bestimmt sich nicht nach § 3 Abs. 7 UStG, wenn der Gegenstand der Lieferung nach dem Beginn der Beförderung oder nach der Übergabe des Gegenstandes an den Beauftragten vom Lieferer noch einer Behandlung unterzogen wird, die seine Marktgängigkeit ändert. ²Denn in diesen Fällen wird nicht der Liefergegenstand, sondern ein Gegenstand anderer Wesensart befördert. ³Das ist insbesondere dann der Fall, wenn Gegenstand der Lieferung eine vom Lieferer errichtete ortsgebundene Anlage oder eine einzelne Maschine ist, die am Bestimmungsort fundamentiert oder funktionsfähig gemacht wird, indem sie in einen Satz bereits vorhandener Maschinen eingefügt und hinsichtlich ihrer Arbeitsgänge auf diese Maschinen abgestimmt wird. ⁴Das gleiche gilt für Einbauten, Umbauten und Anbauten bei Maschinen – Modernisierungsarbeiten – sowie für Reparaturen. ⁵Da die einzelnen Teile einer Maschine ein Gegenstand anderer Marktgängigkeit sind als die ganze Maschine, ist § 3 Abs. 7 UStG auch dann nicht

anzuwenden, wenn die einzelnen Teile einer Maschine zum Abnehmer befördert werden und dort vom Lieferer zu der betriebsfertigen Maschine zusammengesetzt werden. ⁶Ob die Montagekosten dem Abnehmer gesondert in Rechnung gestellt werden, ist unerheblich. ⁷Dagegen gilt die Lieferung mit dem Beginn der Beförderung oder mit der Übergabe der Gegenstände an den Beauftragten als ausgeführt, wenn eine betriebsfertig hergestellte Maschine lediglich zum Zwecke eines besseren und leichteren Transportes in einzelne Teile zerlegt und dann von einem Monteur des Lieferers am Bestimmungsort wieder zusammengesetzt wird (vgl. BFH-Urteil vom 22. 6. 1961 – BStBl III S. 393). ⁸Zur betriebsfertigen Herstellung beim Lieferer gehört in der Regel ein dort vorgenommener Probelauf. ⁹Ein nach der Wiederzusammensetzung beim Abnehmer vom Lieferer durchgeführter erneuter Probelauf ist unschädlich. ¹⁰§ 3 Abs. 7 UStG ist auch dann anzuwenden, wenn die sich an die Beförderung des Liefergegenstandes anschließende Bearbeitung oder Verarbeitung vom Abnehmer selbst oder in seinem Auftrag von einem Dritten vorgenommen wird.

31. Lieferungsort in besonderen Fällen (§ 3 Abs. 8 UStG)

(1) ¹§ 3 Abs. 8 UStG regelt den Lieferungsort in den Fällen, in denen der Gegenstand der Lieferung bei der Beförderung oder Versendung an den Abnehmer oder in dessen Auftrag an einen Dritten *aus dem Drittlandsgebiet in das Gebiet eines Mitgliedstaates gelangt* und der Lieferer, sein Beauftragter oder in den Fällen des Reihengeschäfts ein vorangegangener Lieferer oder dessen Beauftragter Schuldner der Einfuhrumsatzsteuer ist. ²Maßgeblich ist, unabhängig von den Lieferkonditionen, wer nach den zollrechtlichen Vorschriften Schuldner der Einfuhrumsatzsteuer ist. ³Abweichend von § 3 Abs. 7 UStG ist die Lieferung in diesen Fällen als im Einfuhrland ausgeführt zu behandeln. ⁴Soweit nicht nach den Vorschriften der AO und des FVG die Zuständigkeit eines anderen Finanzamts gegeben ist, ist das Finanzamt zuständig, in dessen Bezirk die Gegenstände ausschließlich oder vorwiegend in das Inland gelangen. ⁵Aus Vereinfachungsgründen kann das Finanzamt als zuständig bestimmt werden, in dessen Bezirk der Bevollmächtigte des im Ausland ansässigen Unternehmers im Inland seinen Sitz hat.

(2) ¹Die Vorschrift dient dem Zweck, einen teilweise unbelasteten Verbrauch im Inland zu verhindern, und wirkt sich bei solchen Umsätzen aus, bei denen der Abnehmer nicht zum Vorsteuerabzug berechtigt ist. ²Entrichtet der Lieferer die Steuer für die Einfuhr des Gegenstandes, so wird diese Steuer unter Umständen von einer niedrigeren Bemessungsgrundlage als dem Veräußerungsentgelt erhoben. ³In diesen Fällen wird durch die Verlegung des Ortes der Lieferung in das Inland erreicht, daß der Umsatz mit der Steuer belastet wird, die für die Lieferung im Inland in Betracht kommt.

Beispiel 1:

¹Der Unternehmer B in *Bern* liefert Gegenstände, die er mit eigenem Lkw befördert, an seinen Abnehmer K in Köln. ²K läßt die Gegenstände *in den freien Verkehr überführen* und entrichtet dementsprechend die Einfuhrumsatzsteuer (Lieferkondition „unversteuert und unverzollt").

³Ort der Lieferung ist *Bern* (§ 3 Abs. 7 UStG). ⁴K kann die entrichtete Einfuhrumsatzsteuer als Vorsteuer abziehen, da die Gegenstände für sein Unternehmen in das Inland eingeführt worden sind.

Beispiel 2:

¹Wie Beispiel 1, jedoch läßt B die Gegenstände *in den freien Verkehr überführen* und entrichtet dementsprechend die Einfuhrumsatzsteuer (Lieferkondition „verzollt und versteuert").

²Die Lieferung wird im Inland ausgeführt (§ 3 Abs. 8 UStG). ³B hat den Umsatz im Inland zu versteuern. ⁴Er ist zum Abzug der Einfuhrumsatzsteuer als Vorsteuer berechtigt, da die Gegenstände für sein Unternehmen eingeführt worden sind.

Beispiel 3:

¹Wie Beispiel 2. ²K weist jedoch B an, die Liefergegenstände direkt an seinen Abnehmer E in Essen zu befördern. ³Die Lieferung wird im Inland ausgeführt (§ 3 Abs. 8 UStG). ⁴B und K haben den Umsatz im Inland zu versteuern. ⁵B ist zum Abzug der EUSt als Vorsteuer berechtigt, da die Gegenstände für sein Unternehmen eingeführt worden sind. ⁶K ist unter den Voraussetzungen des § 15 UStG zum Abzug der ihm von B in Rechnung gestellten Steuer als Vorsteuer berechtigt.

Beispiel 4:

¹Der Unternehmer K in Köln bestellt bei H in Hamburg Gegenstände, die dieser von seinem Lieferer B in *Bern* bezieht. ²H weist B an, die Gegenstände unmittelbar an den Abnehmer K zu befördern und sie für H einfuhrumsatzsteuerrechtlich *in den freien Verkehr überführen* zu lassen. ³Schuldner der Einfuhrumsatzsteuer ist H.

⁴Für B gilt die Lieferung mit dem Beginn der Beförderung in *Bern* als ausgeführt (§ 3 Abs. 7 UStG). ⁵Der Ort der Lieferung des H liegt jedoch nach § 3 Abs. 8 UStG im Inland.

(3) Zur Frage der Anwendung der Regelung des § 3 Abs. 8 UStG in Sonderfällen des innergemeinschaftlichen Warenverkehrs vgl. Abschnitt 15b Abs. 14.

32. Besorgungsleistungen (§ 3 Abs. 11 UStG)

(1) ¹Eine Besorgung liegt vor, wenn ein Unternehmer für Rechnung eines anderen in eigenem Namen Leistungen, *die er nicht selbst schuldet*, durch einen Dritten erbringen läßt („Leistungseinkauf", *„verdeckte Vermittlung"*). ²*Der Besorgungsunternehmer schuldet seinem Auftraggeber nicht die besorgte Leistung; er schuldet und erfüllt nur eine Geschäftsbesorgung i. S. von § 675 BGB (vgl. BFH-Urteil vom 18. 5. 1994 – BStBl II S. 719).*

Beispiel:

¹Ein Spediteur läßt für Rechnung des Versenders in eigenem Namen Güterversendungen durch Frachtführer oder Verfrachter ausführen (vgl. § 407 HGB); es handelt sich um die Besorgung einer Beförderungsleistung. ²Keine Besorgungsleistung, sondern eine Beförderungsleistung erbringt jedoch der Unternehmer, der zwar die Besorgung einer Beförderung übernimmt, die Beförderung aber selbst ausführt (Selbsteintritt nach § 412 HGB).

³Eine Besorgung liegt nicht vor, wenn ein Unternehmer für Rechnung eines anderen in eigenem Namen Leistungen an einen Dritten erbringt („Leistungsverkauf"). ⁴§ 3 Abs. 11 UStG ist daher insbesondere nicht anzuwenden auf Leistungen der Zwischenvermietungsunternehmer.

(2) ¹Die für die besorgte Leistung geltenden Vorschriften sind auf die Besorgungsleistung entsprechend anzuwenden. ²Danach sind die sachbezogenen umsatzsteuerlichen Merkmale der besorgten Leistung auch für die Besorgungsleistung maßgebend. ³Das gilt insbesondere für den Ort der Leistung, soweit nicht für die Besorgungsleistung eine besondere Regelung besteht, z. B. für Werbungsmittler in § 3a Abs. 3 und 4 Nr. 2 UStG. ⁴Entsprechendes gilt für die Frage einer Steuerbefreiung.

Beispiel 1:

¹Der im Inland ansässige Spediteur A besorgt für den Unternehmer B den Umschlag einer Ware *in Basel*. ²Die Umschlagsleistung bewirkt der im Inland ansässige Unternehmer C.

³Die Umschlagsleistung des C ist nach *§ 3b Abs. 2* UStG nicht steuerbar. ⁴Das gleiche gilt für die Besorgungsleistung des A.

Beispiel 2:

¹Der im Inland ansässige Spediteur A besorgt für den Unternehmer B die Beförderung eines Gegenstandes von Köln nach *Budapest*. ²Die Beförderungsleistung bewirkt der Unternehmer C.

³Die grenzüberschreitende Beförderung des C ist nach § 4 Nr. 3 Buchstabe a *Doppelbuchst. aa* UStG steuerfrei, *wenn die Kosten für die Beförderung in die Bemessungsgrundlage aufgenommen sind.* ⁴Das gleiche gilt für die Besorgungsleistung des A.

⁵*Zum Ort von Besorgungsleistungen bei innergemeinschaftlichen Güterbeförderungen und bei Leistungen, die im Zusammenhang mit innergemeinschaftlichen Güterbeförderungen stehen, vgl. Abschnitt 42h.*

(3) ¹Personenbezogene umsatzsteuerliche Merkmale der besorgten Leistung sind jedoch im Rahmen der entsprechenden Anwendung auf die Besorgungsleistung nicht übertragbar.

Beispiel:

¹Der Bauunternehmer A besorgt für den Bauherrn B die Leistung des Handwerkers C, für dessen Umsätze nach § 19 Abs. 1 UStG Umsatzsteuer nicht erhoben wird. ²Diese persönliche Begünstigung ist nicht auf den Bauunternehmer übertragbar. ³Die Besorgungsleistung unterliegt dem allgemeinen Steuersatz.

Verwaltungsanweisungen

- Ustl. Behandlung eines Baubetreuers (BFH 27. 6. 1986, BStBl I, 352);
- Besorgungsleistungen bei Optionen auf Warenterminkontrakten (BMF 12. 7. 1989, UR 1989, 293);
- Zeitpunkt der Lieferung bei der Verwertung von Sicherungsgut (OFD Koblenz 10. 10. 1990, UR 1991, 30);
- zum Lieferzeitpunkt beim Kauf auf Probe (aufschiebende Bedingung; Finanzbehörde Hamburg 12. 5. 1993, StEd 1995, 413);
- Vertrieb von Software und sog. Updates als Lieferungen (OFD'en Baden-Württemberg Dezember 1994, UR 1995, 111);
- Lieferungszeitpunkt beim Versendungskauf auf Probe (Sächs. StMdF 30. 5. 1995, UR 1995, 319);
- zum Umfang der Leistung bei privatfinanzierten Baumaßnahmen im Verkehrsbereich (FinMin Mecklenburg-Vorpommern 31. 5. 1995, StEd 1995, 428);
- Zeitpunkt der Lieferung beim Versandhandelskauf (Finanzbehörde Hamburg 13. 2. 1996, StEd 1996, 240).

Rechtsprechung

- Abgrenzung von einheitlicher Leistung, Haupt- und Nebenleistung (BFH 3. 3. 1988, BStBl 1989 II, 205);
- ustl. Behandlung eines Erbbaurechts als Dauerleistung (BFH 20. 4. 1988, BStBl II, 744);
- Herstellung von Fotokopien als sonstige Leistung (BFH 26. 9. 1991, BStBl 1992 II, 313);

UStG § 3a *Ort der sonstigen Leistung*

- zur Auslegung der Beförderungs- bzw. Versendungslieferung nach § 3 Abs. 7 UStG (BFH 21. 4. 1993, BStBl II, 731);
- Ausfuhrlieferung im Rahmen eines Reihengeschäfts (BFH 15. 3. 1994, BStBl II, 956);
- Warenterminkontrakte an ausländischen Börsen (BFH 18. 5. 1994, BStBl II, 719);
- Freigabe von Sicherungsgut ist noch keine Lieferung (BFH 21. 7. 1994, BStBl II, 878);
- Ort einer Seebestattung (BFH 15. 9. 1994, UR 1995, 305);
- Ort der Lieferung eines Messestandes (BFH 24. 11. 1994, BStBl 1995 II, 151);
- Besorgung von im Ausland gehandelten Warenterminkontrakten (BFH 8. 12. 1994, BFH/NV 1995, 1026);
- Verschaffung der Verfügungsmacht bei Auswechslung des Sicherungsgebers vor der Verwertung (BFH 9. 3. 1995, BStBl II, 534);
- Erstellung und Verschaffung eines Computerprogramms (FG Münster 9. 5. 1995, EFG 1995, 859);
- Abgrenzung der Rückgängigmachung einer Lieferung von der Rücklieferung (BFH 27. 6. 1995, BStBl II, 756);
- Zeitpunkt einer Grundstückslieferung (BFH 20. 7. 1995, BFH/NV 1996, 270);
- Rebanlagen können Liefergegenstand sein (BFH 8. 12. 1995, BStBl 1996 II, 114);
- Restaurationsumsätze als Lieferungen oder sonstige Leistungen (EuGH 2. 5. 1996, UR 1996, 220 und BFH 22. 6. 1996, UR 1996, 389);
- Verkauf von verzehrfertigem Speiseeis in Kinos (BFH 9. 5. 1996, UR 1997, 102).

UStG

§ 3a[1]) Ort der sonstigen Leistung

(1) ¹Eine sonstige Leistung wird vorbehaltlich des § 3b an dem Ort ausgeführt, von dem aus der Unternehmer sein Unternehmen betreibt. ²Wird die sonstige Leistung von einer Betriebsstätte ausgeführt, so gilt die Betriebsstätte als der Ort der sonstigen Leistung.

(2) Abweichend von Absatz 1 gilt:
1. ¹Eine sonstige Leistung im Zusammenhang mit einem Grundstück wird dort ausgeführt, wo das Grundstück liegt. ²Als sonstige Leistungen im Zusammenhang mit einem Grundstück sind insbesondere anzusehen:
    a) sonstige Leistungen der in § 4 Nr. 12 bezeichneten Art,
    b) sonstige Leistungen im Zusammenhang mit der Veräußerung oder dem Erwerb von Grundstücken,

---

1) **Anm.:** § 3a Abs. 1 und 5 i. d. F. des Art. 20 Nr. 5 JStG 1996 v. 11. 10. 95 (BGBl I, 1250); Abs. 2 und 4 i. d. F. des Art. 1 Nr. 3 Umsatzsteuer-Änderungsgesetz 1997 v. 12. 12. 96 (BGBl I, 1851).

Ort der sonstigen Leistung § 3a UStG

c) sonstige Leistungen, die der Erschließung von Grundstücken oder der Vorbereitung oder der Ausführung von Bauleistungen dienen.
2. (weggefallen)
3. Die folgenden sonstigen Leistungen werden dort ausgeführt, wo der Unternehmer jeweils ausschließlich oder zum wesentlichen Teil tätig wird:
   a) künstlerische, wissenschaftliche, unterrichtende, sportliche, unterhaltende oder ähnliche Leistungen einschließlich der Leistungen der jeweiligen Veranstalter,
   b) (weggefallen)
   c) Arbeiten an beweglichen körperlichen Gegenständen und die Begutachtung dieser Gegenstände. ²Verwendet der Leistungsempfänger gegenüber dem leistenden Unternehmer eine ihm von einem anderen Mitgliedstaat erteilte Umsatzsteuer-Identifikationsnummer, gilt die unter dieser Nummer in Anspruch genommene Leistung als in dem Gebiet des anderen Mitgliedstaates ausgeführt. ³Das gilt nicht, wenn der Gegenstand im Anschluß an die Leistung in dem Mitgliedstaat verbleibt, in dem der leistende Unternehmer jeweils ausschließlich oder zum wesentlichen Teil tätig geworden ist.
4. ¹Eine Vermittlungsleistung wird an dem Ort erbracht, an dem der vermittelte Umsatz ausgeführt wird. ²Verwendet der Leistungsempfänger gegenüber dem Vermittler eine ihm von einem anderen Mitgliedstaat erteilte Umsatzsteuer-Identifikationsnummer, so gilt die unter dieser Nummer in Anspruch genommene Vermittlungsleistung als in dem Gebiet des anderen Mitgliedstaates ausgeführt. ³Diese Regelungen gelten nicht für die in Absatz 4 Nr. 10 und in § 3b Abs. 5 und 6 bezeichneten Vermittlungleistungen.

(3) ¹Ist der Empfänger einer der in Absatz 4 bezeichneten sonstigen Leistungen ein Unternehmer, so wird die sonstige Leistung abweichend von Absatz 1 dort ausgeführt, wo der Empfänger sein Unternehmen betreibt. ²Wird die sonstige Leistung an die Betriebsstätte eines Unternehmers ausgeführt, so ist statt dessen der Ort der Betriebsstätte maßgebend. ³Ist der Empfänger einer der in Absatz 4 bezeichneten sonstigen Leistungen kein Unternehmer und hat er seinen Wohnsitz oder Sitz im Drittlandsgebiet, wird die sonstige Leistung an seinem Wohnsitz oder Sitz ausgeführt. ⁴Absatz 2 bleibt unberührt.

(4) Sonstige Leistungen im Sinne des Absatzes 3 sind:
1. die Einräumung, Übertragung und Wahrnehmung von Patenten, Urheberrechten, Markenrechten und ähnlichen Rechten;
2. die sonstigen Leistungen, die der Werbung oder der Öffentlichkeitsarbeit dienen, einschließlich der Leistungen der Werbungsmittler und der Werbeagenturen;
3. die sonstigen Leistungen aus der Tätigkeit als Rechtsanwalt, Patentanwalt, Steuerberater, Steuerbevollmächtigter, Wirtschaftsprüfer, vereidigter Buchprüfer, Sachverständiger, Ingenieur, Aufsichtsratsmitglied, Dolmetscher und Übersetzer sowie ähnliche Leistungen anderer Unternehmer, insbesondere die rechtliche, wirtschaftliche und technische Beratung;
4. die Datenverarbeitung;
5. die Überlassung von Informationen einschließlich gewerblicher Verfahren und Erfahrungen;

UStG § 3a　　　　6. EGRL Art. 9　　　Ort der sonstigen Leistung

6. a) die sonstigen Leistungen der in § 4 Nr. 8 Buchstabe a bis g und Nr. 10 bezeichneten Art sowie die Verwaltung von Krediten und Kreditsicherheiten,
   b) die sonstigen Leistungen im Geschäft mit Gold, Silber und Platin. ²Das gilt nicht für Münzen und Medaillen aus diesen Edelmetallen;
7. die Gestellung von Personal;
8. der Verzicht auf Ausübung eines der in Nummer 1 bezeichneten Rechte;
9. der Verzicht, ganz oder teilweise eine gewerbliche oder berufliche Tätigkeit auszuüben;
10. die Vermittlung der in diesem Absatz bezeichneten Leistungen;
11. die Vermietung beweglicher körperlicher Gegenstände, ausgenommen Beförderungsmittel;
12. die sonstigen Leistungen auf dem Gebiet der Telekommunikation.

(5) ¹Das Bundesministerium der Finanzen kann mit Zustimmung des Bundesrates durch Rechtsverordnung, um eine Doppelbesteuerung oder Nichtbesteuerung zu vermeiden oder um Wettbewerbsverzerrungen zu verhindern, bei den in Absatz 4 bezeichneten sonstigen Leistungen und bei der Vermietung von Beförderungsmitteln den Ort dieser Leistungen abweichend von den Absätzen 1 und 3 danach bestimmen, wo die sonstigen Leistungen genutzt oder ausgewertet werden. ²Der Ort der sonstigen Leistung kann

1. statt im Inland als im Drittlandsgebiet gelegen und
2. statt im Drittlandsgebiet als im Inland gelegen

behandelt werden.

6. EG-Richtlinie

Abschnitt VI: Ort des steuerbaren Umsatzes

...

Artikel 9　Dienstleistungen

(1) Als Ort einer Dienstleistung gilt der Ort, an dem der Dienstleistende den Sitz seiner wirtschaftlichen Tätigkeit oder eine feste Niederlassung hat, von wo aus die Dienstleistung erbracht wird, oder in Ermangelung eines solchen Sitzes oder einer solchen festen Niederlassung sein Wohnort oder sein üblicher Aufenthaltsort.

(2) Es gilt jedoch

a) als Ort einer Dienstleistung im Zusammenhang mit einem Grundstück, einschließlich der Dienstleistung von Grundstücksmaklern und -sachverständigen, und als Ort einer Dienstleistung zur Vorbereitung oder zur Koordinierung von Bauleistungen, wie z. B. die Leistungen von Architekten und Bauaufsichtsbüros, der Ort, an dem das Grundstück gelegen ist;

b) als Ort einer Beförderungsleistung der Ort, an dem die Beförderung nach Maßgabe der zurückgelegten Beförderungsstrecke jeweils stattfindet;

Ort der sonstigen Leistung 6. EGRL Art. 9 § 3a UStG

c) *als Ort der folgenden Dienstleistungen der Ort, an dem diese Dienstleistungen tatsächlich bewirkt werden:*
- *Tätigkeiten auf dem Gebiet der Kultur, der Künste, des Sports, der Wissenschaften, des Unterrichts, der Unterhaltung oder ähnliche Tätigkeiten, einschließlich derjenigen der Veranstalter solcher Tätigkeiten sowie gegebenenfalls der damit zusammenhängenden Tätigkeiten,*
- *Nebentätigkeiten des Transportgewerbes, wie Beladen, Entladen, Umschlagen und ähnliche Tätigkeiten,*
- *Begutachtungen beweglicher körperlicher Gegenstände,*
- *Arbeiten an beweglichen körperlichen Gegenständen;*

d) *(weggefallen)*

e) *als Ort der folgenden Dienstleistungen, die an außerhalb der Gemeinschaft ansässige Empfänger oder an innerhalb der Gemeinschaft, jedoch außerhalb des Landes des Dienstleistenden ansässige Steuerpflichtige erbracht werden, der Ort, an dem der Empfänger den Sitz seiner wirtschaftlichen Tätigkeit oder eine feste Niederlassung hat, für welche die Dienstleistung erbracht worden ist, oder in Ermangelung eines solchen Sitzes oder einer solchen Niederlassung sein Wohnort oder sein üblicher Aufenthaltsort:*
- *Abtretung und Einräumung von Urheberrechten, Patentrechten, Lizenzrechten, Fabrik- und Warenzeichen- sowie ähnlichen Rechten,*
- *Leistungen auf dem Gebiet der Werbung,*
- *Leistungen von Beratern, Ingenieuren, Studienbüros, Anwälten, Buchprüfern und sonstige ähnliche Leistungen sowie die Datenverarbeitung und die Überlassung von Informationen,*
- *Verpflichtungen, eine berufliche Tätigkeit ganz oder teilweise nicht auszuüben oder ein unter diesem Buchstaben e) genanntes Recht nicht wahrzunehmen,*
- *Bank-, Finanz- und Versicherungsumsätze, einschließlich Rückversicherungsumsätze, ausgenommen die Vermietung von Schließfächern,*
- *Gestellung von Personal,*
- *Dienstleistungen von Vermittlern, die im Namen und für Rechnung Dritter handeln, wenn sie bei der Erbringung von unter diesem Buchstaben e) genannten Dienstleistungen tätig werden,*
- *Vermietung beweglicher körperlicher Gegenstände, ausgenommen Beförderungsmittel.*

(3) Um Doppelbesteuerung, Nichtbesteuerung oder Wettbewerbsverzerrungen zu vermeiden, können die Mitgliedstaaten bei den in Absatz 2 Buchstabe e) bezeichneten Dienstleistungen und bei der Vermietung von Beförderungsmitteln

a) *den Ort einer Dienstleistung, der nach diesem Artikel im Inland liegt, so behandeln, als läge er außerhalb der Gemeinschaft, wenn dort die tatsächliche Nutzung oder Auswertung erfolgt;*

b) *den Ort einer Dienstleistung, der nach diesem Artikel außerhalb der Gemeinschaft liegt, so behandeln, als läge er im Inland, wenn dort die tatsächliche Nutzung oder Auswertung erfolgt.*

Abschnitt XV: Vereinfachungsmaßnahmen

Artikel 27

(1) Der Rat kann auf Vorschlag der Kommission einstimmig jeden Mitgliedstaat ermächtigen, von dieser Richtlinie abweichende Sondermaßnahmen einzuführen, um die Steuererhebung zu vereinfachen oder Steuerhinterziehungen oder -umgehungen zu verhüten. Die Maßnahmen zur Vereinfachung der Steuererhebung dürfen den Betrag der im Stadium des Endverbrauchs fälligen Steuer nur in unerheblichem Maße beeinflussen.

...

(5) Die Mitgliedstaaten, die am 1. Januar 1977 Sondermaßnahmen von der Art der in Absatz 1 genannten angewandt haben, können sie aufrechterhalten, sofern sie diese der Kommission vor dem 1. Januar 1978 mitteilen und unter der Bedingung, daß diese Sondermaßnahmen – sofern es sich um Maßnahmen zur Erleichterung der Steuererhebung handelt – dem in Absatz 1 festgelegten Kriterium entsprechen.

Abschnitt XVIa: Übergangsregelung für die Besteuerung des Handels zwischen den Mitgliedstaaten

...

Artikel 28b Ort der Umsätze

...

E. *Ort der von Vermittlern erbrachten Dienstleistungen*

...

(3) Abweichend von Artikel 9 Absatz 1 ist der Ort der Dienstleistungen von Vermittlern, die im Namen und für Rechnung Dritter handeln, wenn sie an anderen Umsätzen als den in den Absätzen 1 und 2 und in Artikel 9 Absatz 2 Buchstabe e) genannten beteiligt sind, der Ort, an dem die Umsätze erbracht werden.

Hat jedoch der Empfänger der Dienstleistung eine Umsatzsteuer-Identifikationsnummer in einem anderen Mitgliedstaat als dem, in dem die Umsätze erbracht werden, so gilt der Ort der Dienstleistung des Vermittlers als im Gebiet des Mitgliedstaates gelegen, der dem Empfänger der Dienstleistung die Umsatzsteuer-Identifikationsnummer erteilt hat, unter der ihm die Dienstleistung vom Vermittler erbracht wurde.

F. *Ort der Dienstleistungen bei Begutachtung oder Bearbeitung beweglicher körperlicher Gegenstände*

Bei einer Begutachtung oder Bearbeitung von beweglichen körperlichen Gegenständen, die an Empfänger erbracht wird, die eine Umsatzsteuer-Identifikationsnummer in einem anderen Mitgliedstaat als dem haben, in dem diese Dienstleistungen tatsächlich erbracht werden, gilt abweichend von Artikel 9 Absatz 2 Buchstabe c) der Ort der Dienstleistungen als im Gebiet des Mitgliedstaats gelegen, der dem Empfänger der Dienstleistung die Umsatzsteuer-Identifikationsnummer erteilt hat, unter der ihm die Dienstleistung erbracht wurde.

Diese Abweichung ist nicht anzuwenden, wenn ein Versand oder eine Beförderung der Gegenstände aus dem Mitgliedstaat, in dem die Dienstleistungen tatsächlich erbracht wurden, nicht erfolgt.

UStDV

§ 1[1]) Sonderfälle des Ortes der sonstigen Leistung
(1) ¹Erbringt ein Unternehmer, der sein Unternehmen von einem im Drittlandsgebiet liegenden Ort aus betreibt,
1. *eine sonstige Leistung, die in § 3a Abs. 4 Nr. 1 bis 11 des Gesetzes bezeichnet ist, an eine im Inland ansässige juristische Person des öffentlichen Rechts, soweit sie nicht Unternehmer ist,*
2. *eine sonstige Leistung, die in § 3a Abs. 4 Nr. 12 des Gesetzes bezeichnet ist, oder*
3. *die Vermietung von Beförderungsmitteln,*

ist diese Leistung abweichend von § 3a Abs. 1 des Gesetzes als im Inland ausgeführt zu behandeln, wenn sie dort genutzt oder ausgewertet wird. ²Wird die Leistung von einer Betriebsstätte eines Unternehmers ausgeführt, gilt Satz 1 entsprechend, wenn die Betriebsstätte im Drittlandsgebiet liegt.

(2) ¹Vermietet ein Unternehmer, der sein Unternehmen vom Inland aus betreibt, ein ausschließlich zur Beförderung von Gegenständen bestimmtes Straßen- oder Schienenfahrzeug, ist diese Leistung abweichend von § 3a Abs. 1 des Gesetzes als im Drittlandsgebiet ausgeführt zu behandeln, wenn
1. *der Leistungsempfänger ein im Drittlandsgebiet ansässiger Unternehmer ist,*
2. *das Straßen- oder Schienenfahrzeug für das Unternehmen des Leistungsempfängers bestimmt ist,*
3. *das Straßen- oder Schienenfahrzeug im Drittlandsgebiet genutzt wird.*

²Wird die Vermietung des Straßen- oder Schienenfahrzeugs von einer Betriebsstätte des Unternehmers ausgeführt, gilt Satz 1 entsprechend, wenn die Betriebsstätte im Inland liegt.

UStR

33. Ort der sonstigen Leistung nach § 3a Abs. 1 UStG

(1) ¹Nach der Grundregel des § 3a Abs. 1 UStG ist für die Bestimmung des Leistungsortes, *wenn kein Tatbestand des § 3a Abs. 2 bis 5 UStG oder des § 3b UStG vorliegt*, der Ort maßgeblich, von dem aus der Unternehmer sein Unternehmen betreibt (vgl. § 21 AO). ²Ist dieser Ort bei natürlichen Personen nicht eindeutig bestimmbar, kommen als Leistungsort in Betracht: der

---

1) **Anm.:** § 1 Abs. 1 i. d. F. des Art. 2 Nr. 1 Umsatzsteuer-Änderungsgesetz 1997 v. 12. 12. 96 (BGBl I, 1851); Abs. 2 angefügt gem. Art. 1 Zehnte VO zur Änderung der UStDV v. 4. 6. 96 (BGBl I, 789).

UStG § 3a

Wohnsitz des Unternehmers (§ 8 AO) oder der Ort seines gewöhnlichen Aufenthalts (§ 9 AO). ³Bei Körperschaften, Personenvereinigungen oder Vermögensmassen ist der Ort der Geschäftsleitung (§ 10 AO) maßgeblich. ⁴Der Begriff der Betriebsstätte ergibt sich aus § 12 AO. ⁵Betriebsstätte kann auch eine Organgesellschaft im Sinne des § 2 Abs. 2 Nr. 2 UStG sein. ⁶Für die Bestimmung des Leistungsortes nach der Belegenheit der Betriebsstätte ist Voraussetzung, daß der Umsatz von der Betriebsstätte ausgeführt worden ist, d. h. die sonstige Leistung muß der Betriebsstätte *tatsächlich* zuzurechnen sein. ⁷Dies ist der Fall, wenn die für die sonstige Leistung erforderlichen einzelnen Arbeiten ganz oder überwiegend durch Angehörige oder Einrichtungen der Betriebsstätte ausgeführt werden. ⁸Es ist nicht erforderlich, daß die Betriebsstätte das Umsatzgeschäft selbst abgeschlossen hat. ⁹Wird ein Umsatz sowohl an dem Ort, von dem aus der Unternehmer sein Unternehmen betreibt, als auch von einer Betriebsstätte ausgeführt, ist der Leistungsort nach dem Ort zu bestimmen, an dem die sonstige Leistung überwiegend erbracht wird. *¹⁰Der Ort einer einheitlichen sonstigen Leistung eines Unternehmers, der sein Unternehmen vom Inland aus betreibt, liegt nach § 3a Abs. 1 UStG vorbehaltlich des § 3a Abs. 2 bis 4 UStG und des § 3b UStG auch dann im Inland, wenn einzelne Leistungsteile im Ausland erbracht werden (vgl. BFH-Urteil vom 26. 3. 1992 – BStBl II S. 929).*

(2) ¹Unter § 3a Abs. 1 UStG fallen z. B. die in § 25 Abs. 1 UStG bezeichneten Reiseleistungen (§ 25 Abs. 1 Satz 4 UStG) *und die Reisebetreuungsleistungen von angestellten Reiseleitern (vgl. BFH-Urteil vom 23. 9. 1993 – BStBl 1994 II S. 272).* ²Dies gilt auch *für* die Leistungen der Handelsvertreter – ausgenommen die unter § 3a Abs. 2 Nr. 1, *Nr. 4* und Abs. 4 Nr. 10 UStG fallenden Vermittlungsleistungen –. *³Ferner gilt dies für die Leistungen der* Vermögensverwalter *und* Testamentsvollstrecker sowie *für* die Leistungen der Notare, soweit sie nicht Grundstücksgeschäfte beurkunden (vgl. Abschnitt 34 Abs. 6 und 8) oder nicht selbständige Beratungsleistungen erbringen (vgl. Abschnitt 39 Abs. 11). ⁴§ 3a Abs. 1 UStG erfaßt ferner sonstige Leistungen im Sinne des § 3a Abs. 4 UStG, wenn der Leistungsempfänger kein Unternehmer und innerhalb der *EG* ansässig ist (vgl. jedoch Abschnitt 42).

(3) ¹Außerdem gilt § 3a Abs. 1 UStG für den Ort der Leistung bei der Vermietung von Beförderungsmitteln, da die Vermietung dieser Gegenstände von der Regelung nach § 3a Abs. 3 UStG in Verbindung mit § 3a Abs. 4 Nr. 11 UStG ausgenommen ist (vgl. jedoch Abschnitt 42 Abs. 3).

Beispiel:
¹Ein kanadischer Staatsbürger tritt eine Europareise in München an und mietet ein Kraftfahrzeug bei einer Firma in München.
²Die Vermietung des Kraftfahrzeugs durch einen im Inland ansässigen Unternehmer ist insgesamt steuerbar, und zwar auch dann, wenn das vermietete Beförderungsmittel während der Vermietung im Ausland genutzt wird.

³Als Vermietung von Beförderungsmitteln gilt auch die Überlassung von betrieblichen Kraftfahrzeugen durch Arbeitgeber an ihre Arbeitnehmer zur privaten Nutzung.

(4) ¹Wird eine Segel- oder Motoryacht ohne Besatzung verchartert, ist eine Vermietung eines Beförderungsmittels anzunehmen. ²Bei einer Vercharterung mit Besatzung ohne im Chartervertrag festgelegte Reiseroute ist ebenfalls eine Vermietung eines Beförderungsmittels anzunehmen. ³Das gilt auch, wenn die Vercharterung mit Besatzung an eine geschlossene Gruppe erfolgt, die mit dem Vercharterer vorher die Reiseroute festgelegt hat, diese Reiseroute aber im Verlauf der Reise ändern oder in anderer Weise auf den Ablauf der Reise Einfluß nehmen kann. ⁴Eine Beförderungsleistung ist dagegen anzunehmen, wenn nach dem Chartervertrag eine bestimmte Beförderung geschuldet wird und der Unternehmer diese unter eigener Verantwortung vornimmt, z. B. bei einer vom Vercharterer organisierten Rundreise mit Teilnehmern, die auf Ablauf und nähere Ausgestaltung der Reise keinen Einfluß haben.

(5) ¹Als Beförderungsmittel sind Gegenstände anzusehen, deren Hauptzweck auf die Beförderung von Personen und Gütern *zu Lande, zu Wasser oder in der Luft* gerichtet ist und die sich auch tatsächlich fortbewegen. ²Zu den Beförderungsmitteln gehören auch Transportbetonmischer, Segelboote, Ruderboote, Paddelboote, Motorboote, Sportflugzeuge, Segelflugzeuge, Wohnmobile, Wohnwagen (vgl. jedoch Abschnitt 34 Abs. 4). ³Keine Beförderungsmittel sind z. B. Bagger, Planierraupen, Bergungskräne, Schwertransportkräne, Transportbänder, Gabelstapler, Elektrokarren, Rohrleitungen, Ladekräne, Schwimmkräne, Schwimmrammen, Container, militärische Kampffahrzeuge, z. B. Kriegsschiffe – ausgenommen Versorgungsfahrzeuge –, Kampfflugzeuge, Panzer. ⁴Unabhängig hiervon kann jedoch mit diesen Gegenständen eine Beförderungsleistung ausgeführt werden.

34. Leistungen im Zusammenhang mit einem Grundstück

(1) ¹Für den Ort einer sonstigen Leistung – einschließlich Werkleistung – im Zusammenhang mit einem Grundstück ist die Lage des Grundstücks entscheidend. ²Als Grundstück im Sinne des § 3a Abs. 2 Nr. 1 UStG ist auch der Meeresboden anzusehen. ³Zu einem Grundstück gehören auch diejenigen Sachen, die durch Vornahme einer Verbindung w e s e n t l i c h e Bestandteile eines Grundstücks geworden sind (§ 94 BGB). ⁴Das gilt auch für wesentliche Bestandteile, die ertragsteuerlich selbständige Wirtschaftsgüter sind. ⁵Im Sinne von § 3a Abs. 2 Nr. 1 UStG stehen auch sonstige Leistungen an Scheinbestandteilen (§ 95 BGB) im Zusammenhang mit einem Grundstück. ⁶Dies gilt jedoch nicht für sonstige Leistungen am Zubehör (§ 97 BGB).

Beispiel:

¹Ein Industrieunternehmer hat anderen Unternehmern übertragen: die Pflege der Grünflächen des Betriebsgrundstücks, die Gebäudereinigung, *die* Wartung der Heizungsanlage und die Pflege und Wartung der Aufzugsanlagen.

²Es handelt sich in allen Fällen um sonstige Leistungen, die im Zusammenhang mit einem Grundstück stehen.

(2) ¹Die sonstige Leistung muß nach Sinn und Zweck der Vorschrift in engem Zusammenhang mit dem Grundstück stehen. ²Ein enger Zusammenhang ist gegeben, wenn sich die sonstige Leistung nach den tatsächlichen Umständen überwiegend auf die Bebauung, Verwertung, Nutzung oder Unterhaltung des Grundstücks selbst bezieht.

(3) ¹Zu den sonstigen Leistungen, die in § 4 Nr. 12 UStG der Art nach bezeichnet sind (§ 3a Abs. 2 Nr. 1 Satz 2 Buchstabe a UStG), gehört die Vermietung und die Verpachtung von Grundstücken. ²Die Begriffe Vermietung und Verpachtung sind *grundsätzlich* nach bürgerlichem Recht zu beurteilen. ³Es kommt nicht darauf an, ob die Vermietungs- oder Verpachtungsleistung nach § 4 Nr. 12 UStG steuerbefreit ist. ⁴Auch die Vermietung von Wohn- und Schlafräumen, die ein Unternehmer bereithält, *um kurzfristig Fremde zu beherbergen, die Vermietung von Plätzen, um Fahrzeuge abzustellen, die Vermietung von Wasser- und Bootsliegeplätzen für Sportboote (vgl. BFH-Urteil vom 8. 10. 1991 – BStBl 1992 II S. 368)* und die kurzfristige Vermietung auf Campingplätzen fallen unter § 3a Abs. 2 Nr. 1 Satz 2 Buchstabe a UStG. ⁵Das gilt auch für die Vermietung und Verpachtung von Maschinen und Vorrichtungen aller Art, die zu einer Betriebsanlage gehören, wenn sie wesentliche Bestandteile oder Scheinbestandteile eines Grundstücks sind.

(4) ¹Die Überlassung von Camping-, Park- und Bootsliegeplätzen steht auch dann im Zusammenhang mit einem Grundstück, wenn sie nach den Grundsätzen des BFH-Urteils vom 4. 12. 1980 – BStBl 1981 II S. 231 – bürgerlich-rechtlich nicht auf einem Mietvertrag beruht. ²Vermieten Unternehmer Wohnwagen, die auf Campingplätzen aufgestellt sind und ausschließlich zum stationären Gebrauch als Wohnung überlassen werden, ist die Vermietung als sonstige Lei-

stung im Zusammenhang mit einem Grundstück anzusehen (§ 3a Abs. 2 Nr. 1 UStG). ³Dies gilt auch in den Fällen, in denen die Wohnwagen nicht fest mit dem Grund und Boden verbunden sind und deshalb auch als Beförderungsmittel verwendet werden könnten. ⁴Maßgebend ist nicht die abstrakte Eignung eines Gegenstandes als Beförderungsmittel. ⁵Entscheidend ist, daß die Wohnwagen nach dem Inhalt der abgeschlossenen Mietverträge nicht als Beförderungsmittel, sondern zum stationären Gebrauch als Wohnungen überlassen werden. ⁶Das gilt ferner in den Fällen, in denen die Vermietung der Wohnwagen nicht die Überlassung des jeweiligen Standplatzes umfaßt und die Mieter deshalb über die Standplätze besondere Verträge mit den Inhabern der Campingplätze abschließen müssen.

(5) Zu den Leistungen der in § 4 Nr. 12 UStG bezeichneten Art zählen die Überlassung von Grundstücken und Grundstücksteilen zur Nutzung aufgrund eines auf Übertragung des Eigentums gerichteten Vertrages oder Vorvertrages (§ 4 Nr. 12 Buchstabe b UStG) sowie die Bestellung und Veräußerung von Dauerwohnrechten und Dauernutzungsrechten (§ 4 Nr. 12 Buchstabe c UStG).

(6) ¹Zu den sonstigen Leistungen im Zusammenhang mit der Veräußerung oder dem Erwerb von Grundstücken (§ 3a Abs. 2 Nr. 1 Satz 2 Buchstabe b UStG) gehören die sonstigen Leistungen der Grundstücksmakler und Grundstückssachverständigen sowie der Notare bei der Beurkundung von Grundstückskaufverträgen. ²Wegen der selbständigen Beratungsleistungen der Notare siehe Abschnitt 39 Abs. 11.

(7) ¹Zu den sonstigen Leistungen, die der Erschließung von Grundstücken oder der Vorbereitung oder der Ausführung von Bauleistungen dienen (§ 3a Abs. 2 Nr. 1 Satz 2 Buchstabe c UStG), gehören z. B. die Leistungen der Architekten, Bauingenieure, Vermessungsingenieure, Bauträgergesellschaften, Sanierungsträger sowie der Unternehmer, die Abbruch- und Erdarbeiten ausführen. ²Dazu gehören ferner Leistungen *zum* Aufsuchen oder *Gewinnen* von Bodenschätzen. ³In Betracht kommen Leistungen aller Art, die sonstige Leistungen sind. ⁴Die Vorschrift erfaßt auch die Begutachtung von Grundstücken.

(8) ¹Im engen Zusammenhang mit einem Grundstück stehen auch die Einräumung dinglicher Rechte, z. B. dinglicher Nießbrauch, Dienstbarkeiten, Erbbaurechte, sowie sonstige Leistungen, die dabei ausgeführt werden, z. B. Beurkundungsleistungen eines Notars. ²Unter die Vorschrift fällt ferner die Vermittlung von Vermietungen von Grundstücken, Wohnungen, Ferienhäusern, Hotelzimmern.

(9) Nicht im engen Zusammenhang mit einem Grundstück stehen folgende Leistungen, sofern sie selbständige Leistungen sind:

1. der Verkauf von Anteilen und die Vermittlung der Umsätze von Anteilen an Grundstücksgesellschaften,

2. die Veröffentlichung von Immobilienanzeigen, z. B. durch Zeitungen,

3. die Finanzierung und Finanzierungsberatung im Zusammenhang mit dem Erwerb eines Grundstücks und dessen Bebauung,

4. die Rechts- und Steuerberatung in Grundstückssachen.

34a. Ort der sonstigen Leistungen bei Messen und Ausstellungen

Sonstige Leistungen der Veranstalter von Messen und Ausstellungen an die Aussteller

(1) ¹Bei der Überlassung von Standflächen auf Messen und Ausstellungen durch die Veranstalter an die Aussteller handelt es sich um sonstige Leistungen im Zusammenhang mit einem

Grundstück. ²Diese Leistungen werden *im Rahmen eines Vertrages besonderer Art (vgl. Abschnitt 81 Abs. 2 Nr. 1)* dort ausgeführt, wo die Standflächen liegen (§ 3a Abs. 2 Nr. 1 UStG). ³Die vorstehenden Ausführungen gelten entsprechend für folgende Leistungen der Veranstalter an die Aussteller:

1. Überlassung von Räumen und ihren Einrichtungen auf dem Messegelände für Informationsveranstaltungen einschließlich der üblichen Nebenleistungen;

2. Überlassung von Parkplätzen auf dem Messegelände.

⁴Als Messegelände sind auch örtlich getrennte Kongreßzentren anzusehen. ⁵Übliche Nebenleistungen sind z. B. die Überlassung von Mikrofonanlagen und Simultandolmetscheranlagen sowie Bestuhlungsdienste, Garderobendienste und Hinweisdienste.

(2) ¹Bei sonstigen Leistungen, die der Werbung oder der Öffentlichkeitsarbeit dienen, gilt zwar eine Sonderregelung (§ 3a Abs. 3 und 4 Nr. 2 UStG). ²Diese ist jedoch auf Leistungen im Zusammenhang mit einem Grundstück nicht anzuwenden (§ 3a Abs. 3 Satz 4 UStG).

(3) ¹In der Regel erbringen die Veranstalter neben der Überlassung von Standflächen usw. (Absatz 1) eine Reihe weiterer Leistungen an die Aussteller. ²Auch diese Leistungen sind entweder als Leistungen im Zusammenhang mit einem Grundstück anzusehen oder können aus Vereinfachungsgründen als solche behandelt werden. ³Es kann sich insbesondere um folgende sonstige Leistungen der Veranstalter handeln:

1. ¹Technische Versorgung der überlassenen Stände. ³Hierzu gehören z. B.
    a) Herstellung der Anschlüsse für Strom, Gas, Wasser, Wärme, Druckluft, Telefon, Telex und Lautsprecheranlagen,
    b) die Abgabe von Energie, z. B. Strom, Gas, Wasser und Druckluft, wenn diese Leistungen umsatzsteuerrechtlich Nebenleistungen zur Hauptleistung der Überlassung der Standflächen darstellen,

2. ¹Planung, Gestaltung sowie Aufbau, Umbau und Abbau von Ständen. ²Unter die „Planung" fallen insbesondere Architektenleistungen, z. B. Anfertigung des Entwurfs für einen Stand. ³Zur „Gestaltung" zählt z. B. die Leistung eines Gartengestalters oder eines Beleuchtungsfachmannes,

3. Überlassung von Standbauteilen und Einrichtungsgegenständen, einschließlich Miet-System-Ständen,

4. Standbetreuung und Standbewachung,

5. Reinigung von Ständen,

6. Überlassung von Garderoben und Schließfächern auf dem Messegelände,

7. Überlassung von Eintrittsausweisen einschließlich Eintrittsgutscheinen,

8. Überlassung von Fernsprechstellen und sonstigen Kommunikationsmitteln zur Nutzung durch die Aussteller und die Leistungen des Veranstalters im Fernschreibdienst,

9. Überlassung von Informationssystemen, z. B. von Bildschirmgeräten oder Lautsprecheranlagen, mit deren Hilfe die Besucher der Messen und Ausstellungen unterrichtet werden sollen,

10. Schreibdienste und ähnliche sonstige Leistungen auf dem Messegelände,

11. Beförderung und Lagerung von Ausstellungsgegenständen wie Exponaten und Standausrüstungen,

UStG § 3a   *34a UStR*   *Ort der sonstigen Leistung*

12. Übersetzungsdienste,

13. Eintragungen in Messekatalogen, Aufnahme von Werbeanzeigen usw. in Messekatalogen, Zeitungen, Zeitschriften usw., Anbringen von Werbeplakaten, Verteilung von Werbeprospekten und ähnliche Werbemaßnahmen.

| Sonstige Leistungen *ausländischer* Durchführungsgesellschaften

(4) ¹Im Rahmen von Messen und Ausstellungen werden auch Gemeinschaftsausstellungen durchgeführt, z. B. von Ausstellern, die in demselben ausländischen Staat ansässig sind. ²Vielfach ist in diesen Fällen zwischen dem Veranstalter und den Ausstellern ein Unternehmen eingeschaltet, das im eigenen Namen die Gemeinschaftsausstellung organisiert (sogenannte Durchführungsgesellschaft). ³In diesen Fällen erbringt der Veranstalter die in den Absätzen 1 und 3 bezeichneten sonstigen Leistungen an die zwischengeschaltete Durchführungsgesellschaft. ⁴Diese erbringt die sonstigen Leistungen an die an der Gemeinschaftsausstellung beteiligten Aussteller. ⁵Für die umsatzsteuerliche Behandlung der Leistungen der Durchführungsgesellschaft gelten die Ausführungen in den Absätzen 1 bis 3 entsprechend.

(5) ¹Durchführungsgesellschaften, die im Ausland ansässig sind, fallen mit ihren sonstigen Leistungen an die Aussteller unter die Vorschriften über das Umsatzsteuer-Abzugsverfahren (§§ 51 bis 58 UStDV). ²Dies bedeutet, daß die Aussteller (Leistungsempfänger) grundsätzlich verpflichtet sind, die von der Durchführungsgesellschaft geschuldete Umsatzsteuer von der Gegenleistung einzubehalten und an das für sie zuständige Finanzamt abzuführen. ³Diese Verpflichtung entfällt jedoch nach der sogenannten Null-Regelung (§ 52 Abs. 2 UStDV), wenn

1. die Durchführungsgesellschaft keine Rechnung mit gesondertem Ausweis der Umsatzsteuer erteilt hat und

2. der Aussteller im Falle des gesonderten Ausweises der Umsatzsteuer berechtigt ist, diese Steuer voll als Vorsteuer abzuziehen.

⁴Wegen der im Abzugsverfahren zu erteilenden Bescheinigungen nach §§ 52 Abs. 4 und 53 Abs. 7 UStDV vgl. Abschnitt 239 Abs. 2 Satz 4.

(6) Die Anwendung der Null-Regelung führt zu folgendem Ergebnis:

1. ¹Die ausländische Durchführungsgesellschaft braucht ihre sonstigen Leistungen an die Aussteller nicht zu versteuern. ²Sie bleibt jedoch berechtigt, die ihr von dem Veranstalter in Rechnung gestellte Umsatzsteuer im *allgemeinen* Besteuerungsverfahren als Vorsteuer abzuziehen oder im Vorsteuer-Vergütungsverfahren vergütet zu erhalten.

2. ¹Die Aussteller werden nicht mit Umsatzsteuer belastet. ²Ein Vorsteuerabzug oder ein Vorsteuer-Vergütungsverfahren entfällt für sie insoweit.

(7) ¹Einige ausländische Staaten beauftragen mit der Organisation von Gemeinschaftsausstellungen keine Durchführungsgesellschaft, sondern eine staatliche Stelle, z. B. ein Ministerium. ²Im Inland werden die ausländischen staatlichen Stellen vielfach von den Botschaften oder Konsulaten der betreffenden ausländischen Staaten vertreten. ³Im übrigen *werden* Gemeinschaftsausstellungen entsprechend den Ausführungen in Absatz 4 *durchgeführt*. ⁴Hierbei erheben die ausländischen staatlichen Stellen von den einzelnen Ausstellern ihres Landes Entgelte, die sich in der Regel nach der *beanspruchten* Ausstellungsfläche richten. ⁵Bei dieser Gestaltung sind die ausländischen staatlichen Stellen als Unternehmer im Sinne des § 2 Abs. 3 UStG anzusehen. ⁶Die Ausführungen in den Absätzen 4 bis 6 gelten deshalb für die ausländischen staatlichen Stellen entsprechend.

Sonstige Leistungen anderer Unternehmer

(8) Erbringen andere Unternehmer als die Veranstalter einzelne der in Absatz 3 bezeichneten sonstigen Leistungen an die Aussteller oder an Durchführungsgesellschaften, so gilt folgendes:

1. ¹Die in Absatz 3 Nr. 1 bis 7 bezeichneten Leistungen sind als Leistungen im Zusammenhang mit einem Grundstück anzusehen (§ 3a Abs. 2 Nr. 1 UStG). ²*Wegen der sonstigen Leistungen, die die Planung und den Aufbau eines Messestandes betreffen vgl. insbesondere BFH-Urteil vom 24. 11. 1994 – BStBl 1995 II S. 151.*

2. Die in Absatz 3 Nr. 8 bis 10 bezeichneten sonstigen Leistungen fallen unter § 3a Abs. 1 UStG.

3. Der Ort der in Absatz 3 Nr. 11 bezeichneten Beförderungsleistungen bestimmt sich nach § 3*b* Abs. *1 oder 3* UStG.

4. Die in Absatz 3 Nr. 11 bezeichnete Lagerung von Ausstellungsgegenständen fällt unter § 3*b* Abs. 2 *oder 4* UStG.

5. Die in Absatz 3 Nr. 13 bezeichneten Leistungen gehören zu den Leistungen, die der Werbung oder der Öffentlichkeitsarbeit dienen (§ 3a Abs. 4 Nr. 2 UStG).

35. *(weggefallen)*

36. Ort der Tätigkeit

(1) ¹Die Regelung des § 3a Abs. 2 Nr. 3 UStG gilt nur für sonstige Leistungen, die in einem positiven Tun bestehen. ²Bei diesen Leistungen bestimmt die Tätigkeit selbst den Leistungsort. ³Der Ort, an dem der Erfolg eintritt oder die sonstige Leistung sich auswirkt, ist ohne Bedeutung (BFH-Urteil vom 4. 4. 1974 – BStBl II S. 532). ⁴Maßgebend ist nach der Rechtsprechung, wo die entscheidenden Bedingungen zum Erfolg gesetzt werden (BFH-Urteil vom 26. 11. 1953 – BStBl 1954 III S. 63). ⁵Durch das Wort „jeweils" wird klargestellt, daß es nicht entscheidend darauf ankommt, wo der Unternehmer, z. B. Künstler, im Rahmen seiner Gesamttätigkeit überwiegend tätig wird, sondern daß der einzelne Umsatz zu betrachten ist. ⁶Es ist nicht erforderlich, daß der Unternehmer im Rahmen einer Veranstaltung tätig wird.

(2) Bei den Leistungen nach § 3a Abs. 2 Nr. 3 Buchstabe a UStG – insbesondere den künstlerischen und wissenschaftlichen Leistungen – ist zu beachten, daß sich im Falle der Übertragung von Nutzungsrechten an Urheberrechten und ähnlichen Rechten der Leistungsort nach § 3a Abs. 3 und 4 Nr. 1 UStG bestimmt (vgl. Abschnitt 39 Abs. 1 und 2).

Beispiel:

¹Ein Sänger gibt aufgrund eines Vertrages mit einer Konzertagentur ein Konzert im Inland. ²Aufgrund eines anderen Vertrages mit dem Sänger zeichnet eine ausländische Schallplattengesellschaft das Konzert auf. ³Der Ort der Leistung für das Konzert befindet sich nach § 3a Abs. 2 Nr. 3 Buchstabe a UStG im Inland, da es sich um eine künstlerische Leistung handelt. ⁴Mit der Aufzeichnung des Konzerts für eine Schallplattenproduktion überträgt der Sänger Nutzungsrechte an seinem Urheberrecht im Sinne des § 3a Abs. 4 Nr. 1 UStG (vgl. BFH-Urteil vom 22. 3. 1979 – BStBl II S. 598). ⁵Für den Ort dieser Leistung ist § 3a Abs. 3 UStG maßgeblich.

⁶Zur Einräumung, Übertragung und Wahrnehmung von Rechten, die sich aus dem Urheberrechtsgesetz ergeben, vgl. Abschnitt 39 Abs. 1 und 2 und Abschnitt 168.

(3) ¹Die Frage, ob bei einem wissenschaftlichen Gutachten eine wissenschaftliche Leistung nach § 3a Abs. 2 Nr. 3 Buchstabe a UStG oder eine Beratung nach § 3a Abs. 4 Nr. 3 UStG vor-

UStG § 3a *37, 38 UStR* *Ort der sonstigen Leistung*

liegt, ist nach dem Zweck zu beurteilen, den der Auftraggeber mit dem von ihm bestellten Gutachten verfolgt. ²Eine wissenschaftliche Leistung im Sinne des § 3a Abs. 2 Nr. 3 Buchstabe a UStG setzt voraus, daß das erstellte Gutachten nicht auf Beratung des Auftraggebers gerichtet ist. ³Dies ist der Fall, wenn das Gutachten nach seinem Zweck keine konkrete Entscheidungshilfe für den Auftraggeber darstellt.

Beispiel 1:

¹Ein Hochschullehrer hält im Auftrag eines Verbandes auf einem Fachkongreß einen Vortrag. ²Inhalt des Vortrags ist die Mitteilung und Erläuterung der von ihm auf seinem Forschungsgebiet, z. B. Maschinenbau, gefundenen Ergebnisse. ³Zugleich händigt der Hochschullehrer allen Teilnehmern ein Manuskript seines Vortrags aus. ⁴Vortrag und Manuskript haben nach Inhalt und Form den Charakter eines wissenschaftlichen Gutachtens. ⁵Sie sollen allen Teilnehmern des Fachkongresses zur Erweiterung ihrer beruflichen Kenntnisse dienen.

⁴Soll das Gutachten dem Auftraggeber als Entscheidungshilfe für die Lösung konkreter technischer, wirtschaftlicher oder rechtlicher Fragen dienen, so liegt eine Beratungsleistung vor.

Beispiel 2:

¹Ein Wirtschaftsforschungsunternehmen erhält den Auftrag, in Form eines Gutachtens Struktur- und Standortanalysen für die Errichtung von Gewerbebetrieben zu erstellen. ²Auch wenn das Gutachten nach wissenschaftlichen Grundsätzen erstellt worden ist, handelt es sich um eine Beratung, da das Gutachten zur Lösung konkreter wirtschaftlicher Fragen verwendet werden soll.

(4) ¹Als Werkleistung im Sinne des § 3a Abs. 2 Nr. 3 Buchstabe c UStG gilt auch der Sonderfall der Leistung nach § 3 Abs. 10 UStG. ²Wartungsleistungen an Anlagen, Maschinen und Kraftfahrzeugen können als Werkleistungen angesehen werden. ³Verwendet der Unternehmer bei der Be- oder Verarbeitung eines Gegenstandes selbstbeschaffte Stoffe, die nicht nur Zutaten oder sonstige Nebensachen sind, ist keine Werkleistung, sondern eine Werklieferung gegeben (§ 3 Abs. 4 UStG).

(5) ¹Bei der Begutachtung beweglicher Gegenstände durch Sachverständige hat § 3a Abs. 2 Nr. 3 Buchstabe c UStG Vorrang vor § 3a Abs. 3 und 4 Nr. 3 UStG. ²Auf die Verhältnisse des Leistungsempfängers kommt es daher in diesen Fällen nicht an. ³Wegen der Leistungen von Handelschemikern vgl. Abschnitt 39 Abs. 12.

37. (weggefallen)

38. Ort des Leistungsempfängers

(1) ¹Nach § 3a Abs. 3 UStG ist in bestimmten Fällen für den Ort der sonstigen Leistung maßgebend, wo der Empfänger der Leistung ansässig ist. ²Die hierfür in Betracht kommenden sonstigen Leistungen sind in § 3a Abs. 4 UStG aufgeführt. ³Hängt die Bestimmung des Leistungsorts davon ab, daß der Leistungsempfänger Unternehmer ist, kommt es darauf an, daß die Leistung für das Unternehmen des Leistungsempfängers bestimmt ist. ⁴Es sind folgende Fälle zu unterscheiden:

1. Ist der Empfänger der sonstigen Leistung ein Unternehmer, wird die sonstige Leistung dort ausgeführt, wo der Empfänger sein Unternehmen betreibt.

2. Ist der Empfänger der sonstigen Leistungen kein Unternehmer und hat er seinen Wohnsitz oder Sitz außerhalb der *EG* (vgl. Abschnitt *13a* Abs. *1*) wird die sonstige Leistung dort ausgeführt, wo der Empfänger seinen Wohnsitz oder Sitz hat.

3. ¹Ist der Empfänger der sonstigen Leistung kein Unternehmer und hat er seinen Wohnsitz oder Sitz innerhalb der *EG* (vgl. Abschnitt *13a* Abs. 1), wird die sonstige Leistung dort ausgeführt, wo der leistende Unternehmer sein Unternehmen betreibt. ²Insoweit verbleibt es bei der Regelung des § 3a Abs. 1 UStG (vgl. jedoch § 1 UStDV, Abschnitt 42).

(2) ¹Die sonstige Leistung kann auch an die Betriebsstätte eines Unternehmers ausgeführt werden. ²Dies ist der Fall, wenn die Leistung ausschließlich oder überwiegend für die Betriebsstätte bestimmt ist. ³Die Regelung hat zur Folge, daß die sonstige Leistung nicht der Umsatzsteuer unterliegt, wenn sich der Ort der Betriebsstätte im Ausland befindet. ⁴Es ist nicht erforderlich, daß die Betriebsstätte den Auftrag an den Unternehmer, *der die sonstige Leistung durchführt*, z. B. Verleger, Werbeagentur, Werbungsmittler, erteilt. ⁵Ferner ist es unerheblich, ob das Entgelt für die Leistung von der Betriebsstätte oder von dem Unternehmer bezahlt wird.

Beispiel:

¹Eine Bank mit Sitz im Inland unterhält im Ausland Zweigniederlassungen. ²Durch Aufnahme von Werbeanzeigen in ausländischen Zeitungen und Zeitschriften wird für die Zweigniederlassungen geworben. ³Die Erteilung der Anzeigenaufträge an die ausländischen Verleger erfolgt durch eine inländische Werbeagentur.
⁴Die ausländischen Verleger und die inländische Werbeagentur unterliegen mit ihren Leistungen für die im Ausland befindlichen Zweigniederlassungen nicht der deutschen Umsatzsteuer.

(3) Bei Werbeanzeigen in Zeitungen und Zeitschriften und bei Werbesendungen in Rundfunk und Fernsehen ist davon auszugehen, daß sie ausschließlich oder überwiegend für im Ausland gelegene Betriebsstätten bestimmt und daher nicht steuerbar sind, wenn die beiden folgenden Sachverhalte vorliegen:

1. Es muß sich handeln um
   a) fremdsprachige Zeitungen und Zeitschriften oder um fremdsprachige Rundfunk- und Fernsehsendungen oder
   b) deutschsprachige Zeitungen und Zeitschriften oder um deutschsprachige Rundfunk- und Fernsehsendungen, die überwiegend im Ausland verbreitet werden.
2. Die im Ausland gelegenen Betriebsstätten sind in der Lage, die Leistungen zu erbringen, für die geworben wird.

(4) ¹Läßt sich nicht feststellen, daß eine sonstige Leistung ausschließlich oder überwiegend für eine Betriebsstätte bestimmt ist, ist für die Bestimmung des Ortes dieser Leistung nicht der Ort der Betriebsstätte, sondern der Ort maßgebend, von dem aus der die Leistung empfangende Unternehmer sein Unternehmen betreibt (§ 3a Abs. 3 Satz 1 UStG). ²Bei einer einheitlichen sonstigen Leistung ist es nicht möglich, für einen Teil der Leistung den Ort der Betriebsstätte und für den anderen Teil den Sitz des Unternehmens als maßgebend anzusehen und die Leistung entsprechend aufzuteilen.

(5) ¹Erbringt ein Unternehmer, der im Ausland ansässig ist, eine in § 3a Abs. 4 UStG bezeichnete sonstige Leistung an einen Leistungsempfänger im Inland, der nicht Unternehmer ist, ist die Leistung nicht steuerbar (vgl. jedoch Abschnitt 42). ²Entsprechendes gilt, wenn die sonstige Leistung zwar an einen Unternehmer im Inland, aber nicht für sein Unternehmen erbracht wird.

39. Leistungskatalog des § 3a Abs. 4 UStG

Patente, Urheberrechte, *Markenrechte*

(1) Sonstige Leistungen im Sinne des § 3a Abs. 4 Nr. 1 UStG ergeben sich u. a. aufgrund folgender Gesetze:

1. Gesetz über Urheberrecht und verwandte Schutzrechte (Urheberrechtsgesetz) vom 9. 9. 1965 (BGBl. I S. 1273), zuletzt geändert durch Artikel *1* des Gesetzes vom *23. 6. 1995* (BGBl. I S. *842)*;

2. Gesetz über die Wahrnehmung von Urheberrechten und verwandten Schutzrechten vom 9. 9. 1965 (BGBl. I S. 1294), zuletzt geändert durch Artikel *2* des Gesetzes vom *23. 6. 1995* (BGBl. I S. *845)*;

3. Patentgesetz in der Fassung der Bekanntmachung vom 16. 12. 1980 (BGBl. 1981 I S. 1), zuletzt geändert durch Artikel *1* des Gesetzes vom *23. 3. 1993* (BGBl. I S. *366)*;

4. *Markenrechtsreformgesetz vom 25. 10. 1994 (BGBl. I S. 3082)*;

5. Gesetz über das Verlagsrecht vom 19. 6. 1901 (RGBl. I S. 217), geändert durch § 141 Nr. 4 des Gesetzes vom 9. 9. 1965 (BGBl. I S. 1273);

6. Gebrauchsmustergesetz in der Fassung der Bekanntmachung vom 2. 1. 1968 (BGBl. I S. 24), zuletzt geändert durch Artikel 3 des Gesetzes vom 7. 3. 1990 (BGBl. I S. 422, 426).

(2) [1]Hinsichtlich der Leistungen auf dem Gebiet des Urheberrechts vgl. Abschnitt 36 Abs. 2. [2]Außerdem sind die Ausführungen in Abschnitt 168 zu beachten. [3]Bei der Auftragsproduktion von Filmen wird auf die Rechtsprechung des BFH zur Abgrenzung zwischen Lieferung und sonstiger Leistung hingewiesen (BFH-Urteil vom 19. 2. 1976 – BStBl II S. 515).

Werbung, Öffentlichkeitsarbeit, Werbungsmittler, Werbeagenturen

(3) [1]Unter dem Begriff „Leistungen, die der Werbung dienen", sind die Leistungen zu verstehen, die bei den Werbeadressaten den Entschluß zum Erwerb von Gegenständen oder zur Inanspruchnahme von sonstigen Leistungen auslösen sollen (vgl. BFH-Urteil vom 24. 9. 1987 – BStBl 1988 II S. 303). [2]Unter den Begriff fallen auch die Leistungen, die bei den Werbeadressaten ein bestimmtes außerwirtschaftliches, z. B. politisches, soziales, religiöses Verhalten herbeiführen sollen. [3]Es ist nicht erforderlich, daß die Leistungen üblicherweise und ausschließlich der Werbung dienen.

(4) Zu den Leistungen, die der Werbung dienen, gehören insbesondere:

1. die Werbeberatung. Hierbei handelt es sich um die Unterrichtung über die Möglichkeiten der Werbung;

2. die Werbevorbereitung und die Werbeplanung. Bei ihr handelt es sich um die Erforschung und Planung der Grundlagen für einen Werbeeinsatz, z. B. die Markterkundung, die Verbraucheranalyse, die Erforschung von Konsumgewohnheiten, die Entwicklung einer Marktstrategie und die Entwicklung von Werbekonzeptionen;

3. die Werbegestaltung. Hierzu *zählen* die graphische Arbeit, die Abfassung von Werbetexten und die vorbereitenden Arbeiten für die Film-, Funk- und Fernsehproduktion;

4. die Werbemittelherstellung. Hierzu gehört die Herstellung oder Beschaffung der Unterlagen, die für die Werbung notwendig sind, z. B. Reinzeichnungen und Tiefdruckvorlagen für Anzeigen, Prospekte, Plakate usw., Druckstöcke, Bild- und Tonträger, einschließlich der Überwachung der Herstellungsvorgänge;

5. die Werbemittlung. Der Begriff umfaßt die Auftragsabwicklung in dem Bercich, in dem die Werbeeinsätze erfolgen sollen, z. B. die Erteilung von Anzeigenaufträgen an die Verleger von Zeitungen, Zeitschriften, Fachblättern und Adreßbüchern sowie die Erteilung

von Werbeaufträgen an Funk- und Fernsehanstalten und an sonstige Unternehmer, die Werbung durchführen;

6. die Durchführung von Werbung. Hierzu gehören insbesondere die Aufnahmen von Werbeanzeigen in Zeitungen, Zeitschriften, Fachblättern, auf Bild- und Tonträgern und in Adreßbüchern, die sonstige Adreßwerbung, z. B. Zusatzeintragungen oder hervorgehobene Eintragungen, die Beiheftung, Beifügung oder Verteilung von Prospekten oder sonstige Formen der Direktwerbung, das Anbringen von Werbeplakaten und Werbetexten an Anschlagstellen, Verkehrsmitteln usw., das Abspielen von Werbefilmen in Filmtheatern oder die Ausstrahlung von Werbesendungen im Fernsehen oder Rundfunk.

(5) [1]Zeitungsanzeigen von Unternehmern, die Stellenangebote enthalten, ausgenommen Chiffreanzeigen, und sogenannte Finanzanzeigen, z. B. Veröffentlichung von Bilanzen, Emissionen, Börsenzulassungsprospekten usw., sind Werbeleistungen. [2]Zeitungsanzeigen von Nichtunternehmern, z. B. Stellengesuche, Stellenangebote von juristischen Personen des öffentlichen Rechts, Familienanzeigen, Kleinanzeigen, sind dagegen als nicht der Werbung dienend anzusehen.

(6) [1]Unter Leistungen, die der Öffentlichkeitsarbeit dienen, sind die Leistungen zu verstehen, durch die Verständnis, Wohlwollen und Vertrauen erreicht oder erhalten werden sollen. [2]Es handelt sich hierbei in der Regel um die Unterrichtung der Öffentlichkeit über die Zielsetzungen, Leistungen und die soziale Aufgeschlossenheit staatlicher oder privater Stellen. [3]Die Ausführungen in den Absätzen 3 und 4 gelten entsprechend.

(7) Werbungsmittler ist, wer Unternehmern, die Werbung für andere durchführen, Werbeaufträge für andere im eigenen Namen und für eigene Rechnung erteilt.

(8) [1]Eine Werbeagentur ist ein Unternehmer, der neben der Tätigkeit eines Werbungsmittlers weitere Leistungen, die der Werbung dienen, ausführt. [2]Bei den weiteren Leistungen handelt es sich insbesondere um Werbeberatung, Werbeplanung, Werbegestaltung. Beschaffung von Werbemitteln und Überwachung der Werbemittelherstellung (vgl. hierzu Absatz 4 Nr. 1 bis 4).

Beratungs- und Ingenieurleistungen

(9) [1]Die Vorschrift des § 3a Abs. 4 Nr. 3 UStG ist z. B. bei folgenden sonstigen Leistungen anzuwenden, wenn sie Hauptleistungen sind: Rechts-, Steuer- und Wirtschaftsberatung. [2]Sie findet keine Anwendung, wenn die Beratung nach den allgemeinen Grundsätzen des Umsatzsteuerrechts nur als Nebenleistung z. B. zu einer Werklieferung zu beurteilen ist.

(10) [1]Bei Rechtsanwälten, Patentanwälten, Steuerberatern und Wirtschaftsprüfern fallen alle berufstypischen Leistungen unter die Vorschrift. [2]Zur Beratungstätigkeit gehören daher z. B. bei einem Rechtsanwalt die Prozeßführung, bei einem Wirtschaftsprüfer auch die im Rahmen von Abschlußprüfungen erbrachten Leistungen.

(11) [1]Die Vorschrift des § 3a Abs. 4 Nr. 3 UStG erfaßt auch die selbständigen Beratungsleistungen der Notare. [2]Sie erbringen jedoch nur dann selbständige Beratungsleistungen, wenn die Beratungen nicht im Zusammenhang mit einer Beurkundung stehen. [3]Das sind insbesondere die Fälle, in denen sich die Tätigkeit der Notare auf die Betreuung der Beteiligten auf dem Gebiet der vorsorgenden Rechtspflege, insbesondere die Anfertigung von Urkundsentwürfen und die Beratung der Beteiligten beschränkt (vgl. § 24 BNotO und §§ 145 und 147 Abs. 2 KostO).

(12) [1]Unter die Vorschrift des § 3a Abs. 4 Nr. 3 UStG fallen ferner die Beratungsleistungen von Sachverständigen. [2]Hierzu gehören z. B. die Anfertigung von rechtlichen, wirtschaftlichen und technischen Gutachten, soweit letztere nicht im Zusammenhang mit einem Grundstück (§ 3a Abs. 2 Nr. 1 UStG) oder mit beweglichen Gegenständen (§ 3a Abs. 2 Nr. 3 Buchstabe c UStG)

stehen, sowie die Aufstellung von Finanzierungsplänen, die Auswahl von Herstellungsverfahren und die Prüfung ihrer Wirtschaftlichkeit. ³Ebenso sind Leistungen von Handelschemikern, die ausländische Auftraggeber neben der chemischen Analyse von Warenproben insbesondere über Kennzeichnungsfragen beraten, als Beratungsleistungen im Sinne des § 3a Abs. 4 Nr. 3 UStG zu beurteilen.

(13) ¹Ingenieurleistungen sind alle sonstigen Leistungen, die zum Berufsbild eines Ingenieurs gehören, also nicht nur beratende Tätigkeiten. ²Es ist nicht erforderlich, daß der leistende Unternehmer Ingenieur ist. ³Nicht hierzu *zählen* Ingenieurleistungen im Zusammenhang mit einem Grundstück (vgl. Abschnitt 34 Abs. 7).

Überlassung von Informationen

(14) ¹§ 3a Abs. 4 Nr. 5 UStG behandelt die Überlassung von Informationen einschließlich gewerblicher Verfahren und Erfahrungen, soweit diese sonstigen Leistungen nicht bereits unter § 3a Abs. 4 Nr. 1, 3 und 4 UStG fallen. ²Gewerbliche Verfahren und Erfahrungen können im Rahmen der laufenden Produktion oder der laufenden Handelsgeschäfte gesammelt werden und daher bei einer Auftragserteilung bereits vorliegen, z. B. Überlassung von Betriebsvorschriften, Unterrichtung über Fabrikationsverbesserungen, Unterweisung von Arbeitern des Auftraggebers im Betrieb des Unternehmers. ³Gewerbliche Verfahren und Erfahrungen können auch aufgrund besonderer Auftragsforschung gewonnen werden, z. B. Analysen für chemische Produkte, Methoden der Stahlgewinnung, Formeln für die Automation. ⁴Es ist ohne Belang, in welcher Weise die Verfahren und Erfahrungen übermittelt werden, z. B. durch Vortrag, Zeichnungen, Gutachten oder durch Übergabe von Mustern und Prototypen. ⁵Unter die Vorschrift fällt die Überlassung aller Erkenntnisse, die ihrer Art nach geeignet sind, technisch oder wirtschaftlich *verwendet zu werden*. ⁶Dies gilt z. B. auch für die Überlassung von Know-how und *nicht standardisierter* Software *(vgl. Abschnitt 25 Abs. 2 Nr. 7)* sowie von Ergebnissen einer Meinungsumfrage auf dem Gebiet der Marktforschung (BFH-Urteil vom 22. 11. 1973 – BStBl 1974 II S. 259) und für die Überlassung von Informationen durch Journalisten oder Pressedienste, soweit es sich nicht um die Überlassung urheberrechtlich geschützter Rechte handelt (vgl. Abschnitt 168).

Finanzumsätze

(15) ¹Wegen der sonstigen Leistungen, die in § 4 Nr. 8 Buchstabe a bis g und Nr. 10 UStG bezeichnet sind, vgl. Abschnitte 57 bis 68 und Abschnitte 73 und 74. ²Die Verweisung auf § 4 Nr. 8 Buchstabe a bis g und Nr. 10 UStG erfaßt auch die dort als nicht steuerfrei bezeichneten Leistungen.

Edelmetallumsätze

(16) ¹Bei den sonstigen Leistungen im Geschäft mit Gold, Silber und Platin handelt es sich insbesondere um die Veräußerung von Gewichtsguthaben und um die Übertragung von Miteigentumsanteilen an einem Edelmetallbestand und die Ausgabe von Goldzertifikaten. ²Nach der Rechtsprechung des BFH ist in diesen Fällen keine Lieferung, sondern eine sonstige Leistung anzunehmen (BFH-Urteil vom 22. 6. 1967 – BStBl III S. 662). ³Dazu gehören auch die Verwaltung von Edelmetallbeständen und die Optionsgeschäfte mit Gold, Silber oder Platin. ⁴Die Einräumung eines Miteigentumsanteils an einem Depot, das Münzen oder Medaillen aus Edelmetall enthält, sowie die Ausgabe von Goldmünzenzertifikaten fallen nicht unter diese Vorschrift. ⁵Der Ort der Leistung bestimmt sich in diesen Fällen nach § 3a Abs. 1 UStG.

(17) ¹Zu den sonstigen Leistungen im Geschäft mit Platin gehört auch der börsenmäßige Handel mit Platinbeimetallen (Palladium, Rhodium, Iridium, Osmium, Ruthenium). ²Dies gilt jedoch

nicht für Geschäfte mit Platinmetallen, bei denen die Versorgungsfunktion der Verarbeitungsunternehmen im Vordergrund steht. ³Hierbei handelt es sich um Warengeschäfte.

40. Ort des Eigenverbrauchs nach § 1 Abs. 1 Nr. 2 Buchstabe b UStG

Zum Ort des Eigenverbrauchs nach § 1 Abs. 1 Nr. 2 Buchstabe b UStG wird auf Abschnitt 7 Abs. 2 hingewiesen.

41. Ort der sonstigen Leistung bei Einschaltung eines Erfüllungsgehilfen

Bedient sich der Unternehmer bei Ausführung einer sonstigen Leistung eines anderen Unternehmers als Erfüllungsgehilfen, der die sonstige Leistung im eigenen Namen und für eigene Rechnung ausführt, ist der Ort der Leistung für jede dieser Leistungen für sich zu bestimmen.

Beispiel:
¹Die juristische Person des öffentlichen Rechts P im Inland erteilt dem Unternehmer F in Frankreich den Auftrag, ein Gutachten zu erstellen, das P in ihrem Hoheitsbereich auswerten will. ²F vergibt bestimmte Teilbereiche an den Unternehmer U im Inland und beauftragt ihn, die Ergebnisse seiner Ermittlungen unmittelbar P zur Verfügung zu stellen.
³Die Leistung des U wird nach § 3a Abs. 3 und 4 Nr. 3 UStG dort ausgeführt, wo F sein Unternehmen betreibt, und ist daher im Inland nicht steuerbar. ⁴Der Ort der Leistung des F an P ist nach § 3a Abs. 1 UStG zu bestimmen; die Leistung ist damit ebenfalls nicht steuerbar.

42. Sonderfälle des Ortes der sonstigen Leistung

(1) ¹Die Sonderregelung des § 1 UStDV betrifft sonstige Leistungen, die von einem *im Drittlandsgebiet* ansässigen Unternehmer oder von einer dort gelegenen Betriebsstätte erbracht und im Inland genutzt oder ausgewertet werden. ²Die Leistungen eines Aufsichtsratmitgliedes werden am Sitz der Gesellschaft genutzt oder ausgewertet. ³Sonstige Leistungen, die der Werbung oder der Öffentlichkeitsarbeit dienen (vgl. Abschnitt 39 Abs. 3 bis 8), werden dort genutzt oder ausgewertet, wo die Werbung oder Öffentlichkeitsarbeit wahrgenommen werden soll. ⁴Wird eine sonstige Leistung sowohl im Inland als auch im Ausland genutzt oder ausgewertet, ist darauf abzustellen, wo die Leistung überwiegend genutzt oder ausgewertet wird.

(2) ¹Die Regelung in § 1 Satz 1 Nr. 1 UStDV erstreckt sich nur auf sonstige Leistungen an juristische Personen des öffentlichen Rechts, d. h. auf Leistungen von wirtschaftlicher Bedeutung, die zudem ohne größerer Schwierigkeiten durch eine Besteuerung im Abzugsverfahren (siehe Abschnitte 233 bis 239) erfaßt werden können.

Beispiel 1:
¹Eine Stadt im Inland plaziert im Wege der Öffentlichkeitsarbeit eine Fremdenverkehrsanzeige über einen in *der Schweiz* ansässigen Werbungsmittler in einer deutschen Zeitung.
²Die Werbeleistung der deutschen Zeitung an den *Schweizer* Werbungsmittler ist nach § 3a Abs. 3 und 4 Nr. 2 UStG nicht steuerbar. ³Die Leistung des *Schweizer* Werbungsmittlers an die Stadt unterliegt nach § 1 Satz 1 Nr. 1 UStDV der Umsatzsteuer.

Beispiel 2:
¹Eine Rundfunkanstalt im Inland verpflichtet
1. einen in *Polen* ansässigen Künstler für die Aufnahme und Sendung einer künstlerischen Darbietung,
2. einen in der Schweiz ansässigen Journalisten, Nachrichten, Übersetzungen und Interviews auf Tonträgern und in Manuskriptform zu verfassen.

²Die Einräumung des Nutzungsrechts am Urheberrecht des Künstlers bzw. *dem* Journalisten ist zwischen der Rundfunkanstalt und dem Künstler bzw. Journalisten vereinbart. ³Die Sendungen werden sowohl in das Inland als auch in das Ausland ausgestrahlt.
⁴Die Leistungen des *polnischen* Künstlers bzw. des schweizer Journalisten sind umsatzsteuerrechtlich sonstige Leistungen im Sinne des § 3a Abs. 4 Nr. 1 UStG. ⁵Da diese Leistungen jeweils von einem außerhalb des Gebiets der *EG* ansässigen Unternehmer an eine im Inland ansässige Rundfunkanstalt erbracht werden und deshalb die Nutzung oder Auswertung im Inland erfolgt, die Rundfunkanstalt auch nicht Unternehmer im Sinne des § 2 UStG ist, sind die Tatbestandsvoraussetzungen des § 1 Satz 1 Nr. 1 UStDV erfüllt. ⁶Die Leistungen werden daher im Inland ausgeführt. ⁷Es kommt nicht darauf an, wohin die Sendungen ausgestrahlt werden.

(3) § 1 Satz 1 Nr. 2 UStDV *gilt für* die Vermietung von Beförderungsmitteln.

Beispiel:

¹Ein Unternehmer im Inland mietet bei einem in der Schweiz ansässigen Autovermieter einen Personenkraftwagen und nutzt ihn im Inland.
²Der Ort der Leistung bei der Vermietung des Beförderungsmittels richtet sich nach § 3a Abs. 1 UStG (vgl. Abschnitt 33 Abs. 3). ³Da der Personenkraftwagen im Inland genutzt wird, ist die Leistung jedoch nach § 1 Satz 1 Nr. 2 UStDV als im Inland ausgeführt zu behandeln.

Verwaltungsanweisungen

- Ermittlung des inländischen Steueranteils bei Beförderungen von Umzugsgut mit Auslandsberührung (OFD Frankfurt a. M. 5. 2. 1988, DStR 1988, 752);

- Ort der sonstigen Leistung bei Kongreßveranstaltungen und Seminaren (OFD Frankfurt a.M. 1. 12. 1993, UR 1994, 484);

- Ort der sonstigen Leistung eines Autors bei der Einräumung und Übertragung von Urheberrechten (OFD Frankfurt a. M. 1. 12. 1993, UR 1994, 484);

- Ort der sonstigen Leistung eines Autors bei der Erwägung von Urheberrechten (OFD Saarbrücken 30. 3. 1995, UVR 1995, 255);

- Ort der sonstigen Leistung auf dem Gebiet der Telekommunikation (BMF 13. 1. 1997, UR 1997, 72).

Rechtsprechung

- Zum Begriff der „Werbung" (BFH 24. 9. 1987, BStBl 1988 II, 303);

- Ort des Eigenverbrauchs bei privater Pkw-Verwendung (BFH 24. 11. 1988, BStBl 1989 II, 163);

- Vermietung von Hochseejachten (EuGH 15. 3. 1989, UR 1989, 184);

- eine einheitliche sonstige Leistung eines selbständigen Automobilrennfahrers (BFH 26. 3. 1992, BStBl II, 929);

- Ort der Reisebetreuungsleistungen bei angestellten Reisebetreuern (BFH 23. 9. 1993, BStBl 1994 II, 272);
- Vermittlung eines Joint-venture-Vertrages (BFH 1. 9. 1994, BFH/NV 1995, 458);
- sonstige Leistungen im Zusammenhang mit der Planung und dem Aufbau eines Messestandes (BFH 24. 11. 1994, BStBl 1995 II, 151);
- Leistungsinhalt beim Warentermingeschäft (BFH 8. 12. 1994, UR 1996, 226);
- Leistungen eines zwischengeschalteten Dritten an einen Kreditvermittler (§ 4 Nr. 8 Buchst. a UStG) ist eine sonstige Leistung (BFH 26. 1. 1995, BStBl II, 427);
- Vermietung eines Schiffes, welches über längere Zeit an einem Liegeplatz befestigt ist (BFH 7. 3. 1996, BStBl 1996 II, 341);
- Besteuerung von Restaurationsumsätzen an Bord von Fährschiffen (EuGH 2. 5. 1996, UR 1996, 220);
- DV-Leistungen bei der Organisation eines Gewinnspiels (BFH 30. 5. 1996, BFH/NV 1997, 71);
- Umsatzbesteuerung der Personenschiffahrt auf dem Rhein (BFH 1. 8. 1996, BStBl 1997 II, 160);
- Personenbeförderung auf dem Rhein sowie Gewährung von Unterkunft und Verpflegung als Nebenleistungen (BFH 19. 9. 1996, BStBl 1997 II, 164);
- Rechtsberatung ausländischer Mandanten und Rechnungsberichtigung (BFH 19. 9. 1996, UR 1997, 149);
- Ort der Leistungen bei towtechnischen Darbietungen (EuGH 26. 9. 1996, UVR 1996, 341);
- Besteuerungsart bei tierärztlichen Leistungen (EuGH 6. 3. 1997, RIW 1997, 434).

UStG

§ 3b[1]) **Ort der Beförderungsleistungen und der damit zusammenhängenden sonstigen Leistungen**

(1) [1]Eine Beförderungsleistung wird dort ausgeführt, wo die Beförderung bewirkt wird. [2]Erstreckt sich eine Beförderung nicht nur auf das Inland, so fällt nur der Teil der Leistung unter dieses Gesetz, der auf das Inland entfällt. [3]Die Bundesregierung kann mit Zustimmung des Bundesrates durch Rechtsverordnung zur Ver-

---

1) **Anm.:** § 3b Abs. 1 Nr. 2 i. d. F. des Art. 20 Nr. 25 StMBG v. 21. 12. 93 (BGBl I, 2310); Abs. 3 i. d. F. des Art. 20 Nr. 6 JStG 1996 v. 11. 10. 95 (BGBl I, 1250). – Zu grenzüberschreitenden Güterbeförderungen und damit zusammenhängenden sonstigen Leistungen vgl. BMF v. 16. 5. 94 (BStBl I, 321); zum Ort der Beförderung bei gebrochener innergemeinschaftlicher Güterbeförderung vgl. BMF v. 10. 5. 96 (BStBl I, 634).

einfachung des Besteuerungsverfahrens bestimmen, daß bei Beförderungen, die sich sowohl auf das Inland als auch auf das Ausland erstrecken (grenzüberschreitende Beförderungen),
1. kurze inländische Beförderungsstrecken als ausländische und kurze ausländische Beförderungsstrecken als inländische angesehen werden,
2. Beförderungen über kurze Beförderungsstrecken in den in § 1 Abs. 3 bezeichneten Gebieten nicht wie Umsätze im Inland behandelt werden.

(2) Das Beladen, Entladen, Umschlagen und ähnliche mit der Beförderung eines Gegenstandes im Zusammenhang stehende Leistungen werden dort ausgeführt, wo der Unternehmer jeweils ausschließlich oder zum wesentlichen Teil tätig wird.

(3) ¹Abweichend von Absatz 1 wird die Beförderung eines Gegenstandes, die in dem Gebiet von zwei verschiedenen Mitgliedstaaten beginnt und endet (innergemeinschaftliche Beförderung eines Gegenstandes), an dem Ort ausgeführt, an dem die Beförderung des Gegenstandes beginnt. ²Verwendet der Leistungsempfänger gegenüber dem Beförderungsunternehmer eine ihm von einem anderen Mitgliedstaat erteilte Umsatzsteuer-Identifikationsnummer, so gilt die unter dieser Nummer in Anspruch genommene Beförderungsleistung als in dem Gebiet des anderen Mitgliedstaates ausgeführt. ³Der innergemeinschaftlichen Beförderung eines Gegenstandes gleichgestellt ist die Beförderung eines Gegenstandes, die in dem Gebiet desselben Mitgliedstaates beginnt und endet, wenn diese Beförderung unmittelbar mit einer innergemeinschaftlichen Beförderung dieses Gegenstandes im Zusammenhang steht.

(4) Abweichend von Absatz 2 gilt für Leistungen, die im Zusammenhang mit der innergemeinschaftlichen Beförderung eines Gegenstandes stehen, Absatz 3 Satz 2 entsprechend.

(5) ¹Die Vermittlung der innergemeinschaftlichen Beförderung eines Gegenstandes wird an dem Ort erbracht, an dem die Beförderung des Gegenstandes beginnt. ²Absatz 3 Satz 2 gilt entsprechend.

(6) ¹Die Vermittlung einer in Absatz 2 bezeichneten und mit der innergemeinschaftlichen Beförderung eines Gegenstandes in Zusammenhang stehenden Leistung wird an dem Ort erbracht, an dem die Leistung erbracht wird. ²Absatz 3 Satz 2 gilt entsprechend.

6. EG-Richtlinie

Abschnitt VI: Ort des steuerbaren Umsatzes

...

Artikel 9 *Dienstleistungen*

...

(2) Es gilt jedoch

...

b) als Ort einer Beförderungsleistung der Ort, an dem die Beförderung nach Maßgabe der zurückgelegten Beförderungsstrecke jeweils stattfindet;
c) als Ort der folgenden Dienstleistungen der Ort, an dem diese Dienstleistungen tatsächlich bewirkt werden:
- *Tätigkeiten auf dem Gebiet der Kultur, der Künste, des Sports, der Wissenschaften, des Unterrichts, der Unterhaltung oder ähnliche Tätigkeiten, einschließlich derjenigen der Veranstalter solcher Tätigkeiten sowie gegebenenfalls der damit zusammenhängenden Tätigkeiten,*
- *Nebentätigkeiten des Transportgewerbes, wie Beladen, Entladen, Umschlagen und ähnliche Tätigkeiten,*
- *Begutachtungen beweglicher körperlicher Gegenstände,*
- *Arbeiten an beweglichen körperlichen Gegenständen;*

...

Abschnitt XV: Vereinfachungsmaßnahmen

Artikel 27

(1) Der Rat kann auf Vorschlag der Kommission einstimmig jeden Mitgliedstaat ermächtigen, von dieser Richtlinie abweichende Sondermaßnahmen einzuführen, um die Steuererhebung zu vereinfachen oder Steuerhinterziehungen oder -umgehungen zu verhüten. Die Maßnahmen zur Vereinfachung der Steuererhebung dürfen den Betrag der im Stadium des Endverbrauchs fälligen Steuer nur in unerheblichem Maße beeinflussen.

...

(5) Die Mitgliedstaaten, die am 1. Januar 1977 Sondermaßnahmen von der Art der in Absatz 1 genannten angewandt haben, können sie aufrechterhalten, sofern sie diese der Kommission vor dem 1. Januar 1978 mitteilen und unter der Bedingung, daß diese Sondermaßnahmen – sofern es sich um Maßnahmen zur Erleichterung der Steuererhebung handelt – dem in Absatz 1 festgelegten Kriterium entsprechen.

Abschnitt XVIa: Übergangsregelung für die Besteuerung des Handels zwischen den Mitgliedstaaten

...

Artikel 28b   Ort der Umsätze

...

C. Ort der Dienstleistungen bei innergemeinschaftlicher Güterbeförderung

(1) Abweichend von Artikel 9 Absatz 2 Buchstabe b) wird der Ort der Dienstleistungen bei innergemeinschaftlicher Güterbeförderung entsprechend den nachstehenden Absätzen 2, 3 und 4 festgelegt. Im Sinne dieses Abschnitts gelten als
- *„innergemeinschaftliche Güterbeförderung" jede Beförderung von Gütern, bei der der Abgangs- und Ankunftsort in zwei verschiedenen Mitgliedstaaten liegen.*

Der innergemeinschaftlichen Güterbeförderung gleichgestellt ist eine Güterbeförderung, bei der Abgangs- und Ankunftsort im Inland liegen, wenn diese Beförderung unmittelbar mit einer Güterbeförderung verbunden ist, bei der Abgangs- und Ankunftsort in zwei verschiedenen Mitgliedstaaten liegen;

– „Abgangsort" der Ort, an dem die Beförderung der Güter tatsächlich beginnt, ungeachtet der Strecken, die bis zu dem Ort zurückzulegen sind, an dem sich die Güter befinden;

– „Ankunftsort" der Ort, an dem die Beförderung der Güter tatsächlich endet.

(2) Der Ort der Dienstleistungen bei innergemeinschaftlicher Güterbeförderung ist der Abgangsort.

(3) Abweichend von Absatz 2 gilt jedoch der Ort der Dienstleistungen bei innergemeinschaftlicher Güterbeförderung, wenn diese Dienstleistungen von Empfängern in Anspruch genommen werden, die in einem anderen Mitgliedstaat als dem des Abgangsortes eine Umsatzsteuer-Identifikationsnummer haben, als in dem Gebiet des Mitgliedstaates gelegen, der dem Empfänger der Dienstleistung die Umsatzsteuer-Identifikationsnummer erteilt hat, unter der ihm die Dienstleistung erbracht wurde.

(4) Die Mitgliedstaaten haben die Möglichkeit, keine Steuer auf den Teil der Beförderungsleistung zu erheben, der den Beförderungsstrecken über Gewässer entspricht, die nicht zum Gebiet der Gemeinschaft im Sinne des Artikels 3 gehören.

D. Ort der Dienstleistungen, die Nebentätigkeiten der innergemeinschaftlichen Güterbeförderung betreffen

Bei Nebentätigkeiten zur innergemeinschaftlichen Güterbeförderung, die von Empfängern in Anspruch genommen werden, die eine Umsatzsteuer-Identifikationsnummer in einem anderen Mitgliedstaat als dem haben, in dem diese Dienstleistungen tatsächlich erbracht weden, gilt abweichend von Artikel 9 Absatz 2 Buchstabe c) der Ort dieser Dienstleistungen als im Gebiet des Mitgliedstaates gelegen, der dem Empfänger der Dienstleistung die Umsatzsteuer-Identifikationsnummer erteilt hat, unter der ihm die Dienstleistung erbracht wurde.

E. Ort der von Vermittlern erbrachten Dienstleistungen

(1) Abweichend von Artikel 9 Absatz 1 ist der Ort der Dienstleistungen von Vermittlern, die im Namen und für Rechnung Dritter handeln, wenn sie an der Erbringung von Dienstleistungen bei innergemeinschaftlicher Güterbeförderung beteiligt sind, der Abgangsort.

Hat jedoch der Empfänger der von dem Vermittler erbrachten Dienstleistung eine Umsatzsteuer-Identifikationsnummer in einem anderen Mitgliedstaat als dem des Abgangsortes, so gilt der Ort der von dem Vermittler erbrachten Dienstleistung als im Gebiet des Mitgliedstaates gelegen, der dem Empfänger der Dienstleistungen die Umsatzsteuer-Identifikationsnummer erteilt hat, unter der ihm die Dienstleistung erbracht wurde.

(2) Abweichend von Artikel 9 Absatz 1 ist der Ort der Dienstleistungen von Vermittlern, die im Namen und für Rechnung Dritter handeln, wenn sie an der Erbringung von Dienstleistungen, die Nebentätigkeiten der innergemeinschaftlichen Güterbeförderung betreffen, beteiligt sind, der Ort der tatsächlichen Erbringung der Nebenleistung.

Hat jedoch der Empfänger der von dem Vermittler erbrachten Dienstleistung eine Umsatzsteuer-Identifikationsnummer in einem anderen Mitgliedstaat als dem, in dem die Nebenleistung tatsächlich erbracht worden ist, so gilt der Ort der Dienstleistung des Vermittlers als im Gebiet des Mitgliedstaates gelegen, der dem Empfänger der Dienstleistung die Umsatzsteuer-Identifikationsnummer erteilt hat, unter der ihm die Dienstleistung vom Vermittler erbracht wurde.

...

UStDV

§ 2 Verbindungsstrecken im Inland

¹Bei grenzüberschreitenden Beförderungen ist die Verbindungsstrecke zwischen zwei Orten im Ausland, die über das Inland führt, als ausländische Beförderungsstrecke anzusehen, wenn diese Verbindungsstrecke den nächsten oder verkehrstechnisch günstigsten Weg darstellt und der inländische Streckenanteil nicht länger als 30 Kilometer ist. ²Dies gilt nicht für Personenbeförderungen im Linienverkehr mit Kraftfahrzeugen. ³§ 7 bleibt unberührt.

§ 3 Verbindungsstrecken im Ausland

¹Bei grenzüberschreitenden Beförderungen ist die Verbindungsstrecke zwischen zwei Orten im Inland, die über das Ausland führt, als inländische Beförderungsstrecke anzusehen, wenn der ausländische Streckenanteil nicht länger als 10 Kilometer ist. ²Dies gilt nicht für Personenbeförderungen im Linienverkehr mit Kraftfahrzeugen. ³§ 7 bleibt unberührt.

§ 4¹) Anschlußstrecken im Schienenbahnverkehr

Bei grenzüberschreitenden Personenbeförderungen mit Schienenbahnen sind anzusehen:

1. als inländische Beförderungsstrecken die Anschlußstrecken im Ausland, die von Eisenbahnverwaltungen mit Sitz im Inland betrieben werden, sowie Schienenbahnstrecken in den in § 1 Abs. 3 des Gesetzes bezeichneten Gebieten,
2. als ausländische Beförderungsstrecken die inländischen Anschlußstrecken, die von Eisenbahnverwaltungen mit Sitz im Ausland betrieben werden.

§ 5 Kurze Straßenstrecken im Inland

¹Bei grenzüberschreitenden Personenbeförderungen im Gelegenheitsverkehr mit Kraftfahrzeugen sind inländische Streckenanteile, die in einer Fahrtrichtung nicht länger als 10 Kilometer sind, als ausländische Beförderungsstrecken anzusehen. ²§ 6 bleibt unberührt.

§ 6²) Straßenstrecken in den in § 1 Abs. 3 des Gesetzes bezeichneten Gebieten

Bei grenzüberschreitenden Personenbeförderungen mit Kraftfahrzeugen von und zu den in § 1 Abs. 3 des Gesetzes bezeichneten Gebieten sowie zwischen diesen Gebieten sind die Streckenanteile in diesen Gebieten als inländische Beförderungsstrecken anzusehen.

§ 7³) Kurze Strecken im grenzüberschreitenden Verkehr mit Wasserfahrzeugen

(1) Bei grenzüberschreitenden Beförderungen im Passagier- und Fährverkehr mit Wasserfahrzeugen, die sich ausschließlich auf das Inland und die in § 1 Abs. 3 des Gesetzes bezeichneten Gebiete erstrecken, sind die Streckenanteile in den in § 1 Abs. 3 des Gesetzes bezeichneten Gebieten als inländische Beförderungsstrecken anzusehen.

(2) ¹Bei grenzüberschreitenden Beförderungen im Passagier- und Fährverkehr mit Wasserfahrzeugen, die in inländischen Häfen beginnen und enden, sind

---

1) **Anm.:** § 4 Nr. 1 i. d. F. des Art. 21 Nr. 2 JStG 1996 v. 11. 10. 95 (BGBl I, 1250).
2) **Anm.:** § 6 i. d. F. des Art. 21 Nr. 3 JStG 1996 v. 11. 10. 95 (BGBl I, 1250).
3) **Anm.:** § 7 i. d. F. des Art. 21 Nr. 4 JStG 1996 v. 11. 10. 95 (BGBl I, 1250).

UStG § 3b   *42a UStR*   *Ort der Beförderungsleistungen*

1. *ausländische Streckenanteile als inländische Beförderungsstrecken anzusehen, wenn die ausländischen Streckenanteile nicht länger als 10 Kilometer sind, und*
2. *inländische Streckenanteile als ausländische Beförderungsstrecken anzusehen, wenn*
   a) *die ausländischen Streckenanteile länger als 10 Kilometer und*
   b) *die inländischen Streckenanteile nicht länger als 20 Kilometer sind.*

²*Streckenanteile in den in § 1 Abs. 3 des Gesetzes bezeichneten Gebieten sind in diesen Fällen als inländische Beförderungsstrecken anzusehen.*

(3) Bei grenzüberschreitenden Beförderungen im Passagier- und Fährverkehr mit Wasserfahrzeugen für die Seeschiffahrt, die zwischen ausländischen Seehäfen oder zwischen einem inländischen Seehafen und einem ausländischen Seehafen durchgeführt werden, sind inländische Streckenanteile als ausländische Beförderungsstrecken anzusehen und Beförderungen in den in § 1 Abs. 3 des Gesetzes bezeichneten Gebieten nicht wie Umsätze im Inland zu behandeln.

(4) Inländische Häfen im Sinne dieser Vorschrift sind auch Freihäfen und die Insel Helgoland.

(5) Bei grenzüberschreitenden Beförderungen im Fährverkehr über den Rhein, die Donau, die Elbe, die Neiße und die Oder sind die inländischen Streckenanteile als ausländische Beförderungsstrecken anzusehen.

UStR

42a. Ort einer Personenbeförderung und Ort einer Güterbeförderung, die keine innergemeinschaftliche Güterbeförderung ist

(1) ¹*Der Ort einer Personenbeförderung und der Ort einer Güterbeförderung, die keine innergemeinschaftliche Güterbeförderung im Sinne des § 3b Abs. 3 UStG ist, liegen dort, wo die Beförderung tatsächlich bewirkt wird (§ 3b Abs. 1 Satz 1 UStG).* ²*Hieraus folgt für diejenigen Beförderungsfälle, in denen der mit der Beförderung beauftragte Unternehmer (Hauptunternehmer) die Beförderung durch einen anderen Unternehmer (Subunternehmer) ausführen läßt, daß sowohl die Beförderungsleistung des Hauptunternehmers als auch diejenige des Subunternehmers dort ausgeführt werden, wo der Subunternehmer die Beförderung bewirkt.* ³*Die Sonderregelung über die Besteuerung von Reiseleistungen (§ 25 Abs. 1 UStG) bleibt jedoch unberührt.*

Beispiel:

¹*Der Reiseveranstalter A veranstaltet im eigenen Namen und für eigene Rechnung einen Tagesausflug.* ²*Er befördert die teilnehmenden Reisenden jedoch nicht selbst, sondern bedient sich zur Ausführung der Beförderung des Omnibusunternehmers B.* ³*Dieser bewirkt an A eine Beförderungsleistung, indem er die Beförderung im eigenen Namen, unter eigener Verantwortung und für eigene Rechnung durchführt.*
⁴*Der Ort der Beförderungsleistung des B liegt dort, wo dieser die Beförderung bewirkt.* ⁵*Für A stellt die Beförderungsleistung des B eine Reisevorleistung dar.* ⁶*A führt deshalb umsatzsteuerlich keine Beförderungsleistung, sondern eine sonstige Leistung im Sinne des § 25 Abs. 1 UStG aus.* ⁷*Diese sonstige Leistung wird dort ausgeführt, von wo aus A sein Unternehmen betreibt (§ 3a Abs. 1 UStG).*

(2) Im Falle der Besorgung einer Beförderungsleistung, z. B. durch einen Spediteur, liegt aufgrund des § 3 Abs. 11 UStG der Ort der Besorgungsleistung dort, wo die besorgte Beförderung, z. B. von dem beauftragten Frachtführer, bewirkt wird.

Grenzüberschreitende Beförderungen

(3) ¹Grenzüberschreitende Beförderungen sind in einen steuerbaren und einen nicht steuerbaren Leistungsteil aufzuteilen (§ 3b Abs. 1 Satz 2 UStG). ²Dies gilt aufgrund des § 3 Abs. 11 UStG auch für Besorgungsleistungen, wenn Beförderungen im vorbezeichneten Sinne besorgt werden. ³Die Aufteilung unterbleibt jedoch bei grenzüberschreitenden Beförderungen mit kurzen in- oder ausländischen Beförderungsstrecken, wenn diese Beförderungen entweder insgesamt als steuerbar oder insgesamt als nicht steuerbar zu behandeln sind (siehe auch Absätze 6 bis 16). ⁴Wegen der Auswirkung der Sonderregelung des § 1 Abs. 3 Nr. 2 und 3 UStG auf Beförderungen – in der Regel in Verbindung mit den §§ 4, 6 oder 7 UStDV – wird auf die Absätze 10 und 12 bis 16 verwiesen.

(4) ¹Bei einer Beförderungsleistung, bei der nur ein Teil der Leistung steuerbar ist und bei der die Umsatzsteuer für diesen Teil auch erhoben wird, ist Bemessungsgrundlage das Entgelt, das auf diesen Teil entfällt. ²Bei Personenbeförderungen im Gelegenheitsverkehr mit Kraftomnibussen, die nicht im Inland zugelassen sind und die bei der Ein- oder Ausreise eine Grenze zu einem Drittland überqueren, ist ein Durchschnittsbeförderungsentgelt für den Streckenanteil im Inland maßgebend (vgl. Abschnitte 159 und 221). ³In allen übrigen Fällen ist das auf den steuerbaren Leistungsteil entfallende tatsächlich vereinbarte oder vereinnahmte Entgelt zu ermitteln (vgl. hierzu Absatz 5). ⁴Das Finanzamt kann jedoch Unternehmer, die nach § 4 Nr. 3 UStG steuerfreie Umsätze bewirken, von der Verpflichtung befreien, die Entgelte für die vorbezeichneten steuerfreien Umsätze und die Entgelte für nicht steuerbare Beförderungen getrennt aufzuzeichnen (vgl. Abschnitt 259 Abs. 17 und 18).

(5) ¹Wird bei einer Beförderungsleistung, die sich nicht nur auf das Inland erstreckt und bei der kein Durchschnittsbeförderungsentgelt maßgebend ist, ein Gesamtpreis vereinbart oder vereinnahmt, so ist der auf den inländischen Streckenanteil entfallende Entgeltsanteil anhand dieses Gesamtpreises zu ermitteln. ²Hierzu gilt folgendes:

1. ¹Grundsätzlich ist vom vereinbarten oder vereinnahmten Nettobeförderungspreis auszugehen. ²Zum Nettobeförderungspreis gehören nicht die Umsatzsteuer für die Beförderungsleistung im Inland und die für den nicht steuerbaren Leistungsanteil in anderen Staaten zu zahlende Umsatzsteuer oder ähnliche Steuer. ³Sofern nicht besondere Umstände (wie z. B. tarifliche Vereinbarungen im internationalen Eisenbahnverkehr) eine andere Aufteilung rechtfertigen, ist der Nettobeförderungspreis für jede einzelne Beförderungsleistung im Verhältnis der Längen der inländischen und ausländischen Streckenanteile – einschließlich sogenannter Leerkilometer – aufzuteilen. ⁴Das auf den inländischen Streckenanteil entfallende Entgelt kann nach folgender Formel ermittelt werden:

$$\text{Entgelt für den inländischen Streckenanteil} = \frac{\text{Nettobeförderungspreis für die Gesamtstrecke} \times \text{Anzahl der km des inländischen Streckenanteils}}{\text{Anzahl der km der Gesamtstrecke}}$$

2. ¹Bei Personenbeförderungen ist es nicht zu beanstanden, wenn zur Ermittlung des auf den inländischen Streckenanteil entfallenden Entgelts nicht vom Nettobeförderungspreis ausgegangen wird, sondern von dem für die Gesamtstrecke vereinbarten oder vereinnahmten Bruttobeförderungspreis, z. B. Gesamtpreis einschließlich der im Inland und im Ausland erhobe-

nen Umsatzsteuer oder ähnlichen Steuer. ²Für die Entgeltsermittlung kann in diesem Falle die folgende geänderte Berechnungsformel dienen:

$$\frac{\text{Bruttoentgelt (Entgelt zuzüglich Umsatzsteuer) für den inländischen Streckenanteil}}{} = \frac{\text{Bruttobeförderungspreis für die Gesamtstrecke} \times \text{Anzahl der km des inländischen Streckenanteils}}{\text{Anzahl der km der Gesamtstrecke}}$$

³Innerhalb eines Besteuerungszeitraumes muß bei allen Beförderungen einer Verkehrsart, z. B. bei Personenbeförderungen im Gelegenheitsverkehr mit Kraftfahrzeugen, nach ein und derselben Methode verfahren werden.

Verbindungsstrecken im Inland

(6) ¹Zu den Verbindungsstrecken im Inland nach § 2 UStDV gehören insbesondere diejenigen Verbindungsstrecken von nicht mehr als 30 km Länge, für die in den folgenden Abkommen und Verträgen Erleichterungen für den Durchgangsverkehr vereinbart worden sind:

1. Deutsch-Schweizerisches Abkommen vom 5. 2. 1958, Anlage III (BGBl. 1960 II S. 2162), geändert durch Vereinbarung vom 15. 5. 1981 (BGBl. II S. 211),

2. Deutsch-Österreichisches Abkommen vom 14. 9. 1955, Artikel 1 Abs. 1 (BGBl. 1957 II S. 586);

3. Deutsch-Österreichisches Abkommen vom 14. 9. 1955, Artikel 1 (BGBl. 1957 II S. 589),

4. Deutsch-Österreichischer Vertrag vom 6. 9. 1962, Anlage II (BGBl. 1963 II S. 1280), zuletzt geändert durch Vereinbarung vom 3. 12. 1981 (BGBl. 1982 II S. 28),

5. Deutsch-Österreichischer Vertrag vom 17. 2. 1966, Artikel 1 und 14 (BGBl. 1967 II S. 2092),

6. Deutsch-Niederländischer Vertrag vom 8. 4. 1960, Artikel 33 (BGBl. 1963 II S. 463).

²Bei diesen Strecken ist eine Prüfung, ob sie den nächsten oder verkehrstechnisch günstigsten Weg darstellen, nicht erforderlich. ³Bei anderen Verbindungsstrecken muß diese Voraussetzung im Einzelfall geprüft werden.

(7) ¹§ 2 UStDV umfaßt die grenzüberschreitenden Personen- und Güterbeförderungen, die von im Inland oder im Ausland ansässigen Unternehmern bewirkt werden, mit Ausnahme der Personenbeförderungen im Linienverkehr mit Kraftfahrzeugen. ²Bei grenzüberschreitenden Beförderungen im Passagier- und Fährverkehr mit Wasserfahrzeugen hat § 7 Abs. 2, 3 und 5 UStDV Vorrang (vgl. Absätze 14 bis 16).

Verbindungsstrecken im Ausland

(8) Zu den Verbindungsstrecken im Ausland nach § 3 UStDV gehören insbesondere diejenigen Verbindungsstrecken von nicht mehr als 10 km Länge, die in den in Absatz 6 und in den nachfolgend aufgeführten Abkommen und Verträgen enthalten sind:

1. Deutsch-Österreichischer Vertrag vom 17. 2. 1966, Artikel 1 (BGBl. 1967 II S. 2086),

2. Deutsch-Belgischer Vertrag vom 24. 9. 1956, Artikel 12 (BGBl. 1958 II S. 263).

(9) ¹Der Anwendungsbereich des § 3 UStDV umfaßt die grenzüberschreitenden Personen- und Güterbeförderungen, die von im Inland oder im Ausland ansässigen Unternehmern durchgeführt werden, mit Ausnahme der Personenbeförderungen im Linienverkehr mit Kraftfahrzeugen. ²Bei grenzüberschreitenden Beförderungen im Passagier- und Fährverkehr mit Wasserfahrzeugen hat § 7 Abs. 2, 3 und 5 UStDV Vorrang (vgl. Absätze 14 bis 16).

Anschlußstrecken im Schienenbahnverkehr

(10) ¹Im Eisenbahnverkehr enden die Beförderungsstrecken der nationalen Eisenbahnverwaltungen in der Regel an der Grenze des jeweiligen Hoheitsgebietes. ²In Ausnahmefällen betreiben jedoch die Eisenbahnverwaltungen kurze Beförderungsstrecken im Nachbarstaat bis zu einem dort befindlichen vertraglich festgelegten Gemeinschafts- oder Betriebswechselbahnhof (Anschlußstrecken). ³Bei Personenbeförderungen im grenzüberschreitenden Eisenbahnverkehr sind die nach § 4 UStDV von inländischen Eisenbahnverwaltungen im Ausland betriebenen Anschlußstrecken als inländische Beförderungsstrecken und die von ausländischen Eisenbahnverwaltungen im Inland betriebenen Anschlußstrecken als ausländische Beförderungsstrecken anzusehen. ⁴Ferner gelten bei Personenbeförderungen Schienenbahnstrecken in den in § 1 Abs. 3 UStG bezeichneten Gebieten als inländische Beförderungsstrecken.

Kurze Straßenstrecken im Inland

(11) ¹Bei grenzüberschreitenden Personenbeförderungen im Gelegenheitsverkehr mit im Inland oder im Ausland zugelassenen Kraftfahrzeugen sind inländische Streckenanteile, die in einer Fahrtrichtung nicht länger als 10 km sind, nach § 5 UStDV als ausländische Beförderungsstrecken anzusehen. ²Die Regelung gilt jedoch nicht für Personenbeförderungen von und zu den in § 1 Abs. 3 UStG bezeichneten Gebieten (vgl. auch Absatz 12). ³Der „Gelegenheitsverkehr mit Kraftfahrzeugen" umfaßt nach § 46 PBefG den Verkehr mit Taxen (§ 47 PBefG), die Ausflugsfahrten und Ferienziel-Reisen (§ 48 PBefG) und den Verkehr mit Mietomnibussen und Mietwagen (§ 49 PBefG).

Straßenstrecken in den in § 1 Abs. 3 UStG bezeichneten Gebieten

(12) ¹Bei grenzüberschreitenden Personenbeförderungen mit Kraftfahrzeugen, die von im Inland oder im Ausland ansässigen Unternehmern von und zu den in § 1 Abs. 3 UStG bezeichneten Gebieten sowie zwischen diesen Gebieten bewirkt werden, sind die Streckenanteile in diesen Gebieten nach § 6 UStDV als inländische Beförderungsstrecken anzusehen. ²Durch diese Regelung sind die Beförderungen nicht nur in den Fällen insgesamt steuerbar und mangels einer Befreiungsvorschrift auch steuerpflichtig, in denen sie für unternehmensfremde Zwecke des Auftraggebers ausgeführt werden oder Eigenverbrauch darstellen (§ 1 Abs. 3 Nr. 2 und 3 UStG), sondern auch dann, wenn sie für das Unternehmen des Auftraggebers bewirkt werden.

Kurze Strecken im grenzüberschreitenden Verkehr mit Wasserfahrzeugen

(13) ¹Bei grenzüberschreitenden Beförderungen im Passagier- und Fährverkehr mit Wasserfahrzeugen jeglicher Art, die lediglich im Inland und in den in § 1 Abs. 3 UStG bezeichneten Gebieten ausgeführt werden, sind nach § 7 Abs. 1 UStDV die Streckenanteile in den in § 1 Abs. 3 UStG bezeichneten Gebieten als inländische Beförderungsstrecken anzusehen. ²Hieraus ergibt sich, daß die Beförderungen insgesamt steuerbar sind, und zwar unabhängig davon, ob sie z. B. für unternehmensfremde Zwecke des Auftraggebers oder für dessen Unternehmen ausgeführt werden. ³Unter die Regelung fallen insbesondere folgende Sachverhalte:

1. Grenzüberschreitende Beförderungen zwischen Hafengebieten im Inland und Freihäfen.

   Beispiel 1:
   Ein Unternehmer befördert mit seinem Schiff Personen zwischen dem Hamburger Freihafen und dem übrigen Hamburger Hafengebiet.

2. Grenzüberschreitende Beförderungen, die zwischen inländischen Häfen durchgeführt werden und bei denen neben dem Inland lediglich die in § 1 Abs. 3 UStG bezeichneten Gebiete durchfahren werden.

Beispiel 2:

[1]Ein Unternehmer befördert mit seinem Schiff Touristen zwischen den ostfriesischen Inseln und benutzt hierbei den Seeweg nördlich der Inseln. [2]Bei den Fahrten wird jedoch die Hoheitsgrenze, die sich 12 Seemeilen (rd. 22,2 km) von der Strandlinie entfernt befindet, nicht überschritten.

(14) Für grenzüberschreitende Beförderungen im Passagier- und Fährverkehr mit Wasserfahrzeugen jeglicher Art, die zwischen inländischen Häfen durchgeführt werden, bei denen jedoch nicht lediglich das Inland und die in § 1 Abs. 3 UStG bezeichneten Gebiete, sondern auch das übrige Ausland berührt werden, enthält § 7 Abs. 2 UStDV folgende Sonderregelungen:

1. [1]Ausländische Beförderungsstrecken sind als inländische Beförderungsstrecken anzusehen, wenn die ausländischen Streckenanteile außerhalb der in § 1 Abs. 3 UStG bezeichneten Gebiete jeweils nicht mehr als 10 km betragen (§ 7 Abs. 2 Nr. 1 UStDV). [2]Die Vorschrift ist im Ergebnis eine Ergänzung des § 7 Abs. 1 UStDV.

Beispiel:

[1]Ein Unternehmer befördert Touristen mit seinem Schiff zwischen den Nordseeinseln und legt dabei nicht mehr als 10 km jenseits der Hoheitsgrenze zurück.

[2]Die Beförderungen im Seegebiet bis zur Hoheitsgrenze sind ohne Rücksicht auf die Länge der Beförderungsstrecke steuerbar. [3]Die Beförderungen im Seegebiet jenseits der Hoheitsgrenze sind ebenfalls steuerbar, weil die Beförderungsstrecke hier nicht länger als 10 km ist.

2. [1]Inländische Streckenanteile sind als ausländische Beförderungsstrecken anzusehen, und Beförderungsleistungen, die auf die in § 1 Abs. 3 UStG bezeichneten Gebiete entfallen, sind nicht wie Umsätze im Inland zu behandeln, wenn bei der einzelnen Beförderung

   a) der ausländische Streckenanteil außerhalb der in § 1 Abs. 3 UStG bezeichneten Gebiete länger als 10 km und

   b) der Streckenanteil im Inland und in den in § 1 Abs. 3 UStG bezeichneten Gebieten nicht länger als 20 km

   sind (§ 7 Abs. 2 Nr. 2 UStDV). [2]Die Beförderungen sind deshalb insgesamt nicht steuerbar.

(15) [1]Keine Sonderregelung besteht für die Fälle, in denen die ausländischen Streckenanteile außerhalb der in § 1 Abs. 3 UStG bezeichneten Gebiete jeweils länger als 10 km und die Streckenanteile im Inland und in den vorbezeichneten Gebieten jeweils länger als 20 km sind. [2]In diesen Fällen ist deshalb die jeweilige Beförderungsleistung in einen steuerbaren Teil und einen nicht steuerbaren Teil aufzuteilen. [3]Bei der Aufteilung ist zu beachten, daß Beförderungen in den in § 1 Abs. 3 UStG bezeichneten Gebieten steuerbar sind, wenn sie für unternehmensfremde Zwecke des Auftraggebers ausgeführt werden oder Eigenverbrauch darstellen.

Beispiel:

[1]Ein Unternehmer befördert mit seinem Schiff Touristen auf die hohe See hinaus. [2]Der Streckenanteil vom Hafen bis zur Hoheitsgrenze hin und zurück beträgt 50 km. [3]Der Streckenanteil jenseits der Hoheitsgrenze beträgt 12,5 km.

[4]Die Beförderung ist zu 80 % steuerbar und zu 20 % nicht steuerbar.

(16) [1]Bei grenzüberschreitenden Beförderungen im Passagier- und Fährverkehr mit Wasserfahrzeugen für die Seeschiffahrt nach § 7 Abs. 3 UStDV handelt es sich um folgende Beförderungen:

1. Beförderungen, die zwischen ausländischen Seehäfen durchgeführt werden und durch das Inland oder durch die in § 1 Abs. 3 UStG bezeichneten Gebiete führen.

Beispiel 1:

¹Ein Unternehmer befördert Touristen mit seinem Schiff von Stockholm durch den Nord-Ostsee-Kanal nach London. ²Die Strecke durch den Nord-Ostsee-Kanal ist als ausländischer Streckenanteil anzusehen.

2. ¹Beförderungen, die zwischen einem inländischen Seehafen und einem ausländischen Seehafen durchgeführt werden. ²Inländische Seehäfen sind nach § 7 Abs. 4 UStDV auch die Freihäfen und die Insel Helgoland.

Beispiel 2:

Beförderungen im Passagier- und Fährverkehr zwischen Hamburg (Seehafen) oder Bremerhaven (Freihafen) und Harwich (England),

Beispiel 3:

Beförderungen im Rahmen von Kreuzfahrten, die zwar in ein und demselben inländischen Seehafen beginnen und enden, bei denen aber zwischendurch mindestens ein ausländischer Seehafen angelaufen wird.

²Die Regelung des § 7 Abs. 3 UStDV hat zur Folge, daß die Beförderungen insgesamt nicht steuerbar sind. ³Das gilt unter bestimmten Voraussetzungen auch für die Gewährung von Unterbringung und Verpflegung an die beförderten Personen (vgl. Abschnitt 172 Abs. 4).

(17) Bei Beförderungen von Personen mit Schiffen auf dem Rhein zwischen Basel (Rhein-km 170) und Neuburgweier (Rhein-km 353) über insgesamt 183 km ist hinsichtlich der einzelnen Streckenanteile wie folgt zu verfahren:

1. Streckenanteil zwischen der Grenze bei Basel (Rhein-km 170) und Breisach (Rhein-km 227) über insgesamt 57 km:

   ¹Die Beförderungen erfolgen hier auf dem in Frankreich gelegenen Rheinseitenkanal. ²Sie unterliegen deshalb auf diesem Streckenanteil nicht der deutschen Umsatzsteuer.

2. Streckenanteil zwischen Breisach (Rhein-km 227) und Straßburg (Rhein-km 295) über insgesamt 68 km:

   a) *¹Hier werden die Beförderungen auf einzelnen Streckenabschnitten (Schleusen und Schleusenkanälen) von zusammen 34 km auf französischem Hoheitsgebiet durchgeführt. ²Die Beförderungen unterliegen insoweit nicht der deutschen Umsatzsteuer.*

   b) *¹Auf einzelnen anderen Streckenabschnitten von zusammen 34 km finden die Beförderungen auf dem Rheinstrom statt. ²Die Hoheitsgrenze zwischen Frankreich und der Bundesrepublik Deutschland wird durch die Achse des Talwegs bestimmt. ³Bedingt durch den Verlauf der Fahrrinne und mit Rücksicht auf den übrigen Verkehr muß die Schiffahrt häufig die Hoheitsgrenze überfahren. ⁴In der Regel wird der Verkehr je zur Hälfte (= 17 km) auf deutschem und französischem Hoheitsgebiet abgewickelt.*

3. Streckenanteil zwischen Straßburg (Rhein-km 295) und der Grenze bei Neuburgweier (Rhein-km 353) über insgesamt 58 km:

   ¹Die Hoheitsgrenze im Rhein wird auch hier durch die Achse des Talwegs bestimmt. ²Deshalb ist auch hier davon auszugehen, daß die Beförderungen nur zur Hälfte (= 29 km) im Inland stattfinden.

42b. Ort der Leistung, die im Zusammenhang mit einer Güterbeförderung steht

(1) Für den Ort einer Leistung, die im Zusammenhang mit einer Güterbeförderung steht (§ 3b Abs. 2 UStG), gelten die Ausführungen in Abschnitt 36 Abs. 1 sinngemäß.

(2) ¹Die Regelung des § 3b Abs. 2 UStG gilt für Umsätze, die selbständige Leistungen sind. ²Sofern das Beladen, das Entladen, der Umschlag, die Lagerung oder eine andere sonstige Leistung Nebenleistungen zu einer Güterbeförderung darstellen, teilen sie deren umsatzsteuerliches Schicksal. ³Wegen der in diesem Bereich häufig auftretenden Besorgungsleistungen vgl. Abschnitt 32.

42c. Begriff des Leistungsempfängers im Sinne des § 3b Abs. 3 bis 6 UStG

(1) ¹Als Leistungsempfänger im umsatzsteuerlichen Sinn ist grundsätzlich derjenige zu behandeln, in dessen Auftrag die Leistung ausgeführt wird (vgl. Abschnitt 192 Abs. 13). ²Aus Vereinfachungsgründen ist bei Leistungen im Sinne des § 3b Abs. 3 bis 6 UStG der Rechnungsempfänger als Leistungsempfänger anzusehen (vgl. Beispiel). ³Hierdurch wird erreicht, daß durch die Maßgeblichkeit der USt-IdNr. des Rechnungsempfängers die Leistung in dem Staat besteuert wird, in dem der Rechnungsempfänger steuerlich geführt wird. ⁴Somit wird das Mehrwertsteuer-Erstattungsverfahren nach der 8. EG-Richtlinie in einem EG-Mitgliedstaat vermieden.

Beispiel:
¹Der in Deutschland ansässige Unternehmer U versendet Güter per Frachtnachnahme an den Empfänger A in Dänemark.
²Bei Frachtnachnahmen wird regelmäßig vereinbart, daß der Beförderungsunternehmer die Beförderungskosten dem Empfänger der Sendung in Rechnung stellt und dieser die Beförderungskosten zahlt. ³Der Rechnungsempfänger A der innergemeinschaftlichen Güterbeförderung ist als Empfänger der Beförderungsleistung (Leistungsempfänger) im Sinne des § 3b Abs. 3 Satz 2 UStG anzusehen, auch wenn er den Transportauftrag nicht unmittelbar erteilt hat.

(2) ¹Der Leistungsempfänger kann bei einer innergemeinschaftlichen Güterbeförderung oder einer damit zusammenhängenden sonstigen Leistung eine ihm erteilte USt-IdNr. gegenüber dem leistenden Unternehmer verwenden. ²Der leistende Unternehmer hat eine ihm vorgelegte USt-IdNr., die von einem anderen EG-Mitgliedstaat erteilt wurde, im Hinblick auf die Gewährleistung einer zutreffenden Besteuerung nach § 90 Abs. 2 AO zu prüfen. ³§ 18e UStG gibt dem Unternehmer die Möglichkeit, sich die Gültigkeit einer USt-IdNr. eines anderen EG-Mitgliedstaates sowie den Namen und die Anschrift der Person, der diese Nummer erteilt wurde, durch das Bundesamt für Finanzen bestätigen zu lassen.

(3) ¹Die Verwendung einer USt-IdNr. soll grundsätzlich vor Ausführung der Leistung vereinbart und in dem Dokument, das im jeweiligen Fall im Beförderungs- und Speditionsgewerbe üblicherweise verwendet wird (z. B. Speditionsauftrag), schriftlich festgehalten werden. ²Unschädlich ist es im Einzelfall, eine USt-IdNr. nachträglich zu verwenden oder durch eine andere zu ersetzen. ³In diesem Fall muß ggf. die Besteuerung in dem einen EG-Mitgliedstaat rückgängig gemacht und in dem anderen EG-Mitgliedstaat nachgeholt werden. ⁴In einer bereits erteilten Rechnung sind die USt-IdNr. des Leistungsempfängers (vgl. § 14a Abs. 2 UStG) und ggf. ein gesonderter Steuerausweis (vgl. § 14 Abs. 1 und 2 UStG) zu berichtigen. ⁵Die nachträgliche Angabe oder Änderung einer USt-IdNr. ist der Umsatzsteuerfestsetzung nur zugrunde zu legen, wenn die Steuerfestsetzung in der Bundesrepublik Deutschland noch änderbar ist.

42d. Ort der innergemeinschaftlichen Güterbeförderung

(1) ¹Eine innergemeinschaftliche Beförderung eines Gegenstandes (innergemeinschaftliche Güterbeförderung) liegt nach § 3b Abs. 3 Satz 1 UStG vor, wenn sie in dem Gebiet von zwei verschiedenen EG-Mitgliedstaaten beginnt (Abgangsort) und endet (Ankunftsort). ²Eine Anfahrt des Beförderungsunternehmers zum Abgangsort ist unmaßgeblich. ³Entsprechendes gilt für den

Ankunftsort. ⁴*Die Voraussetzungen einer innergemeinschaftlichen Güterbeförderung sind für jeden Beförderungsauftrag gesondert zu prüfen; sie müssen sich aus den im Beförderungs- und Speditionsgewerbe üblicherweise zu verwendenden Unterlagen (z. B. Speditionsvertrag oder Frachtbrief) ergeben.* ⁵*Für die Annahme einer innergemeinschaftlichen Güterbeförderung ist es unerheblich, ob die Beförderungsstrecke ausschließlich über Gemeinschaftsgebiet oder auch über Drittlandsgebiet führt (vgl. Absatz 4 Beispiele 2 und 3).*

(2) ¹*Bei einer innergemeinschaftlichen Güterbeförderung bestimmt sich der Ort der Leistung nach dem Abgangsort (§ 3b Abs. 3 Satz 1 UStG).* ²*Verwendet jedoch der Leistungsempfänger gegenüber dem Beförderungsunternehmer eine USt-IdNr. eines EG-Mitgliedstaates, der nicht der EG-Mitgliedstaat ist, in dem der Abgangsort liegt, so gilt die Beförderungsleistung als in dem Gebiet des anderen EG-Mitgliedstaates ausgeführt (§ 3b Abs. 3 Satz 2 UStG).*

(3) ¹*Die deutschen Freihäfen gehören gemeinschaftsrechtlich zum Gebiet der Bundesrepublik Deutschland (Artikel 3 Abs. 1 bis 3 der 6. EG-Richtlinie).* ²*Deshalb ist eine innergemeinschaftliche Güterbeförderung auch dann gegeben, wenn die Beförderung in einem deutschen Freihafen beginnt und in einem anderen EG-Mitgliedstaat endet oder umgekehrt.* ³*Weil die Freihäfen aber nicht zum umsatzsteuerlichen Inland gehören (§ 1 Abs. 2 Satz 1 UStG), ist eine innergemeinschaftliche Güterbeförderung, die in einem deutschen Freihafen beginnt und für das Unternehmen des Auftraggebers ausgeführt wird, nicht steuerbar (§ 3b Abs. 3 Satz 1 UStG i. V. m. § 1 Abs. 3 Nr. 2 UStG).*

(4) Beispielsfälle für innergemeinschaftliche Güterbeförderungen:

Beispiel 1:

¹*Die Privatperson P aus Deutschland beauftragt den deutschen Frachtführer F, Güter von Spanien nach Deutschland zu befördern.* ²*Der Ort der Beförderungsleistung liegt in Spanien, da die Beförderung der Güter in Spanien beginnt (§ 3b Abs. 3 Satz 1 UStG) und P keine USt-IdNr. verwendet.* ³*F ist Steuerschuldner in Spanien (Artikel 21 Nr. 1 Buchstabe a der 6. EG-Richtlinie, vgl. auch Abschnitt 42i Abs. 4).* ⁴*Die Abrechnung richtet sich nach den Regelungen des spanischen Umsatzsteuerrechts.*

Beispiel 2:

¹*Die Privatperson P aus Italien beauftragt den in der Schweiz ansässigen Frachtführer F, Güter von Deutschland über die Schweiz nach Italien zu befördern.*

²*Bei der Beförderungsleistung des F handelt es sich um eine innergemeinschaftliche Güterbeförderung, weil der Transport in zwei verschiedenen EG-Mitgliedstaaten beginnt und endet.* ³*Der Ort dieser Leistung bestimmt sich nach dem inländischen Abgangsort (§ 3b Abs. 3 Satz 1 UStG).* ⁴*Die Leistung ist in Deutschland steuerbar und steuerpflichtig.* ⁵*Unbeachtlich ist dabei, daß ein Teil der Beförderungsstrecke auf das Drittland Schweiz entfällt (vgl. Absatz 1 Satz 5).* ⁶*Der leistende Unternehmer F ist Steuerschuldner (§ 13 Abs. 2 Nr. 1 UStG) und hat den Umsatz im Rahmen des allgemeinen Besteuerungsverfahrens (§ 18 Abs. 1 bis 4 UStG) zu versteuern (vgl. hierzu Abschnitt 42i Abs. 3).*

Beispiel 3:

¹*Der in der Schweiz ansässige Unternehmer U beauftragt den in Deutschland ansässigen Frachtführer F, Güter von Italien über die Schweiz nach Deutschland zu befördern.* ²*U hat keine USt-IdNr.* ³*Bei der Beförderungsleistung des F handelt es sich um eine innergemeinschaftliche Güterbeförderung (vgl. Absatz 1 Satz 5), deren Ort sich nach dem italienischen Abgangsort bestimmt (§ 3b Abs. 3 Satz 1 UStG).* ⁴*Die Regelung nach § 3b Abs. 3 Satz 2 UStG ist nicht anzuwenden, da U keine USt-IdNr. eines anderen EG-Mitgliedstaates verwendet.* ⁵*F ist Steuerschuldner in Italien (Artikel 21 Nr. 1 Buchstabe a der 6. EG-Richtlinie, vgl. auch Abschnitt 42i Abs. 4).* ⁶*Die Abrechnung richtet sich nach den Regelungen des italienischen Umsatzsteuerrechts.*

Beispiel 4:

¹*Der in Deutschland ansässige Unternehmer U beauftragt den in Belgien ansässigen Frachtführer F, Güter von Deutschland nach Frankreich zu befördern.* ²*U verwendet gegenüber F seine deutsche USt-IdNr.*
³*Die Beförderungsleistung ist in Deutschland steuerbar und steuerpflichtig, da sich der Ort der Leistung nach dem inländischen Abgangsort bestimmt (§ 3b Abs. 3 Satz 1 UStG).* ⁴*Die Regelung nach § 3b Abs. 3 Satz 2 UStG ist nicht anzuwenden, da U nicht die USt-IdNr. eines anderen EG-Mitgliedstaates verwendet.* ⁵*U hat als Leistungsempfänger das Abzugsverfahren nach §§ 51 ff. UStDV durchzuführen; ggf. können U und F von der Null-Regelung nach § 52 Abs. 2 UStDV Gebrauch machen (vgl. hierzu Abschnitt 42i Abs. 2).*

Beispiel 5:

¹*Der in Deutschland ansässige Unternehmer U hat in Portugal eine Ware gekauft.* ²*Er beauftragt den in Portugal ansässigen Frachtführer F, die Beförderung von Portugal nach Deutschland zu übernehmen.* ³*U verwendet gegenüber F seine deutsche USt-IdNr.*

⁴*Da U gegenüber F seine deutsche USt-IdNr. verwendet, verlagert sich der Ort der Beförderungsleistung vom Abgangsort in Portugal nach Deutschland (§ 3b Abs. 3 Satz 2 UStG).* ⁵*U hat als Leistungsempfänger das Abzugsverfahren nach §§ 51 ff. UStDV durchzuführen; ggf. können U und F von der Null-Regelung nach § 52 Abs. 2 UStDV Gebrauch machen (vgl. hierzu Abschnitt 42i Abs. 2).*

Beispiel 6:

¹*Der in Luxemburg ansässige Unternehmer U beauftragt den in Deutschland ansässigen Frachtführer F, Güter von Deutschland nach Luxemburg zu befördern.* ²*U verwendet gegenüber F seine luxemburgische USt-IdNr.*
³*Da U gegenüber F seine luxemburgische USt-IdNr. verwendet, verlagert sich der Ort der Beförderungsleistung vom Abgangsort Deutschland nach Luxemburg (§ 3b Abs. 3 Satz 2 UStG).* ⁴*Steuerschuldner der luxemburgischen Umsatzsteuer ist grundsätzlich der Leistungsempfänger U (vgl. Artikel 21 Nr. 1 Buchstabe b der 6. EG-Richtlinie, vgl. auch Abschnitt 42i Abs. 5).* ⁵*In der Rechnung an U darf keine luxemburgische Umsatzsteuer enthalten sein (vgl. hierzu Abschnitt 42i Abs. 6).*

Beispiel 7:

¹*Der in Deutschland ansässige Unternehmer U beauftragt den in Belgien ansässigen Frachtführer F, Güter von Deutschland nach Frankreich zu befördern.* ²*Die Beförderungskosten sollen dem Empfänger A in Frankreich in Rechnung gestellt werden (Frachtnachnahme).* ³*Dabei wird bei Auftragserteilung angegeben, daß A gegenüber F seine französische USt-IdNr. verwendet.*

⁴*Der Rechnungsempfänger A ist als Leistungsempfänger der Beförderungsleistung anzusehen (vgl. Abschnitt 42c Abs. 1).* ⁵*Da A gegenüber F seine französische USt-IdNr. verwendet, verlagert sich der Ort der Beförderungsleistung vom Abgangsort in Deutschland nach Frankreich (§ 3b Abs. 3 Satz 2 UStG).* ⁶*Steuerschuldner der französischen Umsatzsteuer ist grundsätzlich der Empfänger A (vgl. Artikel 21 Nr. 1 Buchstabe b der 6. EG-Richtlinie, vgl. auch Abschnitt 42i Abs. 5).* ⁷*In der Rechnung an A darf keine französische Umsatzsteuer enthalten sein (vgl. hierzu Abschnitt 42i Abs. 6).*

Beispiel 8:

¹*Der in Deutschland ansässige Unternehmer U beauftragt den in Deutschland ansässigen Frachtführer F, Güter von Freiburg/Breisgau nach Saarbrücken zu befördern.* ²*Dabei entfällt ein großer Teil der Beförderungsstrecke auf Frankreich.*

³*Da die Güterbeförderung in Deutschland beginnt und endet, handelt es sich nicht um eine innergemeinschaftliche Güterbeförderung im Sinne des § 3b Abs. 3 UStG.* ⁴*Der inländische Streckenanteil ist in Deutschland steuerbar (§ 3b Abs. 1 Satz 2 UStG).* ⁵*Die Sonderregelung des § 3b Abs. 1 Satz 3 Nr. 1 UStG in Verbindung mit § 3 UStDV ist nicht anzuwenden, da der ausländische Streckenanteil länger als 10 Kilometer ist.* ⁶*Der inländische Streckenanteil ist steuerpflichtig.* ⁷*Da Abgangs- und Bestimmungsort im Inland liegen und das Ausland nur durchfahren wird, kommt die Steuerbefreiung nach § 4 Nr. 3 UStG nicht in Betracht.* ⁸*Der französische Streckenanteil ist in Frankreich steuerbar.* ⁹*F ist dort Steuerschuldner (vgl. Artikel 21 Nr. 1 Buchstabe a der 6. EG-Richtlinie, vgl. auch Abschnitt 42i Abs. 4).* ¹⁰*Die Abrechnung richtet sich insoweit nach den Regelungen des französischen Umsatzsteuerrechts.* ¹¹*Das Finanzamt des F kann den Sachverhalt den französischen Steuerbehörden nach § 2 Abs. 2 des EG-Amtshilfe-Gesetzes mitteilen.*

Beispiel 9:

¹Der in Belgien ansässige Unternehmer U beauftragt den in Deutschland ansässigen Frachtführer F, Güter von Brüssel nach Magdeburg an den Empfänger A zu befördern. ²Dabei wird als Frankatur (Abrechnungsmodalität) „Frei belgisch-deutsche Grenze" vereinbart. ³Bei Auftragserteilung wird angegeben, daß U gegenüber F seine belgische und A gegenüber F seine deutsche USt-IdNr. verwendet.

⁴Bei der Frankatur „Frei belgisch-deutsche Grenze" stellt der leistende Unternehmer die Beförderung bis zur deutschen Grenze dem Auftraggeber und die Beförderung ab der deutschen Grenze dem Empfänger in Rechnung, so daß zwei Rechnungen erteilt werden. ⁵Die beiden Rechnungsempfänger sind als Leistungsempfänger anzusehen (vgl. Abschnitt 42c Abs. 1), so daß von F zwei Leistungen erbracht werden.

⁶Der Ort der Beförderungsleistung des F an seinen Auftraggeber U liegt in Belgien, da die Beförderung eine innergemeinschaftliche Beförderung ist und die Beförderung in Belgien beginnt (§ 3b Abs. 3 Satz 1 UStG). ⁷Die Regelung nach § 3b Abs. 3 Satz 2 UStG ist nicht anzuwenden, da U nicht die USt-IdNr. eines anderen EG-Mitgliedstaates verwendet. ⁸Steuerschuldner der belgischen Umsatzsteuer ist grundsätzlich der Leistungsempfänger U, da der leistende Unternehmer F nicht in Belgien ansässig ist (vgl. Artikel 21 Nr. 1 Buchstabe b der 6. EG-Richtlinie, vgl. auch Abschnitt 42i Abs. 5). ⁹In der Rechnung an U darf keine belgische Umsatzsteuer enthalten sein (vgl. hierzu Abschnitt 42i Abs. 6).

¹⁰Der Ort der Beförderungsleistung des F an den Rechnungs- und Leistungsempfänger A liegt in Deutschland, da die Beförderung eine innergemeinschaftliche Beförderung ist und A seine deutsche USt-IdNr. verwendet hat (§ 3b Abs. 3 Satz 2 UStG). ¹¹Steuerschuldner in Deutschland ist der leistende Unternehmer F (§ 13 Abs. 2 Nr. 1 UStG, vgl. auch Abschnitt 42i Abs. 1). ¹²F muß in der Rechnung an A die deutsche Umsatzsteuer gesondert ausweisen (§ 14a Abs. 1 Satz 2 UStG).

42e. Ort der gebrochenen innergemeinschaftlichen Güterbeförderung

(1) ¹Eine gebrochene Güterbeförderung liegt vor, wenn einem Beförderungsunternehmer für eine Güterbeförderung über die gesamte Beförderungsstrecke ein Auftrag erteilt wird, jedoch bei der Durchführung der Beförderung mehrere Beförderungsunternehmer nacheinander mitwirken. ²Liegen Beginn und Ende der gesamten Beförderung in den Gebieten verschiedener EG-Mitgliedstaaten, ist eine gebrochene innergemeinschaftliche Güterbeförderung gegeben. ³Dabei ist jede Beförderung für sich zu beurteilen. ⁴Bei einer gebrochenen innergemeinschaftlichen Güterbeförderung sind nicht nur Beförderungen als innergemeinschaftliche Güterbeförderungen anzusehen, bei denen Abgangsort und Ankunftsort in zwei verschiedenen EG-Mitgliedstaaten liegen. ⁵Auch Beförderungen, die einer innergemeinschaftlichen Güterbeförderung vorangehen (Vorläufe) oder sich daran anschließen (Nachläufe) und sich auf einen EG-Mitgliedstaat beschränken, sind wie die innergemeinschaftliche Güterbeförderung zu behandeln (§ 3b Abs. 3 Satz 3 UStG).

(2) ¹Wird bei Vertragsabschluß einer gebrochenen innergemeinschaftlichen Güterbeförderung eine „unfreie Versendung" bzw. „Nachnahme der Fracht beim Empfänger" vereinbart, trägt der Empfänger der Frachtsendung die gesamten Beförderungskosten. ²Dabei erhält jeder nachfolgende Beförderungsunternehmer die Rechnung des vorhergehenden Beförderungsunternehmers über die Kosten der bisherigen Teilbeförderung. ³Der letzte Beförderungsunternehmer rechnet beim Empfänger der Ware über die Gesamtbeförderung ab. ⁴In diesen Fällen ist jeder Rechnungsempfänger als Leistungsempfänger im Sinne des § 3b Abs. 3 UStG anzusehen (vgl. Abschnitt 42c Abs. 1).

Beispiel:

¹Der deutsche Unternehmer U beauftragt den deutschen Frachtführer S, Güter von Potsdam nach Bordeaux zu befördern. ²Die Beförderungskosten sollen dem Empfänger A in Bordeaux in Rechnung gestellt

werden (Frachtnachnahme). ³S befördert die Güter zu seinem Unterfrachtführer F in Paris und stellt diesem seine Kosten für die Beförderung bis Paris in Rechnung. ⁴F befördert die Güter nach Bordeaux und berechnet dem Empfänger A die Kosten der Gesamtbeförderung. ⁵Bei Auftragserteilung wird angegeben, daß F gegenüber S und A gegenüber F ihre französischen USt-IdNrn. verwenden.
⁶Als Leistungsempfänger des S ist F anzusehen, da S gegenüber F abrechnet und F die Frachtkosten des S als eigene Schuld übernommen hat. ⁷Als Leistungsempfänger von F ist A anzusehen, da F gegenüber A abrechnet (vgl. Abschnitt 42c Abs. 1).

⁸Die Beförderungsleistung des S an F umfaßt die Beförderung von Potsdam nach Paris. ⁹Die Leistung ist in Frankreich steuerbar, da der Leistungsempfänger F seine französische USt-IdNr. verwendet (§ 3b Abs. 3 Satz 2 UStG). ¹⁰Steuerschuldner der französischen Umsatzsteuer ist grundsätzlich der Leistungsempfänger F, da der leistende Unternehmer S nicht in Frankreich ansässig ist (vgl. Artikel 21 Nr. 1 Buchstabe b der 6. EG-Richtlinie, vgl. auch Abschnitt 42i Abs. 5). ¹¹In der Rechnung an F darf keine französische Umsatzsteuer enthalten sein (vgl. hierzu Abschnitt 42i Abs. 6).

¹²Da F gegenüber A die gesamte Beförderung abrechnet, ist F so zu behandeln, als ob er die Gesamtbeförderung von Potsdam nach Bordeaux erbracht hätte. ¹³Die Leistung ist in Frankreich steuerbar, da A gegenüber F seine französische USt-IdNr. verwendet (§ 3b Abs. 3 Satz 2 UStG). ¹⁴Steuerschuldner der französischen Umsatzsteuer ist der leistende Unternehmer F (vgl. Artikel 21 Nr. 1 Buchstabe a der 6. EG-Richtlinie, vgl. auch Abschnitt 42i Abs. 4).

42f. Ort der Leistung, die im Zusammenhang mit einer innergemeinschaftlichen Güterbeförderung steht

(1) ¹*Werden das Beladen, Entladen, Umschlagen, Lagern und ähnliche mit der Beförderung eines Gegenstandes im Zusammenhang stehende Leistungen vom befördernden Unternehmer erbracht, sind sie als Nebenleistungen zur Güterbeförderung anzusehen, da diese Leistungen im Vergleich zur Güterbeförderung nebensächlich sind, mit ihr eng zusammenhängen und üblicherweise bei Beförderungsleistungen vorkommen (vgl. Abschnitt 29 Abs. 3 Satz 3).* ²*Nebenleistungen zu einer Güterbeförderung teilen deren umsatzsteuerliches Schicksal (vgl. Absatz 4 Beispiel 3).* ³*Für Umsätze, die mit einer Güterbeförderung im Zusammenhang stehen und selbständige Leistungen sind, gelten dagegen die Regelungen des § 3b Abs. 2 und Abs. 4 UStG.*

(2) ¹*Selbständige Leistungen im Zusammenhang mit einer Güterbeförderung sind grundsätzlich dort zu besteuern, wo der Unternehmer jeweils ausschließlich oder zum wesentlichen Teil tätig wird (§ 3b Abs. 2 UStG).* ²*Steht die Leistung mit einer innergemeinschaftlichen Güterbeförderung im Zusammenhang und verwendet der Empfänger dieser Leistung (vgl. Abschnitt 42c Abs. 1) eine USt-IdNr., die ihm von einem anderen EG-Mitgliedstaat erteilt worden ist, gilt die Leistung als in dem Gebiet des anderen EG-Mitgliedstaates ausgeführt (§ 3b Abs. 4 UStG).* ³*Dabei ist es unerheblich, ob der Empfänger dieser Leistung mit dem Leistungsempfänger der innergemeinschaftlichen Güterbeförderung identisch ist oder nicht (vgl. Absatz 4 Beispiele 1 und 2).*

(3) ¹*Der leistende Unternehmer hat nachzuweisen, daß seine Leistung im Zusammenhang mit einer innergemeinschaftlichen Güterbeförderung steht.* ²*Dazu hat der Auftraggeber der Leistung den Abgangsort und den Bestimmungsort der Gesamtbeförderung in dem im Beförderungs- und Speditionsgewerbe üblicherweise zu verwendenden Dokument (z. B. Frachtbrief oder Bordero) anzugeben.* ³*Statt dessen kann der Leistungsempfänger eine Bescheinigung folgenden Inhalts erstellen:*

„*Bescheinigung für selbständige Leistungen im Zusammenhang mit innergemeinschaftlichen Güterbeförderungen*

Der Unternehmer ——————————————————————————— *hat*
　　　　　　　　　　(*Name und Anschrift des leistenden Unternehmers*)
für meine Rechnung folgende Leistung ausgeführt:

———————————————————————————————————————
　　　　　　　　(*Bezeichnung und Ausführungsort der Leistung*)
Diese Leistung steht mit der innergemeinschaftlichen Beförderung eines Gegenstandes im Zusammenhang, da die Gesamtbeförderung

der Güter ————————————————————————————————
　　　　　　　　　　(*Bezeichnung des Beförderungsgegenstands*)
in ——————————————————————————————— *beginnt*
　　　　　　　　　　(*Bezeichnung des Abgangsorts/Staat*)
und in ——————————————————————————————————
　　　　　　　　　　(*Bezeichnung des Bestimmungsorts/Staat*)
endet.

———————————————　　　　　———————————————
(*Ort und Datum*)　　　　　　　　　　(*Name, Anschrift und Unterschrift
　　　　　　　　　　　　　　　　　　　　des Leistungsempfängers*)".

(4) Beispielsfälle für Leistungen im Zusammenhang mit innergemeinschaftlichen Güterbeförderungen:

Beispiel 1:

[1]*Der in Deutschland ansässige Unternehmer U beauftragt den in Deutschland ansässigen Frachtführer F, Güter von Spanien nach Deutschland zu befördern.* [2]*F beauftragt den französischen Unternehmer N, die Güter in Frankreich umzuladen.* [3]*Dabei teilt F im Leistungsauftrag an N den Abgangsort und den Bestimmungsort der Beförderung mit.* [4]*F verwendet gegenüber N seine deutsche USt-IdNr.* [5]*Das Umladen der Güter in Frankreich steht mit einer innergemeinschaftlichen Güterbeförderung in Zusammenhang.* [6]*Da F gegenüber N seine deutsche USt-IdNr. verwendet hat, gilt das Umladen als in Deutschland ausgeführt (§ 3b Abs. 4 UStG, vgl. auch Absatz 2).* [7]*F hat als Leistungsempfänger das Abzugsverfahren nach §§ 51 ff. UStDV durchzuführen; ggf. können N und F von der Null-Regelung nach § 52 Abs. 2 UStDV Gebrauch machen (vgl. hierzu Abschnitt 42i Abs. 2).*

Beispiel 2:

[1]*Der in Spanien ansässige Unternehmer U beauftragt den in Spanien ansässigen Frachtführer F, Güter von Deutschland nach Spanien zu befördern, und den deutschen Unternehmer D mit dem Beladen der Güter in Deutschland.* [2]*U verwendet gegenüber D seine spanische USt-IdNr. und teilt ihm den Abgangsort und den Bestimmungsort der Beförderung mit.*

[3]*Da das Beladen der Güter mit einer innergemeinschaftlichen Güterbeförderung in Zusammenhang steht und U gegenüber D seine spanische USt-IdNr. verwendet hat, gilt das Beladen als in Spanien ausgeführt (§ 3b Abs. 4 UStG, vgl. auch Absatz 2).* [4]*Steuerschuldner der spanischen Umsatzsteuer ist grundsätzlich der Leistungsempfänger U (vgl. Artikel 21 Nr. 1 Buchstabe b der 6. EG-Richtlinie, vgl. auch Abschnitt 42i Abs. 5).* [5]*In der Rechnung an U darf keine spanische Umsatzsteuer enthalten sein (vgl. hierzu Abschnitt 42i Abs. 6).*

Beispiel 3:

¹*Der in Frankreich ansässige Unternehmer U beauftragt den in Deutschland ansässigen Frachtführer F, sowohl eine Güterbeförderung von Frankreich nach Dresden als auch das Entladen der Güter in Dresden durchzuführen.* ²*U verwendet gegenüber F seine französische USt-IdNr.*
³*Der Ort der innergemeinschaftlichen Güterbeförderung liegt in Frankreich (§ 3b Abs. 3 Satz 1 UStG).* ⁴*Das Entladen der Güter ist als Nebenleistung zur Güterbeförderung anzusehen (vgl. Absatz 1).* ⁵*Sie wird wie die Hauptleistung (innergemeinschaftliche Güterbeförderung) behandelt, so daß sich der Ort der Gesamtleistung in Frankreich befindet (§ 3b Abs. 3 Satz 1 UStG).* ⁶*Die Vorschriften des § 3b Abs. 2 und Abs. 4 UStG finden keine Anwendung.* ⁷*Steuerschuldner der französischen Umsatzsteuer ist grundsätzlich der Leistungsempfänger U (vgl. Artikel 21 Nr. 1 Buchstabe b der 6. EG-Richtlinie, vgl. auch Abschnitt 42i Abs. 5).* ⁸*In der Rechnung an U darf keine französische Umsatzsteuer enthalten sein (vgl. hierzu Abschnitt 42i Abs. 6).*

42g. Ort der Vermittlung einer innergemeinschaftlichen Güterbeförderung und einer Leistung, die im Zusammenhang mit einer innergemeinschaftlichen Güterbeförderung steht

(1) ¹*Eine Vermittlung im Sinne des § 3b Abs. 5 oder 6 UStG liegt vor, wenn der Vermittler den Beförderungsvertrag oder den Vertrag über eine Leistung, die mit einer innergemeinschaftlichen Beförderung im Zusammenhang steht, im Namen und für Rechnung seines Auftraggebers abschließt (vgl. Abschnitt 52 Abs. 1).* ²*Die Vermittlung einer innergemeinschaftlichen Güterbeförderung wird an dem Ort erbracht, an dem die Beförderung des Gegenstandes beginnt (§ 3b Abs. 5 Satz 1 UStG).* ³*Dies gilt unabhängig davon, wie sich der Ort der Beförderungsleistung nach § 3b Abs. 3 UStG bestimmt.* ⁴*Verwendet jedoch der Empfänger der Vermittlungsleistung (vgl. Abschnitt 42c Abs. 1) eine USt-IdNr., die ihm von einem anderen EG-Mitgliedstaat erteilt worden ist, gilt die Vermittlungsleistung als in dem Gebiet des anderen EG-Mitgliedstaates ausgeführt (§ 3b Abs. 5 Satz 2 UStG).*

Beispiel 1:

¹*Der in Frankreich ansässige Unternehmer U beauftragt den deutschen Vermittler V, die Beförderung eines Gegenstandes im Namen und für Rechnung des U von Brüssel nach Paris zu vermitteln.* ²*Die Beförderung des Gegenstandes wird durch den Frachtführer F ausgeführt.* ³*U verwendet gegenüber V seine französische USt-IdNr.*
⁴*Grundsätzlich wäre der Ort der Vermittlungsleistung nach § 3b Abs. 5 Satz 1 UStG nach dem Abgangsort der Güterbeförderung (Brüssel) zu bestimmen.* ⁵*Da jedoch U gegenüber V seine französische USt-IdNr. verwendet hat, ist nach § 3b Abs. 5 Satz 2 UStG der Ort der Leistungsort in Frankreich.* ⁶*Steuerschuldner der französischen Umsatzsteuer ist grundsätzlich der Leistungsempfänger U (vgl. Artikel 21 Nr. 1 Buchstabe b der 6. EG-Richtlinie, vgl. auch Abschnitt 42i Abs. 5).* ⁷*In der Rechnung an U darf keine französische Umsatzsteuer enthalten sein (vgl. hierzu Abschnitt 42i Abs. 6).*

Beispiel 2:

¹*Der in Deutschland ansässige Unternehmer U beauftragt den französischen Vermittler V, die Beförderung eines Gegenstandes im Namen und für Rechnung des U von Brüssel nach Paris zu vermitteln.* ²*Die Beförderung des Gegenstandes wird durch den Frachtführer F ausgeführt.* ³*U verwendet gegenüber V seine deutsche USt-IdNr.*
⁴*Da U gegenüber V seine deutsche USt-IdNr. verwendet, verlagert sich der Ort der Vermittlungsleistung vom Abgangsort Brüssel nach Deutschland (§ 3b Abs. 5 Satz 2 UStG).* ⁵*U hat als Leistungsempfänger das Abzugsverfahren nach §§ 51 ff. UStDV durchzuführen; ggf. können V und U von der Null-Regelung nach § 52 Abs. 2 UStDV Gebrauch machen (vgl. hierzu Abschnitt 42i Abs. 2).*

Ort der Beförderungsleistungen   *42h UStR*   **§ 3b UStG**

Beispiel 3:

¹Die Privatperson P aus Deutschland beauftragt den deutschen Vermittler V, die Beförderung eines Gegenstandes im Namen und für Rechnung des P von Brüssel nach Paris zu vermitteln. ²Die Beförderung wird durch den Frachtführer F ausgeführt.

³Der Ort der Vermittlungsleistung des V an seinen Auftraggeber P bestimmt sich nach dem Abgangsort Brüssel (§ 3b Abs. 5 Satz 1 UStG). ⁴Der deutsche Vermittler V ist Steuerschuldner in Belgien (vgl. Artikel 21 Nr. 1 Buchstabe a der 6. EG-Richtlinie, vgl. auch Abschnitt 42i Abs. 4). ⁵Die Abrechnung richtet sich nach den Regelungen des belgischen Umsatzsteuerrechts.

(2) *¹Die Vermittlung einer selbständigen Leistung, die im Zusammenhang mit einer innergemeinschaftlichen Güterbeförderung steht, wird an dem Ort erbracht, an dem diese Leistung erbracht wird (§ 3b Abs. 6 Satz 1 UStG). ²Dies gilt unabhängig davon, wie sich der Ort der selbständigen Leistung nach § 3b Abs. 2 und 4 UStG bestimmt. ³Verwendet jedoch der Empfänger der Vermittlungsleistung (vgl. Abschnitt 42c Abs. 1) eine USt-IdNr. eines anderen EG-Mitgliedstaates, gilt die Vermittlungsleistung als in dem Gebiet des anderen EG-Mitgliedstaates ausgeführt (§ 3b Abs. 6 Satz 2 UStG).*

Beispiel:

¹Der in Frankreich ansässige Unternehmer U beauftragt den deutschen Vermittler V, für einen Gegenstand, der von Kiel nach Paris befördert werden soll, das Umladen in Brüssel im Namen und für Rechnung des U zu vermitteln. ²U verwendet gegenüber V seine französische USt-IdNr.

³Grundsätzlich wäre der Ort der Vermittlungsleistung nach dem Umladeort Brüssel zu bestimmen (§ 3b Abs. 6 Satz 1 UStG). ⁴Da jedoch U gegenüber V seine französische USt IdNr verwendet hat, liegt nach § 3b Abs. 6 Satz 2 UStG der Leistungsort in Frankreich. ⁵Steuerschuldner der französischen Umsatzsteuer ist grundsätzlich der Leistungsempfänger U (vgl. Artikel 21 Nr. 1 Buchstabe b der 6. EG-Richtlinie, vgl. auch Abschnitt 42i Abs. 5). ⁶In der Rechnung an U darf keine französische Umsatzsteuer enthalten sein (vgl. hierzu Abschnitt 42i Abs. 6).

42h. Ort der Besorgung einer innergemeinschaftlichen Güterbeförderung und einer Leistung, die im Zusammenhang mit einer innergemeinschaftlichen Güterbeförderung steht

(1) *¹Eine Besorgungsleistung liegt vor, wenn ein Unternehmer für Rechnung eines anderen im eigenen Namen eine sonstige Leistung bei einem Dritten in Auftrag gibt (vgl. hierzu auch Abschnitt 32). ²Der Dritte erbringt diese sonstige Leistung an den besorgenden Unternehmer.*

(2) *¹Bei den Unternehmern, die Güterbeförderungen besorgen, handelt es sich insbesondere um Spediteure (vgl. §§ 407 ff. HGB). ²Andere Unternehmer können als Gelegenheitsspediteure tätig sein (vgl. § 415 HGB). ³Die Besorgungsleistung des Unternehmers wird umsatzsteuerrechtlich so angesehen wie die besorgte Leistung selbst (§ 3 Abs. 11 UStG). ⁴Die Speditionsleistung wird also wie eine Güterbeförderung behandelt. ⁵Besorgt der Unternehmer eine innergemeinschaftliche Güterbeförderung, richtet sich der Ort der Besorgungsleistung infolgedessen nach § 3b Abs. 3 UStG.*

Beispiel 1:

¹Der in Frankreich ansässige Unternehmer U beauftragt den deutschen Spediteur S, die Beförderung eines Gegenstandes im eigenen Namen und für Rechnung des U von Brüssel nach Paris zu besorgen. ²Die Beförderung wird durch den belgischen Frachtführer F ausgeführt. ³U verwendet gegenüber S seine französische und S gegenüber F seine deutsche USt-IdNr.

⁴Der Ort der Beförderungsleistung des F von Brüssel nach Paris an seinen Auftraggeber S liegt in Deutschland, da der Leistungsempfänger S seine deutsche USt-IdNr. verwendet (§ 3b Abs. 3 Satz 2 UStG). ⁵S hat

169

UStG § 3b *42i UStR* Ort der Beförderungsleistungen

als Leistungsempfänger das Abzugsverfahren nach §§ 51 ff. UStDV durchzuführen; ggf. können F und S von der Null-Regelung nach § 52 Abs. 2 UStDV Gebrauch machen (vgl. hierzu Abschnitt 42i Abs. 2). [6]*Der Ort der Besorgungsleistung des S an seinen Auftraggeber U wäre grundsätzlich nach dem Abgangsort der innergemeinschaftlichen Güterbeförderung, d. h. Brüssel, zu bestimmen.* [7]*Da der Auftraggeber U jedoch seine französische USt-IdNr. verwendet, liegt der Leistungsort in Frankreich (§ 3 Abs. 11 UStG i. V. m. § 3b Abs. 3 Satz 2 UStG).* [8]*Steuerschuldner der französischen Umsatzsteuer ist grundsätzlich der Leistungsempfänger U (vgl. Artikel 21 Nr. 1 Buchstabe b der 6. EG-Richtlinie, vgl. auch Abschnitt 42i Abs. 5).* [9]*In der Rechnung an U darf keine französische Umsatzsteuer enthalten sein (vgl. hierzu Abschnitt 42i Abs. 6).*

Beispiel 2:

[1]*Die Privatperson P aus Deutschland beauftragt den deutschen Spediteur S, die Beförderung eines Gegenstandes im eigenen Namen und für Rechnung des P von Brüssel nach Paris zu besorgen.* [2]*Die Beförderung wird durch den Frachtführer F ausgeführt.*

[3]*Der Ort der Besorgungsleistung des S an seinen Auftraggeber P bestimmt sich nach dem Abgangsort Brüssel (§ 3 Abs. 11 UStG i. V. m. § 3b Abs. 3 Satz 1 UStG).* [4]*Der deutsche Spediteur S ist Steuerschuldner in Belgien (vgl. Artikel 21 Nr. 1 Buchstabe a der 6. EG-Richtlinie, vgl. auch Abschnitt 42i Abs. 4).* [5]*Die Abrechnung richtet sich nach den Regelungen des belgischen Umsatzsteuerrechts.*

(3) Wird eine Leistung besorgt, die mit einer innergemeinschaftlichen Güterbeförderung im Zusammenhang steht, richtet sich der Ort der Besorgungsleistung aufgrund des § 3 Abs. 11 UStG nach § 3b Abs. 2 oder 4 UStG.

Beispiel:

[1]*Der in Deutschland ansässige Unternehmer U beauftragt den französischen Unternehmer B, das Umladen eines Gegenstandes, der von Paris nach Erfurt befördert werden soll, in Brüssel im eigenen Namen und für Rechnung des U zu besorgen.* [2]*U verwendet gegenüber B seine deutsche USt-IdNr.*
[3]*Grundsätzlich wäre der Ort der Besorgungsleistung des B nach dem Umladeort Brüssel zu bestimmen (§ 3 Abs. 11 UStG i. V. m. § 3b Abs. 2 UStG).* [4]*Da jedoch U gegenüber B seine deutsche USt-IdNr. verwendet, liegt der Leistungsort in Deutschland (§ 3 Abs. 11 UStG i. V. m. § 3b Abs. 4 UStG).* [5]*U hat als Leistungsempfänger das Abzugsverfahren nach §§ 51 ff. UStDV durchzuführen; ggf. können B und U von der Null-Regelung nach § 52 Abs. 2 UStDV Gebrauch machen (vgl. hierzu Abschnitt 42i Abs. 2).*

42i. Besteuerungsverfahren bei innergemeinschaftlichen Güterbeförderungen und damit zusammenhängenden sonstigen Leistungen

Bundesrepublik Deutschland

(1) [1]*Bei im Inland erbrachten innergemeinschaftlichen Güterbeförderungen und damit zusammenhängenden sonstigen Leistungen ist der leistende Unternehmer unabhängig von seiner Ansässigkeit der Steuerschuldner.* [2]*Ist der leistende Unternehmer im Inland ansässig, sind die Umsätze im allgemeinen Besteuerungsverfahren nach § 16 und § 18 Abs. 1 bis 4 UStG zu versteuern.*

(2) [1]*Ist der leistende Unternehmer im Ausland ansässig, hat der Leistungsempfänger, wenn er ein Unternehmer oder eine juristische Person des öffentlichen Rechts ist, das Abzugsverfahren nach § 18 Abs. 8 UStG i. V. m. §§ 51 bis 58 UStDV durchzuführen.* [2]*Soweit der Leistungsempfänger zum vollen Vorsteuerabzug berechtigt ist und der leistende Unternehmer in der Rechnung keine Umsatzsteuer ausweist, kann die Null-Regelung nach § 52 Abs. 2 UStDV angewendet werden (vgl. Abschnitte 233 bis 239).*

(3) Ist der Empfänger einer der genannten Leistungen weder ein Unternehmer noch eine juristische Person des öffentlichen Rechts, hat der leistende ausländische Unternehmer diesen Umsatz im allgemeinen Besteuerungsverfahren nach § 16 und § 18 Abs. 1 bis 4 UStG zu versteuern.

Ort der Beförderungsleistungen § 3b UStG

Andere EG-Mitgliedstaaten

(4) Grundsätzlich ist der leistende Unternehmer, der eine der vorgenannten Leistungen in einem anderen EG-Mitgliedstaat ausführt, in diesem EG-Mitgliedstaat Steuerschuldner der Umsatzsteuer (Artikel 21 Nr. 1 Buchstabe a der 6. EG-Richtlinie).

(5) Ist jedoch der leistende Unternehmer in dem EG-Mitgliedstaat, in dem die sonstige Leistung der Umsatzsteuer zu unterwerfen ist, nicht ansässig, schuldet der Leistungsempfänger grundsätzlich die Umsatzsteuer, wenn er in diesem EG-Mitgliedstaat als Unternehmer steuerlich erfaßt ist (Artikel 21 Nr. 1 Buchstabe b der 6. EG-Richtlinie).

(6) Wenn der Leistungsempfänger Steuerschuldner ist, darf in der Rechnung des im anderen Staat ansässigen leistenden Unternehmers keine Umsatzsteuer im Rechnungsbetrag enthalten sein.

Verwaltungsanweisungen

- Grenzüberschreitende Güterbeförderungen und damit zusammenhängende Leistungen (BMF 16. 5. 1994, UR 1994, 242);

- Güterbeförderung zwischen deutschen Freihäfen und anderen EG-Mitgliedstaaten (BMF 21. 9. 1994, BStBl I, 764);

- Ort der Beförderungsleistung bei einer gebrochenen innergemeinschaftlichen Güterbeförderung (BMF 10. 5. 1996, BStBl I, 634).

Rechtsprechung

- Aufteilung eines Beförderungsentgelts bei grenzüberschreitenden Beförderungen (BFH 8. 2. 1996, UR 1996, 185: Vorlage an den EuGH);

- Reiseleistungen im grenzüberschreitenden Personenverkehr (FG Düsseldorf 4. 4. 1996, UVR 1996, 344 zu § 3a Abs. 2 Nr. 2 Satz 1 UStG 1980 = § 3b Abs. 1 UStG 1993);

- Besteuerung von Schiffsrundreisen (EuGH 23. 5. 1996, UR 1996, 222).

UStG

§ 3c[1]) **Ort der Lieferung in besonderen Fällen**

(1) [1]Wird bei einer Lieferung der Gegenstand durch den Lieferer oder einen von ihm beauftragten Dritten aus dem Gebiet eines Mitgliedstaates in das Gebiet eines anderen Mitgliedstaates oder aus dem übrigen Gemeinschaftsgebiet in die in § 1 Abs. 3 bezeichneten Gebiete befördert oder versendet, so gilt die Lieferung nach Maßgabe der Absätze 2 bis 5 dort als ausgeführt, wo die Beförderung oder Versendung endet. [2]Das gilt auch, wenn der Lieferer den Gegenstand in das Gemeinschaftsgebiet eingeführt hat.

(2) Absatz 1 ist anzuwenden, wenn der Abnehmer

1. nicht zu den in § 1a Abs. 1 Nr. 2 genannten Personen gehört oder

2. a) ein Unternehmer ist, der nur steuerfreie Umsätze ausführt, die zum Ausschluß vom Vorsteuerabzug führen, oder

   b) ein Kleinunternehmer ist, der nach dem Recht des für die Besteuerung zuständigen Mitgliedstaates von der Steuer befreit ist oder auf andere Weise von der Besteuerung ausgenommen ist, oder

   c) ein Unternehmer ist, der nach dem Recht des für die Besteuerung zuständigen Mitgliedstaates die Pauschalregelung für landwirtschaftliche Erzeuger anwendet, oder

   d) eine juristische Person ist, die nicht Unternehmer ist oder die den Gegenstand nicht für ihr Unternehmen erwirbt,

und als einer der in den Buchstaben a bis d genannten Abnehmer weder die maßgebende Erwerbsschwelle überschreitet noch auf ihre Anwendung verzichtet. [2]Im Fall der Beendigung der Beförderung oder Versendung im Gebiet eines anderen Mitgliedstaates ist die von diesem Mitgliedstaat festgesetzte Erwerbsschwelle maßgebend.

(3) [1]Der Gesamtbetrag der Entgelte, der den Lieferungen in einen Mitgliedstaat zuzurechnen ist, muß bei dem Lieferer im vorangegangenen oder voraussichtlich im laufenden Kalenderjahr die maßgebende Lieferschwelle übersteigen. [2]Maßgebende Lieferschwelle ist

1. im Fall der Beendigung der Beförderung oder Versendung im Inland oder in den in § 1 Abs. 3 bezeichneten Gebieten der Betrag von 200 000 Deutsche Mark,

2. im Fall der Beendigung der Beförderung oder Versendung im Gebiet eines anderen Mitgliedstaates der von diesem Mitgliedstaat festgesetzte Betrag.

(4) [1]Wird die maßgebende Lieferschwelle nicht überschritten, gilt die Lieferung auch dann am Ort der Beendigung der Beförderung oder Versendung als ausgeführt, wenn der Lieferer auf die Anwendung des Absatzes 3 verzichtet. [2]Der Verzicht ist gegenüber der zuständigen Behörde zu erklären. [3]Er bindet den Lieferer mindestens für zwei Kalenderjahre.

---

1) **Anm.:** § 3c Abs. 1 und 3 i. d. F. des Art. 20 Nr. 25 StMBG v. 21. 12. 93 (BGBl I, 2310).

(5) ¹Die Absätze 1 bis 4 gelten nicht für die Lieferung neuer Fahrzeuge. ²Absatz 2 Nr. 2 und Absatz 3 gelten nicht für die Lieferung verbrauchsteuerpflichtiger Waren.

6. EG-Richtlinie

Abschnitt XVIa: Übergangsregelung für die Besteuerung des Handels zwischen den Mitgliedstaaten

...

Artikel 28b Ort der Umsätze

...

B. Ort der Lieferung von Gegenständen

(1) Abweichend von Artikel 8 Absatz 1 Buchstabe a) und Absatz 2 gilt als Ort einer Lieferung von Gegenständen, die durch den Lieferer oder für dessen Rechnung von einem anderen Mitgliedstaat als dem der Beendigung des Versands oder der Beförderung aus versandt oder befördert werden, der Ort, an dem sich die Gegenstände bei Beendigung des Versands oder der Beförderung an den Käufer befinden, sofern folgende Bedingungen erfüllt sind:
- *die Lieferung der Gegenstände erfolgt an einen Steuerpflichtigen oder eine nichtsteuerpflichtige juristische Person, für den/die die Abweichung gemäß Artikel 28a Absatz 1 Buchstabe a) Unterabsatz 2 gilt, oder an eine andere nichtsteuerpflichtige Person,*
- *es handelt sich um andere Gegenstände als neue Fahrzeuge oder als Gegenstände, die mit oder ohne probeweise Inbetriebnahme durch den Lieferer oder für dessen Rechnung montiert oder installiert geliefert werden.*

Werden die so gelieferten Gegenstände von einem Drittlandsgebiet aus versandt oder befördert und vom Lieferer in einen anderen Mitgliedstaat als den der Beendigung des Versands oder der Beförderung an den Käufer eingeführt, so gelten sie als vom Einfuhrmitgliedstaat aus versandt oder befördert.

(2) Handelt es sich bei den gelieferten Gegenständen jedoch um nicht verbrauchsteuerpflichtige Waren, so gilt Absatz 1 nicht für Lieferungen von Gegenständen, die in ein und denselben Mitgliedstaat der Beendigung des Versands oder der Beförderung versandt oder befördert werden, wenn
- *der Gesamtbetrag dieser Lieferungen – ohne Mehrwertsteuer – im laufenden Kalenderjahr den Gegenwert von 100 000 ECU in Landeswährung nicht überschreitet und*
- *der Gesamtbetrag – ohne Mehrwertsteuer – der gemäß Absatz 1 vorgenommenen Lieferung von anderen Gegenständen als verbrauchsteuerpflichtigen Waren im vorangegangenen Kalenderjahr den Gegenwert von 100 000 ECU in Landeswährung nicht überschritten hat.*

Der Mitgliedstaat, in dessen Gebiet sich die Gegenstände bei Beendigung des Versands oder der Beförderung an den Käufer befinden, kann die vorgenannten Schwellen auf den Gegenwert von 35 000 ECU in Landeswährung begrenzen, falls dieser Mitgliedstaat befürchtet, daß die Schwelle von 100 000 ECU zu schwerwiegenden Wettbewerbsverzerrungen führt. Die Mitgliedstaaten, die von dieser Möglichkeit Gebrauch machen, treffen die erforderlichen Maßnahmen zur Unterrichtung der zuständigen Behörden des Mitgliedstaats, von dem aus die Gegenstände versandt oder befördert werden.

Die Kommission unterbreitet dem Rat vor dem 31. Dezember 1994 einen Bericht über das Funktionieren der im vorstehenden Unterabsatz genannten besonderen Schwellen von 35 000 ECU. Sie kann dem Rat in diesem Bericht mitteilen, daß die Beseitigung der besonderen Schwellen nicht zu schwerwiegenden Wettbewerbsverzerrungen führen wird. Solange nicht der Rat auf Vorschlag der Kommission einen einstimmigen Beschluß gefaßt hat, bleiben die Bestimmungen des vorstehenden Unterabsatzes in Kraft.

(3) Der Mitgliedstaat, in dessen Gebiet sich die Gegenstände bei Beginn des Versands oder der Beförderung befinden, räumt den Steuerpflichtigen, auf deren Lieferungen die Bestimmungen des Absatzes 2 gegebenenfalls Anwendung finden, das Recht ein, sich dafür zu entscheiden, daß der Ort dieser Lieferungen gemäß Absatz 1 bestimmt wird.

Die Mitgliedstaaten legen die Modalitäten fest, unter denen diese Regelung in Anspruch genommen werden kann; die Inanspruchnahme dieser Regelung umfaßt mindestens einen Zeitraum von zwei Kalenderjahren.

...

UStR

42j. Ort der Lieferung bei innergemeinschaftlichen Beförderungs- und Versendungslieferungen an bestimmte Abnehmer (§ 3c UStG)

(1) [1]§ 3c UStG regelt den Lieferungsort für die Fälle, in denen der Lieferer Gegenstände – ausgenommen neue Fahrzeuge im Sinne von § 1b Abs. 2 und 3 UStG – in einen anderen EG-Mitgliedstaat befördert oder versendet und der Abnehmer einen innergemeinschaftlichen Erwerb nicht zu versteuern hat. [2]Abweichend von § 3 Abs. 6 bis 8a UStG ist die Lieferung danach in dem EG-Mitgliedstaat als ausgeführt zu behandeln, in dem die Beförderung oder Versendung des Gegenstandes endet, wenn der Lieferer die maßgebende Lieferschwelle überschreitet oder auf deren Anwendung verzichtet. [3]Maßgeblich ist, daß der liefernde Unternehmer die Beförderung oder Versendung veranlaßt haben muß.

(2) [1]Zu dem in § 3c Abs. 2 Nr. 1 UStG genannten Abnehmerkreis gehören insbesondere Privatpersonen. [2]Die in § 3c Abs. 2 Nr. 2 UStG bezeichneten Abnehmer sind im Inland mit dem Erwerberkreis identisch, der nach § 1a Abs. 3 UStG die tatbestandsmäßigen Voraussetzungen des innergemeinschaftlichen Erwerbs nicht erfüllt und nicht für die Erwerbsbesteuerung optiert hat (vgl. Abschnitt 15a Abs. 2). [3]Bei Beförderungs- oder Versendungslieferungen in das übrige Gemeinschaftsgebiet ist der Abnehmerkreis – unter Berücksichtigung der von dem jeweiligen EG-Mitgliedstaat festgesetzten Erwerbsschwelle – entsprechend abzugrenzen. [4]Die Erwerbsschwellen in den anderen EG-Mitgliedstaaten betragen:

Belgien:	450 000 bfrs
Dänemark:	80 000 dkr
Finnland:	50 000 Fmk
Frankreich:	70 000 FF
Griechenland:	2 500 000 Dr
Irland:	32 000 Ir£
Italien:	16 000 000 Lit
Luxemburg:	400 000 lfrs
Niederlande:	23 000 hfl
Österreich:	150 000 S
Portugal:	1 800 000 Esc
Schweden:	90 000 skr
Spanien:	1 300 000 Ptas
Vereinigtes Königreich:	46 000 £

(3) [1]Für die Ermittlung der jeweiligen Lieferschwelle ist von dem Gesamtbetrag der Entgelte, der den Lieferungen im Sinne von § 3c UStG in e i n e n EG-Mitgliedstaat zuzurechnen ist, auszugehen. [2]Die maßgebenden Lieferschwellen in den anderen EG-Mitgliedstaaten betragen:

Belgien:	1 500 000 bfrs
Dänemark:	280 000 dkr
Finnland:	200 000 Fmk
Frankreich:	700 000 FF
Griechenland:	8 200 000 Dr
Irland:	27 000 Ir£
Italien:	54 000 000 Lit
Luxemburg:	4 200 000 lfrs
Niederlande:	230 000 hfl
Österreich:	1 400 000 S
Portugal:	6 300 000 Esc
Schweden:	320 000 skr
Spanien:	4 550 000 Ptas
Vereinigtes Königreich:	70 000 £

[3]Die Lieferung verbrauchsteuerpflichtiger Waren bleibt bei der Ermittlung der Lieferschwelle unberücksichtigt. [4]Befördert oder versendet der Lieferer verbrauchsteuerpflichtige Waren in einen anderen EG-Mitgliedstaat an Privatpersonen, verlagert sich der Ort der Lieferung unabhängig von einer Lieferschwelle stets in den Bestimmungsmitgliedstaat.

UStG

§ 3d¹)   Ort des innergemeinschaftlichen Erwerbs

¹Der innergemeinschaftliche Erwerb wird in dem Gebiet des Mitgliedstaates bewirkt, in dem sich der Gegenstand am Ende der Beförderung oder Versendung befindet. ²Verwendet der Erwerber gegenüber dem Lieferer eine ihm von einem anderen Mitgliedstaat erteilte Umsatzsteuer-Identifikationsnummer, gilt der Erwerb so lange in dem Gebiet dieses Mitgliedstaates als bewirkt, bis der Erwerber nachweist, daß der Erwerb durch den in Satz 1 bezeichneten Mitgliedstaat besteuert worden ist oder nach § 25b Abs. 3 als besteuert gilt, sofern der erste Abnehmer seiner Erklärungspflicht nach § 18a Abs. 4 Satz 1 Nr. 3 nachgekommen ist.

6. EG-Richtlinie

Abschnitt XVIa: Übergangsregelung für die Besteuerung des Handels zwischen den Mitgliedstaaten

...

Artikel 28b   Ort der Umsätze

A.   Ort des innergemeinschaftlichen Erwerbs von Gegenständen

(1) Als Ort eines innergemeinschaftlichen Erwerbs von Gegenständen gilt der Ort, in dem sich die Gegenstände zum Zeitpunkt der Beendigung des Versands oder der Beförderung an den Erwerber befinden.

(2) Unbeschadet des Absatzes 1 gilt jedoch als Ort eines innergemeinschaftlichen Erwerbs von Gegenständen im Sinne des Artikels 28a Absatz 1 Buchstabe a) das Gebiet des Mitgliedstaates, der dem Erwerber die von ihm für diesen Erwerb verwendete Umsatzsteuer-Identifikationsnummer erteilt hat, sofern der Erwerber nicht nachweist, daß dieser Erwerb nach Maßgabe der Regelung in Absatz 1 besteuert worden ist.

Wird der Erwerb dagegen nach Absatz 1 im Mitgliedstaat der Beendigung des Versands oder der Beförderung der Gegenstände besteuert, nachdem er nach Maßgabe des Unterabsatzes 1 besteuert wurde, so wird die Besteuerungsgrundlage in dem Mitgliedstaat, der dem Erwerber die von ihm für diesen Erwerb verwendete Umsatzsteuer-Identifikationsnummer erteilt hat, entsprechend verringert.

Für die Anwendung von Unterabsatz 1 gilt der innergemeinschaftliche Erwerb von Gegenständen unter folgenden Voraussetzungen als nach Absatz 1 besteuert:

---

1) **Anm.:** § 3d i. d. F. des Art. 1 Nr. 4 Umsatzsteuer-Änderungsgesetz 1997 v. 12. 12. 96 (BGBl I, 1851).

Ort der Lieferung   6. EGRL Art. 8   § 3e UStG

– *Der Erwerber weist nach, daß der innergemeinschaftliche Erwerb für Zwecke einer nachfolgenden Lieferung erfolgt ist, die in dem in Absatz 1 genannten Mitgliedstaat bewirkt wurde und für die der Empfänger nach Artikel 28c Teil E Absatz 3 als Steuerschuldner bestimmt worden ist;*
– *der Erwerber ist der in Artikel 22 Absatz 6 Buchstabe b) letzter Unterabsatz vorgesehenen Erklärungspflicht nachgekommen.*
...

UStG

§ 3e[1]) **Ort der Lieferung während einer Beförderung an Bord eines Schiffes, in einem Luftfahrzeug oder in einer Eisenbahn**

(1) Wird ein Gegenstand, der nicht zum Verzehr an Ort und Stelle bestimmt ist, an Bord eines Schiffes, in einem Luftfahrzeug oder in einer Eisenbahn während einer Beförderung innerhalb des Gemeinschaftsgebiets geliefert, so gilt der Abgangsort des jeweiligen Beförderungsmittels im Gemeinschaftsgebiet als Ort der Lieferung.

(2) ¹Als Beförderung innerhalb des Gemeinschaftsgebiets im Sinne des Absatzes 1 gilt die Beförderung oder der Teil der Beförderung zwischen dem Abgangsort und dem Ankunftsort des Beförderungsmittels im Gemeinschaftsgebiet ohne Zwischenaufenthalt außerhalb des Gemeinschaftsgebiets. ²Abgangsort im Sinne des Satzes 1 ist der erste Ort innerhalb des Gemeinschaftsgebiets, an dem Reisende in das Beförderungsmittel einsteigen können. ³Ankunftsort im Sinne des Satzes 1 ist der letzte Ort innerhalb des Gemeinschaftsgebiets, an dem Reisende das Beförderungsmittel verlassen können. ⁴Hin- und Rückfahrt gelten als gesonderte Beförderungen.

6. EG-Richtlinie

Abschnitt VI: Ort des steuerbaren Umsatzes

Artikel 8   Lieferung von Gegenständen
(1) Als Ort der Lieferung gilt
...

---

1) **Anm.:** § 3e eingefügt gem. Art. 20 Nr. 4 StMBG v. 21. 12. 93 (BGBl I, 2310).

UStG § 3e

c) *für den Fall, daß die Lieferung von Gegenständen an Bord eines Schiffes, eines Flugzeugs oder in einer Eisenbahn und während des innerhalb der Gemeinschaft stattfindenden Teils einer Beförderung erfolgt, der Abgangsort des Personenbeförderungsmittels.*

Im Sinne dieser Bestimmung gilt als

– *„innerhalb der Gemeinschaft stattfindender Teil einer Beförderung" der Teil einer Beförderung zwischen Abgangsort und Ankunftsort des Personenbeförderungsmittels ohne Zwischenaufenthalt außerhalb der Gemeinschaft;*

– *„Abgangsort eines Personenbeförderungsmittels" der erste Ort innerhalb der Gemeinschaft, an dem Reisende in das Beförderungsmittel einsteigen können, gegebenenfalls nach einem Zwischenaufenthalt außerhalb der Gemeinschaft;*

– *„Ankunftsort eines Personenbeförderungsmittels" der letzte Ort innerhalb der Gemeinschaft, an dem in der Gemeinschaft zugestiegene Reisende das Beförderungsmittel verlassen können, gegebenenfalls vor einem Zwischenaufenthalt außerhalb der Gemeinschaft.*

Im Fall einer Hin- und Rückfahrt gilt die Rückfahrt als gesonderte Beförderung.

Die Kommission unterbreitet dem Rat bis spätestens 30. Juni 1993 einen Bericht, gegebenenfalls zusammen mit geeigneten Vorschlägen zum Ort der Besteuerung der Lieferungen von Gegenständen, die zum Verbrauch an Bord bestimmt sind, und der Dienstleistungen, einschließlich Bewirtung, die an Reisende an Bord eines Schiffes, eines Flugzeugs oder in der Eisenbahn erbracht werden.

Der Rat entscheidet nach Anhörung des Europäischen Parlaments vor dem 31. Dezember 1993 einstimmig über den Vorschlag der Kommission.

Die Mitgliedstaaten können bis zum 31. Dezember 1993 Lieferungen von Gegenständen, die zum Verbrauch an Bord bestimmt sind und deren Besteuerungsort gemäß den vorstehenden Bestimmungen festgelegt wird, mit dem Recht auf Vorsteuerabzug von der Steuer befreien oder weiterhin befreien.

...

Verwaltungsanweisungen

- Übergangsregelung für Lieferungen von nicht zum Verzehr an Ort und Stelle bestimmten Waren im Rahmen der Ausflugsschiffahrt auf der Nord- und Ostsee (FinMin Schleswig-Holstein 21. 4. 1994, UR 1994, 447).

UStG

Zweiter Abschnitt: Steuerbefreiungen und Steuervergütungen

§ 4[1]) Steuerbefreiungen bei Lieferungen, sonstigen Leistungen und Eigenverbrauch
Von den unter § 1 Abs. 1 Nr. 1 bis 3 fallenden Umsätzen sind steuerfrei:
1. a) die Ausfuhrlieferungen (§ 6) und die Lohnveredelungen an Gegenständen der Ausfuhr (§ 7),
   b) die innergemeinschaftlichen Lieferungen (§ 6a);

...

6. EG-Richtlinie

Abschnitt X: Steuerbefreiungen

...

Artikel 15 Steuerbefreiungen bei Ausfuhren nach einem Drittland, gleichgestellten Umsätzen und grenzüberschreitenden Beförderungen

Unbeschadet sonstiger Gemeinschaftsbestimmungen befreien die Mitgliedstaaten unter den Bedingungen, die sie zur Gewährleistung einer korrekten und einfachen Anwendung der nachstehenden Befreiungen sowie zur Verhütung von Steuerhinterziehungen, Steuerumgehungen und etwaigen Mißbräuchen festsetzen, von der Steuer:
1. *Lieferungen von Gegenständen, die durch den Verkäufer oder für dessen Rechnung nach Orten außerhalb der Gemeinschaft versandt oder befördert werden;*
2. *Lieferungen von Gegenständen, die durch den nicht im Inland ansässigen Abnehmer oder für dessen Rechnung nach Orten außerhalb der Gemeinschaft versandt oder befördert werden, mit Ausnahme der vom Abnehmer selbst beförderten Gegenstände*

---

1) **Anm.:** § 4 Nrn. 1, 6, 7 und 8 i. d. F. des Art. 20 Nr. 7 JStG 1996 v. 11. 10. 95 (BGBl I, 1250); Nr. 3 i. d. F. des Art. 1 Nr. 3 Gesetz zur Änderung des UStG und anderer Gesetze v. 9. 8. 94 (BGBl I, 2058); Nr. 5 i. d. F. des Art. 20 Nr. 26 StMBG v. 21. 12. 93 (BGBl I, 2310); Nr. 11a i. d. F., Nr. 11b eingefügt gem. Art. 12 Abs. 44 Nr. 2 PTNeuOG v. 14. 9. 94 (BGBl I, 2325); Nr. 15a eingefügt gem. Art. 12 JStErgG 1996 v. 18. 12. 95 (BGBl I, 1959); Nr. 16 Buchst. d und e i. d. F. des Art. 27 PflegeVG v. 26. 5. 94 (BGBl I, 1014); Nr. 21a eingefügt gem. Art. 1 Nr. 5 Umsatzsteuer-Änderungsgesetz 1997 v. 12. 12. 96 (BGBl I, 1851).

zur Ausrüstung oder Versorgung von Sportbooten und Sportflugzeugen sowie von sonstigen Beförderungsmitteln, die privaten Zwecken dienen.

Erstreckt sich die Lieferung auf Gegenstände zur Mitführung im persönlichen Gepäck von Reisenden, so gilt diese Steuerbefreiung, wenn
- *der Reisende nicht in der Gemeinschaft ansässig ist;*
- *die Gegenstände vor Ablauf des dritten auf die Lieferung folgenden Kalendermonats nach Orten außerhalb der Gemeinschaft befördert werden;*
- *der Gesamtwert der Lieferung einschließlich Mehrwertsteuer den Gegenwert von 175 ECU in Landeswährung übersteigt, der gemäß Artikel 7 Absatz 2 der Richtlinie 69/169/EWG[1]) festgelegt wurde; die Mitgliedstaaten können jedoch auch eine Lieferung, deren Gesamtwert niedriger als dieser Betrag ist, von der Steuer befreien.*

Bei Anwendung des Unterabsatzes 2
- *gilt als nicht in der Gemeinschaft ansässiger Reisender ein Reisender, dessen Wohnsitz oder gewöhnlicher Aufenthalt sich nicht in der Gemeinschaft befindet. Zur Anwendung dieser Bestimmung gilt als „Wohnsitz oder gewöhnlicher Aufenthaltsort" der Ort, der im Reisepaß, im Personalausweis oder in jedem sonstigen Dokument eingetragen ist, das in dem Mitgliedstaat, in dem die Lieferung erfolgt, als Identitätsnachweis anerkannt ist;*
- *wird der Nachweis der Ausfuhr durch Rechnungen oder entsprechende Belege erbracht, die mit dem Sichtvermerk der Ausgangszollstelle der Gemeinschaft versehen sein müssen.*

Jeder Mitgliedstaat übermittelt der Kommission ein Muster des von ihm für die Erteilung des in Unterabsatz 3 zweiter Gedankenstrich genannten Sichtvermerks verwendeten Stempelabdrucks. Die Kommission leitet diese Information an die Steuerbehörden der übrigen Mitgliedstaaten weiter.

3. Dienstleistungen in Form von Arbeiten an beweglichen körperlichen Gegenständen, die – zur Ausführung dieser Arbeiten im Gemeinschaftsgebiet – erworben oder eingeführt worden sind und die vom Dienstleistungserbringer oder dem nicht im Inland ansässigen Leistungsempfänger oder für deren Rechnung nach Orten außerhalb der Gemeinschaft versandt oder befördert werden;

...

Artikel 16 Besondere Steuerbefreiungen beim grenzüberschreitenden Warenverkehr

(1) Unbeschadet der übrigen gemeinschaftlichen Steuerbestimmungen können die Mitgliedstaaten vorbehaltlich der Konsultation nach Artikel 29 Sondermaßnahmen treffen, um folgende Umsätze oder einige von ihnen nicht der Mehrwertsteuer zu unterwerfen, sofern diese nicht für eine endgültige Verwendung und/oder einen Endverbrauch bestimmt sind und sofern der beim Verlassen der nachfolgend in den Teilen A bis E bezeichneten Regelungen oder Sachverhalte geschuldete Mehrwertsteuerbetrag der Höhe der Abgabe entspricht, die bei der Besteuerung dieser Umsätze im Inland geschuldet worden wäre:

...

---

[1] **Anm.:** ABl. Nr. L 133 v. 4. 6. 69, S. 6. Richtlinie zuletzt geändert durch die Richtlinie 94/4/EG (ABl. Nr. L 60 v. 3. 3. 94, S. 14).

B. die Lieferungen von Gegenständen,
a) die zollamtlich erfaßt und gegebenenfalls vorläufig verwehrt bleiben sollen,
b) die einer Freizonenregelung oder einer Freilagerregelung unterliegen sollen,
c) die einer Zollagerregelung oder einer Regelung für den aktiven Veredelungsverkehr unterliegen sollen,
d) die in die Hoheitsgewässer verbracht werden sollen,
 – um für den Bau, die Wiederinstandsetzung, die Wartung, den Umbau oder die Ausrüstung von Bohrinseln oder Förderplattformen oder für die Verbindung dieser Bohrinseln oder Förderplattformen mit dem Festland verwendet zu werden,
 – um zur Versorgung der Bohrinseln oder Förderplattformen verwendet zu werden,
e) die im Inland einer anderen Lagerregelung als der Zollagerregelung unterliegen sollen.

Für die Anwendung dieses Artikels gelten als andere als Zollager
 – bei verbrauchsteuerpflichtigen Waren die als Steuerlager im Sinne von Artikel 4 Buchstabe b) der Richtlinie 92/12/EWG definierten Orte;
 – bei anderen als verbrauchsteuerpflichtigen Waren die Orte, die die Mitgliedstaaten als solche definieren. Die Mitgliedstaaten dürfen jedoch keine andere Lagerregelung als die Zollagerregelung vorsehen, wenn diese Gegenstände zur Lieferung auf der Einzelhandelsstufe bestimmt sind.

Die Mitgliedstaaten können jedoch eine derartige Regelung für Gegenstände vorsehen, die
 – für Steuerpflichtige zum Zwecke ihrer Lieferungen nach Maßgabe von Artikel 28k bestimmt sind;
 – für Tax-free-Verkaufsstellen im Sinne von Artikel 28k zum Zwecke ihrer Lieferungen an nach Artikel 15 befreite Reisende bestimmt sind, die sich per Flugzeug oder Schiff in einen Drittstaat begeben;
 – für Steuerpflichtige zum Zwecke ihrer Lieferungen an Reisende bestimmt sind, die während eines Flugs oder einer Seereise, deren Zielort außerhalb der Gemeinschaft gelegen ist, an Bord eines Flugzeugs oder Schiffs durchgeführt werden;
 – für Steuerpflichtige zum Zwecke ihrer nach Artikel 15 Nummer 10 steuerbefreiten Lieferungen bestimmt sind.
Die Orte im Sinne der Buchstaben a), b), c) und d) sind diejenigen, die in den geltenden Zollvorschriften der Gemeinschaft als solche definiert sind;
...

UStDV

Ausfuhrnachweis und buchmäßiger Nachweis bei Ausfuhrlieferungen und Lohnveredelungen an Gegenständen der Ausfuhr

§ 8–§ 17 *(abgedruckt zu § 6 UStG)*

§ 17a–§ 17c *(abgedruckt zu § 6a UStG)*

UStR

43. Ausfuhrlieferungen und Lohnveredelungen an Gegenständen der Ausfuhr

Auf die Abschnitte 128 bis 144 wird hingewiesen.

Verwaltungsanweisungen

- Siehe Zusammenstellung zu §§ 6, 6a, 7 UStG.

Rechtsprechung

- Siehe Zusammenstellung zu §§ 6, 6a, 7 UStG.

UStG

§ 4 Steuerbefreiungen usw. (Fortsetzung)
Von den unter § 1 Abs. 1 Nr. 1 bis 3 fallenden Umsätzen sind steuerfrei:
...
2. die Umsätze für die Seeschiffahrt und für die Luftfahrt (§ 8);
...

6. EG-Richtlinie

Abschnitt X: Steuerbefreiungen

...

Artikel 15 Steuerbefreiungen bei Ausfuhren nach einem Drittland, gleichgestellten Umsätzen und grenzüberschreitenden Beförderungen

Unbeschadet sonstiger Gemeinschaftsbestimmungen befreien die Mitgliedstaaten unter den Bedingungen, die sie zur Gewährleistung einer korrekten und einfachen Anwendung

der nachstehenden Befreiungen sowie zur Verhütung von Steuerhinterziehungen, Steuerumgehungen und etwaigen Mißbräuchen festsetzen, von der Steuer:

...

4. Lieferungen von Gegenständen zur Versorgung von Schiffen, die
   a) auf hoher See im entgeltlichen Passagierverkehr, zur Ausübung einer Handelstätigkeit, für gewerbliche Zwecke oder zur Fischerei eingesetzt sind,
   b) als Bergungs- oder Rettungsschiffe auf See oder zur Küstenfischerei eingesetzt sind, wobei im letztgenannten Fall Lieferungen von Bordproviant ausgenommen sind,
   c) als Kriegsschiffe im Sinne der Tarifstelle 89.01 A des Gemeinsamen Zolltarifs das Land verlassen, um ausländische Häfen oder Ankerplätze anzulaufen.

Die Kommission unterbreitet dem Rat so bald wie möglich Vorschläge zur Festlegung gemeinschaftlicher Steuerregeln, in denen der Anwendungsbereich und die praktischen Einzelheiten der Durchführung dieser Steuerbefreiung sowie der in den Nummern 5 bis 9 vorgesehenen Steuerbefreiungen präzisiert wird. Bis zum Inkrafttreten dieser Regeln können die Mitgliedstaaten den Anwendungsbereich der in dieser Nummer vorgesehenen Steuerbefreiung beschränken;

5. Lieferungen, Umbauten, Instandsetzungen, Wartungen, Vercharterungen und Vermietungen der unter Nummer 4 Buchstaben a) und b) bezeichneten Seeschiffe sowie Lieferungen, Vermietungen, Instandsetzungen und Wartungen der in diese Schiffe eingebauten Gegenstände – einschließlich der Ausrüstung für die Fischerei – oder der Gegenstände für ihren Betrieb;

6. Lieferungen, Umbauten, Instandsetzungen, Wartungen, Vercharterungen und Vermietungen von Luftfahrzeugen, die von Luftfahrtgesellschaften verwendet werden, die hauptsächlich im entgeltlichen internationalen Verkehr tätig sind, sowie Lieferungen, Vermietungen, Instandsetzungen und Wartungen der in diese Luftfahrzeuge eingebauten Gegenstände oder der Gegenstände für ihren Betrieb;

7. Lieferungen von Gegenständen zur Versorgung der in Nummer 6 genannten Luftfahrzeuge;

8. andere Dienstleistungen als die nach Nummer 5, die für den unmittelbaren Bedarf der dort bezeichneten Seeschiffe und ihrer Ladungen bestimmt sind;

9. andere Dienstleistungen als die nach Nummer 6, die für den unmittelbaren Bedarf der dort bezeichneten Luftfahrzeuge und ihrer Ladungen bestimmt sind;

...

UStDV

§ 18 (abgedruckt zu § 8 UStG)

UStR

44. Umsätze für die Seeschiffahrt und für die Luftfahrt

Auf die Abschnitte 145 bis 147 wird hingewiesen.

Verwaltungsanweisungen

- Siehe Zusammenstellung zu § 8 UStG.

Rechtsprechung

- Siehe Zusammenstellung zu § 8 UStG.

UStG

§ 4 Steuerbefreiungen usw. (Fortsetzung)
Von den unter § 1 Abs. 1 Nr. 1 bis 3 fallenden Umsätzen sind steuerfrei:
...
3. die folgenden sonstigen Leistungen:
   a) die grenzüberschreitenden Beförderungen von Gegenständen, die Beförderungen im internationalen Eisenbahnfrachtverkehr und andere sonstige Leistungen, wenn sich die Leistungen
      aa) unmittelbar auf Gegenstände der Ausfuhr beziehen oder auf eingeführte Gegenstände beziehen, die im externen Versandverfahren in das Drittlandsgebiet befördert werden, oder
      bb) auf Gegenstände der Einfuhr in das Gebiet eines Mitgliedstaates der Europäischen Gemeinschaft beziehen und die Kosten für die Leistungen in der Bemessungsgrundlage für diese Einfuhr enthalten sind. ²Nicht befreit sind die Beförderungen der in § 1 Abs. 3 Nr. 4 Buchstabe a bezeichneten Gegenstände aus einem Freihafen in das Inland;
   b) die Beförderungen von Gegenständen nach und von den Inseln, die die autonomen Regionen Azoren und Madeira bilden;
   c) sonstige Leistungen, die sich unmittelbar auf eingeführte Gegenstände beziehen, für die zollamtlich eine vorübergehende Verwendung in den in § 1 Abs. 1 Nr. 4 bezeichneten Gebieten bewilligt worden ist, wenn der Leistungsempfänger ein ausländischer Auftraggeber (§ 7 Abs. 2) ist. ²Dies gilt nicht für sonstige Leistungen, die sich auf Beförderungsmittel, Paletten und Container beziehen.

²Die Vorschrift gilt nicht für die in den Nummern 8, 10 und 11 bezeichneten Umsätze und für die Bearbeitung oder Verarbeitung eines Gegenstandes einschließlich der Werkleistung im Sinne des § 3 Abs. 10. ³Die Voraussetzungen der Steuerbefreiung müssen vom Unternehmer nachgewiesen sein. ⁴Das Bundesministerium der Finanzen kann mit Zustimmung des Bundesrates durch Rechtsverordnung bestimmen, wie der Unternehmer den Nachweis zu führen hat;

...

6. EG-Richtlinie

Abschnitt VIII: Besteuerungsgrundlage

Artikel 11
...

B. *Bei der Einfuhr von Gegenständen*
...

(3) In die Besteuerungsgrundlage sind einzubeziehen, soweit nicht bereits darin enthalten:
...

b) (abgedruckt zu § 11 UStG)
...

Abschnitt X: Steuerbefreiungen

...

Artikel 14 *Steuerbefreiungen bei der Einfuhr*
(1) Unbeschadet sonstiger Gemeinschaftsbestimmungen befreien die Mitgliedstaaten unter den Bedingungen, die sie zur Gewährleistung einer korrekten und einfachen Anwendung der nachstehenden Befreiungen sowie zur Verhütung von Steuerhinterziehungen, Steuerumgehungen und etwaigen Mißbräuchen festsetzen, von der Steuer:
...

i) die Dienstleistungen, die sich auf die Einfuhr von Gegenständen beziehen und deren Wert nach Artikel 11 Teil B Absatz 3 Buchstabe b) in der Besteuerungsgrundlage enthalten ist;
...

Artikel 15 *Steuerbefreiungen bei Aufuhren nach einem Drittland, gleichgestellten Umsätzen und grenzüberschreitenden Beförderungen*

Unbeschadet sonstiger Gemeinschaftsbestimmungen befreien die Mitgliedstaaten unter den Bedingungen, die sie zur Gewährleistung einer korrekten und einfachen Anwendung der nachstehenden Befreiungen sowie zur Verhütung von Steuerhinterziehungen, Steuerumgehungen und etwaigen Mißbräuchen festsetzen, von der Steuer:
...

13. Dienstleistungen, einschließlich der Beförderungsleistungen und der dazugehörigen Leistungen – jedoch mit Ausnahme der nach Artikel 13 von der Steuer befreiten Dienstleistungen – wenn sie in unmittelbarem Zusammenhang mit der Ausfuhr von Gütern oder der Einfuhr von Gütern stehen, für die die Bestimmungen gemäß Artikel 7 Absatz 3 oder gemäß Artikel 16 Absatz 1 Teil A gelten.
...

*Artikel 16   Besondere Steuerbefreiungen beim grenzüberschreitenden
           Warenverkehr*

(1) Unbeschadet der übrigen gemeinschaftlichen Steuerbestimmungen können die Mitgliedstaaten vorbehaltlich der Konsultation nach Artikel 29 Sondermaßnahmen treffen, um folgende Umsätze oder einige von ihnen nicht der Mehrwertsteuer zu unterwerfen, sofern diese nicht für eine endgültige Verwendung und/oder einen Endverbrauch bestimmt sind und sofern der beim Verlassen der nachfolgend in den Teilen A bis E bezeichneten Regelungen oder Sachverhalte geschuldete Mehrwertsteuerbetrag der Höhe der Abgabe entspricht, die bei der Besteuerung dieser Umsätze im Inland geschuldet worden wäre:

...

B. die Lieferungen von Gegenständen,

a) die zollamtlich erfaßt und gegebenenfalls vorläufig verwahrt bleiben sollen,

b) die einer Freizonenregelung oder einer Freilagerregelung unterliegen sollen,

c) die einer Zollagerregelung oder einer Regelung für den aktiven Veredelungsverkehr unterliegen sollen,

d) die in die Hoheitsgewässer verbracht werden sollen,

  – um für den Bau, die Wiederinstandsetzung, die Wartung, den Umbau oder die Ausrüstung von Bohrinseln oder Förderplattformen oder für die Verbindung dieser Bohrinseln oder Förderplattformen mit dem Festland verwendet zu werden,

  – um zur Versorgung der Bohrinseln oder Förderplattformen verwendet zu werden,

e) die im Inland einer anderen Lagerregelung als der Zollagerregelung unterliegen sollen.

Für die Anwendung dieses Artikels gelten als andere als Zollager

  – bei verbrauchsteuerpflichtigen Waren die als Steuerlager im Sinne von Artikel 4 Buchstabe b) der Richtlinie 92/12/EWG definierten Orte;

  – bei anderen als verbrauchsteuerpflichtigen Waren die Orte, die die Mitgliedstaaten als solche definieren. Die Mitgliedstaaten dürfen jedoch keine andere Lagerregelung als die Zollagerregelung vorsehen, wenn diese Gegenstände zur Lieferung auf der Einzelhandelsstufe bestimmt sind.

Die Mitgliedstaaten können jedoch eine derartige Regelung für Gegenstände vorsehen, die

  – für Steuerpflichtige zum Zwecke ihrer Lieferungen nach Maßgabe von Artikel 28k bestimmt sind;

  – für Tax-free-Verkaufsstellen im Sinne von Artikel 28k zum Zwecke ihrer Lieferungen an nach Artikel 15 befreite Reisende bestimmt sind, die sich per Flugzeug oder Schiff in einen Drittstaat begeben;

  – für Steuerpflichtige zum Zwecke ihrer Lieferungen an Reisende bestimmt sind, die während eines Flugs oder einer Seereise, deren Zielort außerhalb der Gemeinschaft gelegen ist, an Bord eines Flugzeugs oder Schiffs durchgeführt werden;

  – für Steuerpflichtige zum Zwecke ihrer nach Artikel 15 Nummer 10 steuerbefreiten Lieferungen bestimmt sind.

Steuerbefreiungen §§ 19–21 UStDV § 4 Nr. 3 UStG

Die Orte im Sinne der Buchstaben a), b), c) und d) sind diejenigen, die in den geltenden Zollvorschriften der Gemeinschaft als solche definiert sind;

...

UStDV

§ 19[1]) *(weggefallen)*

§ 20[2]) ***Belegmäßiger Nachweis bei steuerfreien Leistungen, die sich auf Gegenstände der Ausfuhr oder Einfuhr beziehen***

(1) ¹Bei einer Leistung, die sich unmittelbar auf einen Gegenstand der Ausfuhr bezieht oder auf einen eingeführten Gegenstand bezieht, der im externen Versandverfahren in das Drittlandsgebiet befördert wird (§ 4 Nr. 3 Buchstabe a Doppelbuchstabe aa des Gesetzes), muß der Unternehmer durch Belege die Ausfuhr oder Wiederausfuhr des Gegenstandes nachweisen. ²Die Voraussetzung muß sich aus den Belegen eindeutig und leicht nachprüfbar ergeben. ³Die Vorschriften über den Ausfuhrnachweis in den §§ 9 bis 11 sind entsprechend anzuwenden.

(2) Bei einer Leistung, die sich auf einen Gegenstand der Einfuhr in das Gebiet eines Mitgliedstaates der Europäischen Gemeinschaft bezieht (§ 4 Nr. 3 Buchstabe a Doppelbuchstabe bb des Gesetzes), muß der Unternehmer durch Belege nachweisen, daß die Kosten für diese Leistung in der Bemessungsgrundlage für die Einfuhr enthalten sind.

(3) Der Unternehmer muß die Nachweise im Geltungsbereich dieser Verordnung führen.

§ 21[3]) ***Buchmäßiger Nachweis bei steuerfreien Leistungen, die sich auf Gegenstände der Ausfuhr oder Einfuhr beziehen***

¹Bei einer Leistung, die sich auf einen Gegenstand der Ausfuhr, auf einen Gegenstand der Einfuhr in das Gebiet eines Mitgliedstaates der Europäischen Gemeinschaft oder auf einen eingeführten Gegenstand bezieht, der im externen Versandverfahren in das Drittlandsgebiet befördert wird (§ 4 Nr. 3 Buchstabe a des Gesetzes), ist § 13 Abs. 1 und 2 Nr. 1 bis 4 entsprechend anzuwenden. ²Zusätzlich soll der Unternehmer aufzeichnen:

1. bei einer Leistung, die sich auf einen Gegenstand der Ausfuhr bezieht oder auf einen eingeführten Gegenstand bezieht, der im externen Versandverfahren in das Drittlandsgebiet befördert wird, daß der Gegenstand ausgeführt oder wiederausgeführt worden ist,

2. bei einer Leistung, die sich auf einen Gegenstand der Einfuhr in das Gebiet eines Mitgliedstaates der Europäischen Gemeinschaft bezieht, daß die Kosten für die Leistung in der Bemessungsgrundlage für die Einfuhr enthalten sind.

---

1) **Anm.:** § 19 weggefallen gem. Art. 21 Nr. 11 JStG 1996 v. 11. 10. 95 (BGBl I, 1250).
2) **Anm.:** Überschrift zu § 20, Abs. 1 und 2 i. d. F. des Art. 21 Nr. 12 JStG 1996 v. 11. 10. 95 (BGBl I, 1250).
3) **Anm.:** § 21 i. d. F. des Art. 21 Nr. 13 JStG 1996 v. 11. 10. 95 (BGBl I, 1250).

UStR

45. Allgemeines

(1) [1]Die Steuerbefreiung nach § 4 Nr. 3 UStG setzt voraus, daß die in der Vorschrift bezeichneten Leistungen umsatzsteuerrechtlich selbständig zu beurteilende Leistungen sind. [2]Ist eine Leistung nur eine unselbständige Nebenleistung zu einer Hauptleistung, so teilt sie deren umsatzsteuerrechtliches Schicksal. [3]Vortransporte *zu sich anschließenden Luftbeförderungen* sind keine unselbständigen Nebenleistungen. [4]Hingegen ist die Beförderung im Eisenbahngepäckverkehr als unselbständige Nebenleistung zur Personenbeförderung anzusehen. [5]Zum Eisenbahngepäckverkehr zählt auch der „Auto-im-Reisezugverkehr".

(2) [1]Aufgrund des § 3 Abs. 11 UStG sind auch Besorgungsleistungen steuerfrei, wenn es sich bei den besorgten Leistungen um Leistungen im Sinne des § 4 Nr. 3 UStG handelt. [2]Zum Begriff der Besorgung wird auf Abschnitt 32 hingewiesen.

(3) Das Finanzamt kann die Unternehmer von der Verpflichtung befreien, die Entgelte für Leistungen, die nach § 4 Nr. 3 UStG steuerfrei sind, und die Entgelte für nicht steuerbare Umsätze, z. B. für Beförderungen im Ausland, getrennt aufzuzeichnen (vgl. Abschnitt 259 Abs. 17 und 18).

46. Grenzüberschreitende Güterbeförderungen

(1) [1]Eine grenzüberschreitende Beförderung von Gegenständen, *die im Zusammenhang mit einer Ausfuhr, einer Durchfuhr oder einer Einfuhr steht, ist unter den Voraussetzungen des § 4 Nr. 3 Buchstabe a UStG steuerfrei (vgl. Abschnitte 47 und 48).* [2]*Sie* liegt vor, wenn sich eine Güterbeförderung sowohl auf das Inland als auch auf das Ausland erstreckt (*§ 3b Abs. 1 Satz 3 UStG*). [3]*Zu den grenzüberschreitenden Beförderungen im allgemeinen vgl. Abschnitt 42a.* [4]Grenzüberschreitende Beförderungen sind auch die Beförderungen aus einem Freihafen in das Inland oder vom Inland in einen Freihafen *(vgl. § 1 Abs. 2 UStG).*

(2) [1]Beförderungen im internationalen Eisenbahnfrachtverkehr sind Güterbeförderungen, auf die die „Einheitlichen Rechtsvorschriften für den Vertrag über die internationale Eisenbahnbeförderung von Gütern (CIM)" anzuwenden sind. [2]Die Rechtsvorschriften sind im Anhang B des Übereinkommens über den internationalen Eisenbahnverkehr (COTIF) vom 9. 5. 1980 enthalten (BGBl. 1985 II S. 225). [3]Sie finden auf Sendungen von Gütern Anwendung, die mit durchgehendem Frachtbrief zur Beförderung auf einem Schienenwege aufgegeben werden, der das Inland und mindestens einen Nachbarstaat berührt.

(3) [1]Für die Befreiung nach § 4 Nr. 3 Buchstabe a UStG ist es unerheblich, auf welche Weise die Beförderungen durchgeführt werden, z. B. mit Kraftfahrzeugen, Luftfahrzeugen, Eisenbahnen, Seeschiffen, Binnenschiffen, Flößen oder durch Rohrleitungen. [2]Aufgrund der Definition des Beförderungsbegriffs in § 3 Abs. 7 UStG sind auch das Schleppen und Schieben stets als Beförderung anzusehen.

(4) [1]Ein Frachtführer, der die Beförderung von Gegenständen übernommen hat, bewirkt auch dann eine Beförderungsleistung, wenn er die Beförderung nicht selbst ausführt, sondern sie von einem *oder mehreren* anderen Frachtführer*n* (Unterfrachtführer*n*) ausführen läßt. [2]In diesen Fällen hat er die Stellung eines Hauptfrachtführers, für den der *oder die* Unterfrachtführer ebenfalls Beförderungsleistunge*n* bewirken. [3]*Diese* Beförderungsleistungen *können grenzüberschreitend*

Steuerbefreiungen — § 4 Nr. 3 UStG

sein. ⁴*Die Beförderungsleistung des Hauptfrachtführers sowie des Unterfrachtführers, dessen Leistung sich sowohl auf das Inland als auch auf das Ausland erstreckt, sind grenzüberschreitend.* ⁵Diesen Beförderungsleistungen vorangehende oder sich anschließende Beförderungen im Inland durch die anderen Unterfrachtführer sind steuerpflichtig, soweit nicht die Steuerbefreiungen *für andere sonstige Leistungen* nach § 4 Nr. 3 Buchstabe *a* UStG in Betracht kommen (vgl. Abschnitte 47 und 48).

(5) ¹Spediteure sind in den Fällen des Selbsteintritts, der Spedition zu festen Preisen – Übernahmesätzen – sowie des Sammelladungsverkehrs umsatzsteuerrechtlich als Beförderer anzusehen. ²Der Fall eines Selbsteintritts liegt vor, wenn der Spediteur die Beförderung selbst ausführt (§ 412 HGB). ³Im Fall der Spedition zu festen Preisen – Übernahmesätzen – hat sich der Spediteur mit dem Auftraggeber über einen bestimmten Satz der Beförderungskosten geeinigt (§ 413 Abs. 1 HGB). ⁴Der Fall eines Sammelladungsverkehrs ist gegeben, wenn der Spediteur die Versendung des Gegenstandes zusammen mit den Gegenständen anderer Auftraggeber bewirkt, und zwar aufgrund eines für seine Rechnung über eine Sammelladung geschlossenen Frachtvertrages (§ 413 Abs. 2 HGB).

(6) ¹Im Güterfernverkehr mit Kraftfahrzeugen ist verkehrsrechtlich davon auszugehen, daß den Frachtbriefen jeweils besondere Beförderungsverträge zugrunde liegen und daß es sich bei der Durchführung dieser Verträge jeweils um selbständige Beförderungsleistungen handelt. ²Dementsprechend ist auch umsatzsteuerrechtlich jede frachtbriefmäßig gesondert behandelte Beförderung als selbständige Beförderungsleistung anzusehen.

47. Grenzüberschreitende Güterbeförderungen und andere sonstige Leistungen, die sich auf Gegenstände der Einfuhr beziehen

(1) ¹Die Steuerbefreiung nach § 4 Nr. 3 Buchstabe *a* Doppelbuchstabe *bb* UStG kommt insbesondere für folgende sonstige Leistungen in Betracht:

1. *für grenzüberschreitende Güterbeförderungen und Beförderungen im internationalen Eisenbahnfrachtverkehr* (vgl. Abschnitt 46) bis zum ersten Bestimmungsort in der Gemeinschaft (vgl. auch das Beispiel 1 in Absatz 7);

2. für Güterbeförderungen, die nach vorangegangener Beförderung *nach Nr. 1* nach einem weiteren Bestimmungsort *in der Gemeinschaft* durchgeführt werden, z. B. Beförderungen aufgrund einer nachträglichen Verfügung oder Beförderungen durch Rollfuhrunternehmer vom Flughafen, Binnenhafen oder Bahnhof zum Empfänger (vgl. auch die Beispiele *2 und 3* in Absatz *7);*

3. für den Umschlag und die Lagerung von eingeführten Gegenständen (vgl. die Beispiele in Absatz 7);

4. für handelsübliche Nebenleistungen, die bei *grenzüberschreitenden* Güterbeförderungen oder bei den in den Nummern 2 und 3 bezeichneten Leistungen vorkommen, z. B. Wiegen, Messen, Probeziehen oder Anmelden zur Abfertigung zum freien Verkehr;

5. für die Besorgung der in den Nummern 1 bis *4* bezeichneten Leistungen;

6. für Vermittlungsleistungen, für die die Steuerbefreiung nach § 4 Nr. 5 UStG nicht in Betracht kommt, z. B. für die Vermittlung von steuerpflichtigen Lieferungen, die von einem Importlager im Inland ausgeführt werden (vgl. die Beispiele 5 und 6 in Absatz 7).

²Die Steuerbefreiung setzt nicht voraus, daß die Leistungen an einen ausländischen Auftraggeber bewirkt werden.

(2) ¹Da die Steuerbefreiung für jede Leistung, die sich auf Gegenstände der Einfuhr bezieht, in Betracht kommen kann, braucht nicht geprüft zu werden, ob es sich um eine Beförderung, einen Umschlag oder eine Lagerung von Einfuhrgegenständen oder um handelsübliche Nebenleistungen dazu handelt. ²Zur Vermeidung eines unversteuerten Letztverbrauchs ist Voraussetzung für die Steuerbefreiung, daß die Kosten für die Leistungen in der Bemessungsgrundlage für die Einfuhr enthalten sind. ³Diese Voraussetzung ist *in* den Fällen erfüllt, *in denen die* Kosten einer Leistung nach § 11 Abs. 1 oder 2 und/oder 3 Nr. 3 *und 4* UStG Teil der Bemessungsgrundlage für die Einfuhr geworden sind (vgl. die Beispiele 1, *2, 4* bis *6* in Absatz 7).

(3) ¹Materiell-rechtliche Voraussetzung für die Steuerbefreiung ist, daß der leistende Unternehmer im Geltungsbereich der UStDV durch Belege nachweist, daß die Kosten für die Leistung in der Bemessungsgrundlage für die Einfuhr enthalten sind (vgl. § 20 Abs. 1 und 3 UStDV). ²Aus Vereinfachungsgründen wird jedoch bei Leistungen an ausländische Auftraggeber auf den Nachweis durch Belege verzichtet, wenn das Entgelt für die einzelne Leistung weniger als 200 DM beträgt und sich aus der Gesamtheit der beim leistenden Unternehmer vorhandenen Unterlagen keine berechtigten Zweifel daran ergeben, daß die Kosten für die Leistung Teil der Bemessungsgrundlage für die Einfuhr sind.

(4) Als Belege für den in Absatz 3 bezeichneten Nachweis kommen in Betracht:

1. zollamtliche Belege, und zwar

    a) ¹ein Stück der Zollanmeldung – auch Sammelzollanmeldung – mit der Festsetzung der Eingangsabgaben und gegebenenfalls auch der Zollquittung. ²Diese Belege können als Nachweise insbesondere in den Fällen dienen, in denen der leistende Unternehmer, z. B. der Spediteur, selbst die Abfertigung der Gegenstände, auf die sich seine Leistung bezieht, zum freien Verkehr beantragt;

    b) ¹ein Beleg mit einer Bestätigung der Zollstelle, daß die Kosten für die Leistung in die Bemessungsgrundlage für die Einfuhr einbezogen worden sind. ²Für diesen Beleg soll *von den deutschen Zollstellen* eine Bescheinigung nach vorgeschriebenem Muster verwendet werden. ³Die Zollstelle erteilt die vorbezeichnete Bestätigung auf Antrag, und zwar auch auf anderen im Beförderungs- und Speditionsgewerbe üblichen Papieren. ⁴Diese Papiere müssen jedoch alle Angaben enthalten, die das Muster vorsieht. ⁵Auf die Beispiele 2 und 4 bis 6 in Absatz *7* wird hingewiesen. ⁶Sind bei der Besteuerung der Einfuhr die Kosten für die Leistung des Unternehmers geschätzt worden, so genügt es für den Nachweis, daß der geschätzte Betrag in den Belegen angegeben ist. ⁷*Bescheinigungen entsprechenden Inhalts von Zollstellen anderer EG-Mitgliedstaaten sind ebenfalls anzuerkennen;*

2. andere Belege

    ¹In den Fällen, in denen die Kosten für eine Leistung nach § 11 Abs. 1 und 2 und/oder 3 Nr. 3 *und 4* UStG Teil der Bemessungsgrundlage für die Einfuhr geworden sind, genügt der eindeutige Nachweis hierüber. ²Als Nachweisbelege können in diesen Fällen insbesondere der schriftliche Speditionsauftrag, das im Speditionsgewerbe übliche Bordero, ein Doppel des Versandscheines, ein Doppel der Rechnung des Lieferers über die Lieferung der Gegenstände oder der vom Lieferer ausgestellte Lieferschein in Betracht kommen (vgl. die Beispiele *1, 5* und 6 in Absatz *7);*

3. Fotokopien

    Fotokopien können nur in Verbindung mit anderen beim leistenden Unternehmer vorhandenen Belegen als ausreichend anerkannt werden, wenn sich aus der Gesamtheit der Belege keine ernsthaften Zweifel an der Erfassung der Kosten bei der Besteuerung der Einfuhr ergeben.

(5) ¹Ist bei einer Beförderung im Eisenbahnfrachtverkehr, die im Anschluß an eine grenzüberschreitende Beförderung oder Beförderung im internationalen Eisenbahnfrachtverkehr bewirkt wird, der Absender im Ausland außerhalb der Gebiete im Sinne des § 1 Abs. 3 UStG ansässig und werden die Beförderungskosten von diesem Absender bezahlt, kann der Nachweis über die Einbeziehung der Beförderungskosten in die Bemessungsgrundlage für die Einfuhr aus Vereinfachungsgründen durch folgende Bescheinigungen auf dem Frachtbrief erbracht werden:

„*Bescheinigungen für Umsatzsteuerzwecke*

1. Bescheinigung des im Gemeinschaftsgebiet ansässigen Beauftragten des ausländischen Absenders

Nach meinen Unterlagen handelt es sich um Gegenstände der Einfuhr. Die Beförderungskosten werden von

_____
(Name und Anschrift des ausländischen Absenders)
bezahlt.

_____   _____
(Ort und Datum)   (Unterschrift)

2. Bescheinigung der Zollstelle (zu Zollbeleg-Nr. . . .)

Bei der Ermittlung der Bemessungsgrundlage für die Einfuhr (§ 11 UStG) wurden die Beförderungskosten bis

_____
(Bestimmungsort im *Gemeinschaftsgebiet*)
entsprechend der Anmeldung erfaßt.

_____   _____
(Ort und Datum)   (Unterschrift und Dienststempel)"

²Der in *der Bescheinigung Nummer 1* angegebene ausländische Absender muß der im Frachtbrief angegebene Absender sein. ³Als Beauftragter des ausländischen Absenders kommt insbesondere ein im *Gemeinschaftsgebiet* ansässiger Unternehmer in Betracht, der im Namen und für Rechnung des ausländischen Absenders die Weiterbeförderung der eingeführten Gegenstände über Strecken, die ausschließlich im *Gemeinschaftsgebiet* gelegen sind, veranlaßt.

(6) ¹Bei grenzüberschreitenden Beförderungen von einem Drittland in das Gemeinschaftsgebiet werden die Kosten für die Beförderung der eingeführten Gegenstände bis zum ersten Bestimmungsort im Gemeinschaftsgebiet in die Bemessungsgrundlage für die Einfuhrumsatzsteuer einbezogen (§ 11 Abs. 3 Nr. 3 UStG). ²Beförderungskosten zu einem weiteren Bestimmungsort im Gemeinschaftsgebiet sind ebenfalls einzubeziehen, sofern dieser weitere Bestimmungsort im Zeitpunkt des Entstehens der Einfuhrumsatzsteuer bereits feststeht (§ 11 Abs. 3 Nr. 4 UStG). ³Dies gilt auch für die auf inländische oder innergemeinschaftliche Beförderungsleistungen und andere sonstige Leistungen entfallenden Kosten im Zusammenhang mit einer Einfuhr (vgl. auch die Beispiele 2 und 3 in Absatz 7).

(7) Beispiele zur Steuerbefreiung für sonstige Leistungen, die sich auf Gegenstände der Einfuhr beziehen *und steuerbar sind*:

Beispiel 1:

[1]Der *polnische* Lieferer L liefert Gegenstände an den Abnehmer A in *Mailand*, und zwar „frei Bestimmungsort *Mailand*". [2]Im Auftrag und für Rechnung des L werden die folgenden Leistungen bewirkt: [3]Der Reeder R befördert die Gegenstände bis Lübeck. [4]Die Weiterbeförderung bis *Mailand* führt der Spediteur S mit seinem Lastkraftwagen aus. [5]Den Umschlag vom Schiff auf den Lastkraftwagen bewirkt der Unternehmer U. [6]A beantragt bei der Ankunft der Gegenstände in *Mailand* deren Abfertigung zum freien Verkehr. [7]Bemessungsgrundlage für die Einfuhr *ist der Zollwert*. [8]*Das ist regelmäßig der Preis (Artikel 28 ZK)*. [9]In den Preis hat L aufgrund der Lieferkondition „frei Bestimmungsort *Mailand*" auch die Kosten für die Leistungen *von R, S und U* einkalkuliert.

[10]*Bei dem* auf das *Gemeinschaftsgebiet* entfallenden Teil der grenzüberschreitenden Güterbeförderung des R von *Polen* nach Lübeck, der Anschlußbeförderung des S von Lübeck bis *Mailand* und der Umschlagsleistung des U handelt es sich um Leistungen, die sich auf Gegenstände der Einfuhr beziehen. [11]*R*, S und U weisen jeweils anhand des von L empfangenen Doppels der Lieferrechnung die Lieferkondition „frei Bestimmungsort *Mailand*" nach. [12]Ferner ergibt sich aus der Lieferrechnung, daß L Gegenstände geliefert hat, bei deren Einfuhr *der Preis* Bemessungsgrundlage ist. [13]Dadurch ist nachgewiesen, daß die Kosten für die Leistungen des *R, des* S und des U in der Bemessungsgrundlage für die Einfuhr enthalten sind. [14]R, S und U können deshalb für ihre Leistungen, sofern sie auch den buchmäßigen Nachweis führen, die Steuerbefreiung nach § 4 Nr. 3 Buchstabe *a* Doppelbuchstabe *bb* UStG in Anspruch nehmen. [15]*Der Nachweis kann auch durch die in Absatz 4 Nr. 2 bezeichneten Belege erbracht werden.*

Beispiel 2:

[1]Sachverhalt wie im Beispiel 1, jedoch *mit Abnehmer A in München und der Liefervereinbarung „frei Grenze"*. [2]*A* hat die Umschlagskosten und die Beförderungskosten von Lübeck bis München gesondert angemeldet. [3]Ferner hat *A* der Zollstelle die für den Nachweis der Höhe der Umschlags- und Beförderungskosten erforderlichen Unterlagen vorgelegt. [4]In diesem Falle ist Bemessungsgrundlage für die Einfuhr nach § 11 Abs. 1 und 3 Nr. 3 *und 4* UStG der *Zollwert* der Gegenstände frei Grenze zuzüglich darin noch nicht enthaltener *Umschlags- und* Beförderungskosten bis *München* (= *weiterer* Bestimmungsort im *Gemeinschaftsgebiet*).

[5]Wie im Beispiel 1 ist der auf das Inland entfallende Teil der grenzüberschreitenden Güterbeförderung des R von *Polen* nach Lübeck nach § 4 Nr. 3 Buchstabe a *Doppelbuchstabe bb* UStG steuerfrei. [6]Die Anschlußbeförderung des S von Lübeck bis München und die Umschlagsleistung des U sind *ebenfalls* Leistungen, die sich auf Gegenstände der Einfuhr beziehen. [7]*Die* Kosten für die Leistungen *sind in die* Bemessungsgrundlage für die Einfuhr *einzubeziehen, da der weitere Bestimmungsort im Gemeinschaftsgebiet im Zeitpunkt des Entstehens der Einfuhrumsatzsteuer bereits feststeht (§ 11 Abs. 3 Nr. 4 UStG)*. [8]Die Leistungen sind deshalb *ebenfalls nach § 4 Nr. 3 Buchstabe a Doppelbuchstabe bb UStG* steuerfrei.

Beispiel 3:

[1]*Der in Deutschland ansässige Unternehmer U beauftragt den niederländischen Frachtführer F, Güter von New York nach München zu befördern.* [2]*F beauftragt mit der Beförderung per Schiff bis Rotterdam den niederländischen Reeder R.* [3]*In Rotterdam wird die Ware umgeladen und von F per LKW bis München weiterbefördert.* [4]*F beantragt für U bei der Einfuhr in die Niederlande, die Ware erst im Bestimmungsland Deutschland zum zoll- und steuerrechtlichen freien Verkehr für U abfertigen zu lassen (sog. T 1-Verfahren).* [5]*Diese Abfertigung erfolgt bei einem deutschen Zollamt.* [6]*Die Beförderungsleistung des F von New York nach München ist eine grenzüberschreitende Güterbeförderung.* [7]*Die Einfuhr der Ware in die Niederlande wird dort nicht besteuert, da die Ware unter zollamtlicher Überwachung im T 1-Verfahren nach Deutschland verbracht wird.* [8]*Die Kosten für die Beförderung bis München (= ersten Bestimmungsort im Gemeinschaftsgebiet) werden in die Bemessungsgrundlage der deutschen Einfuhrumsatzsteuer einbezogen (§ 11 Abs. 3 Nr. 3 UStG).* [9]*Der inländische Teil der Beförderungsleistung ist in Deutschland steuerbar (§ 3b Abs. 1 Satz 2 UStG), jedoch nach § 4 Nr. 3 Buchstabe a UStG steuerfrei.* [10]*Die Beförderungsleistung des R an den Frachtführer F ist in Deutschland nicht steuerbar (§ 3b Abs. 1 Satz 1 UStG).*

Beispiel 4:

[1]*Der Lieferer L in Budapest liefert Gegenstände an den Abnehmer A in München zu der Lieferbedingung „ab Werk".* [2]*Der Budapester Spediteur S übernimmt im Auftrag des A die Beförderung der Gegenstände*

von Budapest bis München zu einem festen Preis – Übernahmesatz –. ³*S führt die Beförderung jedoch nicht selbst durch, sondern beauftragt auf seine Kosten (franco) den Binnenschiffer B mit der Beförderung von Budapest bis Passau und der Übergabe der Gegenstände an den Empfangsspediteur E*. ⁴*Dieser führt ebenfalls im Auftrag des S auf dessen Kosten den Umschlag aus dem Schiff auf den Lastkraftwagen und die Übergabe an den Frachtführer F durch.* ⁵*F führt die Weiterbeförderung im Auftrag des S von Passau nach München durch.* ⁶*Der Abnehmer A beantragt in München die Abfertigung zum freien Verkehr und rechnet den Übernahmesatz unmittelbar mit S ab.* ⁷*Mit dem zwischen S und A vereinbarten Übernahmesatz sind auch die Kosten für die Leistungen des B, des E und des F abgegolten.*

⁸*Bei der Leistung des S handelt es sich um eine Spedition zu festen Preisen (vgl. Abschnitt 46 Abs. 5).* ⁹*S bewirkt damit eine grenzüberschreitende Güterbeförderung von Budapest bis München, deren auf das Inland entfallender Teil steuerfrei ist (§ 4 Nr. 3 Buchstabe a Doppelbuchstabe bb UStG).* ¹⁰*Der Endpunkt dieser Beförderung ist der erste Bestimmungsort im Gemeinschaftsgebiet im Sinne des § 11 Abs. 3 Nr. 3 UStG.* ¹¹*Nach dieser Vorschrift sind deshalb die Kosten für die Beförderung des S bis München in die Bemessungsgrundlage für die Einfuhr einzubeziehen.*

¹²*Die Beförderung des B von Budapest bis Passau ist ebenfalls als grenzüberschreitende Güterbeförderung mit dem auf das Inland entfallenden Teil nach § 4 Nr. 3 Buchstabe a Doppelbuchstabe bb UStG steuerfrei.* ¹³Die Umschlagsleistung des E und die Beförderung des F von *Passau bis München* sind Leistungen, die sich auf Gegenstände der Einfuhr beziehen. ¹⁴Die Kosten der Leistungen sind in der Bemessungsgrundlage für die Einfuhr enthalten. ¹⁵Der Nachweis hierüber kann jedoch nicht mit Hilfe eines Borderos geführt werden, da im Speditionsgewerbe bei Fällen der vorliegenden Art kein Bordero ausgestellt wird.

¹⁶Der für die Steuerbefreiung nach § 4 Nr. 3 Buchstabe *a* Doppelbuchstabe *bb* UStG erforderliche Belegnachweis muß deshalb sowohl von E als auch von F mit den anderen in Absatz 4 bezeichneten Belegen geführt werden.

Beispiel 5:

¹Der im Inland ansässige Handelsvertreter H ist damit betraut, Lieferungen *von Nichtgemeinschaftswaren* für den im Ausland ansässigen Unternehmer U zu vermitteln. ²Um eine zügige Auslieferung der vermittelten Gegenstände zu gewährleisten, hat U die Gegenstände bereits vor der Vermittlung in das Inland einführen und auf ein Zollager des H bringen lassen. ³Nachdem H die Lieferung der Gegenstände vermittelt hat, entnimmt er sie aus dem Zollager in den freien Verkehr und sendet sie dem Abnehmer zu. ⁴Mit der Entnahme der Gegenstände aus dem Zollager entsteht die Einfuhrumsatzsteuer. ⁵*Die* Vermittlungsprovision des H und die an H gezahlten Lagerkosten *sind* in die Bemessungsgrundlage für die Einfuhr *(§ 11 Abs. 3 Nr. 3 UStG) einzubeziehen*. ⁶H weist dies durch einen zollamtlichen Beleg nach. ⁷Die Vermittlungsleistung des H fällt nicht unter die Steuerbefreiung des § 4 Nr. 5 UStG. ⁸H kann jedoch für die Vermittlung die Steuerbefreiung nach § 4 Nr. 3 Buchstabe *a* Doppelbuchstabe *bb* UStG in Anspruch nehmen, sofern er den erforderlichen buchmäßigen Nachweis führt. ⁹Dasselbe gilt für die Lagerung.

Beispiel 6:

¹Sachverhalt wie im Beispiel 5, jedoch werden die Gegenstände nicht auf ein Zollager verbracht, sondern sofort zum freien Verkehr abgefertigt und von H außerhalb eines Zollagers gelagert. ²Im Zeitpunkt der Abfertigung stehen die Vermittlungsprovision und die Lagerkosten des H noch nicht fest. ³Die Beträge werden deshalb nicht in die Bemessungsgrundlage für die Einfuhr einbezogen. ⁴Die Leistungen des H sind weder nach § 4 Nr. 5 UStG noch nach § 4 Nr. 3 Buchstabe *a* Doppelbuchstabe *bb* UStG steuerfrei. ⁵Falls die erst nach der Abfertigung zum freien Verkehr entstehenden Kosten (Vermittlungsprovision und Lagerkosten) bereits bei der Abfertigung bekannt sind, *sind* diese Kosten in die Bemessungsgrundlage für die Einfuhr *einzubeziehen (§ 11 Abs. 3 Nr. 3 UStG)*. ⁶Die Rechtslage ist dann dieselbe wie in Beispiel 5.

(8) ¹Beförderungen aus einem Freihafen in das Inland sowie ihre Besorgung sind von der Steuerbefreiung ausgenommen, wenn sich die beförderten Gegenstände in einer zollamtlich bewilligten Freihafen-Veredelung (§ 12b EUStBV) oder in einer zollamtlich besonders zugelassenen Freihafenlagerung (§ 12a EUStBV) befunden haben (§ 4 Nr. 3 Buchstabe a Doppelbuchstabe bb Satz 2 UStG). ²*Die Freihafenanteile dieser Beförderungen sind wie Umsätze im Inland zu behandeln (§ 1 Abs. 3 Nr. 5 UStG), so daß die Beförderungen insgesamt steuerpflichtig sind.*

48. Grenzüberschreitende Beförderungen und andere sonstige Leistungen, die sich unmittelbar auf Gegenstände der Ausfuhr oder der Durchfuhr beziehen

(1) ¹Die Steuerbefreiung nach § 4 Nr. 3 Buchstabe *a* Doppelbuchstabe *aa* UStG kommt insbesondere für folgende sonstige Leistungen in Betracht:

1. für *grenzüberschreitende Güterbeförderungen und Beförderungen im internationalen Eisenbahnfrachtverkehr (vgl. Abschnitt 46) ins Drittlandsgebiet;*

2. für *inländische und innergemeinschaftliche* Güterbeförderungen, die einer Beförderung *nach Nr. 1* vorangehen, z. B. Beförderungen durch Rollfuhrunternehmer vom Absender zum Flughafen, Binnenhafen oder Bahnhof oder Beförderungen von leeren Seetransportbehältern zum Beladeort;

3. für den Umschlag und die Lagerung von Gegenständen vor ihrer Ausfuhr oder während ihrer Durchfuhr;

4. für die handelsüblichen Nebenleistungen, die bei Güterbeförderungen aus dem Inland in das *Drittlandsgebiet* oder durch das Inland oder bei den in den Nummern 1 *bis 3* bezeichneten Leistungen vorkommen, z. B. Wiegen, Messen oder Probeziehen;

5. für die Besorgung der in den Nummern 1 bis *4* bezeichneten Leistungen.

²Die Steuerbefreiung hängt nicht davon ab, daß die Leistungen an ausländische Auftraggeber bewirkt werden. ³Die Leistungen müssen sich unmittelbar auf Gegenstände der Ausfuhr oder der Durchfuhr beziehen. ⁴Es ist unbeachtlich, ob es sich um eine Beförderung, einen Umschlag oder eine Lagerung oder um eine handelsübliche Nebenleistung zu diesen Leistungen handelt.

(2) Folgende sonstige Leistungen sind nicht als Leistungen anzusehen, die sich unmittelbar auf Gegenstände der Ausfuhr oder der Durchfuhr beziehen:

1. ¹Vermittlungsleistungen im Zusammenhang mit der Ausfuhr oder der Durchfuhr von Gegenständen. ²Diese Leistungen können jedoch nach § 4 Nr. 5 UStG steuerfrei sein (vgl. Abschnitt 52);

2. ¹Leistungen, die sich im Rahmen einer Ausfuhr oder einer Durchfuhr von Gegenständen nicht auf diese Gegenstände, sondern auf die Beförderungsmittel beziehen, z. B. die Leistung eines Gutachters, die sich auf einen verunglückten Lastkraftwagen – und nicht auf seine Ladung – bezieht, oder die Überlassung eines Liegeplatzes in einem Binnenhafen. ²Für Leistungen, die für den unmittelbaren Bedarf von Seeschiffen oder Luftfahrzeugen, einschließlich ihrer Ausrüstungsgegenstände und ihrer Ladungen, bestimmt sind, kann jedoch die Steuerbefreiung nach § 4 Nr. 2, § 8 Abs. 1 Nr. 5 oder Abs. 2 Nr. 4 UStG in Betracht kommen (vgl. Abschnitt 145 Abs. 9 und Abschnitt 146 Abs. 5).

(3) ¹Als Gegenstände der Ausfuhr oder der Durchfuhr sind auch solche Gegenstände anzusehen, die sich vor der Ausfuhr im Rahmen einer Bearbeitung oder Verarbeitung im Sinne des § 6 Abs. 1 Satz 2 UStG oder einer Lohnveredelung im Sinne des § 7 UStG befinden. ²Die Steuerbefreiung erstreckt sich somit auch auf sonstige Leistungen, die sich unmittelbar auf diese Gegenstände beziehen.

(4) ¹Bei *grenzüberschreitenden Güterbeförderungen und anderen* sonstigen Leistungen, einschließlich Besorgungsleistungen, die sich unmittelbar auf Gegenstände der Ausfuhr oder der Durchfuhr beziehen, ist materiell-rechtliche Voraussetzung für die Steuerbefreiung, daß der leistende Unternehmer im Geltungsbereich der UStDV die Ausfuhr oder Wiederausfuhr der Gegen-

stände durch Belege eindeutig und leicht nachprüfbar nachweist (§ 20 Abs. 2 und 3 UStDV). ²*Bei grenzüberschreitenden Güterbeförderungen können insbesondere die vorgeschriebenen Frachturkunden (z. B. Frachtbrief, Konnossement), der schriftliche Speditionsauftrag, das im Speditionsgewerbe übliche Bordero oder ein Doppel des Versandscheins als Nachweisbelege in Betracht kommen.* ³*Bei anderen sonstigen Leistungen kommen als* Ausfuhrbelege insbesondere Belege mit einer Ausfuhrbestätigung der *den Ausgang aus dem Zollgebiet der Gemeinschaft überwachenden* Grenzzollstelle, Versendungsbelege oder sonstige handelsübliche Belege in Betracht (§§ 9 bis 11 UStDV, vgl. Abschnitte 132 bis 134). ⁴Die sonstigen handelsüblichen Belege können auch von den Unternehmern ausgestellt werden, die für die Lieferung die Steuerbefreiung für Ausfuhrlieferungen (§ 4 Nr. 1 Buchstabe a, § 6 UStG) oder für die Bearbeitung oder Verarbeitung die Steuerbefreiung für Lohnveredelungen an Gegenständen der Ausfuhr (§ 4 Nr. 1 Buchstabe a, § 7 UStG) in Anspruch nehmen. ⁵Diese Unternehmer müssen für die Inanspruchnahme der vorbezeichneten Steuerbefreiungen die Ausfuhr der Gegenstände nachweisen. ⁶Anhand der bei ihnen vorhandenen Unterlagen können sie deshalb einen sonstigen handelsüblichen Beleg, z. B. für einen Frachtführer, Umschlagbetrieb oder Lagerhalter, ausstellen.

(5) Bei Vortransporten, die mit Beförderungen im Luftfrachtverkehr aus dem Inland in das *Drittlandsgebiet* verbunden sind, ist der Nachweis der Ausfuhr oder Wiederausfuhr als erfüllt anzusehen, wenn sich aus den Unterlagen des Unternehmers eindeutig und leicht nachprüfbar ergibt, daß im Einzelfall

1. die Vortransporte aufgrund eines Auftrags bewirkt worden sind, der auch die Ausführung der nachfolgenden grenzüberschreitenden Beförderung zum Gegenstand hat,

2. die Vortransporte als örtliche Rollgebühren oder Vortransportkosten abgerechnet worden sind und

3. die Kosten der Vortransporte wie folgt ausgewiesen worden sind:

    a) im Luftfrachtbrief – oder im Sammelladungsverkehr im Hausluftfrachtbrief – oder

    b) in der Rechnung an den Auftraggeber, wenn die Rechnung die Nummer des Luftfrachtbriefs – oder im Sammelladungsverkehr die Nummer des Hausluftfrachtbriefs – enthält.

(6) ¹Ist bei einer Beförderung im Eisenbahnfrachtverkehr, die einer grenzüberschreitenden Beförderung oder einer Beförderung im internationalen Eisenbahnfrachtverkehr vorausgeht, der Empfänger oder der Absender im Ausland außerhalb der *Gebiete* im Sinne des § 1 Abs. 3 UStG ansässig und werden die Beförderungskosten von diesem Empfänger oder Absender bezahlt, so kann die Ausfuhr oder Wiederausfuhr aus Vereinfachungsgründen durch folgende Bescheinigung auf dem Frachtbrief nachgewiesen werden:

„**Bescheinigung für Umsatzsteuerzwecke**

Nach meinen Unterlagen bezieht sich die Beförderung unmittelbar auf Gegenstände der Ausfuhr oder der Durchfuhr (§ 4 Nr. 3 Buchstabe *a* Doppelbuchstabe *aa* UStG).

Die Beförderungskosten werden von

_____

(Name und Anschrift des ausländischen Empfängers oder Absenders)

bezahlt.

_____   _____

(Ort und Datum)   (Unterschrift)"

²Der in der vorbezeichneten Bescheinigung angegebene ausländische Empfänger oder Absender muß der im Frachtbrief angegebene Empfänger oder Absender sein.

(7) *¹Eine grenzüberschreitende Beförderung zwischen dem Inland und einem Drittland liegt auch vor, wenn die Güterbeförderung vom Inland über einen anderen EG-Mitgliedstaat in ein Drittland durchgeführt wird. ²Befördert in diesem Fall ein Unternehmer die Güter auf einer Teilstrecke vom Inland in das übrige Gemeinschaftsgebiet, so ist diese Leistung nach § 4 Nr. 3 Buchstabe a Doppelbuchstabe aa UStG steuerfrei (vgl. Beispiel 2). ³Der Unternehmer hat die Ausfuhr der Güter durch Belege nachzuweisen (vgl. § 4 Nr. 3 Satz 3 und 4 UStG i. V. m. § 20 Abs. 2 und 3 UStDV). ⁴Wird der Nachweis nicht erbracht, ist die Beförderung als innergemeinschaftliche Güterbeförderung anzusehen, da sich der Bestimmungsort dieser Beförderung im übrigen Gemeinschaftsgebiet befindet (vgl. Beispiel 1).*

Beispiel 1:
¹Der in der Schweiz ansässige Unternehmer U beauftragt den in Deutschland ansässigen Frachtführer F, Güter von Mainz nach Sofia (Bulgarien) zu befördern. ²F beauftragt den deutschen Unterfrachtführer F1 mit der Beförderung von Mainz nach Bozen (Italien) und den italienischen Unterfrachtführer F2 mit der Beförderung von Bozen nach Sofia. ³Dabei kann F1 die Ausfuhr nach Bulgarien nicht durch Belege nachweisen. ⁴F verwendet gegenüber F1 seine deutsche USt-IdNr.
⁵Die Beförderungsleistung des F an seinen Leistungsempfänger U umfaßt die Gesamtbeförderung von Mainz nach Sofia. ⁶Da keine innergemeinschaftliche Beförderung nach § 3b Abs. 3 UStG vorliegt, ist nach § 3b Abs. 1 Satz 2 UStG nur der Teil der Leistung steuerbar, der auf den inländischen Streckenanteil entfällt. ⁷Dieser Teil der Leistung ist nach § 4 Nr. 3 Buchstabe a Doppelbuchstabe aa UStG allerdings steuerfrei, da sich diese Güterbeförderung unmittelbar auf Gegenstände der Ausfuhr bezieht.
⁸Die Beförderungsleistung des Unterfrachtführers F1 an den Frachtführer F ist eine innergemeinschaftliche Güterbeförderung, da sich der Bestimmungsort dieser Beförderung in einem anderen EG-Mitgliedstaat (Italien) befindet. ⁹Der Ort dieser Leistung bestimmt sich nach dem inländischen Abgangsort (§ 3b Abs. 3 Satz 1 UStG). ¹⁰Die Regelung nach § 3b Abs. 3 Satz 2 UStG greift nicht, da F nicht die USt-IdNr. eines anderen EG-Mitgliedstaates verwendet. ¹¹Die Leistung des F1 ist nicht steuerfrei, da F1 keinen belegmäßigen Nachweis nach § 20 Abs. 2 und 3 UStDV erbringen kann. ¹²Steuerschuldner ist der leistende Unternehmer F1 (§ 13 Abs. 2 Nr. 1 UStG).
¹³Die Beförderungsleistung des Unterfrachtführers F2 an den Frachtführer F ist in Deutschland nicht steuerbar (§ 3b Abs. 1 Satz 1 UStG).

Beispiel 2:
¹Wie Beispiel 1, jedoch weist F1 durch Belege die Ausfuhr der Güter nach Bulgarien nach (§ 20 Abs. 2 und 3 UStDV).
²Die Beförderungsleistung des Unterfrachtführers F1 an den Frachtführer F von Mainz nach Bozen ist Teil einer grenzüberschreitenden Güterbeförderung nach Bulgarien. ³Da der Unterfrachtführer F1 durch Belege die Ausfuhr der Güter nach Bulgarien nachweist und somit den belegmäßigen Nachweis nach § 20 Abs. 2 und 3 UStDV erbringt, ist seine Leistung nach § 4 Nr. 3 Buchstabe a Doppelbuchstabe aa UStG in Deutschland von der Umsatzsteuer befreit.
⁴Die Beförderungsleistungen des Frachtführers F und des Unterfrachtführers F2 sind wie in Beispiel 1 dargestellt zu behandeln.

(8) Beziehen sich die Leistungen auf Seetransportbehälter ausländischer Auftraggeber, so kann der Unternehmer den Nachweis der Ausfuhr oder Wiederausfuhr aus Vereinfachungsgründen dadurch erbringen, daß er folgendes aufzeichnet:

1. den Namen und die Anschrift des ausländischen Auftraggebers und des Verwenders, wenn dieser nicht Auftraggeber ist, und

2. das Kennzeichen des Seetransportbehälters.

Steuerbefreiungen § 4 Nr. 4 UStG

49. Ausnahmen von der Steuerbefreiung

(1) ¹Die Steuerbefreiung nach § 4 Nr. 3 UStG (vgl. Abschnitte 47 und 48) ist ausgeschlossen für die in § 4 Nr. 8, 10 und 11 UStG bezeichneten Umsätze. ²Dadurch wird bei Umsätzen des Geld- und Kapitalverkehrs und bei Versicherungsumsätzen eine Steuerbefreiung mit Vorsteuerabzug in anderen als in den in § 15 Abs. 3 Nr. 1 Buchstabe b und Nr. 2 Buchstabe b UStG bezeichneten Fällen vermieden. ³Die Regelung hat jedoch nur Bedeutung für umsatzsteuerrechtlich selbständige Leistungen. ⁴Eine selbständige Leistung liegt z. B. bei der Besorgung der Versicherung von zu befördernden Gegenständen nicht vor, wenn die Versicherung durch denjenigen Unternehmer besorgt wird, der auch die Beförderung der versicherten Gegenstände durchführt oder besorgt. ⁵Die Besorgung der Versicherung stellt hier vielmehr eine unselbständige Nebenleistung zu der Beförderung oder der Besorgung der Beförderung als Hauptleistung dar. ⁶Der Vorsteuerabzug beurteilt sich deshalb in diesen Fällen nach der Hauptleistung der Beförderung oder der Besorgung der Beförderung.

(2) ¹Von der Steuerbefreiung nach § 4 Nr. 3 UStG sind ferner Bearbeitungen oder Verarbeitungen von Gegenständen einschließlich Werkleistungen im Sinne des § 3 Abs. 10 UStG ausgeschlossen. ²Diese Leistungen *können jedoch z. B.* unter den Voraussetzungen des § 4 Nr. 1 *Buchstabe a i. V. m.* § 7 UStG steuerfrei *sein*.

50. Buchmäßiger Nachweis

¹ Die jeweiligen Voraussetzungen der Steuerbefreiung nach § 4 Nr. 3 UStG müssen vom Unternehmer buchmäßig nachgewiesen sein (§ 21 UStDV). ²Hierfür gelten die Ausführungen zum buchmäßigen Nachweis bei Ausfuhrlieferungen in Abschnitt 136 Abs. 1 bis 5 entsprechend. ³Regelmäßig soll der Unternehmer folgendes aufzeichnen:

1. die Art und den Umfang der sonstigen Leistung – bei Besorgungsleistungen einschließlich der Art und des Umfangs der besorgten Leistung –,

2. den Namen und die Anschrift des Auftraggebers,

3. den Tag der sonstigen Leistung,

4. das vereinbarte Entgelt oder das vereinnahmte Entgelt und den Tag der Vereinnahmung und

5. a) die Einbeziehung der Kosten für die Leistung in die Bemessungsgrundlage für die Einfuhr, z. B. durch Hinweis auf die Belege im Sinne des § 20 Abs. 1 UStDV (vgl. Abschnitt 47 Abs. 3 und 4), oder

   b) die Ausfuhr oder Wiederausfuhr der Gegenstände, auf die sich die Leistung bezogen hat, z. B. durch Hinweis auf die Ausfuhrbelege (vgl. Abschnitt 48 Abs. 4 bis 7) oder durch Aufzeichnungen nach Abschnitt 48 Abs. 8.

UStG

§ 4 Steuerbefreiungen usw. (Fortsetzung)
Von den unter § 1 Abs. 1 Nr. 1 bis 3 fallenden Umsätzen sind steuerfrei:

...

UStG § 4 Nr. 5 — Steuerbefreiungen

4. die Lieferungen von Gold an Zentralbanken;
...

6. EG-Richtlinie

Abschnitt X: Steuerbefreiungen
...

Artikel 15 Steuerbefreiungen bei Ausfuhren nach einem Drittland, gleichgestellten Umsätzen und grenzüberschreitenden Beförderungen

Unbeschadet sonstiger Gemeinschaftsbestimmungen befreien die Mitgliedstaaten unter den Bedingungen, die sie zur Gewährleistung einer korrekten und einfachen Anwendung der nachstehenden Befreiungen sowie zur Verhütung von Steuerhinterziehungen, Steuerumgehungen und etwaigen Mißbräuchen festsetzen, von der Steuer:
...
11. Lieferungen von Gold an Zentralbanken;
...

UStR

51. Lieferungen von Gold an Zentralbanken

[1]Unter die Steuerbefreiung nach § 4 Nr. 4 UStG fallen Goldlieferungen an die Deutsche Bundesbank. [2]Die Steuerbefreiung erstreckt sich ferner auf Goldlieferungen, die an Zentralbanken anderer Staaten oder an die den Zentralbanken entsprechenden Währungsbehörden anderer Staaten bewirkt werden. [3]Es ist hierbei nicht erforderlich, daß das gelieferte Gold in das Ausland gelangt.

UStG

§ 4 Steuerbefreiungen (Fortsetzung)
Von den unter § 1 Abs. 1 Nr. 1 bis 3 fallenden Umsätzen sind steuerfrei:
...

Steuerbefreiungen   6. EGRL Art. 15, 28   **§ 4 Nr. 5 UStG**

5. die Vermittlung
   a) der unter die Nummer 1 Buchstabe a und die Nummern 2 bis 4, 6 und 7 fallenden Umsätze,
   b) der grenzüberschreitenden Beförderungen von Personen mit Luftfahrzeugen oder Seeschiffen,
   c) der Umsätze, die ausschließlich im Drittlandsgebiet bewirkt werden,
   d) der Lieferungen, die nach § 3 Abs. 8 als im Inland ausgeführt zu behandeln sind.
   ²Nicht befreit ist die Vermittlung von Umsätzen durch Reisebüros für Reisende. ³Die Voraussetzungen der Steuerbefreiung müssen vom Unternehmer nachgewiesen sein. ⁴Das Bundesministerium der Finanzen kann mit Zustimmung des Bundesrates durch Rechtsverordnung bestimmen, wie der Unternehmer den Nachweis zu führen hat;

...

6. EG-Richtlinie

Abschnitt X: Steuerbefreiungen

...

Artikel 15 Steuerbefreiungen bei Ausfuhren nach einem Drittland, gleichgestellten Umsätzen und grenzüberschreitenden Beförderungen

Unbeschadet sonstiger Gemeinschaftsbestimmungen befreien die Mitgliedstaaten unter den Bedingungen, die sie zur Gewährleistung einer korrekten und einfachen Anwendung der nachstehenden Befreiungen sowie zur Verhütung von Steuerhinterziehungen, Steuerumgehungen und etwaigen Mißbräuchen festsetzen, von der Steuer:

...

14. Dienstleistungen von in fremdem Namen und für fremde Rechnung handelnden Vermittlern, wenn sie die in diesem Artikel genannten Umsätze oder Umsätze außerhalb der Gemeinschaft betreffen.
    Diese Befreiung gilt nicht für Reisebüros, wenn diese im Namen und für Rechnung des Reisenden Leistungen erbringen, die in anderen Mitgliedstaaten in Anspruch genommen werden;

...

Abschnitt XVI: Übergangsbestimmungen

Artikel 28

...

(3) Während der in Absatz 4 genannten Übergangszeit können die Mitgliedstaaten

UStG § 4 Nr. 5   § 22 UStDV; 52 UStR   Steuerbefreiungen

a) die in Anhang E aufgeführten nach Artikel 13 und 15 befreiten Umsätze weiterhin besteuern;

...

Anhang E: Liste der in Artikel 28 Absatz 3 Buchstabe a) vorgesehenen Umsätze

...

15. in Artikel 26 genannte Dienstleistungen der Reisebüros sowie diejenigen der Reisebüros, die im Namen und für Rechnung der Reisenden tätig werden, für Reisen außerhalb der Gemeinschaft

UStDV

§ 22 Buchmäßiger Nachweis bei steuerfreien Vermittlungen

(1) Bei Vermittlungen im Sinne des § 4 Nr. 5 des Gesetzes ist § 13 Abs. 1 entsprechend anzuwenden.

(2) Der Unternehmer soll regelmäßig folgendes aufzeichnen:

1. die Vermittlung und den vermittelten Umsatz,
2. den Tag der Vermittlung,
3. den Namen und die Anschrift des Unternehmers, der den vermittelten Umsatz ausgeführt hat,
4. das für die Vermittlung vereinbarte Entgelt oder bei der Besteuerung nach vereinnahmten Entgelten das für die Vermittlung vereinnahmte Entgelt und den Tag der Vereinnahmung.

UStR

52. Steuerfreie Vermittlungsleistungen

(1) [1]Die Vermittlungsleistung erfordert ein Handeln in fremdem Namen und für fremde Rechnung. [2]Der Wille, in fremdem Namen zu handeln und unmittelbare Rechtsbeziehungen zwischen dem leistenden Unternehmer und dem Leistungsempfänger herzustellen, muß hierbei den Beteiligten gegenüber deutlich zum Ausdruck kommen (BFH-Urteil vom 19. 1. 1967 – BStBl III S. 211). [3]Für die Annahme einer Vermittlungsleistung reicht es aus, daß der Unternehmer nur eine Vermittlungsvollmacht – also keine Abschlußvollmacht – besitzt (vgl. § 84 HGB).

(2) [1]Die Steuerbefreiung des § 4 Nr. 5 UStG erstreckt sich nicht auf die als handelsübliche Nebenleistungen bezeichneten Tätigkeiten, die im Zusammenhang mit Vermittlungsleistungen als selbständige Leistungen vorkommen. [2]Nebenleistungen sind daher im Rahmen des § 4 Nr. 5 UStG nur dann steuerfrei, wenn sie als unselbständiger Teil der Vermittlungsleistung anzusehen sind, z. B. die Übernahme des Inkasso oder der Entrichtung der Eingangsabgaben durch den Vermittler. [3]Für die selbständigen Leistungen, die im Zusammenhang mit den Vermittlungslei-

stungen ausgeübt werden, kann jedoch gegebenenfalls Steuerbefreiung nach § 4 Nr. 2, § 8 UStG oder nach § 4 Nr. 3 UStG in Betracht kommen.

(3) Für die Steuerbefreiung nach § 4 Nr. 5 Buchstabe a UStG wird zu der Frage, welche der vermittelten Umsätze unter die Befreiungsvorschriften des § 4 Nr. *1 Buchstabe a und Nr. 2 bis 4, 6 und 7 UStG fallen,* auf die Abschnitte 13, 31, 43 bis 51, 56 und 128 bis 147 hingewiesen.

(4) Bei der Vermittlung von grenzüberschreitenden Personenbeförderungen mit Luftfahrzeugen oder Seeschiffen (§ 4 Nr. 5 Buchstabe b UStG) ist es unerheblich, wenn kurze ausländische Streckenanteile als Beförderungsstrecken im Inland oder kurze Streckenanteile im Inland als Beförderungsstrecken im Ausland anzusehen sind (vgl. Abschnitt *42a* Abs. 6 bis 16).

(5) ¹Nicht unter die Befreiungsvorschrift des § 4 Nr. 5 UStG fällt die Vermittlung der Lieferungen, die im Anschluß an die Einfuhr an einem Ort im Inland bewirkt werden. ²Hierbei handelt es sich insbesondere um die Fälle, in denen der Gegenstand nach der Einfuhr gelagert und erst anschließend vom Lager aus an den Abnehmer geliefert wird. ³Für die Vermittlung dieser Lieferungen kann jedoch die Steuerbefreiung nach § 4 Nr. 3 Buchstabe *a* Doppelbuchstabe *bb* UStG in Betracht kommen (vgl. Abschnitt 47 Abs. 1 Nr. *6).*

53. Vermittlungsleistungen der Reisebüros

(1) ¹Die Steuerbefreiung nach § 4 Nr. 5 UStG erstreckt sich auch auf *steuerbare* Vermittlungsleistungen der Reisebüros. ²Ausgenommen von der Befreiung sind *jedoch* die in § 4 Nr. 5 Satz 2 UStG bezeichneten Vermittlungsleistungen (vgl. hierzu Absatz *8).* ³Die Befreiung kommt insbesondere für Vermittlungsleistungen in Betracht, bei denen das Reisebüro als Vermittler für die sogenannten Leistungsträger, z. B. Beförderungsunternehmer, auftreten. ⁴Das geschieht vor allem in den Fällen, in denen die Reisebüros auf der Grundlage international geltender Übereinkommen tätig werden. ⁵Zu diesen Übereinkommen *zählt* z. B. der IATA-Agenturvertrag für den Linienflugverkehr.

(2) ¹Steuerfreie Vermittlungsleistungen an einen Leistungsträger liegen auch dann vor, wenn die Reisebüros als Untervertreter eines Generalvertreters tätig werden, vorausgesetzt, daß die Untervertreter ihre Leistungen im Einvernehmen mit dem Leistungsträger bewirken. ²Ferner kommt die Steuerbefreiung für Vermittlungsleistungen an einen Leistungsträger in Betracht, wenn das Reisebüro die Vermittlungsprovision nicht vom Leistungsträger oder einer zentralen Vermittlungsstelle überwiesen erhält, sondern in der vertraglich zulässigen Höhe selbst berechnet und dem Leistungsträger nur den Preis abzüglich der Provision zahlt.

(3) Steuerfreie Vermittlungsleistungen der Reisebüros an die Leistungsträger sind beispielsweise die Vermittlung von grenzüberschreitenden Beförderungsleistungen, ggf. einschließlich der Ausgabe von Fahrausweisen, im Personenverkehr mit Flugzeugen oder Seeschiffen (§ 4 Nr. 5 Buchstabe b UStG), soweit diese Leistungen steuerbar sind.

(4) ¹Die Vermittlung von Unterkünften, z. B. von Hotelzimmern, oder von sonstigen Beherbergungsleistungen wird dort ausgeführt, wo das maßgebliche Grundstück liegt (§ 3a Abs. 2 Nr. 1 UStG). ²Liegt das Grundstück nicht im Inland, so ist außer dem vermittelten Umsatz auch die Vermittlungsleistung nicht steuerbar. ³§ 4 Nr. 5 Buchstabe c UStG kommt daher für diese Vermittlungsleistungen nicht in Betracht.

(5) ¹*Für die Reiseveranstalter, die Reiseleistungen im Sinne des § 25 UStG erbringen, bestimmt sich der Leistungsort nach § 3a Abs. 1 UStG.* ²*Die Vermittlung einer nach § 3a Abs. 1 UStG im Inland steuerbaren Reiseleistung ist deshalb steuerpflichtig, auch wenn sich die betreffende Reiseleistung aus einer oder mehreren in § 4 Nr. 5 Buchstabe b und c UStG bezeichneten*

Leistungen zusammensetzt. ³*Es liegt jedoch keine Vermittlung einer Reiseleistung im Sinne des § 25 Abs. 1 UStG, sondern eine Vermittlung von Einzelleistungen durch das Reisebüro vor, soweit der Reiseveranstalter die Reiseleistung mit eigenen Mitteln erbringt.* ⁴*Das gilt auch, wenn die vermittelten Leistungen in einer Summe angeboten werden und die Reisebüros für die Vermittlung dieser Leistungen eine einheitliche Provision erhalten.* ⁵Zur Vermeidung von Aufzeichnungsschwierigkeiten bestehen keine Bedenken, wenn die Reisebüros in diesen Fällen die Provision in einer Summe aufzeichnen und sie hierbei entweder insgesamt den nicht steuerbaren oder insgesamt den nach § 4 Nr. 5 UStG steuerfreien Vermittlungsleistungen zuordnen. ⁶Die gleiche Beurteilung gilt für die Fälle, in denen der Reiseveranstalter zwar eine Pauschalreise unter Inanspruchnahme von Reisevorleistungen in eigenem Namen durchführt, diese aber nicht unter § 25 Abs. 1 UStG fällt, weil sie an einen anderen Unternehmer ausgeführt wird.

(6) ¹Die Vermittlung von Reiseleistungen für Reiseveranstalter im Inland wird vielfach bereits vor der Durchführung der vermittelten Reiseleistungen abgerechnet. ²Deshalb ist oft schwierig festzustellen, ob es sich bei den vom Reisebüro vermittelten Umsätzen um einheitliche Reiseleistungen im Sinne des § 25 Abs. 1 UStG oder um Einzelleistungen im Sinne des vorstehenden Absatzes handelt. ³Hieraus ergeben sich auch Zweifel darüber, ob die Vermittlungsleistung steuerpflichtig, steuerfrei oder nicht steuerbar ist. ⁴Bei der Abrechnung der Vermittlungsleistung mit Gutschriften ist damit gleichzeitig fraglich, ob den Reiseveranstaltern daraus der Vorsteuerabzug zusteht, weil Gutschriften nur bei steuerpflichtigen Leistungen als Rechnungen gelten (§ 14 Abs. 5 UStG). ⁵Zur Vermeidung von Härten ist es deshalb in diesen Fällen nicht zu beanstanden, wenn die Beteiligten die Vermittlungsleistungen einverständlich als steuerpflichtig behandeln und die Reiseveranstalter dementsprechend den Vorsteuerabzug bei der Abrechnung mit Gutschriften auch dann vornehmen, wenn die Vermittlungsleistung nicht steuerpflichtig oder nicht steuerbar ist.

(7) ¹Gelegentlich sind in die Vermittlung von Flugreisen zwei im Inland ansässige Reisebüros eingeschaltet. ²Eines dieser Reisebüros handelt als Vermittler der Fluggesellschaft. ³Das andere Reisebüro wird hingegen aufgrund einer Vereinbarung mit dem erstgenannten Reisebüro als dessen Beauftragter, aber nicht im Einvernehmen mit dem Leistungsträger tätig. ⁴Bei dieser Gestaltung erbringt nur das erste Reisebüro Vermittlungsleistungen, die nach § 4 Nr. 5 UStG steuerfrei sein können.

Beispiel:

¹Ein im Inland ansässiger Reisender wendet sich wegen eines grenzüberschreitenden Fluges an sein örtliches Reisebüro A. ²Dieses kann nicht selbst für die betreffende Fluggesellschaft auftreten, weil es nicht als IATA-Agent zugelassen ist. ³Es nimmt daher Verbindung mit dem Reisebüro B auf, das diese Voraussetzung erfüllt. ⁴Dieses Reisebüro vermittelt sodann den Flug im Auftrag der Fluggesellschaft.
⁵*Soweit die* Leistung des Reisebüros B *steuerbar ist,* ist *sie* nach § 4 Nr. 5 Buchstabe b UStG steuerfrei. ⁶Die Leistung des Reisebüros A an das Reisebüro B fällt dagegen nicht unter die Steuerbefreiung des § 4 Nr. 5 UStG und ist daher steuerpflichtig.

(8) ¹Die Ausnahmeregelung des § 4 Nr. 5 Satz 2 UStG betrifft alle Unternehmer, die Reiseleistungen für Reisende vermitteln. ²Es kommt nicht darauf an, ob sich der Unternehmer als Reisebüro bezeichnet. ³Maßgebend ist vielmehr, ob er die Tätigkeit eines Reisebüros ausübt. ⁴Da die Reisebüros die Reiseleistungen in der Regel im Auftrag der Leistungsträger und nicht im Auftrag der Reisenden vermitteln, fällt im allgemeinen nur die Vermittlung solcher Tätigkeiten unter die Ausnahmeregelung, für die das Reisebüro dem Reisenden ein gesondertes Entgelt berechnet. ⁵Das ist z. B. dann der Fall, wenn der Leistungsträger die Zahlung einer Vergütung an das Reisebüro ausgeschlossen hat und das Reisebüro daher dem Reisenden von sich aus einen Zuschlag zu dem vom Leistungsträger für seine Leistung geforderten Entgelt berechnet. ⁶Das

gleiche trifft auf die Fälle zu, in denen das Reisebüro dem Reisenden für eine besondere Leistung gesondert Kosten berechnet, wie z. B. Telefon- oder Telexkosten, Visabeschaffungsgebühren oder besondere Bearbeitungsgebühren. ⁷Für diese Leistungen scheidet die Steuerbefreiung auch dann aus, wenn sie im Zusammenhang mit *nicht steuerbaren oder* steuerfreien Vermittlungsleistungen an einen Leistungsträger bewirkt werden.

Beispiel:

¹Das Reisebüro vermittelt dem Reisenden *einen grenzüberschreitenden Flug.* ²Gleichzeitig vermittelt es im Auftrag des Reisenden die Erteilung des Visums. ³Die Steuerbefreiung des § 4 Nr. 5 UStG *kann* in diesem Fall nur *für* die Vermittlung des *Fluges in Betracht kommen.*

54. Buchmäßiger Nachweis

(1) ¹Der Buchnachweis sowie seine eindeutige und leichte Nachprüfbarkeit sind materiellrechtliche Voraussetzungen für die Steuerbefreiung. ²Wegen der allgemeinen Grundsätze wird auf die Ausführungen zum buchmäßigen Nachweis bei Ausfuhrlieferungen hingewiesen (vgl. Abschnitt 136 Abs. 1 bis 3).

(2) ¹In § 22 Abs. 2 UStDV ist geregelt, welche Angaben der Unternehmer für die Steuerbefreiung des § 4 Nr. 5 UStG aufzeichnen soll. ²Zum Nachweis der Richtigkeit dieser buchmäßigen Aufzeichnung sind im allgemeinen schriftliche Angaben des Auftraggebers oder schriftliche Bestätigungen mündlicher Angaben des Auftraggebers durch den Unternehmer über das Vorliegen der maßgeblichen Merkmale erforderlich. ³Außerdem kann dieser Nachweis durch geeignete Unterlagen über das vermittelte Geschäft geführt werden, wenn daraus der Zusammenhang mit der Vermittlungsleistung, z. B. durch ein Zweitstück der Verkaufs- oder Versendungsunterlagen, hervorgeht.

(3) ¹Bei einer mündlich vereinbarten Vermittlungsleistung kann der Nachweis auch dadurch geführt werden, daß der Vermittler, z. B. das Reisebüro, den Vermittlungsauftrag seinem Auftraggeber, z. B. dem *Beförderungsunternehmer,* auf der Abrechnung oder dem Überweisungsträger bestätigt. ²Das kann z. B. in der Weise geschehen, daß der Vermittler in diesen Unterlagen den vom Auftraggeber für die vermittelte Leistung insgesamt geforderten Betrag angibt und davon den einbehaltenen Betrag unter der Bezeichnung „vereinbarte Provision" ausdrücklich absetzt.

(4) ¹Zum buchmäßigen Nachweis gehören auch Angaben über den vermittelten Umsatz (§ 22 Abs. 2 Nr. 1 UStDV). ²Im allgemeinen ist es als ausreichend anzusehen, wenn der Unternehmer die erforderlichen Merkmale in seinen Aufzeichnungen festhält. ³Bei der Vermittlung von in § 4 Nr. 5 Buchstabe a UStG bezeichnete Umsätze sollen sich daher die Aufzeichnungen auch darauf erstrecken, daß der vermittelte Umsatz unter eine der Steuerbefreiungen des § 4 Nr. 1 *Buchstabe a und Nr. 2 bis 4, 6 und 7* UStG fällt. ⁴Dementsprechend sind in den Fällen des § 4 Nr. 5 Buchstaben b und c UStG auch der Ort und in den Fällen des Buchstabens b zusätzlich die Art des vermittelten Umsatzes aufzuzeichnen. ⁵Bei der Vermittlung von Einfuhrlieferungen genügen Angaben darüber, daß der Liefergegenstand im Zuge der Lieferung vom *Drittlandsgebiet* in das Inland gelangt ist. ⁶Einer Unterscheidung danach, ob es sich hierbei um eine Lieferung im *Drittlandsgebiet* oder um eine unter § 3 Abs. 8 UStG fallende Lieferung handelt, bedarf es für die Inanspruchnahme der Steuerbefreiung des § 4 Nr. 5 UStG *aus Vereinfachungsgründen* nicht.

Rechtsprechung

- Zum Handel mit Warenterminkontrakten an ausländischen Warentermingeschäften durch private Anleger im Inland (BFH 18. 5. 1994, BStBl II, 719).

UStG

§ 4 Steuerbefreiungen usw. (Fortsetzung)

Von den unter § 1 Abs. 1 Nr. 1 bis 3 fallenden Umsätzen sind steuerfrei:

...

6. a) die Lieferungen und sonstigen Leistungen der Eisenbahnen des Bundes auf Gemeinschaftsbahnhöfen, Betriebswechselbahnhöfen, Grenzbetriebsstrecken und Durchgangsstrecken an Eisenbahnverwaltungen mit Sitz im Ausland;

   b) vom 1. Januar 1994 bis zum 30. Juni 1999 die Lieferungen von nicht zum Verzehr an Ort und Stelle bestimmten Gegenständen an Bord eines Schiffes im Seeverkehr oder in einem Luftfahrzeug an die Reisenden während einer Beförderung, die im Inland beginnt und in einem anderen Mitgliedstaat endet, in dem Umfang, in dem im Reiseverkehr die Einfuhr von Gegenständen aus dem Drittlandsgebiet von der Umsatzsteuer befreit ist. ²Soweit hiernach keine Mengenbeschränkung gegeben ist, gilt die Steuerbefreiung nur, wenn das Entgelt für die Lieferungen pro Person und Reise 170 Deutsche Mark nicht übersteigt. ³Die Voraussetzungen müssen vom Unternehmer nachgewiesen sein. ⁴Das Bundesministerium der Finanzen kann mit Zustimmung des Bundesrates durch Rechtsverordnung bestimmen, wie der Unternehmer den Nachweis zu führen hat;

   c) die Lieferungen von eingeführten Gegenständen an im Drittlandsgebiet, ausgenommen Gebiete nach § 1 Abs. 3, ansässige Abnehmer, soweit für die Gegenstände zollamtlich eine vorübergehende Verwendung in den in § 1 Abs. 1 Nr. 4 bezeichneten Gebieten bewilligt worden ist und diese Bewilligung auch nach der Lieferung gilt. ²Nicht befreit sind die Lieferungen von Beförderungsmitteln, Paletten und Containern;

   d) Personenbeförderungen im Passagier- und Fährverkehr mit Wasserfahrzeugen für die Seeschiffahrt, wenn die Personenbeförderungen zwischen inländischen Seehäfen und der Insel Helgoland durchgeführt werden;

...

Steuerbefreiungen § 4 Nr. 7 UStG

6. EG-Richtlinie

Abschnitt XV: Vereinfachungsmaßnahmen

Artikel 27

(1) Der Rat kann auf Vorschlag der Kommission einstimmig jeden Mitgliedstaat ermächtigen, von dieser Richtlinie abweichende Sondermaßnahmen einzuführen, um die Steuererhebung zu vereinfachen oder Steuerhinterziehungen oder -umgehungen zu verhüten. Die Maßnahmen zur Vereinfachung der Steuererhebung dürfen den Betrag der im Stadium des Endverbrauchs fälligen Steuer nur in unerheblichem Maße beeinfussen.

...

(5) Die Mitgliedstaaten, die am 1. Januar 1977 Sondermaßnahmen von der Art der in Absatz 1 genannten angewandt haben, können sie aufrechterhalten, sofern sie diese der Kommission vor dem 1. Januar 1978 mitteilen und unter der Bedingung, daß diese Sondermaßnahmen – sofern es sich um Maßnahmen zur Erleichterung der Steuererhebung handelt – dem in Absatz 1 festgelegten Kriterium entsprechen.

UStR

55. Leistungen der *Eisenbahnen des Bundes*

Bei den Leistungen der *Eisenbahnen des Bundes* handelt es sich insbesondere um die Überlassung von Anlagen und Räumen, um Personalgestellungen und um Lieferungen von Betriebsstoffen, Schmierstoffen und Energie.

UStG

§ 4 Steuerbefreiungen usw. (Fortsetzung)
Von den unter § 1 Abs. 1 Nr. 1 bis 3 fallenden Umsätzen sind steuerfrei:
...
7. die Lieferungen, ausgenommen Lieferungen neuer Fahrzeuge im Sinne des § 1b Abs. 2 und 3, und die sonstigen Leistungen
   a) an andere Vertragsparteien des Nordatlantikvertrages, die nicht unter die in § 26 Abs. 5 bezeichneten Steuerbefreiungen fallen, wenn die Umsätze für den Gebrauch oder Verbrauch durch die Streitkräfte dieser Vertragsparteien,

ihr ziviles Begleitpersonal oder für die Versorgung ihrer Kasinos oder Kantinen bestimmt sind und die Streitkräfte der gemeinsamen Verteidigungsanstrengung dienen,

b) an die in dem Gebiet eines anderen Mitgliedstaates stationierten Streitkräfte der Vertragsparteien des Nordatlantikvertrages, soweit sie nicht an die Streitkräfte dieses Mitgliedstaates ausgeführt werden,

c) an die in dem Gebiet eines anderen Mitgliedstaates ansässigen ständigen diplomatischen Missionen und berufskonsularischen Vertretungen sowie deren Mitglieder und

d) an die in dem Gebiet eines anderen Mitgliedstaates ansässigen zwischenstaatlichen Einrichtungen sowie deren Mitglieder.

²Der Gegenstand der Lieferung muß in den Fällen der Buchstaben b bis d in das Gebiet des anderen Mitgliedstaates befördert oder versendet werden. ³Für die Steuerbefreiungen nach den Buchstaben b bis d sind die in dem anderen Mitgliedstaat geltenden Voraussetzungen maßgebend. ⁴Die Voraussetzungen der Steuerbefreiungen müssen vom Unternehmer nachgewiesen sein. ⁵Bei den Steuerbefreiungen nach den Buchstaben b bis d hat der Unternehmer die in dem anderen Mitgliedstaat geltenden Voraussetzungen dadurch nachzuweisen, daß ihm der Abnehmer eine von der zuständigen Behörde des anderen Mitgliedstaates oder, wenn er hierzu ermächtigt ist, eine selbst ausgestellte Bescheinigung nach amtlich vorgeschriebenem Muster aushändigt. ⁶Das Bundesministerium der Finanzen kann mit Zustimmung des Bundesrates durch Rechtsverordnung bestimmen, wie der Unternehmer die übrigen Voraussetzungen nachzuweisen hat;

...

6. EG-Richtlinie

Abschnitt X: Steuerbefreiungen

...

Artikel 15 *Steuerbefreiungen bei Ausfuhren nach einem Drittland, gleichgestellten Umsätzen und grenzüberschreitenden Beförderungen*

Unbeschadet sonstiger Gemeinschaftsbestimmungen befreien die Mitgliedstaaten unter den Bedingungen, die sie zur Gewährleistung einer korrekten und einfachen Anwendung der nachstehenden Befreiungen sowie zur Verhütung von Steuerhinterziehungen, Steuerumgehungen und etwaigen Mißbräuchen festsetzen, von der Steuer:

...

10. *Lieferungen von Gegenständen und Dienstleistungen,*
    – *die im Rahmen der diplomatischen und konsularischen Beziehungen bewirkt werden,*

– die für internationale Einrichtungen bestimmt sind, die von den Behörden des Aufnahmelandes als solche anerkannt sind, sowie für die Mitglieder dieser Einrichtungen, und zwar in den Grenzen und zu den Bedingungen, die in den internationalen Übereinkommen über die Gründung dieser Einrichtungen oder in den Abkommen über den Sitz festgelegt sind,

– die in den Mitgliedstaaten, die Vertragsparteien des Nordatlantikvertrags sind, an die Streitkräfte anderer Vertragsparteien bewirkt werden, wenn diese Umsätze für den Gebrauch oder Verbrauch dieser Streitkräfte oder ihres zivilen Begleitpersonals oder für die Versorgung ihrer Kasinos oder Kantinen bestimmt sind und wenn diese Streitkräfte der gemeinsamen Verteidigungsanstrengung dienen,

– die in einen anderen Mitgliedstaat bewirkt werden und die für die Streitkräfte anderer Vertragsparteien des Nordatlantikvertrags als die des Bestimmungsmitgliedstaats selbst bestimmt sind, wenn diese Umsätze für den Gebrauch oder Verbrauch dieser Streitkräfte oder ihres zivilen Begleitpersonals oder für die Versorgung ihrer Kasinos oder Kantinen bestimmt sind und wenn diese Streitkräfte der gemeinsamen Verteidigungsanstrengung dienen.

Diese Befreiung gilt unter den vom Gastmitgliedstaat festgelegten Beschränkungen so lange, bis eine einheitliche Steuerregelung getroffen ist.

Bei Gegenständen, die nicht in das Ausland versandt oder befördert werden, oder bei Dienstleistungen kann die Steuerbefreiung im Wege der Steuererstattung erfolgen;

...

UStR

56. Leistungen an Vertragsparteien des Nordatlantikvertrages, NATO-Streitkräfte, diplomatische Missionen und zwischenstaatliche Einrichtungen

(1) [1]Die Steuerbefreiung *nach § 4 Nr. 7 Buchstabe a UStG* betrifft insbesondere wehrtechnische Gemeinschaftsprojekte der NATO-Partner, bei denen der Generalunternehmer im Inland ansässig ist. [2]Die Leistungen eines Generalunternehmers sind steuerfrei, wenn die Verträge so gestaltet und durchgeführt werden, daß der Generalunternehmer seine Leistungen unmittelbar an jeden einzelnen der beteiligten Staaten ausführt. [3]Diese Voraussetzungen sind auch dann erfüllt, wenn beim Abschluß und bei der Durchführung der Verträge das Bundesamt für Wehrtechnik und Beschaffung oder eine von den beteiligten Staaten geschaffene Einrichtung im Namen und für Rechnung der beteiligten Staaten handelt.

(2) [1]Die Steuerbefreiung *nach § 4 Nr. 7 Buchstabe a UStG* umfaßt auch Lieferungen von Rüstungsgegenständen an andere NATO-Partner. [2]Für diese Lieferungen kann auch die Steuerbefreiung für Ausfuhrlieferungen nach § 4 Nr. 1 *Buchstabe a,* § 6 Abs. 1 UStG in Betracht kommen (vgl. Abschnitt 128).

(3) [1]Nach *§ 4 Nr. 7 Buchstabe b UStG* sind Lieferungen und sonstige Leistungen an die im Gebiet eines anderen Mitgliedstaates (z. B. Belgien) stationierten NATO-Streitkräfte befreit.

²*Dabei darf es sich nicht um die Streitkräfte dieses Mitgliedstaates handeln (im Beispielsfall die belgischen Streitkräfte).* ³*Nach § 4 Nr. 7 Buchstabe c und d UStG sind Umsätze an die im Gebiet eines anderen Mitgliedstaates ansässigen diplomatischen Missionen, berufskonsularischen Vertretungen, zwischenstaatlichen Einrichtungen sowie deren Mitglieder befreit.*

(4) ¹*Die Steuerbefreiung nach § 4 Nr. 7 UStG gilt nicht für die Lieferungen neuer Fahrzeuge im Sinne des § 1b Abs. 2 und 3 UStG.* ²*In diesen Fällen richtet sich die Steuerbefreiung nach § 4 Nr. 1 Buchstabe b i. V. m. § 6a UStG.*

(5) ¹*Die Steuerbefreiung nach § 4 Nr. 7 Buchstaben b bis d UStG setzt voraus, daß der Gegenstand der Lieferung in das Gebiet eines anderen Mitgliedstaates befördert oder versendet wird.* ²*Die Beförderung oder Versendung ist durch einen Beleg entsprechend § 17a UStDV nachzuweisen.*

(6) ¹*Für die genannten Einrichtungen und Personen ist die Steuerbefreiung nach § 4 Nr. 7 Buchstaben b bis d UStG – abgesehen von den beleg- und buchmäßigen Nachweiserfordernissen – von den Voraussetzungen und Beschränkungen abhängig, die im Gastmitgliedstaat gelten.* ²*Bei Lieferungen und sonstigen Leistungen an Organe oder sonstige Organisationseinheiten (z. B. Außenstellen oder Vertretungen) von zwischenstaatlichen Einrichtungen gelten die umsatzsteuerlichen Privilegien des Mitgliedstaates, in dem sich diese Einrichtungen befinden.* ³*Der Unternehmer hat durch eine von der zuständigen Behörde des Gastmitgliedstaates erteilte Bestätigung (Sichtvermerk) nachzuweisen, daß die für die Steuerbefreiung in dem Gastmitgliedstaat geltenden Voraussetzungen und Beschränkungen eingehalten sind.* ⁴*Die Gastmitgliedstaaten können zur Vereinfachung des Bestätigungsverfahrens bestimmte Einrichtungen von der Verpflichtung befreien, einen Sichtvermerk der zuständigen Behörde einzuholen.* ⁵*In diesen Fällen tritt an die Stelle des Sichtvermerks eine Eigenbestätigung der Einrichtung, in der auf die entsprechende Genehmigung (Datum und Aktenzeichen) hinzuweisen ist.* ⁶*Für die von der zuständigen Behörde des Gastmitgliedstaates zu erteilende Bestätigung bzw. die Eigenbestätigung der begünstigten Einrichtung ist ein Vordruck nach amtlich vorgeschriebenem Muster zu verwenden.*

(7) ¹*Die Voraussetzungen der Steuerbefreiung müssen vom Unternehmer im Geltungsbereich der UStDV buchmäßig nachgewiesen werden.* ²*Die Voraussetzungen müssen eindeutig und leicht nachprüfbar aus der Buchführung zu ersehen sein.* ³*Der Unternehmer soll den Nachweis bei Lieferungen entsprechend § 17c Abs. 2 UStDV und bei sonstigen Leistungen entsprechend § 13 Abs. 2 UStDV führen.*

Verwaltungsanweisungen

- Nachweis der Steuerbefreiung für Umsätze an NATO-Hauptquartiere durch Unternehmer aus anderen Mitgliedstaaten der EG (BMF 9. 6. 1994, BStBl I, 377).

UStG

§ 4 Steuerbefreiungen usw. (Fortsetzung)
Von den unter § 1 Abs. 1 Nr. 1 bis 3 fallenden Umsätzen sind steuerfrei:
8. a) die Gewährung und die Vermittlung von Krediten;

b) die Umsätze und die Vermittlung der Umsätze von gesetzlichen Zahlungsmitteln. ²Das gilt nicht, wenn die Zahlungsmittel wegen ihres Metallgehaltes oder ihres Sammlerwertes umgesetzt werden;
c) die Umsätze im Geschäft mit Geldforderungen und die Vermittlung dieser Umsätze, ausgenommen die Einziehung von Forderungen;
d) die Umsätze und die Vermittlung der Umsätze im Einlagengeschäft, im Kontokorrentverkehr, im Zahlungs- und Überweisungsverkehr und das Inkasso von Handelspapieren;
e) die Umsätze im Geschäft mit Wertpapieren und die Vermittlung dieser Umsätze, ausgenommen die Verwahrung und die Verwaltung von Wertpapieren;
f) die Umsätze und die Vermittlung der Umsätze von Anteilen an Gesellschaften und anderen Vereinigungen;
g) die Übernahme von Verbindlichkeiten, von Bürgschaften und anderen Sicherheiten sowie die Vermittlung dieser Umsätze;
h) die Verwaltung von Sondervermögen nach dem Gesetz über Kapitalanlagegesellschaften und die Verwaltung von Versorgungseinrichtungen im Sinne des Versicherungsaufsichtsgesetzes;
i) die Umsätze der im Inland gültigen amtlichen Wertzeichen zum aufgedruckten Wert;
j) die Beteiligung als stiller Gesellschafter an dem Unternehmen oder an dem Gesellschaftsanteil eines anderen;
k) die Umsätze im Geschäft mit Goldbarren, mit Goldmünzen, die als gesetzliche Zahlungsmittel gelten, mit unverarbeitetem Gold und die Vermittlung dieser Umsätze;

...

6. EG-Richtlinie

Abschnitt X: Steuerbefreiungen

Artikel 13   Steuerbefreiungen im Inland

...

B. Sonstige Steuerbefreiungen
Unbeschadet sonstiger Gemeinschaftsvorschriften befreien die Mitgliedstaaten unter den Bedingungen, die sie zur Gewährleistung einer korrekten und einfachen Anwendung der nachstehenden Befreiungen sowie zur Verhütung von Steuerhinterziehungen, Steuerumgehungen und etwaigen Mißbräuchen festsetzen, von der Steuer:

...

d) die folgenden Umsätze:

1. die Gewährung und Vermittlung von Krediten und die Verwaltung von Krediten durch die Kreditgeber,

2. die Vermittlung und die Übernahme von Verbindlichkeiten, Bürgschaften und anderen Sicherheiten und Garantien sowie die Verwaltung von Kreditsicherheiten durch die Kreditgeber,

3. die Umsätze – einschließlich der Vermittlung – im Einlagengeschäft und Kontokorrentverkehr, im Zahlungs- und Überweisungsverkehr, im Geschäft mit Forderungen, Schecks und anderen Handelspapieren, mit Ausnahme der Einziehung von Forderungen,

4. die Umsätze – einschließlich der Vermittlung –, die sich auf Devisen, Banknoten und Münzen beziehen, die gesetzliches Zahlungsmittel sind, mit Ausnahme von Sammlerstücken einschließlich der Banknoten; als Sammlerstücke gelten Münzen aus Gold, Silber oder anderem Metall sowie Banknoten, die normalerweise nicht als gesetzliches Zahlungsmittel verwendet werden oder die von numismatischem Interesse sind,

5. die Umsätze – einschließlich der Vermittlung, jedoch mit Ausnahme der Verwahrung und der Verwaltung –, die sich auf Aktien, Anteile an Gesellschaften und Vereinigungen, Schuldverschreibungen oder sonstige Wertpapiere beziehen, mit Ausnahme von

   – Warenpapieren,

   – Rechten oder Wertpapieren im Sinne von Artikel 5 Absatz 3,

6. die Verwaltung von durch die Mitgliedstaaten als solche definierten Sondervermögen durch Kapitalanlagegesellschaften;

e) die Lieferungen von im Inland gültigen Postwertzeichen, Steuermarken und sonstigen ähnlichen Wertzeichen zum aufgedruckten Wert;

...

Abschnitt XVI: Übergangsbestimmungen

Artikel 28

...

(3) Während der in Absatz 4 genannten Übergangszeit können die Mitgliedstaaten

a) die in Anhang E aufgeführten nach Artikel 13 oder 15 befreiten Umsätze weiterhin besteuern;

b) die in Anhang F aufgeführten Umsätze unter den in den Mitgliedstaaten bestehenden Bedingungen weiterhin befreien;

...

Anhang E: Liste der in Artikel 28 Absatz 3 Buchstabe a) vorgesehenen Umsätze
...
8. *in Artikel 13 Teil B Buchstabe d) Nummer 2 bezeichnete Umsätze, soweit sie die Dienstleistungen von Vermittlern betreffen[1])*
9. *in Artikel 13 Teil B Buchstabe d) Nummer 5 bezeichnete Umsätze, soweit sie die Dienstleistungen von Vermittlern betreffen[1])*
10. *in Artikel 13 Teil B Buchstabe d) Nummer 6 bezeichnete Umsätze[1])*
...

Anhang F: Liste der in Artikel 28 Absatz 3 Buchstabe b) vorgesehenen Umsätze
...
13. *Verwaltung von Krediten und Kreditbürgschaften durch andere Personen oder Einrichtungen, als diejenigen, die die Kredite gewährt haben[2])*
...
15. *Verwahrung und Verwaltung von Aktien, Anteilen von Gesellschaften oder Vereinigungen, Schuldverschreibungen und sonstigen Wert- und Handelspapieren, mit Ausnahme von Warenpapieren und von Rechten und Wertpapieren im Sinne von Artikel 5 Absatz 3[2])*
...

UStR

57. Gewährung und Vermittlung von Krediten

(1) [1]Gewährt ein Unternehmer im Zusammenhang mit einer Lieferung oder sonstigen Leistung einen Kredit, ist diese Kreditgewährung nach § 4 Nr. 8 Buchstabe a UStG steuerfrei, wenn sie als selbständige Leistung anzusehen ist. [2]Entgelte für steuerfreie Kreditleistungen können Stundungszinsen, Zielzinsen und Kontokorrentzinsen sein (vgl. Abschnitt 29a Abs. 3 und 4). [3]Als Kreditgewährung ist auch die Kreditbereitschaft anzusehen, zu der sich ein Unternehmer vertraglich bis zur Auszahlung des Darlehens verpflichtet hat.

(2) [1]Werden bei der Gewährung von Krediten Sicherheiten verlangt, müssen zur Ermittlung der Beleihungsgrenzen der Sicherungsobjekte, z. B. Grundstücke, bewegliche Sachen, Warenlager, deren Werte festgestellt werden. [2]Die dem Kreditgeber hierdurch entstehenden Kosten, insbesondere Schätzungsgebühren und Fahrtkosten, werden dem Kreditnehmer bei der Kreditgewährung in Rechnung gestellt. [3]Mit der Ermittlung der Beleihungsgrenzen der Sicherungsobjekte werden keine selbständigen wirtschaftlichen Zwecke verfolgt. [4]Diese Tätigkeit dient vielmehr lediglich dazu, die Kreditgewährung zu ermöglichen. [5]Dieser unmittelbare, auf wirtschaftlichen Gegebenheiten beruhende Zusammenhang rechtfertigt es, in der Ermittlung des Wertes der Siche-

---

1) **Anm.:** Durch die 18. EG-Richtlinie des Rates v. 18. 7. 89 mit Wirkung v. 1. 1. 90 gestrichen.
2) **Anm.:** Durch die 18. EG-Richtlinie des Rates v. 18. 7. 89 mit Wirkung v. 1. 1. 91 gestrichen.

rungsobjekte eine Nebenleistung zur Kreditgewährung zu sehen und sie damit als steuerfrei nach § 4 Nr. 8 Buchstabe a UStG zu behandeln (BFH-Urteil vom 9. 7. 1970 – BStBl II S. 645).

(3) ¹Unechtes Factoring liegt vor, wenn der Anschlußkunde seine Forderungen aus Warenlieferungen und Dienstleistungen zwar an den Factor abtritt, aber in vollem Umfang für die Zahlungsfähigkeit der Schuldner einzustehen hat. ²Wirtschaftlich bleibt der Anschlußkunde Inhaber der Forderungen. ³Die Tätigkeit des Factors für den Anschlußkunden besteht beim unechten Factoring in der Gewährung von Krediten, der Bonitätsprüfung der Schuldner, der Führung der Debitorenkonten, der Anfertigung von Übersichten und statistischem Material sowie im Inkasso. ⁴Es handelt sich hierbei um mehrere Hauptleistungen. ⁵Die Gewährung von Krediten durch den Factor an die Anschlußkunden ist nach § 4 Nr. 8 Buchstabe a UStG steuerfrei. ⁶Die übrigen Leistungen des Factors sind demgegenüber steuerpflichtig (BFH-Urteil vom 10. 12. 1981 – BStBl 1982 II S. 200). ⁷Zur umsatzsteuerrechtlichen Behandlung des echten Factoring siehe Abschnitt 60 Abs. 3.

(4) ¹Die Darlehenshingabe der Bausparkassen durch Auszahlung der Baudarlehen aufgrund von Bausparverträgen ist als Kreditgewährung gemäß § 4 Nr. 8 Buchstabe a UStG umsatzsteuerfrei. ²Die Steuerfreiheit umfaßt die gesamte Vergütung, die von den Bausparkassen für die Kreditgewährung vereinnahmt wird. ³Darunter fallen außer den Zinsbeträgen auch die Nebengebühren, wie z. B. die Abschluß- und die Zuteilungsgebühren. ⁴Steuerfrei sind ferner die durch die Darlehensgebühr und durch die Kontogebühr abgegoltenen Leistungen der Bausparkasse (BFH-Urteil vom 13. 2. 1969 – BStBl II S. 449). ⁵Dagegen sind insbesondere die Herausgabe eines Nachrichtenblattes, die Bauberatung und Bauaufsicht steuerpflichtig, weil es sich dabei um selbständige Leistungen neben der Kreditgewährung handelt.

(5) Die Unkostenvergütungen, die dem Pfandleiher nach § 10 Abs. 1 Nr. 2 der Verordnung über den Geschäftsbetrieb der gewerblichen Pfandleiher in der Fassung der Bekanntmachung vom 1. 6. 1976 (BGBl. I S. 1334), zuletzt geändert durch Artikel *3 der Verordnung vom 7. 11. 1990 (BGBl. I S. 2476),* zustehen, sind Entgelt für eine nach § 4 Nr. 8 Buchstabe a UStG steuerfreie Kreditgewährung (BFH-Urteil vom 9. 7. 1970 – BStBl II S. 645).

(6) Hat der Kunde einer Hypothekenbank bei Nichtabnahme des Hypothekendarlehens, bei dessen vorzeitiger Rückzahlung oder bei Widerruf einer Darlehenszusage oder Rückforderung des Darlehens als Folge bestimmter, vom Kunden zu vertretender Ereignisse im voraus festgelegte Beträge zu zahlen (sog. Nichtabnahme- bzw. Vorfälligkeitsentschädigungen), handelt es sich – soweit nicht Schadensersatz vorliegt – um Entgelte für nach § 4 Nr. 8 Buchstabe a UStG steuerfreie Kreditleistungen (BFH-Urteil vom 20. 3. 1980 – BStBl II S. 538).

(7) ¹Eine nach § 4 Nr. 8 Buchstabe a UStG steuerfreie Kreditgewährung liegt nicht vor, wenn jemand einem Unternehmer Geld für dessen Unternehmen oder zur Durchführung einzelner Geschäfte gegen Beteiligung nicht nur am Gewinn, sondern auch am Verlust zur Verfügung stellt. ²Eine Beteiligung am Verlust ist mit dem Wesen des Darlehens, bei dem die hingegebene Geldsumme zurückzuzahlen ist, unvereinbar (BFH-Urteil vom 19. 3. 1970 – BStBl II S. 602).

(8) ¹Eine steuerfreie Vermittlung von Krediten im Sinne des § 4 Nr. 8 Buchstabe a UStG führt nur aus, wer gegenüber den künftigen Vertragsparteien des Kreditvertrages als selbständiger Vermittler auftritt. ²Schaltet ein Kreditvermittler zur Erledigung seiner Vermittlungsaufträge einen Dritten ein, der lediglich im Namen des Kreditvermittlers auftritt, sind die Leistungen des Dritten dem Kreditvermittler als steuerfreie Kreditvermittlungsleistungen zuzurechnen. ³Die Leistungen des Dritten an den Kreditvermittler sind steuerpflichtige sonstige Leistungen (BFH-Urteil vom 26. 1. 1995 – BStBl II S. 427).

(9) ¹Vereinbart eine Bank mit einem Kreditvermittler, daß dieser in die Kreditanträge der Kreditkunden einen höheren Zinssatz einsetzen darf, als sie ohne die Einschaltung eines Kreditver-

mittlers verlangen würde (sogenanntes Packing), ist die Zinsdifferenz das Entgelt für eine Vermittlungsleistung des Kreditvermittlers gegenüber der Bank (BFH-Urteil vom 8. 5. 1980 – BStBl II S. 618). ²Die Leistung ist als Kreditvermittlung nach § 4 Nr. 8 Buchstabe a UStG steuerfrei.

58. (weggefallen)

59. Gesetzliche Zahlungsmittel

(1) ¹Von der Steuerfreiheit für die Umsätze von gesetzlichen Zahlungsmitteln (kursgültige Münzen und Banknoten) und für die Vermittlung dieser Umsätze sind solche Zahlungsmittel ausgenommen, die wegen ihres Metallgehaltes oder ihres Sammlerwertes umgesetzt werden. ²Hierdurch sollen Geldsorten, die als Waren gehandelt werden, auch umsatzsteuerrechtlich als Waren behandelt werden.

(2) *Die Umsätze von Goldmünzen, die in ihrem Ausgabestaat als gesetzliche Zahlungsmittel gelten, sind nach § 4 Nr. 8 Buchstabe k UStG umsatzsteuerfrei (vgl. Abschnitt 70a).*

(3) ¹Bei anderen Münzen und bei Banknoten ist davon auszugehen, daß sie wegen ihres Metallgehaltes oder ihres Sammlerwertes umgesetzt werden, wenn sie mit einem höheren Wert als ihrem Nennwert umgesetzt werden. ²Die Umsätze dieser Münzen und Banknoten sind nicht von der Umsatzsteuer befreit.

(4) ¹Das Sortengeschäft (Geldwechselgeschäft) bleibt von den Regelungen der Absätze 1 *und* 3 unberührt. ²Dies gilt auch dann, wenn die fremde Währung auf Wunsch des Käufers in kleiner Stückelung (kleine Scheine oder Münzen) ausgezahlt und hierfür ein vom gültigen Wechselkurs abweichender Kurs berechnet wird oder Verwaltungszuschläge erhoben werden.

(5) ¹Die durch Geldspielautomaten erzielten Umsätze sind keine Umsätze von gesetzlichen Zahlungsmitteln. ²Die Steuerbefreiung nach § 4 Nr. 8 Buchstabe b UStG kommt daher für diese Umsätze nicht in Betracht (BFH-Urteil vom 4. 2. 1971 – BStBl II S. 467).

60. Umsätze im Geschäft mit Geldforderungen

(1) Unter die Steuerbefreiung nach § 4 Nr. 8 Buchstabe c UStG fallen auch die Umsätze von aufschiebend bedingten Geldforderungen (BFH-Urteil vom 12. 12. 1963 – BStBl 1964 III S. 109).

(2) Die Veräußerung eines Bausparvorratsvertrages ist als einheitliche Leistung anzusehen, die in vollem Umfang nach § 4 Nr. 8 Buchstabe c UStG steuerfrei ist.

(3) ¹Beim echten Factoring liegt eine nach § 4 Nr. 8 Buchstabe c UStG steuerfreie Abtretung von Geldforderungen durch den Anschlußkunden an den Factor vor (BFH-Urteil vom 10. 12. 1981 – BStBl 1982 II S. 200). ²Echtes Factoring ist gegeben, wenn der Anschlußkunde seine Forderungen aus Warenlieferungen und Dienstleistungen an den Factor abtritt und dieser das Risiko eines Ausfalls der erworbenen Forderungen übernimmt. ³Zur umsatzsteuerrechtlichen Behandlung des unechten Factoring siehe Abschnitt 57 Abs. 3.

(4) ¹Zu den Umsätzen im Geschäft mit Geldforderungen gehören auch die Optionsgeschäfte mit Geldforderungen. ²Gegenstand dieser Optionsgeschäfte ist das Recht, bestimmte Geldforderungen innerhalb einer bestimmten Frist zu einem festen Kurs geltend machen oder veräußern zu können. ³Unter die Steuerbefreiung fallen auch die Optionsgeschäfte mit Devisen.

61. Einlagengeschäft

(1) Zu den nach § 4 Nr. 8 Buchstabe d UStG steuerfreien Umsätzen im Einlagengeschäft gehören z. B. Kontenauflösungen, Kontensperrungen, die Veräußerung von Heimsparbüchsen und sonstige mittelbar mit dem Einlagengeschäft zusammenhängende Leistungen.

(2) Die von Bausparkassen und anderen Instituten erhobenen Gebühren für die Bearbeitung von Wohnungsbauprämienanträgen (§ 4 WoPG) sind Entgelte für steuerfreie Umsätze im Einlagengeschäft im Sinne des § 4 Nr. 8 Buchstabe d UStG.

62. Inkasso von Handelspapieren

Handelspapiere im Sinne des § 4 Nr. 8 Buchstabe d UStG sind Wechsel, Schecks, Quittungen oder ähnliche Dokumente im Sinne der „Einheitlichen Richtlinien für das Inkasso von Handelspapieren" der Internationalen Handelskammer.

63. Zahlungs-, Überweisungs- und Kontokorrentverkehr

Nach § 4 Nr. 8 Buchstabe d UStG steuerfreie Leistungen im Rahmen des Kontokorrentverkehrs sind z. B. die Veräußerung von Scheckheften, der Firmeneindruck auf Zahlungs- und Überweisungsvordrucken und die Anfertigung von Kontoabschriften und Fotokopien.

64. Umsätze im Geschäft mit Wertpapieren

(1) [1]Zu den Umsätzen im Geschäft mit Wertpapieren gehören auch die Optionsgeschäfte mit Wertpapieren. [2]Gegenstand dieser Optionsgeschäfte ist das Recht, eine bestimmte Anzahl von Wertpapieren innerhalb einer bestimmten Frist jederzeit zu einem festen Preis fordern (Kaufoption) oder liefern (Verkaufsoption) zu können. [3]Die Steuerbefreiung nach § 4 Nr. 8 Buchstabe e UStG umfaßt sowohl den Abschluß von Optionsgeschäften als auch die Übertragung von Optionsrechten.

(2) Zu den Umsätzen im Geschäft mit Wertpapieren gehören auch die sonstigen Leistungen im Emissionsgeschäft, z. B. die Übernahme und Plazierung von Neu-Emissionen, die Börseneinführung von Wertpapieren und die Vermittlungstätigkeit der Kreditinstitute beim Absatz von Bundesschatzbriefen.

(3) Zur Frage der Beschaffung von Anschriften von Wertpapieranlegern gilt Abschnitt 66 Abs. 4 Sätze 2 und 3 entsprechend.

65. Verwahrung und Verwaltung von Wertpapieren

[1]Bei der Abgrenzung der steuerfreien Umsätze im Geschäft mit Wertpapieren von der steuerpflichtigen Verwahrung und Verwaltung von Wertpapieren gilt folgendes: [2]Die Leistung des Unternehmers (Kreditinstitut) ist grundsätzlich umsatzsteuerfrei, wenn das Entgelt dem Emittenten in Rechnung gestellt wird. [3]Sie ist grundsätzlich umsatzsteuerpflichtig, wenn sie dem Depotkunden in Rechnung gestellt wird. [4]Zu den nicht von der Umsatzsteuer befreiten Leistungen gehören z. B. auch die Depotunterhaltung, das Inkasso von fremden Zins- und Dividendenscheinen, die Ausfertigung von Depotauszügen, von Erträgnis-, Kurswert- und Steuerkurswertaufstellungen sowie die Mitteilungen an die Depotkunden nach § 128 AktG.

66. Gesellschaftsanteile

(1) Zu den Anteilen an Gesellschaften gehören neben den Anteilen an Kapitalgesellschaften, z. B. GmbH-Anteile, auch die Anteile an Personengesellschaften, z. B. OHG-Anteile.

(2) [1]Bei Kapitalgesellschaften (AG, GmbH) sind in dem gleichzeitigen Wechsel sämtlicher Gesellschafter steuerfreie Umsätze von Gesellschaftsanteilen bzw. Wertpapieren zu sehen (§ 4 Nr. 8 Buchstaben e und f UStG). [2]Das gleiche gilt für die Veräußerung der Geschäftsanteile an einer Einmann-GmbH und in den Fällen, in denen bei einer GmbH und Co KG die Gesellschafter der GmbH (Komplementär), die zugleich Kommanditisten der KG sind, wechseln.

(3) [1]*Eine Publikums-KG bewirkt dadurch, daß ihr Treuhandkommanditist zahlreiche Anleger an seinem Anteil beteiligt, nach § 4 Nr. 8 Buchstabe f UStG umsatzsteuerfreie Umsätze.* [2]*Gleiches gilt, wenn die Anleger neben der Kommanditeinlage auch an einer stillen Beteiligung des Treuhandkommanditisten an der Publikums-KG beteiligt sind (BFH-Urteil vom 21. 11. 1991 – BStBl 1992 II S. 637).* [3]Werden Kommanditanteile an einer Kommanditgesellschaft von einem Treuhandkommanditisten für Rechnung eines oder mehrerer Treugeber erworben, so ist der Anteilserwerb aufgrund der Zurechnungsvorschrift des § 39 Abs. 2 Nr. 1 AO als Erwerb eines Gesellschaftsanteils durch den Treugeber anzusehen. [4]Die Veräußerung dieser Anteile durch den Treugeber ist nach § 4 Nr. 8 Buchstabe f UStG steuerfrei.

(4) [1]Die Vermittlung einer stillen Beteiligung (§ 230 HGB) ist als Vermittlung eines Gesellschaftsanteils nach § 4 Nr. 8 Buchstabe f UStG von der Umsatzsteuer befreit. [2]Wer lediglich einem Anlageberater Anschriften von interessierten Kapitalanlegern beschafft, bewirkt keine Vermittlung von Umsätzen von Anteilen an Gesellschaften und anderen Vereinigungen (BFH-Urteil vom 12. 1. 1989 – BStBl II S. 339). [3]Die Leistungen sind daher nicht nach § 4 Nr. 8 Buchstabe f UStG steuerfrei.

67. Übernahme von Verbindlichkeiten

Nach § 4 Nr. 8 Buchstabe g UStG ist die Übernahme von Verbindlichkeiten, soweit hierin nicht lediglich – wie im Regelfall – eine Entgeltszahlung zu sehen ist (vgl. Abschnitt 1 Abs. 2 und BFH-Urteil vom 31. 7. 1969 – BStBl 1970 II S. 73), von der Umsatzsteuer befreit, z. B. Übernahme von Einlagen bei der Zusammenlegung von Kreditinstituten.

68. Übernahme von Bürgschaften und anderen Sicherheiten

Als andere Sicherheiten, deren Übernahme nach § 4 Nr. 8 Buchstabe g UStG von der Umsatzsteuer befreit ist, sind z. B. Garantieverpflichtungen (vgl. BFH-Urteile vom 14. 12. 1989 – BStBl 1990 II S. 401, vom 24. 1. 1991 – BStBl II S. 539 – *Zinshöchstbetragsgarantie und Liquiditätsgarantie – und vom 22. 10. 1992 – BStBl 1993 II S. 318 – Ausbietungsgarantie –*) und Kautionsversicherungen (vgl. Abschnitt 73 Abs. 2 Satz 3) anzusehen.

69. Verwaltung von Sondervermögen

(1) [1]Nach § 1 Abs. 1 des Gesetzes über Kapitalanlagegesellschaften – KAGG – in der Fassung vom 14. 1. 1970 (BGBl. I S. 127, BStBl I S. 187), zuletzt geändert durch *Artikel 3 des Gesetzes vom 26. 7. 1994 (BGBl. I S. 1749, BStBl I S. 586),* ist der Geschäftsbereich von Kapitalanlagegesellschaften darauf gerichtet, das bei ihnen eingelegte Geld in eigenem Namen für gemeinschaftliche Rechnung der Einleger in Wertpapieren oder in Grundstücken sowie Erbbaurechten anzulegen. [2]Das eingelegte Geld und die damit erworbenen Vermögensgegenstände bilden ein

Sondervermögen (Wertpapier-Sondervermögen bzw. Grundstücks-Sondervermögen). ³Für die Verwaltung dieser Sondervermögen erhalten die Kapitalanlagegesellschaften nach Maßgabe der Vertragsbedingungen eine Vergütung und den Ersatz von Aufwendungen (§ 15 Abs. 3 Buchstabe e und § 26 KAGG). ⁴Die Verwaltung dieser Sondervermögen ist nach § 4 Nr. 8 Buchstabe h UStG von der Umsatzsteuer befreit. ⁵Die laufende Überwachung des Grundstücksbestandes durch die Depotbank (§ 31 Abs. 1 KAGG) ist nicht als Verwaltung des Sondervermögens im Sinne des § 10 KAGG anzusehen. ⁶Diese Tätigkeit ist daher auch nicht nach § 4 Nr. 8 Buchstabe h UStG von der Umsatzsteuer befreit.

(2) Nach § 4 Nr. 8 Buchstabe h UStG ist ferner die Verwaltung von Versorgungseinrichtungen, welche Leistungen im Todes- oder Erlebensfall, bei Arbeitseinstellung oder bei Minderung der Erwerbstätigkeit vorsehen, von der Umsatzsteuer befreit (§ 1 Abs. 4 Versicherungsaufsichtsgesetz – VAG – vom 17. 12. 1992 – BGBl. 1993 I S. 2 – in der Fassung der Änderung durch Artikel 1 des Gesetzes vom 21. 7. 1994 – BGBl. I S. 1630 – in Verbindung mit Teil A Nr. 24 der Anlage zum VAG).

70. Amtliche Wertzeichen

¹Durch die Worte „zum aufgedruckten Wert" wird zum Ausdruck gebracht, daß die Steuerbefreiung nach § 4 Nr. 8 Buchstabe i UStG für die im Inland gültigen amtlichen Wertzeichen nur in Betracht kommt, wenn die Wertzeichen zum aufgedruckten Wert geliefert werden. ²Zum aufgedruckten Wert gehören auch aufgedruckte Sonderzuschläge, z. B. Zuschlag bei Wohlfahrtsmarken. ³Werden die Wertzeichen mit *einem höheren Preis als dem* aufgedruckten Wert gehandelt, ist der Umsatz insgesamt steuerpflichtig. ⁴Für die Lieferungen der im Inland postgültigen Briefmarken kommt die Steuerbefreiung auch dann zur Anwendung, wenn die Briefmarken zu einem Preis veräußert werden, der unter ihrem aufgedruckten Wert liegt.

70a. Umsätze im Geschäft mit Gold

(1) ¹Umsätze im Geschäft mit Goldbarren sind Lieferungen von Goldbarren und sonstige Leistungen in bezug auf Goldbarren. ²Sonstige Leistungen sind hierbei

1. die Veräußerung von ideellen Miteigentumsanteilen an einem Goldbarrenbestand (Abschnitt 25 Abs. 2 Nr. 2);

2. die Veräußerung von Gewichtsguthaben an einem Goldbarrenbestand, wenn die Gewichtskonten obligatorische Rechte ausweisen (Abschnitt 39 Abs. 17);

3. die Abtretung von Ansprüchen auf Lieferung von Goldbarren (BFH-Urteil vom 25. 10. 1990 – BStBl 1991 II S. 193);

4. die Veräußerung von Goldbarrenzertifikaten (Abschnitt 39 Abs. 17);

5. die Optionsgeschäfte mit Goldbarren (Abschnitt 39 Abs. 17);

6. die Umformung von einer steuerbefreiten Barrenform in eine andere steuerbefreite Barrenform (insbesondere Verkleinern von Barren).

(2) ¹Goldbarren bestehen aus Feingold von mindestens 995 ‰ in firmenspezifisch typisierter eckiger Form mit eingestanzter oder geprägter Angabe des Herstellers, des Feingoldgehaltes und des Gewichts. ²Die Barren können mit bildlichen Darstellungen geprägt sein.

(3) ¹Umsätze im Geschäft mit Goldmünzen sind Lieferungen von Goldmünzen und sonstige Leistungen in bezug auf Goldmünzen. ²Sonstige Leistungen sind

1. die Veräußerung von ideellen Miteigentumsanteilen an einem Goldmünzenbestand;

2. die Abtretung von Ansprüchen auf Lieferung von Goldmünzen;

3. die Veräußerung von Goldmünzenzertifikaten;

4. die Optionsgeschäfte mit Goldmünzen.

(4) ¹*Als Goldmünzen sind Münzen anzusehen, die einen Goldfeingehalt von mindestens 900 ‰ haben.* ²*Den Münzen muß von dem Ausgabestaat die Eigenschaft als gesetzliches Zahlungsmittel verliehen worden sein.* ³*Der Ausgabestaat muß ein völkerrechtlich anerkannter Staat sein.* ⁴*Die Goldmünzen dürfen im Zeitpunkt des Umsatzes nicht außer Kurs gesetzt sein.* ⁵*Im Ausgabestaat dürfen keine besonderen Umstände gegen die Annahme eines gesetzlichen Zahlungsmittels sprechen (z. B. Erwerbs- und Veräußerungsbeschränkungen).* ⁶*Die Goldmünzen dürfen nicht in einer so niedrig limitierten Auflage herausgegeben werden, daß von vornherein nicht der Goldwert, sondern der Sammlerwert dieser Münzen im Vordergrund steht.* ⁷*Die Auflagenhöhe muß hiernach mindestens 25 000 Stück erreichen.*

(5) ¹*Umsätze im Geschäft mit Goldmünzen, die in der maßgeblichen im Bundessteuerblatt (Teil I) veröffentlichten Liste aufgeführt werden, sind als steuerfrei anzusehen.* ²*Die Liste wird bei Bedarf ergänzt.* ³*Bei einer Änderung der Liste gilt folgendes:* ⁴*Umsätze mit Goldmünzen, die aus der Liste herausgenommen werden, können noch bis zum Ablauf des Monats, in dem die überarbeitete Liste im Bundessteuerblatt veröffentlicht wird, als steuerfrei behandelt werden.* ⁵*Werden Goldmünzen erstmals in die Liste aufgenommen, sind die Umsätze mit ihnen ab dem jeweiligen Ausgabezeitpunkt der Münzen (frühestens ab dem 1. 1. 1993) steuerfrei.*

(6) ¹*Umsätze im Geschäft mit unverarbeitetem Gold sind die Lieferungen von unverarbeitetem Gold und die sonstigen Leistungen in bezug auf unverarbeitetes Gold.* ²*Als unverarbeitetes Gold sind Barren, Granalien und Feingoldband in handelsüblicher Form mit einem Goldfeingehalt von mindestens 900 ‰ anzusehen.* ³*Zu den hiernach steuerfreien sonstigen Leistungen gehört auch die Umformung unverarbeiteten Goldes von einer steuerbefreiten Form in eine andere steuerbefreite Form.*

(7) Die Vermittlung der nach den Absätzen 1, 3 und 6 steuerfreien Umsätze ist ebenfalls steuerfrei.

(8) Auf die Steuerbefreiung der in den Absätzen 1, 3, 6 und 7 bezeichneten Umsätze kann unter den Voraussetzungen des § 9 Abs. 1 UStG verzichtet werden (vgl. Abschnitt 148).

(9) Der innergemeinschaftliche Erwerb der unter die Steuerbefreiung nach § 4 Nr. 8 Buchstabe k UStG fallenden Gegenstände (Goldbarren, Goldmünzen, unverarbeitetes Gold) ist nach § 4b Nr. 1 UStG steuerfrei (vgl. Abschnitt 127a).

(10) Die Einfuhr der in Abs. 9 genannten Gegenstände ist unter den Voraussetzungen des § 5 Abs. 1 Nr. 1 UStG steuerfrei.

Verwaltungsanweisungen

- Verwahrung und Verwaltung von Wertpapieren (OFD Hamburg 10. 10. 1990, UR 1990, 398 sowie BMF 29. 6. 1993, DB 1993, 1448);

UStG § 4 Nr. 9 *Steuerbefreiungen*

- Garantieleistungen bei Bauherrenmodellen (OFD Münster 17. 3. 1993, DB 1993, 815);
- zum Begriff „andere Sicherheiten" in Buchst. g (OFD Berlin 23. 8. 1993, UR 1994, 330);
- Umsatzsteuerbefreiung für Goldumsätze (BMF 26. 11. 1993, BStBl I, 1008 und 4. 8. 1994, BStBl I, 534);
- ustl. Behandlung der Veräußerung von Briefmarken durch die Deutsche Post AG an Postagenturen (OFD Koblenz 11. 7. 1996, StEd 1996, 538);
- Behandlung der Leistungen eines Baubetreuers (OFD München 2. 12. 1996, StEd 1997, 15).

Rechtsprechung

- Zur Auslegung von Anteilen an Gesellschaften (BFH 29. 9. 1987, BStBl 1988 II, 303);
- Steuerfreiheit der Umsätze aus Kreditvermittlung (EuGH 14. 7. 1988, UR 1989, 118);
- Anschaffung von Anschriften keine Vermittlung von Umsätzen (BFH 12. 1. 1989, BStBl II, 339);
- Übernahme einer Zinshöchstgarantie (BFH 24. 1. 1991, BStBl II, 539);
- Verwaltung von Krediten (BFH 1. 4. 1993, BStBl II, 694);
- steuerfreie Vermittlung von Krediten durch einen selbständigen Kreditvermittler (BFH 26. 1. 1995, BStBl II, 427);
- Einziehung von Forderungen durch Inkassounternehmen (BFH 11. 5. 1995, BStBl II, 613);
- steuerfreie Vermittlung von Gesellschafteranteilen und Werbung von Mitgliedschaften für Idealvereine (BFH 27. 7. 1995, BStBl II, 753);
- Einräumung einer Rechtsposition als atypisch stiller Gesellschafter bei einer Publikumsgesellschaft (BFH 14. 12. 1995, BStBl 1996 II, 250).

UStG

§ 4 Steuerbefreiungen usw. (Fortsetzung)
Von den unter § 1 Abs. 1 Nr. 1 bis 3 fallenden Umsätzen sind steuerfrei:
...
9. a) die Umsätze, die unter das Grunderwerbsteuergesetz fallen,
   b) die Umsätze, die unter das Rennwett- und Lotteriegesetz fallen, sowie die Umsätze der zugelassenen öffentlichen Spielbanken, die durch den Betrieb der Spielbank bedingt sind. ²Nicht befreit sind die unter das Rennwett- und Lotteriegesetz fallenden Umsätze, die von der Rennwett- und Lotteriesteuer befreit sind oder von denen diese Steuer allgemein nicht erhoben wird;
...

6. EG-Richtlinie

Abschnitt IV: *Steuerpflichtiger*

Artikel 4
...

(3) (abgedruckt zu § 2 UStG)
...

Abschnitt X: *Steuerbefreiungen*

Artikel 13 Steuerbefreiungen im Inland
...

B. Sonstige Steuerbefreiungen
Unbeschadet sonstiger Gemeinschaftsvorschriften befreien die Mitgliedstaaten unter den Bedingungen, die sie zur Gewährleistung einer korrekten und einfachen Anwendung der nachstehenden Befreiungen sowie zur Verhütung von Steuerhinterziehungen, Steuerumgehungen und etwaigen Mißbräuchen festsetzen, von der Steuer:
...
f) **Wetten, Lotterien und sonstige Glücksspiele mit Geldeinsatz unter den Bedingungen und Beschränkungen, die von jedem Mitgliedstaat festgelegt werden;**
g) **die Lieferungen von Gebäuden oder Gebäudeteilen und dem dazugehörigen Grund und Boden, mit Ausnahme der in Artikel 4 Absatz 3 Buchstabe a) bezeichneten Gegenstände;**
h) **die Lieferungen unbebauter Grundstücke mit Ausnahme der in Artikel 4 Absatz 3 Buchstabe b) bezeichneten Baugrundstücke.**
...

Abschnitt XVI: *Übergangsbestimmungen*

Artikel 28
...
(3) Während der in Absatz 4 genannten Übergangszeit können die Mitgliedstaaten
...
b) die in Anhang F aufgeführten Umsätze unter den in den Mitgliedstaaten bestehenden Bedingungen weiterhin befreien;
...
(4) Die Übergangszeit wird zunächst auf fünf Jahre, beginnend mit dem 1. Januar 1978, festgelegt. Spätestens sechs Monate vor Ende dieses Zeitraums – und später je nach Bedarf – überprüft der Rat an Hand eines Berichts der Kommission die Lage, die sich

durch die in Absatz 3 aufgeführten Abweichungen ergeben hat, um auf Vorschlag der Kommission einstimmig über die vollständige oder teilweise Abschaffung dieser Abweichungen zu entscheiden.

...

Anhang F: Liste der in Artikel 28 Absatz 3 Buchstabe b) vorgesehenen Umsätze

...

16. Lieferungen der in Artikel 4 Absatz 3 bezeichneten Gebäude und Grundstücke

...

UStR

71. Umsätze, die unter das Grunderwerbsteuergesetz fallen

(1) ¹Zu den Umsätzen, die unter das Grunderwerbsteuergesetz fallen *(grunderwerbsteuerbare Umsätze)*, gehören insbesondere die Umsätze von unbebauten und bebauten Grundstücken. ²Für die Grunderwerbsteuer können mehrere von dem Grundstückserwerber mit verschiedenen Personen – z. B. Grundstückseigentümer, Bauunternehmer, Bauhandwerker – abgeschlossene Verträge als ein einheitliches, auf den Erwerb von fertigem Wohnraum gerichtetes Vertragswerk anzusehen sein (BFH-Urteil vom 27. 10. 1982 – BStBl 1983 II S. 55). ³Dieser dem Grunderwerbsteuergesetz unterliegende Vorgang wird jedoch nicht zwischen dem Grundstückserwerber und den einzelnen Bauunternehmern bzw. Bauhandwerkern verwirklicht *(BFH-Urteile vom 7. 2. 1991 – BStBl II S. 737, vom 29. 8. 1991 – BStBl 1992 II S. 206 und vom 10. 9. 1992 – BStBl 1993 II S. 316)*. ⁴Die Leistungen *der Architekten*, der einzelnen Bauunternehmer und *der* Bauhandwerker sind mit dem der Grunderwerbsteuer unterliegenden Erwerbsvorgang nicht identisch und fallen daher auch nicht unter die Umsatzsteuerbefreiung nach § 4 Nr. 9 Buchstabe a UStG (vgl. auch BFH-Beschluß vom 30. 10. 1986 – BStBl 1987 II S. 145).

(2) Unter die Steuerbefreiung nach § 4 Nr. 9 Buchstabe a UStG fallen z. B. auch:

1. die Bestellung von Erbbaurechten (BFH-Urteile vom 28. 11. 1967 – BStBl 1968 II S. 222 und 223) und die Übertragung von Erbbaurechten (BFH-Urteil vom 5. 12. 1979 – BStBl 1980 II S. 136),

2. die Entnahme von Grundstücken für Zwecke, die außerhalb des Unternehmens liegen (BFH-Urteile vom 2. 10. 1986 – BStBl 1987 II S. 44, vom 25. 6. 1987 – BStBl II S. 655 und vom 16. 9. 1987 – BStBl 1988 II S. 205),

3. die Übertragung von Miteigentumsanteilen an einem Grundstück,

4. die Lieferung von auf fremdem Boden errichteten Gebäuden nach Ablauf der Miet- oder Pachtzeit (vgl. Abschnitt F II des BMF-Schreibens vom 23. 7. 1986 – BStBl I S. 432),

5. *die Übertragung eines Betriebsgrundstückes zur Vermeidung einer drohenden Enteignung (BFH-Urteil vom 24. 6. 1992 – BStBl II S. 986),*

6. *die Umsätze von Grundstücken und von Gebäuden nach dem Sachenrechtsbereinigungsgesetz.*

Steuerbefreiungen § 4 Nr. 9 UStG

72. Umsätze, die unter das Rennwett- und Lotteriegesetz fallen

(1) ¹Die Leistungen der Buchmacher im Wettgeschäft sind nach § 4 Nr. 9 Buchstabe b UStG umsatzsteuerfrei, weil sie der Rennwettsteuer unterliegen. ²Zum Entgelt für diese Leistungen zählt alles, was der Wetter hierfür aufwendet. ³Dazu gehören auch der von den Buchmachern zum Wetteinsatz erhobene Zuschlag und die Wettscheingebühr, weil ihnen keine besonderen selbständig zu beurteilenden Leistungen des Buchmachers gegenüberstehen. ⁴Auch wenn die Rennwettsteuer lediglich nach dem Wetteinsatz bemessen wird, erstreckt sich daher die Umsatzsteuerbefreiung auf die gesamte Leistung des Buchmachers. ⁵Die Vorschrift des § 4 Nr. 9 Buchstabe b letzter Satz UStG ist hier nicht anwendbar.

(2) Buchmacher, die nicht selbst Wetten abschließen, sondern nur vermitteln, sind mit ihrer Vermittlungsleistung, für die sie eine Provision erhalten, nicht nach § 4 Nr. 9 Buchstabe b UStG von der Umsatzsteuer befreit.

(3) ¹Im Inland veranstaltete öffentliche Lotterien unterliegen der Lotteriesteuer. ²Schuldner der Lotteriesteuer ist der Veranstalter der Lotterie. ³Läßt ein Wohlfahrtsverband eine ihm genehmigte Lotterie von einem gewerblichen Lotterieunternehmen durchführen, ist Veranstalter der Verband. ⁴Der Lotterieunternehmer kann die Steuerbefreiung nach § 4 Nr. 9 Buchstabe b UStG nicht in Anspruch nehmen (BFH-Urteil vom 10. 12. 1970 – BStBl 1971 II S. 193).

Verwaltungsanweisungen

- Nutzungsüberlassung von Hard- und Software durch Lottogesellschaften an deren Annahmestellen (MdF Sachsen-Anhalt 9. 6. 1996, UR 1996, 436).

Rechtsprechung

- Erwerb eines Grundstücks mit schlüsselfertigem Gebäude (FG Rheinland-Pfalz 14. 6. 1988, EFG 1989, 37);
- Erwerb von Fertighäusern (BFH 20. 12. 1989, BStBl 1990 II, 443 und 7. 2. 1991, BStBl II, 737);
- ustl. Behandlung von Baubetreuungsleistungen (BFH 10. 9. 1992, BStBl 1993 II, 316);
- Steuerfreiheit der Ablösezahlung des Mieters bei vorzeitiger Beendigung des Mietverhältnisses (EuGH 15. 12. 1993, BStBl 1995 II, 480);
- Gestaltungsmißbrauch einer wechselseitigen steuerpflichtigen Vermietung von Praxisräumen durch Arztehepaar (BFH 25. 1. 1994, BStBl II, 738);
- Stpfl. bei der USt und der GrESt (BFH 20. 6. 1994, BFH/NV 1995, 456);
- Behandlung steuerfreier Vermietungsumsätze als steuerpflichtig (BFH 1. 12. 1994, BStBl 1995 II, 426);

- Anwerbung von Spielern zum „Life"-Unternehmensspiel (FG Münster 18. 9. 1995, UVR 1996, 212);
- Befristung der Optionsausübung durch Ablauf der Festsetzungsfrist (BFH 25. 1. 1996, BStBl II, 338);
- Auslegung des Begriffs „Baugrundstück" (EuGH 28. 3. 1996, UR 1996, 297);
- eingeschränkte Optionsausübung bei der Grundstückslieferung zulässig (BFH 26. 6. 1996, BStBl 1997 II, 98).

UStG

§ 4 Steuerbefreiungen usw. (Fortsetzung)
Von den unter § 1 Abs. 1 Nr. 1 bis 3 fallenden Umsätzen sind steuerfrei:
...

10. a) die Leistungen auf Grund eines Versicherungsverhältnisses im Sinne des Versicherungsteuergesetzes. ²Das gilt auch, wenn die Zahlung des Versicherungsentgelts nicht der Versicherungsteuer unterliegt;

b) die Leistungen, die darin bestehen, daß anderen Personen Versicherungsschutz verschafft wird;

...

6. EG-Richtlinie

Abschnitt X: Steuerbefreiungen

Artikel 13 Steuerbefreiungen im Inland
...

B. Sonstige Steuerbefreiungen

Unbeschadet sonstiger Gemeinschaftsvorschriften befreien die Mitgliedstaaten unter den Bedingungen, die sie zur Gewährleistung einer korrekten und einfachen Anwendung der nachstehenden Befreiungen sowie zur Verhütung von Steuerhinterziehungen, Steuerumgehungen und etwaigen Mißbräuchen festsetzen, von der Steuer:

a) die Versicherungs- und Rückversicherungsumsätze einschließlich der dazugehörigen Dienstleistungen, die von Versicherungsmaklern und -vertretern erbracht werden;
...

Steuerbefreiungen § 4 Nr. 11 UStG

UStR

73. Versicherungsleistungen

(1) Die Befreiungsvorschrift betrifft auch Leistungen aus Versicherungs- und Rückversicherungsverträgen, die wegen Fehlens der in § 1 Abs. 1 bis 4 VersStG genannten Voraussetzungen nicht der Versicherungsteuer unterliegen.

(2) ¹Nicht befreit sind Versicherungsleistungen, die aus anderen Gründen nicht unter das Versicherungsteuergesetz fallen. ²Hierbei handelt es sich um Leistungen aus einem Vertrag, durch den der Versicherer sich verpflichtet, für den Versicherungsnehmer Bürgschaft oder sonstige Sicherheit zu leisten (§ 2 Abs. 2 VersStG). ³Hierunter sind insbesondere die Kautionsversicherungen (Bürgschafts- und Personenkautionsversicherungen) zu verstehen (vgl. BFH-Urteil vom 13. 7. 1972 – HFR 1973 S. 33). ⁴Es kann jedoch die Steuerbefreiung nach § 4 Nr. 8 Buchstabe g UStG in Betracht kommen (vgl. Abschnitt 68).

74. Verschaffung von Versicherungsschutz

(1) ¹Die Verschaffung eines Versicherungsschutzes liegt vor, wenn der Unternehmer mit einem Versicherungsunternehmen einen Versicherungsvertrag zugunsten eines Dritten abschließt. ²Der Begriff Versicherungsschutz umfaßt alle Versicherungsarten. ³Hierzu gehören z. B. Lebens-, Kranken-, Unfall-, Haftpflicht-, Rechtsschutz-, Diebstahl-, Feuer- und Hausratversicherungen.

(2) ¹Durch den Versicherungsvertrag muß der begünstigte Dritte – oder bei Lebensversicherungen auf den Todesfall der Bezugsberechtigte – das Recht erhalten, im Versicherungsfall die Versicherungsleistung zu fordern. ²Unerheblich ist es, ob dieses Recht unmittelbar gegenüber dem Versicherungsunternehmen oder mittelbar über den Unternehmer geltend gemacht werden kann. ³Bei der Frage, ob ein Versicherungsverhältnis vorliegt, ist von den Grundsätzen des VersStG auszugehen. *⁴Ein Vertrag, der einem Dritten (Arbeitnehmer oder Vereinsmitglied) lediglich die Befugnis einräumt, einen Versicherungsvertrag zu günstigeren Konditionen abzuschließen, verschafft keinen unmittelbaren Anspruch des Dritten gegen das Versicherungsunternehmen und demnach keinen Versicherungsschutz nach § 4 Nr. 10 Buchstabe b UStG. ⁵Auch in der Übernahme weiterer Aufgaben für das Versicherungsunternehmen (insbesondere Beitragsinkasso und Abwicklung des Geschäftsverkehrs) liegt kein Verschaffen von Versicherungsschutz. ⁶Für diese Tätigkeit kommt auch eine Steuerbefreiung nach § 4 Nr. 11 UStG nicht in Betracht.*

Verwaltungsanweisungen

- Verwaltungskostenbeiträge bei Gruppenversicherungsverträgen (BMF 5. 7. 1993, DB 1993, 1548);
- Behandlung des Car-Garantiemodells (MdF Sachsen-Anhalt 28. 8. 1996, StEd 1996, 675).

UStG

§ 4 Steuerbefreiungen usw. (Fortsetzung)
Von den unter § 1 Abs. 1 Nr. 1 bis 3 fallenden Umsätzen sind steuerfrei:

...

11. die Umsätze aus der Tätigkeit als Bausparkassenvertreter, Versicherungsvertreter und Versicherungsmakler;
...

6. EG-Richtlinie

Abschnitt X: Steuerbefreiungen

Artikel 13   Steuerbefreiungen im Inland
...

B. Sonstige Steuerbefreiungen

Unbeschadet sonstiger Gemeinschaftsvorschriften befreien die Mitgliedstaaten unter den Bedingungen, die sie zur Gewährleistung einer korrekten und einfachen Anwendung der nachstehenden Befreiungen sowie zur Verhütung von Steuerhinterziehungen, Steuerumgehungen und etwaigen Mißbräuchen festsetzen, von der Steuer:

a) *die Versicherungs- und Rückversicherungsumsätze einschließlich der dazugehörigen Dienstleistungen, die von Versicherungsmaklern und -vertretern erbracht werden;*
...

d) *(abgedruckt zu § 4 Nr. 8 UStG)*
...

UStR

75. Bausparkassenvertreter, Versicherungsvertreter, Versicherungsmakler

(1) [1]Die Befreiungsvorschrift des § 4 Nr. 11 UStG enthält eine ausschließliche Aufzählung der begünstigten Berufsgruppen. [2]Sie kann auf andere Berufe, z. B. Bankenvertreter, auch wenn sie ähnliche Tätigkeitsmerkmale aufweisen, nicht angewendet werden (vgl. BFH-Urteil vom 16. 7. 1970 – BStBl II S. 709). [3]Welche Unternehmer als Bausparkassenvertreter, Versicherungsvertreter oder Versicherungsmakler anzusehen sind, richtet sich nach den Begriffsbestimmungen der §§ 92 und 93 HGB (vgl. BFH-Urteil vom 24. 4. 1975 – BStBl II S. 593).

(2) [1]Die Befreiung erstreckt sich auf alle Leistungen, die in Ausübung der begünstigten Tätigkeiten erbracht werden. [2]Sie ist weder an eine bestimmte Rechtsform des Unternehmens gebunden, noch stellt sie darauf ab, daß die begünstigten Tätigkeiten im Rahmen der gesamten unternehmerischen Tätigkeit überwiegen. [3]Unter die Befreiung fällt z. B. auch ein Kreditinstitut, das Bauspar- oder Versicherungsverträge vermittelt. [4]Zu der Tätigkeit der Kreditinstitute als Bausparkassenvertreter gehört auch die im Zusammenhang mit dieser Tätigkeit übernommene Bewilligung und Auszahlung der Bauspardarlehen. [5]Der Wortlaut der Vorschrift „aus der Tätigkeit als" erfordert, daß die Umsätze des Berufsangehörigen für seinen Beruf charakteristisch, d. h. berufstypisch sind. [6]Zur berufstypischen Tätigkeit eines Versicherungsmaklers gehört z. B. nicht die

Steuerbefreiungen § 4 Nr. 11a UStG

verwaltende Tätigkeit für Versicherungsunternehmen (BFH-Urteil vom 29. 6. 1987 – BStBl II S. 867). [7]Nach dem Wortlaut der Vorschrift sind auch die Hilfsgeschäfte von der Steuerbefreiung ausgeschlossen (vgl. BFH-Urteil vom 11. 4. 1957 – BStBl III S. 222). [8]Es kann jedoch die Steuerbefreiung nach § 4 Nr. 28 UStG in Betracht kommen (vgl. Abschnitt 122).

Verwaltungsanweisungen

- Verwaltungstätigkeit als berufstypische Tätigkeit eines Versicherungsvertreters (BMF 2. 5. 1995, UR 1995, 280).

Rechtsprechung

- Ustl. Behandlung der verwaltenden Tätigkeit eines Versicherungsvertreters (BFH 20. 12. 1990, BFH/NV 1991, 489);
- Veräußerung des Versicherungsbestands vor Aufnahme einer Versicherungstätigkeit (FG Schleswig-Holstein 27. 6. 1990, UR 1991, 203);
- Vermittlung von Fertighäusern durch Bausparkassenvertreter (BFH 29. 3. 1994, UR 1995, 308);
- keine Steuerbefreiung für Leistungen eines überwachenden Vermittlers im Versicherungs-Vermittlungsgewerbe (FG Baden-Württemberg 9. 11. 1995, UR 1996, 299);
- zur Steuerbefreiung eines Versicherungsvertreters (FG Düsseldorf 1. 12. 1995, StEd 1996, 627).

UStG

§ 4   Steuerbefreiungen usw. (Fortsetzung)
Von den unter § 1 Abs. 1 Nr. 1 bis 3 fallenden Umsätzen sind steuerfrei:
...

11a. die folgenden vom 1. Januar 1993 bis zum 31. Dezember 1995 ausgeführten Umsätze der Deutschen Bundespost TELEKOM und der Deutsche Telekom AG:
  a) die Überlassung von Anschlüssen des Telefonnetzes und des diensteintegrierenden digitalen Fernmeldenetzes sowie die Bereitstellung der von diesen Anschlüssen ausgehenden Verbindungen innerhalb dieser Netze und zu Mobilfunkeinrichtungen,

UStG § 4 Nr. 11b *Steuerbefreiungen*

b) die Überlassung von Übertragungswegen im Netzmonopol des Bundes,
c) die Ausstrahlung und Übertragung von Rundfunksignalen einschließlich der Überlassung der dazu erforderlichen Sendeanlagen und sonstigen Einrichtungen sowie das Empfangen und Verteilen von Rundfunksignalen in Breitbandverteilnetzen einschließlich der Überlassung von Kabelanschlüssen;

...

6. EG-Richtlinie

Abschnitt XVI: Übergangsbestimmungen

Artikel 28
...
(3) Während der in Absatz 4 genannten Übergangszeit können die Mitgliedstaaten
...
b) die in Anhang F aufgeführten Umsätze unter den in den Mitgliedstaaten bestehenden Bedingungen weiterhin befreien;
...

Anhang F: Liste der in Artikel 28 Absatz 3 Buchstabe b) vorgesehenen Umsätze
...
5. Dienstleistungen und dazugehörige Lieferungen von Gegenständen auf dem Gebiet des Fernmeldewesens, die von öffentlichen Post- und Fernmeldeeinrichtungen erbracht werden

...

UStG

§ 4 Steuerbefreiungen usw. (Fortsetzung)
Von den unter § 1 Abs. 1 Nr. 1 bis 3 fallenden Umsätzen sind steuerfrei:
...
11b. die unmittelbar dem Postwesen dienenden Umsätze der Deutsche Post AG;
...

Steuerbefreiungen § 4 Nr. 12 UStG

6. EG-Richtlinie

Abschnitt X: Steuerbefreiungen

Artikel 13   Steuerbefreiungen im Inland

A. *Befreiungen bestimmter dem Gemeinwohl dienender Tätigkeiten*

(1) Unbeschadet sonstiger Gemeinschaftsvorschriften befreien die Mietgliedstaaten unter den Bedingungen, die sie zur Gewährleistung einer korrekten und einfachen Anwendung der nachstehenden Befreiungen sowie zur Verhütung von Steuerhinterziehungen, Steuerumgehungen und etwaigen Mißbräuchen festsetzen, von der Steuer:

a) die von den öffentlichen Posteinrichtungen ausgeführten Dienstleistungen und die dazugehörigen Lieferungen von Gegenständen mit Ausnahme der Personenbeförderung und des Fernmeldewesens;

...

UStG

§ 4   Steuerbefreiungen usw. (Fortsetzung)
Von den unter § 1 Abs. 1 Nr. 1 bis 3 fallenden Umsätzen sind steuerfrei:

...

12. a) die Vermietung und die Verpachtung von Grundstücken, von Berechtigungen, für die die Vorschriften des bürgerlichen Rechts über Grundstücke gelten, und von staatlichen Hoheitsrechten, die Nutzungen von Grund und Boden betreffen,
    b) die Überlassung von Grundstücken und Grundstücksteilen zur Nutzung auf Grund eines auf Übertragung des Eigentums gerichteten Vertrages oder Vorvertrages,
    c) die Bestellung, die Übertragung und die Überlassung der Ausübung von dinglichen Nutzungsrechten an Grundstücken.
    [2]Nicht befreit sind die Vermietung von Wohn- und Schlafräumen, die ein Unternehmer zur kurzfristigen Beherbergung von Fremden bereithält, die Vermietung von Plätzen für das Abstellen von Fahrzeugen, die kurzfristige Vermietung auf Campingplätzen und die Vermietung und die Verpachtung von Maschinen und sonstigen Vorrichtungen aller Art, die zu einer Betriebsanlage gehören (Betriebsvorrichtungen), auch wenn sie wesentliche Bestandteile eines Grundstücks sind;

...

6. EG-Richtlinie

Abschnitt X: Steuerbefreiungen

Artikel 13   Steuerbefreiungen im Inland

...

B. Sonstige Steuerbefreiungen

Unbeschadet sonstiger Gemeinschaftsvorschriften befreien die Mitgliedstaaten unter den Bedingungen, die sie zur Gewährleistung einer korrekten und einfachen Anwendung der nachstehenden Befreiungen sowie zur Verhütung von Steuerhinterziehungen, Steuerumgehungen und etwaigen Mißbräuchen festsetzen, von der Steuer:

...

b) die Vermietung und Verpachtung von Grundstücken mit Ausnahme
1. *der Gewährung von Unterkunft im Hotelgewerbe entsprechend den gesetzlichen Begriffsbestimmungen der Mitgliedstaaten oder in Sektoren mit ähnlicher Zielsetzung, einschließlich der Vermietung in Ferienlagern oder auf als Campingplätze erschlossenen Grundstücken,*
2. *der Vermietung von Plätzen für das Abstellen von Fahrzeugen,*
3. *der Vermietung von auf Dauer eingebauten Vorrichtungen und Maschinen,*
4. *der Vermietung von Schließfächern.*

Die Mitgliedstaaten können weitere Ausnahmen vom Geltungsbereich dieser Befreiung vorsehen;

...

UStR

76. Vermietung und Verpachtung von Grundstücken

(1) [1]Der Begriff des Grundstücks in § 4 Nr. 12 UStG stimmt mit dem Grundstücksbegriff des BGB überein (BFH-Urteil vom 15. 12. 1966 – BStBl 1967 III S. 209). [2]Die Frage, ob eine Vermietung oder Verpachtung eines Grundstücks im Sinne des § 4 Nr. 12 Buchstabe a UStG vorliegt, ist *grundsätzlich* nach bürgerlichem Recht zu beurteilen (BFH-Urteile vom 25. 3. 1971 – BStBl II S. 473 und 4. 12. 1980 – BStBl 1981 II S. 231). [3]Es kommt nicht darauf an, ob in einem Vertrag die Bezeichnungen „Miete" oder „Pacht" gebraucht werden. [4]Entscheidend ist vielmehr, ob der Vertrag inhaltlich als Mietvertrag oder Pachtvertrag anzusehen ist. [5]*Der Vermietung eines Grundstücks gleichzusetzen ist der Verzicht des Grundstücksmieters auf seine Rechte aus dem Mietvertrag gegen eine Abstandszahlung durch den Vermieter (vgl. EuGH-Urteil vom 15. 12. 1993 – BStBl 1995 II S. 480).*

(2) [1]Eine Grundstücksvermietung liegt vor, wenn dem Mieter zeitweise der Gebrauch eines Grundstücks gewährt wird (§ 535 BGB) [2]Dies setzt voraus, daß dem Mieter eine bestimmte, nur

ihm zur Verfügung stehende Grundstücksfläche unter Ausschluß anderer zum Gebrauch überlassen wird. ³*Es ist aber nicht erforderlich, daß die vermietete Grundstücksfläche bereits im Zeitpunkt des Abschlusses des Mietvertrages bestimmt ist.* ⁴*Der Mietvertrag kann auch über eine zunächst unbestimmte, aber bestimmbare Grundstücksfläche (z. B. Fahrzeugabstellplatz) geschlossen werden.* ⁵*Die spätere Konkretisierung der Grundstücksfläche kann durch den Vermieter oder den Mieter erfolgen.* ⁶Die Dauer des Vertragsverhältnisses ist ohne Bedeutung. ⁷Auch die kurzfristige Gebrauchsüberlassung eines Grundstücks kann daher die Voraussetzungen einer Vermietung erfüllen. ⁸Eine Grundstücksverpachtung ist gegeben, wenn dem Pächter das Grundstück nicht nur zum Gebrauch überlassen, sondern ihm auch der Fruchtgenuß gewährt wird (§ 581 BGB).

(3) ¹Die Steuerbefreiung nach § 4 Nr. 12 Buchstabe a UStG gilt nicht nur für die Vermietung und die Verpachtung von ganzen Grundstücken, sondern auch für die Vermietung und die Verpachtung von Grundstücksteilen. ²Hierzu *gehören insbesondere Gebäude und Gebäudeteile wie Stockwerke, Wohnungen und einzelne Räume (vgl. BFH-Urteil vom 8. 10. 1991 – BStBl 1992 II S. 108).* ³*Zur Vermietung von Abstellflächen für Fahrzeuge vgl. Abschnitt 77.* ⁴Steuerfrei ist auch die Überlassung von Werkdienstwohnungen durch Arbeitgeber an Arbeitnehmer (BFH-Urteile vom 30. 7. 1986 – BStBl II S. 877 und vom 7. 10. 1987 – BStBl 1988 II S. 88). ⁵Wegen der Überlassung von Räumen einer Pension an Saison-Arbeitnehmer vgl. aber Abschnitt 84 Abs. 2 Satz 3.

(4) ¹Eine Grundstücksvermietung liegt nicht vor bei der Vermietung von Baulichkeiten, die nur zu einem vorübergehenden Zweck mit dem Grund und Boden verbunden und daher keine Bestandteile des Grundstücks sind (BFH-Urteil vom 15. 12. 1966 – BStBl 1967 III S. 209). ²Steuerpflichtig kann hiernach insbesondere die Vermietung von *Büro- und Wohncontainern*, Baubuden, Kiosken, Tribünen und ähnlichen Einrichtungen sein.

(5) ¹Zu den nach § 4 Nr. 12 UStG steuerfreien Leistungen der Vermietung und Verpachtung von Grundstücken gehören auch die damit in unmittelbarem wirtschaftlichen Zusammenhang stehenden üblichen Nebenleistungen (RFH-Urteil vom 17. 3. 1933 – RStBl S. 1326; BFH-Urteil vom 9. 12. 1971 – BStBl 1972 II S. 203). ²Dies sind Leistungen, die im Vergleich zur Grundstücksvermietung bzw. -verpachtung nebensächlich sind, mit ihr eng zusammenhängen und in ihrem Gefolge üblicherweise vorkommen. ³Als Nebenleistungen anzusehen sind die Lieferung von Wärme, die Versorgung mit Wasser, auch mit Warmwasser, die Überlassung von Waschmaschinen, die Flur- und Treppenreinigung und die Treppenbeleuchtung. ⁴Eine Nebenleistung zur Wohnungsvermietung ist ferner die von dem Vermieter einer Wohnanlage vertraglich übernommene Balkonbepflanzung (BFH-Urteil vom 9. 12. 1971 – BStBl 1972 II S. 203).

(6) ¹Keine Nebenleistungen sind die Lieferungen von elektrischem Strom (RFH-Urteil vom 21. 11. 1930 – RStBl 1931 S. 166) und von Heizgas und Heizöl. ²Die Umsatzsteuerfreiheit erstreckt sich ebenfalls nicht auf mitvermietete Einrichtungsgegenstände, z. B. auf das Büromobiliar (RFH-Urteile vom 5. 5. 1939 – RStBl S. 806 und vom 23. 2. 1940 – RStBl S. 448). ³Keine Nebenleistung ist ferner die mit der Vermietung von Büroräumen verbundene Berechtigung zur Benutzung der zentralen Fernsprech- und Fernschreibanlage eines Bürohauses (BFH-Urteil vom 14. 7. 1977 – BStBl II S. 881).

77. Vermietung von *Plätzen für das Abstellen von Fahrzeugen*

(1) ¹Die Vermietung von Plätzen für das Abstellen von Fahrzeugen ist nach § 4 Nr. 12 Satz 2 UStG umsatzsteuerpflichtig. ²Als Plätze für das Abstellen von Fahrzeugen kommen Grundstücke einschließlich Wasserflächen (vgl. BFH-Urteil vom 8. 10. 1991 – BStBl 1992 II S. 368) oder Grundstücksteile in Betracht. ³Die Bezeichnung des Platzes und die bauliche oder technische

Gestaltung (z. B. Befestigung, Begrenzung, Überdachung) sind ohne Bedeutung. ⁴Auch auf die Dauer der Nutzung als Stellplatz kommt es nicht an. ⁵Die Stellplätze können sich im Freien (z. B. Parkplätze, Parkbuchten, Bootsanliegeplätze) oder in Parkhäusern, Tiefgaragen, Einzelgaragen, Boots- und Flugzeughallen befinden. ⁶Auch andere Flächen (z. B. landwirtschaftliche Grundstücke), die aus besonderem Anlaß (z. B. Sport- und Festveranstaltung) nur vorübergehend für das Abstellen von Fahrzeugen genutzt werden, gehören zu den Stellplätzen in diesem Sinne.

(2) ¹Als Fahrzeuge sind vor allem Beförderungsmittel anzusehen. ²Das sind Gegenstände, deren Hauptzweck auf die Beförderung von Personen und Gütern zu Lande, zu Wasser oder in der Luft gerichtet ist und die sich auch tatsächlich fortbewegen. ³Hierzu gehören auch Fahrzeuganhänger. ⁴Tiere (z. B. Reitpferde) können zwar Beförderungsmittel sein, sie fallen jedoch nicht unter den Fahrzeugbegriff (vgl. Abschnitt 33 Abs. 5 Satz 2). ⁵Der Begriff des Fahrzeugs nach § 4 Nr. 12 Satz 2 UStG geht jedoch über den Begriff des Beförderungsmittels hinaus. ⁶Als Fahrzeuge sind auch Gegenstände anzusehen, die sich tatsächlich fortbewegen, ohne daß die Beförderung von Personen und Gütern im Vordergrund steht. ⁷Hierbei handelt es sich insbesondere um gewerblich genutzte Gegenstände (z. B. Bau- und Ladekräne, Bagger, Planierraupen, Gabelstapler, Elektrokarren), landwirtschaftlich genutzte Gegenstände (z. B. Mähdrescher, Rübenernter) und militärisch genutzte Gegenstände (z. B. Panzer, Kampfflugzeuge, Kriegsschiffe).

(3) ¹Eine Vermietung von Plätzen für das Abstellen von Fahrzeugen liegt vor, wenn dem Fahrzeugbesitzer der Gebrauch einer Stellfläche überlassen wird. ²Auf die tatsächliche Nutzung der überlassenen Stellfläche als Fahrzeugstellplatz durch den Mieter kommt es nicht an. ³Die Vermietung ist umsatzsteuerfrei, wenn sie eine Nebenleistung zu einer steuerfreien Leistung, insbesondere zu einer steuerfreien Grundstücksvermietung nach § 4 Nr. 12 Satz 1 UStG ist. ⁴Für die Annahme einer Nebenleistung ist es unschädlich, wenn die steuerfreie Grundstücksvermietung und die Stellplatzvermietung zivilrechtlich in getrennten Verträgen vereinbart werden. ⁵Beide Verträge müssen aber zwischen denselben Vertragspartnern abgeschlossen sein. ⁶Die Verträge können jedoch zu unterschiedlichen Zeiten zustandekommen. ⁷Für die Annahme einer Nebenleistung ist ein räumlicher Zusammenhang zwischen Grundstück und Stellplatz erforderlich. ⁸Dieser Zusammenhang ist gegeben, wenn der Platz für das Abstellen des Fahrzeugs Teil eines einheitlichen Gebäudekomplexes ist oder sich in unmittelbarer Nähe des Grundstücks befindet (z. B. Reihenhauszeile mit zentralem Garagengrundstück).

Beispiel 1:
¹Vermieter V und Mieter M schließen über eine Wohnung und einen Fahrzeugstellplatz auf dem gleichen Grundstück zwei Mietverträge ab.
²Die Vermietung des Stellplatzes ist eine Nebenleistung zur Wohnungsvermietung. ³Das gilt auch, wenn der Vertrag über die Stellplatzvermietung erst zu einem späteren Zeitpunkt abgeschlossen wird.

Beispiel 2:
¹Ein Vermieter vermietet an eine Gemeinde ein Bürogebäude und die auf dem gleichen Grundstück liegenden und zur Nutzung des Gebäudes erforderlichen Plätze zum Abstellen von Fahrzeugen.
²Die Vermietung der Fahrzeugstellplätze ist als Nebenleistung zur Vermietung des Bürogebäudes anzusehen.

Beispiel 3:
¹Vermieter V schließt mit dem Mieter M1 einen Wohnungsmietvertrag und mit dem im Haushalt von M1 lebenden Sohn M2 einen Vertrag über die Vermietung eines zur Wohnung gehörenden Fahrzeugstellplatzes ab.
²Die Vermietung des Stellplatzes ist eine eigenständige steuerpflichtige Leistung. ³Eine Nebenleistung liegt nicht vor, weil der Mieter der Wohnung und der Mieter des Stellplatzes verschiedene Personen sind. ⁴Ohne Bedeutung ist, daß M2 im Haushalt von M1 lebt.

Beispiel 4:

¹Eine GmbH vermietet eine Wohnung. ²Der Geschäftsführer der GmbH vermietet seine im Privateigentum stehende Garage im gleichen Gebäudekomplex an denselben Mieter.

³Da die Mietverträge nicht zwischen denselben Personen abgeschlossen sind, liegen zwei selbständig zu beurteilende Leistungen vor.

Beispiel 5:

¹Vermieter V1 eines Mehrfamilienhauses kann keine eigenen Stellplätze anbieten. ²Zur besseren Vermietung seiner Wohnungen hat er mit seinem Nachbarn V2 einen Rahmenvertrag über die Vermietung von Fahrzeugstellplätzen abgeschlossen. ³Dieser vermietet die Stellplätze unmittelbar an die Wohnungsmieter.

⁴Es bestehen zwei Leistungsbeziehungen zu den Wohnungs- und Stellplatzmietern. ⁵Die Stellplatzvermietung durch V2 ist als selbständige Leistung steuerpflichtig. ⁶Gleiches gilt, wenn V1 den Rahmenvertrag mit V2 aus baurechtlichen Verpflichtungen zur Bereitstellung von Parkflächen abschließt.

Beispiel 6:

¹Ein Grundstückseigentümer ist gegenüber einem Wohnungsvermieter V verpflichtet, auf einem in seinem Eigentum befindlichen Nachbargrundstück die Errichtung von Fahrzeugstellplätzen für die Mieter des V zu dulden (Eintragung einer dinglichen Baulast im Grundbuch). ²V mietet die Parkflächen insgesamt an und vermietet sie an seine Wohnungsmieter weiter.

³Die Vermietung der Stellplätze durch den Grundstückseigentümer an V ist steuerpflichtig. ⁴Die Weitervermietung der in räumlicher Nähe zu den Wohnungen befindlichen Stellplätze ist eine Nebenleistung zur Wohnungsvermietung des V.

Beispiel 7:

¹Eine Behörde einer Gebietskörperschaft vermietet im Rahmen eines Betriebes gewerblicher Art Wohnungen und zu den Wohnungen gehörige Fahrzeugstellplätze. ²Die Vermietung der Wohnung wird durch Verwaltungsvereinbarung einer anderen Behörde der gleichen Gebietskörperschaft übertragen. ³Die Stellplatzmietverträge werden weiterhin von der bisherigen Behörde abgeschlossen.

⁴Da die Behörden der gleichen Gebietskörperschaft angehören, ist auf der Vermieterseite Personenidentität bei der Vermietung der Wohnung und der Stellplätze gegeben. ⁵Die Stellplatzvermietungen sind Nebenleistungen zu den Wohnungsvermietungen.

78. Vermietung von Campingflächen

(1) ¹Die Leistungen der Campingplatzunternehmer sind als Grundstücksvermietungen im Sinne des § 4 Nr. 12 UStG anzusehen, wenn sie darauf gerichtet sind, dem Benutzer des Campingplatzes den Gebrauch einer bestimmten, nur ihm zur Verfügung stehenden Campingfläche zu gewähren *(vgl. Abschnitt 76 Abs. 2).* ²Die Dauer der Überlassung der Campingfläche ist für die Frage, ob eine Vermietung vorliegt, ohne Bedeutung.

(2) *Die* Überlassung einer Campingfläche *ist* nur dann steuerfrei, wenn sie nicht kurzfristig ist, d. h. wenn die tatsächliche Gebrauchsüberlassung mindestens sechs Monate beträgt.

Beispiel 1:

¹Eine Campingfläche wird auf unbestimmte Dauer vermietet. ²Der Vertrag kann monatlich gekündigt werden.

³Die Vermietung ist als langfristig anzusehen und somit steuerfrei. ⁴Endet die tatsächliche Gebrauchsüberlassung jedoch vor Ablauf von sechs Monaten, handelt es sich insgesamt um eine steuerpflichtige kurzfristige Vermietung.

Beispiel 2:

¹Eine Campingfläche wird für drei Monate vermietet. ²Der Mietvertrag verlängert sich automatisch um je einen Monat, wenn er nicht vorher gekündigt wird.

³Die Vermietung ist als kurzfristig anzusehen und somit steuerpflichtig. ⁴Dauert die tatsächliche Gebrauchsüberlassung jedoch mindestens sechs Monate, handelt es sich insgesamt um eine steuerfreie langfristige Vermietung.

(3) ¹Die vom Campingplatzunternehmer durch die Überlassung von üblichen Gemeinschaftseinrichtungen gewährten Leistungen sind gegenüber der Vermietung der Campingfläche von untergeordneter Bedeutung. ²Sie sind als Nebenleistungen anzusehen, die den Charakter der Hauptleistung als Grundstücksvermietung nicht beeinträchtigen. ³Zu den üblichen Gemeinschaftseinrichtungen gehören insbesondere Wasch- und Duschräume, Toiletten, Wasserzapfstellen, elektrische Anschlüsse, Vorrichtungen zur Müllbeseitigung, Kinderspielplätze. ⁴Die Nebenleistungen fallen unter die Steuerbefreiung für die Grundstücksvermietung. ⁵Dies gilt auch dann, wenn für sie ein besonderes Entgelt berechnet wird. ⁶Die vom Campingplatzunternehmer durch die Überlassung von Wasserzapfstellen, Abwasseranschlüssen und elektrischen Anschlüssen erbrachten Leistungen sind auch in den Fällen als Nebenleistungen anzusehen, in denen die Einrichtungen nicht für alle Benutzer gemeinschaftlich, sondern gesondert für einzelne Benutzer bereitgestellt werden. ⁷Bei den Lieferungen von Strom, Wärme und Wasser durch den Campingplatzunternehmer ist entsprechend den Regelungen in Abschnitt 76 Abs. 5 und 6 zu verfahren.

(4) ¹Leistungen, die nicht durch die Überlassung von üblichen Gemeinschaftseinrichtungen erbracht werden, sind nicht als Nebenleistungen anzusehen. ²Es handelt sich hier in der Regel um Leistungen, die darin bestehen, daß den Benutzern der Campingplätze besondere Sportgeräte, Sportanlagen usw. zur Verfügung gestellt werden wie z. B. Segelboote, Wasserski, Reitpferde, Tennisplätze, Minigolfplätze, Hallenbäder, Saunabäder. ³Derartige Leistungen sind umsatzsteuerlich gesondert zu beurteilen. ⁴Die Überlassung von Sportgeräten fällt nicht unter die Steuerbefreiung nach § 4 Nr. 12 Buchstabe a UStG. ⁵Das gleiche gilt für die Überlassung von Sportanlagen, wenn kein Mietvertrag, sondern ein Vertrag besonderer Art vorliegt (vgl. Abschnitt 81 Abs. 2 Nr. 8). ⁶Bei der Vermietung von Sportanlagen, z. B. Tennisplätzen, ist die Leistung aufzuteilen in eine nach § 4 Nr. 12 Buchstabe a UStG steuerfreie Vermietung des Grundstücks und in eine steuerpflichtige Vermietung von Betriebsvorrichtungen. ⁷Wird für die bezeichneten Leistungen und für die Vermietung der Campingfläche ein Gesamtentgelt berechnet, ist dieses Entgelt im Schätzungswege aufzuteilen. ⁸Vergleiche hierzu Abschnitt 86.

79. Abbauverträge und Ablagerungsverträge

(1) ¹Verträge, durch die der Grundstückseigentümer einem anderen gestattet, die im Grundstück vorhandenen Bodenschätze, z. B. Sand, Kies, Kalk, Torf, abzubauen, sind in der Regel als Pachtverträge über Grundstücke nach § 581 BGB anzusehen (BFH-Urteile vom 27. 11. 1969 – BStBl 1970 II S. 138 und vom 28. 6. 1973 – BStBl II S. 717). ²Die Leistungen aus einem derartigen Vertrag sind nach § 4 Nr. 12 Buchstabe a UStG von der Umsatzsteuer befreit.

(2) ¹Verträge über die entgeltliche Überlassung von Grundstücken zur Ablagerung von Abfällen – z. B. Überlassung eines Steinbruchs zur Auffüllung mit Klärschlamm – sind als Mietverträge nach § 535 BGB anzusehen (BGH-Urteil vom 8. 12. 1982 – BGHZ 86, 71 *und* NJW 1983, 679). ²Die Überlassung eines Grundstücks zu diesem vertraglichen Gebrauch ist daher nach § 4 Nr. 12 Buchstabe a UStG von der Umsatzsteuer befreit. ³Dies gilt auch dann, wenn sich das Entgelt nicht nach der Nutzungsdauer, sondern nach der Menge der abgelagerten Abfälle bemißt.

80. Gemischte Verträge

(1) ¹Ein gemischter Vertrag liegt vor, wenn er sowohl die Merkmale einer Vermietung als auch die Merkmale anderer Leistungen aufweist, ohne daß ein so starkes Zurücktreten der Merkmale

der einen oder anderen Gruppe gegeben ist, daß sie umsatzsteuerrechtlich nicht mehr zu beachten wären (BFH-Urteil vom 7. 4. 1960 – BStBl III S. 261). ²Bei einem gemischten Vertrag ist das Entgelt in einen auf die steuerfreie Grundstücksvermietung und einen auf die steuerpflichtige Leistung anderer Art entfallenden Teil – erforderlichenfalls durch Schätzung – aufzugliedern.

(2) ¹Als gemischter Vertrag ist der zwischen dem Inhaber eines Altenheimes oder Pflegeheimes und den Bewohnern des Heims geschlossene Vertrag über die Aufnahme in das Heim anzusehen, *wenn die pflegerische Betreuung und Versorgung die Raumüberlassung nicht überlagern (vgl. BFH-Urteil vom 21. 4. 1993 – BStBl 1994 II S. 266 und Abschnitt 81 Abs. 2 Nr. 11).* ²Die Überlassung von Wohnräumen und anderen Räumen aufgrund dieses Vertrages ist daher unabhängig von den Voraussetzungen des § 4 Nr. 16 UStG grundsätzlich als Grundstücksvermietung nach § 4 Nr. 12 Buchstabe a UStG steuerfrei. ³Für den Umfang des auf die Raumüberlassung entfallenden Anteils der gesamten Leistung sind die jeweiligen Verhältnisse des Einzelfalles maßgebend.

(3) ¹Als Leistung aus einem gemischten Vertrag ist die Überlassung von Grundstücksflächen auf Wochenmärkten gegen die Entrichtung von Marktstandgeldern anzusehen. ²Sie stellt zum größeren Teil eine Grundstücksvermietung und zum kleineren Teil eine Leistung besonderer Art dar. ³Das gleiche gilt für Jahrmärkte, wenn es sich bei ihnen um reine Verkaufsmärkte handelt oder wenn zumindest der Charakter eines Verkaufsmarktes überwiegt (BFH-Urteile vom 7. 4. 1960 – BStBl III S. 261 und vom 25. 4. 1968 – BStBl 1969 II S. 94).

81. Verträge besonderer Art

(1) ¹Ein Vertrag besonderer Art liegt vor, wenn die Gebrauchsüberlassung des Grundstücks gegenüber anderen wesentlicheren Leistungen zurücktritt und das Vertragsverhältnis ein einheitliches, unteilbares Ganzes darstellt (BFH-Urteil vom 19. 12. 1952 – BStBl 1953 III S. 98). ²Bei einem Vertrag besonderer Art kommt die Steuerbefreiung nach § 4 Nr. 12 UStG weder für die gesamte Leistung noch für einen Teil der Leistung in Betracht.

(2) Verträge besonderer Art liegen z. B. in folgenden Fällen vor:

1. Der Veranstalter einer Ausstellung überläßt den Ausstellern unter besonderen Auflagen Freiflächen oder Stände in Hallen zur Schaustellung gewerblicher Erzeugnisse (BFH-Urteil vom 25. 9. 1953 – BStBl III S. 335).
2. Ein Schützenverein vergibt für die Dauer eines von ihm veranstalteten Schützenfestes Teilflächen des Festplatzes unter bestimmten Auflagen zur Aufstellung von Verkaufsständen, Schankzelten, Schaubuden, Karussells und dergleichen (BFH- Urteil vom 21. 12. 1954 – BStBl 1955 III S. 59).
3. Eine Gemeinde überläßt Grundstücksflächen für die Dauer eines Jahrmarktes, an dem neben Verkaufsbetrieben überwiegend Gaststätten-, Vergnügungs- und Schaubetriebe teilnehmen (BFH-Urteile vom 7. 4. 1960 – BStBl III S. 261 und vom 25. 4. 1968 – BStBl 1969 II S. 94).
4. Ein Hausbesitzer überläßt Prostituierten Zimmer und schafft bzw. unterhält gleichzeitig durch Maßnahmen oder Einrichtungen eine Organisation, die die gewerbsmäßige Unzucht der Bewohnerinnen fördert (BFH-Urteil vom 10. 8. 1961 – BStBl III S. 525).
5. Ein Unternehmer übernimmt neben der Raumüberlassung die Lagerung und Aufbewahrung von Gütern – Lagergeschäft §§ 416 ff. HGB – (vgl. BFH-Urteil vom 14. 11. 1968 – BStBl 1969 II S. 120).

6. Ein Hausbesitzer überläßt die Außenwandflächen oder Dachflächen des Gebäudes zu Reklamezwecken (BFH-Urteil vom 23. 10. 1957 – BStBl III S. 457).

7. Eine Gemeinde gestattet einem Unternehmer, auf öffentlichen Wegen und Plätzen Anschlagtafeln zu errichten und auf diesen Wirtschaftswerbung zu betreiben (BFH-Urteil vom 31. 7. 1962 – BStBl III S. 476).

8. Einzelpersonen wird die Benutzung eines Sportplatzes oder eines Schwimmbades im Rahmen des allgemeinen Sport- bzw. Badebetriebes gegen Eintrittsgeld gestattet.

9. *Vereinen oder Schulen werden unter Aufrechterhaltung des allgemeinen Badebetriebes einzelne Schwimmbahnen zur Verfügung gestellt (vgl. BFH-Urteil vom 10. 2. 1994 – BStBl II S. 668). ²Zur Vermietung einer Sportanlage an Vereine außerhalb des allgemeinen Sport- bzw. Badebetriebes vgl. Abschnitt 86.*

10. Zwischen denselben Beteiligten werden ein Tankstellenvertrag – Tankstellenagenturvertrag – und ein Tankstellenmietvertrag – Vertrag über die Nutzung der Tankstelle – abgeschlossen, die beide eine Einheit bilden, wobei die Bestimmungen des Tankstellenvertrages eine beherrschende und die des Mietvertrages eine untergeordnete Rolle spielen (BFH-Urteile vom 5. 2. 1959 – BStBl III S. 223 und vom 21. 4. 1966 – BStBl III S. 415).

11. *¹Betreiber eines Alten- oder Pflegeheimes erbringen gegenüber pflegebedürftigen Heiminsassen umfassende medizinische und pflegerische Betreuung und Versorgung. ²Die nach § 4 Nr. 12 Buchstabe a UStG steuerfreie Vermietung von Grundstücken tritt hinter diese Leistungen zurück (vgl. BFH-Urteil vom 21. 4. 1993 – BStBl 1994 II S. 266). ³Für die Leistungen der Alten- oder Pflegeheimbetreiber kann die Steuerbefreiung nach § 4 Nr. 16 Buchstabe d UStG in Betracht kommen.*

12. *Schützen wird gestattet, eine überdachte Schießanlage zur Ausübung des Schießsports ohne Ausschluß weiterer Schützen gegen ein Eintrittsgeld und ein nach Art und Anzahl der abgegebenen Schüsse bemessenes Entgelt zu nutzen (vgl. BFH-Urteil vom 24. 6. 1993 – BStBl 1994 II S. 52).*

82. Kaufanwartschaftsverhältnisse

¹Nach § 4 Nr. 12 Buchstabe b UStG ist die Überlassung von Grundstücken und Grundstücksteilen zur Nutzung aufgrund von Kaufanwartschaftsverhältnissen steuerfrei. ²Der hierbei zugrundeliegende Kaufanwartschaftsvertrag und der gleichzeitig abgeschlossene Nutzungsvertrag sehen in der Regel vor, daß dem Kaufanwärter das Grundstück bis zur Auflassung zur Nutzung überlassen wird. ³Vielfach liegt zwischen der Auflassung und der Eintragung des neuen Eigentümers in das Grundbuch eine längere Zeitspanne, in der das bestehende Nutzungsverhältnis zwischen den Beteiligten auch nach der Auflassung fortgesetzt wird und in der der Kaufanwärter bis zur Eintragung in das Grundbuch die im Nutzungsvertrag vereinbarte Nutzungsgebühr weiterzahlt. ⁴In diesen Fällen ist davon auszugehen, daß die Nutzungsgebühren auch in der Zeit zwischen Auflassung und Grundbucheintragung aufgrund des – stillschweigend verlängerten – Nutzungsvertrages entrichtet werden und damit nach § 4 Nr. 12 Buchstabe b UStG steuerfrei sind.

83. Dingliche Nutzungsrechte

¹Unter die Steuerbefreiung nach § 4 Nr. 12 Buchstabe c UStG fallen insbesondere der Nießbrauch (§ 1030 BGB), die Grunddienstbarkeit (§ 1018 BGB), die beschränkte persönliche Dienstbarkeit (§ 1090 BGB) sowie das Dauerwohnrecht und das Dauernutzungsrecht (§ 31 des WEG).

²Daher ist z. B. die Einräumung des dinglichen Rechts, eine Elektrizitäts- oder Ölversorgungsleitung über ein Grundstück zu führen, steuerfrei. ³Zum Umfang der Steuerbefreiung bei der Einräumung von Leitungsrechten an land- und forstwirtschaftlichen Grundstücken vgl. BMF-Schreiben vom 4. 5. 1987 – BStBl I S. 397.

84. Beherbergungsumsätze

(1) ¹Die nach § 4 Nr. 12 Satz 2 UStG steuerpflichtige Vermietung von Wohn- und Schlafräumen, die ein Unternehmer zur kurzfristigen Beherbergung von Fremden bereithält, setzt kein gaststättenähnliches Verhältnis voraus. ²Entscheidend ist vielmehr die Absicht des Unternehmers, die Räume nicht auf Dauer und damit nicht für einen dauernden Aufenthalt im Sinne der §§ 8 und 9 AO zur Verfügung zu stellen (BFH-Beschluß vom 18. 1. 1973 – BStBl II S. 426).

(2) ¹Hat ein Unternehmer den einen Teil der in einem Gebäude befindlichen Räume längerfristig, den anderen Teil nur kurzfristig vermietet, ist die Vermietung nur insoweit steuerfrei, als er die Räume eindeutig und leicht nachprüfbar zur nicht nur vorübergehenden Beherbergung von Fremden bereitgehalten hat *(vgl. BFH-Urteil vom 9. 12. 1993 – BStBl 1994 II S. 585).* ²Bietet der Unternehmer dieselben Räume wahlweise zur lang- oder kurzfristigen Beherbergung von Fremden an, sind sämtliche Umsätze steuerpflichtig (vgl. BFH-Urteil vom 20. 4. 1988 – BStBl II S. 795). ³Steuerpflichtig ist auch die Überlassung von Räumen einer Pension an Saison-Arbeitnehmer (Kost und Logis), wenn diese Räume wahlweise zur kurzfristigen Beherbergung von Fremdgästen oder des Saison-Personals bereitgehalten werden (BFH-Urteil vom 13. 9. 1988 – BStBl II S. 1021).

85. Vermietung und Verpachtung von Betriebsvorrichtungen

¹Der Begriff der „Maschinen und sonstigen Vorrichtungen aller Art, die zu einer Betriebsanlage gehören (Betriebsvorrichtungen)", ist für den Bereich des Umsatzsteuerrechts in gleicher Weise auszulegen wie für das Bewertungsrecht (BFH-Urteil vom 16. 10. 1980 – BStBl 1981 II S. 228). ²Im Bewertungsrecht sind die Betriebsvorrichtungen von den Gebäuden, den einzelnen Teilen eines Gebäudes und den Außenanlagen des Grundstücks, z. B. Umzäunungen, Bodenbefestigungen, abzugrenzen. ³Bei der Abgrenzung ist vom Gebäudebegriff auszugehen (BFH-Urteil vom 5. 2. 1965 – BStBl III S. 220). ⁴Für die Frage, ob ein Bauwerk als Gebäude oder als Betriebsvorrichtung anzusehen ist, ist also entscheidend, ob das Bauwerk die Merkmale eines Gebäudes aufweist oder nicht (BFH-Urteil vom 24. 2. 1961 – BStBl III S. 228). ⁵Ein Bauwerk ist als Gebäude anzusehen, wenn es Menschen, Tieren oder Sachen durch räumliche Umschließung Schutz gegen Witterungseinflüsse gewährt, den Aufenthalt von Menschen gestattet, fest mit dem Grund und Boden verbunden, von einiger Beständigkeit und ausreichend standfest ist (BFH-Urteil vom 24. 5. 1963 – BStBl III S. 376). ⁶Zu den Betriebsvorrichtungen gehören hiernach neben Maschinen und maschinenähnlichen Anlagen alle Anlagen, die – ohne Gebäude, Teil eines Gebäudes oder Außenanlage eines Gebäudes zu sein – in besonderer und unmittelbarer Beziehung zu dem auf dem Grundstück ausgeübten Gewerbebetrieb stehen, d. h. Anlagen, durch die das Gewerbe unmittelbar betrieben wird (BFH-Urteile vom 14. 8. 1958 – BStBl III S. 400 und vom 5. 3. 1971 – BStBl II S. 455). ⁷Wegen der Einzelheiten zum Begriff der Betriebsvorrichtungen und zur Abgrenzung zum Gebäudebegriff wird auf den gemeinsamen Ländererlaß vom *31. 3. 1992 – BStBl I S. 342* hingewiesen.

86. Vermietung von Sportanlagen

(1) ¹*Bei Sportanlagen liegt eine Grundstücksvermietung vor, wenn einem oder mehreren Mietern eine bestimmte oder bestimmbare Grundstücksfläche zum ausschließlichen Gebrauch oder*

Mitgebrauch überlassen wird. ²Das gilt dagegen nicht, wenn dem Benutzer einer Sportstätte lediglich deren Nutzung im Rahmen der allgemeinen Benutzungsordnung ohne Ausschluß weiterer Besucher gestattet wird (vgl. auch Abschnitt 81) oder wenn ihm lediglich Betriebsvorrichtungen vermietet werden. ³Letzteres ist z. B. bei einer Vermietung einzelner Bahnen einer Kegelbahnanlage mit mehreren Bahnen anzunehmen, da in diesem Falle der Mietgegenstand die einzelne Bahn als Betriebsvorrichtung ist. ⁴Die Benutzung des Gebäudes im übrigen erfolgt nicht mietvertraglich, sondern im Rahmen eines Bewirtungsvertrages, eines gemischten Vertrages oder eines Vertrages besonderer Art (vgl. BFH-Urteil vom 30. 5. 1994 – BStBl II S. 775). ⁵Bei der Grundstücksvermietung ist die Leistung aufzuteilen in einen steuerfreien Teil für die Vermietung des Grundstücks und in einen steuerpflichtigen Teil für die Vermietung der Betriebsvorrichtungen. ⁶Nach den Vorschriften des Bewertungsrechts und damit auch nach § 4 Nr. 12 UStG (vgl. Abschnitt 85) sind bei den nachstehend aufgeführten Sportanlagen insbesondere folgende Einrichtungen als Grundstücksteile bzw. Betriebsvorrichtungen anzusehen:

1. **Sportplätze und Sportstadien**

   a) **Grundstücksteile:**

   Überdachungen von Zuschauerflächen, wenn sie nach der Verkehrsauffassung einen Raum umschließen und dadurch gegen Witterungseinflüsse Schutz gewähren, allgemeine Beleuchtungsanlagen, Einfriedungen, allgemeine Wege- und Platzbefestigungen, Kassenhäuschen – soweit nicht transportabel –, Kioske, Umkleideräume, Duschen im Gebäude, Toiletten, Saunen, Unterrichts- und Ausbildungsräume, Übernachtungsräume für Trainingsmannschaften.

   b) **Betriebsvorrichtungen:**

   besonders hergerichtete Spielfelder – Spielfeldbefestigung, Drainage, Rasen, Rasenheizung –, Laufbahnen, Sprunggruben, Zuschauerwälle, Zuschauertribünen – soweit nicht Grundstücksteil nach Buchstabe a –, spezielle Beleuchtungsanlagen, z. B. Flutlicht, Abgrenzungszäune und Sperrgitter zwischen Spielfeld und Zuschaueranlagen, Anzeigetafeln, Schwimm- und Massagebecken, Küchen- und Ausschankeinrichtungen.

2. **Schwimmbäder (Frei- und Hallenbäder)**

   a) **Grundstücksteile:**

   Überdachungen von Zuschauerflächen unter den unter Nummer 1 Buchstabe a bezeichneten Voraussetzungen, Kassenhäuschen – soweit nicht transportabel –, Kioske, allgemeine Wege- und Platzbefestigungen, Duschräume, Toiletten, technische Räume, allgemeine Beleuchtungsanlagen, Emporen, Galerien.

   b) **Betriebsvorrichtungen:**

   Schwimmbecken, Sprunganlagen, Duschen im Freien und im Gebäude, Rasen von Liegewiesen, Kinderspielanlagen, Umkleidekabinen, Zuschauertribünen – soweit nicht Grundstücksteil nach Nummer 1 Buchstabe a –, technische Ein- und Vorrichtungen, Einrichtungen der Saunen, der Solarien und der Wannenbäder, spezielle Beleuchtungsanlagen, Bestuhlung der Emporen und Galerien.

3. **Tennisplätze und Tennishallen**

   a) **Grundstücksteile:**

   Überdachungen von Zuschauerflächen unter den unter Nummer 1 Buchstabe a bezeichneten Voraussetzungen, Open-air-Hallen, allgemeine Beleuchtungsanlagen, Duschen, Umkleideräume, Toiletten.

b) **Betriebsvorrichtungen:**
besonders hergerichtete Spielfelder – Spielfeldbefestigung mit Unterbau bei Freiplätzen, spezielle Oberböden bei Hallenplätzen –, Drainage, Bewässerungsanlagen der Spielfelder, Netz mit Haltevorrichtungen, Schiedsrichterstühle, freistehende Übungswände, Zuschauertribünen – soweit nicht Grundstücksteil nach Nummer 1 Buchstabe a –, Einfriedungen der Spielplätze, Zuschauerabsperrungen, Brüstungen, Traglufthallen, spezielle Beleuchtungsanlagen, Ballfangnetze, Ballfanggardinen, zusätzliche Platzbeheizung in Hallen.

4. **Schießstände**
   a) **Grundstücksteile:**
   allgemeine Einfriedungen.
   b) **Betriebsvorrichtungen:**
   Anzeigevorrichtungen, Zielscheibenanlagen, Schutzvorrichtungen, Einfriedungen als Sicherheitsmaßnahmen.

5. **Kegelbahnen**
   a) **Grundstücksteile:**
   allgemeine Beleuchtungsanlagen.
   b) **Betriebsvorrichtungen:**
   Bahnen, Kugelfangeinrichtungen, Kugelrücklaufeinrichtungen, automatische Kegelaufstelleinrichtungen, automatische Anzeigeeinrichtungen, spezielle Beleuchtungsanlagen, Schallisolierungen.

6. **Squashhallen**
   a) **Grundstücksteile:**
   Zuschauertribünen, allgemeine Beleuchtungsanlagen, Umkleideräume, Duschräume, Toiletten.
   b) **Betriebsvorrichtungen:**
   Trennwände zur Aufteilung in Boxen – soweit nicht tragende Wände –, besondere Herrichtung der Spielwände, Ballfangnetze, Schwingböden, Bestuhlung der Zuschauertribünen, spezielle Beleuchtungsanlagen.

7. **Reithallen**
   a) **Grundstücksteile:**
   Stallungen – einschließlich Boxenaufteilungen und Futterraufen –, Futterböden, Nebenräume, allgemeine Beleuchtungsanlagen, Galerien, Emporen.
   b) **Betriebsvorrichtungen:**
   spezieller Reithallenboden, Befeuchtungseinrichtungen für den Reithallenboden, Bande an den Außenwänden, spezielle Beleuchtungsanlagen, Tribünen – soweit nicht Grundstücksteil nach Nummer 1 Buchstabe a –, Richterstände, Pferdesolarium, Pferdewaschanlage, Schmiede – technische Einrichtungen –, Futtersilos, automatische Pferdebewegungsanlage, sonstiges Zubehör wie Hindernisse, Spiegel, Geräte zur Aufarbeitung des Bodens, Markierungen.

8. **Turn-, Sport- und Festhallen, Mehrzweckhallen**
   a) **Grundstücksteile:**
   Galerien, Emporen, Schwingböden in Mehrzweckhallen, allgemeine Beleuchtungsanlagen, Duschen, Umkleidekabinen und -räume, Toiletten, *Saunen*, bewegliche Trennwände.

b) **Betriebsvorrichtungen:**

Zuschauertribünen – soweit nicht Grundstücksteil nach Nummer 1 Buchstabe a –, Schwingböden in reinen Turn- und Sporthallen, Turngeräte, Bestuhlung der Tribünen, Galerien und Emporen, spezielle Beleuchtungsanlagen, Kücheneinrichtungen, Ausschankeinrichtungen, Bühneneinrichtungen, Kühlsystem bei Nutzung für Eissportzwecke.

9. **Eissportstadien, -hallen, -zentren**

a) **Grundstücksteile:**

Unterböden von Eislaufflächen, Eisschnellaufbahnen und Eisschießbahnen, Unterböden der Umgangszonen und des Anschnallbereichs, allgemeine Beleuchtungsanlagen, Klimaanlagen im Hallenbereich, Duschräume, Toiletten, Umkleideräume, Regieraum, Werkstatt, Massageräume, Sanitätsraum, Duschen, Heizungs- und Warmwasserversorgungsanlagen, *Umschließungen von Trafostationen und Notstromversorgungsanlagen – wenn nicht Betriebsvorrichtung nach Buchstabe b –*, Überdachungen von Zuschauerflächen unter den unter Nummer 1 Buchstabe a bezeichneten Voraussetzungen, Emporen und Galerien, Kassenhäuschen – soweit nicht transportabel –, Kioske, allgemeine Wege- und Platzbefestigungen, Einfriedungen, Ver- und Entsorgungsleitungen.

b) **Betriebsvorrichtungen:**

Oberböden von Eislaufflächen, Eisschnellaufbahnen und Eisschießbahnen, Schneegruben, Kälteerzeuger, schlittschuhschonender Bodenbelag, Oberbodenbelag des Anschnallbereichs, spezielle Beleuchtungsanlagen, Lautsprecheranlagen, Spielanzeige, Uhren, Anzeigetafeln, Abgrenzungen, Sicherheitseinrichtungen, Sperrgitter zwischen Spielfeld und Zuschauerbereich, Massagebecken, *Transformatorenhäuser oder ähnliche kleine Bauwerke, die Betriebsvorrichtungen enthalten und nicht mehr als 30 qm Grundfläche haben,* Trafo und Schalteinrichtungen, Notstromaggregat, Zuschauertribünen – soweit nicht Grundstücksteil nach Nummer 1 Buchstabe a –, Bestuhlung der Zuschauertribünen, der Emporen und Galerien, Küchen- und Ausschankeinrichtungen.

10. **Golfplätze**

a) **Grundstücksteile:**

Einfriedungen, soweit sie nicht unmittelbar als Schutzvorrichtungen dienen, allgemeine Wege- und Platzbefestigungen, Kassenhäuschen – soweit nicht transportabel –, Kioske, Klubräume, Wirtschaftsräume, Büros, Aufenthaltsräume, Umkleideräume, Duschräume, Toiletten, Verkaufsräume, Caddy-Räume, Lager- und Werkstatträume.

b) **Betriebsvorrichtungen:**

besonders hergerichtete Abschläge, Spielbahnen, roughs und greens (Spielbefestigung, Drainage, Rasen), Spielbahnhindernisse, Übungsflächen, Einfriedungen, soweit sie unmittelbar als Schutzvorrichtungen dienen, Abgrenzungseinrichtungen zwischen Spielbahnen und Zuschauern, Anzeige- und Markierungseinrichtungen oder -gegenstände, Unterstehhäuschen, Küchen- und Ausschankeinrichtungen, Bewässerungsanlagen – einschließlich Brunnen und Pumpen – und Drainagen, wenn sie ausschließlich der Unterhaltung der für das Golfspiel notwendigen Rasenflächen dienen.

(2) [1]Für die Aufteilung der Vermietung der Sportanlage in den steuerfreien Teil für die Vermietung des Grundstücks (Grund und Boden, Gebäude, Gebäudeteile, Außenanlagen) sowie in den steuerpflichtigen Teil für die Vermietung der Betriebsvorrichtungen sind die jeweiligen Verhältnisse des Einzelfalles maßgebend. [2]Bei der Aufteilung ist im Regelfall von dem Verhältnis der Gestehungskosten der Grundstücke zu den Gestehungskosten der Betriebsvorrichtungen auszugehen. [3]Zu berücksichtigen sind hierbei die Nutzungsdauer und die kalkulatorischen Zinsen auf

Steuerbefreiungen § 4 Nr. 12 UStG

das eingesetzte Kapital. [4]Die Aufteilung ist erforderlichenfalls im Schätzungswege vorzunehmen. [5]Der Vermieter kann das Aufteilungsverhältnis aus Vereinfachungsgründen für die gesamte Vermietungsdauer beibehalten und – soweit eine wirtschaftliche Zuordnung nicht möglich ist – auch der Aufteilung der Vorsteuern zugrunde legen.

Beispiel:
[1]Ein Unternehmer vermietet regelmäßig ein Hallenbad an Sportvereine. [2]Die Gestehungskosten des Hallenbades haben betragen:

Grund und Boden	1 Mio. DM
Gebäude	2 Mio. DM
Betriebsvorrichtungen	3 Mio. DM
insgesamt	6 Mio. DM

[3]Bei den Gebäuden wird von einer Nutzungsdauer von 50 Jahren und einer AfA von 2 %, bei den Betriebsvorrichtungen von einer Nutzungsdauer von 20 Jahren und einer AfA von 5 % ausgegangen. [4]Die kalkulatorischen Zinsen werden mit 6 % angesetzt. [5]Es ergibt sich:

	AfA	Zinsen	Gesamt
Grund und Boden	– – –	60 000	60 000
Gebäude	40 000	120 000	160 000
insgesamt	40 000	180 000	220 000
Betriebsvorrichtungen	150 000	180 000	330 000

[6]Die Gesamtsumme von AfA und Zinsen beträgt danach 550 000 DM. [7]Davon entfallen auf den Grund und Boden sowie auf die Gebäude 220 000 DM (²/₅) und auf die Betriebsvorrichtungen 330 000 DM (³/₅).
[8]Die Vermietungsumsätze sind zu zwei Fünfteln nach § 4 Nr. 12 Buchstabe a UStG steuerfrei und zu drei Fünfteln steuerpflichtig.

Verwaltungsanweisungen

- Ustl. Behandlung von Bootsliegeplätzen (OFD Bremen 10. 9. 1985, UR 1986, 71);
- Vermietung von Fitneß-Studios (OFD Koblenz 30. 12. 1987, UR 1988, 397);
- Billigkeitsmaßnahmen bei der vorübergehenden Unterbringung von Aus- und Umsiedlern sowie Asylbewerbern und Obdachlosen (BMF 1. 7. 1991, UR 1991, 302);
- ustl. Behandlung der Vermietung von Plätzen für das Abstellen von Fahrzeugen (BMF 7. 8. 1992, BStBl I, 47 und 7. 2. 1994, BStBl I, 189);
- Grundstücksvermietung unter der Auflage der Errichtung einer Garage (OFD Magdeburg 19. 12. 1994, UR 1995, 236);
- Abgrenzung zwischen Wohnraumgewährungs- und Heimpflegeverträgen (OFD Hannover 28. 12. 1994, UVR 1995, 123);
- Stpfl. auf Wochen-, Jahr- und Flohmärkten (OFD Frankfurt a. M. 25. 7. 1995, UVR 1995, 314);

UStG § 4 Nr. 12 *Steuerbefreiungen*

- Vermietung von Plätzen für das Abstellen von Fahrzeugen; Nutzungsverträge nach dem §§ 312–314 ZGB-DDR (BMF 24. 11. 1995, UR 1996, 30);

- Steuerbefreiung nach § 4 Nr. 12 Buchst. a UStG, wenn der Vermieter auf seine Rechte gegen eine Abstandssumme des Mieters verzichtet (MdF Sachsen-Anhalt 25. 6. 1996, StEd 1996, 571);

- USt-Befreiung bei der Vermietung von Wohn- und Schlafräumen (OFD Frankfurt a. M. 27. 6. 1996, StEd 1996, 522).

Rechtsprechung

- Überlassung einer Werkdienstwohnung an Arbeitnehmer (BFH 30. 7. 1986, BStBl II, 877);

- Überlassung von Räumen an Gesellschafter (BFH 29. 10. 1987, BStBl 1988 II, 90);

- Abgrenzung steuerfreier von stpfl. Garagenvermietung (EuGH 13. 7. 1989, UR 1991, 42);

- ustl. Behandlung der Vermietung an Obdachlose (BFH 26. 10. 1989, BFH/NV 1990, 810);

- entgeltliche Überlassung von Liegeplätzen für Sportboote (BFH 8. 10. 1991, BStBl 1992 II, 368);

- ustl. Behandlung der Vermietung an Flüchtlinge und Asylbewerber (BFH 9. 12. 1993, BStBl 1994 II, 585; 20. 1. 1995, BFH/NV 1995, 835; 25. 1. 1996, BFH/NV 1996, 583; 14. 8. 1996, BFH/NV 1997, 205 sowie FG Nürnberg 14. 12. 1993, EFG 1994, 720);

- ustl. Gestaltungsmißbrauch bei Vermietung an gewerblichen Zwischenvermieter (BVerfG 5. 8. 1994, StEd 1994, 598);

- zur ustl. Behandlung einer vollständig eingerichteten Zweitwohnung (BFH 30. 11. 1994, BStBl 1995 II, 513);

- keine Steuerfreiheit beim Abriß vermieteter Lagerhallen (BFH 26. 4. 1995, BStBl II, 746);

- zur Behandlung einer beschränkt persönlichen Dienstbarkeit an einem Grundstück nach Buchst. c (BFH 11. 5. 1995, BStBl II, 610);

- Aufteilung in steuerfreie Grundstücksvermietung und stpfl. Vermietung von Betriebsvorrichtungen bei der Nutzung von Hallentennisplätzen (BFH 16. 5. 1995, BStBl II, 750; 8. 11. 1995, BFH/NV 1996, 440);

- Vermietung von Tennisplätzen (BFH 6. 9. 1995, BFH/NV 1996, 373);

- Vermietung einer Arztpraxis zwischen Ehegatten (BFH 7. 9. 1995, BFH/NV 1996, 443);

- Versorgungseinrichtungen auf Abstellplätzen sind Betriebsvorrichtungen (Nieders. FG 4. 1. 1996, UR 1997, 32);

- kein Verzicht auf Steuerbefreiung bei mitverpachteter Pächterwohnung möglich (BFH 28. 2. 1996, BStBl II, 459).

UStG

§ 4 Steuerbefreiungen usw. (Fortsetzung)
Von den unter § 1 Abs. 1 bis 3 fallenden Umsätzen sind steuerfrei:

...

13. die Leistungen, die die Gemeinschaften der Wohnungseigentümer im Sinne des Wohnungseigentumsgesetzes in der im Bundesgesetzblatt Teil III, Gliederungsnummer 403-1, veröffentlichten bereinigten Fassung, in der jeweils geltenden Fassung an die Wohnungseigentümer und Teileigentümer erbringen, soweit die Leistungen in der Überlassung des gemeinschaftlichen Eigentums zum Gebrauch, seiner Instandhaltung, Instandsetzung und sonstigen Verwaltung sowie der Lieferung von Wärme und ähnlichen Gegenständen bestehen;

...

6. EG-Richtlinie

Protokollerklärung Nr. 7 zu Art. 13
Der Rat und die Kommission erklären, daß die Mitgliedstaaten die Bereitstellung des gemeinschaftlichen Eigentums zum Gebrauch, zur Instandhaltung, Instandsetzung und sonstigen Verwaltung sowie die Lieferung von Wärme und ähnlichen Gegenständen durch Wohnungseigentümergemeinschaften an die Wohnungseigentümer von der Mehrwertsteuer befreien können.

UStR

87. Wohnungseigentümergemeinschaften

(1) [1]Das Gesetz über das Wohnungseigentum und das Dauerwohnrecht (WEG) vom 15. 3. 1951 (BGBl. I S. 175), zuletzt geändert durch *Artikel 8 des Gesetzes vom 24. 6. 1994 (BGBl. I S. 1325)*, unterscheidet zwischen dem Sondereigentum der einzelnen und dem gemeinschaftlichen Eigentum aller Wohnungs- und Teileigentümer (§ 1 WEG). [2]Gemeinschaftliches Eigentum sind das Grundstück sowie die Teile, Anlagen und Einrichtungen eines Gebäudes, die nicht im Sondereigentum eines Mitglieds der Gemeinschaft oder im Eigentum eines Dritten stehen. [3]Das gemeinschaftliche Eigentum wird in der Regel von der Gemeinschaft der Wohnungseigentümer verwaltet (§ 21 WEG).

(2) [1]Im Rahmen ihrer Verwaltungsaufgaben erbringen die Wohnungseigentümergemeinschaften neben nicht steuerbaren Gemeinschaftsleistungen, die den Gesamtbelangen aller Mitglieder dienen, auch steuerbare Sonderleistungen an einzelne Mitglieder. [2]Die Wohnungseigentümerge-

meinschaften erheben zur Deckung ihrer Kosten von ihren Mitgliedern (Wohnungs- und Teileigentümern) Umlagen, insbesondere für
- Lieferungen von Wärme (Heizung) und Wasser,
- Waschküchen- und Waschmaschinenbenutzung,
- Verwaltungsgebühren (Entschädigung für den Verwalter der Gemeinschaft),
- Hausmeisterlohn,
- Instandhaltung und Instandsetzung des gemeinschaftlichen Eigentums,
- Flurbeleuchtung,
- Schornsteinreinigung,
- Feuer- und Haftpflichtversicherung,
- Müllabfuhr,
- Straßenreinigung,
- Entwässerung.

³Diese Umlagen sind das Entgelt für steuerbare Sonderleistungen der Wohnungseigentümergemeinschaften an ihre Mitglieder. ⁴Hinsichtlich der verschiedenartigen Lieferungen und sonstigen Leistungen liegen jeweils selbständige Umsätze der Wohnungseigentümergemeinschaften an ihre Mitglieder vor, die nach § 4 Nr. 13 UStG steuerfrei sind. ⁵Die Instandhaltung, Instandsetzung und Verwaltung des Sondereigentums der Mitglieder oder des Eigentums Dritter fallen nicht unter die Befreiungsvorschrift. ⁶Zu den ähnlichen Gegenständen wie Wärme, deren Lieferung an die Mitglieder der Gemeinschaft steuerfrei ist, gehören nicht Kohlen, Koks, Heizöl und Gas.

UStG

§ 4 Steuerbefreiungen usw. (Fortsetzung)
Von den unter § 1 Abs. 1 Nr. 1 bis 3 fallenden Umsätzen sind steuerfrei:
...
14. die Umsätze aus der Tätigkeit als Arzt, Zahnarzt, Heilpraktiker, Krankengymnast, Hebamme oder aus einer ähnlichen heilberuflichen Tätigkeit im Sinne des § 18 Abs. 1 Nr. 1 des Einkommensteuergesetzes und aus der Tätigkeit als klinischer Chemiker. ²Steuerfrei sind auch die sonstigen Leistungen von Gemeinschaften, deren Mitglieder Angehörige der in Satz 1 bezeichneten Berufe sind, gegenüber ihren Mitgliedern, soweit diese Leistungen unmittelbar zur Ausführung der nach Satz 1 steuerfreien Umsätze verwendet werden. ³Die Umsätze eines Arztes aus dem Betrieb eines Krankenhauses sind mit Ausnahme der ärztlichen Leistungen nur steuerfrei, wenn die in Nummer 16 Buchstabe b bezeichneten Voraussetzungen erfüllt sind. ⁴Die Sätze 1 und 2 gelten nicht
   a) für die Umsätze aus der Tätigkeit als Tierarzt und für die Umsätze von Gemeinschaften, deren Mitglieder Tierärzte sind,
   b) für die Lieferung oder Wiederherstellung von Zahnprothesen (aus Unterpositionen 9021.21 und 9021.29 des Zolltarifs) und kieferorthopädischen Apparaten (aus Unterposition 9021.19 des Zolltarifs), soweit sie der Unternehmer in seinem Unternehmen hergestellt oder wiederhergestellt hat;

...

6. EG-Richtlinie

Abschnitt X: Steuerbefreiungen

Artikel 13 Steuerbefreiungen im Inland

A. Befreiungen bestimmter dem Gemeinwohl dienender Tätigkeiten

(1) Unbeschadet sonstiger Gemeinschaftsvorschriften befreien die Mitgliedstaaten unter den Bedingungen, die sie zur Gewährleistung einer korrekten und einfachen Anwendung der nachstehenden Befreiungen sowie zur Verhütung von Steuerhinterziehungen, Steuerumgehungen und etwaigen Mißbräuchen festsetzen, von der Steuer:

...

c) die Heilbehandlungen im Bereich der Humanmedizin, die im Rahmen der Ausübung der von dem betreffenden Mitgliedstaat definierten ärztlichen und arztähnlichen Berufe erbracht werden;

...

e) die Dienstleistungen, die Zahntechniker im Rahmen einer Berufsausübung erbringen, sowie die Lieferungen von Zahnersatz durch Zahnärzte und Zahntechniker;

UStR

88. Tätigkeit als Arzt

(1) [1]Steuerfrei sind die Umsätze aus der Tätigkeit als Arzt, soweit es sich dabei um eine freiberufliche Tätigkeit im Sinne des § 18 Abs. 1 Nr. 1 EStG handelt *(BFH-Urteil vom 26. 5. 1977 – BStBl II S. 879)*. [2]Hilfsgeschäfte der Ärzte sind nicht nach § 4 Nr. 14 UStG befreit. [3]Es kann jedoch die Steuerbefreiung nach § 4 Nr. 28 UStG in Betracht kommen (vgl. Abschnitt 122). [4]Auch die ärztliche Tätigkeit sonstiger Unternehmer, z. B. von gewerblichen Instituten und Privatkrankenhäusern sowie von Kurverwaltungen und ähnlichen Unternehmern, fällt nicht unter die Befreiungsvorschrift. [5]Unter bestimmten Voraussetzungen kann jedoch die Steuerbefreiung nach § 4 Nr. 16 UStG zur Anwendung kommen.

(2) [1]Tätigkeit als Arzt ist die Ausübung der Heilkunde unter der Berufsbezeichnung „Arzt" oder „Ärztin". [2]Zur Ausübung der Heilkunde gehört jede Maßnahme, die der Feststellung, Heilung oder Linderung von Krankheiten, Leiden oder Körperschäden beim Menschen dient. [3]Auch die Leistungen der vorbeugenden Gesundheitspflege gehören zur Ausübung der Heilkunde; dabei ist es unerheblich, ob die Leistungen gegenüber Einzelpersonen oder Personengruppen bewirkt werden.

(3) Nach den in Absatz 2 bezeichneten Grundsätzen fallen z. B. auch folgende Leistungen unter die Tätigkeit als Arzt im Sinne des § 4 Nr. 14 UStG:

1. [1]die Erstellung eines ärztlichen Gutachtens – auch lediglich auf der Grundlage der Akten – über den Gesundheitszustand eines Menschen oder über den Kausalzusammenhang zwischen

einem rechtserheblichen Tatbestand und einer Gesundheitsstörung oder zwischen einer früheren Erkrankung und dem jetzigen körperlichen oder seelischen Zustand sowie über die Tatsache oder Ursache des Todes. ²Hierzu gehören z. B. auch Alkohol-Gutachten, Gutachten über den Gesundheitszustand als Grundlage für Versicherungsabschlüsse, über die Berufstauglichkeit, über die Minderung der Erwerbsfähigkeit in Sozialversicherungsangelegenheiten, in Angelegenheiten der Kriegsopferversorgung und in Schadensersatzprozessen, sowie Zeugnisse oder Gutachten über das Sehvermögen (§ 9a Abs. 3 StVZO).
³Nicht dazu gehören z. B. Blutgruppenuntersuchungen im Rahmen der Vaterschaftsfeststellung, anthropologisch-erbbiologische Gutachten sowie psychologische Tauglichkeitstests, die sich ausschließlich auf die Berufsfindung erstrecken;

2. ¹die Erstellung ärztlicher Gutachten über die Freiheit des Trinkwassers von Krankheitserregern.

²Nicht unter die Befreiung fällt die Erstellung eines Gutachtens über die chemische Zusammensetzung des Wassers;

3. ¹die Untersuchung von Körperflüssigkeiten oder menschlichem Gewebe sowie diagnostische Tierversuche, z. B. auf dem Gebiet der übertragbaren Krankheiten, bei Tuberkulose oder Schwangerschaftstests, soweit sie im Rahmen der Ausübung der Heilkunde vorgenommen werden.

²Nicht unter die Befreiung fallen experimentelle Untersuchungen bei Tieren im Rahmen der wissenschaftlichen Forschung;

4. die ärztliche Untersuchung über die pharmakologische Wirkung eines Medikaments beim Menschen und die dermatologische Untersuchung von kosmetischen Stoffen;

5. im Rahmen der vorbeugenden Gesundheitspflege und der Sozialhygiene jede Maßnahme, die ärztliche Kenntnisse voraussetzt, wie z. B. die ärztlichen Untersuchungen nach dem Jugendarbeitsschutzgesetz, die prophylaktischen Impfungen von Bevölkerungsgruppen und Reihenuntersuchungen auf den Gesundheitszustand;

6. die Anpassung von Kontaktlinsen durch Augenärzte;

7. die Anpassung von Hörgeräten durch Hals-, Nasen- und Ohrenärzte.

(4) Nicht zur Tätigkeit als Arzt im Sinne des § 4 Nr. 14 UStG gehören z. B. die folgenden Tätigkeiten, die nicht Ausübung der Heilkunde sind:

1. die schriftstellerische Tätigkeit, auch soweit es sich dabei um Berichte in einer ärztlichen Fachzeitschrift handelt;

2. die Vortragstätigkeit, auch wenn der Vortrag vor Ärzten im Rahmen der Fortbildung gehalten wird;

3. die Lehrtätigkeit;

4. die Lieferungen von Hilfsmitteln, z. B. Kontaktlinsen, Schuheinlagen;

5. der Verkauf von Medikamenten aus einer ärztlichen Abgabestelle für Arzneien (BFH-Urteil vom 26. 5. 1977 – BStBl II S. 879);

6. die entgeltliche Nutzungsüberlassung von medizinischen Großgeräten.

(5) ¹Betreibt ein Arzt ein Krankenhaus, liegt eine freiberufliche Tätigkeit im Sinne des § 18 Abs. 1 Nr. 1 EStG vor, wenn der Betrieb des Krankenhauses ein notwendiges Hilfsmittel für die ärztliche Tätigkeit darstellt und aus dem Krankenhausbetrieb ein besonderer Gewinn nicht ange-

strebt wird. ²Sind diese Voraussetzungen gegeben und wird der Betrieb des Krankenhauses einkommensteuerrechtlich als freiberufliche Tätigkeit des Arztes anerkannt, bleiben die Umsätze des Arztes insoweit nach § 4 Nr. 14 UStG steuerfrei, als es sich um ärztliche Leistungen handelt. ³Für die nichtärztlichen Leistungen des Krankenhauses kann jedoch die Steuerbefreiung nach § 4 Nr. 16 Buchstabe b UStG in Betracht kommen (vgl. Abschnitte 96 und 100).

89. Tätigkeit als Zahnarzt

(1) ¹Steuerfrei sind die Umsätze aus der Tätigkeit als Zahnarzt, soweit es sich dabei um eine freiberufliche Tätigkeit im Sinne des § 18 Abs. 1 Nr. 1 EStG handelt. ²Tätigkeit als Zahnarzt ist die Ausübung der Zahnheilkunde unter der Berufsbezeichnung „Zahnarzt" oder „Zahnärztin" *(vgl. auch Abschnitt 88).* ³Als Ausübung der Zahnheilkunde ist die berufsmäßige, auf zahnärztlich wissenschaftliche Kenntnisse gegründete Feststellung und Behandlung von Zahn-, Mund- und Kieferkrankheiten anzusehen. *⁴Ausübung der Zahnheilkunde ist auch das Abtasten des Zahnes mit der Mundkamera, das Einsetzen und das Bearbeiten der computergesteuert gefertigten Onlays, Inlays oder Schalenverblendungen, wenn die mit Hilfe der maschinellen Einrichtung gefertigten Zahnfüllungen und Schalenverblendungen mit den üblichen Amalgamfüllungen vergleichbar und zolltariflich keine Zahnprothesen sind.*

(2) ¹Die Lieferung oder Wiederherstellung von Zahnprothesen und kieferorthopädischen Apparaten ist von der Steuerbefreiung ausgeschlossen, soweit die bezeichneten Gegenstände im Unternehmen des Zahnarztes hergestellt oder wiederhergestellt werden. ²Dabei ist es unerheblich, ob die Arbeiten vom Zahnarzt selbst oder von angestellten Personen durchgeführt werden.

(3) ¹Zur Herstellung von Zahnprothesen und kieferorthopädischen Apparaten gehört auch die Herstellung von Modellen, Bißschablonen, Bißwällen und Funktionslöffeln. ²Hat der Zahnarzt diese Leistungen in seinem Unternehmen erbracht, besteht insoweit auch dann Steuerpflicht, wenn die übrigen Herstellungsarbeiten von anderen Unternehmern durchgeführt werden.

(4) ¹Lassen Zahnärzte Zahnprothesen außerhalb ihres Unternehmens fertigen, stellen sie aber Material, z. B. Gold und Zähne, bei, ist die Beistellung einer Herstellung gleichzusetzen. ²Die Lieferung der Zahnprothesen durch den Zahnarzt ist daher hinsichtlich des beigestellten Materials steuerpflichtig.

(5) ¹Die Zahnärzte sind berechtigt, Pauschbeträge oder die tatsächlich entstandenen Kosten gesondert zu berechnen für

1. Abformmaterial zur Herstellung von Kieferabdrücken,

2. Hülsen zum Schutz beschliffener Zähne für die Zeit von der Präparierung der Zähne bis zur Eingliederung der Kronen,

3. nicht individuell hergestellte provisorische Kronen,

4. Material für direkte Unterfütterungen von Zahnprothesen,

5. Versandkosten für die Übersendung von Abdrücken usw. an das zahntechnische Labor.

²Die Pauschbeträge oder die berechneten tatsächlichen Kosten gehören zum Entgelt für steuerfreie zahnärztliche Leistungen. ³Steuerpflichtig sind jedoch die Lieferungen von im Unternehmen des Zahnarztes individuell hergestellten provisorischen Kronen und die im Unternehmen des Zahnarztes durchgeführten indirekten Unterfütterungen von Zahnprothesen.

(6) Als Entgelt für die Lieferung oder Wiederherstellung des Zahnersatzes usw. sind die Material- und zahntechnischen Laborkosten anzusetzen, die der Zahnarzt nach *§ 9 der Gebührenord-*

nung für Zahnärzte vom 22. 10. 1987 (BGBl. I S. 2316), zuletzt geändert durch die Verordnung vom 26. 9. 1994 (BGBl. I S. 2750), neben den Gebühren für seine ärztliche Leistung berechnen kann.

(7) ¹Wird der Zahnersatz teils durch einen selbständigen Zahntechniker, teils im Unternehmen des Zahnarztes hergestellt, ist der Zahnarzt nur mit dem auf sein Unternehmen entfallenden Leistungsanteil steuerpflichtig. ²Bei der Ermittlung des steuerpflichtigen Leistungsanteils sind deshalb die Beträge nicht zu berücksichtigen, die der Zahnarzt an den selbständigen Zahntechniker zu zahlen hat.

(8) ¹Bleiben bei kieferorthopädischen Behandlungen die dabei verwendeten Apparate im Eigentum des behandelnden Arztes, ist davon auszugehen, daß die kieferorthopädischen Apparate nicht geliefert werden. ²Die kieferorthopädische Behandlung ist deshalb in diesen Fällen in vollem Umfang steuerfrei nach § 4 Nr. 14 UStG, auch wenn die Apparate im Unternehmen des Zahnarztes hergestellt worden sind.

(9) Die Steuerfreiheit für die Umsätze der Zahnärzte gilt auch für die Umsätze der Dentisten.

90. Freiberufliche Tätigkeit als Angehöriger anderer Heilberufe

(1) ¹Nach § 4 Nr. 14 UStG können die Umsätze der in dieser Vorschrift nicht ausdrücklich genannten Heilberufe nur dann unter die Steuerbefreiung fallen, wenn es sich um eine „ähnliche heilberufliche Tätigkeit" im Sinne des § 18 Abs. 1 Nr. 1 EStG handelt. ²Eine „ähnliche heilberufliche Tätigkeit" liegt vor, wenn sie in wesentlichen Merkmalen mit einer der im Gesetz genannten Berufe verglichen werden kann. ³Ein typisches und damit wesentliches Vergleichbarkeitskriterium ist die Ähnlichkeit der Ausbildung und die Ähnlichkeit der Bedingungen, an die das Gesetz die Ausübung des zu vergleichenden Berufs knüpft (vgl. H 136 (Ähnliche Berufe) EStH 1994). ⁴Daher sind auch für „ähnliche heilberufliche Tätigkeiten" vergleichbare berufsrechtliche Regelungen über Ausbildung, Prüfung, staatliche Anerkennung sowie staatliche Erlaubnis und Überwachung der Berufsausübung erforderlich (vgl. BVerfG-Beschluß vom 29. 8. 1988 – BStBl II S. 975).

(2) ¹Steuerfrei sind die Umsätze aus der Tätigkeit als Heilpraktiker. ²Die Tätigkeit als Heilpraktiker ist die berufsmäßige Ausübung der Heilkunde am Menschen – ausgenommen Zahnheilkunde – durch den Inhaber einer Erlaubnis nach § 1 Abs. 1 des Heilpraktikergesetzes in der im BGBl. Teil III, Gliederungsnummer 2122-2 veröffentlichten bereinigten Fassung, zuletzt geändert durch Artikel 53 des Gesetzes vom 2. 3. 1974 (BGBl. I S. 469).

(3) ¹Die nichtärztlichen Psychotherapeuten und Psychagogen (Kinder- und Jugendlichen-Psychotherapeuten), die nicht die Heilpraktikererlaubnis besitzen, können nur insoweit unter die Steuerbefreiung fallen, als sie Umsätze aus einer ähnlichen heilberuflichen Tätigkeit wie die in § 4 Nr. 14 UStG ausdrücklich genannten Berufe erbringen. ²Als Vergleichsberufe sind die Berufe des Arztes und des Heilpraktikers anzusehen. ³Zur Vergleichbarkeit der Berufe gehören nach der Rechtsprechung des Bundesfinanzhofs außer der Ähnlichkeit der Tätigkeiten (Ausübung der Heilkunde) auch die Ähnlichkeit der Ausbildung und die Ähnlichkeit der Bedingungen, an die das Gesetz die Ausübung des zu vergleichenden Berufs knüpft (BFH-Urteil vom 25. 3. 1977 – BStBl II S. 579). ⁴Nach den geltenden berufsrechtlichen Regelungen ist die eigenverantwortliche Ausübung der Heilkunde den Ärzten und Heilpraktikern vorbehalten. ⁵Eine berufsrechtliche Regelung, die auch den nichtärztlichen Psychotherapeuten und Psychagogen den Zugang zur eigenverantwortlichen Ausübung der Heilkunde eröffnet, gibt es noch nicht. ⁶Mit den geltenden berufsrechtlichen Regelungen ist es gleichwohl vereinbar, daß die nichtärztlichen Psychotherapeuten und Psychagogen ihre heilkundliche Tätigkeit aufgrund einer Zuweisung der Patienten durch

einen Arzt und unter dessen Verantwortung ausüben. [7]Soweit die durch den Arzt erfolgte Zuweisung der Patienten glaubhaft gemacht wird, kann die Tätigkeit der nichtärztlichen Psychotherapeuten und Psychagogen als eine steuerbefreite „ähnliche heilberufliche Tätigkeit" im Sinne des § 4 Nr. 14 UStG angesehen werden. [8]Die Glaubhaftmachung kann in jeder geeigneten Weise erfolgen. [9]Eine besondere Form der Glaubhaftmachung ist nicht vorgesehen. [10]Die Einsichtnahme in Patientenkarteien oder andere Behandlungsunterlagen des Psychotherapeuten oder des zuweisenden Arztes durch Angehörige der Steuerbehörde ist jedoch nicht statthaft.

(4) [1]Beschäftigungs- und Arbeitstherapeuten, denen die zur Ausübung ihres Berufes erforderliche Erlaubnis erteilt ist (§§ 1, 8 und 8a des Beschäftigungs- und Arbeitstherapeutengesetzes vom 25. 5. 1976, BGBl. I S. 1246, zuletzt geändert durch *Artikel 2 des Gesetzes vom 8. 3. 1994, BGBl. I S. 446)*, üben eine „ähnliche heilberufliche Tätigkeit" im Sinne des § 4 Nr. 14 UStG aus. [2]Die Umsätze aus der Tätigkeit dieser Beschäftigungs- und Arbeitstherapeuten sind daher steuerfrei.

(5) [1]Logopäden, denen die zur Ausübung ihres Berufes erforderliche Erlaubnis erteilt ist (§§ 1 und 8 des Gesetzes über den Beruf des Logopäden vom 7. 5. 1980, BGBl. I S. 529, *zuletzt geändert durch Artikel 3 des Gesetzes vom 8. 3. 1994, BGBl. I S. 446),* üben eine „ähnliche heilberufliche Tätigkeit" im Sinne des § 4 Nr. 14 UStG aus. [2]Die Umsätze aus der Tätigkeit dieser Logopäden sind daher steuerfrei.

(6) [1]Staatlich geprüfte Masseure bzw. Masseure und medizinische Bademeister *(Gesetz über die Berufe in der Physiotherapie – Masseur- und Physiotherapeutengesetz – vom 26. 5. 1994, BGBl. I S. 1084)* üben eine „ähnliche heilberufliche Tätigkeit" im Sinne des § 4 Nr. 14 UStG aus, wenn sie als Heilmasseure tätig werden, nicht aber, wenn sie lediglich oder überwiegend kosmetische oder Schönheitsmassage durchführen (BFH-Urteil vom 26. 11. 1970 – BStBl 1971 II S. 249). [2]Die Steuerbefreiung kann von den genannten Unternehmern u. a. für die medizinische Fußpflege und die Verabreichung von medizinischen Bädern, Unterwassermassagen, Fangopackungen (BFH-Urteil vom 24. 1. 1985 – BStBl II S. 676) und Wärmebestrahlungen in Anspruch genommen werden. [3]Das gilt auch dann, wenn diese Verabreichungen selbständige Leistungen und nicht Hilfstätigkeiten zur Heilmassage darstellen.

(7) [1]Selbständig tätige Krankenpfleger und Krankenschwestern (Krankenpflegegesetz vom 4. 6. 1985, BGBl. I S. 893, zuletzt geändert durch *Artikel 14 des Gesetzes vom 27. 4. 1993, BGBl. I S. 512)* üben eine „ähnliche heilberufliche Tätigkeit" im Sinne des § 4 Nr. 14 UStG aus und sind daher mit den Umsätzen aus dieser Tätigkeit *(z. B. der Behandlungspflege)* steuerfrei. [2]*Sozialpflegerische Leistungen (z. B. Grundpflege und hauswirtschaftliche Versorgung) sind nicht nach § 4 Nr. 14 UStG steuerfrei.* [3]*Es kann jedoch die Steuerbefreiung nach Nr. 16 Buchstabe e UStG in Betracht kommen.* [4]*Krankenpflegehelfer üben keine ähnliche heilberufliche Tätigkeit im Sinne des § 4 Nr. 14 UStG aus (vgl. BFH-Urteil vom 26. 8. 1993 – BStBl II S. 887).*

(8) [1]Keine heilberufliche Tätigkeit ist die Tätigkeit der Fußpraktiker, weil sie vorwiegend auf kosmetischem Gebiet tätig werden. [2]Wenn jedoch in einem Bundesland Regelungen über Ausbildung, Prüfung und staatliche Anerkennung von medizinischen Fußpflegern ergangen sind, ist die Tätigkeit der staatlich anerkannten medizinischen Fußpfleger insoweit als heilberufliche Tätigkeit im Sinne des § 4 Nr. 14 UStG anzusehen, als sie in diesem Bundesland tätig werden.

(9) [1]Die Umsätze aus dem Betrieb einer Sauna sind grundsätzlich keine Umsätze aus der Tätigkeit eines der in § 4 Nr. 14 UStG ausdrücklich genannten Berufe oder aus einer ähnlichen heilberuflichen Tätigkeit im Sinne des § 18 Abs. 1 Nr. 1 EStG. [2]Die Verabreichung von Saunabädern ist nur insoweit nach § 4 Nr. 14 UStG umsatzsteuerfrei, als hierin eine Hilfstätigkeit zu einem Heilberuf oder einem diesen ähnlichen Beruf, z. B. als Vorbereitung oder als Nachbehand-

lung zu einer Massagetätigkeit, zu sehen ist (BFH-Urteile vom 21. 10. 1971 – BStBl 1972 II S. 78 und vom 13. 7. 1994 – BStBl 1995 II S. 84).

(10) Die Tätigkeit eines Heileurythmisten kann wegen des Fehlens einer berufsrechtlichen Regelung nicht als „ähnliche heilberufliche Tätigkeit" im Sinne des § 4 Nr. 14 UStG angesehen werden (BFH-Urteil vom 21. 6. 1990 – BStBl II S. 804).

(11) Eine medizinisch-technische Assistentin übt keine arztähnliche heilberufliche Tätigkeit aus (BFH-Urteil vom 25. 11. 1971 – BStBl 1972 II S. 126).

(12) ¹Selbständig tätige Orthoptisten, denen die zur Ausübung ihres Berufes erforderliche Erlaubnis erteilt ist (§§ 1, 11 und 11a des Orthoptistengesetzes vom 28. 11. 1989, BGBl. I S. 2061, *zuletzt* geändert durch *Artikel 4 des Gesetzes vom 8. 3. 1994, BGBl. I S. 446)*, üben eine „ähnliche heilberufliche Tätigkeit" im Sinne des § 4 Nr. 14 UStG aus. ²Die Umsätze aus der Tätigkeit dieser Orthoptisten sind daher steuerfrei.

(13) ¹Selbständig tätige Rettungsassistenten, denen die zur Ausübung ihres Berufes erforderliche Erlaubnis erteilt ist (§§ 1 und 13 des Rettungsassistentengesetzes vom 10. 7. 1989, BGBl. I S. 1384, *zuletzt* geändert durch *Artikel 5 des Gesetzes vom 8. 3. 1994, BGBl. I S. 446)*, üben eine „ähnliche heilberufliche Tätigkeit" im Sinne des § 4 Nr. 14 UStG aus. ²Die Umsätze aus der Tätigkeit dieser Rettungsassistenten sind daher steuerfrei.

91. Tätigkeit als klinischer Chemiker

¹Klinische Chemiker sind Personen, die den von der Deutschen Gesellschaft für Klinische Chemie e. V. entwickelten Ausbildungsgang mit Erfolg beendet haben und dies durch die von der genannten Gesellschaft ausgesprochenen Anerkennung nachweisen. ²Die Steuerbefreiung gilt auch dann, wenn die Tätigkeit als klinischer Chemiker nicht freiberuflich im Sinne des § 18 Abs. 1 Nr. 1 EStG ausgeübt wird. ³Ein chemisches Untersuchungsamt, das Blutalkoholuntersuchungen und toxikologische Untersuchungen durchführt, bewirkt damit keine Umsätze aus der Tätigkeit als klinischer Chemiker, auch wenn es von einem solchen geleitet wird (BFH-Urteil vom 21. 9. 1989 – BStBl 1990 II S. 95).

92. Fortführung einer heilberuflichen Praxis durch Erben

¹Fehlen dem Erben eines freiberuflich tätig gewesenen Arztes oder Angehörigen eines anderen Heilberufs die fachlichen Voraussetzungen zur Ausübung des betreffenden freien Berufs, ist in der Fortführung der Praxis durch den Erben grundsätzlich eine gewerbliche Tätigkeit zu erblicken (BFH-Urteile vom 15. 4. 1975 – BStBl 1977 II S. 539 und vom 19. 5. 1981 – BStBl II S. 665). ²Die Tätigkeit ist daher nicht nach § 4 Nr. 14 UStG steuerfrei. ³Es kann jedoch die Steuerbefreiung nach § 4 Nr. 16 Buchstabe c UStG in Betracht kommen (vgl. Abschnitt 97).

93. Gemeinschaftspraxen

¹Üben Ärzte oder Angehörige der übrigen Heilberufe ihre Tätigkeit im Rahmen einer Gesellschaft des bürgerlichen Rechts aus, z. B. Gemeinschaftspraxis von Ärzten, kann § 4 Nr. 14 UStG auch auf die Umsätze der Gesellschaft angewendet werden, wenn *alle Gesellschafter die nach dieser Vorschrift erforderliche Qualifikation aufweisen (BFH-Urteil vom 26. 8. 1993 – BStBl II S. 887).* ²*Hat die Gesellschaft ertragsteuerlich neben Einkünften aus freiberuflicher Tätigkeit auch gewerbliche Einkünfte, z. B. aus den Betrieben einer Massagepraxis und einer Sauna durch staatlich geprüfte Masseure, kann § 4 Nr. 14 UStG für die freiberuflich ausgeübte Tätigkeit in Betracht kommen (vgl. BFH-Urteil vom 13. 7. 1994 – BStBl 1995 II S. 84).*

Steuerbefreiungen § 4 Nr. 14 UStG

94. Praxis- und Apparategemeinschaften

(1) ¹Unter die Vorschrift des § 4 Nr. 14 Satz 2 UStG fallen in der Regel die sonstigen Leistungen der ärztlichen Praxis- und Apparategemeinschaften, deren Mitglieder ausschließlich Angehörige der in § 4 Nr. 14 Satz 1 UStG bezeichneten Berufe sind. ²Bei den genannten Gemeinschaften handelt es sich um Organisationsformen der ärztlichen Zusammenarbeit. ³Die Tätigkeit der Gemeinschaften besteht im wesentlichen darin, medizinische Einrichtungen, Apparate und Geräte zentral zu beschaffen und den Mitgliedern für ihre Praxen zur Verfügung zu stellen. ⁴Außerdem führen die Gemeinschaften mit eigenem medizinisch-technischen Personal für die Praxen ihrer Mitglieder Laboruntersuchungen, Röntgenaufnahmen und andere medizinisch-technische Leistungen aus. ⁵Die beispielhaft angeführten sonstigen Leistungen erfüllen in der Regel die Voraussetzungen des § 4 Nr. 14 UStG, insbesondere werden sie unmittelbar von den Ärzten zur Ausführung ihrer steuerfreien Umsätze verwendet.

(2) *¹Eine unmittelbare Verwendung zur Ausführung steuerfreier Umsätze setzt voraus, daß die jeweilige Gemeinschaftsleistung gegenüber den Patienten eingesetzt wird.* ²Diese Voraussetzung ist jedoch nicht erfüllt, wenn eine Gemeinschaft für die Praxen ihrer Mitglieder z. B. die Buchführung, die Rechtsberatung oder die Tätigkeit einer ärztlichen Verrechnungsstelle übernimmt. ³Es handelt sich hierbei um sonstige Leistungen, die nur mittelbar zur Ausführung der steuerfreien ärztlichen Leistungen verwendet werden und die deshalb nicht unter § 4 Nr. 14 UStG fallen.

(3) ¹Zusätzlich zu den in Absatz 1 bezeichneten Aufgaben obliegt den Praxisgemeinschaften die zentrale Beschaffung von Praxisräumen und ihre Überlassung zur Nutzung an die einzelnen Mitglieder. ²Es handelt sich hier um sonstige Leistungen, die in der Regel unter die Steuerbefreiung für die Vermietung von Grundstücken (§ 4 Nr. 12 Buchstabe a UStG) fallen.

(4) ¹Soweit eine Praxis- und Apparategemeinschaft Umsätze an Personen erbringt, die nicht Mitglied sind, sind diese Umsätze nicht nach § 4 Nr. 14 Satz 2 UStG steuerfrei. ²Die Steuerfreiheit der Umsätze an die Mitglieder wird dadurch nicht berührt. ³Das gilt auch dann, wenn ein Leistungsempfänger, der nicht Mitglied ist, der Gemeinschaft ein Darlehen oder einen Zuschuß gegeben hat.

Verwaltungsanweisungen

- Zur ustl. Behandlung einer GmbH, die ärztliche Leistungen erbringt (OFD Saarbrücken 18. 1. 1989, UR 1989, 294);

- ustl. Behandlung von krankengymnastischen Leistungen durch Masseure oder medizinische Bademeister (OFD Kiel 19. 11. 1990, UR 1991, 208);

- Umsätze einer Gemeinschaftspraxis (OFD Hannover 13. 3. 1995, UR 1995, 237);

- Umsatzsteuerbefreiung von Sprachheilpädagogen (OFD Erfurt 16. 6. 1995, StEd 1995, 535);

- USt für Umsätze von Sprachheilpädagogen (FinMin Thüringen 16. 6. 1995, UR 1995, 493);

- Umsätze einer Heilpraktiker- bzw. Krankengymnastik-GmbH (OFDen Baden-Württenberg Dezember 1995, UR 1996, 397).

Rechtsprechung

- Umsatzsteuerbefreiung für Atem-, Sprech- und Stimmlehrer (BVerfG 29. 8. 1988, BStBl II, 975);
- ähnliche heilberufliche Tätigkeit (BVerfG 29. 8. 1988, HFR 1989, 684);
- Steuerbefreiung von (Dienst-)Leistungen selbständiger Zusammenschlüsse steuerbefreiter Unternehmer (EuGH 15. 6. 1989, UR 1991, 28);
- ustl. Behandlung aus der Tätigkeit als Tierarzt (BFH 9. 9. 1993, BFH/NV 1994, 509);
- § 4 Nr. 14 Satz 3 UStG (Umsätze eines Arztes aus dem Betrieb eines Krankenhauses) ist verfassungsrechtlich nicht zu beanstanden (BFH 27. 9. 1993, BFH/NV 1994, 419);
- Steuerbefreiung ambulanter Pflegedienste (BFH 16. 12. 1993, BFH/NV 1995, 652);
- ustl. Behandlung einer GbR, die neben freiberuflichen Leistungen auch gewerbliche Leistungen erbringt (BFH 13. 7. 1994, BStBl 1995 II, 85);
- ambulante Altenpflege ist keine heilberufliche Tätigkeit (BFH 21. 7. 1994, UR 1995, 309);
- medizinischer Strahlenschutzphysiker erbringt keine ähnliche heilberufliche Tätigkeit (BFH 15. 9. 1994, UR 1995, 479);
- keine Steuerbefreiung für ASSL in Baden-Württemberg (FG Baden-Württemberg 21. 6. 1995, UR 1996, 301);
- Abgrenzung steuerfreier von stpfl. Zahnarztleistungen (BFH 28. 11. 1996, StEd 1997, 207).

UStG

§ 4 Steuerbefreiungen usw. (Fortsetzung)

Von den unter § 1 Abs. 1 Nr. 1 bis 3 fallenden Umsätzen sind steuerfrei:

...

15. die Umsätze der gesetzlichen Träger der Sozialversicherung, der örtlichen und überörtlichen Träger der Sozialhilfe sowie der Verwaltungsbehörden und sonstigen Stellen der Kriegsopferversorgung einschließlich der Träger der Kriegsopferfürsorge
 a) untereinander,
 b) an die Versicherten, die Empfänger von Sozialhilfe oder die Versorgungsberechtigten. ²Das gilt nicht für die Abgabe von Brillen und Brillenteilen einschließlich der Reparaturarbeiten durch Selbstabgabestellen der gesetzlichen Träger der Sozialversicherung;

...

6. EG-Richtlinie

Abschnitt X: Steuerbefreiungen
Artikel 13   Steuerbefreiungen im Inland
A. Befreiungen bestimmter dem Gemeinwohl dienender Tätigkeiten
(1) (abgedruckt zu § 4 Nr. 16 UStG)
...
g) (abgedruckt zu § 4 Nr. 16 UStG)
...

UStR

95. Sozialversicherung, Sozialhilfe, Kriegsopferversorgung

Zu den von der Steuerbefreiung ausgenommenen Umsätzen gehört insbesondere der entsprechende Eigenverbrauch, also die Entnahme von Brillen und Brillenteilen sowie die Reparaturarbeiten an diesen Gegenständen für Zwecke außerhalb des Unternehmens.

UStG

§ 4   Steuerbefreiungen usw. (Fortsetzung)
Von den unter § 1 Abs. 1 Nr. 1 bis 3 fallenden Umsätzen sind steuerfrei:
...
15a. die auf Gesetz beruhenden Leistungen der Medizinischen Dienste der Krankenversicherung (§ 278 SGB V) und des Medizinischen Dienstes der Spitzenverbände der Krankenkassen (§ 282 SGB V) untereinander und für die gesetzlichen Träger der Sozialversicherung und deren Verbände;
...

6. EG-Richtlinie

Abschnitt X: Steuerbefreiungen
Artikel 13   Steuerbefreiungen im Inland
A. Befreiungen bestimmter dem Gemeinwohl dienender Tätigkeiten
(1) (abgedruckt zu § 4 Nr. 16 UStG)
...
g) (abgedruckt zu § 4 Nr. 16 UStG)
...

UStG

§ 4 Steuerbefreiungen usw. (Fortsetzung)
Von den unter § 1 Abs. 1 Nr. 1 bis 3 fallenden Umsätzen sind steuerfrei:
...
16. die mit dem Betrieb der Krankenhäuser, Diagnosekliniken und anderen Einrichtungen ärztlicher Heilbehandlung, Diagnostik oder Befunderhebung sowie der Altenheime, Altenwohnheime, Pflegeheime, Einrichtungen zur vorübergehenden Aufnahme pflegebedürftiger Personen und der Einrichtungen zur ambulanten Pflege kranker und pflegebedürftiger Personen eng verbundenen Umsätze, wenn

   a) diese Einrichtungen von juristischen Personen des öffentlichen Rechts betrieben werden oder

   b) bei Krankenhäusern im vorangegangenen Kalenderjahr die in § 67 Abs. 1 oder 2 der Abgabenordnung bezeichneten Voraussetzungen erfüllt worden sind oder

   c) bei Diagnosekliniken und anderen Einrichtungen ärztlicher Heilbehandlung, Diagnostik oder Befunderhebung die Leistungen unter ärztlicher Aufsicht erbracht werden und im vorangegangenen Kalenderjahr mindestens 40 vom Hundert der Leistungen den in Nummer 15 Buchstabe b genannten Personen zugute gekommen sind oder

   d) bei Altenheimen, Altenwohnheimen und Pflegeheimen im vorangegangenen Kalenderjahr mindestens 40 vom Hundert der Leistungen den in § 68 Abs. 1 des Bundessozialhilfegesetzes oder den in § 53 Nr. 2 der Abgabenordnung genannten Personen zugute gekommen sind oder

   e) bei Einrichtungen zur vorübergehenden Aufnahme pflegebedürftiger Personen und bei Einrichtungen zur ambulanten Pflege kranker und pflegebedürftiger Personen im vorangegangenen Kalenderjahr die Pflegekosten in mindestens 40 vom Hundert der Fälle von den gesetzlichen Trägern der Sozialversicherung oder Sozialhilfe ganz oder zum überwiegenden Teil getragen worden sind;
...

6. EG-Richtlinie

Abschnitt X: Steuerbefreiungen

Artikel 13 Steuerbefreiungen im Inland

A. Befreiungen bestimmter dem Gemeinwohl dienender Tätigkeiten

(1) Unbeschadet sonstiger Gemeinschaftsvorschriften befreien die Mitgliedstaaten unter den Bedingungen, die sie zur Gewährleistung einer korrekten und einfachen Anwendung

der nachstehenden Befreiungen sowie zur Verhütung von Steuerhinterziehungen, Steuerumgehungen und etwaigen Mißbräuchen festsetzen, von der Steuer:

...

b) die Krankenhausbehandlung und die ärztliche Heilbehandlung sowie die mit ihnen eng verbundenen Umsätze, die von Einrichtungen des öffentlichen Rechts oder unter Bedingungen, welche mit den Bedingungen für diese Einrichtungen in sozialer Hinsicht vergleichbar sind, von Krankenanstalten, Zentren für ärztliche Heilbehandlung und Diagnostik und anderen ordnungsgemäß anerkannten Einrichtungen gleicher Art durchgeführt beziehungsweise bewirkt werden;

...

g) die eng mit der Sozialfürsorge und der sozialen Sicherheit verbundenen Dienstleistungen und Lieferungen von Gegenständen, einschließlich derjenigen der Altenheime, durch Einrichtungen des öffentlichen Rechts oder andere von dem betreffenden Mitgliedstaat als Einrichtungen mit sozialem Charakter anerkannte Einrichtungen;

...

UStR

96. Krankenhäuser

[1]Krankenhäuser sind Einrichtungen, in denen durch ärztliche und pflegerische Hilfeleistung Krankheiten, Leiden oder Körperschäden festgestellt, geheilt oder gelindert werden sollen oder Geburtshilfe geleistet wird und in denen die zu versorgenden Personen untergebracht und verpflegt werden können (§ 2 Nr. 1 des Krankenhausfinanzierungsgesetzes – KHG – in der Fassung der Bekanntmachung vom 10. 4. 1991, BGBl. I S. 886, *zuletzt geändert durch Artikel 17 des Gesetzes vom 26. 5. 1994, BGBl. I S. 1014*). [2]Zur weiteren Begriffsbestimmung und zur Frage der Abgrenzung der Krankenhäuser von anderen Einrichtungen, z. B. Kurheime, wird auf *R 82* EStR *1993* hingewiesen.

97. Diagnosekliniken und andere Einrichtungen ärztlicher Heilbehandlung oder Diagnostik

(1) [1]Diagnosekliniken und andere Einrichtungen ärztlicher Heilbehandlung oder Diagnostik sind Einrichtungen, in denen durch ärztliche Leistungen Krankheiten, Leiden oder Körperschäden festgestellt, geheilt oder gelindert werden sollen oder Geburtshilfe geleistet wird. [2]Nicht erforderlich ist, daß den untersuchten und behandelten Personen Unterkunft und Verpflegung gewährt werden. [3]Diagnosekliniken, die die Voraussetzungen nach Abschnitt 96 erfüllen, sind Krankenhäuser.

(2) [1]Die Steuerbefreiung ist davon abhängig, daß die Leistungen im Einzelfall unter ärztlicher Aufsicht erbracht worden sind (§ 4 Nr. 16 Buchstabe c UStG). [2]Bei Diagnosekliniken und den anderen Einrichtungen ärztlicher Heilbehandlung oder Diagnostik kann in der Regel davon ausgegangen werden, daß die bezeichnete Voraussetzung erfüllt ist.

98. Einrichtungen ärztlicher Befunderhebung

(1) ¹Einrichtungen ärztlicher Befunderhebung sind Einrichtungen, in denen durch ärztliche Leistungen der Zustand menschlicher Organe, Gewebe, Körperflüssigkeiten usw. festgestellt werden soll. ²Die Feststellung des Zustandes der Organe, Gewebe, Körperflüssigkeiten usw. muß nicht für diagnostische oder therapeutische Zwecke erfolgen. ³Sie kann auch für andere Zwecke, z. B. Blutalkoholuntersuchungen für gerichtliche Zwecke, durchgeführt werden.

(2) ¹Eine Einrichtung ärztlicher Befunderhebung liegt auch dann vor, wenn zum Beispiel Laborleistungen von medizinisch-technischem Personal unter ärztlicher Aufsicht durchgeführt werden. ²Gewerbliche Analyseunternehmen können daher bei entsprechender Gestaltung Einrichtungen ärztlicher Befunderhebung sein.

(3) ¹Die Steuerbefreiung ist davon abhängig, daß die Leistungen im Einzelfall unter ärztlicher Aufsicht erbracht worden sind. ²Der Unternehmer hat in geeigneter Weise nachzuweisen, daß diese Voraussetzung erfüllt ist.

(4) ¹Eine aus niedergelassenen Ärzten und Krankenhausträgern bestehende Gesellschaft, die mit medizinischen Großgeräten, die von eigenem Personal bedient werden, für die Gesellschafter medizinische Untersuchungen durchführt, erbringt Leistungen der Befunderhebung. ²Die Leistungen sind bei Vorliegen der weiteren Voraussetzungen des § 4 Nr. 16 Buchstabe c UStG von der Umsatzsteuer befreit.

99. Altenheime, Altenwohnheime und Pflegeheime

(1) ¹Altenheime, Altenwohnheime und Pflegeheime sind Einrichtungen, in denen alte Menschen sowie pflegebedürftige oder behinderte Volljährige nicht nur vorübergehend aufgenommen und betreut werden (vgl. § 1 Heimgesetz – HeimG – in der Fassung der Bekanntmachung vom 23. 4. 1990, BGBl. I S. 763, *zuletzt geändert durch Artikel 19 des Gesetzes vom 26. 5. 1994, BGBl. I S. 1014).* ²Altenheime sind Einrichtungen, in denen alte Menschen, die nicht pflegebedürftig, aber zur Führung eines eigenen Haushalts außerstande sind, Unterkunft, Verpflegung und Betreuung erhalten. ³Altenwohnheime sind Einrichtungen, in denen alte Menschen, die zur Führung eines eigenen Haushalts noch imstande sind, Unterkunft in abgeschlossenen Wohnungen erhalten. ⁴Im Bedarfsfall werden von dem Träger Verpflegung und Betreuung gewährt. ⁵Pflegeheime sind Einrichtungen, in denen volljährige Personen, die wegen Krankheit oder Behinderung pflegebedürftig sind, Unterkunft, Verpflegung, Betreuung und Pflege erhalten. ⁶*Einrichtungen zur vorübergehenden Aufnahme pflegebedürftiger Personen (Kurzzeitpflege) sind keine Pflegeheime (BFH-Urteil vom 1. 12. 1994 – BStBl 1995 II S. 220).*

(2) ¹Die Heime bedürfen der Erlaubnis durch die zuständigen Landesbehörden, soweit sie nicht durch juristische Personen des öffentlichen Rechts oder durch Verbände der freien Wohlfahrtspflege betrieben werden (§§ 6 und 18 HeimG). ²Bei Heimen, die vor dem 1. 1. 1975 bestanden haben, tritt an die Stelle der Erlaubnis eine Bestätigung der zuständigen Landesbehörde (§ 23 HeimG).

(3) ¹Die Inanspruchnahme der Steuerbefreiung durch private Heime setzt voraus, daß im vorangegangenen Kalenderjahr mindestens *40 vom Hundert* ihrer Leistungen begünstigten Personen zugute gekommen sind. ²Als private Heime sind auch die Heime anzusehen, die in der Form privatrechtlicher Gesellschaften betrieben werden, deren Anteile nur juristischen Personen des öffentlichen Rechts gehören. ³Zu dem begünstigten Personenkreis zählen die pflegebedürftigen Personen im Sinne des § 68 Abs. 1 des Bundessozialhilfegesetzes vom *23. 3. 1994 (BGBl. 1994 I S. 646), zuletzt geändert durch Artikel 32 des Gesetzes vom 29. 7. 1994 (BGBl. I S. 1890)* und

die wirtschaftlich hilfsbedürftigen Personen im Sinne des § 53 Nr. 2 AO. ⁴Bei den pflegebedürftigen Personen bleibt die wirtschaftliche Lage unberücksichtigt.

(4) ¹Pflegebedürftig sind nach § 68 Abs. 1 des Bundessozialhilfegesetzes solche Personen, die wegen einer *körperlichen, geistigen oder seelischen* Krankheit oder Behinderung *für die gewöhnlichen und regelmäßig wiederkehrenden Verrichtungen im Ablauf des täglichen Lebens der Hilfe bedürfen.* ²Hierzu gehören insbesondere alle Heimbewohner, die nach den Pflegesatzrichtlinien der Länder unter die zweite bzw. unter eine höhere Pflegesatzgruppe fallen oder die wegen ihrer Pflegebedürftigkeit Zuschläge zum üblichen Tagessatz zahlen müssen.

(5) ¹Wirtschaftlich hilfsbedürftig nach § 53 Nr. 2 AO sind Personen, deren Bezüge nicht höher sind als das Vierfache des Regelsatzes der Sozialhilfe im Sinne des § 22 des Bundessozialhilfegesetzes. ²Beim Alleinstehenden oder Haushaltsvorstand tritt an die Stelle des Vierfachen das Fünffache des Regelsatzes. ³Bezüge im Sinne des § 53 Nr. 2 AO sind Einkünfte im Sinne des § 2 Abs. 1 EStG und andere zur Bestreitung des Unterhalts bestimmte oder geeignete Bezüge, die der Alleinstehende oder der Haushaltsvorstand und die sonstigen Haushaltsangshörigen haben. ⁴Unterhaltsansprüche sind zu berücksichtigen. ⁵Zu den Bezügen zählen nicht Leistungen der Sozialhilfe und bis zur Höhe der Leistungen der Sozialhilfe Unterhaltsleistungen an Personen, die ohne die Unterhaltsleistungen sozialhilfeberechtigt wären.

(6) ¹Keine wirtschaftliche Hilfsbedürftigkeit ist bei Personen gegeben, deren Vermögen zur nachhaltigen Verbesserung ihres Unterhalts ausreicht und denen zugemutet werden kann, es dafür zu verwenden. ²Bei Personen, deren wirtschaftliche Lage aus besonderen Gründen zu einer Notlage geworden ist, dürfen die Bezüge die in Absatz 5 genannten Grenzen übersteigen. ³Dies gilt entsprechend auch für das Vermögen.

(7) Für den auf die Raumüberlassung entfallenden Anteil der gesamten Leistung der Heime kann auch die Steuerbefreiung nach § 4 Nr. 12 UStG in Betracht kommen (vgl. Abschnitt 80 Abs. 2).

100. Eng verbundene Umsätze

(1) Mit dem Betrieb der in § 4 Nr. 16 UStG bezeichneten Einrichtungen sind solche Umsätze eng verbunden, die für diese Einrichtungen nach der Verkehrsauffassung typisch sind, regelmäßig und allgemein beim laufenden Betrieb vorkommen und damit unmittelbar oder mittelbar zusammenhängen (BFH-Urteil vom 1. 12. 1977 – BStBl 1978 II S. 173).

(2) Zu den eng verbundenen Umsätzen gehören insbesondere:

1. die stationäre oder teilstationäre Aufnahme von Patienten, deren ärztliche und pflegerische Betreuung einschließlich der Lieferungen der zur Behandlung erforderlichen Medikamente;
2. die Behandlung und Versorgung ambulanter Patienten;
3. die Lieferungen von Körperersatzstücken und orthopädischen Hilfsmitteln, soweit sie unmittelbar mit einer Heilbehandlung durch das Krankenhaus, durch die Diagnosekliniken usw. in Zusammenhang stehen;
4. die Lieferungen zusätzlicher Getränke an Patienten und Heimbewohner;
5. ¹die Gewährung von Beherbergung, Beköstigung und sonstigen Naturalleistungen an das Personal. ²Das gilt auch dann, wenn die Leistungen nicht Vergütungen für geleistete Dienste sind;
6. die Überlassung von Fernsprechanlagen an Patienten, Heimbewohner, Personal oder Besucher zur Mitbenutzung;

7. die Überlassung von Einrichtungen, z. B. Röntgenanlage, und die Gestellung von medizinischem Hilfspersonal an angestellte Ärzte für deren selbständige Tätigkeit *sowie die Überlassung von medizinisch-technischen Großgeräten, z. B. Computer-Tomograph, an angestellte Ärzte für deren selbständige Tätigkeit, an Krankenhäuser und an niedergelassene Ärzte zur Mitbenutzung*;

8. ¹die Lieferungen von Gegenständen des Anlagevermögens, z. B. Röntgeneinrichtungen, Krankenfahrstühle und sonstige Einrichtungsgegenstände. ²Wegen der Veräußerung des gesamten Anlagevermögens siehe jedoch Absatz 3 Nr. 5;

9. ¹die Lieferungen von Gegenständen, die im Wege der Arbeitstherapie hergestellt worden sind, sofern kein nennenswerter Wettbewerb zu den entsprechenden Unternehmen der gewerblichen Wirtschaft besteht. ²Ein solcher Wettbewerb ist anzunehmen, wenn für den Absatz der im Wege der Arbeitstherapie hergestellten Gegenstände geworben wird;

10. die Abgabe von ärztlichen Gutachten;

11. die Gestellung von Ärzten und von medizinischem Hilfspersonal durch Krankenhäuser, Diagnosekliniken usw. an andere Einrichtungen dieser Art.

(3) Nicht zu den eng verbundenen Umsätzen gehören insbesondere:

1. die Lieferungen von Speisen und Getränken an Besucher;

2. die Lieferungen von Arzneimitteln an Besucher;

3. ¹die Arzneimittellieferungen einer Krankenhausapotheke an Krankenhäuser anderer Träger (BFH-Urteil vom 18. 10. 1990 – BStBl 1991 II S. 268). ²Auch die Steuerbefreiung nach § 4 Nr. 18 UStG kommt nicht in Betracht (vgl. Abschnitt 103 Abs. *12);*

4. ¹die Leistungen der Zentralwäschereien (vgl. BFH-Urteil vom 18. 10. 1990 – BStBl 1991 II S. 157). ²Dies gilt sowohl für die Fälle, in denen ein Krankenhaus oder ein Heim in seiner Wäscherei auch die Wäsche anderer Krankenhäuser und Heime reinigt, als auch für die Fälle, in denen die Wäsche mehrerer Krankenhäuser oder Heime in einer verselbständigten Wäscherei gereinigt wird. ³Auch die Steuerbefreiung nach § 4 Nr. 18 UStG kommt nicht in Betracht (vgl. Abschnitt 103 Abs. *12);*

5. ¹die Veräußerung des gesamten beweglichen Anlagevermögens und der Warenvorräte nach Einstellung des Betriebes (BFH-Urteil vom 1. 12. 1977 – BStBl 1978 II S. 173). ²Es kann jedoch die Steuerbefreiung nach § 4 Nr. 28 UStG in Betracht kommen (vgl. Abschnitt 122).

Verwaltungsanweisungen

- Billigkeitsmaßnahmen bei ambulanten Alten- und Krankenpflegeleistungen (FinMin Hessen 9. 9. 1992, DB 1992, 2321);
- ustl. Behandlung privater Altenheime, Altenwohnheime und Altenpflegeheime (FinMin Schleswig-Holstein 22. 7. 1994, UR 1995, 154);
- Pflegebedürftigkeit i. S. d. § 68 Abs. 1 BSHG (OFD Hannover 28. 12. 1994, UVR 1995, 124);
- eng mit dem Krankenhausbetrieb verbundene Umsätze (OFD Hannover 27. 7. 1995, StEd 1995, 644);

- USt bei Leistungen ambulanter Vorsorge- und Rehabilitationseinrichtungen (OFD Frankfurt a. M. 3. 8. 1995, StEd 1995, 602 und BMF 18. 9. 1996, UR 1997, 110 sowie Bay. StMdF 12. 3. 1997, StEd 1997, 274);
- Gestellung von Pflegepersonal eines Krankenhauses an Pflegeeinrichtungen ambulanter Art (BMF 1. 12. 1995, UR 1996, 31);
- eng verbundene Umsätze beim Betrieb von Krankenhäusern und ähnlichen Einrichtungen (OFD Frankfurt a. M. 27. 6. 1996, UR 1997, 72);
- Nutzung medizinisch-technischer Großgeräte (FinMin Thüringen 3. 7. 1996, StEd 1996, 489).

Rechtsprechung

- Leistungen der Wäscherei eines Krankenhauses (BFH 18. 10. 1990, BStBl 1991 II, 157);
- ustl. Behandlung der Umsätze aus dem Betrieb einer Kurzzeitpflegeeinrichtung (BFH 1. 12. 1994, BStBl 1995 II, 220);
- Versagung der Steuerbefreiung von Leistungen ambulanter Pflegedienste vor Einfügung des § 4 Nr. 16 Buchst. e UStG ist verfassungsgemäß (BVerf 30. 4. 1996, UVR 1996, 306);
- „zugute kommen" in § 4 Nr. 16 Buchst. c und d UStG setzt nicht Kostenübernahme durch Sozialleistungsträger voraus (BFH 8. 5. 1996, BStBl 1997 II, 151).

UStG

§ 4 Steuerbefreiungen usw. (Fortsetzung)
Von den unter § 1 Abs. 1 Nr. 1 bis 3 fallenden Umsätzen sind steuerfrei:
...
17. a) die Lieferungen von menschlichen Organen, menschlichem Blut und Frauenmilch,
   b) die Beförderungen von kranken und verletzten Personen mit Fahrzeugen, die hierfür besonders eingerichtet sind;
...

6. EG-Richtlinie

Abschnitt X: Steuerbefreiungen

Artikel 13 Steuerbefreiungen im Inland
A. Befreiungen bestimmter dem Gemeinwohl dienender Tätigkeiten
(1) Unbeschadet sonstiger Gemeinschaftsvorschriften befreien die Mitgliedstaaten unter den Bedingungen, die sie zur Gewährleistung einer korrekten und einfachen Anwendung

der nachstehenden Befreiungen sowie zur Verhütung von Steuerhinterziehungen, Steuerumgehungen und etwaigen Mißbräuchen festsetzen, von der Steuer:

...

d) die Lieferungen von menschlichen Organen, menschlichem Blut und Frauenmilch;

...

p) die von ordnungsgemäß anerkannten Einrichtungen durchgeführten Beförderungen von kranken und verletzten Personen in dafür besonders eingerichteten Fahrzeugen;

...

UStR

101. Menschliches Blut und Frauenmilch

(1) Zum menschlichen Blut gehören folgende Erzeugnisse: *Vollblutkonserven*, Plasmakonserven und Konserven zellulärer Blutbestandteile.

(2) [1]Nicht unter die Befreiung fallen die *aus Mischungen von humanem Blutplasma hergestellten Plasmapräparate.* [2]Hierzu gehören insbesondere: *Faktoren-Präparate*, Humanalbumin, Fibrinogen, *Immunglobuline.*

(3) Für die Steuerfreiheit der Lieferungen von Frauenmilch ist es ohne Bedeutung, ob die Frauenmilch bearbeitet, z. B. gereinigt, erhitzt, tiefgekühlt, getrocknet, wird.

102. Beförderung von kranken und verletzten Personen

(1) [1]Ein Fahrzeug ist für die Beförderung von kranken und verletzten Personen besonders eingerichtet, wenn es durch die vorhandenen Einrichtungen die typischen Merkmale eines Krankenfahrzeugs aufweist, z. B. Liegen, Spezialsitze. [2]Zu den Krankenfahrzeugen gehören danach nur solche Fahrzeuge, die nach ihrer gesamten Bauart und Ausstattung speziell für die Beförderung verletzter und kranker Personen bestimmt sind. [3]Serienmäßige Personenkraftwagen, die lediglich mit blauem Rundumlicht und Einsatzhorn, sog. Martinshorn, ausgerüstet sind, erfüllen diese Voraussetzungen nicht (BFH-Urteil vom 16. 11. 1989 – BStBl 1990 II S. 255). [4]Auch Fahrzeuge, die in erster Linie für die Beförderung anderer Personen bestimmt sind, z. B. Taxis, gehören nicht zu den Krankenfahrzeugen. [5]Dies gilt auch dann, wenn in ihnen im Einzelfall kranke oder verletzte Personen befördert werden und hierfür bestimmte Einrichtungen, z. B. schwenkbare Sitze zum besseren Ein- und Aussteigen, vorhanden sind. [6]Bei Fahrzeugen, die nach dem Fahrzeugschein als Krankenkraftwagen anerkannt sind (§ 4 Abs. 6 PBefG), ist stets davon auszugehen, daß sie für die Beförderung von kranken und verletzten Personen besonders eingerichtet sind.

(2) Die Steuerbefreiung gilt nicht nur für die Beförderung von akut erkrankten und verletzten Personen, sondern auch für die Beförderung von Personen, die wegen einer Körperbehinderung auf die Beförderung mit Krankenfahrzeugen angewiesen sind, z. B. Querschnittsgelähmte.

Verwaltungsanweisungen

- Behandlung von Rettungsdienstleistungen (OFD Koblenz 6. 12. 1996, StEd 1997, 57).

Rechtsprechung

- Zur ustl. Behandlung der Wahrnehmung öffentlicher Aufgaben (Rettungswache) durch private Unternehmer (BFH 18. 1. 1995, BStBl II, 559).

UStG

§ 4 Steuerbefreiungen usw. (Fortsetzung)
Von den unter § 1 Abs. 1 Nr. 1 bis 3 fallenden Umsätzen sind steuerfrei:
...
18. die Leistungen der amtlich anerkannten Verbände der freien Wohlfahrtspflege und der der freien Wohlfahrtspflege dienenden Körperschaften, Personenvereinigungen und Vermögensmassen, die einem Wohlfahrtsverband als Mitglied angeschlossen sind, wenn
    a) diese Unternehmer ausschließlich und unmittelbar gemeinnützigen, mildtätigen oder kirchlichen Zwecken dienen,
    b) die Leistungen unmittelbar dem nach der Satzung, Stiftung oder sonstigen Verfassung begünstigten Personenkreis zugute kommen und
    c) die Entgelte für die in Betracht kommenden Leistungen hinter den durchschnittlich für gleichartige Leistungen von Erwerbsunternehmen verlangten Entgelten zurückbleiben.

²Steuerfrei sind auch die Beherbergung, Beköstigung und die üblichen Naturalleistungen, die diese Unternehmer den Personen, die bei den Leistungen nach Satz 1 tätig sind, als Vergütung für die geleisteten Dienste gewähren;
...

6. EG-Richtlinie

Artikel 13 Steuerbefreiungen im Inland

A. Befreiungen bestimmter dem Gemeinwohl dienender Tätigkeiten
(1) (abgedruckt zu § 4 Nr. 16 UStG)
...
g) (abgedruckt zu § 4 Nr. 16 UStG)
...

UStG § 4 Nr. 18 § 23 UStDV; 103 UStR   Steuerbefreiungen

l) *die Dienstleistungen und eng damit verbundene Lieferungen von Gegenständen, die Einrichtungen ohne Gewinnstreben, welche politische, gewerkschaftliche, religiöse, patriotische, weltanschauliche, philanthropische oder staatsbürgerliche Ziele verfolgen, ihren Mitgliedern in deren gemeinsamem Interesse gegen einen satzungsgemäß festgelegten Beitrag erbringen, vorausgesetzt, daß diese Befreiung nicht zu Wettbewerbsverzerrungen führt;*

...

UStDV

§ 23 Amtlich anerkannte Verbände der freien Wohlfahrtspflege

Die nachstehenden Vereinigungen gelten als amtlich anerkannte Verbände der freien Wohlfahrtspflege:

1. *Diakonisches Werk der Evangelischen Kirche in Deutschland e. V.,*
2. *Deutscher Caritasverband e. V.,*
3. *Deutscher Paritätischer Wohlfahrtsverband e. V.,*
4. *Deutsches Rotes Kreuz,*
5. *Arbeiterwohlfahrt – Bundesverband e. V. –,*
6. *Zentralwohlfahrtsstelle der Juden in Deutschland e. V.,*
7. *Deutscher Blindenverband e. V.,*
8. *Bund der Kriegsblinden Deutschlands e. V.,*
9. *Verband Deutscher Wohltätigkeitsstiftungen e. V.,*
10. *Bundesarbeitsgemeinschaft „Hilfe für Behinderte" e. V.,*
11. *Verband der Kriegs- und Wehrdienstopfer, Behinderten und Sozialrentner Deutschland e. V.*

UStR

103. Wohlfahrtseinrichtungen

(1) Amtlich anerkannte Verbände der freien Wohlfahrtspflege sind nur die in § 23 UStDV aufgeführten Vereinigungen.

(2) Ob ein Unternehmer ausschließlich und unmittelbar gemeinnützigen, mildtätigen oder kirchlichen Zwecken dient, ist nach den §§ 52 bis 68 AO zu beurteilen.

(3) [1]Ein Unternehmer verfolgt steuerbegünstigte Zwecke unmittelbar, wenn er sie selbst verwirklicht. [2]Unmittelbar gemeinnützigen Zwecken können Leistungen aber auch dann dienen, wenn sie an einen Empfänger bewirkt werden, der seinerseits ausschließlich gemeinnützige oder wohltätige Zwecke verfolgt (BFH-Urteil vom 8. 7. 1971 – BStBl 1972 II S. 70).

(4) ¹*Als Mitgliedschaft im Sinne des § 4 Nr. 18 UStG ist nicht nur die unmittelbare Mitgliedschaft in einem amtlich anerkannten Wohlfahrtsverband anzusehen.* ²*Auch bei einer nur mittelbaren Mitgliedschaft kann die Steuerbefreiung in Betracht kommen.* ³*Als mittelbare Mitgliedschaft ist die Mitgliedschaft bei einer der freien Wohlfahrtspflege dienenden Körperschaft oder Personenvereinigung anzusehen, die ihrerseits einem amtlich anerkannten Wohlfahrtsverband als Mitglied angeschlossen ist (z. B. Werkstätten für Behinderte als Mitglieder einer Wohlfahrtseinrichtung, die Mitglied eines amtlich anerkannten Wohlfahrtsverbandes ist).* ⁴*Die mittelbare Mitgliedschaft bei einem amtlich anerkannten Wohlfahrtsverband reicht daher aus, wenn auch die übrigen Voraussetzungen des § 4 Nr. 18 UStG gegeben sind, um die Steuerbefreiung nach dieser Vorschrift in Anspruch zu nehmen.*

(5) ¹Ob eine Leistung dem nach der Satzung, Stiftung oder sonstigen Verfassung begünstigten Personenkreis unmittelbar zugute kommt, ist unabhängig davon zu prüfen, wer Vertragspartner der Wohlfahrtseinrichtung und damit Leistungsempfänger im Rechtssinne ist. ²Liefert ein Unternehmer z. B. Gegenstände, mit deren Herstellung Schwerversehrte aus arbeitstherapeutischen Gründen beschäftigt werden, gegen Entgelt an die auftraggebenden Firmen, so sind diese Umsätze nicht nach § 4 Nr. 18 UStG steuerfrei.

(6) ¹Die Steuerfreiheit für die Beherbergung, Beköstigung und die üblichen Naturalleistungen an Personen, die bei den begünstigten Leistungen tätig sind, kommt nur dann in Betracht, wenn diese Sachzuwendungen als Vergütung für geleistete Dienste gewährt werden. ²Diese Voraussetzung ist erfüllt, wenn der Arbeitnehmer nach den vertraglichen Vereinbarungen neben dem Barlohn einen zusätzlichen Lohn in Form der Sachzuwendungen erhält. ³Unschädlich ist es hierbei, wenn die Beteiligten aus verrechnungstechnischen Gründen einen Bruttogesamtlohn bilden und hierauf die Sachzuwendungen anrechnen. ⁴Die Sachzuwendungen werden jedoch nicht als Vergütung für geleistete Dienste gewährt, wenn sie auf den Barlohn des Arbeitnehmers angerechnet werden. ⁵Die Sachzuwendungen haben hier nicht die Eigenschaft eines Arbeitslohnes. ⁶Vielmehr liegt ein besonderer Umsatz an den Arbeitnehmer vor, der nicht unter die Befreiung des § 4 Nr. 18 UStG fällt (vgl. BFH-Urteil vom 3. 3. 1960 – BStBl III S. 169).

(7) ¹Die Umsätze der Altenheime von Körperschaften, die einem Wohlfahrtsverband als Mitglied angeschlossen sind, sind unter den in § 4 Nr. 18 UStG genannten Voraussetzungen steuerfrei, wenn die Körperschaft der freien Wohlfahrtspflege dient. ²Diese Voraussetzung kann auch dann erfüllt sein, wenn die in dem Altenheim aufgenommenen Personen nicht wirtschaftlich, sondern körperlich oder geistig hilfsbedürftig sind, denn die Wohlfahrtspflege umfaßt nicht nur die Sorge für das wirtschaftliche, sondern u. a. auch für das gesundheitliche Wohl (BFH-Urteil vom 20. 11. 1969 – BStBl 1970 II S. 190).

(8) ¹Gemeinnützige Studentenwerke, die Mitglieder eines amtlich anerkannten Wohlfahrtsverbandes sind, können für ihre in Mensa- und Cafeteria-Betrieben getätigten Umsätze von Speisen und Getränken an Studenten die Steuerbefreiung nach § 4 Nr. 18 UStG in Anspruch nehmen. ²Dies gilt für die Lieferungen von alkoholischen Getränken nur dann, wenn damit das Warenangebot ergänzt wird und diese Umsätze im vorangegangenen Kalenderjahr nicht mehr als 5 v. H. des Gesamtumsatzes betragen haben. ³Wegen der Anwendung des ermäßigten Steuersatzes bei Speisen- und Getränkelieferungen an Nichtstudierende vgl. Abschnitt 170 Abs. 4, Beispiel 8.

(9) ¹Die Kolpinghäuser sind zwar Mitglieder des Deutschen Caritasverbandes, sie dienen jedoch nicht der freien Wohlfahrtspflege, weil die Aufnahme in den Kolpinghäusern ohne Rücksicht auf die Bedürftigkeit der aufzunehmenden Personen erfolgt. ²Die Befreiungsvorschrift des § 4 Nr. 18 UStG ist daher auf die Kolpinghäuser nicht anzuwenden.

(10) ¹Die nach dem Bundessozialhilfegesetz an Werkstätten für Behinderte gezahlten Pflegegelder sind als Entgelte für die Betreuungs-, Beköstigungs-, Beherbergungs- und Beförderungs-

leistungen dieser Werkstätten anzusehen. ²Diese Leistungen sind unter den Voraussetzungen des § 4 Nr. 18 UStG umsatzsteuerfrei. ³Zur Frage der Behandlung der Umsätze im Werkstattbereich wird auf Abschnitt 170 Abs. 4 hingewiesen.

(11) ¹Gemeinnützige und mildtätige Organisationen führen vielfach Krankenfahrten mit Personenkraftwagen durch, die für die Beförderung von Kranken nicht besonders eingerichtet sind. ²Auf diese Fahrten kann die Steuerbefreiung nach § 4 Nr. 18 UStG keine Anwendung finden, weil die Voraussetzungen der Wohlfahrtspflege im Sinne des § 66 Abs. 2 AO nicht erfüllt sind. ³Die Leistungen unterliegen dem allgemeinen Steuersatz (vgl. Abschnitt 170 Abs. 4 Beispiel 4).

(12) ¹Arzneimittellieferungen einer Krankenhausapotheke an Krankenhäuser anderer Träger kommen nicht unmittelbar dem nach der Satzung, Stiftung oder sonstigen Verfassung des Trägers der Apotheke begünstigten Personenkreis zugute (BFH-Urteil vom 18. 10. 1990 – BStBl 1991 II S. 268). ²Die Umsätze sind daher nicht nach § 4 Nr. 18 UStG steuerfrei. ³Gleiches gilt für die Leistungen der Wäscherei eines Krankenhauses an Krankenhäuser oder Heime anderer Träger (vgl. BFH-Urteil vom 18. 10. 1990 – BStBl 1991 II S. 157). ⁴Auch die Steuerbefreiung nach § 4 Nr. 16 UStG kommt in beiden Fällen nicht in Betracht (vgl. Abschnitt 100 Abs. 3 Nr. 3 und 4).

Verwaltungsanweisungen

- Mittelbare Mitgliedschaft in einem amtlich anerkannten Verband der freien Wohlfahrtspflege (BMF 28. 4. 1994, BStBl I, 298).

Rechtsprechung

- Steuerbefreiung einer Cafeteria eines Studentenwerks (BFH 11. 5. 1988, BStBl II, 908);
- Voraussetzung für die Steuerfreiheit der Umsätze von Einrichtungen der Wohlfahrtspflege (BFH 7. 11. 1996, StEd 1997, 207).

UStG

§ 4 Steuerbefreiungen usw. (Fortsetzung)
Von den unter § 1 Abs. 1 Nr. 1 bis 3 fallenden Umsätzen sind steuerfrei:
...

18a. die Leistungen zwischen den selbständigen Gliederungen einer politischen Partei, soweit diese Leistungen im Rahmen der satzungsgemäßen Aufgaben gegen Kostenerstattung ausgeführt werden;

...

6. EG-Richtlinie

Artikel 13 Steuerbefreiungen im Inland
A. Befreiungen bestimmter dem Gemeinwohl dienender Tätigkeiten
(1) (abgedruckt zu § 4 Nr. 16 UStG)
...
l) (abgedruckt zu § 4 Nr. 18 UStG)
...

UStG

§ 4 Steuerbefreiungen usw. (Fortsetzung)
Von den unter § 1 Abs. 1 Nr. 1 bis 3 fallenden Umsätzen sind steuerfrei:
...
19. a) die Umsätze der Blinden, die nicht mehr als zwei Arbeitnehmer beschäftigen. ²Nicht als Arbeitnehmer gelten der Ehegatte, die minderjährigen Abkömmlinge, die Eltern des Blinden und die Lehrlinge. ³Die Blindheit ist nach den für die Besteuerung des Einkommens maßgebenden Vorschriften nachzuweisen. ⁴Die Steuerfreiheit gilt nicht für die Lieferungen von Mineralölen und Branntweinen, wenn der Blinde für diese Erzeugnisse Mineralölsteuer oder Branntweinabgaben zu entrichten hat;

   b) die folgenden Umsätze der nicht unter Buchstabe a fallenden Inhaber von anerkannten Blindenwerkstätten und der anerkannten Zusammenschlüsse von Blindenwerkstätten im Sinne des § 5 Abs. 1 des Blindenwarenvertriebsgesetzes vom 9. April 1965 (BGBl I S. 311):

   aa) die Lieferungen und der Eigenverbrauch von Blindenwaren und Zusatzwaren im Sinne des Blindenwarenvertriebsgesetzes,

   bb) die sonstigen Leistungen, soweit bei ihrer Ausführung ausschließlich Blinde mitgewirkt haben;
...

6. EG-Richtlinie

Abschnitt XVI: Übergangsbestimmungen

Artikel 28
...
(3) Während der in Absatz 4 genannten Übergangszeit können die Mitgliedstaaten
...

b) die in Anhang F aufgeführten Umsätze unter den in den Mitgliedstaaten bestehenden Bedingungen weiterhin befreien;

...

Anhang F: *Liste der in Artikel 28 Absatz 3 Buchstabe b) vorgesehenen Umsätze*

...

7. Umsätze der Blinden oder Blindenwerkstätten, wenn ihre Befreiung keine erheblichen Wettbewerbsverzerrungen verursacht

...

UStR

104. Blinde

(1) Der Unternehmer hat den Nachweis der Blindheit in der gleichen Weise wie bei der Einkommensteuer für die Inanspruchnahme eines Pauschbetrages nach § 33b EStG in Verbindung mit § 65 EStDV zu führen.

(2) [1]Bei der Frage nach den beschäftigten Arbeitnehmern kommt es nach dem Sinn und Zweck der Steuerbefreiung nicht auf die Anzahl der Arbeitnehmer schlechthin, sondern auf ihre zeitliche Arbeitsleistung an. [2]Die Umsätze von Blinden sind daher auch dann steuerfrei, wenn mehr als zwei Teilzeitkräfte beschäftigt werden, sofern ihre Beschäftigungszeit – bezogen jeweils auf den Kalendermonat – diejenige von zwei ganztägig beschäftigten Arbeitnehmern nicht übersteigt.

(3) [1]Die Einschränkung der Steuerbefreiung für die Lieferungen von Mineralölen und Branntweinen in den Fällen, in denen der Blinde für diese Erzeugnisse Mineralölsteuer oder Branntweinabgaben zu entrichten hat, ist insbesondere für blinde Tankstellenunternehmer von Bedeutung, denen nach § 9 des Mineralölsteuergesetzes ein Steuerlager bewilligt ist. [2]Der Begriff Mineralöl richtet sich nach § 1 Abs. 2 des Mineralölsteuergesetzes. [3]Hiernach fallen unter diesen Begriff vor allem Vergaserkraftfahrzeuge, Dieselkraftfahrzeuge, Flüssiggase – Autogase – und Schmierstoffe. [4]Der Begriff Branntwein richtet sich nach den Bestimmungen des Gesetzes über das Branntweinmonopol in der im Bundesgesetzblatt Teil III, Gliederungsnummer 612-7 veröffentlichten Fassung, zuletzt geändert durch *Artikel 3 des Gesetzes vom 21. 12. 1992 (BGBl. I S. 2150).* [5]Hiernach sind als Branntweine sowohl unverarbeiteter Branntwein als auch trinkfertige Erzeugnisse (Spirituosen) anzusehen. [6]Unter den Begriff Branntweinabgaben fallen Branntweinsteuer, Branntweinaufschlag und Monopolausgleich. [7]Bei Erhöhung der Mineralölsteuer oder Branntweinabgaben unterliegen die entsprechenden Waren in bestimmtem Umfang einer Nachsteuer. [8]Wenn blinde Unternehmer lediglich eine solche Nachsteuer zu entrichten haben, entfällt die Steuerbefreiung nicht.

105. Blindenwerkstätten

(1) [1]Blindenwerkstätten sind Betriebe, in denen ausschließlich Blindenwaren hergestellt und in denen bei der Herstellung andere Personen als Blinde nur mit Hilfs- oder Nebenarbeiten beschäftigt werden. [2]Die Unternehmer sind im Besitz eines Anerkennungsbescheides.

Steuerbefreiungen   *6. EGRL Art. 13*   **§ 4 Nr. 20 UStG**

(2) [1]Welche Waren als Blindenwaren und Zusatzwaren anzusehen sind, bestimmt sich nach § 2 des Blindenwarenvertriebsgesetzes vom 9. 4. 1965 (BGBl. I S. 311), zuletzt geändert durch Artikel *40 der Verordnung* vom *26. 2. 1993 (BGBl. I S. 278)* und nach den §§ 1 und 2 der zu diesem Gesetz ergangenen Durchführungsverordnung vom 11. 8. 1965 (BGBl. I S. 807), zuletzt geändert durch die Verordnung 10. 7. 1991 (BGBl. 1 S. 1491). [2]Unter die Steuerbefreiung fallen auch die Umsätze von solchen Blindenwaren, die nicht in der eigenen Blindenwerkstätte hergestellt sind.

UStG

§ 4 Steuerbefreiungen usw. (Fortsetzung)
Von den unter § 1 Abs. 1 Nr. 1 bis 3 fallenden Umsätzen sind steuerfrei:
...
20. a) die Umsätze folgender Einrichtungen des Bundes, der Länder, der Gemeinden oder der Gemeindeverbände: Theater, Orchester, Kammermusikensembles, Chöre, Museen, botanische Gärten, zoologische Gärten, Tierparks, Archive, Büchereien sowie Denkmäler der Bau- und Gartenbaukunst. [2]Das gleiche gilt für die Umsätze gleichartiger Einrichtungen anderer Unternehmer, wenn die zuständige Landesbehörde bescheinigt, daß sie die gleichen kulturellen Aufgaben wie die in Satz 1 bezeichneten Einrichtungen erfüllen. [3]Museen im Sinne dieser Vorschrift sind wissenschaftliche Sammlungen und Kunstsammlungen;
    b) die Veranstaltung von Theatervorführungen und Konzerten durch andere Unternehmer, wenn die Darbietungen von den unter Buchstabe a bezeichneten Theatern, Orchestern, Kammermusikensembles oder Chören erbracht werden;
...

6. EG-Richtlinie

Abschnitt X: Steuerbefreiungen

Artikel 13   Steuerbefreiungen im Inland

A. Befreiungen bestimmter dem Gemeinwohl dienender Tätigkeiten
(1) Unbeschadet sonstiger Gemeinschaftsvorschriften befreien die Mitgliedstaaten unter den Bedingungen, die sie zur Gewährleistung einer korrekten und einfachen Anwendung

der nachstehenden Befreiungen sowie zur Verhütung von Steuerhinterziehungen, Steuerumgehungen und etwaigen Mißbräuchen festsetzen, von der Steuer:

...

n) bestimmte kulturelle Dienstleistungen und eng damit verbundene Lieferungen von Gegenständen, die von Einrichtungen des öffentlichen Rechts oder anderen von dem betreffenden Mitgliedstaat anerkannten Einrichtungen erbracht werden;

...

UStR

106. Theater

(1) ¹Ein Theater im Sinne des § 4 Nr. 20 UStG liegt vor, wenn so viele künstlerische und technische Kräfte und die zur Ausführung von Theaterveranstaltungen notwendigen technischen Voraussetzungen unterhalten werden, daß die Durchführung eines Spielplanes aus eigenen Kräften möglich ist (BFH-Urteil vom 14. 11. 1968 – BStBl 1969 II S. 274). ²Es genügt, daß ein Theater die künstlerischen und technischen Kräfte nur für die Spielzeit eines Stückes verpflichtet. ³Ein eigenes oder gemietetes Theatergebäude braucht nicht vorhanden zu sein (BFH-Urteil vom 24. 3. 1960 – BStBl III S. 277). ⁴Unter die Befreiungsvorschrift fallen deshalb auch die Theatervorführungen in einem Fernsehstudio, und zwar unabhängig davon, ob die Theatervorführung unmittelbar übertragen oder aufgezeichnet wird.

(2) ¹Zu den Theatern gehören auch Freilichtbühnen, Wanderbühnen, Zimmertheater, Heimatbühnen, Puppen-, Marionetten- und Schattenspieltheater sowie literarische Kabaretts, wenn sie die in Absatz 1 bezeichneten Voraussetzungen erfüllen. ²Filmvorführungen, Varietéaufführungen und sonstige Veranstaltungen der Kleinkunst fallen nicht unter die Steuerbefreiung.

(3) ¹Befreit sind die eigentlichen Theaterleistungen einschließlich der damit üblicherweise verbundenen Nebenleistungen. ²Als Theaterleistungen sind auch solche Leistungen anzusehen, die gegenüber einem gastgebenden Theater ausgeführt werden, z. B. Zurverfügungstellen eines Ensembles. ³Zu den Nebenleistungen gehören insbesondere die Aufbewahrung der Garderobe, der Verkauf von Programmen und die Vermietung von Operngläsern. ⁴Wenn die Lieferung von Speisen, Getränken und Süßwaren als Nebenleistung anzusehen ist (BFH-Urteil vom 18. 5. 1988 – BStBl II S. 799), erstreckt sich die Steuerbefreiung auch auf diese Lieferungen. ⁵Der Betrieb einer Theatergaststätte und die Vermietung oder Verpachtung eines Theaters oder eines Nebenbetriebes, z. B. Gaststätte, Kleiderablage, sind dagegen steuerpflichtig, sofern nicht besondere Befreiungsvorschriften, z. B. § 4 Nr. 12 UStG, anzuwenden sind.

(4) ¹Werden bei Theatervorführungen mehrere Veranstalter tätig, so kann jeder Veranstalter die Steuerbefreiung des § 4 Nr. 20 Buchstabe b UStG unter den Voraussetzungen dieser Vorschrift in Anspruch nehmen. ²Bei Tournee-Veranstaltungen kann deshalb die Steuerbefreiung sowohl dem Tournee-Veranstalter als auch dem örtlichen Veranstalter zustehen.

107. Orchester, Kammermusikensembles und Chöre

(1) ¹Zu den Orchestern, Kammermusikensembles und Chören gehören alle Musiker- und Gesangsgruppen, die aus zwei oder mehr Mitwirkenden bestehen. ²Auf die Art der Musik kommt

es nicht an. ³Auch Musikgruppen aus dem Bereich der Unterhaltungsmusik können deshalb unter die Vorschrift fallen.

(2) ¹Die Steuerbefreiung für die Aufführung von Konzerten wird durch die Mitwirkung von Solisten nicht ausgeschlossen, wenn der Gesamtcharakter der Darbietung als Konzert erhalten bleibt. ²Diese Voraussetzung kann z. B. bei der Aufführung von Oratorienkonzerten als erfüllt angesehen werden. ³Das gilt entsprechend für die Veranstaltung von Konzerten (§ 4 Nr. 20 Buchstabe b UStG).

(3) Zur umsatzsteuerlichen Behandlung von Konzerten, bei denen mehrere Veranstalter tätig werden, wird auf Abschnitt 106 Abs. 4 hingewiesen.

108.¹) Museen und Denkmäler der Bau- und Gartenbaukunst

(1) ¹Als Museen können auch Kunstausstellungen in Betracht kommen. ²Hierbei muß es sich um Kunstsammlungen handeln, die ausgestellt und dadurch der Öffentlichkeit zum Betrachten und zu den damit verbundenen kulturellen und bildenden Zwecken zugänglich gemacht werden. ³Kunstausstellungen, die Verkaufszwecken dienen und damit gewerbliche Ziele verfolgen, können demgegenüber nicht als Museen angesehen werden. ⁴Verkäufe von sehr untergeordneter Bedeutung beeinträchtigen die Eigenschaft der Kunstausstellung als Kunstsammlung dagegen nicht.

(2) ¹Steuerfrei sind insbesondere die Leistungen der Museen, für die als Entgelte Eintrittsgelder erhoben werden, und zwar *auch* insoweit, als es sich um Sonderausstellungen, Führungen und Vorträge handelt. ²Die Steuerbefreiung erfaßt auch die bei diesen Leistungen üblichen Nebenleistungen, z. B. den Verkauf von Katalogen und Museumsführern und die Aufbewahrung der Garderobe. ³Als weitere typische Museumsleistungen sind anzusehen das Dulden der Anfertigung von Reproduktionen, Abgüssen und Nachbildungen sowie die Restaurierung und Pflege von Kunstwerken in Privatbesitz, die von den Museen im Interesse der Erhaltung dieser Werke für die Allgemeinheit vorgenommen werden. ⁴Der Verkauf von Kunstpostkarten, Fotografien, Dias, Plakaten, Klischees, Reproduktionen, Abgüssen, Nachbildungen, Farbdrucken und Bildbänden ist nur dann als typische Museumsleistung steuerfrei, wenn

1. es sich um Darstellungen von Objekten des betreffenden Museums handelt,

2. das Museum die genannten Gegenstände selbst herstellt oder herstellen läßt und

3. diese Gegenstände ausschließlich in diesem Museum vertrieben werden.

⁵Der Verkauf von Literatur, die in Beziehung zu der Sammlung des betreffenden Museums steht, ist bei Vorliegen der Voraussetzungen zu *Nr.* 2 und 3 ebenfalls steuerfrei. ⁶Die Veräußerung von Musemsobjekten sowie von Altmaterial ist dagegen von der Steuerbefreiung nach § 4 Nr. 20 UStG ausgeschlossen. ⁷Es kann jedoch die Steuerbefreiung nach § 4 Nr. 28 UStG in Betracht kommen (vgl. Abschnitt 122).

(3) ¹*Denkmäler der Baukunst sind Bauwerke, die nach denkmalpflegerischen Gesichtspunkten als schützenswerte Zeugnisse der Architektur anzusehen sind.* ²*Hierzu gehören z. B. Kirchen, Schlösser, Burgen und Burgruinen.* ³*Auf eine künstlerische Ausgestaltung kommt es nicht an.* ⁴Zu den Denkmälern der Gartenbaukunst gehören z. B. Parkanlagen mit künstlerischer Ausgestaltung.

---

1) **Anm.:** Abschn. 108 Abs. 2 Satz 1 berichtigt durch BMF v. 11. 10. 96 (BStBl I, 1206).

109. Zoologische Gärten und Tierparks

(1) ¹Zoologische Gärten im Sinne der Befreiungsvorschrift sind auch Aquarien und Terrarien. ²Sogenannte Vergnügungsparks sind keine begünstigten Einrichtungen; das gilt auch für Delphinarien, die auf dem Gelände zoologischer Gärten von anderen Unternehmern in eigener Regie betrieben werden (BFH-Urteil vom 20. 4. 1988 – BStBl II S. 796).

(2) ¹Die Umsätze der zoologischen Gärten und Tierparks sind unter der Voraussetzung steuerfrei, daß es sich um typische Leistungen der bezeichneten Einrichtungen handelt. ²Als typisch sind insbesondere folgende Umsätze anzusehen:

1. Zurschaustellung von Tieren,
2. Erteilung der Erlaubnis zum Fotografieren,
3. Verkauf von Ansichtskarten, Fotografien und Dias mit Zoo- und Tierparkmotiven,
4. Verkauf von Zoo- und Tierparkführern,
5. Verkauf von Tierfutter an die Besucher zum Füttern der zur Schau gestellten Tiere,
6. Verkauf von Tieren, wenn der Verkauf den Aufgaben der zoologischen Gärten und Tierparks dient oder mit dem Betrieb dieser Einrichtung zwangsläufig verbunden ist, z. B. Verkauf zum Zweck der Zurschaustellung in einem anderen zoologischen Garten oder Tierpark, Verkauf zum Zweck der Zucht oder Verkauf zum Zweck der Verjüngung des Tierbestandes.

(3) Insbesondere folgende Umsätze der zoologischen Gärten und Tierparks sind für diese nicht typisch und fallen deshalb nicht unter die Steuerbefreiung:

1. Umsätze in den Gaststättenbetrieben,
2. Verkauf von Gebrauchsartikeln, z. B. Zeitungen, und anderen als den in Absatz 2 Nr. 3 bezeichneten Andenken,
3. Duldung der Jagd in einem Tierpark,
4. Verkauf von Wildbret, Fellen, Jagdtrophäen und Abwurfstangen,
5. Überlassung besonderer Vergnügungseinrichtungen, z. B. Kleinbahnen, Autoskooter, Boote, Minigolfplätze,
6. ¹Verkauf von Gegenständen des Anlagevermögens, ausgenommen die in Absatz 2 Nr. 6 bezeichneten Umsätze von Tieren. ²Es kann jedoch die Steuerbefreiung nach § 4 Nr. 28 UStG in Betracht kommen (vgl. Abschnitt 122).

110. Bescheinigungsverfahren

¹Für die Erteilung der Bescheinigung der zuständigen Landesbehörde gilt Abschnitt 114 Abs. 1 und 2 entsprechend. ²Soweit ausländische Theater und Orchester im Inland an verschiedenen Orten gastieren, genügt eine Bescheinigung der Landesbehörde, in deren Zuständigkeitsbereich das ausländische Ensemble erstmalig im Inland tätig wird.

Verwaltungsanweisungen

- Ustl. Behandlung von Leistungen der Volksbühnen- und Theatergemeinden-Vereine (BMF 1. 8. 1990, UR 1990, 323);

Steuerbefreiungen § 4 Nr. 21 UStG

- Denkmäler der Baukunst (OFD Frankfurt a. M. 18. 4. 1994, DB 1994, 1115);
- ustl. Behandlung von Solokünstlern (OFD München 21. 8. 1995, StEd 1995, 635);
- Abschnitt 108 Abs. 2 Satz 1 UStR 1996 (Anpassung) (BMF 11. 10. 1996, BStBl I, 1206);
- Besteuerung von Heimatabenden (OFD Nürnberg 20. 1. 1997, StEd 1997, 137).

Rechtsprechung

- Beschreibung der typischen Theaterleistung (BFH 18. 5. 1988, BStBl II, 799);
- Betrieb einer Kunsthalle (BFH 16. 8. 1994, BFH/NV 1994, 278);
- rückwirkende Anwendung einer Bescheinigung nach Buchst. a Satz 2 (BFH 6. 12. 1994, BStBl II, 913 und 15. 9. 1994, BStBl II, 912 sowie BMF 30. 11. 1995, BStBl I, 827);
- Leistungen selbständiger Chorsängerinnen sind stpfl. (BFH 14. 12. 1995, BStBl 1995 II, 386).

UStG

§ 4 Steuerbefreiungen usw. (Fortsetzung)
Von den unter § 1 Abs. 1 Nr. 1 bis 3 fallenden Umsätzen sind steuerfrei:
...
21. die unmittelbar dem Schul- und Bildungszweck dienenden Leistungen privater Schulen und anderer allgemeinbildender oder berufsbildender Einrichtungen,
   a) wenn sie als Ersatzschulen gemäß Artikel 7 Abs. 4 des Grundgesetzes staatlich genehmigt oder nach Landesrecht erlaubt sind oder
   b) wenn die zuständige Landesbehörde bescheinigt, daß sie auf einen Beruf oder eine vor einer juristischen Person des öffentlichen Rechts abzulegende Prüfung ordnungsgemäß vorbereiten;
21a. die Umsätze der staatlichen Hochschulen aus Forschungstätigkeit. ²Nicht zur Forschungstätigkeit gehören Tätigkeiten, die sich auf die Anwendung gesicherter Erkenntnisse beschränken, die Übernahme von Projektträgerschaften sowie Tätigkeiten ohne Forschungsbezug;
...

6. EG-Richtlinie

Abschnitt X: Steuerbefreiungen

Artikel 13   Steuerbefreiungen im Inland

A. Befreiungen bestimmter dem Gemeinwohl dienender Tätigkeiten

(1) Unbeschadet sonstiger Gemeinschaftsvorschriften befreien die Mitgliedstaaten unter den Bedingungen, die sie zur Gewährleistung einer korrekten und einfachen Anwendung der nachstehenden Befreiungen sowie zur Verhütung von Steuerhinterziehungen, Steuerumgehungen und etwaigen Mißbräuchen festsetzen, von der Steuer:

...

i) die Erziehung von Kindern und Jugendlichen, den Schul- oder Hochschulunterricht, die Ausbildung, die Fortbildung oder die berufliche Umschulung sowie die damit eng verbundenen Dienstleistungen und Lieferungen von Gegenständen durch Einrichtungen des öffentlichen Rechts, die mit solchen Aufgaben betraut sind oder andere Einrichtungen mit von dem betreffenden Mitgliedstaat anerkannter vergleichbarer Zielsetzung;

j) den von Privatlehrern erteilten Schul- und Hochschulunterricht;

...

UStR

111. Ersatzschulen

Der Nachweis, daß für den Betrieb der Ersatzschule eine staatliche Genehmigung oder landesrechtliche Erlaubnis vorliegt, kann durch eine Bescheinigung der Schulaufsichtsbehörde geführt werden.

112. Ergänzungsschulen und andere allgemeinbildende oder berufsbildende Einrichtungen

(1) ¹Zu den allgemeinbildenden oder berufsbildenden Einrichtungen gehören u. a. auch Fernlehrinstitute, Fahrlehrerausbildungsstätten, Heilpraktiker-Schulen, Kurse zur Erteilung von Nachhilfeunterricht für Schüler und Repetitorien, die Studierende auf akademische Prüfungen vorbereiten. ²Zum Begriff der allgemeinbildenden Einrichtung wird auf das Urteil des BVerwG vom 3. 12. 1976 – BStBl 1977 II S. 334 hingewiesen.

(2) ¹Die Vorbereitung auf einen Beruf umfaßt die berufliche Ausbildung, die berufliche Fortbildung und die berufliche Umschulung. ²Derartige Maßnahmen werden nach § 33 Abs. 1 des Arbeitsförderungsgesetzes (AFG) vom 25. 6. 1969 (BGBl. I S. 582), zuletzt geändert durch *Artikel 93 des Gesetzes vom 5. 10. 1994 (BGBl. I S. 2911)* von der Bundesanstalt für Arbeit (BA) gefördert. ³Mit ihrer Durchführung beauftragt die BA in manchen Fällen gewerbliche Unterneh-

men oder andere Einrichtungen, z. B. Berufsverbände, Kammern, Schulen, die über geeignete Ausbildungsstätten verfügen. ⁴Es ist davon auszugehen, daß die genannten Unternehmen und andere Einrichtungen die von der BA geförderten Ausbildungs-, Fortbildungs- und Umschulungsmaßnahmen im Rahmen einer berufsbildenden Einrichtung im Sinne des § 4 Nr. 21 UStG erbringen.

(3) ¹Fahrschulen können grundsätzlich nicht als allgemeinbildende oder berufsbildende Einrichtungen beurteilt werden (BFH-Urteil vom 14. 3. 1974 – BStBl II S. 527). ²Die Steuerbefreiung kann aber insoweit in Betracht kommen, als Fahrschulen Lehrgänge zur Ausbildung für die Fahrerlaubnis der Klasse 2 und für die Fahrerlaubnis zur Fahrgastbeförderung durchführen, weil diese Leistungen in der Regel der Berufsausbildung dienen. ³Als „Lehrgang" ist auch die dem einzelnen Fahrschüler gegenüber erbrachte Leistung anzusehen. ⁴Dient diese Leistung dem Erwerb der Fahrerlaubnis der Klasse 2 oder der Fahrerlaubnis zur Fahrgastbeförderung, so kommt die Steuerbefreiung z. B. auch in Betracht, wenn der Fahrschüler im Rahmen seiner Ausbildung an einem Grundkursus für die Bewerber um die Fahrerlaubnis der Klasse 3 teilnimmt. ⁵Die Inhaber von Fahrschulen bedürfen nach § 10 Abs. 1 des Fahrlehrergesetzes (FahrlG) vom 25. 8. 1969 (BGBl. I S. 1336), zuletzt geändert durch *Artikel 98 des Gesetzes vom 5. 10. 1994 (BGBl. I S. 2911)*, der Fahrschulerlaubnis. ⁶Die Erlaubnis wird durch eine Erlaubnisurkunde erteilt (§ 13 Abs. 1 FahrlG). ⁷Die Erlaubnisurkunde für die Ausbildung zum Erwerb der Fahrerlaubnis der Klasse 2 kann als Bescheinigung im Sinne des § 4 Nr. 21 Buchstabe b UStG anerkannt werden. ⁸Für Fahrschulen, die bei Inkrafttreten des Fahrlehrergesetzes bestanden, gilt die Fahrschulerlaubnis nach § 37 Abs. 2 FahrlG als erteilt. ⁹In diesen Fällen können Bescheinigungen der zuständigen Erlaubnisbehörden als Bescheinigungen im Sinne des § 4 Nr. 21 Buchstabe b UStG anerkannt werden, wenn sie die Angabe enthalten, daß die Fahrschulerlaubnis für die Ausbildung zum Erwerb der Fahrerlaubnis der Klasse 2 als erteilt gilt. ¹⁰Ist diese Fahrschulerlaubnis durch Erlaubnisurkunde oder Bescheinigung nachgewiesen, kann davon ausgegangen werden, daß die betreffende Fahrschule auch auf die Fahrerlaubnis zur Fahrgastbeförderung ordnungsgemäß vorbereitet.

112a. Erteilung von Unterricht durch selbständige Lehrer an Schulen und Hochschulen

(1) ¹Zu den Unternehmern, deren Leistungen unter die Steuerbefreiung fallen können, gehören auch einzelne Personen, die als freie Mitarbeiter an Schulen, Hochschulen oder ähnlichen Bildungseinrichtungen Unterricht erteilen. ²Eine Unterrichtstätigkeit liegt vor, wenn Kenntnisse im Rahmen festliegender Lehrprogramme und Lehrpläne vermittelt werden. ³Die Tätigkeit muß regelmäßig und für eine gewisse Dauer ausgeübt werden. ⁴Einzelne Vorträge fallen nicht unter die Steuerbefreiung.

(2) ¹Begünstigt sind die von den in Absatz 1 genannten Personen erbrachten Unterrichtsleistungen. ²Diese Leistungen dienen unmittelbar Schul- und Bildungszwecken, weil sie den Schülern und Studenten tatsächlich zugute kommen. ³Auf die Frage, wer Vertragspartner der den Unterricht erteilenden Personen und damit Leistungsempfänger im Rechtssinne ist, kommt es hierbei nicht an.

(3) ¹Voraussetzung für die Steuerbefreiung ist nach § 4 Nr. 21 Buchstabe b UStG die Bescheinigung der zuständigen Landesbehörde, daß die den Unterricht erteilenden Personen mit ihren Leistungen auf einen Beruf oder eine vor einer juristischen Person des öffentlichen Rechts abzulegende Prüfung ordnungsgemäß vorbereiten. ²Auf die Bescheinigung wird verzichtet, wenn die Unterrichtsleistungen an folgenden Einrichtungen erbracht werden:

1. Hochschulen im Sinne der §§ 1 und 70 des Hochschulrahmengesetzes,
2. öffentliche allgemein- und berufsbildende Schulen, z. B. Gymnasien, Realschulen, Berufsschulen,
3. als Ersatzschulen nach Artikel 7 Abs. 4 des Grundgesetzes staatlich genehmigte oder nach Landesrecht erlaubte Schulen,
4. andere Einrichtungen, wenn ihnen eine Bescheinigung nach § 4 Nr. 21 UStG erteilt worden ist; *das gilt auch für Einrichtungen, die nicht Unternehmer sind.*

³Bei diesen Einrichtungen ist durch die staatliche Aufsicht bzw. durch die Durchführung des Bescheinigungsverfahrens eine ordnungsgemäße Berufs- oder Prüfungsvorbereitung gewährleistet. ⁴Es kann daher davon ausgegangen werden, daß diese Einrichtungen nur solche Personen als freie Mitarbeiter beschäftigen, deren Unterrichtstätigkeit diesen Voraussetzungen entspricht.

(4) Unternehmer, die für ihre Unterrichtstätigkeit die Steuerbefreiung nach § 4 Nr. 21 UStG ohne die Bescheinigung der Landesbehörde in Anspruch nehmen wollen, müssen in geeigneter Weise nachweisen, daß sie an einer der in Absatz 3 bezeichneten Einrichtungen tätig sind.

113. Unmittelbar dem Schul- und Bildungszweck dienende Leistungen

(1) ¹Leistungen dienen dem Schul- und Bildungszweck dann unmittelbar, wenn dieser gerade durch die jeweils in Frage stehende Leistung erfüllt wird (BFH-Urteil vom 26. 10. 1989 – BStBl 1990 II S. 98). ²Auf die Ziele der Personen, welche die Einrichtungen besuchen, kommt es nicht an. ³Unerheblich ist deshalb, ob sich die Personen, an die sich die Leistungen der Einrichtung richten, tatsächlich auf einen Beruf oder eine Prüfung vor einer juristischen Person des öffentlichen Rechts vorbereiten (BFH-Urteil vom 3. 5. 1989 – BStBl II S. 815).

(2) ¹Die Lieferungen von Lehr- und Lernmaterial dienen nicht unmittelbar dem Schul- und Bildungszweck. ²Sie sind nur insoweit steuerfrei, als es sich um unselbständige Nebenleistungen handelt. ³Eine unselbständige Nebenleistung liegt in diesen Fällen vor, wenn das den Lehrgangsteilnehmern überlassene Lehr- und Lernmaterial inhaltlich den Unterricht ergänzt, zum Einsatz im Unterricht bestimmt ist, von der Schule oder der Bildungseinrichtung für diese Zwecke selbst entworfen worden ist und bei Dritten nicht bezogen werden kann (BFH-Urteil vom 12. 12. 1985 – BStBl 1986 II S. 499).

(3) ¹Leistungen, die sich auf die Unterbringung und Verpflegung von Schülern beziehen, dienen dem Schul- und Bildungszweck im Regelfall nicht unmittelbar, sondern nur mittelbar (BFH-Urteil vom 17. 3. 1981 – BStBl II S. 746). ²*Diese Leistungen können aber unter den Voraussetzungen des § 4 Nr. 23 UStG steuerfrei sein.*

114. Bescheinigungsverfahren

(1) ¹Die für die Erteilung der Bescheinigung zuständige Landesbehörde kann nicht nur vom Unternehmer, sondern auch von Amts wegen eingeschaltet werden. ²Sie befindet darüber, ob die Bildungseinrichtung auf einen Beruf oder eine vor einer juristischen Person des öffentlichen Rechts abzulegende Prüfung ordnungsgemäß vorbereitet. ³Die entsprechende Bescheinigung bindet die Finanzbehörden insoweit; das schließt nicht aus, daß die Finanzbehörden bei der zuständigen Landesbehörde eine Überprüfung der Bescheinigung anregen. ⁴Die Finanzbehörden entscheiden jedoch in eigener Zuständigkeit, ob die Voraussetzungen für die Steuerfreiheit im übrigen vorliegen. ⁵Dazu gehören insbesondere die Voraussetzungen einer allgemeinbildenden oder berufsbildenden Einrichtung (BFH-Urteil vom 3. 5. 1989 – BStBl II S. 815).

Steuerbefreiungen § 4 Nr. 22 UStG

(2) ¹Erbringt der Unternehmer die dem Schul- und Bildungszweck dienenden Leistungen in mehreren Bundesländern, ist eine Bescheinigung der zuständigen Behörde des Bundeslandes, in dem der Unternehmer steuerlich geführt wird, als für umsatzsteuerliche Zwecke ausreichend anzusehen. ²Werden die Leistungen ausschließlich außerhalb dieses Bundeslandes ausgeführt, genügt eine Bescheinigung der zuständigen Behörde eines der Bundesländer, in denen der Unternehmer tätig wird.

(3) Sofern Ergänzungsschulen oder sonstige Bildungseinrichtungen Leistungen erbringen, die verschiedenartigen Bildungszwecken dienen, ist der Begünstigungsnachweis im Sinne des § 4 Nr. 21 Buchstabe b UStG durch getrennte Bescheinigungen, bei Fernlehrinstituten z. B. für jeden Lehrgang, zu führen.

Verwaltungsanweisungen

- Bescheinigungsverfahren nach Buchst. b (FinMin Nordrhein-Westfalen 10. 1. 1990, UR 1990, 164);

- Steuerbefreiung für Privatschulen (OFD Saarbrücken 13. 9. 1995, UR 1996, 353);
- Steuerbefreiung für Leistungen berufsbildender Einrichtungen (Bescheinigungsverfahren nach § 34 AFG) (BMF 26. 5. 1996, DStR 1996, 1607);
- Steuerbefreiung als selbständig tätiger Dozent im BMPT (BMF 30. 12. 1996, StEd 1997, 84).

Rechtsprechung

- Zur Bindungswirkung einer Bescheinigung nach Buchst. b (BFH 3. 5. 1989, BStBl II, 815);
- Steuerfreiheit der Leistungen von Privatschulen (BFH 9. 10. 1995, BFH/NV 1996, 278).

UStG

§ 4 Steuerbefreiungen usw. (Fortsetzung)
Von den unter § 1 Abs. 1 Nr. 1 bis 3 fallenden Umsätzen sind steuerfrei:
...
22. a) die Vorträge, Kurse und anderen Veranstaltungen wissenschaftlicher oder belehrender Art, die von juristischen Personen des öffentlichen Rechts, von

Verwaltungs- und Wirtschaftsakademien, von Volkshochschulen oder von Einrichtungen, die gemeinnützigen Zwecken oder dem Zweck eines Berufsverbandes dienen, durchgeführt werden, wenn die Einnahmen überwiegend zur Deckung der Unkosten verwendet werden,

b) andere kulturelle und sportliche Veranstaltungen, die von den in Buchstabe a genannten Unternehmern durchgeführt werden, soweit das Entgelt in Teilnehmergebühren besteht;

...

6. EG-Richtlinie

Abschnitt X: Steuerbefreiungen

Artikel 13   Steuerbefreiungen im Inland

A. Befreiungen bestimmter dem Gemeinwohl dienender Tätigkeiten

(1) (abgedruckt zu § 4 Nr. 21 UStG)

...

i) (abgedruckt zu § 4 Nr. 21 UStG)

...

m) bestimmte in engem Zusammenhang mit Sport und Körperertüchtigung stehende Dienstleistungen, die Einrichtungen ohne Gewinnstreben an Personen erbringen, die Sport oder Körperertüchtigung ausüben;

...

UStR

115. Veranstaltung wissenschaftlicher und belehrender Art

(1) [1]Volkshochschulen sind Einrichtungen, die auf freiwilliger, überparteilicher und überkonfessioneller Grundlage Bildungsziele verfolgen. [2]Begünstigt sind auch Volkshochschulen mit gebundener Erwachsenenbildung. [3]Das sind Einrichtungen, die von einer festen politischen, sozialen oder weltanschaulichen Grundeinstellung ausgehen, im übrigen aber den Kreis der Hörer nicht ausdrücklich einengen (BFH-Urteil vom 2. 8. 1962 – BStBl III S. 458).

(2) [1]Begünstigt sind nach § 4 Nr. 22 Buchstabe a UStG nur Leistungen, die *von den im Gesetz genannten Unternehmern erbracht werden und* in Vorträgen, Kursen und anderen Veranstaltungen wissenschaftlicher oder belehrender Art bestehen. [2]Es handelt sich hierbei um eine abschließende

Steuerbefreiungen § 4 Nr. 23 UStG

Aufzählung, die nicht im Auslegungswege erweitert werden kann. *³Vergleichbare Tätigkeiten der bei den begünstigten Unternehmern tätigen externen Dozenten fallen nicht hierunter.* ⁴*Sie können unter den Voraussetzungen des § 4 Nr. 21 UStG steuerfrei sein (vgl. Abschnitt 112a Abs. 1).* ⁵Beherbergung und Beköstigung sind nur unter den Voraussetzungen des § 4 Nr. 23 UStG steuerfrei (Leistungen an Jugendliche).

(3) ¹Zu den in § 4 Nr. 22 Buchstabe a UStG bezeichneten Veranstaltungen belehrender Art gehört auf dem Gebiete des Sports die Erteilung von Sportunterricht, z. B. die Erteilung von Schwimm-, Tennis-, Reit-, Segel- und Skiunterricht. ²Der Sportunterricht ist steuerfrei, soweit er von einem Sportverein im Rahmen eines Zweckbetriebes im Sinne des § 67a AO durchgeführt wird. ³Ein bestimmter Stunden- und Stoffplan sowie eine von den Teilnehmern abzulegende Prüfung sind nicht erforderlich. ⁴Die Steuerbefreiung gilt unabhängig davon, ob der Sportunterricht Mitgliedern des Vereins oder anderen Personen erteilt wird.

116. Andere kulturelle und sportliche Veranstaltungen

(1) ¹Als andere kulturelle und sportliche Veranstaltungen kommen z. B. Musikwettbewerbe, Trachtenfeste und Sportwettkämpfe in Betracht. ²Die Genehmigung von Wettkampfveranstaltungen oder von Trikotwerbung sowie die Ausstellung oder Verlängerung von Sportausweisen durch einen Sportverband sind keine sportlichen Veranstaltungen im Sinne des § 4 Nr. 22 Buchstabe b UStG; wegen der Anwendung des ermäßigten Steuersatzes vgl. Abschnitt 170 Abs. 4, Beispiel 1.

(2) ¹Teilnehmergebühren sind Entgelte, die gezahlt werden, um an den Veranstaltungen aktiv teilnehmen zu können, z. B. Startgelder und Meldegelder. ²Soweit das Entgelt für die Veranstaltungen in Eintrittsgeldern der Zuschauer besteht, ist die Befreiungsvorschrift nicht anzuwenden.

Rechtsprechung

- Auslegung des Begriffs „Berufsverband" (BFH 28. 1. 1988, UR 1989, 245);
- Begriff „sportliche Veranstaltung" ist mit dem in § 67a AO deckungsgleich (BFH 25. 7. 1996, BStBl 1997 II, 154).

UStG

§ 4 Steuerbefreiungen usw. (Fortsetzung)
Von den unter § 1 Abs. 1 Nr. 1 bis 3 fallenden Umsätzen sind steuerfrei:
...
23. die Gewährung von Beherbergung, Beköstigung und der üblichen Naturalleistungen durch Personen und Einrichtungen, wenn sie überwiegend Jugendliche für Erziehungs-, Ausbildungs- oder Fortbildungszwecke oder für Zwecke der Säuglingspflege bei sich aufnehmen, soweit die Leistungen an die Jugendlichen oder an die bei ihrer Erziehung, Ausbildung, Fortbildung oder Pflege

tätigen Personen ausgeführt werden. ²Jugendliche im Sinne dieser Vorschrift sind alle Personen vor Vollendung des 27. Lebensjahres. ³Steuerfrei sind auch die Beherbergung, Beköstigung und die üblichen Naturalleistungen, die diese Unternehmer den Personen, die bei den Leistungen nach Satz 1 tätig sind, als Vergütung für die geleisteten Dienste gewähren;
...

6. EG-Richtlinie

Abschnitt X: Steuerbefreiungen

Artikel 13 Steuerbefreiungen im Inland

A. Befreiungen bestimmter dem Gemeinwohl dienender Tätigkeiten

(1) Unbeschadet sonstiger Gemeinschaftsvorschriften befreien die Mitgliedstaaten unter den Bedingungen, die sie zur Gewährleistung einer korrekten und einfachen Anwendung der nachstehenden Befreiungen sowie zur Verhütung von Steuerhinterziehungen, Steuerumgehungen und etwaigen Mißbräuchen festsetzen, von der Steuer:
...
h) die eng mit der Kinder- und Jugendbetreuung verbundenen Dienstleistungen und Lieferungen von Gegenständen durch Einrichtungen des öffentlichen Rechts oder andere von dem betreffenden Mitgliedstaat als Einrichtungen mit sozialem Charakter anerkannte Einrichtungen;
i) (abgedruckt zu § 4 Nr. 21 UStG)
...

UStR

117. Beherbergung und Beköstigung von Jugendlichen

(1) ¹Die Steuerbefreiung nach § 4 Nr. 23 UStG ist davon abhängig, daß die Aufnahme der Jugendlichen zu Erziehungs-, Ausbildungs- oder Fortbildungszwecken erfolgt. ²Sie hängt nicht davon ab, in welchem Umfang und in welcher Organisationsform die Aufnahme von Jugendlichen zu den genannten Zwecken betrieben wird; die Tätigkeit muß auch nicht der alleinige Gegenstand oder der Hauptgegenstand des Unternehmens sein (BFH-Urteil vom 24. 5. 1989 – BStBl II S. 912). ³Die Steuerbefreiung setzt ferner nicht voraus, daß die Erziehungs-, Ausbildungs- oder Fortbildungszwecke von dem Unternehmer verfolgt werden, der die Jugendlichen bei sich aufnimmt. ⁴Der Begriff „Aufnahme" ist nicht an die Voraussetzung gebunden, daß die

Steuerbefreiungen § 4 Nr. 24 UStG

Jugendlichen Unterkunft während der Nachtzeit und volle Verpflegung erhalten (BFH-Urteil vom 19. 12. 1963 – BStBl 1964 III S. 110). ⁵Unter die Befreiung fallen deshalb grundsätzlich auch Kindergärten, Kindertagesstätten oder Halbtags-Schülerheime, die Schüler bei der Anfertigung der Schularbeiten oder bei der Freizeitgestaltung beaufsichtigen. ⁶Dem Kantinenpächter einer berufsbildenden Einrichtung steht für die Lieferung von Speisen und Getränken an Schüler und Lehrpersonal die Steuerbefreiung nach § 4 Nr. 23 UStG jedoch nicht zu, weil er allein mit der Bewirtung der Schüler diese nicht zur Erziehung, Ausbildung oder Fortbildung bei sich aufnimmt (BFH-Urteil vom 26. 7. 1979 – BStBl II S. 721). ⁷Auf die Frage, wer Vertragspartner des Unternehmers und damit Leistungsempfänger im Rechtssinne ist, kommt es nicht an. ⁸Voraussetzung ist aber, daß die Leistungen dem in § 4 Nr. 23 UStG genannten Personenkreis tatsächlich zugute kommen.

(2) ¹Die Erziehungs-, Ausbildungs- und Fortbildungszwecke umfassen nicht nur den beruflichen Bereich, sondern die gesamte geistige, sittliche und körperliche Erziehung und Fortbildung von Jugendlichen (vgl. BFH-Urteil vom 21. 11. 1974 – BStBl 1975 II S. 389). ²Hierzu gehört u. a. auch die sportliche Erziehung. ³Die Befreiungsvorschrift gilt deshalb sowohl bei Sportlehrgängen für Berufssportler als auch bei solchen für Amateursportler. ⁴Bei Kindergärten, Kindertagesstätten und Kinderheimen kann ein Erziehungszweck angenommen werden, wenn die Aufnahmedauer mindestens einen Monat beträgt.

(3) Zu den begünstigten Leistungen gehören neben der Beherbergung und Beköstigung insbesondere die Beaufsichtigung der häuslichen Schularbeiten und die Freizeitgestaltung durch Basteln, Spiele und Sport (BFH-Urteil vom 19. 12. 1963 – BStBl 1964 III S. 110).

(4) Hinsichtlich des Begriffs der Vergütung für geleistete Dienste wird auf Abschnitt 103 Abs. 6 hingewiesen.

Verwaltungsanweisungen

- Beherbergung und Beköstigung von Auszubildenden im Hotel- und Gaststättengewerbe (OFD Saarbrücken 11. 3. 1991, UR 1991, 235);
- Behandlung von Schulspeisungen (MDF Sachsen-Anhalt 27. 11. 1996, StEd 1997, 74).

Rechtsprechung

- Beköstigung des Kantinenpächters eines Berufsbildungszentrums (BFH 26. 4. 1990, BFH/NV 1992, 845);
- Steuerbefreiung einer privaten Kindertagesstätte (EuGH 11. 8. 1995, UR 1995, 476).

UStG

§ 4   Steuerbefreiungen usw. (Fortsetzung)
Von den unter § 1 Abs. 1 Nr. 1 bis 3 fallenden Umsätzen sind steuerfrei:
...

24. die Leistungen des Deutschen Jugendherbergswerkes, Hauptverband für Jugendwandern und Jugendherbergen e. V., einschließlich der diesem Verband angeschlossenen Untergliederungen, Einrichtungen und Jugendherbergen, soweit die Leistungen den Satzungszwecken unmittelbar dienen oder Personen, die bei diesen Leistungen tätig sind, Beherbergung, Beköstigung und die üblichen Naturalleistungen als Vergütung für die geleisteten Dienste gewährt werden. ²Das gleiche gilt für die Leistungen anderer Vereinigungen, die gleiche Aufgaben unter denselben Voraussetzungen erfüllen;

...

6. EG-Richtlinie

Abschnitt X: Steuerbefreiungen

Artikel 13 Steuerbefreiungen im Inland

A. Befreiungen bestimmter dem Gemeinwohl dienender Tätigkeiten

(1) (abgedruckt zu § 4 Nr. 23 UStG)

...

h) (abgedruckt zu § 4 Nr. 23 UStG)

...

UStR

118. Jugendherbergswesen

(1) Nach Satz 1 der Vorschrift des § 4 Nr. 24 UStG sind folgende Unternehmer begünstigt:

1. das Deutsche Jugendherbergswerk, Hauptverband für Jugendwandern und Jugendherbergen e. V. in Detmold (DJH), und die ihm angeschlossenen Landes-, Kreis- und Ortsverbände,

2. kommunale, kirchliche und andere Träger von Jugendherbergen, die dem DJH als Mitglied angeschlossen sind und deren Häuser im Deutschen Jugendherbergsverzeichnis als Jugendherbergen ausgewiesen sind,

3. die Pächter der Jugendherbergen, die von den in den Nummern 1 und 2 genannten Unternehmern unterhalten werden,

4. die Herbergseltern, soweit sie einen Teil der Jugendherberge, insbesondere die Kantine, auf eigene Rechnung betreiben.

(2) Die in Absatz 1 genannten Unternehmer erbringen folgende Leistungen:
1. die Beherbergung und die Beköstigung in Jugendherbergen einschließlich der Lieferung von Lebensmitteln und alkoholfreien Getränken außerhalb der Tagesverpflegung (Zusatz- und Wanderverpflegung),
2. die Durchführung von Freizeiten, Wanderfahrten und Veranstaltungen, die dem Sport, der Erholung oder der Bildung dienen,
3. die Lieferungen von Schlafsäcken und die Überlassung von Schlafsäcken und Bettwäsche zum Gebrauch,
4. die Überlassung von Rucksäcken, Fahrrädern und Fotoapparaten zum Gebrauch,
5. die Überlassung von Spiel- und Sportgeräten zum Gebrauch sowie die Gestattung der Telefonbenutzung in Jugendherbergen,
6. die Lieferungen von Wanderkarten, Wanderbüchern und von Ansichtskarten mit Jugendherbergsmotiven,
7. die Lieferungen von Jugendherbergsverzeichnissen, Jugendherbergskalendern, Jugendherbergsschriften und von Wimpeln und Abzeichen mit dem Emblem des DJH oder des Internationalen Jugendherbergswerks (IYHF),
8. die Lieferungen der für den Betrieb von Jugendherbergen erforderlichen und vom Hauptverband oder von den Landesverbänden zentral beschafften Einrichtungsgegenstände.

(3) [1]Die in Absatz 2 bezeichneten Leistungen dienen unmittelbar den Satzungszwecken der begünstigten Unternehmer und sind daher steuerfrei, wenn
1. die Leistungen in den Fällen des Absatzes 2 Nr. 1 bis 6 an folgende Personen bewirkt werden:
   a) Jugendliche; Jugendliche in diesem Sinne sind alle Personen vor Vollendung des 27. Lebensjahres,
   b) andere Personen, wenn sie sich in der Ausbildung oder Fortbildung befinden und Mitglied einer geführten Gruppe sind,
   c) Leiter und Betreuer von Gruppen, deren Mitglieder die in den Buchstaben a und b genannten Jugendlichen oder anderen Personen sind,
   d) wandernde Familien mit Kindern. [2]Hierunter fallen alle Inhaber von Familienmitgliedsausweisen in Begleitung von eigenen oder anderen minderjährigen Kindern.
   [3]Soweit die Leistungen in geringem Umfang auch an andere Personen erbracht werden, ist die Inanspruchnahme der Steuerbefreiung nicht zu beanstanden. [4]Von einem geringen Umfang ist auszugehen, wenn die Leistungen an diese Personen nicht mehr als 2 v. H. der in Absatz 2 Nr. 1 bis 6 bezeichneten Leistungen betragen;
2. die Leistungen im Fall des Absatzes 2 Nr. 8 an die in Absatz 1 genannten Unternehmer bewirkt werden.
[5]Die Steuerfreiheit der in Absatz 2 Nr. 7 bezeichneten Leistungen ist nicht von der Lieferung an bestimmte Personen oder Einrichtungen abhängig.

(4) Hinsichtlich des Begriffs der Vergütung für geleistete Dienste wird auf Abschnitt 103 Abs. 6 hingewiesen.

(5) [1]Nach § 4 Nr. 24 Satz 2 UStG gilt die Steuerbefreiung auch für andere Vereinigungen, die gleiche Aufgaben unter denselben Voraussetzungen erfüllen. [2]Hierbei ist es insbesondere erfor-

UStG § 4 Nr. 25 *Steuerbefreiungen*

derlich, daß die Unterkunftsstätten der anderen Vereinigungen nach der Satzung und ihrer tatsächlichen Durchführung überwiegend Jugendlichen dienen. ³Zu den hiernach begünstigten „anderen Vereinigungen" gehören der Touristenverein „Die Naturfreunde", Bundesgruppe Deutschland e. V. in Stuttgart, und die ihm angeschlossenen Landesverbände, Bezirke und Ortsgruppen sowie die Pächter der von diesen Unternehmern unterhaltenen Naturfreundehäuser. ⁴Die Absätze 2 bis 4 gelten entsprechend.

Rechtsprechung

- Umsatzbesteuerung alleinreisender Erwachsener in Jugendherbergen (BFH 18. 1. 1995, BStBl II, 446).

UStG

§ 4 Steuerbefreiungen usw. (Fortsetzung)

Von den unter § 1 Abs. 1 Nr. 1 bis 3 fallenden Umsätzen sind steuerfrei:

...

25. die folgenden Leistungen der Träger der öffentlichen Jugendhilfe und der förderungswürdigen Träger der freien Jugendhilfe:

   a) die Durchführung von Lehrgängen, Freizeiten, Zeltlagern, Fahrten und Treffen sowie von Veranstaltungen, die dem Sport oder der Erholung dienen, soweit diese Leistungen Jugendlichen oder Mitarbeitern in der Jugendhilfe unmittelbar zugute kommen,

   b) in Verbindung mit den unter Buchstabe a bezeichneten Leistungen die Beherbergung, Beköstigung und die üblichen Naturalleistungen, die den Jugendlichen und Mitarbeitern in der Jugendhilfe sowie den bei diesen Leistungen tätigen Personen als Vergütung für die geleisteten Dienste gewährt werden,

   c) die Durchführung von kulturellen und sportlichen Veranstaltungen im Rahmen der Jugendhilfe, wenn die Darbietungen von den Jugendlichen selbst erbracht oder die Einnahmen überwiegend zur Deckung der Kosten verwendet werden.

²Förderungswürdig im Sinne dieser Vorschrift sind Träger der freien Jugendhilfe, die kraft Gesetzes oder von der zuständigen Jugendbehörde anerkannt sind oder die die Voraussetzungen für eine Förderung durch die Träger der öffentlichen Jugendhilfe erfüllen. ³Jugendliche im Sinne dieser Vorschrift sind alle Personen vor Vollendung des 27. Lebensjahres;

...

6. EG-Richtlinie

Abschnitt X: Steuerbefreiungen

Artikel 13   Steuerbefreiungen im Inland

A. Befreiungen bestimmter dem Gemeinwohl dienender Tätigkeiten

(1) (abgedruckt zu § 4 Nr. 23 UStG)

...

h) (abgedruckt zu § 4 Nr. 23 UStG)

...

m) (abgedruckt zu § 4 Nr. 22 UStG)

...

UStR

119. Leistungen im Rahmen der Jugendhilfe

(1) Die Abgrenzung des Kreises der begünstigten Träger richtet sich nach dem Achten Buch Sozialgesetzbuch (Artikel 1 des Gesetzes vom 26. 6. 1990 – Kinder- und Jugendhilfegesetz –, BGBl. I S. 1163), *zuletzt geändert durch Artikel 2 des Gesetzes vom 16. 2. 1993 (BGBl. I S. 239).*

(2) [1]Die Umsätze der begünstigten *Träger* aus der Durchführung von Lehrgängen, Freizeiten, Zeltlagern, Fahrten, Treffen sowie aus Veranstaltungen, die dem Sport oder der Erholung dienen, sind nur steuerfrei, wenn sie den Jugendlichen (das sind im Sinne des Gesetzes Personen vor Vollendung des 27. Lebensjahres) oder Mitarbeitern in der Jugendhilfe unmittelbar zugute kommen. [2]Die Jugendlichen oder Mitarbeiter brauchen dabei nicht Vertragspartner der begünstigten *Träger* zu sein. [3]Die Vereinbarungen über die Teilnahme von Jugendlichen an Veranstaltungen der obengenannten Art können auch zwischen den begünstigten *Trägern* und Dritten, z. B. Industrieunternehmen, getroffen werden (vgl. Abschnitt 117 Abs. 1). [4]Die begünstigten *Träger* sind auch mit Umsätzen steuerfrei, die sie bei den im Rahmen ihres Aufgabenkreises durchgeführten Jugendtanzveranstaltungen erzielen.

(3) [1]Unter dem Begriff des Lehrgangs ist der nach einem bestimmten Stunden- und Stoffplan erteilte Unterricht auf einem bestimmten Sachgebiet zu verstehen. [2]Der Unterricht kann sowohl in der Form des Gruppenunterrichts als auch in der Form des Einzelunterrichts erteilt werden. [3]Nicht erforderlich ist eine von den Teilnehmern abzulegende Prüfung oder die Erteilung eines Zeugnisses.

(4) [1]Der Begriff der Veranstaltung, die dem Sport dient, umfaßt alle Tätigkeiten, durch die die Ausbildung und Fortbildung in einer Sportart und auch die Ausübung des Sports unmittelbar gefördert werden. [2]Der auf dem Gebiete des Sports erteilte Unterricht jeglicher Art ist deshalb im Sinne der Vorschrift eine Veranstaltung, die dem Sport dient. [3]Ein bestimmter Stunden- und Stoffplan und eine von den Teilnehmern abzulegende Prüfung sind nicht erforderlich.

(5) ¹Der Sportunterricht der Vereine, z. B. Unterricht im Reiten, Tennis, Skilaufen, Schwimmen und Segeln, kann unter die Steuerbefreiung des § 4 Nr. 25 UStG fallen. ²Bei dem Sportunterricht muß es sich um eine Betätigung der dem betreffenden Sportverein angeschlossenen Jugendgruppe handeln. ³Außerdem muß der Sportunterricht den Jugendlichen unmittelbar zugute kommen. ⁴Es ist nicht erforderlich, daß die Jugendlichen Mitglieder des Vereins und der Jugendgruppe sind. ⁵Ferner ist es als unschädlich anzusehen, wenn an dem Sportunterricht auch Personen teilnehmen, die das 27. Lebensjahr vollendet haben. ⁶Soweit allerdings der Sportunterricht diesen Personen erteilt wird, kann die Steuerbefreiung des § 4 Nr. 25 UStG keine Anwendung finden. ⁷Es kann aber eine Befreiung unter den Voraussetzungen des § 4 Nr. 22 Buchstabe a UStG in Betracht kommen (vgl. Abschnitt 115 Abs. 3).

(6) Hinsichtlich des Begriffs der Vergütung für geleistete Dienste wird auf Abschnitt 103 Abs. 6 hingewiesen.

Verwaltungsanweisungen

- UStl. Behandlung von Solokünstlern (OFD München 21. 8. 1995, StEd 1995, 635).

UStG

§ 4 Steuerbefreiungen usw. (Fortsetzung)
Von den unter § 1 Abs. 1 Nr. 1 bis 3 fallenden Umsätzen sind steuerfrei:
...
26. die ehrenamtliche Tätigkeit,
   a) wenn sie für juristische Personen des öffentlichen Rechts ausgeübt wird oder
   b) wenn das Entgelt für diese Tätigkeit nur in Auslagenersatz und einer angemessenen Entschädigung für Zeitversäumnis besteht;
...

6. EG-Richtlinie

Protokollerklärung zu Art. 4
Der Rat und die Kommission erklären, daß es den Mitgliedstaaten freisteht, Personen, die ehrenamtliche Tätigkeiten ausüben, sowie die Geschäftsführer, Verwalter, Aufsichtsratsmitglieder und Abwickler von Gesellschaften in ihrer Beziehung zu den Gesellschaften und in ihrer Eigenschaft als Organe derselben nicht der Mehrwertsteuer zu unterwerfen.

Steuerbefreiungen § 4 Nr. 27 UStG

UStR

120. Ehrenamtliche Tätigkeit

(1) ¹Unter ehrenamtlicher Tätigkeit ist die Mitwirkung bei der Erfüllung öffentlicher Aufgaben zu verstehen, die aufgrund behördlicher Bestellung außerhalb eines haupt- oder nebenamtlichen Dienstverhältnisses stattfindet und für die lediglich eine Entschädigung besonderer Art gezahlt wird (vgl. BFH-Urteil vom 16. 12. 1987 – BStBl 1988 II S. 384). ²Hierzu rechnen neben den in einem Gesetz ausdrücklich als solche genannten Tätigkeiten auch die, die man in allgemeinen Sprachgebrauch herkömmlicherweise als ehrenamtlich bezeichnet. ³Danach kann auch *die Tätigkeit eines Mitgliedes im Aufsichtsrat einer Genossenschaft (BFH-Urteil vom 27. 7. 1972 – BStBl II S. 844) oder die Tätigkeit eines Ratsmitgliedes im Aufsichtsrat einer kommunalen Eigengesellschaft (BFH-Urteil vom 4. 5. 1994 – BStBl II S. 773)* eine ehrenamtliche Tätigkeit im Sinne der Befreiungsvorschrift *sein.*

(2) ¹Die ehrenamtlichen Tätigkeiten für juristische Personen des öffentlichen Rechts fallen nur dann unter Buchstabe a der Vorschrift, wenn sie für deren nichtunternehmerischen Bereich ausgeführt werden. ²Es muß sich also um die Ausübung einer ehrenamtlichen Tätigkeit für den öffentlich-rechtlichen Bereich handeln. ³Wird die ehrenamtliche Tätigkeit für den Betrieb gewerblicher Art einer Körperschaft des öffentlichen Rechts ausgeübt, so kann sie deshalb nur unter den Voraussetzungen des Buchstabens b der Vorschrift steuerfrei belassen werden (BFH-Urteil vom 4. 4. 1974 – BStBl II S. 528).

(3) Die Mitwirkung von Rechtsanwälten in Rechtsberatungsdiensten ist keine ehrenamtliche Tätigkeit, weil die Rechtsanwälte in diesen Fällen nicht außerhalb ihres Hauptberufs tätig werden.

(4) ¹Geht in Fällen des § 4 Nr. 26 Buchstabe b UStG das Entgelt über einen Auslagenersatz und eine angemessene Entschädigung für Zeitversäumnis hinaus, besteht in vollem Umfang Steuerpflicht. ²Was als angemessene Entschädigung für Zeitversäumnis anzusehen ist, muß nach den Verhältnissen des Einzelfalles beurteilt werden. ³Dabei sind insbesondere die berufliche Stellung des ehrenamtlich Tätigen und sein Verdienstausfall zu berücksichtigen.

Rechtsprechung

- Ehrenamtliche Tätigkeit im Aufsichtsrat einer kommunalen Eigengesellschaft (BFH 4. 5. 1994, BStBl II, 773).

UStG

§ 4 Steuerbefreiungen usw. (Fortsetzung)
Von den unter § 1 Abs. 1 Nr. 1 bis 3 fallenden Umsätzen sind steuerfrei:
...

27. a) die Gestellung von Mitgliedern geistlicher Genossenschaften und Angehörigen von Mutterhäusern für gemeinnützige, mildtätige, kirchliche oder schulische Zwecke;
   b) die Gestellung von land- und forstwirtschaftlichen Arbeitskräften durch juristische Personen des privaten oder des öffentlichen Rechts für land- und forstwirtschaftliche Betriebe (§ 24 Abs. 2) mit höchstens drei Vollarbeitskräften zur Überbrückung des Ausfalls des Betriebsinhabers oder dessen voll mitarbeitenden Familienangehörigen wegen Krankheit, Unfalls, Schwangerschaft, eingeschränkter Erwerbsfähigkeit oder Todes sowie die Gestellung von Betriebshelfern und Haushaltshilfen an die gesetzlichen Träger der Sozialversicherung;

...

6. EG-Richtlinie

Abschnitt X: Steuerbefreiungen

Artikel 13   Steuerbefreiungen im Inland

A. Befreiungen bestimmter dem Gemeinwohl dienender Tätigkeiten

(1) Unbeschadet sonstiger Gemeinschaftsvorschriften befreien die Mitgliedstaaten unter den Bedingungen, die sie zur Gewährleistung einer korrekten und einfachen Anwendung der nachstehenden Befreiungen sowie zur Verhütung von Steuerhinterziehungen, Steuerumgehungen und etwaigen Mißbräuchen festsetzen, von der Steuer:

...

k) die Gestellung von Personal durch religiöse und weltanschauliche Einrichtungen für die unter den Buchstaben b), g), h) und i) genannten Tätigkeiten und für Zwecke geistigen Beistandes;

...

UStR

121. Gestellung von Mitgliedern geistlicher Genossenschaften und Angehörigen von Mutterhäusern

(1) [1]Die Steuerbefreiung kommt nur für die Gestellung von Mitgliedern oder Angehörigen der genannten Einrichtungen in Betracht. [2]Für die Gestellung von Personen, die lediglich Arbeitnehmer dieser Einrichtungen sind, kann die Steuerbefreiung nicht in Anspruch genommen werden.

(2) ¹Die Steuerbefreiung setzt voraus, daß die Personalgestellung für gemeinnützige, mildtätige, kirchliche oder schulische Zwecke erfolgt. ²Die Frage ist nach den Vorschriften der §§ 52 bis 54 AO zu beurteilen. ³In Betracht kommen insbesondere die Gestellung von Schwestern an Krankenhäuser und Altenheime sowie die Gestellung von Ordensangehörigen an Kirchengemeinden. ⁴Schulische Zwecke werden bei der Gestellung von Lehrern an Schulen für die Erteilung von Unterricht verfolgt. ⁵Dies gilt für die Erteilung von Unterricht jeder Art, also nicht nur für die Erteilung von Religionsunterricht.

121a. Gestellung von land- und forstwirtschaftlichen Arbeitskräften sowie Gestellung von Betriebshelfern und Haushaltshilfen

(1) ¹Steuerfrei sind insbesondere Leistungen land- und forstwirtschaftlicher Selbsthilfeeinrichtungen – Betriebshilfs- und Dorfhelferinnendienste –, die in der Regel in der Rechtsform eines eingetragenen Vereins betrieben werden. ²Die Vorschrift des § 4 Nr. 27 Buchstabe b UStG unterscheidet zwischen unmittelbaren Leistungen an land- und forstwirtschaftliche Betriebe und Leistungen an die gesetzlichen Träger der Sozialversicherung.

Unmittelbare Leistungen an land- und forstwirtschaftliche Betriebe

(2) ¹Die Steuerbefreiung für unmittelbare Leistungen an land- und forstwirtschaftliche Betriebe kann nur von juristischen Personen des privaten oder öffentlichen Rechts – z. B. eingetragenen Vereinen oder Genossenschaften – beansprucht werden, nicht aber von Einzelunternehmern oder Personengesellschaften. ²Befreit ist nur die Gestellung land- und forstwirtschaftlicher Arbeitskräfte. ³Die Arbeitskräfte müssen unmittelbar land- und forstwirtschaftlichen Unternehmern für deren land- und forstwirtschaftliche Betriebe im Sinne des § 24 Abs. 2 UStG gestellt werden. ⁴Indessen hängt die Steuerbefreiung nicht davon ab, ob die Kosten für die Ersatzkräfte von den gesetzlichen Trägern der Sozialversicherung erstattet werden.

(3) ¹Der Unternehmer hat nachzuweisen, daß die Arbeitskräfte für einen land- und forstwirtschaftlichen Betrieb mit höchstens drei Vollarbeitskräften gestellt worden sind. ²Dieser Nachweis kann durch eine schriftliche Bestätigung des betreffenden Land- und Forstwirts geführt werden. ³Darüber hinaus ist nachzuweisen, daß die gestellte Arbeitskraft den Ausfall des Betriebsinhabers oder eines voll mitarbeitenden Familienangehörigen wegen Krankheit, Unfalls, Schwangerschaft, eingeschränkter Erwerbsfähigkeit oder Todes überbrückt. ⁴Für diesen Nachweis sind entsprechende Bescheinigungen oder Bestätigungen Dritter – z. B. ärztliche Bescheinigungen, Bescheinigungen der Krankenhäuser und Heilanstalten oder Bestätigungen der Sozialversicherungsträger – erforderlich.

Leistungen an die gesetzlichen Träger der Sozialversicherung

(4) ¹Die Steuerbefreiung des § 4 Nr. 27 Buchstabe b UStG umfaßt weiterhin die Gestellung von Betriebshelfern und Haushaltshilfen an die gesetzlichen Träger der Sozialversicherung (Berufsgenossenschaften, Krankenkassen, Rentenversicherungsträger, landwirtschaftliche Alterskassen). ²Diese Träger sind verpflichtet, ihren Mitgliedern in bestimmten Notfällen – z. B. bei einem Arbeitsunfall, einem Krankenhausaufenthalt oder einer Heilanstaltspflege – Haushaltshilfe oder Betriebshilfe zu gewähren. ³Sie bedienen sich dabei anderer Unternehmer – z. B. der Betriebshilfsdienste und der Dorfhelferinnendienste – und lassen sich von diesen die erforderlichen Ersatzkräfte zur Verfügung stellen. ⁴Die Unternehmer, die Ersatzkräfte zur Verfügung stellen, erbringen damit steuerfreie Leistungen an die gesetzlichen Träger der Sozialversicherung. ⁵Auf die Rechtsform des Unternehmens kommt es dabei nicht an.

(5) ¹Die Steuerbefreiung nach Absatz 4 ist nicht anwendbar, wenn es die gesetzlichen Träger der Sozialversicherung ihren Mitgliedern überlassen, die Ersatzkräfte selbst zu beschaffen, und ihnen lediglich die dadurch entstandenen Kosten erstatten. ²In diesen Fällen kann aber die Steuerbefreiung für unmittelbare Leistungen an land- und forstwirtschaftliche Betriebe (Absätze 2 und 3) in Betracht kommen.

UStG

§ 4   Steuerbefreiungen usw. (Fortsetzung)
Von den unter § 1 Abs. 1 Nr. 1 bis 3 fallenden Umsätzen sind steuerfrei:
...
28. a) die Lieferungen von Gegenständen und der Eigenverbrauch im Sinne des § 1 Abs. 1 Nr. 2 Satz 2 Buchstabe a, wenn der Unternehmer die gelieferten oder entnommenen Gegenstände ausschließlich für eine nach den Nummern 8 bis 27 oder nach Buchstabe b steuerfreie Tätigkeit verwendet hat oder die Aufwendungen für die Anschaffung oder Herstellung der Gegenstände als Eigenverbrauch im Sinne des § 1 Abs. 1 Nr. 2 Satz 2 Buchstabe c versteuert hat,
    b) die Verwendung von Gegenständen für Zwecke, die außerhalb des Unternehmens liegen (§ 1 Abs. 1 Nr. 2 Satz 2 Buchstabe b), wenn die Gegenstände im Unternehmen ausschließlich für eine nach den Nummern 8 bis 27 steuerfreie Tätigkeit verwendet werden oder wenn der Unternehmer die Aufwendungen für die Anschaffung oder Herstellung der Gegenstände als Eigenverbrauch im Sinne des § 1 Abs. 1 Nr. 2 Satz 2 Buchstabe c versteuert hat.

6. EG-Richtlinie

Abschnitt X: Steuerbefreiungen

Artikel 13   Steuerbefreiungen im Inland
...
B. Sonstige Steuerbefreiungen
Unbeschadet sonstiger Gemeinschaftsvorschriften befreien die Mitgliedstaaten unter den Bedingungen, die sie zur Gewährleistung einer korrekten und einfachen Anwendung der

Steuerbefreiungen *122 UStR* **§ 4 Nr. 28 UStG**

nachstehenden Befreiungen sowie zur Verhütung von Steuerhinterziehungen, Steuerumgehungen und etwaigen Mißbräuchen festsetzen, von der Steuer:

...

c) die Lieferungen von Gegenständen, die ausschließlich für eine aufgrund dieses Artikels oder des Artikels 28 Absatz 3 Buchstabe b) von der Steuer befreite Tätigkeit bestimmt waren, wenn für diese Gegenstände kein Vorsteuerabzug vorgenommen werden konnte, sowie die Lieferungen von Gegenständen, deren Anschaffung oder Zuordnung nach Artikel 17 Absatz 6 vom Vorsteuerabzug ausgeschlossen war;

...

UStR

122. Lieferung, Entnahme und unternehmensfremde Verwendung bestimmter Gegenstände

(1) [1]Nach § 4 Nr. 28 Buchstabe a UStG sind die Lieferung und die Entnahme von Gegenständen befreit, die der Unternehmer ausschließlich für Tätigkeiten verwendet, die nach § 4 Nr. 8 bis 27 UStG oder nach § 4 Nr. 28 Buchstabe b UStG steuerfrei sind. [2]Diese Voraussetzungen müssen während des gesamten Verwendungszeitraumes vorgelegen haben.

Beispiel:
Ein Arzt veräußert Einrichtungsgegenstände, die ausschließlich seiner nach § 4 Nr. 14 UStG steuerfreien Tätigkeit gedient haben.

(2) [1]Aus Vereinfachungsgründen kann die Steuerbefreiung nach § 4 Nr. 28 Buchstabe a UStG auch in den Fällen in Anspruch genommen werden, in denen der Unternehmer die Gegenstände in geringfügigem Umfang (höchstens 5 v. H.) für Tätigkeiten verwendet hat, die nicht nach § 4 Nr. 8 bis 27 UStG und auch nicht nach Buchstabe b des § 4 Nr. 28 UStG befreit sind. [2]Voraussetzung hierfür ist jedoch, daß der Unternehmer für diese Gegenstände darauf verzichtet, einen anteiligen Vorsteuerabzug vorzunehmen.

(3) [1]Nach § 4 Nr. 28 Buchstabe a UStG sind auch die Lieferung und die Entnahme von Gegenständen befreit, deren Anschaffungs- oder Herstellungskosten der Unternehmer als Repräsentationsaufwendungen der Besteuerung des Eigenverbrauchs unterworfen hat. [2]Die Steuerbefreiung kommt hiernach nur in Betracht, wenn im Zeitpunkt der Lieferung oder Entnahme die gesamten Anschaffungs- oder Herstellungskosten als Eigenverbrauch versteuert worden sind. [3]Dies bedeutet, daß die Steuer für den Eigenverbrauch angemeldet und entrichtet sein muß.

Beispiel:
[1]Ein Unternehmer veräußert im Jahre *02* Einrichtungen seines Gästehauses. [2]Die Anschaffungs- und Herstellungskosten, die auf die Einrichtungen entfallen, sind mit Ablauf des Dezembers *des Jahres 01* insgesamt abgeschrieben. [3]Der letzte Teilbetrag der Aufwendungen wurde mit der Voranmeldung und Vorauszahlung für Dezember *des Jahres 01* als Eigenverbrauch versteuert. [4]Die Lieferung der Einrichtungsgegenstände im Jahre *02* ist hiernach steuerfrei.

(4) [1]Nach § 4 Nr. 28 Buchstabe b UStG ist die Verwendung von Gegenständen für außerhalb des Unternehmens liegende Zwecke steuerfrei, wenn diese Gegenstände im Unternehmen aus-

UStG § 4a

Steuervergütung

schließlich für Tätigkeiten verwendet werden, die nach § 4 Nr. 8 bis 27 UStG steuerfrei sind. ²Diese Voraussetzungen müssen im jeweiligen Besteuerungszeitraum vorliegen. *³Zur Steuerbefreiung des Aufwendungseigenverbrauchs vgl. das BFH-Urteil vom 15. 9. 1994 – BStBl 1995 II S. 214.*

Beispiel:
Ein Arzt benutzt seinen Pkw für die Urlaubsreise.

Die Ausführungen in Absatz 2 gelten entsprechend.

(5) ¹Nach § 4 Nr. 28 Buchstabe b UStG ist auch die Verwendung von Gegenständen für außerhalb des Unternehmens liegende Zwecke steuerfrei, wenn der Unternehmer die Anschaffungs- und Herstellungskosten dieser Gegenstände als Repräsentationsaufwendungen der Besteuerung des Eigenverbrauchs unterworfen hat. ²Die Ausführungen in Absatz *3* Sätze 2 und 3 gelten entsprechend.

Beispiel:
Ein Unternehmer benutzt die zum Unternehmen gehörende Segeljacht für private Zwecke.

Verwaltungsanweisungen

- Veräußerung eines Praxiswertes (OFD Hannover 15. 5. 1995, StEd 1995, 443).

Rechtsprechung

- Fahrten eines Arztes zwischen Wohnung und Arbeitsstätte als steuerfreier Eigenverbrauch (BFH 15. 9. 1994, BStBl 1995 II, 214);
- keine Anwendung der Vorschrift auf sonstige Leistungen (BFH 26. 4. 1995, BStBl II, 746).

UStG

§ 4a[1]) Steuervergütung

(1) ¹Körperschaften, die ausschließlich und unmittelbar gemeinnützige, mildtätige oder kirchliche Zwecke verfolgen (§§ 51 bis 68 der Abgabenordnung), und juristischen Personen des öffentlichen Rechts wird auf Antrag eine Steuervergütung zum Ausgleich der Steuer gewährt, die auf der an sie bewirkten Lieferung eines Gegen-

---

1) Anm.: § 4a Abs. 2 i. d. F. des Art. 20 Nr. 26 StMBG v. 21. 12. 93 (BGBl I, 2310).

standes, seiner Einfuhr oder seinem innergemeinschaftlichen Erwerb lastet, wenn die folgenden Voraussetzungen erfüllt sind:
1. Die Lieferung, die Einfuhr oder der innergemeinschaftliche Erwerb des Gegenstandes muß steuerpflichtig gewesen sein.
2. Die auf die Lieferung des Gegenstandes entfallende Steuer muß in einer Rechnung im Sinne des § 14 Abs. 1 gesondert ausgewiesen und mit dem Kaufpreis bezahlt worden sein.
3. Die für die Einfuhr oder den innergemeinschaftlichen Erwerb des Gegenstandes geschuldete Steuer muß entrichtet worden sein.
4. Der Gegenstand muß in das Drittlandsgebiet gelangt sein.
5. Der Gegenstand muß im Drittlandsgebiet zu humanitären, karitativen oder erzieherischen Zwecken verwendet werden.
6. Der Erwerb oder die Einfuhr des Gegenstandes und seine Ausfuhr dürfen von einer Körperschaft, die steuerbegünstigte Zwecke verfolgt, nicht im Rahmen eines wirtschaftlichen Geschäftsbetriebes und von einer juristischen Person des öffentlichen Rechts nicht im Rahmen eines Betriebes gewerblicher Art (§ 1 Abs. 1 Nr. 6, § 4 des Körperschaftsteuergesetzes) oder eines land- und forstwirtschaftlichen Betriebes vorgenommen worden sein.
7. Die vorstehenden Voraussetzungen müssen nachgewiesen sein.

²Der Antrag ist nach amtlich vorgeschriebenem Vordruck zu stellen, in dem der Antragsteller die zu gewährende Vergütung selbst zu berechnen hat.

(2) Das Bundesministerium der Finanzen kann mit Zustimmung des Bundesrates durch Rechtsverordnung näher bestimmen,
1. wie die Voraussetzungen für den Vergütungsanspruch nach Absatz 1 Satz 1 nachzuweisen sind und
2. in welcher Frist die Vergütung zu beantragen ist.

6. EG-Richtlinie

Abschnitt X: Steuerbefreiungen

...

Artikel 15 Steuerbefreiungen bei Ausfuhren nach einem Drittland, gleichgestellten Umsätzen und grenzüberschreitenden Beförderungen

Unbeschadet sonstiger Gemeinschaftsbestimmungen befreien die Mitgliedstaaten unter den Bedingungen, die sie zur Gewährleistung einer korrekten und einfachen Anwendung der nachstehenden Befreiungen sowie zur Verhütung von Steuerhinterziehungen, Steuerumgehungen und etwaigen Mißbräuchen festsetzen, von der Steuer:

UStG § 4a   § 24 UStDV; 123 UStR   Steuervergütung

...

12. *Lieferungen von Gegenständen an zugelassene Körperschaften, die diese im Rahmen ihrer Tätigkeit auf humanitärem, karitativem oder erzieherischem Gebiet nach Orten außerhalb der Gemeinschaft exportieren. Diese Befreiung kann im Wege einer Steuererstattung erfolgen;*

...

UStDV

§ 24 Antragsfrist für die Steuervergütung und Nachweis der Voraussetzungen

(1) ¹Die Steuervergütung ist bei dem zuständigen Finanzamt bis zum Ablauf des Kalenderjahres zu beantragen, das auf das Kalenderjahr folgt, in dem der Gegenstand in das Drittlandsgebiet gelangt. ²Ein Antrag kann mehrere Ansprüche auf die Steuervergütung umfassen.

(2) Der Nachweis, daß der Gegenstand in das Drittlandsgebiet gelangt ist, muß in der gleichen Weise wie bei Ausfuhrlieferungen geführt werden (§§ 8 bis 11).

(3) ¹Die Voraussetzungen für die Steuervergütung sind im Geltungsbereich dieser Verordnung buchmäßig nachzuweisen. ²Regelmäßig sollen aufgezeichnet werden:

1. *die handelsübliche Bezeichnung und die Menge des ausgeführten Gegenstandes,*
2. *der Name und die Anschrift des Lieferers,*
3. *der Name und die Anschrift des Empfängers,*
4. *der Verwendungszweck im Drittlandsgebiet,*
5. *der Tag der Ausfuhr des Gegenstandes,*
6. *die mit dem Kaufpreis für die Lieferung des Gegenstandes bezahlte Steuer oder die für die Einfuhr oder den innergemeinschaftlichen Erwerb des Gegenstandes entrichtete Steuer.*

UStR

123. Vergütungsberechtigte

Vergütungsberechtigte nach § 4a Abs. 1 UStG sind:

1. Körperschaften, Personenvereinigungen und Vermögensmassen im Sinne des Körperschaftsteuergesetzes, die ausschließlich und unmittelbar gemeinnützige, mildtätige oder kirchliche Zwecke verfolgen (§§ 51 bis 68 AO), insbesondere auch die in § 23 UStDV aufgeführten amtlich anerkannten Verbände der freien Wohlfahrtspflege, und

2. juristische Personen des öffentlichen Rechts (vgl. Abschnitt 23).

124. Voraussetzungen für die Vergütung

(1) ¹Die Voraussetzungen für die Vergütung (§ 4a Abs. 1 UStG) sind nicht erfüllt, wenn die Lieferung des Gegenstands an den Vergütungsberechtigten nicht der Umsatzsteuer unterlegen hat. ²Dies ist z. B. der Fall bei steuerfreien Lieferungen, bei Lieferungen durch Privatpersonen sowie bei unentgeltlichen Lieferungen, zu denen insbesondere Sachspenden gehören. ³Unbeachtlich ist, ob die der Lieferung an den Vergütungsberechtigten vorausgegangene Lieferung umsatzsteuerpflichtig gewesen ist.

(2) ¹Ist in der Rechnung ein zu niedriger Steuerbetrag ausgewiesen, so ist nur dieser Betrag zu vergüten. ²Bei einem zu hohen Steuerausweis wird die Vergütung nur bis zur Höhe der für den betreffenden Umsatz gesetzlich vorgeschriebenen Steuer gewährt. ³Ausgeschlossen ist die Vergütung der Steuer außerdem in den Fällen eines unberechtigten Steuerausweises nach § 14 Abs. 3 UStG, z. B. bei Lieferungen durch Privatpersonen oder durch Kleinunternehmer im Sinne des § 19 Abs. 1 UStG.

(3) ¹Die Vergütung kann erst beantragt werden, wenn der Kaufpreis einschließlich Umsatzsteuer für den erworbenen Gegenstand in voller Höhe gezahlt worden ist. ²Abschlags- oder Teilzahlungen genügen nicht. ³Bei einem vorher eingeführten Gegenstand ist es erforderlich, daß die für die Einfuhr geschuldete Einfuhrumsatzsteuer entrichtet ist. *⁴Schuldet die juristische Person die Steuer für den innergemeinschaftlichen Erwerb, muß diese entrichtet worden sein.*

(4) ¹Die Vergütung ist nur zu gewähren, wenn der ausgeführte Gegenstand im *Drittlandsgebiet* (§ 1 Abs. 2a Satz 3 UStG) verbleibt und dort zu humanitären, karitativen oder erzieherischen Zwecken verwendet wird. ²Der Vergütungsberechtigte muß diese Zwecke im *Drittlandsgebiet* nicht selbst – z. B. mit eigenen Einrichtungen und Hilfskräften – erfüllen. ³Es reicht aus, wenn der Gegenstand einem Empfänger im *Drittlandsgebiet* übereignet wird – z. B. einer nationalen oder internationalen Institution –, der ihn dort zu den begünstigten Zwecken verwendet.

(5) ¹Ist die Verwendung der ausgeführten Gegenstände zu den nach § 4a Abs. 1 Satz 1 Nr. 5 UStG begünstigten Zwecken vorgesehen, kann die Vergütung schon beansprucht werden, wenn die Gegenstände zunächst im *Drittlandsgebiet* – z. B. in einem Freihafen – eingelagert werden. ²Nicht zu gewähren ist die Vergütung bei einer zugelassenen vorübergehenden Freihafenlagerung gemäß *§ 12a EUStBV*. ³Werden Gegenstände im Anschluß an eine vorübergehende Freihafenlagerung einer begünstigten Verwendung im *Drittlandsgebiet* zugeführt, kann die Vergütung von diesem Zeitpunkt an beansprucht werden.

(6) ¹Humanitär im Sinne des § 4a Abs. 1 Satz 1 Nr. 5 UStG ist nicht nur die Beseitigung und Milderung besonderer Notlagen, sondern auch die Verbesserung der wirtschaftlichen und sozialen Verhältnisse und der Umweltbedingungen. ²Karitative Zwecke werden verfolgt, wenn anderen selbstlose Hilfe gewährt wird. ³Erzieherischen Zwecken (vgl. Abschnitt 117 Abs. 2) dienen auch Gegenstände, die für die berufliche und nichtberufliche Aus- und Weiterbildung einschließlich der Bildungsarbeit auf politischem, weltanschaulichem, künstlerischem und wissenschaftlichem Gebiet verwendet werden. ⁴Es ist davon auszugehen, daß die steuerbegünstigten Zwecke im Sinne der §§ 52 bis 54 AO zugleich auch den in § 4a Abs. 1 Satz 1 Nr. 5 UStG bezeichneten Verwendungszwecken entsprechen.

(7) ¹Die ausgeführten Gegenstände brauchen nicht für Gruppen von Menschen verwendet zu werden; sie können auch Einzelpersonen im *Drittlandsgebiet* überlassen werden. ²Eine Vergütung kann deshalb z. B. für die Versendung von Lebensmitteln, Medikamenten oder Bekleidung an Privatpersonen in Betracht kommen.

(8) Bei Körperschaften, die steuerbegünstigte Zwecke verfolgen, stehen der Erwerb oder die Einfuhr und die Ausfuhr im Rahmen eines Zweckbetriebs (§§ 65 bis 68 AO) dem Anspruch auf Vergütung nicht entgegen.

125. Nachweis der Voraussetzungen

(1) ¹Der Nachweis, daß die Voraussetzungen für die Vergütung vorliegen (§ 4a Abs. 1 Satz 1 Nr. 7 UStG, § 24 Abs. 2 und 3 UStDV), ist eine materiell-rechtliche Voraussetzung. ²Als Belege für den Ausfuhrnachweis (vgl. § 24 Abs. 2 UStDV) kommen insbesondere Frachtbriefe, Konnossemente, Posteinlieferungsscheine oder deren Doppelstücke sowie Spediteurbescheinigungen in Betracht (vgl. Abschnitte 131 bis 135).

(2) Für den buchmäßigen Nachweis der Voraussetzungen (vgl. § 24 Abs. 3 UStDV) ist folgendes zu beachten:

1. Zur Bezeichnung des Lieferers genügt es im allgemeinen, seinen Namen aufzuzeichnen.

2. ¹Wird der Gegenstand von dem Vergütungsberechtigten selbst zu begünstigten Zwecken verwendet, so ist als Empfänger die Anschrift der betreffenden Stelle des Vergütungsberechtigten im *Drittlandsgebiet* anzugeben. ²Werden ausgeführte Gegenstände von Hilfskräften des Vergütungsberechtigten im *Drittlandsgebiet* Einzelpersonen übergeben – z. B. Verteilung von Lebensmitteln, Medikamenten und Bekleidung –, so ist lediglich der Ort aufzuzeichnen, an dem die Übergabe vorgenommen wird.

3. Bei Zweifeln über den Verwendungszweck im *Drittlandsgebiet* kann die begünstigte Verwendung durch eine Bestätigung einer staatlichen Stelle oder einer internationalen Organisation nachgewiesen werden.

4. ¹Statt des Ausfuhrtags kann auch der Kalendermonat aufgezeichnet werden, in dem der Gegenstand ausgeführt worden ist. ²Bei einer vorübergehenden Freihafenlagerung, an die sich eine begünstigte Verwendung der ausgeführten Gegenstände im *Drittlandsgebiet* anschließt (vgl. Abschnitt 124 Abs. 5), ist zusätzlich der Zeitpunkt (Tag oder Kalendermonat) des Beginns der begünstigten Verwendung aufzuzeichnen.

5. Zum Nachweis, daß die Umsatzsteuer bezahlt oder die Einfuhrumsatzsteuer entrichtet wurde, ist in den Aufzeichnungen auf die betreffende Rechnung und den Zahlungsbeleg bzw. auf den Beleg über die Einfuhrumsatzsteuer hinzuweisen.

6. ¹Ändert sich die Umsatzsteuer – z. B. durch die Inanspruchnahme eines Skontos, durch die Gewährung eines nachträglichen Rabatts, durch eine Preisherabsetzung oder durch eine Nachberechnung –, so sind der Betrag der Entgeltsänderung und der Betrag, um den sich die Umsatzsteuer erhöht oder vermindert, aufzuzeichnen. ²Ist die Festsetzung der Einfuhrumsatzsteuer nachträglich geändert worden, so muß neben dem Betrag, um den sich die Einfuhrumsatzsteuer verringert oder erhöht hat, ggf. der Betrag aufgezeichnet werden, um den sich die Bemessungsgrundlage der Einfuhrumsatzsteuer geändert hat. ³Aufzuzeichnen sind darüber hinaus erlassene oder erstattete Einfuhrumsatzsteuerbeträge.

126. Antragsverfahren

(1) ¹Die Vergütung ist nur auf Antrag zu gewähren (§ 4a Abs. 1 Satz 1 UStG). ²Bestandteil des Vergütungsantrags ist eine Anlage, in der die Ausfuhren einzeln aufzuführen sind. ³In der Anlage sind auch nachträgliche Minderungen von Vergütungsansprüchen anzugeben, die der Vergütungsberechtigte bereits mit früheren Anträgen geltend gemacht hat.

(2) ¹Der Vergütungsantrag ist bei dem Finanzamt einzureichen, in dessen Bezirk der Vergütungsberechtigte seinen Sitz hat. ²Der Antrag ist bis zum Ablauf des Kalenderjahrs zu stellen, das dem Kalenderjahr folgt, in dem der Gegenstand in das *Drittlandsgebiet* gelangt ist *(§ 24 Abs. 1 Satz 1 UStDV)*. ³*Die Antragsfrist kann nicht verlängert werden (Ausschlußfrist)*. ⁴*Bei Versäumung*

der Antragsfrist kann unter den Voraussetzungen des § 110 AO allenfalls Wiedereinsetzung in den vorigen Stand gewährt werden. ⁵Ist der ausgeführte Gegenstand zunächst im Rahmen einer zugelassenen Freihafenlagerung nach § *12a EUStBV* vorübergehend in einem Freihafen gelagert worden, so ist für die Antragsfrist der Zeitpunkt des Beginns der begünstigten Verwendung des Gegenstands maßgebend.

127. Wiedereinfuhr von Gegenständen

¹Wiedereingeführte Gegenstände, für die bei der Ausfuhr eine Vergütung nach § 4a UStG gewährt worden ist, sind nicht als Rückwaren einfuhrumsatzsteuerfrei *(§ 12 Nr. 3 EUStBV)*. ²Vergütungsberechtigte müssen deshalb bei der Wiedereinfuhr von Gegenständen erklären, ob der betreffende Gegenstand zur Verwendung für humanitäre, karitative oder erzieherische Zwecke in das *Drittlandsgebiet* ausgeführt und dafür die Vergütung beansprucht worden ist.

UStG

§ 4b Steuerbefreiung beim innergemeinschaftlichen Erwerb von Gegenständen

Steuerfrei ist der innergemeinschaftliche Erwerb
1. der in § 4 Nr. 8 Buchstabe e und k und Nr. 17 Buchstabe a sowie der in § 8 Abs. 1 Nr. 1 und 2 bezeichneten Gegenstände,
2. der in § 4 Nr. 4 und Nr. 8 Buchstabe b und i sowie der in § 8 Abs. 2 Nr. 1 und 2 bezeichneten Gegenstände unter den in diesen Vorschriften bezeichneten Voraussetzungen,
3. der Gegenstände, deren Einfuhr (§ 1 Abs. 1 Nr. 4) nach den für die Einfuhrumsatzsteuer geltenden Vorschriften steuerfrei wäre,
4. der Gegenstände, die zur Ausführung von Umsätzen verwendet werden, für die der Ausschluß vom Vorsteuerabzug nach § 15 Abs. 3 nicht eintritt.

6. EG-Richtlinie

Abschnitt XVIa: Übergangsregelung für die Besteuerung des Handels zwischen den Mitgliedstaaten

...

Artikel 28c   Befreiungen

...

UStG § 4b

B. Befreiung des innergemeinschaftlichen Erwerbs von Gegenständen

Unbeschadet sonstiger Gemeinschaftsbestimmungen befreien die Mitgliedstaaten unter den Bedingungen, die sie zur Gewährleistung einer korrekten und einfachen Anwendung der nachstehenden Befreiungen sowie zur Verhütung von Steuerhinterziehung, Steuerumgehung und Mißbrauch festsetzen:

a) den innergemeinschaftlichen Erwerb von Gegenständen, deren Lieferung durch Steuerpflichtige im Inland auf jeden Fall steuerfrei wäre;

b) den innergemeinschaftlichen Erwerb von Gegenständen, deren Einfuhr gemäß Artikel 14 Absatz 1 auf jeden Fall steuerfrei wäre;

c) den innergemeinschaftlichen Erwerb von Gegenständen, für die der Erwerber gemäß Artikel 17 Absätze 3 und 4 auf jeden Fall Anspruch auf volle Erstattung der gemäß Artikel 28a Absatz 1 fälligen Mehrwertsteuer hätte.

...

UStR

127a. Steuerbefreiung beim innergemeinschaftlichen Erwerb von Gegenständen

(1) ¹Die Steuerbefreiung nach § 4b UStG setzt einen innergemeinschaftlichen Erwerb voraus. ²Durch § 4b Nr. 1 und 2 UStG ist der innergemeinschaftliche Erwerb bestimmter Gegenstände, deren Lieferung im Inland steuerfrei wäre, von der Umsatzsteuer befreit. ³Danach ist steuerfrei insbesondere der innergemeinschaftliche Erwerb von:

a) Gold durch Zentralbanken – z. B. durch die Deutsche Bundesbank – (Abschnitt 51),

b) gesetzlichen Zahlungsmitteln (Abschnitt 59),

c) Goldbarren, Goldmünzen und unverarbeitetem Gold (Abschnitt 70a),

d) Wasserfahrzeugen, die nach ihrer Bauart dem Erwerb durch die Seeschiffahrt oder der Rettung Schiffbrüchiger zu dienen bestimmt sind (Abschnitt 145 Abs. 4).

(2) ¹Nach § 4b Nr. 3 UStG ist der innergemeinschaftliche Erwerb der Gegenstände, deren Einfuhr steuerfrei wäre, von der Steuer befreit. ²Der Umfang dieser Steuerbefreiung ergibt sich zu einem wesentlichen Teil aus der EUStBV. ³Danach ist z. B. der innergemeinschaftliche Erwerb von Gegenständen mit geringem Wert (bis zu 50 Deutsche Mark) pro Sendung (z. B. Zeitschriften und Bücher) steuerfrei.

(3) ¹§ 4b Nr. 4 UStG befreit den innergemeinschaftlichen Erwerb von Gegenständen, die der Unternehmer für Umsätze verwendet, für die der Ausschluß vom Vorsteuerabzug nach § 15 Abs. 3 UStG nicht eintritt (z. B. für steuerfreie innergemeinschaftliche Lieferungen, steuerfreie Ausfuhrlieferungen oder nicht umsatzsteuerbare Lieferungen im Drittlandsgebiet). ²Es wird jedoch nicht beanstandet, wenn in diesen Fällen der innergemeinschaftliche Erwerb steuerpflichtig behandelt wird.

Steuerbefreiungen bei der Einfuhr § 5 UStG

Verwaltungsanweisungen

- Innergemeinschaftlicher Erwerb von Büchern und Zeitschriften durch wissenschaftliche Bibliotheken (BMF 17. 2. 1993, UR 1993, 397).

UStG

§ 5[1]) **Steuerbefreiungen bei der Einfuhr**

(1) Steuerfrei ist die Einfuhr

1. der in § 4 Nr. 8 Buchstabe e und k und Nr. 17 Buchstabe a sowie der in § 8 Abs. 1 Nr. 1, 2 und 3 bezeichneten Gegenstände,
2. der in § 4 Nr. 4 und Nr. 8 Buchstabe b und i sowie der in § 8 Abs. 2 Nr. 1, 2 und 3 bezeichneten Gegenstände unter den in diesen Vorschriften bezeichneten Voraussetzungen,
3. der Gegenstände, die von einem Schuldner der Einfuhrumsatzsteuer im Anschluß an die Einfuhr unmittelbar zur Ausführung von innergemeinschaftlichen Lieferungen (§ 4 Nr. 1 Buchstabe b, § 6a) verwendet werden; der Schuldner der Einfuhrumsatzsteuer hat das Vorliegen der Voraussetzungen des § 6a Abs. 1 bis 3 nachzuweisen.

(2) Das Bundesministerium der Finanzen kann durch Rechtsverordnung, die nicht der Zustimmung des Bundesrates bedarf, zur Erleichterung des Warenverkehrs über die Grenze und zur Vereinfachung der Verwaltung Steuerfreiheit oder Steuerermäßigung anordnen

1. für Gegenstände, die nicht oder nicht mehr am Güterumsatz und an der Preisbildung teilnehmen,
2. für Gegenstände in kleinen Mengen oder von geringem Wert,
3. für Gegenstände, die nur vorübergehend ausgeführt worden waren, ohne ihre Zugehörigkeit oder enge Beziehung zur inländischen Wirtschaft verloren zu haben,
4. für Gegenstände, die nach zollamtlich bewilligter Veredelung in Freihäfen eingeführt werden,
5. für Gegenstände, die nur vorübergehend eingeführt und danach unter zollamtlicher Überwachung wieder ausgeführt werden,

---

1) Anm.: § 5 Abs. 1 Nr. 1 und 2 i. d. F. des Art. 1 Nr. 4 Gesetz zur Änderung des UStG und anderer Gesetze v. 9. 8. 94 (BGBl I, 2058), Nr. 3 i. d. F. des Art. 1 Nr. 6 Umsatzsteuer-Änderungsgesetz 1997 v. 12. 12. 96 (BGBl I, 1851); Abs. 2 i. d. F., Abs. 3 angefügt gem. Art. 20 Nr. 6 StMBG v. 21. 12. 93 (BGBl I, 2310).

6. für Gegenstände, für die nach zwischenstaatlichem Brauch keine Einfuhrumsatzsteuer erhoben wird,
7. für Gegenstände, die an Bord von Verkehrsmitteln als Mundvorrat, als Brenn-, Treib- oder Schmierstoffe, als technische Öle oder als Betriebsmittel eingeführt werden,
8. für Gegenstände, die weder zum Handel noch zur gewerblichen Verwendung bestimmt und insgesamt nicht mehr wert sind, als in Rechtsakten des Rates oder der Kommission der Europäischen Gemeinschaften über die Verzollung zum Pauschalsatz festgelegt ist, soweit dadurch schutzwürdige Interessen der inländischen Wirtschaft nicht verletzt werden und keine unangemessenen Steuervorteile entstehen. ²Es hat dabei Rechtsakte des Rates oder der Kommission der Europäischen Gemeinschaften zu berücksichtigen.

(3) Das Bundesministerium der Finanzen kann durch Rechtsverordnung, die nicht der Zustimmung des Bundesrates bedarf, anordnen, daß unter den sinngemäß anzuwendenden Voraussetzungen von Rechtsakten des Rates oder der Kommission der Europäischen Gemeinschaften über die Erstattung oder den Erlaß von Einfuhrabgaben die Einfuhrumsatzsteuer ganz oder teilweise erstattet oder erlassen wird.

6. EG-Richtlinie

Abschnitt X: Steuerbefreiungen

...

Artikel 14 Steuerbefreiungen bei der Einfuhr

(1) Unbeschadet sonstiger Gemeinschaftsbestimmungen befreien die Mitgliedstaaten unter den Bedingungen, die sie zur Gewährleistung einer korrekten und einfachen Anwendung der nachstehenden Befreiungen sowie zur Verhütung von Steuerhinterziehungen, Steuerumgehungen und etwaigen Mißbräuchen festsetzen, von der Steuer:

a) *die endgültige Einfuhr von Gegenständen, deren Lieferung durch Steuerpflichtige im Inland auf jeden Fall steuerfrei ist;*

b) *(weggefallen)*

c) *(weggefallen)*

d) *die endgültige Einfuhr von Gegenständen, für die eine andere als die im Gemeinsamen Zolltarif vorgesehene Zollbefreiung gilt. Die Mitgliedstaaten haben jedoch die Möglichkeit, die Steuerbefreiung nicht zu gewähren, sofern ihre Gewährung die Wettbewerbsbedingungen erheblich beeinträchtigen könnte.*

Diese Steuerbefreiung gilt auch für die Einfuhr von Gegenständen im Sinne von Artikel 7 Absatz 1 Buchstabe b), die unter die in Unterabsatz 1 vorgesehene Befreiung fallen würden, wenn sie nach Artikel 7 Absatz 1 Buchstabe a) eingeführt worden wären;

e) *die Wiedereinfuhr von unter die Zollbefreiung fallenden Gegenständen durch denjenigen, der sie ausgeführt hat, und in dem Zustand, in dem sie ausgeführt wurden;*

f) *(weggefallen)*

g) *die Einfuhr von Gegenständen*

- *im Rahmen der diplomatischen konsularischen Beziehungen, für die eine Zollbefreiung gilt,*

- *durch internationale Einrichtungen, die von den Behörden des Aufnahmelandes als solche anerkannt sind, sowie von den Mitgliedern dieser Einrichtungen, und zwar in den Grenzen und zu den Bedingungen, die in den inernationalen Übereinkommen über die Gründung dieser Einrichtungen oder in den Abkommen über den Sitz festgelegt sind,*

- *in den Mitgliedstaaten, die Vertragsparteien des Nordatlantikvertrags sind, durch die Streitkräfte anderer Parteien dieses Vertrags für den Gebrauch oder Verbrauch dieser Streitkräfte oder ihres zivilen Begleitpersonals oder für die Versorgung ihrer Kasinos oder Kantinen, wenn diese Streitkräfte der gemeinsamen Verteidigungsanstrengung dienen;*

h) *die durch Unternehmen der Seefischerei in Häfen durchgeführte Einfuhr von Fischereierzeugnissen, die noch nicht Gegenstand einer Lieferung gewesen sind, in unbearbeitetem Zustand oder nach Haltbarmachung für Zwecke der Vermarktung;*

i) *die Dienstleistungen, die sich auf die Einfuhr von Gegenständen beziehen und deren Wert nach Artikel 11 Teil B Absatz 3 Buchstabe b) in der Besteuerungsgrundlage enthalten ist;*

j) *die Einfuhr von Gold durch Zentralbanken.*

(2) Die Kommission unterbreitet dem Rat so bald wie möglich Vorschläge für die Aufstellung gemeinschaftlicher Steuerregeln zur genaueren Beschreibung des Geltungsbereichs der Steuerbefreiungen nach Absatz 1 und der praktischen Einzelheiten ihrer Durchführung.

Bis zum Inkrafttreten dieser Regeln können die Mitgliedstaaten:

- *die geltenden einzelstaatlichen Vorschriften im Rahmen der vorstehenden Bestimmungen beibehalten;*

- *diese Vorschriften anpassen, um die Wettbewerbsverzerrungen und insbesondere die Nicht- oder Doppelbesteuerung im Mehrwertsteuerbereich innerhalb der Gemeinschaft zu verringern;*

- *die Verwaltungsverfahren anwenden, die ihnen zur Erzielung der Steuerbefreiung am geeignetsten erscheinen.*

Die Mitgliedstaaten teilen der Kommission die Maßnahmen mit, die sie aufgrund der vorstehenden Bestimmungen ergriffen haben und ergreifen; die Kommission unterrichtet hiervon die übrigen Mitgliedstaaten.

...

Artikel 16 Besondere Steuerbefreiungen beim grenzüberschreitenden Warenverkehr

(1) Unbeschadet der übrigen gemeinschaftlichen Steuerbestimmungen können die Mitgliedstaaten vorbehaltlich der Konsultation nach Artikel 29 Sondermaßnahmen treffen, um folgende Umsätze oder einige von ihnen nicht der Mehrwertsteuer zu unterwerfen, sofern diese nicht für eine endgültige Verwendung und/oder einen Endverbrauch bestimmt sind und sofern der beim Verlassen der nachfolgend in den Teilen A bis E bezeichneten Regelungen oder Sachverhalte geschuldete Mehrwertsteuerbetrag der Höhe der Abgabe entspricht, die bei der Besteuerung dieser Umsätze im Inland geschuldet worden wäre:

A. die Einfuhr von Gegenständen, die einer anderen Lagerregelung als der Zollagerregelung unterliegen sollen;

...

Abschnitt XVIa: *Übergangsregelung für die Besteuerung des Handels zwischen den Mitgliedstaaten*

...

Artikel 28c *Befreiungen*

...

D. *Befreiungen bei der Einfuhr von Gegenständen*

Werden Gegenstände, die von einem Drittlandsgebiet aus versandt oder befördert wurden, in einen anderen Mitgliedstaat als den eingeführt, in dem die Versendung oder Beförderung endet, so befreien die Mitgliedstaaten diese Einfuhr, sofern die Lieferung dieser Gegenstände durch den Importeur im Sinne des Artikels 21 Nummer 2 bewirkt wird und gemäß den Bestimmungen unter Teil A befreit ist.

Die Mitgliedstaaten legen die Bedingungen dieser Befreiung fest, um eine korrekte und einfache Anwendung zu gewährleisten und Steuerhinterziehungen, Steuerumgehungen und Mißbrauch zu verhüten.

...

EUStBV

§ 1[1]) *Allgemeines*

(1) Einfuhrumsatzsteuerfrei ist – vorbehaltlich der §§ 2 bis 10 – die Einfuhr der Gegenstände, die nach Kapitel I und III der Verordnung (EWG) Nr. 918/83 des Rates vom 28. März 1983 über das gemeinschaftliche System der Zollbefreiungen (ABl. EG Nr. L 105 S. 1), zuletzt geändert durch die Verordnung (EWG) Nr. 3357/91 des Rates vom 7. November 1991 (ABl. EG Nr. L 318 S. 3), zollfrei eingeführt werden können, in sinngemäßer Anwendung

---

1) **Anm.:** § 1 Abs. 2 und 3 i. d. F., Abs. 2a eingefügt gem. Art. 1 Nr. 1 der 1. ÄndVO zur EUStBV v. 9. 2. 94 (BGBl I, 302).

Steuerbefreiungen bei der Einfuhr §§ 2–4 EUStBV **§ 5 UStG**

dieser Vorschriften sowie der Durchführungsvorschriften dazu; ausgenommen sind die Artikel 20 bis 24, 29 bis 31, 45 bis 49, 52 bis 59b, 63a und 63b der Verordnung.

(2) Einfuhrumsatzsteuerfrei ist, vorbehaltlich des § 11, die vorübergehende Einfuhr von Gegenständen, die
1. *nach den Artikeln 137 bis 144 der Verordnung (EWG) Nr. 2913/92 des Rates vom 12. Oktober 1992 zur Festlegung des Zollkodex der Gemeinschaften (ABl. EG Nr. L 302 S. 1) – Zollkodex – frei von Einfuhrabgaben im Sinne des Artikels 4 Nr. 10 Zollkodex eingeführt werden können oder die*
2. *gelegentlich und ohne gewerbliche Absicht eingeführt werden, sofern der Verwender hinsichtlich dieser Gegenstände nicht oder nicht in vollem Umfang nach § 15 Abs. 1 Nr. 2 des Gesetzes zum Vorsteuerabzug berechtigt ist,*

in sinngemäßer Anwendung der genannten Vorschriften sowie der Durchführungsvorschriften dazu; ausgenommen sind die Vorschriften über die vorübergehende Verwendung bei teilweiser Befreiung von Einfuhrabgaben im Sinne des Artikels 4 Nr. 10 Zollkodex.

(2a) ¹Einfuhrumsatzsteuerfrei ist, vorbehaltlich des § 12, die Einfuhr der Gegenstände, die nach den Artikeln 185 bis 187 Zollkodex als Rückwaren frei von Einfuhrabgaben im Sinne des Artikels 4 Nr. 10 Zollkodex eingeführt werden können, in sinngemäßer Anwendung dieser Vorschriften sowie der Durchführungsvorschriften dazu. ²Die Steuerfreiheit gilt auch für die Gegenstände, die in Artikel 185 Abs. 2 Buchstabe b Zollkodex aufgeführt sind.

(3) Einfuhrumsatzsteuerfrei ist ferner die Einfuhr der Gegenstände, die nach den §§ 12, 14 bis 22 der Zollverordnung vom 23. Dezember 1993 (BGBl I S. 2449) in der jeweils geltenden Fassung frei von Einfuhrabgaben im Sinne des Artikels 4 Nr. 10 Zollkodex eingeführt werden können, in sinngemäßer Anwendung dieser Vorschriften.

§ 2 Investitionsgüter und andere Ausrüstungsgegenstände
Die Einfuhrumsatzsteuerfreiheit für Investitionsgüter und andere Ausrüstungsgegenstände (Artikel 32 bis 38 der in § 1 Abs. 1 genannten Verordnung) ist ausgeschlossen für Gegenstände, die
1. *ganz oder teilweise zur Ausführung von Umsätzen verwendet werden, die nach § 15 Abs. 2 und 3 des Gesetzes den Vorsteuerabzug ausschließen,*
2. *von einer juristischen Person des öffentlichen Rechts für ihren nichtunternehmerischen Bereich eingeführt werden oder*
3. *von einem Unternehmer eingeführt werden, der die Vorsteuerbeträge nach Durchschnittssätzen (§§ 23 und 24 des Gesetzes) ermittelt.*

§ 3¹) Landwirtschaftliche Erzeugnisse
Die Einfuhrumsatzsteuerfreiheit für bestimmte landwirtschaftliche Erzeugnisse (Artikel 39 bis 42 der in § 1 Abs. 1 genannten Verordnung) gilt auch für reinrassige Pferde, die nicht älter als sechs Monate und im Drittlandsgebiet von einem Tier geboren sind, das im Inland oder in den österreichischen Gebieten Jungholz und Mittelberg befruchtet und danach vorübergehend ausgeführt worden war.

§ 4 Gegenstände erzieherischen, wissenschaftlichen oder kulturellen Charakters
¹Die Einfuhrumsatzsteuerfreiheit für Gegenstände erzieherischen, wissenschaftlichen oder kulturellen Charakters im Sinne der Artikel 50 und 51 der in § 1 Abs. 1 genannten Verord-

---

1) **Anm.:** § 3 i. d. F. des Art. 1 Nr. 2 der 1. ÄndVO zur EUStBV v. 9. 2. 94 (BGBl I, 302).

nung ist auf die von den Buchstaben B der Anhänge I und II der Verordnung erfaßten Einfuhren beschränkt. ²Die Steuerfreiheit für Sammlungsstücke und Kunstgegenstände (Artikel 51 der Verordnung) hängt davon ab, daß die Gegenstände
1. unentgeltlich eingeführt werden oder
2. nicht von einem Unternehmer geliefert werden, als Lieferer gilt nicht, wer für die begünstigte Einrichtung tätig wird.

§ 5 Tiere für Laborzwecke

Die Einfuhrumsatzsteuerfreiheit für Tiere für Laborzwecke (Artikel 60 Abs. 1 Buchstabe a und Abs. 2 der in § 1 Abs. 1 genannten Verordnung) hängt davon ab, daß die Tiere unentgeltlich eingeführt werden.

§ 6 Gegenstände für Organisationen der Wohlfahrtspflege

(1) Die Einfuhrumsatzsteuerfreiheit für lebenswichtige Gegenstände (Artikel 65 Abs. 1 Buchstabe a der in § 1 Abs. 1 genannten Verordnung) hängt davon ab, daß die Gegenstände unentgeltlich eingeführt werden.

(2) ¹Die Einfuhrumsatzsteuerfreiheit für Gegenstände für Behinderte (Artikel 70 bis 78 der in § 1 Abs. 1 genannten Verordnung) hängt davon ab, daß die Gegenstände unentgeltlich eingeführt werden. ²Sie hängt nicht davon ab, daß gleichwertige Gegenstände gegenwärtig in der Gemeinschaft nicht hergestellt werden. ³Die Steuerfreiheit ist ausgeschlossen für Gegenstände, die von Behinderten selbst eingeführt werden.

§ 7 Werbedrucke

(1) Die Einfuhrumsatzsteuerfreiheit für Werbedrucke (Artikel 92 Buchstabe b der in § 1 Abs. 1 genannten Verordnung) gilt für Werbedrucke, in denen Dienstleistungen angeboten werden, allgemein, sofern diese Angebote von einer in einem anderen Mitgliedstaat der Europäischen Gemeinschaften ansässigen Person ausgehen.

(2) Bei Werbedrucken, die zur kostenlosen Verteilung eingeführt werden, hängt die Steuerfreiheit abweichend von Artikel 93 Buchstabe b und c der in § 1 Abs. 1 genannten Verordnung nur davon ab, daß die in den Drucken enthaltenen Angebote von einer in einem anderen Mitgliedstaat der Europäischen Gemeinschaften ansässigen Person ausgehen.

§ 8 Werbemittel für den Fremdenverkehr

Die Einfuhrumsatzsteuerfreiheit für Werbematerial für den Fremdenverkehr (Artikel 108 Buchstabe a und b der in § 1 Abs. 1 genannten Verordnung) gilt auch dann, wenn darin Werbung für in einem Mitgliedstaat der Europäischen Gemeinschaften ansässige Unternehmen enthalten ist, sofern der Gesamtanteil der Werbung 25 vom Hundert nicht übersteigt.

§ 9 Amtliche Veröffentlichungen, Wahlmaterialien

Einfuhrumsatzsteuerfrei ist die Einfuhr der amtlichen Veröffentlichungen, mit denen das Ausfuhrland und die dort niedergelassenen Organisationen, öffentlichen Körperschaften und öffentlich-rechtlichen Einrichtungen Maßnahmen öffentlicher Gewalt bekanntmachen, sowie die Einfuhr der Drucksachen, die die in den Mitgliedstaaten der Europäischen Gemeinschaften als solche offiziell anerkannten ausländischen politischen Organisationen anläßlich der Wahlen zum Europäischen Parlament oder anläßlich nationaler Wahlen, die vom Herkunftsland aus organisiert werden, verteilen.

§ 10 Behältnisse und Verpackungen

(1) Die Einfuhrumsatzsteuerfreiheit von Verpackungsmitteln (Artikel 110 der in § 1 Abs. 1 genannten Verordnung) hängt davon ab, daß ihr Wert in die Bemessungsgrundlage für die Einfuhr (§ 11 des Gesetzes) einbezogen wird.

(2) Die Steuerfreiheit nach Absatz 1 gilt auch für die Einfuhr von Behältnissen und befüllten Verpackungen, wenn sie für die mit ihnen gestellten oder in ihnen verpackten Waren üblich sind oder unabhängig von ihrer Verwendung als Behältnis oder Verpackung keinen dauernden selbständigen Gebrauchswert haben.

§ 11[1]) Vorübergehende Verwendung

(1) Artikel 680 Buchstabe a und b der Verordnung (EWG) Nr. 2454/93 des Rates vom 2. Juli 1993 mit Durchführungsvorschriften zu der Verordnung (EWG) Nr. 2913/92 des Rates zur Festlegung des Zollkodex der Gemeinschaften (ABl. EG Nr. L 253 S. 1) – Durchführungsverordnung zum Zollkodex – gilt mit der Maßgabe, daß die hergestellten Gegenstände aus dem Zollgebiet der Gemeinschaft auszuführen sind.

(2) In den Fällen des § 1 Abs. 2 Nr. 2 beträgt die Verwendungsfrist längstens sechs Monate; sie darf nicht verlängert werden.

(3) Werden die in Artikel 682 der Durchführungsverordnung zum Zollkodex bezeichneten Gegenstände verkauft, so ist bei der Ermittlung der Bemessungsgrundlage von dem Kaufpreis auszugehen, den der erste Käufer im Inland oder in den österreichischen Gebieten Jungholz und Mittelberg gezahlt oder zu zahlen hat.

(4) Auf die Leistung einer Sicherheit für die Einfuhrumsatzsteuer kann verzichtet werden.

§ 12[2]) Rückwaren

[1]*Die Einfuhrumsatzsteuerfreiheit von Rückwaren (Artikel 185 bis 187 Zollkodex) ist ausgeschlossen, wenn der eingeführte Gegenstand*
1. *vor der Einfuhr geliefert worden ist,*
2. *im Rahmen einer steuerfreien Lieferung (§ 4 Nr. 1 des Gesetzes) ausgeführt worden ist oder*
3. *im Rahmen des § 4a des Gesetzes von der Umsatzsteuer entlastet worden ist.*

[2]*Satz 1 Nr. 2 gilt nicht, wenn derjenige, der die Lieferung bewirkt hat, den Gegenstand zurückerhält und hinsichtlich dieses Gegenstandes in vollem Umfang nach § 15 Abs. 1 Nr. 2 des Gesetzes zum Vorsteuerabzug berechtigt ist.*

§ 12a[3]) Freihafenlagerung

(1) [1]Einfuhrumsatzsteuerfrei ist die Einfuhr von Gegenständen, die als Gemeinschaftswaren ausgeführt und in einem Freihafen vorübergehend gelagert worden sind. [2]Die Steuerfreiheit hängt davon ab, daß die nachfolgenden Vorschriften eingehalten sind.

(2) [1]Die Lagerung bedarf einer besonderen Zulassung, sie wird grundsätzlich nur zugelassen, wenn im Freihafen vorhandene Anlagen sonst nicht wirtschaftlich ausgenutzt werden können und der Freihafen durch die Lagerung seinem Zweck nicht entfremdet wird.

---

1) **Anm.:** § 11 Abs. 1 bis 3 i. d. F. des Art. 1 Nr. 3 der 1. ÄndVO zur EUStBV v. 9. 2. 94 (BGBl I, 302).
2) **Anm.:** § 12 Abs. 1 weggefallen, bisheriger Abs. 2 zu einzigem Absatz geworden und geändert gem. Art. 1 Nr. 4 der 1. ÄndVO zur EUStBV v. 9. 2. 94 (BGBl I, 302).
3) **Anm.:** § 12a eingefügt gem. Art. 1 Nr. 5 der 1. ÄndVO zur EUStBV v. 9. 2. 94 (BGBl I, 302).

²*Für die Zulassung ist das von der Oberfinanzdirektion dafür bestimmte Hauptzollamt zuständig.* ³*Der Antrag auf Zulassung ist vom Lagerhalter schriftlich zu stellen.* ⁴*Die Zulassung wird schriftlich erteilt.*

(3) ¹*Die Gegenstände sind vor der Ausfuhr zu gestellen und mit dem Antrag anzumelden, die Ausfuhr in den Freihafen zollamtlich zu überwachen.* ²*Unter bestimmten Voraussetzungen und Bedingungen kann zugelassen werden, daß die Gegenstände ohne Gestellung ausgeführt werden.*

(4) ¹*Für die Wiedereinfuhr der Gegenstände wird eine Frist gesetzt; dabei werden die zugelassene Lagerdauer und die erforderlichen Beförderungszeiten berücksichtigt.* ²*Die Zollstelle erteilt dem Antragsteller einen Zwischenschein und überwacht die Ausfuhr.*

(5) ¹*Die Gegenstände dürfen im Freihafen nur wie zugelassen gelagert werden.* ²*Die Lagerdauer darf ohne Zustimmung des Hauptzollamts nach Absatz 2 Satz 2 nicht überschritten werden.* ³*Die Frist für die Wiedereinfuhr der Gegenstände darf nur aus zwingendem Anlaß überschritten werden, der Anlaß ist nachzuweisen.*

(6) Für die Überführung der Gegenstände in den freien Verkehr nach der Wiedereinfuhr ist der Zwischenschein als Steueranmeldung zu verwenden.

§ 12b¹) Freihafen-Veredelung

(1) ¹*Einfuhrumsatzsteuerfrei ist die Einfuhr von Gegenständen, die in einem Freihafen veredelt worden sind, sofern die bei der Veredelung verwendeten Gegenstände als Gemeinschaftswaren ausgeführt worden sind.* ²*Anstelle der ausgeführten Gegenstände können auch Gegenstände veredelt werden, die den ausgeführten Gegenständen nach Menge und Beschaffenheit entsprechen.* ³*Die Steuerfreiheit hängt davon ab, daß die nachfolgenden Vorschriften eingehalten sind.*

(2) ¹*Die Freihafen-Veredelung bedarf einer Bewilligung, sie wird nur erteilt, wenn der Freihafen dadurch seinem Zweck nicht entfremdet wird.* ²*Für die Bewilligung ist die von der Oberfinanzdirektion dafür bestimmte Zollstelle zuständig.* ³*Der Antrag auf Bewilligung ist vom Inhaber des Freihafenbetriebs schriftlich zu stellen.* ⁴*Die Bewilligung wird schriftlich erteilt; sie kann jederzeit widerrufen werden.* ⁵*In der Bewilligung wird bestimmt, welche Zollstelle die Veredelung überwacht (überwachende Zollstelle), welcher Zollstelle die unveredelten Gegenstände zu gestellen sind und bei welcher Zollstelle der Antrag auf Überführung der veredelt eingeführten Gegenstände in den freien Verkehr zu stellen ist.*

(3) ¹*Die unveredelten Gegenstände sind vor der Ausfuhr zu gestellen und mit dem Antrag anzumelden, sie für die Freihafen-Veredelung zur Ausfuhr abzufertigen.* ²*Wenn die zollamtliche Überwachung anders als durch Gestellung gesichert erscheint, kann die überwachende Zollstelle unter bestimmten Voraussetzungen und Bedingungen zulassen, daß die unveredelten Gegenstände durch Anschreibung in die Freihafen-Veredelung übergeführt werden; die Zulassung kann jederzeit widerrufen werden.*

(4) ¹*Die Zollstelle sichert die Nämlichkeit der unveredelten Gegenstände, sofern die Veredelung von Gegenständen, die den ausgeführten Gegenständen nach Menge und Beschaffenheit entsprechen, nicht zugelassen ist.* ²*Sie erteilt dem Veredeler einen Veredelungsschein, in dem die zur Feststellung der Nämlichkeit getroffenen Maßnahmen und die Frist für die Einfuhr der veredelten Gegenstände vermerkt werden.*

(5) Der Antrag auf Überführung der veredelten Gegenstände in den freien Verkehr ist vom Veredeler bei der in der Bewilligung bestimmten Zollstelle zu stellen.

---

1) **Anm.:** § 12b eingefügt gem. Art. 1 Nr. 5 der 1. ÄndVO zur EUStBV v. 9. 2. 94 (BGBl I, 302).

§ 13 Fänge deutscher Fischer

(1) Einfuhrumsatzsteuerfrei ist die Einfuhr von Fängen von Fischern, die in der Bundesrepublik Deutschland wohnen und von deutschen Schiffen aus auf See fischen, sowie die aus diesen Fängen auf deutschen Schiffen hergestellten Erzeugnisse.
(2) ¹Die Steuerfreiheit hängt davon ab, daß die Gegenstände auf einem deutschen Schiff und für ein Unternehmen der Seefischerei eingeführt werden. ²Sie ist ausgeschlossen, wenn die Gegenstände vor der Einfuhr geliefert worden sind.

§ 14¹) Erstattung oder Erlaß

(1) Die Einfuhrumsatzsteuer wird erstattet oder erlassen in den in den Artikeln 235 bis 242 Zollkodex bezeichneten Fällen in sinngemäßer Anwendung dieser Vorschriften und der Durchführungsvorschriften dazu.
(2) ¹Die Erstattung oder der Erlaß hängt davon ab, daß der Antragsteller hinsichtlich der Gegenstände nicht oder nicht in vollem Umfang nach § 15 Abs. 1 Nr. 2 des Gesetzes zum Vorsteuerabzug berechtigt ist. ²Satz 1 gilt nicht für die Fälle des Artikels 236 Zollkodex.

§ 15 Absehen von der Festsetzung der Steuer

Die Einfuhrumsatzsteuer wird nicht festgesetzt für Gegenstände, die nur der Einfuhrumsatzsteuer unterliegen, wenn der festzusetzende Steuerbetrag 20 Deutsche Mark nicht übersteigt und nach § 15 Abs. 1 Nr. 2 des Gesetzes als Vorsteuer abgezogen werden könnte.

§ 16 Inkrafttreten, abgelöste Vorschrift

¹Diese Verordnung tritt am 1. Januar 1993 in Kraft. ²Gleichzeitig tritt die Einfuhrumsatzsteuer-Befreiungsverordnung vom 5. Juni 1984 (BGBl I S. 747, 750), zuletzt geändert durch Artikel 1 der Verordnung vom 20. Juni 1990 (BGBl I S. 1119), außer Kraft.

UStG

§ 6²) Ausfuhrlieferung

(1) ¹Eine Ausfuhrlieferung (§ 4 Nr. 1 Buchstabe a) liegt vor, wenn bei einer Lieferung
1. der Unternehmer den Gegenstand der Lieferung in das Drittlandsgebiet, ausgenommen Gebiete nach § 1 Abs. 3, befördert oder versendet hat oder
2. der Abnehmer den Gegenstand der Lieferung in das Drittlandsgebiet, ausgenommen Gebiete nach § 1 Abs. 3, befördert oder versendet hat und ein ausländischer Abnehmer ist oder

---

1) Anm.: § 14 i. d. F. des Art. 1 Nr. 6 der 1. ÄndVO zur EUStBV v. 9. 2. 94 (BGBl I, 302).
2) Anm.: § 6 Abs. 1 i. d. F. des Art. 1 Nr. 5 Gesetz zur Änderung des UStG und anderer Gesetze v. 9. 8. 94 (BGBl I, 2058); Abs. 2 i. d. F. des Art. 20 Nr. 25 StMBG v. 21. 12. 93 (BGBl I, 2310); Abs. 3 und 4 i. d. F., Abs. 3a eingefügt gem. Art. 20 Nr. 8 JStG 1996 v. 11. 10. 95 (BGBl I, 1250).

3. der Unternehmer oder der Abnehmer den Gegenstand der Lieferung in die in § 1 Abs. 3 bezeichneten Gebiete befördert oder versendet hat und der Abnehmer
   a) ein Unternehmer ist, der den Gegenstand für sein Unternehmen erworben hat, oder
   b) ein ausländischer Abnehmer, aber kein Unternehmer, ist und der Gegenstand in das übrige Drittlandsgebiet gelangt.

²Der Gegenstand der Lieferung kann durch Beauftragte vor der Ausfuhr bearbeitet oder verarbeitet worden sein.

(2) ¹Ausländischer Abnehmer im Sinne des Absatzes 1 Nr. 2 und 3 ist

1. ein Abnehmer, der seinen Wohnort oder Sitz im Ausland, ausgenommen die in § 1 Abs. 3 bezeichneten Gebiete, hat oder
2. eine Zweigniederlassung eines im Inland oder in den in § 1 Abs. 3 bezeichneten Gebieten ansässigen Unternehmers, die ihren Sitz im Ausland, ausgenommen die bezeichneten Gebiete, hat, wenn sie das Umsatzgeschäft im eigenen Namen abgeschlossen hat.

²Eine Zweigniederlassung im Inland oder in den in § 1 Abs. 3 bezeichneten Gebieten ist kein ausländischer Abnehmer.

(3) Ist in den Fällen des Absatzes 1 Nr. 2 und 3 der Gegenstand der Lieferung zur Ausrüstung oder Versorgung eines Beförderungsmittels bestimmt, so liegt eine Ausfuhrlieferung nur vor, wenn

1. der Abnehmer ein ausländischer Unternehmer ist und
2. das Beförderungsmittel den Zwecken des Unternehmens des Abnehmers dient.

(3a) Wird in den Fällen des Absatzes 1 Nr. 2 und 3 der Gegenstand der Lieferung nicht für unternehmerische Zwecke erworben und durch den Abnehmer im persönlichen Reisegepäck ausgeführt, liegt eine Ausfuhrlieferung nur vor, wenn

1. der Abnehmer seinen Wohnort oder Sitz im Drittlandsgebiet, ausgenommen Gebiete nach § 1 Abs. 3, hat und
2. der Gegenstand der Lieferung vor Ablauf des dritten Kalendermonats, der auf den Monat der Lieferung folgt, ausgeführt wird.

(4) ¹Die Voraussetzungen der Absätze 1, 3 und 3a sowie die Bearbeitung oder Verarbeitung im Sinne des Absatzes 1 Satz 2 müssen vom Unternehmer nachgewiesen sein. ²Das Bundesministerium der Finanzen kann mit Zustimmung des Bundesrates durch Rechtsverordnung bestimmen, wie der Unternehmer die Nachweise zu führen hat.

6. EG Richtlinie

Abschnitt X: Steuerbefreiungen

...

Artikel 15 Steuerbefreiungen bei Ausfuhren nach einem Drittland, gleichgestellten Umsätzen und grenzüberschreitenden Beförderungen

...

1. bis 2. *(abgedruckt zu § 4 Nr. 1 UStG)*

...

Artikel 16 Besondere Steuerbefreiungen beim grenzüberschreitenden Warenverkehr

(1) *(abgedruckt zu § 4 Nr. 3 UStG)*

...

B. *(abgedruckt zu § 4 Nr. 3 UStG)*

...

UStDV

Ausfuhrnachweis und buchmäßiger Nachweis bei Ausfuhrlieferungen und Lohnveredelungen an Gegenständen der Ausfuhr

§ 8 Grundsätze für den Ausfuhrnachweis bei Ausfuhrlieferungen

(1) [1]Bei Ausfuhrlieferungen (§ 6 des Gesetzes) muß der Unternehmer im Geltungsbereich dieser Verordnung durch Belege nachweisen, daß er oder der Abnehmer den Gegenstand

der Lieferung in das Drittlandsgebiet befördert oder versendet hat (Ausfuhrnachweis). ²*Die Voraussetzung muß sich aus den Belegen eindeutig und leicht nachprüfbar ergeben.*

(2) Ist der Gegenstand der Lieferung durch Beauftragte vor der Ausfuhr bearbeitet oder verarbeitet worden (§ 6 Abs. 1 Satz 2 des Gesetzes), so muß sich auch dies aus den Belegen nach Absatz 1 eindeutig und leicht nachprüfbar ergeben.

§ 9¹) Ausfuhrnachweis bei Ausfuhrlieferungen in Beförderungsfällen

(1) In den Fällen, in denen der Unternehmer oder der Abnehmer den Gegenstand der Lieferung in das Drittlandsgebiet befördert hat (Beförderungsfälle), soll der Unternehmer den Ausfuhrnachweis regelmäßig durch einen Beleg führen, der folgendes enthält:

1. *den Namen und die Anschrift des Unternehmers,*
2. *die handelsübliche Bezeichnung und die Menge des ausgeführten Gegenstandes,*
3. *den Ort und den Tag der Ausfuhr,*
4. *eine Ausfuhrbestätigung der den Ausgang des Gegenstandes aus dem Gemeinschaftsgebiet überwachenden Grenzzollstelle eines Mitgliedstaates.*

(2) An die Stelle der Ausfuhrbestätigung nach Absatz 1 Nr. 4 tritt bei einer Ausfuhr im gemeinsamen oder im gemeinschaftlichen Versandverfahren oder bei einer Ausfuhr mit Carnet TIR, wenn diese Verfahren nicht bei einer Grenzzollstelle beginnen,

1. *eine Ausfuhrbestätigung der Abgangsstelle, die bei einer Ausfuhr im gemeinsamen oder im gemeinschaftlichen Versandverfahren nach Eingang des Rückscheins, bei einer Ausfuhr mit Carnet TIR nach Eingang der Erledigungsbestätigung erteilt wird, sofern sich daraus die Ausfuhr ergibt, oder*
2. *eine Abfertigungsbestätigung der Abgangsstelle in Verbindung mit einer Eingangsbescheinigung der Bestimmungsstelle im Drittlandsgebiet.*

§ 10 Ausfuhrnachweis bei Ausfuhrlieferungen in Versendungsfällen

(1) In den Fällen, in denen der Unternehmer oder der Abnehmer den Gegenstand der Lieferung in das Drittlandsgebiet versendet hat (Versendungsfälle), soll der Unternehmer den Ausfuhrnachweis regelmäßig wie folgt führen:

1. *durch einen Versendungsbeleg, insbesondere durch Frachtbrief, Konnossement, Posteinlieferungsschein oder deren Doppelstücke, oder*
2. *durch einen sonstigen handelsüblichen Beleg, insbesondere durch eine Bescheinigung des beauftragten Spediteurs oder durch eine Versandbestätigung des Lieferers.* ²*Der sonstige Beleg soll enthalten:*

   a) *den Namen und die Anschrift des Ausstellers sowie den Tag der Ausstellung,*

   b) *den Namen und die Anschrift des Unternehmers sowie des Auftraggebers, wenn dieser nicht der Unternehmer ist,*

   c) *die handelsübliche Bezeichnung und die Menge des ausgeführten Gegenstandes,*

   d) *den Ort und den Tag der Ausfuhr oder den Ort und den Tag der Versendung in das Drittlandsgebiet,*

   e) *den Empfänger und den Bestimmungsort im Drittlandsgebiet,*

---

1) **Anm.:** § 9 Abs. 2 i. d. F. des Art. 21 Nr. 5 JStG 1996 v. 11. 10. 95 (BGBl I, 1250).

f) *eine Versicherung des Ausstellers, daß die Angaben in dem Beleg auf Grund von Geschäftsunterlagen gemacht wurden, die im Gemeinschaftsgebiet nachprüfbar sind,*

g) *die Unterschrift des Ausstellers.*

(2) Ist es dem Unternehmer in den Versendungsfällen nicht möglich oder nicht zumutbar, den Ausfuhrnachweis nach Absatz 1 zu führen, so kann er die Ausfuhr wie bei den Beförderungsfällen (§ 9) nachweisen.

§ 11 Ausfuhrnachweis bei Ausfuhrlieferungen in Bearbeitungs- und Verarbeitungsfällen

(1) In den Fällen, in denen der Gegenstand der Lieferung durch einen Beauftragten vor der Ausfuhr bearbeitet oder verarbeitet worden ist (Bearbeitungs- und Verarbeitungsfälle), soll der Unternehmer den Ausfuhrnachweis regelmäßig durch einen Beleg nach § 9 oder § 10 führen, der zusätzlich folgende Angaben enthält:

1. den Namen und die Anschrift des Beauftragten,

2. die handelsübliche Bezeichnung und die Menge des an den Beauftragten übergebenen oder versendeten Gegenstandes,

3. den Ort und den Tag der Entgegennahme des Gegenstandes durch den Beauftragten,

4. die Bezeichnung des Auftrages und der vom Beauftragten vorgenommenen Bearbeitung oder Verarbeitung.

(2) Ist der Gegenstand der Lieferung durch mehrere Beauftragte bearbeitet oder verarbeitet worden, so haben sich die in Absatz 1 bezeichneten Angaben auf die Bearbeitungen oder Verarbeitungen eines jeden Beauftragten zu erstrecken.

§ 12 Ausfuhrnachweis bei Lohnveredelungen an Gegenständen der Ausfuhr

Bei Lohnveredelungen an Gegenständen der Ausfuhr (§ 7 des Gesetzes) sind die Vorschriften über die Führung des Ausfuhrnachweises bei Ausfuhrlieferungen (§§ 8 bis 11) entsprechend anzuwenden.

§ 13[1]) Buchmäßiger Nachweis bei Ausfuhrlieferungen und Lohnveredelungen an Gegenständen der Ausfuhr

(1) [1]Bei Ausfuhrlieferungen und Lohnveredelungen an Gegenständen der Ausfuhr (§§ 6 und 7 des Gesetzes) muß der Unternehmer im Geltungsbereich dieser Verordnung die Voraussetzungen der Steuerbefreiung buchmäßig nachweisen. [2]Die Voraussetzungen müssen eindeutig und leicht nachprüfbar aus der Buchführung zu ersehen sein.

(2) Der Unternehmer soll regelmäßig folgendes aufzeichnen:

1. die handelsübliche Bezeichnung und die Menge des Gegenstandes der Lieferung oder die Art und den Umfang der Lohnveredelung,

2. den Namen und die Anschrift des Abnehmers oder Auftraggebers,

3. den Tag der Lieferung oder der Lohnveredelung,

4. das vereinbarte Entgelt oder bei der Besteuerung nach vereinnahmten Entgelten das vereinnahmte Entgelt und den Tag der Vereinnahmung,

---

1) **Anm.:** § 13 Abs. 4a eingefügt gem. Art. 21 Nr. 6 JStG 1996 v. 11. 10. 95 (BGBl I, 1250).

5. *die Art und den Umfang einer Bearbeitung oder Verarbeitung vor der Ausfuhr (§ 6 Abs. 1 Satz 2, § 7 Abs. 1 Satz 2 des Gesetzes),*
6. *die Ausfuhr.*

(3) In den Fällen des § 6 Abs. 1 Nr. 1 des Gesetzes, in denen der Abnehmer kein ausländischer Abnehmer ist, soll der Unternehmer zusätzlich zu den Angaben nach Absatz 2 aufzeichnen:

1. *die Beförderung oder Versendung durch ihn selbst,*
2. *den Bestimmungsort.*

(4) In den Fällen des § 6 Abs. 1 Nr. 3 des Gesetzes soll der Unternehmer zusätzlich zu den Angaben nach Absatz 2 aufzeichnen:

1. *die Beförderung oder Versendung,*
2. *den Bestimmungsort,*
3. *in den Fällen, in denen der Abnehmer ein Unternehmer ist, auch den Gewerbezweig oder Beruf des Abnehmers und den Erwerbszweck.*

(4a) In den Fällen des § 6 Abs. 1 Nr. 2 und 3 des Gesetzes, in denen der Abnehmer ein Unternehmer ist und er oder sein Beauftragter den Gegenstand der Lieferung im persönlichen Reisegepäck ausführt, soll der Unternehmer zusätzlich zu den Angaben nach Absatz 2 auch den Gewerbezweig oder Beruf des Abnehmers und den Erwerbszweck aufzeichnen.

(5) In den Fällen des § 6 Abs. 3 des Gesetzes soll der Unternehmer zusätzlich zu den Angaben nach Absatz 2 aufzeichnen:

1. *den Gewerbezweig oder Beruf des Abnehmers,*
2. *den Verwendungszweck des Beförderungsmittels.*

(6) In den Fällen des § 7 Abs. 1 Nr. 1 des Gesetzes, in denen der Auftraggeber kein ausländischer Auftraggeber ist, ist Absatz 3 und in den Fällen des § 7 Abs. 1 Nr. 3 Buchstabe b des Gesetzes Absatz 4 entsprechend anzuwenden.

§§ 14 bis 16   (weggefallen)

§ 17[1]) Abnehmernachweis bei Ausfuhrlieferungen im nichtkommerziellen Reiseverkehr

In den Fällen des § 6 Abs. 3a des Gesetzes soll der Beleg nach § 9 zusätzlich folgende Angaben enthalten:

1. *den Namen und die Anschrift des Abnehmers,*
2. *eine Bestätigung der den Ausgang des Gegenstandes der Lieferung aus dem Gemeinschaftsgebiet überwachenden Grenzzollstelle eines Mitgliedstaates, daß die nach Nummer 1 gemachten Angaben mit den Eintragungen in dem vorgelegten Paß oder sonstigen Grenzübertrittpapier desjenigen übereinstimmen, der den Gegenstand in das Drittlandsgebiet verbringt.*

---

1) **Anm.:** § 17 i. d. F. des Art. 21 Nr. 7 JStG 1996 v. 11. 10. 95 (BGBl I, 1250).

UStR

128. Ausfuhrlieferungen

(1) ¹Hat der Unternehmer den Gegenstand der Lieferung in das *Drittlandsgebiet* außerhalb der in § 1 Abs. 3 UStG bezeichneten *Gebiete* befördert oder versendet, braucht der Abnehmer kein ausländischer Abnehmer zu sein (§ 6 Abs. 1 Nr. 1 UStG). ²Die Steuerbefreiung kann deshalb in diesen Ausfuhrfällen z. B. auch für die Lieferungen an Abnehmer in Anspruch genommen werden, die ihren Wohnort oder Sitz im Inland oder in den *in § 1 Abs. 3 UStG bezeichneten Gebieten* haben. ³Das gilt auch für Lieferungen, bei denen der Unternehmer den Gegenstand auf die Insel Helgoland *oder in das Gebiet von Büsingen* befördert oder versendet hat, weil diese *Gebiete* umsatzsteuerrechtlich nicht zum Inland im Sinne des § 1 Abs. 2 Satz 1 UStG gehö*ren* und *auch* nicht zu den in § 1 Abs. 3 UStG bezeichneten *Gebieten zählen.*

(2) ¹Hat der Abnehmer den Gegenstand der Lieferung in das *Drittlandsgebiet – außerhalb der in § 1 Abs. 3 UStG bezeichneten Gebiete –* befördert oder versendet (Abholfall), so muß er ein ausländischer Abnehmer sein (§ 6 Abs. 1 Nr. 2 UStG). ²Zum Begriff des ausländischen Abnehmers wird auf Abschnitt 129 hingewiesen.

(3) ¹*Haben* der Unternehmer *oder der Abnehmer* den Gegenstand der Lieferung in die in § 1 Abs. 3 UStG bezeichneten *Gebiete*, d. h. in einen Freihafen oder in die Gewässer oder Watten zwischen der Hoheitsgrenze und der *jeweiligen Strandlinie* befördert oder versendet, kommt die Steuerbefreiung (§ 6 Abs. 1 Nr. 3 UStG) in Betracht, wenn der Abnehmer ein Unternehmer ist, der den Gegenstand für Zwecke seines Unternehmens erworben hat (*vgl. Abschnitt 192 Abs. 18*). ²Bei der Lieferung eines einheitlichen Gegenstandes, z. B. eines Kraftfahrzeuges, ist im allgemeinen davon auszugehen, daß der Abnehmer den Gegenstand dann für Zwecke seines Unternehmens erwirbt, wenn der unternehmerische Verwendungszweck zum Zeitpunkt des Erwerbs überwiegt. ³Bei der Lieferung von vertretbaren Sachen, die der Abnehmer sowohl für unternehmerische als auch für nichtunternehmerische Zwecke erworben hat, ist der Anteil, der auf den unternehmerischen Erwerbszweck entfällt, durch eine Aufteilung entsprechend den Erwerbszwecken zu ermitteln. ⁴*Bei ausländischen Abnehmern, die keine Unternehmer sind, muß der Gegenstand in das übrige Drittlandsgebiet gelangen.*

(4) ¹Liegt ein Reihengeschäft (§ 3 Abs. 2 UStG) vor und hat der erste Unternehmer in der Reihe den Gegenstand der Lieferung in das *Drittlandsgebiet* befördert oder versendet, gilt dies als Beförderung oder Versendung eines jeden Unternehmers in der Reihe. ²*Eine dem Reihengeschäft nachfolgende Ausfuhrlieferung durch den letzten Abnehmer in der Reihe führt nicht zu Ausfuhrlieferungen in der Reihe* (vgl. BFH-Urteil vom 15. 3. 1994 – BStBl II S. 956). ³Hat der letzte Abnehmer den Gegenstand in das *Drittlandsgebiet* befördert oder versendet, gilt dies als Beförderung oder Versendung eines jeden Abnehmers in der Reihe. ⁴Hieraus folgt:

1. Bei Versendung oder Beförderung des Gegenstandes durch den ersten Unternehmer in der Reihe in das *Drittlandsgebiet* außerhalb der in § 1 Abs. 3 UStG bezeichneten *Gebiete* ist ein ausländischer Abnehmer für alle Lieferungen in der Reihe nicht erforderlich.

2. Bei Versendung oder Beförderung des Gegenstandes durch den letzten Abnehmer in der Reihe in das *Drittlandsgebiet außerhalb der in § 1 Abs. 3 UStG bezeichneten Gebiete* kommt die Befreiung nur für diejenigen Lieferungen in Betracht, bei denen der Abnehmer ein ausländischer Abnehmer ist.

3. Bei Versendung oder Beförderung des Gegenstandes durch den ersten Unternehmer *oder den letzten Abnehmer* in der Reihe in die in § 1 Abs. 3 UStG bezeichneten *Gebiete*, z. B. in einen Freihafen, kann die Befreiung nur für diejenigen Lieferungen in Anspruch genommen werden, die

   a) an einen Unternehmer für seine unternehmerischen Zwecke bewirkt *werden, oder*

   b) *an einen ausländischen Abnehmer, der kein Unternehmer ist, bewirkt werden, wenn der Gegenstand der Lieferung in das übrige Drittlandsgebiet gelangt.*

(5) ¹Der Gegenstand der Lieferung kann durch einen Beauftragten oder mehrere Beauftragte vor der Ausfuhr bearbeitet oder verarbeitet worden sein. ²Es kann sich nur um Beauftragte des Abnehmers oder eines folgenden Abnehmers handeln. ³Erteilt der liefernde Unternehmer oder ein vorangegangener Lieferer den Bearbeitungs- oder Verarbeitungsauftrag, ist die Ausführung dieses Auftrages ein der Lieferung des Unternehmers vorgelagerter Umsatz. ⁴Gegenstand der Lieferung des Unternehmers ist in diesem Fall der bearbeitete oder verarbeitete Gegenstand und nicht der Gegenstand vor seiner Bearbeitung oder Verarbeitung. ⁵Der Auftrag für die Bearbeitung oder Verarbeitung des Gegenstandes der Lieferung kann auch von einem Abnehmer erteilt worden sein, der kein ausländischer Abnehmer ist.

(6) Besondere Regelungen sind getroffen worden:

1. für Lieferungen von Gegenständen der Schiffsausrüstung an ausländische Binnenschiffer (BMF-Schreiben vom 19. 6. 1974 – BStBl I S. 438),

2. für Fälle, in denen Formen, Modelle oder Werkzeuge zur Herstellung steuerfrei ausgeführter Gegenstände benötigt wurden (BMF-Schreiben vom 27. 11. 1975 – BStBl I S. 1126).

129. Ausländischer Abnehmer

(1) Ausländische Abnehmer sind Personen mit Wohnort oder Sitz im Ausland (§ 1 Abs. 2 Satz 2 UStG) – also auch auf Helgoland oder in der Gemeinde Büsingen – mit Ausnahme der in § 1 Abs. 3 UStG bezeichneten Gebiete (z. B. in den Freihäfen).

(2) ¹Wer ausländischer Abnehmer ist, bestimmt sich bei einer natürlichen Person nach ihrem Wohnort. ²Es ist unbeachtlich, welche Staatsangehörigkeit der Abnehmer hat. ³Wohnort ist der Ort, an dem der Abnehmer für längere Zeit Wohnung genommen hat und der nicht nur aufgrund subjektiver Willensentscheidung, sondern auch bei objektiver Betrachtung als der örtliche Mittelpunkt seines Lebens anzusehen ist (BFH-Urteil vom 31. 7. 1975 – BStBl 1976 II S. 80). ⁴Der Begriff des Wohnorts ist nicht mit den in §§ 8 und 9 AO verwendeten Begriffen des Wohnsitzes und des gewöhnlichen Aufenthalts inhaltsgleich. ⁵Eine Wohnsitzbegründung im Inland und im Ausland ist gleichzeitig möglich; dagegen kann ein Abnehmer jeweils nur einen Wohnort im Sinne des § 6 Abs. 2 Nr. 1 UStG haben. ⁶Die zeitliche Dauer eines Aufenthaltes ist ein zwar wichtiges, aber nicht allein entscheidendes Kriterium für die Bestimmung des Wohnortes. ⁷Daneben müssen die sonstigen Umstände des Aufenthaltes, insbesondere sein Zweck, in Betracht gezogen werden. ⁸Arbeitnehmer eines ausländischen Unternehmers, die lediglich zur Durchführung eines bestimmten, zeitlich begrenzten Auftrags in das Inland kommen, ohne hier objektiv erkennbar den örtlichen Mittelpunkt ihres Lebens zu begründen, bleiben daher ausländische Abnehmer, auch wenn ihr Aufenthalt im Inland von längerer Dauer ist (BFH-Urteil vom 31. 7. 1975 a. a. O.). ⁹Personen, die ihren Wohnort vom Inland in das Ausland mit Ausnahme der in § 1 Abs. 3 UStG bezeichneten *Gebiete* verlegen oder zurückverlegen, sind bis zu ihrer tatsächlichen Ausreise (Grenzübergang) keine ausländischen Abnehmer. ¹⁰Eine nach § 6 Abs. 1 Nr. 2 oder Nr. 3 Buchstabe *b* UStG steuerfreie Ausfuhrlieferung kann an sie nur nach diesem Zeitpunkt erbracht wer-

den. ¹¹Maßgebend für den Zeitpunkt der Lieferung ist das Erfüllungsgeschäft und nicht das Verpflichtungsgeschäft.

(3) Bei Abnehmern mit wechselndem Aufenthalt ist wie folgt zu verfahren:

1. ¹Deutsche Auslandsbeamte, die ihren Wohnort im staatsrechtlichen Ausland haben, sind ausländische Abnehmer. ²Das gleiche gilt für deutsche Auslandsvertretungen, z. B. Botschaften, Gesandtschaften, Konsulate, für Zweigstellen oder Dozenturen des Goethe-Instituts im Ausland und für im Ausland errichtete Bundeswehrdienststellen, wenn sie das Umsatzgeschäft im eigenen Namen abgeschlossen haben.

2. Ausländische Diplomaten, die in der Bundesrepublik Deutschland akkreditiert sind, sind keine ausländischen Abnehmer.

3. ¹Ausländische Touristen, die sich nur vorübergehend im Inland aufhalten, verlieren auch bei längerem Aufenthalt nicht ihre Eigenschaft als ausländische Abnehmer. ²Das gleiche gilt für Ausländer, die sich aus beruflichen Gründen vorübergehend im Inland aufhalten, wie z. B. ausländische Künstler und Angehörige von Gastspiel-Ensembles.

4. ¹Ausländische Gastarbeiter verlegen mit Beginn ihres Arbeitsverhältnisses ihren Wirkungskreis vom Ausland in das Inland. ²In der Regel sind sie daher bis zu ihrer endgültigen Ausreise nicht als ausländische Abnehmer anzusehen. ³Ausländische Studenten sind in gleicher Weise zu behandeln.

5. Arbeitnehmer eines ausländischen Unternehmers, die nur zur Durchführung eines bestimmten zeitlich begrenzten Auftrags in das Inland kommen, bleiben ausländische Abnehmer (vgl. Absatz 2).

6. Mitglieder der in der Bundesrepublik Deutschland stationierten ausländischen Truppen und die im Inland wohnenden Angehörigen der Mitglieder sind keine ausländischen Abnehmer.

130. Ausschluß der Steuerbefreiung bei der Ausrüstung und Versorgung bestimmter Beförderungsmittel

(1) ¹Die Steuerbefreiung für Ausfuhrlieferungen ist bei der Lieferung eines Gegenstandes, der zur Ausrüstung oder Versorgung nichtunternehmerischer Beförderungsmittel bestimmt ist, insbesondere in den Fällen ausgeschlossen, in denen der ausländische Abnehmer – und nicht der Lieferer – den Liefergegenstand in das *Drittlandsgebiet* befördert oder versendet hat (§ 6 Abs. 3 Satz 1 UStG). ²Zu den Gegenständen zur Ausrüstung eines *privaten* Kraftfahrzeugs gehören alle Kraftfahrzeugteile einschließlich Kraftfahrzeug-Ersatzteile und Kraftfahrzeug-Zubehörteile. ³Werden diese Teile im Rahmen einer Werklieferung geliefert, ist *die Steuerbefreiung für Ausfuhrlieferungen nicht nach § 6 Abs. 3 UStG ausgeschlossen.* ⁴Für diese Werklieferungen kommt die Steuerbefreiung für Ausfuhrlieferungen uneingeschränkt in Betracht. ⁵Zu den Gegenständen zur Versorgung eines privaten Kraftfahrzeugs gehören Gegenstände, die zum Verbrauch in dem Kraftfahrzeug bestimmt sind, z. B. *Treibstoff, Motoröl, Bremsflüssigkeit,* Autowaschmittel und Autopflegemittel, Farben und Frostschutzmittel. ⁶*Für Liefergegenstände, die zur Ausrüstung oder Versorgung eines privaten Wasserfahrzeugs oder eines privaten Luftfahrzeugs bestimmt sind, gelten die Ausführungen in den Sätzen 2 bis 5 entsprechend.*

(2) ¹Unter § 6 Abs. 3 UStG fallen *auch* die Lieferungen, bei denen der Unternehmer den Gegenstand, der zur Ausrüstung oder Versorgung eines nichtunternehmerischen Beförderungsmittels, z. B. eines Sportbootes, bestimmt ist, in die in § 1 Abs. 3 UStG bezeichneten *Gebiete*

UStG § 6   *131 UStR*   *Ausfuhrlieferung*

befördert oder versendet hat (Fälle des § 6 Abs. 1 Nr. 3 UStG). ²In diesen Fällen ist die Steuerbefreiung für Ausfuhrlieferungen stets ausgeschlossen.

(3) In den Fällen des § 6 Abs. 3 UStG, in denen das Beförderungsmittel den Zwecken des Unternehmens des ausländischen Abnehmers dient und deshalb die Steuerbefreiung für Ausfuhrlieferungen nicht ausgeschlossen ist, hat der Lieferer den Gewerbezweig oder Beruf des Abnehmers und den Verwendungszweck des Beförderungsmittels zusätzlich aufzuzeichnen (vgl. Abschnitt 136 Abs. 7).

(4) ¹Die Ausnahmeregelung des § 6 Abs. 3 UStG findet nach ihrem Sinn und Zweck nur auf diejenigen Lieferungen Anwendung, bei denen die Gegenstände zur Ausrüstung oder Versorgung des eigenen Beförderungsmittels des Abnehmers oder des von ihm mitgeführten fremden Beförderungsmittels bestimmt sind. ²Die Regelung gilt jedoch nicht für Lieferungen von Ausrüstungsgegenständen und Versorgungsgegenständen, die ein Unternehmer zur Weiterlieferung oder zur Verwendung in seinem Unternehmen, z. B. für Reparaturen, erworben hat.

Beispiel 1:

¹Der Unternehmer U verkauft 100 Pkw-Reifen an den ausländischen Abnehmer K, der einen Kraftfahrzeughandel und eine Kraftfahrzeugwerkstatt betreibt. ²K holt die Reifen mit eigenem Lastkraftwagen im Inland ab. ³Die Reifen sind zur Weiterveräußerung oder zur Verwendung bei Kraftfahrzeugreparaturen bestimmt. ⁴Es liegt eine Lieferung im Sinne des § 6 Abs. 1 Nr. 2 UStG vor. ⁵Gleichwohl findet § 6 Abs. 3 UStG keine Anwendung. ⁶Die Lieferung ist deshalb steuerfrei, wenn U den Ausfuhrnachweis und den buchmäßigen Nachweis geführt hat.

Beispiel 2:

¹Sachverhalt wie im Beispiel 1. ²U versendet jedoch die Reifen zur Verfügung des K in einen Freihafen. ³Es liegt hier eine Lieferung im Sinne des § 6 Abs. 1 Nr. 3 UStG vor. ⁴Für sie gilt die rechtliche Beurteilung wie im Beispiel 1.

131. Ausfuhrnachweis (Allgemeines)

(1) ¹Der Ausfuhrnachweis ist eine materiell-rechtliche Voraussetzung für die Steuerbefreiung (BFH-Urteil vom 28. 2. 1980 – BStBl II S. 415). ²Für die Führung des Ausfuhrnachweises hat der Unternehmer in jedem Falle die Grundsätze des § 8 UStDV zu beachten (Mußvorschrift). ³Für die Form und den Inhalt des Ausfuhrnachweises enthalten die §§ 9 bis 11 UStDV Sollvorschriften. ⁴Der Unternehmer kann den Ausfuhrnachweis auch abweichend von den Sollvorschriften führen.

(2) ¹Die Angaben in den Belegen für den Ausfuhrnachweis müssen im Geltungsbereich der UStDV nachprüfbar sein. ²Es genügt, wenn der Aussteller der Belege die Geschäftsunterlagen, auf denen die Angaben in den Belegen beruhen, dem Finanzamt auf Verlangen im Geltungsbereich der UStDV vorgelegt. ³*Die Regelung in § 10 Abs. 1 Nr. 2 Buchstabe f UStDV bleibt unberührt.* ⁴Die Ausfuhrbelege müssen sich im Besitz des Unternehmers befinden. ⁵Sie sind nach § 147 Abs. 3 Satz 1 AO sechs Jahre aufzubewahren. ⁶Diese Aufbewahrungsfrist kann sich nach § 147 Abs. 3 Satz 2 AO verlängern.

(3) ¹Der Ausfuhrnachweis kann als Bestandteil des buchmäßigen Nachweises noch bis zur letzten mündlichen Verhandlung vor dem Finanzgericht über eine Klage gegen die erstmalige endgültige Steuerfestsetzung oder den Berichtigungsbescheid geführt werden (BFH-Urteil vom 28. 2. 1980 – BStBl II S. 415). ²Das gilt nicht, wenn das Finanzgericht für die Vorlage des Ausfuhrnachweises eine Ausschlußfrist gesetzt hat.

(4) ¹Ausfuhrbelege können nach § 147 Abs. 2 AO auch als Wiedergabe auf einem Bildträger, z. B. Mikrofilm oder Mikrokopie, aufbewahrt werden, wenn hierbei die Mikrofilmgrundsätze beachtet werden (vgl. BMF-Schreiben vom 1. 2. 1984 – BStBl I S. 155). ²Unternehmer, die ihre Geschäftspapiere unter Beachtung des in dem vorbezeichneten BMF-Schreiben festgelegten Verfahren statt in Urschrift in Form von Mikrokopien aufbewahren, können mit Hilfe der mikroverfilmten Unterlagen den Ausfuhrnachweis erbringen. ³Wird kein zugelassenes Verfahren der Mikroverfilmung angewendet, so gelten Fotokopien für sich allein nicht als ausreichender Ausfuhrnachweis. ⁴Sie können nur in Verbindung mit anderen Belegen als Ausfuhrnachweis anerkannt werden, wenn sich aus der Gesamtheit der Belege die Ausfuhr des Gegenstandes zweifelsfrei ergibt.

(5) Die Bescheide des Hauptzollamts Hamburg-Jonas über die Ausfuhrerstattung werden als Belege für den Ausfuhrnachweis anerkannt.

132. Ausfuhrnachweis in Beförderungsfällen

(1) ¹Beförderungsfälle liegen vor, wenn der Unternehmer oder der Abnehmer den Gegenstand der Lieferung selbst, z. B. mit dem eigenen Kraftfahrzeug, in das *Drittlandsgebiet* fortbewegt. ²Zu diesen Fällen gehört auch die Ausfuhr von Beförderungsmitteln mit eigener Antriebskraft.

(2) In Beförderungsfällen soll die Ausfuhr wie folgt nachgewiesen werden (§ 9 UStDV):

1. bei einer Ausfuhr außerhalb des gemeinschaftlichen Versandverfahrens oder des gemeinsamen Versandverfahrens (gVV) *oder des Carnet TIR-Verfahrens* sowie bei einer Ausfuhr *im gemeinschaftlichen bzw. gemeinsamen Versandverfahren oder im Verfahren mit Carnet TIR*, die bei einer Grenzzollstelle beginnen, durch eine Ausfuhrbestätigung der Grenzzollstelle, *die den Ausgang des Gegenstandes aus dem Gemeinschaftsgebiet überwacht,*

2. bei einer Ausfuhr im gemeinschaftlichen bzw. gemeinsamen Versandverfahren *oder im Verfahren mit Carnet TIR*, die nicht bei einer *den Ausgang des Gegenstandes aus dem Gemeinschaftsgebiet überwachenden* Grenzzollstelle beginnen,
    a) durch eine Ausfuhrbestätigung der Abgangsstelle, *die bei einer Ausfuhr im gemeinschaftlichen/gemeinsamen Versandverfahren nach Eingang des Rückscheins, bei einer Ausfuhr mit Carnet TIR nach Eingang der Erledigungsbestätigung erteilt wird, sofern sich daraus die Ausfuhr ergibt,* oder
    b) durch eine Abfertigungsbestätigung der Abgangsstelle in Verbindung mit einer Eingangsbescheinigung der Bestimmungsstelle im *Drittlandsgebiet (gilt nicht für Ausfuhren mit Carnet TIR).*

(3) ¹Das gemeinschaftliche Versandverfahren dient der Erleichterung des innergemeinschaftlichen Warenverkehrs, während das gemeinsame Versandverfahren den Warenverkehr zwischen der EG und den EFTA-Ländern (Island, Norwegen und Schweiz einschl. Liechtenstein) erleichtert. ²Beide Verfahren werden *im wesentlichen* einheitlich abgewickelt. ³Bei Ausfuhren im Rahmen dieser Verfahren werden die Grenzzollstellen grundsätzlich nicht eingeschaltet. ⁴Die Waren sind bei der Abgangsstelle mit einer Versandanmeldung (Exemplare Nr. 1, 4, 5 und 7 des Einheitspapiers) anzumelden. ⁵Die Abgangsstelle bestätigt darin die *Überführung in das* gemeinschaftliche bzw. gemeinsame Versandverfahren und händigt dem *Anmelder/Hauptverpflichteten* die Exemplare Nr. 4, 5 und 7 des Versandscheins zur Vorlage bei der Bestimmungsstelle aus.

[6]Diese bestätigt auf dem Exemplar Nr. 5 (Rückschein), daß die Waren ihr gestellt worden sind, und übersendet den Rückschein an die Abgangsstelle. [7]Sind die Waren ordnungsgemäß der Bestimmungsstelle gestellt worden, erteilt diese dem *Hauptverpflichteten bzw. dessen Vertreter* auf Antrag außerdem eine Eingangsbescheinigung nach vorgeschriebenem Muster.

(4) [1]Die Ausfuhr- oder Abfertigungsbestätigung der *den Ausgang des Gegenstandes aus dem Gemeinschaftsgebiet überwachenden* Grenzzollstelle oder der Abgangsstelle kann sich auf einem üblichen Geschäftsbeleg, z. B. Lieferschein, Rechnungsdurchschrift, Mehrstück der Versandanmeldung, *der Ausfuhranmeldung* (Exemplar Nr. 3 des Einheitspapiers) oder der Ausfuhrkontrollmeldung befinden. [2]Es kann auch ein besonderer Beleg, der die Angaben des § 9 UStDV enthält, oder ein dem Geschäftsbeleg oder besonderen Beleg anzustempelnder Aufkleber verwendet werden.

(5) [1]Die *deutschen* Zollstellen wirken *auf Antrag* bei der Erteilung der Ausfuhr- oder Abfertigungsbestätigung wie folgt mit:

1. Mitwirkung der Grenzzollstelle

   [1]Die Grenzzollstelle prüft die Angaben in dem vom Antragsteller vorgelegten Beleg und bestätigt die Ausfuhr auf dem Beleg durch den Vermerk „Ausgeführt" unter Angabe von Ort und Datum sowie mit Unterschrift und Dienststempel. [2]Kann die Ausfuhr nicht bestätigt werden, z. B. im Luftverkehr, wenn die Ware im Reisegepäck mitgeführt wird und der Reisende infolge einer Zwischenlandung auf einem *inländischen oder innergemeinschaftlichen* Flughafen nicht unmittelbar ausreist, genügt der Vermerk „ Zur Ausfuhr abgefertigt".

2. Mitwirkung der Abgangsstelle bei Ausfuhren im gemeinschaftlichen bzw. gemeinsamen Versandverfahren *oder im Carnet TIR-Verfahren*

   [1]Bei Ausfuhren im gemeinschaftlichen bzw. gemeinsamen Versandverfahren *oder im Verfahren mit Carnet TIR*, die nicht bei einer Grenzzollstelle beginnen, erteilt die Abgangsstelle

   a) die Ausfuhrbestätigung (§ 9 *Abs. 2 Nr. 1* UStDV) nach Eingang des Rückscheines *im gemeinschaftlichen bzw. gemeinsamen Versandverfahren oder der Erledigungsbestätigung bei Ausfuhren mit Carnet TIR* mit dem Vermerk „Ausgeführt mit Versandschein-Nr./mit Carnet TIR-Nr. ... vom ... 19. ."

   oder

   b) die Abfertigungsbestätigung (§ 9 *Abs. 2 Nr. 2* UStDV) bei der Abfertigung des Ausfuhrgegenstandes zum gemeinschaftlichen bzw. gemeinsamen Versandverfahren mit dem Vermerk „ Abgefertigt zum Versandverfahren mit Versandschein-Nr. ... am ... 19. .".

[2]Die Vermerke müssen Ort, Unterschrift und Dienststempel enthalten. [3]*Die Erteilung einer Ausfuhrbestätigung und einer Abfertigungsbestätigung für dieselbe Lieferung ist ausgeschlossen.* [4]*Deshalb hat der Antragsteller der Abgangsstelle bei der Anmeldung des Ausfuhrgegenstandes zum gemeinschaftlichen bzw. gemeinsamen Versandverfahren mitzuteilen, ob er eine Ausfuhrbestätigung oder eine Abfertigungsbestätigung beantragt.*

[2]*Abweichend von der Handhabung deutscher Zollstellen bescheinigen die den Ausgang des Ausfuhrgegenstandes aus dem Gemeinschaftsgebiet überwachenden Grenzzollstellen (Ausgangszollstellen) anderer EG-Mitgliedstaaten auf Antrag den körperlichen Ausgang der Waren durch einen Vermerk auf der Rückseite des Exemplars Nr. 3 der Ausfuhranmeldung (= Exemplar Nr. 3 des Einheitspapiers).* [3]*Der Vermerk erfolgt durch einen Dienststempelabdruck, der den Namen der Zollstelle und das Datum enthält (Artikel 793 Abs. 3 ZK-DVO).*

(6) Bei einer Werklieferung an einem beweglichen Gegenstand, z. B. bei dem Einbau eines Motors in ein Kraftfahrzeug, kann der Ausfuhrnachweis auch dann als erbracht angesehen wer-

den, wenn die Grenzzollstelle oder Abgangsstelle die Ausfuhr des tatsächlich in das *Drittlandsgebiet* gelangten Gegenstandes, z. B. des Kraftfahrzeugs, bestätigt und sich aus der Gesamtheit der vorliegenden Unterlagen kein ernstlicher Zweifel ergibt, daß die verwendeten Stoffe mit dem ausgeführten Gegenstand in das *Drittlandsgebiet* gelangt sind.

(7) ¹Ist der Nachweis der Ausfuhr durch Belege mit einer Bestätigung der Grenzzollstelle oder der Abgangsstelle nicht möglich oder nicht zumutbar, z. B. bei der Ausfuhr von Gegenständen im Reiseverkehr, durch die Kurier- und Poststelle des Auswärtigen Amtes oder durch Transportmittel der Bundeswehr oder der Stationierungstruppen, kann der Unternehmer den Ausfuhrnachweis auch durch andere Belege führen. ²Als Ersatzbelege können insbesondere Bescheinigungen amtlicher Stellen der Bundesrepublik Deutschland anerkannt werden (bei der Ausfuhr von Kraftfahrzeugen siehe aber Abschnitt 135 Abs. 12). ³Grundsätzlich sind anzuerkennen:

1. Bescheinigungen des Auswärtigen Amtes einschließlich der diplomatischen oder konsularischen Vertretungen der Bundesrepublik Deutschland im Bestimmungsland,

2. Bescheinigungen der Bundeswehr einschließlich ihrer im *Drittlandsgebiet* stationierten Truppeneinheiten,

3. Belege über die Verzollung oder Einfuhrbesteuerung durch *außergemeinschaftliche* Zollstellen oder beglaubigte Abschriften davon,

4. Transportbelege der Stationierungstruppen, z. B. Militärfrachtbriefe, und

5. Abwicklungsscheine.

(8) ¹In Beförderungsfällen, bei denen der Unternehmer den Gegenstand der Lieferung in den Hamburger Freihafen befördert, ist die Beschaffung der *Bestätigung* bei den *den Ausgang aus dem Gemeinschaftsgebiet überwachenden Zollämtern* an der Freihafengrenze wegen der großen Anzahl der Beförderungsfälle nicht zumutbar. ²Als Ausfuhrnachweis kann deshalb ein Beleg anerkannt werden, der neben den in § 9 *Abs. 1* Nr. 1 bis 3 UStDV bezeichneten Angaben folgendes enthält:

1. einen Hinweis darauf, daß der Unternehmer den Gegenstand in den Hamburger Freihafen befördert hat,

2. eine Empfangsbestätigung des Abnehmers oder seines Beauftragten mit Datum, Unterschrift, Firmenstempel und Bezeichnung des Empfangsortes.

³Als Belege kommen alle handelsüblichen Belege, insbesondere Lieferscheine, Kaiempfangsscheine oder Rechnungsdurchschriften, in Betracht. ⁴Soweit sie die erforderlichen Angaben nicht enthalten, sind sie entsprechend zu ergänzen oder mit Hinweisen auf andere Belege zu versehen, aus denen sich die notwendigen Angaben ergeben.

133. Ausfuhrnachweis in Versendungsfällen

(1) ¹Ein Versendungsfall liegt vor, wenn der Unternehmer oder der Abnehmer die Beförderung des Gegenstandes der Lieferung in das *Drittlandsgebiet* durch einen selbständigen Beauftragten ausführen oder besorgen läßt. ²Es handelt sich um folgende Ausfuhrvorgänge:

1. Der Unternehmer versendet den Gegenstand in das *Drittlandsgebiet* an seinen Abnehmer oder an einen folgenden Abnehmer.

2. Der ausländische Abnehmer versendet den Gegenstand in das *Drittlandsgebiet* an sich selbst, an seinen Abnehmer oder an einen folgenden Abnehmer.

3. Der Lieferer des Unternehmens oder ein vorangehender Lieferer befördert oder versendet den Gegenstand in das *Drittlandsgebiet* an den Abnehmer des Unternehmers oder an einen folgenden Abnehmer.

4. Ein dem ausländischen Abnehmer nachfolgender Abnehmer befördert oder versendet den Gegenstand in das *Drittlandsgebiet* an sich selbst oder an einen nachfolgenden Abnehmer.

(2) ¹In den Versendungsfällen soll der Ausfuhrnachweis durch Versendungsbelege oder durch sonstige handelsübliche Belege geführt werden. ²Versendungsbelege sind neben dem Eisenbahnfrachtbrief insbesondere der Luftfrachtbrief, die Posteinlieferungsbescheinigung (vgl. auch Abschnitt 135 Abs. 6), *das zur Auftragserteilung an einen Kurierdienst gefertigte Dokument*, das Konnossement, der Ladeschein, der Rollfuhrschein sowie deren Doppelstücke, wenn sich aus ihnen die grenzüberschreitende Warenbewegung ergibt. ³Zum Begriff der sonstigen handelsüblichen Belege vergleiche Absatz 3. ⁴Die bei der Abwicklung eines Ausfuhrgeschäfts anfallenden Geschäftspapiere, z. B. Rechnungen, Auftragsschreiben, Lieferscheine oder deren Durchschriften, Kopien und Abschriften von Versendungsbelegen, Spediteur-Übernahmebescheinigungen, Frachtabrechnungen, sonstiger Schriftwechsel, können als Ausfuhrnachweis in Verbindung mit anderen Belegen anerkannt werden, wenn sich aus der Gesamtheit der Belege die Angaben nach § 10 Abs. 1 UStDV eindeutig und leicht nachprüfbar ergeben. ⁵Unternehmer oder Abnehmer, denen Belege über die Ausfuhr eines Gegenstandes, z. B. Versendungsbelege oder sonstige handelsübliche Belege, ausgestellt worden sind, obwohl sie diese für Zwecke des Ausfuhrnachweises nicht benötigen, können die Belege mit einem Übertragungsvermerk versehen und an den Unternehmer, der die Lieferung bewirkt hat, zur Führung des Ausfuhrnachweises weiterleiten.

(3) ¹Ist ein Spediteur, Frachtführer oder Verfrachter mit der Beförderung oder Versendung des Gegenstandes in das *Drittlandsgebiet* beauftragt worden, soll der Unternehmer die Ausfuhr durch eine Ausfuhrbescheinigung nach vorgeschriebenem Muster nachweisen. ²Die Bescheinigung muß vom Spediteur nicht eigenhändig unterschrieben worden sein, wenn die für den Spediteur zuständige Oberfinanzdirektion die Verwendung des Unterschriftsstempels (Faksimile) oder einen maschinellen Unterschriftsausdruck genehmigt hat und auf der Bescheinigung auf die Genehmigungsverfügung der Oberfinanzdirektion unter Angabe von Datum und Aktenzeichen hingewiesen wird. ³*Anstelle der Ausfuhrbescheinigung des Spediteurs, Frachtführers oder Verfrachters kann der Unternehmer bei Ausfuhren über andere EG-Mitgliedstaaten die Ausfuhr auch mit dem Exemplar Nr. 3 des Einheitspapiers führen, wenn dieses Exemplar auf der Rückseite mit einem Ausfuhrvermerk der Ausgangszollstelle versehen ist (vgl. Abschnitt 132 Abs. 5 Sätze 2 und 3).* ⁴Hat der Lieferer des Unternehmers oder ein vorangehender Lieferer die Beförderung oder Versendung in das *Drittlandsgebiet* vorgenommen oder veranlaßt, kann der Ausfuhrnachweis durch eine Versandbestätigung erbracht werden. ⁵Der Lieferer kann diese Bestätigung auf der Rechnung, auf dem Lieferschein, auf der *Ausfuhranmeldung (Exemplar Nr. 3 des Einheitspapiers)* oder auf einem sonstigen handelsüblichen Papier oder in Form eines besonderen Belegs nach vorgeschriebenem Muster abgeben. ⁶Die Unterschrift des Lieferers auf der Versandbestätigung kann entsprechend der Regelung für Spediteure in vereinfachter Form geleistet werden.

(4) Die Regelung in § 10 Abs. 2 UStDV betrifft hauptsächlich diejenigen Fälle, in denen der selbständige Beauftragte, z. B. der Spediteur mit Sitz im *Drittlandsgebiet* oder die Privatperson, die in § 10 Abs. 1 Nr. 2 Buchstabe f UStDV vorgesehene Versicherung über die Nachprüfbarkeit seiner Angaben im *Gemeinschaftsgebiet* nicht abgeben kann.

134. Ausfuhrnachweis in Bearbeitungs- und Verarbeitungsfällen

(1) ¹Wenn der Gegenstand der Lieferung vor der Ausfuhr durch einen Beauftragten bearbeitet oder verarbeitet worden ist (vgl. Abschnitt 128 Abs. 5), soll der Beleg über den Ausfuhrnachweis

die in § 11 Abs. 1 UStDV aufgeführten zusätzlichen Angaben enthalten. ²Der Beauftragte des Abnehmers kann zu diesem Zweck den Beleg mit einem die zusätzlichen Angaben enthaltenden Übertragungsvermerk versehen oder die zusätzlichen Angaben auf einem gesonderten Beleg machen. ³Er kann auch aufgrund der bei ihm vorhandenen Geschäftsunterlagen, z. B. Versendungsbeleg, Ausfuhrbescheinigung des beauftragten Spediteurs oder Bestätigung der *den Ausgang aus dem Gemeinschaftsgebiet überwachenden* Grenzzollstelle, dem Unternehmer eine kombinierte Ausfuhr- und Bearbeitungsbescheinigung nach vorgeschriebenem Muster ausstellen.

(2) ¹Ist der Gegenstand der Lieferung nacheinander durch mehrere Beauftragte des Abnehmers und/oder eines nachfolgenden Abnehmers bearbeitet oder verarbeitet worden, soll aus den Belegen des Unternehmers die von jedem Beauftragten vorgenommene Bearbeitung oder Verarbeitung ersichtlich sein. ²In der Regel wird der Unternehmer den Nachweis hierüber durch eine Ausfuhr- und Bearbeitungsbescheinigung des Beauftragten des Abnehmers führen können, dem er den Gegenstand der Lieferung übergeben oder übersandt hat. ³Der Beauftragte kann in der Ausfuhrbescheinigung nicht nur die von ihm selbst vorgenommene Bearbeitung oder Verarbeitung, sondern auch die Bearbeitung oder Verarbeitung nachfolgender Beauftragter sowie deren Namen und Anschrift angeben. ⁴Der Unternehmer kann sich aber auch die verschiedenen Bearbeitungen oder Verarbeitungen durch gesonderte Bescheinigung der einzelnen Beauftragten bestätigen lassen.

135. Sonderregelungen zum Ausfuhrnachweis

Reihengeschäft

(1) ¹Beim Reihengeschäft (§ 3 Abs. 2 UStG) können mit der Beförderung oder Versendung des Gegenstandes der Lieferung in das *Drittlandsgebiet* durch den ersten Unternehmer oder den letzten ausländischen Abnehmer zugleich mehrere Ausfuhrlieferungen bewirkt werden (vgl. Abschnitt 128 Abs. 4). ²Die ausländischen Abnehmer in einer solchen Reihe, die gleichzeitig eine Lieferung nach § 6 Abs. 1 UStG bewirken, können in aller Regel den Ausfuhrnachweis und den buchmäßigen Nachweis nicht im Geltungsbereich der UStDV erbringen. ³In diesen Fällen ist zur Vermeidung von Unbilligkeiten das Fehlen des Ausfuhrnachweises und des buchmäßigen Nachweises bei ausländischen Abnehmern nicht zu beanstanden.

Lieferungen im Freihafen

(2) ¹In einem Freihafen ausgeführte Lieferungen von Gegenständen, die sich im Zeitpunkt der Lieferung einfuhrumsatzsteuerrechtlich im freien Verkehr befinden (§ 1 Abs. 3 Nr. 4 Buchstabe b UStG), sind wie steuerfreie Ausfuhrlieferungen zu behandeln, wenn die Gegenstände bei Ausführung der Lieferungen in das *Drittlandsgebiet* außerhalb der in § 1 Abs. 3 UStG bezeichneten *Gebiete* gelangen. ²Da eine Ausfuhr nicht vorliegt, kann kein Ausfuhrnachweis geführt werden. ³Es genügt, daß der Unternehmer die vorbezeichneten Voraussetzungen glaubhaft macht. ⁴Auch das Fehlen des buchmäßigen Nachweises ist in diesen Fällen zur Vermeidung von unbilligen Härten nicht zu beanstanden. ⁵Eine entsprechende Regelung ist für die Fälle des Freihafen-Veredelungsverkehrs und der Freihafenlagerung (§ 1 Abs. 3 Nr. 4 Buchstabe a UStG) nicht erforderlich, weil in diesen Fällen keine steuerbaren Lieferungen vorliegen (vgl. Abschnitt 15 Abs. 4).

Versendungen nach Grenzbahnhöfen oder Güterabfertigungsstellen

(3) ¹Werden Liefergegenstände von einem Ort im Inland nach einem Grenzbahnhof oder einer Güterabfertigungsstelle der *Eisenbahnen des Bundes* oder einer Nichtbundeseigenen Eisenbahn (NE) im *Drittlandsgebiet* versendet, kann der Ausfuhrnachweis mit Hilfe des verwendeten

Frachtbriefes, auch des EVO-Frachtbriefes, oder Frachtbriefdoppels geführt werden. ²Im *Drittlandsgebiet* liegen die folgenden Grenzbahnhöfe oder Güterabfertigungsstellen:

Basel Bad Bf,
Basel Bad Gbf,
Bremen Zollausschluß,
Bremerhaven Nordhafen – ohne US-Flugplatz –,
Duisburg-Ruhrort Hafen,
Hamburg-Süd und
Schaffhausen.

³Als Grenzbahnhöfe der *Eisenbahnen des Bundes* im *Drittlandsgebiet* sind auch die Bahnhöfe Bremen-Grolland und Bremerhaven Kaiserhafen – ohne den Ladebezirk Bremerhaven Mitte – anzusehen. ⁴Bei diesen Bahnhöfen liegen zwar die Gebäude im Inland, die jeweiligen Be- und Entladestellen befinden sich jedoch im Freihafen. ⁵Über die Bahnhöfe Bremen-Grolland, Bremerhaven Kaiserhafen und Hamburg-Süd können auch Liefergegenstände versandt werden, bei denen als Bestimmungsort Privatgleisanschlüsse, private Ladestellen oder Freiladegleise im Inland angegeben sind. ⁶Es liegt deshalb keine Ausfuhr vor, wenn einer dieser Gleisanschlüsse, eine dieser Ladestellen oder eines dieser Ladegleise Bestimmungsort ist.

(4) ¹Werden Liefergegenstände aus dem Inland nach einem Grenzbahnhof oder einer Güterabfertigungsstelle der *Eisenbahnen des Bundes* im Inland versendet, liegt keine Ausfuhr vor. ²Die verwendeten Frachtbriefe oder Frachtbriefdoppel kommen deshalb als Ausfuhrbelege nicht in Betracht. ³Lediglich bei Versendungen nach den Bahnhöfen Cuxhaven und Emden sowie nach der Abfertigungsstelle Hamburg-Waltershof ist es möglich, Liefergegenstände durch zusätzliche Angabe des Anschlusses in den Freihafen zu versenden. ⁴Die Bezeichnungen hierfür lauten

1. a) Cuxhaven, Anschluß Amerika-Bahnhof Gleise 1 und 2,

   b) Cuxhaven, Anschluß Amerika-Bahnhof Lentzkai Gleise 9 und 10,

2. Emden, Anschlüsse Nord- und Südkai,

3. Hamburg-Waltershof, Anschlüsse Burchardkai, Dieselkai, Euro-Kai, Holzmüller, Paetz u. Co., Gerd Buss, Conrepair und HHLA-Köhlbrand.

⁵Frachtbriefe oder Frachtbriefdoppel, in denen einer der bezeichneten Anschlüsse als Bestimmungsort angegeben ist, können deshalb als Ausfuhrnachweis anerkannt werden.

(5) ¹In den Fällen, in denen Gegenstände nach ihrer Ankunft auf einem Grenzbahnhof oder einer Güterabfertigungsstelle der *Eisenbahnen des Bundes* im Inland weiter in das *Drittlandsgebiet* befördert oder versendet werden, gelten für die Führung des Ausfuhrnachweises die allgemeinen Regelungen (vgl. Abschnitte 131 bis 133). ²Jedoch ist folgendes zu beachten:

1. ¹Auf folgenden Grenzbahnhöfen der *Eisenbahnen des Bundes* im Inland besteht auch eine Güterabfertigungsstelle der Schweizerischen Bundesbahnen (SBB):

   Konstanz, SBB

   und Singen (Hohentwiel), SBB.

   ²Werden Liefergegenstände von diesen Gemeinschaftsbahnhöfen zu einem Bestimmungsort in der Schweiz versendet und zu diesem Zweck an den Güterabfertigungsstellen der SBB aufgegeben, kann der Ausfuhrnachweis auch mit Hilfe des Frachtbriefs oder Frachtbriefdoppels der SBB geführt werden.

2. ¹Auf dem Grenzbahnhof Waldshut kann die Güterabfertigungsstelle der *Eisenbahnen des Bundes* beim Güterverkehr mit der Schweiz die Abfertigungsarbeiten für die SBB erledigen. ²Satz 2 der Nummer 1 gilt deshalb für diese Fälle entsprechend.

Postsendungen

(6) Bei Postsendungen kommen als Ausfuhrnachweise in Betracht:

1. Versendungsbelege, und zwar
   a) ¹die Einlieferungsbescheinigung für eingeschriebene Briefsendungen einschließlich eingeschriebener Päckchen, für Briefe mit Wertangabe, für gewöhnliche Briefe mit Nachnahme und für Postpakete (Wertpakete, Postpakete mit stiller Versicherung und gewöhnliche Postpakete). ²Die Bescheinigung wird erteilt auf Einlieferungsscheinen, im Einlieferungsbuch, auf Belegen des Absenders, die im Aufdruck mit dem Einlieferungsschein oder Einlieferungsbuch im wesentlichen übereinstimmen, und – bei gewöhnlichen Postpaketen – auch auf vom Absender vorbereiteten Bescheinigungen;
   b) die Versandbestätigung für gewöhnliche Päckchen auf vom Absender vorbereiteten Bescheinigungen;

2. andere Belege, und zwar
   a) ¹die *von der Ausgangszollstelle mit Dienststempelabdruck und* von der Postdienststelle mit dem Tagesstempelabdruck versehene und *dem Beteiligten zurückgegebene Ausfuhranmeldung (Exemplar Nr. 3 des Einheitspapiers)* oder *die Ausfuhrkontrollmeldung mit Tagesstempelabdruck der Postdienststelle* (vgl. §§ *9 und 13* der Außenwirtschaftsverordnung – AWV –). ²Der *Anmelder ist jedoch von der Vorlage einer schriftlichen Ausfuhranmeldung nach Artikel 237 und 238 der ZK-DVO* insbesondere in folgenden Fällen befreit:
      aa) bei *Postsendungen (Briefsendungen und Postpakete), die zu kommerziellen Zwecken bestimmte Waren enthalten,* bis zu einem Wert von *800 ECU (1 600 DM),*
      bb) *bei nichtausfuhrabgabenpflichtigen Postsendungen (Briefsendungen und Postpakete),*
      cc) bei Drucksachen im Sinne der postalischen Vorschriften.
      ³In diesen Fällen kann deshalb der Ausfuhrnachweis nicht mit Hilfe der *Ausfuhranmeldung (Exemplar Nr. 3 des Einheitspapiers)* oder der Ausfuhrkontrollmeldung geführt werden;
   b) ¹leicht nachprüfbare innerbetriebliche Versendungsunterlagen in Verbindung mit den Aufzeichnungen in der Finanzbuchhaltung. ²Dieser Nachweis kommt bei der Ausfuhr von Gegenständen in gewöhnlichen Briefen, für die *eine Ausfuhranmeldung (Exemplar Nr. 3 des Einheitspapiers)* oder eine Ausfuhrkontrollmeldung nicht erforderlich ist, in Betracht. ³Diese Regelung trägt dem Umstand Rechnung, daß bei diesen Ausfuhrsendungen der Ausfuhrnachweis weder nach Nummer 1 noch nach Nummer 2 Buchstabe a geführt werden kann.

Druckerzeugnisse

(7) ¹Bücher, Zeitungen, Zeitschriften und sonstige Druckerzeugnisse werden vielfach als *Sendungen zu ermäßigtem Entgelt oder als Sendungen zu ermäßigtem Entgelt in besonderem Beutel („M"-Beutel)* in das *Drittlandsgebiet* versandt. ²Bei diesen Sendungen kann der Ausfuhrnachweis nicht durch Versendungsbelege geführt werden. ³Die Ausfuhr kann deshalb durch leicht nachprüfbare innerbetriebliche Versendungsunterlagen in Verbindung mit den Aufzeichnungen in der Finanzbuchhaltung nachgewiesen werden. ⁴Innerbetriebliche Versendungsunterlagen können sein:

1. bei Lieferungen von Büchern in das *Drittlandsgebiet*

    a) Auslieferungslisten oder Auslieferungskarteien mit Versanddaten, nach Nummern oder alphabetisch geordnet,

    b) Durchschriften von Rechnungen oder Lieferscheinen, nach Nummern oder alphabetisch geordnet,

    c) Postausgangsbücher oder Portobücher;

2. bei Lieferungen von Zeitungen, Zeitschriften und sonstigen periodisch erscheinenden Druckschriften in das *Drittlandsgebiet*

    a) Fortsetzungskarteien oder Fortsetzungslisten mit Versanddaten – in der Regel nur bei geringer Anzahl von Einzellieferungen –,

    b) Fortsetzungskarteien oder Fortsetzungslisten ohne Versanddaten – bei Massenversand häufig erscheinender Zeitschriften –, und zwar entweder in Verbindung mit Strichvermerken auf den Karteikarten oder in Verbindung mit maschinell erstellten Aufklebeadressen,

    c) Durchschriften von Rechnungen, nach Nummern oder alphabetisch geordnet,

    d) Postausgangsbücher oder Portobücher – nicht bei Massenversand –.

⁵Die bezeichneten Versendungsunterlagen können unter den Voraussetzungen des § 146 Abs. 5 und des § 147 Abs. 2 AO auch auf Datenträgern geführt werden.

(8) ¹In den Fällen des Absatzes 7 soll durch Verweisungen zwischen den Versendungsunterlagen und der Finanzbuchhaltung der Zusammenhang zwischen den jeweiligen Lieferungen und den dazugehörigen Entgelten leicht nachprüfbar nachgewiesen werden. ²Dazu dienen in der Regel die Nummern oder die Daten der Rechnungen oder der Lieferscheine, die auf den Debitorenkonten und auf den Auslieferungslisten, Auslieferungskarteien oder sonstigen Versendungsunterlagen zu vermerken sind. ³Zulässig ist auch jedes andere System gegenseitiger Hinweise, sofern es die leichte Nachprüfbarkeit gewährleistet.

(9) ¹Werden Bücher, Zeitungen und Zeitschriften vom Lieferer des Unternehmers, z. B. von der Druckerei, im Reihengeschäft in das *Drittlandsgebiet* versendet oder von einem Vertreter des Unternehmers, z. B. von einem sogenannten Auslieferer, gelagert und auf Weisung des Unternehmers an Abnehmer im *Drittlandsgebiet* versendet, kann der Unternehmer die Ausfuhr in der Regel durch eine Ausfuhrbestätigung seines Lieferers oder des Vertreters, die auf innerbetrieblichen Versendungsunterlagen beruhen kann, nachweisen. ²Es bestehen keine Bedenken, Ausfuhrbestätigungen der versendenden Lieferer oder Vertreter auch ohne Angabe des Tages der Versendung als ausreichenden Ausfuhrnachweis anzuerkennen, wenn nach der Gesamtheit der beim Unternehmer vorliegenden Unterlagen kein ernstlicher Zweifel an der Ausfuhr der Gegenstände besteht.

Ausfuhr von Kraftfahrzeugen mit eigener Antriebskraft

(10) Wird ein Kraftfahrzeug an einen ausländischen Abnehmer geliefert und gelangt es mit eigener Antriebskraft in das *Drittlandsgebiet*, gilt folgendes:

1. ¹Eine Ausfuhr wird grundsätzlich nur angenommen, wenn für das Kraftfahrzeug ein internationaler Zulassungsschein ausgestellt und ein Ausfuhrkennzeichen ausgegeben worden sind. ²Die Grenzzollstellen erteilen deshalb nur in diesem Falle die Bestätigung der Ausfuhr. ³Der Beleg, auf dem die Ausfuhr bestätigt wird, soll den Kraftfahrzeughersteller, den Kraftfahrzeugtyp, die Fahrgestellnummer und die Art und Nummer des Kennzeichens enthalten.

2. ¹Eine Ausfuhr wird grundsätzlich nicht angenommen, wenn das Kraftfahrzeug mit einem anderen Kennzeichen, zum Beispiel mit einem gewöhnlichen amtlichen Kennzeichen, roten

Kennzeichen oder ausländischen Kennzeichen, versehen ist. ²Dies gilt nur dann nicht, wenn der Unternehmer die endgültige Einfuhr des Kraftfahrzeuges in einen *Drittstaat* durch Belege dieses Staates nachweist, zum Beispiel durch eine Bescheinigung über die Zulassung, die Verzollung oder die Einfuhrbesteuerung, und diesen Belegen eine amtliche Übersetzung in die deutsche Sprache beigefügt ist.

(11) ¹Wird ein Kraftfahrzeug nicht an einen ausländischen Abnehmer, sondern an einen Abnehmer geliefert, der in dem Gebiet der Bundesrepublik Deutschland ansässig ist, und gelangt das Kraftfahrzeug mit eigener Antriebskraft in das *Drittlandsgebiet*, kann die Umsatzsteuerbefreiung nur in Betracht kommen, wenn der Unternehmer – aber nicht der Abnehmer – das Kraftfahrzeug in das *Drittlandsgebiet* – außerhalb der in § 1 Abs. 3 UStG bezeichneten *Gebiete* – verbringt. ²Für den Nachweis der Ausfuhr ist es erforderlich, daß der Unternehmer die endgültige Einfuhr in einen *Drittstaat* durch Belege dieses Staates nachweist (siehe Absatz 10 Nr. 2). ³Diese Regelung gilt unabhängig von der Art des verwendeten Kennzeichens.

(12) ¹Amtliche Stellen der Bundesrepublik Deutschland im Bestimmungsland dürfen keine Ausfuhrbestätigungen für Kraftfahrzeuge erteilen. ²Wegen der Voraussetzungen für die Steuerbefreiung im übrigen siehe BMF-Schreiben vom 22. 12. 1980 – BStBl 1981 I S. 25 – und vom 8. 5. 1989 – BStBl I S. 188 –.

136. Buchmäßiger Nachweis

(1) ¹Der buchmäßige Nachweis ist – ebenso wie der Ausfuhrnachweis (vgl. Abschnitt 131 Abs. 1) – eine materiell-rechtliche Voraussetzung für die Steuerbefreiung (BFH-Urteil vom 28. 2. 1980 – BStBl II S. 415). ²Ist er nicht geführt, kann die Steuerbefreiung auch bei zweifelsfreier Erfüllung aller übrigen Voraussetzungen nicht gewährt werden.

(2) ¹Der buchmäßige Nachweis muß grundsätzlich im Geltungsbereich der UStDV geführt werden. ²Steuerlich zuverlässigen Unternehmern kann jedoch gestattet werden, die Aufzeichnungen über den buchmäßigen Nachweis im Ausland vorzunehmen und dort aufzubewahren. ³Voraussetzung ist hierfür, daß andernfalls der buchmäßige Nachweis in unverhältnismäßiger Weise erschwert würde und daß die erforderlichen Unterlagen den deutschen Finanzbehörden jederzeit auf Verlangen im Geltungsbereich der UStDV vorgelegt werden. ⁴Der Bewilligungsbescheid ist unter einer entsprechenden Auflage und unter dem Vorbehalt jederzeitigen Widerrufs zu erteilen.

(3) ¹Aus dem Grundsatz, daß die buchmäßig nachzuweisenden Voraussetzungen eindeutig und leicht nachprüfbar aus der Buchführung zu ersehen sein müssen (§ 13 Abs. 1 UStDV), ergibt sich, daß die erforderlichen Aufzeichnungen laufend und unmittelbar nach Ausführung des jeweiligen Umsatzes vorgenommen werden müssen. ²Der buchmäßige Nachweis darf lediglich um den gegebenenfalls später eingegangenen Ausfuhrnachweis (vgl. Abschnitt 131 Abs. 3) vervollständigt werden (BFH-Urteil vom 28. 2. 1980 – BStBl II S. 415).

(4) ¹Der Inhalt und der Umfang des buchmäßigen Nachweises sind in Form von Sollvorschriften geregelt (§ 13 Abs. 2 bis 6 UStDV). ²Der Unternehmer kann den Nachweis auch in anderer Weise führen. ³Er muß jedoch in jedem Fall die Grundsätze des § 13 Abs. 1 UStDV beachten.

(5) ¹Bei der Aufzeichnung der Menge und der handelsüblichen Bezeichnung des Gegenstandes der Lieferung sind Sammelbezeichnungen, z. B. Lebensmittel oder Textilien, in der Regel nicht ausreichend. ²Aus der Aufzeichnung der Art und des Umfangs einer etwaigen Bearbeitung oder Verarbeitung vor der Ausfuhr (vgl. Abschnitt 128 Abs. 5) sollen auch der Name und die Anschrift des mit der Bearbeitung oder Verarbeitung Beauftragten, die Bezeichnung des betref-

fenden Auftrags sowie die Menge und handelsübliche Bezeichnung des ausgeführten Gegenstandes hervorgehen. ³Als Grundlage dieser Aufzeichnungen können die Belege dienen, die der Unternehmer über die Bearbeitung oder Verarbeitung erhalten hat (vgl. Abschnitt 134).

(6) ¹Befördert oder versendet der Unternehmer *oder der Abnehmer* den Gegenstand der Lieferung in die in § 1 Abs. 3 UStG bezeichneten *Gebiete*, soll sich aus der Angabe des Berufs oder des Gewerbezweigs des Abnehmers dessen Unternehmereigenschaft sowie aus der Angabe des Erwerbszwecks des Abnehmers dessen Absicht, den Gegenstand für sein Unternehmen zu verwenden, ergeben. ²Bei Lieferungen, deren Gegenstände nach Art und/oder Menge nur zur Verwendung in dem Unternehmen des Abnehmers bestimmt sein können, genügt neben der Aufzeichnung des Berufs oder Gewerbezweigs des Abnehmers die Angabe der Art und Menge der gelieferten Gegenstände. ³In Zweifelsfällen kann der Erwerbszweck durch eine Bestätigung des Abnehmers nachgewiesen werden. ⁴Bei Lieferungen an juristische Personen des öffentlichen Rechts ist davon auszugehen, daß die Lieferungen für deren hoheitlichen und nicht für deren unternehmerischen Bereich ausgeführt worden sind, sofern nicht der Unternehmer anhand von Aufzeichnungen und Belegen, z. B. durch eine Bescheinigung des Abnehmers, das Gegenteil nachweist. ⁵*Wenn der Abnehmer kein Unternehmer ist, soll sich aus den Aufzeichnungen der Bestimmungsort im übrigen Drittlandsgebiet ergeben.*

(7) Bei den in § 6 Abs. 3 UStG bezeichneten Lieferungen von Gegenständen, die zur Ausrüstung oder Versorgung eines Beförderungsmittels bestimmt sind (vgl. Abschnitt 130), soll der Unternehmer zusätzlich zu den in § 13 Abs. 2 UStDV bezeichneten Angaben folgendes aufzeichnen (§ 13 Abs. 5 UStDV):

1. den Gewerbezweig oder Beruf des ausländischen Abnehmers zum Nachweis der Unternehmereigenschaft des Abnehmers und

2. ¹den Zweck, dem das ausgerüstete oder versorgte Beförderungsmittel dient, zum Nachweis des unternehmerischen Verwendungszwecks. ²Es genügt die Angabe der Art des Beförderungsmittels, wenn es seiner Art nach nur unternehmerischen Zwecken dienen kann, z. B. Lastkraftwagen, Reiseomnibus, Frachtschiff. ³Bei anderen Beförderungsmitteln, z. B. Personenkraftwagen, Krafträdern, Sport- und Vergnügungsbooten oder Sportflugzeugen, ist davon auszugehen, daß sie nichtunternehmerischen Zwecken dienen, es sei denn, daß nach der Gesamtheit der beim Unternehmer befindlichen Unterlagen kein ernstlicher Zweifel daran besteht, daß das Beförderungsmittel den Zwecken des Unternehmens des Abnehmers dient. ⁴Eine Bescheinigung des Abnehmers über den Verwendungszweck des Beförderungsmittels reicht wegen der fehlenden Nachprüfungsmöglichkeit in der Regel nicht aus.

| **137. bis 139.** *(weggefallen)*

| **140.** *Abnehmernachweis bei Ausfuhrlieferungen im* **Reiseverkehr**

(1) Die Sonderregelung über den Abnehmernachweis (§ 17 UStDV) gilt für diejenigen Abholfälle, in denen

1. *der ausländische Abnehmer den Gegenstand der Lieferung nicht für unternehmerische Zwecke erworben hat,*

| 2. der ausländische Abnehmer seinen Wohnort in einem Gebiet außerhalb der *EG*, d. h. in einem Drittland, hat (vgl. hierzu Abschnitt *13a*) und

3. ¹der Abnehmer den Gegenstand der Lieferung im persönlichen Reisegepäck in das *Drittlandsgebiet* verbracht hat. ²*Zum „persönlichen Reisegepäck" gehören diejenigen Gegenstände, die diese Personen bei einem Grenzübertritt mit sich führen, z. B. das Handgepäck oder die in einem von ihnen benutzten Fahrzeug befindlichen Gegenstände, sowie das anläßlich einer Reise aufgegebene Reisegepäck.* ³*Als Reise sind auch Einkaufsfahrten und der Berufsverkehr anzusehen.* ⁴*Ein Fahrzeug, seine Bestandteile und sein Zubehör sind kein persönliches Reisegepäck.*

(2) ¹Bei der Vorschrift des § 17 UStDV handelt es sich um eine Sollvorschrift. ²Der darin geregelte Abnehmernachweis kann deshalb auch auf andere Weise geführt werden (vgl. Absatz 6). ³Jedoch sind die Grundsätze des § 13 Abs. 1 UStDV zu beachten.

(3) ¹Für den Ausfuhrbeleg im Sinne des § 17 UStDV soll ein Vordruck nach vorgeschriebenem Muster verwendet werden. ²Es bestehen keine Bedenken, wenn die in den Abschnitten B und C des Musters enthaltenen Angaben nicht auf einem besonderen Vordruck, sondern, z. B. durch Stempelaufdruck, auf einer Rechnung angebracht werden, sofern aus dieser Rechnung der Lieferer, der ausländische Abnehmer und der Gegenstand der Lieferung ersichtlich sind.

(4) ¹Bei einer Lieferung an einen Abnehmer mit Wohnort in einem Gebiet außerhalb der *EG* erteilt die *deutsche* Grenzzollstelle die zusätzliche Bestätigung für den Abnehmernachweis nur, wenn der Ausführer seinen gültigen Paß oder sein gültiges sonstiges Grenzübertrittspapier vorlegt und die darin enthaltenen Eintragungen mit den Angaben in dem Ausfuhrbeleg über Name und Anschrift des ausländischen Abnehmers übereinstimmen. ²Mitunter läßt sich aus ausländischen Grenzübertrittspapieren nicht die volle Anschrift, sondern nur der Wohnort und das Land oder nur das Land entnehmen. ³Die *deutschen* Grenzzollstellen erteilen auch in diesen Fällen die zusätzliche Bestätigung. ⁴*Bestätigungen entsprechenden Inhalts von Grenzzollstellen anderer EG-Mitgliedstaaten sind als Abnehmernachweis anzuerkennen.*

(5) ¹Die zusätzliche Bestätigung wird von den *deutschen* Grenzzollstellen in folgenden Fällen trotz Vorlage eines gültigen Grenzübertrittspapiers des Ausführers nicht erteilt:

1. Die Angaben über den ausländischen Abnehmer in dem vorgelegten Beleg stimmen nicht mit den Eintragungen in dem vorgelegten Paß oder sonstigen Grenzübertrittspapier des Ausführers überein.

2. ¹Der Ausführer weist einen in einem Drittland ausgestellten Paß vor, in dem eine Aufenthalts*genehmigung* für einen drei Monate übersteigenden Aufenthalt im Geltungsbereich des Ausländergesetzes vom 28. 4. 1965 (BGBl. I S. 353), zuletzt geändert durch Gesetz vom *15. 7. 1993 (BGBl. II S. 1010)*, oder für einen Aufenthalt in einem anderen *EG*-Mitgliedstaat eingetragen ist, wenn diese Erlaubnis noch nicht abgelaufen ist oder nach ihrem Ablauf noch kein Monat vergangen ist. ²Entsprechendes gilt bei der Eintragung: „Aussetzung der Abschiebung (Duldung)". ³Die Abnehmerbestätigung wird jedoch nicht versagt, wenn der Ausführer nur eine Aufenthaltserlaubnis in der Form des Sichtvermerks (Visum) einer Auslandsvertretung der Bundesrepublik Deutschland besitzt und die Gesamtdauer des genehmigten Aufenthalts nicht mehr als zwölf Monate beträgt.

3. Der Ausführer weist einen ausländischen Personalausweis vor, der in einem Drittland ausgestellt worden ist, dessen Staatsangehörige nur unter Vorlage eines Passes und nicht lediglich unter Vorlage eines Personalausweises in die Bundesrepublik Deutschland einreisen dürfen.

4. ¹Der Ausführer weist einen deutschen oder einen in einem anderen *EG*-Mitgliedstaat ausgestellten Personalausweis vor. ²Bei Vorlage des deutschen Personalausweises wird die Abnehmerbestätigung jedoch in den Fällen erteilt, in denen der Inhaber des Ausweises ein Bewohner Helgolands oder der Gemeinde Büsingen ist.

5. ¹Der Ausführer weist einen deutschen oder einen in einem anderen *EG*-Mitgliedstaat ausgestellten Paß vor, ohne seinen im Drittland befindlichen Wohnort durch Eintragung in den Paß oder durch eine besondere Bescheinigung nachweisen zu können. ²Bei Vorlage eines deutschen Passes wird die Abnehmerbestätigung jedoch in den Fällen erteilt, in denen der Inhaber des Passes ein Bewohner Helgolands oder der Gemeinde Büsingen ist.

6. Der Ausführer ist erkennbar ein Mitglied einer nicht in einem Drittland, sondern in der Bundesrepublik Deutschland oder in einem anderen *EG*-Mitgliedstaat stationierten Truppe, eines in diesen Gebieten befindlichen Gefolges oder deren Angehöriger.

7. Der Ausführer legt einen amtlichen Paß (Diplomaten-, Ministerial- oder Dienstpaß) vor, auf den die Vorschriften über die Ausstellung amtlicher Pässe vom 13. 4. 1988 (Bundesanzeiger 1988 Nr. 78) Anwendung finden.

²In diesen Fällen kann mit Hilfe des Grenzübertrittspapiers nicht der Nachweis erbracht werden, daß der Wohnort des Abnehmers in einem Drittland liegt. ³Die *deutsche* Grenzzollstelle bestätigt dann lediglich die Ausfuhr des Gegenstandes der Lieferung. ⁴Ferner vermerkt sie auf dem Ausfuhrbeleg den Grund dafür, *warum* sie die Richtigkeit des Namens und der Anschrift des ausländischen Abnehmers nicht bestätigen kann.

(6) ¹Ist der Abnehmernachweis durch eine Bestätigung der Grenzzollstelle nicht möglich oder nicht zumutbar, bestehen keine Bedenken, auch eine entsprechende Bestätigung einer amtlichen Stelle der Bundesrepublik Deutschland im Wohnsitzstaat des Abnehmers, z. B. einer diplomatischen oder konsularischen Vertretung der Bundesrepublik Deutschland oder einer im *Drittlandsgebiet* stationierten Truppeneinheit der Bundeswehr, als ausreichend anzuerkennen. ²Aus dieser Bestätigung muß hervorgehen, daß die Angaben über den ausländischen Abnehmer – Name und Anschrift – im Zeitpunkt der Lieferung zutreffend waren. ³Eine Ersatzbestätigung einer Zollstelle *im Drittlandsgebiet* kommt dagegen nicht in Betracht.

140a. Gesonderter Steuerausweis bei Ausfuhrlieferungen

Zu den Folgen eines gesonderten Steuerausweises bei Ausfuhrlieferungen vgl. Abschnitt 189 Abs. 6.

Verwaltungsanweisungen

- Ausfuhrnachweis im innergemeinschaftlichen Versandverfahren (OFD Koblenz 20. 8. 1991, DStR 1991, 1017);

- Steuerfreier Einkauf (BMF 11. 8. 1994, StEd 1994, 510);

- Ausfuhr- und Abnehmernachweis für Lieferungen durch Einzelhandelsunternehmen an Reisende, die in Drittstaaten ansässig sind (BMF 9. 5. 1995, StEd 1995, 351);

- Umsatzsteuerbefreiung für Ausfuhrlieferungen und innergemeinschaftliche Lieferungen; Vordruckmuster (BMF 1. 8. 1995, BStBl I, 404);

- steuerfreie Ausfuhrlieferungen; Abnehmernachweis bei Ausfuhrlieferungen im Reiseverkehr (OFD Erfurt 25. 7. 1996, UVR 1997, 99).

Innergemeinschaftliche Lieferung § 6a UStG

Rechtsprechung

- Zeitpunkt der Nachweisvoraussetzungen bei der Ausfuhrlieferung (BFH 28. 2. 1980, BStBl II, 415);
- Ausfuhrlieferungen bei Gastarbeitern (FG Düsseldorf 3. 12. 1986, EFG 1987, 210);
- Ausfuhrnachweis in Verbringensfällen (BFH 4. 6. 1987, UR 1988, 253);
- leichte und eindeutige Nachprüfbarkeit von Ausfuhrnachweisen (FG München 13. 5. 1992, EFG 1992, 695);
- Ausfuhrlieferungen im Rahmen eines Reihengeschäftes (BFH 15. 3. 1994, BStBl II, 956);
- Nachweis der ausländischen (außergebietlichen) Abnehmereigenschaft (BFH 14. 12. 1994, BStBl 1995 II, 515);
- Buch- und Belegnachweis als materiell-rechtliche Voraussetzung für die Ausfuhrlieferung (BFH 27. 4. 1995, BFH/NV 1996, 184 und 23. 5. 1995, BFH/NV 1995, 1104).

UStG

§ 6a[1]) Innergemeinschaftliche Lieferung

(1) ¹Eine innergemeinschaftliche Lieferung (§ 4 Nr. 1 Buchstabe b) liegt vor, wenn bei einer Lieferung die folgenden Voraussetzungen erfüllt sind:

1. **Der Unternehmer oder der Abnehmer hat den Gegenstand der Lieferung in das übrige Gemeinschaftsgebiet befördert oder versendet;**
2. **der Abnehmer ist**
    a) **ein Unternehmer, der den Gegenstand der Lieferung für sein Unternehmen erworben hat,**
    b) **eine juristische Person, die nicht Unternehmer ist oder die den Gegenstand der Lieferung nicht für ihr Unternehmen erworben hat, oder**
    c) **bei der Lieferung eines neuen Fahrzeuges auch jeder andere Erwerber**
    und
3. **der Erwerb des Gegenstandes der Lieferung unterliegt beim Abnehmer in einem anderen Mitgliedstaat den Vorschriften der Umsatzbesteuerung.**

---

1) Anm.: § 6a Abs. 2 i. d. F. des Art. 20 Nr. 9 JStG 1996 v. 11. 10. 95 (BGBl I, 1250); Abs. 3 i. d. F. des Art. 20 Nr. 26 StMBG v. 21. 12. 93 (BGBl I, 2310). – Zur Auslegung des § 6a Abs. 1 Nr. 3 UStG vgl. BMF v. 29. 3. 96 (BStBl I, 458).

²Der Gegenstand der Lieferung kann durch Beauftragte vor der Beförderung oder Versendung in das übrige Gemeinschaftsgebiet bearbeitet oder verarbeitet worden sein.

(2) Als innergemeinschaftliche Lieferung gilt auch das einer Lieferung gleichgestellte Verbringen eines Gegenstandes (§ 3 Abs. 1a).

(3) ¹Die Voraussetzungen der Absätze 1 und 2 müssen vom Unternehmer nachgewiesen sein. ²Das Bundesministerium der Finanzen kann mit Zustimmung des Bundesrates durch Rechtsverordnung bestimmen, wie der Unternehmer den Nachweis zu führen hat.

(4) ¹Hat der Unternehmer eine Lieferung als steuerfrei behandelt, obwohl die Voraussetzungen nach Absatz 1 nicht vorliegen, so ist die Lieferung gleichwohl als steuerfrei anzusehen, wenn die Inanspruchnahme der Steuerbefreiung auf unrichtigen Angaben des Abnehmers beruht und der Unternehmer die Unrichtigkeit dieser Angaben auch bei Beachtung der Sorgfalt eines ordentlichen Kaufmanns nicht erkennen konnte. ²In diesem Fall schuldet der Abnehmer die entgangene Steuer.

6. EG-Richtlinie

Abschnitt XVIa: Übergangsregelung für die Besteuerung des Handels zwischen den Mitgliedstaaten

...

Artikel 28c Befreiungen

A. Befreiung der Lieferungen von Gegenständen

Unbeschadet sonstiger Gemeinschaftsbestimmungen befreien die Mitgliedstaaten unter den Bedingungen, die sie zur Gewährleistung einer korrekten und einfachen Anwendung der nachstehenden Befreiungen sowie zur Verhütung von Steuerhinterziehung, Steuerumgehung und Mißbrauch festlegen:

a) die Lieferungen von Gegenständen im Sinne des Artikels 5, die durch den Verkäufer oder durch den Erwerber oder für ihre Rechnung nach Orten außerhalb des in Artikel 3 bezeichneten Gebietes, aber innerhalb der Gemeinschaft versandt oder befördert werden, wenn diese Lieferungen an einen anderen Steuerpflichtigen oder an eine nichtsteuerpflichtige juristische Person bewirkt werden, der/die als solcher/solche in einem anderen Mitgliedstaat als dem des Beginns des Versands oder der Beförderung der Gegenstände handelt.

Diese Befreiung gilt weder für die Lieferungen von Gegenständen, die von Steuerpflichtigen, für die die Steuerbefreiung gemäß Artikel 24 gilt, bewirkt werden, noch für Lieferungen von Gegenständen, die an Steuerpflichtige oder an nichtsteuerpflichtige juristische Personen, für die die Abweichung gemäß Artikel 28a Absatz 1 Buchstabe a) Unterabsatz 2 gilt, bewirkt werden;

b) die Lieferungen neuer Fahrzeuge, die vom Verkäufer, vom Käufer oder für ihre Rechnung an den Käufer nach Orten außerhalb des in Artikel 3 bezeichneten Gebietes, aber innerhalb der Gemeinschaft versandt oder befördert werden, wenn diese Lieferungen an Steuerpflichtige oder an nichtsteuerpflichtige juristische Personen, für die die Abweichung gemäß Artikel 28a Absatz 1 Buchstabe a) Unterabsatz 2 gilt, oder an jede andere nichtsteuerpflichtige Person bewirkt werden;

c) die Lieferungen verbrauchsteuerpflichtiger Waren, die an den Käufer durch den Verkäufer, durch den Käufer oder für ihre Rechnung nach Orten außerhalb des in Artikel 3 bezeichneten Gebietes, aber innerhalb der Gemeinschaft versandt oder befördert werden, für Steuerpflichtige oder für nichtsteuerpflichtige juristische Personen, für die die Abweichung gemäß Artikel 28a Absatz 1 Buchstabe a) Unterabsatz 2 gilt, wenn der Versand oder die Beförderung der Gegenstände gemäß Artikel 7 Absätze 4 und 5 oder Artikel 16 der Richtlinie 92/12/EWG durchgeführt worden ist.

Die Befreiung findet keine Anwendung auf die Lieferungen verbrauchsteuerpflichtiger Waren durch Steuerpflichtige, die unter die Befreiung nach Artikel 24 fallen;

d) die Lieferungen von Gegenständen im Sinne des Artikels 28a Absatz 5 Buchstabe b), für die die vorstehende Steuerbefreiung gelten würde, wenn sie für einen anderen Steuerpflichtigen bewirkt worden wären.

...

UStDV

§ 17a[1]) Nachweis bei innergemeinschaftlichen Lieferungen in Beförderungs- und Versendungsfällen

(1) [1]Bei innergemeinschaftlichen Lieferungen (§ 6a Abs. 1 des Gesetzes) muß der Unternehmer im Geltungsbereich dieser Verordnung durch Belege nachweisen, daß er oder der Abnehmer den Gegenstand der Lieferung in das übrige Gemeinschaftsgebiet befördert oder versendet hat. [2]Dies muß sich aus den Belegen eindeutig und leicht nachprüfbar ergeben.

(2) In den Fällen, in denen der Unternehmer oder der Abnehmer den Gegenstand der Lieferung in das übrige Gemeinschaftsgebiet befördert, soll der Unternehmer den Nachweis hierüber wie folgt führen:

1. durch das Doppel der Rechnung (§§ 14, 14a des Gesetzes),
2. durch einen handelsüblichen Beleg, aus dem sich der Bestimmungsort ergibt, insbesondere Lieferschein,
3. durch eine Empfangsbestätigung des Abnehmers oder seines Beauftragten sowie
4. in den Fällen der Beförderung des Gegenstandes durch den Abnehmer durch eine Versicherung des Abnehmers oder seines Beauftragten, den Gegenstand der Lieferung in das übrige Gemeinschaftsgebiet zu befördern.

---

1) **Anm.:** § 17a Abs. 1, 3 und 4 i. d. F. des Art. 21 Nr. 8 JStG 1996 v. 11. 10. 95 (BGBl I, 1250).

UStG § 6a §§ 17b, 17c UStDV *Innergemeinschaftliche Lieferung*

(3) Wird der Gegenstand der Lieferung vom Unternehmer oder Abnehmer im gemeinschaftlichen Versandverfahren in das übrige Gemeinschaftsgebiet befördert, kann der Unternehmer den Nachweis hierüber abweichend von Absatz 2 auch wie folgt führen:
1. *durch eine Bestätigung der Abgangsstelle über die innergemeinschaftliche Lieferung, die nach Eingang des Rückscheins erteilt wird, sofern sich daraus die Lieferung in das übrige Gemeinschaftsgebiet ergibt, oder*
2. *durch eine Abfertigungsbestätigung der Abgangsstelle in Verbindung mit einer Eingangsbescheinigung der Bestimmungsstelle im übrigen Gemeinschaftsgebiet.*

(4) ¹In den Fällen, in denen der Unternehmer oder der Abnehmer den Gegenstand der Lieferung in das übrige Gemeinschaftsgebiet versendet, soll der Unternehmer den Nachweis hierüber wie folgt führen:
1. *durch das Doppel der Rechnung (§§ 14, 14a des Gesetzes) und*
2. *durch einen Beleg entsprechend § 10 Abs. 1.*

²Ist es dem Unternehmer nicht möglich oder nicht zumutbar, den Versendungsnachweis nach Satz 1 zu führen, kann er den Nachweis auch nach Absatz 2 oder 3 führen.

§ 17b¹) Nachweis bei innergemeinschaftlichen Lieferungen in Bearbeitungs- oder Verarbeitungsfällen

¹Ist der Gegenstand der Lieferung vor der Beförderung oder Versendung in das übrige Gemeinschaftsgebiet durch einen Beauftragten bearbeitet oder verarbeitet worden (§ 6a Abs. 1 Satz 2 des Gesetzes), so muß der Unternehmer dies durch Belege eindeutig und leicht nachprüfbar nachweisen. ²Der Nachweis soll durch Belege nach § 17a geführt werden, die zusätzlich die in § 11 Abs. 1 Nr. 1 bis 4 bezeichneten Angaben enthalten. ³Ist der Gegenstand durch mehrere Beauftragte bearbeitet oder verarbeitet worden, ist § 11 Abs. 2 entsprechend anzuwenden.

§ 17c²) Buchmäßiger Nachweis bei innergemeinschaftlichen Lieferungen

(1) ¹Bei innergemeinschaftlichen Lieferungen (§ 6a Abs. 1 und 2 des Gesetzes) muß der Unternehmer im Geltungsbereich dieser Verordnung die Voraussetzungen der Steuerbefreiung einschließlich Umsatzsteuer-Identifikationsnummer des Abnehmers buchmäßig nachweisen. ²Die Voraussetzungen müssen eindeutig und leicht nachprüfbar aus der Buchführung zu ersehen sein.

(2) Der Unternehmer soll regelmäßig folgendes aufzeichnen:
1. *den Namen und die Anschrift des Abnehmers,*
2. *den Namen und die Anschrift des Beauftragten des Abnehmers bei einer Lieferung, die im Einzelhandel oder in einer für den Einzelhandel gebräuchlichen Art und Weise erfolgt,*
3. *den Gewerbezweig oder Beruf des Abnehmers,*
4. *die handelsübliche Bezeichnung und die Menge des Gegenstandes der Lieferung oder die Art und den Umfang der einer Lieferung gleichgestellten sonstigen Leistung auf Grund eines Werkvertrages,*
5. *den Tag der Lieferung oder der einer Lieferung gleichgestellten sonstigen Leistung auf Grund eines Werkvertrages,*
6. *das vereinbarte Entgelt oder bei der Besteuerung nach vereinnahmten Entgelten das vereinnahmte Entgelt und den Tag der Vereinnahmung,*

---
1) **Anm.:** § 17b Satz 1 i. d. F. des Art. 21 Nr. 9 JStG 1996 v. 11. 10. 95 (BGBl I, 1250).
2) **Anm.:** § 17c Abs. 2 und 3 i. d. F. des Art. 21 Nr. 10 JStG 1996 v. 11. 10. 95 (BGBl I, 1250).

Innergemeinschaftliche Lieferung § 6a UStG

7. *die Art und den Umfang einer Bearbeitung oder Verarbeitung vor der Beförderung oder Versendung in das übrige Gemeinschaftsgebiet (§ 6a Abs. 1 Satz 2 des Gesetzes),*
8. *die Beförderung oder Versendung in das übrige Gemeinschaftsgebiet,*
9. *den Bestimmungsort im übrigen Gemeinschaftsgebiet.*

(3) In den einer Lieferung gleichgestellten Verbringungsfällen (§ 6a Abs. 2 des Gesetzes) soll der Unternehmer folgendes aufzeichnen:

1. *die handelsübliche Bezeichnung und die Menge des verbrachten Gegenstandes,*
2. *die Anschrift und die Umsatzsteuer-Identifikationsnummer des im anderen Mitgliedstaat belegenen Unternehmensteils,*
3. *den Tag des Verbringens,*
4. *die Bemessungsgrundlage nach § 10 Abs. 4 Nr. 1 des Gesetzes.*

(4) In den Fällen, in denen neue Fahrzeuge an Abnehmer ohne Umsatzsteuer-Identifikationsnummer in das übrige Gemeinschaftsgebiet geliefert werden, soll der Unternehmer folgendes aufzeichnen:

1. *den Namen und die Anschrift des Erwerbers,*
2. *die handelsübliche Bezeichnung des gelieferten Fahrzeugs,*
3. *den Tag der Lieferung,*
4. *das vereinbarte Entgelt oder bei der Besteuerung nach vereinnahmten Entgelten das vereinnahmte Entgelt und den Tag der Vereinnahmung,*
5. *die in § 1b Abs. 2 und 3 des Gesetzes bezeichneten Merkmale,*
6. *die Beförderung oder Versendung in das übrige Gemeinschaftsgebiet,*
7. *den Bestimmungsort im übrigen Gemeinschaftsgebiet.*

Verwaltungsanweisungen

- Umsatzsteuerbefreiung für innergemeinschaftliche Lieferungen (BMF 1. 12. 1992, UR 1993, 34);
- Umsatzsteuerbefreiung für innergemeinschaftliche Lieferungen neuer Kfz und Nachweisführung (BMF 23. 12. 1992, BStBl 1993 I, 46);
- Betanken unternehmerisch genutzter Kfz bei Fahrten ins übrige Gemeinschaftsgebiet (OFD Koblenz 23. 5. 1995, StEd 1995, 413);
- Steuerfreiheit innergemeinschaftlicher Lieferungen an Abnehmer mit ungültiger USt-IdNr. (FinMin Hessen 28. 3. 1996, UR 1996, 275);
- Auslegung des § 6a Abs. 1 Nr. 3 UStG (BMF 29. 3. 1996, BStBl I, 458);
- Versendungsnachweis bei innergemeinschaftlichen Lieferungen (MdF Sachsen-Anhalt 11. 12. 1996, StEd 1997, 56);
- Behandlung innergemeinschaftlicher Lieferungen von Bunkeröl an ausländische Binnenschiffer (BMF 29. 11. 1994, StEd 1994, 756 sowie 18. 12. 1996, StEd 1997, 56).

UStG

§ 7[1]) Lohnveredelung an Gegenständen der Ausfuhr

(1) [1]Eine Lohnveredelung an einem Gegenstand der Ausfuhr (§ 4 Nr. 1 Buchstabe a) liegt vor, wenn bei einer Bearbeitung oder Verarbeitung eines Gegenstandes der Auftraggeber den Gegenstand zum Zweck der Bearbeitung oder Verarbeitung in das Gemeinschaftsgebiet eingeführt oder zu diesem Zweck in diesem Gebiet erworben hat und

1. der Unternehmer den bearbeiteten oder verarbeiteten Gegenstand in das Drittlandsgebiet, ausgenommen Gebiete nach § 1 Abs. 3, befördert oder versendet hat oder
2. der Auftraggeber den bearbeiteten oder verarbeiteten Gegenstand in das Drittlandsgebiet befördert oder versendet hat und ein ausländischer Auftraggeber ist oder
3. der Unternehmer den bearbeiteten oder verarbeiteten Gegenstand in die in § 1 Abs. 3 bezeichneten Gebiete befördert oder versendet hat und der Auftraggeber
   a) ein ausländischer Auftraggeber ist oder
   b) ein Unternehmer ist, der im Inland oder in den bezeichneten Gebieten ansässig ist und den bearbeiteten oder verarbeiteten Gegenstand für Zwecke seines Unternehmens verwendet.

[2]Der bearbeitete oder verarbeitete Gegenstand kann durch weitere Beauftragte vor der Ausfuhr bearbeitet oder verarbeitet worden sein.

(2) Ausländischer Auftraggeber im Sinne des Absatzes 1 Nr. 2 und 3 ist ein Auftraggeber, der die für den ausländischen Abnehmer geforderten Voraussetzungen (§ 6 Abs. 2) erfüllt.

(3) Bei Werkleistungen im Sinne des § 3 Abs. 10 gilt Absatz 1 entsprechend.

(4) [1]Die Voraussetzungen des Absatzes 1 sowie die Bearbeitung oder Verarbeitung im Sinne des Absatzes 1 Satz 2 müssen vom Unternehmer nachgewiesen sein. [2]Das Bundesministerium der Finanzen kann mit Zustimmung des Bundesrates durch Rechtsverordnung bestimmen, wie der Unternehmer die Nachweise zu führen hat.

6. EG-Richtlinie

Abschnitt X: Steuerbefreiungen

...

---

1) Anm.: § 7 Abs. 1, 2 und 4 i. d. F. des Art. 20 Nr. 7, 25 und 26 StMBG v. 21. 12. 93 (BGBl I, 2310).

*Artikel 15 Steuerbefreiungen bei Ausfuhren nach einem Drittland,
            gleichgestellten Umsätzen und grenzüberschreitenden
            Beförderungen*
Unbeschadet sonstiger Gemeinschaftsbestimmungen befreien die Mitgliedstaaten unter den Bedingungen, die sie zur Gewährung einer korrekten und einfachen Anwendung der nachstehenden Befreiungen sowie zur Verhütung von Steuerhinterziehungen, Steuerumgehungen und etwaigen Mißbräuchen festsetzen, von der Steuer:

...

3. Dienstleistungen in Form von Arbeiten an beweglichen körperlichen Gegenständen, die – zur Ausführung dieser Arbeiten im Gemeinschaftsgebiet – erworben oder eingeführt worden sind und die vom Dienstleistungserbringer oder dem nicht im Inland ansässigen Leistungsempfänger oder für deren Rechnung nach Orten außerhalb der Gemeinschaft versandt oder befördert werden;

...

*Artikel 16 Besondere Steuerbefreiungen beim grenzüberschreitenden
            Warenverkehr*
(1) (abgedruckt zu § 4 Nr. 3 UStG)

...

B. (abgedruckt zu § 4 Nr. 3 UStG)

...

UStDV

Ausfuhrnachweis und buchmäßiger Nachweis bei Ausfuhrlieferungen und Lohnveredelungen an Gegenständen der Ausfuhr

§§ 8–17 (abgedruckt zu § 6 UStG)

UStR

141. Lohnveredelung an Gegenständen der Ausfuhr

(1) [1]Die Befreiungstatbestände in § 7 Abs. 1 UStG entsprechen den drei Befreiungstatbeständen bei der Steuerbefreiung für Ausfuhrlieferungen in § 6 Abs. 1 UStG. [2]Die Ausführungen in Abschnitt 128 Abs. 1 bis 3 gelten deshalb entsprechend.

(2) [1]Voraussetzung für die Steuerbefreiung bei jedem der Befreiungstatbestände ist, daß der Auftraggeber den zu bearbeitenden oder zu verarbeitenden Gegenstand zum Zwecke der Bearbeitung oder Verarbeitung *in das Gemeinschaftsgebiet* eingeführt oder zu diesem Zweck *in diesem Gebiet* erworben hat (§ 7 Abs. 1 Satz 1 UStG). [2]Die Bearbeitung oder Verarbeitung braucht nicht der ausschließliche Zweck für die Einfuhr oder für den Erwerb zu sein. [3]Die Absicht, den Gegenstand bearbeiten oder verarbeiten zu lassen, muß jedoch bei dem Auftraggeber bereits zum Zeitpunkt der Einfuhr oder des Erwerbs bestehen. [4]Eine Einfuhr durch den Auftraggeber liegt auch dann vor, wenn dieser den zu bearbeitenden oder zu verarbeitenden Gegenstand von dem Unternehmer im *Drittlandsgebiet* abholen läßt.

(3) [1]Die Voraussetzung der Einfuhr eines Gegenstandes zum Zwecke seiner Bearbeitung oder Verarbeitung ist insbesondere in den folgenden Fällen als erfüllt anzusehen:

1. Der Gegenstand wurde in einer zollamtlich bewilligten aktiven Lohnveredelung – einschließlich einer Ausbesserung – veredelt.

Beispiel 1:

[1]Der im Inland ansässigen Weberei W ist von der zuständigen Zollstelle eine aktive Lohnveredelung *(Artikel 114 bis 122 ZK; Artikel 549 bis 649 ZK-DVO)* mit Garnen zum Verweben für den in der Schweiz ansässigen Auftraggeber S bewilligt worden. [2]S versendet zu diesem Zweck Garne an W. [3]Die Garne werden zollamtlich zur aktiven Lohnveredelung abgefertigt. [4]Für ihre Einfuhr werden keine Eingangsabgaben erhoben. [5]W verwebt die Garne, meldet die hergestellten Gewebe aus der Veredelung ab und sendet sie an S in die Schweiz zurück.

2. [2]Der eingeführte Gegenstand wurde *in den zollrechtlich freien Verkehr übergeführt*. [2]Die Einfuhrumsatzsteuer wurde entrichtet.

Beispiel 2:

[1]Der in *der Schweiz* ansässige Auftraggeber *S* beauftragt die im Inland ansässige Weberei W mit dem Verweben von Garnen. [2]S versendet zu diesem Zweck Garne an W. [3]Da es sich *aufgrund des vorliegenden Präferenznachweises* um eine zollfreie Einfuhr handelt und W zum Vorsteuerabzug berechtigt ist, wird keine aktive Lohnveredelung bewilligt. [4]W verwebt die Garne und sendet die Gewebe an *S in die Schweiz* zurück. [5]Die für die Einfuhr der Garne erhobene Einfuhrumsatzsteuer kann W als Vorsteuer abziehen (vgl. Abschnitt 199 Abs. 8).

3. Das Bestimmungsland hat für die Wiedereinfuhr des bearbeiteten oder verarbeiteten Gegenstandes Eingangsabgaben, z. B. Zoll oder Einfuhrumsatzsteuer, erhoben.

Beispiel 3:

Der im *Drittlandsgebiet* wohnhafte Kfz-Besitzer K hat seinen Personenkraftwagen zur Reparatur durch eine Kraftfahrzeugwerkstatt im Inland eingeführt. [2]Die Reparatur besteht in einer Werkleistung. [3]Der Kraftwagen ist bei der Einfuhr formlos zu einer allgemein bewilligten vorübergehenden Zollgutverwendung *(Artikel 137 bis 144 ZK, Artikel 717 bis 742 ZK-DVO)* abgefertigt worden. [4]Die Einfuhr in das Inland kann deshalb nicht durch zollamtliche Belege einer deutschen Zollstelle nachgewiesen werden. [5]Das Wohnsitzland hat jedoch bei der Wiedereinfuhr des reparierten Kraftfahrzeugs Eingangsabgaben erhoben.

[2]Wegen des in den Fällen 1 bis 3 zu führenden buchmäßigen Nachweises wird auf Abschnitt 143 Abs. 2 hingewiesen.

(4) [1]Bei Beförderungsmitteln und Transportbehältern, die ihrer Art nach von einem ausländischen Auftraggeber nur für unternehmerische Zwecke verwendet werden können – z. B. Binnenschiffe für gewerbliche Zwecke, Eisenbahnwagen, Seetransportbehälter, Kraftomnibusse, Lastkraftwagen, Anhänger, Tankaufleger, Tanksattelschlepper und Tankcontainer – kann unterstellt werden, daß sie nicht nur zu Transportzwecken, sondern regelmäßig auch zur Wartung, Reinigung

und Instandsetzung eingeführt werden. ²In diesen Fällen braucht deshalb der Einfuhrzweck nicht nachgewiesen zu werden.

(5) ¹Die Voraussetzung des Erwerbs im *Gemeinschaftsgebiet* zum Zwecke der Bearbeitung oder Verarbeitung ist bei einem Gegenstand insbesondere als erfüllt anzusehen, wenn

1. das Bestimmungsland für die Einfuhr des bearbeiteten oder verarbeiteten Gegenstandes Eingangsabgaben, z. B. Zoll, Einfuhrumsatzsteuer, erhoben hat, die nach dem Wert des eingeführten Gegenstandes, einschließlich der durch die Bearbeitung oder Verarbeitung eingetretenen Wertsteigerung, berechnet worden sind oder

2. der Gegenstand unmittelbar vom Lieferer an den beauftragten Unternehmer oder – im Falle der Bearbeitung oder Verarbeitung durch mehrere Beauftragte – vom vorangegangenen Beauftragten an den nachfolgenden Beauftragten gelangt ist.

²Zum buchmäßigen Nachweis wird auf Abschnitt 143 Abs. 2 hingewiesen.

(6) ¹In der Regel liegt keine Einfuhr zum Zwecke der Bearbeitung oder Verarbeitung vor, wenn ein Gegenstand, der in das Inland gelangt ist, hier wider Erwarten reparaturbedürftig geworden und deshalb bearbeitet oder verarbeitet worden ist. ²Die Steuerbefreiung kommt hiernach z. B. nicht in Betracht, wenn ein im *Drittlandsgebiet* zugelassenes Kraftfahrzeug während einer Fahrt im Inland unerwartet repariert werden mußte. ³Entsprechendes gilt, wenn ein Gegenstand, z. B. ein Kraftwagen, den ein ausländischer Abnehmer im Inland erworben hat, hier vor der Ausfuhr genutzt wurde und während dieser Zeit wider Erwarten repariert werden mußte.

(7) ¹Der bearbeitete oder verarbeitete oder – im Falle der Werkleistung nach § 3 Abs. 10 UStG – der überlassene Gegenstand kann durch einen weiteren Beauftragten oder mehrere weitere Beauftragte des Auftraggebers oder eines folgenden Auftraggebers vor der Ausfuhr bearbeitet oder verarbeitet worden sein. ²Die Ausführungen in Abschnitt 128 Abs. 5 gelten hierzu entsprechend.

142. Ausfuhrnachweis

(1) ¹Die für den Ausfuhrnachweis bei Ausfuhrlieferungen maßgebenden Vorschriften sind entsprechend anzuwenden. ²Auf die Ausführungen in den Abschnitten 131 bis 134 wird hingewiesen. ³Hat der Unternehmer einen anderen Unternehmer (Subunternehmer) mit der Bearbeitung oder Verarbeitung beauftragt und befördert oder versendet dieser den bearbeiteten, verarbeiteten oder überlassenen Gegenstand in das *Drittlandsgebiet*, kann die Ausfuhr in diesen Fällen durch eine Versandbestätigung nachgewiesen werden.

(2) Beziehen sich die Bearbeitungen oder Verarbeitungen auf Binnenschiffe, die gewerblichen Zwecken dienen, Eisenbahnwagen oder Seetransportbehälter ausländischer Auftraggeber (vgl. Abschnitt 141 Abs. 4), kann der Unternehmer den Nachweis der Ausfuhr dadurch erbringen, daß er neben dem Namen und der Anschrift des ausländischen Auftraggebers und des Verwenders, wenn dieser nicht der Auftraggeber ist, folgendes aufzeichnet:

1. bei Binnenschiffen, die gewerblichen Zwecken dienen, den Namen und den Heimathafen des Schiffes,

2. bei Eisenbahnwagen das Kennzeichen der ausländischen Eisenbahnverwaltung und die Nummer des Eisenbahnwagens und

3. bei Seetransportbehältern das Kennzeichen des Behälters.

(3) ¹Wird der Nachweis der Einfuhr zum Zwecke der Bearbeitung oder Verarbeitung durch Hinweis auf die Belege über die Bezahlung der Eingangsabgaben des Bestimmungslandes geführt (vgl. Abschnitt 143 Abs. 2 Nr. 3), kann dieser Nachweis zugleich als Ausfuhrnachweis angesehen werden. ²Eines weiteren Nachweises für die Ausfuhr bedarf es in diesen Fällen nicht mehr.

143. Buchmäßiger Nachweis

(1) ¹Die Ausführungen zum buchmäßigen Nachweis bei Ausfuhrlieferungen in Abschnitt 136 Abs. 1 bis 6 gelten entsprechend. ²Ist der Gegenstand durch mehrere Unternehmer – Beauftragte – nacheinander bearbeitet oder verarbeitet worden (Abschnitt 141 Abs. 7), muß jeder dieser Unternehmer die Voraussetzungen der Steuerbefreiung einschließlich der Einfuhr oder des Erwerbs im *Gemeinschaftsgebiet* zum Zwecke der Bearbeitung oder Verarbeitung buchmäßig nachweisen.

(2) Der Nachweis der Einfuhr oder des Erwerbs für Zwecke der Bearbeitung und Verarbeitung soll in den Fällen des Abschnitts 141 Abs. 3 und 5 regelmäßig wie folgt geführt werden:

1. in den Fällen der aktiven Lohnveredelung (vgl. Abschnitt 141 Abs. 3 Nr. 1) durch Hinweis auf die zollamtlichen Belege über die Anmeldung der Waren zur Veredelung und über die Abmeldung der Waren aus der Veredelung;

2. ¹in den Fällen der Einfuhrbesteuerung (vgl. Abschnitt 141 Abs. 3 Nr. 2) durch Hinweis auf den zollamtlichen Beleg über die Entrichtung der Einfuhrumsatzsteuer. ²Im Falle der Bearbeitung oder Verarbeitung durch mehrere Unternehmer – Beauftragte – genügt bei den nachfolgenden Beauftragten ein Hinweis auf eine Bescheinigung des vorangegangenen Beauftragten, worin dieser die Entrichtung der Einfuhrumsatzsteuer bestätigt hat;

3. in den Fällen der Erhebung von Eingangsabgaben durch das Bestimmungsland (vgl. Abschnitt 141 Abs. 3 Nr. 3 und Abs. 5 Nr. 1) durch Hinweis auf die bei dem Unternehmer vorhandenen Belege oder ihre beglaubigten Abschriften über die Bezahlung der Eingangsabgaben des Bestimmungslandes;

4. in den Fällen, in denen der im *Gemeinschaftsgebiet* erworbene Gegenstand unmittelbar vom Lieferer an den Unternehmer – Beauftragten – oder von dem vorangegangenen Beauftragten an den nachfolgenden Beauftragten gelangt ist (vgl. Abschnitt 141 Abs. 5 Nr. 2), durch Hinweis auf die Durchschrift der Ausfuhrbestätigung für Umsatzsteuerzwecke in Bearbeitungs- oder Verarbeitungsfällen.

(3) ¹Bei der Bearbeitung, z. B. Wartung, Reinigung oder Instandsetzung, eines Kraftfahrzeuges eines ausländischen Auftraggebers kann der Unternehmer den Nachweis der Einfuhr des Kraftfahrzeuges zum Zwecke dieser Bearbeitung auch in anderer Weise führen. ²In Betracht kommen z. B. Hinweise auf eine schriftliche Anmeldung des Auftraggebers zur Reparatur oder auf eine Bescheinigung einer ausländischen Behörde, daß das Kraftfahrzeug bei einem Unfall im *Drittlandsgebiet* beschädigt worden ist. ³Diese Regelung gilt jedoch nur dann, wenn nach den Umständen des Einzelfalls keine ernsthaften Zweifel daran bestehen, daß der Auftraggeber das Kraftfahrzeug zum Zwecke der Bearbeitung eingeführt hat.

144. Abgrenzung zwischen Lohnveredelungen im Sinne des § 7 UStG und Ausfuhrlieferungen im Sinne des § 6 UStG

(1) ¹Die Steuerbefreiung für Ausfuhrlieferungen kommt für Werklieferungen an eingeführten oder im *Gemeinschaftsgebiet* erworbenen Gegenständen – anders als die Steuerbefreiung nach § 4

Umsätze für die Seeschiffahrt § 8 UStG

Nr. 1 *Buchst. a*, § 7 UStG bei Werkleistungen (Lohnveredelungen) ohne Rücksicht darauf in Betracht, zu welchem Zweck die Gegenstände eingeführt oder erworben worden sind. ²Deshalb ist für die Frage, ob für einen Umsatz Steuerfreiheit gewährt werden kann, insbesondere bei Reparaturen beweglicher körperlicher Gegenstände häufig von entscheidender Bedeutung, ob der Umsatz eine Werklieferung (§ 3 Abs. 4 UStG) oder eine Werkleistung darstellt. ³Ob im Einzelfall bei Reparaturen eine Werklieferung oder eine Werkleistung vorliegt, ist nach den Grundsätzen des BFH-Urteils vom 25. 3. 1965 – BStBl III S. 338 – zu entscheiden (vgl. auch Abschnitt 27).

(2) ¹Aus Vereinfachungsgründen kann die Reparatur eines Beförderungsmittels, z. B. eines Kraftfahrzeuges, eines Sportbootes, einer Yacht oder eines Sportflugzeuges, ohne weitere Nachprüfung als Werklieferung angesehen werden, wenn der Entgeltsteil, der auf das bei der Reparatur verwendete Material entfällt, mehr als 50 v. H. des für die Reparatur berechneten Gesamtentgelts beträgt. ²Liegen hiernach bei Reparaturen von Wasserfahrzeugen für die Seeschiffahrt, die nicht in § 8 Abs. 1 Nr. 1 UStG aufgeführt sind, die Voraussetzungen für eine Werklieferung nicht vor, kann ohne weitere Prüfung eine Reparatur gleichwohl als Werklieferung angesehen werden, wenn das Entgelt das 30fache der Bruttoregistertonnage des Schiffes übersteigt.

UStG

§ 8[1]) **Umsätze für die Seeschiffahrt und für die Luftfahrt**
(1) Umsätze für die Seeschiffahrt (§ 4 Nr. 2) sind:
1. die Lieferungen, Umbauten, Instandsetzungen, Wartungen, Vercharterungen und Vermietungen von Wasserfahrzeugen für die Seeschiffahrt, die dem Erwerb durch die Seeschiffahrt oder der Rettung Schiffbrüchiger zu dienen bestimmt sind (aus Positionen 89.01 und 89.02, aus Unterposition 8903 9210, aus Position 89.04 und aus Unterposition 8906 0091 des Zolltarifs);
2. die Lieferungen, Instandsetzungen, Wartungen und Vermietungen von Gegenständen, die zur Ausrüstung der in Nummer 1 bezeichneten Wasserfahrzeuge bestimmt sind;
3. die Lieferungen von Gegenständen, die zur Versorgung der in Nummer 1 bezeichneten Wasserfahrzeuge bestimmt sind. ²Nicht befreit sind die Lieferungen von Bordproviant zur Versorgung von Wasserfahrzeugen der Küstenfischerei;
4. die Lieferungen von Gegenständen, die zur Versorgung von Kriegsschiffen (Unterposition 8906 0010 des Zolltarifs) auf Fahrten bestimmt sind, bei denen ein Hafen oder ein Ankerplatz im Ausland und außerhalb des Küstengebiets im Sinne des Zollrechts angelaufen werden soll;
5. andere als die in den Nummern 1 und 2 bezeichneten sonstigen Leistungen, die für den unmittelbaren Bedarf der in Nummer 1 bezeichneten Wasserfahrzeuge, einschließlich ihrer Ausrüstungsgegenstände und ihrer Ladungen, bestimmt sind.

---

1) Anm.: § 8 Abs. 2 Nr. 1 und Abs. 3 i. d. F. des Art. 20 Nr. 8 und 26 StMBG v. 21. 12. 93 (BGBl I, 2310).

(2) Umsätze für die Luftfahrt (§ 4 Nr. 2) sind:
1. die Lieferungen, Umbauten, Instandsetzungen, Wartungen, Vercharterungen und Vermietungen von Luftfahrzeugen, die zur Verwendung durch Unternehmer bestimmt sind, die im entgeltlichen Luftverkehr überwiegend grenzüberschreitende Beförderungen oder Beförderungen auf ausschließlich im Ausland gelegenen Strecken und keine nach § 4 Nr. 17 Buchstabe b steuerfreien Beförderungen durchführen;
2. die Lieferungen, Instandsetzungen, Wartungen und Vermietungen von Gegenständen, die zur Ausrüstung der in Nummer 1 bezeichneten Luftfahrzeuge bestimmt sind;
3. die Lieferungen von Gegenständen, die zur Versorgung der in Nummer 1 bezeichneten Luftfahrzeuge bestimmt sind;
4. andere als die in den Nummern 1 und 2 bezeichneten sonstigen Leistungen, die für den unmittelbaren Bedarf der in Nummer 1 bezeichneten Luftfahrzeuge, einschließlich ihrer Ausrüstungsgegenstände und ihrer Ladungen, bestimmt sind.

(3) [1]Die in den Absätzen 1 und 2 bezeichneten Voraussetzungen müssen vom Unternehmer nachgewiesen sein. [2]Das Bundesministerium der Finanzen kann mit Zustimmung des Bundesrates durch Rechtsverordnung bestimmen, wie der Unternehmer den Nachweis zu führen hat.

6. EG-Richtlinie

Abschnitt X: Steuerbefreiungen

...

Artikel 15 Steuerbefreiungen bei Ausfuhren nach einem Drittland, gleichgestellten Umsätzen und grenzüberschreitenden Beförderungen

Unbeschadet sonstiger Gemeinschaftsbestimmungen befreien die Mitgliedstaaten unter den Bedingungen, die sie zur Gewährleistung einer korrekten und einfachen Anwendung der nachstehenden Befreiungen sowie zur Verhütung von Steuerhinterziehungen, Steuerumgehungen und etwaigen Mißbräuchen festsetzen, von der Steuer:
...
4.–9. (abgedruckt zu § 4 Nr. 2 UStG)

UStDV

§ 18 Buchmäßiger Nachweis bei Umsätzen für die Seeschiffahrt und für die Luftfahrt
[1]Bei Umsätzen für die Seeschiffahrt und für die Luftfahrt (§ 8 des Gesetzes) ist § 13 Abs. 1 und 2 Nr. 1 bis 4 entsprechend anzuwenden. [2]Zusätzlich soll der Unternehmer aufzeichnen, für welchen Zweck der Gegenstand der Lieferung oder die sonstige Leistung bestimmt ist.

UStR

145. Umsätze für die Seeschiffahrt

(1) ¹Die Steuerbefreiung nach § 4 Nr. 2, § 8 Abs. 1 UStG ist nicht davon abhängig, daß die Umsätze an Unternehmer der Seeschiffahrt oder an die Gesellschaft zur Rettung Schiffbrüchiger bewirkt werden. ²Sie kann sich auf Umsätze auf den vorhergehenden Stufen, z. B. auf Lieferungen von Seeschiffen an Zwischenhändler im Reihengeschäft, erstrecken. ³Auch in diesen Fällen muß jedoch die für die Befreiung erforderliche Zweckbestimmung zum Zeitpunkt der Lieferung eindeutig gegeben sein.

(2) ¹Absatz 1 gilt nicht für die in § 8 Abs. 1 Nr. 3 und 4 UStG genannten Versorgungslieferungen. ²Die Steuerbefreiung kommt in diesen Fällen nur in Betracht, wenn die Lieferungen unmittelbar an Betreiber von Schiffen bewirkt werden, die diese Gegenstände zur Versorgung verwenden. ³Umsätze auf den vorhergehenden Stufen sind hiernach nicht befreit (EuGH-Urteil vom 26. 6. 1990 – ABl. EG 1990 Nr. C 179 S. 5).

(3) Aufgrund des § 3 Abs. 11 UStG ist die Besorgung der in § 8 Abs. 1 UStG bezeichneten sonstigen Leistungen steuerfrei.

(4) ¹Bei den begünstigten Schiffen (§ 8 Abs. 1 Nr. 1 UStG) muß es sich um Wasserfahrzeuge handeln, die nach ihrer Bauart dem Erwerb durch die Seeschiffahrt oder der Rettung Schiffbrüchiger zu dienen bestimmt sind. ²Maßgebend ist die zolltarifliche Einordnung. ³Zu den vorbezeichneten Schiffen gehören insbesondere Seeschiffe der Handelsschiffahrt, seegehende Fahrgast- und Fährschiffe, Fischereifahrzeuge und Schiffe des Seeschiffahrtshilfsgewerbes, z. B. Seeschlepper und Bugsierschiffe. ⁴Nicht dazu gehören Wassersportfahrzeuge *(vgl. BFH-Urteil vom 13. 2. 1992 – BStBl II S. 576)* und Behördenfahrzeuge. ⁵Weitere Voraussetzung für die Steuerbefreiung ist, daß die nach ihrer Bauart begünstigten Wasserfahrzeuge auch tatsächlich ausschließlich oder überwiegend in der Erwerbsschiffahrt oder zur Rettung Schiffbrüchiger eingesetzt werden sollen. ⁶Der Begriff der Seeschiffahrt ist nach den Vorschriften des Seerechts zu beurteilen. ⁷Als Seeschiffahrt ist danach die Schiffahrt seewärts der in § 1 der Flaggenrechtsverordnung vom 4. 7. 1990 (BGBl. I S. 1389), *geändert durch die Verordnung vom 26. 10. 1994 (BGBl. I S. 3176)* festgelegten Grenzen der Seefahrt anzusehen (vgl. BFH-Urteil vom 2. 9. 1971 – BStBl 1972 II S. 45). ⁸*In den Fällen der Reise-, Zeit-, Slot- und Bareboat-Vercharterung handelt es sich jeweils um eine steuerfreie Vercharterung eines Wasserfahrzeuges für die Seeschiffahrt nach § 4 Nr. 2 i. V. m. § 8 Abs. 1 Nr. 1 UStG.* ⁹*Wesentliches Merkmal dieser Verträge ist das Zurverfügungstellen eines Schiffes bzw. von Schiffsraum.* ¹⁰*Lediglich die Beförderung im Rahmen von Stückgutverträgen wird als Güterbeförderung angesehen, deren Behandlung sich nach §§ 3b, 4 Nr. 3 UStG (vgl. Abschnitte 42d, 46 bis 48) richtet.*

(5) Zu den Gegenständen der Schiffsausrüstung (§ 8 Abs. 1 Nr. 2 UStG) gehören:

1. die an Bord eines Schiffes zum Gebrauch mitgeführten in der Regel beweglichen Gegenstände, z. B. optische und nautische Geräte, Drahtseile und Tauwerk, Persenninge, Werkzeug und Ankerketten;

2. das Schiffszubehör, z. B. Rettungsboote und andere Rettungsvorrichtungen, Möbel, Wäsche und anderes Schiffsinventar, Seekarten und Handbücher, sowie

3. ¹Teile von Schiffen und andere Gegenstände, die in ein bestimmtes nach § 8 Abs. 1 Nr. 1 UStG begünstigtes Wasserfahrzeug eingebaut werden sollen oder die zum Ersatz von Teilen

oder zur Reparatur eines begünstigten Wasserfahrzeugs bestimmt sind. ²Diese Lieferungen sind jedoch nur dann steuerfrei, wenn sie für ein bereits vorhandenes begünstigtes Wasserfahrzeug bestimmt sind. ³Ein Wasserfahrzeug ist spätestens ab dem Zeitpunkt des Stapellaufs oder des Aufschwimmens im Dock als „vorhanden" anzusehen. ⁴Die Übergabe eines neugebauten Schiffes von der Werft an den Schiffseigner ist nicht erforderlich. ⁵Lieferungen von Gegenständen, die nachweislich an eine Schiffswerft für ein Schiff nach seinem Stapellauf oder seinem Aufschwimmen im Dock bewirkt werden, sind deshalb steuerfrei. ⁶Bei Lieferungen an Unternehmer der Seeschiffahrt oder an die Gesellschaft zur Rettung Schiffbrüchiger kann davon ausgegangen werden, daß diese Gegenstände für den Einbau oder die Reparatur eines bereits vorhandenen Wasserfahrzeugs bestimmt sind.

(6) ¹Gegenstände zur Versorgung von Schiffen (§ 8 Abs. 1 Nr. 3 Satz 1 UStG) sind die technischen Verbrauchsgegenstände – z. B. Treibstoffe, Schmierstoffe, Farbe oder Putzwolle –, die sonstigen zum Verbrauch durch die Besatzungsmitglieder und die Fahrgäste bestimmten Gegenstände – z. B. Proviant, Genußmittel, Toilettenartikel, Zeitungen und Zeitschriften – und die Waren für Schiffsapotheken, Bordkantinen und Bordläden. ²Gegenstände zur Versorgung von Schiffen sind auch Lebensmittel, Genußmittel und Nonfood-Artikel, die in Bordläden, z. B. auf Ausflugsschiffen und Seebäderschiffen, verkauft werden sollen, auch wenn sie nicht zum Verbrauch oder Gebrauch an Bord, sondern zur Wiedereinfuhr in das Inland bestimmt sind.

(7) ¹Küstenfischerei (§ 8 Abs. 1 Nr. 3 Satz 2 UStG) ist die Fischerei, die in den vor einer Küste liegenden Meeresteilen, die nicht zur hohen See, sondern zum Gebiet des Uferstaates gehören (Territorialgewässer), durchgeführt wird. ²Unter Bordproviant sind die ausschließlich zum Verbrauch an Bord durch die Besatzung und durch Passagiere bestimmten Waren (Mundvorrat) zu verstehen.

(8) ¹Bei der Versorgung ausländischer Kriegsschiffe (§ 8 Abs. 1 Nr. 4 UStG) kann davon ausgegangen werden, daß die Voraussetzung für die Steuerbefreiung stets erfüllt ist. ²Bei der Versorgung von Kriegsschiffen der Bundeswehr ist die Voraussetzung durch einen Bestellschein, der die erforderlichen Angaben enthält, nachzuweisen. ³Zu dem Begriff „Gegenstände zur Versorgung von Schiffen" gelten die Ausführungen in Absatz 6 entsprechend.

(9) Zu den in § 8 Abs. 1 Nr. 5 UStG bezeichneten sonstigen Leistungen gehören insbesondere:

1. ¹die Leistungen des S c h i f f s m a k l e r s , soweit es sich hierbei nicht um Vermittlungsleistungen handelt. ²Der Schiffsmakler vermittelt im allgemeinen den Abschluß von Seefrachtverträgen. ³Sein Aufgabenbereich bestimmt sich jedoch nicht allein nach den Vorschriften über den Handelsmakler (§§ 93 ff. HGB). ⁴Nach der Verkehrsauffassung und Verwaltungsübung ist vielmehr davon auszugehen, daß er, im Gegensatz zum Handelsmakler, nicht nur von Fall zu Fall tätig wird, sondern auch ständig mit der Betreuung eines Schiffes betraut sein kann;

2. ¹die Leistungen des H a v a r i e k o m m i s s a r s . ²Dieser ist in der Regel als Schadensagent für Versicherer, Versicherungsnehmer, Versicherte oder Beförderungsunternehmer tätig. ³Er hat hauptsächlich die Aufgabe, die Interessen seines Auftraggebers wahrzunehmen, wenn bei Beförderungen Schäden an den Beförderungsmitteln oder ihren Ladungen eintreten;

3. ¹die Leistungen des S c h i f f s b e s i c h t i g e r s . ²Dieser ist ein Sachverständiger, der Schiffe und Ladungen besichtigt oder der auf Wunsch der Beteiligten bei Schiffshavarien oder Ladungsschäden Gutachten über Ursache, Art und Umfang der Schäden anfertigt;

4. ¹die Leistungen des G ü t e r b e s i c h t i g e r s . ²Dieser ist ein Sachverständiger, der zu einer Güterbesichtigung im Falle von Transportschäden aus Anlaß einer Güterbeförderung berufen ist. ³Eine amtliche Bestellung ist nicht zu fordern;

5. ¹die Leistungen des S c h i f f s k l a s s i f i z i e r u n g s u n t e r n e h m e r s . ²Seine wesentliche Aufgabe ist die Bauaufsicht bei Schiffsneubauten, -umbauten und -reparaturen sowie die Klassifizierung von Schiffen;
6. ¹die Leistungen des D i s p a c h e u r s . ²Seine Tätigkeit besteht in der Feststellung und Verteilung von Schäden in den Fällen der großen Havarie (§§ 727 und 729 HGB);
7. ¹die Leistungen der H a f e n b e t r i e b e . ²Hierzu gehören alle Unternehmen, die Leistungen erbringen, die in unmittelbarem Zusammenhang mit der Zweckbestimmung eines Hafens stehen;
8. ¹das S c h l e p p e n . ²Diese Leistung wird aufgrund eines Dienst- oder Werkvertrages, z. B. Assistieren beim Ein- und Auslaufen, Einschleppen eines Schiffes in den Hafen, Verholen eines Schiffes innerhalb des Hafens, oder aufgrund eines Frachtvertrages im Sinne des § 556 HGB (Fortbewegung eines unbemannten Schiffes) bewirkt;
9. ¹das L o t s e n . ²Diese Leistung liegt vor, wenn ein Schiff auf See oder Wasserstraßen von einem orts- und schiffahrtskundigen Berater geleitet wird, der dieser Tätigkeit berufsmäßig aufgrund behördlicher Zulassung oder eines Lotsenpatents nachgeht;
10. ¹das B e r g e n . ²Hierunter fallen alle Leistungen für ein Schiff, seine Besatzung oder Ladung, die den Anspruch auf Berge- oder Hilfslohn begründen (vgl. § 740 HGB);
11. ¹die Nebenleistungen zu den in den Nummern 1 bis 10 bezeichneten Leistungen. ²Haupt- und Nebenleistungen können von verschiedenen Unternehmern bewirkt werden.

(10) ¹Vermittlungsleistungen sind keine Leistungen für den unmittelbaren Bedarf der begünstigten Schiffe. ²Das gilt auch dann, wenn sie von im Absatz 9 genannten Unternehmern erbracht werden. ³Die Vermittlung der in § 8 bezeichneten Umsätze ist jedoch unter den Voraussetzungen des § 4 Nr. 5 UStG steuerfrei.

146. Umsätze für die Luftfahrt

(1) Abschnitt 145 Abs. 1 bis 3 ist auf Umsätze für die Luftfahrt entsprechend anzuwenden.

(2) Die Steuerbefreiung ist für das gesamte Unternehmen davon abhängig, daß keine nach § 4 Nr. 17 Buchstabe b UStG steuerfreien Beförderungen mit Luftfahrzeugen durchgeführt werden (vgl. Abschnitt 102).

(3) ¹Von den Beförderungen im internationalen Luftverkehr im Sinne des § 8 Abs. 2 Nr. 1 UStG sind die Beförderungen zu unterscheiden, die sich ausschließlich auf das Inland erstrecken (Binnenluftverkehr). ²Die Frage, welcher der beiden Verkehre überwiegt, bestimmt sich nach der Höhe der Entgelte für die Personen- und Güterbeförderungen im Luftverkehr. ³Übersteigen bei einem Unternehmer, der ausschließlich – oder mit einem Unternehmensteil oder auch nur im Rahmen von Hilfsumsätzen – entgeltlichen Luftverkehr betreibt, die Entgelte für die Beförderungen im internationalen Luftverkehr die Entgelte für die Beförderungen im Binnenluftverkehr, kommt für die Lieferungen usw. von Luftfahrzeugen, die zum Einsatz bei diesem Unternehmen bestimmt sind, die Steuerbefreiung in Betracht. ⁴Auf den Zweck, für den das einzelne Flugzeug bestimmt ist oder verwendet wird – Einsatz im internationalen Luftverkehr oder im Binnenluftverkehr –, kommt es nicht an. ⁵Bei den Luftverkehrsunternehmern mit Sitz im Ausland ist davon auszugehen, daß sie im Rahmen ihres entgeltlichen Luftverkehrs überwiegend internationalen Luftverkehr betreiben. ⁶Bei den Luftverkehrsunternehmern mit Sitz im Inland kann diese Voraussetzung als erfüllt angesehen werden, wenn sie in der für den Besteuerungszeitraum maßgeblichen im Bundessteuerblatt veröffentlichten Liste aufgeführt sind. ⁷Die Liste wird jeweils zu Beginn eines Kalenderjahres neu herausgegeben, soweit bis zu diesem Zeitpunkt Änderungen eingetreten sind.

(4) ¹Bis zur Aufnahme eines Unternehmers in die in Absatz 2 bezeichnete Liste gilt folgendes: Haben die zuständigen Landesfinanzbehörden bei einem Unternehmer festgestellt, daß er im entgeltlichen Luftverkehr überwiegend internationalen Luftverkehr betreibt *und keine nach § 4 Nr. 17 Buchstabe b UStG steuerfreien Beförderungsleistungen erbringt,* erteilt das zuständige Finanzamt dem Unternehmer hierüber einen schriftlichen bis zum Ablauf des Kalenderjahres befristeten Bescheid. ²Der Unternehmer kann anderen Unternehmern Ablichtungen oder Abschriften des Bescheids des Finanzamts übersenden und sie auf diese Weise unterrichten. ³Die anderen Unternehmer sind berechtigt, diese Ablichtungen oder Abschriften bis zum Beginn des neuen Kalenderjahres für die Führung des buchmäßigen Nachweises zu verwenden.

(5) ¹Das Finanzamt prüft einmal jährlich, ob der in die Liste aufgenommene Unternehmer die Voraussetzungen hierfür noch erfüllt. ²Ist der Unternehmer danach in die nächste Liste nicht mehr aufzunehmen, können andere Unternehmer aus Vereinfachungsgründen bei Umsätzen, die sie bis zum Beginn des neuen Kalenderjahres bewirken, noch davon ausgehen, daß der Unternehmer im entgeltlichen Luftverkehr überwiegend internationalen Luftverkehr betreibt.

(6) ¹Bezüglich der Begriffe „Ausrüstungsgegenstände" und „Versorgungsgegenstände" gelten die Ausführungen in Abschnitt 145 Abs. 5 und 6 entsprechend. ²Jedoch ist es nicht erforderlich, daß der Unternehmer die Gegenstände zur Ausrüstung oder Versorgung eines bestimmten Luftfahrzeuges liefert. ³Zu den sonstigen Leistungen im Sinne des § 8 Abs. 2 Nr. 4 UStG gehören insbesondere:

1. die Duldung der Benutzung des Flughafens und seiner Anlagen einschließlich der Erteilung der Start- und Landeerlaubnis,

2. die Reinigung von Luftfahrzeugen,

3. die Umschlagsleistungen auf Flughäfen,

4. die Leistungen der Havariekommissare, soweit sie bei Beförderungen im Luftverkehr anläßlich von Schäden an den Beförderungsmitteln oder ihren Ladungen tätig werden (vgl. Abschnitt 145 Abs. 9 Nr. 2) und

5. die mit dem Flugbetrieb zusammenhängenden sonstigen Leistungen von Luftfahrtunternehmern untereinander, z. B. Schleppen von Flugzeugen eines anderen Unternehmers.

(7) ¹Nicht befreit nach § 4 Nr. 2, § 8 Abs. 2 Nr. 4 UStG sind sonstige Leistungen, die nur mittelbar dem Bedarf von Luftfahrzeugen dienen. ²Hierzu gehören insbesondere:

1. ¹die Vermittlung von befreiten Umsätzen. ²Es kann jedoch die Steuerbefreiung nach § 4 Nr. 5 UStG in Betracht kommen (vgl. Abschnitt 52 Abs. 3),

2. die Vermietung von Hallen für Werftbetriebe auf Flughäfen,

3. die Leistungen an eine Luftfahrtbehörde für Zwecke der Luftaufsicht im Sinne des § 29 des Luftverkehrsgesetzes in der Fassung der Bekanntmachung vom 14. 1. 1981 (BGBl. I S. 61), zuletzt geändert durch Artikel *1* des Gesetzes vom *23. 7. 1992 (BGBl. I S. 1370),*

4. die Beherbergung von Besatzungsmitgliedern eines Luftfahrzeuges,

5. die Beförderung von Besatzungsmitgliedern, z. B. mit einem Taxi, vom Flughafen zum Hotel und zurück,

6. die Beherbergung von Passagieren bei Flugunregelmäßigkeiten,

7. die Beförderung von Passagieren und des Fluggepäcks, z. B. mit einem Kraftfahrzeug, zu einem Ausweichflughafen.

Verzicht auf Steuerbefreiungen **§ 9 UStG**

147. Buchmäßiger Nachweis

(1) ¹Der buchmäßige Nachweis ist materiell-rechtliche Voraussetzung für die Steuerbefreiung. ²Hierzu gelten die Ausführungen zu den Ausfuhrlieferungen entsprechend (vgl. Abschnitt 136 Abs. 1 bis 4).

(2) ¹Der Unternehmer soll nach § 18 UStDV neben den in § 13 Abs. 2 Nr. 1 bis 4 UStDV bezeichneten Angaben auch aufzeichnen, für welchen Zweck der Gegenstand der Lieferung oder die sonstige Leistung bestimmt ist. ²Es genügt der Hinweis auf Urkunden, z. B. auf ein Schiffszertifikat, oder auf Belege, wenn sich aus diesen Unterlagen der Zweck eindeutig und leicht nachprüfbar ergibt. ³In Zweifelsfällen kann der begünstigte Zweck durch eine Bestätigung desjenigen, bei dem er verwirklicht werden soll, nachgewiesen werden. ⁴Soll der begünstigte Zweck bei einem Dritten verwirklicht werden (vgl. Abschnitt 145 Abs. 1 und Abschnitt 146 Abs. 1), so sollen auch der Name und die Anschrift dieses Dritten aufgezeichnet sein.

(3) ¹Bei Reihengeschäften können ausländische Unternehmer in der Reihe den buchmäßigen Nachweis in der Regel nicht im Geltungsbereich der UStDV erbringen. ²In diesen Fällen ist zur Vermeidung von Unbilligkeiten das Fehlen des Nachweises nicht zu beanstanden.

Verwaltungsanweisungen

- Tarifliche Einordnung von Wasserfahrzeugen (OFD Hannover 25. 8. 1993, UR 1994, 485);
- Liste der steuerfreien Umsätze für die Luftfahrt nach A. 146 UStR (BMF 10. 1. 1997, BStBl I, 130).

Rechtsprechung

- Zur ustl. Behandlung von Sport- und Vergnügungszwecken dienenden Hochseeyachten (BFH 13. 2. 1992, BStBl II, 573 und 576).

UStG

§ 9[1]) Verzicht auf Steuerbefreiungen

(1) Der Unternehmer kann einen Umsatz, der nach § 4 Nr. 8 Buchstabe a bis g und k, Nr. 9 Buchstabe a, Nr. 12, 13 oder 19 steuerfrei ist, als steuerpflichtig behandeln,

---

1) Anm.: § 9 Abs. 2 i. d. F. des Art. 20 Nr. 9 StMBG v. 21. 12. 93 (BGBl I, 2310). – Zur Einschränkung des Verzichts auf USt-Befreiungen s. BMF v. 30. 12. 94 (BStBl I, 943), zur Auslegung des Begriffs „andere nichtunternehmerische Zwecke" in § 9 Abs. 2 s. a. BMF v. 27. 8. 90 (BStBl I, 422).

UStG § 9 6. EGRL Art. 13, 28, Anh. G   Verzicht auf Steuerbefreiungen

wenn der Umsatz an einen anderen Unternehmer für dessen Unternehmen ausgeführt wird.

(2) ¹Der Verzicht auf Steuerbefreiung nach Absatz 1 ist bei der Bestellung und Übertragung von Erbbaurechten (§ 4 Nr. 9 Buchstabe a), bei der Vermietung oder Verpachtung von Grundstücken (§ 4 Nr. 12 Buchstabe a) und bei den in § 4 Nr. 12 Buchstabe b und c bezeichneten Umsätzen nur zulässig, soweit der Leistungsempfänger das Grundstück ausschließlich für Umsätze verwendet oder zu verwenden beabsichtigt, die den Vorsteuerabzug nicht ausschließen. ²Der Unternehmer hat die Voraussetzungen nachzuweisen.

6. EG-Richtlinie

Abschnitt X: Steuerbefreiungen

Artikel 13   Steuerbefreiungen im Inland

...

C. Optionen
Die Mitgliedstaaten können ihren Steuerpflichtigen das Recht einräumen, für eine Besteuerung zu optieren:
a) bei der Vermietung und Verpachtung von Grundstücken;
b) bei den Umsätzen nach Teil B Buchstaben d), g) und h).
Die Mitgliedstaaten können den Umfang des Optionsrechts einschränken; sie bestimmen die Modalitäten seiner Ausübung.
...

Abschnitt XVI: Übergangsbestimmungen

Artikel 28
...
(3) Während der in Absatz 4 genannten Übergangszeit können die Mitgliedstaaten
...
c) den Steuerpflichtigen die Möglichkeit einräumen, für die Besteuerung der nach Anhang G befreiten Umsätze zu optieren;
...

Anhang G: Optionsrecht
1. Das Optionsrecht im Sinne von Artikel 28 Absatz 3 Buchstabe c) kann in folgenden Fällen eingeräumt werden:

b) *bei den unter Anhang F fallenden Umsätzen:*
diejenigen Mitgliedstaaten, in denen solche Umsätze vorübergehend weiterhin von der Steuer befreit sind, können den Steuerpflichtigen das Recht einräumen, für die Besteuerung zu optieren.
...

UStR

148. Verzicht auf Steuerbefreiungen (§ 9 Abs. 1 UStG)

(1) ¹Ein Verzicht auf Steuerbefreiungen *(Option)* ist nur in den Fällen des § 4 Nr. 8 Buchstabe a bis g *und k*, Nr. 9 Buchstabe a, Nr. 12, 13 oder 19 UStG zulässig. ²Der Unternehmer hat bei diesen Steuerbefreiungen die Möglichkeit, seine Entscheidung für die Steuerpflicht bei jedem Umsatz einzeln zu treffen. ³Zur Aufzeichnungspflicht wird auf Abschnitt 256 Abs. 4 hingewiesen.

(2) ¹Der Verzicht auf die Steuerbefreiung ist in den Fällen des § 19 Abs. 1 Satz 1 UStG *nicht zulässig*. ²Für Unternehmer, die ihre Umsätze aus land- und forstwirtschaftlichen Betrieben nach den Vorschriften des § 24 UStG versteuern, findet § 9 UStG keine Anwendung (§ 24 Abs. 1 Satz 2 UStG). ³Ferner ist § 9 UStG in den Fällen des Eigenverbrauchs nicht anzuwenden.

(3) ¹ Der Verzicht auf Steuerbefreiung ist an keine besondere Form und Frist gebunden. ²Er ist möglich, solange die Steuerfestsetzung noch nicht unanfechtbar geworden ist (vgl. Abschnitt 247 Abs. 6) oder unter dem Vorbehalt der Nachprüfung steht. ³Der Verzicht ist auch noch möglich, wenn die Steuerfestsetzung aufgehoben oder geändert wird.

(4) ¹Unter den in Absatz 3 genannten Voraussetzungen kann der Verzicht auch wieder rückgängig gemacht werden. ²Sind für diese Umsätze Rechnungen oder Gutschriften mit gesondertem Steuerausweis erteilt worden, entfällt die Steuerschuld nur, wenn die Rechnungen oder Gutschriften berichtigt werden. *³Einer Zustimmung des Leistungsempfängers zur Rückgängigmachung des Verzichts bedarf es nicht (vgl. BFH-Urteil vom 25. 2. 1993 – BStBl II S. 777).*

148a. *Einschränkung des Verzichts auf Steuerbefreiungen (§ 9 Abs. 2 UStG)*

(1) ¹Der Verzicht auf die in § 9 Abs. 2 UStG genannten Umsatzsteuerbefreiungen ist nur zulässig, soweit der Leistungsempfänger das Grundstück ausschließlich für Umsätze verwendet oder zu verwenden beabsichtigt, die den Vorsteuerabzug nicht ausschließen. ²Unter den Begriff des Grundstücks fallen nicht nur Grundstücke insgesamt, sondern auch selbständig nutzbare Grundstücksteile (z. B. Wohnungen, gewerbliche Flächen, Büroräume, Praxisräume). ³Soweit der Leistungsempfänger das Grundstück oder einzelne Grundstücksteile ausschließlich für Umsätze verwendet, die zum Vorsteuerabzug berechtigen, kann auf die Steuerbefreiung des einzelnen Umsatzes weiterhin verzichtet werden. ⁴Werden mehrere Grundstücksteile räumlich oder zeitlich unterschiedlich genutzt, ist die Frage der Option bei jedem Grundstücksteil gesondert zu beurteilen. ⁵Dabei ist es unschädlich, wenn die Verwendung der Grundstücksteile zivilrechtlich in einem einheitlichen Vertrag geregelt ist. ⁶Ein vereinbartes Gesamtentgelt ist, ggf. im Schätzungswege, aufzuteilen.

Beispiel 1:

¹V 1 errichtet ein Gebäude mit mehreren Wohnungen und vermietet es insgesamt an V 2. ²Dieser vermietet die Wohnungen an Privatpersonen weiter.

³Die Vermietung des Gebäudes durch V 1 und V 2 und die Vermietung der Wohnungen durch V 2 an die Privatpersonen sind nach § 4 Nr. 12 Buchstabe a UStG steuerfrei. ⁴V 2 kann auf die Steuerbefreiung nicht verzichten, weil er nicht an Unternehmer vermietet (§ 9 Abs. 1 UStG). ⁵V 1 kann auf die Steuerbefreiung nicht verzichten, weil sein Mieter das Gebäude für steuerfreie Umsätze verwendet, die den Vorsteuerabzug ausschließen (§ 9 Abs. 2 UStG).

Beispiel 2:

¹V 1 errichtet ein Gebäude und vermietet es an V 2. ²Dieser vermietet es an eine Gemeinde zur Unterbringung der Gemeindeverwaltung weiter.

³Die Vermietung des Gebäudes durch V 1 an V 2 und die Weitervermietung durch V 2 an die Gemeinde sind nach § 4 Nr. 12 Buchstabe a UStG steuerfrei. ⁴V 2 kann auf die Steuerbefreiung nicht verzichten, weil das Gebäude von der Gemeinde für nichtunternehmerische Zwecke genutzt wird (§ 9 Abs. 1 UStG). ⁵V 1 kann auf die Steuerbefreiung nicht verzichten, weil V 2 das Gebäude für steuerfreie Umsätze verwendet, die den Vorsteuerabzug ausschließen (§ 9 Abs. 2 UStG).

Beispiel 3:

¹V 1 errichtet ein gewerblich zu nutzendes Gebäude mit Einliegerwohnung und vermietet es insgesamt an V 2. ²Dieser betreibt in den gewerblichen Räumen einen Supermarkt. ³Die Einliegerwohnung vermietet V 2 an seinen angestellten Hausmeister.

⁴Die Vermietung des Gebäudes durch V 1 an V 2 und die Vermietung der Wohnung durch V 2 an den Hausmeister sind nach § 4 Nr. 12 Buchstabe a UStG steuerfrei. ⁵V 2 kann bei der Vermietung der Einliegerwohnung nicht auf die Steuerbefreiung verzichten, weil der Hausmeister kein Unternehmer ist (§ 9 Abs. 1 UStG). ⁶V 1 kann bei der Vermietung der gewerblichen Räume auf die Steuerbefreiung verzichten, weil V 2 diese Räume ausschließlich für Umsätze verwendet, die zum Vorsteuerabzug berechtigen (§ 9 Abs. 2 UStG). ⁷Bei der Vermietung der Einliegerwohnung kann V 1 auf die Steuerbefreiung nicht verzichten, weil V 2 die Wohnung für steuerfreie Umsätze verwendet, die den Vorsteuerabzug ausschließen (§ 9 Abs. 2 UStG).

Beispiel 4:

¹V errichtet ein mehrgeschossiges Gebäude und vermietet es wie folgt:
– die Räume des Erdgeschosses an eine Bank,
– die Räume im 1. Obergeschoß an einen Arzt,
– die Räume im 2. Obergeschoß an einen Rechtsanwalt,
– die Räume im 3. Obergeschoß an das städtische Schulamt.

²Die Vermietungsumsätze des V sind von der Umsatzsteuer befreit (§ 4 Nr. 12 Buchstabe a UStG). ³Die Geschosse des Gebäudes sind selbständig nutzbare Grundstücksteile. ⁴Die Frage der Option ist für jeden Grundstücksteil gesondert zu prüfen.

– Erdgeschoß

⁵V kann auf die Steuerbefreiung nicht verzichten, weil die Bank die Räume für steuerfreie Umsätze (§ 4 Nr. 8 UStG) verwendet, die den Vorsteuerabzug ausschließen (§ 9 Abs. 2 UStG).

– 1. Obergeschoß

⁶V kann auf die Steuerbefreiung nicht verzichten, weil der Arzt die Räume für steuerfreie Umsätze (§ 4 Nr. 14 UStG) verwendet, die den Vorsteuerabzug ausschließen (§ 9 Abs. 2 UStG).

– 2. Obergeschoß

⁷V kann auf die Steuerbefreiung verzichten, weil der Rechtsanwalt die Räume ausschließlich für Umsätze verwendet, die zum Vorsteuerabzug berechtigen (§ 9 Abs. 2 UStG).

— 3. Obergeschoß

⁸*V kann auf die Steuerbefreiung nicht verzichten, weil die Stadt die Räume nicht unternehmerisch nutzt (§ 9 Abs. 1 UStG).*

Beispiel 5:
¹*V 1 errichtet ein mehrgeschossiges Gebäude und vermietet es an V 2.* ²*Dieser vermietet das Gebäude wie im Beispiel 4 weiter.*

³*Die Vermietung des Gebäudes durch V 1 an V 2 und die Weitervermietung durch V 2 sind nach § 4 Nr. 12 Buchstabe a UStG steuerfrei.* ⁴*V 2 kann, wie in Beispiel 4 dargestellt, nur bei der Vermietung des 2. Obergeschosses an den Rechtsanwalt auf die Steuerbefreiung verzichten (§ 9 Abs. 2 UStG).* ⁵*Auch V 1 kann bei der Vermietung des 2. Obergeschosses auf die Steuerbefreiung verzichten, wenn V 2 von seiner Optionsmöglichkeit Gebrauch macht.* ⁶*V 2 verwendet das 2. Obergeschoß in diesem Fall für steuerpflichtige Umsätze.* ⁷*Bei der Vermietung der übrigen Geschosse kann V 1 auf die Steuerbefreiung nicht verzichten, weil V 2 diese Geschosse für steuerfreie Umsätze verwendet, die den Vorsteuerabzug ausschließen (§ 9 Abs. 2 UStG).*

Beispiel 6:
¹*V errichtet ein zweistöckiges Gebäude und vermietet es an den Zahnarzt Z.* ²*Dieser nutzt das Obergeschoß als Wohnung und betreibt im Erdgeschoß seine Praxis.* ³*Einen Raum im Erdgeschoß nutzt Z ausschließlich für die Anfertigung und Wiederherstellung von Zahnprothesen.*

⁴*Die Vermietung des Gebäudes durch V an Z ist von der Umsatzsteuer befreit (§ 4 Nr. 12 Buchstabe a UStG).* ⁵*Die Geschosse des Gebäudes und auch die Räume im Erdgeschoß sind selbständig nutzbare Grundstücksteile.* ⁶*Die Frage der Option ist für jeden Grundstücksteil gesondert zu prüfen.*

— Obergeschoß

⁷*V kann auf die Steuerbefreiung nicht verzichten, weil Z die Räume nicht unternehmerisch nutzt (§ 9 Abs. 1 UStG).*

— Erdgeschoß

⁸*V kann auf die Steuerbefreiung insoweit nicht verzichten, als Z die Räume für seine steuerfreie zahnärztliche Tätigkeit (§ 4 Nr. 14 Satz 1 UStG) verwendet, die den Vorsteuerabzug ausschließt (§ 9 Abs. 2 UStG).* ⁹*Dagegen kann V auf die Steuerbefreiung insoweit verzichten, als Z einen Raum zur Anfertigung und Wiederherstellung von Zahnprothesen, also ausschließlich zur Erbringung von steuerpflichtigen und damit den Vorsteuerabzug nicht ausschließenden Umsätzen verwendet (§ 4 Nr. 14 Satz 4 UStG).*

(2) ¹*Die Option ist unter den Voraussetzungen des Absatzes 1 auch dann zulässig, wenn der Leistungsempfänger ein Unternehmer ist, der seine abziehbaren Vorsteuerbeträge nach Durchschnittssätzen berechnet (§§ 23, 23a UStG), seine Umsätze nach den Durchschnittssätzen für land- und forstwirtschaftliche Betriebe versteuert (§ 24 UStG), Reiseleistungen erbringt (§ 25 UStG) oder die Differenzbesteuerung für die Umsätze von beweglichen körperlichen Gegenständen anwendet (§ 25a UStG).* ²*Demgegenüber ist ein Unternehmer, bei dem die Umsatzsteuer nach § 19 Abs. 1 Satz 1 UStG nicht erhoben wird, als ein nicht zum Vorsteuerabzug berechtigter Leistungsempfänger anzusehen.* ³*Die Option ist in diesem Fall somit nicht möglich.*

(3) ¹*Verwendet der Leistungsempfänger das Grundstück bzw. einzelne Grundstücksteile nur in sehr geringem Umfang für Umsätze, die den Vorsteuerabzug ausschließen (Ausschlußumsätze), ist der Verzicht auf Steuerbefreiung zur Vermeidung von Härten weiterhin zulässig.* ²*Eine geringfügige Verwendung für Ausschlußumsätze kann angenommen werden, wenn im Falle der steuerpflichtigen Vermietung die auf den Mietzins für das Grundstück bzw. für den Grundstücksteil entfallende Umsatzsteuer im Besteuerungszeitraum (Kalenderjahr, § 16 Abs. 1 Satz 2 UStG) höchstens zu 5 v. H. vom Vorsteuerabzug ausgeschlossen wäre (Bagatellgrenze).* ³*Für die Vor-*

steueraufteilung durch den Leistungsempfänger (Mieter) gelten die allgemeinen Grundsätze (vgl. Abschnitte 207 bis 210).

Beispiel 7:

[1]V vermietet das Erdgeschoß eines Gebäudes an den Juwelier E. [2]Neben den steuerpflichtigen Verkäufen von Juwelierwaren bewirkt E auch steuerfreie Verkäufe von Goldmünzen (§ 4 Nr. 8 Buchstabe k UStG). [3]Die Aufteilung der sowohl mit den steuerpflichtigen als auch mit den steuerfreien Umsätzen in wirtschaftlichem Zusammenhang stehenden Vorsteuerbeträge nach ihrer wirtschaftlichen Zuordnung führt im Besteuerungszeitraum zu einem Vorsteuerausschluß von 3 v. H. [4]Die Vermietung des Erdgeschosses ist nach § 4 Nr. 12 Buchstabe a UStG steuerfrei. [5]V kann auf die Steuerbefreiung verzichten, weil E das Erdgeschoß nur in geringfügigem Umfang für Umsätze verwendet, die den Vorsteuerabzug ausschließen.

Beispiel 8:

[1]V vermietet an den Autohändler A einen Ausstellungsraum. [2]A vermietet den Ausstellungsraum jährlich für zwei Wochen an ein Museum zur Ausstellung von Kunst.

[3]Die Vermietung des Ausstellungsraums durch V an A und die Weitervermietung durch A sind nach § 4 Nr. 12 Buchstabe a UStG steuerfrei. [4]A kann auf die Steuerbefreiung nicht verzichten, weil das Museum den Ausstellungsraum für steuerfreie Umsätze (§ 4 Nr. 20 Buchstabe a UStG) verwendet, die den Vorsteuerabzug ausschließen (§ 9 Abs. 2 UStG). [5]A nutzt den Ausstellungsraum im Besteuerungszeitraum lediglich an 14 von 365 Tagen (ca. 4 v. H.) zur Ausführung von Ausschlußumsätzen. [6]V kann daher auf die Steuerbefreiung der Vermietung des Ausstellungsraumes verzichten, weil A den Ausstellungsraum nur in geringfügigem Umfang für Umsätze verwendet, die den Vorsteuerabzug ausschließen.

(4) [1]Der Unternehmer hat die Voraussetzungen für den Verzicht auf die Steuerbefreiungen nachzuweisen. [2]Der Nachweis ist an keine besondere Form gebunden. [3]Er kann sich aus einer Bestätigung des Mieters, aus Bestimmungen des Mietvertrages oder aus anderen Unterlagen ergeben. [4]Ständig wiederholte Bestätigungen des Mieters über die Verwendung des Grundstücks bzw. Grundstücksteils sind nicht erforderlich, solange beim Mieter keine Änderungen bei der Verwendung des Grundstücks zu erwarten sind. [5]Im Einzelfall kann es aber erforderlich sein, vom Mieter zumindest eine jährliche Bestätigung einzuholen.

(5) [1]§ 9 Abs. 2 UStG in der ab 1. 1. 1994 geltenden Fassung ist nicht anzuwenden, wenn das auf dem Grundstück errichtete Gebäude vor dem 1. 1. 1998 fertiggestellt wird und wenn mit der Errichtung des Gebäudes vor dem 11. 11. 1993 begonnen wurde. [2]Unter dem Beginn der Errichtung eines Gebäudes ist der Zeitpunkt zu verstehen, in dem einer der folgenden Sachverhalte als erster verwirklicht worden ist:

1. Beginn der Ausschachtungsarbeiten,

2. Erteilung eines spezifischen Bauauftrags an den Bauunternehmer oder

3. Anfuhr nicht unbedeutender Mengen von Baumaterial auf dem Bauplatz.

[3]Vor diesem Zeitpunkt im Zusammenhang mit der Errichtung eines Gebäudes durchgeführte Arbeiten oder die Stellung eines Bauantrags sind noch nicht als Beginn der Errichtung anzusehen. [4]Dies gilt auch für die Arbeiten zum Abbruch eines Gebäudes, es sei denn, daß unmittelbar nach dem Abbruch des Gebäudes mit der Errichtung eines neuen Gebäudes begonnen wird. [5]Hiervon ist stets auszugehen, wenn der Steuerpflichtige die Entscheidung zu bauen für sich bindend und unwiderruflich nach außen hin erkennbar gemacht hat. [6]Dies kann z. B. durch eine Abbruchgenehmigung nachgewiesen werden, die nur unter der Auflage erteilt wurde, zeitnah ein neues Gebäudes zu errichten.

(6) [1]Wird durch einen Anbau an einem Gebäude oder eine Aufstockung eines Gebäudes ertragsteuerlich ein selbständiges Wirtschaftsgut hergestellt, ist auf dieses Wirtschaftsgut die seit

Verzicht auf Steuerbefreiungen § 9 UStG

dem 1. 1. 1994 geltende Rechtslage anzuwenden. ²Diese Rechtslage gilt auch, wenn ein Altbau nachträglich durch Herstellungsarbeiten so umfassend saniert oder umgebaut wird, daß nach ertragsteuerlichen Grundsätzen ein anderes Wirtschaftsgut entsteht (vgl. H 43 EStH 1993 zu R 43 Abs. 5 EStR 1993). ³Die Ausführungen in den Sätzen 1 und 2 sind jedoch in den Fällen nicht anzuwenden, in denen die Herstellungsarbeiten vor dem 11. 11. 1993 begonnen haben und vor dem 1. 1. 1998 abgeschlossen werden. ⁴Die Einschränkung der Optionsmöglichkeiten ab 1. 1. 1994 hat keine Auswirkungen auf einen für die Errichtung des Altbaus in Anspruch genommenen Vorsteuerabzug.

(7) ¹Durch die Veräußerung eines Grundstücks wird die Frage, ob der Verzicht auf die in § 9 Abs. 2 UStG genannten Steuerbefreiungen zulässig ist, nicht beeinflußt. ²Für Grundstücke mit Altbauten gilt daher, auch wenn sie veräußert werden, die Rechtslage vor dem 1. 1. 1994. ³Zu beachten sind aber weiterhin die Grundsätze des BMF-Schreibens vom 29. 5. 1992 (BStBl I S. 378) zum Mißbrauch rechtlicher Gestaltungsmöglichkeiten (§ 42 AO; vgl. auch BFH-Urteil vom 14. 5. 1992 – BStBl II S. 931).

Verwaltungsanweisungen

- Ustl. Behandlung von Zwischenmietverhältnissen – Übergangsregelung zur BFH-Rechtsprechung – (FinMin Hessen 10. 2. 1989, UR 1990, 134);

- Besteuerung des Zwischenmieters bei der Nichtanerkennung des Zwischenmietverhältnisses (OFD Düsseldorf 12. 10. 1989, DB 1989, 2575);

- Vorsteuerabzug bei der Errichtung und Nutzung von Gebäuden (OFD Erfurt 29. 8. 1994, UVR 1994, 344);

- Verzicht auf Steuerbefreiungen im Seniorenwohnheim (OFD Hannover 19. 12. 1994, UR 1995, 281);

- Einschränkung des Verzichts auf Umsatzsteuerbefreiungen (BMF 30. 12. 1994, BStBl I, 943);

- Verzicht bei gemischt genutzten Grundstücken (OFD Frankfurt a.M. 31. 5. 1995, StEd 1995, 429);

- Vorsteuerabzug vor Ausführung von Umsätzen und § 9 Abs. 2 UStG (FinMin Mecklenburg-Vorpommern 12. 12. 1995, StEd 1996, 132);

- Einschränkung des Verzichts auf Steuerbefreiungen (OFD'en Baden-Württemberg Dezember 1995, UR 1996, 398).

Rechtsprechung

- Estl. Auswirkungen einer fehlgeschlagenen Option (BFH 13. 11. 1986, BStBl 1987 II, 374 und 4. 6. 1991, UR 1991, 325);

- Zwischenvermietung eines Gebäudes mit unterschiedlicher Nutzung der Wohnung (BFH 26. 11. 1987, BStBl 1988 II, 387);

- Abgrenzung Zwischenvermietung und Geschäftsbesorgung (BFH 8. 6. 1988, BStBl II, 969);
- Teilbarkeit der Leistung bei Vorsteuerabzug und Option (BFH 20. 7. 1988, BStBl II, 915);
- Zwischenvermietung grundsätzlich rechtsmißbräuchlich nach § 42 AO (BFH 14. 5. 1992, BStBl II 931);
- Rückgängigmachung einer Option (BFH 25. 2. 1993, BStBl II, 777);
- zur Auslegung des Begriffs „Wohnzwecke" (BFH 21. 4. 1993, BStBl 1994 II, 266);
- mißbräuchliche Vermietung einer Arztpraxis zwischen Ehegatten (BFH 9. 12. 1993, BFH/NV 1995, 460 und 25. 1. 1994, UR 1995, 27);
- Abführung der USt als Nebenpflicht des Grundstücksverkäufers (BGH 29. 4. 1994, MDR 1994, 797);
- Klärungsbedarf bei Zwischenvermietungen (BFH 3. 5. 1994, BFH/NV 1994, 511);
- rückwirkender Widerruf einer vertraglich vereinbarten Option (BFH 11. 8. 1994, UR 1995, 273);
- Option zur Stpfl. durch illiquiden Grundstücksveräußerer (BFH 8. 9. 1994, BFH/NV 1995, 743 und 7. 3. 1996, BStBl II, 491);
- ustl. Behandlung einer Zweitwohnung am Ort der Betriebsstätte (BFH 30. 11. 1994, BStBl 1995 II, 513);
- Form des Verzichts auf die Steuerbefreiung von Grundstücksumsätzen (BFH 1. 12. 1994, BStBl 1995 II, 426);
- keine Anerkennung eines Zwischenmietverhältnisses aus sachlichen Billigkeitsgründen (BFH 26. 4. 1995, UR 1995, 452);
- Wahlrecht bei der Zuordnung gemischt genutzter Gegenstände zum Unternehmen (EuGH 4. 10. 1995, BStBl 1996 II, 392);
- USt als Teil einer Schadensersatzforderung wegen verspäteter Rückgabe der Pachtsache (BGH 6. 12. 1995, HFR 1996, 531);
- Option zur Stpfl. bis zum Ablauf der Festsetzungsfrist möglich (BFH 25. 1. 1996, BStBl II, 338);
- keine Optionsmöglichkeit für mitverpachtete Pächterwohnung (BFH 28. 2. 1996, BStBl II, 459);
- Umfang der Option bei teilweise nichtunternehmerischer Nutzung (BFH 28. 2. 1996, BFH/NV 1996, 648);
- Beschränkung der Optionsausübung auf einen abgrenzbaren Teil eines Grundstücks (BFH 26. 6. 1996, BStBl 1997 II, 98).

UStG

Dritter Abschnitt: Bemessungsgrundlagen

§ 10[1]) **Bemessungsgrundlage für Lieferungen, sonstige Leistungen, innergemeinschaftlichen Erwerb und Eigenverbrauch**

(1) ¹Der Umsatz wird bei Lieferungen und sonstigen Leistungen (§ 1 Abs. 1 Nr. 1 Satz 1) und bei dem innergemeinschaftlichen Erwerb (§ 1 Abs. 1 Nr. 5) nach dem Entgelt bemessen. ²Entgelt ist alles, was der Leistungsempfänger aufwendet, um die Leistung zu erhalten, jedoch abzüglich der Umsatzsteuer. ³Zum Entgelt gehört auch, was ein anderer als der Leistungsempfänger dem Unternehmer für die Leistung gewährt. ⁴Bei dem innergemeinschaftlichen Erwerb sind Verbrauchsteuern, die vom Erwerber geschuldet oder entrichtet werden, in die Bemessungsgrundlage einzubeziehen. ⁵Die Beträge, die der Unternehmer im Namen und für Rechnung eines anderen vereinnahmt und verausgabt (durchlaufende Posten), gehören nicht zum Entgelt.

(2) ¹Werden Rechte übertragen, die mit dem Besitz eines Pfandscheines verbunden sind, so gilt als vereinbartes Entgelt der Preis des Pfandscheines zuzüglich der Pfandsumme. ²Beim Tausch (§ 3 Abs. 12 Satz 1), bei tauschähnlichen Umsätzen (§ 3 Abs. 12 Satz 2) und bei Hingabe an Zahlungs Statt gilt der Wert jedes Umsatzes als Entgelt für den anderen Umsatz. ³Die Umsatzsteuer gehört nicht zum Entgelt.

(3) (weggefallen)

(4) ¹Der Umsatz wird bemessen

1. in den Fällen des Eigenverbrauchs im Sinne des § 1 Abs. 1 Nr. 2 Satz 2 Buchstabe a, bei Lieferungen im Sinne des § 1 Abs. 1 Nr. 1 Satz 2 Buchstabe b und Nr. 3 sowie bei dem Verbringen eines Gegenstandes im Sinne des § 1a Abs. 2 und des § 3 Abs. 1a nach dem Einkaufspreis zuzüglich der Nebenkosten für den Gegenstand oder für einen gleichartigen Gegenstand oder mangels eines Einkaufspreises nach den Selbstkosten, jeweils zum Zeitpunkt des Umsatzes;

2. in den Fällen des Eigenverbrauchs im Sinne des § 1 Abs. 1 Nr. 2 Satz 2 Buchstabe b sowie bei entsprechenden sonstigen Leistungen im Sinne des § 1 Abs. 1 Nr. 1 Satz 2 Buchstabe b und Nr. 3 nach den bei der Ausführung dieser Umsätze entstandenen Kosten;

3. in den Fällen des Eigenverbrauchs im Sinne des § 1 Abs. 1 Nr. 2 Satz 2 Buchstabe c nach den Aufwendungen.

²Die Umsatzsteuer gehört nicht zur Bemessungsgrundlage.

---

1) **Anm.:** § 10 Abs. 3 weggefallen, Abs. 6 i. d. F. des Art. 20 Nr. 10 und 26 StMBG v. 21. 12. 93 (BGBl I, 2310); Abs. 4 i. d. F. des Art. 20 Nr. 10 JStG 1996 v. 11. 10. 95 (BGBl I, 1250).

(5) Absatz 4 gilt entsprechend für
1. Lieferungen und sonstige Leistungen, die Körperschaften und Personenvereinigungen im Sinne des § 1 Abs. 1 Nr. 1 bis 5 des Körperschaftsteuergesetzes, nichtrechtsfähige Personenvereinigungen sowie Gemeinschaften im Rahmen ihres Unternehmens an ihre Anteilseigner, Gesellschafter, Mitglieder, Teilhaber oder diesen nahestehende Personen sowie Einzelunternehmer an ihnen nahestehende Personen ausführen,
2. Lieferungen und sonstige Leistungen, die ein Unternehmer an seine Arbeitnehmer oder deren Angehörige auf Grund des Dienstverhältnisses ausführt,

wenn die Bemessungsgrundlage nach Absatz 4 das Entgelt nach Absatz 1 übersteigt.

(6) ¹Bei Beförderungen von Personen im Gelegenheitsverkehr mit Kraftomnibussen, die nicht im Inland zugelassen sind, tritt in den Fällen der Beförderungseinzelbesteuerung (§ 16 Abs. 5) an die Stelle des vereinbarten Entgelts ein Durchschnittsbeförderungsentgelt. ²Das Durchschnittsbeförderungsentgelt ist nach der Zahl der beförderten Personen und der Zahl der Kilometer der Beförderungsstrecke im Inland (Personenkilometer) zu berechnen. ³Das Bundesministerium der Finanzen kann mit Zustimmung des Bundesrates durch Rechtsverordnung das Durchschnittsbeförderungsentgelt je Personenkilometer festsetzen. ⁴Das Durchschnittsbeförderungsentgelt muß zu einer Steuer führen, die nicht wesentlich von dem Betrag abweicht, der sich nach diesem Gesetz ohne Anwendung des Durchschnittsbeförderungsentgelts ergeben würde.

6. EG-Richtlinie

Abschnitt VIII: Besteuerungsgrundlage

Artikel 11

A. Im Inland

(1) Die Besteuerungsgrundlage ist:

a) bei Lieferungen von Gegenständen und Dienstleistungen, die nicht unter den Buchstaben b), c) und d) genannt sind, alles, was den Wert der Gegenleistung bildet, die der Lieferer oder Dienstleistende für diese Umsätze vom Abnehmer oder Dienstleistungsempfänger oder von einem Dritten erhält oder erhalten soll, einschließlich der unmittelbar mit dem Preis dieser Umsätze zusammenhängenden Subventionen;

b) bei den in Artikel 5 Absätze 6 und 7 genannten Umsätzen der Einkaufspreis für die Gegenstände oder für gleichartige Gegenstände oder mangels eines Einkaufspreises der Selbstkostenpreis, und zwar jeweils zu den Preisen, die im Zeitpunkt der Bewirkung dieser Umsätze festgestellt werden;

c) bei den in Artikel 6 Absatz 2 genannten Umsätzen der Betrag der Ausgaben des Steuerpflichtigen für die Erbringung der Dienstleistung;

...

(2) In die Besteuerungsgrundlage sind einzubeziehen:
a) die Steuern, Zölle, Abschöpfungen und Abgaben mit Ausnahme der Mehrwertsteuer selbst;
b) die Nebenkosten wie Provisions-, Verpackungs-, Beförderungs- und Versicherungskosten, die der Leistungserbringer von dem Abnehmer oder Dienstleistungsempfänger fordert. Die Mitgliedstaaten können als Nebenkosten Kosten ansehen, die Gegenstand einer gesonderten Vereinbarung sind.

(3) In die Besteuerungsgrundlage sind nicht einzubeziehen:
a) die Preisnachlässe durch Skonto für Vorauszahlungen;
b) die Rabatte und Rückvergütungen auf den Preis, die dem Abnehmer oder Dienstleistungsempfänger eingeräumt werden und die er zu dem Zeitpunkt erhält, zu dem der Umsatz bewirkt wird;
c) die Beträge, die ein Steuerpflichtiger von seinem Abnehmer oder dem Empfänger seiner Dienstleistung als Erstattung der in ihrem Namen und für ihre Rechnung verauslagten Beträge erhält und die in seiner Buchführung als durchlaufende Posten behandelt sind. Der Steuerpflichtige muß den tatsächlichen Betrag dieser Auslagen nachweisen und kann keinen Vorsteuerabzug für die Steuer vornehmen, die auf diese gegebenenfalls erhoben worden ist.

(4) Abweichend von den Absätzen 1, 2 und 3 können die Mitgliedstaaten, die am 1. Januar 1993 nicht von der Möglichkeit nach Artikel 12 Absatz 3 Buchstabe a) Unterabsatz 3 Gebrauch gemacht haben, vorsehen, daß die Besteuerungsgrundlage bei der Inanspruchnahme der Möglichkeit nach Teil B Absatz 6 für Umsätze nach Artikel 12 Absatz 3 Buchstabe c) Unterabsatz 2 einem Bruchteil des gemäß den Absätzen 1, 2 und 3 ermittelten Betrags entspricht.
Dieser Bruchteil wird so festgelegt, daß sich die dergestalt geschuldete Mehrwertsteuer in jedem Fall auf mindestens 5 v. H. des gemäß den Absätzen 1, 2 und 3 ermittelten Betrags beläuft.
...

Abschnitt XVIa: Übergangsregelung für die Besteuerung des Handels zwischen den Mitgliedstaaten
...

Artikel 28e Besteuerungsgrundlage und Steuersatz
(1) Die Besteuerungsgrundlage für den innergemeinschaftlichen Erwerb von Gegenständen setzt sich aus denselben Faktoren zusammen wie jene, die dazu dienen, die Besteuerungsgrundlage für die Lieferung derselben Gegenstände im Inland gemäß Artikel 11 Teil A zu bestimmen. Insbesondere wird die Besteuerungsgrundlage für den innergemeinschaftlichen Erwerb von Gegenständen im Sinne des Artikels 28a Absatz 6 gemäß Artikel 11 Teil A Absatz 1 Buchtabe b) sowie den Absätzen 2 und 3 bestimmt.
Die Mitgliedstaaten treffen die erforderlichen Maßnahmen, um sicherzustellen, daß die Verbrauchsteuern, die von der Person, die ein verbrauchsteuerpflichtiges Erzeugnis innergemeinschaftlich erwirbt, geschuldet oder entrichtet werden, gemäß Artikel 11 Teil A Absatz 2 Buchstabe a) in die Bemessungsgrundlage einbezogen werden. Erhält der Erwerber nach dem Zeitpunkt der Bewirkung des innergemeinschaftlichen Erwerbs von

UStG § 10   *§ 25 UStDV; 149 UStR*   *Bemessungsgrundlage für Lieferungen*

Gegenständen Verbrauchsteuern zurück, die in dem Mitgliedstaat, von dem aus die Gegenstände versendet oder befördert worden sind, entrichtet wurden, wird die Besteuerungsgrundlage im Mitgliedstaat des innergemeinschaftlichen Erwerbs entsprechend vermindert.

...

UStDV

§ 25 Durchschnittsbeförderungsentgelt
Das Durchschnittsbeförderungsentgelt wird auf 8,67 Pfennig je Personenkilometer festgesetzt.

UStR

149. Entgelt

(1) [1]Der Begriff des Entgelts in § 10 Abs. 1 UStG gilt sowohl für die Besteuerung nach vereinbarten Entgelten (§ 16 Abs. 1 UStG) als auch für die Besteuerung nach vereinnahmten Entgelten (§ 20 UStG). [2]Zwischen den beiden Besteuerungsarten besteht insoweit kein Unterschied, als auch bei der Besteuerung nach vereinbarten Entgelten grundsätzlich nur das zu versteuern ist, was für die Lieferung oder sonstige Leistung tatsächlich vereinnahmt wird (vgl. BFH-Urteile vom 2. 4. 1981 – BStBl II S. 627 und vom 10. 11. 1983 – BStBl 1984 II S. 120). [3]Wegen der Änderung der Bemessungsgrundlage vgl. Abschnitt 223.

(2) [1]Das Entgelt ist auch dann Bemessungsgrundlage, wenn es dem objektiven Wert der bewirkten Leistung nicht entspricht. [2]Eine Ausnahme besteht für unentgeltliche oder verbilligte Leistungen durch Unternehmer an ihre Arbeitnehmer, von Vereinigungen an ihre Mitglieder und von Einzelunternehmern an ihnen nahestehende Personen; vgl. Abschnitte 11, 12, 157 und 158. [3]Liefert eine Kapitalgesellschaft einer Tochtergesellschaft einen Gegenstand zu einem überhöhten Preis, so bildet dieser grundsätzlich selbst dann das Entgelt im Sinne des § 10 Abs. 1 UStG, wenn ein Teil der Gegenleistung ertragsteuerrechtlich als verdeckte Gewinnausschüttung zu beurteilen ist (BFH-Urteil vom 25. 11. 1987 – BStBl 1988 II S. 210).

(3) [1]Der Umfang des Entgelts beschränkt sich nicht auf die bürgerlich-rechtlich bestimmte oder bestimmbare Gegenleistung für eine Leistung, sondern erstreckt sich auf alles, was der Leistungsempfänger tatsächlich für die an ihn bewirkte Leistung aufwendet (vgl. BFH-Urteil vom 13. 12. 1973 – BStBl 1974 II S. 191). [2]Dabei kommt es nicht darauf an, ob der Leistungsempfänger gewillt ist, die vom Leistenden zu erbringende oder erbrachte Leistung anzunehmen, und ob er auf sie Wert legt oder nicht (vgl. BFH-Urteil vom 28. 1. 1988 – BStBl II S. 473). [3]*Neben dem vereinbarten Preis einer Leistung können auch zusätzliche Aufwendungen des Leistungsempfängers Leistungsentgelt sein, wenn der Leistungsempfänger sie zugunsten des Leistenden für die Leistung erbringt (BFH-Urteil vom 31. 8. 1992 – BStBl II S. 1046).* [4]Vertragsstrafen, die wegen Nichterfüllung oder wegen nicht gehöriger Erfüllung geleistet werden, haben Schadens-

ersatzcharakter (vgl. Abschnitt 3 Abs. 2). [5]Auch Verzugszinsen, Fälligkeitszinsen, Prozeßzinsen und Nutzungszinsen sind nicht Teil des Entgelts, sondern Schadensersatz (vgl. Abschnitt 3 Abs. 3). [6]Wegen der Behandlung der Teilzahlungszuschläge vgl. Abschnitt 29a. [7]Das erhöhte Beförderungsentgelt, das Personenbeförderungsunternehmer von sogenannten Schwarzfahrern erheben, ist regelmäßig kein Entgelt für die Beförderungsleistung oder eine andere steuerbare Leistung des Beförderungsunternehmers (BFH-Urteil vom 25. 11. 1986 – BStBl 1987 II S. 228). [8]Als Entgelt für die Lieferung sind auch die dem Abnehmer vom Lieferer berechneten Beförderungskosten anzusehen. [9]Bei einer unfreien Versendung im Sinne des § 40 UStDV gehören jedoch die Kosten für die Beförderung oder deren Besorgung nicht zum Entgelt für die vom Absender ausgeführte Lieferung. [10]Im Nachnahmeverkehr der Post ist als Entgelt für die gelieferte Ware der vom Empfänger entrichtete Nachnahmebetrag – ohne Umsatzsteuer – anzusehen, der auch die Zahlkartengebühr einschließt (vgl. BFH-Urteil vom 13. 12. 1973 a. a. O.). [11]Beim Pfandleihgeschäft sind die notwendigen Kosten der Verwertung, die der Pfandleiher einbehalten darf, nicht Entgelt innerhalb eines Leistungsaustausches (vgl. BFH-Urteil vom 9. 7. 1970 – BStBl II S. 645). [12]Zahlungen im Rahmen einer sogenannten Erlöspoolung, die nicht leistungsbezogen sind, fehlt der Entgeltcharakter (BFH-Urteil vom 28. 2. 1974 – BStBl II S. 345).

(4) [1]Die Gegenleistung des Leistungsempfängers entspricht im Regelfall dem Entgelt, das der Unternehmer tatsächlich erhält. [2]Weicht der vom Leistungsempfänger aufgewendete Betrag im Einzelfall von dem vom Unternehmer vereinnahmten Betrag ab, so ist von den Aufwendungen des Abnehmers für die Lieferung oder sonstige Leistung auszugehen. [3]Bei der Abtretung einer Forderung unter dem Nennwert bestimmt sich deshalb das Entgelt nach den tatsächlichen Aufwendungen des Leistungsempfängers (vgl. BFH-Urteil vom 27. 5. 1987 – BStBl II S. 739). [4]Wegen der Steuer- und Vorsteuerberichtigung in diesen Fällen wird auf Abschnitt 223 Abs. 6 verwiesen.

(5) [1]Zum Entgelt gehören auch freiwillig an den Unternehmer gezahlte Beträge, z. B. Trinkgelder, wenn zwischen der Zahlung und der Leistung des Unternehmers eine innere Verknüpfung besteht (vgl. BFH-Urteil vom 17. 2. 1972 – BStBl II S. 405). [2]Der im Gaststätten- und Beherbergungsgewerbe erhobene Bedienungszuschlag ist Teil des vom Unternehmer vereinnahmten Entgelts, auch wenn das Bedienungspersonal den Zuschlag nicht abführt, sondern vereinbarungsgemäß als Entlohnung für seine Dienste zurückbehält (vgl. BFH-Urteil vom 19. 8. 1971 – BStBl 1972 II S. 24). [3]Dagegen rechnen die an das Bedienungspersonal gezahlten freiwilligen Trinkgelder nicht zum Entgelt für die Leistungen des Unternehmers.

(6) [1]Geschäftsunkosten dürfen das Entgelt nicht mindern. [2]Dies gilt auch für Provisionen, die der Unternehmer an seinen Handelsvertreter oder Makler für die Vermittlung des Geschäfts zu zahlen hat. [3]Mit Ausnahme der auf den Umsatz entfallenden Umsatzsteuer rechnen zum Entgelt auch die vom Unternehmer geschuldeten Steuern (Verbrauch- und Verkehrsteuern), öffentlichen Gebühren und Abgaben, auch wenn diese Beträge offen auf den Leistungsempfänger überwälzt werden. [4]Diese Abgaben können auch nicht als durchlaufende Posten im Sinne des § 10 Abs. 1 Satz 4 UStG behandelt werden (vgl. BFH-Urteil vom 4. 6. 1970 – BStBl II S. 648, sowie Abschnitt 152) .

(7) [1]Als Entgelt im Sinne des § 10 Abs. 1 Satz 2 UStG kommen auch Zahlungen des Leistungsempfängers an D r i t t e in Betracht, sofern sie für Rechnung des leistenden Unternehmers entrichtet werden und im Zusammenhang mit der Leistung stehen. [2]Dies gilt jedoch nicht für diejenigen Beträge, die der Leistungsempfänger im Rahmen eines eigenen Schuldverhältnisses

mit einem Dritten aufwenden muß, damit der Unternehmer seine Leistung erbringen kann (vgl. BFH-Urteil vom 22. 2. 1968 – BStBl II S. 463). ³Erfüllt der Leistungsempfänger durch seine Zahlungen an einen Dritten sowohl eine eigene Verbindlichkeit als auch eine Schuld des leistenden Unternehmers, weil beide im Verhältnis zu dem Dritten Gesamtschuldner sind, rechnen die Zahlungen nur insoweit zum Entgelt, wie die Schuldbefreiung des leistenden Unternehmers für diesen von wirtschaftlichem Interesse ist und damit für ihn einen Wert darstellt. ⁴Bei einer Grundstücksveräußerung rechnet nur die Hälfte der Grunderwerbsteuer zum Entgelt für die Grundstücksveräußerung, wenn die Parteien des Grundstückskaufvertrages vereinbaren, daß der Erwerber die Grunderwerbsteuer allein zu tragen hat (vgl. BFH-Urteil vom 10. 7. 1980 – BStBl II S. 620). ⁵Zur Bemessung der Umsatzsteuer für steuerpflichtige Grundstücksverkäufe ist die Hälfte der Grunderwerbsteuer nur insoweit heranzuziehen, als sie in ihrer Höhe noch nicht durch die Umsatzsteuer beeinflußt ist.

Beispiel:

Netto-Entgelt für Grundstück	100 000 DM
+ halbe Grunderwerbsteuer (Steuersatz 2 v. H.)	1 000 DM
Bemessungsgrundlage	101 000 DM.

(8) Wird das P f a n d g e l d für Warenumschließungen dem Abnehmer bei jeder Lieferung berechnet, so ist es Teil des Entgelts für die Lieferung. ²Bei Rücknahme des Leerguts und Rückzahlung des Pfandbetrages liegt eine Entgeltsminderung vor. ³Aus Vereinfachungsgründen kann jedoch dem Unternehmer auf Antrag folgendes Verfahren genehmigt werden:

1. ¹Die bei der Warenlieferung jeweils in Rechnung gestellten und bei Rückgabe des Leergutes dem Abnehmer zurückgewährten Pfandbeträge bleiben bei der laufenden Umsatzbesteuerung zunächst unberücksichtigt. ²Der Unternehmer hat spätestens am Schluß jedes Kalenderjahres den Pfandbetragssaldo, der sich aus dem Unterschiedsbetrag zwischen den den Abnehmern im Laufe des jeweiligen Abrechnungszeitraums berechneten und den zurückgewährten Pfandbeträgen ergibt, aufgrund seiner Aufzeichnungen zu ermitteln. ³Dabei bleibt jedoch ein bereits versteuerter Saldovortrag, z. B. aus dem Vorjahr, außer Betracht. ⁴Ein sich danach ergebender Überschuß an berechneten Pfandbeträgen ist zusammen mit den Umsätzen des betreffenden letzten Voranmeldungszeitraums der Umsatzsteuer zu unterwerfen. ⁵Bei diesem Pfandbetragssaldo handelt es sich um einen Nettobetrag – ohne Umsatzsteuer –. ⁶Der Abnehmer kann die auf den Pfandbetragssaldo entfallende Steuer als Vorsteuer abziehen, wenn sie ihm gesondert in Rechnung gestellt ist. ⁷Ergibt sich ein Pfandbetragssaldo zugunsten des Abnehmers, so liegt bei diesem – seine Unternehmereigenschaft vorausgesetzt – eine steuerpflichtige Lieferung von Leergut vor. ⁸Der Unternehmer, der dieses Verfahren beantragt, muß die bei den einzelnen Lieferungen berechneten und bei Rückgabe des Leergutes zurückgewährten Pfandbeträge – nach Abnehmern getrennt – gesondert von den sonstigen Entgelten aufzeichnen. ⁹Die Aufzeichnungen müssen eindeutig und leicht nachprüfbar sein und fortlaufend geführt werden (vgl. § 63 Abs. 1 UStDV, § 146 AO). ¹⁰Aus ihnen muß gegebenenfalls zu ersehen sein, wie sich die Pfandbeträge auf verschiedene Steuersätze verteilen (§ 22 Abs. 2 Nr. 1 UStG). ¹¹Für den Abnehmer muß aus der Rechnung klar ersichtlich sein, daß für die in Rechnung gestellten Pfandbeträge Umsatzsteuer nicht berechnet worden ist.

2. ¹Abweichend von dem unter Nummer 1 geregelten Verfahren kann der Unternehmer in jeder einzelnen Rechnung die Leergutrücknahme mit der Vollgutlieferung verrechnen und nur den verbleibenden Netto-Rechnungsbetrag der Umsatzsteuer unterwerfen. ²Einen sich möglicherweise zum Jahresende ergebenden Pfandbetragssaldo zugunsten des Abnehmers hat in diesem Fall weder der Lieferer noch der Abnehmer zu ermitteln und zu versteuern. ³Auch gesonderte Aufzeichnungen über die Pfandbeträge sind nicht erforderlich.

⁴Bei den folgenden Abwicklungsarten ist zunächst ein Entgelt für die Überlassung der Warenumschließung nicht gegeben.

3. ¹Für den jeweiligen Abnehmer wird ein Leergutkonto geführt, auf dem der Lieferer das hingegebene und zurückgenommene Leergut mengenmäßig festhält. ²Über den Saldo wird periodisch, häufig aber erst bei Lösung des Vertragsverhältnisses abgerechnet.

4. ¹Die Pfandbeträge für Leergutabgänge und Leergutzugänge werden vom Lieferer auf einem besonderen Konto verbucht und auch – nachrichtlich – in den jeweiligen Rechnungen ausgewiesen, ohne aber in die Rechnungssumme einbezogen zu werden. ²Von Zeit zu Zeit wird über das Leergut abgerechnet.

5. ¹Der Lieferer erhebt mit jeder Lieferung einen Kautionsbetrag, z. B. 1 oder 2 Pf je Flasche. ²Diese Beträge dienen der Ansammlung eines Kautionsguthabens zugunsten des Abnehmers. ³Die Verbuchung erfolgt auf einem besonderen Konto. ⁴Daneben werden die Leergutbewegungen mengenmäßig festgehalten. ⁵Über das Leergut wird in der Regel bei Auflösung der Vertragsbeziehungen abgerechnet.

⁵In diesen Fällen kommt ein von der vorangegangenen Warenlieferung losgelöster selbständiger Leistungsaustausch erst im Zeitpunkt der Leergutabrechnung zustande. ⁶Die Annahme eines nicht steuerbaren Schadensersatzes scheidet aus, weil der Zahlung des Kunden eine Leistung des Unternehmers gegenübersteht.

150. Zuschüsse

Allgemeines

(1) ¹Zahlungen unter den Bezeichnungen „Zuschuß, Zuwendungen, Beihilfe, Prämie, Ausgleichsbetrag u. ä." (Zuschüsse) können entweder

1. Entgelt für eine Leistung an den Zuschußgeber (Zahlenden),

2. zusätzliches Entgelt eines Dritten oder

3. echter, nicht steuerbarer Zuschuß

sein. ²*Der Zahlende ist Leistungsempfänger, wenn er für seine Zahlung eine Leistung vom Zahlungsempfänger erhält.* ³*Der Zahlende kann ein Dritter sein (§ 10 Abs. 1 Satz 3 UStG), der selbst nicht Leistungsempfänger ist.*

Zuschüsse als Entgelt für Leistungen an den Zahlenden

(2) ¹Zuschüsse sind Entgelt für eine Leistung an den Zahlenden, wenn ein Leistungsaustauschverhältnis zwischen dem leistenden Unternehmer (Zahlungsempfänger) und dem Zahlenden besteht *(vgl. dazu Abschnitte 1 bis 6)*. ²Der Zahlungsempfänger muß seine Leistung – insbesondere bei gegenseitigen Verträgen – erkennbar um der Gegenleistung willen erbringen (vgl. BFH-Urteil vom 7. 5. 1981 – BStBl II S. 495). ³Ob die Leistung des Zahlungsempfängers derart mit der Zahlung verknüpft ist, daß sie sich auf den Erhalt einer Gegenleistung (Zahlung) richtet, ergibt sich aus den Vereinbarungen des Zahlungsempfängers mit dem Zahlenden, z. B. den zugrundeliegenden Verträgen oder den Vergaberichtlinien. ⁴Die Zwecke, die der Zahlende mit den Zahlungen verfolgt, können allenfalls Aufschlüsse darüber geben, ob die erforderliche innere Verknüpfung zwischen Leistung und Zahlung vorliegt. ⁵Die Annahme eines Leistungsaustausches setzt weder auf der Seite des Zahlenden noch auf der Seite des Zahlungsempfängers rechtlich durchsetzbare Ansprüche voraus (vgl. BFH-Urteil vom 23. 2. 1989 – BStBl II S. 683). ⁶Besteht

danach eine innere Verknüpfung zwischen der Leistung des Zahlungsempfängers und der Zahlung, ist die Zahlung Entgelt für die Leistung des Zahlungsempfängers.

Beispiel 1:
Zuschüsse einer Gemeinde an einen eingetragenen Verein, z. B. eine Werbegemeinschaft zur vertragsgemäßen Durchführung einer Werbeveranstaltung in der Vorweihnachtszeit.

Beispiel 2:
Anfertigung von Auftragsgutachten gegen Entgelt, wenn der öffentliche Auftraggeber das Honorar für das Gutachten und nicht dafür leistet, die Tätigkeit des Zahlungsempfängers zu ermöglichen oder allgemein zu fördern; zum Leistungsaustausch bei der Durchführung von Forschungsvorhaben, zu der die öffentliche Hand Zuwendungen bewilligt hat, vgl. BFH-Urteil vom 23. 2. 1989, a. a. O.

Zuschüsse als zusätzliches Entgelt eines Dritten

(3) [1]Zusätzliches Entgelt im Sinne des § 10 Abs. 1 Satz 3 UStG sind solche Zahlungen, die von einem anderen als dem Leistungsempfänger für die Lieferung oder sonstige Leistung des leistenden Unternehmers (Zahlungsempfängers) gewährt werden. [2]*Ein zusätzliches Entgelt kommt in der Regel nur dann in Betracht, wenn ein unmittelbarer Leistungsaustausch zwischen dem Leistenden und dem zahlenden Dritten zu verneinen ist (vgl. BFH-Urteil vom 20. 2. 1992 – BStBl II S. 705).* [3]*Der Dritte ist in diesen Fällen nicht Leistungsempfänger.* [4]Ein zusätzliches Entgelt liegt vor, wenn der Leistungsempfänger einen Rechtsanspruch auf die Zahlung hat, die Zahlung in Erfüllung einer öffentlich-rechtlichen Verpflichtung *gegenüber dem Leistungsempfänger* oder zumindest im Interesse des Leistungsempfängers *gewährt* wird (vgl. BFH-Urteile vom 9. 10. 1975 – BStBl 1976 II S. 105, vom 26. 6. 1986 – BStBl II S. 723 und vom 25. 11. 1986 – BStBl 1987 II S. 228).

Beispiel 3:
[1]*Die Bundesanstalt für Arbeit gewährt einer Werkstatt für Behinderte pauschale Zuwendungen zu den Sach-, Personal- und Beförderungskosten, die für die Betreuung und Ausbildung der Behinderten entstehen.*
[2]*Die Zahlungen sind Entgelt von dritter Seite für die Leistungen der Behindertenwerkstatt (Zahlungsempfänger) an die Behinderten, da der einzelne Behinderte auf diese Zahlungen einen Anspruch hat.*

Beispiel 4:
[1]*Ein Bundesland gewährt einem Studentenwerk einen Zuschuß zum Bau eines Studentenwohnheims.* [2]*Der Zuschuß wird unmittelbar dem Bauunternehmer ausgezahlt.* [3]*Es liegt ein steuerbares Entgelt von dritter Seite für die Leistung des Bauunternehmers an das Studentenwerk vor.*

(4) [1]*Nicht zum zusätzlichen Entgelt gehören hingegen Zahlungen eines Dritten dann, wenn sie dem Leistenden zu dessen Förderung und nicht überwiegend im Interesse des Leistungsempfängers gewährt werden.* [2]*Die Abgrenzung von zusätzlichem Entgelt und echtem Zuschuß wird somit nach der Person des Bedachten und nach dem Förderungsziel vorgenommen (BFH-Urteil vom 8. 3. 1990 – BStBl II S. 708).* [3]*Ist die Zahlung des Dritten an den Leistenden ein echter Zuschuß, weil sie zur Förderung des Leistenden gewährt wird, so ist es unbeachtlich, daß der Zuschuß auch dem Leistungsempfänger zugute kommt, weil er nicht das Entgelt aufzubringen hat, das der Leistende – ohne den Zuschuß – verlangen müßte (vgl. BFH-Urteil vom 9. 10. 1975 – BStBl 1976 II S. 105).*

(5) [1]*Ein zusätzliches steuerbares Entgelt ist anzunehmen, wenn die Zahlung die Entgeltszahlung des Leistungsempfängers ergänzt und sie damit preisauffüllenden Charakter hat.* [2]*Die Zahlung dient der Preisauffüllung, wenn sie den erklärten Zweck hat, das Entgelt für die Leistung des Zahlungsempfängers an den Leistungsempfänger auf die nach Kalkulationsgrundsätzen erfor-*

derliche Höhe zu bringen und dadurch das Zustandekommen eines Leistungsaustausches zu sichern oder wenigstens zu erleichtern (vgl. BFH-Urteil vom 24. 8. 1967 – BStBl III S. 717). ³Entgelt von dritter Seite liegt auch dann vor, wenn der Leistende in pauschalierter Form das erhalten soll, was ihm vom Begünstigten (Leistungempfänger) für die Leistung zustünde, wobei eine Kostendeckung nicht erforderlich ist (vgl. BFH-Urteil vom 26. 6. 1986, a. a. O.). ⁴Wegen der Rechnungserteilung bei der Vereinnahmung von zusätzlichen Entgelten von dritter Seite vgl. Abschnitt 188 Abs. 1.

(6) ¹Nach den vorstehenden Grundsätzen ist auch dann zu verfahren, wenn bei der Einschaltung von Unternehmern in die Erfüllung hoheitlicher Aufgaben einer juristischen Person des öffentlichen Rechts der eingeschaltete Unternehmer einen eigenen gesetzlichen oder sonstigen Anspruch auf die Zahlung hat. ²Auch wenn es nach den Vergabebedingungen im Ermessen des Zuwendungsgebers steht, ob er die Mittel der juristischen Person des öffentlichen Rechts oder unmittelbar dem eingeschalteten Unternehmer gewährt, ist entscheidend, daß der Unternehmer einen eigenen Anspruch auf die Zuwendung hat (vgl. BMF-Schreiben vom 27. 12. 1990 – BStBl 1991 I S. 81).

Beispiel 5:

¹Erstattung von Fahrgeldausfällen nach dem Schwerbehindertengesetz für die unentgeltliche Beförderung von Schwerbehinderten.
²Die erstatteten Fahrgeldausfälle sind steuerbare Zahlungen eines Dritten, da die Zahlungen das Fahrgeld abgelten sollen, das nach dem Schwerbehindertengesetz begünstigten Personen ansonsten als Leistungsempfänger entsprechend dem geltenden Tarif hätten aufwenden müssen. ³Nicht entscheidungserheblich ist, daß die Erstattungen pauschaliert erfolgen. ⁴Maßgeblich ist vielmehr, daß die Zuwendungen nach einem Vomhundertsatz der Fahrgeldeinnahmen berechnet werden und damit in geschätzter Höhe die erbrachten Beförderungsleistungen abgelten sollen. ⁵Inwieweit mit der Erstattung eine Äquivalenz von Leistung und Gegenleistung erreicht wird, ist nicht entscheidend (vgl. BFH-Urteil vom 26. 6. 1986, a. a. O.).

Beispiel 6:

¹Eine Gemeinde erhält zur Errichtung und zum Betrieb einer Müllverbrennungsanlage Zuwendungen des Landes. ²Sie beauftragt eine GmbH, diese Anlage zu errichten. ³Die Landesmittel werden an die GmbH weitergeleitet. ⁴Nach den Förderrichtlinien kann das Land die Zuwendungen den abfallbeseitigungspflichtigen Gemeinden oder gewerblichen Unternehmern gewähren, die Maßnahmen für Siedlungsabfälle durchzuführen.
⁵Die Zahlung der Gemeinde an die GmbH sind Entgelt für die Leistung der GmbH (Errichtung der Müllverbrennungsanlage) an die Gemeinde. ⁶Auch wenn das Land die Mittel der GmbH unmittelbar überwiesen hätte, wäre darin eine Zahlung des Landes an die Gemeinde und eine weitere Zahlung der Gemeinde an die GmbH zu sehen.

Nicht steuerbare Zuschüsse (echte Zuschüsse)

(7) ¹Nicht steuerbare *echte* Zuschüsse liegen vor, wenn die Zahlungen nicht aufgrund eines Leistungsaustauschverhältnisses erbracht werden *(vgl. BFH-Urteil vom 28. 7. 1994 – BStBl II 1995 S. 86).* ²Das ist der Fall, wenn die Zahlungen nicht an bestimmte Umsätze anknüpfen, sondern unabhängig von einer bestimmten Leistung gewährt werden, weil z. B. der leistende Unternehmer (Zahlungsempfänger) einen Anspruch auf die Zahlung hat oder weil in Erfüllung einer öffentlich-rechtlichen Verpflichtung bzw. im überwiegenden öffentlich-rechtlichen Interesse an ihn gezahlt wird (vgl. BFH-Urteile vom 24. 8. 1967 – BStBl III S. 717 und vom 25. 11. 1986 – BStBl 1987 II S. 228). ³Echte Zuschüsse liegen auch vor, wenn der Zahlungsempfänger die Zahlungen lediglich erhält, um ganz allgemein in die Lage versetzt zu werden, überhaupt tätig zu werden oder seine nach dem Gesellschaftszweck obliegenden Aufgaben erfüllen zu können. ⁴So sind Zahlungen echte Zuschüsse, die vorrangig dem leistenden Zahlungsempfänger zu seiner

Förderung aus strukturpolitischen, volkswirtschaftlichen oder allgemeinpolitischen Gründen gewährt werden (BFH-Urteil vom 20. 4. 1988 – BStBl II S. 792). [5]*Vorteile in Form von Subventionen, Beihilfen, Förderprämien, Geldpreisen und dergleichen, die ein Unternehmer als Anerkennung oder zur Förderung seiner im allgemeinen Interesse liegenden Tätigkeiten ohne Bindung an bestimmte Umsätze erhält, sind kein Entgelt (vgl. BFH-Urteil vom 6. 8. 1970 – BStBl II S. 730).* [6]*Die bloße technische Anknüpfung von Förderungsmaßnahmen an eine Leistung des Zahlungsempfängers führt nicht dazu, die Förderung zum (zusätzlichen) Entgelt für die Leistung zu machen, wenn das Förderungsziel nicht die Subvention der Preise zugunsten der Abnehmer (Leistungsempfänger), sondern die Subvention des leistenden Zahlungsempfängers ist (vgl. BFH-Urteil vom 8. 3. 1990 – BStBl II S. 708).*

Beispiel 7:

[1]Zuschüsse, *die die* Bundesanstalt für Arbeit *bestimmten Unternehmern* nach dem Arbeitsförderungsgesetz zu den Löhnen und Ausbildungsvergütungen oder zu bestimmten Baumaßnahmen, zu den Kosten für Arbeitserprobung und Probebeschäftigung sowie zur Winterbauförderung gewährt.

[2]*Damit erbringt die Bundesanstalt für Arbeit weder als Dritter zusätzliche Entgelte zugunsten der Vertragspartner des leistenden Unternehmers, noch erfüllt sie als dessen Leistungsempfänger eigene Entgeltsverpflichtungen.*

(8) [1]*Zuwendungen aus öffentlichen Kassen, die ausschließlich auf der Grundlage des Haushaltsrechts und den dazu erlassenen Allgemeinen Nebenbestimmungen vergeben werden, sind grundsätzlich echte, nicht steuerbare Zuschüsse.* [2]*Allgemeine Nebenbestimmungen enthalten keine konkreten Hinweise für die umsatzsteuerrechtliche Beurteilung.* [3]*Die dort normierten Auflagen für den Zuwendungsempfänger reichen für die Annahme eines Leistungsaustauschverhältnisses nicht aus.* [4]*Sie haben den Sinn, den Zuwendungsgeber über den von ihm erhofften und erstrebten Nutzen des Projekts zu unterrichten und die sachgerechte Verwendung der eingesetzten Fördermittel sicherzustellen.* [5]*Wird die Bewilligung der Zuwendungen darüber hinaus mit besonderen Nebenbestimmungen verknüpft, kann ggf. ein Leistungsaustauschverhältnis vorliegen.* [6]*Besondere Nebenbestimmungen sind auf den jeweiligen Einzelfall abgestellte Regelungen, die Bestandteil jeder Zuwendung sein können und im Zuwendungsbescheid oder -vertrag besonders kenntlich zu machen sind.* [7]*Dort können Auflagen und insbesondere Vorbehalte des Zuwendungsgebers hinsichtlich der Verwendung des Tätigkeitsergebnisses geregelt sein.* [8]*Entsprechendes gilt für vertraglich geregelte Vereinbarungen.* [9]*Regelungen zur technischen Abwicklung der Zuwendung und zum haushaltsrechtlichen Nachweis ihrer Verwendung sind umsatzsteuerrechtlich regelmäßig unbeachtlich (vgl. BFH-Urteil vom 28. 7. 1994 – BStBl 1995 II S. 86).*

(9) Es wird auf folgende Regelungen hingewiesen:

*1. Zuwendungen aus öffentlichen Mitteln im Bereich der Landwirtschaft,
vgl. BMF-Schreiben vom 17. 5. 1974 (BStBl I S. 390);*

*2. Zuschüsse im Rahmen der Einschaltung von Unternehmern in die Erfüllung hoheitlicher Aufgaben,
vgl. BMF-Schreiben vom 27. 12. 1990 (BStBl 1991 I S. 81);*

*3. Direktzahlungen, Ausgleichszahlungen und Prämien im Agrarbereich,
vgl. BMF-Schreiben vom 9. 11. 1992 (USt-Kartei § 10 S 7200 Karte 56);*

*4. Prämien im Rahmen einer gemeinsamen Marktorganisation für Rohtabak,
vgl. BMF-Schreiben vom 8. 2. 1993 (USt-Kartei § 10 S 7200 Karte 57);*

*5. Zuwendungen des Bundesministeriums für Bildung, Wissenschaft, Forschung und Technologie für Forschungs- und Entwicklungsvorhaben,
vgl. BMF-Schreiben vom 1. 2. 1994 (BStBl I S. 187).*

151. Entgeltsminderungen

(1) ¹Entgeltsminderungen liegen vor, wenn der Leistungsempfänger bei der Zahlung Beträge abzieht, z. B. Skonti, Rabatte, Preisnachlässe usw., oder wenn dem Leistungsempfänger bereits gezahlte Beträge zurückgewährt werden, ohne daß er dafür eine Leistung zu erbringen hat. ²Auf die Gründe, die für die Ermäßigung des Entgelts maßgebend waren, kommt es nicht an (vgl. BFH-Urteil vom 21. 3. 1968 – BStBl II S. 466). ³Die Pflicht des Unternehmers, bei nachträglichen Änderungen des Entgelts die Steuer bzw. den Vorsteuerabzug zu berichtigen, ergibt sich aus § 17 UStG. ⁴Auf Abschnitt 223 wird hingewiesen.

(2) ¹Eine Entgeltsminderung setzt voraus, daß der Unternehmer das Entgelt an denjenigen herausgibt, der es gezahlt hat (vgl. BFH-Urteil vom 20. 7. 1967 – BStBl III S. 687). ²Eine Vergütung des Herstellers, die nicht an seinen Leistungsempfänger, sondern an einen anderen in der Abnehmerkette gewährt wird, ist beim Hersteller keine Entgeltsminderung.

(3) ¹Eine Entgeltsminderung kann vorliegen, wenn der Erwerber einer Ware Mängel von sich aus beseitigt und dem Lieferer die entstandenen Kosten berechnet. ²Zur Frage, ob in derartigen Fällen ein Schadensersatz vorliegt, vgl. Abschnitt 3 Abs. 1. ³Wird jedoch von den Vertragspartnern von vornherein ein pauschaler Abzug vom Kaufpreis vereinbart und dafür vom Erwerber global auf alle Ansprüche aus der Sachmängelhaftung des Lieferers verzichtet, so erbringt der Käufer eine entgeltliche sonstige Leistung (vgl. BFH-Urteil vom 15. 12. 1966 – BStBl 1967 III S. 234). ⁴Werbeprämien, die ein Versandgeschäft seinen Abnehmern für die Werbung eines neuen Kunden gewährt, mindern nicht das Entgelt (vgl. BFH-Urteil vom 12. 11. 1959 – BStBl 1960 III S. 13). ⁵Entsprechendes gilt bei der Überlassung von Prämienbüchern durch eine Buchgemeinschaft an ihre Mitglieder für die Werbung neuer Mitglieder (vgl. BFH-Urteil vom 17. 12. 1959 – BStBl 1960 III S. 97). ⁶Bei Gewährung von Werbezuschüssen durch den Lieferanten an den Abnehmer liegt ein Preisnachlaß in der Regel dann vor, wenn keine Verpflichtung zur Werbung besteht, der Werber – Großhändler, Einzelhändler – die Werbung in eigenem Interesse ausführt und die Gewährung des Zuschusses nicht losgelöst von der Warenlieferung, sondern mit dieser eng verknüpft ist (vgl. BFH-Urteil vom 5. 8. 1965 – BStBl III S. 630). ⁷Hat der leistende Unternehmer eine Vertragsstrafe wegen nicht gehöriger Erfüllung an den Leistungsempfänger zu zahlen, so liegt darin keine Entgeltsminderung (vgl. Abschnitt 3 Abs. 2). ⁸Die nach der Milch-Garantiemengen-Verordnung erhobene Abgabe mindert nicht das Entgelt für die Milchlieferungen des Erzeugers.

(4) Preisnachlässe, die von Verkaufsagenten eingeräumt werden, sind wie folgt zu behandeln:

Beispiel 1:

¹Der Agent räumt den Abnehmern mit Zustimmung der Lieferfirma einen Preisnachlaß vom Listenpreis zu Lasten seiner Provision ein. ²Der Lieferer erteilt dem Abnehmer eine Rechnung über den geminderten Preis. ³Dem Agenten wird aufgrund der vereinbarten „Provisionsklausel" nur die um den Preisnachlaß gekürzte Provision gutgeschrieben. ⁴In diesem Fall hat der Lieferer nur den vom Abnehmer aufgewendeten Betrag zu versteuern. ⁵Der vom Agenten eingeräumte Preisnachlaß ist ihm nicht in Form eines Provisionsverzichts des Agenten als Entgelt von dritter Seite zugeflossen. ⁶Das Entgelt für die Leistung des Agenten besteht in der ihm gutgeschriebenen, gekürzten Provision.

Beispiel 2:

¹Der Agent räumt den Preisnachlaß ohne Beteiligung der Lieferfirma zu Lasten seiner Provision ein. ²Der Lieferer erteilt dem Abnehmer eine Rechnung über den vollen Listenpreis und schreibt dem Agenten die volle Provision nach dem Listenpreis gut. ³Der Agent gewährt dem Abnehmer den zugesagten Preisnachlaß in bar, durch Gutschrift oder durch Sachleistungen, z. B. kostenlose Lieferung von Zubehör o. ä.

⁴In diesem Fall mindert der vom Agenten eingeräumte Preisnachlaß weder das Entgelt der Lieferfirma noch die Provision des Agenten. ⁵Der Agent ist nicht berechtigt, dem Abnehmer eine Gutschrift über den Preis-

nachlaß mit Ausweis der Umsatzsteuer zu erteilen und einen entsprechenden Vorsteuerabzug vorzunehmen, weil zwischen ihm und dem Abnehmer kein Leistungsaustausch stattfindet (vgl. BFH-Beschluß vom 14. 4. 1983 – BStBl II S. 393).

(5) ¹Wechselvorzinsen (Wechseldiskont), die dem Unternehmer bei der Weitergabe (Diskontierung) eines für seine Lieferung oder sonstige Leistung in Zahlung genommenen Wechsels abgezogen werden, mindern das Entgelt für seinen Umsatz (vgl. BFH-Urteil vom 27. 10. 1967 – BStBl 1968 II S. 128). ²Dies gilt auch für die bei Prolongation eines Wechsels berechneten Wechselvorzinsen. ³Dagegen sind die Wechselumlaufspesen (Diskontspesen) Kosten des Zahlungseinzugs, die das Entgelt nicht mindern (vgl. BFH-Urteil vom 29. 11. 1955 – BStBl 1956 III S. 53). ⁴Hat der Unternehmer für seine steuerpflichtige Leistung eine Rechnung mit gesondertem Steuerausweis im Sinne des § 14 Abs. 1 UStG erteilt und unterläßt er es, seinem Abnehmer die Entgeltsminderung und die darauf entfallende Steuer mitzuteilen, so schuldet er die auf den Wechseldiskont entfallende Steuer nach § 14 Abs. 2 UStG. ⁵Gewährt der Unternehmer im Zusammenhang mit einer Lieferung oder sonstigen Leistung einen Kredit, der als gesonderte Leistung anzusehen ist (vgl. Abschnitt 29a Abs. 1 und 2), und hat er über die zu leistenden Zahlungen Wechsel ausgestellt, die vom Leistungsempfänger akzeptiert werden, so mindern die bei der Weitergabe der Wechsel berechneten Wechselvorzinsen nicht das Entgelt für die Lieferung oder sonstige Leistung.

152. Duchlaufende Posten

(1) ¹Durchlaufende Posten gehören nicht zum Entgelt (§ 10 Abs. 1 letzter Satz UStG). ²Sie liegen vor, wenn der Unternehmer, der die Beträge vereinnahmt und verauslagt, im Zahlungsverkehr lediglich die Funktion einer Mittelsperson ausübt, ohne selbst einen Anspruch auf den Betrag gegen den Leistenden zu haben und auch nicht zur Zahlung an den Empfänger verpflichtet zu sein. ³Ob der Unternehmer Beträge im Namen und für Rechnung eines anderen vereinnahmt und verauslagt, kann nicht nach der wirtschaftlichen Betrachtungsweise entschieden werden. ⁴Es ist vielmehr erforderlich, daß zwischen dem Zahlungsverpflichteten und dem, der Anspruch auf die Zahlung hat (Zahlungsempfänger), unmittelbare Rechtsbeziehungen bestehen (vgl. BFH-Urteil vom 24. 2. 1966 – BStBl III S. 263). ⁵Liegen solche unmittelbaren Rechtsbeziehungen mit dem Unternehmer vor, so sind Rechtsbeziehungen nur zwischen dem Zahlungsempfänger und der Person bestehen, die an den Unternehmer leistet oder zu leisten verpflichtet ist (vgl. BFH-Urteil vom 2. 3. 1967 – BStBl III S. 377).

(2) ¹Unmittelbare Rechtsbeziehungen setzen voraus, daß der Zahlungsverpflichtete und der Zahlungsempfänger jeweils den Namen des anderen und die Höhe des gezahlten Betrags erfahren (vgl. BFH-Urteil vom 4. 12. 1969 – BStBl 1970 II S. 191). ²Dieser Grundsatz findet jedoch regelmäßig auf Abgaben und Beiträge keine Anwendung. ³Solche Beträge können auch dann durchlaufende Posten sein, wenn die Mittelsperson dem Zahlungsempfänger die Namen der Zahlungsverpflichteten und die jeweilige Höhe der Beträge nicht mitteilt (vgl. BFH-Urteil vom 11. 8. 1966 – BStBl III S. 647). ⁴Kosten (Gebühren und Auslagen), die Rechtsanwälte, Notare und Angehörige verwandter Berufe bei Behörden und ähnlichen Stellen für ihre Auftraggeber auslegen, können als durchlaufende Posten auch dann anerkannt werden, wenn dem Zahlungsempfänger Namen und Anschriften der Auftraggeber nicht mitgeteilt werden. ⁵Voraussetzung ist, daß die Kosten nach Kosten-(Gebühren)ordnungen berechnet werden, die den Auftraggeber als Kosten-(Gebühren)schuldner bestimmen (vgl. BFH-Urteil vom 24. 8. 1967 – BStBl III S. 719).

(3) Steuern, öffentliche Gebühren und Abgaben, die vom Unternehmer geschuldet werden, sind bei ihm keine durchlaufenden Posten, auch wenn sie dem Leistungsempfänger gesondert berechnet werden (*vgl. BFH-Urteil vom 4. 6. 1970 – BStBl II S. 648* und Abschnitt 149 Abs. 6).

153. Bemessungsgrundlage beim Tausch und bei tauschähnlichen Umsätzen

(1) [1]Beim Tausch und bei tauschähnlichen Umsätzen gilt der gemeine Wert (§ 9 BewG) jedes Umsatzes als Entgelt für den anderen Umsatz. [2]Das bedeutet, daß als Entgelt für eine Leistung der übliche Preis der vom Leistungsempfänger erhaltenen Gegenleistung anzusetzen ist; die Umsatzsteuer ist stets herauszurechnen (vgl. BFH-Urteil vom 17. 1. 1957 – BStBl III S. 83). [3]Wird ein Geldbetrag zugezahlt, so handelt es sich um einen Tausch oder tauschähnlichen Umsatz mit B a r - a u f g a b e . [4]In diesen Fällen ist der Wert der Sachleistung um diesen Betrag zu mindern. [5]*Besteht die Gegenleistung neben dem Geldbetrag in dem Vorteil, daß Kapital zinslos oder verbilligt zur Nutzung überlassen wird, handelt es sich um einen tauschähnlichen Umsatz mit Baraufgabe.* [6]*Der gemeine Wert des Vorteils richtet sich nach den allgemeinen Vorschriften des Bewertungsgesetzes (§§ 13 bis 16 BewG).* [7]*Danach ist ein einjähriger Betrag der Nutzung mit 5,5 v. H. des Darlehens zu ermitteln (vgl. BFH-Urteil vom 28. 2. 1991 – BStBl II S. 649).*

(2) [1]Zum Entgelt für eine Werkleistung kann neben der vereinbarten Barvergütung auch der bei der Werkleistung anfallende Materialabfall gehören, den der Leistungsempfänger dem leistenden Unternehmer überläßt. [2]Das gilt insbesondere, wenn Leistungsempfänger und leistender Unternehmer sich darüber einig sind, daß die Barvergütung kein hinreichender Gegenwert für die Werkleistung ist. [3]Der Wert des Materialabfalls kann auch dann anteilige Gegenleistung für die Werkleistung sein, wenn über den Verbleib des Materialabfalls keine besondere Vereinbarung getroffen worden ist. [4]Die Vermutung, daß in diesem Fall die Höhe der vereinbarten Barvergütung durch den überlassenen Materialabfall beeinflußt worden ist, besteht insbesondere, wenn es sich um wertvollen Materialabfall handelt (vgl. BFH-Urteil vom 15. 12. 1988 – BStBl 1989 II S. 252). [5]Zum Wert der Gegenleistung bei Übernahme einer Baulast gegen ein Darlehen zu marktunüblich niedrigen Zinsen vgl. BFH-Urteil vom 12. 11. 1987 – BStBl 1988 II S. 156, *zum Wert der Gegenleistung bei Nießbrauchseinräumung gegen Gewährung eines unverzinslichen Darlehens vgl. BFH-Urteil vom 28. 2. 1991 – BStBl II S. 649.*

(3) [1]Die Umsätze beim A u s t a u s c h v e r f a h r e n in d e r K r a f t f a h r z e u g w i r t - s c h a f t sind in der Regel Tauschlieferungen mit Baraufgabe (vgl. BFH-Urteil vom 3. 5. 1962 – BStBl III S. 265). [2]Der Lieferung eines aufbereiteten funktionsfähigen Austauschteils (z. B. Motor, Aggregat, Achse, Benzinpumpe, Kurbelwelle, Vergaser) durch den Unternehmer der Kraftfahrzeugwirtschaft stehen eine Geldzahlung und eine Lieferung des reparaturbedürftigen Kraftfahrzeugteils (Altteils) durch den Kunden gegenüber. [3]Als Entgelt für die Lieferung des Austauschteils sind demnach die vereinbarte Geldzahlung und der gemeine Wert des Altteils anzusetzen. [4]Dabei können die Altteile mit einem Durchschnittswert von 10 v. H. des sogenannten Bruttoaustauschentgelts bewertet werden. [5]Als Bruttoaustauschentgelt ist der Betrag anzusehen, den der Endabnehmer für den Erwerb eines dem zurückgegebenen Altteil entsprechenden Austauschteils abzüglich Umsatzsteuer, jedoch ohne Abzug eines Rabatts zu zahlen hat. [6]Der Durchschnittswert ist danach auf allen Wirtschaftsstufen gleich. [7]Er kann beim Austauschverfahren sowohl für Personenkraftwagen als auch für andere Kraftfahrzeuge, insbesondere auch Traktoren, Mähdrescher und andere selbstfahrende Arbeitsmaschinen im Sinne des § 18 Abs. 2 Nr. 1 StVZO, angewandt werden. [8]Setzt ein Unternehmer bei der Abrechnung an Stelle des Durchschnittswerts andere Werte an, so sind die tatsächlichen Werte der Umsatzsteuer zu unterwerfen. [9]Zur Vereinfachung der Abrechnung (§ 14 UStG) und zur Erleichterung der Aufzeichnungspflichten (§ 22 UStG) kann wie folgt verfahren werden:

1. [1]Die Lieferungen von A l t t e i l e n durch die am Kraftfahrzeug-Austauschverfahren beteiligten Unternehmer werden nicht zur Umsatzsteuer herangezogen. [2]Soweit der Endabnehmer des Austauschteils ein Land- und Forstwirt ist und seine Umsätze nach § 24 UStG nach Durchschnittssätzen versteuert, ist der Lieferer des Austauschteils, z. B. Reparaturwerkstatt,

verpflichtet, über die an ihn ausgeführte Lieferung des Altteils auf Verlangen eine Gutschrift nach § 14 Abs. 5 UStG zu erteilen (vgl. Nummer 2 Buchstabe a Beispiel 2).

2. ¹Bei der Lieferung des Austauschteils wird der Wert des zurückgegebenen Altteils in allen Fällen von den Lieferern – Hersteller, Großhändler, Reparaturwerkstatt – als Teil der Bemessungsgrundlage berücksichtigt. ²Dabei ist folgendes zu beachten:

a) ¹In der Rechnung über die Lieferung des Austauschteils braucht der Wert des Altteils nicht in den Rechnungsbetrag einbezogen zu werden. ²Es genügt, daß der Unternehmer den auf den Wert des Altteils entfallenden Steuerbetrag angibt.

Beispiel 1:

1 Austauschmotor	800,– DM
+ Umsatzsteuer *(15 v. H.)*	120,– DM
+ Umsatzsteuer *(15 v. H.)* auf den Wert des Altteils von 80,– DM (10 v. H. von 800 DM)	12,– DM
	932,– DM

Beispiel 2:

(Lieferung eines Austauschteils an einen Land- und Forstwirt, der § 24 UStG anwendet)

1 Austauschmotor	800,– DM
+ Umsatzsteuer *(15 v. H.)*	120,– DM
+ Umsatzsteuer *(15 v. H.)* auf den Wert des Altteils von 80,– DM (10 v. H. von 800 DM)	12,– DM
	932,– DM
·/. Gutschrift 9 v. H. Umsatzsteuer auf den Wert des Altteils (80,– DM)	7,20 DM
	924,80 DM

b) ¹Der Lieferer der Austauschteile – Hersteller, Großhändler, Reparaturwerkstatt – hat die auf die Werte der Altteile entfallenden Steuerbeträge gesondert aufzuzeichnen. ²Am Schluß des Voranmeldungs- und des Besteuerungszeitraums ist aus der Summe dieser Steuerbeträge die Summe der betreffenden Entgeltsteile zu errechnen.

c) Der Lieferungsempfänger muß, sofern er auf der Eingangsseite die Entgelte für empfangene steuerpflichtige Lieferungen und sonstige Leistungen und die darauf entfallenden Steuerbeträge nicht getrennt voneinander, sondern nach § 63 Abs. 6 UStDV in einer Summe aufzeichnet, die um die Steuer auf die Werte der Altteile verminderten Bruttorechnungsbeträge (nach den vorstehenden Beispielen *920,– DM*) und die auf die Werte der Altteile entfallenden Steuerbeträge getrennt voneinander aufzeichnen.

(4) ¹Nimmt ein Kraftfahrzeughändler beim Verkauf eines Neuwagens einen Gebrauchtwagen in Zahlung und leistet der Käufer in Höhe des Differenzbetrages eine Zuzahlung, so liegt ein Tausch mit Baraufgabe vor. ²Zum Entgelt des Händlers gehört neben der Zuzahlung auch der gemeine Wert des in Zahlung genommenen gebrauchten Fahrzeuges. ³Wird der Gebrauchtwagen zu einem höheren Preis als dem gemeinen Wert in Zahlung genommen, so liegt ein v e r d e c k - t e r P r e i s n a c h l a ß vor, der das Entgelt für die Lieferung des Neuwagens mindert.

Beispiel 1:

¹Der Verkaufspreis eines neuen Kraftwagens beträgt *17 250 DM*. ²Der Kraftfahrzeughändler nimmt bei der Lieferung des Neuwagens ein gebrauchtes Fahrzeug, dessen gemeiner Wert 8 000 DM beträgt, mit 8 500 DM in Zahlung. ³Der Kunde zahlt *8 750 DM* in bar.

⁴Der Kraftfahrzeughändler gewährt einen verdeckten Preisnachlaß von 500 DM. ⁵Das Entgelt für die Lieferung des Neuwagens berechnet sich wie folgt:

Barzahlung	8 750,– DM
+ gemeiner Wert	8 000,– DM
	16 750,– DM
./. darin enthaltene *13,04* v. H. Umsatzsteuer (Steuersatz 15 v. H.)	*2 184,20 DM*
= Entgelt	*14 565,80 DM*

[4]Ein verdeckter Preisnachlaß kann mit steuerlicher Wirkung nur anerkannt werden, wenn die Höhe der Entgeltsminderung nachgewiesen wird. [5]Der Kraftfahrzeughändler kann den gemeinen Wert des in Zahlung genommenen Gebrauchtwagens wie folgt ermitteln:

1. Wenn im Zeitpunkt der Übernahme des Gebrauchtwagens ein Schätzpreis eines amtlich bestellten Kraftfahrzeugsachverständigen festgestellt worden ist, kann dieser als gemeiner Wert anerkannt werden.

2. [1]Bei Fahrzeugen, die innerhalb einer Frist von 3 Monaten seit Übernahme weitergeliefert werden, kann als gemeiner Wert der Verkaufserlös abzüglich etwaiger Reparaturkosten, soweit die Reparaturen nicht nach der Übernahme durch den Kraftfahrzeughändler von diesem verursacht worden sind, und abzüglich eines Pauschalabschlags bis zu 15 v. H. für Verkaufskosten anerkannt werden. [2]Ein höherer Abschlagssatz ist nur anzuerkennen, wenn der Unternehmer entsprechende stichhaltige Kalkulationen vorlegt. [3]Reparaturen sind nur mit den Selbstkosten, also ohne Gewinnzuschlag, zu berücksichtigen. [4]Zu den Reparaturen in diesem Sinne rechnet nicht das Verkaufsfertigmachen. [5]Die Kosten hierfür sind durch den Pauschalabschlag abgegolten.

3. [1]Bei Fahrzeugen, die nicht innerhalb einer Frist von 3 Monaten seit Übernahme, sondern erst später weitergeliefert werden, kann der Verkaufserlös abzüglich etwaiger Reparaturkosten wie bei Nummer 2, aber ohne Pauschalabschlag als gemeiner Wert anerkannt werden. [2]Bei der Ermittlung des gemeinen Werts in den Fällen 2 und 3 ist vom Brutto-Verkaufserlös (einschl. Umsatzsteuer) auszugehen. [3]Der daraus ermittelte gemeine Wert ist ebenfalls der Bruttowert (einschl. Umsatzsteuer).

Beispiel 2:

Verkaufspreis des Neufahrzeugs (15 000 DM + *2 250 DM* Umsatzsteuer)	*17 250,– DM*
Barzahlung	*8 750,– DM*
Anrechnung Gebrauchtfahrzeug	*8 500,– DM*
Ermittlung des gemeinen Werts	
Verkaufserlös	10 000,– DM
./. Reparaturkosten	500,– DM
./. Verkaufskosten (15 v. H. von 10 000 DM)	1 500,– DM
= Gemeiner Wert	8 000,– DM
Verdeckter Preisnachlaß	500,– DM
Ermittlung des Entgelts	
Barzahlung	*8 750,– DM*
+ Gemeiner Wert des Gebrauchtfahrzeugs	8 000,– DM
	16 750,– DM

UStG § 10   154, 155 UStR   *Bemessungsgrundlage für Lieferungen*

./. darin enthaltene *13,04 v. H.* Umsatzsteuer (Steuersatz *15 v. H.*)	*2 184,20 DM*
Die Umsatzsteuer vermindert sich um (2 250 DM ./. 2 184,20 DM) =	65,80 DM

⁶Ist der festgestellte gemeine Wert des in Zahlung genommenen Gebrauchtwagens höher als der Inzahlungnahmepreis, hat der Kraftfahrzeughändler außer der Zuzahlung den höheren gemeinen Wert zu versteuern. ⁷Die Regelung zur Ermittlung des gemeinen Wertes kann auch angewendet werden, wenn das in Zahlung genommene Fahrzeug nicht weiterverkauft, sondern verschrottet wird. ⁸In diesem Fall kann der gemeine Wert des Fahrzeugs mit 0 DM bzw. mit dem Schrotterlös angesetzt werden, und zwar ohne Rücksicht darauf, ob es innerhalb von 3 Monaten oder später verschrottet wird. ⁹Voraussetzung hierfür ist jedoch, daß die Verschrottung des Fahrzeugs vom Händler in geeigneter Weise, mindestens durch Vorlage des entwerteten Kfz-Briefes, nachgewiesen wird.

(5) ¹In den Fällen, in denen bei der Lieferung eines Neuwagens und der Inzahlungnahme eines Gebrauchtwagens ein verdeckter Preisnachlaß gewährt wird, ist ggf. § 14 Abs. 2 UStG anzuwenden. ²Der Kraftfahrzeughändler, der in einem derartigen Fall eine Rechnung erteilt, in der die Umsatzsteuer gesondert ausgewiesen und der angegebene Steuerbetrag von dem nicht um den verdeckten Preisnachlaß geminderten Entgelt berechnet worden ist, schuldet den Steuermehrbetrag nach § 14 Abs. 2 Satz 1 UStG. ³Eine Berichtigung der geschuldeten Umsatzsteuer nach § 17 Abs. 1 Nr. 1 UStG erfordert nach § 14 Abs. 2 Satz 2 UStG, daß der in der Rechnung ausgewiesene Steuerbetrag gegenüber dem Abnehmer berichtigt wird. ⁴In diesem Fall ist der Abnehmer nach § 17 Abs. 1 Nr. 2 UStG verpflichtet, den in Anspruch genommenen Vorsteuerabzug entsprechend zu berichtigen.

154. *(weggefallen)*

155. Bemessungsgrundlage beim Eigenverbrauch

(1) ¹Im Fall der Entnahme eines Gegenstandes im Sinne des § 1 Abs. 1 Nr. 2 Buchstabe a UStG *(vgl. Abschnitt 8)* ist bei der Ermittlung der Bemessungsgrundlage grundsätzlich vom Einkaufspreis zuzüglich der Nebenkosten für den Gegenstand oder für einen gleichartigen Gegenstand im Zeitpunkt der Entnahme auszugehen (§ 10 Abs. 4 Nr. 1 UStG). ²Der Einkaufspreis entspricht in der Regel dem Wiederbeschaffungspreis. ³Kann ein Einkaufspreis nicht ermittelt werden, so sind als Bemessungsgrundlage die Selbstkosten anzusetzen. ⁴Diese umfassen alle durch den betrieblichen Leistungsprozeß bis zum Zeitpunkt der Entnahme entstandenen Kosten. ⁵Die auf den Eigenverbrauch entfallende Umsatzsteuer gehört nicht zur Bemessungsgrundlage.

(2) ¹Bei sonstigen Leistungen für unternehmensfremde Zwecke im Sinne des § 1 Abs. 1 Nr. 2 Buchstabe b UStG *(vgl. Abschnitt 9)* bilden die bei der Ausführung der Leistung entstandenen Kosten die Bemessungsgrundlage (§ 10 Abs. 4 Nr. 2 UStG). ²Dabei ist grundsätzlich von den bei der Einkommensteuer zugrunde gelegten Kosten auszugehen, die den anteiligen Unternehmerlohn nicht mit einschließen. ³In diese Kosten sind – unabhängig von der Einkunftsermittlungsart – die nach § 15 UStG abziehbaren Vorsteuerbeträge nicht einzubeziehen. ⁴*Aus der Bemessungsgrundlage für den Verwendungseigenverbrauch sind solche Kosten auszuscheiden, bei denen kein Vorsteuerabzug möglich ist (vgl. EuGH-Urteil vom 25. 5. 1993 – BStBl II S. 812).* ⁵*Dabei ist es unerheblich, ob das Fehlen der Abzugsmöglichkeit darauf zurückzuführen ist, daß*

a) *für die Leistung an den Unternehmer keine Umsatzsteuer geschuldet wird oder*

b) *die Umsatzsteuer für die empfangene Leistung beim Unternehmer nach § 15 Abs. 2 UStG vom Vorsteuerabzug ausgeschlossen ist oder*

c) die Aufwendungen in öffentlichen Abgaben (Steuern, Gebühren oder Beiträgen) bestehen.

(3) ¹Bei der Ermittlung der Bemessungsgrundlage für die nichtunternehmerische (private) Nutzung eines dem Unternehmen zugeordneten Kraftfahrzeugs bleiben z. B. die Kraftfahrzeugsteuer, die Kraftfahrzeugversicherungen (Haftpflicht, Kasko-, Insassenunfallversicherung), die Garagenmiete, soweit im Ausnahmefall für die Vermietung die Steuerfreiheit nach § 4 Nr. 12 Satz 1 UStG in Betracht kommt, und die Rundfunkgebühren für das Autoradio außer Ansatz. ²Dies gilt ohne Rücksicht darauf, ob für das verwendete Kraftfahrzeug selbst ein Vorsteuerabzug möglich war. ³Zu den Kosten gehören auch die unternehmerisch veranlaßten Unfallkosten. ⁴Unfallkosten im Zusammenhang mit einer nichtunternehmerischen Fahrt oder einem durch private Gründe veranlaßten Unfall unterliegen dem Abzugsverbot des § 12 Nr. 1 EStG und sind in vollem Umfang Bemessungsgrundlage für den Eigenverbrauch nach § 1 Abs. 1 Nr. 2 Buchstabe c UStG. ⁵Unternehmerisch und nichtunternehmerisch veranlaßte Unfallkosten sind jedoch um die von dritter Seite erlangte und dem Unternehmen zugeführte Ersatzleistung zu mindern (vgl. BFH-Urteil vom 28. 2. 1980 – BStBl II S. 309). ⁶Eine Kürzung der Bemessungsgrundlage ist nicht zulässig, wenn der private Nutzungsanteil von Fahrzeugen nach der sog. 1-v. H.-Regelung (vgl. Abschnitt 31 Abs. 7 Nr. 4 LStR) ermittelt wird.

(4) ¹Die auf die nichtunternehmerische Verwendung eines betriebseigenen Flugzeugs entfallenden Kosten im Sinne des § 10 Abs. 4 Nr. 2 UStG bestimmen sich nach den tatsächlichen Gesamtkosten für das Unternehmen und dem Aufteilungsmaßstab der unternehmerischen und nichtunternehmerischen Flugminuten. ²Unerheblich ist, daß die Inanspruchnahme eines fremden Unternehmers kostengünstiger wäre (vgl. BFH-Urteil vom 28. 2. 1980 – BStBl II S. 671).

(5) ¹Bemessungsgrundlage für den Eigenverbrauch nach § 1 Abs. 1 Nr. 2 Buchstabe c UStG (vgl. Abschnitt 10) sind die Aufwendungen. ²Dazu gehören auch durch Einzelbelege nachgewiesene Verpflegungsmehraufwendungen bei Geschäftsreisen, soweit diese Kosten die Höchstbeträge nach § 4 Abs. 5 Nr. 5 EStG übersteigen (vgl. Abschnitt 196 Abs. 5 und 6). ³Eine Kürzung der Aufwendungen um Kosten, bei denen kein Vorsteuerabzug möglich ist (vgl. Absätze 2 und 3), ist beim Eigenverbrauch nach § 1 Abs. 1 Nr. 2 Buchstabe c UStG nicht zulässig (vgl. BFH-Urteil vom 16. 2. 1994 – BStBl II S. 468).

156. Bemessungsgrundlage bei Lieferungen und sonstigen Leistungen an Arbeitnehmer

Zur Bemessungsgrundlage bei unentgeltlichen oder verbilligten Leistungen an Arbeitnehmer vgl. Abschnitt 12.

157. Bemessungsgrundlage bei Leistungen von Vereinigungen an ihre Mitglieder

(1) ¹Bei unentgeltlichen Lieferungen an Mitglieder, Gesellschafter usw. (vgl. § 1 Abs. 1 Nr. 3 UStG) ist nach § 10 Abs. 4 Nr. 1 UStG die Bemessungsgrundlage wie bei der Entnahme eines Gegenstandes zu ermitteln (vgl. Abschnitt 155 Abs. 1). ²Die Umsatzsteuer gehört nicht zur Bemessungsgrundlage.

(2) ¹Bei unentgeltlichen sonstigen Leistungen an Mitglieder, Gesellschafter usw. sind nach § 10 Abs. 4 Nr. 2 UStG wie beim Eigenverbrauch sonstiger Leistungen die bei der Leistung entstandenen Kosten als Bemessungsgrundlage (vgl. Abschnitt 155 Abs. 2 bis 4) anzusetzen. ²Die Umsatzsteuer gehört nicht zur Bemessungsgrundlage.

(3) Zur Rechnungserteilung in *den* Fällen des § 1 Abs. 1 Nr. 3 UStG vgl. Abschnitt 187a.

(4) Zur Bemessungsgrundlage bei Lieferungen und sonstigen Leistungen, die Vereinigungen an ihre Mitglieder zu unangemessen niedrigen Entgelten ausführen, vgl. Abschnitt 158.

158. Mindestbemessungsgrundlage (§ 10 Abs. 5 UStG)

(1) ¹Die Mindestbemessungsgrundlage gilt nur für folgende Umsätze:

1. Umsätze der in § 1 Abs. 1 Nr. 3 UStG genannten Vereinigungen an ihre Anteilseigner, Gesellschafter, Mitglieder und Teilhaber oder diesen nahestehende Personen (vgl. Abschnitt 11 sowie die Beispiele 1 *und 2);*

2. Umsätze von Einzelunternehmern an ihnen nahestehende Personen;

3. Umsätze von Unternehmern an ihre Arbeitnehmer oder deren Angehörige aufgrund des Dienstverhältnisses (vgl. Abschnitt 12).

²Wegen des Begriffs „nahestehende Personen" vgl. Abschnitt 11 Abs. 3. ³Ist das für die genannten Umsätze entrichtete Entgelt niedriger als die nach § 10 Abs. 4 UStG in Betracht kommenden Werte oder Kosten für gleichartige unentgeltliche Leistungen, so sind als Bemessungsgrundlage die Werte oder Kosten nach § 10 Abs. 4 UStG anzusetzen.

Beispiel 1:

¹Eine KG überläßt einem ihrer Gesellschafter einen firmeneigenen Personenkraftwagen zur privaten Nutzung. ²Sie belastet in der allgemeinen kaufmännischen Buchführung das Privatkonto des Gesellschafters im Kalenderjahr mit *2 400 DM.* ³Der auf die private Nutzung des Pkw entfallende Anteil an den *zum Vorsteuerabzug berechtigenden* Kosten (z. B. AfA, Kraftstoff, Öl, Reparaturen) beträgt jedoch *3 600 DM*. ⁴Nach § 10 Abs. 4 Nr. 2 UStG wäre als Bemessungsgrundlage für eine unentgeltliche Überlassung des Pkw der auf die Privatnutzung entfallende Kostenanteil von *3 600 DM* zugrunde zu legen. ⁵Das vom Gesellschafter durch Belastung seines Privatkontos entrichtete Entgelt ist niedriger als die Bemessungsgrundlage nach § 10 Abs. 4 Nr. 2 UStG. ⁶Nach § 10 Abs. 5 Nr. 1 UStG ist deshalb die Pkw-Überlassung mit *3 600 DM* zu versteuern.

Beispiel 2:

¹Ein Verein gestattet seinen Mitgliedern und auch Dritten die Benutzung seiner Vereinseinrichtungen gegen Entgelt. ²Das von den Mitgliedern zu entrichtende Entgelt ist niedriger als das von Dritten zu zahlende Entgelt.

a) ¹Der Verein ist nicht als gemeinnützig anerkannt.

²Es ist zu prüfen, ob die bei der Überlassung der Vereinseinrichtungen entstandenen Kosten das vom Mitglied gezahlte Entgelt übersteigen. ³Ist dies der Fall, sind nach § 10 Abs. 5 Nr. 1 UStG die Kosten als Bemessungsgrundlage anzusetzen. ⁴Deshalb erübrigt sich die Prüfung, ob ein Teil der Mitgliederbeiträge als Entgelt für Sonderleistungen anzusehen ist.

b) ¹Der Verein ist als gemeinnützig anerkannt.

²Mitglieder gemeinnütziger Vereine dürfen im Gegensatz zu Mitgliedern anderer Vereine nach § 55 Abs. 1 Nr. 1 AO keine Gewinnanteile und in ihrer Eigenschaft als Mitglieder auch keine sonstigen Zuwendungen aus Mitteln des Vereins erhalten. ³Erbringt der Verein an seine Mitglieder Sonderleistungen gegen Entgelt, braucht aus Vereinfachungsgründen eine Ermittlung der Kosten erst dann vorgenommen zu werden, wenn die Entgelte offensichtlich nicht kostendeckend sind.

(2) Wegen der Rechnungserteilung in den Fällen der Mindestbemessungsgrundlage vgl. Abschnitt 187a.

(3) ¹Bei der Vermietung und Verpachtung von Gebäuden *oder selbständig nutzbaren Grundstücksteilen* – einschließlich der vermieteten Betriebsvorrichtungen – gehören zu den nach § 10

Bemessungsgrundlage für Lieferungen **§ 10 UStG**

Abs. 5 Nr. 1, § 10 Abs. 4 Nr. 2 UStG anzusetzenden Kosten auch die – *anteiligen* – Absetzungen für Abnutzung (AfA), erhöhte Absetzungen und Sonderabschreibungen. ²Bei Inanspruchnahme von degressiver AfA, von erhöhten Absetzungen oder von Sonderabschreibungen ist es nicht zu beanstanden, wenn bei der Ermittlung der Kosten abweichend von der ertragsteuerlichen Behandlung nur die AfA in gleichen Jahresbeträgen (§ 7 Abs. 1 Satz 1 und Abs. 4 EStG) zugrunde gelegt werden. ³Dabei darf die AfA-Bemessungsgrundlage jedoch nicht um ertragsteuerrechtlich zulässige Abzüge, z. B. den Abzug nach § 6b EStG, gekürzt werden. ⁴Bei Gebäuden, die mit Zuschüssen aus öffentlichen oder privaten Mitteln angeschafft oder hergestellt worden sind, ist die AfA-Bemessungsgrundlage nicht um diese Zuschüsse zu mindern. ⁵Will der Unternehmer bei der Ermittlung der umsatzsteuerlichen Bemessungsgrundlage nur die AfA in gleichen Jahresbeträgen als Teil der Kosten behandeln, bleibt er daran für die Dauer der Vermietung oder Verpachtung gebunden. ⁶Aus seinen Aufzeichnungen muß hervorgehen, wie er die von der ertragsteuerlichen Behandlung abweichende Berechnung der AfA vorgenommen hat.

(4) ¹Bei der Ermittlung der Mindestbemessungsgrundlage sind solche Kosten auszuscheiden, bei denen kein Vorsteuerabzug möglich ist. ²Dabei bleiben z. B. Kreditzinsen und Grundsteuer bei den Kosten, die bei der Vermietung eines Gebäudes zu ermitteln sind, außer Betracht. ³Der auf die Nutzungsüberlassung eines Pkw entfallende Anteil an der Kfz-Steuer, den Kraftfahrzeugversicherungen, der Garagenmiete – soweit im Ausnahmefall für die Vermietung die Steuerfreiheit nach § 4 Nr. 12 Satz 1 UStG in Betracht kommt – und den Rundfunkgebühren für das Autoradio bleibt außer Ansatz (vgl. Abschnitt 155 Abs. 2 bis 4).

159. Durchschnittsbeförderungsentgelt

¹Das nach § 10 Abs. 6 UStG bei Beförderung von Personen im Gelegenheitsverkehr mit Kraftomnibussen, die nicht im Inland zugelassen sind, *bei der Beförderungseinzelbesteuerung* anzusetzende Durchschnittsbeförderungsentgelt ist nach § 25 UStDV auf *8,67 Pfennig* je Personenkilometer festgesetzt worden. ²Die Steuer je Personenkilometer beträgt somit beim Steuersatz von *15 v. H. = 1,3* Pfennig. ³Wegen der Berechnung der Steuer nach dem Durchschnittsbeförderungsentgelt *und der Möglichkeit des Unternehmers, nach Ablauf des Besteuerungszeitraums anstelle der Beförderungseinzelbesteuerung die Berechnung der Steuer nach § 16 Abs. 1 und 2 UStG zu beantragen (§ 16 Abs. 5b UStG)*, vgl. Abschnitt 221.

Verwaltungsanweisungen

- Ustl. Behandlung von Spenden im Zusammenhang mit Benefiz-Schallplatten (OFD Hannover 10. 2. 1989, UR 1989, 167);

- Zuwendungen der öffentlichen Hand zur Förderung von Unternehmensberatungen (OFD Hannover 10. 2. 1989, UR 1989, 327);

- Zuwendungen des Bundes zu Windenergieanlagen (OFD Hannover 6. 4. 1990, BB 1990, 2033);

- ustl. Behandlung der von der EG gezahlten Zuschüsse zur Errichtung von EG-Beratungsstellen („EIC" – Hessisches MdF 13. 2. 1991, DStR 1991, 384);

- Vergütungen für die Stillegung von Ackerflächen (OFD Münster 28. 2. 1991, DStR 1991, 685);

UStG § 10 *Bemessungsgrundlage für Lieferungen*

- ustl. Behandlung von Direktzahlungen und Prämien im Agrarbereich (BMF 9. 11. 1992, DB 1992, 2473);
- Prämien für die Rodung von Apfelbäumen und die Stillegung von Ackerflächen (OFD Cottbus 21. 6. 1993, UR 1994, 90);
- Bemessungsgrundlage für den Verwendungseigenverbrauch und entsprechende sonstige Leistungen (BMF 28. 9. 1993, BStBl I, 912);
- ustl. Behandlung des Pfandgeldes bei Änderungen des Steuersatzes (BMF 16. 11. 1993, UR 1994, 371);
- ustl. Behandlung von Zuwendungen zur Förderung von Forschungs- und Entwicklungsvorhaben (BMF 1. 2. 1994, BStBl I, 187);
- Zahlungen im Bereich der Landwirtschaft (Sächsisches StMdF 23. 2. 1994, UR 1994, 485);
- Mindestbemessungsgrundlage bei Lieferungen an nahestehende Personen zum marktüblichen Entgelt (OFD Nürnberg 14. 7. 1994, UR 1995, 112);
- Zuwendungen und Ausgleichszahlungen zum ÖPNV (OFD'en Baden-Württemberg Dezember 1994, UR 1995, 111);
- Behandlung von Pyramiden-, Kettengewinn- und ähnlichen Spielen (OFD'en Baden-Württemberg Dezember 1994, UR 1995, 155);
- nicht abziehbare Betriebsausgaben und die Bemessungsgrundlage (OFD Frankfurt a. M. 28. 3. 1995, UR 1995, 300 und 22. 5. 1995, DStR 1995, 1677);
- Behandlung von Druckkostenzuschüssen (OFD Frankfurt a. M. 16. 5. 1995, StEd 1995, 414);
- Abgabe von Warenposten gegen Gutscheine (OFD Saarbrücken 18. 9. 1995, UR 1996, 34);
- ustl. Behandlung der nichtunternehmerischen Kfz-Nutzung (BMF 21. 2. 1996, BStBl I, 151; 11. 4. 1996, BStBl I, 633 und 11. 3. 1997, BStBl I, 324);
- Behandlung von Vergabe-ABM nach §§ 91 ff. AFG (MdF Sachsen-Anhalt 28. 2. 1996, UR 1996, 276);
- Behandlung der Beköstigung von Arbeitnehmern während einer Dienstreise ab 1. 1. 1996 (BMF 22. 5. 1996, BStBl I, 636);
- Pauschbeträge für den Eigenverbrauch (BMF 24. 6. 1996, UR 1996, 309);
- Sondermaßnahmen zur Stützung des Schweinemarktes (MdF Sachsen-Anhalt 9. 7. 1996, UVR 1996, 316);
- Bemessungsgrundlage beim Tausch oder tauschähnlichen Umsätzen (Sächs. StMdF 18. 9. 1996, StEd 1996, 676);
- Überlassung von Kfz an Arbeitnehmer für private Zwecke (Hess. FinMin 11. 10. 1996, DStR 1996, 1733);
- Zuwendungen und Ausgleichszahlungen für gemeinwirtschaftliche Verkehrsleistungen im ÖPNV (OFD Frankfurt a. M. 7. 11. 1996, StEd 1997, 22).

Rechtsprechung

- Übernahme einer dinglichen Baulast gegen ein Darlehen (BFH 12. 11. 1987, BStBl 1988 II, 156);

Bemessungsgrundlage für Lieferungen **§ 10 UStG**

- Abgrenzung zum echten Zuschuß (BFH 9. 12. 1987, BStBl 1988 II, 471 und 20. 4. 1988, BStBl II, 792);
- Entgeltminderung oder Zahlung an Franchisegeber (BFH 20. 4. 1988, UR 1989, 189);
- Bearbeitungsabfall als zusätzliches Entgelt neben Stücklohn (BFH 15. 12. 1988, BStBl 1989 II, 252);
- Abgrenzung Leistungsentgelt und echter Zuschuß (BFH 23. 2. 1989, BStBl II, 638);
- zum Entgeltumfang einer der Entschädigung neben der Kaufpreiszahlung (BFH 24. 6. 1992, BStBl II, 986);
- Verzicht auf Zins als zusätzliches Leistungsentgelt (BFH 31. 8. 1992, BStBl II, 1046);
- Eigenverbrauchs-Bemessungsgrundlage (Wasserentnahme durch eine Gemeinde) (EuGH 10. 3. 1994, UR 1995, 343);
- zur ustl. Behandlung einer Vertragsstrafe (BFH 4. 5. 1994, BStBl II, 589);
- zur Bemessungsgrundlage bei Umsätzen aus Geldspielgeräten mit Gewinnmöglichkeit (EuGH 5. 5. 1994, BStBl II, 548, mit Anm. BMF 5. 7. 1994, BStBl I, 465);
- Bemessungsgrundlage bei der Werbung von Kunde zu Kunde (EuGH 2. 6. 1994, UR 1995, 64);
- zur ustl. Behandlung von Forschungszuschüssen (BFH 28. 7. 1994, BStBl 1995 II, 86);
- zur Berechnung einer Incentive-Reise als zusätzliches Entgelt des Pächters einer Tankstelle (BFH 28. 7. 1994, BStBl 1995 II, 274);
- Druckkostenzuschüsse von Dritter Seite (BFH 28. 7. 1994, UR 1995, 68);
- nicht kostendeckendes Entgelt eines Haus- und Grundbesitzervereins als weiteres Entgelt (BFH 8. 9. 1994, BStBl II, 957);
- Anteil der Händler an den Autofinanzierungskosten mindert Bemessungsgrundlage für die Fahrzeuglieferung nicht (FG Münster 24. 1. 1995, EFG 1995, 637);
- estl. Abschreibungen ohne Wertverzehr ist ohne Auswirkungen auf die ustl. Bemessungsgrundlage (Niedersächsisches FG 9. 2. 1995, StEd 1995, 284);
- Vermittlung eines Neuabonennten gegen Werbeprämie als tauschähnlicher Umsatz (BFH 7. 3. 1995, BStBl II, 518);
- Gastgeberinnengeschenke bei sog. „Hausparties" (BFH 31. 3. 1995, BFH/NV 1995, 1028);
- Incentive-Reise als zusätzliches Entgelt für eine Vermittlungsleistung (BFH 28. 4. 1995, BFH/NV 1996, 271 und 272);
- Mahngebühren einer ärztlichen Verrechnungsstelle als Entgelt für die Einziehung der Leistung (BFH 11. 5. 1995, BStBl II, 613);
- Zuwendung einer Reise für die Abnahme von Waren als Minderung des Entgelts (BFH 28. 6. 1995, BStBl II, 850);
- Zuwendungen „zur Förderung naturschutzgerechter Grünlandnutzung" als echte Zuschüsse (FG Mecklenburg-Vorpommern 7. 11. 1995, UR 1997, 31);
- Leistungsaustausch bei Forschung mit öffentlichen Mitteln (BFH 25. 1. 1996, BFH/NV 1996, 715);

- Aufgabe der Milcherzeugung gegen eine Vergütung als echter Zuschuß (EuGH 29. 2. 1996, UR 1996, 219);
- keine Änderung bestandskräftiger Steuerbescheide (Bemessungsgrundlage bei Geldspielgeräten) mittels „Emmott'scher Fristenhemmung" (BFH 21. 3. 1996, BStBl II, 399 und BVerfG 23. 12. 1996, UVR 1997, 137);
- Schätzung der Bemessungsgrundlage bei privater Kfz-Nutzung (BFH 2. 4. 1996, UR 1996, 337);
- Bemessungsgrundlage bei Leistungen im Rahmen eines Gesellschafterverhältnisses (BFH 18. 4. 1996, BStBl II, 387);
- öffentliche Zuschüsse an Betriebshelfereinrichtungen als Entgelt von Dritter Seite (BFH 27. 6. 1996, BFH/NV 1997, 155);
- Ausgleichszahlungen im ÖPNV (FG Baden-Württemberg -AS Stuttgart- 25. 9. 1996, StEd 1996, 719);
- Rabattgewährung mindert Bemessungsgrundlage (EuGH 24. 10. 1996, IStR 1996, 585);
- Preiserstattungen und -nachlässe des Händlers können bei der Bemessungsgrundlage des Herstellers Berücksichtigung finden (EuGH 24. 10. 1996, UVR 1996, 391);
- Startgelder bei Skatturnieren, die in voller Höhe an Spieler ausgezahlt werden, gehören nicht in die Bemessungsgrundlage des Veranstalters (FG Münster 19. 12. 1996, StEd 1997, 271);
- Brachlegung von Ackerflächen gegen Entgelt als Leistungsaustausch (BFH 30. 1. 1997, BuW 1997, 341);
- Zuschuß einer Gemeinde an den Pächter eines gemeindeeigenen Freibads als Leistungsentgelt (Hess. FG 5. 2. 1997, StEd 1997, 222).

UStG

§ 11[1]) Bemessungsgrundlage für die Einfuhr

(1) Der Umsatz wird bei der Einfuhr (§ 1 Abs. 1 Nr. 4) nach dem Wert des eingeführten Gegenstandes nach den jeweiligen Vorschriften über den Zollwert bemessen.

(2) ¹Ist **ein Gegenstand ausgeführt, in einem Drittlandsgebiet für Rechnung des Ausführers veredelt und von diesem oder für ihn wieder eingeführt worden, so wird abweichend von Absatz 1 der Umsatz bei der Einfuhr nach dem für die Veredelung zu zahlenden Entgelt oder, falls ein solches Entgelt nicht gezahlt wird, nach der durch die Veredelung eingetretenen Wertsteigerung bemessen.** ²**Das gilt auch, wenn die Veredelung in einer Ausbesserung besteht und anstelle eines ausgebesserten Gegenstandes ein Gegenstand eingeführt wird, der ihm nach Menge und**

---

1) **Anm.:** § 11 Abs. 3 i. d. F. des Art. 20 Nr. 11 JStG 1996 v. 11. 10. 95 (BGBl I, 1250).

Beschaffenheit nachweislich entspricht. ³Ist der eingeführte Gegenstand vor der Einfuhr geliefert worden und hat diese Lieferung nicht der Umsatzsteuer unterlegen, so gilt Absatz 1.
(3) Dem Betrag nach Absatz 1 oder 2 sind hinzuzurechnen, soweit sie darin nicht enthalten sind:
1. die außerhalb der in § 1 Abs. 1 Nr. 4 bezeichneten Gebiete für den eingeführten Gegenstand geschuldeten Beträge an Einfuhrabgaben, Steuern und sonstigen Abgaben;
2. die auf Grund der Einfuhr im Zeitpunkt des Entstehens der Einfuhrumsatzsteuer auf den Gegenstand entfallenden Beträge an Zoll einschließlich der Abschöpfung und an Verbrauchsteuern außer der Einfuhrumsatzsteuer, soweit die Steuern unbedingt entstanden sind;
3. die auf den Gegenstand entfallenden Kosten für die Vermittlung der Lieferung und die Kosten der Beförderung sowie für andere sonstige Leistungen bis zum ersten Bestimmungsort im Gemeinschaftsgebiet;
4. die in Nummer 3 bezeichneten Kosten bis zu einem weiteren Bestimmungsort im Gemeinschaftsgebiet, sofern dieser im Zeitpunkt des Entstehens der Einfuhrumsatzsteuer bereits feststeht.
(4) Zur Bemessungsgrundlage gehören nicht Preisermäßigungen und Vergütungen, die sich auf den eingeführten Gegenstand beziehen und die im Zeitpunkt des Entstehens der Einfuhrumsatzsteuer feststehen.
(5) Für die Umrechnung von Werten in fremder Währung gelten die entsprechenden Vorschriften über den Zollwert der Waren, die in Rechtsakten des Rates oder der Kommission der Europäischen Gemeinschaften festgelegt sind.

6. EG-Richtlinie

Abschnitt VIII: Besteuerungsgrundlage

Artikel 11
...

B. Bei der Einfuhr von Gegenständen

(1) Die Besteuerungsgrundlage ist, auch für die Einfuhr von Gegenständen im Sinne des Artikels 7 Absatz 1 Buchstabe b), der Wert, der durch die geltenden Gemeinschaftsvorschriften als Zollwert bestimmt ist.

(2) (weggefallen)

(3) In die Besteuerungsgrundlage sind einzubeziehen, soweit nicht bereits darin enthalten:

a) die außerhalb des Einfuhrmitgliedstaats sowie die aufgrund der Einfuhr geschuldeten Steuern, Zölle, Abschöpfungen und sonstigen Abgaben, mit Ausnahme der zu erhebenden Mehrwertsteuer;

b) *die Nebenkosten wie Provisionen-, Verpackungs-, Beförderungs- und Versicherungskosten, die bis zum ersten im Einfuhrmitgliedstaat gelegenen Bestimmungsort der Gegenstände entstehen.*

Unter „erstem Bestimmungsort" ist der Ort zu verstehen, der auf dem Frachtbrief oder einem anderen Begleitpapier, mit dem die Gegenstände in den Einfuhrmitgliedstaat verbracht werden, angegeben ist. Fehlt eine solche Angabe, so gilt als erster Bestimmungsort der Ort, an dem die erste Umladung im Einfuhrmitgliedstaat erfolgt.

In die Besteuerungsgrundlage sind auch die vorgenannten Nebenkosten einzubeziehen, wenn diese sich aus der Beförderung nach einem anderen in der Gemeinschaft gelegenen Bestimmungsort ergeben, der zum Zeitpunkt, in dem der Steuertatbestand eintritt, bekannt ist.

(4) In die Besteuerungsgrundlage sind die in Teil A Absatz 3 Buchstaben a) und b) genannten Faktoren nicht einzubeziehen.

(5) Für vorübergehend aus der Gemeinschaft ausgeführte Gegenstände, die wieder eingeführt werden, nachdem sie außerhalb der Gemeinschaft instandgesetzt, umgestaltet oder be- oder verarbeitet worden sind, treffen die Mitgliedstaaten Maßnahmen, die sicherstellen, daß die steuerliche Behandlung hinsichtlich der Mehrwertsteuer für den fertigen Gegenstand die gleiche ist wie diejenige, die angewandt worden wäre, wenn der Gegenstand im Inland instandgesetzt, umgestaltet oder be- oder verarbeitet worden wäre.

...

C. Verschiedene Bestimmungen

...

(2) Sind die zur Ermittlung der Besteuerungsgrundlage bei der Einfuhr dienenden Faktoren in einer anderen Währung als der des Mitgliedstaates ausgedrückt, in dem die Wertermittlung vorgenommen wird, so wird der Umrechnungskurs nach den zur Berechnung des Zollwerts geltenden Gemeinschaftsvorschriften festgesetzt.

Sind die zur Ermittlung der Besteuerungsgrundlage eines anderen Umsatzes als der Einfuhr von Gegenständen dienenden Faktoren in einer anderen Währung als der des Mitgliedstaates ausgedrückt, in dem die Wertermittlung vorgenommen wird, so gilt als Umrechnungskurs der letzte Verkaufskurs, der zu dem Zeitpunkt, zu dem der Steueranspruch entsteht, an dem oder den repräsentativsten Devisenmärkten des betreffenden Mitgliedstaates verzeichnet wurde, oder ein mit Bezug auf diesen oder diese Devisenmärkte festgelegter Kurs entsprechend den von diesem Mitgliedstaat festgelegten Einzelheiten. Bei bestimmten Umsätzen oder bei bestimmten Gruppen von Steuerpflichtigen steht es den Mitgliedstaaten jedoch frei, den Umrechnungskurs anzuwenden, der nach den zur Berechnung des Zollwerts geltenden Gemeinschaftsvorschriften festgesetzt worden ist.

...

UStG

Vierter Abschnitt: Steuer und Vorsteuer

§ 12[1]) Steuersätze

(1) Die Steuer beträgt für jeden steuerpflichtigen Umsatz fünfzehn vom Hundert der Bemessungsgrundlage (§§ 10, 11, 25 Abs. 3 und § 25a Abs. 3 und 4).

(2) Die Steuer ermäßigt sich auf sieben vom Hundert für die folgenden Umsätze:
1. die Lieferungen, den Eigenverbrauch, die Einfuhr und den innergemeinschaftlichen Erwerb der in der Anlage bezeichneten Gegenstände. ²Das gilt nicht für die Lieferungen von Speisen und Getränken zum Verzehr an Ort und Stelle. ³Speisen und Getränke werden zum Verzehr an Ort und Stelle geliefert, wenn sie nach den Umständen der Lieferung dazu bestimmt sind, an einem Ort verzehrt zu werden, der mit dem Ort der Lieferung in einem räumlichen Zusammenhang steht, und besondere Vorrichtungen für den Verzehr an Ort und Stelle bereitgehalten werden;
2. die Vermietung der in der Anlage bezeichneten Gegenstände;
3. die Aufzucht und das Halten von Vieh, die Anzucht von Pflanzen und die Teilnahme an Leistungsprüfungen für Tiere;
4. die Leistungen, die unmittelbar der Vatertierhaltung, der Förderung der Tierzucht, der künstlichen Tierbesamung oder der Leistungs- und Qualitätsprüfung in der Tierzucht und in der Milchwirtschaft dienen;
5. (weggefallen);
6. die Leistungen und den Eigenverbrauch aus der Tätigkeit als Zahntechniker sowie die in § 4 Nr. 14 Satz 4 Buchstabe b bezeichneten Leistungen der Zahnärzte;
7. a) die Leistungen der Theater, Orchester, Kammermusikensembles, Chöre und Museen sowie die Veranstaltung von Theatervorführungen und Konzerten durch andere Unternehmer,
    b) die Überlassung von Filmen zur Auswertung und Vorführung sowie die Filmvorführungen, soweit die Filme nach § 6 Abs. 3 Satz 1 Nr. 1 bis 5 des Gesetzes zum Schutze der Jugend in der Öffentlichkeit gekennzeichnet sind oder vor dem 1. Januar 1970 erstaufgeführt wurden,
    c) die Einräumung, Übertragung und Wahrnehmung von Rechten, die sich aus dem Urheberrechtsgesetz ergeben,
    d) die Zirkusvorführungen, die Leistungen aus der Tätigkeit als Schausteller sowie die unmittelbar mit dem Betrieb der zoologischen Gärten verbundenen Umsätze;

---

1) **Anm.:** § 12 Abs. 1 und 2 Nr. 7 Buchst. b i. d. F. des Art. 1 Nr. 7 und 8 Gesetz zur Änderung des UStG und anderer Gesetze v. 9. 8. 94 (BGBl I, 2058). – Zur Erhöhung des USt-Satzes und den damit verbundenen Auswirkungen s. BMF v. 7. 12. 92 (BStBl I, 764).

8. a) die Leistungen der Körperschaften, die ausschließlich und unmittelbar gemeinnützige, mildtätige oder kirchliche Zwecke verfolgen (§§ 51 bis 68 der Abgabenordnung). ²Das gilt nicht für Leistungen, die im Rahmen eines wirtschaftlichen Geschäftsbetriebes ausgeführt werden;

   b) die Leistungen der nichtrechtsfähigen Personenvereinigungen und Gemeinschaften der in Buchstabe a Satz 1 bezeichneten Körperschaften, wenn diese Leistungen, falls die Körperschaften sie anteilig selbst ausführten, insgesamt nach Buchstabe a ermäßigt besteuert würden;

9. die unmittelbar mit dem Betrieb der Schwimmbäder verbundenen Umsätze sowie die Verabreichung von Heilbädern. ²Das gleiche gilt für die Bereitstellung von Kureinrichtungen, soweit als Entgelt eine Kurtaxe zu entrichten ist;

10. die Beförderungen von Personen im Schienenbahnverkehr mit Ausnahme der Bergbahnen, im Verkehr mit Oberleitungsomnibussen, im genehmigten Linienverkehr mit Kraftfahrzeugen, im Kraftdroschkenverkehr und im genehmigten Linienverkehr mit Schiffen sowie die Beförderungen im Fährverkehr

    a) innerhalb einer Gemeinde oder

    b) wenn die Beförderungsstrecke nicht mehr als fünfzig Kilometer beträgt *).

Anlage²) (zu § 12 Abs. 2 Nr. 1 und 2)
Liste der dem ermäßigten Steuersatz unterliegenden Gegenstände

Lfd. Nr.	Warenbezeichnung	Zolltarif (Kapitel, Position, Unterposition)
1	Lebende Tiere, und zwar	
	a) Pferde einschließlich reinrassiger Zuchttiere, ausgenommen Wildpferde,	aus Position 01.01
	b) Maultiere und Maulesel,	aus Position 01.01
	c) Hausrinder einschließlich reinrassiger Zuchttiere,	aus Position 01.02
	d) Hausschweine einschließlich reinrassiger Zuchttiere,	aus Position 01.03
	e) Hausschafe einschließlich reinrassiger Zuchttiere,	aus Position 01.04
	f) Hausziegen einschließlich reinrassiger Zuchttiere,	aus Position 01.04
	g) Hausgeflügel (Hühner, Enten, Gänse, Truthühner und Perlhühner),	Position 01.05
	h) Hauskaninchen,	aus Position 01.06
	i) Haustauben,	aus Position 01.06
	j) Bienen,	aus Position 01.06
	k) ausgebildete Blindenführhunde	aus Position 01.06
2	Fleisch und genießbare Schlachtnebenerzeugnisse	Kapitel 2

*) **Amtl. Anm.:** Siehe § 28 Abs. 4.

2) **Anm.:** Nrn. 5, 38 und 48 der Anlage i. d. F., Nrn. 20, 25, 27 und 50 weggefallen gem. Art. 1 Nr. 16 Umsatzsteuer-Änderungsgesetz 1997 v. 12. 12. 96 (BGBl I, 1851); Nr. 49 i. d. F. des Art. 27 Nr. 2 FKPG v. 23. 6. 93 (BGBl I, 944); Nr. 54 i. d. F. des Art. 20 Nr. 24 StMBG v. 21. 12. 93 (BGBl I, 2310).

Steuersätze § 12 UStG

Lfd. Nr.	Warenbezeichnung	Zolltarif (Kapitel, Position, Unterposition)
3	Fische und Krebstiere, Weichtiere und andere wirbellose Wassertiere, ausgenommen Zierfische, Langusten, Hummer, Austern und Schnecken	aus Kapitel 3
4	Milch und Milcherzeugnisse; Vogeleier und Eigelb, ausgenommen ungenießbare Eier ohne Schale und ungenießbares Eigelb; natürlicher Honig	aus Kapitel 4
5	Andere Waren tierischen Ursprungs, und zwar	
	a) Mägen von Hausrindern und Hausgeflügel,	aus Position 05.04
	b) (weggefallen)	
	c) rohe Knochen	aus Position 05.06
6	Bulben, Zwiebeln, Knollen, Wurzelknollen und Wurzelstöcke, ruhend, im Wachstum oder in Blüte; Zichorienpflanzen und -wurzeln	Position 06.01
7	Andere lebende Pflanzen einschließlich ihrer Wurzeln, Stecklinge und Pfropfreiser; Pilzmyzel	Position 06.02
8	Blumen und Blüten sowie deren Knospen, geschnitten, zu Binde- oder Zierzwecken, frisch	aus Position 06.03
9	Blattwerk, Blätter, Zweige und andere Pflanzenteile, ohne Blüten und Blütenknospen, sowie Gräser, Moose und Flechten, zu Binde- oder Zierzwecken, frisch	aus Position 06.04
10	Gemüse, Pflanzen, Wurzeln und Knollen, die zu Ernährungszwecken verwendet werden, und zwar	
	a) Kartoffeln, frisch oder gekühlt,	Position 07.01
	b) Tomaten, frisch oder gekühlt,	Position 07.02
	c) Speisezwiebeln, Schalotten, Knoblauch, Porree und andere Gemüse der Allium-Arten, frisch oder gekühlt,	Position 07.03
	d) Kohl, Blumenkohl, Kohlrabi, Wirsingkohl und ähnliche genießbare Kohlarten der Gattung Brassica, frisch oder gekühlt,	Position 07.04
	e) Salate (Lactuca sativa) und Chicorée (Cichorium-Arten), frisch oder gekühlt,	Position 07.05
	f) Karotten und Speisemöhren, Speiserüben, Rote Rüben, Schwarzwurzeln, Knollensellerie, Rettiche und ähnliche genießbare Wurzeln, frisch oder gekühlt,	Position 07.06
	g) Gurken und Cornichons, frisch oder gekühlt,	Position 07.07
	h) Hülsenfrüchte, auch ausgelöst, frisch oder gekühlt,	Position 07.08
	i) anderes Gemüse, frisch oder gekühlt,	Position 07.09
	j) Gemüse, auch in Wasser oder Dampf gekocht, gefroren,	Position 07.10
	k) Gemüse, vorläufig haltbar gemacht (z. B. durch Schwefeldioxid oder in Wasser, dem Salz, Schwefeldioxid oder andere vorläufig konservierend wirkende Stoffe zugesetzt sind), zum unmittelbaren Genuß nicht geeignet,	Position 07.11

Lfd. Nr.	Warenbezeichnung	Zolltarif (Kapitel, Position, Unterposition)
	l) Gemüse, getrocknet, auch in Stücke oder Scheiben geschnitten, als Pulver oder sonst zerkleinert, jedoch nicht weiter zubereitet,	Position 07.12
	m) trockene, ausgelöste Hülsenfrüchte, auch geschält oder zerkleinert,	Position 07.13
	n) Topinambur	aus Position 07.14
11	Genießbare Früchte	Positionen 08.01 bis 08.13
12	Kaffee, Tee, Mate und Gewürze	Kapitel 9
13	Getreide	Kapitel 10
14	Müllereierzeugnisse, und zwar a) Mehl von Getreide,	Positionen 11.01 und 11.02
	b) Grobgrieß, Feingrieß und Pellets von Getreide,	Position 11.03
	c) Getreidekörner, anders bearbeitet; Getreidekeime, ganz, gequetscht, als Flocken oder gemahlen	Position 11.04
15	Mehl, Grieß und Flocken von Kartoffeln	Position 11.05
16	Mehl und Grieß von trockenen Hülsenfrüchten sowie Mehl, Grieß und Pulver von Früchten	aus Position 11.06
17	Stärke	aus Position 11.08
18	Ölsaaten und ölhaltige Früchte sowie Mehl hiervon	Positionen 12.01 bis 12.08
19	Samen, Früchte und Sporen, zur Aussaat	Position 12.09
20	(weggefallen)	
21	Rosmarin, Beifuß und Basilikum in Aufmachungen für den Küchengebrauch sowie Dost, Minzen, Salbei, Kamillenblüten und Haustee	aus Position 12.11
22	Johannisbrot und Zuckerrüben, frisch oder getrocknet, auch gemahlen; Steine und Kerne von Früchten sowie andere pflanzliche Waren (einschließlich nichtgerösteter Zichorienwurzeln der Varietät Cichorium intybus sativum) der hauptsächlich zur menschlichen Ernährung verwendeten Art, anderweit weder genannt noch inbegriffen; ausgenommen Algen, Tange und Zuckerrohr	aus Position 12.12
23	Stroh und Spreu von Getreide sowie Futter	Positionen 12.13 und 12.14
24	Pektinstoffe, Pektinate und Pektate	Unterposition 1302.20
25	(weggefallen)	

Steuersätze **§ 12 UStG**

Lfd. Nr.	Warenbezeichnung	Zolltarif (Kapitel, Position, Unterposition)
26	Genießbare tierische und pflanzliche Fette und Öle, auch verarbeitet, und zwar	
	a) Schweineschmalz, anderes Schweinefett und Geflügelfett,	aus Position 15.01
	b) Fett von Rindern, Schafen oder Ziegen, ausgeschmolzen oder mit Lösungsmitteln ausgezogen,	aus Position 15.02
	c) Oleomargarin,	aus Position 15.03
	d) fette pflanzliche Öle und pflanzliche Fette sowie deren Fraktionen, auch raffiniert,	aus Positionen 15.07 bis 15.15
	e) tierische und pflanzliche Fette und Öle sowie deren Fraktionen, ganz oder teilweise hydriert, umgeestert, wiederverestert oder elaidiniert, auch raffiniert, jedoch nicht weiterverarbeitet, ausgenommen hydriertes Rizinusöl (sog. Opalwachs),	aus Position 15.16
	f) Margarine; genießbare Mischungen und Zubereitungen von tierischen oder pflanzlichen Fetten und Ölen sowie von Fraktionen verschiedener Fette und Öle, ausgenommen Form- und Trennöle	aus Position 15.17
27	(weggefallen)	
28	Zubereitungen von Fleisch, Fischen oder von Krebstieren, Weichtieren und anderen wirbellosen Wassertieren, ausgenommen Kaviar sowie zubereitete oder haltbar gemachte Langusten, Hummer, Austern und Schnecken	aus Kapitel 16
29	Zucker und Zuckerwaren	Kapitel 17
30	Kakaopulver ohne Zusatz von Zucker oder anderen Süßmitteln sowie Schokolade und andere kakaohaltige Lebensmittelzubereitungen	Positionen 18.05 und 18.06
31	Zubereitungen aus Getreide, Mehl, Stärke oder Milch; Backwaren	Kapitel 19
32	Zubereitungen von Gemüse, Früchten und anderen Pflanzenteilen, ausgenommen Frucht- und Gemüsesäfte	Positionen 20.01 bis 20.08
33	Verschiedene Lebensmittelzubereitungen	Kapitel 21
34	Wasser, ausgenommen	

Lfd. Nr.	Warenbezeichnung	Zolltarif (Kapitel, Position, Unterposition)
	— Trinkwasser, einschließlich Quellwasser und Tafelwasser, das in zur Abgabe an den Verbraucher bestimmten Fertigpackungen in den Verkehr gebracht wird, — Heilwasser und — Wasserdampf	aus Unterposition 2201 9000
35	Milchmischgetränke mit einem Anteil an Milch oder Milcherzeugnissen (z. B. Molke) von mindestens fünfundsiebzig vom Hundert des Fertigerzeugnisses	aus Position 22.02
36	Speiseessig	Position 22.09
37	Rückstände und Abfälle der Lebensmittelindustrie; zubereitetes Futter	Kapitel 23
38	Tabakpflanzen	aus Position 24.01
39	Speisesalz, nicht in wäßriger Lösung	aus Position 25.01
40	a) Handelsübliches Ammoniumcarbonat und andere Ammoniumcarbonate,	Unterposition 2836.10
	b) Natriumhydrogencarbonat (Natriumbicarbonat)	Unterposition 2836.30
41	D-Glucitol (Sorbit), auch mit Zusatz von Saccharin oder dessen Salzen	Unterpositionen 2905.44 und 3823.60
42	Essigsäure	Unterposition 2915.21
43	Natriumsalz und Kaliumsalz des Saccharins	aus Unterposition 2925 1100
44	Fütterungsarzneimittel, die den Vorschriften des § 56 Abs. 4 des Arzneimittelgesetzes entsprechen	aus Positionen 30.03 und 30.04
45	Tierische oder pflanzliche Düngemittel mit Ausnahme von Guano, auch untereinander gemischt, jedoch nicht chemisch behandelt; durch Mischen von tierischen oder pflanzlichen Erzeugnissen gewonnene Düngemittel	aus Position 31.01
46	Mischungen von Riechstoffen und Mischungen (einschließlich alkoholischer Lösungen) auf der Grundlage eines oder mehrerer dieser Stoffe, in Aufmachungen für den Küchengebrauch	aus Unterposition 3302 1000

Steuersätze **§ 12 UStG**

Lfd. Nr.	Warenbezeichnung	Zolltarif (Kapitel, Position, Unterposition)
47	Gelatine	aus Position 35.03
48	Holz, und zwar	
	a) Brennholz in Form von Rundlingen, Scheiten, Zweigen, Reisigbündeln oder ähnlichen Formen,	Unterposition 4401.10
	b) Sägespäne, Holzabfälle und Holzausschuß, auch zu Pellets, Briketts, Scheiten oder ähnlichen Formen zusammengepreßt,	Unterposition 4401.30
	c) und d) (weggefallen)	
49	Bücher, Zeitungen und andere Erzeugnisse des graphischen Gewerbes — mit Ausnahme der Erzeugnisse, für die die Hinweispflicht nach § 4 Abs. 2 Satz 2 des Gesetzes über die Verbreitung jugendgefährdender Schriften besteht, sowie der Drucke, die für die Werbezwecke eines Unternehmens herausgegeben werden oder die überwiegend Werbezwecken (einschließlich Reisewerbung) dienen —, und zwar	
	a) Bücher, Broschüren und ähnliche Drucke, auch in losen Bogen oder Blättern (ausgenommen kartonierte, gebundene oder als Sammelbände zusammengefaßte periodische Druckschriften, die überwiegend Werbung enthalten),	aus Positionen 49.01, 97.05 und 97.06
	b) Zeitungen und andere periodische Druckschriften, auch mit Bildern oder Werbung enthaltend (ausgenommen Anzeigenblätter, Annoncen-Zeitungen und dergleichen, die überwiegend Werbung enthalten),	aus Position 49.02
	c) Bilderalben, Bilderbücher und Zeichen- oder Malbücher, für Kinder,	aus Position 49.03
	d) Noten, handgeschrieben oder gedruckt, auch mit Bildern, auch gebunden,	aus Position 49.04
	e) kartographische Erzeugnisse aller Art einschließlich Wandkarten, topographischer Pläne und Globen, gedruckt,	aus Position 49.05
	f) Briefmarken und dergleichen (z. B. Ersttagsbriefe, Ganzsachen, vorphilatelistische Briefe und freigestempelte Briefumschläge) als Sammlungsstücke	aus Positionen 49.07 und 97.04
50	(weggefallen)	

UStG § 12

Steuersätze

Lfd. Nr.	Warenbezeichnung	Zolltarif (Kapitel, Position, Unterposition)
51	Rollstühle und andere Fahrzeuge für Kranke und Körperbehinderte, auch mit Motor oder anderer Vorrichtung zur mechanischen Fortbewegung	Position 87.13
52	Körperersatzstücke, orthopädische Apparate und andere orthopädische Vorrichtungen sowie Vorrichtungen zum Beheben von Funktionsschäden oder Gebrechen, für Menschen, und zwar	
	a) künstliche Gelenke, ausgenommen Teile und Zubehör,	aus Unterposition 9021.11
	b) orthopädische Apparate und andere orthopädische Vorrichtungen einschließlich Krücken sowie medizinisch-chirurgischer Gürtel und Bandagen, ausgenommen Teile und Zubehör,	aus Unterposition 9021.19
	c) Prothesen, ausgenommen Teile und Zubehör,	aus Unterpositionen 9021.21, 9021.29 und 9021.30
	d) Schwerhörigengeräte, Herzschrittmacher und andere Vorrichtungen zum Beheben von Funktionsschäden oder Gebrechen, zum Tragen in der Hand oder am Körper oder zum Einpflanzen in den Organismus, ausgenommen Teile und Zubehör	Unterpositionen 9021.40 und 9021.50, aus Unterposition 9021.90
53	Kunstgegenstände, und zwar	
	a) Gemälde und Zeichnungen, vollständig mit der Hand geschaffen, sowie Collagen und ähnliche dekorative Bildwerke,	Position 97.01
	b) Originalstiche, -schnitte und -steindrucke,	Position 97.02
	c) Originalerzeugnisse der Bildhauerkunst, aus Stoffen aller Art	Position 97.03
54	Sammlungsstücke,	
	a) zoologische, botanische, mineralogische oder anatomische, und Sammlungen dieser Art,	aus Position 97.05
	b) von geschichtlichem, archäologischem, paläontologischem oder völkerkundlichem Wert,	aus Position 97.05
	c) von münzkundlichem Wert, und zwar	

Lfd. Nr.	Warenbezeichnung	Zolltarif (Kapitel, Position, Unterposition)
	aa) kursungültige Banknoten einschließlich Briefmarkengeld und Papiernotgeld,	aus Position 97.05
	bb) Münzen aus unedlen Metallen,	aus Position 97.05
	cc) Münzen und Medaillen aus Edelmetallen, wenn die Bemessungsgrundlage für die Umsätze dieser Gegenstände mehr als 250 vom Hundert des unter Zugrundelegung des Feingewichts berechneten Metallwerts ohne Umsatzsteuer beträgt	aus Positionen 71.18, 97.05 und 97.06

6. EG-Richtlinie

Abschnitt IX: Steuersätze

Artikel 12

(1) Auf die steuerpflichtigen Umsätze ist der Satz anzuwenden, der zu dem Zeitpunkt gilt, zu dem der Steuertatbestand eintritt. Jedoch

a) ist in den in Artikel 10 Absatz 2 Unterabsätze 2 und 3 genannten Fällen der Satz anzuwenden, der zu dem Zeitpunkt gilt, zu dem der Steueranspruch entsteht;

b) ist in den in Artikel 10 Absatz 3 Unterabsätze 2 und 3 genannten Fällen der Satz anzuwenden, der zu dem Zeitpunkt gilt, zu dem der Steueranspruch entsteht.

(2) Die Mitgliedstaaten können im Falle einer Änderung der Sätze:

– in den unter Absatz 1 Buchstabe a) vorgesehenen Fällen eine Regulierung vornehmen, um dem Satz Rechnung zu tragen, der zum Zeitpunkt der Lieferung der Gegenstände oder der Erbringung von Dienstleistungen anzuwenden ist;

– alle geeigneten Übergangsmaßnahmen treffen.

(3) a) Der Normalsatz der Mehrwertsteuer wird von jedem Mitgliedstaat als ein Prozentsatz der Besteuerungsgrundlage festgelegt, der für Lieferungen von Gegenständen und für Dienstleistungen gleich ist. Vom 1. Januar 1997 bis zum 31. Dezember 1998 darf dieser Prozentsatz nicht niedriger als 15 % sein.

Auf Vorschlag der Kommission und nach Stellungnahme des Europäischen Parlaments und des Wirtschafts- und Sozialausschusses, entscheidet der Rat einstimmig über die Höhe des nach dem 31. Dezember 1998 geltenden Normalsatzes.

Die Mitgliedstaaten können außerdem einen oder zwei ermäßigte Sätze anwenden. Diese ermäßigten Sätze werden als ein Prozentsatz der Besteuerungsgrundlage festgelegt, der nicht niedriger als 5 % sein darf, und sind nur auf Lieferungen von

Gegenständen und Dienstleistungen der in Anhang H genannten Kategorien anwendbar.

b) Die Mitgliedstaaten können auf Lieferungen von Erdgas und Elektrizität einen ermäßigten Satz anwenden, sofern nicht die Gefahr einer Wettbewerbsverzerrung besteht. Ein Mitgliedstaat, der einen derartigen Satz anwenden will, muß zuvor die Kommission davon unterrichten. Die Kommission entscheidet darüber, ob die Gefahr einer Wettbewerbsverzerrung besteht. Hat die Kommission binnen drei Monaten nach ihrer Unterrichtung keinen Beschluß gefaßt, so wird davon ausgegangen, daß die Gefahr einer Wettbewerbsverzerrung nicht besteht.

c) Die Mitgliedstaaten können vorsehen, daß der ermäßigte oder ein ermäßigter Steuersatz, den sie gemäß Buchstabe a) Unterabsatz 3 anwenden, auch auf die Einfuhr von Kunstgegenständen, Sammlungsstücken oder Antiquitäten im Sinne von Artikel 26a Teil A Buchstabe a), b) und c) anwendbar ist.

Wenn die Mitgliedstaaten von dieser Möglichkeit Gebrauch machen, können sie diesen ermäßigten Steuersatz auch auf Lieferungen von Kunstgegenständen im Sinne von Artikel 26a Teil A Buchstabe a) anwenden,

– die von ihrem Urheber oder dessen Rechtsnachfolger bewirkt werden;

– die von einem Steuerpflichtigen, der kein steuerpflichtiger Wiederverkäufer ist, als Gelegenheitslieferungen bewirkt werden, wenn die Kunstgegenstände von diesem Steuerpflichtigen selbst eingeführt wurden oder ihm von ihrem Urheber oder dessen Rechtsnachfolgern geliefert wurden oder ihm das Recht auf vollen Mehrwertsteuerabzug eröffnet haben.

d) (weggefallen)

e) Die für Gold geltenden Vorschriften und Sätze werden in einer Richtlinie über die für Gold anzuwendenden Sonderregelungen festgelegt. Die Kommission wird rechtzeitig einen Vorschlag hierzu unterbreiten, so daß der Rat die Richtlinie vor dem 31. Dezember 1992 einstimmig annehmen kann.

Die Mitgliedstaaten ergreifen alle erforderlichen Maßnahmen, um in diesem Bereich ab 1. Januar 1993 Steuerhinterziehungen zu bekämpfen. Diese Maßnahmen können auch ein System zur Berechnung der Mehrwertsteuer bei Goldgeschäften zwischen Steuerpflichtigen innerhalb eines Mitgliedstaats umfassen, nach dem der Käufer die Steuer für den Verkäufer entrichtet und gleichzeitig Anspruch darauf hat, daß ihm der gleiche Steuerbetrag als Vorsteuer in Abzug gebracht wird.

(4) Jeder ermäßigte Satz wird so festgesetzt, daß es normalerweise möglich ist, von dem Mehrwertsteuerbetrag, der sich bei Anwendung dieses Satzes ergibt, die gesamte nach Artikel 17 abziehbare Mehrwertsteuer abzuziehen.

Der Rat wird auf der Grundlage eines Berichts der Kommission erstmals 1994 und später alle zwei Jahre den Anwendungsbereich der ermäßigten Sätze überprüfen. Er kann das in Anhang H enthaltene Verzeichnis von Gegenständen und Dienstleistungen einstimmig auf Vorschlag der Kommission ändern.

(5) Vorbehaltlich des Absatzes 3 Buchstabe c) ist bei der Einfuhr eines Gegenstands der gleiche Satz anzuwenden, der für die Lieferung des gleichen Gegenstands im Inland gilt.

(6) Die Portugiesische Republik kann für die in die autonomen Regionen Azoren und Madeira vorgenommenen Transaktionen und für die in diese Regionen direkt vorgenommenen Einfuhren im Verhältnis zu den Steuersätzen im Mutterland verringerte Steuersätze anwenden.

Steuersätze   6. *EGRL Art. 13, 28, Anh. E;* § *30 UStDV;* 160 *UStR*   **§ 12 UStG**

Abschnitt X: Steuerbefreiungen
Artikel 13   Steuerbefreiungen im Inland

A. Befreiungen bestimmter dem Gemeinwohl dienender Tätigkeiten

(1) Unbeschadet sonstiger Gemeinschaftsvorschriften befreien die Mitgliedstaaten unter den Bedingungen, die sie zur Gewährleistung einer korrekten und einfachen Anwendung der nachstehenden Befreiungen sowie zur Verhütung von Steuerhinterziehungen, Steuerumgehungen und etwaigen Mißbräuchen festsetzen, von der Steuer:

...

e) die Dienstleistungen, die Zahntechniker im Rahmen ihrer Berufsausübung erbringen, sowie die Lieferungen von Zahnersatz durch Zahnärzte und Zahntechniker;

...

Abschnitt XVI: Übergangsbestimmungen

Artikel 28

...

(3) Während der in Absatz 4 genannten Übergangszeit können die Mitgliedstaaten
a) die in Anhang E aufgeführten nach Artikel 13 oder 15 befreiten Umsätze weiterhin besteuern;

...

Anhang E: Liste der in Artikel 28 Absatz 3 Buchstabe a) vorgesehenen Umsätze

...

2. in Artikel 13 Teil A Absatz 1 Buchstabe e) bezeichnete Umsätze

...

UStDV

§ 30 Schausteller
Als Leistungen aus der Tätigkeit als Schausteller gelten Schaustellungen, Musikaufführungen, unterhaltende Vorstellungen oder sonstige Lustbarkeiten auf Jahrmärkten, Volksfesten, Schützenfesten oder ähnlichen Veranstaltungen.

UStR

Zu § 12 UStG

160. Steuersätze

(1) [1]Nach § 12 UStG bestehen für die Besteuerung nach den allgemeinen Vorschriften des Umsatzsteuergesetzes zwei Steuersätze:

	allgemeiner Steuersatz	ermäßigter Steuersatz
vom 1. 1. 1968 bis 30. 6. 1968	10 v. H.	5 v. H.
vom 1. 7. 1968 bis 31. 12. 1977	11 v. H.	5,5 v. H.
vom 1. 1. 1978 bis 30. 6. 1979	12 v. H.	6 v. H.
vom 1. 7. 1979 bis 30. 6. 1983	13 v. H.	6,5 v. H.
vom 1. 7. 1983 bis 31. 12. 1992	14 v. H.	7 v. H.
ab 1. 1. 1993	*15 v. H.*	*7 v. H.*

²Zur Anwendung des ermäßigten Steuersatzes auf die in der Anlage des UStG aufgeführten Gegenstände vgl. das BMF-Schreiben vom 27. 12. 1983 – BStBl I S. 567, geändert durch die BMF-Schreiben vom 7. 1. 1985 – BStBl I S. 51, vom 30. 12. 1985 – BStBl 1986 I S. 31, *vom 18. 10. 1993 – BStBl I S. 879 und vom 16. 11. 1993 – BStBl I S. 956,* sowie das BMF-Schreiben vom 30. 12. 1987 – IV A 2 – S 7030 – 103/87 – (DStZ/E 1988 S. 68). ³Zu den für land- und forstwirtschaftliche Betriebe geltenden Durchschnittsätzen vgl. § 24 Abs. 1 UStG.

(2) ¹Anzuwenden ist jeweils der Steuersatz, der in dem Zeitpunkt gilt, in dem der Umsatz ausgeführt wird. ²Zu beachten ist der Zeitpunkt des Umsatzes besonders bei

1. der Änderung (Anhebung oder Herabsetzung) der Steuersätze,
2. der Einführung oder Aufhebung von Steuervergünstigungen (Steuerbefreiungen und Steuerermäßigungen) sowie
3. der Einführung oder Aufhebung von steuerpflichtigen Tatbeständen.

(3) ¹Bei einer Änderung der Steuersätze sind die neuen Steuersätze auf Umsätze anzuwenden, die vor Inkrafttreten der jeweiligen Änderungsvorschrift an bewirkt werden. ²Auf den Zeitpunkt der Vereinnahmung des Entgelts kommt es für die Frage, welchem Steuersatz eine Leistung oder Teilleistung unterliegt, ebensowenig an wie auf den Zeitpunkt der Rechnungserteilung. ³Auch in den Fällen der Ist*ver*steuerung (§ 20 UStG) und der Ist*ver*steuerung *von Anzahlungen* (§ 13 Abs. 1 Nr. 1 Buchstabe a Satz 4 UStG) ist entscheidend, wann der Umsatz bewirkt wird. ⁴Das gilt unabhängig davon, wann die Steuer nach § 13 Abs. 1 Nr. 1 UStG entsteht.

(4) ¹Für Leistungen, die in wirtschaftlich abgrenzbaren Teilen (Teilleistungen, vgl. Abschnitt 180) geschuldet werden, können bei einer Steuersatzänderung unterschiedliche Steuersätze in Betracht kommen. ²Vor dem Inkrafttreten der Steuersatzänderung bewirkte Teilleistungen sind nach dem bisherigen Steuersatz zu versteuern. ³Auf die danach bewirkten Teilleistungen ist der neue Steuersatz anzuwenden. ⁴Entsprechendes gilt bei der Einführung und Aufhebung von Steuervergünstigungen und steuerpflichtigen Tatbeständen.

Zu § 12 Abs. 2 Nr. 1 UStG

161. Verzehr an Ort und Stelle (§ 12 Abs. 2 Nr. 1 Satz 2 UStG)

(1) ¹Der ermäßigte Steuersatz nach § 12 Abs. 2 Nr. 1 Satz 1 UStG ist auf die Lieferungen von Speisen und Getränken zum Verzehr an Ort und Stelle nicht anzuwenden (§ 12 Abs. 2 Nr. 1 Satz 2 UStG). ²Die Einschränkung der Steuerermäßigung gilt nicht für den Eigenverbrauch.

(2) ¹Die Lieferung von Speisen und Getränken zum Verzehr an Ort und Stelle setzt voraus, daß

1. zwischen dem Ort der Lieferung und dem Ort des Verzehrs ein räumlicher Zusammenhang besteht und
2. besondere Vorrichtungen für den Verzehr an Ort und Stelle bereitgestellt werden.

²Dem allgemeinen Steuersatz unterliegt z. B. auch die Verpflegung des Personals durch den Arbeitgeber in dessen Haushalt (BFH-Urteil vom 24. 11. 1988 – BStBl 1989 II S. 210).

(3) Ein räumlicher Zusammenhang ist insbesondere auch dann gegeben, wenn Speisen und Getränke in unmittelbarer Nähe des Geschäftslokals im Freien – z. B. bei einem Gartenlokal, vor dem Geschäftslokal auf der Straße oder der gegenüberliegenden Straßenseite – verzehrt werden.

(4) ¹Die besonderen Vorrichtungen für den Verzehr an Ort und Stelle müssen vom Unternehmer selbst oder in seinem wirtschaftlichen Interesse durch einen Dritten *(nicht durch den Leistungsempfänger)* bereitgehalten werden. ²Diese Voraussetzung liegt z. B. auch dann vor, wenn ein Unternehmer oder eine juristische Person des öffentlichen Rechts die zum Betrieb einer Kantine durch einen Kantinenunternehmer erforderlichen Räume und Einrichtungsgegenstände – insbesondere auch Tische und Stühle – bereitstellt. ³In den Fällen des sogenannten „Party-Service" trifft dies dagegen regelmäßig nicht zu.

(5) ¹Einrichtungen und Vorrichtungen, die in erster Linie dem Verkauf von Waren dienen, wie z. B. Verkaufstheken und -tresen sowie Ablagebretter an Kiosken, Verkaufsständen, Würstchenbuden und dgl., sind unabhängig von ihrer Form und Größe keine besonderen Vorrichtungen für den Verzehr an Ort und Stelle. ²Die Abgabe von unverpackten Erdnüssen aus Warenautomaten ist selbst dann keine Lieferung zum Verzehr an Ort und Stelle, wenn die Automaten in Gaststätten aufgestellt sind (BFH-Urteil vom 29. 6. 1988 – BStBl 1989 II S. 207).

Zu § 12 Abs. 2 Nr. 3 UStG

162. Vieh- und Pflanzenzucht

(1) ¹Die Steuerermäßigung gilt für sonstige Leistungen, die in der Aufzucht und dem Halten von Vieh, in der Anzucht von Pflanzen oder in der Teilnahme an Leistungsprüfungen für Tiere bestehen. ²Sie kommt für alle Unternehmer in Betracht, die nicht § 24 UStG anwenden.

(2) ¹Unter Vieh sind solche Tiere zu verstehen, die als landwirtschaftliche Nutztiere in Nummer 1 der Anlage des UStG aufgeführt sind. ²Hierunter fallen auch Reit- und Rennpferde sowie die ihrer Nachzucht dienenden Pferde. ³Nicht begünstigt sind die Aufzucht und das Halten anderer Tiere, z. B. von Katzen oder Hunden.

(3) ¹Eine Anzucht von Pflanzen liegt vor, wenn ein Pflanzenzüchter einem Unternehmer (Kostnehmer) junge Pflanzen – in der Regel als Sämlinge bezeichnet – überläßt, damit dieser sie auf seinem Grundstück einpflanzt, pflegt und dem Pflanzenzüchter auf Abruf zurückgibt. ²Die Hingabe der Sämlinge an den Kostnehmer stellt keine Lieferung dar (BFH-Urteil vom 19. 7. 1962 – BStBl III S. 543). ³Dementsprechend kann auch die Rückgabe der aus den Sämlingen angezogenen Pflanzen nicht als Rücklieferung angesehen werden. ⁴Die Tätigkeit des Kostnehmers ist vielmehr eine begünstigte sonstige Leistung.

(4) ¹Leistungsprüfungen für Tiere sind tierzüchterische Veranstaltungen, die als Wettbewerbe wertvoller Zuchttiere mit Prämierung durchgeführt werden, z. B. Tierschauen, Pferderennen oder Pferdeleistungsschauen (Turniere). ²Der ermäßigte Steuersatz nach § 12 Abs. 2 Nr. 3 UStG ist auf alle Entgelte anzuwenden, die dem Unternehmer für die Teilnahme an solchen Leistungsprüfungen zufließen, insbesondere auf Prämien (Leistungsprämien) und Preise (z. B. Rennpreise). ³Nach dieser Vorschrift ist nur die Teilnahme an Tierleistungsprüfungen begünstigt. ⁴Für die Veranstaltung dieser Prüfungen kann jedoch der ermäßigte Steuersatz nach § 12 Abs. 2 Nr. 4 oder 8 UStG oder Steuerfreiheit nach § 4 Nr. 22 Buchstabe b UStG in Betracht kommen.

Zu § 12 Abs. 2 Nr. 4 UStG

163. Vatertierhaltung, Förderung der Tierzucht usw.

(1) ¹Die Vorschrift betrifft nur Leistungen, die einer für landwirtschaftliche Zwecke geeigneten Tierzucht usw. zu dienen bestimmt sind (vgl. BFH-Urteil vom 17. 11. 1966 – BStBl 1967 III S. 164). ²Zuchttiere im Sinne dieser Vorschrift sind Tiere der in der Nummer 1 der Anlage des UStG aufgeführten Nutztierarten, die in Beständen stehen, die zur Vermehrung bestimmt sind und deren Identität gesichert ist. ³Aus Vereinfachungsgründen kommt es nicht darauf an, ob das Einzeltier tatsächlich zur Zucht verwendet wird. ⁴Es genügt, daß das Tier einem zur Vermehrung bestimmten Bestand angehört. ⁵Zuchttiere sind auch Reit- und Rennpferde sowie die ihrer Nachzucht dienenden Pferde, nicht jedoch Wallache. ⁶Die Leistungen müssen den begünstigten Zwecken unmittelbar dienen. *⁷Diese Voraussetzung ist bei Lieferungen von Impfstoffen durch die Pharmaindustrie an Tierseuchenkassen nicht erfüllt.*

(2) Entgelte für Leistungen, die unmittelbar der Vatertierhaltung dienen, sind insbesondere:

1. Deckgelder;

2. Umlagen – z. T. auch Mitgliederbeiträge genannt –, die nach der Zahl der deckfähigen Tiere bemessen werden;

3. Zuschüsse, die nach der Zahl der gedeckten Tiere oder nach sonstigen mit den Umsätzen des Unternehmers (Vatertierhalters) verknüpften Maßstäben bemessen werden (zusätzliche Entgelte von dritter Seite nach § 10 Abs. 1 Satz 3 UStG).

(3) ¹Entgelte für Leistungen, die unmittelbar der Förderung der Tierzucht dienen, sind insbesondere:

1. Gebühren für Eintragungen in Zuchtbücher, zu denen z. B. Herdbücher, Leistungsbücher und Elite-Register gehören;

2. Gebühren für die Zuchtwertschätzung von Zuchttieren;

3. Gebühren für die Ausstellung und Überprüfung von Abstammungsnachweisen – einschließlich der damit verbundenen Blutgruppenbestimmungen –, für Kälberkennzeichnung durch Ohrmarken und für die Bereitstellung von Stall- und Gestütbüchern;

4. Entgelte für prophylaktische und therapeutische Maßnahmen nach tierseuchenrechtlichen Vorschriften bei Zuchttieren – z. B. die staatlich vorgeschriebenen Reihenuntersuchungen auf Tuberkulose, Brucellose und Leukose, die jährlichen Impfungen gegen Maul- und Klauenseuche, *Maßnahmen zur Bekämpfung der Aujeszkyschen Krankheit sowie Bekämpfungsprogramme von IBR (Infektiöse Bovine Rhinitis)/IVB (Infektiöse Bovine Vulvovaginitis) und BVD (Bovine Virus Diarrhoe)* oder die Behandlung gegen Dassellarven – sowie die Entgelte für die Ausstellung von Gesundheitszeugnissen bei Zuchttieren;

5. Entgelte für die Durchführung von Veranstaltungen – insbesondere Versteigerungen –, auf denen Zuchttiere mit Abstammungsnachweis abgesetzt werden (z. B. Standgelder, Kataloggelder und Impfgebühren), sowie Provisionen für die Vermittlung des An- und Verkaufs von Zuchttieren im Rahmen solcher Absatzveranstaltungen;

6. ¹Entgelte, die von Tierzüchtern oder ihren Angestellten für die Teilnahme an Ausstellungen und Lehrschauen, die lediglich die Tierzucht betreffen, zu entrichten sind (z. B. Eintrittsgelder, Kataloggelder und Standgelder). ²Der ermäßigte Steuersatz ist auch anzuwenden, wenn mit den Ausstellungen oder Lehrschauen Material- und Eignungsprüfungen verbunden sind;

7. unechte Mitgliederbeiträge, die von Tierzuchtvereinigungen für Leistungen der vorstehenden Art erhoben werden;

8. Züchterprämien, die umsatzsteuerrechtlich Leistungsentgelte darstellen (vgl. BFH-Urteile vom 2. 10. 1969 – BStBl 1970 II S. 111 und vom 6. 8. 1970 – BStBl II S. 730).

² Die Steuerermäßigung ist auf Eintrittsgelder, die bei Pferderennen, Pferdeleistungsschauen – Turnieren – und ähnlichen Veranstaltungen erhoben werden, nicht anzuwenden. ³Bei gemeinnützigen Vereinen – z. B. Rennvereinen oder Reit- und Fahrvereinen – kann hierfür jedoch der ermäßigte Steuersatz unter den Voraussetzungen des § 12 Abs. 2 Nr. 8 Buchstabe a UStG in Betracht kommen.

(4) ¹Unmittelbar der künstlichen Tierbesamung dienen nur

1. die Besamungsleistung, z. B. durch Besamungsgenossenschaften, Tierärzte oder Besamungstechniker, und

2. Tiersamenlieferung an Tierhalter zur Besamung ihrer Tiere.

²Zu den begünstigten Leistungen, gehören alle Nebenleistungen. ³Eine Nebenleistung liegt auch vor, wenn der Unternehmer im Rahmen der Besamungsleistung Tiersamen und Arzneimittel abgibt, die bei der künstlichen Tierbesamung erforderlich sind.

(5) Entgelte für Leistungen, die unmittelbar der Leistungs- und Qualitätsprüfung in der Tierzucht und in der Milchwirtschaft dienen, sind insbesondere:

1. Entgelte für Milchleistungsprüfungen bei Kühen, Ziegen oder Schafen einschließlich der Untersuchungen der Milchbestandteile;

2. Entgelte für Mastleistungsprüfungen bei Rindern, Schweinen, Schafen und Geflügel;

3. Entgelte für Eierleistungsprüfungen bei Geflügel;

4. Entgelte für die Prüfung der Aufzuchtleistung bei Schweinen;

5. Entgelte für Leistungsprüfungen bei Pferden, z. B. Nenn- und Startgelder bei Pferdeleistungsschauen – Turnieren – oder Rennen;

6. Entgelte für Leistungsprüfungen bei Brieftauben, z. B. Korb- und Satzgelder;

7. Entgelte für Milch-Qualitätsprüfungen, insbesondere für die Anlieferungskontrolle bei den Molkereien;

8. unechte Mitgliederbeiträge, die von Kontrollverbänden oder sonstigen Vereinigungen für Leistungen der vorstehenden Art erhoben werden.

(6) Der ermäßigte Steuersatz nach § 12 Abs. 2 Nr. 4 UStG gilt auch, wenn für die Leistungen eine Bemessungsgrundlage nach § 10 Abs. 4 oder 5 UStG anzusetzen ist.

164. (weggefallen)

Zu § 12 Abs. 2 Nr. 6 UStG

165. Umsätze der Zahntechniker und Zahnärzte

(1) ¹Der ermäßigte Steuersatz nach § 12 Abs. 2 Nr. 6 UStG ist auf alle Umsätze aus der Tätigkeit als Zahntechniker einschließlich des Eigenverbrauchs anzuwenden. ²*Begünstigt sind auch Lieferungen von halbfertigen Teilen von Zahnprothesen.* ³Die Steuerermäßigung setzt nicht voraus, daß der Zahntechniker als Einzelunternehmer tätig wird. ⁴Begünstigt sind auch Leistungen der zahntechnischen Labors, die in der Rechtsform einer Gesellschaft – z. B. offene Handelsgesellschaft, Kommanditgesellschaft oder Gesellschaft mit beschränkter Haftung – betrieben werden.

(2) ¹Bei den Zahnärzten umfaßt die Steuerermäßigung die Leistungen, die nach § 4 Nr. 14 Satz 4 Buchstabe b UStG von der Steuerbefreiung ausgeschlossen sind. ²Es handelt sich um die Lieferung oder Wiederherstellung von Zahnprothesen (aus Unterpositionen 9021.21 und 9021.29 des Zolltarifs) und kieferorthopädischen Apparaten (aus Unterposition 9021.19 des Zolltarifs), soweit sie der Zahnarzt in seinem Unternehmen hergestellt oder wiederhergestellt hat. ³Dabei ist es unerheblich, ob die Arbeiten vom Zahnarzt selbst oder von angestellten Personen ausgeführt werden. ⁴Der entsprechende Eigenverbrauch des Zahnarztes ist nach § 4 Nr. 14 UStG steuerfrei. ⁵Zur Abgrenzung der steuerfreien Umsätze von den dem ermäßigten Steuersatz unterliegenden Prothetikumsätzen vgl. im übrigen Abschnitt 89.

(3) ¹Dentisten stehen den Zahnärzten gleich. ²Sie werden deshalb in § 12 Abs. 2 Nr. 6 UStG nicht besonders genannt.

(4) Hilfsgeschäfte, wie z. B. der Verkauf von Anlagegegenständen, *Bohrern, Gips und sonstigem Material*, unterliegen nicht dem ermäßigten Steuersatz (vgl. auch BFH-Urteil vom 28. 10. 1971 – BStBl 1972 II S. 102).

Zu § 12 Abs. 2 Nr. 7 UStG (§ 30 UStDV)

166. Leistungen der Theater, Orchester, Museen usw.
(§ 12 Abs. 2 Nr. 7 Buchstabe a UStG)

(1) ¹Begünstigt sind die Leistungen der in § 12 Abs. 2 Nr. 7 Buchstabe a UStG bezeichneten Einrichtungen, wenn sie nicht unter die Befreiungsvorschrift des § 4 Nr. 20 Buchstabe a UStG fallen. ²Die Begriffe Theater, Orchester, Kammermusikensembles, Chöre und Museen sind nach den Merkmalen abzugrenzen, die für die Steuerbefreiung maßgebend sind. ³Das gleiche gilt für den Umfang der ermäßigt zu besteuernden Leistungen. ⁴Wegen der Abgrenzung im einzelnen vgl. Abschnitte 106 bis 108.

(2) ¹Die Steuerermäßigung erstreckt sich auch auf die Veranstaltung von Theatervorführungen und Konzerten durch andere Unternehmer. ²Theatervorführungen sind außer den Theateraufführungen im engeren Sinne auch die Vorführungen von pantomimischen Werken einschließlich Werken der Tanzkunst, Kleinkunst- und Varieté-Theatervorführungen sowie Puppenspiele und Eisrevuen. ³Als Konzerte sind alle musikalischen und gesanglichen Aufführungen anzusehen. ⁴Leistungen anderer Art, die in Verbindung mit diesen Veranstaltungen erbracht werden, müssen von so untergeordneter Bedeutung sein, daß dadurch der Charakter der Veranstaltungen als Theatervorführung oder Konzert nicht beeinträchtigt wird. ⁵Nicht begünstigt sind nach dieser Vor-

schrift z. B. gesangliche, kabarettistische oder tänzerische Darbietungen im Rahmen einer Tanzbelustigung, einer sportlichen Veranstaltung oder zur Unterhaltung der Besucher von Gaststätten.
⁶*Andere Unternehmer im Sinne des § 12 Abs. 2 Nr. 7 Buchstabe a UStG können auch Solokünstler sein (vgl. BFH-Urteil vom 18. 1. 1995 – BStBl II S. 348).*

(3) ¹Werden bei Theatervorführungen und Konzerten mehrere Veranstalter tätig, so kann wie bei der Steuerbefreiung nach § 4 Nr. 20 Buchstabe b UStG jeder Veranstalter die Steuerermäßigung in Anspruch nehmen. ²Bei Tournee-Veranstaltungen steht deshalb die Steuerermäßigung sowohl dem Tournee-Veranstalter als auch dem örtlichen Veranstalter zu. ³Auf Vermittlungsleistungen ist die Steuerermäßigung nicht anzuwenden.

167. Überlassung von Filmen und Filmvorführungen (§ 12 Abs. 2 Nr. 7 Buchstabe b UStG)

(1) ¹Nach § 12 Abs. 2 Nr. 7 Buchstabe b UStG sind die Überlassung von Filmen zur Auswertung und Vorführung sowie die Filmvorführungen begünstigt, wenn die Filme vor dem 1. 1. 1970 erstaufgeführt wurden. ²Sind die Filme nach dem 31. 12. 1969 erstaufgeführt worden, kommt die Begünstigung nur in Betracht, wenn die Filme nach § 6 Abs. 3 Nr. 1 bis 5 des Gesetzes zum Schutze der Jugend in der Öffentlichkeit gekennzeichnet sind. ³Begünstigt sind danach auch die mit „Nicht freigegeben unter achtzehn Jahren" gekennzeichneten Filme.

(2) ¹Die Überlassung von Filmen zur Auswertung und Vorführung fällt zugleich unter § 12 Abs. 2 Nr. 7 Buchstabe c UStG (vgl. Abschnitt 168). ²Das Senden von Spielfilmen durch private Fernsehunternehmen, z. B. im Rahmen des Pay-TV (Abruf-Fernsehen), ist weder nach Buchstabe b noch nach Buchstabe c des § 12 Abs. 2 Nr. 7 UStG begünstigt.

(3) ¹Bei begünstigten Filmvorführungen ist der ermäßigte Steuersatz auf die Eintrittsgelder anzuwenden. ²Die Aufbewahrung der Garderobe und der Verkauf von Programmen sind als Nebenleistungen ebenfalls begünstigt. ³Andere Umsätze – z. B. die Abgabe von Speisen und Getränken oder Hilfsumsätze – fallen nicht unter die Steuerermäßigung (vgl. BFH-Urteil vom 7. 3. 1995 – BStBl II S. 429). ⁴Werbeleistungen durch Vorführungen von Werbefilmen sowie Lichtbildervorführungen sind keine begünstigten Filmvorführungen.

(4) ¹Bespielte Video-Kassetten sind als Filme anzusehen. ²Ihre Überlassung an andere Unternehmer zur Vorführung oder Weitervermietung ist unter den Voraussetzungen des Absatzes 1 eine begünstigte Überlassung von Filmen zur Auswertung. ³Die Vermietung zur Verwendung im nichtöffentlichen – privaten – Bereich durch den Mieter ist dagegen weder nach Buchstabe b noch nach Buchstabe c des § 12 Abs. 2 Nr. 7 UStG begünstigt (vgl. BFH-Urteil vom 29. 11. 1984 – BStBl 1985 II S. 271).

168. Einräumung, Übertragung und Wahrnehmung urheberrechtlicher Schutzrechte (§ 12 Abs. 2 Nr. 7 Buchstabe c UStG)

Allgemeines

(1) ¹Nach § 12 Abs. 2 Nr. 7 Buchstabe c UStG sind sonstige Leistungen begünstigt, deren wesentlicher Inhalt in der Einräumung, Übertragung und Wahrnehmung von Rechten nach dem

Urheberrechtsgesetz – UrhG – besteht. ²Ob dies der Fall ist, bestimmt sich nach dem entsprechend der vertraglichen Vereinbarung erzielten wirtschaftlichen Ergebnis. ³Hierfür ist neben dem vertraglich vereinbarten Leistungsentgelt maßgebend, für welchen Teil der Leistung die Gegenleistung im Rahmen des Leistungsaustausches erbracht wird (vgl. BFH-Urteil vom 14. 2. 1974 – BStBl II S. 261). ⁴Nicht begünstigt sind z. B. Leistungen auf dem Gebiet der Meinungs-, Sozial-, Wirtschafts-, Markt-, Verbraucher- und Werbeforschung, weil der Hauptinhalt dieser Leistungen nicht in einer Rechtsübertragung, sondern in der Ausführung und Auswertung demoskopischer Erhebungen usw. besteht. ⁵Das gleiche gilt für die Überlassung von Programmen für Anlagen der elektronischen Datenverarbeitung (Software) zum Betrieb von EDV-Anlagen. ⁶Soweit hierbei eine urheberrechtliche Nutzung – z. B. Vervielfältigung und Verbreitung des Programms oder einzelner Programmteile – vereinbart wird, ist sie Bestandteil einer einheitlichen *wirtschaftlichen* Gesamtleistung, die nicht in der Übertragung urheberrechtlicher Schutzrechte, sondern in der Überlassung *von Software zur Benutzung* besteht. ⁷*Die Einräumung oder Übertragung von urheberrechtlichen Befugnissen stellt dazu nur eine Nebenleistung dar.* ⁸Die Steuerermäßigung gilt auch nicht für Leistungen, mit denen zwar derartige Rechtsübertragungen verbunden sind, die jedoch nach ihrem wirtschaftlichen Gehalt als Lieferungen anzusehen sind. ⁹Zur Frage der Abgrenzung zwischen Lieferung und sonstiger Leistung vgl. Abschnitt 25.

(2) ¹Zu den Rechten, deren Einräumung, Übertragung und Wahrnehmung begünstigt sind, gehören nicht nur die Urherberrechte nach dem ersten Teil des Urheberrechtsgesetzes (§§ 1 bis 69), sondern alle Rechte, die sich aus dem Gesetz ergeben. ²Urheberrechtlich geschützt sind z. B. auch die Darbietungen ausübender Künstler (vgl. Absätze 19 bis 22). ³Dem ermäßigten Steuersatz unterliegen außerdem die Umsätze der Verwertungsgesellschaften, die *nach dem Urheberrechtswahrnehmungsgesetz* Nutzungsrechte, Einwilligungsrechte oder Vergütungsansprüche wahrnehmen.

(3) ¹Urheber ist nach § 7 UrhG der Schöpfer des Werks. ²Werke im urheberrechtlichen Sinne sind nach § 2 Abs. 2 UrhG nur persönliche geistige Schöpfungen. ³Zu den urheberrechtlich geschützten Werken der Literatur, Wissenschaft und Kunst gehören nach § 2 Abs. 1 UrhG insbesondere

1. Sprachwerke, wie Schriftwerke, Reden *und Computerprogramme* (vgl. Absätze 1 und 6 bis 14);

2. Werke der Musik (vgl. Absatz 15);

3. pantomimische Werke einschließlich der Werke der Tanzkunst;

4. Werke der bildenden Künste einschließlich der Werke der Baukunst und der angewandten Kunst und Entwürfe solcher Werke (vgl. Absätze 16 und 17);

5. Lichtbildwerke einschließlich der Werke, die ähnlich wie Lichtbildwerke geschaffen werden (vgl. Absatz 18);

6. Filmwerke einschließlich der Werke, die ähnlich wie Filmwerke geschaffen werden;

7. Darstellungen wissenschaftlicher oder technischer Art, wie Zeichnungen, Pläne, Karten, Skizzen, Tabellen und plastische Darstellungen.

(4) ¹Der Urheber hat das ausschließliche Recht, sein Werk zu verwerten. ²Dabei wird zwischen der Verwertung in körperlicher Form und der öffentlichen Wiedergabe in unkörperlicher Form unterschieden. ³Das Recht der Verwertung eines Werks in körperlicher Form umfaßt nach § 15 Abs. 1 UrhG insbesondere

1. das Vervielfältigungsrecht (§ 16 UrhG),

2. das Verbreitungsrecht (§ 17 UrhG) und
3. das Ausstellungsrecht (§ 18 UrhG).

⁴Zum Recht der öffentlichen Wiedergabe gehören nach § 15 Abs. 2 UrhG insbesondere
1. das Vortrags-, Aufführungs- und Vorführungsrecht (§ 19 UrhG),
2. das Senderecht (§ 20 UrhG),
3. das Recht der Wiedergabe durch Bild- und Tonträger (§ 21 UrhG) und
4. das Recht der Wiedergabe von Funksendungen (§ 22 UrhG).

(5) ¹Der Urheber kann nach § 31 Abs. 1 UrhG einem anderen das Recht einräumen, das Werk auf einzelne oder alle Nutzungsarten zu nutzen. ²Dieses Nutzungsrecht kann als einfaches oder ausschließliches Recht eingeräumt und außerdem nach § 32 UrhG räumlich, zeitlich oder inhaltlich beschränkt werden.

Schriftsteller

(6) ¹Für Schriftsteller kommt die Steuerermäßigung in Betracht, soweit sie einem anderen Nutzungsrechte an urheberrechtlich geschützten Werken einräumen. ²Zu den geschützten Sprachwerken gehören z. B. Romane, Epen, Sagen, Erzählungen, Märchen, Fabeln, Novellen, Kurzgeschichten, Essays, Satiren, Anekdoten, Biographien, Autobiographien, Reiseberichte, Aphorismen, Traktate, Gedichte, Balladen, Sonette, Oden, Elegien, Epigramme, Liedtexte, Bühnenwerke aller Art, Libretti, Hörspiele, Drehbücher, wissenschaftliche Bücher, Abhandlungen und Vorträge, Forschungsberichte, Denkschriften, Kommentare zu politischen und kulturellen Ereignissen sowie Reden und Predigten (vgl. aber Absatz 13).

(7) ¹Mit der Veräußerung des Originals eines Werks, z. B. des Manuskripts eines Sprachwerks, wird nach § 44 Abs. 1 UrhG im Zweifel dem Erwerber ein Nutzungsrecht nicht eingeräumt. ²Auf die bloße Lieferung eines Manuskripts ist deshalb grundsätzlich der allgemeine Steuersatz anzuwenden. ³Eine nach § 12 Abs. 2 Nr. 7 Buchstabe c UStG begünstigte sonstige Leistung ist nur dann anzunehmen, wenn zugleich mit der Veräußerung des Werkoriginals dem Erwerber aufgrund einer besonderen Vereinbarung Nutzungsrechte an dem Werk eingeräumt werden.

(8) ¹Der Schriftsteller, der im Rahmen einer Veranstaltung seine Werkausgaben signiert oder Autogramme gibt und dafür vom Veranstalter – z. B. Verleger oder Buchhändler – ein Entgelt erhält, erbringt eine sonstige Leistung, die dem allgemeinen Steuersatz unterliegt. ²Das gleiche gilt grundsätzlich auch dann, wenn der Schriftsteller aus seinen Werken liest oder mit bestimmten Personengruppen – z. B. Lesern, Politikern, Schriftstellern, Buchhändlern – Gespräche oder Aussprachen führt. ³Wird die Lesung oder das Gespräch von einer Rundfunk- und Fernsehanstalt – z. B. in einem Studio – veranstaltet und gesendet, so führt der Schriftsteller eine Leistung aus, deren wesentlicher Inhalt in der Einräumung urheberrechtlicher Nutzungsrechte – u. a. des Senderechts – besteht und auf die deshalb der ermäßigte Steuersatz anzuwenden ist. ⁴Dabei ist es unerheblich, ob die Lesung oder das Gespräch zugleich mit der Aufnahme gesendet (Live-Sendung) oder zunächst auf Bild- und Tonträger aufgenommen und später gesendet wird. ⁵Das gleiche gilt, wenn nur Teile oder Ausschnitte gesendet werden oder eine Sendung unterbleibt.

Journalisten, Presseagenturen

(9) ¹Zu den begünstigten Leistungen der Journalisten gehören u. a. Kommentare zu politischen, kulturellen, wissenschaftlichen, wirtschaftlichen, technischen und religiösen Ereignissen und Entwicklungen, Kunstkritiken einschließlich Buch-, Theater-, Musik-, Schallplatten- und Filmkritiken sowie Reportagen, die über den bloßen Bericht hinaus eine kritische Würdigung

vornehmen. ²Nicht urheberrechtlich geschützt sind z. B. Tatsachennachrichten und Tagesneuigkeiten, es sei denn, sie haben durch eine individuelle Formgebung Werkcharakter erlangt.

(10) ¹Zur Vermeidung von Abgrenzungsschwierigkeiten wird aus Vereinfachungsgründen zugelassen, daß Journalisten grundsätzlich auf ihre Leistungen insgesamt den ermäßigten Steuersatz anwenden. ²Nur die Journalisten, die lediglich Daten sammeln und ohne redaktionelle Bearbeitung weiterleiten – z. B. Kurs- und Preisnotierungen, Börsennotizen, Wettervorhersagen, Rennergebnisse, Fußball- und andere Sportergebnisse, Theater-, Opern- und Kinospielpläne sowie Ausstellungs- und Tagungspläne –, haben ihre Leistungen nach dem allgemeinen Steuersatz zu versteuern.

(11) Bei den Leistungen der Pressedienste und -agenturen, deren wesentlicher Inhalt in der Einräumung oder Übertragung der Verwertungsrechte – z. B. Vervielfältigungsrecht, Verbreitungsrecht, Senderecht – an dem in den sogenannten Pressediensten enthaltenen Material besteht, ist folgendes zu beachten:

1. ¹Die Bilderdienste sind nach § 2 Abs. 1 Nr. 5 und § 72 UrhG geschützt. ²Die Einräumung oder Übertragung von Verwertungsrechten an dem Bildmaterial führt deshalb stets zur Anwendung des ermäßigten Steuersatzes (vgl. Absatz 18).

2. ¹Bei sonstigen Pressediensten kann der Anteil der urheberrechtlich geschützten Beiträge – insbesondere Namensberichte, Aufsätze und redaktionell besonders aufgemachte Nachrichten – unterschiedlich sein. ²Die Vereinfachungsregelung in Absatz 10 gilt entsprechend.

Übersetzungen und andere Bearbeitungen

(12) ¹Die Übersetzer fremdsprachiger Werke – z. B. Romane, Gedichte, Schauspiele, wissenschaftliche Bücher und Abhandlungen – räumen urheberrechtliche Nutzungsrechte ein, wenn die Werke in der Übersetzung z. B. veröffentlicht oder aufgeführt werden. ²Unerheblich ist es, ob ein Sprachwerk einzeln – z. B. als Buch – oder in Sammlungen – z. B. Zeitschriften, Zeitungen, Kalendern, Almanachen – veröffentlicht wird. ³Entsprechendes gilt für andere Bearbeitungen urheberrechtlich geschützter Werke, sofern sie persönliche geistige Schöpfungen des Bearbeiters sind, z. B. für die Dramatisierung eines Romans oder einer Novelle, für die Episierung eines Bühnenstücks, einer Ballade oder eines Gedichts, für die Umgestaltung eines Romans, einer Kurzgeschichte, einer Anekdote oder eines Bühnenstücks zu einer Ballade oder einem Gedicht, für die Umwandlung eines Schauspiels, eines Romans oder einer Novelle in ein Opernlibretto oder ein Musical, für die Fortsetzung eines literarischen Werks, für die Verwendung einer literarischen Vorlage – Roman, Novelle, Schauspiel usw. – für Comic strips – Comics – sowie für das Schreiben eines Filmdrehbuchs nach einer Vorlage und die Verfilmung.

Vorträge, Reden, Gutachten, technische Darstellungen

(13) ¹Vorträge und Reden sind zwar urheberrechtlich geschützte Sprachwerke. ²Wer einen Vortrag oder eine Rede hält, räumt damit jedoch einem anderen keine urheberrechtlichen Nutzungsrechte ein. ³Das gleiche gilt für Vorlesungen, das Abhalten von Seminaren, die Erteilung von Unterricht sowie die Beteiligung an Aussprachen. ⁴Urheberrechtliche Nutzungsrechte werden auch dann nicht eingeräumt, wenn z. B. der Inhalt oder der Text eines Vortrags oder einer Rede in schriftlicher Wiedergabe dem Veranstalter oder den Teilnehmern übergeben wird. ⁵Eine steuerermäßigte Einräumung von urheberrechtlichen Nutzungsrechten liegt aber insoweit vor, als ein Vortrag oder eine Rede – z. B. in einer Fachzeitschrift oder als Sonderdruck – veröffentlicht wird. ⁶Außerdem kommt der ermäßigte Steuersatz z. B. dann in Betracht, wenn Vorträge oder Unterrichtsveranstaltungen von Rundfunk- und Fernsehanstalten gesendet werden.

(14) ¹Die Übergabe eines Gutachtens oder einer Studie ist regelmäßig nicht mit der Einräumung urheberrechtlicher Nutzungsrechte verbunden, auch wenn das Werk urheberrechtlichen Schutz genießt. ²Das gilt auch, wenn sich der Auftraggeber vorsorglich das Recht der alleinigen Verwertung und Nutzung einräumen läßt. ³Sind dagegen Gutachten oder Studien von vornherein zur Veröffentlichung bestimmt und werden sie demgemäß entsprechend der vertraglichen Vereinbarungen auch tatsächlich vervielfältigt und verbreitet, so ist als wesentlicher Inhalt der Leistung des Gutachters oder Studienverfassers die Einräumung urheberrechtlicher Nutzungsrechte anzunehmen. ⁴Berichte, Mitteilungen und sonstige Verlautbarungen über die Ergebnisse der im Rahmen von Forschungs- und Entwicklungsaufträgen erbrachten Leistungen sind umsatzsteuerrechtlich nicht den Gutachten oder Studien gleichzustellen. ⁵Entgeltliche Leistungen aufgrund von Forschungs- und Entwicklungsaufträgen unterliegen, sofern sie nicht im Rahmen eines Zweckbetriebs (§ 65 AO) erbracht werden, stets insgesamt der Umsatzsteuer nach dem allgemeinen Steuersatz. ⁶Das gilt auch dann, wenn hinsichtlich der Forschungs- und Entwicklungsergebnisse eine Übertragung urheberrechtlicher Nutzungsrechte vereinbart wird und die Forschungs- und Entwicklungsergebnisse in der Form von Berichten, Dokumentationen usw. tatsächlich veröffentlicht werden. ⁷Die Übertragung urheberrechtlicher Nutzungsrechte ist in diesen Fällen lediglich eine Nebenleistung und muß somit bei der umsatzsteuerrechtlichen Beurteilung unbeachtet bleiben. ⁸Zu den geschützten Werken im Sinne des § 2 Abs. 1 Nr. 1 UrhG können auch Sprachwerke gehören, in die ausschließlich handwerkliche, technische und wissenschaftliche Kenntnisse und Erfahrungen eingeflossen sind, z. B. technische Darstellungen und Handbücher, Darstellungen und Erläuterungen technischer Funktionen, Bedienungs- und Gebrauchsanleitungen sowie Wartungs-, Pflege- und Reparaturanleitungen. ⁹Voraussetzung hierfür ist, daß es sich um persönliche geistige Schöpfungen handelt, die eine individuelle Eigenart aufweisen. ¹⁰Es genügt, daß die individuelle Prägung in der Form und Gestaltung des Werks zum Ausdruck kommt.

Werke der Musik

(15) ¹Die Urheber von Musikwerken erbringen mit der Einräumung urheberrechtlicher Nutzungsrechte an ihren Werken steuerbegünstigte Leistungen. ²Urheberrechtlichen Schutz genießt auch elektronische Musik. ³Zu den urheberrechtlich geschützten Musikwerken bzw. Bearbeitungen gehören außerdem z. B. Klavierauszüge aus Orchesterwerken, Potpourris, in denen nicht nur verschiedene Musikstücke oder Melodien aneinandergereiht sind, die Instrumentierungen von Melodien und die Orchesterbearbeitungen von Klavierstücken. ⁴Die von der GEMA ausgeschütteten Verlegeranteile sind jedoch nicht begünstigt, soweit sie nicht auf die von den Verlegern übertragenen urheberrechtlichen Nutzungsrechte, z. B. Altrechte, Subverlagsrechte, entfallen (vgl. BFH-Urteil vom 29. 4. 1987 – BStBl II S. 648).

Werke der bildenden Künste und der angewandten Kunst

(16) ¹Mit der vertraglichen Vereinbarung über die Vervielfältigung und Verbreitung von Werken der bildenden Künste – z. B. in Büchern und Zeitschriften, auf Kalendern, Postkarten und Kunstblättern sowie mit Diapositiven – werden urheberrechtliche Nutzungsrechte eingeräumt. ²Der Graphiker, der einem Galeristen oder Verleger das Recht überträgt, Originalgraphiken zu drucken und zu vertreiben, erbringt eine begünstigte Leistung. ³Das gleiche gilt z. B. für die Einräumung des Rechts zur Herstellung und zum Vertrieb künstlerischer Siebdrucke – sog. Serigraphien –, die vom Künstler signiert und numeriert werden. ⁴Urheberrechtlichen Schutz genießen auch die Werke der Karikaturisten, Cartoonisten und Pressezeichner.

(17) ¹Werke der Gebrauchsgraphiker und der Graphik-Designer sind urheberrechtlich geschützt, wenn sie Werke der angewandten Kunst oder Entwürfe solcher Werke darstellen (vgl.

z. B. BGH-Urteile vom 27. 11. 1956, BGHZ 22 S. 209, NJW 1957 S. 220, und vom 25. 5. 1973, Gewerblicher Rechtsschutz und Urheberrecht – GRUR – 1974 S. 669, Archiv für Urheber-, Film-, Funk- und Theaterrecht Berlin – UFITA – 1976 S. 313). ²Der ermäßigte Steuersatz kommt deshalb nur für Leistungen in Betracht, die in der Einräumung von Nutzungsrechten an derartigen Werken bestehen.

Lichtbildwerke und Lichtbilder

(18) ¹Urheberrechtlich geschützt sind Lichtbildwerke und Werke, die ähnlich wie Lichtbildwerke geschaffen werden. ²Lichtbilder und Erzeugnisse, die ähnlich wie Lichtbilder hergestellt werden, sind nach § 72 UrhG den Lichtbildwerken urheberrechtlich praktisch gleichgestellt. ³Dem ermäßigten Steuersatz unterliegen deshalb insbesondere die Leistungen der Bildjournalisten (Bildberichterstatter), Bildagenturen (vgl. Abs. 11 Nr. 1), Kameramänner und Foto-Designer. ⁴Übergibt der Fotograf seinem Auftraggeber nur die bestellten Positive – z. B. Paßbilder, Familien- oder Gruppenaufnahmen –, so liegt keine Rechtsübertragung, sondern eine nicht begünstigte Lieferung vor. ⁵Das gleiche gilt für die Herstellung und Überlassung von Luftbildaufnahmen für planerische Zwecke – z. B. Landesplanung, Natur- und Umweltschutz oder Erfassung und Bilanzierung der Flächennutzung –, für Zwecke der Geodäsie – z. B. auch fotografische Meßbilder (Fotogramme) nach dem Verfahren der Fotogrammetrie – oder für bestimmte wissenschaftliche Zwecke – z. B. auf dem Gebiet der Archäologie –, selbst wenn damit auch urheberrechtliche Nutzungsrechte übertragen werden.

Darbietungen ausübender Künstler

(19) ¹Außer den Werken der Literatur, Wissenschaft und Kunst sind auch die Darbietungen ausübender Künstler urheberrechtlich geschützt. ²Diese Schutzrechte sind in §§ 74 ff. UrhG abschließend aufgeführt (verwandtes Schutzrecht). ³Ausübender Künstler ist nach § 73 UrhG, wer ein Werk vorträgt oder aufführt oder hierbei künstlerisch mitwirkt. ⁴Zu den ausübenden Künstlern zählen insbesondere Schauspieler, Sänger, Musiker, Tänzer, Dirigenten, Kapellmeister, Regisseure und Spielleiter sowie Bühnen- und Kostümbildner. ⁵Ausübende Künstler sind z. B. auch Tonmeister, die bei Aufführungen elektronischer Musik mitwirken. ⁶Im Einzelfall kann auch der Beleuchter ein ausübender Künstler sein.

(20) ¹Nach § 78 UrhG kann der ausübende Künstler die ihm durch §§ 74 bis 77 UrhG gewährten Rechte und Ansprüche – d. h. die Rechte der Bildschirm- und Lautsprecherübertragung, der Vervielfältigung, der Funksendung und der öffentlichen Wiedergabe – an Dritte abtreten. ²Er kann darüber hinaus auch die Einwilligung dazu selbst erteilen. ³Begünstigte Leistungen ausübender Künstler liegen z. B. in folgenden Fällen vor:

1. Musikwerke – z. B. Opern, Operetten, Musicals, Ballette, Chorwerke, Gesänge, Messen, Kantaten, Madrigale, Motetten, Orgelwerke, Sinfonien, Kammermusikwerke, Solokonzerte, Lieder, Chansons, Spirituals und Jazz –, Bühnenwerke – z. B. Schauspiele, Schauspielszenen, Mysterienspiele, Fastnachtsspiele, Kabarettszenen, Varietészenen und die Bühnenfassung einer Erzählung – sowie Hörspiele und Hörspielfassungen von Sprachwerken werden
   a) im Studio oder Sendesaal einer Rundfunk- und Fernsehanstalt aufgeführt, auf Bild- und Tonträger aufgenommen und gesendet oder
   b) im Studio eines Tonträgerherstellers – z. B. eines Schallplattenproduzenten – aufgeführt, auf Tonträger aufgenommen und vervielfältigt.

2. Öffentliche Aufführungen von Musikwerken und Bühnenwerken – z. B. in einem Konzertsaal oder Theater – werden

a) von einer Rundfunk- und Fernsehanstalt veranstaltet, auf Bild- und Tonträger aufgenommen und – z. B. als Live-Sendung – gesendet oder

b) von einem Tonträgerhersteller veranstaltet, auf Tonträger aufgenommen – sog. Live-Mitschnitt – und vervielfältigt.

3. Fernsehfilme werden von einer Fernsehanstalt oder in ihrem Auftrag von einem Filmproduzenten hergestellt.

4. Vorführfilme – Spielfilme – werden von einem Filmproduzenten hergestellt.

5. Darbietungen ausübender Künstler – z. B. die Rezitation von Gedichten und Balladen, das Vorlesen einer Novelle, der Vortrag von Liedern, das Spielen eines Musikwerks – werden in einem Studio auf Bild- und Tonträger aufgenommen und von einer Rundfunk- und Fernsehanstalt gesendet oder von einem Tonträgerhersteller vervielfältigt.

6. Darbietungen ausübender Künstler – z. B. Sänger, Musiker, Schauspieler, Tänzer – im Rahmen von Rundfunk- und Fernsehsendungen – z. B. in Shows und sonstigen Unterhaltungssendungen, in Quizveranstaltungen sowie bei Sportsendungen und Diskussionsveranstaltungen – werden auf Bild- und Tonträger aufgenommen und gesendet.

(21) [1]Mit der Darbietung eines ausübenden Künstlers ist nicht in jedem Fall eine Einwilligung zu ihrer Verwertung oder eine Abtretung urheberrechtlicher Nutzungsrechte verbunden. [2]Besteht die Leistung eines ausübenden Künstlers nur oder im wesentlichen in seiner künstlerischen Darbietung, so scheidet die Steuerermäßigung aus. [3]Nicht begünstigt sind deshalb künstlerische Darbietungen, die weder von Rundfunk- und Fernsehanstalten gesendet noch auf Bild- und Tonträger aufgenommen und vervielfältigt werden. [4]Der ermäßigte Steuersatz kommt auch dann nicht in Betracht, wenn die Darbietung zur Dokumentation, für Archivzwecke oder z. B. zum wissenschaftlichen Gebrauch mitgeschnitten wird.

(22) [1]Ausübende Künstler können mit einer künstlerischen Darbietung zwei verschiedene Leistungen erbringen:

1. die Darbietung selbst und

2. die Einwilligung zur Verwertung der Darbietung oder die Abtretung urheberrechtlicher Nutzungsrechte.

[2]Zwei Leistungen werden z. B. von einem Dirigenten oder Solisten erbracht, der das öffentliche Konzert eines Konzertveranstalters leitet bzw. darin mitwirkt, wenn dieses Konzert gleichzeitig von einer Rundfunk- und Fernsehanstalt aufgenommen und gesendet – z. B. auch als Live-Übertragung – oder von einem Tonträgerhersteller auf Tonträger aufgenommen – sog. Live-Mitschnitt – und vervielfältigt wird. [3]Die Leistung gegenüber der Rundfunk- und Fernsehanstalt oder dem Tonträgerhersteller unterliegt dem ermäßigten Steuersatz. [4]Dagegen ist die Leistung an den Konzertveranstalter dem allgemeinen Steuersatz zu unterwerfen. [5]Zum Ort dieser Leistungen vgl. Abschnitte 36 und 39 Abs. 1 und 2.

(23) [1]Kann ein urheberrechtlich geschütztes Werk, z. B. ein Sprachwerk, vom Auftraggeber nur durch die Ausnutzung von Rechten an diesem Werk bestimmungsgemäß verwendet werden und werden ihm daher die entsprechenden Nutzungsrechte eingeräumt oder übertragen, so bildet die Einräumung oder Übertragung urheberrechtlicher Nutzungsrechte den wesentlichen Inhalt der Leistung. [2]Die Herstellung des Werks geht als Vorstufe für die eigentliche Leistung in dieser auf, und zwar auch dann, wenn das Werkoriginal dem Auftraggeber überlassen wird.

Beispiel 1:

¹Bei der Überlassung von urheberrechtlich geschützten Kopiervorlagen für Unterrichtszwecke ist wesentlicher Inhalt der Leistung die Übertragung urheberrechtlicher Nutzungsrechte. ²Das gilt auch für die Überlassung von Kopiervorlagen an Personen, die diese nicht selbst für Unterrichtszwecke verwenden, z. B. an Buchhändler.

Beispiel 2:

¹Bei der Erarbeitung urheberrechtlich geschützter technischer Dienstvorschriften (Benutzungsunterlagen) stellt die Überlassung des Manuskripts oder druckfertiger Vorlagen zur Verwertung – z. B. zur Vervielfältigung – lediglich eine unselbständige Nebenleistung zur Hauptleistung dar, die in der Übertragung urheberrechtlicher Nutzungsrechte besteht. ²Wird jedoch vertraglich neben der Erarbeitung einer Dienstvorschrift auch die Lieferung der benötigten Exemplare dieses Werks vereinbart, so liegt eine einheitliche Hauptleistung (Lieferung) vor, in der die Einarbeitung der Dienstvorschrift als unselbständige Nebenleistung aufgeht. ³Auf diese Lieferung ist aber nach § 12 Abs. 2 Nr. 1 Satz 1 UStG in Verbindung mit Nr. 49 der Anlage des UStG ebenfalls der ermäßigte Steuersatz anzuwenden.

Beispiel 3:

¹Die Erstellung von urheberrechtlich geschütztem technischen Schulungsmaterial – Lehrtafeln, Lehrfilme, bei denen der Auftragnehmer im urheberrechtlichen Sinne Hersteller des Lehrfilms ist, Diapositive – ist nach ihrem wesentlichen Inhalt auch dann eine unter § 12 Abs. 2 Nr. 7 Buchstabe c UStG fallende sonstige Leistung, wenn der erstellte Entwurf, die Druck- oder Kopiervorlagen, das Filmwerk oder die Diapositive dem Auftraggeber übergeben werden.

²Wird bei der Erstellung von Lehrtafeln zusätzlich zur Übertragung urheberrechtlicher Nutzungsrechte auch die Herstellung und Lieferung der benötigten Exemplare (Vervielfältigungsstücke) übernommen, so liegt eine nicht unter § 12 Abs. 2 Nr. 7 Buchstabe c UStG fallende Werklieferung vor, auf die nach § 12 Abs. 1 UStG der allgemeine Steuersatz anzuwenden ist.

169. Zirkusunternehmen, Schausteller und zoologische Gärten (§ 12 Abs. 2 Nr. 7 Buchstabe d UStG)

(1) ¹Zirkusvorführungen sind auch die von den Zirkusunternehmen veranstalteten Tierschauen. ²Begünstigt sind auch die üblichen Nebenleistungen, z. B. der Verkauf von Programmen und die Aufbewahrung der Garderobe. ³Bei Fernsehaufzeichnungen und -übertragungen ist die Leistung des Zirkusunternehmens sowohl nach Buchstabe c als auch nach Buchstabe d des § 12 Abs. 2 Nr. 7 UStG begünstigt. ⁴Nicht begünstigt sind Hilfsgeschäfte, wie z. B. Veräußerungen von Anlagegegenständen. ⁵Für den Verkauf der in Nummer 1 der Anlage des UStG bezeichneten Tiere kommt jedoch die Steuerermäßigung nach § 12 Abs. 2 Nr. 1 UStG in Betracht.

(2) ¹Schausteller sind nur Unternehmer, die ein Reisegewerbe betreiben, also von Ort zu Ort ziehen, *und ihre der Unterhaltung dienenden Leistungen auf Jahrmärkten, Volksfesten, Schützenfesten oder ähnlichen Veranstaltungen erbringen (vgl. § 30 UStDV).* ²Ähnliche Veranstaltungen können auch durch den Schausteller selbst organisierte und unter seiner Regie stattfindende Eigenveranstaltungen sein *(vgl. BFH-Urteil vom 25. 11. 1993 – BStBl 1994 II S. 336).* ³Ortsgebundene Schaustellungsunternehmen – z. B. Märchenhuldunternehmen – sind mit ihren Leistungen nicht begünstigt (vgl. BFH-Urteile vom 22. 10. 1970 – BStBl 1971 II S. 37, vom 22. 6. 1972 – BStBl II S. 684, *und vom 25. 11. 1993, a. a. O.).* ⁴Zu den begünstigten Leistungen (§ 30 UStDV) gehören auch die Leistungen der Schau- und Belustigungsgeschäfte, der Fahrgeschäfte aller Art – Karussells, Schiffschaukeln, Achterbahnen usw. –, der Schießstände sowie die Ausspielungen. ⁵Nicht begünstigt sind Warenlieferungen, sofern sie nicht unter § 12 Abs. 2 Nr. 1 Satz 1 UStG fallen, und Hilfsgeschäfte.

(3) ¹Die Steuerermäßigung kommt für die Leistungen der zoologischen Gärten in Betracht, die nicht unter § 4 Nr. 20 Buchstabe a UStG (vgl. Abschnitt 109) fallen. ²Zoologische Gärten sind z. B. auch Aquarien und Terrarien, nicht dagegen Delphinarien (vgl. BFH-Urteil vom 20. 4. 1988

– BStBl II S. 796). ³Für Tierparks gilt die Steuerermäßigung nicht; ihre Umsätze können aber nach § 4 Nr. 20 Buchstabe a UStG steuerfrei sein.

(4) ¹Zu den Umsätzen, die unmittelbar mit dem Betrieb der zoologischen Gärten verbunden sind, gehören nur Leistungen, auf die der Betrieb eines zoologischen Gartens im eigentlichen Sinne gerichtet ist, in denen sich also dieser Betrieb verwirklicht (BFH-Urteil vom 4. 12. 1980 – BStBl 1981 II S. 231). ²Hierunter fallen insbesondere die Umsätze, bei denen die Entgelte in Eintrittsgeldern bestehen, einschließlich etwaiger Nebenleistungen (z. B. Abgabe von Wegweisern und Lageplänen). ³Nicht zu den begünstigten Umsätzen gehören z. B. Hilfsumsätze und die entgeltliche Überlassung von Parkplätzen an Zoobesucher.

Zu § 12 Abs. 2 Nr. 8 UStG

170. Gemeinnützige, mildtätige und kirchliche Einrichtungen sowie deren Zusammenschlüsse

Allgemeines zu § 12 Abs. 2 Nr. 8 Buchstabe a UStG

(1) ¹Begünstigt nach § 12 Abs. 2 Nr. 8 Buchstabe a UStG sind die Leistungen der Körperschaften, die gemeinnützige, mildtätige oder kirchliche Zwecke im Sinne der §§ 51 bis 68 AO verfolgen. ²Die abgabenrechtlichen Vorschriften gelten auch für Betriebe gewerblicher Art von juristischen Personen des öffentlichen Rechts. ³Es ist nicht erforderlich, daß der gesamte unternehmerische Bereich einer juristischen Person des öffentlichen Rechts gemeinnützigen Zwecken dient. ⁴Wenn bereits für andere Steuern (vgl. z. B. § 5 Abs. 1 Nr. 9 KStG) darüber entschieden ist, ob und gegebenenfalls in welchen Bereichen das Unternehmen steuerbegünstigte Zwecke verfolgt, so ist von dieser Entscheidung im allgemeinen auch für Zwecke der Umsatzsteuer auszugehen. ⁵Ist diese Frage für andere Steuern nicht entschieden worden, so sind die Voraussetzungen für die Steuerermäßigung nach § 12 Abs. 2 Nr. 8 Buchstabe a UStG besonders zu prüfen. ⁶Der ermäßigte Steuersatz nach § 12 Abs. 2 Nr. 8 Buchstabe a UStG kommt nur für die Leistungen der begünstigten Körperschaften in Betracht, nicht jedoch für den Eigenverbrauch nach § 1 Abs. 1 Nr. 2 UStG.

(2) ¹Die aufgrund des Reichssiedlungsgesetzes von den zuständigen Landesbehörden begründeten oder anerkannten gemeinnützigen Siedlungsunternehmen sind nur begünstigt, wenn sie alle Voraussetzungen der Gemeinnützigkeit im Sinne der AO erfüllen. ²Dem allgemeinen Steuersatz unterliegen die Leistungen insbesondere dann, wenn in der Satzung oder dem Gesellschaftsvertrag die Ausschüttung von Dividenden vorgesehen ist. ³Wegen der Übergangsregelung für Leistungen aufgrund von Verträgen, die vor dem 1. 1. 1987 geschlossen worden sind, vgl. BMF-Schreiben vom 4. 8. 1986 – BStBl I S. 392. ⁴Von Hoheitsträgern zur Ausführung hoheitlicher Aufgaben, z. B. im Bereich der Müll- und Abwasserbeseitigung, eingeschaltete Kapitalgesellschaften sind wegen fehlender Selbstlosigkeit (§ 55 AO) nicht gemeinnützig tätig.

Wirtschaftlicher Geschäftsbetrieb; Zweckbetrieb

(3) ¹Die Steuerermäßigung gilt nicht für die Leistungen, die im Rahmen eines wirtschaftlichen Geschäftsbetriebs ausgeführt werden. ²Der Begriff des wirtschaftlichen Geschäftsbetriebs ist in § 14 AO bestimmt. ³Nach § 64 AO bleibt die Steuervergünstigung für einen wirtschaftlichen Geschäftsbetrieb jedoch bestehen, soweit es sich um einen Zweckbetrieb im Sinne der §§ 65 bis

68 AO handelt. ⁴Ist nach den Grundsätzen des § 14 AO lediglich Vermögensverwaltung gegeben, so wird die Steuerermäßigung ebenfalls nicht ausgeschlossen.

(4) ¹Für die Annahme eines Zweckbetriebs ist nach § 65 AO vor allem erforderlich, daß der wirtschaftliche Geschäftsbetrieb zu den nicht begünstigten Betrieben derselben oder ähnlichen Art nicht in größerem Umfang in Wettbewerb treten darf, als es bei der Erfüllung der steuerbegünstigten Zwecke unvermeidbar ist. ²Zweckbetriebe sind stets die in § 68 AO aufgeführten Einrichtungen und Veranstaltungen, auch wenn die allgemeinen Voraussetzungen des § 65 AO nicht erfüllt sind.

Beispiel 1:
¹Die Tätigkeit der Landessportbünde im Rahmen der Verleihung des Deutschen Sportabzeichens und des Deutschen Jugendsportabzeichens stellt einen Zweckbetrieb im Sinne des § 65 AO dar. ²Entsprechendes gilt bei gemeinnützigen Sportverbänden für die Genehmigung von Wettkampfveranstaltungen der Sportvereine, die Genehmigung von Trikotwerbung sowie für die Ausstellung oder Verlängerung von Sportausweisen für Sportler.

Beispiel 2:
¹Der Verkauf von Speisen und Getränken sowie die Werbung eines Sportvereins bei seinen sportlichen Veranstaltungen sind ein nicht begünstigter wirtschaftlicher Geschäftsbetrieb (vgl. § 67a Abs. 1 Satz 2 AO). ²Entsprechendes gilt für den Verkauf von Speisen und Getränken sowie die Werbung im Rahmen kultureller Einrichtungen und Veranstaltungen (vgl. auch § 68 Nr. 7 AO).

Beispiel 3:
¹Die Herstellung und Veräußerung von Erzeugnissen, die in der 2. Stufe der Blutfraktionierung gewonnen werden – Plasmaderivate wie Albumin, Globulin, Gerinnungsfaktoren –, durch die Blutspendedienste des Deutschen Roten Kreuzes sind ein nicht begünstigter wirtschaftlicher Geschäftsbetrieb (§§ 14 und 64 AO). ²Lediglich insoweit, als die *zur Katastrophenbevorratung notwendigen Erzeugnisse verwertet oder ausgetauscht werden,* liegt ein begünstigter Zweckbetrieb im Sinne des § 65 AO vor.

Beispiel 4:
¹Krankenfahrten, die von gemeinnützigen und mildtätigen Organisationen ausgeführt werden, erfüllen nicht die Voraussetzungen des § 66 Abs. 2 AO und sind deshalb keine Einrichtungen der Wohlfahrtspflege. ²Die Annahme eines Zweckbetriebs nach § 65 AO scheidet aus Wettbewerbsgründen aus, so daß die Krankenfahrten als wirtschaftlicher Geschäftsbetrieb im Sinne der §§ 64 und 14 AO zu behandeln sind. ³Krankenfahrten sind Fahrten von Patienten, für die ein Arzt die Beförderung in einem Personenkraftwagen, Mietwagen oder Taxi verordnet hat.

Beispiel 5:
¹Bei den Werkstätten für Behinderte umfaßt der Zweckbetrieb (§ 68 Nr. 3 AO) auch den eigentlichen Werkstattbereich. ²In diesem Bereich werden in der Regel keine nach § 4 Nr. 18 UStG steuerfreien Umsätze ausgeführt. ³Die steuerpflichtigen Umsätze unterliegen dem ermäßigten Steuersatz. ⁴Die den Behindertenwerkstätten in Rechnung gestellten Umsatzsteuerbeträge, die auf Leistungen entfallen, die andere Unternehmer für den Werkstattbetrieb ausgeführt haben, können deshalb nach § 15 Abs. 1 UStG in vollem Umfang als Vorsteuern abgezogen werden. ⁵Eine Aufteilung der Vorsteuerbeträge in einen abziehbaren und einen nicht abziehbaren Teil entfällt. ⁶Das gilt insbesondere auch insoweit, als Investitionen für den Werkstattbereich – z. B. Neubau oder Umbau, Anschaffung von Einrichtungsgegenständen oder Maschinen – vorgenommen werden.

Beispiel 6:
¹Als Zweckbetrieb werden nach § 68 Nr. 6 AO die von den zuständigen Behörden genehmigten Lotterien und Ausspielungen anerkannt, die eine steuerbegünstigte Körperschaft höchstens zweimal im Jahr zu ausschließlich gemeinnützigen, mildtätigen oder kirchlichen Zwecken veranstaltet. ²Eine nachhaltige Tätigkeit im Sinne des § 14 AO und des § 2 Abs. 1 Satz 3 UStG liegt auch dann vor, wenn Lotterien oder Ausspielungen jedes Jahr nur einmal veranstaltet werden. ³Deshalb ist auch in diesen Fällen grundsätzlich ein Zweckbetrieb gegeben, für dessen Umsätze der ermäßigte Steuersatz in Betracht kommt. ⁴Soweit öffent-

liche Lotterien und Ausspielungen von steuerbegünstigten Körperschaften der Lotteriesteuer unterliegen (vgl. §§ 17 und 18 Rennw-LottG), sind die daraus erzielten Umsätze nach § 4 Nr. 9 Buchstabe b UStG steuerfrei.

Beispiel 7:

¹Mensa- und Cafeteria-Betriebe, die von gemeinnützigen Studentenwerken unterhalten werden, die einem Wohlfahrtsverband angeschlossen sind, werden als Zweckbetriebe im abgabenrechtlichen Sinne angesehen. ²Speisen- und Getränkelieferungen, die in diesen Betrieben an Nichtstudierende, und zwar insbesondere an Hochschulbedienstete, z. B. Hochschullehrer, wissenschaftliche Räte, Assistenten und Schreibkräfte sowie an Studentenwerksbedienstete und Gäste, ausgeführt werden, unterliegen deshalb der Umsatzsteuer nach dem ermäßigten Steuersatz. ³Dies gilt z. B. auch für die Lieferungen von alkoholischen Flüssigkeiten, sofern diese das Warenangebot des Mensa- und Cafeteria-Betriebs ergänzen und lediglich einen geringen Teil des Gesamtumsatzes ausmachen. ⁴Als geringer Anteil am Gesamtumsatz wird es angesehen, wenn diese Umsätze im vorangegangenen Kalenderjahr nicht mehr als 5 v. H. des Gesamtumsatzes betragen haben. ⁵Wegen der Steuerbefreiung für die Lieferungen in Mensa- und Cafeteria-Betrieben vgl. Abschnitt 103 Abs. 7.

Sonderregelungen für Vereine

(5) ¹Nach § 68 Nr. 7 AO sind kulturelle Einrichtungen und Veranstaltungen einer steuerbegünstigten Körperschaft unabhängig von einer Umsatz- oder Einkommensgrenze als Zweckbetrieb zu behandeln. ²Die Lieferungen von Speisen und Getränken sowie die Werbung gehören nicht zum Zweckbetrieb.

(6) ¹Nach § 67a Abs. 1 AO sind sportliche Veranstaltungen eines Sportvereins ein Zweckbetrieb, wenn die Einnahmen einschließlich Umsatzsteuer 60 000 DM im Jahr nicht übersteigen. ²Das gilt unabhängig davon, ob bezahlte Sportler im Sinne des § 67a Abs. 3 AO teilnehmen oder nicht. ³Die Lieferungen von Speisen und Getränken sowie die Werbung anläßlich einer sportlichen Veranstaltung gehören nicht zum Zweckbetrieb (siehe auch Absatz 4 Beispiel 2). ⁴Ein nach § 67a Abs. 2 und 3 AO körperschaftsteuerrechtlich wirksamer Verzicht auf die Anwendung des § 67a Abs. 1 Satz 1 AO gilt auch für Zwecke der Umsatzsteuer. ⁵Nach § 67a Abs. 3 AO sind aber auch in einem derartigen Verzichtsfall sportliche Veranstaltungen eines Sportvereins ein Zweckbetrieb, wenn

1. kein Sportler des Vereins teilnimmt, der für seine sportliche Betätigung oder für die Benutzung seiner Person, seines Bildes oder seiner sportlichen Betätigung zu Werbezwecken von dem Verein oder einem Dritten über eine Aufwandsentschädigung hinaus Vergütungen oder andere Vorteile erhält, und

2. kein anderer Sportler teilnimmt, der für die Teilnahme an der Veranstaltung von dem Verein oder einem Dritten im Zusammenwirken mit dem Verein über eine Aufwandsentschädigung hinaus Vergütungen oder andere Vorteile erhält.

⁶Andere sportliche Veranstaltungen sind ein nicht begünstigter wirtschaftlicher Geschäftsbetrieb. ⁷Durch einen derartigen wirtschaftlichen Geschäftsbetrieb wird die Gemeinnützigkeit des Vereins unter den Voraussetzungen des § 67a Abs. 3 letzter Satz AO nicht berührt. *⁸Wegen weiterer Einzelheiten zur Behandlung sportlicher Veranstaltungen vgl. die BMF-Schreiben vom 24. 9. 1987 – BStBl I S. 664 und vom 7. 12. 1990 – BStBl I S. 818.*

Zusammenschlüsse steuerbegünstigter Einrichtungen

(7) ¹Die Steuerermäßigung nach § 12 Abs. 2 Nr. 8 Buchstabe b UStG für Leistungen von nichtrechtsfähigen Personenvereinigungen oder Gemeinschaften steuerbegünstigter Körperschaften wird unter folgenden Voraussetzungen gewährt:

1. Alle Mitglieder der nichtrechtsfähigen Personenvereinigung oder Gemeinschaft müssen steuerbegünstigte Körperschaften im Sinne der §§ 51 ff. AO sein.

2. Alle Leistungen müßten, falls sie anteilig von den Mitgliedern der Personenvereinigung oder der Gemeinschaft ausgeführt würden, nach § 12 Abs. 2 Nr. 8 Buchstabe a UStG ermäßigt zu besteuern sein.

²Eine Personenvereinigung oder Gemeinschaft kann somit für ihre Leistungen nur dann Umsatzsteuerermäßigung beanspruchen, wenn sie sich auf steuerbegünstigte Bereiche, z. B. Zweckbetriebe, erstreckt. ³Daneben kann jedoch mit den wirtschaftlichen Geschäftsbetrieben, die nicht Zweckbetriebe sind, z. B. Vereinsgaststätten, jeweils eine gesonderte Personenvereinigung oder Gemeinschaft gebildet werden, deren Leistungen der Umsatzsteuer nach dem allgemeinen Steuersatz unterliegen. ⁴Bestehen begünstigte und nicht begünstigte Personenvereinigungen oder Gemeinschaften nebeneinander, so müssen u. a. die für Umsatzsteuerzwecke erforderlichen Aufzeichnungen dieser Zusammenschlüsse voneinander getrennt geführt werden. ⁵Die Steuerermäßigung ist ausgeschlossen, wenn eine Personenvereinigung oder Gemeinschaft außer Zweckbetrieben auch wirtschaftliche Geschäftsbetriebe umfaßt, die keine Zweckbetriebe sind, z. B. Gemeinschaft aus der kulturellen Veranstaltung des einen und dem Bewirtungsbetrieb des anderen gemeinnützigen Vereins. ⁶Auch bei gemeinschaftlichen Sportveranstaltungen darf durch die Zurechnung der anteiligen Einnahmen der Personenvereinigung oder der Gemeinschaft bei keinem Vereinigungs- oder Gemeinschaftsmitglied ein wirtschaftlicher Geschäftsbetrieb entstehen, der nicht Zweckbetrieb ist.

Zu § 12 Abs. 2 Nr. 9 UStG

171. Schwimm- und Heilbäder, Bereitstellung von Kureinrichtungen

(1) ¹Unmittelbar mit dem Betrieb der Schwimmbäder verbundene Umsätze liegen insbesondere vor bei

1. der Benutzung der Schwimmbäder – z. B. durch Einzelbesucher, Gruppen oder Vereine –,

2. ergänzenden Nebenleistungen – z. B. Benutzung von Einzelkabinen –,

3. der Erteilung von Schwimmunterricht,

4. notwendigen Hilfsleistungen – z. B. Vermietung von Schwimmgürteln, Handtüchern und Badekleidung, Aufbewahrung der Garderobe, Benutzung von Haartrocknern –.

²Ist die Überlassung eines Schwimmbads als Vermietung im Sinne des § 535 BGB anzusehen (vgl. Abschnitt 86), so ist auf den Teil des Entgelts, der auf die steuerpflichtige Vermietung der Betriebsvorrichtungen entfällt, der ermäßigte Steuersatz anzuwenden. ³Entsprechendes gilt für den Eigenverbrauch nach § 1 Abs. 1 Nr. 2 Buchstabe b UStG. ⁴Die Steuerermäßigung scheidet aus, wenn die Überlassung des Schwimmbads eine unselbständige Nebenleistung zu einer nicht begünstigten Hauptleistung ist. ⁵Das ist z. B. der Fall, wenn mit dem Entgelt für eine Beherbergung zugleich die Benutzung des Schwimmbads – unabhängig davon, ob es tatsächlich benutzt wird – abgegolten wird. ⁶*Das gleiche gilt, wenn in einem Sport- und Freizeitzentrum außer einem Schwimmbad noch weitere, nicht begünstigte Einrichtungen im Rahmen einer eigenständigen Leistung besonderer Art überlassen werden (vgl. BFH-Urteil vom 8. 9. 1994 – BStBl II S. 959).*

(2) ¹Nicht unmittelbar mit dem Betrieb eines Schwimmbads verbunden und deshalb nicht begünstigt sind u. a. die Abgabe von Reinigungsbädern, die Lieferungen von Seife und Haar-

waschmitteln, die Vermietung von Liegestühlen und Strandkörben, die Zurverfügungstellung von Unterhaltungseinrichtungen – Minigolf, Tischtennis und dergleichen – und die Vermietung oder Verpachtung einzelner Betriebsteile, wie z. B. die Vermietung eines Parkplatzes, einer Sauna oder von Reinigungsbädern. ²Das gleiche gilt für die Parkplatzüberlassung, die Fahrradaufbewahrung sowie für die Umsätze in Kiosken, Milchbars und sonstigen angegliederten Wirtschaftsbetrieben.

(3) ¹Heilbäder sind:

1. ¹Heilbäder aus anerkannten, natürlichen Heilquellen (Mineralquellen, Thermalquellen, Gasquellen) und Peloidbäder (Heilmoore, Fango, Schlick, Lehm, Sand). ²Sie werden abgegeben als Wannenbäder, Packungen, Teilbäder und Duschen – z. B. Wechselduschen, Nasen-, Rachen- und Vaginalduschen –, als Inhalationen – Raum- und Einzelinhalationen –, als Trinkkuren und in Bewegungsbädern;

2. Heilbäder nach Kneippscher Therapie – z. B. Arm- und Fußbäder, Güsse, Abwaschungen, Wickel und Abbürstungen – und Heilmittel des Meeres, zu denen warme und kalte Meerwasserbäder, Meerwassertrinkkuren, Inhalationen und Meerwasserbewegungsbäder zählen;

3. medizinische Zusatzbäder, Saunabäder, Dampf- und Heißluftraumbäder, Lichtbäder – z. B. Infra- oder Ultrarot, Glühlicht und UV-Licht –, Physio- und Elektrotherapie – z. B. Hauffesche Arm- und Fußbäder, Überwärmungsbad, Heilmassage, Heilgymnastik und Stangerbad –, Unterwasserdruckstrahl-Massagen, Darmbäder sowie die Behandlung in pneumatischen und Klima-Kammern.

²Bei der Verabreichung von Heilbädern, die ihrer Art nach allgemeinen Heilzwecken dienen, z. B. von Saunabädern, ist nicht erforderlich, daß im Einzelfall ein bestimmter Heilzweck nachgewiesen wird. ³Insbesondere bedarf es nicht einer ärztlichen Verordnung des Heilbads. ⁴Dies gilt jedoch nicht für Leistungen, die anderen – z. B. kosmetischen – Zwecken dienen und bei denen Heilzwecke von vornherein ausgeschlossen sind. ⁵UV-Lichtbehandlungen ohne ärztliche Verordnung in Bräunungs- und Sonnenstudios stellen daher keine begünstigte Verabreichung eines Heilbads dar *(vgl. BFH-Urteil vom 18. 6. 1993 – BStBl II S. 853).*

⁶Die Verabreichung von Heilbädern setzt eine Abgabe des Heilbades unmittelbar an den Kurgast voraus. ⁷An dieser Voraussetzung fehlt es, wenn Kurbetriebe Heilwasser nicht an Kurgäste, sondern an Dritte – z. B. an Sozialversicherungsträger – liefern, die das Wasser zur Verabreichung von Heilbädern in ihren eigenen Sanatorien verwenden. ⁸Das gleiche gilt, wenn Heilwässer nicht unmittelbar zur Anwendung durch den Kurgast abgegeben werden. ⁹Für die Abgrenzung gegenüber den nicht begünstigten Leistungen der Heilbäder gelten im übrigen die Absätze 1 und 2 entsprechend.

(4) ¹Bei der Bereitstellung von Kureinrichtungen handelt es sich um eine einheitliche Gesamtleistung, die sich aus verschiedenartigen Einzelleistungen – z. B. die Veranstaltung von Kurkonzerten, das Gewähren von Trinkkuren sowie das Überlassen von Kurbädern, Kurstränden, Kurparks und anderen Kuranlagen oder -einrichtungen zur Benutzung – zusammensetzt. ²Voraussetzung für die Steuerermäßigung ist, daß für die einheitliche Gesamtleistung als Entgelt eine Kurtaxe aufgrund einer besonderen gesetzlichen Regelung oder nach einer entsprechenden vertraglichen Vereinbarung erhoben wird. ³Das Entgelt braucht nicht ausdrücklich als Kurtaxe bezeichnet zu werden. ⁴Kurtaxen sind z. B. auch die Kurbeiträge in Nordrhein-Westfalen, der Fremdenverkehrsbeitrag B in Rheinland-Pfalz und die Kurabgaben in Bayern und Schleswig-Holstein. ⁵Nicht begünstigt sind Einzelleistungen, wie z. B. die Gebrauchsüberlassung einzelner Kureinrichtungen oder -anlagen und die Veranstaltung von Konzerten, Theatervorführungen oder Festen, für die neben der Kurtaxe ein besonderes Entgelt zu zahlen ist.

Zu § 12 Abs. 2 Nr. 10 Buchstabe a UStG

172. Übergangsregelung bei Personenbeförderungen mit Schiffen

(1) ¹Bis zum 31. *12. 1998* unterliegen die Personenbeförderungen mit Schiffen dem ermäßigten Steuersatz (§ 12 Abs. 2 Nr. 10 Buchstabe a UStG in der Fassung des § 28 Abs. 4 UStG, zuletzt geändert durch *Artikel 20 Nr. 20 des Gesetzes* vom *11. 10. 1995, BGBl. I S. 1250, BStBl I S. 438*). ²Folgende dieser Beförderungen sind insgesamt steuerbar:

1. Beförderungen, die sich ausschließlich auf das Inland erstrecken;

2. Beförderungen, die ausschließlich in den *in § 1 Abs. 3 UStG bezeichneten Gebieten* ausgeführt werden, wenn diese Beförderungen wie Umsätze im Inland zu behandeln sind (§ 1 Abs. 3 Nr. 2 UStG) und

3. grenzüberschreitende Beförderungen, bei denen die *ausländischen* Streckenanteile als *inländische* Beförderungsstrecken anzusehen sind (§ 7 Abs. 1 und Abs. 2 Nr. 1 UStDV).

(2) ¹Bei grenzüberschreitenden Beförderungen von Personen mit Schiffen, die nicht in Absatz 1 Nr. 3 bezeichnet sind, bemißt sich die Steuer nach dem Entgelt für den Teil der Beförderungsleistung, der steuerbar ist. ²Dies ist der Fall bei dem Teil einer grenzüberschreitenden Beförderung, der auf das Inland entfällt oder der nach § 1 Abs. 3 Nr. 2 UStG wie ein Umsatz im Inland zu behandeln ist. ³Abweichend davon ist jedoch die gesamte Beförderungsleistung nicht steuerbar, wenn der *inländische* Streckenanteil als ausländische Beförderungsstrecke anzusehen ist und der Teil der Beförderungsleistung in den in § 1 Abs. 3 UStG bezeichneten *Gebieten* nicht wie ein Umsatz im Inland zu behandeln ist (§§ 2 und 7 Abs. 2 Nr. 2, Abs. 3 und 5 UStDV).

(3) ¹Wird für eine grenzüberschreitende Beförderung ein Preis für die gesamte Beförderung vereinbart oder vereinnahmt, so ist der auf den steuerbaren Teil der Leistung entfallende Entgeltsanteil anhand dieses Gesamtpreises zu ermitteln. ²Die Ausführungen in Abschnitt *42a* Abs. 5 gelten entsprechend.

(4) ¹Personenbeförderungen mit Schiffen können mit der Unterbringung und der Verpflegung der beförderten Personen verbunden sein. ²Soweit Unterbringung und Verpflegung erforderlich sind, um die Personenbeförderung planmäßig durchführen zu können, sind sie als Nebenleistungen zur Beförderungsleistung anzusehen. ³Ihre Besteuerung richtet sich deshalb nach den Absätzen 1 bis 3.

(5) ¹Bei Pauschalreisen mit Kabinenschiffen auf Binnenwasserstraßen sind die Unterbringung und Verpflegung der Reisenden auf den Schiffen ebenfalls erforderlich, um die Personenbeförderung entsprechend den vertraglichen Vereinbarungen durchführen zu können. ²Unterbringung und Verpflegung sind deshalb auch hier als Nebenleistungen zur Beförderungsleistung anzusehen. ³Soweit die Personenbeförderungen im Inland ausgeführt werden oder nach § 1 Abs. 3 UStG wie Umsätze im Inland zu behandeln sind, unterliegen die Leistungen einschließlich der Unterbringung und Verpflegung dem ermäßigten Steuersatz.

(6) ¹Werden jedoch bei den in Absatz 5 bezeichneten Schiffsreisen Leistungen an die Reisenden erbracht, die nicht mit dem Pauschalentgelt für Beförderung, Unterbringung und Verpflegung abgegolten sind, so ist davon auszugehen, daß diese Leistungen nicht erforderlich sind, um die Beförderungsleistung planmäßig durchführen zu können. ²Es handelt sich hier z. B. um die Lieferung von Getränken, Süßwaren, Tabakwaren und Andenken. ³Soweit diese Lieferungen im Inland ausgeführt werden oder nach § 1 Abs. 3 UStG wie Umsätze im Inland zu behandeln sind, fallen sie nicht unter die Steuerermäßigung für die Beförderung von Personen mit Schiffen.

Zu § 12 Abs. 2 Nr. 10 Buchstabe b UStG

173. Begünstigte Verkehrsarten

(1) Die einzelnen Verkehrsarten sind grundsätzlich nach dem Verkehrsrecht abzugrenzen.

Verkehr mit Schienenbahnen mit Ausnahme der Bergbahnen

(2) ¹Schienenbahnen sind die Vollbahnen – Haupt- und Nebenbahnen – und die Kleinbahnen der *Eisenbahnen des Bundes* und der *nicht zu den Eisenbahnen des Bundes gehörenden* Eisenbahnen sowie die sonstigen Eisenbahnen, z. B. Anschlußbahnen, die Straßenbahnen, die straßenbahnähnlichen Bahnen, z. B. Schienenschwebebahnen, und die Bahnen besonderer Bauart, z. B. Hoch- und Untergrundbahnen sowie Schwebebahnen. ²Zu den Schienenbahnen gehören auch Kleinbahnen in Tierparks und Ausstellungen (BFH-Urteil vom 14. 12. 1951 – BStBl 1952 III S. 22). ³Nicht zu den Schienenbahnen *zählen* die Seilschwebebahnen (RFH-Urteil vom 31. 5. 1927 – RStBl S. 163) sowie die Sessellifte und Skilifte – Schlepplifte –.

(3) ¹Die von der Begünstigung ausgenommenen Bergbahnen sind Bahnen, die Verbindungen auf Berge herstellen und wegen der Steigungsverhältnisse oder wegen eines durch den gebirgigen Charakter der Landschaft bedingten großen Bodenabstandes besonderer Sicherungseinrichtungen bedürfen (BFH-Urteile vom 16. 5. 1974 – BStBl II S. 649 und vom 26. 8. 1976 – BStBl 1977 II S. 105). ²Danach sind Beförderungen im Schienenbahnverkehr insoweit Beförderungen mit Bergbahnen, als auf den Fahrstrecken besondere technische Sicherungseinrichtungen für die Bergfahrt vorhanden sind. ³Als Fahrstrecke ist jeweils der Fahrweg zwischen zwei Haltestellen anzusehen. ⁴Hieraus folgt:

1. Eine Beförderung, die ausschließlich auf Fahrstrecken ohne besondere technische Sicherungseinrichtungen für die Bergfahrt bewirkt wird, unterliegt bei Vorliegen der sonstigen Voraussetzungen nach § 12 Abs. 2 Nr. 10 Buchstabe b UStG dem ermäßigten Steuersatz.

2. ¹Eine Beförderung, die ausschließlich auf Fahrstrecken mit besonderen technischen Sicherungseinrichtungen für die Bergfahrt bewirkt wird, unterliegt dem allgemeinen Steuersatz. ²Eine Beförderung auf einer Fahrstrecke, auf der nur zum Teil besondere Sicherungseinrichtungen benötigt werden, ist insgesamt als nicht begünstigte Leistung zu behandeln.

3. Wird eine Beförderung sowohl auf Fahrstrecken der unter Nummer 1 als auch auf Fahrstrecken der unter Nummer 2 bezeichneten Art ausgeführt, so ist nur der auf die Strecken der unter Nummer 2 bezeichneten Art entfallende Teil der Beförderung mit dem allgemeinen Steuersatz zu versteuern. ²Für den anderen Teil der Beförderung gilt nach § 12 Abs. 2 Nr. 10 Buchstabe b UStG bei Vorliegen der sonstigen Voraussetzungen der ermäßigte Steuersatz. ³Das Entgelt ist erforderlichenfalls im Schätzungswege aufzuteilen.

Verkehr mit Oberleitungsomnibussen

(4) Oberleitungsomnibusse sind nach § 4 Abs. 3 PBefG elektrisch angetriebene, nicht an Schienen gebundene Straßenfahrzeuge, die ihre Antriebsenergie einer Fahrleitung entnehmen.

Genehmigter Linienverkehr mit Kraftfahrzeugen

(5) ¹Linienverkehr mit Kraftfahrzeugen ist eine zwischen bestimmten Ausgangs- und Endpunkten eingerichtete regelmäßige *Verkehrsverbindung*, auf der Fahrgäste an bestimmten Haltestellen ein- und aussteigen können (§ 42 PBefG). ²Er setzt nicht voraus, daß ein Fahrplan mit bestimmten Abfahrts- und Ankunftszeiten besteht oder Zwischenhaltestellen eingerichtet sind.

³Als Linienverkehr gelten auch die Sonderformen der Personenbeförderung im Sinne des PBefG. ⁴Danach gilt als Linienverkehr die Beförderung von

1. Berufstätigen zwischen Wohnung und Arbeitsstelle (Berufsverkehr),
2. Schülern zwischen Wohnung und Lehranstalt (Schülerfahrten),
3. Kindern zwischen Wohnung und Kindergarten (Kindergartenfahrten),
4. Personen zum Besuch von Märkten (Marktfahrten),
5. Theaterbesuchern.

⁵Linienverkehr kann mit Kraftomnibussen und mit Personenkraftwagen sowie in besonderen Ausnahmefällen auch mit Lastkraftwagen betrieben werden.

(6) ¹Beförderungen im Linienverkehr mit Kraftfahrzeugen sind jedoch nur dann begünstigt, wenn *der Linienverkehr* genehmigt ist *oder unter die Freistellungsverordnung zum PBefG fällt oder eine genehmigungsfreie Sonderform des Linienverkehrs im Sinne der Verordnung (EWG) Nr. 684/92 vom 16. 3. 1992 (ABl. EG Nr. L 74 Seite 1) darstellt.* ²Über die Genehmigung muß eine entsprechende Genehmigungsurkunde oder eine einstweilige Erlaubnis der zuständigen Genehmigungsstelle vorliegen. ³Im Falle der Betriebsübertragung nach § 2 Abs. 2 PBefG gelten die vom Betriebsführungsberechtigten ausgeführten Beförderungsleistungen als solche im genehmigten Linienverkehr, sofern die Betriebsübertragung von der zuständigen Behörde (§ 11 PBefG) genehmigt worden ist. ⁴Für bestimmte Beförderungen im Linienverkehr sieht die Freistellungsverordnung zum PBefG von dem Erfordernis einer Genehmigung für den Linienverkehr ab. ⁵Hierbei handelt es sich um Beförderungen durch die Streitkräfte oder durch die Polizei mit eigenen Kraftfahrzeugen sowie um die folgenden Beförderungen, wenn von den beförderten Personen selbst ein Entgelt nicht zu entrichten ist:

1. Beförderungen von Berufstätigen mit Kraftfahrzeugen zu und von ihrer Eigenart nach wechselnden Arbeitsstellen, insbesondere Baustellen, sofern nicht ein solcher Verkehr zwischen gleichbleibenden Ausgangs- und Endpunkten länger als ein Jahr betrieben wird,
2. Beförderungen von Berufstätigen mit Kraftfahrzeugen zu und von Arbeitsstellen in der Land- und Forstwirtschaft,
3. Beförderungen mit Kraftfahrzeugen durch oder für Kirchen oder sonstige Religionsgesellschaften zu und von Gottesdiensten,
4. Beförderungen mit Kraftfahrzeugen durch oder für Schulträger zum und vom Unterricht,
5. Beförderungen von Kranken *wegen einer* Beschäftigungstherapie oder zu sonstigen Behandlungszwecken durch Krankenhäuser oder Heilanstalten mit eigenen Fahrzeugen,
6. Beförderungen von Berufstätigen mit Personenkraftwagen von und zu ihren Arbeitsstellen,
7. Beförderungen von körperlich, geistig oder seelisch behinderten Personen mit Kraftfahrzeugen zu und von Einrichtungen, die der Betreuung dieser Personenkreise dienen,
8. Beförderungen von Arbeitnehmern durch den Arbeitgeber zu betrieblichen Zwecken zwischen Arbeitsstätten desselben Betriebes,
9. Beförderungen mit Kraftfahrzeugen durch oder für Kindergartenträger zwischen Wohnung und Kindergarten.

⁶Diese Beförderungen sind deshalb wie genehmigter Linienverkehr zu behandeln. ⁷*Ebenso zu behandeln sind folgende, nach der Verordnung (EWG) Nr. 684/92 genehmigungsfreie Sonderfor-*

men des grenzüberschreitenden Linienverkehrs, der der regelmäßigen ausschließlichen Beförderung bestimmter Gruppen von Fahrgästen dient, wenn der besondere Linienverkehr zwischen dem Veranstalter und dem Verkehrsunternehmer vertraglich geregelt ist:

1. die Beförderung von Arbeitnehmern zwischen Wohnort und Arbeitsstätte,
2. die Beförderung von Schülern und Studenten zwischen Wohnort und Lehranstalt,
3. die Beförderung von Angehörigen der Streitkräfte und ihren Familien zwischen Herkunftsland und Stationierungsort,
4. der Nahverkehr im Grenzgebiet.

[8]*Der Verkehrsunternehmer muß neben der in Satz 7 genannten vertraglichen Regelung die Genehmigung für Personenbeförderungen im Linien-, Pendel- oder Gelegenheitsverkehr mit Kraftomnibussen durch den Niederlassungsstaat erhalten haben, die Voraussetzungen der gemeinschaftlichen Rechtsvorschriften über den Zugang zum Beruf des Personenkraftverkehrsunternehmers im innerstaatlichen und grenzüberschreitenden Verkehr sowie die Rechtsvorschriften über die Sicherheit im Straßenverkehr für Fahrer und Fahrzeuge erfüllen. [9]Der Nachweis über das Vorliegen einer genehmigungsfreien Sonderform des Linienverkehrs nach der Verordnung (EWG) Nr. 684/92 kann durch die Vorlage der von der zuständigen Genehmigungsbehörde ausgestellten Genehmigungsurkunde im Original bzw. in beglaubigter Abschrift und des zwischen dem Veranstalter und dem Verkehrsunternehmer abgeschlossenen Beförderungsvertrages erbracht werden.*

(7) [1]Keine Beförderungsleistung liegt vor, wenn ein Kraftfahrzeug unbemannt – aufgrund eines Miet- oder Leihvertrages – zur Durchführung von Beförderungen im genehmigten Linienverkehr zur Verfügung gestellt wird. [2]Diese Leistung ist deshalb nicht begünstigt.

Verkehr mit Taxen (Kraftdroschken)

(8) [1]Verkehr mit Taxen ist nach § 47 Abs. 1 PBefG die Beförderung von Personen mit Personenkraftwagen, die der Unternehmer an behördlich zugelassenen Stellen bereithält und mit denen er Fahrten zu einem vom Fahrgast bestimmten Ziel ausführt. [2]Der Unternehmer kann Beförderungsaufträge auch während einer Fahrt oder am Betriebssitz entgegennehmen. [3]Personenkraftwagen sind Kraftfahrzeuge, die nach ihrer Bauart und Ausstattung zur Beförderung von nicht mehr als 9 Personen – einschließlich Führer – geeignet und bestimmt sind (§ 4 Abs. 4 Nr. 1 PBefG). [4]Der Verkehr mit Taxen bedarf der Genehmigung. [5]Über die Genehmigung wird eine besondere Urkunde erteilt.

(9) [1]Nicht begünstigt ist der Verkehr mit Mietwagen (BFH-Urteil vom 30. 10. 1969 – BStBl 1970 II S. 78, *BVerfG-Beschluß vom 11. 2. 1992 – BVerfGE 85, 238*). [2]Der Mietwagenverkehr unterscheidet sich im wesentlichen vom Taxenverkehr dadurch, daß nur Beförderungsaufträge ausgeführt werden dürfen, die am Betriebssitz oder in der Wohnung des Unternehmers eingegangen sind (§ 49 Abs. 4 PBefG).

Fährverkehr

(10) [1]Bis zum 31. 12. *1998* sind Personenbeförderungen im Fährverkehr bereits nach § 12 Abs. 2 Nr. 10 Buchstabe a UStG begünstigt (vgl. Abschnitt 172). [2]§ 12 Abs. 2 Nr. 10 Buchstabe b UStG hat deshalb bis zu diesem Zeitpunkt nur Bedeutung für Beförderungen von Gegenständen im Fährverkehr.

Nebenleistungen

(11) [1]Der ermäßigte Steuersatz erstreckt sich auch auf die Nebenleistungen zu einer begünstigten Hauptleistung. [2]Als Nebenleistung zur Personenbeförderung ist insbesondere die Beför-

derung des Reisegepäcks des Reisenden anzusehen. ³Zum Reisegepäck gehören z. B. die Gegenstände, die nach der Eisenbahnverkehrsordnung (EVO) und nach *den Einheitlichen Rechtsvorschriften für den Vertrag über die internationale Eisenbahnbeförderung von Personen und Gepäck (CIV), Anhang A zum Übereinkommen über den internationalen Eisenbahnverkehr (COTIF) vom 9. 5. 1980 (BGBl. 1985 II S. 130), zuletzt geändert durch Gesetz vom 11. 12. 1992 (BGBl. II S. 1182)*, als Reisegepäck befördert werden.

174. Begünstigte Beförderungsstrecken

(1) Unter Gemeinde im Sinne des § 12 Abs. 2 Nr. 10 Buchstabe b Doppelbuchstabe aa UStG ist die politische Gemeinde zu verstehen.

(2) ¹Beförderungsstrecke (§ 12 Abs. 2 Nr. 10 Buchstabe b Doppelbuchstabe bb UStG) ist die Strecke, auf der der Beförderungsunternehmer einen Fahrgast oder eine Mehrzahl von Fahrgästen aufgrund eines Beförderungsvertrages oder mehrerer Beförderungsverträge befördert oder, z. B. durch einen Subunternehmer, befördern läßt. ²Werden mehrere Beförderungsverträge abgeschlossen, so erbringt der Beförderungsunternehmer eine entsprechende Zahl von Beförderungsleistungen, von denen jede für sich zu beurteilen ist. ³Nur eine Beförderungsleistung liegt vor, wenn der Beförderungsunternehmer mit einer Mehrzahl von Personen einen Beförderungsvertrag abgeschlossen hat. ⁴Maßgebliche Beförderungsstrecke ist in diesem Fall die vom Beförderungsunternehmer aufgrund des Beförderungsvertrages zurückgelegte Strecke. ⁵Sie beginnt mit dem Einstieg der ersten und endet mit dem Ausstieg der letzten beförderten Person innerhalb einer Fahrtrichtung. ⁶Bei grenzüberschreitenden Beförderungen ist nur die Länge des auf das Inland entfallenden Teils der Beförderungsstrecke maßgebend. ⁷Bei der Bemessung dieses Streckenanteils sind die §§ 2 bis 7 UStDV zu beachten.

(3) ¹Maßgebliche Beförderungsstrecke ist bei Ausgabe von Fahrausweisen grundsätzlich die im Fahrausweis ausgewiesene Tarifentfernung, sofern die Beförderungsleistung nur auf Beförderungsstrecken im Inland durchgeführt wird. ²Bei Fahrausweisen für grenzüberschreitende Beförderungen ist die Tarifentfernung der auf das Inland entfallenden Beförderungsstrecke unter Berücksichtigung der §§ 2 bis 7 UStDV maßgebend. ³Vorstehende Grundsätze gelten auch für die Fälle, in denen der Fahrgast die Fahrt unterbricht oder auf ein anderes Verkehrsmittel desselben Beförderers umsteigt. ⁴Wird eine Umwegkarte gelöst, so ist der gefahrene Umweg bei Ermittlung der Länge der Beförderungsstrecke zu berücksichtigen. ⁵Bei Bezirkskarten, Netzkarten, Streifenkarten usw. ist als maßgebliche Beförderungsstrecke die längste Strecke anzusehen, die der Fahrgast mit dem Fahrausweis zurücklegen kann. ⁶Zwei getrennte Beförderungsstrecken liegen vor, wenn ein Fahrausweis ausgegeben wird, der zur Hin- und Rückfahrt berechtigt.

(4) ¹Verkehrsunternehmer, z. B. die *Eisenbahnen des Bundes* und *nicht zu den Eisenbahnen des Bundes gehörende* Eisenbahnen oder öffentliche Nahverkehrsunternehmen in dichtbesiedelten Räumen, haben sich vielfach zu einem Verkehrsverbund zusammengeschlossen. ²Ein solcher Verbund bezweckt die Ausgabe von durchgehenden Fahrausweisen, die den Fahrgast zur Inanspruchnahme von Beförderungsleistungen verschiedener, im Verkehrsverbund zusammengeschlossener Beförderungsunternehmer berechtigen (Wechselverkehr). ³In diesen Fällen bewirkt jeder Beförderungsunternehmer mit seinem Verkehrsmittel eine eigene Beförderungsleistung unmittelbar an den Fahrgast, wenn folgende Voraussetzungen vorliegen:

1. In den Tarifen der beteiligten Beförderungsunternehmer bzw. des Verkehrsverbundes muß festgelegt sein, daß der Fahrgast den Beförderungsvertrag jeweils mit dem Beförderungsunternehmer abschließt, mit dessen Verkehrsmittel er befördert wird; ferner muß sich aus ihnen

Steuersätze § 12 UStG

ergeben, daß die Fahrausweise im Namen und für Rechnung des jeweiligen Beförderungsunternehmers verkauft werden und daß für die von ihm durchfahrene Beförderungsstrecke seine Beförderungsbedingungen gelten.

2. Die praktische Durchführung der Beförderungen muß den Tarifbedingungen entsprechen.

175. Beförderung von Arbeitnehmern zwischen Wohnung und Arbeitsstelle

(1) ¹Für die Beförderung von Arbeitnehmern zwischen Wohnung und Arbeitsstelle kann der ermäßigte Steuersatz nach § 12 Abs. 2 Nr. 10 Buchstabe b UStG nur dann in Betracht kommen, wenn es sich bei den Beförderungen verkehrsrechtlich um Beförderungen im genehmigten Linienverkehr handelt (vgl. Abschnitt 173 Abs. 5 bis 7). ²Bei den in Abschnitt 173 Abs. 6 *Satz 5* bezeichneten Beförderungen ist aufgrund der Freistellung keine personenbeförderungsrechtliche Genehmigung erforderlich. ³Gleichwohl sind diese Beförderungen umsatzsteuerrechtlich wie Beförderungen im genehmigten Linienverkehr zu behandeln (vgl. BFH-Urteil vom 11. 3. 1988 – BStBl II S. 651). ⁴Im Zweifel ist eine Stellungnahme der für die Erteilung der Genehmigung zuständigen Verkehrsbehörde einzuholen. ⁵*Zur genehmigungsfreien Sonderform des Linienverkehrs im Sinne der Verordnung (EWG) Nr. 684/92 vom 16. 3. 1992 vgl. Abschnitt 173 Abs. 6 Satz 7 ff.*

(2) In den Fällen, in denen der Arbeitgeber selbst seine Arbeitnehmer zwischen Wohnung und Arbeitsstelle befördert, muß er in eigener Person die in Absatz 1 bezeichneten Voraussetzungen erfüllen, wenn er für die Beförderung den ermäßigten Steuersatz nach § 12 Abs. 2 Nr. 10 Buchstabe b UStG in Anspruch nehmen will.

(3) ¹Hat der Arbeitgeber *einen Beförderungsunternehmer* mit der Beförderung beauftragt, so liegen umsatzsteuerlich einerseits eine Leistung des Beförderungsunternehmers an den Arbeitgeber, andererseits Leistungen des Arbeitgebers an jeden Arbeitnehmer vor. Erfüllt der Beförderungsunternehmer die in Absatz 1 bezeichneten Voraussetzungen, so ist seine Leistung als Beförderungsleistung im Sinne des § 12 Abs. 2 Nr. 10 Buchstabe b UStG anzusehen. ³Dabei ist davon auszugehen, daß der Beförderungsunternehmer als Genehmigungsinhaber den Verkehr auch dann im eigenen Namen, unter eigener Verantwortung und für eigene Rechnung betreibt, wenn der Arbeitgeber den Einsatz allgemein regelt, insbesondere Zweck, Ziel und Ablauf der Fahrt bestimmt. ⁴Die Steuerermäßigung nach § 12 Abs. 2 Nr. 10 Buchstabe b UStG kommt für die Beförderungsleistung des Arbeitgebers, der den Linienverkehr nicht selbst betreibt, dagegen nicht in Betracht (BFH-Urteil vom 11. 3. 1988 – BStBl II S. 643).

Zu § 12 Abs. 2 Nr. 11 UStG – weggefallen –

176. (weggefallen)

Verwaltungsanweisungen

Zu § 12 Abs. 1 UStG

- Erhöhung des allgemeinen Steuersatzes ab 1. 1. 1993 (BMF 7. 12. 1992, BStBl I, 764);
- Steuersatz bei der Überlassung von Computer-Software (BMF 22. 12. 1993, BStBl 1994 I, 45).

407

Zu § 12 Abs. 2 Nr. 1 – Nr. 10 UStG

- Ermäßigter Steuersatz für die in der Anlage bezeichneten Gegenstände (Nr. 1; BMF 27. 12. 1983, BStBl I, 567; 7. 1. 1985, BStBl I, 51 und 30. 12. 1985, BStBl 1986 I, 31);
- Steuersatz für Umsätze von Telefonkarten als Sammelobjekte (Nr. 1; BMF 31. 12. 1991, BStBl 1992 I, 141);
- Steuersatz für Pflanzenlieferungen (Nr. 1; BMF 16. 11. 1993, BStBl I, 956);
- Steuersatz für Umsätze von Sammlermünzen (Nr. 1; BMF 27. 12. 1993, BStBl 1994 I, 46);
- Einzelkomponenten künstlicher Gelenke (Nr. 1; BMF 17. 10. 1994, StEd 1994, 661).
- Erteilung von Zolltarifauskünften für USt-Zwecke (Nr. 1; OFD Erfurt 11. 6. 1996, StEd 1996, 538);
- Goldpreis-Durchschnittswert und Silberpreis für 1997 (Nr. 1 und 2; BMF 27. 12. 1996, BStBl I, 1559);
- Prophylaktische und therapeutische Maßnahmen bei Zuchttieren (Nr. 4; OFD Hannover 8. 11. 1993, UR 1994, 486);
- Leistungen als Zahntechniker (Nr. 6; BMF 13. 9. 1994, StEd 1994, 619);
- Darbietungen eines Zauberkünstlers (Nr. 7; OFD Koblenz 1. 9. 1989, UR 1990, 226);
- Überlassung und Vorführung jugendgefährdender Filme (Nr. 7; OFD Frankfurt a. M. 25. 2. 1994, UR 1994, 486);
- ustl. Behandlung von Solokünstlern (Nr. 7; OFD München 21. 8. 1995, StEd 1995, 635);
- Überlassung von Fernsehübertragungsrechten durch Sportveranstalter (Nr. 7; FinMin Baden-Württemberg 5. 2. 1996, UR 1996, 276);
- Zurverfügungstellen von Künstlern durch eine Agentur (Nr. 7; Bay. StMdF 15. 3. 1996, DStR 1996, 787);
- Speisen- und Getränkelieferungen in Mensa- und Cafeteria-Betrieben (Nr. 8; OFD Hamburg 22. 2. 1995, UR 1995, 280);
- ustl. Behandlung von Freizeitbädern (Nr. 9; OFD Frankfurt a. M. 15. 2. 1989, NWB F. 1/1989, 300 und OFD Saarbrücken 13. 3. 1991, UR 1991, 360).

Rechtsprechung

Zu § 12 Abs. 2 Nr. 1 – Nr. 10 UStG

- Sammlungsstücke von geschichtlichem oder völkerkundlichem Wert (Nr. 1; BFH 29. 10. 1986, UR 1987, 18);
- Speiselieferung von Zubereiter an Gastwirt zum unmittelbaren Verzehr an Ort und Stelle (Nr. 1; BFH 3. 5. 1988, UR 1989, 317);
- Verkauf nicht zubereiteter Lebensmittel durch Warenautomaten (Nr. 1; BFH 29. 6. 1988, BStBl 1989 II, 207);
- mit anderen Stoffen (z. B. Gips) vermischte Düngemittel und ermäßigter Steuersatz (Nr. 1; BFH 20. 2. 1990, BStBl II, 760);

Steuersätze § 12 UStG

- individuell gefertigte Schmuckstücke (Nr. 1; BFH 20. 2. 1990, BStBl II, 763);
- Fotokopien als sonstige Leistungen (Nr. 1; BFH 26. 9. 1991, BStBl 1992 II, 313);
- Fotokopien als Bücher (Nr. 1; BFH 19. 12. 1991, BStBl 1992 II, 449);
- selbst entworfene und gefertigte Schmuckstücke nicht begünstigt (Nr. 1; BFH 9. 12. 1993, UR 1995, 311);
- Siebdrucke nicht begünstigt (Nr. 1; BFH 14. 6. 1994, BStBl II, 777);
- Kalendarium (Lehrerkalender) nicht begünstigtes Druckwerk (Nr. 1; Hess. FG 3. 11. 1994, UR 1996, 303);
- Verfassungsmäßigkeit der ustl. Behandlung von künstlerischen Gegenständen (Nr. 1; BVerfG 14. 9. 1995, UR 1996, 97);
- unmittelbare Förderung der Tierzucht (Nr. 4; BFH 18. 12. 1996, StEd 1997, 208);
- Verlegeranteil an GEMA-Gebühren (Nr. 7; BFH 29. 4. 1987, BStBl II, 648);
- ustl. Behandlung von Einzelfilmkabinen (Nr. 7; BFH 18. 6. 1993, BFH/NV 1994, 587);
- Leistungen eines Schaustellers (Nr. 7; BFH 25. 11. 1993, BStBl 1994 II, 336);
- Konzertveranstaltung durch Solisten (Nr. 7; BFH 18. 1. 1995, BStBl II, 348);
- Getränkeverkauf an Besucher eines sog. Verzehrkinos (Nr. 7; BFH 7. 3. 1995, BStBl II, 429);
- Auftritt als Solist mit selbst gestaltetem Programm (Nr. 7; BFH 26. 4. 1995, BStBl II, 519);
- Getränkelieferung im Kino keine Nebenleistung zur Filmvorführung (Nr. 7; BFH 1. 6. 1995, BStBl II, 914);
- Leistungen selbständiger Chorsängerinnen nicht ermäßigt (Nr. 7; BFH 14. 12. 1995, BStBl 1996 II, 348);
- Erstellung von Standortkartierungen (Nr. 7; FG Saarland 22. 5. 1996, StEd 1996, 546);
- ein Studentenwerk als der freien Wohlfahrtspflege dienender Zweckbetrieb (Nr. 8; BFH 11. 5. 1988, BStBl II, 908);
- zur Gemeinnützigkeit eines Motorsportclubs (Nr. 8; BFH 5. 8. 1992, BStBl II, 1048);
- Betrieb eines Müllheizwerkes als Zweckbetrieb (Nr. 8; BFH 27. 10. 1993, BStBl 1994 II, 573);
- Abfallverwertungsanlage als Zweckbetrieb (Nr. 8; BFH 15. 12. 1993, BStBl 1994 II, 314);
- Schauauftritte einer Formationstanzgruppe als Zweckbetrieb (Nr. 8; BFH 4. 5. 1994, BStBl II, 886);
- Steuersatz beim Kleiderverkauf aus Altkleidersammlungen (Nr. 8; BFH 1. 3. 1995, BFH/NV 1995, 930);
- Umsätze aus Auftragsforschung und aus Tätigkeit als Projektträger nicht steuerbegünstigt (Nr. 8; BFH 30. 11. 1995, BStBl 1997 II, 189);
- zur ustl. Behandlung eines Sport- und Freizeitzentrums (Nr. 9; BFH 8. 9. 1994, BStBl II, 959);
- ustl. Begünstigung des Personenverkehrs mit Kraftdroschken verfassungsgemäß (Nr. 10; BVerfG 11. 2. 1992, HFR 1992, 257).

UStG

§ 13[1]) Entstehung der Steuer und Steuerschuldner

(1) Die Steuer entsteht

1. für Lieferungen und sonstige Leistungen
   a) bei der Berechnung der Steuer nach vereinbarten Entgelten (§ 16 Abs. 1 Satz 1) mit Ablauf des Voranmeldungszeitraums, in dem die Leistungen ausgeführt worden sind. ²Das gilt auch für Teilleistungen. ³Sie liegen vor, wenn für bestimmte Teile einer wirtschaftlich teilbaren Leistung das Entgelt gesondert vereinbart wird. ⁴Wird das Entgelt oder ein Teil des Entgelts vereinnahmt, bevor die Leistung oder die Teilleistung ausgeführt worden ist, so entsteht insoweit die Steuer mit Ablauf des Voranmeldungszeitraums, in dem das Entgelt oder das Teilentgelt vereinnahmt worden ist;
   b) bei der Berechnung der Steuer nach vereinnahmten Entgelten (§ 20) mit Ablauf des Voranmeldungszeitraums, in dem die Entgelte vereinnahmt worden sind. ²Für Leistungen im Sinne des § 1 Abs. 1 Nr. 1 Satz 2 Buchstabe b und Nr. 3 entsteht die Steuer mit Ablauf des Voranmeldungszeitraums, in dem diese Leistungen ausgeführt worden sind;
   c) in den Fällen der Beförderungseinzelbesteuerung nach § 16 Abs. 5 in dem Zeitpunkt, in dem der Kraftomnibus in das Inland gelangt;
2. für den Eigenverbrauch mit Ablauf des Voranmeldungszeitraums, in dem der Unternehmer Gegenstände für die in § 1 Abs. 1 Nr. 2 Satz 2 Buchstabe a bezeichneten Zwecke entnommen, sonstige Leistungen für die in § 1 Abs. 1 Nr. 2 Satz 2 Buchstabe b bezeichneten Zwecke ausgeführt oder Aufwendungen der in § 1 Abs. 1 Nr. 2 Satz 2 Buchstabe c bezeichneten Art gemacht hat;
3. im Fall des § 14 Abs. 2 in dem Zeitpunkt, in dem die Steuer für die Lieferung oder sonstige Leistung nach Nummer 1 Buchstabe a oder Buchstabe b Satz 1 entsteht;
4. im Fall des § 14 Abs. 3 im Zeitpunkt der Ausgabe der Rechnung;
5. im Fall des § 17 Abs. 1 Satz 2 mit Ablauf des Voranmeldungszeitraums, in dem die Änderung der Bemessungsgrundlage eingetreten ist;
6. für den innergemeinschaftlichen Erwerb im Sinne des § 1a mit Ausstellung der Rechnung, spätestens jedoch mit Ablauf des dem Erwerb folgenden Kalendermonats;
7. für den innergemeinschaftlichen Erwerb von neuen Fahrzeugen im Sinne des § 1b am Tag des Erwerbs;
8. im Fall des § 6a Abs. 4 Satz 2 in dem Zeitpunkt, in dem die Lieferung ausgeführt wird.

---

1) **Anm.:** § 13 Abs. 1 Nr. 1 i. d. F. des Art. 20 Nr. 12 StMBG v. 21. 12. 93 (BGBl I, 2310); Abs. 2 Nr. 5 angefügt gem. Art. 1 Nr. 7 Umsatzsteuer-Änderungsgesetz 1997 v. 12. 12. 96 (BGBl I, 1851).

Entstehung der Steuer und Steuerschuldner   6. EGRL Art. 10   **§ 13 UStG**

(2) Steuerschuldner ist in den Fällen
1. des § 1 Abs. 1 Nr. 1 bis 3 und des § 14 Abs. 2 der Unternehmer,
2. des § 1 Abs. 1 Nr. 5 der Erwerber,
3. des § 6a Abs. 4 der Abnehmer,
4. des § 14 Abs. 3 der Aussteller der Rechnung,
5. des § 25b Abs. 2 der letzte Abnehmer.
(3) Für die Einfuhrumsatzsteuer gilt § 21 Abs. 2.

6. EG-Richtlinie

Abschnitt VII: Steuertatbestand und Steueranspruch

Artikel 10

...

(2) Der Steuertatbestand und der Steueranspruch treten zu dem Zeitpunkt ein, zu dem die Lieferung des Gegenstands oder die Dienstleistung bewirkt wird. Die Lieferungen von Gegenständen – außer den in Artikel 5 Absatz 4 Buchstabe b) bezeichneten – und die Dienstleistungen, die zu aufeinanderfolgenden Abrechnungen oder Zahlungen Anlaß geben, gelten jeweils mit Ablauf des Zeitraums als bewirkt, auf den sich diese Abrechnungen oder Zahlungen beziehen.

Werden jedoch Anzahlungen geleistet, bevor die Lieferung von Gegenständen oder die Dienstleistung bewirkt ist, so entsteht der Steueranspruch zum Zeitpunkt der Vereinnahmung entsprechend dem vereinnahmten Betrag.

Abweichend von den vorstehenden Bestimmungen können die Mitgliedstaaten vorsehen, daß der Steueranspruch für bestimmte Umsätze oder für Gruppen von Steuerpflichtigen zu den folgenden Zeitpunkten entsteht:

– *entweder spätestens bei der Ausstellung der Rechnung oder des an deren Stelle tretenden Dokuments*

– *oder spätestens bei der Vereinnahmung des Preises*

– *oder im Falle der Nichtausstellung oder verspäteten Ausstellung der Rechnung oder des an deren Stelle tretenden Dokuments, binnen einer bestimmten Frist nach dem Zeitpunkt des Eintretens des Steuertatbestands.*

(3) Der Steuertatbestand und der Steueranspruch treten zu dem Zeitpunkt ein, zu dem die Einfuhr des Gegenstands erfolgt. Unterliegen Gegenstände vom Zeitpunkt ihrer Verbringung in die Gemeinschaft an einer der Regelungen nach Artikel 7 Absatz 3, so treten der Steuertatbestand und der Steueranspruch erst zu dem Zeitpunkt ein, zu dem die Gegenstände diesen Regelungen nicht mehr unterliegen.

Unterliegen die eingeführten Gegenstände Zöllen, landwirtschaftlichen Abschöpfungen oder im Rahmen einer gemeinsamen Politik eingeführten Abgaben gleicher Wirkung, so treten der Steuertatbestand und der Steueranspruch zu dem Zeitpunkt ein, zu dem der Tatbestand und der Anspruch dieser gemeinschaftlichen Abgaben entstehen.

In den Fällen, in denen die eingeführten Gegenstände keiner dieser gemeinschaftlichen Abgaben unterliegen, wenden die Mitgliedstaaten die für Zölle geltenden Vorschriften über den Steuertatbestand und den Steueranspruch an.

Abschnitt XII: Steuerschuldner

Artikel 21 Steuerschuldner gegenüber dem Fiskus
Die Mehrwertsteuer schuldet
1. *im inneren Anwendungsbereich*
   a) *der Steuerpflichtige, der eine steuerpflichtige Lieferung von Gegenständen durchführt bzw. eine steuerpflichtige Dienstleistung erbringt, mit Ausnahme der Dienstleistungen nach Buchstabe b).*
   Wird die steuerpflichtige Lieferung von Gegenständen bzw. die steuerpflichtige Dienstleistung von einem nicht im Inland ansässigen Steuerpflichtigen bewirkt bzw. erbracht, so können die Mitgliedstaaten die erforderlichen Regelungen treffen, nach denen die Steuer von einer anderen Person geschuldet wird. Als solche kann unter anderem ein Steuervertreter oder der Empfänger der steuerpflichtigen Lieferung von Gegenständen bzw. der steuerpflichtigen Dienstleistung bestimmt werden.
   Die Steuer wird jedoch vom Empfänger der steuerpflichtigen Lieferung geschuldet, wenn folgende Voraussetzungen gegeben sind:
   – *Der steuerpflichtige Umsatz ist eine Lieferung von Gegenständen nach Maßgabe des Artikels 28c Teil E Absatz 3;*
   – *der Empfänger dieser Lieferung ist ein anderer Steuerpflichtiger oder eine nicht steuerpflichtige juristische Person, die im Inland für Zwecke der Mehrwertsteuer erfaßt ist;*
   – *die von dem nicht im Inland ansässigen Steuerpflichtigen ausgestellte Rechnung entspricht Artikel 22 Absatz 3.*
   Die Mitgliedstaaten können jedoch eine Ausnahme von dieser Verpflichtung vorsehen, wenn der nicht im Inland ansässige Steuerpflichtige einen Steuervertreter in diesem Land bestimmt hat.
   Die Mitgliedstaaten können bestimmen, daß eine andere Person als der Steuerpflichtige die Steuer gesamtschuldnerisch zu entrichten hat;
   b) *der Empfänger einer in Artikel 9 Absatz 2 Buchstabe e) genannten Dienstleistung oder der Empfänger einer in Artikel 28b Teile C, D, E und F genannten Dienstleistung, der im Inland für Zwecke der Mehrwertsteuer erfaßt ist, wenn die Dienstleistung von einem im Ausland ansässigen Steuerpflichtigen erbracht wird; die Mitgliedstaaten können jedoch vorsehen, daß der Dienstleistungserbringer die Steuer gesamtschuldnerisch zu entrichten hat;*
   c) *jede Person, die die Mehrwertsteuer in einer Rechnung oder einem ähnlichen Dokument ausweist;*
   d) *die Person, die einen steuerpflichtigen innergemeinschaftlichen Erwerb von Gegenständen bewirkt. Wird der innergemeinschaftliche Erwerb von Gegenständen durch eine im Ausland ansässige Person bewirkt, so können die Mitgliedstaaten Regelungen treffen, nach denen die Steuer von einer anderen Person geschuldet*

wird. Zu diesem Zweck kann unter anderem ein Steuervertreter bestimmt werden. Die Mitgliedstaaten können außerdem bestimmen, daß eine andere Person als diejenige, die den innergemeinschaftlichen Erwerb von Gegenständen bewirkt, die Steuer gesamtschuldnerisch zu entrichten hat;
2. *bei der Einfuhr:* die Person oder Personen, die vom Mitgliedstaat der Einfuhr als Steuerschuldner bezeichnet oder anerkannt wird oder werden.

Abschnitt XVIa: Übergangsregelung für die Besteuerung des Handels zwischen den Mitgliedstaaten

...

Artikel 28d Steuertatbestand und Steueranspruch

...

(2) Beim innergemeinschaftlichen Erwerb von Gegenständen tritt der Steueranspruch am 15. Tag des Monats ein, der auf den Monat folgt, in dem der Steuertatbestand eingetreten ist.

(3) Abweichend von Absatz 2 tritt der Steueranspruch bei der Ausstellung der Rechnung nach Artikel 22 Absatz 3 Buchstabe a) Unterabsatz 1 oder des an deren Stelle tretenden Dokuments ein, wenn diese Rechnung oder dieses Dokument dem Erwerber vor dem 15. Tag des Monats, der auf den Monat folgt, in dem der Steuertatbestand eingetreten ist, ausgestellt worden ist.

...

UStR

177. Entstehung der Steuer bei der Besteuerung nach vereinbarten Entgelten

(1) [1]Bei der Besteuerung nach vereinbarten Entgelten (Sollversteuerung) entsteht die Steuer grundsätzlich mit Ablauf des Voranmeldungszeitraums, in dem die Lieferung oder sonstige Leistung ausgeführt worden ist. [2]Das gilt auch für unentgeltliche Leistungen von Vereinigungen usw. an ihre Mitglieder (§ 1 Abs. 1 Nr. 3 UStG) und bei Leistungen an Arbeitnehmer, für die kein besonderes Entgelt berechnet wird (§ 1 Abs. 1 Nr. 1 Satz 2 Buchstabe b UStG). [3]Die Steuer entsteht in der gesetzlichen Höhe unabhängig davon, ob die am Leistungsaustausch beteiligten Unternehmer von den ihnen vom Gesetz gebotenen Möglichkeiten der Rechnungserteilung mit gesondertem Steuerausweis und des Vorsteuerabzugs Gebrauch machen oder nicht (vgl. BFH-Urteil vom 7. 7. 1983 – BStBl 1984 II S. 70). [4]Der Zeitpunkt der Leistung ist allein entscheidend, für welchen Voranmeldungszeitraum ein Umsatz zu berücksichtigen ist (vgl. BFH-Urteil vom 13. 10. 1960 – BStBl III S. 478). [5]Eine Ausnahme von diesem Grundsatz bildet die Istversteuerung *von Anzahlungen* (vgl. Abschnitt 181).

(2) [1]Lieferungen – einschließlich Werklieferungen – sind ausgeführt, wenn der Leistungsempfänger die Verfügungsmacht über den zu liefernden Gegenstand erlangt. [2]In den Fällen der Beförderung oder Versendung gilt die Lieferung bereits mit dem Beginn der Beförderung oder mit der

Übergabe des Gegenstandes an den Beauftragten als ausgeführt (vgl. Abschnitt 30 Abs. 2 und 3). ³Bei Sukzessivlieferungsverträgen ist der Zeitpunkt jeder einzelnen Lieferung maßgebend. ⁴Lieferungen von elektrischem Strom, Gas, Wärme und Wasser sind jedoch erst mit Ablauf des jeweiligen Ablesezeitraums als ausgeführt zu behandeln. ⁵Die während des Ablesezeitraums geleisteten Abschlagszahlungen der Tarifabnehmer sind nicht als Entgelt für Teilleistungen (vgl. Abschnitt 180) anzusehen; *sie führen jedoch nach § 13 Abs. 1 Nr. 1 Buchstabe a Satz 4 UStG zu einer früheren Entstehung der Steuer (vgl. Abschnitt 181).*

(3) ¹Sonstige Leistungen, insbesondere Werkleistungen, sind grundsätzlich im Zeitpunkt ihrer Vollendung ausgeführt. ²Bei zeitlich begrenzten Duldungs- oder Unterlassungsleistungen (vgl. Abschnitt 24 Abs. 3) ist die Leistung mit Beendigung des entsprechenden Rechtsverhältnisses ausgeführt, es sei denn, die Beteiligten hatten Teilleistungen (vgl. Abschnitt 180) vereinbart. ³Werden derartige Leistungen unbegrenzt oder über sehr lange Zeit erbracht, wird ebenfalls eine Aufteilung in Teilleistungen entsprechend den Zeiträumen, für die jeweils ein Entgelt zu zahlen ist, in Betracht kommen (vgl. BFH-Urteil vom 16. 12. 1971 – BStBl 1972 II S. 238).

(4) ¹Eine Leasinggesellschaft, die ihrem Kunden (Mieter) eine Sache gegen Entrichtung monatlicher Leasingraten überläßt, erbringt eine Dauerleistung, die entsprechend der Vereinbarung über die monatlich zu zahlenden Leasingraten in Form von Teilleistungen (vgl. Abschnitt 180) bewirkt wird. ²Die Steuer entsteht jeweils mit Ablauf des monatlichen Voranmeldungszeitraums, für den die Leasingrate zu entrichten ist. ³Tritt die Leasinggesellschaft ihre Forderung gegen den Mieter auf Zahlung der Leasingraten an eine Bank ab, die das Risiko des Ausfalls der erworbenen Forderung übernimmt, so führt die Vereinnahmung des Abtretungsentgelts nicht zur sofortigen Entstehung der Steuer für die Vermietung nach § 13 Abs. 1 Nr. 1 Buchstabe a Satz 4 UStG, weil das Abtretungsentgelt nicht zugleich Entgelt für die der Forderung zugrundeliegende Vermietungsleistung ist. ⁴Die Bank zahlt das Abtretungsentgelt für den Erwerb der Forderung, nicht aber als Dritter für die Leistung der Leasinggesellschaft an den Mieter. ⁵Die Leasinggesellschaft vereinnahmt das Entgelt für ihre Vermietungsleistung vielmehr jeweils mit der Zahlung der Leasingraten durch den Mieter an die Bank, weil sie insoweit gleichzeitig von ihrer Gewährleistungspflicht für den rechtlichen Bestand der Forderung gegenüber der Bank befreit wird. ⁶Dieser Vereinnahmungszeitpunkt wird in der Regel mit dem Zeitpunkt der Ausführung der einzelnen Teilleistung übereinstimmen.

(5) Nach den Grundsätzen des Absatzes 4 ist auch in anderen Fällen zu verfahren, in denen Forderungen für noch zu erbringende Leistungen oder Teilleistungen verkauft werden.

178. Sollversteuerung in der Bauwirtschaft

¹Die Bauwirtschaft führt Werklieferungen und Werkleistungen auf dem Grund und Boden der Auftraggeber im allgemeinen nicht in Teilleistungen (vgl. Abschnitt 180), sondern als einheitliche Leistungen aus. ²Diese Leistungen sind ausgeführt:

1. ¹Werklieferungen, wenn dem Auftraggeber die Verfügungsmacht verschafft wird. ²Das gilt auch dann, wenn das Eigentum an den verwendeten Baustoffen gem. §§ 946, 93, 94 BGB zur Zeit der Verbindung mit dem Grundstück auf den Auftraggeber übergeht. ³Der Werklieferungsvertrag wird mit der Übergabe und Abnahme des fertiggestellten Werks erfüllt; der Auftraggeber erhält die Verfügungsmacht mit der Übergabe des fertiggestellten Werks (vgl. BFH-Urteil vom 26. 2. 1976 – BStBl II S. 309). ⁴Auf die Form der Abnahme kommt es dabei nicht

an. ⁵Insbesondere ist eine Verschaffung der Verfügungsmacht bereits dann anzunehmen, wenn der Auftraggeber das Werk durch schlüssiges Verhalten, z. B. durch Benutzung, abgenommen hat und eine förmliche Abnahme entweder gar nicht oder erst später erfolgen soll. ⁶Wird das vertraglich vereinbarte Werk nicht fertiggestellt und ist eine Vollendung des Werkes durch den Werkunternehmer nicht mehr vorgesehen, entsteht ein neuer Leistungsgegenstand. ⁷Dieser bestimmt sich im Falle eines Konkurses unter Ablehnung weiterer Erfüllung des Vertrages seitens des Konkursverwalters gemäß § 17 KO nach Maßgabe des bei Eröffnung des Konkursverfahrens tatsächlich Geleisteten (vgl. für den Werkunternehmerkonkurs BFH-Urteil vom 2. 2. 1978 – BStBl II S. 483, für den Bestellerkonkurs BFH-Beschluß vom 24. 4. 1980 – BStBl II S. 541; vgl. auch Abschnitt 28). ⁸In diesen Fällen ist die Lieferung im Zeitpunkt der Konkurseröffnung bewirkt. ⁹Gleiches gilt im Falle der Kündigung des Werkvertrages mit der Maßgabe, daß hier der Tag des Zugangs der Kündigung maßgebend ist. ¹⁰Stellt der Werkunternehmer die Arbeiten an dem vereinbarten Werk vorzeitig ein, weil der Besteller – ohne eine eindeutige Erklärung abzugeben – nicht willens und in der Lage ist, seinerseits den Vertrag zu erfüllen, so wird das bis dahin errichtete halbfertige Werk zum Gegenstand der Werklieferung; es wird in dem Zeitpunkt geliefert, in dem für den Werkunternehmer nach den gegebenen objektiven Umständen feststeht, daß er wegen fehlender Aussicht auf die Erlangung weiteren Werklohns nicht mehr leisten werde (vgl. BFH-Urteil vom 28. 2. 1980 – BStBl II S. 535).

2. ¹Sonstige Leistungen, insbesondere Werkleistungen, grundsätzlich im Zeitpunkt ihrer Vollendung. ²Der Zeitpunkt der Vollendung wird häufig mit dem Zeitpunkt der Abnahme zusammenfallen.

³Die in der Bauwirtschaft regelmäßig vor Ausführung der Leistung vereinnahmten Vorauszahlungen, Abschlagszahlungen usw. führen jedoch *nach* § 13 Abs. 1 Nr. 1 Buchstabe a *Satz* 4 UStG (vgl. Abschnitt 181) zu einer früheren Entstehung der Steuer .

179. Sollversteuerung bei Architekten und Ingenieuren

Leistungen nach der Honorarordnung für Architekten und Ingenieure (HOAI)

(1) ¹Die Leistungen der Architekten und Ingenieure, denen Leistungsbilder nach der HOAI zugrunde liegen, werden grundsätzlich als einheitliche Leistung erbracht. ²Aus der Beschreibung der Leistungen der Architekten und Ingenieure in der HOAI, insbesondere aus der Aufgliederung der Leistungsbilder in Leistungsphasen, ergibt sich zwar, daß die Gesamtleistung teilbar ist. ³Allein aus der Aufgliederung der Leistungsbilder, die der Ermittlung des Honorars dient, kann jedoch nicht gefolgert werden, daß die Leistung des Architekten oder Ingenieurs entsprechend den einzelnen Leistungsphasen in Teilen geschuldet und bewirkt wird. ⁴Nur wenn zwischen den Vertragspartnern im Rahmen des Gesamtauftrags über ein Leistungsbild zusätzliche Vereinbarungen über die gesonderte Ausführung und Honorierung einzelner Leistungsphasen getroffen werden, sind insoweit Teilleistungen im Sinne des § 13 Abs. 1 Nr. 1 Buchstabe a UStG (vgl. Abschnitt 180) anzunehmen.

(2) Absatz 1 gilt sinngemäß auch für Architekten- und Ingenieurleistungen, die nicht nach der HOAI abgerechnet werden.

Leistungen nach den Richtlinien für die Durchführung von Bauaufgaben des Bundes im Zuständigkeitsbereich der Finanzbauverwaltungen (RBBau)

(3) ¹Architekten- und Ingenieurleistungen werden entsprechend den Vertragsmustern (Anhang 10 ff. RBBau) vergeben. ²Nach Abschnitt 3.1 dieser Vertragsmuster wird der Auftragnehmer

zunächst nur mit der Aufstellung der Haushaltsunterlage – Bau – beauftragt. ³Für diese Leistung wird das Honorar auch gesondert ermittelt. ⁴Im Vertrag wird die Absichtserklärung abgegeben, dem Auftragnehmer weitere Leistungen zu übertragen, wenn die Voraussetzungen dazu gegeben sind. ⁵Die Übertragung dieser weiteren Leistungen erfolgt durch gesonderte Schreiben. ⁶Bei dieser Abwicklung ist das Aufstellen der Haushaltsunterlage – Bau – als eine selbständige Leistung des Architekten oder Ingenieurs anzusehen. ⁷Mit der Ausführung der ihm gesondert übertragenen weiteren Leistungen erbringt er ebenfalls eine selbständige einheitliche Gesamtleistung, es sei denn, daß die unter Absatz 1 bezeichneten Voraussetzungen für die Annahme von Teilleistungen vorliegen.

180. Teilleistungen

(1) ¹Teilleistungen setzen voraus, daß eine Leistung nach wirtschaftlicher Betrachtungsweise überhaupt teilbar ist. ²Ferner ist Voraussetzung, daß sie nicht als Ganzes, sondern in Teilen geschuldet und bewirkt wird. ³Eine Leistung ist in Teilen geschuldet, wenn für bestimmte Teile das Entgelt gesondert vereinbart wird (§ 13 Abs. 1 Nr. 1 Buchstabe a Satz 3 UStG). ⁴Vereinbarungen dieser Art werden im allgemeinen anzunehmen sein, wenn für einzelne Leistungsteile gesonderte Entgeltsabrechnungen durchgeführt werden. ⁵Das Entgelt ist auch in diesen Fällen nach den Grundsätzen des § 10 Abs. 1 UStG zu ermitteln. ⁶Deshalb gehören Vorauszahlungen auf spätere Teilleistungen zum Entgelt für diese Teilleistungen (vgl. BFH-Urteil vom 19. 5. 1988 – BStBl II S. 848). ⁷*Die Vorauszahlungen führen jedoch nach § 13 Abs. 1 Nr. 1 Buchstabe a Satz 4 UStG zu einer früheren Entstehung der Steuer (vgl. Abschnitt 181).*

Beispiel 1:
In einem Mietvertrag über 2 Jahre ist eine monatliche Mietzahlung vereinbart.

Beispiel 2:
¹Ein Kohlenhändler verpflichtet sich zur Lieferung von 120 Tonnen Steinkohle. ²Der Preis ist nach Tonnen vereinbart. ³Der Kohlenhändler liefert je 60 Tonnen in verschiedenen Voranmeldungszeiträumen und stellt gesonderte Rechnungen aus.

Beispiel 3:
¹Ein Bauunternehmer hat sich verpflichtet, zu Einheitspreisen (§ 5 Nr. 1a der Verdingungsordnung für Bauleistungen A – VOB/A) die Mauer- und Betonarbeiten sowie den Innen- und Außenputz an einem Bauwerk auszuführen. ²Die Mauer- und Betonarbeiten werden gesondert abgenommen und abgerechnet. ³Der Innen- und der Außenputz werden später ausgeführt, gesondert abgenommen und abgerechnet.

⁸In den Beispielen 1 bis 3 werden Leistungen in Teilen geschuldet und bewirkt.

Beispiel 4:
¹Ein Unternehmer wird beauftragt, in einem Wohnhaus Parkettfußböden zu legen. ²In der Auftragsbestätigung sind die Materialkosten getrennt ausgewiesen. ³Der Unternehmer versendet die Materialien zum Bestimmungsort und führt dort die Arbeiten aus.
⁴Gegenstand der vom Auftragnehmer auszuführenden Werklieferung ist der fertige Parkettfußboden. ⁵Die Werklieferung bildet eine Einheit, die nicht in eine Materiallieferung und in eine Werkleistung zerlegt werden kann (vgl. Abschnitt 27).

Beispiel 5:
¹Eine Gebietskörperschaft überträgt einem Bauunternehmer nach Maßgabe der VOB als Gesamtleistung die Mauer- und Betonarbeiten an einem Hausbau. ²Sie gewährt dem Bauunternehmer auf Antrag nach Maßgabe des § 16 Nr. 1 VOB/B „in Höhe der jeweils nachgewiesenen vertragsgemäßen Leistungen" Abschlagszahlungen.
³Die Abschlagszahlungen sind ohne Einfluß auf die Haftung und gelten nicht als Abnahme von Teilleistungen. ⁴Der Bauunternehmer erteilt die Schlußrechnung erst, wenn die Gesamtleistung ausgeführt ist.
⁵*Die Abschlagszahlungen unterliegen der Istversteuerung (vgl. Abschnitt 181).* ⁶Soweit das Entgelt laut

Schlußrechnung die geleisteten Abschlagszahlungen übersteigt, entsteht die Steuer mit Ablauf des Voranmeldungszeitraums, in dem der Bauunternehmer die gesamte, vertraglich geschuldete Werklieferung bewirkt hat.

(2) ¹Zur Frage der Teilbarkeit von Bauleistungen vgl. BMF-Schreiben vom 18. 12. 1970 (USt-Kartei § 27 S 7440 Karte 11). ²Zur Behandlung von jährlich ratenweise gewährten Vergütungen für die Aufgabe der Milcherzeugung als Teilleistungen vgl. BFH-Urteil vom 21. 4. 1993 – BStBl II S. 696.

181. Istversteuerung von Anzahlungen

(1) Nach § 13 Abs. 1 Nr. 1 Buchstabe a Satz 4 UStG entsteht die Steuer in den Fällen, in denen das Entgelt oder ein Teil des Entgelts (Anzahlungen, Abschlagszahlungen, Vorauszahlungen) vor Ausführung der Leistung oder Teilleistung gezahlt wird, bereits mit Ablauf des Voranmeldungszeitraums, in dem das Entgelt oder Teilentgelt vereinnahmt worden ist.

(2) Anzahlungen usw. können außer in Barzahlungen auch in Lieferungen oder sonstigen Leistungen bestehen, die im Rahmen eines Tausches oder tauschähnlichen Umsatzes als Entgelt oder Teilentgelt hingegeben werden.

(3) ¹Anzahlungen führen zur Entstehung der Steuer, wenn sie für eine bestimmte Lieferung oder sonstige Leistung entrichtet werden. ²Bezieht sich eine Anzahlung auf mehrere Lieferungen oder sonstige Leistungen, so ist sie entsprechend aufzuteilen. ³Was Gegenstand der Lieferung oder sonstigen Leistung ist, muß nach den Gegebenheiten des Einzelfalls beurteilt werden. ⁴Wird eine Leistung in Teilen geschuldet und bewirkt (Teilleistung), so sind Anzahlungen der jeweiligen Teilleistung zuzurechnen, für die sie geleistet werden (vgl. BFH-Urteil vom 19. 5. 1988 – BStBl II S. 848). ⁵Fehlt es bei der Vereinnahmung der Zahlung noch an einer konkreten Leistungsvereinbarung, so ist zu prüfen, ob die Zahlung als bloße Kreditgewährung zu betrachten ist; aus den Umständen des Einzelfalles, z. B. bei dauernder Geschäftsverbindung mit regelmäßig sich wiederholenden Aufträgen, kann sich ergeben, daß es sich dennoch um eine Anzahlung auf eine künftige Leistung handelt, die zur Entstehung der Steuer führt.

(4) ¹Wird eine Anzahlung für eine Leistung vereinnahmt, die voraussichtlich unter eine Befreiungsvorschrift des § 4 UStG fällt, so braucht auch die Anzahlung nicht der Steuer unterworfen zu werden. ²Dagegen ist die Anzahlung zu versteuern, wenn bei ihrer Vereinnahmung noch nicht abzusehen ist, ob die Voraussetzungen für die Steuerfreiheit der Leistung erfüllt werden.

(5) Wegen der Rechnungserteilung bei der Istversteuerung von Anzahlungen siehe Abschnitt 187, wegen der Berechtigung zum Abzug der auf die Anzahlungen entfallenden Vorsteuern siehe Abschnitt 193.

(6) Werden Anzahlungen in fremder Währung geleistet, so ist die einzelne Anzahlung nach dem im Monat der Vereinnahmung geltenden Durchschnittskurs umzurechnen (§ 16 Abs. 6 UStG); bei dieser Umrechnung verbleibt es, auch wenn im Zeitpunkt der Leistungsausführung ein anderer Durchschnittskurs gilt.

182. Entstehung der Steuer bei der Besteuerung nach vereinnahmten Entgelten

(1) ¹Bei der Besteuerung nach vereinnahmten Entgelten (vgl. Abschnitt 254) entsteht die Steuer für Lieferungen und sonstige Leistungen mit Ablauf des Voranmeldungszeitraums, in dem

die Entgelte vereinnahmt worden sind. [2]Teilzahlungen und Vorschüsse sind im Voranmeldungszeitraum ihrer Vereinnahmung zu versteuern (vgl. RFH-Urteile vom 20. 4. 1923 – RStBl S. 195 und vom 2. 7. 1937 – RStBl S. 999). [3]Als Zeitpunkt der Vereinnahmung gilt bei Überweisungen auf ein Bank- oder Postgirokonto grundsätzlich der Zeitpunkt der Gutschrift. [4]Zur Frage der Vereinnahmung bei Einzahlung auf ein gesperrtes Konto vgl. BFH-Urteil vom 27. 11. 1958 (BStBl 1959 III S. 64). [5]Schreibt ein Unternehmer seinem Handelsvertreter die fälligen Provisionen in seinen eigenen Büchern gut, so daß sie für den Handelsvertreter jederzeit zur Abhebung bereitliegen, so sind sie in diesem Zeitpunkt vereinnahmt (vgl. RFH-Urteil vom 4. 9. 1936 – RStBl 1937 S. 11). [6]Beim Kontokorrentverkehr ist das Entgelt mit der *Anerkennung des Saldos am Ende eines Abrechnungszeitraums* vereinnahmt. [7]Wird für eine Leistung ein Wechsel in Zahlung genommen, so gilt das Entgelt erst mit dem Tage der Einlösung oder – bei Weitergabe – mit dem Tage der Gutschrift oder Wertstellung als vereinnahmt (vgl. BFH-Urteil vom 5. 5. 1971 – BStBl II S. 624). [8]Ein Scheckbetrag ist grundsätzlich nicht erst mit Einlösung des Schecks, sondern bereits mit dessen Hingabe zugeflossen, wenn der sofortigen Vorlage des Schecks keine zivilrechtlichen Abreden entgegenstehen und wenn davon ausgegangen werden kann, daß die bezogene Bank im Falle der sofortigen Vorlage des Schecks den Scheckbetrag auszahlen oder gutschreiben wird (BFH-Urteil vom 30. 10. 1980 – BStBl 1981 II S. 305).

(2) Führen Unternehmer, denen die Besteuerung nach vereinnahmten Entgelten gestattet worden ist, unentgeltliche Leistungen im Sinne des § 1 Abs. 1 Nr. 3 UStG oder Leistungen an Arbeitnehmer aus, für die kein besonderes Entgelt berechnet wird, so entsteht die Steuer insoweit mit Ablauf des Voranmeldungszeitraums, in dem diese Leistungen ausgeführt worden sind.

Verwaltungsanweisungen

- Gesonderter USt-Ausweis bei Abschlagzahlungen ab 1. 1. 1994 (BMF 16. 11. 1993, UR 1994, 55);
- Steuerentstehung bei dem innergemeinschaftlichen Erwerb (OFD Saarbrücken 15. 3. 1994, UR 1994, 411);
- ustl. Behandlung von Anzahlungen auf Reiseleistungen (BMF 2. 5. 1994, UR 1994, 250);
- Entstehung der USt bei Zeitungsabonnements (BMF 3. 4. 1996, StEd 1996, 321).

Rechtsprechung

- Baukostenzuschüsse als Teil des Mietentgelts (BFH 19. 5. 1988, BStBl II, 848);
- Besteuerung der Teilleistungen bei Mietverträgen, die in monatliche Zahlungs- und Leistungsabschnitte untergliedert sind (BFH 9. 9. 1993, BStBl 1994 II, 269);
- Leistungszeitpunkt bei Fahrschulausbildung (BFH 21. 4. 1995, UR 1995, 306);
- Entstehung des Steueranspruchs von Dienstleistungen (sonstigen Leistungen) (EuGH 26. 10. 1995, UR 1996, 19);
- Entstehung der USt (BFH 9. 5. 1996, BStBl II, 662).

UStG

§ 14[1]) Ausstellung von Rechnungen

(1) [1]Führt der Unternehmer steuerpflichtige Lieferungen oder sonstige Leistungen nach § 1 Abs. 1 Nr. 1 und 3 aus, so ist er berechtigt und, soweit er die Umsätze an einen anderen Unternehmer für dessen Unternehmen ausführt, auf Verlangen des anderen verpflichtet, Rechnungen auszustellen, in denen die Steuer gesondert ausgewiesen ist. [2]Diese Rechnungen müssen die folgenden Angaben enthalten:

1. **den Namen und die Anschrift des leistenden Unternehmers,**
2. **den Namen und die Anschrift des Leistungsempfängers,**
3. **die Menge und die handelsübliche Bezeichnung des Gegenstandes der Lieferung oder die Art und den Umfang der sonstigen Leistung,**
4. **den Zeitpunkt der Lieferung oder der sonstigen Leistung,**
5. **das Entgelt für die Lieferung oder sonstige Leistung (§ 10) und**
6. **den auf das Entgelt (Nummer 5) entfallenden Steuerbetrag.**

[3]In den Fällen des § 1 Abs. 1 Nr. 3 und des § 10 Abs. 5 sind die Nummern 5 und 6 mit der Maßgabe anzuwenden, daß die Bemessungsgrundlage für die Leistung (§ 10 Abs. 4) und der darauf entfallende Steuerbetrag anzugeben sind. [4]Unternehmer, die § 24 Abs. 1 bis 3 anwenden, sind jedoch auch in diesen Fällen nur zur Angabe des Entgelts und des darauf entfallenden Steuerbetrags berechtigt. [5]Vereinnahmt der Unternehmer das Entgelt oder einen Teil des Entgelts für eine noch nicht ausgeführte steuerpflichtige Lieferung oder sonstige Leistung, so gelten die Sätze 1 und 2 sinngemäß. [6]Wird eine Endrechnung erteilt, so sind in ihr die vor Ausführung der Lieferung oder sonstigen Leistung vereinnahmten Teilentgelte und die auf sie entfallenden Steuerbeträge abzusetzen, wenn über die Teilentgelte Rechnungen im Sinne des Satzes 2 ausgestellt worden sind.

(2) [1]Hat der Unternehmer in einer Rechnung für eine Lieferung oder sonstige Leistung einen höheren Steuerbetrag, als er nach diesem Gesetz für den Umsatz schuldet, gesondert ausgewiesen, so schuldet er auch den Mehrbetrag. [2]Berichtigt er den Steuerbetrag gegenüber dem Leistungsempfänger, so ist § 17 Abs. 1 entsprechend anzuwenden.

(3) [1]Wer in einer Rechnung einen Steuerbetrag gesondert ausweist, obwohl er zum gesonderten Ausweis der Steuer nicht berechtigt ist, schuldet den ausgewiesenen Betrag. [2]Das gleiche gilt, wenn jemand in einer anderen Urkunde, mit der er wie ein leistender Unternehmer abrechnet, einen Steuerbetrag gesondert ausweist, obwohl er nicht Unternehmer ist oder eine Lieferung oder sonstige Leistung nicht ausführt.

1) **Anm.:** § 14 Abs. 1 und 6 i. d. F. des Art. 20 Nr. 13 und 26 StMBG v. 21. 12. 93 (BGBl I, 2310). – Zur Anerkennung von Rechnungen bei modernen Abrechnungsmethoden s. BMF v. 25. 5. 92 (BStBl I, 376).

(4) Rechnung ist jede Urkunde, mit der ein Unternehmer oder in seinem Auftrag ein Dritter über eine Lieferung oder sonstige Leistung gegenüber dem Leistungsempfänger abrechnet, gleichgültig, wie diese Urkunde im Geschäftsverkehr bezeichnet wird.

(5) ¹Als Rechnung gilt auch eine Gutschrift, mit der ein Unternehmer über eine steuerpflichtige Lieferung oder sonstige Leistung abrechnet, die an ihn ausgeführt wird. ²Eine Gutschrift ist anzuerkennen, wenn folgende Voraussetzungen vorliegen:

1. Der leistende Unternehmer (Empfänger der Gutschrift) muß zum gesonderten Ausweis der Steuer in einer Rechnung nach Absatz 1 berechtigt sein.
2. Zwischen dem Aussteller und dem Empfänger der Gutschrift muß Einverständnis darüber bestehen, daß mit einer Gutschrift über die Lieferung oder sonstige Leistung abgerechnet wird.
3. Die Gutschrift muß die in Absatz 1 Satz 2 vorgeschriebenen Angaben enthalten.
4. Die Gutschrift muß dem leistenden Unternehmer zugeleitet worden sein.

³Die Sätze 1 und 2 sind auf Gutschriften sinngemäß anzuwenden, die der Unternehmer über das für eine noch nicht ausgeführte steuerpflichtige Lieferung oder sonstige Leistung entrichtete Entgelt oder Teilentgelt ausstellt. ⁴Die Gutschrift verliert die Wirkung einer Rechnung, soweit der Empfänger dem in ihr enthaltenen Steuerausweis widerspricht.

(6) Das Bundesministerium der Finanzen kann mit Zustimmung des Bundesrates zur Vereinfachung des Besteuerungsverfahrens durch Rechtsverordnung bestimmen, in welchen Fällen und unter welchen Voraussetzungen

1. als Rechnungen auch andere Urkunden anerkannt werden können,
2. auf einzelne Angaben bei der Ausstellung von Rechnungen (Absatz 1) verzichtet werden kann oder
3. eine Verpflichtung des Unternehmers zur Ausstellung von Rechnungen mit gesondertem Steuerausweis (Absatz 1) entfällt.

6. EG-Richtlinie

Abschnitt XII: Steuerschuldner

Artikel 21 Steuerschuldner gegenüber dem Fiskus
Die Mehrwertsteuer schuldet
1. im inneren Anwendungsbereich
...
  c) jede Person, die die Mehrwertsteuer in einer Rechnung oder einem ähnlichen Dokument ausweist;
...

Abschnitt XIII: Pflichten der Steuerschuldner

Artikel 22 Verpflichtungen im inneren Anwendungsbereich

...

(3) a) Jeder Steuerpflichtige hat für die Lieferungen von Gegenständen und die Dienstleistungen, die er an einen anderen Steuerpflichtigen oder an eine nichtsteuerpflichtige juristische Person bewirkt, eine Rechnung oder ein an deren Stelle tretendes Dokument auszustellen. Jeder Steuerpflichtige hat ebenfalls eine Rechnung oder ein an deren Stelle tretendes Dokument auszustellen für die in Artikel 28b Teil B Absatz 1 genannten Lieferungen von Gegenständen und für unter den Bedingungen des Artikels 28c Teil A ausgeführte Lieferungen von Gegenständen. Der Steuerpflichtige muß eine Ausfertigung von allen ausgestellten Dokumenten aufbewahren.

Ebenso hat jeder Steuerpflichtige für die Vorauszahlungen, die er von einem anderen Steuerpflichtigen oder von einer nichtsteuerpflichtigen juristischen Person erhält, bevor die Lieferung oder Dienstleistung bewirkt ist, eine Rechnung auszustellen.

b) Die Rechnung muß getrennt den Preis ohne Steuer und den auf die einzelnen Steuersätze entfallenden Steuerbetrag sowie gegebenenfalls die Steuerbefreiung ausweisen.

Die Rechnung muß außerdem folgendes ausweisen:
- *bei den in Artikel 28b Teile C, D, E und F genannten Umsätzen die Umsatzsteuer-Identifikationsnummer des Steuerpflichtigen im Inland sowie die Umsatzsteuer-Identifikationsnummer des Empfängers, unter der ihm die Dienstleistung erbracht wurde,*
- *für die in Artikel 28c Teil A Buchstabe a) genannten Umsätze die Umsatzsteuer-Identifikationsnummer des Steuerpflichtigen im Inland sowie die Umsatzsteuer-Identifikationsnummer des Erwerbers in einem anderen Mitgliedstaat,*
- *für die Lieferungen neuer Fahrzeuge die in Artikel 28a Absatz 2 aufgezählten Angaben,*
- *bei Anwendung der in Artikel 28c Teil E Absatz 3 vorgesehenen Bestimmungen eine ausdrückliche Bezugnahme auf diese Bestimmungen sowie die Umsatzsteuer-Identifikationsnummer, unter der der Steuerpflichtige den innergemeinschaftlichen Erwerb und die nachfolgende Lieferung der Gegenstände bewirkt hat, und die Umsatzsteuer-Identifikationsnummer des Empfängers dieser Lieferung von Gegenständen.*

c) Die Mitgliedstaaten legen die Kriterien fest, nach denen ein Dokument als Rechnung betrachtet werden kann.

...

(9) a) Die Mitgliedstaaten können folgende Steuerpflichtige von bestimmten oder allen Pflichten befreien:
- *Steuerpflichtige, die nur Gegenstände liefern oder Dienstleistungen erbringen, die nach den Artikeln 13 und 15 steuerfrei sind,*
- *Steuerpflichtige, die die in Artikel 24 vorgesehene Steuerbefreiung in Anspruch nehmen und die unter die in Artikel 28a Absatz 1 Buchstabe a) Unterabsatz 2 vorgesehene Abweichung fallen,*
- *Steuerpflichtige, die keine Umsätze im Sinne von Absatz 4 Buchstabe c) bewirken.*

UStG § 14 § 31–33 UStDV Ausstellung von Rechnungen

b) Die Mitgliedstaaten können auch andere als die unter Buchstabe a) genannten Steuerpflichtigen von bestimmten in Absatz 2 Buchstabe a) genannten Pflichten befreien.

c) Die Mitgliedstaaten können die Steuerpflichtigen von der Zahlung der geschuldeten Steuer befreien, wenn der Steuerbetrag geringfügig ist.

...

UStDV

§ 31 Angaben in der Rechnung

(1) ¹Die nach § 14 Abs. 1 Satz 2 des Gesetzes erforderlichen Angaben können in anderen Unterlagen enthalten sein, sofern eine leichte Nachprüfbarkeit der Angaben gewährleistet ist. ²Auf der Rechnung muß angegeben sein, welche anderen Unterlagen ergänzende Angaben enthalten. ³Diese Angaben müssen eindeutig sein.

(2) ¹Den Anforderungen des § 14 Abs. 1 Satz 2 Nr. 1 des Gesetzes ist genügt, wenn sich auf Grund der in die Rechnung aufgenommenen Bezeichnung der Name und die Anschrift des leistenden Unternehmers eindeutig feststellen lassen. ²Das gleiche gilt für die in § 14 Abs. 1 Satz 2 Nr. 2 des Gesetzes vorgeschriebene Angabe des Namens und der Anschrift des Leistungsempfängers.

(3) ¹Für die in § 14 Abs. 1 Satz 2 Nr. 1 bis 3 des Gesetzes vorgeschriebenen Angaben können Abkürzungen, Buchstaben, Zahlen oder Symbole verwendet werden, wenn ihre Bedeutung in der Rechnung oder in anderen Unterlagen eindeutig festgelegt ist. ² Die erforderlichen anderen Unterlagen müssen sowohl beim Aussteller als auch beim Empfänger der Rechnung vorhanden sein.

(4) Als Zeitpunkt der Lieferung oder sonstigen Leistung (§ 14 Abs. 1 Satz 2 Nr. 4 des Gesetzes) kann der Kalendermonat angegeben werden, in dem die Leistung ausgeführt wird.

§ 32 Rechnungen über Umsätze, die verschiedenen Steuersätzen unterliegen

¹In einer Rechnung über Lieferungen oder sonstige Leistungen, die verschiedenen Steuersätzen unterliegen, sind die Entgelte und Steuerbeträge nach Steuersätzen zu trennen. ²Wird der Steuerbetrag durch Maschinen automatisch ermittelt und durch diese in der Rechnung angegeben, so ist der Ausweis des Steuerbetrages in einer Summe zulässig, wenn für die einzelnen Posten der Rechnung der Steuersatz angegeben wird.

§ 33 Rechnungen über Kleinbeträge

¹Rechnungen, deren Gesamtbetrag 200 Deutsche Mark nicht übersteigt, müssen mindestens folgende Angaben enthalten:

1. *den Namen und die Anschrift des leistenden Unternehmers,*
2. *die Menge und die handelsübliche Bezeichnung des Gegenstandes der Lieferung oder die Art und den Umfang der sonstigen Leistung,*
3. *das Entgelt und den Steuerbetrag für die Lieferung oder sonstige Leistung in einer Summe,*
4. *den Steuersatz.*

²Die §§ 31 und 32 sind entsprechend anzuwenden.

§ 34[1]) Fahrausweise als Rechnungen

(1) [1]*Fahrausweise, die für die Beförderung von Personen ausgegeben werden, gelten als Rechnungen im Sinne des § 14 Abs. 1 des Gesetzes, wenn sie mindestens folgende Angaben enthalten:*

1. *den Namen und die Anschrift des Unternehmers, der die Beförderung ausführt.* [2]*§ 31 Abs. 2 ist entsprechend anzuwenden;*
2. *das Entgelt und den Steuerbetrag in einer Summe;*
3. *den Steuersatz, wenn die Beförderungsleistung nicht dem ermäßigten Steuersatz nach § 12 Abs. 2 Nr. 10 des Gesetzes unterliegt.*

[2]*Auf Fahrausweisen der Eisenbahnen, die dem öffentlichen Verkehr dienen, kann an Stelle des Steuersatzes die Tarifentfernung angegeben werden.*

(2) [1]*Fahrausweise für eine grenzüberschreitende Beförderung im Personenverkehr und im internationalen Eisenbahn-Personenverkehr gelten nur dann als Rechnung im Sinne des § 14 Abs. 1 des Gesetzes, wenn eine Bescheinigung des Beförderungsunternehmers oder seines Beauftragten darüber vorliegt, welcher Anteil des Beförderungspreises auf die Strecke im Inland entfällt.* [2]*In der Bescheinigung ist der Steuersatz anzugeben, der auf den auf das Inland entfallenden Teil der Beförderungsleistung anzuwenden ist.*

(3) Die Absätze 1 und 2 gelten für Belege im Reisegepäckverkehr entsprechend.

UStR

183. Zum Begriff der Rechnung

(1) [1]Rechnungen im Sinne des § 14 UStG brauchen nicht ausdrücklich als solche bezeichnet zu werden. [2]Es reicht aus, wenn sich aus dem Inhalt der Urkunde ergibt, daß es sich um eine Abrechnung des Unternehmers über eine Leistung handelt. [3]Schriftstücke, mit denen nicht über eine Leistung abgerechnet wird, die sich vielmehr ausschließlich auf den Zahlungsverkehr beziehen, wie z. B. Mahnungen oder Kontoauszüge, sind keine Rechnungen, auch wenn sie alle in § 14 Abs. 1 Satz 2 UStG geforderten Angaben enthalten.

(2) [1]Als Rechnung ist auch ein Vertrag anzusehen, der die in § 14 Abs. 1 Satz 2 UStG geforderten Angaben enthält. [2]Im Vertrag fehlende Angaben müssen in anderen Unterlagen enthalten sein, auf die im Vertrag hinzuweisen ist (§ 31 Abs. 1 UStDV). [3]Ist in einem Vertrag – z. B. in einem Miet- oder Pachtvertrag, Wartungsvertrag oder Pauschalvertrag mit einem Steuerberater – der Zeitraum, über den sich die jeweilige Leistung oder Teilleistung erstreckt, nicht angegeben, so reicht es aus, wenn sich dieser aus den einzelnen Zahlungsbelegen, z. B. aus den Ausfertigungen der Überweisungsaufträge, ergibt (vgl. auch BFH-Beschluß vom 7. 7. 1988 – BStBl II S. 913). [4]Die in einem Vertrag enthaltene gesonderte Inrechnungstellung der Steuer muß jedoch wie bei jeder anderen Abrechnungsform eindeutig, klar und unbedingt sein. [5]Das ist nicht der Fall, wenn z. B. die in einem Vertrag enthaltene Abrechnung offenläßt, ob der leistende Unternehmer

---

1) Anm. § 34 Abs. 1 i. d. F. des Art. 6 Abs. 58 ENeuOG v. 27. 12. 93 (BGBl I, 2378).

den Umsatz versteuern oder als steuerfrei behandeln will, und *demnach* die Abrechnungsvereinbarung für jeden der beiden Fälle eine wahlweise Ausgestaltung enthält (vgl. BFH-Urteil vom 4. 3. 1982 – BStBl II S. 317).

(3) ¹Sogenannte Innenumsätze, z. B. zwischen Betriebsabteilungen desselben Unternehmens oder innerhalb eines Organkreises, sind innerbetriebliche Vorgänge. ²Werden für sie Belege mit gesondertem Steuerausweis ausgestellt, so handelt es sich umsatzsteuerrechtlich nicht um Rechnungen, sondern um *unternehmensinterne* Buchungsbelege. ³Die darin ausgewiesene Steuer wird nicht nach § 14 Abs. 3 UStG geschuldet.

(4) ¹Der Anspruch nach § 14 Abs. 1 UStG auf Erteilung einer Rechnung mit gesondert ausgewiesener Steuer steht dem umsatzsteuerlichen Leistungsempfänger zu. ²Hierbei handelt es sich um einen zivilrechtlichen Anspruch, der vor den ordentlichen Gerichten geltend zu machen ist (BGH-Urteil vom 11. 12. 1974 – NJW 1975 S. 310). *³Die Verjährung tritt nach Ablauf von 30 Jahren ein (BGH-Urteil vom 2. 12. 1992 – UR 1993 S. 84).* ⁴Dieser Anspruch (Erfüllung einer Nebenpflicht aus dem zugrundeliegenden Schuldverhältnis) setzt voraus, daß der leistende Unternehmer zur Rechnungsausstellung mit gesondertem Steuerausweis berechtigt ist und ihn zivilrechtlich die Abrechnungslast trifft (vgl. BFH-Urteil vom 4. 3. 1982 – BStBl II S. 309). ⁵Ist es ernstlich zweifelhaft, ob eine Leistung der Umsatzsteuer unterliegt, so kann der Leistungsempfänger die Erteilung einer Rechnung mit gesondert ausgewiesener Steuer nur verlangen, wenn der Vorgang bestandskräftig der Umsatzsteuer unterworfen wurde (vgl. BGH-Urteile vom 24. 2. 1988 – UR 1988 S. 183 und vom 10. 11. 1988 – UR 1989 S. 121). ⁶Nach Konkurseröffnung ist der Anspruch auf Ausstellung einer Rechnung nach § 14 Abs. 1 UStG vom Konkursverwalter auch dann zu erfüllen, wenn die Leistung vor Konkurseröffnung bewirkt wurde (BGH-Urteil vom 6. 5. 1981 – UR 1982 S. 55, DB 1981 S. 1770).

(5) ¹Der zur Abrechnung über den Leistungsaustausch Verpflichtete kann sich im Abrechnungsverfahren dritter Personen bedienen, dagegen grundsätzlich nicht seines am Leistungsaustausch beteiligten Geschäftspartners (vgl. BFH-Beschluß vom 28. 4. 1983 – BStBl II S. 525). ²Das gilt sowohl für Rechnungen des leistenden Unternehmers als auch für Abrechnungen des Leistungsempfängers (vgl. Abschnitt 184).

184. Gutschriften als Rechnungen

(1) ¹Eine Gutschrift (§ 14 Abs. 5 UStG) unterscheidet sich von einer Rechnung im Sinne des § 14 Abs. 4 UStG dadurch, daß nicht der Leistende, sondern der Leistungsempfänger über die Leistung abrechnet. ²Die Abgrenzung zwischen Gutschrift und Rechnung beurteilt sich danach, wen von den beiden am Leistungsaustausch Beteiligten nach zivilrechtlichen Grundsätzen die Abrechnungslast trifft. ³Diese ist anhand des schuldrechtlichen Verhältnisses oder einer den tatsächlichen Gegebenheiten und ihrer schuldrechtlichen Einordnung entsprechenden vertraglichen Verpflichtung zu bestimmen. ⁴Die wahlweise Abrechnung durch Rechnung oder Gutschrift ist zulässig, wenn keine anderweitige gesetzliche Regelung zur Abrechnungsverpflichtung besteht und jeder der beiden Vertragspartner auf der Grundlage seiner eigenen Geschäftsunterlagen abrechnen kann. ⁵Eine vom Zivilrecht abweichende Gestaltung und Bezeichnung des Abrechnungspapiers ist ohne umsatzsteuerrechtliche Bedeutung (vgl. BFH-Urteil vom 4. 3. 1982 – BStBl II S. 309). ⁶So kann z. B. eine Abrechnung des Leistungsempfängers nicht als Abrechnung des Leistenden durch einen von ihm beauftragten Dritten angesehen werden. ⁷Es handelt sich um eine Gutschrift, selbst wenn sie als Rechnung bezeichnet wird. ⁸Sie wird auch nicht dadurch zu einer Rechnung im Sinne des § 14 Abs. 4 UStG, daß sie vom Leistenden unterschrieben wird (vgl. BFH-Urteil vom 27. 9. 1979 – BStBl 1980 II S. 228).

(2) ¹Bei der Verwendung von Vertragsformularen und allgemeinen Geschäftsbedingungen, die eine Abrechnung oder Rechnung mit gesondertem Steuerausweis enthalten, kommt es für die Bestimmung des Ausstellers maßgeblich darauf an, von wem diese vorformulierten Erklärungen stammen. ²Wird die Abrechnung mit gesondertem Steuerausweis in einen gegenseitigen Vertrag aufgenommen, der unter Verwendung eines vom Leistungsempfänger gestellten Vertragsmusters abgeschlossen wird, ist nicht der Leistende, sondern der Leistungsempfänger Aussteller der Abrechnung. ³Es liegt deshalb eine Gutschrift vor (vgl. BFH-Urteil vom 18. 3. 1982 – BStBl II S. 312).

(3) ¹Werden Glücksspiel- und Unterhaltungsautomaten in Gastwirtschaften mit Gewinnbeteiligung der Gastwirte aufgestellt, so trifft die Automatenaufsteller die Last, über die Gewinnbeteiligung der Gastwirte abzurechnen. ²Die Abrechnungen sind daher Gutschriften der Automatenaufsteller (vgl. BFH-Urteil vom 18. 3. 1982 – BStBl II S. 525).

(4) ¹Eine Gutschrift gilt nur dann als Rechnung, wenn der leistende Unternehmer (Gutschriftempfänger) zum gesonderten Ausweis der Steuer in einer Rechnung nach § 14 Abs. 1 UStG berechtigt ist (§ 14 Abs. 5 Nr. 1 UStG). ²Fehlt die Berechtigung zum gesonderten Steuerausweis, so hat die Abrechnung auch bei gegenteiliger Versicherung des Leistenden nicht die Wirkung einer Rechnung (vgl. BFH-Beschluß vom 27. 3. 1981 – BStBl II S. 543).

(5) ¹Das Einverständnis zur Abrechnung mit Gutschriften (§ 14 Abs. 5 Nr. 2 UStG) braucht nicht in einer bestimmten Form erklärt zu werden. ²Die Vereinbarung kann sich aus Verträgen oder sonstigen Geschäftsunterlagen ergeben, z. B. aus einem Lizenzvertrag, Handelsvertretervertrag, Milchablieferungsvertrag oder einer Verbandssatzung. ³Sie kann auch mündlich getroffen werden.

(6) ¹Der leistende Unternehmer (Gutschriftempfänger) kann dem Steuerausweis in der Gutschrift widersprechen. ²Der Widerspruch wirkt – auch für den Vorsteuerabzug des Gutschriftausstellers – erst in dem Besteuerungszeitraum, in dem er erklärt wird (vgl. BFH-Urteil vom 19. 5. 1993 – BStBl II S. 779 und Abschnitt 192 Abs. 9).

185. Angaben in der Rechnung

(1) ¹Handelsüblich (§ 14 Abs. 1 Satz 2 Nr. 3 UStG) ist jede im Geschäftsverkehr für einen Gegenstand allgemein verwendete Bezeichnung, z. B. auch Markenartikelbezeichnungen. ²Handelsübliche Sammelbezeichnungen sind ausreichend, wenn sie die Bestimmung des anzuwendenden Steuersatzes eindeutig ermöglichen, z. B. Baubeschläge, Büromöbel, Kurzwaren, Schnittblumen, Spirituosen, Tabakwaren, Waschmittel. ³Bezeichnungen allgemeiner Art, die Gruppen verschiedenartiger Gegenstände umfassen, z. B. Geschenkartikel, reichen nicht aus. ⁴In Rechnungen von Reisebüros für Fahrausweise ist die einzelne Beförderungsleistung näher zu bezeichnen, z. B. *Fahrkarte* Köln-München der Deutschen *Bahn AG*. ⁵Dabei kann statt des Zeitpunkts der Beförderungsleistung der Verkaufszeitpunkt angegeben werden.

(2) ¹Die Regelung des § 32 UStDV für Rechnungen über Umsätze, die verschiedenen Steuersätzen unterliegen, gilt entsprechend, wenn in einer Rechnung neben steuerpflichtigen Umsätzen auch nicht steuerbare oder steuerfreie Umsätze aufgeführt werden. ²Kosten für Nebenleistungen, z. B. für Beförderung, Verpackung, Versicherung, sind, soweit sie besonders berechnet werden, den unterschiedlich besteuerten Hauptleistungen entsprechend zuzuordnen. ³Die Aufteilung ist nach geeigneten Merkmalen, z. B. nach dem Verhältnis der Werte oder Gewichte, vorzunehmen.

(3) In Rechnungen für Umsätze, auf die die Durchschnittssätze des § 24 Abs. 1 UStG anzuwenden sind, ist außer dem Steuerbetrag der für den Umsatz maßgebliche Durchschnittssatz anzugeben (§ 24 Abs. 1 Satz 5 UStG).

(4) ¹Ergänzungen und Berichtigungen von Rechnungsangaben können grundsätzlich nur von demjenigen vorgenommen werden, der die Abrechnung erteilt hat (vgl. BFH-Urteil vom 27. 9. 1979 – BStBl 1980 II S. 228). ²Der Abrechnungsempfänger kann von sich aus den Inhalt der ihm erteilten Abrechnung nicht mit rechtlicher Wirkung verändern. ³Insbesondere kann der gesonderte Ausweis der Steuer nur vom Abrechnenden vorgenommen werden. ⁴Der Leistungsempfänger kann den in einer ihm erteilten Rechnung enthaltenen Gesamtkaufpreis selbst dann nicht mit rechtlicher Wirkung in Entgelt und darauf entfallende Steuer aufteilen, wenn diese Änderung der Rechnung im Beisein des leistenden Unternehmers vorgenommen wird. ⁵Eine Berichtigung oder Ergänzung des Abrechnungspapiers durch den Abrechnungsempfänger ist jedoch anzuerkennen, wenn sich der Abrechnende die Änderung zu eigen macht und dies aus dem Abrechnungspapier oder anderen Unterlagen hervorgeht, auf die im Abrechnungspapier hingewiesen ist (vgl. BFH-Beschluß vom 17. 4. 1980 – BStBl II S. 540). ⁶Zu der Möglichkeit des Rechnungsempfängers, in § 14 Abs. 1 Satz 2 Nr. 3 und 4 UStG bezeichnete Angaben für Zwecke des Vorsteuerabzugs selbst zu ergänzen, vgl. Abschnitt 202 Abs. 3.

(5) Wegen der inhaltlichen Anforderungen an Rechnungen für Zwecke des Vorsteuerabzugs vgl. Abschnitt 192 Abs. *4* und 15.

186. Fahrausweise

(1) ¹Fahrausweise (§ 34 UStDV) sind Urkunden, die einen Anspruch auf Beförderung von Personen gewähren. ²Dazu gehören auch Zuschlagkarten für *zuschlagspflichtige Züge*, Platzkarten, Bettkarten und Liegekarten. ³Mit Fahrscheindruckern ausgestellte Fahrscheine sind auch dann Fahrausweise im Sinne des § 34 UStDV, wenn auf ihnen der Steuersatz in Verbindung mit einem Symbol angegeben ist (z. B. „V" mit dem zusätzlichen Vermerk „V = 15 v. H. USt"). ⁴Keine Fahrausweise sind Rechnungen über die Benutzung eines Taxis oder Mietwagens.

(2) ¹Zeitfahrausweise (Zeitkarten) werden von den Verkehrsunternehmen in folgenden Formen ausgegeben:

1. Die Zeitkarte wird für jeden Gültigkeitszeitraum insgesamt neu ausgestellt;
2. ¹die Zeitkarte ist zweigeteilt in eine Stammkarte und eine Wertkarte oder Wertmarke. ²Hierbei gilt die Stammkarte, die lediglich der Identitätskontrolle dient, für einen längeren Zeitraum als die jeweilige Wertkarte oder Wertmarke.

²Beide Formen der Zeitkarten sind als Fahrausweise anzuerkennen, wenn sie die in § 34 Abs. 1 UStDV bezeichneten Angaben enthalten. ³Sind diese Angaben bei den unter Nummer 2 aufgeführten Zeitkarten insgesamt auf der Wertkarte oder der Wertmarke vermerkt, so sind diese Belege für sich allein als Fahrausweise anzusehen.

187. Rechnungserteilung bei der *Istbesteuerung von Anzahlungen*

(1) ¹Aus Rechnungen über Zahlungen vor Ausführung der Leistung muß hervorgehen, daß damit Voraus- oder Anzahlungen abgerechnet werden, z. B. durch Angabe des voraussichtlichen Zeitpunkts der Leistung. ²Unerheblich ist, ob vor Ausführung der Leistung über das gesamte Entgelt oder nur einen Teil des Entgelts abgerechnet wird. ³Die Regelung gilt auch für die Unternehmer, die die Steuer gemäß § 20 UStG nach vereinnahmten Entgelten berechnen.

(2) ¹Sofern die berechneten Voraus- oder Anzahlungen nicht geleistet werden, tritt eine Besteuerung nach § 14 Abs. 3 UStG nicht ein. ²Das gilt auch dann, wenn der Unternehmer die

Leistung nicht ausführt, es sei denn, die Leistung war von vornherein nicht beabsichtigt (vgl. BFH-Urteil vom 21. 2. 1980 – BStBl II S. 283).

(3) ¹Über Voraus- und Anzahlungen kann auch mit Gutschriften abgerechnet werden. ²In diesen Fällen gilt § 14 Abs. 5 UStG sinngemäß (vgl. Abschnitt 184).

(4) ¹Für Rechnungen über Voraus- oder Anzahlungen ist § 14 Abs. 1 Satz 2 UStG sinngemäß anzuwenden (vgl. Abschnitt 185). ²Statt des Zeitpunkts der Lieferung oder sonstigen Leistung (§ 14 Abs. 1 Satz 2 Nr. 4 UStG) ist der voraussichtliche Zeitpunkt oder der Kalendermonat der Leistung anzugeben (§ 31 Abs. 4 UStDV). ³Haben die Beteiligten lediglich vereinbart, in welchem Zeitraum oder bis zu welchem Zeitpunkt die Leistung ausgeführt werden soll, so ist dieser Zeitraum oder der betreffende Zeitpunkt in der Rechnung anzugeben. ⁴Ist der Leistungszeitpunkt noch nicht vereinbart worden, so genügt es, daß dies aus der Rechnung hervorgeht. ⁵An die Stelle des Entgelts für die Lieferung oder sonstige Leistung tritt in einer Rechnung über eine Voraus- oder Anzahlung die Angabe des vor der Ausführung der Leistung vereinnahmten Entgelts oder Teilentgelts (§ 14 Abs. 1 Satz 2 Nr. 5 UStG). ⁶Außerdem ist in einer Rechnung über eine Voraus- oder Anzahlung der auf das Entgelt oder Teilentgelt entfallende Umsatzsteuerbetrag auszuweisen (§ 14 Abs. 1 Satz 2 Nr. 6 UStG).

(5) ¹In einer Rechnung über Zahlungen vor Ausführung der Leistung können mehrere oder alle Voraus- oder Anzahlungen zusammengefaßt werden. ²Dabei genügt es, wenn der Unternehmer den Gesamtbetrag der vorausgezahlten Teilentgelte und die darauf entfallende Steuer angibt. ³Rechnungen mit gesondertem Steuerausweis können schon erteilt werden, bevor eine Voraus- oder Anzahlung vereinnahmt worden ist. ⁴Ist das im voraus vereinnahmte Entgelt oder Teilentgelt niedriger als in der Rechnung angegeben, so entsteht die Umsatzsteuer nur insoweit, als sie auf das tatsächlich vereinnahmte Entgelt oder Teilentgelt entfällt. ⁵Einer Berichtigung der Rechnung bedarf es in diesem Falle nicht.

(6) ¹Der Unternehmer kann über die Leistung im voraus eine Rechnung erteilen, in der das gesamte Entgelt und die Steuer für diese Leistung insgesamt gesondert ausgewiesen werden. ²Zusätzliche Rechnungen über Voraus- oder Anzahlungen entfallen dann.

(7) ¹In einer Endrechnung, mit der ein Unternehmer über die ausgeführte Leistung insgesamt abrechnet, sind die vor der Ausführung der Leistung vereinnahmten Entgelte oder Teilentgelte sowie die hierauf entfallenden Steuerbeträge abzusetzen, wenn über diese Entgelte oder Teilentgelte Rechnungen mit gesondertem Steuerausweis erteilt worden sind (§ 14 Abs. 1 letzter Satz UStG). ²Bei mehreren Voraus- oder Anzahlungen genügt es, wenn der Gesamtbetrag der vorausgezahlten Entgelte oder Teilentgelte und die Summe der darauf entfallenden Steuerbeträge abgesetzt werden. ³Statt der vorausgezahlten Entgelte oder Teilentgelte und der Steuerbeträge können auch die Gesamtbeträge der Voraus- oder Anzahlungen abgesetzt und die darin enthaltenen Steuerbeträge zusätzlich angegeben werden. ⁴Wird in der Endrechnung der Gesamtbetrag der Steuer für die Leistung angegeben, so braucht der auf das verbleibende restliche Entgelt entfallende Steuerbetrag nicht angegeben zu werden.

Beispiel 1:

Absetzung der einzelnen im voraus vereinnahmten Teilentgelte und der auf sie entfallenden Steuerbeträge

Endrechnung

Errichtung einer Lagerhalle

Ablieferung und Abnahme: 10. 10. 1996

UStG § 14 *187 UStR* *Ausstellung von Rechnungen*

	Summe DM	Preis DM	Entgelt DM	Umsatzsteuer DM
		6 900 000	6 000 000	*900 000*
./. Abschlagszahlungen				
5. 3. 1996	*1 150 000*		1 000 000	*150 000*
2. 4. 1996	*1 150 000*		1 000 000	*150 000*
4. 6. 1996	*1 150 000*		1 000 000	*150 000*
3. 9. 1996	*2 300 000*	5 750 000	2 000 000	*300 000*
Verbleibende Restzahlung		*1 150 000*	1 000 000	*150 000*

Beispiel 2:

Absetzung des Gesamtbetrags der vorausgezahlten Teilentgelte und der Summe der darauf entfallenden Steuerbeträge

Endrechnung

Lieferung und Einbau eines Fahrstuhls

Ablieferung und Abnahme: 10. 9. 1996

	Preis DM	Entgelt DM	Umsatzsteuer DM
	1 380 000	1 200 000	*180 000*
./. Abschlagszahlungen am 2. 4. und am 4. 6. 1996	*1 150 000*	1 000 000	*150 000*
Verbleibende Restzahlung	*230 000*	200 000	*30 000*

Beispiel 3:

Absetzung des Gesamtbetrags der Abschlagszahlungen (Vorauszahlungen)

Endrechnung

Lieferung und Montage einer Heizungsanlage

Ablieferung und Abnahme: 10. 7. 1996

Entgelt insgesamt	DM 1 500 000
+ Umsatzsteuer	DM *225 000*
Gesamtpreis	DM *1 725 000*
./. Abschlagszahlungen am 1. 2. und 7. 5. 1996	DM *1 380 000*
Verbleibende Restzahlung	DM *345 000*
Darin enthaltene Umsatzsteuer	DM *45 000*
In den Abschlagszahlungen enthaltene Umsatzsteuer	DM *180 000*

Beispiel 4:

Verzicht auf die Angabe des auf das restliche Entgelt entfallenden Steuerbetrags

Endrechnung

Lieferung eines Baukrans am 20. 8. 1996

1 Baukran	Entgelt	DM 1 600 000
	+ Umsatzsteuer	DM *240 000*
	Preis	DM *1 840 000*

Ausstellung von Rechnungen   187 UStR   **§ 14 UStG**

./. Abschlagszahlungen, geleistet am 12. 3., 14. 5. und 10. 7. 1996:

Entgelt	DM 1 300 000	
+ Umsatzsteuer	DM 195 000	DM *1 495 000*
Verbleibende Restzahlung		DM 345 000

(8) Für die Erteilung der Endrechnung gelten folgende Vereinfachungen:

1. ¹Die vor der Ausführung der Leistung vereinnahmten Teilentgelte und die darauf entfallenden Steuerbeträge werden nicht vom Rechnungsbetrag abgesetzt, sondern auf der Endrechnung zusätzlich angegeben. ²Auch hierbei können mehrere Voraus- oder Anzahlungen zusammengefaßt werden.

Beispiel 1:

Angabe der einzelnen Anzahlungen

Endrechnung

Lieferung einer Entlüftungsanlage am 23. 7. 1996

Entgelt	DM 800 000
+ Umsatzsteuer	DM *120 000*
Preis	DM *920 000*

Geleistete Anzahlungen:

	Gesamtbetrag DM	Entgelt DM	Umsatzsteuer DM
1. 2. 1996:	*230 000*	200 000	*30 000*
5. 3. 1996:	*230 000*	200 000	*30 000*
7. 5. 1996:	*230 000*	200 000	*30 000*
	690 000	600 000	*90 000*

Beispiel 2:

Angabe der Gesamt-Anzahlungen

Endrechnung

Lieferung eines Baggers am 18. 6. 1996

	Preis DM	Entgelt DM	Umsatzsteuer DM
1 Bagger	*517 500*	450 000	*67 500*

Geleistete Anzahlungen am 13. 3. und 21. 5. 1996:

Entgelt	DM 350 000
Umsatzsteuer	DM *52 500*
Gesamtbetrag	DM *402 500*

2. ¹Die vor der Ausführung der Leistung vereinnahmten Teilentgelte und die darauf entfallenden Steuerbeträge werden in einem Anhang der Endrechnung aufgeführt. ²Auf diesen Anhang ist in der Endrechnung ausdrücklich hinzuweisen.

Beispiel 3:

Angabe der einzelnen Anzahlungen in einem Anhang zur Endrechnung

Endrechnung Nr. ...., 19. 11. 1996
Errichtung einer Montagehalle
Ablieferung und Abnahme: 12. 11. 1996
Montagehalle

Gesamtentgelt	DM 6 500 000
+ Umsatzsteuer	DM 975 000
	DM 7 475 000

Die geleisteten Anzahlungen sind in der angefügten Zahlungsübersicht zusammengestellt.
Anhang der Rechnung Nr. ...... vom 19. 11. 1996
Zahlungsübersicht

	Gesamtbetrag DM	Entgelt DM	Umsatzsteuer DM
Anzahlung am 1. 2. 1996	*2 300 000*	2 000 000	*300 000*
Anzahlung am 2. 4. 1996	*1 150 000*	1 000 000	*150 000*
Anzahlung am 4. 6. 1996	*1 150 000*	1 000 000	*150 000*
Anzahlung am 1. 8. 1996	*1 150 000*	1 000 000	*150 000*
	5 750 000	5 000 000	*750 000*

3. ¹Der Leistungsempfänger erhält außer der Endrechnung eine besondere Zusammenstellung der Anzahlungen, über die Rechnungen mit gesondertem Steuerausweis erteilt worden sind. ²In der Endrechnung muß ausdrücklich auf die Zusammenstellung der Anzahlungen hingewiesen werden. ³Die Zusammenstellung muß einen entsprechenden Hinweis auf die Endrechnung enthalten.

(9) ¹Wenn der Unternehmer ordnungsgemäß erteilte Rechnungen über Voraus- oder Anzahlungen, in denen die Steuer gesondert ausgewiesen ist, nachträglich bei der Abrechnung der gesamten Leistung widerruft oder zurücknimmt, ist er gleichwohl nach § 14 Abs. 1 letzter Satz UStG verpflichtet, in der Endrechnung die vorausgezahlten Entgelte oder Teilentgelte und die darauf entfallenden Steuerbeträge abzusetzen. ²Dementsprechend ändert sich in diesem Falle auch an der Berechtigung des Leistungsempfängers zum Vorsteuerabzug aufgrund von Voraus- oder Anzahlungsrechnungen nichts.

(10) ¹Werden – entgegen der Verpflichtung nach § 14 Abs. 1 letzter Satz UStG – in einer Endrechnung oder der zugehörigen Zusammenstellung die vor der Leistung vereinnahmten Teilentgelte und die auf sie entfallenden Steuerbeträge nicht abgesetzt oder angegeben, so hat der Unternehmer den in dieser Rechnung ausgewiesenen gesamten Steuerbetrag an das Finanzamt abzuführen. ²Entsprechendes gilt, wenn in der Endrechnung oder der zugehörigen Zusammenstellung nur ein Teil der im voraus vereinnahmten Teilentgelte und der auf sie entfallenden Steuerbeträge abgesetzt wird. ³Der Teil der in der Endrechnung ausgewiesenen Steuer, der auf die vor der Leistung vereinnahmten Teilentgelte entfällt, wird in diesen Fällen zusätzlich nach § 14 Abs. 2 UStG geschuldet. ⁴Der Leistungsempfänger kann jedoch nur den Teil des in der Endrechnung ausgewiesenen Steuerbetrags als Vorsteuer abziehen, der auf das nach der Ausführung der Leistung zu entrichtende restliche Entgelt entfällt. ⁵Erteilt der Unternehmer dem Leistungsempfänger nachträglich eine berichtigte Endrechnung, die den Anforderungen des § 14 Abs. 1 letzter

Satz UStG genügt, so kann er die von ihm geschuldete Steuer in entsprechender Anwendung des § 17 Abs. 1 UStG berichtigen.

(11) ¹Statt einer Endrechnung kann der Unternehmer über das restliche Entgelt oder den verbliebenen Restpreis eine Rechnung erteilen (Restrechnung). ²In ihr sind die im voraus vereinnahmten Teilentgelte und die darauf entfallenden Steuerbeträge nicht anzugeben. ³Es ist jedoch nicht zu beanstanden, wenn zusätzlich das Gesamtentgelt (ohne Steuer) angegeben wird und davon die im voraus vereinnahmten Teilentgelte (ohne Steuer) abgesetzt werden.

187a. Rechnungserteilung bei unentgeltlichen und verbilligten Leistungen (§ 1 Abs. 1 Nr. 3 und § 10 Abs. 5 UStG)

(1) ¹Grundsätzlich können in einer Rechnung nur das Entgelt und der darauf entfallende Umsatzsteuerbetrag ausgewiesen werden. ²Hiervon abweichend sind Unternehmer berechtigt und auf Verlangen des unternehmerischen Leistungsempfängers verpflichtet, in den folgenden Fällen die Bemessungsgrundlage des § 10 Abs. 4 Nr. 1 und 2 UStG oder die Mindestbemessungsgrundlage des § 10 Abs. 5 in Verbindung mit § 10 Abs. 4 UStG sowie den darauf entfallenden Steuerbetrag in einer Rechnung auszuweisen:

1. Körperschaften und Personenvereinigungen im Sinne des § 1 Abs. 1 Nr. 1 bis 5 des Körperschaftsteuergesetzes, nichtrechtsfähige Personenvereinigungen sowie Gemeinschaften führen im Inland unentgeltliche Lieferungen oder sonstige Leistungen an ihre Anteilseigner, Gesellschafter, Mitglieder, Teilhaber oder diesen nahestehende Personen aus (vgl. Abschnitt 11).

2. Die vorbezeichneten Leistungen werden verbilligt erbracht (§ 10 Abs. 5 Nr. 1 UStG).

3. Einzelunternehmer führen verbilligte Leistungen an ihnen nahestehende Personen aus (§ 10 Abs. 5 Nr. 1 UStG).

4. Unternehmer führen verbilligte Leistungen an ihre Arbeitnehmer oder deren Angehörige aufgrund des Dienstverhältnisses aus (§ 10 Abs. 5 Nr. 2 UStG).

Beispiel:
¹Eine Gesellschaft liefert an ihren unternehmerisch tätigen Gesellschafter eine gebrauchte Maschine, deren Wiederbeschaffungskosten netto 50 000 DM betragen, zu einem Kaufpreis von 30 000 DM.
²In diesem Fall muß die Rechnung neben den übrigen erforderlichen Angaben enthalten:

Mindestbemessungsgrundlage	50 000 DM
15 v. H. Umsatzsteuer	7 500 DM

³Der die Maschine erwerbende Gesellschafter kann unter den weiteren Voraussetzungen des § 15 UStG 7 500 DM als Vorsteuer abziehen.

(2) Für den Eigenverbrauch (§ 1 Abs. 1 Nr. 2 UStG) sowie für Land- und Forstwirte, die nach den Durchschnittssätzen des § 24 Abs. 1 bis 3 UStG besteuert werden, gilt die Regelung nicht.

188. Rechnungserteilung in Einzelfällen

(1) ¹Erhält ein Unternehmer für seine Leistung von einem anderen als dem Leistungsempfänger ein zusätzliches Entgelt im Sinne des § 10 Abs. 1 Satz 3 UStG (Entgelt von dritter Seite), so entspricht die Rechnung den Anforderungen des § 14 Abs. 1 Satz 2 Nr. 5 und 6 UStG, wenn in ihr das Gesamtentgelt – einschließlich der Zuzahlung – und der darauf entfallende Steuerbetrag angegeben sind. ²Gibt der Unternehmer in der Rechnung den vollen Steuerbetrag, nicht aber das

Entgelt von dritter Seite an, so ist die Rechnung für Zwecke des Vorsteuerabzugs durch den Leistungsempfänger ausreichend, wenn der angegebene Steuerbetrag die für den Umsatz geschuldete Steuer nicht übersteigt.

(2) *Auf folgende Regelungen wird hingewiesen:*

1. FLEUROP-Blumenlieferungsgeschäft,
   vgl. BdF-Erlaß vom 29. 7. 1968, USt-Kartei § 14 S 7280 Karte 6, und BMF-Schreiben vom 17. 12. 1970, USt-Kartei § 14 S 7280 Karte 9;

2. Pfandgeld für Warenumschließungen,
   vgl. Abschnitt 149 Abs. 8;

3. Austauschverfahren in der Kraftfahrzeugwirtschaft,
   vgl. Abschnitt 153 Abs. 3;

4. Briefmarkenversteigerungsgeschäft, Versteigerungsgewerbe,
   vgl. Abschnitt 26 Abs. 5, BMF-Schreiben vom 7. 5. 1971, USt-Kartei § 14 S 7280 Karte 10, und BMWF-Schreiben vom 24. 10. 1972, USt-Kartei § 14 S 7280 Karte 11;

5. Kraft- und Schmierstofflieferungen für den Eigenbedarf der Tankstellenagenten,
   vgl. Abschnitt 26 Abs. 4;

6. Garantieleistungen in der Reifenindustrie,
   vgl. BMF-Schreiben vom 21. 11. 1974 – BStBl I S. 1021;

7. Garantieleistungen und Freiinspektionen in der Kraftfahrzeugwirtschaft,
   vgl. BMF-Schreiben vom 3. 12. 1975 – BStBl I S. 1132;

8. Rechnungen bei *Telefax, Telex, Teletex*, Datenfernübertragung *oder* Datenträgeraustausch,
   vgl. BMF-Schreiben vom *25. 5. 1992 – BStBl I S. 376.*

(3) Leistungen verschiedener Unternehmer können in einem Abrechnungspapier aufgeführt werden, wenn darin über die Leistungen eines jeden Unternehmers getrennt abgerechnet wird, z. B. die Abrechnung einer Tankstelle über eine eigene Reparaturleistung und über eine Kraftstofflieferung einer Mineralölgesellschaft.

189. Unrichtiger Steuerausweis

Zu hoher Steuerausweis (§ 14 Abs. 2 Satz 1 UStG)

(1) ¹Die Vorschrift des § 14 Abs. 2 UStG gilt für Unternehmer, die persönlich zum gesonderten Steuerausweis berechtigt sind und für eine Lieferung oder sonstige Leistung einen Steuerbetrag in der Rechnung gesondert ausgewiesen haben, obwohl sie für diesen Umsatz keine oder eine niedrigere Steuer schulden. ²Hiernach werden von § 14 Abs. 2 UStG Rechnungen mit gesondertem Steuerausweis erfaßt (vgl. BFH-Urteil vom 7. 5. 1981 – BStBl II S. 547):

1. für steuerpflichtige Leistungen, wenn eine höhere als die dafür geschuldete Steuer ausgewiesen wurde;

2. für steuerfreie Leistungen;

3. für nicht steuerbare Leistungen (unentgeltliche Leistungen, Leistungen im Ausland *und Geschäftsveräußerungen im Sinne des § 1 Abs. 1a UStG*) und außerdem

4. für nicht versteuerte steuerpflichtige Leistungen, wenn die Steuer für die Leistung wegen des Ablaufs der Festsetzungsfrist (§§ 169 bis 171 AO) nicht mehr erhoben werden kann (vgl. BMF-Schreiben vom 2. 1. 1989, USt-Kartei § 14 S 7280 Karte 18).

[3]Die Rechtsfolge des § 14 Abs. 2 UStG tritt unabhängig davon ein, ob und in welcher Höhe der Leistungsempfänger den Vorsteuerabzug vornehmen kann (vgl. z. B. § 24 Abs. 1 Sätze *3* und *4* UStG).

(2) Ein zu hoher Steuerausweis im Sinne des § 14 Abs. 2 UStG liegt auch vor, wenn in Rechnungen über Kleinbeträge (§ 33 UStDV) ein zu hoher Steuersatz oder in Fahrausweisen (§ 34 UStDV) ein zu hoher Steuersatz oder fälschlich eine Tarifentfernung von mehr als 50 Kilometern angegeben ist.

(3) [1]Die Regelung des § 14 Abs. 2 UStG ist auch auf Gutschriften (§ 14 Abs. 5 UStG) anzuwenden, soweit der Gutschriftempfänger einem zu hohen Steuerbetrag nicht widerspricht. [2]Sie gilt dagegen nicht für Gutschriften, mit denen über steuerfreie oder nicht steuerbare Umsätze abgerechnet wird, sowie für Gutschriften, die nach Ablauf der Festsetzungsfrist ausgestellt werden. [3]Diese Gutschriften sind keine Rechnungen (§ 14 Abs. 5 Satz 1 UStG).

(4) § 14 Abs. 2 UStG gilt auch, wenn der Steuerbetrag von einem zu hohen Entgelt berechnet wurde (bei verdecktem Preisnachlaß vgl. Abschnitt 153 Abs. 4) *oder für ein und dieselbe Leistung mehrere Rechnungen ausgestellt worden sind (vgl. BFH-Urteil vom 27. 4. 1994 – BStBl II S. 718).*

Berichtigung eines zu hohen Steuerausweises
(§ 14 Abs. 2 Satz 2 UStG)

(5) [1]In den Fällen des § 14 Abs. 2 Satz 1 UStG kann der Rechnungsaussteller die zu hoch ausgewiesene Steuer gegenüber dem Leistungsempfänger berichtigen (§ 14 Abs. 2 Satz 2 UStG). [2]Hierbei ist § 17 Abs. 1 UStG entsprechend anzuwenden. [3]Die Berichtigung des Steuerbetrags muß gegenüber dem Rechnungsempfänger schriftlich erklärt werden. [4]*Zur zeitlichen Wirkung der Rechnungsberichtigung vgl. Abschnitt 223 Abs. 8.*

Beispiel:

[1]Ein Unternehmer berechnet für eine Lieferung die Umsatzsteuer mit *15* v. H., obwohl hierfür nach § 12 Abs. 2 UStG nur 7 v. H. geschuldet werden.

Entgelt	1 000,– DM
+ *15* v. H. Umsatzsteuer	*150,–* DM
Rechnungsbetrag	*1* 150,– DM

[2]Wird der Rechnungsbetrag um die zu hoch ausgewiesene Steuer herabgesetzt, so ergibt sich folgende berichtigte Rechnung:

Entgelt	1 000,– DM
+ 7 v. H. Umsatzsteuer	70,– DM
Rechnungsbetrag	1 070,– DM

[3]Bleibt der Rechnungsbetrag in der berichtigten Rechnung unverändert, so ergibt sich die richtige Steuer durch Herausrechnen aus dem bisherigen Rechnungsbetrag:

Rechnungsbetrag mit Steuer	*1 150,–* DM
darin enthaltene Steuer auf der Grundlage des ermäßigten Steuersatzes von 7 v. H. = 6,54 v. H.	75,23 DM
Rechnungsbetrag ohne Steuer	*1 074,77* DM

Berichtigte Rechnung:

Entgelt	*1 074,77* DM
+ 7 v. H. Umsatzsteuer	*75,23* DM
Rechnungsbetrag	*1 150,–* DM

(6) ¹Die Folgen des § 14 Abs. 2 UStG treten nicht ein, wenn in Rechnungen für nicht steuerpflichtige Lieferungen lediglich der Gesamtpreis einschließlich Umsatzsteuer in einem Betrag angegeben wird. ²Ist die Steuer für einen nicht steuerpflichtigen Umsatz in der Rechnung gesondert ausgewiesen worden, z. B. für eine Ausfuhrlieferung, *eine innergemeinschaftliche Lieferung* oder eine nicht steuerbare Lieferung im Ausland, so kann der leistende Unternehmer den ausgewiesenen Steuerbetrag berichtigen, wenn er das Original der Rechnung, in der die Steuer ausgewiesen wurde, zurückerhalten hat, bei seinen Unterlagen über den maßgeblichen Umsatz aufbewahrt und in seinen Aufzeichnungen darauf *hingewiesen hat.* ³*In den folgenden Fällen ist eine wirksame – von der Steuerschuld nach § 14 Abs. 2 Satz 1 UStG befreiende – Rechnungsberichtigung anzunehmen, auch wenn der leistende Unternehmer das Original der Rechnung, in der die Steuer zu hoch ausgewiesen worden ist, nicht zurückerhält:*

1. *wenn der Leistungsempfänger (Rechnungsempfänger) im Inland ansässig ist (vgl. BFH-Urteile vom 25. 2. 1993 – BStBl II S. 643 und 777),*

2. *wenn der Leistungsempfänger im Ausland ansässig und*

   a) *Unternehmer ist, aber nachweislich keinen Vorsteuerabzug – weder im Vorsteuer-Vergütungsverfahren nach §§ 59 ff. UStDV noch im allgemeinen Besteuerungsverfahren – in Anspruch genommen hat und auch künftig nicht geltend machen kann (vgl. BFH-Urteile vom 29. 10. 1992 – BStBl 1993 II S. 251 und vom 10. 12. 1992 – BStBl 1993 II S. 383);*

   b) *offensichtlich Nichtunternehmer ist (z. B. Privatperson oder nichtunternehmerische Körperschaft).*

⁴*Der leistende Unternehmer (Rechnungsaussteller) hat nachzuweisen oder glaubhaft zu machen, daß diese Voraussetzungen erfüllt sind.* ⁵*Die Berichtigung der zu hoch ausgewiesenen Umsatzsteuer im Sinne des § 14 Abs. 2 UStG erfolgt durch Berichtigungserklärung gegenüber dem Leistungsempfänger (vgl. BFH-Urteil vom 10. 12. 1992 – BStBl 1993 II S. 383).* ⁶*Dem Leistungsempfänger muß eine hinreichend bestimmte, schriftliche Berichtigung tatsächlich zugehen.* ⁷*Es können mehrere Berichtigungen in einer einzigen Korrekturmeldung zusammengefaßt werden, wenn sich daraus erkennen läßt, auf welche Umsatzsteuerbeträge im einzelnen sich die Berichtigung beziehen soll (vgl.BFH-Urteil vom 25. 2. 1993 – BStBl II S. 643)* .

Zu niedriger Steuerausweis

(7) ¹Bei zu niedrigem Steuerausweis schuldet der Unternehmer die gesetzlich vorgeschriebene Steuer. ²Der Unternehmer hat in diesem Fall die Steuer unter Zugrundelegung des maßgeblichen Steuersatzes aus dem Gesamtrechnungsbetrag herauszurechnen.

Beispiel:
¹Ein Unternehmer berechnet für eine Lieferung die Steuer mit 7 v. H., obwohl hierfür nach § 12 Abs. 1 UStG eine Steuer von *15* v. H. geschuldet wird.

Berechnetes Entgelt	400,– DM
+ 7 v. H. Umsatzsteuer	28,– DM
Gesamtrechnungsbetrag	428,– DM
Herausrechnung der Steuer mit *13,04* v. H. ·/.	55,83 DM
Entgelt	372,17 DM

Vom Unternehmer gesetzlich geschuldete Steuer:
15 v. H. von *372,17* DM =   55,83 DM

[2]Der Leistungsempfänger darf als Vorsteuer nur den in der Rechnung ausgewiesenen Steuerbetrag abziehen. [3]Es bleibt aber dem leistenden Unternehmer unbenommen, den zu niedrig ausgewiesenen Steuerbetrag zu berichtigen.

190. Unberechtigter Steuerausweis (§ 14 Abs. 3 UStG)

(1) [1]Die Vorschrift des § 14 Abs. 3 UStG gilt für Unternehmer und Nichtunternehmer (vgl. auch BFH-Urteil vom 8. 12. 1988 – BStBl 1989 II S. 250). [2]*Die Rechtsfolgen des § 14 Abs. 3 UStG treten auch ein, wenn die Rechnung nicht alle in § 14 Abs. 1 UStG aufgeführten Angaben enthält; die Angabe des Entgelts als Grundlage des gesondert ausgewiesenen Steuerbetrags ist jedoch unverzichtbar (vgl. BFH-Urteil vom 27. 1. 1994, – BStBl II S. 342).* [3]Bei Kleinbetragsrechnungen (§ 33 UStDV) hat der angegebene Steuersatz die Wirkung des gesonderten Ausweises einer Steuer. [4]Entsprechendes gilt für Fahrausweise (§ 34 UStDV).

(2) [1]Von § 14 Abs. 3 UStG werden die folgenden Fälle erfaßt:

1. [1]Ein Unternehmer weist in der Rechnung einen Steuerbetrag aus, obwohl er nach § 19 Abs. 1 UStG dazu nicht berechtigt ist (§ 14 Abs. 3 Satz 1 UStG). [2]Ein gesonderter Steuerausweis liegt auch vor, wenn der Rechnungsaussteller in einer Umlagenrechnung über eine (Neben-) Leistung, z. B. Heizkostenabrechnung, den auf den jeweiligen Leistungsempfänger entfallenden Anteil am Gesamtbetrag der Kosten nicht ausschließlich als Biuttobetrag darstellt, sondern auch die anteilige Umsatzsteuer aufführt (vgl. BFH-Urteil vom 18. 5. 1988 – BStBl II S. 752).

2. [1]Ein Unternehmer erteilt eine Rechnung mit gesondertem Steuerausweis, obwohl er eine Leistung nicht ausführt, z. B. eine Schein- oder Gefälligkeitsrechnung oder in den Fällen des Schadensersatzes. [2]Hierunter fallen nicht Rechnungen, die vor Ausführung der Leistung erteilt werden und die ihrer Aufmachung – z. B. durch die Bezeichnung – oder ihrem Inhalt nach – z. B. durch Hinweis auf einen erst in der Zukunft liegenden Zeitpunkt der Leistung – eindeutig als Vorausrechnungen erkennbar sind (vgl. BFH-Urteil vom 20. 3. 1980 – BStBl II S. 287). [3]Steht der Leistungszeitpunkt noch nicht fest, so muß dies aus der Rechnung oder aus anderen Unterlagen, auf die in der Rechnung hingewiesen wird, hervorgehen. [4]Unterbleibt nach Erteilung einer Vorausrechnung mit Steuerausweis die zunächst beabsichtigte Leistung, z. B. bei Rückgängigmachung eines Kaufvertrages, so ist § 14 Abs. 3 UStG nicht anzuwenden (vgl. BFH-Urteil vom 21. 2. 1980 – BStBl II S. 283). [5]Das gilt unabhängig davon, ob die angeforderten Voraus- oder Anzahlungen geleistet werden (vgl. Abschnitt 187 Abs. 2).

3. [1]Ein Unternehmer erteilt eine Rechnung mit gesondertem Steuerausweis, in der er statt des tatsächlich gelieferten Gegenstandes einen anderen, von ihm nicht gelieferten Gegenstand aufführt, oder statt der tatsächlich ausgeführten sonstigen Leistung eine andere, von ihm nicht erbrachte Leistung angibt (unrichtige Leistungsbezeichnung). [2]Der leistende Unternehmer schuldet die gesondert ausgewiesene Steuer nach § 14 Abs. 3 UStG neben der Steuer für die tatsächlich ausgeführte Leistung *(vgl. BFH-Urteil vom 8. 9. 1994 – BStBl 1995 II S. 32).*

Beispiele:
a) Es wird eine Büromaschine aufgeführt, während tatsächlich ein Fernsehgerät geliefert worden ist.
b) Es werden Antriebsmotoren angegeben, während tatsächlich der Schrott solcher Motoren geliefert worden ist (vgl. BFH-Beschluß vom 21. 5. 1987 – BStBl II S. 652).
c) Es wird hergestelltes Mauerwerk abgerechnet, während tatsächlich ein Kranführer überlassen worden ist (vgl. BFH-Beschluß vom 9. 12. 1987 – BStBl 1988 II S. 700).

d) Es werden „Malerarbeiten in Büroräumen" in Rechnung gestellt, während die Malerarbeiten tatsächlich in der Wohnung des Leistungsempfängers ausgeführt worden sind.

[3]Die in Rechnungen mit ungenauer Angabe der Leistungsbezeichnung gesondert ausgewiesenen Steuerbeträge werden dagegen nicht nach § 14 Abs. 3 UStG geschuldet. [4]Ungenaue Angaben liegen vor, wenn die Rechnungsangaben nicht so eingehend und eindeutig sind, daß sie ohne weiteres völlige Gewißheit über Art und Umfang des Leistungsgegenstandes verschaffen.

Beispiel:
Es werden ausgeführte Bauarbeiten lediglich durch Angabe einer Baustelle und „Arbeiten wie gesehen und besichtigt" beschrieben (vgl. BFH-Beschluß vom 4. 12. 1987 – BStBl 1988 II S. 702).

4. Ein Unternehmer erteilt eine Rechnung mit gesondertem Steuerausweis für eine Leistung, die er nicht im Rahmen seines Unternehmens ausführt – z. B. Verkauf eines Gegenstandes aus dem Privatbereich –.

5. [1]Ein Nichtunternehmer, z. B. eine Privatperson oder ein Hoheitsbetrieb einer juristischen Person des öffentlichen Rechts, weist in einer Urkunde einen Steuerbetrag gesondert aus. [2]Das gilt auch für denjenigen, der Abrechnungen dadurch in den Verkehr bringt, daß er sie einem anderen zur beliebigen Verwendung überläßt oder ein blanko unterschriebenes Papier zum Ausfüllen als Kaufvertrag aushändigt, ohne ausdrücklich den gesonderten Steuerausweis zu untersagen (vgl. auch BFH-Urteil vom 5. 8. 1988 – BStBl II S. 1019). [3]Der Nichtunternehmer schuldet den Steuerbetrag, gleichgültig ob er eine Leistung ausführt oder nicht. [4]Hat ein Nichtunternehmer über seine Leistung abgerechnet, schuldet er den gesondert ausgewiesenen Steuerbetrag auch dann nach § 14 Abs. 3 UStG, wenn im zwischenunternehmerischen Abrechnungsverkehr nach den Grundsätzen über die Verteilung der Abrechnungsbefugnis mit einer Gutschrift des Leistungsempfängers statt mit einer Rechnung des leistenden Unternehmers abzurechnen gewesen wäre (vgl. BFH-Beschluß vom 13. 9. 1984 – BStBl 1985 II S. 20).

[2]Auf Gutschriften (§ 14 Abs. 5 UStG) und auf Abrechnungspapiere des Leistungsempfängers, die die Voraussetzungen des § 14 Abs. 5 UStG für Gutschriften nicht erfüllen, ist § 14 Abs. 3 UStG nicht anzuwenden.

(3) [1]Im Gegensatz zu § 14 Abs. 2 UStG sieht § 14 Abs. 3 UStG die Möglichkeit einer Rechnungsberichtigung nicht vor. [2]Führt jedoch die Erhebung der zu Unrecht ausgewiesenen Steuer zu einer sachlichen Härte, so wird aus Billigkeitsgründen zugelassen, daß der Aussteller die Rechnung in entsprechender Anwendung des § 14 Abs. 2 UStG berichtigt (vgl. BFH-Urteil vom 21. 2. 1980 – BStBl II S. 283). [3]Eine sachliche Härte ist z. B. anzunehmen, wenn die Leistung, über die in der Rechnung abgerechnet wird, vom Aussteller ausgeführt worden ist und glaubhaft gemacht wird, daß nur irrtümlich ein unzutreffender Leistungsempfänger oder eine unrichtige Leistungsbezeichnung angegeben wurde.

Beispiel 1:
Ein Bauhandwerker erteilt eine Rechnung mit gesondert ausgewiesener Steuer auf den Namen der Bauherrengemeinschaft anstatt auf den Namen des Bauherrn, obwohl dieser im konkreten Fall den Auftrag erteilt hat und damit umsatzsteuerlich Leistungsempfänger ist.

Beispiel 2:
Ein Lieferant erteilt eine Rechnung auf den Namen des in dem Unternehmen der Ehefrau mitarbeitenden Ehemannes.

(4) Hat ein Kleinunternehmer eine Erklärung nach § 19 Abs. 2 Satz 1 UStG abgegeben, aber vor Eintritt der Unanfechtbarkeit der Steuerfestsetzung (vgl. Abschnitt 247 Abs. 6) zurückge-

Ausstellung von Rechnungen **§ 14 UStG**

nommen, kann er die in der Zwischenzeit erteilten Rechnungen mit gesondertem Steuerausweis unter den in Abschnitt 189 Abs. 6 bezeichneten Voraussetzungen in entsprechender Anwendung des § 14 Abs. 2 UStG berichtigen.

(5) ¹Steuerschuldner nach § 14 Abs. 3 UStG ist der Aussteller der Rechnung (§ 13 Abs. 2 UStG). *²Eine GmbH schuldet die Steuer nach § 14 Abs. 3 UStG, wenn ein nur zur Gesamtvertretung berechtigter Geschäftsführer ohne Mitwirkung des anderen Geschäftsführers das Abrechnungspapier mit unberechtigtem Steuerausweis erstellt, ohne den allgemeinen Rahmen des ihm übertragenen Geschäftskreises zu überschreiten (vgl. BFH-Urteil vom 28. 1. 1993 – BStBl II S. 357). ³Wirkt dagegen der in der Rechnung als Aussteller Bezeichnete in keiner Weise bei der Erstellung der Urkunde mit, kommt eine Inanspruchnahme nach § 14 Abs. 3 UStG nicht in Betracht (vgl. BFH-Urteil vom 16. 3. 1993 – BStBl II S. 531). ⁴Zur Frage, wem die Rechnung* zuzurechnen ist, die ein Vermittler auf den Namen seines Auftraggebers ausgestellt hat, vgl. BFH-Urteil vom 4. 3. 1982 (BStBl II S. 315).

(6) ¹Der Steueranspruch aus § 14 Abs. 3 UStG besteht unabhängig davon, ob der Rechnungsempfänger einen Vorsteuerabzug vorgenommen hat oder nicht. ²Deshalb schließt z. B. auch § 63 Nr. 3 KO die Geltendmachung von Ansprüchen aus § 14 Abs. 3 UStG im Konkursverfahren über das Vermögen des Rechnungsausstellers nicht aus (vgl. BFH-Urteil vom 10. 12. 1981 – BStBl 1982 II S. 229).

Verwaltungsanweisungen

- Ausstellung von Abrechnungen nach Ablauf der Festsetzungsfrist für die Steuer (BMF 2. 1. 1989, UR 1989, 71);
- Anerkennung der Rechnungstellung bei Datenfernübertragungen bzw. Datenträgeraustausch (BMF 25. 5. 1992, BStBl I, 376);
- Rechnungstellung mittels Telefax (OFD Frankfurt a. M. 29. 8. 1992, UR 1993, 106);
- ustl. Behandlung der Abschlagszahlungen von Energieversorgungsunternehmen und Rechnungsausstellung (BMF 16. 11. 1993, UR 1994, 55);
- Rückgabe der Originalrechnung als Wirksamkeitsvoraussetzung (OFD Koblenz 30. 9. 1994, UR 1994, 91);
- USt-Ausweis in Tankquittungen über die Entrichtung von Autobahnbenutzungsgebühren (Finanzbehörde Hamburg 20. 3. 1996, StEd 1996, 383);
- Verzinsung von USt-Nachforderungen aufgrund fehlerhafter Endrechnungen (BMF 1. 4. 1996, UR 1996, 277);
- Ausstellung von Sammelrechnungen der GZS und Vorsteuerabzug (Hess. FinMin 20. 6. 1996, UR 1997, 112).

Rechtsprechung

- Unberechtigter Steuerausweis in einer Rechnung (BFH 21. 6. 1988, BStBl II, 752);
- Mietvertrag als Rechnung (BFH 7. 7. 1988, BStBl II, 913);
- irrtümlicher Steuerausweis durch Privatperson (BFH 8. 12. 1988, BStBl 1989 II, 250);

UStG § 14 Ausstellung von Rechnungen

- Angaben in einer Bewirtungsrechnung (BFH 27. 6. 1990, BStBl II, 903 und 2. 10. 1990, BStBl 1991 II, 174);
- Rechnungsberichtigung und Rückgabe der Originalrechnung (BFH 29. 10. 1992, BStBl 1993 II, 251 und 25. 2. 1993, BStBl II, 643);
- zivilrechtliche Verjährung des Anspruchs auf Rechnungserteilung (BGH 2. 12. 1992, UR 1993, 84);
- Berichtigungserklärung gegenüber dem Empfänger der Leistung (BFH 10. 12. 1992, BStBl 1993 II, 383);
- keine Zustimmung des Leistungsempfängers gegenüber Beteiligungserklärung erforderlich (BFH 25. 2. 1993, BStBl II, 777);
- Wirksamkeit des Widerspruchs gegen eine Gutschriftsabrechnung (BFH 19. 5. 1993, BStBl II, 779);
- § 14 Abs. 3 als abstrakter Gefährdungstatbestand (BFH 27. 10. 1993, BStBl 1994 II, 277);
- Handeln in oder unter fremdem Namen (FG Düsseldorf 28. 2. 1994, StEd 1994, 401);
- Telefax als Rechnung i. S. d. § 14 Abs. 3 (FG Münster 25. 3. 1994, EFG 1994, 590);
- mehrere Rechnungen für eine Leistung kein Anwendungsfall des § 14 Abs. 3 (BFH 27. 4. 1994, BStBl II, 718; a. A. FG Brandenburg 3. 8. 1994, EFG 1994, 1022);
- Haftung des Konkursverwalters für zu Unrecht ausgewiesene USt-Beträge (BFH 21. 6. 1994, BStBl 1995 II, 230);
- Steuerschuld über nicht erbrachte Leistungen wegen gesondertem USt-Ausweis (BFH 8. 8. 1994, BFH/NV 1995, 834);
- Rechnungen mit falschem Steuersatz als Anwendungsfall des § 14 Abs. 3 (BFH 8. 9. 1994, BStBl 1995 II, 32);
- Gutschriftszuleitung setzt Kenntnis vom Inhalt beim Empfänger voraus (BFH 15. 9. 1994, BStBl 1995 II, 275);
- Umfang der Haftung nach § 14 Abs. 3 UStG bei Übergabe von Blankorechnungsformularen (FG Köln 10. 10. 1994, EFG 1995, 453);
- Rechnungsberichtigung vor Vorsteuerberichtigung (BFH 12. 10. 1994, BStBl 1995 II, 33);
- Steuerschuld nach § 14 Abs. 3 bei Überlassung eines Blankobriefbogens (FG Baden-Württemberg 23. 2. 1995, StEd 1995, 450);
- zu den zivilrechtlichen Voraussetzungen der Rechnungserteilung (AG Rastatt 28. 2. 1995, UR 1996, 391);
- Anwendung des § 14 Abs. 3 UStG bei nicht existentem Leistungsempfänger (BFH 4. 5. 1995, BStBl II, 747 und BFH/NV 1996, 83);
- zum Billigkeitserlaß gegenüber einer Inanspruchnahme nach § 14 Abs. 3 UStG (BGH 23. 11. 1995, UR 1996, 190);
- Berichtigungspflicht nach § 17 Abs. 1 UStG verdrängt Steuerschuld nach § 14 Abs. 2 UStG (BFH 30. 11. 1995, BStBl 1996 II, 206);
- Zugang der Rechnungsberichtigung über das FA (FG Rheinland-Pfalz 26. 2. 1996, UR 1997, 152);

Ausstellung von Rechnungen § 14a UStG

- keine einschränkende Auslegung des § 14 Abs. 3 UStG, wenn Rechnungsaussteller zur Ausstellung überredet wurde (BFH 17. 7. 1996, BFH/NV 1997, 204);
- Verzinsung eines unzutreffenden USt-Ausweises bis zur (ex-nunc wirkenden) Berichtigung (BFH 6. 8. 1996, BFH/NV 1997, 165);
- § 14 Abs. 3 UStG begründet Steuerschuld auch, wenn erbrachte Leistung nicht mit der abgerechneten vereinbar ist (BVerfG 3. 12. 1996, StEd 1997, 30);
- unberechtigter USt-Ausweis einer Gemeinde im Zusammenhang mit einer Gewerbeschließung (FG Mecklenburg-Vorpommern 10. 12. 1996, EFG 1997, 438).

UStG

§ 14a[1]) Ausstellung von Rechnungen in besonderen Fällen

(1) [1]Führt der Unternehmer steuerfreie Lieferungen im Sinne des § 6a aus, so ist er zur Ausstellung von Rechnungen verpflichtet, in denen er auf die Steuerfreiheit hinweist. [2]Soweit Unternehmer Lieferungen im Sinne des § 3c und sonstige Leistungen im Sinne des § 3a Abs. 2 Nr. 3 Buchstabe c und Nr. 4 oder des § 3b Abs. 3 bis 6 im Inland ausführen, sind sie zur Ausstellung von Rechnungen mit gesondertem Ausweis der Steuer verpflichtet. [3]Der Unternehmer hat von allen Rechnungen ein Doppel sechs Jahre aufzubewahren. [4]Die Aufbewahrungsfrist beginnt mit dem Schluß des Kalenderjahres, in dem die Rechnung ausgestellt worden ist. [5]Sätze 1, 3 und 4 gelten auch für Fahrzeuglieferer (§ 2a).

(1a) [1]Wird in Rechnungen über Lieferungen im Sinne des § 25b Abs. 2 abgerechnet, ist auf das Vorliegen eines innergemeinschaftlichen Dreiecksgeschäfts und die Steuerschuld des letzten Abnehmers hinzuweisen. [2]Die Vorschrift über den gesonderten Steuerausweis in einer Rechnung (§ 14 Abs. 1) findet keine Anwendung.

(2) [1]Wird in Rechnungen über Lieferungen im Sinne des § 6a oder des § 25b Abs. 2 oder über sonstige Leistungen im Sinne des § 3a Abs. 2 Nr. 3 Buchstabe c und Nr. 4 oder des § 3b Abs. 3 bis 6 abgerechnet, sind die Umsatzsteuer-Identifikationsnummer des Unternehmers und die des Leistungsempfängers anzugeben. [2]Das gilt nicht in den Fällen des § 1b und des § 2a.

(3) [1]Rechnungen über die innergemeinschaftlichen Lieferungen von neuen Fahrzeugen an die nicht in § 1a Abs. 1 Nr. 2 genannten Erwerber müssen die in § 1b Abs. 2 und 3 bezeichneten Merkmale enthalten. [2]Das gilt auch in den Fällen des § 2a.

---

1) **Anm.:** § 14a Abs. 1 i. d. F. des Art. 20 Nr. 12 JStG 1996 v. 11. 10. 95 (BGBl I, 1250); Abs. 1a eingefügt, Abs. 2 i. d. F. des Art. 1 Nr. 8 Umsatzsteuer-Änderungsgesetz 1997 v. 12. 12. 96 (BGBl I, 1851).

6. EG-Richtlinie

Abschnitt XIII: Pflichten der Steuerschuldner

Artikel 22 Verpflichtungen im inneren Anwendungsbereich

...

(3) (abgedruckt zu § 14 UStG)

...

UStR

190a. Ausstellung von Rechnungen in besonderen Fällen

(1) [1]Der Rechnungsbegriff des § 14a UStG richtet sich nach § 14 Abs. 4 UStG. [2]Entsprechend § 14 Abs. 5 UStG kann auch mit Gutschrift abgerechnet werden.

(2) [1]Abweichend von § 14 Abs. 1 Satz 1 UStG ist der Unternehmer, der steuerfreie innergemeinschaftliche Lieferungen im Sinne des § 4 Nr. 1 Buchst. b und des § 6a UStG ausführt, zur Ausstellung von Rechnungen verpflichtet, in denen er auf die Steuerfreiheit hinweist und seine Umsatzsteuer-Identifikationsnummer und die des Abnehmers angibt. [2]In den Fällen des § 6a UStG besteht die Verpflichtung zur Ausstellung einer Rechnung nicht nur, wenn der Abnehmer ein Unternehmer ist, der den Gegenstand der Lieferung für unternehmerische Zwecke erworben hat. [3]Sie besteht auch dann, wenn die innergemeinschaftliche Lieferung an eine juristische Person (z. B. eingetragener Verein oder Körperschaft des öffentlichen Rechts) erfolgt, die entweder kein Unternehmer ist oder den Gegenstand der Lieferung für ihren nichtunternehmerischen Bereich erworben hat.

(3) [1]Die Verpflichtung zur Ausstellung von Rechnungen über steuerfreie Lieferungen im Sinne des § 6a UStG greift beim innergemeinschaftlichen Verbringen von Gegenständen nicht ein, weil Belege in Verbringensfällen weder als Abrechnungen anzusehen sind noch eine Außenwirkung entfalten (vgl. auch Abschnitt 183 Abs. 3) und deshalb keine Rechnungen im Sinne des § 14 Abs. 4 UStG sind. [2]Zur Abwicklung von Verbringensfällen hat der inländische Unternehmensteil gleichwohl für den ausländischen Unternehmensteil einen Beleg auszustellen, in dem die verbrachten Gegenstände aufgeführt sind und der die Bemessungsgrundlagen, die Umsatzsteuer-Identifikationsnummer des inländischen Unternehmensteils und die Umsatzsteuer-Identifikationsnummer des ausländischen Unternehmensteils enthält (sog. pro-forma-Rechnung). [3]Ausländische Unternehmer, bei denen in entsprechender Anwendung des § 3 Abs. 8 UStG aus Vereinfachungsgründen ein innergemeinschaftliches Verbringen von Gegenständen anzunehmen ist, haben in der Rechnung an den Abnehmer ihre inländische Umsatzsteuer-Identifikationsnummer zu vermerken.

(4) [1]Erbringt der Unternehmer im Inland bestimmte Werkleistungen (§ 3a Abs. 2 Nr. 3 Buchstabe c UStG), Vermittlungsleistungen (§ 3a Abs. 2 Nr. 4 UStG), innergemeinschaftliche Güterbeförderungen (§ 3b Abs. 3 UStG) oder mit einer innergemeinschaftlichen Güterbeförderung

Vorsteuerabzug **§ 15 UStG**

zusammenhängende selbständige sonstige Leistungen (§ 3b Abs. 4 bis 6 UStG), besteht nach § 14a Abs. 1 Satz 2 UStG die Verpflichtung zur Rechnungsausstellung mit gesondertem Steuerausweis. ²Entsprechendes gilt, wenn in einer Rechnung über die Besorgung (§ 3 Abs. 11 UStG) einer innergemeinschaftlichen Güterbeförderung oder einer damit zusammenhängenden selbständigen sonstigen Leistung abgerechnet wird. ³Kommt jedoch die sog. Nullregelung im Abzugsverfahren (§ 52 Abs. 2 UStDV) zur Anwendung, ist aus Vereinfachungsgründen vom gesonderten Steuerausweis abzusehen. ⁴Die Rechnung muß die Umsatzsteuer-Identifikationsnummer des Leistenden und des Leistungsempfängers enthalten, wenn der Leistungsempfänger den Auftrag unter Angabe seiner Umsatzsteuer-Identifikationsnummer vergeben hat. ⁵Bei der Abrechnung von Vermittlungsleistungen zwischen inländischen Unternehmern ist die Angabe von Umsatzsteuer-Identifikationsnummern nicht erforderlich.

(5) ¹Der gesonderte Ausweis der Steuer ist auch in den Rechnungen des Unternehmers erforderlich, in denen er über die im Inland ausgeführten innergemeinschaftlichen Lieferungen im Sinne des § 3c UStG abrechnet. ²§ 14 Abs. 1 Satz 1 UStG findet insoweit keine Anwendung.

(6) ¹Ein Abrechnungspapier über die innergemeinschaftliche Lieferung von neuen Fahrzeugen muß neben den üblichen Angaben des § 14 Abs. 1 UStG alle für die ordnungsgemäße Durchführung der Erwerbsbesteuerung benötigten Merkmale (§ 1b Abs. 2 und 3 UStG) enthalten. ²Die Vorschrift des § 14a Abs. 3 UStG gilt für Unternehmer und für Fahrzeuglieferer (§ 2a UStG), die derartige Lieferungen an nicht in § 1a Abs. 1 Nr. 2 UStG genannte Erwerber (z. B. Privatpersonen und nicht unternehmerisch tätige Personenzusammenschlüsse) ausführen.

(7) ¹Neben dem Unternehmer, der Lieferungen und sonstige Leistungen der in § 14a Abs. 1 UStG genannten Art ausführt, hat auch der Fahrzeuglieferer (§ 2a UStG) ein Doppel von allen Rechnungen sechs Jahre aufzubewahren. ²Eine Verletzung der Aufbewahrungspflicht kann als Ordnungswidrigkeit nach § 26a Abs. 1 Nr. 1 UStG geahndet werden.

UStG

§ 15¹) Vorsteuerabzug

(1) Der Unternehmer kann die folgenden Vorsteuerbeträge abziehen:

1. die in Rechnungen im Sinne des § 14 gesondert ausgewiesene Steuer für Lieferungen oder sonstige Leistungen, die von anderen Unternehmern für sein Unternehmen ausgeführt worden sind. ²Soweit der gesondert ausgewiesene Steuerbetrag auf eine Zahlung vor Ausführung dieser Umsätze entfällt, ist er bereits abziehbar, wenn die Rechnung vorliegt und die Zahlung geleistet worden ist;
2. die entrichtete Einfuhrumsatzsteuer für Gegenstände, die für sein Unternehmen in das Inland eingeführt worden sind oder die er zur Ausführung der in § 1 Abs. 3 bezeichneten Umsätze verwendet;

---

1) **Anm.:** § 15 Abs. 5 i. d. F. des Art. 20 Nr. 26 StMBG v. 21. 12. 93 (BGBl I, 2310).

3. die Steuer für den innergemeinschaftlichen Erwerb von Gegenständen für sein Unternehmen.

(2) ¹Vom Vorsteuerabzug ausgeschlossen ist die Steuer für die Lieferungen, die Einfuhr und den innergemeinschaftlichen Erwerb von Gegenständen sowie für die sonstigen Leistungen, die der Unternehmer zur Ausführung folgender Umsätze verwendet:
1. steuerfreie Umsätze,
2. Umsätze im Ausland, die steuerfrei wären, wenn sie im Inland ausgeführt würden,
3. unentgeltliche Lieferungen und sonstige Leistungen, die steuerfrei wären, wenn sie gegen Entgelt ausgeführt würden.

²Gegenstände oder sonstige Leistungen, die der Unternehmer zur Ausführung einer Einfuhr oder eines innergemeinschaftlichen Erwerbs verwendet, sind den Umsätzen zuzurechnen, für die der eingeführte oder innergemeinschaftlich erworbene Gegenstand verwendet wird.

(3) Der Ausschluß vom Vorsteuerabzug nach Absatz 2 tritt nicht ein, wenn die Umsätze
1. in den Fällen des Absatzes 2 Nr. 1
    a) nach § 4 Nr. 1 bis 7, § 25 Abs. 2 oder nach den in § 26 Abs. 5 bezeichneten Vorschriften steuerfrei sind oder
    b) nach § 4 Nr. 8 Buchstabe a bis g oder Nr. 10 Buchstabe a steuerfrei sind und sich unmittelbar auf Gegenstände beziehen, die in das Drittlandsgebiet ausgeführt werden;
2. in den Fällen des Absatzes 2 Nr. 2 und 3
    a) nach § 4 Nr. 1 bis 7, § 25 Abs. 2 oder nach den in § 26 Abs. 5 bezeichneten Vorschriften steuerfrei wären oder
    b) nach § 4 Nr. 8 Buchstabe a bis g oder Nr. 10 Buchstabe a steuerfrei wären und der Leistungsempfänger im Drittlandsgebiet ansässig ist.

(4) ¹Verwendet der Unternehmer einen für sein Unternehmen gelieferten, eingeführten oder innergemeinschaftlich erworbenen Gegenstand oder eine von ihm in Anspruch genommene sonstige Leistung nur zum Teil zur Ausführung von Umsätzen, die den Vorsteuerabzug ausschließen, so ist der Teil der jeweiligen Vorsteuerbeträge nicht abziehbar, der den zum Ausschluß vom Vorsteuerabzug führenden Umsätzen wirtschaftlich zuzurechnen ist. ²Der Unternehmer kann die nicht abziehbaren Teilbeträge im Wege einer sachgerechten Schätzung ermitteln.

(4a) Für Fahrzeuglieferer (§ 2a) gelten folgende Einschränkungen des Vorsteuerabzugs:
1. Abziehbar ist nur die auf die Lieferung, die Einfuhr oder den innergemeinschaftlichen Erwerb des neuen Fahrzeugs entfallende Steuer.
2. Die Steuer kann nur bis zu dem Betrag abgezogen werden, der für die Lieferung des neuen Fahrzeugs geschuldet würde, wenn die Lieferung nicht steuerfrei wäre.

3. Die Steuer kann erst in dem Zeitpunkt abgezogen werden, in dem der Fahrzeuglieferer die innergemeinschaftliche Lieferung des neuen Fahrzeugs ausführt.

(5) Das Bundesministerium der Finanzen kann mit Zustimmung des Bundesrates durch Rechtsverordnung nähere Bestimmungen darüber treffen,
1. in welchen Fällen und unter welchen Voraussetzungen zur Vereinfachung des Besteuerungsverfahrens für den Vorsteuerabzug auf eine Rechnung im Sinne des § 14 oder auf einzelne Angaben in der Rechnung verzichtet werden kann,
2. unter welchen Voraussetzungen, für welchen Besteuerungszeitraum und in welchem Umfang zur Vereinfachung oder zur Vermeidung von Härten in den Fällen, in denen
   a) ein anderer als der Leistungsempfänger ein Entgelt gewährt (§ 10 Abs. 1 Satz 3) oder
   b) ein anderer als der Unternehmer, für dessen Unternehmen der Gegenstand eingeführt worden ist (Absatz 1 Nr. 2), die Einfuhrumsatzsteuer entrichtet oder durch seinen Beauftragten entrichten läßt,
   der andere den Vorsteuerabzug in Anspruch nehmen kann,
3. wann in Fällen von geringer steuerlicher Bedeutung zur Vereinfachung oder zur Vermeidung von Härten bei der Aufteilung der Vorsteuerbeträge (Absatz 4) Umsätze, die den Vorsteuerabzug ausschließen, unberücksichtigt bleiben können oder von der Zurechnung von Vorsteuerbeträgen zu diesen Umsätzen abgesehen werden kann und
4. unter welchen Voraussetzungen, auf welcher Grundlage und in welcher Höhe der Unternehmer den Vorsteuerabzug aus Gründen gleicher Wettbewerbsverhältnisse abweichend von Absatz 1 Nr. 1 aus Kosten in Anspruch nehmen kann, die er aus Anlaß einer Geschäfts- oder Dienstreise oder für einen dienstlich veranlaßten Umzug seiner Arbeitnehmer aufgewendet hat.

6. EG-Richtlinie

Abschnitt XI: Vorsteuerabzug

Artikel 17 Entstehung und Umfang des Rechts auf Vorsteuerabzug

(1) Das Recht auf Vorsteuerabzug entsteht, wenn der Anspruch auf die abziehbare Steuer entsteht.

(2) Soweit die Gegenstände und Dienstleistungen für Zwecke seiner besteuerten Umsätze verwendet werden, ist der Steuerpflichtige befugt, von der von ihm geschuldeten Steuer folgende Beträge abzuziehen:

a) die im Inland geschuldete oder entrichtete Mehrwertsteuer für Gegenstände und Dienstleistungen, die ihm von einem anderen Steuerpflichtigen geliefert wurden oder geliefert werden bzw. erbracht wurden oder erbracht werden,

b) die Mehrwertsteuer, die für eingeführte Gegenstände im Inland geschuldet wird oder entrichtet worden ist,

c) die Mehrwertsteuer, die nach Artikel 5 Absatz 7 Buchstabe a), Artikel 6 Absatz 3 und Artikel 28a Absatz 6 geschuldet wird,

d) die Mehrwertsteuer, die nach Artikel 28a Absatz 1 Buchstabe a) geschuldet wird.

(3) Die Mitgliedstaaten gewähren jedem Steuerpflichtigen darüber hinaus den Abzug oder die Erstattung der in Absatz 2 genannten Mehrwertsteuer, soweit die Gegenstände und Dienstleistungen verwendet werden für Zwecke:

a) seiner Umsätze, die sich aus den im Ausland ausgeübten wirtschaftlichen Tätigkeiten im Sinne des Artikels 4 Absatz 2 ergeben, für die das Recht auf Vorsteuerabzug bestünde, wenn diese Umsätze im Inland bewirkt worden wären;

b) seiner nach Artikel 14 Absatz 1 Buchstabe i), Artikel 15, Artikel 16 Absatz 1 Teile B, C, D und E und Absatz 2 sowie Artikel 28c Teil A und Teil C befreiten Umsätze;

c) seiner nach Artikel 13 Teil B Buchstaben a) und d) Nummern 1 bis 5 befreiten Umsätze, wenn der Leistungsempfänger außerhalb der Gemeinschaft ansässig ist oder wenn diese Umsätze unmittelbar mit zur Ausfuhr in ein Drittlandsgebiet bestimmten Gegenständen zusammenhängen.

(4) Mehrwertsteuererstattungen nach Absatz 3 erfolgen

– an nicht im Inland, sondern in einem anderen Mitgliedstaat ansässige Steuerpflichtige entsprechend den in der Richtlinie 79/1072/EWG[1]) festgelegten Bestimmungen;

– an nicht im Gebiet der Gemeinschaft ansässige Steuerpflichtige entsprechend den in der Richtlinie 86/560/EWG[2]) festgelegten Bestimmungen.

Bei Anwendung dieser Vorschrift gilt folgendes:

a) In Artikel 1 der Richtlinie 79/1072/EWG genannte Steuerpflichtige, die im Inland ausschließlich Lieferungen von Gegenständen und Dienstleistungen bewirken, für die gemäß Artikel 21 Nummer 1 Buchstabe a) der Empfänger als Steuerschuldner bestimmt worden ist, gelten bei Anwendung der genannten Richtlinie ebenfalls als nicht im Inland ansässige Steuerpflichtige.

b) In Artikel 1 der Richtlinie 86/560/EWG genannte Steuerpflichtige, die im Inland ausschließlich Lieferungen von Gegenständen und Dienstleistungen bewirken, für die gemäß Artikel 21 Nummer 1 Buchstabe a) der Empfänger als Steuerschuldner bestimmt worden ist, gelten bei Anwendung dieser Richtlinie ebenfalls als nicht in der Gemeinschaft ansässige Steuerpflichtige.

c) Die Richtlinien 79/1072/EWG und 86/560/EWG finden keine Anwendung auf die Lieferungen von Gegenständen, die von der Steuer befreit sind oder gemäß Artikel 28c Teil A befreit werden könnten, wenn die gelieferten Gegenstände vom Erwerber oder für seine Rechnung versendet oder befördert werden.

(5) Soweit Gegenstände und Dienstleistungen von einem Steuerpflichtigen sowohl für Umsätze verwendet werden, für die nach den Absätzen 2 und 3 ein Recht auf Vorsteu-

---

1) **Anm.:** ABl. EG 79 Nr. L 331, 11.
2) **Anm.:** ABl. EG 86 Nr. L 326, 40.

erabzug besteht, als auch für Umsätze, für die dieses Recht nicht besteht, ist der Vorsteuerabzug nur für den Teil der Mehrwertsteuer zulässig, der auf den Betrag der erstgenannten Umsätze entfällt.

Dieser Pro-rata-Satz wird nach Artikel 19 für die Gesamtheit der vom Steuerpflichtigen bewirkten Umsätze festgelegt.

Jedoch können die Mitgliedstaaten

a) dem Steuerpflichtigen gestatten, für jeden Bereich seiner Tätigkeit einen besonderen Pro-rata-Satz anzuwenden, wenn für jeden dieser Bereiche getrennte Aufzeichnungen geführt werden;

b) den Steuerpflichtigen verpflichten, für jeden Bereich seiner Tätigkeit einen besonderen Pro-rata-Satz anzuwenden und für jeden dieser Bereiche getrennte Aufzeichnungen zu führen;

c) dem Steuerpflichtigen gestatten oder ihn verpflichten, den Abzug je nach der Zuordnung der Gesamtheit oder eines Teils der Gegenstände oder Dienstleistungen vorzunehmen;

d) dem Steuerpflichtigen gestatten oder ihm vorschreiben, den Vorsteuerabzug nach der in Unterabsatz 1 vorgesehenen Regel bei allen Gegenständen und Dienstleistungen vorzunehmen, die für die dort genannten Umsätze verwendet wurden;

e) vorsehen, daß der Betrag der Mehrwertsteuer, der vom Steuerpflichtigen nicht abgezogen werden kann, nicht berücksichtigt wird, wenn er geringfügig ist.

...

Artikel 18   Einzelheiten der Ausübung des Rechts auf Vorsteuerabzug

(1) Um das Recht auf Vorsteuerabzug ausüben zu können, muß der Steuerpflichtige

a) über die nach Artikel 17 Absatz 2 Buchstabe a) abziehbare Steuer eine nach Artikel 22 Absatz 3 ausgestellte Rechnung besitzen;

b) über die nach Artikel 17 Absatz 2 Buchstabe b) abziehbare Steuer ein die Einfuhr bescheinigendes Dokument besitzen, das ihn als Empfänger oder Importeur ausweist und aus dem sich der geschuldete Steuerbetrag ergibt oder aufgrund dessen seine Berechnung möglich ist;

c) in bezug auf die nach Artikel 17 Absatz 2 Buchstabe c) abziehbare Steuer die von jedem Mitgliedstaat vorgeschriebenen Formalitäten erfüllen;

d) bei der Entrichtung der Steuer als Abnehmer oder Dienstleistungsempfänger im Falle der Anwendung des Artikels 21 Ziffer 1 die von jedem Mtgliedstaat vorgeschriebenen Förmlichkeiten erfüllen;

e) in bezug auf die nach Artikel 17 Absatz 2 Buchstabe d) abziehbare Steuer in der in Artikel 22 Absatz 4 vorgesehenen Erklärung alle Angaben gemacht haben, die erforderlich sind, um die Höhe der Steuer festzustellen, die für die von ihm in der Gemeinschaft erworbenen Gegenstände geschuldet wird, und eine nach Artikel 22 Absatz 3 ausgestellte Rechnung besitzen.

(2) Der Vorsteuerabzug wird vom Steuerpflichtigen global vorgenommen, indem er von dem Steuerbetrag, den er für einen Erklärungszeitraum schuldet, den Betrag der Steuer absetzt, für die das Abzugsrecht entstanden ist, und wird nach Absatz 1 während des gleichen Zeitraums ausgeübt.

Die Mitgliedstaaten können jedoch den Steuerpflichtigen, die die in Artikel 4 Absatz 3 genannten Umsätze nur gelegentlich bewirken, vorschreiben, daß sie das Abzugsrecht erst zum Zeitpunkt der Lieferung ausüben.

(3) Die Mitgliedstaaten legen die Bedingungen und Einzelheiten fest, nach denen einem Steuerpflichtigen gestattet werden kann, einen Abzug vorzunehmen, den er nach den Absätzen 1 und 2 nicht vorgenommen hat.

(3a) Die Mitgliedstaaten können einen Steuerpflichtigen, der keine nach Artikel 22 Absatz 3 ausgestellte Rechnung besitzt, ermächtigen, einen Abzug nach Artikel 17 Absatz 2 Buchstabe d) vorzunehmen; sie legen die Bedingungen und die Anwendungsmodalitäten dieser Bestimmung fest.

(4) Übersteigt der Betrag der zulässigen Abzüge den Betrag der für einen Erklärungszeitraum geschuldeten Steuer, können die Mitgliedstaaten den Überschuß entweder auf den folgenden Zeitraum vortragen lassen oder ihn nach den von ihnen festgelegten Einzelheiten erstatten.

Die Mitgliedstaaten können jedoch regeln, daß geringfügige Überschüsse weder vorgetragen noch erstattet werden.

Artikel 19   Berechnung des Pro-rata-Satzes des Vorsteuerabzugs

(1) Der Pro-rata-Satz des Vorsteuerabzugs nach Artikel 17 Absatz 5 Unterabsatz 1 ergibt sich aus einem Bruch; dieser enthält:

- *im Zähler, den je Jahr ermittelten Gesamtbetrag der zum Vorsteuerabzug nach Artikel 17 Absätze 2 und 3 berechtigenden Umsätze, abzüglich der Mehrwertsteuer;*
- *im Nenner den je Jahr ermittelten Gesamtbetrag der im Zähler stehenden sowie der nicht zum Vorsteuerabzug berechtigenden Umsätze, abzüglich der Mehrwertsteuer. Die Mitgliedstaaten können in den Nenner auch die Subventionen einbeziehen, die nicht in Artikel 11 Teil A Absatz 1 Buchstabe a) genannt sind.*

Der Pro-rata-Satz wird auf Jahresbasis in Prozent festgesetzt und auf einen vollen Prozentsatz aufgerundet.

(2) In Abweichung von Absatz 1 bleibt der Umsatzbetrag bei der Berechnung des Pro-rata-Satzes des Vorsteuerabzugs außer Ansatz, der auf die Lieferung von Investitionsgütern entfällt, die vom Steuerpflichtigen in seinem Unternehmen verwendet werden. Außer Ansatz bleiben auch die Hilfsumsätze im Bereich der Grundstücks- und Finanzgeschäfte sowie die in Artikel 13 Teil B Buchstabe d) genannten Umsätze, wenn es sich um Hilfsumsätze handelt. Machen die Mitgliedstaaten von der in Artikel 20 Absatz 5 vorgesehenen Möglichkeit Gebrauch, keine Berichtigung in bezug auf Investitionsgüter zu verlangen, so können sie Verkäufe von Investitionsgütern bei der Berechnung des Pro-rata-Satzes des Vorsteuerabzugs berücksichtigen.

(3) Der für ein Jahr vorläufig geltende Pro-rata-Satz bemißt sich nach dem auf der Grundlage der Umsätze des vorangegangenen Jahres ermittelten Pro-rata-Satz. Ist eine solche Bezugnahme nicht möglich oder nicht stichhaltig, wird der Pro-rata-Satz vom Steuerpflichtigen unter Überwachung durch die Finanzverwaltung nach den voraussichtlichen Verhältnissen vorläufig geschätzt. Die Mitgliedstaaten können jedoch ihre derzeitige Regelung beibehalten.

Die Festsetzung des endgültigen Pro-rata-Satzes, die für jedes Jahr im Laufe des folgenden Jahres vorgenommen wird, führt zur Berichtigung der nach dem vorläufigen Pro-rata-Satz vorgenommenen Vorsteuerabzüge.

...

Abschnitt XVIa: Übergangsregelung für die Besteuerung des Handels zwischen den Mitgliedstaaten

Artikel 28a Anwendungsbereich

...

(4) Als Steuerpflichtiger gilt auch jede Person, die gelegentlich ein neues Fahrzeug nach Maßgabe des Artikels 28c Teil A liefert.
Der Mitgliedstaat, in dem die Lieferung erfolgt, gewährt dem Steuerpflichtigen das Recht zum Vorsteuerabzug mit folgender Maßgabe:
- *das Abzugsrecht entsteht zum Zeitpunkt der Lieferung und kann nur zu diesem Zeitpunkt ausgeübt werden;*
- *der Steuerpflichtige ist berechtigt, die im Einkaufspreis enthaltene oder bei der Einfuhr oder dem innergemeinschaftlichen Erwerb des Fahrzeugs entrichtete Mehrwertsteuer im Umfang oder bis zur Höhe des Betrags abzuziehen, der als Steuer geschuldet würde, wenn die Lieferung nicht befreit wäre.*

Die Mitgliedstaaten legen hierzu die Durchführungsbestimmungen fest.

...

UStDV

§ 35 Vorsteuerabzug bei Rechnungen über Kleinbeträge und bei Fahrausweisen

(1) Bei Rechnungen im Sinne des § 33 kann der Unternehmer den Vorsteuerabzug in Anspruch nehmen, wenn er den Rechnungsbetrag in Entgelt und Steuerbetrag aufteilt.
(2) ¹Absatz 1 ist für Rechnungen im Sinne des § 34 entsprechend anzuwenden. ²Bei der Aufteilung in Entgelt und Steuerbetrag ist der Steuersatz nach § 12 Abs. 1 des Gesetzes anzuwenden, wenn in der Rechnung
1. *dieser Steuersatz oder*
2. *eine Tarifentfernung von mehr als fünfzig Kilometern*

angegeben ist. ³Bei den übrigen Rechnungen ist der Steuersatz nach § 12 Abs. 2 des Gesetzes anzuwenden. ⁴Bei Fahrausweisen im Luftverkehr kann der Vorsteuerabzug nur in Anspruch genommen werden, wenn der Steuersatz nach § 12 Abs. 1 des Gesetzes im Fahrausweis angegeben ist.

§ 36 Vorsteuerabzug bei Reisekosten nach Pauschbeträgen

(1) ¹Nimmt ein Unternehmer aus Anlaß einer Geschäftsreise (§ 38) im Inland für seine Mehraufwendungen für Verpflegung einen Pauschbetrag in Anspruch oder erstattet er seinem Arbeitnehmer aus Anlaß einer Dienstreise (§ 38) im Inland die Aufwendungen für Übernachtung oder die Mehraufwendungen für Verpflegung nach Pauschbeträgen, so kann er 12,3 vom Hundert dieser Beträge als Vorsteuer abziehen. ²Die als Vorsteuer abziehbaren

Beträge dürfen jedoch 12,3 vom Hundert der Pauschbeträge nicht übersteigen, die für die Zwecke der Einkommensteuer oder Lohnsteuer anzusetzen sind.

(2) [1]Erstattet ein Unternehmer seinem Arbeitnehmer aus Anlaß einer Dienstreise im Inland die Aufwendungen für die Benutzung eines eigenen Kraftfahrzeugs, so kann er für jeden gefahrenen Kilometer ohne besonderen Nachweis 8,2 vom Hundert der erstatteten Aufwendungen als Vorsteuer abziehen. [2]Der als Vorsteuer abziehbare Betrag darf jedoch 8,2 vom Hundert der Pauschbeträge nicht übersteigen, die für die Zwecke der Lohnsteuer anzusetzen sind. [3]Bei der Benutzung eines eigenen Fahrrads gelten die Sätze 1 und 2 mit der Maßgabe, daß die abziehbare Vorsteuer mit 13 vom Hundert der Aufwendungen berechnet werden kann.

(3) [1]Verwendet ein Unternehmer für eine Geschäftsreise im Inland ein nicht zu einem Unternehmen gehörendes Kraftfahrzeug und nimmt er für die ihm dadurch entstehenden Aufwendungen einen Pauschbetrag in Anspruch, so kann er für jeden gefahrenen Kilometer ohne besonderen Nachweis 5,7 vom Hundert dieses Betrages als Vorsteuer abziehen. [2]Der als Vorsteuer abziehbare Betrag darf jedoch 5,7 vom Hundert des Pauschbetrages nicht übersteigen, der für die Zwecke der Einkommensteuer anzusetzen ist.

(4) [1]Die Absätze 1 bis 3 gelten für die auf das Inland entfallenden Aufwendungen für eine Geschäftsreise oder Dienstreise in oder durch das Ausland entsprechend. [2]Bei der Ermittlung der abziehbaren Vorsteuerbeträge ist von den Pauschbeträgen auszugehen, die für die Zwecke der Einkommensteuer oder Lohnsteuer für Reisen im Inland anzusetzen sind.

(5) Die nach den Absätzen 1 bis 4 errechneten Vorsteuerbeträge können unter folgenden Voraussetzungen abgezogen werden:

1. [1]Über die Reise ist ein Beleg auszustellen, der Zeit, Ziel und Zweck der Reise, die Person, die die Reise ausgeführt hat, und den Betrag angibt, aus dem die Vorsteuer errechnet wird. [2]In den Fällen der Absätze 2 und 3 ist außerdem die Anzahl der gefahrenen Kilometer anzugeben.

2. Der Beleg muß so aufbewahrt werden, daß er leicht auffindbar ist.

§ 37 Gesamtpauschalierung des Vorsteuerabzugs bei Reisekosten

(1) [1]An Stelle eines gesonderten Vorsteuerabzugs bei den einzelnen Reisekosten kann der Unternehmer einen Pauschbetrag von 9,8 vom Hundert der ihm aus Anlaß einer im Inland ausgeführten Geschäftsreise oder Dienstreise seines Arbeitnehmers insgesamt entstandenen Reisekosten als Vorsteuer abziehen. [2]Das gleiche gilt für die auf das Inland entfallenden Kosten einer Geschäftsreise oder Dienstreise in oder durch das Ausland.

(2) [1]Bei der Ermittlung des abziehbaren Vorsteuerbetrages ist von den Beträgen auszugehen, die für die Zwecke der Einkommensteuer oder Lohnsteuer für Reisen im Inland anzusetzen sind. [2]Kosten für Beförderungsleistungen, die von der Steuer befreit sind oder für die die Steuer nicht erhoben wird, sind bei der Ermittlung des abziehbaren Vorsteuerbetrages auszuscheiden.

(3) Die Anwendung der Absätze 1 und 2 muß sich auf alle in einem Kalenderjahr durchgeführten Geschäftsreisen und Dienstreisen erstrecken.

(4) § 36 Abs. 5 ist mit der Maßgabe anzuwenden, daß aus dem Beleg auch zu ersehen sein muß, wie sich der Gesamtbetrag der anläßlich einer Geschäftsreise oder Dienstreise entstandenen Reisekosten im einzelnen zusammensetzt.

§ 38[1]) Geschäftsreisen, Dienstreisen

[1]Bei Anwendung der Vorschriften der §§ 36 und 37 ist der Begriff der Geschäftsreise nach den für die Einkommensteuer und der Begriff der Dienstreise nach den für die Lohnsteuer geltenden Merkmalen abzugrenzen. [2]Entsprechend ist als Dienstreise ein Vorstellungsbesuch eines Stellenbewerbers anzusehen.

§ 39 Vorsteuerabzug bei Umzugskosten

(1) Erstattet ein Unternehmer seinem Arbeitnehmer Beträge für einen dienstlich veranlaßten Umzug, so kann er die darauf entfallende Steuer unter den folgenden Voraussetzungen als Vorsteuer abziehen:

1. *Es muß sich um Mehraufwendungen im Sinne des § 3 Nr. 16 des Einkommensteuergesetzes handeln.*
2. *Die den Mehraufwendungen zugrundeliegenden Leistungen müssen steuerpflichtig sein.*
3. *Die Steuer muß dem Unternehmer oder seinem Arbeitnehmer gesondert in Rechnung gestellt worden sein.*

(2) Erstattet der Unternehmer seinem Arbeitnehmer nur einen Teil der in Absatz 1 Nr. 1 bezeichneten Mehraufwendungen, so beschränkt sich der Vorsteuerabzug auf den Teil der Steuer, der auf den erstatteten Betrag entfällt.

(3) Soweit die erstatteten Mehraufwendungen auf Beträge entfallen, die ihrer Art nach Reisekosten sind, kann der Unternehmer dafür den abziehbaren Vorsteuerbetrag nach § 36 oder § 37 ermitteln.

(4) Die Voraussetzungen des Vorsteuerabzugs hat der Unternehmer aufzuzeichnen und, soweit er nicht Absatz 3 anwendet, durch Rechnungen nachzuweisen.

§ 39a Vorsteuerabzug bei Anwendung des Abzugsverfahrens

[1]*Für den Vorsteuerabzug kann unter folgenden Voraussetzungen auf den gesonderten Ausweis der Steuer in einer Rechnung verzichtet werden:*

1. *Die Rechnung muß von einem im Ausland ansässigen Unternehmer erteilt worden sein,*
2. *die Steuer muß im Abzugsverfahren nach § 51 Abs. 1 Nr. 1 an das Finanzamt entrichtet worden sein und*
3. *der Unternehmer muß auf der Rechnung vermerkt haben, welchen Steuerbetrag er errechnet und abgeführt hat.*

[2]*§ 52 Abs. 2 bleibt unberührt.*

§ 40 Vorsteuerabzug bei unfreien Versendungen

(1) [1]*Läßt ein Absender einen Gegenstand durch einen Frachtführer oder Verfrachter unfrei zu einem Dritten befördern oder eine solche Beförderung durch einen Spediteur unfrei besorgen, so ist für den Vorsteuerabzug der Empfänger der Frachtsendung als Auftraggeber dieser Leistungen anzusehen.* [2]*Der Absender darf die Steuer für diese Leistungen nicht als Vorsteuer abziehen.* [3]*Der Empfänger der Frachtsendung kann diese Steuer unter folgenden Voraussetzungen abziehen:*

1. *Er muß im übrigen hinsichtlich der Beförderung oder ihrer Besorgung zum Abzug der Steuer berechtigt sein (§ 15 Abs. 1 Nr. 1 des Gesetzes).*

---

1) **Anm.:** § 38 i. d. F. des Art. 2 Nr. 2 Umsatzsteuer-Änderungsgesetz 1997 v. 12. 12. 96 (BGBl I, 1851).

2. *Er muß die Entrichtung des Entgelts zuzüglich der Steuer für die Beförderung oder für ihre Besorgung übernommen haben.*

3. *¹Die in Nummer 2 bezeichnete Voraussetzung muß aus der Rechnung über die Beförderung oder ihre Besorgung zu ersehen sein. ²Die Rechnung ist vom Empfänger der Frachtsendung aufzubewahren.*

(2) Die Vorschriften des § 22 des Gesetzes sowie des § 35 Abs. 1 und § 63 dieser Verordnung gelten für den Empfänger der Frachtsendung entsprechend.

§ 41[1]) Vorsteuerabzug bei Einfuhren durch im Ausland ansässige Unternehmer

(1) Hat ein im Ausland ansässiger Unternehmer (§ 51 Abs. 3 Satz 1) einen Gegenstand in das Inland befördert oder versendet und hier unverändert geliefert, so gilt dieser Gegenstand unter folgenden Voraussetzungen als für seinen Abnehmer eingeführt:

1. Die Einfuhrumsatzsteuer muß vom Abnehmer oder dessen Beauftragten entrichtet worden sein.

2. In der Rechnung über die Lieferung darf die Steuer nicht gesondert ausgewiesen sein.

(2) (weggefallen)

§ 41a[2]) Vorsteuerabzug bei Lieferungen von in einem Zollverfahren befindlichen Gegenständen

(1) Wird ein Gegenstand geliefert, der sich in einem Zollverfahren befindet, und entsteht nach der Lieferung die Einfuhrumsatzsteuer, so gilt dieser Gegenstand unter den folgenden Voraussetzungen als für das Unternehmen des Abnehmers eingeführt:

1. Die Einfuhrumsatzsteuer muß vom Abnehmer oder dessen Beauftragten entrichtet worden sein.

2. In der Rechnung über die Lieferung darf die Steuer nicht gesondert ausgewiesen sein.

(2) (weggefallen)

§ 42 Vorsteuerabzug bei Ordergeschäften

(1) Ein Gegenstand, der im Anschluß an die Einfuhr durch Übergabe eines Traditionspapieres (Konnossement, Ladeschein, Lagerschein) unverändert geliefert wird, gilt unter den in § 41 Abs. 1 Nr. 1 und 2 bezeichneten Voraussetzungen als für den Abnehmer dieser Lieferung eingeführt.

(2) Werden im Anschluß an die Einfuhr mehrere Lieferungen des Gegenstandes durch Übergabe des Traditionspapieres bewirkt, so gilt der Gegenstand als für den Abnehmer einer dieser Lieferungen eingeführt, bei dem die Voraussetzungen des § 41 Abs. 1 Nr. 1 und 2 vorliegen.

(3) Die Absätze 1 und 2 sind entsprechend anzuwenden, wenn ein Gegenstand im Anschluß an die Einfuhr durch Abtretung des Herausgabeanspruchs mittels eines Konnossementsteilscheins oder eines Kaiteilscheins geliefert wird.

---

1) **Anm.:** § 41 Abs. 2 weggefallen gem. Art. 2 Nr. 3 Umsatzsteuer-Änderungsgesetz 1997 v. 12. 12. 96 (BGBl I, 1851).

2) **Anm.:** § 41a Abs. 2 weggefallen gem. Art. 2 Nr. 4 Umsatzsteuer-Änderungsgesetz 1997 v. 12. 12. 96 (BGBl I, 1851).

§ 43 Erleichterungen bei der Aufteilung der Vorsteuern
Die den folgenden steuerfreien Umsätzen zuzurechnenden Vorsteuerbeträge sind nur dann vom Vorsteuerabzug ausgeschlossen, wenn sie diesen Umsätzen ausschließlich zuzurechnen sind:
1. Umsätze von Geldforderungen, denen zum Vorsteuerabzug berechtigende Umsätze des Unternehmers zugrunde liegen;
2. Umsätze von Wechseln, die der Unternehmer von einem Leistungsempfänger erhalten hat, weil er den Leistenden als Bürge oder Garantiegeber befriedigt. ²Das gilt nicht, wenn die Vorsteuern, die dem Umsatz dieses Leistenden zuzurechnen sind, vom Vorsteuerabzug ausgeschlossen sind;
3. Lieferungen von gesetzlichen Zahlungsmitteln und im Inland gültigen amtlichen Wertzeichen sowie Einlagen bei Kreditinstituten, wenn diese Umsätze als Hilfsumsätze anzusehen sind.

UStR

191. Zum Vorsteuerabzug berechtigter Personenkreis

(1) ¹Zum Vorsteuerabzug sind ausschließlich Unternehmer *im Sinne der §§ 2 und 2a UStG* im Rahmen ihrer unternehmerischen Tätigkeit berechtigt. ²Abziehbar sind hierbei auch Vorsteuerbeträge, die vor der Ausführung von Umsätzen *(vgl. BFH-Urteile vom 6. 5. 1993 – BStBl II S. 564 und vom 16. 12. 1993 – BStBl 1994 II S. 278)* oder die nach Aufgabe des Unternehmens anfallen, sofern sie der unternehmerischen Tätigkeit zuzurechnen sind. ³Zum Beginn und Ende der Unternehmereigenschaft vgl. Abschnitt 19.

(2) ¹*Im Ausland ansässige Unternehmer* können den Vorsteuerabzug auch dann beanspruchen, wenn sie *im Inland* keine Lieferungen oder sonstige Leistungen ausgeführt haben. ²Auch ihnen steht der Vorsteuerabzug nur insoweit zu, als die Vorsteuerbeträge ihrer unternehmerischen Tätigkeit zuzurechnen sind. ³Das gilt auch für die Vorsteuern, die im Zusammenhang mit den im Ausland bewirkten Umsätzen stehen. ⁴Zur Frage, ob die im Ausland ansässigen Unternehmer ihre abziehbaren Vorsteuerbeträge im Vorsteuer-Vergütungsverfahren (§§ 59 bis 61 UStDV) oder im *allgemeinen* Besteuerungsverfahren (§§ 16 und 18 Abs. 1 bis 4 UStG) geltend zu machen haben, vgl. Abschnitt 244.

(3) ¹Bestimmte Unternehmer können ihre abziehbaren Vorsteuern nach Durchschnittsätzen ermitteln (§§ 23, 23a UStG, §§ 69, 70 und Anlage der UStDV). ²Insoweit ist ein weiterer Vorsteuerabzug nicht zulässig. ³Das gleiche gilt für Land- und Forstwirte, die von der Durchschnittsbesteuerung des § 24 UStG Gebrauch machen, auch wenn nach § 24 Abs. 1 UStG eine Steuer zu entrichten ist. ⁴Bei nur teilweiser Verwendung eines einheitlichen Gegenstandes in einem land- und forstwirtschaftlichen Betrieb vgl. Abschnitt 269 Abs. 1.

(4) Kleinunternehmer sind nicht zum Vorsteuerabzug berechtigt, wenn sie der Sonderregelung des § 19 Abs. 1 UStG unterliegen; dies gilt auch, wenn sie bei einem unzulässigen Ausweis der Steuer für ihre eigenen Umsätze diese Steuer nach § 14 Abs. 3 UStG schulden.

(5) [1]Unternehmer, die von der Besteuerung nach § 19 Abs. 1, §§ 23, 23a oder 24 UStG zur *allgemeinen* Besteuerung des UStG übergegangen sind, können den Vorsteuerabzug nach § 15 UStG für folgende Beträge vornehmen:

1. gesondert in Rechnung gestellte Steuerbeträge für Lieferungen und sonstige Leistungen, die nach dem Zeitpunkt an sie ausgeführt worden sind, zu dem sie zur *allgemeinen* Besteuerung übergingen;

2. Einfuhrumsatzsteuer für Gegenstände, die nach dem Zeitpunkt, zu dem sie zur *allgemeinen* Besteuerung übergingen, für ihr Unternehmen eingeführt worden sind oder in den Fällen des § 1 Abs. 3 UStG nach diesem Zeitpunkt in den freien Verkehr gelangt sind;

3. *die Steuer für den innergemeinschaftlichen Erwerb von Gegenständen, die nach dem Zeitpunkt für ihr Unternehmen erworben wurden, zu dem sie zur allgemeinen Besteuerung übergingen.*

[2]Auf den Zeitpunkt des Eingangs der Rechnung oder der Entrichtung der Einfuhrumsatzsteuer kommt es nicht an (vgl. BFH-Urteile vom 6. 12. 1979 – BStBl 1980 II S. 279 und vom 17. 9. 1981 – BStBl 1982 II S. 198). [3]Wegen des Vorsteuerabzugs bei Zahlungen vor Ausführung des Umsatzes vgl. Abschnitt 193.

(6) [1]Bei einem Übergang von der *allgemeinen* Besteuerung zur Besteuerung nach § 19 Abs. 1, §§ 23, 23a oder 24 UStG sind umgekehrt die in Absatz 5 bezeichneten Vorsteuerbeträge nicht nach § 15 UStG abziehbar. [2]Bei Anwendung des § 23 UStG gilt dies jedoch nur für die Vorsteuerbeträge, auf die sich die Durchschnittssätze nach § 70 UStDV erstrecken.

(7) Zum Verfahren bei der Geltendmachung von Vorsteuerbeträgen aus der Beteiligung an Gesamtobjekten vgl. BMF-Schreiben vom *24. 4. 1992 (BStBl I S. 291).*

192. Abzug der gesondert in Rechnung gestellten Steuerbeträge als Vorsteuer

Allgemeines

(1) [1]Abziehbar sind nur die Steuerbeträge, die nach dem deutschen Umsatzsteuergesetz geschuldet werden. [2]Unternehmer, die mit ausländischen Vorsteuerbeträgen belastet wurden, haben sich wegen eines eventuellen Abzugs an den Staat zu wenden, der die Steuer erhoben hat. [3]Die EG-Mitgliedstaaten vergüten nach Maßgabe der 8. Richtlinie zur Harmonisierung der Umsatzsteuern vom 6. 12. 1979 (ABl. EG Nr. L 331 S. 11) den in einem anderen Mitgliedstaat ansässigen Unternehmern die Vorsteuern in einem besonderen Verfahren und haben hierfür zentrale Erstattungsbehörden bestimmt.

(2) [1]Die Berechtigung zum Vorsteuerabzug *aus Lieferungen und sonstigen Leistungen* ist unter folgenden Voraussetzungen gegeben:

1. Die Steuer muß für eine Lieferung oder sonstige Leistung gesondert in Rechnung gestellt worden sein *(vgl. Absätze 4 bis 11);*

2. die Lieferung oder sonstige Leistung muß von einem Unternehmer ausgeführt worden sein *(vgl. Absatz 12);*

3. der Leistungsempfänger muß Unternehmer sein, und die Lieferung oder sonstige Leistung muß für sein Unternehmen ausgeführt worden sein *(vgl. Absätze 13 bis 17).*

²Diese Voraussetzungen müssen insgesamt erfüllt werden. ³Das gilt auch für Leistungsempfänger, die die Steuer für ihre Umsätze nach vereinnahmten Entgelten berechnen (§ 20 UStG). ⁴Fallen Empfang der Leistung und Empfang der Rechnung zeitlich auseinander, so ist der Vorsteuerabzug für den Besteuerungszeitraum zulässig, in dem erstmalig beide Voraussetzungen erfüllt sind. ⁵Bei Zahlungen vor Empfang der Leistung vgl. aber Abschnitt 193. ⁶*Bezieht ein Unternehmer Teilleistungen (z. B. Mietleistungen) für sein Unternehmen, ist sowohl für den Leistungsbezug (§ 15 Abs. 1 Nr. 1 UStG) als auch für die Frage der Verwendung dieser Leistungen (§ 15 Abs. 2 UStG, vgl. Abschnitt 203) auf die monatlichen (Teil-) Leistungsabschnitte abzustellen (BFH-Urteil vom 9. 9. 1993 - BStBl 1994 II S. 269).*

(3) Folgende Sonderregelungen für den Vorsteuerabzug sind zu beachten:

1. Ermitteln Unternehmer ihre abziehbaren Vorsteuern nach den Durchschnittsätzen der §§ 23 oder 23a UStG, ist ein weiterer Vorsteuerabzug ausgeschlossen (§ 70 Abs. 1 UStDV, § 23a Abs. 1 UStG).

2. Bei Steuerbeträgen, die für die in § 24 Abs. 1 UStG bezeichneten Umsätze gesondert ausgewiesen wurden, steht dem Leistungsempfänger der Vorsteuerabzug nur bis zur Höhe der für den maßgeblichen Umsatz geltenden Steuer zu (§ 24 Abs. 1 letzter Satz UStG).

3. Bewirkt der Unternehmer Reiseleistungen im Sinne des § 25 Abs. 1 UStG, so ist er nicht berechtigt, die ihm in diesen Fällen für die Reisevorleistungen gesondert in Rechnung gestellten Steuerbeträge als Vorsteuern abzuziehen (§ 25 Abs. 4 UStG, vgl. Abschnitt 275).

4. Ein Wiederverkäufer, der für die Lieferung beweglicher körperlicher Gegenstände die Differenzbesteuerung des § 25a Abs. 2 UStG anwendet, kann die entrichtete Einfuhrumsatzsteuer sowie die Steuer für die an ihn ausgeführte Lieferung nicht als Vorsteuer abziehen (§ 25a Abs. 5 UStG).

Rechnung mit gesondertem Steuerausweis

(4) ¹Nach § 15 Abs. 1 Nr. 1 UStG muß die Steuer in einer Rechnung im Sinne des § 14 UStG gesondert ausgewiesen sein. ²Der Begriff der Rechnung ergibt sich aus § 14 Abs. 4 UStG (vgl. auch Abschnitt 183 Abs. 2 Satz 3). ³*Für den Vorsteuerabzug muß eine Rechnung das Entgelt und den Steuerbetrag getrennt ausweisen; die Angabe des Entgelts als Grundlage des gesondert ausgewiesenen Steuerbetrags ist damit zwingend erforderlich (vgl. BFH-Urteil vom 27. 1. 1994 - BStBl II S. 342 - und Abschnitt 202 Abs. 4).* ⁴Eine Gutschrift gilt unter den Voraussetzungen des § 14 Abs. 5 UStG als Rechnung. ⁵Ein gesonderter Steuerausweis liegt nicht vor, wenn die in einem Vertrag enthaltene Abrechnung offen läßt, ob der leistende Unternehmer den Umsatz steuerfrei oder steuerpflichtig (§ 9 UStG) behandeln will (vgl. Abschnitt 183 Abs. 2 Satz 5), oder in der Urkunde nicht durch Angaben tatsächlicher Art zum Ausdruck kommt, daß die gesondert ausgewiesene Steuer auf Lieferungen oder sonstigen Leistungen des Rechnungsausstellers an den Leistungsempfänger beruht (BFH-Urteil vom 12. 6. 1986 - BStBl II S. 721). ⁶Eine Rechnung im Sinne des § 14 UStG ist auch bei der Abrechnung der Leistung des Konkursverwalters an den Gemeinschuldner erforderlich. ⁷Der Beschluß des Konkursgerichts über die Festsetzung der Vergütung ist für den Vorsteuerabzug nicht ausreichend (vgl. BFH-Urteil vom 20. 2. 1986 - BStBl II S. 579).

(5) ¹Entsprechend dem Sinn und Zweck des § 15 UStG umfaßt der Vorsteuerabzug grundsätzlich nur die Vorsteuerbeträge, die für im Inland bewirkte Lieferungen oder sonstige Leistungen gesondert ausgewiesen wurden. ²Abziehbar ist auch die Steuer für die Lieferungen und sonstigen Leistungen, die nach § 1 Abs. 3 UStG wie Umsätze im Inland zu behandeln sind. ³Der Abzug der gesondert ausgewiesenen Steuer für die in einem Freihafen ausgeführten nicht steu-

erbaren Lieferungen und sonstigen Leistungen ist nicht zu beanstanden, wenn der Leistungsempfänger aufgrund der Angaben in der Rechnung davon ausgehen kann, daß der maßgebliche Umsatz von einem in der Bundesrepublik Deutschland ansässigen Unternehmer bewirkt worden ist.

(6) ¹Bei der Erteilung einer Rechnung im Sinne des § 14 Abs. 4 UStG kann der Vorsteuerabzug vom Leistungsempfänger grundsätzlich auch dann vorgenommen werden, wenn die Steuer für einen steuerfreien Umsatz ausgewiesen wurde (vgl. BFH-Urteil vom 29. 10. 1987 – BStBl 1988 II S. 508) oder der leistende Unternehmer die Sonderregelung des § 19 Abs. 1 UStG anwendet. ²Für die außerhalb des Inlands bewirkten Lieferungen und sonstigen Leistungen scheidet der Vorsteuerabzug im allgemeinen aus. ³Hierbei hat jedoch der Leistungsempfänger keine erhöhte Sorgfaltspflicht hinsichtlich der Frage, ob dieses Merkmal im Einzelfall tatsächlich gegeben ist. ⁴Der Vorsteuerabzug kommt in diesen Fällen nur dann nicht in Betracht, wenn für den Leistungsempfänger unter Anwendung der im Verkehr erforderlichen Sorgfalt erkennbar ist, daß der maßgebliche Umsatz nicht im Inland ausgeführt worden ist. ⁵Daher kann z. B. ein mit Umsatz- oder Mehrwertsteuer bezeichneter Betrag, der für eine Unterbringung in einem ausländischen Hotel gesondert in Rechnung gestellt worden ist, nicht als Vorsteuer abgezogen werden.

(7) ¹Im allgemeinen braucht der Unternehmer für die Vornahme des Vorsteuerabzugs nicht nachzuprüfen, ob die in der Rechnung gesondert ausgewiesenen Steuerbeträge zutreffend berechnet worden sind. ²Das gilt nicht für die Fälle des § 24 UStG und des § 63 Abs. 5 UStDV. ³Steuerbeträge, bei denen für den Unternehmer ohne Nachprüfung erkennbar ist, daß sie den allgemeinen Steuersatz (§ 12 Abs. 1 UStG) übersteigen, sind vom Vorsteuerabzug ausgeschlossen. ⁴In diesem Fall bleibt es dem Unternehmer überlassen, eine berichtigte Rechnung anzufordern. ⁵Es ist nicht zu beanstanden, wenn der Unternehmer den in der berichtigten Rechnung gesondert ausgewiesenen Steuerbetrag für den Voranmeldungszeitraum abzieht, für den der Abzug aufgrund der ursprünglichen Rechnung hätte geltend gemacht werden können. ⁶In den Fällen eines Entgelts von dritter Seite (§ 10 Abs. 1 Satz 3 UStG) ist nicht der Dritte, sondern nur der Leistungsempfänger zum Vorsteuerabzug berechtigt (vgl. auch Abschnitt 188 Abs. 1).

(8) ¹Wird über die Lieferung oder sonstige Leistung mit einer Gutschrift abgerechnet, so kommt – anders als bei der Erteilung einer Rechnung – der Vorsteuerabzug für den Leistungsempfänger nur in Betracht, wenn der leistende Unternehmer zum gesonderten Ausweis der Steuer in einer Rechnung berechtigt ist (§ 14 Abs. 5 Nr. 1 UStG). ²Daher kann in diesen Fällen der Vorsteuerabzug nicht in Anspruch genommen werden, wenn der leistende Unternehmer § 19 Abs. 1 UStG anwendet.

(9) ¹Der Vorsteuerabzug aus einer Gutschrift entfällt auch, wenn die Lieferung oder sonstige Leistung nicht steuerpflichtig ist (vgl. auch BFH-Urteil vom 31. 1. 1980 – BStBl II S. 369). ²Bei einem gesonderten Steuerausweis in einer Gutschrift für einen steuerfreien oder einen im Ausland bewirkten nicht steuerbaren Umsatz ist jedoch der Vorsteuerabzug dann nicht zu beanstanden, wenn die Beteiligten berechtigte Zweifel an der Steuerbefreiung oder der Nichtsteuerbarkeit des maßgeblichen Umsatzes hatten und ihn daher einverständlich als steuerpflichtig behandelt haben (vgl. auch Abschnitt 53 Abs. 8). ³Hat der Aussteller der Gutschrift die Steuer zu hoch ausgewiesen (vgl. Abschnitt 189 Abs. 3), so kann er grundsätzlich auch den zu hoch ausgewiesenen Steuerbetrag als Vorsteuer abziehen (vgl. BFH-Urteil vom 2. 11. 1989 – BStBl 1990 II S. 253). ⁴Ein Vorsteuerabzug ist dagegen nicht zulässig, wenn eine Gutschrift ohne das Einverständnis des Gutschriftempfängers erteilt wird (vgl. § 14 Abs. 5 Satz 2 Nr. 2 UStG) oder wenn der Leistungsempfänger eine unvollständige und daher zum Vorsteuerabzug nicht berechtigende Rechnung z. B. bei fehlendem gesondertem Steuerausweis ohne ausdrückliche Anerkennung des Lieferers oder Leistenden durch eine Gutschrift ersetzt (vgl. auch Abschnitt 184 Abs. 1). ⁵Der Vorsteuer-

abzug entfällt, soweit der Gutschriftsempfänger dem in der Gutschrift angegebenen Steuerbetrag widerspricht (vgl. § 14 Abs. 5 Satz 4 UStG). *⁶Dieser Widerspruch wirkt auch für den Vorsteuerabzug des Gutschriftausstellers erst in dem Besteuerungszeitraum, in dem er erklärt wird (vgl. BFH-Urteil vom 19. 5. 1993 – BStBl II S. 779).*

(10) ¹Bei Anwendung des Abzugsverfahrens *(§ 18 Abs. 8 UStG)* ist der Abzug eines in einer Gutschrift gesondert ausgewiesenen Steuerbetrages auch dann zulässig, wenn der leistende Unternehmer nicht zum gesonderten Ausweis der Steuer in einer Rechnung berechtigt ist (vgl. § 53 Abs. 4 Satz 2 UStDV). ²Diese Erweiterung setzt voraus, daß der leistende Unternehmer dem gesonderten Steuerausweis nicht widerspricht und der Leistungsempfänger den Steuerbetrag einbehält und an das Finanzamt abführt. *³Zum Vorsteuerabzug bei Anwendung des Abzugsverfahrens vgl. im übrigen Abschnitt 192a.*

(11) ¹Steuerbeträge, die für einen Innenumsatz, z. B. zwischen Betriebsabteilungen desselben Unternehmers oder innerhalb eines Organkreises, gesondert ausgewiesen werden, berechtigen nicht zum Vorsteuerabzug. ²Bei Sacheinlagen aus der Privatsphäre oder dem Hoheitsbereich des Unternehmers ist ein Vorsteuerabzug ebenfalls nicht zulässig (vgl. auch Abschnitt 183 Abs. 3).

Leistung eines Unternehmers

(12) *¹Die Rechnung muß grundsätzlich vom leistenden Unternehmer ausgestellt sein. ²Ein Vorsteuerabzug ist deshalb nicht zulässig, wenn ein anderer im Namen des Leistenden eine Rechnung mit gesondertem Steuerausweis erteilt, ohne vom Leistenden dazu beauftragt zu sein. ³Zur Abrechnung durch den Vermittler vgl. BFH-Urteil vom 4. 3. 1982 – BStBl II S. 315.* ⁴Der Unternehmer, der die Lieferung oder sonstige Leistung ausgeführt hat, muß in der Rechnung (Abrechnungspapier) grundsätzlich mit seinem wirklichen Namen bzw. mit der wirklichen Firma angegeben sein (vgl. auch § 31 Abs. 2 UStDV). ⁵Bei der Verwendung eines unzutreffenden und ungenauen Namens, z. B. Scheinname oder Scheinfirma, kann der Vorsteuerabzug ausnahmsweise zugelassen werden, wenn der tatsächlich leistende Unternehmer eindeutig und leicht nachprüfbar aus dem Abrechnungspapier ersichtlich ist (vgl. BFH-Urteil vom 7. 10. 1987 – BStBl 1988 II S. 34). ⁶Diese Ausnahmekriterien sind eng auszulegen, so daß z. B. der Vorsteuerabzug unter folgenden Umständen unzulässig ist:

1. ¹Bei Verwendung einer Scheinfirma oder eines Scheinnamens ergibt sich aus dem Abrechnungspapier kein Hinweis auf den tatsächlich leistenden Unternehmer (vgl. BFH-Urteil vom 19. 10. 1978 – BStBl 1979 II S. 345). ²Hinweise auf den tatsächlich leistenden Unternehmer fehlen in der Regel in Rechnungen mit willkürlich ausgesuchten Firmenbezeichnungen und/oder unzutreffenden Anschriften sowie bei Rechnungen von zwar existierenden Firmen, die aber die Leistung nicht ausgeführt haben, z. B. bei Verwendung von echten Rechnungsformularen dieser Firmen ohne ihr Wissen oder bei gefälschten Rechnungsformularen. *³Das gilt auch, wenn der Abrechnende bereits bei der Leistungsbewirkung unter dem fremden Namen aufgetreten ist (BFH-Urteil vom 17. 9. 1992 – BStBl 1993 II S. 205).*

2. ¹Aus dem Abrechnungspapier geht der tatsächlich leistende Unternehmer nicht eindeutig hervor. ²Dies ist beispielsweise anzunehmen, wenn nach der Abrechnung mehrere leistende Unternehmer in Betracht kommen und sich der tatsächlich leistende Unternehmer nicht zweifelsfrei ergibt.

3. Aus dem Abrechnungspapier ist der tatsächlich leistende Unternehmer nur schwer zu ermitteln, also nicht leicht nachprüfbar festzustellen.

4. ¹Der tatsächlich leistende Unternehmer ist zwar bekannt. ²Seine Identität ergibt sich jedoch nicht aus dem Abrechnungspapier oder aus solchen Unterlagen, auf die in dem Abrechnungs-

papier verwiesen wird (vgl. hierzu die zur zutreffenden Leistungsbezeichnung in Rechnungen ergangenen BFH-Beschlüsse vom 4. 12. 1987 – BStBl 1988 II S. 702 und vom 9. 12. 1987 – BStBl 1988 II S. 700).

[7]Steuern, die dem Unternehmer von einem Lieferer oder Leistenden in Rechnung gestellt werden, der nicht Unternehmer ist, sind – obwohl sie von diesem nach § 14 Abs. 3 UStG geschuldet werden – nicht abziehbar (vgl. BFH-Urteil vom 8. 12. 1988 – BStBl 1989 II S. 250). [8]Zum Vorsteuerabzug im Rahmen der Sicherungsübereignung und der Zwangsvollstreckung sowie in Konkursfällen vgl. Abschnitt 2.

Leistung für das Unternehmen

(13) [1]Eine Lieferung oder sonstige Leistung wird grundsätzlich an diejenige Person ausgeführt, die aus dem schuldrechtlichen Vertragsverhältnis, das dem Leistungsaustausch zugrunde liegt, berechtigt oder verpflichtet ist (BFH-Beschluß vom 13. 9. 1984 – BStBl 1985 II S. 21). [2]Leistungsempfänger ist somit regelmäßig der Auftraggeber oder Besteller einer Leistung. [3]Wird auf einem Grundstück, an dem die Ehegatten gemeinschaftlich Miteigentümer sind, ein Bauwerk errichtet, kann statt der Ehegattengemeinschaft auch einer der Ehegatten allein Leistungsempfänger sein. [4]In derartigen Fällen muß sich schon aus der Auftragserteilung klar ergeben, wer Auftraggeber und damit Leistungsempfänger ist. [5]Die tatsächliche Durchführung muß den getroffenen Vereinbarungen entsprechen (vgl. BFH-Urteil vom 11. 12. 1986 – BStBl 1987 II S. 233 und vom 26. 11. 1987 – BStBl 1988 II S. 158). [6]Wird unter Mißachtung des sich aus dem schuldrechtlichen Vertragsverhältnis ergebenden Anspruchs die Leistung tatsächlich an einen Dritten erbracht, so kann der Dritte unabhängig von den zugrundeliegenden Rechtsbeziehungen Leistungsempfänger sein (BFH-Urteil vom 1. 6. 1989 – BStBl II S. 677). [7]*Zur Bestimmung des Leistungsempfängers bei Leistungen im Sinne des § 3b Abs. 3 bis 6 UStG vgl. Abschnitt 42c Abs. 1.*

(14) [1]Die Leistung muß in die unternehmerische Sphäre des Unternehmers eingehen (vgl. BFH-Urteile vom 20. 12. 1984 – BStBl 1985 II S. 176, vom 4. 7. 1985 – BStBl II S. 538 und vom 18. 12. 1986 – BStBl 1987 II S. 350). [2]Ob dies zutrifft, ist nach dem Innenverhältnis zu beurteilen. [3]Danach muß die Verwendung der bezogenen Leistung in der unternehmerischen Sphäre objektiv möglich und auch durchgeführt sein (vgl. auch Absatz 18). [4]Die für die Bewirtung von Geschäftsfreunden anläßlich eines besonderen persönlichen Ereignisses, z. B. 65. Geburtstag des Unternehmers, in Rechnung gestellte Steuer ist als Vorsteuer abziehbar, wenn die Bewirtung durch die Geschäftsbeziehungen des Unternehmers veranlaßt ist (BFH-Urteil vom 12. 12. 1985 – BStBl 1986 II S. 216). [5]Entsprechendes gilt für Vorsteuerbeträge aus der Errichtung eines Brunnens, den eine Personengesellschaft auf einem öffentlichen Platz erbauen läßt, um neben der Erinnerung an den Firmengründer Werbewirkungen zu erreichen (vgl. BFH-Urteil vom 30. 7. 1987 – BStBl II S. 688). [6]Für die Frage, ob eine Leistung für das Unternehmen vorliegt, sind grundsätzlich die Verhältnisse im Zeitpunkt des Umsatzes an den Unternehmer maßgebend *(vgl. BFH-Urteil vom 6. 5. 1993 – BStBl II S. 564).* [7]Eine erstmalige vorübergehende nichtunternehmerische Verwendung steht dem Leistungsbezug für das Unternehmen nicht entgegen, wenn der erworbene Gegenstand anschließend bestimmungsgemäß unternehmerisch genutzt wird (vgl. BFH-Urteil vom 20. 7. 1988 – BStBl II S. 1012 und BFH-Beschluß vom 21. 6. 1990 – BStBl II S. 801). [8]Bei der Anschaffung von sogenannten Freizeitgegenständen, z. B. von Segelbooten, Segelflugzeugen und Wohnwagen, ist zu berücksichtigen, daß nach der Lebenserfahrung für den Bezug dieser Gegenstände in der Regel unternehmerische Gründe nicht vorliegen. [9]In diesen Fällen scheidet daher der Abzug der auf die Anschaffung entfallenden Vorsteuerbeträge unabhängig von einer späteren unternehmerischen Verwendung aus. [10]Allerdings kann in Einzelfällen ein Freizeitgegenstand auch für ein Unternehmen angeschafft werden (vgl. BFH-Beschluß vom 21. 6. 1990 – BStBl II S. 801). [11]Zum Vorsteuerabzug aus dem Erwerb eines Flugzeugs durch die Ehefrau, das weitaus überwiegend vom Ehemann genutzt wird, vgl. BFH-Urteil vom 19. 5. 1988 – BStBl II S. 916.

(15) ¹Als Nachweis dafür, daß die Leistung für das Unternehmen bezogen wurde, sind zutreffende Angaben des leistenden Unternehmers über Art und Umfang der von ihm ausgeführten Leistung in der Rechnung oder in den in § 33 UStDV bezeichneten Unterlagen erforderlich. ²Bei Lieferungen bestehen die erforderlichen Angaben tatsächlicher Art grundsätzlich in der zutreffenden handelsüblichen Bezeichnung der einzelnen Liefergegenstände. ³In besonderen Einzelfällen, z. B. wenn bei der Lieferung von ausschließlich gewerblich nutzbaren Erzeugnissen hinsichtlich des Bezugs für das Unternehmen keine Zweifel bestehen, können die gelieferten Gegenstände in Warengruppen zusammengefaßt werden (vgl. BFH-Urteil vom 24. 4. 1986 – BStBl II S. 581). ⁴Bei den übrigen Leistungen hat der leistende Unternehmer in der Rechnung grundsätzlich tatsächliche Angaben über seine Leistungshandlung zu machen. ⁵Es bestehen jedoch insbesondere bei der Ausführung sonstiger Leistungen keine Bedenken, wenn der Rechnungsaussteller statt seiner Leistungshandlung den beim Leistungsempfänger eintretenden Erfolg seiner Leistungshandlung bezeichnet. ⁶Danach genügt bei der Inrechnungstellung von Arbeitnehmerüberlassungen regelmäßig die Angabe der Gewerke, die mit Hilfe der überlassenen Arbeitskräfte erstellt werden (vgl. BFH-Urteil *vom 21. 1. 1993 – BStBl II S. 384*). ⁷Durch die Angaben in der Rechnung muß zum Ausdruck kommen, daß die gesondert ausgewiesene Steuer auf Lieferungen oder sonstigen Leistungen des Rechnungsausstellers an den Leistungsempfänger beruht. ⁸Dafür genügt eine bloße Auflistung von Umsätzen – aufgeteilt in Entgelt und Umsatzsteuer – nicht (vgl. BFH-Urteil vom 12. 6. 1986 – BStBl II S. 721).

(16) ¹Der Vorsteuerabzug kann nur aufgrund einer Rechnung geltend gemacht werden, die eine eindeutige und leicht nachprüfbare Feststellung der Leistung ermöglicht, über die abgerechnet worden ist (BFH-Urteil vom 10. 11. 1994 – BStBl 1995 II S. 395). ²Eine für die Gewährung des Vorsteuerabzugs ausreichende Leistungsbezeichnung ist dann nicht gegeben, wenn die Angaben tatsächlicher Art im Abrechnungspapier unrichtig oder so ungenau sind, daß sie eine Identifizierung des Leistungsgegenstandes nicht ermöglichen. ³Den Vorsteuerabzug ausschließende

1. unrichtige Angaben liegen vor, wenn eine in der Rechnung aufgeführte Leistung tatsächlich nicht erbracht ist und auch nicht erbracht werden soll, z. B. bei Gefälligkeitsrechnungen, oder zwar eine Leistung ausgeführt ist oder ausgeführt werden soll, jedoch in der Rechnung nicht auf die tatsächliche Leistung, sondern auf eine andere hingewiesen wird (vgl. Beispielsfälle in Abschnitt 190 Abs. 2 Nr. 3);

2. ¹ungenaue Angaben liegen vor, wenn die Rechnungsangaben zwar nicht unrichtig, aber nicht so eingehend und präzise sind, daß sie ohne weiteres völlige Gewißheit über Art und Umfang des Leistungsgegenstandes verschaffen. ²Dies ist regelmäßig der Fall, wenn sich anhand der Rechnung nachträglich nicht genau feststellen läßt, auf welchen gelieferten Gegenstand bzw. auf welchen beim Leistungsempfänger eingetretenen Erfolg einer sonstigen Leistung sich die gesondert ausgewiesene Steuer beziehen soll (vgl. Beispielsfall in Abschnitt 190 Abs. 2 Nr. 3). ³Die erforderlichen Angaben müssen entweder aus der vom leistenden Unternehmer erstellten Rechnung oder aus solchen Unterlagen hervorgehen, auf die in der Rechnung verwiesen wird. ⁴Andere Unterlagen oder Nachweise sowie Rechnungsergänzungen durch den Leistungsempfänger können nicht berücksichtigt werden (vgl. BFH-Beschlüsse vom 4. 12. 1987 – BStBl 1988 II S. 702 und vom 9. 12. 1987 – BStBl 1988 II S. 700).

(17) ¹Der Vorsteuerabzug setzt grundsätzlich eine auf den Namen des umsatzsteuerlichen Leistungsempfängers lautende Rechnung mit gesondert ausgewiesener Steuer voraus. ²Eine andere Rechnungsadresse ist nicht zu beanstanden, wenn aus dem übrigen Inhalt der Rechnung oder aus anderen Unterlagen, auf die in der Rechnung hingewiesen wird (§ 31 Abs. 1 UStDV), Name und Anschrift des umsatzsteuerlichen Leistungsempfängers eindeutig hervorgehen, z. B. bei einer

UStG § 15

| Rechnungsausstellung auf den Namen eines Gesellschafters für Leistungen an die Gesellschaft. *³Der in einer Rechnung an die Bauherren eines Gesamtobjekts (z. B. Wohnanlage mit Eigentumswohnungen) gesondert ausgewiesene Steuerbetrag kann nach § 1 Abs. 2 der Verordnung über die gesonderte Feststellung von Besteuerungsgrundlagen nach § 180 Abs. 2 AO auf die Beteiligten verteilt und ihnen zugerechnet werden. ⁴Die Bezeichnung der einzelnen Leistungsempfänger und der für sie abziehbare Steuerbetrag kann aus einer Abrechnung über das bezeichnete Gesamtobjekt abgeleitet werden (BFH-Urteil vom 27. 1. 1994 – BStBl II S. 488).*

Leistung für den unternehmerischen und den nichtunternehmerischen Bereich

(18) Wird ein Umsatz sowohl für das Unternehmen als auch für Zwecke ausgeführt, die außerhalb des Unternehmens liegen, ist hinsichtlich des Vorsteuerabzugs wie folgt zu verfahren:

1. ¹Bei der Lieferung vertretbarer Sachen sowie bei sonstigen Leistungen ist, abgesehen von den unter Nummer 2 bezeichneten Fällen, die darauf entfallende Steuer entsprechend dem Verwendungszweck in einen abziehbaren und einen nicht abziehbaren Anteil aufzuteilen. *²Telefondienstleistungen bezieht ein Unternehmer nur insoweit für sein Unternehmen, als er das Telefon unternehmerisch nutzt (vgl. Abschnitt 9 Abs. 3).*

2. ¹Ein sog. einheitlicher Gegenstand kann nur insgesamt als für das Unternehmen oder insgesamt als für den nichtunternehmerischen Bereich bezogen angesehen werden. ²Umsatzsteuerbeträge, die durch den Erwerb, die Herstellung sowie die Verwendung oder Nutzung eines solchen Gegenstandes anfallen, z. B. durch den Kauf oder die Miete sowie den laufenden Unterhalt eines Kraftfahrzeugs, können daher in vollem Umfang abgezogen werden, wenn der Gegenstand dem Unternehmen zugeordnet wird. ³Zum Ausgleich dafür unterliegt die Verwendung des Gegenstandes für unternehmensfremde Zwecke als Eigenverbrauch der Umsatzsteuer (§ 1 Abs. 1 Nr. 2 Buchstabe b UStG). ⁴Die Entscheidung über die Zuordnung zum Unternehmen hat der Unternehmer zu treffen (BFH-Urteile vom 25. 3. 1988 – BStBl II S. 649 | und vom 27. 10. 1993 – BStBl 1994 II S. 274). ⁵Hierbei reicht es aus, daß der Gegenstand im Umfang des vorgesehenen Einsatzes für unternehmerische Zwecke in einem objektiven und erkennbaren wirtschaftlichen Zusammenhang mit der gewerblichen oder beruflichen Tätigkeit steht und diese fördern soll (BFH-Urteil vom 12. 12. 1985 – BStBl 1986 II S. 216). ⁶Der Zuordnungsentscheidung gibt der Unternehmer im Regelfall mit der Inanspruchnahme des Vorsteuerabzugs Ausdruck (vgl. BFH-Urteil vom 20. 12. 1984 – BStBl 1985 II S. 176). ⁷Wird ein nicht zum Unternehmen gehörender Gegenstand gelegentlich dem Unternehmen überlassen, können nur die Vorsteuern abgezogen werden, die unmittelbar durch die unternehmerische Verwendung anfallen, z. B. die Steuer für den Bezug von Kraftstoff anläßlich einer betrieblichen Fahrt mit einem privaten Kraftfahrzeug.

Regelungen in Einzelfällen

(19) Zum Vorsteuerabzug in besonderen Fällen wird auf folgende Regelungen hingewiesen:

1. Errichtung von Gebäuden auf fremdem Boden,
vgl. BMF-Schreiben vom 23. 7. 1986 (BStBl I S. 432);

2. Einrichtungen, bei denen neben dem unternehmerischen auch ein nichtunternehmerischer Bereich besteht, z. B. bei juristischen Personen des öffentlichen Rechts, Vereinen,
vgl. Abschnitte 22 und 212;

3. Garantieleistungen in der Reifenindustrie,
vgl. BMF-Schreiben vom 21. 11. 1974 (BStBl I S. 1021);

4. Garantieleistungen und Freiinspektionen in der Kraftfahrzeugwirtschaft,
vgl. BMF-Schreiben vom 3. 12. 1975 (BStBl I S. 1132);
5. Austauschverfahren in der Kraftfahrzeugwirtschaft,
vgl. Abschnitt 153 Abs. 3;
6. Einschaltung von Personengesellschaften beim Erwerb oder der Errichtung von Betriebsgebäuden der Kreditinstitute,
vgl. BMF-Schreiben vom *29. 5. 1992 (BStBl I S. 378);*
7. Einschaltung von Unternehmern in die Erfüllung hoheitlicher Aufgaben,
vgl. BMF-Schreiben vom 27. 12. 1990 (BStBl 1991 I S. 81);
8. *Essensabgabe an die Arbeitnehmer durch eine vom Arbeitgeber nicht selbst betriebene Kantine oder Gaststätte,*
vgl. *Abschnitt 12 Abs. 12.*

(20) [1]Erwachsen dem Unternehmer Aufwendungen durch Beköstigung der im Unternehmen beschäftigten Arbeitnehmer in seinem Haushalt, so gilt folgende Vereinfachungsregelung: Für die auf diese Aufwendungen entfallenden Vorsteuern kann ohne Einzelnachweis ein Betrag abgezogen werden, der sich unter Anwendung eines durchschnittlichen Steuersatzes von *7,8* v. H. auf den Wert errechnet, der bei der Einkommensteuer für die außerbetrieblichen Zukäufe als Betriebsausgabe anerkannt wird. [2]Dementsprechend kann in diesen Fällen die abziehbare Vorsteuer von *7,24* v. H. dieses Werts (Bruttobetrag) errechnet werden.

192a. Vorsteuerabzug ohne gesonderten Steuerausweis in einer Rechnung

Abzug der Steuer für den innergemeinschaftlichen Erwerb von Gegenständen

(1) Der Erwerber kann die für den innergemeinschaftlichen Erwerb geschuldete Umsatzsteuer als Vorsteuer abziehen, wenn er den Gegenstand für sein Unternehmen bezieht und zur Ausführung von Umsätzen verwendet, die den Vorsteuerabzug nicht ausschließen.

(2) [1]Das Recht auf Vorsteuerabzug der Erwerbsteuer entsteht in dem Zeitpunkt, dem die Erwerbsteuer entsteht (§ 13 Abs. 1 Nr. 6 UStG). [2]Der Unternehmer kann damit den Vorsteuerabzug in der Umsatzsteuer-Voranmeldung oder -erklärung geltend machen, in der er den innergemeinschaftlichen Erwerb zu versteuern hat.

Vorsteuerabzug bei Anwendung des Abzugsverfahrens

(3) [1]Weist der im Ausland ansässige Unternehmer in einer Rechnung gesondert Steuer aus, ist der Leistungsempfänger unter den Voraussetzungen des § 15 Abs. 1 bis 4 UStG zum Vorsteuerabzug berechtigt. [2]Zum Vorsteuerabzug des Leistungsempfängers bei Abrechnung mittels Gutschrift mit gesondert ausgewiesener Steuer vgl. Abschnitt 192 Abs. 10.

(4) [1]Auf den gesonderten Ausweis der Steuer in der Rechnung eines im Ausland ansässigen Unternehmers kann jedoch nach § 39a UStDV verzichtet werden, wenn

1. die Steuer im Abzugsverfahren entrichtet worden ist und

2. der Leistungsempfänger auf der Rechnung vermerkt hat, welchen Steuerbetrag er errechnet und abgeführt hat.

[2]Der Vorsteuerabzug aus der entrichteten Steuer ist unter den genannten Voraussetzungen auch zulässig, wenn der leistende Unternehmer die Umsatzsteuer zu niedrig ausgewiesen hat.

(5) Der Leistungsempfänger kann bei Anwendung des Abzugsverfahrens den Vorsteuerabzug aus Vereinfachungsgründen bereits in der Umsatzsteuer-Voranmeldung für den Voranmeldungszeitraum geltend machen, in der er die einbehaltene Umsatzsteuer erklärt.

193. Vorsteuerabzug bei Zahlungen vor Empfang der Leistung

(1) [1]Der vorgezogene Vorsteuerabzug setzt bei Zahlungen vor Empfang der Leistung (§ 15 Abs. 1 Nr. 1 Satz 2 UStG) voraus, daß

1. eine Rechnung oder Gutschrift mit gesondertem Ausweis der Steuer vorliegt und
2. die Zahlung geleistet worden ist.

[2]Sind diese Voraussetzungen nicht gleichzeitig gegeben, kommt der Vorsteuerabzug für den Besteuerungszeitraum in Betracht, in dem erstmalig beide Voraussetzungen erfüllt sind.

(2) Hat ein Kleinunternehmer, der von der Sonderregelung des § 19 Abs. 1 UStG zur *allgemeinen* Besteuerung übergegangen ist, bereits vor dem Übergang Zahlungen für einen nach dem Übergang an ihn bewirkten Umsatz geleistet, so kann er den vorgezogenen Vorsteuerabzug in der USt-Voranmeldung für den ersten Voranmeldungszeitraum nach dem Übergang zur *allgemeinen* Besteuerung geltend machen.

(3) Für den vorgezogenen Vorsteuerabzug ist es ohne Bedeutung, ob die vor Ausführung des Umsatzes geleistete Zahlung das volle Entgelt oder nur einen Teil des Entgelts einschließt.

(4) [1]Ist der gesondert ausgewiesene Steuerbetrag höher als die Steuer, die auf die Zahlung vor der Umsatzausführung entfällt, so kann vorweg nur der Steuerbetrag abgezogen werden, der in der im voraus geleisteten Zahlung enthalten ist. [2]Das gilt auch, wenn vor der Ausführung des Umsatzes über die gesamte Leistung abgerechnet wird, die Gegenleistung aber in Teilbeträgen gezahlt wird. [3]In diesen Fällen hat daher der Unternehmer den insgesamt ausgewiesenen Steuerbetrag auf die einzelnen Teilbeträge aufzuteilen.

Beispiel:
[1]Der Unternehmer hat bereits im Januar eine Gesamtrechnung für einen im Juli zu liefernden Gegenstand über 100 000 DM zuzüglich gesondert ausgewiesener Umsatzsteuer von *15 000* DM insgesamt = *115 000* DM erhalten. [2]Er leistet in den Monaten März, April und Mai Anzahlungen von jeweils *23 000* DM. [3]Die Restzahlung in Höhe von *46 000* DM überweist er einen Monat nach Empfang der Leistung. [4]Der Unternehmer kann für die Voranmeldungszeiträume März, April und Mai den in der jeweiligen Anzahlung enthaltenen Steuerbetrag von *3 000* DM als Vorsteuer abziehen. [5]Die in der Restzahlung von *46 000* DM enthaltene Vorsteuer von *6 000* DM kann für den Voranmeldungszeitraum Juli (zum Zeitpunkt der Umsatzausführung) abgezogen werden.

(5) [1]Aus einer Endrechnung (§ 14 Abs. 1 letzter Satz UStG) kann der Leistungsempfänger nur den Steuerbetrag als Vorsteuer abziehen, der auf die verbliebene Restzahlung entfällt. [2]Das gleiche gilt bei der Abrechnung mit Gutschriften. [3]Ein höherer Vorsteuerabzug ist auch dann nicht zulässig, wenn in der Endrechnung die im voraus gezahlten Teilentgelte und die darauf entfallenden Steuerbeträge nicht oder nicht vollständig abgesetzt wurden. [4]Sind die Rechnungen oder Gutschriften für die im voraus geleisteten Zahlungen im Zusammenhang mit der Erteilung der Endrechnung widerrufen oder zurückgenommen worden, so ist aus der Endrechnung ebenfalls nur der auf die Restzahlung entfallende Steuerbetrag als Vorsteuer abziehbar.

194. Vorsteuerabzug bei Rechnungen über Kleinbeträge

(1) Für die Berechnung des Steuerbetrages aus Rechnungen bis zu einem Gesamtbetrag von 200 DM (vgl. § 35 Abs. 1 UStDV) können die auf einen Voranmeldungszeitraum entfallenden Rechnungen zusammengefaßt werden, soweit derselbe Steuersatz anzuwenden ist.

(2) Die Vorsteuer kann aus dem Rechnungsbetrag durch Anwendung der folgenden Formel ermittelt werden:

$$\frac{\text{Rechnungspreis} \times \text{Steuersatz}}{(100 + \text{Steuersatz})}$$

Beispiel:

Rechnungspreis 172,50 DM, Steuersatz 15 v. H.

$$\frac{172,50 \times 15}{(100 + 15)} = 22,50 \, DM \, Vorsteuer$$

(3) Der auf die Rechnung entfallende Steuerbetrag kann *auch mittels eines Faktors oder eines Divisors ermittelt werden.*

1. Bei Verwendung eines Faktors ist folgende Formel anzuwenden:

$$\frac{\text{Rechnungspreis} \times \text{Faktor}}{100}$$

Der Faktor beträgt bei einem Steuersatz von

5   v. H. =   4,76   (4,7619)

6,5 v. H. =   6,10   (6,1033)

7   v. H. =   6,54   (6,5421)

7,5 v. H. =   6,98   (6,9767)

8   v. H. =   7,41   (7,4074)

8,5 v. H. =   7,83   (7,8341)

9   *v. H. =   8,25   (8,2569)*

11   v. H. =   9,91   (9,9099)

13   v. H. = 11,50 (11,5044)

14   v. H. = 12,28 (12,2807)

15   v. H. = 13,04 (13,0435).

Beispiel:

Rechnungspreis 172,50 DM, Steuersatz 15 v. H.

$$\frac{172,50 \times 13,04}{100} = 22,50 \, DM \, Vorsteuer$$

2. [1]*Mit einem Divisor* kann zunächst das auf den Rechnungspreis entfallende Entgelt berechnet und sodann der abziehbare Vorsteuerbetrag durch Kürzung des Entgelts vom Rechnungspreis ermittelt *werden.* [2]Das Entgelt wird nach folgender Formel berechnet:

$$\frac{\text{Rechnungspreis}}{\text{Divisor}}$$

[3]Der Divisor beträgt bei einem in der Rechnung angegebenen Steuersatz von

5   v. H. = 1,05
6,5 v. H. = 1,065
7   v. H. = 1,07
7,5 v. H. = 1,075
8   v. H. = 1,08
8,5 v. H. = 1,085
9   v. H. = 1,09
11   v. H. = 1,11
13   v. H. = 1,13
14   v. H. = 1,14
15   v. H. = 1,15.

Beispiel:
Rechnungspreis 172,50 DM, Steuersatz 15 v. H.

$$\frac{172,50}{1,15} = 150,- DM \; Entgelt$$

172,50 DM ./. 150,– DM = 22,50 DM Vorsteuern.

195. Vorsteuerabzug bei Fahrausweisen

(1) [1]Fahrausweise und Belege im Sinne des § 34 UStDV, die für die Beförderung im Personenverkehr und im Reisegepäckverkehr ausgegeben werden, berechtigen nach § 35 Abs. 2 UStDV zum Vorsteuerabzug, soweit sie auf das Inland entfallende Beförderungsleistungen für das Unternehmen betreffen. [2]Stellt der Unternehmer seinen Arbeitnehmern Fahrausweise für die Fahrten zwischen Wohnung und regelmäßiger Arbeitsstätte zur Verfügung, sind die von den Arbeitnehmern in Anspruch genommenen Beförderungsleistungen nicht als Umsätze für das Unternehmen anzusehen. [3]Die dafür vom Unternehmer beschafften Fahrausweise berechtigen ihn daher nicht zur Vornahme des Vorsteuerabzugs.

(2) [1]Bei Zuschlagkarten ist für den Vorsteuerabzug der Steuersatz zugrunde zu legen, der nach § 35 Abs. 2 UStDV für den dazugehörigen Fahrausweis gilt. [2]Bei Fahrausweisen mit Umwegkarten ist für den Vorsteuerabzug der Steuersatz maßgebend, der für die Summe der im Fahrausweis und in der Umwegkarte angegebenen Tarifentfernungen gilt. [3]Bei Fahrausweisen für Beförderungsleistungen im grenzüberschreitenden Personenverkehr und im internationalen Eisenbahnpersonenverkehr ist die Vorsteuer aus den Angaben der in § 34 Abs. 2 UStDV bezeichneten Bescheinigung zu ermitteln. [4]Fahrausweise für Beförderungsleistungen auf ausländischen Strecken, die nach §§ 3, 4, 6 und 7 UStDV als Strecken im Inland gelten, berechtigen insoweit zum Vorsteuerabzug. [5]Umgekehrt kann aufgrund von Fahrausweisen für Beförderungsleistungen auf Strecken im Inland, die nach §§ 2, 4, 5 und 7 UStDV als ausländische Strecken gelten, ein Vorsteuerabzug nicht vorgenommen werden.

(3) [1]Im Wechselverkehr zwischen *den Eisenbahnen des Bundes* und nichtbundeseigenen Eisenbahnen sowie zwischen nichtbundeseigenen Eisenbahnen sind auf dem gemeinsamen Fahrausweis die einzelnen Teilentfernungen angegeben (z. B. 400/75 km). [2]In diesen Fällen ist für die

Ermittlung der abziehbaren Vorsteuerbeträge der für die einzelnen Teilentfernungen maßgebliche Steuersatz zugrunde zu legen. ³Betragen die angegebenen Teilentfernungen teils nicht mehr, teils jedoch mehr als 50 km, kann aus Vereinfachungsgründen der Gesamtfahrpreis für die Ermittlung der abziehbaren Vorsteuerbeträge nach dem Anteil der einzelnen Teilentfernungen, auf die unterschiedliche Steuersätze anzuwenden sind, aufgeteilt werden. ⁴Enthalten gemeinsame Fahrausweise für Beförderungsleistungen durch mehrere in einem Verkehrs- und Tarifverbund zusammengeschlossene Unternehmer keine Angaben über den Steuersatz und die Entfernung, so ist für die Berechnung der abziehbaren Vorsteuerbeträge der ermäßigte Steuersatz zugrunde zu legen.

(4) Absatz 3 gilt entsprechend bei gemeinsamen Fahrausweisen für Beförderungsleistungen auf Eisenbahn- und Schiffsstrecken.

(5) ¹Bei Fahrausweisen im Luftverkehr kommt ein Vorsteuerabzug unter Zugrundelegung des ermäßigten Steuersatzes nicht in Betracht. ²Der Abzug auf der Grundlage des allgemeinen Steuersatzes ist nur zulässig, wenn dieser Steuersatz auf dem Fahrausweis ausdrücklich angegeben ist.

(6) ¹Bei Belegen im Reisegepäckverkehr sind die Vorschriften für den Vorsteuerabzug bei Fahrausweisen entsprechend anzuwenden. ²Zum Vorsteuerabzug berechtigen die Belege, die für die Beförderung von Reisegepäck im Zusammenhang mit einer Personenbeförderung ausgegeben werden.

(7) Keine Fahrausweise im Sinne des § 34 UStDV sind Belege über die Benutzung von Taxen, von Mietwagen oder von Kraftomnibussen außerhalb des Linienverkehrs.

(8) ¹Die Vorschrift des § 35 Abs. 2 UStDV schließt nicht aus, daß der Unternehmer den Vorsteuerabzug für Beförderungsleistungen im Personenverkehr anstatt auf der Grundlage von Fahrausweisen im Sinne des § 34 UStDV aufgrund von Rechnungen im Sinne des § 14 Abs. 1 UStG, wie sie z. B. von Reisebüros für Fahrausweise der *Deutschen Bahn AG* erteilt werden, vornehmen kann. ²Zu den erforderlichen Angaben in der Rechnung vgl. Abschnitt 185 Abs. 1. ³Zur Angabe von Entgelt und Steuerbetrag in einer Summe vgl. Abschnitt 202 Abs. 4.

(9) *Zur Herausrechnung* des Steuerbetrags aus dem Fahrpreis vgl. Abschnitt 194.

(10) Zur Einbeziehung der Beförderungskosten in die Gesamtpauschalierung des Vorsteuerabzugs aus Reisekosten vgl. Abschnitt 196 Abs. 13 und 15.

196. Vorsteuerabzug bei Reisekosten

Allgemeines

(1) ¹Steuern für Umsätze, die aus Anlaß einer Geschäfts- oder Dienstreise oder des Vorstellungsbesuchs eines Stellenbewerbers (§ 38 UStDV) im Inland für das Unternehmen ausgeführt werden, sind grundsätzlich nach den allgemeinen Voraussetzungen des § 15 UStG als Vorsteuern abziehbar (vgl. Absätze 4 bis 6). ²Zur Abgrenzung dieser Begriffe nach den für die Einkommensteuer und Lohnsteuer geltenden Merkmalen vgl. R 119 Abs. *1* EStR *1993* und Abschnitt 37 Abs. 3 LStR. ³*Den pauschalen Vorsteuerabzug nach §§ 36 bis 38 UStDV können auch im übrigen Gemeinschaftsgebiet ansässige Unternehmer in Anspruch nehmen, die am Vorsteuer-Vergütungsverfahren teilnehmen (vgl. BFH-Urteil vom 15. 10. 1992 – BStBl 1993 II S. 207), nicht jedoch im Drittlandsgebiet ansässige Unternehmer (vgl. Abschnitt 241 Abs. 4).*

(2) ¹§ 36 UStDV regelt den Vorsteuerabzug bei den Aufwendungen, die nach den für *die* Einkommen- oder Lohnsteuer festgesetzten Pauschbeträgen abgerechnet werden. ²Aus diesen Aufwendungen ist ein Vorsteuerabzug zulässig, ohne daß eine Rechnung mit gesondertem Steu-

UStG § 15

erausweis vorliegen muß. ³Die Vorsteuer kann in diesen Fällen aus dem maßgeblichen Pauschbetrag errechnet werden (vgl. Absätze 7 bis 13).

(3) § 37 UStDV enthält eine weitere Vereinfachung durch Pauschalierung des Vorsteuerabzugs für alle mit Umsatzsteuer belasteten Reisekosten in einem Kalenderjahr mit einem einheitlichen Pauschsatz (vgl. Absätze 14 bis 17).

Reisekosten nach Einzelnachweis

(4) ¹Ist eine Rechnung über Aufwendungen aus Anlaß einer Dienstreise auf den Namen des betreffenden Arbeitnehmers ausgestellt, z. B. bei Rechnungen über die Unterbringung, so ist der Abzug der Vorsteuer nicht zu beanstanden, wenn diese Aufwendungen dem Arbeitnehmer erstattet werden und die Aufzeichnungen des Unternehmers den Zusammenhang mit der Dienstreise eindeutig erkennen lassen. ²Entsprechendes gilt bei Geschäftsreisen der Mitunternehmer von Personengesellschaften.

(5) ¹Bei Geschäftsreisen (§ 38 UStDV) hat die Begrenzung des Abzugs der Mehraufwendungen für Verpflegung nach § 4 Abs. 5 Nr. 5 EStG keinen Einfluß auf die Höhe des Vorsteuerabzugs aus den durch Rechnungen mit gesondertem Steuerausweis nachgewiesenen Aufwendungen. ²Diesem Vorsteuerabzug steht die Besteuerung des Eigenverbrauchs nach § 1 Abs. 1 Nr. 2 Buchstabe c UStG gegenüber.

(6) ¹Bei Dienstreisen (§ 38 UStDV) sind für den Vorsteuerabzug aus den Verpflegungsaufwendungen der Arbeitnehmer grundsätzlich die nachgewiesenen Aufwendungen maßgebend. ²Der Vorsteuerabzug darf jedoch höchstens aus dem Betrag errechnet werden, der dem Arbeitnehmer lohnsteuerfrei erstattet werden kann (vgl. Abschnitt 39 Abs. 2 LStR). ³Die abziehbare Vorsteuer ist aus dem jeweiligen Bruttobetrag auf der Grundlage des maßgeblichen Steuersatzes herauszurechnen (vgl. Abschnitt 194).

Reisekosten nach Pauschbeträgen

(7) Die Ermittlung des Vorsteuerbetrages auf der Grundlage von Pauschbeträgen (§ 36 UStDV) erstreckt sich auf folgenden Teil der Reisekosten:

1. Bei Geschäftsreisen (§ 38 UStDV) des Unternehmers oder Mitunternehmers von Personengesellschaften mit Einkünften aus Land- und Forstwirtschaft, aus Gewerbebetrieb oder aus selbständiger Arbeit

    a) auf die Mehraufwendungen für Verpflegung und

    b) auf die Aufwendungen für die Benutzung eines nicht zum Unternehmen gehörenden Kraftfahrzeugs.

2. Bei Dienstreisen (§ 38 UStDV) der Arbeitnehmer auf

    a) die Mehraufwendungen für Verpflegung,

    b) die Aufwendungen für Übernachtung und

    c) die Aufwendungen für die Benutzung eines eigenen Kraftfahrzeugs oder Fahrrads.

(8) ¹Pauschbeträge im Sinne des § 36 Abs. 1 bis 3 UStDV sind:

1. bei Geschäftsreisen die in *R* 119 Abs. *2* Nr. 1 Sätze 2 und 3, Nr. 3 Satz *5* ff. und Abs. *4* EStR *1993* und

2. bei Dienstreisen die in Abschnitt 38 Abs. 2, Abschnitt 39 Abs. 2 und Abschnitt 40 Abs. 3 LStR bezeichneten Beträge.

²Erstattet ein Unternehmer seinem Arbeitnehmer die genannten Reisekosten nach den beamtenrechtlichen Regelungen über Reisekostenvergütungen und wird dieses Verfahren lohnsteuerlich anerkannt, sind diese Beträge ebenfalls als Pauschbeträge nach § 36 Abs. 1 und 2 UStDV anzusehen. ³Außerdem können die in besonderen Fällen für die Zwecke der Einkommen- oder Lohnsteuer allgemein für die Mehraufwendungen für Verpflegung und die Aufwendungen für Übernachtung festgesetzten Pauschbeträge anerkannt werden. ⁴Voraussetzung ist jedoch, daß auch in diesen Fällen eine Geschäfts- oder Dienstreise (§ 38 UStDV) vorliegt.

(9) ¹Werden die Pauschbeträge für die Einkommen- oder Lohnsteuer nicht oder nicht in voller Höhe berücksichtigt oder erstattet der Unternehmer niedrigere Beträge, ist für die Errechnung des abziehbaren Vorsteuerbetrages von den einkommen- oder lohnsteuerlich im Einzelfall tatsächlich anerkannten Beträgen auszugehen *(vgl. BFH-Urteil vom 15. 10. 1992 – BStBl 1993 II S. 207)*. ²Werden vom Unternehmer ohne Nachweis der tatsächlich entstandenen Kosten über den Pauschbeträgen liegende Beträge geltend gemacht oder dem Arbeitnehmer erstattet, so kann die Vorsteuer unter Berücksichtigung der nach dem Einkommen- oder Lohnsteuerrecht anzusetzenden Pauschbeträge errechnet werden.

(10) ¹Liegt bei einer auswärtigen Tätigkeit eine Geschäfts- oder Dienstreise nicht vor oder ist bei einer auswärtigen Tätigkeit die Einsatzstelle die regelmäßige Arbeitsstätte (Abschnitt 37 Abs. 6 LStR), so kann für die dadurch entstandenen Aufwendungen kein *pauschaler* Vorsteuerabzug in Anspruch genommen werden (vgl. BFH-Beschluß vom 29. 1. 1987 – BStBl II S. 316). ²Der Vorsteuerabzug entfällt deshalb z. B. bei Inanspruchnahme von Pauschbeträgen für Verpflegungsmehraufwendungen anläßlich doppelter Haushaltsführung des Unternehmers *(R 23 Abs. 4 EStR 1993)* und entsprechenden Erstattungen an den Arbeitnehmer (Abschnitt 43 LStR) sowie für Erstattungen von Fahrtkosten und Verpflegungskosten an Arbeitnehmer bei Einsatzwechseltätigkeit (Abschnitt 38 Abs. 5, Abschnitt 39 Abs. 7 LStR) und Fahrtätigkeit (Abschnitt 38 Abs. 4, Abschnitt 39 Abs. 6 LStR). ³*Ein Berufskraftfahrer führt nur dann Dienstreisen im Sinne des § 38 UStDV durch, wenn er außerhalb seines Fahrzeugs eine regelmäßige Arbeitsstätte hat (BFH-Urteil vom 15. 10. 1992 – BStBl 1993 II S. 207).*

(11) ¹Die Inanspruchnahme des pauschalen Vorsteuerabzugs nach § 36 Abs. 2 UStDV setzt voraus, daß der Unternehmer dem Arbeitnehmer die Aufwendungen für das anläßlich einer Dienstreise benutzte eigene Kraftfahrzeug oder Fahrrad nach der Anzahl der tatsächlich gefahrenen Kilometer erstattet. ²Gewährt der Unternehmer seinen Arbeitnehmern für die Benutzung eines eigenen Kraftfahrzeugs oder Fahrrads aus Anlaß von Dienstreisen für einen bestimmten Zeitraum eine feste Pauschvergütung, so kann beim Vorliegen der sonstigen Voraussetzungen des § 36 Abs. 2 UStDV die abziehbare Vorsteuer unter Berücksichtigung der im betreffenden Voranmeldungszeitraum tatsächlich gefahrenen Kilometer und des für die Lohnsteuer anerkannten Kilometersatzes (Abschnitt 38 Abs. 2 LStR) berechnet werden. ³Ist der sich aufgrund dieser Merkmale ergebende Betrag höher als die tatsächlich gewährte Pauschalvergütung, ist jedoch für die Berechnung des abziehbaren Vorsteuerbetrages von der Pauschvergütung auszugehen. ⁴Zum Ausgleich für die bei einer festen Pauschvergütung möglichen Schwankungen innerhalb der einzelnen Voranmeldungszeiträume kann bei Abgabe der Jahreserklärung der Vorsteuerabzug auf der Grundlage der im gesamten Besteuerungszeitraum tatsächlich gefahrenen Kilometer neu berechnet werden. ⁵Auch bei dieser Neuberechnung darf jedoch für die Ermittlung der abziehbaren Vorsteuer höchstens die tatsächlich gewährte Pauschvergütung zugrunde gelegt werden.

(12) Der pauschale Vorsteuerabzug nach § 36 Abs. 3 UStDV kann in Anspruch genommen werden, wenn der Unternehmer oder Mitunternehmer einer Personengesellschaft für eine Geschäftsreise ein nicht zu einem Unternehmen gehörendes Kraftfahrzeug, z. B. seinen privaten

Personenkraftwagen, benutzt und für die ihm dadurch entstehenden Aufwendungen einkommensteuerlich einen Pauschbetrag nach der Anzahl der tatsächlich gefahrenen Kilometer anerkannt erhält.

(13) ¹Der Vorsteuerabzug aus Pauschbeträgen entfällt bei Geschäfts- und Dienstreisen im Ausland. ²In die Pauschalregelung sind jedoch die auf das Inland entfallenden Aufwendungen für Reisen in das Ausland einzubeziehen (§ 36 Abs. 4 UStDV).

Gesamtpauschalierung des Vorsteuerabzugs aus Reisekosten

(14) ¹Der Unternehmer hat die Möglichkeit, die abziehbare Vorsteuer für alle innerhalb eines Kalenderjahres im Inland durchgeführten Geschäfts- und Dienstreisen im Sinne des § 38 UStDV mit einem einheitlichen Pauschsatz der Reisekosten zu ermitteln (§ 37 UStDV). ²Ein Wechsel innerhalb des Kalenderjahres oder eine Beschränkung auf bestimmte Reisen ist nicht zulässig.

(15) ¹Für die Ermittlung des abziehbaren Vorsteuerbetrages kommen die Reisekosten in Betracht, die dem Unternehmer für Reisen im Inland und für die auf das Inland entfallenden Anteile bei Reisen in das Ausland entstanden sind (vgl. Absatz 13). ²Kosten für Beförderungsleistungen, die nicht mit Umsatzsteuer belastet sind z. B. Beförderungen im grenzüberschreitenden Luftverkehr, sind auszuscheiden (§ 37 Abs. 2 UStDV).

(16) ¹Der Begriff der Reisekosten ist grundsätzlich nach denselben Merkmalen abzugrenzen wie bei der Einkommen- und Lohnsteuer (vgl. *R* 119 Abs. *1* EStR *1993* und Abschnitt 37 Abs. 3 LStR). ²Werden für die Geschäfts- und Dienstreisen unternehmenseigene Kraftfahrzeuge benutzt und die dafür anfallenden Aufwendungen vom Unternehmer wie vielfach üblich nicht als Reisekosten abgerechnet, sondern anderweitig gebucht, z. B. auf dem Konto Treibstoff, können jedoch diese Kosten bei der Ermittlung des pauschalen Vorsteuerabzugs außer Betracht gelassen werden. ³Umgekehrt kann ein Unternehmer auch solche im Zusammenhang mit einer Geschäfts- oder Dienstreise entstandenen Aufwendungen für die Inanspruchnahme von Leistungen durch den die Reise Ausführenden in die pauschale Ermittlung des Vorsteuerabzugs einbeziehen, die begrifflich zwar keine Reisekosten darstellen, aber von ihm entsprechend allgemeiner Übung mit diesen Kosten abgerechnet werden, z. B. Ausgaben für Geschenke, die Bewirtung von Geschäftsfreunden u. ä. bei Geschäfts- und Dienstreisen; ausgenommen sind mit Umsatzsteuer nicht belastete Aufwendungen.

(17) ¹Für die Anwendung des § 37 UStDV ist es unerheblich, ob der Unternehmer die in § 36 UStDV bezeichneten Reisekosten nach Pauschsätzen oder aufgrund von Einzelbelegen abrechnet. ²Außerdem ist es nicht erforderlich, daß die Steuer in den Rechnungen über die entstandenen Reisekosten gesondert ausgewiesen ist. ³Die pauschale Ermittlung der abziehbaren Vorsteuerbeträge kann daher auf der Grundlage der für die Einkommen- und Lohnsteuer anerkannten Reisekostenbelege vorgenommen werden (vgl. auch Absatz 9). ⁴Im Fall des Einzelnachweises der Mehraufwendungen für Verpflegung bei Geschäftsreisen können die nachgewiesenen Aufwendungen auch dann angesetzt werden, wenn sie den *Pausch*betrag nach § 4 Abs. 5 Nr. 5 EStG übersteigen. ⁵Bei Dienstreisen dürfen dagegen die nachgewiesenen Mehraufwendungen nur bis zu dem Betrag angesetzt werden, der dem Arbeitnehmer lohnsteuerfrei erstattet werden kann (vgl. dazu Absätze 5 und 6).

Ausstellung eines Eigenbelegs

(18) ¹Der Beleg (§ 36 Abs. 5 und § 37 Abs. 4 UStDV) ist materiell-rechtliche Voraussetzung für den Vorsteuerabzug. ²Eine Schätzung der abziehbaren Vorsteuerbeträge aus Reisekosten kommt daher bei fehlendem Beleg nicht in Betracht (vgl. BFH-Urteil vom 13. 12. 1984, UR 1985 S. 90). ³Außerdem sind in diesen Fällen die Voraussetzungen für eine Anerkennung des Vorsteu-

erabzugs im Billigkeitswege nicht gegeben (vgl. Abschnitt 202 Abs. 7). [4]Die Verpflichtung zur Ausstellung eines Belegs im Sinne des § 36 Abs. 5 UStDV ist auch dann erfüllt, wenn der Unternehmer alle in einem Voranmeldungszeitraum ausgeführten Geschäfts- oder Dienstreisen in einem gemeinsamen Beleg zusammenfaßt.

(19) [1]Bei der Ausstellung des Belegs nach § 37 Abs. 4 UStDV können die Reisekosten, die nach Absatz 15 bei der Ermittlung des abziehbaren Vorsteuerbetrages auszuscheiden sind, vom Unternehmer gemeinsam erfaßt werden. [2]Ein besonderer Beleg für die Zwecke des Vorsteuerabzugs ist nicht erforderlich, wenn die nach § 37 Abs. 4 UStDV in Verbindung mit § 36 Abs. 5 UStDV geforderten Angaben eindeutig und leicht nachprüfbar aus anderen betrieblichen Unterlagen hervorgehen, z. B. aus den Reisekostenabrechnungen. [3]Außerdem kann der Unternehmer alle in einem Voranmeldungszeitraum ausgeführten Geschäfts- und Dienstreisen nach der Zeitfolge geordnet in einem gemeinsamen Beleg zusammenfassen.

197. Vorsteuerabzug bei Umzugskosten

(1) [1]Die Regelung des § 39 UStDV erstreckt sich nur auf Umzugskosten, die dem Unternehmer für einen dienstlich veranlaßten Umzug seiner Arbeitnehmer entstanden sind. [2]Aus Kosten für einen eigenen Wohnungswechsel kann der Unternehmer daher den Vorsteuerabzug nicht vornehmen.

(2) [1]Soweit die dem Arbeitnehmer erstatteten Kosten über die lohnsteuerlich für den Umzug anerkannten Beträge (vgl. Abschnitt 41 LStR) hinausgehen, ist der Vorsteuerabzug ausgeschlossen. [2]Bei den aus Anlaß des Umzugs erstatteten Verpflegungsmehraufwendungen ist der Vorsteuerabzug zudem nur im Rahmen der lohnsteuerlichen Höchstbeträge zulässig. [3]Zur Berechnung der abziehbaren Vorsteuer aus diesen Mehraufwendungen vgl. Abschnitt 196 Abs. 6. [4]Abweichend von der einkommen- und lohnsteuerlichen Behandlung der Umzugskosten berechtigen ausschließlich die Beträge zur Vornahme des Vorsteuerabzugs, denen steuerpflichtige Leistungen zugrunde liegen (§ 39 Abs. 1 Nr. 2 UStDV).

198. Vorsteuerabzug bei unfreien Versendungen *und innergemeinschaftlichen Güterbeförderungen*

Unfreie Versendungen

(1) [1]Nach § 40 UStDV wird die Berechtigung zum Vorsteuerabzug vom Absender der Frachtsendung auf den Empfänger übertragen. [2]Die Regelung läßt keine Wahlmöglichkeit zu. [3]Liegt frachtrechtlich eine unfreie Versendung vor, ist deshalb der Absender als der eigentliche Leistungsempfänger vom Vorsteuerabzug allgemein ausgeschlossen. [4]§ 40 UStDV gilt außer bei Frachtsendungen im Rahmen von Lieferungen auch bei Versendungsaufträgen im Zusammenhang mit Materialgestellungen und Materialbeistellungen.

(2) Wird bei unfreien Versendungen das Frachtgut von dem beauftragten Spediteur nicht unmittelbar, sondern über einen Empfangsspediteur an den endgültigen Frachtempfänger versendet, so gilt folgendes:

1. [1]Zieht der Empfangsspediteur die ihm berechneten Frachtkosten (Vorkosten) in eigenem Namen ein, ist er als Empfänger der diesen Kosten zugrundeliegenden Frachtleistungen anzusehen. [2]Er kann daher die ihm dafür gesondert in Rechnung gestellte Steuer nach § 40 Abs. 1 UStDV als Vorsteuer abziehen. [3]Der Inanspruchnahme des Vorsteuerabzugs steht nicht entgegen, daß der Empfangsspediteur die Vorkosten weiterberechnet. [4]§ 40 Abs. 1 Nr. 2 UStDV setzt nur voraus, daß der Frachtempfänger die Entrichtung der Frachtkosten an den Versand-

spediteur oder Frachtführer übernommen hat, nicht aber, daß er diese Kosten auch wirtschaftlich trägt. ⁵Bei dieser Gestaltung sind die verauslagten Frachtkosten beim Empfangsspediteur Teil der Bemessungsgrundlage für seine Leistung. ⁶Der endgültige Frachtempfänger ist zum Abzug der Steuer auf die gesamte Bemessungsgrundlage beim Vorliegen der Voraussetzungen des § 15 Abs. 1 UStG berechtigt.

2. ¹Tritt der Empfangsspediteur als Vermittler auf und behandelt er dementsprechend die Vorkosten als durchlaufende Posten, werden die diesen Kosten zugrundeliegenden Frachtleistungen an den endgültigen Frachtempfänger erbracht. ²In diesen Fällen ist § 40 Abs. 1 UStDV auf den Empfangsspediteur nicht anwendbar. ³Der Vorsteuerabzug steht allein dem endgültigen Frachtempfänger zu.

Innergemeinschaftliche Güterbeförderungen

(3) ¹Als Leistungsempfänger im umsatzsteuerlichen Sinn ist grundsätzlich derjenige zu behandeln, in dessen Auftrag die Leistung ausgeführt wird (vgl. Abschnitt 192 Abs. 13). ²Aus Vereinfachungsgründen ist bei Leistungen im Sinne des § 3b Abs. 3 bis 6 UStG der Rechnungsempfänger als ggf. zum Vorsteuerabzug berechtigter Leistungsempfänger anzusehen.

Beispiel:
¹Der in Frankreich ansässige Unternehmer U versendet Güter per Frachtnachnahme an den Unternehmer A in Deutschland. ²Bei Frachtnachnahmen wird regelmäßig vereinbart, daß der Beförderungsunternehmer dem Empfänger der Sendung die Beförderungskosten in Rechnung stellt und dieser die Beförderungskosten zahlt. ³Der Rechnungsempfänger A der innergemeinschaftlichen Güterbeförderung ist als Empfänger der Beförderungsleistung (Leistungsempfänger) im Sinne des § 3b Abs. 3 Satz 2 UStG anzusehen. ⁴A ist ggf. zum Vorsteuerabzug berechtigt.

199. Abzug der Einfuhrumsatzsteuer bei Einfuhr in das Inland

(1) ¹Die Einfuhrumsatzsteuer kann vom Unternehmer als Vorsteuer abgezogen werden, wenn sie tatsächlich entrichtet wird und die Gegenstände für sein Unternehmen in das Inland eingeführt worden sind. ²Die Entrichtung ist durch einen zollamtlichen Beleg nachzuweisen. ³Zum Nachweis bei Mikroverfilmung vgl. Abschnitt 255 Abs. 3. ⁴Ein Beleg, in dem die gesamten Eingangsabgaben nach einem pauschalierten Satz in einer Summe angegeben sind, reicht für die Vornahme des Vorsteuerabzugs nicht aus. ⁵Wird die Einfuhrumsatzsteuer bei Fälligkeit nicht entrichtet, so ist ein bereits vorgenommener Vorsteuerabzug (§ 16 Abs. 2 Satz 4 UStG) zu berichtigen.

(2) ¹Für den Vorsteuerabzug kommt es auf das Gelangen des Gegenstandes in das umsatzsteuerliche Inland (vgl. § 1 Abs. 2 UStG) an. ²Die Regelung ist vor allem für die Einfuhren von Bedeutung, die über einen Abfertigungsplatz im Ausland bewirkt werden. ³In diesen Fällen ist der Tatbestand der Einfuhr im Sinne des § 15 Abs. 1 Nr. 2 UStG nicht schon beim Eintreffen des Einfuhrgegenstandes auf dem Abfertigungsplatz – z. B. einem im Ausland befindlichen Grenzbahnhof mit einer deutschen Zollabfertigung –, sondern erst beim Übergang in das umsatzsteuerliche Inland verwirklicht. ⁴Das gilt auch dann, wenn der Gegenstand bereits auf dem Abfertigungsplatz einfuhrumsatzsteuerrechtlich abgefertigt wurde.

(3) ¹Bei Einfuhren über *die in § 1 Abs. 3 UStG bezeichneten Gebiete* ist der Gegenstand ebenfalls erst beim Übergang in das umsatzsteuerliche Inland eingeführt. ²In diesen Fällen ist jedoch die Einfuhr in das Inland für den Abzug der Einfuhrumsatzsteuer nur dann bedeutsam, wenn der eingeführte Gegenstand nicht zur Ausführung der in § 1 Abs. 3 UStG bezeichneten Umsätze verwendet wird (vgl. hierzu Abschnitt 200). ³Im allgemeinen kommt es daher hierbei nur dann auf den Übergang des Gegenstandes in das umsatzsteuerliche Inland an, wenn der eingeführte Gegen-

stand nicht schon *in den in § 1 Abs. 3 UStG bezeichneten Gebieten,* insbesondere im Freihafen, sondern erst im Inland einfuhrumsatzsteuerrechtlich abgefertigt wird.

(4) ¹Eine Einfuhr für das Unternehmen ist gegeben, wenn der Unternehmer den eingeführten Gegenstand in seinen im Inland belegenen Unternehmensbereich eingliedert, um ihn hier im Rahmen seiner unternehmerischen Tätigkeit zur Ausführung von Umsätzen einzusetzen. ²Diese Voraussetzung ist bei dem Unternehmer gegeben, der im Zeitpunkt der Einfuhr die Verfügungsmacht über den Gegenstand besitzt (vgl. auch BFH-Urteil vom 24. 4. 1980 – BStBl II S. 615). *³Nicht entscheidend ist, wer Schuldner der entrichteten Einfuhrumsatzsteuer war, wer diese entrichtet hat und wer den für den vorsteuerabzugsberechtigten Unternehmer eingeführten Gegenstand tatsächlich über die Grenze gebracht hat. ⁴Überläßt ein ausländischer Unternehmer einem inländischen Unternehmer einen Gegenstand zur Nutzung, ohne ihm die Verfügungsmacht an dem Gegenstand zu verschaffen, ist daher der inländische Unternehmer nicht zum Abzug der Einfuhrumsatzsteuer als Vorsteuer berechtigt (vgl. BFH-Urteil vom 16. 3. 1993 – BStBl II S. 473).* ⁵Der Abzug der Einfuhrumsatzsteuer steht *auch dann nur* dem Lieferer zu, wenn er den Gegenstand zur eigenen Verfügung ins Inland verbringt und ihn erst hier an seinen Abnehmer liefert. ⁶Hingegen kann nur der Abnehmer von der Abzugsberechtigung Gebrauch machen, wenn er den Gegenstand im Ausland im Rahmen einer Lieferung selbst abholt oder von seinem Beauftragten abholen läßt. ⁷Personen, die lediglich an der Einfuhr mitgewirkt haben, ohne über den Gegenstand verfügen zu können, z. B. Spediteure, Frachtführer, Handelsvertreter, sind auch dann nicht abzugsberechtigt, wenn sie den eingeführten Gegenstand vorübergehend entsprechend den Weisungen ihres Auftraggebers auf Lager nehmen. ⁸Zum Abzug der Einfuhrumsatzsteuer bei bestimmten Einfuhranschlußlieferungen vgl. Abschnitt 201.

(5) ¹Dem Besitz der Verfügungsmacht im Zeitpunkt der Einfuhr steht es gleich, wenn die Lieferung an den Abnehmer nach § 3 Abs. 7 UStG als im Ausland bewirkt gilt. ²Daher kommt in diesen Fällen als abzugsberechtigter Unternehmer allein der Abnehmer in Betracht. ³Bei Reihengeschäften gilt dies für den letzten Abnehmer in der Reihe (vgl. auch BFH-Urteil vom 24. 4. 1980 – BStBl II S. 615).

(6) ¹In den Fällen des § 3 Abs. 8 UStG ist davon auszugehen, daß dem Abnehmer die Verfügungsmacht an dem Gegenstand erst im Inland verschafft wird. ²Dementsprechend ist in diesen Fällen der Lieferer zum Abzug der Einfuhrumsatzsteuer berechtigt. ³*Beim* Reihengeschäft gilt dies für den Lieferer in der Reihe, der die Einfuhrumsatzsteuer entrichtet.

(7) ¹Nicht erforderlich ist, daß der Unternehmer die Einfuhrumsatzsteuer selbst entrichtet hat. ²Er kann sie als Vorsteuer auch dann abziehen, wenn sein Beauftragter, z. B. der Spediteur, der Frachtführer oder der Handelsvertreter Schuldner der Einfuhrumsatzsteuer ist. ³In diesen Fällen ist der Abzug davon abhängig, daß sich der Unternehmer den betreffenden zollamtlichen Beleg oder einen zollamtlich bescheinigten Ersatzbeleg für den Vorsteuerabzug aushändigen läßt.

(8) ¹Überläßt ein ausländischer Auftraggeber einem im Inland ansässigen Unternehmer einen Gegenstand zur Ausführung einer Werkleistung, z. B. einer Lohnveredelung, oder stellt der ausländische Auftraggeber einem im Inland ansässigen Unternehmer einen Gegenstand zur Ausführung einer Werklieferung bei, so kann die auf die Einfuhr des Gegenstandes entfallende Einfuhrumsatzsteuer von dem im Inland ansässigen Unternehmer abgezogen werden, wenn der Gegenstand nach Ausführung der Werkleistung oder Werklieferung in das *Drittlandsgebiet* zurückgelangt. ²Entsprechend kann verfahren werden, wenn der ausländische Auftraggeber den Gegenstand nach Ausführung der Werkleistung oder Werklieferung im Inland weiterliefert und diese Lieferung nicht nach § 4 Nr. 8 ff. UStG steuerfrei ist. ³Diese Voraussetzungen sind vom Unternehmer nachzuweisen. ⁴Wird der Gegenstand nach Ausführung der Werkleistung oder

Werklieferung vom ausländischen Auftraggeber im Inland für eigene Zwecke verwendet oder genutzt, kann der im Inland ansässige Unternehmer den Abzug der Einfuhrumsatzsteuer nicht vornehmen. [5]Ein von ihm bereits vorgenommener Vorsteuerabzug ist rückgängig zu machen. [6]In diesem Falle bleibt es somit bei der durch die Einfuhr entstandenen Belastung, sofern nicht der ausländische Auftraggeber hinsichtlich des eingeführten Gegenstandes zum Vorsteuerabzug berechtigt ist.

(9) [1]Bei der Einfuhr eines Gegenstandes, den der Unternehmer im Inland vermietet, ist nicht der Mieter, sondern der Vermieter zum Abzug der Einfuhrumsatzsteuer berechtigt (vgl. auch BFH-Urteil vom 24. 4. 1980 – BStBl II S. 615). [2]*Gleiches gilt, wenn der Gegenstand geliehen oder aufgrund eines ähnlichen Rechtsverhältnisses zur Nutzung überlassen wird (BFH-Urteil vom 16. 3. 1993 – BStBl II S. 473).*

(10) [1]Die Vorschriften des § 15 Abs. 1 Nr. 1 UStG und des § 15 Abs. 1 Nr. 2 UStG schließen sich gegenseitig aus. [2]Der Unternehmer kann somit im Zusammenhang mit dem Bezug eines Gegenstandes nicht zugleich eine gesondert in Rechnung gestellte Steuer und Einfuhrumsatzsteuer als Vorsteuer abziehen. [3]Daher kann auch in den Fällen, in denen nicht der Unternehmer, der im Zeitpunkt der Einfuhr die Verfügungsmacht hat, sondern ein späterer Abnehmer den eingeführten Gegenstand beim Zollamt zum freien Verkehr abfertigen läßt, nur der Unternehmer den Abzug der Einfuhrumsatzsteuer geltend machen, der bei der Einfuhr verfügungsberechtigt war. [4]Zur Vermeidung von Schwierigkeiten kann der Unternehmer in diesen Fällen den eingeführten Gegenstand unmittelbar nach der Einfuhr einfuhrumsatzsteuerrechtlich zum freien Verkehr abfertigen lassen.

(11) [1]Wird ein Gegenstand im Rahmen einer beabsichtigten Lieferung (§ 3 Abs. 7 oder 8 UStG) in das Inland eingeführt, von dem vorgesehenen Abnehmer jedoch nicht angenommen, so ist entsprechend den allgemeinen Grundsätzen zum Abzug der Einfuhrumsatzsteuer berechtigt, der im Zeitpunkt der Einfuhr die Verfügungsmacht über den Gegenstand besitzt (vgl. Absatz 4). [2]Hierbei sind folgende Fälle zu unterscheiden:

1. Abfertigung des Gegenstandes zum freien Verkehr auf Antrag des Abnehmers oder seines Beauftragten.

    [1]Bei dieser Gestaltung ist vorgesehen, den Gegenstand im Rahmen einer Beförderungs- oder Versendungslieferung im Sinne des § 3 Abs. 7 UStG einzuführen. [2]Ob hierbei der Absender oder der vorgesehene Abnehmer im Zeitpunkt der Einfuhr als Verfügungsberechtigter anzusehen ist, hängt davon ab, wann der eingeführte Gegenstand zurückgewiesen wurde.

    a) [1]Nimmt der vorgesehene Abnehmer den Gegenstand von vornherein nicht an, z. B. wegen offensichtlicher Mängel, verspäteter Lieferung oder fehlenden Lieferauftrags, ist der Gegenstand nicht im Rahmen einer Lieferung eingeführt worden. [2]Wegen der sofortigen Annahmeverweigerung ist eine Lieferung nicht zustande gekommen. [3]In diesen Fällen ist somit der Absender während des gesamten Zeitraums der Anlieferung im Besitz der Verfügungsmacht geblieben und deshalb allein zum Abzug der Einfuhrumsatzsteuer berechtigt.

    b) [1]Hat der vorgesehene Abnehmer den eingeführten Gegenstand vorerst angenommen, später jedoch zurückgewiesen, z. B. wegen erst nachher festgestellter Mängel, ist zunächst eine Lieferung zustande gekommen. [2]Durch die spätere Zurückweisung wird sie zwar wieder rückgängig gemacht. [3]Das ändert jedoch nichts daran, daß der Abnehmer im Zeitpunkt der Einfuhr, die als selbständiger umsatzsteuerlicher Tatbestand bestehen bleibt, noch als Verfügungsberechtigter anzusehen war. [4]Die Berechtigung zum Abzug der Einfuhrumsatzsteuer steht deshalb in diesen Fällen dem vorgesehenen Abnehmer zu (vgl.

auch Absatz 5). ⁵Der Nachweis, daß der Gegenstand erst später zurückgewiesen wurde, kann durch einen Vermerk auf den Versandunterlagen und die Verbuchung als Wareneingang geführt werden.

2. Abfertigung des Gegenstandes zum freien Verkehr auf Antrag des Absenders oder seines Beauftragten.

¹Bei dieser Abwicklung beabsichtigen die Beteiligten eine Beförderungs- oder Versendungslieferung im Sinne des § 3 Abs. 8 UStG. ²Hierbei hat der Absender im Zeitpunkt der Einfuhr die Verfügungsmacht über den Gegenstand, gleichgültig ob der vorgesehene Abnehmer den Gegenstand von vornherein oder erst später zurückweist (vgl. Absatz 6). ³Deshalb kann stets nur der Absender die Einfuhrumsatzsteuer abziehen.

³Nach Nummer 1 und 2 ist grundsätzlich auch dann zu verfahren, wenn der Absender den eingeführten Gegenstand nach der Annahmeverweigerung durch den vorgesehenen Abnehmer im Inland an einen anderen Abnehmer liefert. ⁴Ist der vorgesehene Abnehmer ausnahmsweise nicht oder nicht in vollem Umfang zum Vorsteuerabzug berechtigt, z. B. weil er kein Unternehmer ist oder vom Vorsteuerabzug ausgeschlossene Umsätze ausführt, bestehen keine Bedenken, wenn zur Vermeidung einer vom Gesetzgeber nicht gewollten Belastung die Berechtigung zum Abzug der Einfuhrumsatzsteuer dem Absender zugestanden wird.

(12) ¹Gcht der eingeführte Gegenstand während des Transports an den vorgesehenen Abnehmer im Inland verloren oder wird er vernichtet, ist eine Lieferung nicht ausgeführt worden. ²Das gleiche gilt, wenn der Gegenstand aus einem anderen Grund nicht an den vorgesehenen Abnehmer gelangt ist. ³Der Abzug der Einfuhrumsatzsteuer kommt deshalb in diesen Fällen nur für den Absender in Betracht.

(13) Werden eingeführte Gegenstände sowohl für unternehmerische als auch für unternehmensfremde Zwecke verwendet, so gilt für den Abzug der Einfuhrumsatzsteuer Abschnitt 192 Abs. 18 entsprechend.

200. Abzug der Einfuhrumsatzsteuer in den Fällen des § 1 Abs. 3 UStG

(1) ¹Abziehbar ist auch die Einfuhrumsatzsteuer für die Gegenstände, die zur Ausführung bestimmter Umsätze in den *in § 1 Abs. 3 UStG bezeichneten Gebieten* verwendet werden (§ 15 Abs. 1 Nr. 2 UStG, zweite Alternative). ²Der Vorsteuerabzug setzt voraus, daß der Unternehmer den einfuhrumsatzsteuerrechtlich abgefertigten Gegenstand mittelbar oder unmittelbar zur Ausführung der in § 1 Abs. 3 UStG bezeichneten Umsätze einsetzt. ³Die Abzugsberechtigung erstreckt sich nicht nur auf die Einfuhrumsatzsteuer für die Gegenstände, die in die § 1 Abs. 3 UStG bezeichneten Umsätze eingehen. ⁴Vielmehr ist auch die Einfuhrumsatzsteuer für solche Gegenstände abziehbar, die der Unternehmer in seinem Unternehmen einsetzt, um diese Umsätze auszuführen, z. B. für betriebliche Investitionsgüter oder Hilfsstoffe, die zur Ausführung dieser Umsätze genutzt oder verwendet werden.

(2) ¹Bewirkt der Unternehmer außer Umsätzen, die unter § 1 Abs. 3 UStG fallen, auch Umsätze der gleichen Art, die nicht steuerbar sind, so kann er dafür den Abzug der Einfuhrumsatzsteuer aus Vereinfachungsgründen ebenfalls in Anspruch nehmen. ²Voraussetzung ist jedoch, daß die nicht steuerbaren Umsätze auch im Falle der Steuerbarkeit zum Vorsteuerabzug berechtigen würden.

Beispiel:

¹Ein im Freihafen ansässiger Unternehmer beliefert einen Abnehmer mit Gegenständen, die bei diesem zum Ge- und Verbrauch im Freihafen bestimmt sind. ²Hierbei wird ein Teil dieser Lieferung für das Unterneh-

men des Abnehmers, ein Teil für den nichtunternehmerischen Bereich des Abnehmers ausgeführt (§ 1 Abs. 3 Nr. 1 UStG). ³Obwohl nur die für den nichtunternehmerischen Bereich ausgeführten Lieferungen unter § 1 Abs. 3 UStG fallen, kann der Lieferer auch die Einfuhrumsatzsteuer für die Gegenstände abziehen, die den für das Unternehmen des Abnehmers bestimmten Lieferungen zuzuordnen sind. ⁴Die gleiche Vereinfachung gilt bei sonstigen Leistungen, die der Unternehmer teils für das Unternehmen des Auftraggebers, teils für den nichtunternehmerischen Bereich des Auftraggebers (§ 1 Abs. 3 Nr. 2 UStG) ausführt.

(3) ¹Hat ein Unternehmer Gegenstände einfuhrumsatzsteuerrechtlich abfertigen lassen, um sie nach einer Be- oder Verarbeitung vom Freihafen aus teils in das übrige Ausland, teils im Rahmen einer zollamtlich bewilligten Freihafen-Veredelung (§ 1 Abs. 3 Nr. 4 Buchstabe a UStG) in das Inland zu liefern, so kann er die Einfuhrumsatzsteuer in beiden Fällen abziehen. ²Das gleiche gilt für Gegenstände, die der Unternehmer im Freihafen zur Ausführung dieser Umsätze im eigenen Unternehmen gebraucht oder verbraucht. ³Entsprechend kann in den Fällen einer zollamtlich besonders zugelassenen Freihafenlagerung verfahren werden.

(4) ¹Zum Abzug der Einfuhrumsatzsteuer für Gegenstände, die sich im Zeitpunkt der Lieferung einfuhrumsatzsteuerrechtlich im freien Verkehr befinden (§ 1 Abs. 3 Nr. 4 Buchstabe b UStG), ist der Unternehmer unabhängig davon berechtigt, ob die Gegenstände aus dem Freihafen in das übrige Ausland oder in das Inland gelangen. ²Auch bei einem Verbleiben der Gegenstände im Freihafen oder in den anderen in § 1 Abs. 3 UStG bezeichneten Gebieten steht dem Unternehmer der Vorsteuerabzug zu. ³Bedeutung hat diese Regelung für die Lieferungen, bei denen der Liefergegenstand nach der einfuhrumsatzsteuerrechtlichen Abfertigung vom Freihafen aus in das übrige Ausland gelangt oder von einem im Inland ansässigen Abnehmer im Freihafen abgeholt wird. ⁴In den Fällen, in denen der Lieferer den Gegenstand im Rahmen einer Lieferung vom Freihafen aus in das Inland befördert oder versendet, überschneiden sich die Vorschriften des § 1 Abs. 3 Nr. 4 Buchstabe b UStG und des § 3 Abs. 8 UStG. ⁵Für den Abzug der Einfuhrumsatzsteuer ist die Überschneidung ohne Bedeutung, da nach beiden Vorschriften allein dem Lieferer die Abzugsberechtigung zusteht (vgl. auch Abschnitt 199 Abs. 6).

(5) ¹Auch bei den in § 1 Abs. 3 UStG bezeichneten Umsätzen ist der Abzug der Einfuhrumsatzsteuer davon abhängig, daß die Steuer tatsächlich entrichtet wird. ²Der Abzug ist daher zu berichtigen, wenn sie bei Eintritt der Fälligkeit nicht abgeführt worden ist. ³Im übrigen bestimmt sich der Abzug nach dem Zeitpunkt der einfuhrumsatzsteuerrechtlichen Abfertigung des Gegenstandes. ⁴Das gilt auch, wenn der Gegenstand nach der Abfertigung in das Inland gelangt – z. B. wenn der Unternehmer den Gegenstand in den Fällen des § 1 Abs. 3 Nr. 4 UStG vom Freihafen aus an einen Abnehmer im Inland liefert oder der Abnehmer den Gegenstand in den Fällen des § 1 Abs. 3 Nr. 4 Buchstabe b UStG im Freihafen abholt – oder wenn der Unternehmer den Gegenstand nach einer zollamtlich bewilligten Freihafen-Veredelung ausnahmsweise nicht vom Freihafen, sondern vom Inland aus an den Abnehmer liefert, z. B. ab einem Lagerplatz im Inland.

(6) ¹Sind die Voraussetzungen der Absätze 1 bis 5 nicht gegeben und liegt auch keine Einfuhr in das Inland vor (vgl. Abschnitt 199), kann die Einfuhrumsatzsteuer für Gegenstände, die auf einem Abfertigungsplatz in einem Freihafen einfuhrumsatzsteuerrechtlich abgefertigt wurden, nicht als Vorsteuer abgezogen werden. ²In diesen Fällen kommt daher als Entlastungsmaßnahme nur ein Erlaß oder eine Erstattung der Einfuhrumsatzsteuer durch die zuständige Zollstelle in Betracht. ³Das trifft z. B. auf Unternehmer zu, die einen einfuhrumsatzsteuerrechtlich abgefertigten Gegenstand nur zum unternehmerischen Ge- und Verbrauch im Freihafen aus dem übrigen Ausland bezogen haben. ⁴Das gleiche gilt beim Bezug von Gegenständen aus dem übrigen Ausland, wenn sie nach der einfuhrumsatzsteuerrechtlichen Abfertigung zum freien Verkehr vom Freihafen aus wieder in das übrige Ausland verbracht werden. ⁵Voraussetzung für den Erlaß oder die Erstattung ist, daß die Einfuhrumsatzsteuer als Vorsteuer abgezogen werden könnte, wenn

entweder eine Einfuhr in das Inland oder eine Verwendung für die in § 1 Abs. 3 UStG bezeichneten Umsätze vorgelegen hätte.

201. Abzug der Einfuhrumsatzsteuer bei bestimmten Einfuhranschlußlieferungen

Allgemeines

(1) ¹Die in den §§ 41, *41a* und 42 UStDV enthaltenen Vereinfachungen bestehen darin, daß die Berechtigung zum Abzug der Einfuhrumsatzsteuer unter bestimmten Voraussetzungen vom Lieferer der eingeführten Gegenstände auf seinen oder einen in der Lieferkette folgenden Abnehmer übertragen wird. ²In Verbindung mit § 50 UStDV werden dadurch Schwierigkeiten bei der umsatzsteuerlichen Erfassung dieser Lieferungen und der Vornahme des Vorsteuerabzugs vermieden.

(2) ¹Erfaßt werden nur solche Lieferungen, bei denen sich der Liefergegenstand im Zeitpunkt der Einfuhr (vgl. Abschnitt 199 Abs. 2) noch in der Verfügungsmacht des Lieferers befindet. ²Nicht darunter fallen daher die Lieferungen, bei denen der Liefergegenstand bereits vom Ausland aus an den Abnehmer in das Inland befördert oder versendet wird, unabhängig davon, ob sich hierbei der Ort der Lieferung nach § 3 Abs. 7 UStG oder nach § 3 Abs. 8 UStG beurteilt (vgl. hierzu Abschnitt 199 Abs. 5 und 6).

(3) ¹Die Anwendung der §§ 41 und 42 UStDV ist von den folgenden gemeinsamen Voraussetzungen abhängig:

1. ¹Der Liefergegenstand muß in das Inland befördert oder versendet und im Anschluß an die Einfuhr unverändert an den Abnehmer geliefert werden. ²Eine vor der Lieferung vorgenommene Be- oder Verarbeitung schließt die Anwendung der §§ 41 und 42 UStDV auch dann aus, wenn sie im Rahmen eines besonderen Zollverkehrs vorgenommen wird.

2. ¹Die Einfuhrumsatzsteuer muß vom Abnehmer oder *seinem* Beauftragten, z. B. von dem vom Abnehmer beauftragten Spediteur, entrichtet worden sein. ²Hierbei kommt es darauf an, daß eine dieser Personen Schuldner der Einfuhrumsatzsteuer ist.

3. ¹Der Lieferer darf die Steuer für die im Anschluß an die Einfuhr bewirkte Lieferung in der Rechnung nicht gesondert ausweisen. ²Entsprechendes gilt bei der Abrechnung mit einer Gutschrift.

²*Die Voraussetzungen der Nummern 2 und 3 gelten für die Anwendung des § 41a UStDV entsprechend, während die unter Nummer 1 geforderte unveränderte Weiterlieferung für § 41a UStDV nicht gilt.*

(4) ¹Sind die in Absatz 3 bezeichneten Voraussetzungen gegeben, so gilt der Liefergegenstand als für den Abnehmer eingeführt. ²Dadurch wird der Abnehmer so gestellt, als ob er schon im Zeitpunkt der Einfuhr die Verfügungsmacht über den Liefergegenstand besessen hätte. ³Da gleichzeitig nach § 50 UStDV auf die Erhebung der vom Lieferer für seine Lieferung geschuldeten Steuer verzichtet wird, werden die der Entrichtung der Einfuhrumsatzsteuer vorausgehenden Lieferungen im Ergebnis so behandelt, als wären sie bereits im Ausland bewirkt worden.

(5) ¹Als für den Abnehmer eingeführt gilt der Gegenstand auch dann, wenn bei ihm die Voraussetzungen für den Abzug der Einfuhrumsatzsteuer nicht vorliegen, z. B. weil er kein Unternehmer ist oder den Gegenstand zur Ausführung von Umsätzen verwendet, die den Vorsteuerabzug ausschließen. ²Zur Frage, wie Reihen- und Kettengeschäfte für den Abzug der Einfuhrumsatzsteuer zu beurteilen sind, wird auf die Absätze 7, 9 und *11* hingewiesen.

Einfuhren durch im Ausland ansässige Unternehmer (§ 41 UStDV)

(6) In den Fällen des § 41 UStDV kommt als weitere Voraussetzung hinzu, daß es sich bei dem Lieferer um einen im Ausland ansässigen Unternehmer handeln muß (vgl. Abschnitt 233 Abs. 3).

(7) [1]Bei Reihengeschäften ist § 41 UStDV nur für die Lieferer in der Reihe anwendbar, die im Ausland ansässig sind. [2]In diesen Fällen gilt der Gegenstand als für den Abnehmer eingeführt, der die Einfuhrumsatzsteuer entrichtet oder durch seinen Beauftragten entrichten läßt. [3]Unerheblich ist es, ob der Lieferer oder ein in der Reihe vorangegangener Lieferer den Gegenstand zu seiner Verfügung in das Inland befördert oder versendet hat.

Beispiel 1:

[1]Der Südfruchthändler A in *Tel Aviv* versendet eine Ladung Apfelsinen zum Obstgroßmarkt in München. [2]Seinen Abnehmer B findet er erst, während die Ware zum Bestimmungsort rollt. [3]Nach Eintreffen der Ware in München nimmt sie der von B beauftragte Spediteur in Empfang und entrichtet die Einfuhrumsatzsteuer. [4]A hat in seiner Rechnung die Steuer für die in München bewirkte Lieferung nicht gesondert ausgewiesen. [5]Die Apfelsinen gelten als für den Abnehmer B eingeführt. [6]Daher ist nicht A, sondern B zum Abzug der Einfuhrumsatzsteuer berechtigt.

[7]Der Lieferer A wird aufgrund des § 50 UStDV mit seiner Lieferung nicht zur Steuer herangezogen.

Beispiel 2:

[1]Der Blumenzüchter A in *Mombasa* versendet eine Ladung frischer Blumen per Flugzeug nach Hannover, ohne bereits einen Abnehmer gefunden zu haben. [2]Erst während des Transports verkauft er die Blumen an den Großhändler B in Paris. [3]Dieser verkauft sie an den deutschen Blumenimporteur C, der sie nach dem Eintreffen in Hannover an mehrere örtliche Blumenhändler weiterliefert. [4]Die Einfuhrumsatzsteuer wird von dem Beauftragten des C entrichtet. [5]A und B haben in ihren Rechnungen die Steuer für die in Hannover bewirkten Lieferungen nicht gesondert ausgewiesen.

[6]Die Blumen gelten als für C eingeführt. [7]Nur er kann die von seinem Beauftragten entrichtete Einfuhrumsatzsteuer abziehen.

[8]Auf die Erhebung der von A und B geschuldeten Steuer wird nach § 50 UStDV verzichtet.

[9]C hat seine Lieferungen an die örtlichen Blumenhändler zu versteuern. [10]Das würde auch dann gelten, wenn seine Abnehmer die Einfuhrumsatzsteuer entrichtet hätten, da bei C als einem im Inland ansässigen Unternehmer die Voraussetzungen der §§ 41 und 50 UStDV nicht vorliegen. [11]Den Abzug der Einfuhrumsatzsteuer könnte in diesem Fall daher auch nur C vornehmen.

Lieferungen von in einem Zollverfahren befindlichen Gegenständen

(8) *[1]Die einfuhrumsatzsteuerliche Behandlung von Gegenständen richtet sich nach dem für die Zollbehandlung gestellten Antrag. [2]Wird z. B. eine zoll- und einfuhrumsatzsteuerrechtlich zu einem Zollagerverfahren abgefertigte Ware vom Inhaber des Zollagers an einen anderen Lagerinhaber im Inland geliefert und erst von diesem in den freien Verkehr überführt, so wird dieser (zweite) Lagerinhaber Schuldner der Einfuhrumsatzsteuer. [3]Nach § 15 Abs. 1 Nr. 2 UStG ist jedoch nur der liefernde (erste) Lagerinhaber zum Abzug der Einfuhrumsatzsteuer als Vorsteuer berechtigt. [4]Aus Vereinfachungsgründen läßt § 41a UStDV zu, daß statt des Einführers der die Einfuhrumsatzsteuer schuldende Abnehmer den Abzug der Einfuhrumsatzsteuer als Vorsteuer vornehmen kann.*

(9) Bei Reihengeschäften ist § 41a UStDV für den Abnehmer anzuwenden, der die Einfuhrumsatzsteuer entrichtet oder durch seinen Beauftragten entrichten läßt.

Ordergeschäfte (§ 42 UStDV)

(10) [1]Ordergeschäfte sind Lieferungen, bei denen die Verfügungsmacht an dem Liefergegenstand durch Übergabe eines Traditionspapiers (z. B. Orderkonnossement, Orderladeschein oder Orderlagerschein) auf den Abnehmer übertragen wird. [2]Bei Einfuhren dieser Art ist es vielfach schwierig festzustellen, für welchen der Beteiligten der Liefergegenstand eingeführt worden ist und wer daher für den Abzug der Einfuhrumsatzsteuer in Betracht kommt. [3]§ 42 UStDV bestimmt deshalb, daß der Liefergegenstand als für den Abnehmer eingeführt gilt, der die Voraussetzungen des § 41 Abs. 1 Nr. 1 und 2 UStDV erfüllt (vgl. hierzu Absatz 3). [4]Hierbei ist es unerheblich, wann das Traditionspapier ausgestellt wird und ob sich der Liefergegenstand bei der Übergabe des Traditionspapiers an den vorgenannten Abnehmer noch im Ausland oder bereits im Inland befindet.

(11) [1]Werden im Anschluß an die Einfuhr mehrere aufeinanderfolgende Lieferungen (sog. Kettengeschäfte) durch Übergabe eines Traditionspapiers bewirkt, so gilt der Liefergegenstand als für den Abnehmer eingeführt, der die Einfuhrumsatzsteuer entrichtet oder durch seinen Beauftragten entrichten läßt. [2]Anders als in den Fällen des § 41 UStDV können die vorausgegangenen Lieferungen auch von Unternehmen bewirkt werden, die im Inland ansässig sind.

Beispiel:

[1]Der brasilianische Tabakexporteur A versendet eine Schiffsladung Tabak nach Bremen. [2]Er hat über die Sendung ein Orderkonnossement ausgestellt, das während des Transports und der anschließenden Lagerung des Tabaks in Bremen nacheinander auf mehrere im Ausland oder im Inland ansässige Abnehmer übertragen wird. [3]Schließlich erwirbt es der Tabakimporteur B in Bremen. [4]Steuer ist für den Verkauf des Tabaks von keinem Lieferer ausgewiesen worden.
[5]B läßt die Einfuhrumsatzsteuer durch seinen Spediteur entrichten, den er gleichzeitig beauftragt, den Tabak in mehreren getrennten Sendungen an verschiedene Zigarrenhersteller befördern zu lassen.
[6]Der Tabak gilt als für den Importeur B eingeführt. [7]B ist zum Abzug der Einfuhrumsatzsteuer berechtigt. [8]Auf die Erhebung der Steuer für die vorausgegangenen steuerbaren Lieferungen wird nach § 50 UStDV verzichtet. [9]B hat seine Lieferungen zu versteuern. [10]Das würde auch dann gelten, wenn er seinen Abnehmern die Verfügungsmacht ebenfalls durch Übergabe des Traditionspapiers verschafft hätte, weil bereits er die Einfuhrumsatzsteuer entrichtet hat.

(12) [1]Wie Ordergeschäfte sind nach § 42 Abs. 3 UStDV die Einfuhrlieferungen zu behandeln, die mittels eines Konnossementsteilscheins oder eines Kaiteilscheins abgewickelt werden. [2]Diese Dokumente sind rechtlich keine Traditionspapiere, in der Praxis treten sie jedoch vielfach an die Stelle von Originalkonnossementen oder echten Teilkonnossementen. [3]Anders als bei echten Traditionspapieren vollzieht sich in diesen Fällen die Übertragung des Eigentums an dem eingeführten Gegenstand in der Weise, daß in der Übergabe des Dokuments zugleich die Abtretung des Herausgabeanspruchs nach § 931 BGB liegt und die Abtretung des Herausgabeanspruchs in der Regel zugleich die zur Übertragung des Eigentums erforderliche Einigung über den Eigentumsübergang enthält. [4]Umsatzsteuerlich ist deshalb auch in diesen Fällen eine Lieferung an den Erwerber des Dokuments anzunehmen. [5]Sie wird durch Abtretung des Herausgabeanspruchs an dem eingeführten Gegenstand bewirkt.

(13) [1]Einfuhrgeschäfte, die mittels eines Dokuments abgewickelt werden, aus dem der Erwerber lediglich einen obligatorischen Anspruch auf Auslieferung des eingeführten Gegenstands herleiten kann (oft als Delivery Order bezeichnet), fallen nicht unter die Regelung des § 42 UStDV. [2]Hierbei wird die Lieferung nicht bei Übergabe des Dokuments, sondern erst mit der Übergabe des eingeführten Gegenstandes bewirkt.

202. Nachweis der Voraussetzungen für den Vorsteuerabzug

(1) ¹Die Voraussetzungen für den Vorsteuerabzug hat der Unternehmer aufzuzeichnen und durch Belege nachzuweisen. ²Als ausreichender Beleg ist anzusehen:

1. für die von einem anderen Unternehmer gesondert in Rechnung gestellten Steuern eine Rechnung im Sinne des § 14 UStG in Verbindung mit §§ 31 bis 34 UStDV;
2. für die Einfuhrumsatzsteuer ein zollamtlicher Beleg – z. B. der Abgabenbescheid – oder ein vom zuständigen Zollamt bescheinigter Ersatzbeleg, z. B. eine Abschrift der Zollquittung oder ein Ersatzbeleg für den Vorsteuerabzug nach amtlich vorgeschriebenem Muster.

³Geht die Originalrechnung verloren, so kann der Unternehmer den Nachweis darüber, daß ihm ein anderer Unternehmer Steuer für Lieferungen oder sonstige Leistungen gesondert in Rechnung gestellt hat, nicht allein durch Vorlage der Originalrechnung, sondern mit allen verfahrensrechtlich zulässigen Mitteln führen (BFH-Urteil vom 5. 8. 1988 – BStBl 1989 II S. 120). ⁴Zum belegmäßigen Nachweis des Vorsteuerabzugs aus Reisekosten vgl. Abschnitt 196 Abs. 18 und 19, und bei Umzugskosten von Arbeitnehmern vgl. § 39 Abs. 3 und 4 UStDV.

(2) Der Umfang der Aufzeichnungspflichten, die für den Unternehmer zum Vorsteuerabzug und zur Aufteilung der Vorsteuerbeträge bestehen, ergibt sich aus § 22 UStG und den §§ 63 bis 67 UStDV.

(3) ¹Mängel im Nachweis über das Vorliegen der Voraussetzungen für den Vorsteuerabzug hat grundsätzlich der Unternehmer zu vertreten. ²Rechnungen, die die in § 14 Abs. 1 Satz 2 Nr. 1 bis 6 UStG bezeichneten Angaben nicht vollständig enthalten, berechtigen den Unternehmer in aller Regel nicht zum Vorsteuerabzug, es sei denn, die Rechnungen werden vom Rechnungsaussteller nachträglich vervollständigt. ³Enthält die Rechnung ungenaue oder unzutreffende Angaben über den leistenden Unternehmer (vgl. § 14 Abs. 1 Satz 2 Nr. 1 UStG), ist nach Abschnitt 192 Abs. *12* zu verfahren. ⁴Bei fehlerhafter Rechnungsadresse (vgl. § 14 Abs. 1 Satz 2 Nr. 2 UStG) gelten die Ausführungen in Abschnitt 192 Abs. *17*. ⁵Sind die Angaben über den Liefergegenstand oder über Art und Umfang der ausgeführten sonstigen Leistung in einer Rechnung (§ 14 Abs. 1 Satz 2 Nr. 3 UStG) unrichtig oder ungenau, so ist der Vorsteuerabzug grundsätzlich ausgeschlossen (vgl. wegen der Einzelheiten Abschnitt 192 Abs. 15). ⁶Beim Fehlen der in § 14 Abs. 1 Satz 2 Nr. 3 und 4 UStG bezeichneten Angaben über die Menge der gelieferten Gegenstände oder den Zeitpunkt des Umsatzes bestehen keine Bedenken, wenn der Unternehmer diese Merkmale anhand der sonstigen Geschäftsunterlagen, z. B. des Lieferscheins, ergänzt oder nachweist. ⁷Wegen des Zeitpunkts des Vorsteuerabzugs bei vervollständigten Rechnungen gilt Abschnitt 192 Abs. 7 Satz 5 entsprechend. ⁸Die Erleichterungen nach §§ 31 bis 34 UStDV bleiben unberührt.

(4) ¹*Der Vorsteuerabzug setzt die Angabe des Entgelts als Grundlage des gesondert ausgewiesenen Steuerbetrages voraus* (vgl. *BFH-Urteil vom 27. 1. 1994 – BStBl II S. 342*). ²*Ist jedoch* in einer Rechnung anstelle des Entgelts für die Lieferung oder sonstige Leistung (§ 14 Abs. 1 Satz 2 Nr. 5 UStG) Entgelt und Steuerbetrag in einer Summe angegeben (Rechnungspreis), kann der Vorsteuerabzug *auch* vorgenommen werden, wenn der Rechnungsaussteller in der Rechnung außerdem den Steuerbetrag vermerkt, z. B.: Rechnungspreis = *1 150* DM, darin ist die Umsatzsteuer mit *150* DM enthalten. ³Aus Rechnungen über Kleinbeträge (§ 33 UStDV) kann der Vorsteuerabzug vorgenommen werden, wenn der Rechnungsempfänger den Rechnungsbetrag unter Berücksichtigung des in der Rechnung angegebenen Steuersatzes selbst in Entgelt und Steuerbetrag aufteilt (§ 35 UStDV).

(5) ¹Sind die Unterlagen für den Vorsteuerabzug (Rechnungen, EUSt-Belege) unvollständig oder nicht vorhanden, kann zwar der Unternehmer den Vorsteuerabzug nicht vornehmen. ²Gleich-

wohl kann das Finanzamt den Vorsteuerabzug unter bestimmten Voraussetzungen schätzen (vgl. Absatz 6) oder aus Billigkeitsgründen anerkennen (vgl. Absatz 7), sofern im übrigen die Voraussetzungen für den Vorsteuerabzug vorliegen. ³Ist jedoch zu vermuten, daß der maßgebliche Umsatz an den Unternehmer nicht steuerpflichtig gewesen oder von einem unter § 19 Abs. 1 UStG fallenden Unternehmer ausgeführt worden ist, so ist ein Vorsteuerabzug zu versagen.

(6) ¹Der Vorsteuerabzug ist materiell eine Steuervergütung. ²Auf ihn sind daher die für die Steuerfestsetzung geltenden Vorschriften sinngemäß anzuwenden. ³Die abziehbaren Vorsteuern sind eine Besteuerungsgrundlage im Sinne von § 199 Abs. 1, § 157 Abs. 2 und § 162 Abs. 1 AO. ⁴Dem Grunde nach bestehen somit gegen eine Schätzung keine Bedenken (vgl. auch BFH-Urteil vom 12. 6. 1986 – BStBl II S. 721). ⁵Sie ist jedoch nur insoweit zulässig, als davon ausgegangen werden kann, daß vollständige Unterlagen für den Vorsteuerabzug vorhanden waren.

(7) ¹Soweit Unterlagen für den Vorsteuerabzug nicht vorhanden sind und auch nicht vorhanden waren oder soweit die Unterlagen unvollständig sind, kommt eine Anerkennung des Vorsteuerabzugs nur aus Billigkeitsgründen in Betracht (§ 163 AO). ²Dabei sind folgende Grundsätze zu beachten:

1. ¹Die Gewährung von Billigkeitsmaßnahmen wegen sachlicher Härte setzt voraus, daß die Versagung des Vorsteuerabzugs im Einzelfall mit dem Sinn und Zweck des Umsatzsteuergesetzes nicht vereinbar wäre. ²Eine Billigkeitsmaßnahme ist daher nur zu gewähren, wenn die Versagung des Vorsteuerabzugs in diesen Fällen einen Überhang des gesetzlichen Tatbestandes über die Wertungen des Gesetzgebers bei der Festlegung der Voraussetzungen für den Vorsteuerabzug darstellen würde (vgl. auch BFH-Urteile vom 25. 7. 1972 – BStBl II S. 918, vom 26. 10. 1972 – BStBl 1973 II S. 271, vom 15. 2. 1973 – BStBl II S. 466 und vom 19. 10. 1978 – BStBl 1979 II S. 345). ³Dem Unternehmer ist grundsätzlich zuzumuten, von sich aus alles zu tun, um die Mangelhaftigkeit der Unterlagen zu beseitigen. ⁴An die Zumutbarkeit ist ein strenger Maßstab anzulegen. ⁵Eine Billigkeitsmaßnahme ist daher erst in Betracht zu ziehen, wenn eine Vervollständigung oder nachträgliche Beschaffung der Unterlagen nicht möglich ist oder für den Unternehmer mit unzumutbaren Schwierigkeiten verbunden wäre. ⁶Aber auch in einem solchen Fall ist der Unternehmer verpflichtet, an einer möglichst vollständigen Sachaufklärung mitzuwirken. ⁷Unsicherheiten bei der Feststellung des Sachverhalts gehen zu seinen Lasten. ⁸In folgenden Fällen liegen die Voraussetzungen für eine Billigkeitsmaßnahme nicht vor:

   a) der Unternehmer hat über die empfangene Leistung keine ordnungsgemäße Rechnung erhalten (vgl. BFH-Urteil vom 12. 6. 1986 – BStBl II S. 721),

   b) für den pauschalen Vorsteuerabzug aus Reisekosten liegt kein ordnungsgemäßer Beleg nach § 36 Abs. 5 oder § 37 Abs. 4 UStDV vor (vgl. BFH-Urteil vom 13. 12. 1984, UR 1985 S. 90).

2. ¹Im Rahmen einer Billigkeitsmaßnahme kann die Höhe des anzuerkennenden Vorsteuerabzugs durch Schätzung ermittelt werden. ²Sind ungerechtfertigte Steuervorteile nicht auszuschließen, ist ein ausreichender Sicherheitsabschlag zu machen.

203. Allgemeines zum Ausschluß vom Vorsteuerabzug

(1) ¹Der allgemeine Grundsatz, daß die in § 15 Abs. 1 Nr. *1 bis 3* UStG bezeichneten Vorsteuern abgezogen werden können, gilt nicht, wenn der Unternehmer bestimmte steuerfreie oder bestimmte nicht steuerbare Umsätze ausführt. ²Zu diesen Umsätzen gehört auch der entsprechende Eigenverbrauch nach § 1 Abs. 1 Nr. 2 UStG. ³Der Ausschluß vom Vorsteuerabzug erstreckt sich nach § 15 Abs. 2 und 3 UStG auf die Steuer für die Lieferungen, die Einfuhr *und den*

innergemeinschaftlichen Erwerb von Gegenständen, die der Unternehmer zur Ausführung der dort bezeichneten Umsätze verwendet, sowie auf die Steuer für sonstige Leistungen, die er für diese Umsätze in Anspruch nimmt. [4]Unter Verwendung oder Inanspruchnahme der bezogenen Leistung ist allgemein die erstmalige tatsächliche Verwendung der Leistung zu verstehen (vgl. BFH-Urteile vom 25. 1. 1979 – BStBl II S. 394 und vom 26. 2. 1987 – BStBl II S. 521). [5]Verwendung oder Inanspruchnahme in diesem Sinn ist nur durch Leistung und Eigenverbrauch möglich. [6]Maßgeblich für die Beurteilung im Rahmen des § 15 Abs. 2 und 3 UStG ist somit die erste Leistung oder der erste Eigenverbrauch, in die oder den die bezogene Leistung Eingang findet (vgl. BFH-Urteil vom 31. 7. 1987 – BStBl II S. 754). [7]Vom Abzug ausgeschlossen sind nicht nur die Vorsteuerbeträge, bei denen ein unmittelbarer wirtschaftlicher Zusammenhang mit den zum Ausschluß vom Vorsteuerabzug führenden Umsätzen des Unternehmers besteht. [8]Der Ausschluß umfaßt auch die Vorsteuerbeträge, die in einer mittelbaren wirtschaftlichen Verbindung zu diesen Umsätzen stehen.

Beispiel 1:
Bezieht eine Bank Werbeartikel bis 75 DM je Gegenstand, für die ihr Umsatzsteuer in Rechnung gestellt wird, so sind diese Vorsteuerbeträge insoweit vom Abzug ausgeschlossen, als sie den nach § 4 Nr. 8 UStG steuerfreien Umsätzen zuzuordnen sind (vgl. BFH-Urteil*e* vom 26. 7. 1988 – BStBl II S. 1015 *und vom 4. 3. 1993 – BStBl II S. 527).*

Beispiel 2:
[1]Hat sich der Veräußerer eines unternehmerisch genutzten Grundstücks dem Erwerber gegenüber zur Demontage und zum Abtransport betrieblicher Einrichtungen verpflichtet, werden die für die Demontage bezogenen Leistungen zur Ausführung des steuerfreien Grundstücksumsatzes verwendet. [2]Die für die Transportleistungen in Rechnung gestellte Steuer ist nur mit dem gegebenenfalls geschätzten Betrag vom Vorsteuerabzug ausgeschlossen, der durch die bloße Räumung verursacht ist (vgl. BFH-Urteil vom 27. 7. 1988 – BStBl 1989 II S. 65).

Beispiel 3:
Wurde ein Grundstück, das mit dem Ziel der Bebauung und anschließenden teils steuerpflichtigen und teils steuerfreien Vermietung erworben worden war, später steuerfrei veräußert, weil die Bebauung nicht realisiert werden konnte, sind die im Zusammenhang mit dem Erwerb, der Bauplanung und dgl. angefallenen Vorsteuern wirtschaftlich der nach § 4 Nr. 9 Buchstabe a UStG steuerfreien Veräußerung zuzuordnen und dementsprechend nicht abziehbar (vgl. BFH-Urteile vom 21. 7. 1988 – BStBl 1989 II S. 60 und vom 30. 11. 1989 – BStBl 1990 II S. 345).

Beispiel 4:
Stellt eine Bank ihren Kunden und – um weitere Kunden zu gewinnen – anderen Autofahrern unentgeltlich Stellplätze zum Parken zur Verfügung, sind die Umsatzsteuern, die ihr für die Leistungen zur Errichtung und den Unterhalt des Parkhauses in Rechnung gestellt worden sind, im Verhältnis ihrer steuerfreien Umsätze an den gesamten Umsätzen im Sinne des § 1 Abs. 1 Nrn. 1 bis 3 UStG vom Vorsteuerabzug ausgeschlossen (BFH-Urteil vom 4. 3. 1993 – BStBl II S. 525).

[9]Im Einzelfall können Vorsteuerbeträge mehreren gleichwertig nebeneinanderstehenden Ausgangsumsätzen wirtschaftlich zugeordnet werden.

Beispiel 5:
Vermietet ein Bauunternehmer ein Haus an einen privaten Mieter unter dem Vorbehalt, zur Förderung eigener steuerpflichtiger Umsätze das Haus bei Bedarf zu Besichtigungszwecken (als sog. Musterhaus) zu nutzen, tritt neben die Verwendung zur Ausführung steuerfreier Vermietungsumsätze die Verwendung zur Ausführung steuerpflichtiger (Bau-)Umsätze (sog. gemischte Verwendung im Sinne des § 15 Abs. 4 UStG, BFH-Urteil vom 9. 9. 1993 – BStBl 1994 II S. 269).

Beispiel 6:
Veräußert ein Unternehmer mit seinem Namen versehene Werbeartikel an seine selbständigen Handelsvertreter zu einem Entgelt weiter, das die Anschaffungskosten erheblich unterschreitet, sind die Werbeartikel nicht ausschließlich den Ausgangslieferungen zuzuordnen, in die sie gegenständlich eingehen, sondern auch den übrigen Umsätzen des Unternehmers, für die geworben wird (BFH-Urteil vom 16. 9. 1993 – BStBl 1994 II S. 271).

(2) Umsätze, die dem Unternehmer zur Vornahme einer Einfuhr dienen, sind für die Frage des Vorsteuerabzugs den Umsätzen zuzurechnen, für die der eingeführte Gegenstand verwendet wird.

Beispiel 1:
[1]Ein Arzt nimmt wegen rechtlicher Schwierigkeiten, die bei der Einfuhr eines medizinischen Geräts eingetreten sind, einen Rechtsanwalt in Anspruch. [2]Obwohl die Einfuhr der Einfuhrumsatzsteuer unterlegen hat, kann der Arzt die ihm vom Rechtsanwalt in Rechnung gestellte Steuer nicht als Vorsteuer abziehen. [3]Die Rechtsberatung ist ebenso wie das eingeführte medizinische Gerät der steuerfreien ärztlichen Tätigkeit zuzurechnen.

Beispiel 2:
[1]Eine Arzneimittelfabrik, die ausschließlich steuerpflichtige Umsätze bewirkt, führt mit einem eigenen Fahrzeug Blutkonserven ein, die sie für Forschungszwecke benötigt. [2]Die mit dem Transport zusammenhängenden Vorsteuern sind trotz der steuerfreien Einfuhr abziehbar. [3]Sie stehen in wirtschaftlichem Zusammenhang mit den steuerpflichtigen Umsätzen.

(3) [1]Der Ausschluß vom Vorsteuerabzug tritt auch dann ein, wenn die maßgeblichen Umsätze des Unternehmers erst in einem späteren Besteuerungszeitraum bewirkt werden (vgl. BFH-Urteil vom 25. 11. 1976 – BStBl 1977 II S. 448). [2]Stehen in diesen Fällen die Vorsteuerbeträge im Zusammenhang mit Umsätzen, zu denen der Unternehmer dem Finanzamt darlegt, daß er bei ihrer Ausführung auf die Steuerbefreiung nach § 9 UStG verzichten wird, so bleibt es nur dann beim Vorsteuerabzug, wenn der Verzicht tatsächlich durchgeführt wird (vgl. auch BFH-Urteil vom 25. 1. 1979 – BStBl II S. 394).

(4) [1]Hat der Unternehmer für sein Unternehmen gelieferte oder eingeführte Gegenstände oder in Anspruch genommene sonstige Leistungen für zum Vorsteuerabzug berechtigende Umsätze vorgesehen, sie aber erstmals in einem späteren Besteuerungszeitraum für Umsätze verwendet, die den Vorsteuerabzug ausschließen, so ist ein zunächst vorgenommener Vorsteuerabzug durch Änderung der ursprünglichen Steuerfestsetzung, z. B. nach § 164 Abs. 2, § 165 Abs. 2 AO, rückgängig zu machen. [2]Eine vorbehaltlose endgültige Steuerfestsetzung kann unter diesen Voraussetzungen nach § 175 Abs. 1 Satz 1 Nr. 2 AO geändert werden (vgl. BFH-Urteil vom 26. 2. 1987 – BStBl II S. 521). [3]Wird über den Verwendungszweck erst später entschieden und ist daher zunächst ungewiß, ob oder inwieweit der Vorsteuerabzug gegeben ist, so ist die Steuerfestsetzung ggf. auszusetzen, unter dem Vorbehalt der Nachprüfung (§ 164 Abs. 1 AO), oder vorläufig durchzuführen (§ 165 Abs. 1 AO). [4]Sind Gegenstände oder in Anspruch genommene sonstige Leistungen nicht verwendet worden, aber für Umsätze des Unternehmers bestimmt gewesen, die den Vorsteuerabzug ausschließen, ist die Vorsteuer ebenfalls nicht abziehbar, z. B. bei Unbrauchbarkeit oder Untergang der Gegenstände. [5]Leistungsbezüge, die – z. B. wegen Verlusts, Beschädigung oder Projektaufgabe – in keine Ausgangsumsätze gegenständlich eingehen (sog. Fehlmaßnahmen), müssen denjenigen Ausgangsumsätzen zugerechnet werden, zu denen sie nach Kostenzurechnungsgesichtspunkten gehören (vgl. BFH-Urteil vom 15. 9. 1994 – BStBl 1995 II S. 88).

204. Ausschluß des Vorsteuerabzugs bei steuerfreien Umsätzen

(1) [1]Vorsteuerbeträge für steuerfreie Umsätze sind nach § 15 Abs. 2 Nr. 1 UStG grundsätzlich vom Abzug ausgeschlossen. [2]Der Ausschluß erstreckt sich jedoch nicht auf die Vorsteuerbeträge,

die den in § 15 Abs. 3 Nr. 1 Buchstaben a und b UStG bezeichneten steuerfreien Umsätzen zuzurechnen sind.

(2) ¹Unter Buchstabe a des § 15 Abs. 3 Nr. 1 UStG fallen *insbesondere* die Ausfuhrlieferungen (§ 4 Nr. 1 *Buchstabe a*, § 6 UStG), *die innergemeinschaftlichen Lieferungen (§ 4 Nr. 1 Buchstabe b, § 6a UStG)*, die Lohnveredelungen an Gegenständen der Ausfuhr (§ 4 Nr. 1 *Buchstabe a*, § 7 UStG), die Umsätze für die Seeschiffahrt und für die Luftfahrt (§ 4 Nr. 2, § 8 UStG), die sonstigen Leistungen im Zusammenhang mit der Einfuhr, Ausfuhr und Durchfuhr (§ 4 Nr. 3 und 5 UStG), die Goldlieferungen an die Zentralbanken (§ 4 Nr. 4 UStG), bestimmte Umsätze der *Eisenbahnen des Bundes* (§ 4 Nr. 6 UStG), *bestimmte Umsätze an im Gebiet eines anderen Mitgliedstaates ansässige NATO-Streitkräfte, ständige diplomatische Missionen und berufskonsularische Vertretungen sowie zwischenstaatliche Einrichtungen (§ 4 Nr. 7 UStG)*, die steuerfreien Reiseleistungen (§ 25 Abs. 2 UStG) sowie die Umsätze, die nach den in § 26 Abs. 5 UStG bezeichneten Vorschriften steuerfrei sind. ²Wegen des Vorsteuerabzugs bei den nach § 25 Abs. 2 UStG steuerfreien sonstigen Leistungen vgl. Abschnitt 275.

(3) ¹Buchstabe b des § 15 Abs. 3 Nr. 1 UStG betrifft die Umsätze, die nach § 4 Nr. 8 Buchstaben a bis g oder Nr. 10 Buchstabe a UStG steuerfrei sind. ²Für diese Finanz- und Versicherungsumsätze tritt der Ausschluß vom Vorsteuerabzug jedoch nur dann nicht ein, wenn sie sich unmittelbar auf Gegenstände beziehen, die in *das Drittlandsgebiet* ausgeführt werden. ³Die Voraussetzung „unmittelbar" bedeutet, daß die vorbezeichneten Umsätze in direktem Zusammenhang mit dem Gegenstand der Ausfuhr stehen müssen. ⁴Nicht ausreichend ist es, wenn diese Umsätze in Verbindung mit solchen betrieblichen Vorgängen des Unternehmers stehen, die ihrerseits erst dazu dienen, die Ausfuhr zu bewirken.

Beispiel 1:
¹Der Unternehmer läßt einen Gegenstand, den er in *das Drittlandsgebiet* ausführt, gegen Transportschäden versichern.

²Der unmittelbare Zusammenhang mit dem Gegenstand der Ausfuhr ist gegeben. ³Die nach § 4 Nr. 10 Buchstabe a UStG steuerfreie Leistung des Versicherungsunternehmers schließt daher den Vorsteuerabzug nicht aus.

Beispiel 2:
¹Der Unternehmer nimmt einen Kredit zur Anschaffung einer Maschine in Anspruch, die er ausschließlich zur Herstellung von Exportgütern einsetzt.

²Der unmittelbare Zusammenhang mit dem Gegenstand der Ausfuhr ist nicht gegeben. ³Das Kreditinstitut kann deshalb die Vorsteuerbeträge, die der nach § 4 Nr. 8 Buchstabe a UStG steuerfreien Kreditgewährung zuzurechnen sind, nicht abziehen.

⁵Eine Ausfuhr im Sinne des § 15 Abs. 3 Nr. 1 Buchstabe b UStG ist anzunehmen, wenn der Gegenstand endgültig in *das Drittlandsgebiet* gelangt. ⁶Es braucht keine Ausfuhrlieferung nach § 6 UStG vorzuliegen. ⁷Außerdem kann der Gegenstand vor der Ausfuhr bearbeitet oder verarbeitet werden. ⁸Die Ausflaggung eines Seeschiffes ist keine Ausfuhr, gleichgültig in welcher Form sich dieser Vorgang vollzieht.

(4) ¹Fällt ein Umsatz sowohl unter eine der in § 15 Abs. 3 Nr. 1 UStG bezeichneten Befreiungsvorschriften als auch unter eine Befreiungsvorschrift, die den Vorsteuerabzug ausschließt, z. B. die Ausfuhrlieferung von Blutkonserven, so geht die in § 15 Abs. 3 Nr. 1 UStG aufgeführte Befreiungsvorschrift der anderen vor. ²Daher kann auch für diese Umsätze der Vorsteuerabzug beansprucht werden.

(5) Zum Ausschluß des Vorsteuerabzugs bei Krediten, die im Zusammenhang mit anderen Umsätzen eingeräumt werden, vgl. Abschnitt 29a.

205. Ausschluß des Vorsteuerabzugs bei Umsätzen im Ausland

(1) ¹Umsätze im Ausland, die steuerfrei wären, wenn sie im Inland ausgeführt würden, schließen den Vorsteuerabzug grundsätzlich aus (§ 15 Abs. 2 Nr. 2 UStG). ²Der Ausschluß vom Vorsteuerabzug beurteilt sich ausschließlich nach dem deutschen Umsatzsteuerrecht. ³Der Abzug entfällt unabhängig davon, ob der maßgebliche Umsatz nach dem Umsatzsteuerrecht des Staates, in dem er bewirkt wird, steuerpflichtig ist oder als steuerfreier Umsatz zum Vorsteuerabzug berechtigt. ⁴Der Ausschluß vom Vorsteuerabzug tritt auch für solche Umsätze ein, die bei Ausführung im Inland nach § 9 UStG als steuerpflichtig behandelt werden könnten. ⁵Daher schließt z. B. die Vermietung eines im Ausland gelegenen Grundstücks den Abzug der nach dem deutschen Umsatzsteuerrecht geschuldeten Steuerbeträge auch dann aus, wenn für den entsprechenden Vermietungsumsatz im Inland auf die Steuerbefreiung des § 4 Nr. 12 UStG verzichtet werden könnte.

(2) ¹Ausgenommen vom Ausschluß des Vorsteuerabzugs sind die Umsätze, die nach den in § 15 Abs. 3 Nr. 2 UStG bezeichneten Vorschriften steuerfrei wären. ²Zu den in Nummer 2 Buchstabe a dieser Vorschrift aufgeführten Steuerbefreiungen vgl. Abschnitt 204 Abs. 2.

(3) ¹Die Umsätze, die nach § 4 Nr. 8 Buchstabe a bis g oder Nr. 10 Buchstabe a UStG steuerfrei wären, berechtigen dann zum Vorsteuerabzug, wenn der Leistungsempfänger *im Drittlandsgebiet* ansässig ist (§ 15 Abs. 3 Nr. 2 Buchstabe b UStG). ²Die Frage, ob diese Voraussetzung erfüllt ist, beurteilt sich wie folgt:

1. ¹Ist der Leistungsempfänger ein Unternehmer und die Leistung für das Unternehmen bestimmt, so ist der Ort maßgebend, von dem aus der Leistungsempfänger sein Unternehmen betreibt. ²Ist die Leistung ausschließlich oder überwiegend für eine Betriebsstätte des Leistungsempfängers bestimmt, so ist auf den Ort der Betriebsstätte abzustellen.

2. ¹Ist der Leistungsempfänger kein Unternehmer, kommt es für die Ansässigkeit darauf an, wo er seinen Wohnsitz oder Sitz hat. ²Das gleiche gilt, wenn der Leistungsempfänger zwar unternehmerisch tätig ist, die Leistung aber für seinen nichtunternehmerischen Bereich bestimmt ist.

Beispiel:
¹Ein Kreditinstitut in Stuttgart gewährt der in Genf gelegenen Betriebsstätte eines Unternehmens, dessen Geschäftsleitung sich in Paris befindet, ein Darlehen. ²Das Darlehen ist zur Renovierung des Betriebsgebäudes der Genfer Betriebsstätte bestimmt.
³Für die Ansässigkeit des Leistungsempfängers ist der Ort der Betriebsstätte maßgebend. ⁴Er liegt *im Drittlandsgebiet*. ⁵Das Kreditinstitut kann daher die Vorsteuern abziehen, die der nicht steuerbaren Darlehensgewährung (§ 3a Abs. 3 und 4 Nr. 6 Buchstabe a UStG) zuzurechnen sind.
⁶Wäre das Darlehen für den in Paris gelegenen Teil des Unternehmens bestimmt, entfiele der Vorsteuerabzug.

(4) ¹Für die in § 15 Abs. 3 Nr. 2 Buchstabe b UStG bezeichneten Finanz- und Versicherungsumsätze kann der Vorsteuerabzug auch in folgenden Fällen in Anspruch genommen werden:

²Der Leistungsempfänger ist zwar nicht *im Drittlandsgebiet* sondern *im Gemeinschaftsgebiet* ansässig; die an ihn ausgeführte Leistung bezieht sich aber unmittelbar auf einen Gegenstand, der in *das Drittlandsgebiet* ausgeführt wird (vgl. hierzu Abschnitt 204 Abs. 3).

Beispiel:
¹Ein Unternehmer in Kopenhagen läßt bei einem Versicherungsunternehmen in Hamburg einen Gegenstand gegen Diebstahl versichern. ²Den Gegenstand liefert der Unternehmer an einen Abnehmer in *Polen*.

³Die Versicherungsleistung ist nicht steuerbar (§ 3a Abs. 3 und 4 Nr. 6 Buchstabe a UStG). ⁴Das Versicherungsunternehmen kann die dieser Leistung zuzurechnenden Vorsteuern abziehen.

206. Ausschluß des Vorsteuerabzugs bei unentgeltlichen Leistungen

(1) ¹Unentgeltliche Lieferungen und sonstige Leistungen schließen den Vorsteuerabzug grundsätzlich aus, wenn sie im Falle der Entgeltlichkeit steuerfrei wären (§ 15 Abs. 2 Nr. 3 UStG). ²Wie bei den Umsätzen im Ausland (§ 15 Abs. 2 Nr. 2 UStG) sind auch bei den unentgeltlichen Lieferungen und sonstigen Leistungen die Umsätze vom Abzugsverbot ausgenommen, die in § 15 Abs. 3 Nr. 2 UStG aufgeführt sind (vgl. hierzu Abschnitte 204 Abs. 2 und 205 Abs. 3 und 4).

(2) Werden unentgeltliche Lieferungen oder sonstige Leistungen im Ausland ausgeführt, so sind sie für die Frage des Ausschlusses vom Vorsteuerabzug so zu beurteilen wie die entsprechenden unentgeltlichen Umsätze, die im Inland bewirkt werden.

Beispiel:
Eine unentgeltliche ärztliche Behandlung schließt bei dem behandelnden Arzt den Vorsteuerabzug unabhängig davon aus, ob er diese Leistung im Inland oder im Ausland ausführt.

(3) ¹Auf unentgeltliche Umsätze, die im Falle der Entgeltlichkeit nach § 4 Nr. 8 Buchstaben a bis g *und k*, Nr. 9 Buchstabe a, Nr. 12, 13 oder 19 UStG steuerfrei wären, kann § 9 UStG nicht angewendet werden. ²Diese Vorschrift setzt voraus, daß der maßgebliche Umsatz steuerbar ist (vgl. auch Abschnitt 205 Abs. 1).

207. Grundsätze zur Aufteilung der Vorsteuerbeträge

(1) ¹Verwendet der Unternehmer die für sein Unternehmen gelieferten oder eingeführten Gegenstände und die in Anspruch genommenen sonstigen Leistungen sowohl für Umsätze, die zum Vorsteuerabzug berechtigen, als auch für Umsätze, die den Vorsteuerabzug nach § 15 Abs. 2 und 3 UStG ausschließen, so hat er die angefallenen Vorsteuerbeträge in einen abziehbaren und einen nicht abziehbaren Teil aufzuteilen. ²Das gilt auch dann, wenn die maßgeblichen Umsätze in einem späteren Besteuerungszeitraum bewirkt werden (vgl. hierzu auch Abschnitt 203 Abs. 3 und 4). ³Die Aufteilung richtet sich allein nach der tatsächlichen Verwendung des bezogenen Gegenstandes oder der in Anspruch genommenen sonstigen Leistung, nicht aber nach dem Anlaß, aus dem der Unternehmer den Gegenstand oder die sonstige Leistung bezogen hat (BFH-Urteil vom 18. 12. 1986 – BStBl 1987 II S. 280), und auch nicht nach der beabsichtigten Verwendung des bezogenen Gegenstandes oder der in Anspruch genommenen sonstigen Leistung (vgl. BFH-Urteile vom 26. 2. 1987 – BStBl II S. 521 und vom 20. 7. 1988 – BStBl II S. 1012). ⁴Von der Aufteilung in einen abziehbaren und einen nicht abziehbaren Teil sind die Vorsteuerbeträge ausgenommen, die zwar der Verwendung nach für eine Aufteilung in Frage kämen, bei denen jedoch die sonstigen Voraussetzungen des § 15 UStG für den Abzug nicht vorliegen, z. B. bei fehlendem Steuerausweis in der Rechnung. ⁵Außerdem scheiden die Steuerbeträge für eine Aufteilung aus, die dem Unternehmer

1. für die in § 24 Abs. 1 UStG bezeichneten Umsätze über den für den maßgeblichen Umsatz geschuldeten Steuerbetrag hinaus oder

2. für in Anspruch genommene Reisevorleistungen

gesondert in Rechnung gestellt wurden (vgl. auch Abschnitt 192 Abs. 3). ⁶Diese Vorsteuerbeträge bleiben somit insgesamt vom Abzug ausgeschlossen.

(2) ¹Die Aufteilung der Vorsteuern ist nach § 15 Abs. 4 UStG vorzunehmen. ²Dies bedeutet, daß die Vorsteuern ausschließlich nach ihrer wirtschaftlichen Zuordnung aufzuteilen sind (vgl. Abschnitt 208). ³Die Aufteilung schließt an die Grundsätze an, die sich aus § 15 Abs. 2 und 3 UStG für die Zuordnung der Vorsteuern zu den einzelnen Umsätzen des Unternehmers herleiten. ⁴Dementsprechend erstreckt sich § 15 Abs. 4 UStG nicht auf die Vorsteuerbeträge, die entweder allein den zum Abzug berechtigenden Umsätzen oder allein den zum Ausschluß des Vorsteuerabzugs führenden Umsätzen zuzurechnen sind. ⁵Die Abziehbarkeit der einer Umsatzart ausschließlich zurechenbaren Vorsteuerbeträge beurteilt sich daher stets nach den Vorschriften des § 15 Abs. 1 bis 3 UStG. ⁶Die Aufteilung nach § 15 Abs. 4 UStG betrifft somit nur die Vorsteuerbeträge, die teils der einen und teils der anderen Umsatzart zuzuordnen sind *(vgl. BFH-Urteil vom 16. 9. 1993 – BStBl 1994 II S. 271).*

(3) ¹Bei einem Wirtschaftsgut des Anlagevermögens ist für die Vornahme des Vorsteuerabzugs von den Verhältnissen in dem Besteuerungszeitraum auszugehen, in dem das Wirtschaftsgut erstmalig zur Ausführung von Umsätzen verwendet wird. ²Maßgebend ist die Verwendung während des gesamten Besteuerungszeitraums. ³Das gilt sowohl bei einer gleichzeitigen Verwendung des Wirtschaftsgutes für zum Vorsteuerabzug berechtigende und nicht berechtigende Umsätze als auch bei einer späteren, aber noch innerhalb des Besteuerungszeitraums der erstmaligen Verwendung liegenden Änderung des Verwendungszwecks. ⁴Wird ein insgesamt für ein Unternehmen angeschafftes Gebäude nach der Fertigstellung nur teilweise vermietet, während es im übrigen leersteht, so liegen nur hinsichtlich der vermieteten Räume bzw. Flächen Verwendungsumsätze vor; im Fall eines anschließenden Verkaufs dieses Gebäudes ist die Veräußerung die erstmalige tatsächliche Verwendungsleistung bezüglich des bis dahin leerstehenden Gebäudeteils (BFH-Urteil vom 12. 11. 1987 – BStBl 1988 II S. 468). ⁵Über die Abziehbarkeit der Vorsteuerbeträge aus der Herstellung eines solchen Gebäudes kann erst nach der erstmaligen tatsächlichen Verwendung sämtlicher Räume materiell abschließend entschieden werden (BFH-Urteil vom 31. 7. 1987 – BStBl II S. 754).

(4) Ändern sich bei einem Wirtschaftsgut des Anlagevermögens in einem späteren Besteuerungszeitraum die Verhältnisse, die für den Vorsteuerabzug im Besteuerungszeitraum der erstmaligen Verwendung maßgebend waren, so ist für die Berichtigung des Vorsteuerabzugs § 15a UStG maßgebend (vgl. Abschnitt 215).

(5) Im Voranmeldungsverfahren kann der Unternehmer die Aufteilung aus Vereinfachungsgründen statt nach den Verhältnissen des betreffenden Voranmeldungszeitraums nach den Verhältnissen eines vorangegangenen Besteuerungszeitraums oder nach den voraussichtlichen Verhältnissen des laufenden Besteuerungszeitraums vornehmen.

208. Aufteilung der Vorsteuerbeträge nach § 15 Abs. 4 UStG

(1) ¹Eine Aufteilung der Vorsteuerbeträge nach der in § 15 Abs. 4 UStG bezeichneten Methode bezweckt eine genaue Zuordnung der Vorsteuerbeträge zu den Umsätzen, denen sie wirtschaftlich zuzurechnen sind. ²Folgende drei Gruppen von Vorsteuerbeträgen sind zu unterscheiden:

1. ¹Vorsteuerbeträge, die in voller Höhe abziehbar sind, weil sie ausschließlich Umsätzen zuzurechnen sind, die zum Vorsteuerabzug berechtigen. ²Das sind z. B. in einem Fertigungsbetrieb die Vorsteuerbeträge, die bei der Anschaffung von Material oder Anlagegütern anfallen. ³Bei einem Handelsbetrieb kommen vor allem die Vorsteuerbeträge aus Warenbezügen in Betracht.

2. ¹Vorsteuerbeträge, die in voller Höhe vom Abzug ausgeschlossen sind, weil sie ausschließlich Umsätzen zuzurechnen sind, die nicht zum Vorsteuerabzug berechtigen. ²Hierzu gehören z. B.

bei steuerfreien Grundstücksverkäufen die Vorsteuerbeträge für die Leistungen des Maklers und des Notars sowie für Inserate. ³Bei steuerfreien Vermietungen und Verpachtungen kommen vor allem die Vorsteuerbeträge in Betracht, die bei der Anschaffung oder Herstellung eines Wohngebäudes, beim Herstellungs- und Erhaltungsaufwand, bei Rechtsberatungen und der Grundstücksverwaltung anfallen.

3. ¹Übrige Vorsteuerbeträge. ²In diese Gruppe fallen alle Vorsteuerbeträge, die sowohl mit Umsätzen, die zum Vorsteuerabzug berechtigen, als auch mit Umsätzen, die den Vorsteuerabzug ausschließen, in wirtschaftlichem Zusammenhang stehen. ³Hierzu gehören z. B. die Vorsteuerbeträge, die mit dem Bau, der Einrichtung und der Unterhaltung eines Verwaltungsgebäudes in Verbindung stehen, das auch der Ausführung steuerfreier Umsätze im Sinne des § 4 Nr. 12 UStG dient. ⁴Wegen der zugelassenen Erleichterungen bei der Aufteilung vgl. Abschnitt 210.

(2) ¹Für eine Aufteilung kommen nur die in Absatz 1 Nr. 3 bezeichneten Vorsteuerbeträge in Betracht. ²Die Aufteilung dieser Vorsteuern ist nach *Kostenzurechnungsgesichtspunkten oder nach* dem Prinzip der wirtschaftlichen Zurechnung vorzunehmen *(vgl. BFH-Urteil vom 16. 9. 1993 – BStBl 1994 II S. 271)*. ³Hierbei ist die betriebliche Kostenrechnung (Betriebsabrechnungsbogen, Kostenträgerrechnung) oder die Aufwands- und Ertragsrechnung in der Regel als geeigneter Anhaltspunkt heranzuziehen. ⁴Zu beachten ist jedoch, daß die verrechneten Kosten und der verrechnete Aufwand nicht mit den Werten (Vorumsätzen) übereinstimmen, über deren Vorsteuern zu entscheiden ist. ⁵Denn die Kostenrechnung erfaßt nur die für die Erstellung einer Leistung notwendigen Kosten und die Aufwands- und Ertragsrechnung nur den in einer Abrechnungsperiode entstandenen Aufwand. ⁶Das betrifft insbesondere die Wirtschaftsgüter des Anlagevermögens, die in der Kostenrechnung wie in der Aufwands- und Ertragsrechnung nur mit den Abschreibungen angesetzt werden. ⁷Der Unternehmer kann diese Unterlagen daher nur als Hilfsmittel verwenden. ⁸Bei Gebäuden ist die Vorsteuer in der Regel nach dem Verhältnis der tatsächlichen Nutzflächen aufzuteilen *(vgl. BFH-Urteil vom 12. 3. 1992 – BStBl II S. 755)*. ⁹Weicht jedoch die Ausstattung der unterschiedlich genutzten Räume erheblich voneinander ab, so ist es erforderlich, den Bauaufwand den einzelnen Verwendungsumsätzen zuzuordnen (vgl. BFH-Urteil vom 20. 7. 1988 – BStBl II S. 1012). ¹⁰Entsprechendes gilt zum Beispiel bei Abweichungen in der Geschoßhöhe.

(3) ¹Bei der nach § 15 Abs. 4 letzter Satz UStG zugelassenen Schätzung ist auf die im Einzelfall bestehenden wirtschaftlichen Verhältnisse abzustellen. ²Hierbei ist es erforderlich, daß der angewandte Maßstab systematisch von der Aufteilung nach der wirtschaftlichen Zuordnung ausgeht. ³Eine Aufteilung, die allein auf die Höhe der Umsätze des Unternehmers abstellt, ist in der Regel nicht als sachgerechte Schätzung anzusehen (vgl. auch BFH-Urteil vom 14. 2. 1980 – BStBl II S. 533). ⁴Ist kein anderer sachgerechter Aufteilungsmaßstab vorhanden, kann der nicht abziehbare Teil der einer Umsatzgruppe nicht ausschließlich zurechenbaren Vorsteuerbeträge (vgl. Absatz 1 Nr. 3) einheitlich nach dem Verhältnis der Umsätze, die den Vorsteuerabzug ausschließen, zu den anderen Umsätzen ermittelt werden. ⁵Einfuhren sind keine Umsätze in diesem Sinne und daher nicht in den Umsatzschlüssel einzubeziehen.

(4) ¹Kann der Unternehmer darlegen, daß die für die Aufteilung dieser Vorsteuerbeträge maßgebenden Voraussetzungen nicht oder nur unwesentlich schwanken, so kann ihm die Aufteilung nach der betrieblichen Erfahrung oder der voraussichtlichen Entwicklung gestattet werden. ²Eine Berichtigung des Vorsteuerabzugs findet bei der Steuerfestsetzung nicht mehr statt.

Beispiel:

¹Ein Grundstück wird zum Teil an Unternehmer, zum Teil an Nichtunternehmer vermietet. ²Auf die Steuerbefreiung der Umsätze an andere Unternehmer ist nach § 9 UStG verzichtet worden. ³Ein Teil der Auf-

wendungen für das Grundstück kann dem steuerpflichtigen oder dem steuerfreien Bereich ausschließlich zugerechnet werden, z. B. die Renovierung eines Geschäftsraumes. ⁴Die übrigen Aufwendungen, z. B. für Außenanstrich, Dacharbeiten oder Einbau eines Fahrstuhls, kann der Unternehmer nach einem geeigneten Schlüssel sofort aufteilen. ⁵Ein solcher kann nach der Fläche, nach dem umbauten Raum oder anderen Merkmalen gefunden werden.

209. (weggefallen)

210. Erleichterungen bei der Aufteilung der Vorsteuerbeträge

Allgemeines

(1) ¹Die Erleichterungen des § 43 UStDV erstrecken sich auf die Fälle, in denen die dort bezeichneten Umsätze den Vorsteuerabzug ausschließen würden. ²Sie betreffen nur die Vorsteuerbeträge, die den in § 43 UStDV bezeichneten Umsätzen lediglich teilweise zuzurechnen sind. ³Vorsteuerbeträge, die sich ausschließlich auf diese Umsätze beziehen, bleiben vom Abzug ausgeschlossen.

(2) ¹Die Erleichterungen des § 43 UStDV bestehen darin, daß die Vorsteuerbeträge, die den dort bezeichneten Umsätzen nur teilweise zuzuordnen sind, nicht in einen abziehbaren und einen nicht abziehbaren Anteil aufgeteilt werden müssen. ²Sie sind somit voll abziehbar.

Bestimmte Umsätze von Geldforderungen

(3) § 43 Nr. 1 UStDV betrifft solche Umsätze von Geldforderungen, z. B. Wechselumsätze oder Forderungsabtretungen, denen zum Vorsteuerabzug berechtigende Umsätze des Unternehmers zugrunde liegen.

Beispiel:

¹Ein Unternehmer tritt eine Geldforderung, die er an einen Kunden für eine steuerpflichtige Warenlieferung hat, an einen Dritten ab. ²Dieser Umsatz ist nach § 4 Nr. 8 UStG unter Ausschluß des Vorsteuerabzugs steuerfrei. ³Der Forderungsabtretung liegt jedoch die zum Vorsteuerabzug berechtigende Warenlieferung zugrunde. ⁴Der Unternehmer braucht daher die Vorsteuern, die der Forderungsabtretung nicht ausschließlich zuzurechnen sind, z. B. Vorsteuern, die im Bereich der Verwaltungsgemeinkosten angefallen sind, nicht in einen abziehbaren und einen nicht abziehbaren Anteil aufzuteilen. ⁵Sie sind voll abziehbar. ⁶Der Unternehmer könnte in gleicher Weise verfahren, wenn er von seinem Kunden für die Warenlieferung einen Wechsel erhalten hätte, den er anschließend an einen Dritten weitergibt.

Bestimmte Umsätze von Wechseln

(4) ¹Unter § 43 Nr. 2 UStDV fallen nur Wechselumsätze. ²Den Wechsel muß der Unternehmer für einen zum Vorsteuerabzug berechtigenden Umsatz eines Dritten von dessen Leistungsempfänger erhalten haben. ³Außerdem muß der Unternehmer den Wechsel dafür erhalten haben, daß er den leistenden Unternehmer als Bürge oder Garantiegeber anstelle des Leistungsempfängers befriedigt hat. ⁴Schließt der Umsatz des leistenden Unternehmers den Vorsteuerabzug nach § 15 Abs. 2 und 3 UStG aus, so kann die Erleichterung des § 43 UStDV für den Wechselumsatz nicht in Anspruch genommen werden (§ 43 Nr. 2 letzter Satz UStDV).

Beispiel:

¹Der Zentralregulierer A gibt einer Bank oder einem sonstigen Empfänger einen Wechsel. ²Dieser nach § 4 Nr. 8 UStG steuerfreie Umsatz schließt den Vorsteuerabzug aus. ³Den Wechsel hat A von dem Leistungsempfänger B dafür erhalten, daß er dessen Zahlungsverpflichtung an den Lieferer C als Bürge beglichen hat. ⁴Der Umsatz des C an B berechtigte C zum Vorsteuerabzug.

⁵A kann für seinen Wechselumsatz von der Erleichterung des § 43 UStDV Gebrauch machen. ⁶Die Auswirkungen sind die gleichen wie im Beispiel in Absatz 3.
⁷Würde der Umsatz des C an B den Vorsteuerabzug nach § 15 Abs. 2 und 3 UStG ausschließen, käme für A die Erleichterung des § 43 UStDV nicht in Betracht.

Bestimmte Hilfsumsätze

(5) ¹Für die in § 43 Nr. 3 UStDV bezeichneten Umsätze darf die Erleichterung des § 43 UStDV nur unter der Voraussetzung angewendet werden, daß es sich bei ihnen um Hilfsumsätze handelt. ²Das ist dann der **Fall, wenn** diese Umsätze zur unternehmerischen Tätigkeit des Unternehmens gehören, jedoch **nicht** den eigentlichen Gegenstand des Unternehmens bilden. ³Die Erleichterung ist insbesondere für folgende Hilfsumsätze von Bedeutung:

1. Eintausch ausländischer Zahlungsmittel durch einen Unternehmer, der diese Beträge für seine Waren und Dienstleistungsumsätze von seinen Kunden erhalten hat.

2. Die Abgabe von Briefmarken im Zusammenhang mit dem Verkauf von Ansichtskarten durch Schreibwarenhändler oder Kioske.

3. Geschäftseinlagen bei Kreditinstituten von Unternehmern, bei denen Geldgeschäfte nicht den Gegenstand des Unternehmens bilden.

⁴Die Auswirkungen sind die gleichen wie im Beispiel in Absatz 3.

Verwaltungsgemeinkosten

(6) Aus Vereinfachungsgründen können bei der Aufteilung von Vorsteuerbeträgen alle Vorsteuerbeträge, die sich auf die sogenannten Verwaltungsgemeinkosten beziehen, z. B. die Vorsteuerbeträge für die Beschaffung des Büromaterials, nach einem einheitlichen Verhältnis ggf. schätzungsweise aufgeteilt werden, auch wenn einzelne Vorsteuerbeträge dieses Bereichs an sich bestimmten Umsätzen ausschließlich zuzurechnen wären.

211. (weggefallen)

212. Vorsteuerabzug bei juristischen Personen des öffentlichen Rechts

(1) ¹Abziehbar sind Vorsteuerbeträge für Umsätze, die für den unternehmerischen Bereich der juristischen Person des öffentlichen Rechts ausgeführt werden – z. B. Lieferungen von Büromaterial für die Versorgungsbetriebe einer Stadtgemeinde – und in diesem Bereich nicht der Ausführung von Umsätzen dienen, die nach § 15 Abs. 2 und 3 UStG den Vorsteuerabzug ausschließen (Abschnitte 203 bis 206). ²Werden dem Unternehmensbereich dienende Gegenstände später für den nichtunternehmerischen Bereich entnommen oder verwendet, so liegt Eigenverbrauch nach § 1 Abs. 1 Nr. 2 Buchstabe a oder b UStG vor.

(2) ¹Der Vorsteuerabzug entfällt, wenn sich der Umsatz auf den nichtunternehmerischen Bereich bezieht, z. B. Lieferungen von Büromaschinen für die öffentliche Verwaltung einer Stadtgemeinde. ²Ein Kurort kann Spazier- und Wanderwege, die durch Widmung die Eigenschaft einer öffentlichen Straße erhalten haben, nicht seinem unternehmerischen Bereich zuordnen, der im Bereitstellen von „Einrichtungen des Fremdenverkehrs" gegen Kurbeitrag besteht. ³Die betreffende Gemeinde kann daher die ihr bei der Errichtung dieser Wege in Rechnung gestellte Umsatzsteuer nicht als Vorsteuer abziehen (BFH-Urteil vom 26. 4. 1990 – BStBl II S. 799). ⁴Werden die dem nichtunternehmerischen Bereich dienenden Gegenstände später in den unternehmerischen Bereich überführt oder dort verwendet, so ist ein nachträglicher Vorsteuerabzug nicht zulässig.

(3) Wird ein Umsatz sowohl für den unternehmerischen als auch für den nichtunternehmerischen Bereich ausgeführt, so ist wie folgt zu verfahren:
1. [1]Bei dem Bezug vertretbarer Sachen sowie bei der Inanspruchnahme sonstiger Leistungen ist die darauf entfallende Steuer entsprechend dem Verwendungszweck in einen abziehbaren und einen nicht abziehbaren Anteil aufzuteilen, z. B. bei einem gemeinsamen Bezug von Heizmaterial oder bei Inanspruchnahme eines Rechtsanwaltes, der aufgrund eines einheitlichen Vertrages ständig Rechtsberatungen für beide Bereiche erbringt. [2]Maßgebend für die Aufteilung sind die Verhältnisse bei Ausführung des betreffenden Umsatzes an die juristische Person des öffentlichen Rechts.
2. [1]Vorsteuerbeträge, die auf den Bezug einheitlicher Gegenstände entfallen, sind in vollem Umfang abziehbar, z. B. Bezug eines Pkw zur Verwendung als Dienstwagen durch den Leiter des Bauaufsichtsamtes und den Direktor eines Versorgungsbetriebes der Stadtgemeinde. [2]Zum Ausgleich unterliegt die Nutzung für den nichtunternehmerischen Bereich als Eigenverbrauch nach § 1 Abs. 1 Nr. 2 Buchstabe b UStG der Steuer. [3]Das gilt auch, wenn der auf den nichtunternehmerischen Bereich entfallende Anteil der Verwendung überwiegt.

(4) [1]Juristische Personen des öffentlichen Rechts haben vielfach zentrale Stellen zur Beschaffung von Material für den unternehmerischen und den nichtunternehmerischen Bereich eingerichtet, z. B. für Büromaterial, Heizmittel. [2]Beim Bezug des Materials ist häufig noch nicht bekannt, in welchem Bereich es verwendet wird. [3]In diesen Fällen sind die Beschaffungsstellen dem unternehmerischen Bereich zuzurechnen, sofern der auf diesen Bereich entfallende Anteil der Beschaffungen nicht unter 10 v. H. der Gesamtbezüge liegt. [4]Gehören danach die Beschaffungsstellen zu dem unternehmerischen Bereich, so kann für den Bezug des gesamten Materials der Vorsteuerabzug in Anspruch genommen werden. [5]Die spätere Überführung von Gegenständen in den nichtunternehmerischen Bereich ist nach § 1 Abs. 1 Nr. 2 Buchstabe a UStG als Eigenverbrauch steuerpflichtig. [6]Eine spätere teilweise Verwendung im nichtunternehmerischen Bereich ist nach § 1 Abs. 1 Nr. 2 Buchstabe b UStG zu versteuern (vgl. Absatz 3). [7]Für Gegenstände, die zwar im unternehmerischen Bereich verbleiben, aber dort zur Ausführung von Umsätzen verwendet werden, die nach § 15 Abs. 2 und 3 UStG den Vorsteuerabzug ausschließen, ist der Vorsteuerabzug beim Verlassen der Beschaffungsstelle rückgängig zu machen. [8]Ist die zentrale Beschaffungsstelle dem nichtunternehmerischen Bereich zuzurechnen, so entfällt der Vorsteuerabzug für das von ihr bezogene Material in vollem Umfang, und zwar auch für Gegenstände, die später im unternehmerischen Bereich verwendet werden.

213. Vorsteuerabzug bei Überlassung von Gegenständen durch Gesellschafter an die Gesellschaft

(1) [1]Erwirbt ein Gesellschafter einen Gegenstand und überläßt er ihn der Gesellschaft zur Nutzung, so kann er die ihm beim Erwerb des Gegenstandes in Rechnung gestellte Steuer als Vorsteuer abziehen. [2]Voraussetzung ist jedoch, daß der Gesellschafter den Gegenstand im Rahmen seines Unternehmens erworben und der Gesellschaft gegen Entgelt überlassen hat *(vgl. Abschnitt 6 Abs. 3).* [3]Ein Abzug der auf den Erwerb des Gegenstandes entfallenden Vorsteuer durch die Gesellschaft ist ausgeschlossen, weil der Gegenstand nicht für das Unternehmen der Gesellschaft geliefert worden ist. [4]Die Gesellschaft kann gegebenenfalls die Vorsteuern abziehen, die bei der Verwendung des Gegenstands in ihrem Unternehmen anfallen, z. B. der Gesellschaft in Rechnung gestellte Steuer für Reparaturen usw. [5]Überläßt der Gesellschafter dagegen den Gegenstand unentgeltlich zur Nutzung, handelt er insoweit nicht als Unternehmer. [6]Das gleiche gilt, wenn die Gebrauchsüberlassung einen auf Leistungsvereinigung gerichteten Vorgang dar-

stellt. [7]In diesen Fällen ist weder der Gesellschafter noch die Gesellschaft berechtigt, die dem Gesellschafter beim Erwerb des Gegenstandes in Rechnung gestellte Steuer als Vorsteuer abzuziehen (vgl. auch BFH-Urteil vom 26. 1. 1884 – BStBl II S. 231, BFH-Urteil vom 18. 3. 1988 – BStBl II S. 646 und BFH-Beschluß vom 9. 3. 1989 – BStBl II S. 580).

(2) [1]Ist ein Gesellschafter bereits als Unternehmer tätig und überläßt er der Gesellschaft einen Gegenstand seines Unternehmens zur Nutzung, so kann er sowohl bei entgeltlicher als auch bei unentgeltlicher Überlassung die ihm bei der Anschaffung des überlassenen Gegenstandes in Rechnung gestellte Steuer als Vorsteuer abziehen. [2]Ein Vorsteuerabzug der Gesellschaft ist insoweit ausgeschlossen.

(3) [1]Der Vorsteuerabzug nach den Absätzen 1 und 2 ist beim Gesellschafter nicht zulässig, wenn die Überlassung des Gegenstandes nach § 15 Abs. 2 und 3 UStG den Abzug ausschließt. [2]Ist der Überlassung eine Verwendung des Gegenstandes im Unternehmen des Gesellschafters vorausgegangen, so kann eine Vorsteueraufteilung oder eine Berichtigung des Vorsteuerabzugs nach § 15a UStG in Betracht kommen (vgl. Abschnitt 207 Abs. 3 und 4).

Verwaltungsanweisungen

- Ustl. Behandlung der Einschaltung von Unternehmen in die Erfüllung hoheitlicher Aufgaben (BMF 27. 12. 1990, BStBl 1991 I, 81);
- Aufteilung der Vorsteuerbeträge nach dem sog. Bankenschlüssel (BMF 11. 3. 1993, UR 1993, 176);
- Vorsteuerabzug für in Rechnung gestellte Leistungen nach § 4 Nr. 1 Buchst. c UStG (BMF 11. 5. 1995, UR 1995, 460);
- zollamtliche Belege als Nachweis für den Abzug der EUSt (OFD Erfurt 11. 12. 1995, UVR 1996, 124);
- Vorsteuerabzug aus Veräußerungskosten bei einer Geschäftsveräußerung (OFD Frankfurt a. M. 2. 4. 1996, UR 1996, 233);
- Vorsteuerabzug bei der Abgabe von Gesellschaftsanteilen durch Publikumsgesellschaften (OFD München 3. 6. 1996, StEd 1996, 472);
- Vorsteuerabzug bei Zahlung mittels Kreditkarte (OFD Koblenz 14. 6. 1996, StEd 1996, 472);
- ustl. Behandlung gemischt-genutzter Grundstücke (BMF 27. 6. 1996, BStBl II, 702);
- Auskunftsersuchen bei Zweifeln über die Unternehmereigenschaften des leistenden Unternehmers durch das FA des Leistungsempfängers (OFD Saarbrücken 3. 7. 1996, UR 1997, 112);
- Bauabfallentsorgung durch zwischengeschaltete Unternehmer für das entsorgungspflichtige Land (OFD Cottbus 9. 9. 1996, StEd 1996, 647);
- Unternehmereigenschaft bei Vorbereitungshandlungen (BMF 2. 12. 1996, BStBl I, 1461);
- Vorsteuerabzug der Deutschen TelekomAG über Btx/DatexJ/T-Online Anbietervergütungen (OFD Hannover 13. 1. 1997, BuW 1997, 344).

Vorsteuerabzug § **15 UStG**

Rechtsprechung

- Der Unternehmer, der den Vorsteuerabzug geltend macht, trägt die Feststellungslast (BFH 19. 10. 1978, BStBl 1979 II, 345);
- zum Vorsteuerabzug einer sog. Innengesellschaft (BFH 27. 5. 1982, BStBl II, 678);
- Vorsteuerbeträge als unselbständige, nicht abtretbare Bestandteile der Bemessungsgrundlage (BFH 24. 3. 1983, BStBl II, 612);
- zur Person des zum Vorsteuerabzug berechtigten Unternehmers (BFH 13. 9. 1984, BStBl 1985 II, 20);
- Aufteilung der Vorsteuerbeträge nach der tatsächlichen Verwendung des Gegenstands (BFH 18. 12. 1986, BStBl 1987 II, 280; 31. 7. 1987, BStBl II, 754; 20. 7. 1988, BStBl II, 1012; FG München 22. 11. 1993, UR 1995, 231);
- Aufteilung der Vorsteuerbeträge bei noch nicht geklärter tatsächlicher Verwendung (BFH 26. 2. 1987, BStBl II, 521);
- Qualität der Rechnung bzw. des Abrechnungspapiers als Voraussetzung für den Vorsteuerabzug (BFH 24. 9. 1987, BStBl 1988 II, 688; 7. 10. 1987, BStBl 1988 II, 34; 11. 5. 1989, BFH/NV 1990, 739);
- Vorsteuerabzug und steuerfreie Ausgangsleistung (BFH 29. 10. 1987, BStBl 1988 II, 508);
- Vorsteuerabzug bei Vorbereitungshandlungen, die nicht in Ausgangsleistungen einmünden (Fehlmaßnahmen; BFH 21. 7. 1988, BStBl 1989 II, 60; 30. 11. 1989, BStBl 1990 II, 345; 6. 5. 1993, BStBl II, 564 und 15. 9. 1994, BStBl 1995 II, 88; EuGH 29. 2. 1996, BStBl II, 655);
- Vorsteuerabzug bei Verlust der Originalabrechnung (BFH 5. 8. 1988, BStBl 1989 II, 120; EuGH 5. 12. 1996, DB 1997, 259);
- Recht auf Vorsteuerabzug (EuGH 13. 12. 1989, HFR 1991, 181);
- Erstattungsfähigkeit der Vorsteuer (OLG Hamm 18. 2. 1991, MDR 1991, 678);
- Berechtigung des EUSt-Abzugs als Vorsteuer (BGH 25. 4. 1991, UR 1992, 18);
- estl. Behandlung zu Unrecht erstatteter Vorsteuerbeträge (BFH 4. 6. 1991, BStBl II, 759);
- Vorsteuerabzug auch bei geringfügiger unternehmerischer Nutzung (EuGH 11. 7. 1991, UR 1991, 291);
- Hinterziehung beim Vorsteuerabzug ohne Leistungsaustausch (BGH 22. 10. 1991, UR 1992, 83);
- Vorsteuerabzug bei der Errichtung eines Geschäftshauses auf dem Ehegattengrundstück (BGH 9. 7. 1992, UR 1993, 232);
- Bezeichnung des leistenden Unternehmers in einer Rechnung als Voraussetzung für den Vorsteuerabzug (BFH 17. 9. 1992, BStBl 1993 II, 205);
- Bezeichnung der Leistung in einer Rechnung (BFH 21. 1. 1993, BStBl II, 384);

UStG § 15   Vorsteuerabzug

- Tatentdeckung bei Vorlage falscher Meldungen zum Zwecke des Vorsteuerabzugs (BGH 30. 3. 1993, UR 1993, 394);
- Vorsteuerabzug bei Insolvenz des leistenden Unternehmers (BFH 18. 6. 1993, BStBl II, 845 und 24. 2. 1994, BStBl II, 487);
- Vorsteuerabzug eines BGB-Gesellschafters bei der betrieblichen Nutzung seines Pkw (BFH 9. 9. 1993, BStBl 1994 II, 56);
- Vorsteuerabzug für die Anschaffung eines Pkw, der bei Lieferung bereits weiterveräußert ist (BFH 11. 11. 1993, BStBl 1994 II, 335);
- Vorsteuerabzug bei Vorbereitungshandlungen einer juristischen Person des öffentlichen Rechts (BFH 16. 12. 1993, BStBl 1994 II, 278);
- Vorsteuerabzug eines Gegenstands, der teilweise im pauschal besteuerten Unternehmensteil verwendet wird (BFH 16. 12. 1993, BStBl 1994 II, 339);
- Vorsteuerabzug bei der EUSt (FG Hamburg 15. 3. 1994, StEd 1994, 516 sowie BFH 9. 2. 1995, StEd 1995, 481);
- AdV wegen des Vorsteuerabzugs (BFH 17. 3. 1994, BFH/NV 1995, 171);
- mißbräuchliche Inanspruchnahme des Vorsteuerabzugs (BFH 4. 5. 1994, BStBl II, 829);
- Vorsteuerabzug bei auch zu eigenen Wohnzwecken genutztem Muster-Solarfertighaus (BFH 15. 9. 1994, UR 1995, 441);
- Zeitpunkt der Zuordnungsentscheidung (Niedersächsisches FG 22. 9. 1994, StEd 1994, 683);
- Bestimmung des Leistungsempfängers einer Leistung (BFH 20. 10. 1994, UR 1995, 445);
- Zuordnung eines Gegenstands zum land- und forstwirtschaftlichen Unternehmensteil und spätere (Mit-)Verwendung im übrigen Unternehmensvermögen (BFH 10. 11. 1994, BStBl 1995 II, 218);
- Vorsteuerabzug bei eindeutigen und leicht nachprüfbaren Leistungen (BFH 10. 11. 1994, BStBl 1995 II, 395);
- nachträgliche Versagung des Vorsteuerabzugs wegen eines Zwischenmietverhältnisses (BFH 14. 12. 1994, UR 1995, 449);
- Vorsteuerabzug bei der Gebäudevermietung an Steuerberaterehegatten (BFH 26. 1. 1995, UR 1996, 124);
- Vorsteuerabzug beim Erwerb vom illiquiden Verkäufer (BFH 23. 2. 1995, BFH/NV 1995, 1029);
- Codebezeichnung statt Name eines Leistungsempfängers (FG Münster 28. 3. 1995, EFG 1995, 861);
- Grundsatzfragen der Vorsteueraufteilung (EuGH 6. 4. 1995, UR 1996, 427);
- Vorsteuerabzug bei einer Bauherrengemeinschaft (BFH 16. 5. 1995, UR 1996, 201);
- Vorsteuerabzug bei erstmaliger tatsächlicher Verwendungsabsicht (FG Hamburg 16. 5. 1995, EFG 1995, 680);
- Zuordnung eines Gegenstandes beim sofortigen Weiterverkauf (BFH 27. 7. 1995, BStBl II, 853);

Berichtigung des Vorsteuerabzugs § 15a UStG

- Vorsteuerabzug im Zusammenhang mit der Meisterprüfung des Sohnes (BFH 15. 9. 1995, UR 1996, 306);
- Vorsteuerabzug und Festsetzungsfrist (BFH 29. 9. 1995, BFH/NV 1996, 277);
- Zuordnung gemischt genutzter Grundstücke und Grundstücksteile zum Unternehmen (EuGH 4. 10. 1995, BStBl 1996 II, 390; dazu BMF 27. 6. 1996, BStBl I, 702);
- Bauvorhaben auf dem Grundstück des Ehegatten (BFH 5. 10. 1995, BStBl 1996 II, 111);
- Vorsteuerabzug bei Aufnahme atypisch stiller Gesellschafter (BFH 14. 12. 1995, BStBl 1996 II, 250);
- Vorsteuerabzug bei gemischter Verwendung (BFH 26. 1. 1996, BFH/NV 1996, 584);
- Vorsteuerabzug eines Grundstückserwerbers bei insolventem Veräußerer (BFH 7. 3. 1996, BStBl II, 491);
- Vorsteuerabzug bei Erteilung von Rechnungen durch Scheinfirmen (BFH 27. 6. 1996, BStBl II, 620);
- kein Vorsteuerabzug aus Reparaturleistungen eines Gebäudes, wenn es danach steuerfrei vermietet wird (FG Münster 10. 12. 1996, EFG 1997, 441).

UStG

§ 15a[1]) Berichtigung des Vorsteuerabzugs

(1) [1]Ändern sich bei einem Wirtschaftsgut die Verhältnisse, die im Kalenderjahr der erstmaligen Verwendung für den Vorsteuerabzug maßgebend waren, innerhalb von fünf Jahren seit dem Beginn der Verwendung, so ist für jedes Kalenderjahr der Änderung ein Ausgleich durch eine Berichtigung des Abzugs der auf die Anschaffungs- oder Herstellungskosten entfallenden Vorsteuerbeträge vorzunehmen. [2]Bei Grundstücken einschließlich ihrer wesentlichen Bestandteile, bei Berechtigungen, für die die Vorschriften des bürgerlichen Rechts über Grundstücke gelten, und bei Gebäuden auf fremdem Boden tritt an die Stelle des Zeitraums von fünf Jahren ein solcher von zehn Jahren.

(2) [1]Bei der Berichtigung nach Absatz 1 ist für jedes Kalenderjahr der Änderung in den Fällen des Satzes 1 von einem Fünftel und in den Fällen des Satzes 2 von

---

1) Anm.: § 15a Abs. 6a eingefügt, Abs. 7 i. d. F. des Art. 20 Nr. 15 und 26 StMBG v. 21. 12. 93 (BGBl I, 2310).

einem Zehntel der auf das Wirtschaftsgut entfallenden Vorsteuerbeträge auszugehen. ²Eine kürzere Verwendungsdauer ist entsprechend zu berücksichtigen. ³Die Verwendungsdauer wird nicht dadurch verkürzt, daß das Wirtschaftsgut in ein anderes einbezogen wird.

(3) Die Absätze 1 und 2 sind auf Vorsteuerbeträge, die auf nachträgliche Anschaffungs- oder Herstellungskosten entfallen, sinngemäß anzuwenden.

(4) Eine Änderung der Verhältnisse liegt auch vor, wenn das noch verwendungsfähige Wirtschaftsgut vor Ablauf des nach den Absätzen 1 bis 3 maßgeblichen Berichtigungszeitraums veräußert oder zum Eigenverbrauch entnommen wird und dieser Umsatz für den Vorsteuerabzug anders zu beurteilen ist als die Verwendung im ersten Kalenderjahr.

(5) Absatz 4 gilt auch dann, wenn die Veräußerung oder Entnahme im Kalenderjahr der erstmaligen Verwendung stattfindet.

(6) Die Berichtigung nach den Absätzen 4 und 5 ist so vorzunehmen, als wäre das Wirtschaftsgut in der Zeit von der Veräußerung oder Entnahme bis zum Ablauf des maßgeblichen Berichtigungszeitraums unter entsprechend geänderten Verhältnissen weiterhin für das Unternehmen verwendet worden.

(6a) ¹Bei einer Geschäftsveräußerung (§ 1 Abs. 1a) wird der für das Wirtschaftsgut maßgebliche Berichtigungszeitraum nicht unterbrochen. ²Der Veräußerer ist verpflichtet, dem Erwerber die für die Durchführung der Berichtigung erforderlichen Angaben zu machen.

(7) Das Bundesministerium der Finanzen kann mit Zustimmung des Bundesrates durch Rechtsverordnung nähere Bestimmungen darüber treffen,

1. wie der Ausgleich nach den Absätzen 1 bis 6 durchzuführen ist und in welchen Fällen er zur Vereinfachung des Besteuerungsverfahrens, zur Vermeidung von Härten oder nicht gerechtfertigten Steuervorteilen zu unterbleiben hat;

2. in welchen Fällen zur Vermeidung von Härten oder nicht gerechtfertigten Steuervorteilen eine Berichtigung des Vorsteuerabzugs in entsprechender Anwendung der Absätze 1 bis 6 bei einem Wechsel der Besteuerungsform durchzuführen ist;

3. daß zur Vermeidung von Härten oder eines nicht gerechtfertigten Steuervorteils bei einer unentgeltlichen Veräußerung oder Überlassung eines Wirtschaftsgutes

   a) eine Berichtigung des Vorsteuerabzugs in entsprechender Anwendung der Absätze 1 bis 6 auch dann durchzuführen ist, wenn eine Änderung der Verhältnisse nicht vorliegt,

   b) der Teil des Vorsteuerbetrages, der bei einer gleichmäßigen Verteilung auf den in Absatz 6 bezeichneten Restzeitraum entfällt, vom Unternehmer geschuldet wird,

   c) der Unternehmer den nach den Absätzen 1 bis 6 oder Buchstabe b geschuldeten Betrag dem Leistungsempfänger wie eine Steuer in Rechnung stellen und dieser den Betrag als Vorsteuer abziehen kann.

6. EG-Richtlinie

Abschnitt XI. Vorsteuerabzug

...

Artikel 20 Berichtigung der Vorsteuerabzüge

...

(2) Für Investitionsgüter wird eine Berichtigung vorgenommen, die sich auf einen Zeitraum von fünf Jahren einschließlich des Jahres, in dem die Güter erworben oder hergestellt wurden, erstreckt. Die jährliche Berichtigung betrifft nur ein Fünftel der Steuer, mit der diese Güter belastet waren. Die Berichtigung erfolgt unter Berücksichtigung der Änderungen des Anspruchs auf Vorsteuerabzug in den folgenden Jahren gegenüber dem Anspruch für das Jahr, in dem die Güter erworben oder hergestellt wurden. Abweichend von Unterabsatz 1 können die Mitgliedstaaten für die Berichtigung einen Zeitraum von fünf vollen Jahren festlegen, der mit der erstmaligen Verwendung der Güter beginnt.

Bei Grundstücken, die als Investitionsgüter erworben wurden, kann der Zeitraum für die Berichtigung bis auf 20 Jahre verlängert werden.

(3) Bei Lieferung eines Investitionsgutes innerhalb des Berichtigungszeitraums ist dieses so zu behandeln, als ob es bis zum Ablauf des Berichtigungszeitraums weiterhin für eine wirtschaftliche Tätigkeit des Steuerpflichtigen verwendet worden wäre. Diese wirtschaftliche Tätigkeit gilt als steuerpflichtig, wenn die Lieferung des genannten Investitionsgutes steuerpflichtig ist; sie gilt als steuerfrei, wenn die Lieferung steuerfrei ist. Die Berichtigung wird in diesen Fällen für den gesamten noch verbleibenden Berichtigungszeitraum auf einmal vorgenommen.

Die Mitgliedstaaten können jedoch von der vorgeschriebenen Berichtigung absehen, wenn es sich bei dem Abnehmer um einen Steuerpflichtigen handelt, der die betreffenden Investitionsgüter ausschließlich zu Umsätzen verwendet, bei denen die Mehrwertsteuer abgezogen werden kann.

(4) Zur Durchführung der Absätze 2 und 3 können die Mitgliedstaaten

– den Begriff „Investitionsgüter" bestimmen;

– den Steuerbetrag festlegen, der bei der Berichtigung zu berücksichtigen ist;

– alle zweckdienlichen Vorkehrungen treffen, um zu gewährleisten, daß keine ungerechtfertigten Vorteile aus der Berichtigung entstehen;

– verwaltungsmäßige Vereinfachungen ermöglichen.

(5) Wenn in einem Mitgliedstaat die praktischen Auswirkungen der Anwendung der Absätze 2 und 3 unwesentlich sein sollten, kann dieser Mitgliedstaat vorbehaltlich der Konsultation nach Artikel 29 im Hinblick auf die gesamten steuerlichen Auswirkungen in dem betreffenden Mitgliedstaat und die Vermeidung überflüssiger Verwaltungsarbeiten auf die Anwendung dieser Absätze verzichten, vorausgesetzt, daß dies nicht zu einer Wettbewerbsverzerrung führt.

(6) Geht der Steuerpflichtige von der normalen Mehrwertsteuerregelung auf eine Sonderregelung über oder umgekehrt, so können die Mitgliedstaaten die erforderlichen Bestimmungen erlassen, um zu gewährleisten, daß dem Steuerpflichtigen weder ungerechtfertigte Vorteile noch ungerechtfertigte Nachteile entstehen.

UStDV

§ 44 Vereinfachungen bei der Berichtigung des Vorsteuerabzugs

(1) Eine Berichtigung des Vorsteuerabzugs nach § 15a des Gesetzes entfällt, wenn die auf die Anschaffungs- oder Herstellungskosten eines Wirtschaftsguts entfallende Vorsteuer 500 Deutsche Mark nicht übersteigt.

(2) [1]*Haben sich bei einem Wirtschaftsgut in einem Kalenderjahr die für den Vorsteuerabzug maßgebenden Verhältnisse gegenüber den Verhältnissen im Kalenderjahr der erstmaligen Verwendung um weniger als zehn Prozentpunkte geändert, so entfällt bei diesem Wirtschaftsgut für dieses Kalenderjahr die Berichtigung des Vorsteuerabzugs.* [2]*Das gilt nicht, wenn der Betrag, um den der Vorsteuerabzug für dieses Kalenderjahr zu berichtigen ist, 500 Deutsche Mark übersteigt.*

(3) Beträgt die auf die Anschaffungs- oder Herstellungskosten eines Wirtschaftsguts entfallende Vorsteuer nicht mehr als 2 000 Deutsche Mark, so ist die Berichtigung des Vorsteuerabzugs für alle in Betracht kommenden Kalenderjahre einheitlich bei der Berechnung der Steuer für das Kalenderjahr vorzunehmen, in dem der maßgebliche Berichtigungszeitraum endet.

(4) Wird das Wirtschaftsgut während des maßgeblichen Berichtigungszeitraums veräußert oder zum Eigenverbrauch entnommen, so ist die Berichtigung des Vorsteuerabzugs für das Kalenderjahr der Veräußerung oder Entnahme zum Eigenverbrauch und die folgenden Kalenderjahre des Berichtigungszeitraums bereits bei der Berechnung der Steuer für den Voranmeldungszeitraum (§ 18 Abs. 1 und 2 des Gesetzes) durchzuführen, in dem die Veräußerung oder Entnahme zum Eigenverbrauch stattgefunden hat.

(5) Die Absätze 1 bis 4 sind bei einer Berichtigung der auf nachträgliche Anschaffungs- oder Herstellungskosten entfallenden Vorsteuerbeträge entsprechend anzuwenden.

§ 45 Maßgebliches Ende des Berichtigungszeitraums

[1]*Endet der Zeitraum, für den eine Berichtigung des Vorsteuerabzugs nach § 15a des Gesetzes durchzuführen ist, vor dem 16. eines Kalendermonats, so bleibt dieser Kalendermonat für die Berichtigung unberücksichtigt.* [2]*Endet er nach dem 15. eines Kalendermonats, so ist dieser Kalendermonat voll zu berücksichtigen.*

UStR

214. Anwendungsgrundsätze

(1) [1]Nach § 15 UStG sind für den Vorsteuerabzug die Verhältnisse im Kalenderjahr der erstmaligen Verwendung (Erstjahr) maßgebend. [2]Bei Wirtschaftsgütern, die der Unternehmer über das Kalenderjahr der erstmaligen Verwendung hinaus zur Ausführung von Umsätzen verwendet, ist der Vorsteuerabzug zu berichtigen, wenn sich die Verhältnisse in den folgenden Kalenderjahren (Folgejahren) ändern. [3]Durch § 15a UStG wird der Vorsteuerabzug so ausgeglichen, daß er den Verhältnissen entspricht, die sich für den gesamten, im Einzelfall maßgeblichen Berichti-

gungszeitraum (vgl. Abschnitt 216) ergeben. ⁴Der Ausgleich des Vorsteuerabzugs ist grundsätzlich bei der Steuerfestsetzung für die Kalenderjahre vorzunehmen, in denen sich die Verhältnisse gegenüber dem Kalenderjahr der erstmaligen Verwendung geändert haben (vgl. jedoch Abschnitt 218).

(2) ¹§ 15a UStG umfaßt grundsätzlich alle Wirtschaftsgüter, die nicht nur einmalig, wie z. B. die zum Verkauf oder zur Verarbeitung bestimmten Gegenstände, vom Unternehmer zur Ausführung von Umsätzen verwendet werden. ²Das sind insbesondere die Wirtschaftsgüter, die einkommensteuerrechtlich Anlagevermögen darstellen oder – sofern sie nicht zu einem Betriebsvermögen gehören – als entsprechende Wirtschaftsgüter anzusehen sind.

(3) ¹Der Begriff der nachträglichen Anschaffungs- oder Herstellungskosten (vgl. § 15a Abs. 3 UStG) ist nach den für das Einkommensteuerrecht geltenden Grundsätzen abzugrenzen. ²Voraussetzung ist, daß die nachträglichen Aufwendungen für Wirtschaftsgüter angefallen sind, die nach ihrer Art von § 15a UStG erfaßt werden. ³Aufwendungen, die nach den einkommensteuerrechtlichen Vorschriften Erhaltungsaufwand sind, bleiben auch dann unberücksichtigt, wenn sich die jeweiligen Erhaltungsmaßnahmen über das betreffende Kalenderjahr hinaus auswirken.

(4) ¹Bei der Berichtigung des Vorsteuerabzugs ist von den gesamten Vorsteuerbeträgen auszugehen, die auf die Anschaffung oder Herstellung des Wirtschaftsguts entfallen. ²Das gleiche gilt für die Vorsteuerbeträge, die den nachträglichen Anschaffungen oder Herstellungsarbeiten für ein Wirtschaftsgut zuzurechnen sind; diese Vorsteuerbeträge sind jeweils Gegenstand eines gesonderten Berichtigungsvorgangs.

(5) ¹Für die Berichtigung ist es ohne Bedeutung, wie die Anschaffungs- oder Herstellungskosten einkommensteuerrechtlich anzusetzen sind. ²Deshalb sind auch solche Vorsteuerbeträge in die Berichtigung einzubeziehen, die auf Kosten entfallen, für die einkommensteuerrechtlich bezüglich der Aktivierung, Bilanzierung oder Abschreibung besondere Regelungen gelten, z. B. sofort absetzbare Beträge; Zuschüsse, die der Unternehmer erfolgsneutral behandelt; AfA, die auf die Zeit bis zur tatsächlichen Ingebrauchnahme entfällt.

(6) ¹Führt die Berichtigung nach § 15a UStG in einem späteren Kalenderjahr zu einem erstmaligen Vorsteuerabzug, weil der Vorsteuerabzug im Erstjahr nach § 15 Abs. 2 und 3 UStG ausgeschlossen war, so dürfen nur die Vorsteuerbeträge angesetzt werden, für die die allgemeinen Voraussetzungen des § 15 Abs. 1 UStG vorliegen. ²Daher sind in diesen Fällen Vorsteuerbeträge, für die der Abzug zu versagen ist, weil keine ordnungsgemäße Rechnung oder kein zollamtlicher Einfuhrbeleg vorliegt, von der Berichtigung ausgenommen. ³Zur Frage, wie zu verfahren ist, wenn die Voraussetzungen für den Vorsteuerabzug nach § 15 UStG erst nachträglich eintreten oder sich nachträglich ändern, vgl. Abschnitt 217 Abs. 2.

(7) ¹§ 15a UStG ist nicht anzuwenden, wenn Wirtschaftsgüter von einem Nichtunternehmer erworben oder von einem Unternehmer im Zeitpunkt der Anschaffung oder Herstellung seinem nichtunternehmerischen Bereich zugeordnet wurden (vgl. Abschnitt 192 Abs. 18 Nr. 2), auch wenn diese Wirtschaftsgüter später für unternehmerische Zwecke verwendet werden (vgl. EuGH-Urteil vom 11. 7. 1991, HFR 1991 S. 730).

215. Änderung der Verhältnisse

(1) ¹§ 15a UStG setzt voraus, daß das betreffende Wirtschaftsgut über das Kalenderjahr der erstmaligen Verwendung hinaus für das Unternehmen verwendet wird. ²Verwendung ist der Gebrauch des Wirtschaftsguts für Zwecke des Unternehmens (vgl. auch Abschnitt 203 Abs. 1).

[3]Als Verwendung sind auch die Veräußerung und Entnahme zum Eigenverbrauch anzusehen (vgl. BFH-Urteil vom 2. 10. 1986 – BStBl 1987 II S. 44). [4]Das gilt auch, wenn diese Umsätze im Kalenderjahr der erstmaligen Verwendung des Wirtschaftsguts bewirkt werden (§ 15a Abs. 4 und 5 UStG). [5]Voraussetzung ist jedoch, daß das Wirtschaftsgut im Zeitpunkt dieser Umsätze objektiv noch verwendungsfähig ist. [6]Veräußerung und Entnahme sind hierbei so anzusehen, als ob das Wirtschaftsgut bis zum Ablauf des maßgeblichen Berichtigungszeitraums (vgl. Abschnitt 216) entsprechend der umsatzsteuerlichen Behandlung dieser Umsätze weiterhin innerhalb des Unternehmens verwendet worden wäre.

Beispiel:

[1]Ein Betriebsgrundstück, das vom 1. 1. *01* bis zum 31. 10. *01* innerhalb des Unternehmens zur Ausführung steuerpflichtiger Umsätze verwendet worden ist, wird am 1. 11. *01* nach § 4 Nr. 9 Buchstabe a UStG steuerfrei veräußert.

[2]Für die Berichtigung ist die Veräußerung so anzusehen, als ob das Grundstück ab dem Zeitpunkt der Veräußerung bis zum Ablauf des Berichtigungszeitraums nur noch zur Ausführung von Umsätzen verwendet würde, die den Vorsteuerabzug ausschließen. [3]Entsprechendes gilt bei einer steuerfreien Entnahme.

(2) [1]Unter Veräußerung ist sowohl die Lieferung im Sinne des § 3 Abs. 1 UStG – z. B. auch die Verwertung in der Zwangsvollstreckung – als auch die Übertragung immaterieller Wirtschaftsgüter zu verstehen. [2]*Bei einer Geschäftsveräußerung im Sinne des § 1 Abs. 1a UStG tritt der erwerbende Unternehmer an die Stelle des Veräußerers (§ 1 Abs. 1a Satz 3 UStG).* [3]*In diesem Fall wird der für das Wirtschaftsgut maßgebliche Berichtigungszeitraum nicht unterbrochen (§ 15a Abs. 6a Satz 1 UStG).* [4]Liegt bei einer Gesamtrechtsnachfolge keine Geschäftsveräußerung im Sinne des § 1 Abs. 1a UStG vor, z. B. bei einem Erbfall, so ist davon auszugehen, daß der Rechtsnachfolger in die gesamte Rechtsstellung des Rechtsvorgängers eintritt. [5]Daher sind die Verhältnisse beim Rechtsvorgänger auch für den Rechtsnachfolger uneingeschränkt maßgebend. [6]Das gleiche gilt, wenn die Voraussetzungen für die Annahme eines Organschaftsverhältnisses eintreten oder wegfallen, ohne daß das Wirtschaftsgut selbst auf eine andere Rechtsperson übertragen wird, oder eine zweigliedrige Personengesellschaft durch Ausscheiden eines Gesellschafters zu einem Einzelunternehmen wird.

(3) [1]Eine Änderung der Verhältnisse im Sinne des § 15a UStG liegt nur vor, wenn sich in den Folgejahren nach § 15 Abs. 2 und 3 UStG ein höherer oder niedrigerer Vorsteuerabzug ergäbe, als er nach den Verhältnissen des Erstjahres zulässig war. [2]Hierbei sind die Verhältnisse in den einzelnen Kalenderjahren für sich zu beurteilen.

(4) [1]Bei Änderungen im Laufe eines Kalenderjahres ist maßgebend, wie das Wirtschaftsgut während des gesamten Kalenderjahres verwendet wurde (vgl. Abschnitt 207 Abs. 3). [2]Das gilt auch bei einer Änderung der Verhältnisse in den einzelnen Folgejahren.

Beispiel:

[1]Ein Unternehmer, der seine Vorsteuer nach § 15 Abs. 4 UStG aufteilt, nimmt am 1. 3. *01* eine neue Maschine in Gebrauch. [2]Er verwendet sie bis zum 30. 6. *01* nur zur Ausführung steuerpflichtiger Umsätze und ab 1. 7. *01* ausschließlich zur Ausführung von Umsätzen, die nach § 15 Abs. 2 und 3 UStG den Vorsteuerabzug ausschließen. [3]Am 1. 10. *03* veräußert der Unternehmer die Maschine steuerpflichtig.

[4]Im Kalenderjahr *01* wurde die Maschine 4 Monate, d. h. zu 40 v. H. für zum Vorsteuerabzug berechtigende und 6 Monate, d. h. zu 60 v. H. für Umsätze verwendet, die den Vorsteuerabzug ausschließen. [5]Daher sind 60 v. H. der auf die Anschaffung der Maschine entfallenden Vorsteuern vom Abzug ausgeschlossen.

[6]Für das Kalenderjahr *02* liegt eine Änderung der Verhältnisse um 40 Prozentpunkte vor, weil die Maschine in diesem Kalenderjahr nur für Umsätze verwendet wurde, die den Vorsteuerabzug ausschließen.

[7]Im Kalenderjahr *03* ist die Veräußerung so zu behandeln, als ob die Maschine vom 1. 10. bis 31. 12. für zum Vorsteuerabzug berechtigende Umsätze verwendet worden wäre. [8]Auf das ganze Kalenderjahr bezogen, sind also 75 v. H. der Vorsteuern vom Abzug ausgeschlossen. [9]Gegenüber dem Kalenderjahr der erstmaligen Verwendung (Erstjahr *01*) haben sich somit die Verhältnisse um 15 Prozentpunkte geändert.

[10]Für die restlichen Kalenderjahre des Berichtigungszeitraums ist die Veräußerung ebenfalls wie eine Verwendung für zum Vorsteuerabzug berechtigende Umsätze anzusehen. [11]Die Änderung der Verhältnisse gegenüber dem Erstjahr *01* beträgt somit für diese Kalenderjahre jeweils 60 Prozentpunkte (zum Berichtigungsverfahren in diesem Fall vgl. Abschnitt 218 Abs. 4).

(5) Endet der maßgebliche Berichtigungszeitraum (vgl. Abschnitt 216) während des Kalenderjahres, so sind nur die Verhältnisse zu berücksichtigen, die bis zum Ablauf dieses Zeitraums eingetreten sind.

Beispiel:

[1]Der Berichtigungszeitraum für ein Wirtschaftsgut endet am 31. 8. *01*. [2]In diesem Kalenderjahr hat der Unternehmer das Wirtschaftsgut bis zum 30. 6. nur zur Ausführung steuerpflichtiger Umsätze und ab 1. 7. ausschließlich zur Ausführung nicht zum Vorsteuerabzug berechtigender steuerfreier Umsätze verwendet. [3]Am 10. 10. *01* veräußert er das Wirtschaftsgut steuerpflichtig.

[4]Bei der Berichtigung des Vorsteuerabzugs für *das Jahr 01* sind nur die Verhältnisse bis zum 31. 8. zu berücksichtigen. [5]Da das Wirtschaftsgut in diesem Zeitraum 6 Monate für steuerpflichtige und 2 Monate für steuerfreie Umsätze verwendet wurde, sind 25 v. H. des auf *das Jahr 01* entfallenden Vorsteueranteils (vgl. Abschnitt 217 Abs. 1) nicht abziehbar.

[6]Die auf die Zeit ab 1. 9. *01* entfallende Verwendung und die Veräußerung liegen außerhalb des Berichtigungszeitraums und bleiben deshalb bei der Prüfung, inwieweit eine Änderung der Verhältnisse gegenüber dem Erstjahr vorliegt, außer Betracht.

(6) [1]Die Änderung der Verhältnisse in den Folgejahren kann darauf beruhen, daß sich

1. die Verwendung des Wirtschaftsguts für nicht zum Vorsteuerabzug berechtigende Umsätze tatsächlich geändert hat, z. B. wenn der Unternehmer ein Wirtschaftsgut innerhalb des Unternehmens anderweitig nutzt oder einen im Erstjahr ausgeübten Verzicht auf eine Steuerbefreiung (§ 9 UStG) in einem Folgejahr nicht fortführt oder

2. eine Rechtsänderung in einem Folgejahr auf die Beurteilung des Vorsteuerabzugs auswirkt, z. B. bei Wegfall oder Einführung einer den Vorsteuerabzug ausschließenden Steuerbefreiung *(vgl. BFH-Urteil vom 14. 5. 1992 – BStBl II S. 983).*

[2]Wegen der Behandlung des Vorsteuerabzugs bei Bauherren, die ein zunächst anerkanntes Zwischenmietverhältnis später nicht fortführen, vgl. BMF-Schreiben vom 24. 4. 1986 (BStBl I S. 264).

(7) Bei bebauten und unbebauten Grundstücken ergeben sich Änderungen der Verhältnisse vor allem in folgenden Fällen:

1. bei Nutzungsänderungen, insbesondere durch

    a) Übergang von einer durch Option nach § 9 UStG steuerpflichtigen Vermietung an andere Unternehmer für deren Unternehmen zu einer nach § 4 Nr. 12 UStG steuerfreien Vermietung bzw. Übergang von steuerfreier zu steuerpflichtiger Vermietung,

    b) Verwendung bisher steuerpflichtig vermieteter Gebäude zu eigenen Wohnzwecken,

    c) Verwendung eigengewerblich genutzter Räume zu eigenen Wohnzwecken oder zu einer nach § 4 Nr. 12 UStG steuerfreien Vermietung,

d) Übergang von einer steuerfreien Vermietung nach Artikel 67 Abs. 3 NATO-ZAbk zu einer nach § 4 Nr. 12 UStG steuerfreien Vermietung,

e) Änderung des Vorsteueraufteilungsschlüssels bei Grundstücken, die sowohl zur Ausführung von Umsätzen, die zum Vorsteuerabzug berechtigen, als auch für Umsätze, die den Vorsteuerabzug ausschließen, verwendet werden (vgl. Abschnitte 207, 208 und 217 Abs. 2);

2. bei Veräußerungen, *die nicht als Geschäftsveräußerungen im Sinne des § 1 Abs. 1a UStG anzusehen sind,* insbesondere

a) nach § 4 Nr. 9 Buchstabe a UStG steuerfreie Veräußerung ganz oder teilweise eigengewerblich genutzter, steuerpflichtig vermieteter oder aufgrund des Artikels 67 Abs. 3 NATO-ZAbk steuerfrei vermieteter Grundstücke (vgl. auch Absatz 1),

b) durch wirksame Option nach § 9 UStG steuerpflichtige Veräußerung bisher ganz oder teilweise nach § 4 Nr. 12 UStG steuerfrei vermieteter Grundstücke;

3. bei Entnahmen zum Eigenverbrauch, insbesondere

a) bei unentgeltlicher Übertragung ganz oder teilweise eigengewerblich genutzter, steuerpflichtig vermieteter oder aufgrund des Artikels 67 Abs. 3 NATO-ZAbk steuerfrei vermieteter Grundstücke, *die nicht als Geschäftsveräußerung im Sinne des § 1 Abs. 1a UStG anzusehen ist,* z. B. an Familienangehörige (vgl. BFH-Urteil vom 25. 6. 1987 – BStBl II S. 655),

b) bei unentgeltlicher Nießbrauchsbestellung an einem entsprechend genutzten Grundstück, z. B. an Familienangehörige (vgl. BFH-Urteil vom 16. 9. 1987 – BStBl 1988 II S. 205),

c) *bei unentgeltlicher Übertragung des Miteigentumsanteils an einem entsprechend genutzten Grundstück, z. B. an Familienangehörige (vgl. BFH-Urteil vom 27. 4. 1994 – BStBl 1995 II S. 30 und Abschnitt 8 Abs. 5).*

(8) Steht ein Gebäude im Anschluß an seine erstmalige Verwendung für eine bestimmte Zeit ganz oder teilweise leer, so wird diese Zeit anhand der späteren tatsächlichen Weiterverwendung beurteilt *(vgl. BFH-Urteil vom 12. 5. 1993 – BStBl II S. 849).*

216. Maßgeblicher Berichtigungszeitraum

(1) [1]Der Zeitraum, für den eine Berichtigung des Vorsteuerabzugs durchzuführen ist, beträgt grundsätzlich volle fünf Jahre ab dem Beginn der Verwendung. [2]Er verlängert sich für die in § 15a Abs. 1 Satz 2 UStG bezeichneten Wirtschaftsgüter auf volle zehn Jahre. [3]Bei Wirtschaftsgütern mit einer kürzeren Verwendungsdauer ist der entsprechend kürzere Berichtigungszeitraum anzusetzen (§ 15a Abs. 2 Sätze 2 und 3 UStG). [4]Ob von einer kürzeren Verwendungsdauer auszugehen ist, beurteilt sich nach der betriebsgewöhnlichen Nutzungsdauer, die nach einkommensteuerrechtlichen Grundsätzen für das Wirtschaftsgut anzusetzen ist.

(2) [1]Für die nachträglichen Anschaffungs- oder Herstellungskosten (§ 15a Abs. 3 UStG) gilt ein eigener Berichtigungszeitraum. [2]Er beginnt zu dem Zeitpunkt, zu dem der Unternehmer das in seiner Form geänderte Wirtschaftsgut erstmalig zur Ausführung von Umsätzen verwendet. [3]Seine Dauer bemißt sich nach der Art des betreffenden Wirtschaftsguts, sofern nicht im Einzelfall eine kürzere Verwendungsdauer in Betracht kommt.

Beispiel:

[1]Ein am 1. 7. *01* erstmalig verwendetes Wirtschaftsgut hat eine betriebsgewöhnliche Nutzungsdauer von vier Jahren. [2]Am 31. 1. *03* fallen nachträgliche Herstellungskosten an, durch die aber die betriebsgewöhnliche Nutzungsdauer des Wirtschaftsguts nicht verlängert wird.

³Der Berichtigungszeitraum für das Wirtschaftsgut selbst beträgt vier Jahre, endet also am 30. 6. *05.* ⁴Für die nachträglichen Herstellungskosten beginnt der Berichtigungszeitraum erst am 1. 2. *03.* ⁵Er endet aber ebenfalls am 30. 6. *05* und dauert somit nur 2 Jahre und 5 Monate.

(3) ¹Wird ein Wirtschaftsgut, z. B. ein Gebäude, bereits entsprechend dem Baufortschritt *verwendet,* noch bevor es insgesamt fertiggestellt ist, so ist für jeden gesondert in Verwendung genommenen Teil des Wirtschaftsguts ein besonderer Berichtigungszeitraum anzunehmen. ²Diese Berichtigungszeiträume beginnen jeweils zu dem Zeitpunkt, zu dem der einzelne Teil des Wirtschaftsguts erstmalig verwendet wird. ³Der einzelnen Berichtigung sind jeweils die Vorsteuerbeträge zugrunde zu legen, die auf den entsprechenden Teil des Wirtschaftsguts entfallen. ⁴Wird dagegen ein fertiges Wirtschaftsgut nur teilweise *gebraucht* oder, gemessen an seiner Einsatzmöglichkeit, nicht voll genutzt, besteht ein einheitlicher Berichtigungszeitraum für das ganze Wirtschaftsgut, der mit dessen erstmaliger Verwendung beginnt.

(4) ¹Kann ein Wirtschaftsgut vor Ablauf des Berichtigungszeitraums wegen Unbrauchbarkeit vom Unternehmer nicht mehr zur Ausführung von Umsätzen verwendet werden, so endet damit der Berichtigungszeitraum. ²Das gilt auch für die Berichtigungszeiträume, die für eventuell angefallene nachträgliche Anschaffungs- oder Herstellungskosten bestehen. ³Eine Veräußerung des nicht mehr verwendungsfähigen Wirtschaftsguts als Altmaterial bleibt für die Berichtigung des Vorsteuerabzugs unberücksichtigt.

(5) Endet der Berichtigungszeitraum innerhalb eines Kalendermonats, so ist das für die Berichtigung maßgebliche Ende nach § 45 UStDV zu ermitteln.

217. Berichtigungsverfahren

(1) ¹Die Berichtigung des Vorsteuerabzugs ist jeweils für das Kalenderjahr vorzunehmen, in dem sich die für den Vorsteuerabzug maßgebenden Verhältnisse im Vergleich zum Erstjahr geändert haben (vgl. Abschnitt 215). ²Eine Änderung der Steuerfestsetzung für das Kalenderjahr der erstmaligen Verwendung kommt nicht in Betracht (vgl. BFH-Urteil vom 24. 2. 1988 – BStBl II S. 622). ³Die Berichtigung ist bei der Steuerberechnung für das betreffende Kalenderjahr vorzunehmen. ⁴Dabei ist für jedes Folgejahr von den in § 15a Abs. 2 UStG bezeichneten Anteilen der Vorsteuerbeträge auszugehen. ⁵Endet der Berichtigungszeitraum innerhalb eines Kalenderjahres, so ist für das letzte Kalenderjahr nicht der volle Jahresanteil der Vorsteuerbeträge, sondern nur der Anteil anzusetzen, der den jeweiligen Kalendermonaten entspricht.

Beispiel:
¹Auf ein Wirtschaftsgut mit einem Berichtigungszeitraum von fünf Jahren entfällt eine Vorsteuer von insgesamt 10 000 DM. ²Der Berichtigungszeitraum beginnt am 1. 4. *01* und endet am 31. 3. *06.* ³Bei der Berichtigung ist für die einzelnen Folgejahre jeweils von einem Fünftel der gesamten Vorsteuer = 2 000 DM auszugehen. ⁴Der Berichtigung für das Kalenderjahr *06* sind jedoch nur 3 Zwölftel dieses Betrages = 500 DM zugrunde zu legen.

(2) ¹Sind die Voraussetzungen für den Vorsteuerabzug nicht schon im Erstjahr, sondern erst in einem der Folgejahre erfüllt, z. B. weil die zum Vorsteuerabzug berechtigende Rechnung im Erstjahr noch nicht vorgelegen hat, kann zwar die Vorsteuer erst bei der Steuerfestsetzung für das Kalenderjahr abgezogen werden, in dem die Voraussetzungen des § 15 Abs. 1 UStG insgesamt vorliegen. ²Allerdings beurteilt sich die Berechtigung zum Vorsteuerabzug auch hierbei nach der Verwendung des Wirtschaftsguts im Erstjahr. ³Daher ist auch bei der Berichtigung von den Verhältnissen des Erstjahres auszugehen. ⁴Haben sich im Kalenderjahr des Abzugs oder in einem vorausgegangenen Kalenderjahr die für den Vorsteuerabzug maßgebenden Verhältnisse gegen-

über dem Erstjahr geändert, ist daher bei der Steuerfestsetzung für das Kalenderjahr des Abzugs über den erstmaligen Vorsteuerabzug zu entscheiden und gleichzeitig eine eventuell notwendige Berichtigung für die bereits abgelaufenen Folgejahre vorzunehmen.

Beispiel:

[1]Ein neu errichtetes Gebäude, auf das eine Vorsteuer von 50 000 DM entfällt, wird im Jahre *01* erstmalig verwendet. [2]Die Rechnung mit der ausgewiesenen Steuer erhält der Unternehmer aber erst im Jahre *03*. [3]Das Gebäude wurde wie folgt verwendet:

im Jahr 01 nur zur Ausführung steuerpflichtiger Umsätze;

im Jahr 02 je zur Hälfte zur Ausführung steuerpflichtiger und nach § 4 Nr. 12 UStG steuerfreier Umsätze;

im Jahr 03 nur zur Ausführung von nach § 4 Nr. 12 UStG steuerfreien Umsätzen.

[4]Da der Unternehmer das Gebäude im Kalenderjahr *01* (Erstjahr) ausschließlich für steuerpflichtige Umsätze verwendet hat, kann er nach § 15 Abs. 1 UStG die Vorsteuer von 50 000 DM voll abziehen. [5]Der Abzug ist jedoch erst im Kalenderjahr *03* zulässig. [6]Bei der Steuerfestsetzung für dieses Kalenderjahr ist dieser Abzug aber gleichzeitig insoweit zu berichtigen, als für die Folgejahre *02* und *03* eine Änderung der Verhältnisse gegenüber dem Erstjahr eingetreten ist. [7]Diese Änderung beträgt für *das Jahr 02* = 50 Prozentpunkte und für *das Jahr 03* = 100 Prozentpunkte. [8]Entsprechend dem zehnjährigen Berichtigungszeitraum ist bei der Berichtigung für das Kalenderjahr von einem Zehntel der Vorsteuer von 50 000 DM = 5 000 DM auszugehen. [9]Es sind für das Kalenderjahr *02* die Hälfte dieses Vorsteueranteils und für das Kalenderjahr *03* der volle Vorsteueranteil von 5 000 DM vom Abzug ausgeschlossen. [10]Im Ergebnis vermindert sich somit die bei der Steuerfestsetzung für das Kalenderjahr *03* abziehbare Vorsteuer von 50 000 DM um 2 500 DM + 5 000 DM = 7 500 DM auf 42 500 DM.

[5]Entsprechend ist zu verfahren, wenn der für das Erstjahr in Betracht kommende Vorsteuerabzug in einem späteren Kalenderjahr aufgrund des § 17 UStG oder deswegen zu berichtigen ist, weil sich die im Erstjahr nach dem vorgesehenen oder voraussichtlichen Verwendungszweck getroffene Entscheidung über den Vorsteuerabzug nachträglich als unrichtig erweist (vgl. Abschnitt 203 Abs. 3 und 4).

(3) [1]War die Entscheidung über den Vorsteuerabzug für das Erstjahr aus der Sicht des § 15 Abs. 2 und 3 UStG sachlich unrichtig, weil der Vorsteuerabzug *ganz oder teilweise* zu Unrecht vorgenommen wurde oder unterblieben ist, so ist die unrichtige Steuerfestsetzung zu berichtigen. [2]Ist eine Änderung abgabenrechtlich nicht mehr zulässig, *ist die der unanfechtbaren und nicht mehr änderbaren Steuerfestsetzung für das Erstjahr zugrundeliegende Beurteilung des Vorsteuerabzugs selbst dann maßgebend, wenn sie unzutreffend war.* [3]*Führt die rechtlich richtige Würdigung des Verwendungsumsatzes in einem noch nicht bestandskräftigen Folgejahr – gemessen an der tatsächlichen Beurteilung für das Erstjahr – zu einer anderen Beurteilung des Vorsteuerabzugs, liegt eine Änderung der Verhältnisse vor (vgl. BFH-Urteile vom 16. 12. 1993 – BStBl 1994 II S. 485 und vom 27. 1. 1994 – BStBl II S. 488).* [4]*Der Vorsteuerabzug kann in allen noch nicht bestandskräftigen Steuerfestsetzungen der Folgejahre sowohl zugunsten als auch zuungunsten des Unternehmers nach § 15a UStG berichtigt werden.*

Beispiel:

[1]*Im Jahr 01 ist der Vorsteuerabzug für ein gemischt genutztes Gebäude in vollem Umfang (= 100 000 DM) gewährt worden, obwohl das Gebäude in diesem Jahr und den folgenden Jahren des Berichtigungszeitraums zu 50 v. H. zur Ausführung von nach § 4 Nr. 12 UStG steuerfreien Vermietungsumsätzen verwendet wird und somit nur ein anteiliger Vorsteuerabzug von 50 000 DM hätte gewährt werden dürfen.* [2]*Die Steuerfestsetzung für das Jahr 01 ist abgabenrechtlich nicht mehr änderbar.* [3]*Dagegen stehen die Steuerfestsetzungen ab dem Jahr 02 unter dem Vorbehalt der Nachprüfung (§ 164 AO).*

[4]*Obwohl sich die Gebäudenutzung gegenüber dem Erstjahr nicht geändert hat, kann das Finanzamt ab dem Jahr 02 jeweils 1/10 des zu Unrecht gewährten Vorsteuerabzugs von 50 000 DM (= jährlich 5 000 DM) zurückfordern.*

(4) ¹Nach *Absatz 3* ist auch zu verfahren, wenn die Vorsteuerbeträge auf nachträgliche Anschaffungs- oder Herstellungskosten entfallen. ²Die Berichtigung ist gesondert nach den dafür vorliegenden Verhältnissen und entsprechend dem dafür geltenden Berichtigungszeitraum durchzuführen.

218. Vereinfachungen bei der Berichtigung des Vorsteuerabzugs

(1) ¹Die Regelung des § 44 Abs. 1 UStDV, nach der eine Berichtigung des Vorsteuerabzugs entfällt, wenn die auf die Anschaffungs- oder Herstellungskosten eines Wirtschaftsguts entfallende Vorsteuer 500 DM nicht übersteigt, gilt für den gesamten Berichtigungszeitraum. ²Sie ist unabhängig davon anzuwenden, in welchem Umfang sich die für den Vorsteuerabzug maßgebenden Verhältnisse in den Folgejahren ändern.

(2) ¹Bei der Vereinfachungsregelung des § 44 Abs. 2 UStDV ist die Grenze von 10 Prozentpunkten in der Weise zu berechnen, daß das Aufteilungsverhältnis, das sich für das betreffende Folgejahr ergibt, dem Verhältnis gegenübergestellt wird, das im Erstjahr für die Aufteilung der Vorsteuer für das Wirtschaftsgut nach § 15 UStG maßgebend war (vgl. das Beispiel in Abschnitt 215 Abs. 4). ²Für die absolute Grenze von 500 DM ist der Betrag maßgebend, um den der Vorsteuerabzug für das Wirtschaftsgut aufgrund der Verhältnisse des betreffenden Folgejahres tatsächlich zu berichtigen wäre.

(3) ¹Beträgt die auf die Anschaffungs- oder Herstellungskosten eines Wirtschaftsguts entfallende Vorsteuer nicht mehr als 2 000 DM, so ist die Berichtigung erst bei der Steuerfestsetzung für das letzte Kalenderjahr des im Einzelfall maßgeblichen Berichtigungszeitraums durchzuführen (§ 44 Abs. 3 UStDV). ²Dabei sind alle Änderungen, die sich für die einzelnen Folgejahre ergeben, zu berücksichtigen. ³§ 44 Abs. 2 UStDV ist hierbei zu beachten.

(4) ¹Wird das Wirtschaftsgut während des maßgeblichen Berichtigungszeitraums veräußert oder zum Eigenverbrauch entnommen, so stehen damit die Verhältnisse bis zum Ablauf des Berichtigungszeitraums fest. ²Daher ist die Berichtigung bereits für den Voranmeldungszeitraum durchzuführen, in dem die Veräußerung oder Entnahme zum Eigenverbrauch stattgefunden hat (§ 44 Abs. 4 UStDV). ³Hierbei sind die Berichtigung für das Kalenderjahr der Veräußerung oder Entnahme und die Berichtigung für die noch folgenden Kalenderjahre des Berichtigungszeitraums gleichzeitig vorzunehmen. ⁴In den Fällen des § 44 Abs. 3 UStDV sind außerdem die Berichtigungen für die vorausgegangenen Folgejahre durchzuführen.

(5) ¹Verkürzt sich der Berichtigungszeitraum deswegen, weil das Wirtschaftsgut wegen Unbrauchbarkeit vorzeitig nicht mehr zur Ausführung von Umsätzen verwendbar ist (vgl. Abschnitt 216 Abs. 4), so kann für die vorausgegangenen Kalenderjahre des Berichtigungszeitraums eine Neuberechnung des jeweiligen Berichtigungsbetrages erforderlich werden. ²Die Unterschiede, die sich danach für die einzelnen Kalenderjahre ergeben, können aus Vereinfachungsgründen bei der Steuerfestsetzung für das letzte Kalenderjahr des verkürzten Berichtigungszeitraums berücksichtigt werden.

219. Aufzeichnungspflichten für die Berichtigung des Vorsteuerabzugs

(1) ¹Die Aufzeichnungspflichten des § 22 Abs. 4 UStG sind erfüllt, wenn der Unternehmer die folgenden Angaben eindeutig und leicht nachprüfbar aufzeichnet:

1. ¹die Anschaffungs- oder Herstellungskosten für das betreffende Wirtschaftsgut und die darauf entfallenden Vorsteuerbeträge. ²Falls es sich hierbei um mehrere Einzelbeträge handelt, ist auch jeweils die Gesamtsumme aufzuzeichnen. ³Insoweit sind auch die Vorsteuerbeträge aufzuzeichnen, die den nicht zum Vorsteuerabzug berechtigenden Umsätzen zuzurechnen sind;

2. den Zeitpunkt der erstmaligen Verwendung des Wirtschaftsguts;

3. die Verwendungsdauer (betriebsgewöhnliche Nutzungsdauer) im Sinne der einkommensteuerrechtlichen Vorschriften und den maßgeblichen Berichtigungszeitraum für das Wirtschaftsgut;

4. die Anteile, zu denen das Wirtschaftsgut in den einzelnen Kalenderjahren des Berichtigungszeitraums zur Ausführung der den Vorsteuerabzug ausschließenden Umsätze und zur Ausführung der zum Vorsteuerabzug berechtigenden Umsätze verwendet wurde;

5. bei einer Veräußerung oder Entnahme des Wirtschaftsguts während des maßgeblichen Berichtigungszeitraums den Zeitpunkt und die umsatzsteuerliche Behandlung dieses Umsatzes;

6. bei einer Verkürzung des Berichtigungszeitraums wegen vorzeitiger Unbrauchbarkeit des Wirtschaftsguts die Ursache unter Angabe des Zeitpunkts und unter Hinweis auf die entsprechenden Unterlagen.

²Für nachträgliche Anschaffungs- oder Herstellungskosten gelten die Aufzeichnungspflichten entsprechend. ³Die erforderlichen Angaben sind für jeden einzelnen Berichtigungsvorgang aufzuzeichnen.

(2) Die Aufzeichnungen für das einzelne Wirtschaftsgut oder die nachträglichen Anschaffungs- oder Herstellungskosten sind von dem Kalenderjahr an zu führen, für das erstmalig der Vorsteuerabzug zu berichtigen ist.

(3) Die besondere Aufzeichnungspflicht nach § 22 Abs. 4 UStG entfällt insoweit, als sich die erforderlichen Angaben aus den sonstigen Aufzeichnungen oder der Buchführung des Unternehmers eindeutig und leicht nachprüfbar entnehmen lassen.

Verwaltungsanweisungen

- Vorsteuerberichtigung nach Beendigung der Vermietung für NATO-Zwecke (OFD Saarbrücken 27. 5. 1993, UR 1994, 331 und OFD Frankfurt a. M. 7. 1. 1994, UR 1995, 200);

- Änderung der Verhältnisse bei Leerstehen von Wohnraum (OFD Nürnberg 21. 12. 1993, UR 1994, 372);

- Vermögensübertragungen der Abwasser- und Wassergesellschaften auf die Kommunen (FinMin Mecklenburg-Vorpommern 24. 8. 1995, StEd 1995, 697);

- Abstandszahlungen des Bundesvermögensamtes nach Beendigung der Vermietung für NATO-Zwecke (OFD Frankfurt a. M. 22. 1. 1996, Hess. FinMin 14. 12. 1995, UVR 1996, 315);

- Anwendung der Übergangsregelung zur Vorsteuerberichtigung in der Land- und Forstwirtschaft (Bay StMdF 8. 8. 1996, UR 1996, 400);

- Vorsteuerberichtigung bei der Land- und Forstwirtschaft (OFD Düsseldorf 9. 9. 1996, UR 1997, 113);

- USt-Besteuerung in Erbfällen (OFD Frankfurt a. M. 22. 10. 1996, StEd 1996, 805);

- Vordruckmuster: Überwachungsblatt zur Berichtigung des Vorsteuerabzugs (BMF 4. 2. 1997, UR 1997, 114).

Steuerberechnung § 16 UStG

Rechtsprechung

- Haftung des Steuerberaters bei falscher Beratung (BGH 22. 1. 1986, UR 1986, 210);
- Berichtigung des Vorsteuerabzugs bei Änderung des UStG (BFH 14. 5. 1992, BStBl II, 983);
- Änderung der tatsächlichen Verhältnisse auch bei falscher rechtlicher Beurteilung (BFH 3. 12. 1992, BStBl 1993 II, 411; 16. 12. 1993, BStBl 1994 II, 485 und 19. 2. 1997, StEd 1997, 271);
- Änderung der Verhältnisse bei leerstehendem Gebäude (BFH 12. 5. 1993, BStBl 1994 II, 849);
- Änderung der Verhältnisse bei der Kleinunternehmerschaft (BFH 11. 11. 1993, BStBl 1994 II, 582);
- Vorsteuerberichtigung als Massekosten (BFH 29. 11. 1993, BFH/NV 1995, 851);
- Änderung der Verwendungsverhältnisse bei einem einheitlichen Gegenstand (Mähdrescher), der sowohl im land- und forstwirtschaftlichen als auch im gewerblichen Unternehmensteil eingesetzt wird (BFH 16. 12. 1993, BStBl 1994 II, 339 sowie 10. 11. 1994, BStBl 1995 II, 218; s. auch BMF 29. 12. 1995, BStBl I, 831 und 22. 2. 1996, BStBl I, 150 sowie FinMin Baden-Württemberg 8. 3. 1996, UR 1996, 207);
- Änderung der Verhältnisse bei Beteiligung am Gesamtobjekt (Wohnlage mit ETW) (BFH 27. 4. 1994, BStBl II, 826 und BStBl 1995 II, 30);
- Korrektur der USt-Festsetzung richtet sich nach AO und nicht nach § 15a UStG analog (BFH 20. 10. 1994, BStBl 1995 II, 233 und 26. 4. 1995, BStBl 1996 II, 248);
- keine Änderung der Verhältnisse bei unentgeltlicher Übertragung eines unternehmerisch genutzten Grundstücks unter Vorbehaltsnießbrauch (BFH 26. 11. 1995, BStBl 1996 II, 248);
- Anwendung des § 15a UStG beim Übergang vom allgemeinen Verfahren zur Kleinunternehmerregelung (BFH 28. 6. 1995, BStBl II, 805);
- Berichtigung des Vorsteuerabzugs bei gemischt genutzten Grundstücken (EuGH 4. 10. 1995, BStBl 1996 II, 392).

UStG

Fünfter Abschnitt: Besteuerung

§ 16[1]) Steuerberechnung, Besteuerungszeitraum und Einzelbesteuerung

(1) ¹Die Steuer ist, soweit nicht § 20 gilt, nach vereinbarten Entgelten zu berechnen. ²Besteuerungszeitraum ist das Kalenderjahr. ³Bei der Berechnung der Steuer

---

1) **Anm.:** § 16 Abs. 1 i. d. F. des Art. 1 Nr. 9 Umsatzsteuer-Änderungsgesetz 1997 v. 12. 12. 96 (BGBl I, 1851); Abs. 5b eingefügt, Abs. 6 i. d. F. des Art. 20 Nr. 16 und 26 StMBG v. 21. 12. 93 (BGBl I, 2310).

ist von der Summe der Umsätze nach § 1 Abs. 1 Nr. 1 bis 3 und 5 auszugehen, soweit für sie die Steuer in dem Besteuerungszeitraum entstanden und die Steuerschuldnerschaft gegeben ist. [4]Der Steuer sind die nach § 6a Abs. 4 Satz 2, nach § 14 Abs. 2 und 3 sowie nach § 17 Abs. 1 Satz 2 geschuldeten Steuerbeträge hinzuzurechnen.

(2) [1]Von der nach Absatz 1 berechneten Steuer sind die in den Besteuerungszeitraum fallenden, nach § 15 abziehbaren Vorsteuerbeträge abzusetzen. [2]§ 15a ist zu berücksichtigen. [3]Die Einfuhrumsatzsteuer ist von der Steuer für den Besteuerungszeitraum abzusetzen, in dem sie entrichtet worden ist. [4]Die bis zum 16. Tag nach Ablauf des Besteuerungszeitraums zu entrichtende Einfuhrumsatzsteuer kann bereits von der Steuer für diesen Besteuerungszeitraum abgesetzt werden, wenn sie in ihm entstanden ist.

(3) Hat der Unternehmer seine gewerbliche oder berufliche Tätigkeit nur in einem Teil des Kalenderjahres ausgeübt, so tritt dieser Teil an die Stelle des Kalenderjahres.

(4) Abweichend von den Absätzen 1 bis 3 kann das Finanzamt einen kürzeren Besteuerungszeitraum bestimmen, wenn der Eingang der Steuer gefährdet erscheint oder der Unternehmer damit einverstanden ist.

(5) [1]Bei Beförderungen von Personen im Gelegenheitsverkehr mit Kraftomnibussen, die nicht im Inland zugelassen sind, wird die Steuer, abweichend von Absatz 1, für jeden einzelnen steuerpflichtigen Umsatz durch die zuständige Zolldienststelle berechnet (Beförderungseinzelbesteuerung), wenn eine Grenze zum Drittlandsgebiet überschritten wird. [2]Zuständige Zolldienststelle ist die Eingangszollstelle oder Ausgangszollstelle, bei der der Kraftomnibus in das Inland gelangt oder das Inland verläßt. [3]Die zuständige Zolldienststelle handelt bei der Beförderungseinzelbesteuerung für das Finanzamt, in dessen Bezirk sie liegt (zuständiges Finanzamt). [4]Absatz 2 und § 19 Abs. 1 sind bei der Beförderungseinzelbesteuerung nicht anzuwenden.

(5a) Beim innergemeinschaftlichen Erwerb neuer Fahrzeuge durch andere Erwerber als die in § 1a Abs. 1 Nr. 2 genannten Personen ist die Steuer abweichend von Absatz 1 für jeden einzelnen steuerpflichtigen Erwerb zu berechnen (Fahrzeugeinzelbesteuerung).

(5b) [1]Auf Antrag des Unternehmers ist nach Ablauf des Besteuerungszeitraums an Stelle der Beförderungseinzelbesteuerung (Absatz 5) die Steuer nach den Absätzen 1 und 2 zu berechnen. [2]Die Absätze 3 und 4 gelten entsprechend.

(6) [1]Werte in fremder Währung sind zur Berechnung der Steuer und der abziehbaren Vorsteuerbeträge auf Deutsche Mark nach den amtlichen Briefkursen umzurechnen, die das Bundesministerium der Finanzen als Durchschnittskurse für den Monat öffentlich bekanntgibt, in dem die Leistung ausgeführt oder das Entgelt oder ein Teil des Entgelts vor Ausführung der Leistung (§ 13 Abs. 1 Nr. 1 Buchstabe a Satz 4) vereinnahmt wird. [2]Ist dem leistenden Unternehmer die Berechnung der Steuer nach vereinnahmten Entgelten gestattet (§ 20), so sind die Entgelte nach den Durchschnittskursen des Monats umzurechnen, in dem sie vereinnahmt werden. [3]Das Finanzamt kann die Umrechnung nach dem Tageskurs, der durch Bankmitteilung oder Kurszettel nachzuweisen ist, gestatten.

(7) Für die Einfuhrumsatzsteuer gelten § 11 Abs. 5 und § 21 Abs. 2.

6. EG-Richtlinie

Abschnitt VIII: *Besteuerungsgrundlage*

Artikel 11

...

C. Verschiedene Bestimmungen

...

(2) Sind die zur Ermittlung der Besteuerungsgrundlage bei der Einfuhr dienenden Faktoren in einer anderen Währung als der des Mitgliedstaates ausgedrückt, in dem die Wertermittlung vorgenommen wird, so wird der Umrechnungskurs nach den zur Berechnung des Zollwerts geltenden Gemeinschaftsvorschriften festgesetzt.

Sind die zur Ermittlung der Besteuerungsgrundlage eines anderen Umsatzes als der Einfuhr von Gegenständen dienenden Faktoren in einer anderen Währung als der des Mitgliedstaates ausgedrückt, in dem die Wertermittlung vorgenommen wird, so gilt als Umrechnungskurs der letzte Verkaufskurs, der zu dem Zeitpunkt, zu dem der Steueranspruch entsteht, an dem oder den repräsentativsten Devisenmärkten des betreffenden Mitgliedstaates verzeichnet wurde, oder ein mit Bezug auf diesen oder diese Devisenmärkte festgelegter Kurs entsprechend den von diesem Mitgliedstaat festgelegten Einzelheiten. Bei bestimmten Umsätzen oder bei bestimmten Gruppen von Steuerpflichtigen steht es den Mitgliedstaaten jedoch frei, den Umrechnungskurs anzuwenden, der nach den zur Berechnung des Zollwerts geltenden Gemeinschaftsvorschriften festgesetzt worden ist.

...

Abschnitt XIII: *Pflichten der Steuerschuldner*

Artikel 22   *Verpflichtungen im inneren Anwendungsbereich*

...

(4) bis (9) (abgedruckt zu § 18 UStG)

...

UStDV

Dauerfristverlängerung

§ 46[1]) Fristverlängerung

[1]*Das Finanzamt hat dem Unternehmer auf Antrag die Fristen für die Abgabe der Voranmeldungen und für die Entrichtung der Vorauszahlungen (§ 18 Abs. 1, 2 und 2a des Geset-*

---

1) **Anm.:** § 46 i. d. F. des Art. 21 Nr. 14 JStG 1996 v. 11. 10. 95 (BGBl I, 1250).

zes) um einen Monat zu verlängern. ²Das Finanzamt hat den Antrag abzulehnen oder eine bereits gewährte Fristverlängerung zu widerrufen, wenn der Steueranspruch gefährdet erscheint.

§ 47 Sondervorauszahlung

(1) ¹Die Fristverlängerung ist bei einem Unternehmer, der die Voranmeldungen monatlich abzugeben hat, unter der Auflage zu gewähren, daß dieser eine Sondervorauszahlung auf die Steuer eines jeden Kalenderjahres entrichtet. ²Die Sondervorauszahlung beträgt ein Elftel der Summe der Vorauszahlungen für das vorangegangene Kalenderjahr.

(2) ¹Hat der Unternehmer seine gewerbliche oder berufliche Tätigkeit nur in einem Teil des vorangegangenen Kalenderjahres ausgeübt, so ist die Summe der Vorauszahlungen dieses Zeitraumes in eine Jahressumme umzurechnen. ²Angefangene Kalendermonate sind hierbei als volle Kalendermonate zu behandeln.

(3) Hat der Unternehmer seine gewerbliche oder berufliche Tätigkeit im laufenden Kalenderjahr begonnen, so ist die Sondervorauszahlung auf der Grundlage der zu erwartenden Vorauszahlungen dieses Kalenderjahres zu berechnen.

§ 48¹) *Verfahren*

(1) ¹Der Unternehmer hat die Fristverlängerung für die Abgabe der Voranmeldungen bis zu dem Zeitpunkt zu beantragen, an dem die Voranmeldung, für die die Fristverlängerung erstmals gelten soll, nach § 18 Abs. 1, 2 und 2a des Gesetzes abzugeben ist. ²Der Antrag ist nach amtlich vorgeschriebenem Vordruck zu stellen. ³In dem Antrag hat der Unternehmer, der die Voranmeldungen monatlich abzugeben hat, die Sondervorauszahlung (§ 47) selbst zu berechnen und anzumelden. ⁴Gleichzeitig hat er die angemeldete Sondervorauszahlung zu entrichten.

(2) ¹Während der Geltungsdauer der Fristverlängerung hat der Unternehmer, der die Voranmeldungen monatlich abzugeben hat, die Sondervorauszahlung für das jeweilige Kalenderjahr bis zum gesetzlichen Zeitpunkt der Abgabe der ersten Voranmeldung zu berechnen, anzumelden und zu entrichten. ²Absatz 1 Satz 2 gilt entsprechend.

(3) Das Finanzamt kann die Sondervorauszahlung festsetzen, wenn sie vom Unternehmer nicht oder nicht richtig berechnet wurde oder wenn die Anmeldung zu einem offensichtlich unzutreffenden Ergebnis führt.

(4) Die festgesetzte Sondervorauszahlung ist bei der Festsetzung der Vorauszahlung für den letzten Voranmeldungszeitraum des Besteuerungszeitraums anzurechnen.

UStR

220. Steuerberechnung

(1) Nach dem Grundsatz der Einheit des Unternehmens sind die in allen Betrieben eines Unternehmers ausgeführten Umsätze zusammenzurechnen.

---

1) **Anm.**: § 48 Abs. 1 i. d. F. des Art. 21 Nr. 15 JStG 1996 v. 11. 10. 95 (BGBl I, 1250).

(2) ¹Die Regelung in § 16 Abs. 2 Satz 4 UStG in Verbindung mit § 18 Abs. 1 Satz 2 UStG ermöglicht es, die bereits im abgelaufenen Monat entstandene, aber erst am 16. Tage nach Ablauf des Monats fällige Einfuhrumsatzsteuer zum gleichen Zeitpunkt von der Steuer des abgelaufenen Monats als Vorsteuer abzuziehen. ²Die Regelung ist von Bedeutung *bei einem nach den Vorschriften des Zollkodex gewährten Zahlungsaufschub.*

Beispiel:

¹Entstehung der Einfuhrumsatzsteuer (Einfuhr) im Januar, Fälligkeit aufgrund eines Zahlungsaufschubs am 16. Februar.

²Die Einfuhrumsatzsteuer kann bereits als Vorsteuer in der Voranmeldung für Januar abgezogen werden.

221. Beförderungseinzelbesteuerung

(1) ¹Die *Beförderungs*einzelbesteuerung (§ 16 Abs. 5 UStG) setzt voraus, daß der Kraftomnibus, mit dem die Personenbeförderungen im Gelegenheitsverkehr durchgeführt werden, nicht im Inland (§ 1 Abs. 2 Satz 1 UStG) zugelassen ist. ²Es ist nicht erforderlich, daß der Beförderer ein ausländischer Unternehmer ist. ³Für die Besteuerung der Beförderungsleistung kommt es ferner nicht darauf an, ob der Unternehmer Eigentümer des Kraftomnibusses ist oder ob er ihn gemietet hat. ⁴Unternehmer im verkehrsrechtlichen und im umsatzsteuerrechtlichen Sinne ist der jenige, der die Beförderung in eigenem Namen, unter eigener Verantwortung und für eigene Rechnung durchführt (§ 3 Abs. 2 PBefG). ⁵Führt ein Omnibusunternehmer die Beförderung mit einem gemieteten Kraftomnibus durch, so geht der Beförderungsleistung eine in der Vermietung des Kraftomnibusses bestehende Leistung voraus. ⁶Wird der Kraftomnibus von einem Unternehmer vermietet, der sein Unternehmen *im übrigen Gemeinschaftsgebiet* betreibt, ist die Vermietungsleistung *im Inland* nicht steuerbar (§ 3a Abs. 1 *in Verbindung mit* Abs. 4 Nr. 11 UStG). ⁷In diesem Fall ist demzufolge nur die Beförderungsleistung zu besteuern. ⁸*Betreibt der Unternehmer sein Unternehmen jedoch im Drittlandsgebiet, wird die Vermietungsleistung als im Inland ausgeführt behandelt (§ 1 Nr. 2 UStDV).* ⁹*Hiernach sind sowohl die Vermietungsleistung als auch die Beförderungsleistung im Inland zu besteuern.*

(2) ¹Die *Beförderungs*einzelbesteuerung ist nicht auf den Beförderungsverkehr beschränkt, *bei dem eine Grenze zum Drittlandsgebiet überschritten wird.* ²Sie ist auch auf Personenbeförderungen anzuwenden, die mit den bezeichneten *Krafto*mnibussen nur im Inland durchgeführt werden (z. B. auf Sonderfahrten während eines Aufenthaltes im Inland*), soweit sie im Zusammenhang mit einer grenzüberschreitenden Beförderung stehen, bei denen eine Drittlandsgrenze überschritten wurde.*

(3) Kraftomnibusse sind Kraftfahrzeuge, die nach ihrer Bauart und Ausstattung zur Beförderung von mehr als neun Personen – einschließlich Führer – geeignet und bestimmt sind (§ 4 Abs. 4 Nr. 2 PBefG).

(4) ¹Der Gelegenheitsverkehr mit Kraftomnibussen umfaßt die Ausflugsfahrten, die Ferienziel-Reisen und den Verkehr mit Mietomnibussen (§ 46 PBefG). ²Ausflugsfahrten sind Fahrten, die der Unternehmer nach einem bestimmten, von ihm aufgestellten Plan und zu einem für alle Teilnehmer gleichen und gemeinsam verfolgten Ausflugszweck anbietet und ausführt (§ 48 Abs. 1 PBefG). ³Ferienziel-Reisen sind Reisen zu Erholungsaufenthalten, die der Unternehmer nach einem bestimmten, von ihm aufgestellten Plan zu einem Gesamtentgelt für Beförderung und

Unterkunft mit oder ohne Verpflegung anbietet und ausführt (§ 48 Abs. 2 PBefG). ⁴Verkehr mit Mietomnibussen ist die Beförderung von Personen mit Kraftomnibussen, die nur im ganzen zur Beförderung angemietet werden und mit denen der Unternehmer Fahrten ausführt, deren Zweck, Ziel und Ablauf der Mieter bestimmt. ⁵Die Teilnehmer müssen ein zusammengehöriger Personenkreis und über Ziel und Ablauf der Fahrt einig sein (§ 49 Abs. 1 PBefG).

(5) ¹Der Besteuerung unterliegt nur der auf das Inland entfallende Teil der Beförderungsleistung. ²Auszuscheiden sind die Streckenanteile, die nach den §§ 2 oder 5 UStDV als ausländische Beförderungsstrecken anzusehen sind. ³Umgekehrt sind Streckenanteile, die nach den §§ 3 oder 6 UStDV als Beförderungsstrecken im Inland anzusehen sind, in die Besteuerung einzubeziehen.

(6) ¹Soweit die Beförderungsleistung im Inland erbracht wird *(§ 3b Abs. 1 Satz 1 und 2 UStG)*, ist in der Regel davon auszugehen, daß es sich um eine steuerpflichtige Leistung handelt. ²Werden Schülergruppen, Studentengruppen, Jugendgruppen, kulturelle Gruppen – z. B. Theater- und Musikensembles, Chöre – oder Mitglieder von Vereinen in Kraftomnibussen befördert, die dem Schulträger, dem Träger der kulturellen Gruppe oder dem Verein gehören, so kann im allgemeinen aber angenommen werden, daß der Schulträger, der Träger der kulturellen Gruppe und der Verein die Beförderungen nicht im Rahmen eines Unternehmens durchführt. ³Ebenso verhält es sich, wenn die Personenbeförderung unentgeltlich erfolgt. ⁴Diese Beförderungen sind bei entsprechendem Nachweis nicht zur Umsatzsteuer heranzuziehen.

(7) ¹Die maßgebliche Zahl der Personenkilometer ergibt sich durch Vervielfachung der Anzahl der beförderten Personen mit der Anzahl der Kilometer der im Inland zurückgelegten Beförderungsstrecke (tatsächlich im Inland durchfahrene Strecke). ²Bei der Ermittlung der Zahl der beförderten Personen bleiben der Fahrer, der Beifahrer, Begleitpersonen, die Angestellte des Beförderers sind – z. B. Reiseleiter, Dolmetscher und Stewardessen –, sowie unentgeltlich mitbeförderte Kleinkinder (unter 4 Jahren) außer Betracht. ³Dagegen sind Personen, die der Beförderer aus privaten Gründen unentgeltlich mitbefördert, z. B. Angehörige, mitzuzählen, weil insoweit ein Eigenverbrauch im Sinne von § 1 Abs. 1 Nr. 2 Buchstabe b UStG vorliegt.

(8) Zu der Frage, unter welchen Voraussetzungen die für jede einzelne Fahrt zu entrichtende Umsatzsteuer bis zum 10. Tag des Folgemonats gestundet werden kann, wird auf den BMF-Erlaß vom 15. 4. 1980 – BStBl I S. 258 – hingewiesen.

(9) ¹Bei der *Beförderungs*einzelbesteuerung dürfen Vorsteuerbeträge nicht abgesetzt werden. ²Der Beförderungsunternehmer kann jedoch die Vergütung der Vorsteuerbeträge, die den der *Beförderungs*einzelbesteuerung unterliegenden Beförderungsleistungen zuzurechnen sind, im Vorsteuer-Vergütungsverfahren beantragen (§§ 59 ff. UStDV). ³Außerdem kann er diese Vorsteuerbeträge *im allgemeinen* Besteuerungsverfahren nach § 16 und § 18 Abs. 1 bis 4 UStG geltend machen, wenn bei ihm dieses Verfahren anstelle des Vorsteuer-Vergütungsverfahrens durchzuführen ist. ⁴Durch die Besteuerung nach § 16 und § 18 Abs. 1 bis 4 UStG wird die *Beförderungs*einzelbesteuerung nicht berührt. ⁵Die hierbei bereits versteuerten Umsätze sind daher, *abgesehen vom Fall des Absatzes 10*, nicht in das *allgemeine* Besteuerungsverfahren einzubeziehen.

(10) ¹Anstelle der Beförderungseinzelbesteuerung kann der Unternehmer nach Ablauf des Besteuerungszeitraumes die Besteuerung nach § 16 Abs. 1 und 2 UStG beantragen. ²Wegen der Anrechnung der im Wege der Beförderungseinzelbesteuerung festgesetzten Steuern und des Verfahrens vgl. Abschnitt 231 Abs. 3.

Steuerberechnung **§ 16 UStG**

221a. Fahrzeugeinzelbesteuerung

(1) ¹Die Fahrzeugeinzelbesteuerung (§ 16 Abs. 5a UStG) setzt voraus, daß andere als die in § 1a Abs. 1 Nr. 2 UStG genannten Personen einen innergemeinschaftlichen Erwerb neuer Fahrzeuge bewirken. ²Zum Begriff des neuen Fahrzeugs vgl. Abschnitt 15c Sätze 2 bis 5. ³Zum Personenkreis, die eine Fahrzeugeinzelbesteuerung vorzunehmen haben, vgl. Abschnitt 15c Satz 1. ⁴Bei der Fahrzeugeinzelbesteuerung kommt ein Vorsteuerabzug nicht in Betracht, da der Erwerb durch eine Privatperson, eine nichtunternehmerisch tätige Personenvereinigung oder durch einen Unternehmer, der das Fahrzeug für seinen nichtunternehmerischen Bereich bezieht, erfolgt.

(2) ¹Für den innergemeinschaftlichen Erwerb neuer Fahrzeuge durch Unternehmer, die das Fahrzeug für ihren unternehmerischen Bereich erwerben, oder durch juristische Personen, die nicht Unternehmer sind oder die das Fahrzeug nicht für ihr Unternehmen erwerben (§ 1a Abs. 1 Nr. 2 UStG), ist keine Fahrzeugeinzelbesteuerung vorzunehmen. ²Diese Unternehmer oder juristischen Personen haben den innergemeinschaftlichen Erwerb neuer Fahrzeuge in der Voranmeldung und in der Steuererklärung für das Kalenderjahr anzumelden.

222. Umrechnung von Werten in fremder Währung

(1) ¹Die Umrechnung der Werte in fremder Währung auf Deutsche Mark dient der Berechnung der Umsatzsteuer und der abziehbaren Vorsteuerbeträge. ²Kursänderungen zwischen der Ausführung der Leistung und der Vereinnahmung des Entgelts bleiben unberücksichtigt.

(2) ¹Bei der Umrechnung nach dem Tageskurs ist der Nachweis durch Bankmitteilung oder Kurszettel zu führen, weil die Bankabrechnung im Zeitpunkt der Leistung noch nicht vorliegt. ²Aus Vereinfachungsgründen kann das Finanzamt gestatten, daß die Umrechnung regelmäßig nach den Durchschnittskursen vorgenommen wird, die der Bundesminister der Finanzen für den Monat bekanntgegeben hat, der dem Monat vorangeht, in dem die Leistung ausgeführt oder das Entgelt vereinnahmt wird.

Verwaltungsanweisungen

- Kontrolle des innergemeinschaftlichen Erwerbs neuer Fahrzeuge (OFD Cottbus 13. 7. 1994, UR 1994, 411);

- USt-Umrechnungskurse und Durchschnittswerte der ECU; Gesamtübersicht für das Jahr 1996 (BMF 11. 2. 1997, BStBl I, 281).

Rechtsprechung

- Bei der Berechnung der Umsatzsteuer sind die Umsatzsteuerschuld und die Vorsteuer lediglich unselbständige Besteuerungsgrundlagen, deren Saldo die zu berechnende Steuer ist (BFH 30. 9. 1976, BStBl 1977 II, 227);

- der Vorsteuerabzug ist nicht selbständig abtretbar (BFH 24. 3. 1983, BStBl II, 612);

- Korrektur von Vorsteuern richtet sich nach abgabenrechtlichen Vorschriften (BFH 20. 10. 1994, BStBl 1995 II, 233);

- Rückforschung abgetretener Vorsteuerüberschüsse eines Vz (BFH 24. 1. 1995, BStBl II, 862).

UStG

§ 17 Änderung der Bemessungsgrundlage

(1) ¹Hat sich die Bemessungsgrundlage für einen steuerpflichtigen Umsatz im Sinne des § 1 Abs. 1 Nr. 1 bis 3 geändert, so haben

1. der Unternehmer, der diesen Umsatz ausgeführt hat, den dafür geschuldeten Steuerbetrag und
2. der Unternehmer, an den dieser Umsatz ausgeführt worden ist, den dafür in Anspruch genommenen Vorsteuerabzug

entsprechend zu berichtigen; dies gilt im Fall des § 1 Abs. 1 Nr. 5 sinngemäß. ²Die Berichtigung des Vorsteuerabzugs kann unterbleiben, soweit ein dritter Unternehmer den auf die Minderung des Entgelts entfallenden Steuerbetrag an das Finanzamt entrichtet; in diesem Fall ist der dritte Unternehmer Schuldner der Steuer. ³Die Berichtigungen nach Satz 1 sind für den Besteuerungszeitraum vorzunehmen, in dem die Änderung der Bemessungsgrundlage eingetreten ist.

(2) Absatz 1 gilt sinngemäß, wenn

1. das vereinbarte Entgelt für eine steuerpflichtige Lieferung, sonstige Leistung oder einen steuerpflichtigen innergemeinschaftlichen Erwerb uneinbringlich geworden ist. ²Wird das Entgelt nachträglich vereinnahmt, sind Steuerbetrag und Vorsteuerabzug erneut zu berichtigen;
2. für eine vereinbarte Lieferung oder sonstige Leistung ein Entgelt entrichtet, die Lieferung oder sonstige Leistung jedoch nicht ausgeführt worden ist;
3. eine steuerpflichtige Lieferung, sonstige Leistung oder ein steuerpflichtiger innergemeinschaftlicher Erwerb rückgängig gemacht worden ist;
4. der Erwerber den Nachweis im Sinne des § 3d Satz 2 führt.

(3) ¹Ist Einfuhrumsatzsteuer, die als Vorsteuer abgezogen worden ist, herabgesetzt, erlassen oder erstattet worden, so hat der Unternehmer den Vorsteuerabzug entsprechend zu berichtigen. ²Absatz 1 Satz 3 gilt sinngemäß.

(4) Werden die Entgelte für unterschiedlich besteuerte Lieferungen oder sonstige Leistungen eines bestimmten Zeitabschnitts gemeinsam geändert (z. B. Jahresboni, Jahresrückvergütungen), so hat der Unternehmer dem Leistungsempfänger einen Beleg zu erteilen, aus dem zu ersehen ist, wie sich die Änderung der Entgelte auf die unterschiedlich besteuerten Umsätze verteilt.

6. EG-Richtlinie

Abschnitt VIII: Besteuerungsgrundlage

Artikel 11
...

C. Verschiedene Bestimmungen
(1) Im Falle der Annullierung, der Rückgängigmachung, der Auflösung, der vollständigen oder teilweisen Nichtbezahlung oder des Preisnachlasses nach der Bewirkung des Umsatzes wird die Besteuerungsgrundlage unter von den Mitgliedstaaten festgelegten Bedingungen entsprechend vermindert.
Jedoch können die Mitgliedstaaten im Falle der vollständigen oder teilweisen Nichtbezahlung von dieser Regel abweichen.
...

Abschnitt XI: Vorsteuerabzug

...

Artikel 20 Berichtigung der Vorsteuerabzüge
(1) Der ursprüngliche Vorsteuerabzug wird nach den von den Mitgliedstaaten festgelegten Einzelheiten berichtigt, und zwar insbesondere:
a) wenn der Vorsteuerabzug höher oder niedriger ist als der, zu dessen Vornahme der Steuerpflichtige berechtigt war;
b) wenn sich die Faktoren, die bei der Festsetzung des Vorsteuerabzugsbetrags berücksichtigt werden, nach Abgabe der Erklärung geändert haben, insbesondere bei rückgängig gemachten Käufen oder erlangten Rabatten; die Berichtigung unterbleibt jedoch bei Umsätzen, bei denen keine oder eine nicht vollständige Zahlung geleistet wurde, bei einer Zerstörung oder einem ordnungsgemäß nachgewiesenen oder belegten Verlust oder Diebstahl sowie bei Entnahmen für Geschenke von geringem Wert und Muster nach Artikel 5 Absatz 6. Bei Umsätzen, bei denen keine oder eine nicht vollständige Zahlung erfolgt, und bei Diebstahl können die Mitgliedstaaten jedoch eine Berichtigung verlangen.
...

Abschnitt XVIa: Übergangsregelung für die Besteuerung des Handels zwischen den Mitgliedstaaten

...

UStG § 17 6. *EGRL Art. 28b; 223 UStR* *Änderung der Bemessungsgrundlage*

Artikel 28b Ort der Umsätze

A. Ort des innergemeinschaftlichen Erwerbs von Gegenständen

...

(2) (abgedruckt zu § 3d UStG)

...

UStR

223. Steuer- und Vorsteuerberichtigung bei Änderung der Bemessungsgrundlage

(1) [1]Die Frage, ob sich die Bemessungsgrundlage für einen steuerpflichtigen Umsatz geändert hat, beurteilt sich nach § 10 Abs. 1 bis 5 UStG. [2]Auf die Abschnitte 149 bis 158 wird verwiesen. [3]Zur Steuer- und Vorsteuerberichtigung bei Entgeltsminderungen durch Gewährung von verdeckten Preisnachlässen vgl. Abschnitt 153 Abs. 4.

(2) [1]Die erforderlichen Berichtigungen sind für den Besteuerungszeitraum vorzunehmen, in dem die Änderung der Bemessungsgrundlage eingetreten ist. [2]Die Berichtigungspflicht ist bereits bei der Berechnung der Vorauszahlungen zu beachten (§ 18 Abs. 1 Satz 2 UStG).

(3) [1]Die Berichtigungspflicht besteht auch dann, wenn sich die Berichtigung der Steuer und die Berichtigung des Vorsteuerabzugs im Ergebnis ausgleichen. [2]Berechnet der Leistungsempfänger z. B. Lieferantenkonti nicht vom Gesamtpreis einschließlich Umsatzsteuer, sondern nur vom Entgelt (ohne Umsatzsteuer), so hat er unabhängig von der Behandlung der Skontobeträge durch den Lieferanten den in Anspruch genommenen Vorsteuerabzug nach § 17 Abs. 1 Nr. 2 UStG zu berichtigen. [3]Ein Belegaustausch ist nur für die in § 17 Abs. 4 UStG bezeichneten Fälle vorgeschrieben.

(4) Die Berichtigung des Vorsteuerabzugs kann unterbleiben, soweit der auf die Entgeltsminderung entfallende Steuerbetrag von einem dritten Unternehmer entrichtet wird (§ 17 Abs. 1 Satz 2 UStG).

Beispiel:

[1]Die Einkaufsgenossenschaft E (Zentralregulierer) vermittelt eine Warenlieferung von A an B. [2]E wird auch in den Abrechnungsverkehr eingeschaltet. [3]Sie zahlt für B den Kaufpreis an A unter Inanspruchnahme von Skonto. [4]B zahlt an E den Kaufpreis ohne Inanspruchnahme von Skonto.

[5]Nach § 17 Abs. 1 Nr. 1 UStG hat A seine Steuer zu berichtigen. [6]B braucht nach § 17 Abs. 1 Satz 2 UStG seinen Vorsteuerabzug nicht zu berichtigen, soweit E die auf den Skontoabzug entfallende Steuer an das Finanzamt entrichtet.

(5) [1]Die Pflicht zur Berichtigung der Steuer und des Vorsteuerabzugs nach § 17 Abs. 1 UStG besteht auch dann, wenn das Entgelt für eine steuerpflichtige Lieferung oder sonstige Leistung uneinbringlich geworden ist (§ 17 Abs. 2 Nr. 1 UStG). [2]Uneinbringlichkeit im Sinne des § 17 Abs. 2 UStG liegt insbesondere vor, wenn der Schuldner zahlungsunfähig ist oder den Forderungen die Einrede des Einforderungsverzichts entgegengehalten werden kann (BFH-Beschluß

vom 10. 3. 1983 – BStBl II S. 389). ³Zur Frage der Uneinbringlichkeit beim sog. Akzeptantenwechselgeschäft vgl. BFH-Urteil vom *8. 12. 1993 – BStBl 1994 II S. 338*. ⁴Ertragsteuerlich zulässige pauschale Wertberichtigungen führen nicht zu einer Berichtigung nach § 17 Abs. 2 UStG. ⁵Der Gläubiger, der eine Forderung als uneinbringlich behandelt, ist nicht verpflichtet, dem Schuldner hiervon Mitteilung zu machen. ⁶Das Finanzamt des Gläubigers ist jedoch berechtigt, das Finanzamt des Schuldners auf die Ausbuchung der Forderung hinzuweisen. ⁷Der Schuldner hat nach § 17 Abs. 2 Nr. 1 in Verbindung mit § 17 Abs. 1 Nr. 2 UStG seinen Vorsteuerabzug bereits dann entsprechend zu berichtigen, wenn sich aus den Gesamtumständen, insbesondere aus einem längeren Zeitablauf nach Eingehen der Verbindlichkeit, ergibt, daß er seiner Zahlungsverpflichtung gegenüber seinem Gläubiger nicht mehr nachkommen wird. ⁸Wird der Anspruch des Gläubigers später ganz oder teilweise befriedigt, ist § 17 Abs. 2 Nr. 1 Satz 2 UStG anzuwenden. ⁹Wegen der Berichtigung des Vorsteuerabzugs des Gemeinschuldners im Konkurs *bzw. im Gesamtvollstreckungsverfahren* vgl. Abschnitt 224.

(6) Bei der Abtretung einer Forderung unter dem Nennwert bestimmt sich das Entgelt nach den tatsächlichen Aufwendungen des Leistungsempfängers (vgl. Abschnitt 149 Abs. 4).

Beispiel:

¹Ein Unternehmer hat aufgrund einer Lieferung eine Forderung in Höhe von *11 500* DM gegen seinen zum Vorsteuerabzug berechtigten Abnehmer. ²Er tritt diese Forderung zum Festpreis von *5 750* DM an ein Inkassobüro ab. ³Das Inkassobüro kann noch *9 200* DM einziehen.

⁴Die Steuer des Lieferers richtet sich zunächst nach dem für die Lieferung vereinbarten Entgelt von 10 000 DM (Steuer bei einem Steuersatz von *15* v. H. = *1 500* DM). ⁵Die endgültige Steuer des Lieferers beträgt allerdings nur *1 200* DM, da der Abnehmer nur *9 200* DM aufgewandt hat (§ 10 Abs. 1 Satz 2 UStG), während die restlichen *2 300* DM uneinbringlich sind. ⁶Eine entsprechende Minderung der Steuer nach § 17 Abs. 2 Nr. 1 in Verbindung mit § 17 Abs. 1 Nr. 1 UStG von *1 500* DM auf *1 200* DM setzt jedoch voraus, daß der Lieferer die teilweise Uneinbringlichkeit der Forderung nachweist. ⁷Er muß sich also Kenntnis davon verschaffen, welchen Betrag das Inkassobüro tatsächlich noch einziehen konnte. ⁸Der Abnehmer hat zunächst aufgrund der ihm vom Lieferer erteilten Rechnung den Vorsteuerabzug in voller Höhe. ⁹Er muß ihn jedoch von sich aus nach § 17 Abs. 2 Nr. 1 in Verbindung mit § 17 Abs. 1 Nr. 2 UStG auf der Grundlage seiner tatsächlichen Zahlung an das Inkassobüro (im Beispielsfall also *1 200* DM) berichtigen, da er die teilweise Uneinbringlichkeit der Forderung kennt. ¹⁰Dies gilt entsprechend, wenn der Abnehmer weniger an das Inkassobüro zahlt, als der Lieferer für die Forderung erhalten hat. ¹¹Zahlt der Abnehmer den vollen Rechnungsbetrag an das Inkassobüro, so bleiben die Steuer des Lieferers und der Vorsteuerabzug des Abnehmers in voller Höhe bestehen.

(7) ¹Steuer- und Vorsteuerberichtigungen sind auch erforderlich, wenn für eine Leistung ein Entgelt entrichtet, die Leistung jedoch nicht ausgeführt worden ist (§ 17 Abs. 2 Nr. 2 UStG). ²Diese Regelung steht im Zusammenhang mit der in § 13 Abs. 1 Nr. 1 Buchstabe a Satz 4 UStG vorgeschriebenen Besteuerung von Zahlungen vor Ausführung der Leistungen.

Beispiel:

¹Über das Vermögen eines Unternehmers, der Anzahlungen erhalten und versteuert hat, wird der Konkurs eröffnet, bevor er eine Leistung erbracht hat. ²Der Konkursverwalter lehnt die Erfüllung des Vertrages ab. ³Der Unternehmer hat die vertraglich geschuldete Leistung nicht erbracht hat, die Steuer auf die Anzahlung *zu berichtigen*. ⁴Unabhängig davon hat der Unternehmer, an den die vertraglich geschuldete Leistung erbracht werden sollte, den Vorsteuerabzug in sinngemäßer Anwendung des § 17 Abs. 1 UStG zu berichtigen.

(8) ¹Die Vorschrift des § 17 Abs. 1 UStG ist entsprechend anzuwenden, wenn in einer Rechnung der Steuerbetrag nach § 14 Abs. 2 UStG berichtigt wird. ²Die erforderlichen Berichtigungen sind in dem Besteuerungszeitraum vorzunehmen, in dem der Rechnungsaussteller eine Rechnung

UStG § 17 *Änderung der Bemessungsgrundlage*

mit geändertem Steuerausweis erteilt. ³Der Widerspruch gegen den in einer Gutschrift enthaltenen Steuerausweis wirkt deshalb erst in dem Besteuerungszeitraum, in dem er erklärt wird (vgl. BFH-Urteil vom 19. 5. 1993 – BStBl II S. 779). ⁴Die Voraussetzungen für den Anspruch des Finanzamts auf Berichtigung der Vorsteuer gegen den Leistungsempfänger sind auch wirtschaftlich erst erfüllt, wenn der leistende Unternehmer den gesondert (zu hoch) ausgewiesenen Steuerbetrag gegenüber dem Leistungsempfänger berichtigt hat (vgl. BFH-Urteil vom 12. 10. 1994 – BStBl II 1995 S. 33).

224. Berichtigung des Vorsteuerabzugs des Gemeinschuldners im Konkurs oder im Gesamtvollstreckungsverfahren

¹Wird über das Vermögen eines Unternehmers das Konkursverfahren eröffnet, werden die gegen ihn gerichteten Forderungen in diesem Zeitpunkt unbeschadet einer möglichen Konkursquote in voller Höhe uneinbringlich im Sinne des § 17 Abs. 2 Satz 1 UStG (vgl. BFH-Urteil vom 13. 11. 1986 – BStBl 1987 II S. 226). ²Der Anspruch des Finanzamts, den Vorsteuerabzug aus nicht bezahlten Rechnungen rückgängig zu machen, für welche der Gemeinschuldner den Vorsteuerabzug vorgenommen hatte, ist eine Konkursforderung, die nicht nach § 61 Abs. 1 Nr. 2 KO bevorrechtigt ist, weil sie erst nach Ablauf des Voranmeldungszeitraums fällig wird, in den der Tag der Konkurseröffnung fällt (vgl. BFH-Urteil vom 16. 7. 1987 – BStBl II S. 691). ³Forderungen gegen den Unternehmer, die bereits in einem Voranmeldungszeitraum vor dem Voranmeldungszeitraum, in den die Eröffnung des Konkursverfahrens fällt, fällig werden und deren erste Fälligkeit innerhalb Jahresfrist vor der Konkurseröffnung liegt, sind nach § 61 Abs. 1 Nr. 2 KO bevorrechtigt. ⁴Dies gilt auch für das Gesamtvollstreckungsverfahren (vgl. Abschnitt 2 Abs. 3).

Verwaltungsanweisungen

- Umsatzsteuer im Konkurs (OFD Hamburg 19. 12. 1989, UR 1990, 402);
- Berichtigung der USt bei uneinbringlichen Entgelten (OFD Hannover 27. 1. 1995, UR 1995, 238).

Rechtsprechung

- Berichtigungspflicht nach Vertragsrücktritt durch den Verkäufer (BFH 18. 12. 1985, UR 1986, 213);
- Bemessungsgrundlage beim Factoringgeschäft (BFH 27. 5. 1987, UR 1987, 330);
- vorkonkursliche Aufrechnung gegen Erstattungsansprüche (BFH 4. 8. 1987, UR 1988, 51);
- vorkonkursliche Sequesterverwertung (BFH 21. 12. 1988, BStBl 1989 II, 434);
- Uneinbringlichkeit des Entgelts im Falle der Zahlung durch Hingabe eines Wechsels erfüllungshalber (BFH 9. 8. 1990, BStBl II, 1043);
- Uneinbringlichkeit der Forderung bei Scheckeinlösung (BFH 8. 12. 1993, BStBl 1994 II, 338);

Besteuerungsverfahren § 18 UStG

- Vorsteuerrückforderung aus dem Monat vor Konkurseröffnung (BFH 16. 12. 1993, UR 1994, 488);

- keine Entgeltsentrichtung erfüllungshalber durch Hingabe von Prolongationswechseln (FG Rheinland-Pfalnz 25. 5. 1994, UR 1996, 234);

- Berichtigung des Vorsteuerabzuges beim Leistungsempfänger erst, wenn der Leistende die zu hoch ausgewiesene Umsatzsteuer berichtigt hat (BFH 12. 10. 1994, BStBl 1995 II, 33);

- Rechnungsberichtigung nach Konkurs beim Rechnungsempfänger (BFH 12. 10. 1994, UR 1996, 230);

- Wettbewerbsprämie eines Verkaufswettbewerbes als Entgeltminderung (BFH 9. 11. 1994, BStBl 1995 II, 277);

- Belohnung als Preisnachlaß (BFH 28. 6. 1995, BStBl II, 850);

- Berichtigung im Konkurs bei Kündigung eines Kfz-Leasingvertrages (BFH 24. 8. 1995, BStBl II, 808);

- Entgeltsvereinbarung nach § 17 Abs. 1 Satz 3 UStG bei der Novation (FG Münster 5. 9. 1995, UR 1996, 341);

- Berichtigungspflicht nach § 17 Abs. 1 UStG verdrängt Steuerschuld nach § 14 Abs. 2 UStG (BFH 30. 11. 1995, BStBl 1996 II, 206),

- Änderung der Bemessungsgrundlage bei Erteilung einer Gutschrift und erneute Berichtigung bei fehlender Inanspruchnahme der Gutschrift (BFH 13. 12. 1995, BStBl 1996 II, 208).

UStG

§ 18[1]) Besteuerungsverfahren

(1) ¹**Der Unternehmer hat bis zum 10. Tag nach Ablauf jedes Voranmeldungszeitraums eine Voranmeldung nach amtlich vorgeschriebenem Vordruck abzugeben, in der er die Steuer für den Voranmeldungszeitraum (Vorauszahlung) selbst zu berechnen hat.** ²§ 16 Abs. 1 und 2 und § 17 sind entsprechend anzuwenden. ³Die Vorauszahlung ist am 10. Tag nach Ablauf des Voranmeldungszeitraums fällig.

(2) ¹**Voranmeldungszeitraum ist das Kalendervierteljahr.** ²**Beträgt die Steuer für das vorangegangene Kalenderjahr mehr als 12 000 Deutsche Mark, ist der Kalendermonat Voranmeldungszeitraum.** ³**Beträgt die Steuer für das vorangegangene Kalenderjahr nicht mehr als 1 000 Deutsche Mark, kann das Finanzamt den Unternehmer von der Verpflichtung zur Abgabe der Voranmeldungen und Entrichtung**

---

1) Anm.: § 18 Abs. 1, 2 und 9 i. d. F., Abs. 2a eingefügt, Abs. 11 angefügt gem. Art. 20 Nr. 13 JStG 1996 v. 11. 10. 95 (BGBl I, 1250); Abs. 4a und 10 i. d. F. des Art. 1 Nr. 10 Umsatzsteuer-Änderungsgesetz 1997 v. 12. 12. 96 (BGBl I, 1851); Abs. 5b eingefügt, Abs. 6 bis 8 i. d. F. des Art. 20 Nr. 17 und 26 StMBG v. 21. 12. 93 (BGBl I, 2310).

der Vorauszahlungen befreien. ⁴Hat der Unternehmer seine gewerbliche oder berufliche Tätigkeit nur in einem Teil des vorangegangenen Kalenderjahres ausgeübt, ist die tatsächliche Steuer in eine Jahressteuer umzurechnen. ⁵Nimmt der Unternehmer seine gewerbliche oder berufliche Tätigkeit im laufenden Kalenderjahr auf, ist die voraussichtliche Steuer des laufenden Kalenderjahres maßgebend.

(2a) ¹Der Unternehmer kann anstelle des Kalenderviertejahres den Kalendermonat als Voranmeldungszeitraum wählen, wenn sich für das vorangegangene Kalenderjahr ein Überschuß zu seinen Gunsten von mehr als 12 000 Deutsche Mark ergibt. ²In diesem Fall hat der Unternehmer bis zum 10. Februar des laufenden Kalenderjahres eine Voranmeldung für den ersten Kalendermonat abzugeben. ³Die Ausübung des Wahlrechts bindet den Unternehmer für dieses Kalenderjahr. ⁴Absatz 2 Satz 4 und 5 gilt entsprechend.

(3) ¹Der Unternehmer hat für das Kalenderjahr oder für den kürzeren Besteuerungszeitraum eine Steuererklärung nach amtlich vorgeschriebenem Vordruck abzugeben, in der er die zu entrichtende Steuer oder den Überschuß, der sich zu seinen Gunsten ergibt, nach § 16 Abs. 1 bis 4 und § 17 selbst zu berechnen hat (Steueranmeldung). ²In den Fällen des § 16 Abs. 3 und 4 ist die Steueranmeldung binnen einem Monat nach Ablauf des kürzeren Besteuerungszeitraums abzugeben. ³Die Steueranmeldung muß vom Unternehmer eigenhändig unterschrieben sein.

(4) ¹Berechnet der Unternehmer die zu entrichtende Steuer oder den Überschuß in der Steueranmeldung für das Kalenderjahr abweichend von der Summe der Vorauszahlungen, so ist der Unterschiedsbetrag zugunsten des Finanzamts einen Monat nach dem Eingang der Steueranmeldung fällig. ²Setzt das Finanzamt die zu entrichtende Steuer oder den Überschuß abweichend von der Steueranmeldung für das Kalenderjahr fest, so ist der Unterschiedsbetrag zugunsten des Finanzamts einen Monat nach der Bekanntgabe des Steuerbescheids fällig. ³Die Fälligkeit rückständiger Vorauszahlungen (Absatz 1) bleibt von den Sätzen 1 und 2 unberührt.

(4a) ¹Voranmeldungen (Absätze 1 und 2) und eine Steuererklärung (Absätze 3 und 4) haben auch die Unternehmer und juristischen Personen abzugeben, die ausschließlich Steuer für Umsätze nach § 1 Abs. 1 Nr. 5 oder § 25b Abs. 2 zu entrichten haben, sowie Fahrzeuglieferer (§ 2a). ²Voranmeldungen sind nur für die Voranmeldungszeiträume abzugeben, in denen die Steuer für diese Umsätze zu erklären ist. ³Die Anwendung des Absatzes 2a ist ausgeschlossen.

(4b) Für Personen, die keine Unternehmer sind und Steuerbeträge nach § 6a Abs. 4 Satz 2 oder nach § 14 Abs. 3 schulden, gilt Absatz 4a entsprechend.

(5) In den Fällen der Beförderungseinzelbesteuerung (§ 16 Abs. 5) ist abweichend von den Absätzen 1 bis 4 wie folgt zu verfahren:
1. Der Beförderer hat für jede einzelne Fahrt eine Steuererklärung nach amtlich vorgeschriebenem Vordruck in zwei Stücken bei der zuständigen Zolldienststelle abzugeben.
2. ¹Die zuständige Zolldienststelle setzt für das zuständige Finanzamt die Steuer auf beiden Stücken der Steuererklärung fest und gibt ein Stück dem Beförderer zurück, der die Steuer gleichzeitig zu entrichten hat. ²Der Beförderer hat dieses Stück mit der Steuerquittung während der Fahrt mit sich zu führen.
3. ¹Der Beförderer hat bei der zuständigen Zolldienststelle, bei der er die Grenze zum Drittlandsgebiet überschreitet, eine weitere Steuererklärung in zwei Stücken abzugeben, wenn sich die Zahl der Personenkilometer (§ 10 Abs. 6 Satz 2),

Besteuerungsverfahren § **18 UStG**

von der bei der Steuerfestsetzung nach Nummer 2 ausgegangen worden ist, geändert hat. ²Die Zolldienststelle setzt die Steuer neu fest. ³Gleichzeitig ist ein Unterschiedsbetrag zugunsten des Finanzamts zu entrichten oder ein Unterschiedsbetrag zugunsten des Beförderers zu erstatten. ⁴Die Sätze 2 und 3 sind nicht anzuwenden, wenn der Unterschiedsbetrag weniger als fünf Deutsche Mark beträgt. ⁵Die Zolldienststelle kann in diesen Fällen auf eine schriftliche Steuererklärung verzichten.

(5a) ¹In den Fällen der Fahrzeugeinzelbesteuerung (§ 16 Abs. 5a) hat der Erwerber, abweichend von den Absätzen 1 bis 4, spätestens bis zum 10. Tag nach Ablauf des Tages, an dem die Steuer entstanden ist, eine Steuererklärung nach amtlich vorgeschriebenem Vordruck abzugeben, in der er die zu entrichtende Steuer selbst zu berechnen hat (Steueranmeldung). ²Die Steueranmeldung muß vom Erwerber eigenhändig unterschrieben sein. ³Gibt der Erwerber die Steueranmeldung nicht ab oder hat er die Steuer nicht richtig berechnet, so kann das Finanzamt die Steuer festsetzen. ⁴Die Steuer ist am 10. Tag nach Ablauf des Tages fällig, an dem sie entstanden ist.

(5b) ¹In den Fällen des § 16 Abs. 5b ist das Besteuerungsverfahren nach den Absätzen 3 und 4 durchzuführen. ²Die bei der Beförderungseinzelbesteuerung (§ 16 Abs. 5) entrichtete Steuer ist auf die nach Absatz 3 Satz 1 zu entrichtende Steuer anzurechnen.

(6) ¹Zur Vermeidung von Härten kann das Bundesministerium der Finanzen mit Zustimmung des Bundesrates durch Rechtsverordnung die Fristen für die Voranmeldungen und Vorauszahlungen um einen Monat verlängern und das Verfahren näher bestimmen. ²Dabei kann angeordnet werden, daß der Unternehmer eine Sondervorauszahlung auf die Steuer für das Kalenderjahr zu entrichten hat.

(7) Zur Vereinfachung des Besteuerungsverfahrens kann das Bundesministerium der Finanzen mit Zustimmung des Bundesrates durch Rechtsverordnung bestimmen, daß und unter welchen Voraussetzungen auf die Erhebung der Steuer für folgende Umsätze verzichtet werden kann:

1. Lieferungen von Gold, Silber und Platin sowie sonstige Leistungen im Geschäft mit diesen Edelmetallen zwischen Unternehmern, die an einer Wertpapierbörse im Inland mit dem Recht zur Teilnahme am Handel zugelassen sind. ²Das gilt nicht für Münzen und Medaillen aus diesen Edelmetallen;

2. Lieferungen, die der Einfuhr folgen, wenn ein anderer als der Unternehmer, für dessen Unternehmen der Gegenstand eingeführt ist, die entrichtete Einfuhrumsatzsteuer als Vorsteuer abziehen kann (§ 15 Abs. 5 Nr. 2 Buchstabe b).

(8) ¹Zur Sicherung des Steueranspruchs kann das Bundesministerium der Finanzen mit Zustimmung des Bundesrates durch Rechtsverordnung bestimmen, daß die Steuer für folgende Umsätze im Abzugsverfahren durch den Leistungsempfänger zu entrichten ist:

1. Umsätze eines im Ausland ansässigen Unternehmers;

2. Lieferung eines sicherungsübereigneten Gegenstandes durch den Sicherungsgeber an den Sicherungsnehmer;

3. Lieferung eines Grundstücks im Zwangsversteigerungsverfahren durch den Vollstreckungsschuldner an den Ersteher.

²Dabei können insbesondere geregelt werden:
1. die Art und Weise der Berechnung der einzubehaltenden und abzuführenden Steuer und der Ausschluß der §§ 19 und 24 im Abzugsverfahren;
2. die Aufzeichnungspflichten des Leistungsempfängers und seine Verpflichtung zur Ausstellung einer Bescheinigung über die einbehaltene oder abgeführte Steuer;
3. die Haftung des Leistungsempfängers für die einzubehaltende und abzuführende Steuer sowie die Zahlungspflicht des Leistungsempfängers oder eines Dritten bei der Ausstellung einer unrichtigen Bescheinigung;
4. der Verzicht auf die Besteuerung des Unternehmers nach den Absätzen 1 bis 4;
5. die Pflicht des Unternehmers, die Steuer für die dem Abzugsverfahren unterliegenden Umsätze nach vereinnahmten Entgelten zu berechnen;
6. die Anrechnung der einbehaltenen oder abgeführten Steuer bei der Besteuerung des Unternehmers nach den Absätzen 1 bis 4;
7. die Zuständigkeit der Finanzbehörden.

(9) ¹Zur Vereinfachung des Besteuerungsverfahrens kann das Bundesministerium der Finanzen mit Zustimmung des Bundesrates durch Rechtsverordnung die Vergütung der Vorsteuerbeträge (§ 15) an im Ausland ansässige Unternehmer, abweichend von § 16 und von den Absätzen 1 bis 4, in einem besonderen Verfahren regeln. ²Dabei kann angeordnet werden, daß die Vergütung nur erfolgt, wenn sie eine bestimmte Mindesthöhe erreicht. ³Der Vergütungsantrag ist binnen sechs Monaten nach Ablauf des Kalenderjahres zu stellen, in dem der Vergütungsanspruch entstanden ist. ⁴Der Unternehmer hat die Vergütung selbst zu berechnen und die Vorsteuerbeträge durch Vorlage von Rechnungen und Einfuhrbelegen im Original nachzuweisen. ⁵Der Vergütungsantrag ist vom Unternehmer eigenhändig zu unterschreiben. ⁶Einem Unternehmer, der nicht im Gemeinschaftsgebiet ansässig ist, wird die Vorsteuer nur vergütet, wenn in dem Land, in dem der Unternehmer seinen Sitz hat, keine Umsatzsteuer oder ähnliche Steuer erhoben oder im Fall der Erhebung im Inland ansässigen Unternehmern vergütet wird. ⁷Von der Vergütung ausgeschlossen sind bei Unternehmern, die nicht im Gemeinschaftsgebiet ansässig sind, die Vorsteuerbeträge, die auf pauschalierte Reisekosten und auf den Bezug von Kraftstoffen entfallen.

(10) Zur Sicherung des Steueranspruchs in den Fällen des innergemeinschaftlichen Erwerbs neuer motorbetriebener Landfahrzeuge und neuer Luftfahrzeuge (§ 1b Abs. 2 und 3) gilt folgendes:
1. Die für die Zulassung oder die Registrierung von Fahrzeugen zuständigen Behörden sind verpflichtet, den für die Besteuerung des innergemeinschaftlichen Erwerbs neuer Fahrzeuge zuständigen Finanzbehörden ohne Ersuchen folgendes mitzuteilen:
   a) bei neuen motorbetriebenen Landfahrzeugen die erstmalige Ausgabe von Fahrzeugbriefen oder die erstmalige Zuteilung eines amtlichen Kennzeichens bei zulassungsfreien Fahrzeugen. ²Gleichzeitig sind die in Nummer 2 Buchstabe a bezeichneten Daten und das zugeteilte amtliche Kennzeichen oder, wenn dieses noch nicht zugeteilt worden ist, die Nummer des Fahrzeugbriefs zu übermitteln;

Besteuerungsverfahren § 18 UStG

b) bei neuen Luftfahrzeugen die erstmalige Registrierung dieser Luftfahrzeuge. ²Gleichzeitig sind die in Nummer 3 Buchstabe a bezeichneten Daten und das zugeteilte amtliche Kennzeichen zu übermitteln. ³Als Registrierung im Sinne dieser Vorschrift gilt nicht die Eintragung eines Luftfahrzeugs in das Register für Pfandrechte an Luftfahrzeugen.

2. In den Fällen des innergemeinschaftlichen Erwerbs neuer motorbetriebener Landfahrzeuge (§ 1b Abs. 2 Nr. 1 und Abs. 3 Nr. 1) gilt folgendes:

a) ¹Bei der erstmaligen Ausgabe eines Fahrzeugbriefs im Inland oder bei der erstmaligen Zuteilung eines amtlichen Kennzeichens für zulassungsfreie Fahrzeuge im Inland hat der Antragsteller die folgenden Angaben zur Übermittlung an die Finanzbehörden zu machen:

aa) den Namen und die Anschrift des Antragstellers sowie das für ihn zuständige Finanzamt (§ 21 der Abgabenordnung),
bb) den Namen und die Anschrift des Lieferers,
cc) den Tag der Lieferung,
dd) den Tag der ersten Inbetriebnahme,
ee) den Kilometerstand am Tag der Lieferung,
ff) die Fahrzeugart, den Fahrzeughersteller, den Fahrzeugtyp und die Fahrzeug-Identifizierungsnummer,
gg) den Verwendungszweck.

²Der Antragsteller ist zu den Angaben nach den Doppelbuchstaben aa und bb auch dann verpflichtet, wenn er nicht zu den in § 1a Abs. 1 Nr. 2 und § 1b Abs. 1 genannten Personen gehört oder wenn Zweifel daran bestehen, ob die Eigenschaften als neues Fahrzeug im Sinne des § 1b Abs. 3 Nr. 1 vorliegen. ³Die Zulassungsbehörde darf den Fahrzeugbrief oder bei zulassungsfreien Fahrzeugen den Nachweis über die Zuteilung des amtlichen Kennzeichens (§ 18 Abs. 5 der Straßenverkehrs-Zulassungs-Ordnung) erst aushändigen, wenn der Antragsteller die vorstehenden Angaben gemacht hat.

b) ¹Ist die Steuer für den innergemeinschaftlichen Erwerb nicht entrichtet worden, hat die Zulassungsbehörde auf Antrag des Finanzamts den Fahrzeugschein oder bei zulassungsfreien Fahrzeugen den Nachweis über die Zuteilung des amtlichen Kennzeichens (§ 18 Abs. 5 der Straßenverkehrs-Zulassungs-Ordnung) einzuziehen und das amtliche Kennzeichen zu entstempeln. ²Anstelle der Einziehung des Nachweises über die Zuteilung des amtlichen Kennzeichens bei zulassungsfreien Fahrzeugen kann auch der Vermerk über die Zuteilung des amtlichen Kennzeichens für ungültig erklärt werden. ³Die Zulassungsbehörde trifft die hierzu erforderlichen Anordnungen durch schriftlichen Verwaltungsakt (Abmeldungsbescheid). ⁴Das Finanzamt kann die Abmeldung von Amts wegen auch selbst vornehmen, wenn die Zulassungsbehörde das Verfahren noch nicht eingeleitet hat. ⁵Satz 3 gilt entsprechend. ⁶Das Finanzamt teilt die durchgeführte Abmeldung unverzüglich der Zulassungsbehörde mit und händigt dem Fahrzeughalter die vorgeschriebene Bescheinigung über die Abmeldung aus. ⁷Die Durchführung der Abmeldung von Amts wegen richtet sich nach dem Verwaltungsverfahrensgesetz. ⁸Für Streitigkeiten über Abmeldungen von Amts wegen ist der Verwaltungsrechtsweg gegeben.

3. In den Fällen des innergemeinschaftlichen Erwerbs neuer Luftfahrzeuge (§ 1b Abs. 2 Nr. 3 und Abs. 3 Nr. 3) gilt folgendes:
   a) ¹Bei der erstmaligen Registrierung in der Luftfahrzeugrolle hat der Antragsteller die folgenden Angaben zur Übermittlung an die Finanzbehörden zu machen:
      aa) den Namen und die Anschrift des Antragstellers sowie das für ihn zuständige Finanzamt (§ 21 der Abgabenordnung),
      bb) den Namen und die Anschrift des Lieferers,
      cc) den Tag der Lieferung,
      dd) das Entgelt (Kaufpreis),
      ee) den Tag der ersten Inbetriebnahme,
      ff) die Starthöchstmasse,
      gg) die Zahl der bisherigen Betriebsstunden am Tag der Lieferung,
      hh) den Flugzeughersteller und den Flugzeugtyp,
      ii) den Verwendungszweck.

      ²Der Antragsteller ist zu den Angaben nach den Doppelbuchstaben aa und bb auch dann verpflichtet, wenn er nicht zu den in § 1a Abs. 1 Nr. 2 und § 1b Abs. 1 genannten Personen gehört oder wenn Zweifel daran bestehen, ob die Eigenschaften als neues Fahrzeug im Sinne des § 1b Abs. 3 Nr. 3 vorliegen. ³Das Luftfahrt-Bundesamt darf die Eintragung in der Luftfahrzeugrolle erst vornehmen, wenn der Antragsteller die vorstehenden Angaben gemacht hat.
   b) ¹Ist die Steuer für den innergemeinschaftlichen Erwerb nicht entrichtet worden, so hat das Luftfahrt-Bundesamt auf Antrag des Finanzamts die Betriebserlaubnis zu widerrufen. ²Es trifft die hierzu erforderlichen Anordnungen durch schriftlichen Verwaltungsakt (Abmeldungsbescheid). ³Die Durchführung der Abmeldung von Amts wegen richtet sich nach dem Verwaltungsverfahrensgesetz. ⁴Für Streitigkeiten über Abmeldungen von Amts wegen ist der Verwaltungsrechtsweg gegeben.

(11) ¹Die für die Steueraufsicht zuständigen Zolldienststellen wirken an der umsatzsteuerlichen Erfassung von Personenbeförderungen mit nicht im Inland zugelassenen Kraftomnibussen mit. ²Sie sind berechtigt, im Rahmen von zeitlich und örtlich begrenzten Kontrollen die nach ihrer äußeren Erscheinung nicht im Inland zugelassenen Kraftomnibusse anzuhalten und die tatsächlichen und rechtlichen Verhältnisse festzustellen, die für die Umsatzsteuer maßgebend sind, und die festgestellten Daten den zuständigen Finanzbehörden zu übermitteln.

6. EG-Richtlinie

Abschnitt XI: Vorsteuerabzug

Artikel 17   Entstehung und Umfang des Rechts auf Vorsteuerabzug

...

(4) Mehrwertsteuererstattungen nach Absatz 3 erfolgen
- *an nicht im Inland, sondern in einem anderen Mitgliedstaat ansässige Steuerpflichtige entsprechend den in der Richtlinie 79/1072/EWG[1]) festgelegten Bestimmungen;*
- *an nicht im Gebiet der Gemeinschaft ansässige Steuerpflichtige entsprechend den in der Richtlinie 86/560/EWG[2]) festgelegten Bestimmungen.*

Bei Anwendung dieser Vorschrift gilt folgendes:

a) In Artikel 1 der Richtlinie 79/1072/EWG genannte Steuerpflichtige, die im Inland ausschließlich Lieferungen von Gegenständen und Dienstleistungen bewirken, für die gemäß Artikel 21 Nummer 1 Buchstabe a) der Empfänger als Steuerschuldner bestimmt worden ist, gelten bei Anwendung der genannten Richtlinie ebenfalls als nicht im Inland ansässige Steuerpflichtige.

b) In Artikel 1 der Richtlinie 86/560/EWG genannte Steuerpflichtige, die im Inland ausschließlich Lieferungen von Gegenständen und Dienstleistungen bewirken, für die gemäß Artikel 21 Nummer 1 Buchstabe a) der Empfänger als Steuerschuldner bestimmt worden ist, gelten bei Anwendung dieser Richtlinie ebenfalls als nicht in der Gemeinschaft ansässige Steuerpflichtige.

c) Die Richtlinien 79/1072/EWG und 86/560/EWG finden keine Anwendung auf die Lieferungen von Gegenständen, die von der Steuer befreit sind oder gemäß Artikel 28c Teil A befreit werden könnten, wenn die gelieferten Gegenstände vom Erwerber oder für seine Rechnung versendet oder befördert werden.

...

Artikel 18   Einzelheiten der Ausübung des Rechts auf Vorsteuerabzug

...

(4) Übersteigt der Betrag der zulässigen Abzüge den Betrag der für einen Erklärungszeitraum geschuldeten Steuer, können die Mitgliedstaaten den Überschuß entweder auf den folgenden Zeitraum vortragen lassen oder ihn nach den von ihnen festgelegten Einzelheiten erstatten.

Die Mitgliedstaaten können jedoch regeln, daß geringfügige Überschüsse weder vorgetragen noch erstattet werden.

...

---

1) **Anm.:** ABl. EG 79 Nr. L 331, 11.
2) **Anm.:** ABl. EG 86 Nr. L 326, 40.

Abschnitt XIII: Pflichten der Steuerschuldner

Artikel 22 Verpflichtungen im inneren Anwendungsbereich

...

(4) a) Jeder Steuerpflichtige hat innerhalb eines Zeitraums, der von den einzelnen Mitgliedstaaten festzulegen ist, eine Steuererklärung abzugeben. Dieser Zeitraum darf zwei Monate nach Ende jedes einzelnen Steuerzeitraums nicht überschreiten. Der Steuerzeitraum kann von den Mitgliedstaaten auf einen, zwei oder drei Monate festgelegt werden. Die Mitgliedstaaten können jedoch andere Zeiträume festlegen, sofern diese ein Jahr nicht überschreiten.

b) Die Steuererklärung muß alle für die Festsetzung des geschuldeten Steuerbetrags und der vorzunehmenden Vorsteuerabzüge erforderlichen Angaben enthalten, gegebenenfalls einschließlich des Gesamtbetrags der sich auf diese Steuer und Abzüge beziehenden Umsätze sowie des Betrags der steuerfreien Umsätze, soweit dies für die Festlegung der Bemessungsgrundlage erforderlich ist.

c) Die Steuererklärung muß außerdem folgende Angaben enthalten:

– zum einen den Gesamtbetrag – ohne Mehrwertsteuer – der Lieferungen von Gegenständen nach Artikel 28c Teil A, für die während des Steuerzeitraums ein Steueranspruch eingetreten ist.
Außerdem ist folgendes anzugeben: der Gesamtbetrag – ohne Mehrwertsteuer – der Lieferungen von Gegenständen nach Artikel 8 Absatz 1 Buchstabe a) Satz 2 und Artikel 28b Teil B Absatz 1, die innerhalb eines anderen Mitgliedstaates bewirkt wurden und für die der Steueranspruch während des Erklärungszeitraums eingetreten ist, wenn der Abgangsort des Versandes bzw. der Beförderung der Gegenstände im Inland liegt;

– zum anderen den Gesamtbetrag – ohne Mehrwertsteuer – der innergemeinschaftlichen Erwerbe von Gegenständen nach Artikel 28a Absätze 1 und 6, die im Inland bewirkt wurden und für die der Steueranspruch eingetreten ist.
Außerdem ist folgendes anzugeben: der Gesamtbetrag – ohne Mehrwertsteuer – der Lieferungen von Gegenständen nach Artikel 8 Absatz 1 Buchstabe a) Satz 2 und Artikel 28b Teil B Absatz 1, die im Inland bewirkt wurden und für die der Steueranspruch im Laufe des Erklärungszeitraums eingetreten ist, wenn der Abgangsort des Versands oder der Beförderung der Gegenstände im Gebiet eines anderen Mitgliedstaates liegt, sowie der Gesamtbetrag – ohne Mehrwertsteuer – der Lieferungen von Gegenständen, die im Inland bewirkt wurden und für die der Steuerpflichtige als Steuerschuldner gemäß Artikel 28c Teil E Absatz 3 bezeichnet wurde und für die während des Erklärungszeitraums der Steueranspruch eingetreten ist.

(5) Jeder Steuerpflichtige hat bei der Abgabe der periodischen Steuererklärung den sich nach Vornahme des Vorsteuerabzugs ergebenden Mehrwertsteuerbetrag zu entrichten. Die Mitgliedstaaten können jedoch einen anderen Termin für die Zahlung dieses Betrags festsetzen oder vorläufige Vorauszahlungen erheben.

(6) a) Die Mitgliedstaaten können von dem Steuerpflichtigen verlangen, daß er eine Erklärung über sämtliche Umsätze des vorangegangenen Jahres mit allen Angaben nach Absatz 4 abgibt. Diese Erklärung muß auch alle Angaben enthalten, die für etwaige Berichtigungen von Bedeutung sind.

b) *Jeder Steuerpflichtige mit einer Umsatzsteuer-Identifikationsnummer muß außerdem eine Aufstellung vorlegen, die Angaben über die Erwerber mit einer Umsatzsteuer-Identifikationsnummer enthält, denen er Gegenstände nach Maßgabe des Artikels 28c Teil A Buchstaben a) und d) geliefert hat, sowie über die Empfänger mit einer Umsatzsteuer-Identifikationsnummer der in Unterabsatz 5 genannten Umsätze.*

Diese Aufstellung ist für jedes Kalenderquartal innerhalb eines Zeitraums und nach Modalitäten vorzulegen, die von den Mitgliedstaaten festzulegen sind; diese treffen die erforderlichen Maßnahmen, damit auf jeden Fall die Bestimmungen über die Zusammenarbeit der Verwaltungen im Bereich der indirekten Steuern eingehalten werden.

Die Aufstellung muß folgende Angaben enthalten:

- *die Umsatzsteuer-Identifikationsnummer des Steuerpflichtigen im Inland, unter der er Lieferungen von Gegenständen gemäß Artikel 28c Teil A Buchstabe a) bewirkt hat;*

- *die Umsatzsteuer-Identifikationsnummer jedes Erwerbers, die diesem in einem anderen Mitgliedstaat erteilt worden ist und unter der ihm die Gegenstände geliefert wurden;*

- *und für jeden Erwerber den Gesamtbetrag der Lieferungen von Gegenständen, die der Steuerpflichtige bewirkt hat. Diese Beträge werden für das Kalenderquartal ausgewiesen, in dem der Steueranspruch eingetreten ist.*

Die Aufstellung muß außerdem folgende Angaben enthalten:

- *für die Lieferungen von Gegenständen nach Artikel 28c Teil A Buchstabe d) die Umsatzsteuer-Identifikationsnummer des Steuerpflichtigen im Inland, seine Umsatzsteuer-Identifikationsnummer im Bestimmungsmitgliedstaat sowie den nach Artikel 28e Absatz 2 festgelegten Gesamtbetrag dieser Lieferungen;*

- *den Betrag der Berichtigungen gemäß Artikel 11 Teil C Absatz 1. Diese Beträge sind für das Kalendervierteljahr zu erklären, in dem die Berichtigung dem Erwerber mitgeteilt wird.*

In den Fällen gemäß Artikel 28b Teil A Absatz 2 Unterabsatz 3 hat der Steuerpflichtige mit Umsatzsteuer-Identifikationsnummer im Inland in der Aufstellung folgende Einzelangaben zu machen:

- *seine Umsatzsteuer-Identifikationsnummer im Inland, unter der er innergemeinschaftlichen Erwerb und die nachfolgende Lieferung der Gegenstände bewirkt hat;*

- *die Umsatzsteuer-Identifikationsnummer des Empfängers der vom Steuerpflichtigen bewirkten nachfolgenden Lieferung, die diesem im Bestimmungsmitgliedstaat der versandten oder beförderten Gegenstände erteilt worden ist;*

- *und für jeden einzelnen dieser Empfänger den Gesamtbetrag – ohne Mehrwertsteuer – der auf diese Weise vom Steuerpflichtigen im Bestimmungsmitgliedstaat der versandten oder beförderten Gegenstände bewirkten Lieferungen. Diese Beträge sind für das Quartal anzugeben, in dem der Steueranspruch eingetreten ist.*

c) Abweichend von Buchstabe b) können die Mitgliedstaaten verlangen, daß
- die Aufstellungen monatlich abgegeben werden;
- die Aufstellungen weitere Informationen enthalten.

d) Hinsichtlich der Lieferungen von neuen Fahrzeugen unter den in Artikel 28c Teil A Buchstabe b) angegebenen Bedingungen durch einen Steuerpflichtigen mit einer Umsatzsteuer-Identifikationsnummer an einen Käufer ohne Umsatzsteuer-Identifikationsnummer oder durch einen Steuerpflichtigen im Sinne des Artikels 28a Absatz 4 treffen die Mitgliedstaaten die erforderlichen Vorkehrungen, damit der Verkäufer alle erforderlichen Informationen mitteilt, um die Anwendung der Mehrwertsteuer und ihre Überprüfung durch die Verwaltung zu ermöglichen.

e) Die Mitgliedstaaten können von Steuerpflichtigen, die im Inland Gegenstände gemäß Artikel 28a Absatz 1 Buchstabe a) und Absatz 6 innergemeinschaftlich erwerben, die Abgabe von Erklärungen mit ausführlichen Angaben über diesen Erwerb verlangen; für Zeiträume von weniger als einem Monat können solche Erklärungen jedoch nicht verlangt werden. Die Mitgliedstaaten können ferner verlangen, daß Personen, die den innergemeinschaftlichen Erwerb neuer Fahrzeuge nach Artikel 28a Absatz 1 Buchstabe b) bewirken, bei der Abgabe der in Absatz 4 genannten Steuererklärung alle Informationen liefern, die für die Anwendung der Mehrwertsteuer und ihre Überprüfung durch die Verwaltung erforderlich sind.

(7) Die Mitgliedstaaten ergreifen die erforderlichen Maßnahmen, damit die Personen, die nach Artikel 21 Ziffer 1 Buchstaben a) und b) anstelle eines im Ausland ansässigen Steuerpflichtigen als Steuerschuldner angesehen werden oder die die Steuer gesamtschuldnerisch zu entrichten haben, die vorstehend erwähnten Verpflichtungen zur Erklärung und Zahlung erfüllen.

(8) Die Mitgliedstaaten können unter Beachtung der Gleichbehandlung der von Steuerpflichtigen im Inland und zwischen Mitgliedstaaten bewirkten Umsätze weitere Pflichten vorsehen, die sie als erforderlich erachten, um eine genaue Erhebung der Steuer sicherzustellen und Steuerhinterziehungen zu vermeiden, sofern diese Pflichten im Handelsverkehr zwischen den Mitgliedstaaten nicht zu Förmlichkeiten beim Grenzübertritt führen.

(9) a) Die Mitgliedstaaten können folgende Steuerpflichtige von bestimmten oder allen Pflichten befreien:
- Steuerpflichtige, die nur Gegenstände liefern oder Dienstleistungen erbringen, die nach den Artikeln 13 und 15 steuerfrei sind,
- Steuerpflichtige, die die in Artikel 24 vorgesehene Steuerbefreiung in Anspruch nehmen und die unter die in Artikel 28a Absatz 1 Buchstabe a) Unterabsatz 2 vorgesehene Abweichung fallen,
- Steuerpflichtige, die keine Umsätze im Sinne von Absatz 4 Buchstabe c) bewirken.

b) Die Mitgliedstaaten können auch andere als die unter Buchstabe a) genannten Steuerpflichtigen von bestimmten in Absatz 2 Buchstabe a) genannten Pflichten befreien.

c) Die Mitgliedstaaten können die Steuerpflichtigen von der Zahlung der geschuldeten Steuer befreien, wenn der Steuerbetrag geringfügig ist.

(10) Die Mitgliedstaaten ergreifen die erforderlichen Maßnahmen, um sicherzustellen, daß die nichtsteuerpflichtigen juristischen Personen, die die für den innergemeinschaftlichen Erwerb von Gegenständen gemäß Artikel 28a Absatz 1 Buchstabe a) Unterabsatz 1 zu entrichtende Steuer schulden, die vorstehend erwähnten Verpflichtungen zur Erklärung und Zahlung erfüllen und eine eigene Umsatzsteuer-Identifikationsnummer gemäß Absatz 1 Buchstaben c), d) und e) erhalten.

(11) Hinsichtlich des innergemeinschaftlichen Erwerbs verbrauchsteuerpflichtiger Waren nach Artikel 28a Absatz 1 Buchstabe c) sowie des innergemeinschaftlichen Erwerbs von neuen Fahrzeugen nach Artikel 28a Absatz 1 Buchstabe b) legen die Mitgliedstaaten die Einzelheiten für die abzugebende Erklärung und die zu leistende Zahlung fest.

...

UStDV

Dauerfristverlängerung

§ 46[1]) Fristverlängerung

[1]Das Finanzamt hat dem Unternehmer auf Antrag die Fristen für die Abgabe der Voranmeldungen und für die Entrichtung der Vorauszahlungen (§ 18 Abs. 1, 2 und 2a des Gesetzes) um einen Monat zu verlängern. [2]Das Finanzamt hat den Antrag abzulehnen oder eine bereits gewährte Fristverlängerung zu widerrufen, wenn der Steueranspruch gefährdet erscheint.

§ 47 Sondervorauszahlung

(1) [1]Die Fristverlängerung ist bei einem Unternehmer, der die Voranmeldungen monatlich abzugeben hat, unter der Auflage zu gewähren, daß dieser eine Sondervorauszahlung auf die Steuer eines jeden Kalenderjahres entrichtet. [2]Die Sondervorauszahlung beträgt ein Elftel der Summe der Vorauszahlungen für das vorangegangene Kalenderjahr.

(2) [1]Hat der Unternehmer seine gewerbliche oder berufliche Tätigkeit nur in einem Teil des vorangegangenen Kalenderjahres ausgeübt, so ist die Summe der Vorauszahlungen dieses Zeitraumes in eine Jahressumme umzurechnen. [2]Angefangene Kalendermonate sind hierbei als volle Kalendermonate zu behandeln.

(3) Hat der Unternehmer seine gewerbliche oder berufliche Tätigkeit im laufenden Kalenderjahr begonnen, so ist die Sondervorauszahlung auf der Grundlage der zu erwartenden Vorauszahlungen dieses Kalenderjahres zu berechnen.

§ 48[2]) Verfahren

(1) [1]Der Unternehmer hat die Fristverlängerung für die Abgabe der Voranmeldungen bis zu dem Zeitpunkt zu beantragen, an dem die Voranmeldung, für die die Fristverlängerung erstmals gelten soll, nach § 18 Abs. 1, 2 und 2a des Gesetzes abzugeben ist. [2]Der Antrag ist

---

1) **Anm.:** § 46 i. d. F. des Art. 21 Nr. 14 JStG 1996 v. 11. 10. 95 (BGBl I, 1250).
2) **Anm.:** § 48 Abs. 1 i. d. F. des Art. 21 Nr. 15 JStG 1996 v. 11. 10. 95 (BGBl I, 1250).

nach amtlich vorgeschriebenem Vordruck zu stellen. ³In dem Antrag hat der Unternehmer, der die Voranmeldungen monatlich abzugeben hat, die Sondervorauszahlung (§ 47) selbst zu berechnen und anzumelden. ⁴Gleichzeitig hat er die angemeldete Sondervorauszahlung zu entrichten.

(2) ¹Während der Geltungsdauer der Fristverlängerung hat der Unternehmer, der die Voranmeldungen monatlich abzugeben hat, die Sondervorauszahlung für das jeweilige Kalenderjahr bis zum gesetzlichen Zeitpunkt der Abgabe der ersten Voranmeldung zu berechnen, anzumelden und zu entrichten. ²Absatz 1 Satz 2 gilt entsprechend.

(3) Das Finanzamt kann die Sondervorauszahlung festsetzen, wenn sie vom Unternehmer nicht oder nicht richtig berechnet wurde oder wenn die Anmeldung zu einem offensichtlich unzutreffenden Ergebnis führt.

(4) Die festgesetzte Sondervorauszahlung ist bei der Festsetzung der Vorauszahlung für den letzten Voranmeldungszeitraum des Besteuerungszeitraums anzurechnen.

Verzicht auf die Steuererhebung

§ 49 Verzicht auf die Steuererhebung im Börsenhandel mit Edelmetallen

Auf die Erhebung der Steuer für die Lieferungen von Gold, Silber und Platin sowie für die sonstigen Leistungen im Geschäft mit diesen Edelmetallen wird verzichtet, wenn

1. die Umsätze zwischen Unternehmern ausgeführt werden, die an einer Wertpapierbörse im Inland mit dem Recht zur Teilnahme am Handel zugelassen sind,
2. die bezeichneten Edelmetalle zum Handel an einer Wertpapierbörse im Inland zugelassen sind und
3. keine Rechnungen mit gesondertem Ausweis der Steuer erteilt werden.

§ 50¹) Verzicht auf die Steuererhebung bei Einfuhren

¹In den Fällen, in denen der Gegenstand einer Lieferung nach den §§ 41, 41a und 42 als für den Abnehmer eingeführt gilt, wird auf die Erhebung der für diese Lieferung geschuldeten Steuer verzichtet. ²In den Fällen des § 42 Abs. 2 und 3 gilt Satz 1 für die vorangegangenen Lieferungen entsprechend.

Besteuerung im Abzugsverfahren

§ 51²) Einbehaltung und Abführung der Umsatzsteuer

(1) ¹Für folgende steuerpflichtige Umsätze hat der Leistungsempfänger die Steuer von der Gegenleistung einzubehalten und an das für ihn zuständige Finanzamt abzuführen:
1. Werklieferungen und sonstige Leistungen eines im Ausland ansässigen Unternehmers,
2. Lieferungen sicherungsübereigneter Gegenstände durch den Sicherungsgeber an den Sicherungsnehmer außerhalb des Konkursverfahrens,
3. Lieferungen von Grundstücken im Zwangsversteigerungsverfahren durch den Vollstreckungsschuldner an den Ersteher.

²Wird die Gegenleistung in Teilen erbracht, so hat der Leistungsempfänger die Steuer in entsprechenden Teilen einzubehalten und abzuführen.

---

1) **Anm.:** § 50 i. d. F. des Art. 2 Nr. 5 Umsatzsteuer-Änderungsgesetz 1997 v. 12. 12. 96 (BGBl I, 1851).
2) **Anm.:** § 51 Abs. 3 i. d. F. des Art. 21 Nr. 16 JStG 1996 v. 11. 10. 95 (BGBl I, 1250).

(2) ¹*Der Leistungsempfänger ist nur dann zur Einbehaltung und Abführung der Steuer verpflichtet, wenn er ein Unternehmer oder eine juristische Person des öffentlichen Rechts ist.* ²*Für eine juristische Person des öffentlichen Rechts ist das Finanzamt zuständig, in dessen Bezirk sie ihren Sitz hat.*

(3) ¹*Ein im Ausland ansässiger Unternehmer im Sinne des Absatzes 1 ist ein Unternehmer, der weder im Inland noch auf der Insel Helgoland oder in einem der in § 1 Abs. 3 des Gesetzes bezeichneten Gebiete einen Wohnsitz, seinen Sitz, seine Geschäftsleitung oder eine Zweigniederlassung hat.* ²*Maßgebend ist der Zeitpunkt, in dem die Gegenleistung erbracht wird.* ³*Ist es zweifelhaft, ob der Unternehmer diese Voraussetzungen erfüllt, so darf der Leistungsempfänger die Einbehaltung und Abführung der Steuer nur unterlassen, wenn ihm der Unternehmer durch eine Bescheinigung des nach den abgabenrechtlichen Vorschriften für die Besteuerung seiner Umsätze zuständigen Finanzamtes nachweist, daß er kein Unternehmer im Sinne des Satzes 1 ist.*

(4) *Gegenleistung im Sinne des Absatzes 1 ist das Entgelt zuzüglich der Umsatzsteuer.*

§ 52 Ausnahmen

(1) *Die §§ 51 und 53 bis 58 sind nicht anzuwenden,*

1. *wenn die Leistung des im Ausland ansässigen Unternehmers in einer Personenbeförderung besteht, die*

   a) *der Beförderungseinzelbesteuerung (§ 16 Abs. 5 des Gesetzes) unterlegen hat oder*

   b) *mit einer Kraftdroschke durchgeführt worden ist, oder*

2. *wenn die Gegenleistung des Leistungsempfängers ausschließlich in einer Lieferung oder sonstigen Leistung besteht.*

(2) *Der Leistungsempfänger ist nicht verpflichtet, die Steuer für die Leistung des Unternehmers einzubehalten und abzuführen, wenn*

1. *der Unternehmer keine Rechnung mit gesondertem Ausweis der Steuer erteilt hat und*

2. *der Leistungsempfänger im Falle des gesonderten Ausweises der Steuer den Vorsteuerabzug hinsichtlich dieser Steuer voll in Anspruch nehmen könnte.*

(3) *Für die Voraussetzung in Absatz 2 Nr. 2 ist es nicht erforderlich, daß der leistende Unternehmer zum gesonderten Ausweis der Steuer in einer Rechnung berechtigt ist.*

(4) *Hat der Leistungsempfänger die Steuer nach Absatz 2 nicht einbehalten und abgeführt, so ist er verpflichtet, dies dem leistenden Unternehmer zu bescheinigen.*

(5) *Für die Berichtigung des Vorsteuerabzugs des Leistungsempfängers nach § 15a des Gesetzes ist in den Fällen des Absatzes 2 davon auszugehen,*

1. *daß die zwischen dem leistenden Unternehmer und dem Leistungsempfänger vereinbarte Gegenleistung Entgelt ist,*

2. *daß der leistende Unternehmer eine Rechnung mit gesondertem Ausweis der Steuer erteilt hat,*

3. *daß der Leistungsempfänger die Steuer als Vorsteuer abgezogen hat.*

§ 53 Berechnung der Steuer

(1) ¹*Der Leistungsempfänger hat die einzubehaltende und abzuführende Steuer nach dem Entgelt und nach den Steuersätzen des § 12 des Gesetzes zu berechnen.* ²*Die §§ 19 und 24 des Gesetzes sind hierbei nicht anzuwenden.*

(2) ¹*Stellt der leistende Unternehmer eine Rechnung aus, in der die Steuer gesondert ausgewiesen ist, so hat der Leistungsempfänger die ausgewiesene Steuer einzubehalten und abzuführen.* ²*Mindestens hat er die Steuer einzubehalten und abzuführen, die sich nach Absatz 1 ergibt.*

(3) Nach Absatz 2 ist entsprechend in den Fällen zu verfahren, in denen der leistende Unternehmer nach Zahlung des Entgelts oder der Gegenleistung (§ 51 Abs. 4) eine Rechnung mit gesondertem Steuerausweis ausstellt.

(4) ¹*Die Absätze 2 und 3 sind auch in den Fällen anzuwenden, in denen der Leistungsempfänger eine Gutschrift mit gesondertem Steuerausweis ausstellt und der leistende Unternehmer dem ausgewiesenen Steuerbetrag nicht widerspricht.* ²*Das gilt auch dann, wenn der leistende Unternehmer nicht zum gesonderten Ausweis der Steuer in einer Rechnung berechtigt ist.*

(5) Besteht die Gegenleistung teilweise in einer Lieferung oder sonstigen Leistung, so hat der Leistungsempfänger die Steuer nur bis zur Höhe des Teils der Gegenleistung einzubehalten und abzuführen, der nicht in einer Lieferung oder sonstigen Leistung besteht.

(6) ¹*Der Leistungsempfänger hat Werte in fremder Währung auf Deutsche Mark umzurechnen und hierbei die Kurse anzuwenden, die für den Zeitpunkt der Zahlung des Entgelts gelten.* ²*Im übrigen ist nach § 16 Abs. 6 des Gesetzes zu verfahren.*

(7) Der Leistungsempfänger ist verpflichtet, dem leistenden Unternehmer eine Bescheinigung über die einbehaltene und abgeführte Steuer auszustellen.

§ 54¹) Anmeldung und Fälligkeit der Steuer

(1) ¹*Der Leistungsempfänger hat die abzuführende Steuer binnen zehn Tagen nach Ablauf des Voranmeldungszeitraums (§ 18 Abs. 1, 2 und 2a des Gesetzes), in dem das Entgelt ganz oder teilweise gezahlt worden ist, nach amtlich vorgeschriebenem Vordruck bei dem für ihn zuständigen Finanzamt anzumelden.* ²*Gleichzeitig hat der Leistungsempfänger die angemeldete Steuer an dieses Finanzamt abzuführen.* ³*§ 46 gilt entsprechend.*

(2) ¹*Leistungsempfänger, die nicht zur Abgabe von Voranmeldungen verpflichtet sind, haben die abzuführende Steuer binnen zehn Tagen nach Ablauf des Kalendervierteljahres, in dem das Entgelt ganz oder teilweise gezahlt worden ist, anzumelden.* ²*Im übrigen ist nach Absatz 1 zu verfahren.*

(3) ¹*Erteilt der leistende Unternehmer in den Fällen des § 52 Abs. 2 nach der Zahlung des Entgelts oder der Gegenleistung eine Rechnung mit gesondertem Ausweis der Steuer, hat der Leistungsempfänger die Steuer binnen zehn Tagen nach Ablauf des Voranmeldungszeitraums, in dem die Rechnung erteilt worden ist, anzumelden und abzuführen.* ²*§ 46 gilt entsprechend.* ³*Der Leistungsempfänger, der nicht zur Abgabe von Voranmeldungen verpflichtet ist, hat die Steuer binnen zehn Tagen nach Ablauf des Kalendervierteljahres, in dem die Rechnung erteilt worden ist, anzumelden und abzuführen.*

§ 55 Haftung
Der Leistungsempfänger haftet für die nach § 54 anzumeldende und abzuführende Steuer.

§ 56 Aufzeichnungspflichten
(1) ¹*Der Leistungsempfänger ist verpflichtet, zur Feststellung der anzumeldenden und abzuführenden Steuer und der Grundlagen ihrer Berechnung Aufzeichnungen zu machen.* ²*Die Aufzeichnungen müssen eindeutig und leicht nachprüfbar sein.*

---
1) **Anm.**: § 54 Abs. 1 und 3 i. d. F. des Art. 21 Nr. 17 JStG 1996 v. 11. 10. 95 (BGBl I, 1250).

(2) Insbesondere sind aufzuzeichnen:
1. *der Name und die Anschrift des leistenden Unternehmers,*
2. *die Art und der Umfang der Leistung,*
3. *der Tag oder der Kalendermonat der Leistung,*
4. *das Entgelt (der Wert der Gegenleistung abzüglich der Steuer),*
5. *der Tag oder der Kalendermonat der Zahlung des Entgelts,*
6. *der Betrag der anzumeldenden und abzuführenden Steuer,*
7. *das Datum der Rechnung, wenn diese nach der Zahlung des Entgelts oder der Gegenleistung erteilt wird.*

(3) Das Finanzamt kann auf Antrag Erleichterungen für die in Absatz 2 vorgeschriebenen Aufzeichnungen gewähren, soweit dadurch die eindeutige und leichte Nachprüfbarkeit nicht beeinträchtigt wird.

(4) In den Fällen, in denen der Leistungsempfänger nach § 52 Abs. 2 keine Steuer einbehält und abführt, gelten die Absätze 1 bis 3 entsprechend.

(5) Der Leistungsempfänger hat Abschriften der nach § 52 Abs. 4 und § 53 Abs. 7 ausgestellten Bescheinigungen aufzubewahren und in seinen Aufzeichnungen auf sie hinzuweisen.

§ 57 Besteuerung der Umsätze des im Ausland ansässigen Unternehmers nach § 16 und § 18 Abs. 1 bis 4 des Gesetzes

(1) Der im Ausland ansässige Unternehmer ist ohne besondere Aufforderung durch das für ihn zuständige Finanzamt nicht verpflichtet, Steueranmeldungen nach § 18 Abs. 1 bis 4 des Gesetzes abzugeben, wenn er nur Umsätze ausgeführt hat, für die der Leistungsempfänger die Steuer nach § 51 einzubehalten hat oder nach § 52 Abs. 2 nicht einzubehalten braucht.

(2) ¹Die Besteuerung der in § 51 bezeichneten Umsätze ist nach § 16 und § 18 Abs. 1 bis 4 des Gesetzes durchzuführen,
1. *wenn das Abzugsverfahren entgegen den für dieses Verfahren geltenden Vorschriften nicht durchgeführt worden ist oder zu einer unzutreffenden Steuer geführt hat oder*
2. *wenn der im Ausland ansässige Unternehmer auch steuerpflichtige Umsätze ausgeführt hat, die dem Abzugsverfahren nicht unterliegen.*

²Die Verpflichtungen des Leistungsempfängers nach den §§ 51 bis 56 bleiben bis zur Durchführung der Besteuerung nach § 16 und § 18 Abs. 1 bis 4 des Gesetzes unberührt.

(3) ¹Bei der Berechnung der Steuer sind nicht zu berücksichtigen:
1. *die Umsätze, bei denen die Ausnahmeregelung des § 52 Abs. 2 nachweislich angewendet worden ist,*
2. *die Vorsteuerbeträge, die in dem besonderen Verfahren nach den §§ 59 bis 61 vergütet worden sind.*

²Die abziehbaren Vorsteuerbeträge sind durch Vorlage der Rechnungen und Einfuhrbelege im Original nachzuweisen.

§ 58 Besteuerung nach vereinnahmten Entgelten, Anrechnung

(1) Im Falle der Besteuerung des leistenden Unternehmers nach § 18 Abs. 1 bis 4 des Gesetzes ist die Steuer für die Leistungen, die dem Abzugsverfahren unterliegen, nach den für diese Umsätze vereinnahmten Entgelten zu berechnen.

(2) *¹Die vom Leistungsempfänger einbehaltene und nach § 54 angemeldete Steuer wird auf die vom leistenden Unternehmer zu entrichtende Steuer angerechnet.* *²Das Finanzamt kann die Anrechnung ablehnen, soweit der Leistungsempfänger die angemeldete Steuer nicht abgeführt hat und Anlaß zu der Annahme besteht, daß ein Mißbrauch vorliegt.*

Vergütung der Vorsteuerbeträge in einem besonderen Verfahren

§ 59¹) Vergütungsberechtigte Unternehmer

(1) Die Vergütung der abziehbaren Vorsteuerbeträge (§ 15 des Gesetzes) an im Ausland ansässige Unternehmer (§ 51 Abs. 3 Satz 1) ist abweichend von § 16 und § 18 Abs. 1 bis 4 des Gesetzes nach den §§ 60 und 61 durchzuführen, wenn der Unternehmer im Vergütungszeitraum

1. *im Inland keine Umsätze im Sinne des § 1 Abs. 1 Nr. 1 bis 3 und 5 des Gesetzes oder nur steuerfreie Umsätze im Sinne des § 4 Nr. 3 des Gesetzes ausgeführt hat,*

2. *nur Umsätze ausgeführt hat, die dem Abzugsverfahren (§§ 51 bis 56) oder der Beförderungseinzelbesteuerung (§ 16 Abs. 5 und § 18 Abs. 5 des Gesetzes) unterlegen haben, oder*

3. *im Inland nur innergemeinschaftliche Erwerbe und daran anschließende Lieferungen im Sinne des § 25b Abs. 2 des Gesetzes ausgeführt hat.*

(2) Absatz 1 gilt nicht für die Vorsteuerbeträge, die

1. *anderen als den in Absatz 1 bezeichneten Umsätzen im Inland zuzurechnen sind,*

2. *den unter das Abzugsverfahren fallenden Umsätzen zuzurechnen sind, wenn diese Umsätze nach § 16 und § 18 Abs. 1 bis 4 des Gesetzes zu besteuern sind (§ 57 Abs. 2).*

§ 60 Vergütungszeitraum

¹Vergütungszeitraum ist nach Wahl des Unternehmers ein Zeitraum von mindestens drei Monaten bis zu höchstens einem Kalenderjahr. *²Der Vergütungszeitraum kann weniger als drei Monate umfassen, wenn es sich um den restlichen Zeitraum des Kalenderjahres handelt.* *³In den Antrag für diesen Zeitraum können auch abziehbare Vorsteuerbeträge aufgenommen werden, die in vorangegangene Vergütungszeiträume des betreffenden Kalenderjahres fallen.*

§ 61²) Vergütungsverfahren

(1) Der Unternehmer hat die Vergütung nach amtlich vorgeschriebenem Vordruck bei dem Bundesamt für Finanzen oder bei dem nach § 5 Abs. 1 Nr. 8 Satz 2 des Finanzverwaltungsgesetzes zuständigen Finanzamt zu beantragen.

(2) *¹Die Vergütung muß mindestens 400 Deutsche Mark betragen.* *²Das gilt nicht, wenn der Vergütungszeitraum das Kalenderjahr oder der letzte Zeitraum des Kalenderjahres ist.* *³Für diese Vergütungszeiträume muß die Vergütung mindestens 50 Deutsche Mark betragen.* *⁴Für Unternehmer, die nicht im Gemeinschaftsgebiet ansässig sind, erhöhen sich der Betrag in Satz 1 auf 1 000 Deutsche Mark und der Betrag in Satz 3 auf 500 Deutsche Mark.*

---

1) **Anm.:** § 59 Abs. 1 i. d. F. des Art. 2 Nr. 6 Umsatzsteuer-Änderungsgesetz 1997 v. 12. 12. 96 (BGBl I, 1851).
2) **Anm.:** § 61 i. d. F. des Art. 21 Nr. 18 JStG 1996 v. 11. 10. 95 (BGBl I, 1250).

(3) Der Unternehmer muß der zuständigen Finanzbehörde durch behördliche Bescheinigung des Staates, in dem er ansässig ist, nachweisen, daß er als Unternehmer unter einer Steuernummer eingetragen ist.

Sondervorschriften für die Besteuerung bestimmter Unternehmer

§ 62 Berücksichtigung von Vorsteuerbeträgen, Belegnachweis
(1) Ist bei den in § 59 Abs. 1 genannten Unternehmern die Besteuerung nach § 16 und § 18 Abs. 1 bis 4 des Gesetzes durchzuführen, so sind hierbei die Vorsteuerbeträge nicht zu berücksichtigen, die nach § 59 Abs. 1 vergütet worden sind.
(2) Die abziehbaren Vorsteuerbeträge sind in den Fällen des Absatzes 1 durch Vorlage der Rechnungen und Einfuhrbelege im Original nachzuweisen.

Verordnungen

Verordnung über die örtliche Zuständigkeit für die Umsatzsteuer im Ausland ansässiger Unternehmer (USt-ZuständigkeitsV) vom 21. Februar 1995 (BStBl I S. 204)

Auf Grund des § 21 Abs. 1 Satz 3 der Abgabenordnung vom 16. März 1976 (BGBl I S. 613, 1977 I S. 269), der durch Artikel 26 Nr. 1 des Gesetzes vom 21. Dezember 1993 (BGBl I S. 2310) eingefügt worden ist, verordnet das Bundesministerium der Finanzen:

§ 1

(1) Für die Umsatzsteuer der Unternehmer, die ihr Unternehmen von einem der nachfolgend genannten Staaten aus betreiben, sind folgende Finanzämter örtlich zuständig:

1. *das Finanzamt Trier für im Königreich Belgien ansässige Unternehmer,*
2. *das Finanzamt Flensburg für im Königreich Dänemark ansässige Unternehmer,*
3. *das Finanzamt Rostock I für in der Republik Estland ansässige Unternehmer,*
4. *das Finanzamt Kehl für in der Französischen Republik ansässige Unternehmer,*
5. *das Finanzamt Hannover-Nord für im Vereinigten Königreich Großbritannien und Nordirland ansässige Unternehmer,*
6. *das Finanzamt für Erbschaftsteuer und Verkehrsteuern Berlin für in der Griechischen Republik ansässige Unternehmer,*
7. *das Finanzamt für Körperschaften Hamburg-Ost für in Irland ansässige Körperschaften, Personenvereinigungen und Vermögensmassen, das Finanzamt Hamburg-Nord für alle übrigen in Irland ansässigen Unternehmer,*
8. *das Finanzamt München II für in der italienischen Republik ansässige Unternehmer,*
9. *das Finanzamt Saarbrücken Am Stadtgraben für im Großherzogtum Luxemburg ansässige Unternehmer,*
10. *das Finanzamt Kleve für im Königreich der Niederlande ansässige Unternehmer,*
11. *das Finanzamt Bremen-Mitte für im Königreich Norwegen ansässige Unternehmer,*
12. *das Finanzamt München II für in der Republik Österreich ansässige Unternehmer,*
13. *das Finanzamt Frankfurt/Oder für in der Republik Polen ansässige Unternehmer,*

14. das Finanzamt Magdeburg II für in der Russischen Föderation ansässige Unternehmer,
15. das Finanzamt für Körperschaften Hamburg-Ost für im Königreich Schweden ansässige Körperschaften, Personenvereinigungen und Vermögensmassen, das Finanzamt Hamburg-Nord für alle übrigen im Königreich Schweden ansässigen Unternehmer,
16. das Finanzamt Konstanz für in der Schweizerischen Eidgenossenschaft ansässige Unternehmer,
17. das Finanzamt Frankfurt am Main I für in der Portugiesischen Republik und im Königreich Spanien ansässige Unternehmer,
18. das Finanzamt Dresden I für in der Slowakischen Republik und in der Tschechischen Republik ansässige Unternehmer,
19. das Finanzamt Magdeburg II für in der Ukraine ansässige Unternehmer.

(2) Die örtliche Zuständigkeit nach § 61 Abs. 1 Satz 1 der Umsatzsteuer-Durchführungsverordnung für die Vergütung der abziehbaren Vorsteuerbeträge an im Ausland ansässige Unternehmer bleibt unberührt.

§ 2
Diese Verordnung tritt am 1. März 1995 in Kraft.

UStR

225. Verfahren bei der Besteuerung nach § 18 Abs. 1 bis 4 UStG

(1) [1]Die *Steuererklärung* für das Kalenderjahr muß vom Unternehmer eigenhändig unterschrieben sein (§ 18 Abs. 3 letzter Satz UStG). [2]Die Unterzeichnung durch einen Bevollmächtigten ist nur zulässig, wenn die in § 150 Abs. 3 AO bezeichneten Hinderungsgründe vorliegen. [3]Für die Voranmeldungen ist jedoch die eigenhändige Unterschrift des Unternehmers nicht vorgeschrieben.

(2) Ergibt die Voranmeldung einen Überschuß zugunsten des Unternehmers, so ist der Überschuß nach der erforderlichen Zustimmung (§ 168 AO) ohne besonderen Antrag auszuzahlen, soweit nicht eine Verrechnung mit Steuerschulden vorzunehmen ist.

(3) Ergibt sich bei der Festsetzung der Steuer für das Kalenderjahr ein Unterschiedsbetrag zugunsten des Unternehmers, so ist dieser Betrag, ggf. nach der erforderlichen Zustimmung (§ 168 AO), ebenfalls zu erstatten oder zu verrechnen.

(4) [1]Die Steuererklärung für das Kalenderjahr ist in der Regel bis zum 31. Mai des folgenden Kalenderjahres abzugeben (§ 149 Abs. 2 AO). [2]Dieser Zeitpunkt gilt – abweichend von § 18 Abs. 3 Satz 2 UStG – auch in den Fällen, in denen der Unternehmer seine gewerbliche oder berufliche Tätigkeit im Laufe des Kalenderjahres begonnen hat.

226. Vordrucke, die von den amtlich vorgeschriebenen Vordrucken im Voranmeldungszeitraum abweichen

Hinsichtlich der Zulassung abweichender Vordrucke im Voranmeldungsverfahren wird auf das BMF-Schreiben vom 9. 1. 1992 (BStBl I S. 82) sowie *auf* die späteren hierzu im BStBl Teil I veröffentlichten BMF-Schreiben hingewiesen.

227. Abgabe der Steueranmeldungen auf maschinell verwertbaren Datenträgern

(1) ¹Nach der Steueranmeldungs-Datenträger-Verordnung (StADV) vom 21. 8. 1980 (BGBl. I S. 1617, BStBl I S. 712), zuletzt geändert durch die Erste Verordnung zur Änderung der StADV vom 24. 3. 1988 (BGBl. I S. 443, BStBl I S. 154), können Steueranmeldungen auch auf maschinell verwertbaren Datenträgern abgegeben werden. ²Hierzu gehören die Voranmeldungen, die Anträge auf Dauerfristverlängerung und die Anmeldung der Sondervorauszahlung (§§ 46 und 47 UStDV) sowie die Anmeldung der Umsatzsteuer im Abzugsverfahren (§§ 51 bis 56 UStDV). ³Die Teilnahme an der Datenübermittlung ist freiwillig. ⁴Sie kann jedoch nur von Unternehmern beantragt werden, die sich bei der Führung von Büchern und Aufzeichnungen eines datenverarbeitenden Unternehmens bedienen. ⁵Zu den datenverarbeitenden Unternehmen gehören auch die öffentlich-rechtlichen Datenverarbeitungszentralen.

(2) ¹Die Teilnahme des Unternehmers an diesem Verfahren ist von der Erfüllung der folgenden Voraussetzungen abhängig:

1. Das für den Unternehmer tätige datenverarbeitende Unternehmen muß von der zuständigen obersten Landesfinanzbehörde zugelassen sein (§ 2 Nr. 1 StADV);

2. der Unternchmer muß eine eigenhändig unterschriebene Erklärung nach vorgeschriebenem Wortlaut abgegeben haben (§ 2 Nr. 2 StADV);

3. das datenverarbeitende Unternehmen muß alle Daten der Steueranmeldung mängelfrei übermittelt haben (§ 2 Nr. 3 StADV).

²Bei Erfüllung dieser Voraussetzungen steht die Übermittlung der Daten auf maschinell verwertbaren Datenträgern der Abgabe der Steueranmeldung nach amtlich vorgeschriebenem Vordruck gleich. ³Der Zugang des maschinell verwertbaren Datenträgers bei der annehmenden Stelle (§ 8 Abs. 1 StADV) hat hinsichtlich der Abgabefristen die gleiche Wirkung wie der Zugang der Steueranmeldung beim Finanzamt. ⁴Im Falle des Versandes, z. B. Post- oder Luftfrachtversand, gilt der Tag der Absendung als Tag der Abgabe der Steueranmeldung.

(3) ¹Liegen bei einem Unternehmer die in Absatz 2 bezeichneten Voraussetzungen vor, so bleibt es zulässig, einzelne Steueranmeldungen nach amtlich vorgeschriebenem Vordruck abzugeben. ²Auch eine berichtigte Steueranmeldung (§ 7 Abs. 5 StADV) kann entweder auf maschinell verwertbarem Datenträger oder nach amtlich vorgeschriebenem Vordruck abgegeben werden.

(4) ¹Für die Teilnahme des datenverarbeitenden Unternehmens an dem Verfahren ist ein Antrag nach amtlich vorgeschriebenem Vordruck erforderlich. ²Der Antrag ist bei der obersten Finanzbehörde eines jeden Landes zu stellen, in dessen Zuständigkeitsbereich das datenverarbeitende Unternehmen Steueranmeldungen auf maschinell verwertbaren Datenträgern abzugeben beabsichtigt. ³Die Zulassung (§ 3 StADV) kann nur erfolgen, wenn das datenverarbeitende Unternehmen die technischen Voraussetzungen erfüllt und Gewähr für die ordnungsgemäße Abwicklung der Arbeiten bietet. ⁴Es muß sich auch verpflichten, die eingesetzten oder einzusetzenden Programme von der Zulassungsbehörde prüfen zu lassen. ⁵Die zulassende oberste Landesfinanzbehörde erteilt dem Antragsteller einen Zulassungsbescheid. ⁶Sie kann den Antrag auf Zulassung zu dem Verfahren ablehnen, wenn eine der vorstehenden Voraussetzungen nicht erfüllt ist.

(5) ¹Das datenverarbeitende Unternehmen hat *dem Unternehmer* die übermittelten Daten in leicht nachprüfbarer Form zuzuleiten (§ 7 Abs. 5 StADV). ²Der Unternehmer hat sie – wie die vordruckmäßigen Steueranmeldungen – nach den Vorschriften der Abgabenordnung aufzubewahren. ³Zuvor sind sie jedoch von ihm zu überprüfen. ⁴Binnen eines Monats hat der Unternehmer

eine berichtigte Steueranmeldung nach amtlich vorgeschriebenem Vordruck abzugeben, wenn er Unrichtigkeiten feststellt. ⁵Die Frist für die Prüfung durch den Unternehmer (§ 7 Abs. 5 Satz 2 StADV) beginnt mit dem Zugang der übermittelten Daten. ⁶Ist die Unrichtigkeit „nicht wesentlich", so kann die Berichtigung in der Steueranmeldung für den folgenden Voranmeldungszeitraum vorgenommen werden. ⁷Das gilt jedoch nicht für die letzte Voranmeldung eines Besteuerungszeitraums, z. B. für Dezember. ⁸Wesentlich ist eine Unrichtigkeit dann, wenn die Steuer, die richtigerweise anzumelden gewesen wäre, um mehr als 10 v. H. oder um mehr als 1 000 DM von der angemeldeten Steuer abweicht. ⁹Die Vereinfachungsregelung gilt nicht für vorsätzliche Abweichungen von den steuerlichen Vorschriften.

228. Dauerfristverlängerung

(1) ¹Für die Gewährung der Dauerfristverlängerung ist ein schriftlicher Bescheid nicht erforderlich. ²Der Unternehmer kann deshalb die beantragte Dauerfristverlängerung in Anspruch nehmen, solange das Finanzamt den Antrag nicht ablehnt oder die Fristverlängerung nicht widerruft. ³Das Finanzamt hat den Antrag abzulehnen, wenn der Steueranspruch gefährdet erscheint, z. B. wenn der Unternehmer seine Voranmeldungen nicht oder nicht rechtzeitig abgibt.

(2) Auf die Sondervorauszahlung finden die für die Steuern geltenden Vorschriften der Abgabenordnung Anwendung, z. B. die Vorschriften über die Festsetzung von Verspätungszuschlägen nach § 152 AO und über die Verwirkung von Säumniszuschlägen nach § 240 AO.

(3) Der Unternehmer hat für den Antrag auf Dauerfristverlängerung und für die Anmeldung der Sondervorauszahlungen den amtlich bestimmten bundeseinheitlichen Vordruck zu verwenden.

(4) ¹Der Antrag auf Dauerfristverlängerung braucht nicht jährlich wiederholt zu werden, da die Dauerfristverlängerung regelmäßig auch für die folgenden Kalenderjahre gilt. ²Die Sondervorauszahlung muß dagegen von den Unternehmern, die ihre Voranmeldungen monatlich abzugeben haben, für jedes Kalenderjahr, für das die Dauerfristverlängerung gilt, bis zum 10. Februar – zuzüglich Schonfrist – berechnet, angemeldet und entrichtet werden.

(5) ¹Führt die fristgerechte Entrichtung der Sondervorauszahlung im Einzelfall zu einer erheblichen Härte, kann das Finanzamt die Sondervorauszahlung den jeweiligen Verhältnissen entsprechend ganz oder teilweise stunden. ²Ferner kann das Finanzamt die Sondervorauszahlung im Einzelfall abweichend von § 47 UStDV niedriger festsetzen, wenn

1. infolge Rechtsänderungen die vorgeschriebene Berechnung zu einem offensichtlich unzutreffenden Ergebnis führt oder

2. die Vorauszahlungen des Vorjahres durch außergewöhnliche Umsätze beeinflußt worden sind, mit deren Wiederholung nicht zu rechnen ist.

(6) ¹Die festgesetzte Sondervorauszahlung ist in der Regel bei der Festsetzung der Umsatzsteuervorauszahlung für den Monat Dezember anzurechnen. ²In den amtlich vorgeschriebenen Voranmeldungsvordrucken ist hierfür eine besondere Zeile vorgesehen. ³Erklärt der Unternehmer nicht gleichzeitig gegenüber dem Finanzamt, daß er die Fristverlängerung nicht mehr in Anspruch nehmen will, ist eine Sondervorauszahlung bis zum 10. Februar des folgenden Kalenderjahres erneut zu berechnen, anzumelden und zu entrichten. ⁴Hat der Unternehmer seine gewerbliche oder berufliche Tätigkeit im Laufe eines Kalenderjahres eingestellt, hat er die Anrechnung bereits in der Voranmeldung für den Voranmeldungszeitraum vorzunehmen, in dem der Betrieb eingestellt oder der Beruf aufgegeben worden ist.

(7) ¹Will der Unternehmer im Laufe des Kalenderjahres auf die Dauerfristverlängerung verzichten, hat er die Anrechnung der Sondervorauszahlung in der letzten Voranmeldung vorzunehmen, für die Fristverlängerung in Anspruch genommen wird. ²Danach sind die Voranmeldungen jeweils zum gesetzlichen Zeitpunkt abzugeben.

229. Vereinfachte Steuerberechnung bei Kreditverkäufen

(1) Es ist nicht zu beanstanden, wenn Einzelhändler und Handwerker, die § 20 UStG nicht in Anspruch nehmen können und von der vereinfachten Verbuchung ihrer Kreditverkäufe nach *R 29 Abs. 5 Satz 3 Buchstabe b EStR 1993* zulässigerweise Gebrauch machen, bei der Erfassung der Außenstände wie folgt verfahren:

1. ¹Bei der Berechnung der Umsatzsteuer für einen Voranmeldungszeitraum bleiben die ausstehenden Entgelte für ausgeführte steuerpflichtige Lieferungen und sonstige Leistungen unberücksichtigt. ²Die Zahlungseingänge aus diesen Kreditgeschäften sind wie Zahlungseingänge aus Bargeschäften in dem Voranmeldungszeitraum, in dem sie vereinnahmt worden sind, zu versteuern.

2. ¹Zum Stichtag 31. Dezember eines jeden Jahres hat der Unternehmer anhand der nach *R 29 Abs. 5 Satz 3 Buchstabe b EStR 1993* geführten Kladde die ausstehenden Entgelte festzustellen und in der Voranmeldung für den Monat Dezember den Entgelten zuzurechnen. ²Der Forderungsbestand am 31. Dezember des Vorjahres ist in dieser Voranmeldung von den Entgelten abzusetzen.

(2) ¹Ändern sich die Steuersätze im Laufe eines Kalenderjahres, so sind die Außenstände am Tage vor dem Inkrafttreten der geänderten Steuersätze zu ermitteln und in der nächsten Voranmeldung den Entgelten zuzurechnen, auf die die bisherigen Steuersätze Anwendung finden. ²In dieser Voranmeldung sind die ausstehenden Entgelte am 31. Dezember des Vorjahres von den Entgelten abzusetzen. ³Die am Tage vor dem Inkrafttreten einer Steuersatzänderung ausstehenden Entgelte sind in der letzten Voranmeldung des Besteuerungszeitraums von den Entgelten abzusetzen, die den geänderten Steuersätzen unterliegen.

230. Abgabe der Voranmeldungen in Sonderfällen

(1) ¹Unabhängig von der Regelung des § 18 Abs. 2 *Satz 3* UStG kann das Finanzamt den Unternehmer in Sonderfällen von der Abgabe der Voranmeldungen befreien. ²Ein Sonderfall liegt vor, wenn und soweit in bestimmten Voranmeldungszeiträumen regelmäßig keine Umsatzsteuer entsteht.

Beispiel:
¹Ein Aufsichtsratsmitglied erhält im Monat Mai eines jeden Jahres vertragsgemäß eine Vergütung von 50 000 DM.
²Das Finanzamt kann das Aufsichtsratsmitglied für die Monate, in denen es keine Entgelte erhält, von der Abgabe der Voranmeldung befreien. ³Die Befreiung ist davon abhängig zu machen, daß in den betreffenden Voranmeldungszeiträumen tatsächlich keine Umsatzsteuer entstanden ist.

(2) Unternehmer, die die Durchschnittssätze des § 24 UStG anwenden, haben – sofern sie vom Finanzamt nicht besonders aufgefordert werden – nur dann Voranmeldungen abzugeben und Vorauszahlungen zu entrichten, wenn

1. Umsätze von Sägewerkserzeugnissen bewirkt werden, für die der Durchschnittssatz von *15* v. H. gilt, oder

2. die Umsätze von Getränken, für die der Durchschnittsatz von *15* v. H. gilt, und von alkoholischen Flüssigkeiten im laufenden Kalenderjahr den Betrag von 2 400 DM voraussichtlich übersteigen werden oder

3. Umsätze ausgeführt werden, auf die die Durchschnittsätze des § 24 UStG nicht anzuwenden sind und für die wegen der Abgabe der Voranmeldungen keine besondere Ausnahmeregelung gilt, oder

4. Steuerbeträge nach § 14 Abs. 2 oder 3 UStG geschuldet werden.

(3) [1]In den Fällen des Absatzes 2 brauchen die Umsätze, die den Durchschnittsätzen des § 24 UStG unterliegen und für die eine Steuer nicht zu entrichten ist, in den Voranmeldungen nicht aufgeführt zu werden. [2]Sind die in Absatz 2 Nr. 1 und 2 bezeichneten Voraussetzungen erst im Laufe des Kalenderjahres eingetreten, sind von dem in Betracht kommenden Zeitpunkt *an* Voranmeldungen abzugeben und Vorauszahlungen zu entrichten. [3]Auf vorausgegangene Vorauszahlungszeiträume entfallende Umsatzsteuerbeträge brauchen erst binnen der in § 18 Abs. 4 Satz 1 UStG bezeichneten Frist nachentrichtet zu werden. [4]In den Fällen des Absatzes 2 Nr. 3 erstreckt sich die Verpflichtung zur Abgabe der Voranmeldungen und zur Entrichtung der Vorauszahlungen auf die Voranmeldungszeiträume, für die diese Steuerbeträge geschuldet werden. [5]Die Möglichkeit, den Unternehmer unter den Voraussetzungen des § 18 Abs. 2 *Satz 3* UStG von der Abgabe der Voranmeldung zu entbinden, wird durch die vorstehende Regelung nicht berührt.

231. Verfahren bei der *Beförderungs*einzelbesteuerung

(1) [1]Befördert ein Unternehmer Personen im Gelegenheitsverkehr mit einem Kraftomnibus, der nicht im Inland zugelassen ist, wird die Umsatzsteuer für jede einzelne Beförderungsleistung durch die zuständige Zolldienststelle berechnet und festgesetzt, *wenn bei der Ein- oder Ausreise eine Grenze zum Drittlandsgebiet überschritten wird* (§ 16 Abs. 5, § 18 Abs. 5 UStG, Abschnitt 221). [2]Wird im Einzelfall geltend gemacht, daß die Voraussetzungen für eine Besteuerung nicht gegeben seien, so muß dies in eindeutiger und leicht nachprüfbarer Form gegenüber der Zolldienststelle nachgewiesen werden. [3]Anderenfalls setzt die Zolldienststelle die Umsatzsteuer durch Steuerbescheid fest (§ 155 Abs. 1 AO).

(2) [1]Gegen die Steuerfestsetzung durch die Zolldienststelle ist der Einspruch gegeben (*§ 347* Abs. 1 *Satz 1* AO). [2]Die Zolldienststelle ist berechtigt, dem Einspruch abzuhelfen (§ 367 Abs. 3 Satz 2 AO, § 16 Abs. 5 Satz 3 UStG). [3]Hilft sie ihm nicht in vollem Umfang ab, hat sie die Sache dem Finanzamt, *das örtlich für sie zuständig ist,* zur weiteren Entscheidung vorzulegen. [4]Über den Einspruch entscheidet dann das Finanzamt. [5]Der Einspruch kann auch unmittelbar bei dem zuständigen Finanzamt eingelegt werden.

(3) [1]*Nach Ablauf des Besteuerungszeitraums, in welchem die durch die Beförderungseinzelbesteuerung festgesetzte Steuer entstanden ist, kann der Unternehmer anstelle der Beförderungseinzelbesteuerung bei dem zuständigen Finanzamt die Neuberechnung der Umsatzsteuer auf der Grundlage des § 16 Abs. 1 und 2 UStG beantragen.* [2]*Auf die Steuer, die sich danach ergibt, wird die bei den Zolldienststellen entrichtete Umsatzsteuer angerechnet, soweit sie auf dieselbe Beförderungsleistung entfällt (§ 18 Abs. 5b UStG).* [3]*Die Höhe der anzurechnenden Umsatzsteuer ist durch Vorlage aller im Verfahren der Beförderungseinzelbesteuerung ergangenen Steuerbescheide nachzuweisen.*

231a. Verfahren bei der Fahrzeugeinzelbesteuerung

(1) [1]*Beim innergemeinschaftlichen Erwerb neuer Fahrzeuge (§ 1b UStG) durch andere Erwerber als die in § 1a Abs. 1 Nr. 2 UStG genannten Personen hat der Erwerber für jedes erwor-*

bene neue Fahrzeug jeweils eine Steuererklärung für die Fahrzeugeinzelbesteuerung auf amtlich vorgeschriebenem Vordruck abzugeben (§§ 16 Abs. 5a, 18 Abs. 5a UStG, Abschnitt 221a). ²*Der Erwerber hat die Steuererklärung eigenhändig zu unterschreiben und ihr die vom Lieferer ausgestellte Rechnung beizufügen.* ³§§ 167 und 168 AO sind anzuwenden.

(2) ¹*Der Erwerber hat die Steuererklärung für die Fahrzeugeinzelbesteuerung innerhalb von 10 Tagen nach dem Tag des Erwerbs (§ 13 Abs. 1 Nr. 7 UStG) abzugeben.* ²*Tut er dies nicht oder berechnet er die Steuer nicht richtig, kann das Finanzamt die Steuer – ggf. im Schätzungswege – festsetzen.* ³*Der Schätzung sind regelmäßig die Mitteilungen zugrunde zu legen, die dem Finanzamt von den für die Zulassung oder Registrierung von Fahrzeugen zuständigen Behörden (§ 18 Absatz 10 Nr. 1 UStG) oder dem für die Besteuerung des Fahrzeuglieferers zuständigen EG-Mitgliedstaat zur Verfügung gestellt werden.*

232. Durchführung von Umsatzsteuer-Sonderprüfungen

(1) ¹*Unabhängig von dem Turnus der allgemeinen Betriebsprüfung sind zeitnahe Umsatzsteuer-Sonderprüfungen durch Umsatzsteuer-Fachprüfer vorzunehmen.* ²*Da die Anrechnung und die Erstattung der Vorsteuern bereits im Umsatzsteuer-Voranmeldungsverfahren erfolgt, kann mit der Prüfung zweifelhafter Fälle nicht bis zur Berechnung/Festsetzung der Jahresumsatzsteuer oder bis zur Durchführung einer Betriebsprüfung gewartet werden.*

Kriterien für Umsatzsteuer-Sonderprüfungen

(2) *Als Kriterien, die Veranlassung für die Durchführung einer Umsatzsteuer-Sonderprüfung sein können bzw. bei der Durchführung der Umsatzsteuer-Sonderprüfung zu beachten sind, kommen insbesondere in Betracht:*

1. Vorsteuerabzug
   a) ungewöhnlich hohe Vorsteuerbeträge,
   b) Vorsteuerabzug bei Inanspruchnahme von Steuerbefreiungen für Umsätze mit Vorsteuerabzug (in Zweifelsfällen Fertigung von Kontrollmitteilungen für das Finanzamt des leistenden Unternehmers),
   c) ungeklärte Vorsteuerdifferenzen, branchen-/unternehmensatypische und (oder) ungeklärte vorsteuerbelastete Leistungsbezüge,
   d) Vorsteuerausschluß/-aufteilung (insbesondere bei innergemeinschaftlichen Erwerben, bei der Anschaffung von bebauten Grundstücken und bei der Herstellung von Gebäuden),
   e) Rechnungen von Scheinfirmen,
   f) Vorsteuerabzug aus dem Erwerb neuer Fahrzeuge durch Unternehmer (Abgrenzung zum nichtunternehmerischen Bereich/Fahrzeugeinzelbesteuerung);

2. Vorsteuerberichtigungen nach § 15a UStG
   a) Grundstücksveräußerungen und -entnahmen,
   b) Änderung des Verwendungsschlüssels bei gemischtgenutzten Grundstücken und bei beweglichen Wirtschaftsgütern;

3. Neugründung von Unternehmen
   a) Unternehmereigenschaft, insbesondere bei Personen, die nach Vorbereitungshandlungen keine Umsätze tätigen, und bei Vorsteuererschleichungen durch Scheinunternehmer,
   b) Vorsteuerüberschüsse im zeitlichen Zusammenhang mit der Neugründung,

c) *Verträge zwischen nahestehenden Personen (z. B. Gestaltungsmißbrauch bei Vermietung, Anwendung der Mindestbemessungsgrundlage),*

d) *Vermietung von Freizeitgegenständen (z. B. Wohnmobile, Segelschiffe);*

4. Inanspruchnahme von Steuerbefreiungen für Umsätze mit/ohne Vorsteuerabzug

   a) *Umsätze nach § 4 Nr. 1 bis 7 UStG, bei innergemeinschaftlichen Lieferungen auch Abgleich Steueranmeldung/Zusammenfassende Meldung – ggf. Veranlassung von Berichtigungen nach § 18a Abs. 7 UStG, Rechnungsausstellung nach § 14a UStG und Erklärungspflichten nach § 18b UStG,*

   b) *innergemeinschaftliche Erwerbe,*

   c) *Umsätze unter Inanspruchnahme der Umsatzsteuerbefreiungen nach dem Zusatzabkommen zum NATO-Truppenstatut, dem Offshore-Steuerabkommen sowie dem Ergänzungsabkommen zum Protokoll über die NATO-Hauptquartiere,*

   d) *Berechtigung zur Inanspruchnahme der Steuerbefreiungen nach § 4 Nr. 8 ff. UStG;*

5. Besteuerung des innergemeinschaftlichen Erwerbs

   a) *Erwerbe durch Unternehmer, bei denen der Vorsteuerabzug ganz oder teilweise ausgeschlossen ist (auch Abgleich Steuererklärung für das Kalenderjahr/gemeldete Lieferungen aus anderen EG-Mitgliedstaaten),*

   b) *Erwerbe durch Unternehmer im Sinne des § 18 Abs. 4a UStG, die zwar eine USt-IdNr. beantragt, aber keine innergemeinschaftlichen Erwerbe angemeldet haben,*

   c) *Erwerb neuer Fahrzeuge durch Unternehmer (Abgrenzung zum nichtunternehmerischen Bereich/Fahrzeugeinzelbesteuerung);*

6. Berechtigung zur Inanspruchnahme des ermäßigten Steuersatzes nach § 12 Abs. 2 Nr. 1 bis 10 UStG

7. Versendungsumsätze nach § 3c UStG

   a) *Ort der Lieferung, Rechnungsausstellung (§ 14a Abs. 1 Satz 2 UStG),*

   b) *Fertigung von Kontrollmitteilungen für andere EG-Mitgliedstaaten, wenn Versendungsumsätze dort steuerbar sind (Überschreiten der jeweiligen Lieferschwelle, Option oder Versendung von verbrauchsteuerpflichtigen Waren);*

8. Leistungsort in besonderen Fällen

   a) *innergemeinschaftliche Beförderungen von Gegenständen und damit zusammenhängende sonstige Leistungen (§ 3b Abs. 3 bis 6 UStG),*

   b) *Vermittlungsumsätze,*

   c) *Lieferungen während einer Personenbeförderung nach § 3e UStG;*

9. zeitgerechte Besteuerung der Umsätze

   a) *Zahlung des Entgelts oder eines Teilentgelts vor Ausführung der Leistung (insbesondere in der Bauwirtschaft und bei Versorgungsunternehmen),*

   b) *erhebliche Abweichungen bei Umsätzen und Vorsteuern zwischen Steuererklärungen für das Kalenderjahr und Voranmeldungen oder bei Abgabe berichtigter Voranmeldungen;*

10. Insolvenzfälle

    a) *Zwangsverwaltung von Grundstücken (Zuordnung der Umsätze, Umfang der Option, Vorsteuerabzug und Vorsteuerberichtigung gemäß § 15a UStG),*

b) *Sequestration (insbesondere bei Zweifeln, ob Lieferungen während der Sequestration oder erst nach Konkurseröffnung ausgeführt worden sind),*

c) *Konkurs (insbesondere Vorsteuerberichtigung nach § 17 UStG, Verwertung der Konkursmasse, Erfüllung steuerlicher Pflichten durch den Konkursverwalter, bei Gesellschaften: Schlechterstellung vor Konkurseröffnung – Haftung des Geschäftsführers –);*

11. Durchführung des Abzugsverfahrens

12. juristische Personen

a) *Betriebe gewerblicher Art von juristischen Personen des öffentlichen Rechts (insbesondere Abgrenzung des Unternehmensbereiches vom hoheitlichen Bereich),*

b) *Vereine (insbesondere Abgrenzung des ideellen vom unternehmerischen Bereich).*

(3) Die Kriterien für die Veranlassung von Umsatzsteuer-Sonderprüfungen bilden auch die Grundlage für die in den automatisierten Verfahren zur Bearbeitung der Voranmeldungen (UVV-Verfahren) und zur Berechnung/Festsetzung der Jahresumsatzsteuer (USt-Verfahren) enthaltenen Plausibilitätsprüfungen zur Auswahl der zu prüfenden Fälle.

Vorbereitung und Durchführung von Umsatzsteuer-Sonderprüfungen

(4) ¹Im automatisierten UVV-Verfahren und im automatisierten USt-Verfahren werden Hinweise ausgegeben, die Umsatzsteuer-Sonderprüfungen anregen. ²Diese Hinweise und andere Sachverhalte sind bei der Bearbeitung von Voranmeldungen, Steuererklärungen für das Kalenderjahr und Kontrollmitteilungen auszuwerten. ³Können bestehende Zweifel nicht zunächst mit den Mitteln des Innendienstes ausgeräumt werden, ist unverzüglich eine Umsatzsteuer-Sonderprüfung durchzuführen.

(5) ¹Bei der Durchführung von Umsatzsteuer-Sonderprüfungen sind die §§ 5 bis 12 der Betriebsprüfungsordnung (BpO) vom 17. 12. 1987 (BStBl I S. 802) mit Ausnahme des § 5 Abs. 4 Satz 2 BpO anzuwenden (§ 1 Abs. 2 BpO). ²Die Umsatzsteuer-Sonderprüfung ist auf das Wesentliche abzustellen, und ihre Dauer ist auf das notwendige Maß zu beschränken. ³Sie hat sich in erster Linie auf solche Sachverhalte zu erstrecken, die zu endgültigen Steuerausfällen, zu unberechtigten Steuererstattungen/-vergütungen oder zu nicht unbedeutenden Umsatzverlagerungen führen können.

(6) ¹Eine Umsatzsteuer-Sonderprüfung sollte sich im Interesse einer zeitnahen Prüfung in der Regel nur auf einzelne Voranmeldungszeiträume erstrecken. ²Sie sollte auf bestimmte Sachverhalte und ggf. auf bestimmte Besteuerungszeiträume beschränkt werden. ³Bezieht sich die Umsatzsteuer-Sonderprüfung auf einzelne Voranmeldungszeiträume, bleibt der Vorbehalt der Nachprüfung auch nach einer Änderung der Steueranmeldung bestehen (§ 164 Abs. 1 Satz 2 AO); § 173 Abs. 2 AO steht deshalb einer weiteren Änderung der Steueranmeldung nicht entgegen.

(7) ¹Wenn die Grundlage für eine Umsatzsteuer-Sonderprüfung ausnahmsweise eine Steuererklärung für das Kalenderjahr ist, ist in der Prüfungsanordnung genau anzugeben, ob die Prüfung auf bestimmte Sachverhalte beschränkt ist und ggf. auf welche Sachverhalte. ²Bei einer auf bestimmte Sachverhalte beschränkten Prüfung kann der Vorbehalt der Nachprüfung auch nach Auswertung der Prüfungsfeststellungen bestehen bleiben; die Änderungssperre nach § 173 Abs. 2 AO tritt in diesem Fall nicht ein. ³Der Vorbehalt der Nachprüfung ist hingegen – unabhängig vom tatsächlichen Prüfungsumfang – aufzuheben, wenn die Prüfungsanordnung keine Beschränkung auf bestimmte Sachverhalte enthielt; in diesem Fall ist die Änderungssperre nach § 173 Abs. 2 AO zu beachten.

(8) *¹Die Umsatzsteuer-Sonderprüfung darf sich nicht auf eine formelle Prüfung der Buchführung sowie der buch- und belegmäßigen Nachweise beschränken. ²Es ist regelmäßig auch zu prüfen, ob der Unternehmer seine Geschäfte tatsächlich in der von ihm dargestellten Weise abgewickelt hat.*

(9) ¹Zur Prüfung ungerechtfertigter Inanspruchnahme des Vorsteuerabzugs ist die Liste der Scheinunternehmen heranzuziehen. ²Die Bezeichnung „Scheinunternehmen" steht als Sammelbegriff für eine Vielzahl von Sachverhalten, in denen der Vorsteuerabzug aus verschiedenen Gründen nicht gegeben ist, z. B. wegen

– fehlender Unternehmereigenschaft des Leistenden,

– Erteilung von Rechnungen ohne Leistung,

– Mängel des Abrechnungspapiers: fehlende Identifizierbarkeit des angeblich Leistenden (Name, Anschrift).

³Anhand der Erkenntnisse aus der Prüfung des den Vorsteuerabzug Begehrenden und des Kontrollmaterials über das Scheinunternehmen ist in jedem Einzelfall zu prüfen, ob die Tatbestandsmerkmale des § 15 Abs. 1 Satz 1 UStG vorliegen. ⁴Eine pauschale Begründung der Versagung des Vorsteuerabzugs durch den Hinweis, es handele sich – lt. Liste – um ein Scheinunternehmen, genügt nicht.

(10) ¹Die Berechtigung des Leistungsempfängers zum Vorsteuerabzug (§ 15 UStG) kann häufig nicht ohne Mitwirkung des Finanzamts geprüft werden, das für die Umsatzbesteuerung des Rechnungsausstellers/Gutschriftempfängers zuständig ist. ²Zur Vorbeugung bzw. Aufdeckung von Steuermanipulationen sind deshalb Auskunftsersuchen an die für die leistenden Unternehmer zuständigen Finanzämter nach Vordruck USt 1 KM zu richten und ggf. Kontrollmitteilungen zu fertigen.

(11) Bei einer Umsatzsteuer-Sonderprüfung sind die gemeinschaftsrechtlichen Informationsmöglichkeiten für die zwischenstaatliche Amtshilfe im Besteuerungsverfahren zu nutzen (Informationen gemäß Art. 4 Abs. 2 und 3 der Verordnung [EWG] Nr. 218/92 des Rates vom 27. 1. 1992 und Einzelauskunftsersuchen gemäß Art. 5 dieser Verordnung).

(12) Zur Vorbeugung von Verlusten beim Steueraufkommen und zu dessen Sicherung überhaupt sind Umsatzsteuer-Sonderprüfungen bei Prüfungsanlässen auch dann durchzuführen, wenn die Prüfung der Umsatzsteuer im Einzelfall kein Mehrergebnis erwarten läßt.

233. Einbehaltung und Abführung der Umsatzsteuer im Abzugsverfahren

(1) ¹Unternehmer und juristische Personen des öffentlichen Rechts müssen als Leistungsempfänger für bestimmte an sie ausgeführte steuerpflichtige Umsätze die Steuer von der Gegenleistung einbehalten und an das für sie zuständige Finanzamt abführen. ²Diese Verpflichtung besteht sowohl für im Inland ansässige als auch für im Ausland ansässige Leistungsempfänger. ³Auch Kleinunternehmer (§ 19 UStG), pauschalversteuernde Land- und Forstwirte (§ 24 UStG) und Unternehmer, die ausschließlich steuerfreie Umsätze tätigen, sind verpflichtet, das Abzugsverfahren durchzuführen. ⁴Die Verpflichtung erstreckt sich sowohl auf die Umsätze für den unternehmerischen als auch auf die Umsätze für den nichtunternehmerischen Bereich des Leistungsempfängers. ⁵Die Umsatzsteuer ist an das Finanzamt abzuführen, bei dem der Leistungsempfänger als Unternehmer umsatzsteuerlich erfaßt ist. ⁶Für die juristischen Personen des öffentlichen Rechts ist das Finanzamt zuständig, in dessen Bezirk sie ihren Sitz haben. ⁷Soweit in diesen Fällen die Zuständigkeit für das Abzugsverfahren besonders geregelt wurde, ist danach zu verfahren.

(2) ¹Dem Abzugsverfahren unterliegen die steuerpflichtigen

1. Werklieferungen und sonstige Leistungen *im Ausland ansässiger Unternehmer (§ 51 Abs. 1 Nr. 1 UStDV),*

2. Lieferungen *von sicherungsübereigneten Gegenständen durch den Sicherungsgeber an den Sicherungsnehmer außerhalb des Konkursverfahrens (§ 51 Abs. 1 Nr. 2 UStDV),*

Beispiel:

¹Für den Unternehmer U in Leipzig finanziert eine Bank in Dresden die Anschaffung eines Pkw. ²Bis zur Rückzahlung des Darlehens läßt sich die Bank den Pkw sicherungsübereignen. ³Da U seinen Zahlungsverpflichtungen nicht nachkommt, verwertet die Bank den Pkw, indem sie ihn an einen privaten Abnehmer veräußert.

⁴Mit der Veräußerung des Pkw durch die Bank liegen umsatzsteuerlich eine Lieferung des U (Sicherungsgeber) an die Bank (Sicherungsnehmer) sowie eine Lieferung der Bank an den privaten Abnehmer vor. ⁵Die Bank als Leistungsempfängerin ist verpflichtet, die Umsatzsteuer für die steuerpflichtige Lieferung des U einzubehalten und an das für sie zuständige Finanzamt abzuführen.

3. Lieferungen *von Grundstücken im Rahmen der Zwangsversteigerung durch den Vollstrekkungsschuldner an den Ersteher (§ 51 Abs. 1 Nr. 3 UStDV).*

²Das Abzugsverfahren erstreckt sich ausschließlich auf die Umsatzsteuerbeträge, die der leistende Unternehmer nach dem deutschen Umsatzsteuergesetz schuldet.

(3) ¹Ein im Ausland ansässiger Unternehmer im Sinne des § 51 Abs. 1 UStDV ist ein Unternehmer, der weder im Inland noch auf der Insel Helgoland oder in einem der in § 1 Abs. 3 UStG bezeichneten Gebiete einen Wohnsitz, seinen Sitz, seine Geschäftsleitung oder eine Zweigniederlassung hat *(§ 51 Abs. 3 Satz 1 UStDV).* ²Maßgebend ist der Zeitpunkt, in dem die Gegenleistung erbracht wird, und zwar, wenn das Merkmal der Nichtansässigkeit bei Vertragsabschluß oder bei der Ausführung des Umsatzes noch nicht vorgelegen hat. ³Unternehmer, die ein im Inland gelegenes Grundstück besitzen und steuerpflichtig vermieten, sind *insoweit* als im Inland ansässig zu behandeln. ⁴Auf *diese* Umsätze ist daher das Abzugsverfahren nicht anzuwenden. ⁵*Sie sind vom leistenden Unternehmer im allgemeinen Besteuerungsverfahren zu erklären.* ⁶Die Tatsache, daß ein Unternehmer bei einem Finanzamt im Inland umsatzsteuerlich geführt wird, ist kein Merkmal dafür, daß er im Inland ansässig ist. ⁷*Das gleiche gilt grundsätzlich, wenn dem Unternehmer eine deutsche USt-IdNr. erteilt wurde.* ⁸Wegen der Fragen der Ansässigkeit bei Organschaftsverhältnissen wird auf Abschnitt 21a hingewiesen.

(4) ¹Ist es für den Leistungsempfänger nach den Umständen des Einzelfalles ungewiß (vgl. BFH-Urteil vom 23. 5. 1990 – BStBl II S. 1095), ob der leistende Unternehmer im Zeitpunkt der Gegenleistung im Inland ansässig ist – z. B. weil die Standortfrage in rechtlicher oder tatsächlicher Hinsicht unklar ist oder die Angaben des leistenden Unternehmers zu Zweifeln Anlaß geben –, darf der Leistungsempfänger von der Anwendung des Abzugsverfahrens nur absehen, wenn der leistende Unternehmer die in § 51 Abs. 3 UStDV bezeichnete Bescheinigung vorlegt. ²Die Bescheinigung hat der leistende Unternehmer bei dem für ihn zuständigen Finanzamt zu beantragen. ³Erforderlichenfalls hat er hierbei in geeigneter Weise darzulegen, daß er im Inland ansässig ist. ⁴Ist nicht auszuschließen, daß der leistende Unternehmer nur für eine begrenzte Dauer im Inland ansässig bleibt, hat das Finanzamt die Gültigkeit der Bescheinigung entsprechend zu befristen.

(5) ¹Die Gegenleistung, von der der Leistungsempfänger die Umsatzsteuer nach § 51 Abs. 1 UStDV einzubehalten und abzuführen hat, setzt sich jeweils aus dem Entgelt im Sinne des § 10 UStG und der für den betreffenden Umsatz geschuldeten Umsatzsteuer zusammen (§ 51 Abs. 4

UStDV). ²Zum Entgelt gehört auch eine Abzugsteuer nach § 50a EStG. ³Der einzubehaltende und abzuführende Steuerbetrag ist durch Herausrechnen aus der Gegenleistung zu ermitteln. ⁴Das gilt auch, wenn der Leistungsempfänger die Gegenleistung in Teilen erbringt. ⁵Zur Berechnung der Umsatzsteuer im Einzelfall vgl. Abschnitt 235.

234. Ausnahmen vom Abzugsverfahren

(1) ¹Das Abzugsverfahren ist nicht anzuwenden, wenn die Leistung des im Ausland ansässigen Unternehmers in einer Personenbeförderung *im Gelegenheitsverkehr, bei dem Drittlandsgrenzen überschritten werden, mit Kraftomnibussen, die nicht im Inland zugelassen sind,* besteht oder *wenn die Personenbeförderung mit einer Kraftdroschke durchgeführt worden ist.* ²Der Unternehmer hat diese Beförderungen im Wege der *Beförderung*seinzelbesteuerung (§ 16 Abs. 5, § 18 Abs. 5 UStG) oder im *allgemeinen* Besteuerungsverfahren zu versteuern.

(2) ¹Ferner ist das Abzugsverfahren nicht anzuwenden, wenn die Gegenleistung des Leistungsempfängers ausschließlich in einer Lieferung oder sonstigen Leistung besteht. ²Dies ist der Fall, wenn ein Tausch oder ein tauschähnlicher Umsatz (§ 3 Abs. 12 UStG) vorliegt und wenn hierbei auch der Teil der Gegenleistung, der auf die Umsatzsteuer entfällt, durch die Lieferung oder sonstige Leistung abgegolten wird. ³Auch hier hat der im Ausland ansässige Unternehmer die Umsätze im *allgemeinen* Besteuerungsverfahren zu versteuern.

(3) ¹Eine besondere Ausnahmeregelung – sogenannte Null-Regelung – enthält § 52 Abs. 2 UStDV. ²Hiernach ist der Leistungsempfänger unter zwei Voraussetzungen nicht verpflichtet, die Steuer einzubehalten und abzuführen:

1. ¹Der leistende Unternehmer darf keine Rechnung mit gesondertem Ausweis der Umsatzsteuer erteilt haben. ²Bei der Abrechnung mit einer Gutschrift darf der Leistungsempfänger dementsprechend den gesonderten Steuerausweis nicht vorgenommen haben. ³*§ 14a Abs. 1 Satz 2 UStG sieht zwar den gesonderten Steuerausweis vor; von diesem Steuerausweis kann aber aus Vereinfachungsgründen abgesehen werden, um die Anwendung der Null-Regelung zu ermöglichen.*

2. ¹Der Leistungsempfänger müßte im Falle des gesonderten Ausweises der Steuer berechtigt sein, diesen Steuerbetrag voll als Vorsteuer abzuziehen. ²Er darf somit die an ihn ausgeführte Leistung weder ganz noch teilweise für Umsätze verwenden, die den Vorsteuerabzug ausschließen.

³*Wird die Null-Regelung angewendet, ist der Leistungsempfänger nach § 52 Abs. 4 UStDV verpflichtet, dies dem leistenden Unternehmer für jeden einzelnen Umsatz zu bescheinigen (ggf. in einer Sammelbescheinigung).* ⁴*Die Bescheinigung unterliegt keinen besonderen Formvorschriften.* ⁵*Sie kann daher auch auf der Rechnung erteilt werden.*

(4) ¹Die Anwendung der Ausnahmeregelung des § 52 Abs. 2 UStDV wird nicht dadurch ausgeschlossen, daß der leistende Unternehmer nicht berechtigt ist, die Steuer in der Rechnung gesondert auszuweisen (§ 52 Abs. 3 UStDV). ²Zweck der Regelung ist es, den Leistungsempfänger weitgehend von der Prüfung der steuerlichen Verhältnisse des im *Inland* ansässigen Unternehmers *in den Fällen des § 51 Abs. 1 Nr. 2 und 3 UStDV* zu entbinden. ³Sie kann daher auch dann angewendet werden, wenn die Umsatzsteuer beim leistenden Unternehmer nach § 19 Abs. 1 UStG nicht erhoben wird.

(5) ¹Bestehen bei einem Leistungsempfänger, der uneingeschränkt zum Vorsteuerabzug berechtigt ist, Zweifel an der Ansässigkeit des leistenden Unternehmers im Inland und hat der leistende Unternehmer dem Leistungsempfänger eine Bescheinigung im Sinne des § 51 Abs. 3

Satz 3 UStDV nicht vorgelegt, sind die Vorschriften über das Abzugsverfahren anzuwenden. ²Dies bedeutet, daß der Leistungsempfänger auch die Ausnahmeregelung des § 52 Abs. 2 UStDV anwenden kann.

(6) ¹Die Ausnahmeregelung des § 52 Abs 2 UStDV ist außerdem nicht ausgeschlossen, wenn der Leistungsempfänger den Gegenstand der empfangenen Leistung über das Kalenderjahr der erstmaligen Verwendung hinaus zur Ausführung von Umsätzen verwendet. ²Voraussetzung ist jedoch auch in diesen Fällen, daß der Leistungsempfänger die Vorsteuer für die empfangene Leistung im Falle des gesonderten Steuerausweises in vollem Umfange hätte abziehen können. ³Ob der volle Vorsteuerabzug in Betracht käme, ist nach den Verhältnissen im Kalenderjahr der erstmaligen Verwendung zu beurteilen.

Beispiel:
Der Leistungsempfänger läßt sich von einem im Ausland ansässigen Unternehmer ein Gebäude errichten (Werklieferung), das er zum 1. Januar *des Jahres 01* geliefert erhält und von diesem Zeitpunkt an ausschließlich zur Ausführung von steuerpflichtigen Umsätzen verwendet.

(7) ¹Sind in den in Absatz 6 bezeichneten Fällen in einem Folgejahr die Voraussetzungen für den vollen Vorsteuerabzug nicht mehr gegeben, weil eine Änderung der Verhältnisse im Sinne des § 15a UStG vorliegt, so ergäbe sich durch die Anwendung der Ausnahmeregelung des § 52 Abs. 2 UStDV für den Leistungsempfänger ein ungerechtfertigter Steuervorteil. ²Zur Vermeidung dieses Ergebnisses unterstellt § 52 Abs. 5 UStDV, daß in diesen Fällen für die Berichtigung des Vorsteuerabzugs nach § 15a UStG nicht die Ausnahmeregelung des § 52 Abs. 2 UStDV, sondern das Abzugsverfahren des § 51 Abs. 1 UStDV angewendet wurde. ³Damit ist die Grundlage für die Berichtigung des Vorsteuerabzugs nach § 15a für das betreffende Folgejahr gegeben.

Beispiel:
Sachverhalt wie im Beispiel in Absatz 6 mit folgender Ergänzung:
¹Der Betrag, den der im Ausland ansässige Unternehmer dem Leistungsempfänger bei Anwendung der Ausnahmeregelung des § 52 Abs. 2 UStDV für die Errichtung des Gebäudes berechnet hat, belief sich auf 500 000 DM. ²Der Leistungsempfänger verwendet das Gebäude ab 1. Januar *des Jahres 02* nicht mehr für steuerpflichtige, sondern ausschließlich für nach § 4 Nr. 12 UStG steuerfreie Umsätze.
³Die Anwendung der Ausnahmeregelung des § 52 Abs. 2 UStDV im *Jahr 01* (vgl. Beispiel in Absatz 6) bleibt bestehen. ⁴Ab dem *Jahr 02* ist im Vergleich zum *Erstjahr 01* eine Änderung der Verhältnisse im Sinne des § 15a UStG eingetreten. ⁵Daher ist ab dem *Jahr 02* eine Berichtigung des Vorsteuerabzugs durchzuführen. ⁶Hierbei hat der Leistungsempfänger die Vorsteueranteile, die auf die Kalenderjahre ab *dem Jahr 02* entfallen – jeweils ein Zehntel –, an das Finanzamt zurückzuzahlen. ⁷Zur Berechnung dieser Vorsteueranteile bestimmt § 52 Abs. 5 Nr. 1 UStDV, daß der für die Werklieferung gezahlte Betrag von 500 000 DM als das umsatzsteuerrechtliche Entgelt anzusehen ist. ⁸Die Umsatzsteuer für die Werklieferung beträgt somit *15 v. H.* von 500 000 DM = *75 000 DM*. ⁹Für die ab dem *Jahr 02* durchzuführenden Berichtigungen ist nach § 52 Abs. 5 Nr. 2 und 3 UStDV davon auszugehen, daß dieser Steuerbetrag von *75 000 DM* für die Werklieferung gesondert in Rechnung gestellt und vom Leistungsempfänger für das *Jahr 01* voll als Vorsteuer abgezogen wurde. ¹⁰Somit hat der Leistungsempfänger ab dem *Jahr 02* nach § 15a UStG jeweils ein Zehntel von *75 000 DM*, d. h. 9 x *7 500 DM* = *67 500 DM*, an das Finanzamt zurückzuzahlen.

(8) ¹Kann der Vorsteuerabzug zwar zu Beginn der Verwendung eines Wirtschaftsguts voll in Anspruch genommen werden, ändern sich aber diese Verhältnisse bereits während des Erstjahres, so entfällt die Ausnahmeregelung des § 52 Abs. 2 UStDV. ²Es fehlt hierfür an der Voraussetzung des § 52 Abs. 2 Nr. 2 UStDV, da für die Frage, ob der volle Vorsteuerabzug gegeben ist, die Verhältnisse im gesamten Kalenderjahr zu berücksichtigen sind (vgl. auch Absatz 6 Satz 3). ³Hat

der Leistungsempfänger in einem solchen Fall die Ausnahmeregelung zunächst angewendet, so hat er die auf den betreffenden Umsatz entfallende Steuer zum Zeitpunkt der Änderung der Verhältnisse anzumelden und nachzuentrichten.

(9) [1]Die Voraussetzung des § 52 Abs. 2 Nr. 2 UStDV liegt außerdem in den Fällen nicht vor, in denen der Leistungsempfänger den Vorsteuerabzug für den an ihn ausgeführten Umsatz nach den allgemeinen Durchschnittssätzen (§ 23 UStG, §§ 69 und 70 UStDV) oder nach den Durchschnittssätzen für land- und forstwirtschaftliche Betriebe (§ 24 UStG) vornimmt. [2]*§ 52 Abs. 2 Nr. 2 UStDV ist auch nicht anzuwenden, wenn es sich bei der Leistung um eine Reisevorleistung handelt, für die der Leistungsempfänger nicht zum Vorsteuerabzug berechtigt ist (§ 25 Abs. 4 Satz 1 UStG).* [3]Daher kommt auch in diesen Fällen die Ausnahmeregelung nicht in Betracht.

(10) Wird die Ausnahmeregelung des § 52 Abs. 2 UStDV zu Unrecht angewendet, ist für die Berechnung der vom Leistungsempfänger nachzuentrichtenden Umsatzsteuer davon auszugehen, daß der an den leistenden Unternehmer gezahlte Betrag das umsatzsteuerliche Entgelt (§ 10 UStG) darstellt.

235. Berechnung der Umsatzsteuer im Abzugsverfahren

(1) [1]Der Leistungsempfänger hat der Steuerberechnung stets den Steuersatz zugrunde zu legen, der sich für den maßgeblichen Umsatz nach § 12 UStG ergibt. [2]Das gilt auch für die Fälle, in denen der leistende Unternehmer die Besteuerung nach § 19 Abs. 1 oder § 24 Abs. 1 UStG anwendet (§ 53 Abs. 1 Sätze 1 und 2 UStDV). [3]Der Leistungsempfänger ist somit auch insoweit von der Nachprüfung der steuerlichen Verhältnisse des *leistenden* Unternehmers entbunden. [4]Der im Einzelfall in Betracht kommende Steuerbetrag ergibt sich durch Herausrechnen aus dem Betrag der Gegenleistung, da dieser Betrag die Umsatzsteuer einschließt. [5]Die maßgeblichen Hundertsätze sind

beim Steuersatz von *15 v. H.* = *13,04* und

beim Steuersatz von 7 v. H. = 6,54.

Beispiel:
[1]Aufgewendete Gegenleistung für den mit *15 v. H.* steuerpflichtigen Umsatz = 10 000 DM. [2]Die vom Leistungsempfänger einzubehaltende und abzuführende Umsatzsteuer beträgt *13,04 v. H.* = *1 304 DM.*

(2) [1]Die Verpflichtung zur Einbehaltung und Abführung der Umsatzsteuer bedeutet nicht, daß der Leistungsempfänger diese Steuer ohne weiteres als Vorsteuer abziehen kann. [2]Hierzu ist vielmehr eine Rechnung im Sinne des § 14 UStG erforderlich. [3]Außerdem muß der Leistungsempfänger die weiteren Voraussetzungen des § 15 UStG erfüllen.

(3) Für die Anwendung des § 53 Abs. 2 UStDV gilt folgendes:

1. Ist der ausgewiesene Steuerbetrag niedriger als die für den Umsatz geschuldete Steuer, z. B. weil der Unternehmer fälschlich statt des allgemeinen Steuersatzes den ermäßigten Steuersatz angewendet hat, ist der einzubehaltende und abzuführende Steuerbetrag aus der Gegenleistung unter Zugrundelegung des Steuersatzes herauszurechnen, der für den Umsatz in Betracht kommt.

Beispiel:

Entgelt	5 000 DM
Umsatzsteuer (fälschlich) 7 v. H.	350 DM
Gegenleistung	5 350 DM

¹Da der Umsatz dem Steuersatz von *15 v. H.* unterliegt, hat der Leistungsempfänger die einzubehaltende und abzuführende Steuer wie folgt zu berechnen:

Gegenleistung	5 350 DM
einzubehalten und abzuführen	
13,04 v. H.	*697,64* DM

²Wird in einem solchen Fall die Rechnung später in der Weise berichtigt, daß die Umsatzsteuer nach dem Entgelt von 5 000 DM und nach dem Steuersatz von *15 v. H.* berechnet wird (statt fälschlich 350 DM richtig *750 DM),* hat der Leistungsempfänger den Mehrbetrag *(750 DM ./. 697,64 DM = 52,36 DM)* nachträglich einzubehalten und abzuführen.

2. ¹Ist die in der Rechnung ausgewiesene Umsatzsteuer höher als die für den Umsatz geschuldete Steuer, z. B. weil der Unternehmer fälschlich statt des ermäßigten Steuersatzes den allgemeinen Steuersatz angewendet hat, hat der Leistungsempfänger den ausgewiesenen Steuerbetrag einzubehalten und abzuführen. ²Wird die Rechnung später berichtigt, kann der Leistungsempfänger den zunächst einbehaltenen und abgeführten Steuerbetrag in entsprechender Anwendung des § 17 Abs. 1 UStG berichtigen (vgl. § 14 Abs. 2 UStG).

(4) ¹Der Leistungsempfänger hat entsprechend zu verfahren, wenn der *leistende Unternehmer* erst nach Zahlung des Entgelts oder der Gegenleistung eine Rechnung mit gesondertem Steuerausweis erteilt (§ 53 Abs. 3 UStDV). ²Bei einer nachträglichen Änderung der Bemessungsgrundlage für den zugrundeliegenden Umsatz ist nach § 17 UStG zu verfahren. ³Das gilt entsprechend, wenn der Umsatz nicht ausgeführt oder später rückgängig gemacht wird.

(5) ¹Die in den vorstehenden Absätzen 1 bis 4 erläuterten Grundsätze gelten auch, wenn der Leistungsempfänger über den an ihn ausgeführten Umsatz in Form einer Gutschrift mit dem *leistenden* Unternehmer abrechnet (§ 53 Abs. 4 Satz 1 UStDV). ²Dabei hat der Leistungsempfänger nicht zu prüfen, ob der leistende Unternehmer zum gesonderten Ausweis der Steuer in einer Rechnung berechtigt ist (§ 53 Abs. 4 Satz 2 UStDV). ³Der Leistungsempfänger ist in diesen Fällen mit Rücksicht auf seine Einbehaltungs- und Abführungspflicht beim Vorliegen der sonstigen Voraussetzungen des § 15 UStG auch dann zum Vorsteuerabzug berechtigt, wenn der leistende Unternehmer unter § 19 Abs. 1 UStG fällt.

(6) ¹Besteht die Gegenleistung nur teilweise in einer Lieferung oder sonstigen Leistungen, braucht der Leistungsempfänger die Umsatzsteuer nur bis zur Höhe des Betrages einzubehalten und abzuführen, der durch die Geldleistung gedeckt ist (§ 53 Abs. 5 UStDV).

Beispiel:

¹Die Leistung *eines* Unternehmers unterliegt dem Steuersatz von *15 v. H.* ²Die Gegenleistung beträgt insgesamt 5 000 DM. ³Sie besteht in einer Lieferung im Wert von 4 700 DM und in einer Barzahlung von 300 DM.
⁴Die auf die gesamte Gegenleistung entfallende Umsatzsteuer beträgt *13,04 v. H.* von 5 000 DM = *652 DM.*
⁵Der Leistungsempfänger braucht jedoch aufgrund der Regelung des § 53 Abs. 5 UStDV nur 300 DM einzubehalten und an das Finanzamt abzuführen. ⁶Das gilt auch, wenn die für die Leistung geschuldete Umsatzsteuer von *652 DM* gesondert in Rechnung gestellt worden wäre mit der Folge, daß der Leistungsempfänger bei Erfüllung der übrigen Voraussetzungen des § 15 UStG *652 DM* als Vorsteuer abziehen könnte.

²Wie in den Fällen des § 52 Abs. 1 Nr. 2 UStDV bleibt es für den leistenden Unternehmer auch im vorliegenden Fall bei der Verpflichtung, den vom Leistungsempfänger nicht einbehaltenen Teil der Umsatzsteuer im *allgemeinen* Besteuerungsverfahren zu entrichten.

(7) Wegen der Umrechnung von Werten in fremder Währung vgl. Abschnitt 222.

(8) ¹Wird die Umsatzsteuer im Abzugsverfahren einbehalten, ist der Leistungsempfänger verpflichtet, dem leistenden Unternehmer eine Bescheinigung über die einbehaltene und abgeführte Steuer auszustellen (§ 53 Abs. 7 UStDV). ²Die Bescheinigung unterliegt keiner besonderen Formvorschrift. ³Sie kann daher auch auf der Rechnung erteilt werden.

236. Anmeldung und Fälligkeit der Umsatzsteuer im Abzugsverfahren

(1) ¹Für die Einbehaltung und Abführung der Umsatzsteuer im Abzugsverfahren ist die Istversteuerung vorgeschrieben. ²Dementsprechend hat der Leistungsemfänger die abzuführende Umsatzsteuer für den Voranmeldungszeitraum anzumelden und an das für ihn zuständige Finanzamt abzuführen, in dem das Entgelt für den an ihn ausgeführten Umsatz ganz oder teilweise gezahlt wurde (§ 54 Abs. 1 UStDV). ³Das gilt auch, wenn der Leistungsempfänger das Entgelt oder einen Teil des Entgelts vor der Ausführung des Umsatzes an den leistenden Unternehmer zahlt. ⁴Maßgebend für die Anmeldung und Abführung der Umsatzsteuer ist der Voranmeldungszeitraum, der für den Leistungsempfänger bei der Versteuerung seiner eigenen Umsätze nach § 18 Abs. 1, 2 und 2a UStG in Betracht kommt. ⁵Die Anmeldung der abzuführenden Umsatzsteuer ist in der Voranmeldung vorzunehmen, die der Leistungsempfänger für seine Umsätze abzugeben hat.

(2) ¹Leistungsempfänger, die nicht zur Abgabe von Voranmeldungen verpflichtet sind, haben die abzuführende Umsatzsteuer vierteljährlich anzumelden und zu entrichten (§ 54 Abs. 2 UStDV). ²Maßgebend ist das Kalendervierteljahr, in dem das Entgelt ganz oder teilweise gezahlt wurde. ³Für die Abgabe der Anmeldung gelten hinsichtlich der Fristen die gleichen Regelungen wie für die Steueranmeldung im Rahmen des Voranmeldungsverfahrens. ⁴Der vierteljährliche Anmeldungszeitraum außerhalb des Voranmeldungsverfahrens kommt für die Unternehmer in Betracht, die das Finanzamt nach § 18 Abs. 2 Satz 3 UStG von der Abgabe von Voranmeldungen und der Entrichtung von Vorauszahlungen befreit hat. ⁵Außerdem gilt er für die juristischen Personen des öffentlichen Rechts, die keine Unternehmer sind. ⁶Soweit für die juristischen Personen des öffentlichen Rechts die Zuständigkeit besonders geregelt wurde, kommt der vierteljährliche Anmeldungszeitraum dann in Betracht, wenn der jeweilige Teilbereich nicht zur Abgabe von Voranmeldungen verpflichtet ist.

(3) ¹In den Fällen des § 54 Abs. 3 UStDV hat der Leistungsempfänger die Umsatzsteuer für den Voranmeldungszeitraum anzumelden und abzuführen, in dem die Rechnung oder Gutschrift erteilt wurde. ²Bei den Leistungsempfängern, die nicht zur Abgabe von Voranmeldungen verpflichtet sind (vgl. Absatz 2), tritt an die Stelle des Voranmeldungszeitraums das in Betracht kommende Kalendervierteljahr. ³Nach § 54 Abs. 3 UStDV ist auch in den Fällen zu verfahren, in denen nach Zahlung der Gegenleistung und Einbehaltung der darauf entfallenden Umsatzsteuer eine Rechnung oder Gutschrift ausgestellt oder berichtigt wird und der darin ausgewiesene Steuerbetrag höher ist als der einbehaltene und abgeführte Betrag.

(4) ¹Für die Anmeldung und Abführung der im Abzugsverfahren einzubehaltenden Umsatzsteuer kann der Leistungsempfänger von der Fristverlängerung des § 46 UStDV Gebrauch machen. ²Eine Sondervorauszahlung (§ 47 UStDV) braucht in diesen Fällen, auch bei einem monatlichen Anmeldungszeitraum, für diese Umsatzsteuer nicht entrichtet zu werden.

237. Haftung des Leistungsempfängers

(1) ¹Für die Inanspruchnahme des Leistungsempfängers als Haftenden (§ 55 UStDV) gelten die Vorschriften der Abgabenordnung (vgl. insbesondere die §§ 44, 191 und 219 Satz 2 AO). ²Die Haftung erstreckt sich auch auf die Fälle, in denen die Ausnahmeregelung des § 52 Abs. 2 UStDV

zu Unrecht angewendet wurde. ³Sie wird nicht dadurch ausgeschlossen, daß der *leistende* Unternehmer wegen anderer steuerpflichtiger Umsätze *dem allgemeinen Besteuerungsverfahren* nach § 16 und § 18 Abs. 1 bis 4 UStG unterliegt.

(2) ¹Der Haftungsbetrag entspricht der Steuer, die der Leistungsempfänger nach den §§ 51 bis 53 UStDV einzubehalten und abzuführen hat. ²Im Einzelfall ist hierbei wie folgt zu verfahren:

1. ¹Hat der Leistungsempfänger die gesamte Gegenleistung, also das Entgelt zuzüglich der Umsatzsteuer, an den leistenden Unternehmer gezahlt, ist der Haftungsbetrag durch Herausrechnen aus dem Betrag der Gegenleistung zu ermitteln. ²Wegen des in Betracht kommenden Hundertsatzes vgl. Abschnitt 235 Abs. 1.

2. ¹Ergibt sich aus den zwischen dem Leistungsempfänger und dem leistenden Unternehmer getroffenen Vereinbarungen, daß es sich bei dem gezahlten Betrag nicht um die Gegenleistung, sondern nur um das Entgelt handelt, so ist der Haftungsbetrag durch Anwendung des nach § 12 UStG maßgeblichen Steuersatzes auf dieses Entgelt zu berechnen. ²Ein solcher Fall ist z. B. gegeben, wenn der Leistungsempfänger die Ausnahmeregelung des § 52 Abs. 2 UStDV zu Unrecht angewendet hat.

(3) ¹Die Entscheidung, ob der Steueranspruch gegenüber dem Leistungsempfänger oder dem leistenden Unternehmer geltend gemacht werden soll, hat das Finanzamt nach pflichtgemäßem Ermessen zu treffen. ²Von der Inanspruchnahme des Leistungsempfängers wird danach abzusehen sein, wenn die nach § 51 Abs. 3 UStDV erteilte Bescheinigung unzutreffend ist und dem Leistungsempfänger die Unrichtigkeit nicht bekannt war. ³Außerdem ist der Leistungsempfänger nicht in Anspruch zu nehmen, wenn die Umsatzsteuer ebenso schnell und einfach von dem leistenden Unternehmer nacherhoben werden kann.

238. Besteuerung *des im Ausland ansässigen Unternehmers* nach § 16 und § 18 Abs. 1 bis 4 UStG

(1) ¹Hat der im Ausland ansässige Unternehmer im Besteuerungszeitraum oder Voranmeldungszeitraum nur Umsätze ausgeführt, die dem Abzugsverfahren unterliegen, so braucht er nur dann Steueranmeldungen abzugeben, wenn ihn das Finanzamt hierzu besonders auffordert (§ 57 Abs. 1 UStDV). ²Das Finanzamt hat den Unternehmer insbesondere in den Fällen zur Abgabe von Steueranmeldungen aufzufordern, in denen es zweifelhaft ist, ob er tatsächlich nur unter das Abzugsverfahren fallende Umsätze ausgeführt hat.

(2) Eine Besteuerung des Unternehmers nach § 16 und § 18 Abs. 1 bis 4 UStG ist jedoch durchzuführen, wenn

1. das Abzugsverfahren entgegen den Vorschriften der §§ 51 bis 56 UStDV unterblieben ist,

2. das Abzugsverfahren zu einer unzutreffenden Steuer geführt hat,

3. der im Ausland ansässige Unternehmer auch steuerpflichtige Umsätze ausgeführt hat, die dem Abzugsverfahren nicht unterliegen, oder

4. der Leistungsempfänger die angemeldete Steuer nicht abgeführt hat und Anlaß zu der Annahme besteht, daß ein Mißbrauch vorliegt.

(3) ¹In den Fällen des vorstehenden Absatzes 2 Nr. 1 ist jedoch das *allgemeine* Besteuerungsverfahren nicht durchzuführen, wenn der Leistungsempfänger die Steuer nachträglich anmeldet und abführt oder als Haftungsschuldner nachentrichtet. ²Das gilt auch für die Fälle, in denen sich

nachträglich herausstellt, daß die Ausnahmeregelung des § 52 Abs. 2 UStDV zu Unrecht angewendet worden ist.

(4) ¹Ein Fall des Absatzes 2 Nr. 2 liegt vor, wenn der Leistungsempfänger die Steuer für den an ihn ausgeführten Umsatz nicht richtig berechnet und dementsprechend nicht in der zutreffenden Höhe abgeführt hat. ²Hierbei ist ebenfalls von einer *allgemeinen* Besteuerung bei dem im Ausland ansässigen Unternehmer abzusehen, wenn der Leistungsempfänger die Steueranmeldung berichtigt und einen eventuellen Mehrbetrag nachentrichtet.

(5) *¹Ein weiterer Fall, bei dem das Abzugsverfahren zu einer unzutreffenden Steuer geführt hat, ist* gegeben, wenn der im Ausland ansässige Unternehmer unter die Durchschnittsbesteuerung für land- und forstwirtschaftliche Betriebe (§ 24 UStG) fällt. ²In *diesem Fall* ist die *allgemeine* Besteuerung aber nur dann durchzuführen, wenn der im Ausland ansässige Unternehmer Steueranmeldungen nach § 18 Abs. 1 bis 4 UStG abgibt.

(6) ¹Die Besteuerung des im Ausland ansässigen Unternehmers ist erst durchgeführt, wenn er die Steuer bei dem für ihn zuständigen Finanzamt angemeldet und auch entrichtet hat. ²Der Leistungsempfänger darf somit nicht schon dann von der Einbehaltung und Abführung der Umsatzsteuer absehen, wenn ihm lediglich bekannt ist, daß der im Ausland ansässige Unternehmer zur Besteuerung nach § 16 und § 18 Abs. 1 bis 4 UStG herangezogen werden wird.

(7) ¹Bei der Besteuerung des im Ausland ansässigen Unternehmers nach § 16 und § 18 Abs. 1 bis 4 UStG sind die Umsätze, bei denen die Ausnahmeregelung des § 52 Abs. 2 UStDV nachweislich angewendet worden ist, nicht zu berücksichtigen (§ 57 Abs. 3 Nr. 1 UStDV). ²Der Nachweis ist durch die in § 52 Abs. 4 UStDV bezeichnete Bescheinigung zu führen. ³Ferner bleiben die Vorsteuerbeträge unberücksichtigt, die im Vorsteuer-Vergütungsverfahren (§§ 59 bis 61 UStDV) vergütet wurden (§ 57 Abs. 3 Nr. 2 UStDV). ⁴Die danach verbleibenden abziehbaren Vorsteuerbeträge sind durch Vorlage der Rechnungen und Einfuhrbelege im Original nachzuweisen (§ 57 Abs. 3 letzter Satz UStDV). ⁵Bei der Einfuhrumsatzsteuer gehört hierzu auch der von der zuständigen Zolldienststelle ausgestellte Ersatzbeleg. ⁶Das Finanzamt hat die Rechnungen und Einfuhrbelege durch Stempelaufdruck oder in anderer Weise zu entwerten und dem Unternehmer zurückzusenden. ⁷Wegen des Vorsteuerabzugs bei Reisekosten wird auf Abschnitt 196 hingewiesen.

(8) ¹Die Umsätze, für die das Abzugsverfahren durchgeführt worden ist, sind bei der *allgemeinen* Besteuerung des im Ausland ansässigen Unternehmers zu berücksichtigen. ²Die Steuer für diese Umsätze ist hierbei unabhängig davon, welche Besteuerungsart der Unternehmer für die anderen der *allgemeinen* Besteuerung unterliegenden Umsätze anwendet, stets nach den vereinnahmten Entgelten zu berechnen (§ 58 Abs. 1 UStDV). ³Durch diese Regelung wird die Übereinstimmung mit der Besteuerung im Abzugsverfahren sichergestellt (vgl. § 54 Abs. 1 UStDV).

(9) ¹Die vom Leistungsempfänger einbehaltene und angemeldete Steuer wird auf die vom im Ausland ansässigen Unternehmer zu entrichtende Steuer angerechnet (vgl. jedoch § 58 Abs. 2 Satz 2 UStDV). ²Die Voraussetzung für die Anrechnung der Steuer hat der *leistende* Unternehmer dem Finanzamt *durch Vorlage der nach § 53 Abs. 7 UStDV auszustellenden Bescheinigung* nachzuweisen. ³Aus Vereinfachungsgründen sind die Umsätze, für die das Abzugsverfahren durchgeführt wurde, nicht schon im Voranmeldungsverfahren, sondern erst in der Steuererklärung für das Kalenderjahr anzugeben.

239. Aufzeichnungspflichten

(1) ¹Die Aufzeichnungspflichten gelten auch für die Leistungsempfänger, die im Ausland ansässig sind. ²Soweit die in § 56 Abs. 2 UStDV bezeichneten Angaben bereits aus den Auf-

zeichnungen des Unternehmers eindeutig und leicht nachprüfbar entnommen werden können, brauchen sie für das Abzugsverfahren nicht besonders aufgezeichnet zu werden.

(2) ¹Die Aufzeichnungspflicht erstreckt sich auf alle empfangenen steuerpflichtigen Werklieferungen und steuerpflichtigen sonstigen Leistungen, die dem Abzugsverfahren unterliegen. ²Sie umfaßt auch die Umsätze, für die nach § 52 Abs. 2 UStDV die Steuer nicht einbehalten und abgeführt wurde. ³Außerdem hat der Leistungsempfänger Abschriften der nach § 52 Abs. 4 *und § 53 Abs. 7 UStDV ausgestellten* Bescheinigungen aufzubewahren und in seinen Aufzeichnungen auf sie hinzuweisen. *⁴Die Bescheinigungen nach § 52 Abs. 4 und § 53 Abs. 7 UStDV unterliegen keinen besonderen Formvorschriften. ⁵Sie können daher auch auf den Rechnungen erteilt werden.*

(3) Zu den einzelnen Angaben, die nach § 56 Abs. 2 UStDV aufzuzeichnen sind, ist folgendes zu bemerken:

1. ¹Auf die Angabe der vollständigen Anschrift (§ 56 Abs. 2 Nr. 1 UStDV) kann verzichtet werden, wenn diese sich unschwer aus den Belegen und sonstigen Geschäftsunterlagen feststellen läßt, auf die in den Aufzeichnungen hingewiesen wird. ²Das gleiche gilt für die genaue Bezeichnung der Art und des Umfangs der Leistung sowie für die Angabe des Tages oder des Kalendermonats der Leistung (§ 56 Abs. 2 Nr. 2 und 3 UStDV).

2. ¹Besteht das Entgelt in fremder Währung, ist der nach § 53 Abs. 6 UStDV auf Deutsche Mark umgerechnete Entgeltsbetrag aufzuzeichnen. ²Es genügt, wenn sich das Entgelt in fremder Währung aus sonstigen Geschäftsunterlagen ergibt. ³Bei einer nachträglichen Änderung des Entgelts ist auch der Betrag aufzuzeichnen, um den sich das Entgelt erhöht oder verringert hat.

(4) ¹Zur Gewährung von Erleichterungen für die Aufzeichnungen durch das Finanzamt wird auf § 56 Abs. 3 UStDV hingewiesen. ²Die Erleichterungen sind schriftlich und unter dem Vorbehalt jederzeitigen Widerrufs zu gestatten. ³Dabei sind die einzelnen Erleichterungen genau zu bezeichnen.

(5) ¹Der Leistungsempfänger darf Erleichterungen grundsätzlich erst vornehmen, *nachdem das Finanzamt sie bewilligt hat*. ²Hat der Unternehmer Erleichterungen ohne vorherige Bewilligung des Finanzamts vorgenommen, so sind diese aus Billigkeitsgründen anzuerkennen, wenn sie bei rechtzeitiger Beantragung hätten zugelassen werden können.

240. Unter das Vorsteuer-Vergütungsverfahren fallende Unternehmer und Vorsteuerbeträge

(1) Durch die Begründung einer Betriebsstätte im Inland – ausgenommen eine Zweigniederlassung – wird ein Unternehmer nicht zu einem im Inland ansässigen Unternehmer.

(2) ¹Unternehmer, die ein im Inland gelegenes Grundstück besitzen und steuerpflichtig oder steuerfrei vermieten, sind als im Inland ansässig zu behandeln. ²Diese Unternehmer unterliegen nicht dem Vorsteuer-Vergütungsverfahren, sondern dem *allgemeinen* Besteuerungsverfahren.

(3) ¹Das Vergütungsverfahren setzt voraus, daß der im Ausland ansässige Unternehmer in einem Vergütungszeitraum (vgl. Abschnitt 242) entweder keine Umsätze oder nur die in § 59 Abs. 1 Nr. 1 und 2 UStDV bezeichneten Umsätze im Inland ausgeführt hat. ²Sind diese Voraussetzungen erfüllt, so kann die Vergütung der Vorsteuerbeträge nur im Vorsteuer-Vergütungsverfahren durchgeführt werden.

Beispiel 1:

[1]Ein im Ausland ansässiger Beförderungsunternehmer hat im Inland in den Monaten Januar bis April nur steuerfreie Beförderungen im Sinne des § 4 Nr. 3 UStG ausgeführt. [2]In denselben Monaten ist ihm für empfangene Leistungen, z. B. für Kraftstofflieferungen, Unterbringung und Verpflegung sowie Autoreparaturen, Umsatzsteuer in Höhe von 600 DM in Rechnung gestellt worden.
[3]Die Vergütung der Vorsteuerbeträge ist im Vorsteuer-Vergütungsverfahren durchzuführen.

Beispiel 2:

[1]Ein im Ausland ansässiger Unternehmer hat in den Monaten Januar bis April Gegenstände an Abnehmer im Inland geliefert. [2]Die Lieferungen sind im Wege der Beförderung mit eigenen Fahrzeugen des Unternehmers erfolgt. [3]Bei den Beförderungen *aus dem Drittlandsgebiet* ist dem Unternehmer für empfangene Leistungen, z. B. für Kraftstofflieferungen und Autoreparaturen, Umsatzsteuer in Höhe von insgesamt 600 DM in Rechnung gestellt worden. [4]Der Unternehmer und die Abnehmer haben die Einfuhrgeschäfte so gestaltet, daß jeweils die Abnehmer Schuldner der Einfuhrumsatzsteuer sind. [5]Weitere Umsätze des Unternehmers an Abnehmer im Inland sind in den Monaten Januar bis April nicht erfolgt.

[6]Die Vergütung der Vorsteuerbeträge ist im Vorsteuer-Vergütungsverfahren durchzuführen, da der Ort der Lieferungen im *Drittlandsgebiet* liegt (§ 3 Abs. 7 UStG) und damit die Voraussetzung des § 59 Abs. 1 UStDV (erste Alternative) erfüllt ist.

(4) [1]Das Vergütungsverfahren setzt ferner voraus, daß das Abzugsverfahren *nach* § 51 Abs. 1, § 54 UStDV durch Einbehaltung und Abführung der Umsatzsteuer an das Finanzamt abgeschlossen ist oder daß feststeht, daß die Voraussetzungen des § 52 Abs. 2 UStDV – sogenannte Null-Regelung – vorliegen (vgl. auch BFH-Urteil vom 28. 4. 1988 – BStBl II S. 748). [2]Die für die Vergütung der Vorsteuerbeträge zuständige Finanzbehörde ist berechtigt, Ermittlungen darüber anzustellen, ob das Abzugsverfahren von den Leistungsempfängern durchgeführt worden ist oder ob die Voraussetzungen der Null-Regelung vorgelegen haben; verneinendenfalls kann sie den Vergütungsantrag ablehnen. [3]Sie braucht nicht abzuwarten, bis das für das Abzugsverfahren zuständige Finanzamt entschieden hat, ob die Besteuerung des Leistenden (Unternehmers) nach den §§ 16 bis 18 UStG durchzuführen ist. [4]Der die Vergütung des Vorsteuerbeträge begehrende Unternehmer (Leistender) ist im Rahmen der gesetzlichen Mitwirkungspflicht (§ 90 Abs. 1 AO) verpflichtet, der für das Vergütungsverfahren zuständigen Finanzbehörde die Leistungsempfänger zu benennen.

(5) [1]Das Vorsteuer-Vergütungsverfahren ist auch in den Fällen durchzuführen, in denen einem im Ausland ansässigen Unternehmer (Abnehmer) für eine Ausfuhrlieferung *oder eine innergemeinschaftliche Lieferung* eine Rechnung mit gesondert ausgewiesener Steuer erteilt worden ist. [2]Das gilt nicht, wenn der Lieferer die in der Rechnung ausgewiesene Steuer berichtigt (vgl. Abschnitt 189 Abs. 6).

241. Vom Vorsteuer-Vergütungsverfahren ausgeschlossene Vorsteuerbeträge

(1) Die Vorsteuerbeträge, die *nach § 59 Abs. 2 UStDV* vom Vorsteuer-Vergütungsverfahren ausgeschlossen sind, können nur im *allgemeinen* Besteuerungsverfahren nach § 16 und § 18 Abs. 1 bis 4 UStG berücksichtigt werden.

Beispiel 1:

[1]Dem Unternehmer ist im Vergütungszeitraum Januar bis März Umsatzsteuer für die Einfuhr oder den Kauf von Gegenständen und für die Inanspruchnahme von sonstigen Leistungen berechnet worden. [2]Die berechnete Umsatzsteuer (Vorsteuer) steht im Zusammenhang mit einer Lieferung, die der Unternehmer im August ausführt.

[3]Die Vorsteuer kann nicht im Vorsteuer-Vergütungsverfahren vergütet werden.

Beispiel 2:

¹Ein im Ausland ansässiger Unternehmer führt an dem im Inland belegenen Einfamilienhaus eines Privatmannes Schreinerarbeiten (Werklieferungen) durch. ²Die hierfür erforderlichen Gegenstände hat der Unternehmer teils im Inland erworben, teils in das Inland eingeführt. ³Für den Erwerb der Gegenstände ist dem Unternehmer Umsatzsteuer in Höhe von 1 000 DM in Rechnung gestellt worden. ⁴Für die Einfuhr der Gegenstände hat der Unternehmer Einfuhrumsatzsteuer in Höhe von 500 DM entrichtet.

⁵Auf die Umsätze des Unternehmers findet das Abzugsverfahren keine Anwendung, da der Leistungsempfänger als Privatmann nicht zur Einbehaltung und Abführung der Steuer verpflichtet ist (§ 51 Abs. 2 UStDV). ⁶Die Vorsteuerbeträge (Umsatzsteuer und Einfuhrumsatzsteuer) können daher nicht im Vorsteuer-Vergütungsverfahren vergütet werden (§ 59 Abs. 2 Nr. 1 UStDV). ⁷Das *allgemeine* Besteuerungsverfahren nach § 16 und § 18 Abs. 1 bis 4 UStG ist durchzuführen.

Beispiel 3:

¹Sachverhalt wie in Abschnitt 240 Abs. *3* Beispiel 2. ²Jedoch sind die Umsatzgeschäfte so gestaltet, daß jeweils der im Ausland ansässige Unternehmer Schuldner der Einfuhrumsatzsteuer ist.

³Der Ort der Lieferungen liegt hier im Inland (§ 3 Abs. 8 UStG). ⁴Da die Lieferungen steuerpflichtig sind, aber nicht dem Abzugsverfahren unterliegen, erfüllt der Unternehmer nicht die Voraussetzungen des § 59 Abs. 1 UStDV. ⁵Die Vorsteuerbeträge können daher nicht im Vorsteuer-Vergütungsverfahren vergütet werden (§ 59 Abs. 2 Nr. 1 UStDV). ⁶Das *allgemeine* Besteuerungsverfahren ist durchzuführen.

Beispiel 4:

¹Ein im Ausland ansässiger Unternehmer erteilt einem Leistungsempfänger – Unternehmer – im Inland eine Lizenz und weist die Steuer in der Rechnung gesondert aus. ²Das Abzugsverfahren wurde entgegen den für dieses Verfahren geltenden Vorschriften nicht durchgeführt. ³Vorsteuerbeträge in Höhe von 800 DM sind angefallen.

⁴Die Vorsteuerbeträge können nicht im Vorsteuer-Vergütungsverfahren vergütet werden (§ 59 Abs. 2 Nr. 2 UStDV). ⁵Das *allgemeine* Besteuerungsverfahren ist durchzuführen.

(2) ¹Reiseveranstalter sind nicht berechtigt, die ihnen für Reisevorleistungen gesondert in Rechnung gestellten Steuerbeträge als Vorsteuer abzuziehen (§ 25 Abs. 4 UStG). ²Insoweit entfällt deshalb auch das Vorsteuer-Vergütungsverfahren.

(3) Nicht vergütet werden Vorsteuerbeträge, die mit Umsätzen im Ausland in Zusammenhang stehen, die – wenn im Inland ausgeführt – den Vorsteuerabzug ausschließen würden (Abschnitt 205).

Beispiel:

¹Ein französischer Arzt besucht einen Ärztekongreß im Inland. ²Da ärztliche Leistungen steuerfrei sind und den Vorsteuerabzug ausschließen, können die angefallenen Vorsteuerbeträge nicht vergütet werden.

(4) ¹Einem Unternehmer, der nicht im Gemeinschaftsgebiet ansässig ist, wird die Vorsteuer nur vergütet, wenn in dem Land, in dem der Unternehmer seinen Sitz hat, keine Umsatzsteuer oder ähnliche Steuer erhoben oder im Fall der Erhebung im Inland ansässigen Unternehmern vergütet wird. ²Von der Vergütung ausgeschlossen sind bei Unternehmern, die nicht im Gemeinschaftsgebiet ansässig sind, die Vorsteuerbeträge, die auf pauschalierte Reisekosten und auf den Bezug von Kraftstoffen entfallen (§ 18 Abs. 9 Sätze 6 und 7 UStG).

242. Vergütungszeitraum

¹Der Vergütungszeitraum muß mindestens drei aufeinanderfolgende Kalendermonate in einem Kalenderjahr umfassen. ²Es müssen nicht in jedem Kalendermonat Vorsteuerbeträge angefallen sein. ³Für den restlichen Zeitraum eines Kalenderjahres können die Monate November und

Dezember oder es kann auch nur der Monat Dezember Vergütungszeitraum sein. ⁴*Wegen der Auswirkungen der Mindestbeträge auf den zu wählenden Vergütungszeitraum vgl. § 61 Abs. 2 UStDV.*

243. *Vorsteuer*-Vergütungsverfahren

(1) ¹Für die Beantragung der Vergütung der Vorsteuerbeträge ist ein Vordruck nach amtlich vorgeschriebenem Muster oder ein entsprechender Vordruck eines anderen EG-Mitgliedstaates zu verwenden. ²*Hinsichtlich der Zulassung abweichender Vordrucke für das Vorsteuer-Vergütungsverfahren wird auf das BMF-Schreiben vom 27. 10. 1993 – BStBl I S. 940 – hingewiesen.* ³In jedem Fall muß der Vordruck in deutscher Sprache ausgefüllt werden. ⁴In dem Antragsvordruck sind die Vorsteuerbeträge, deren Vergütung beantragt wird, im einzelnen aufzuführen. ⁵Es ist nicht erforderlich, zu jedem Einzelbeleg darzulegen, zu welcher unternehmerischen Tätigkeit die erworbenen Gegenstände oder empfangenen sonstigen Leistungen verwendet worden sind. ⁶Pauschale Erklärungen reichen aus, z. B. grenzüberschreitende Güterbeförderungen im Monat . . . .

(2) Aus Gründen der Arbeitsvereinfachung wird für die Einzelaufstellung das folgende Verfahren zugelassen:

1. Bei Rechnungen, deren Gesamtbetrag 200 DM nicht übersteigt und bei denen das Entgelt und die Umsatzsteuer in einer Summe angegeben sind (§ 33 UStDV):

   a) Der Antragsteller kann die Rechnungen getrennt nach Kostenarten, z. B. nach Kosten für Treibstoff, für Übernachtung und für Verpflegung, mit laufenden Nummern versehen und sie mit diesen Nummern, den Nummern der Rechnungen und mit den Bruttorechnungsbeträgen in gesonderten Aufstellungen zusammenfassen.

   b) ¹Die in den Aufstellungen zusammengefaßten Bruttorechnungsbeträge sind aufzurechnen. ²Aus dem jeweiligen Endbetrag ist die darin enthaltene Umsatzsteuer herauszurechnen und in den Antrag zu übernehmen. ³Hierbei ist auf die *gesonderte* Aufstellung hinzuweisen.

   c) Bei verschiedenen Steuersätzen sind die *gesonderten* Aufstellungen getrennt für jeden Steuersatz zu erstellen.

2. Bei Fahrausweisen, in denen das Entgelt und der Steuerbetrag in einer Summe angegeben sind (§ 34 UStDV), gilt Nr. 1 entsprechend.

3. Bei Einfuhrumsatzsteuerbelegen:

   a) Der Antragsteller kann die Belege mit laufenden Nummern versehen und sie mit diesen Nummern, den Nummern der Belege und mit den in den Belegen angegebenen Steuerbeträgen in einer gesonderten Aufstellung zusammenfassen.

   b) ¹Die Steuerbeträge sind aufzurechnen und in den Antrag zu übernehmen. ²Hierbei ist auf die *gesonderte* Aufstellung hinzuweisen.

4. Die gesonderten Aufstellungen sind *dem Vergütungsantrag* mit den Originalrechnungen und den Originalbelegen beizufügen.

(3) ¹Der Antrag auf Vergütung der Umsatzsteuer ist eine Steueranmeldung im Sinne des § 150 Abs. 1 AO. ²Nach Zustimmung durch die Finanzbehörde steht sie einer Steuerfestsetzung unter Vorbehalt der Nachprüfung gleich (§ 168 AO).

(4) ¹Für die Vergütung der Vorsteuerbeträge im Vorsteuer-Vergütungsverfahren ist grundsätzlich das Bundesamt für Finanzen *in 53221 Bonn* zuständig (§ 5 Abs. 1 Nr. 8 FVG). ²Auf Antrag

des Unternehmers überträgt das Bundesamt für Finanzen die Vergütung der Vorsteuerbeträge auf eine andere Finanzbehörde (Finanzamt), wenn diese zustimmt. ³Unternehmer, die die Zuständigkeit eines Finanzamts begründen wollen, haben dies beim Bundesamt für Finanzen zu beantragen. ⁴Der Antrag kann auch bei dem Finanzamt gestellt werden.

(5) Die Antragsfrist *(§ 18 Abs. 9 Satz 3 UStG) ist eine Ausschlußfrist, bei deren Versäumung unter den Voraussetzungen des § 110 AO Wiedereinsetzung in den vorigen Stand gewährt werden kann.*

(6) ¹Der Nachweis nach § 61 Abs. 3 UStDV ist nach folgendem Muster zu führen:

Nachweis der Eintragung als Steuerpflichtiger (Unternehmer)

....
(Anschrift der zuständigen Behörde)

bescheinigt,
daß ....
(Name und Vorname bzw. Firma)

....
(Art der Tätigkeit bzw. Gewerbezweig)

....
(Anschrift, Sitz)

als Mehrwertsteuerpflichtiger (Unternehmer) unter folgender Steuernummer eingetragen ist[1]:

....

....
(Datum)

Dienststempel   ....
                                        (Unterschrift)
                               (Name und Dienstbezeichnung)

---

[1] Hat der Antragsteller keine Steuernummer, so ist von der zuständigen Behörde der Grund dafür anzugeben.

[2] Bescheinigungen in der Amtssprache eines anderen EG-Mitgliedstaates, die diese Angaben enthalten, sind anzuerkennen. ³Für Vergütungsanträge, die später als ein Jahr nach dem Ausstellungsdatum der Bescheinigung gestellt werden, ist eine neue Bescheinigung vorzulegen.

(7) ¹Der Vergütungsantrag ist vom Unternehmer *eigenhändig* zu unterschreiben *(§ 18 Abs. 9 Satz 5 UStG).* ²Der Unternehmer kann den Vergütungsanspruch abtreten (§ 46 Abs. 2 und 3 AO).

(8) ¹Die zuständige Finanzbehörde hat den Vergütungsantrag *eines im übrigen Gemeinschaftsgebiet ansässigen Unternehmers* innerhalb von sechs Monaten nach Eingang *aller erforderlichen Unterlagen* abschließend zu bearbeiten und den Vergütungsbetrag auszuzahlen. ²*Diese Frist gilt auch bei Vergütungsanträgen von Unternehmern, die auf den Kanarischen Inseln, in Ceuta oder in Melilla ansässig sind.* ³Im Falle der Vergütung hat *die zuständige Finanzbehörde* die Originalbelege durch Stempelaufdruck oder in anderer Weise zu entwerten.

244. Vorsteuer-Vergütungsverfahren und *allgemeines* Besteuerungsverfahren

(1) ¹Im Laufe eines Kalenderjahres kann der Fall eintreten, daß die Vorsteuern eines im Ausland ansässigen Unternehmers abschnittsweise im Wege des Vorsteuer-Vergütungsverfahrens und im Wege des *allgemeinen* Besteuerungsverfahrens zu vergüten oder von der Steuer abzuziehen sind. ²In diesen Fällen ist wie folgt zu verfahren:

1. ¹Vom Beginn des Voranmeldungszeitraums an, in dem das *allgemeine* Besteuerungsverfahren durchzuführen ist, endet die Zuständigkeit des Bundesamtes für Finanzen. ²Zuständig ist:

   a) *das Finanzamt, dem die örtliche Zuständigkeit für die Besteuerung aller Umsätze, die in einem bestimmten Staat ansässige Unternehmer im Inland bewirken, für das gesamte Bundesgebiet übertragen wurde (§ 21 Abs. 1 Satz 3 AO, § 1 USt-ZuständigkeitsV vom 21. 2. 1995 – BStBl I S. 204), oder*

   b) das Finanzamt des Umsatzschwerpunktes (§ 21 Abs. 1 Satz 2), wobei im Bereich eines Landes *allgemein* die Zuständigkeit eines zentralen Finanzamts gegeben sein kann (§ 17 Abs. 2 Satz 3 FVG), oder

   c) das Finanzamt oder zentrale Finanzamt, das vom Bundesamt für Finanzen als zuständiges Finanzamt bestimmt worden ist (§ 5 Abs. 1 Nr. 7 FVG), *oder*

   d) *das Finanzamt, das mit Zustimmung des örtlich zuständigen Finanzamtes und des Betroffenen die Besteuerung übernommen hat (§ 27 AO).*

2. Erfüllt der Unternehmer im Laufe des Kalenderjahres erneut die Voraussetzungen des Vorsteuer-Vergütungsverfahrens, so bleibt es gleichwohl bei der Zuständigkeit des Finanzamts.

3. ¹Das Finanzamt hat die Vorsteuervergütung jeweils in dem zutreffenden Verfahren durchzuführen. ²Liegen die Voraussetzungen für das *allgemeine* Besteuerungsverfahren in einem Voranmeldungszeitraum vor, so hat der Unternehmer eine entsprechende Voranmeldung abzugeben. ³Für Vergütungszeiträume, in denen die Voraussetzungen für das Vorsteuer-Vergütungsverfahren erfüllt sind, ist ein Vergütungsantrag nach amtlich vorgeschriebenem Muster abzugeben. ⁴In beiden Fällen sind die abziehbaren Vorsteuerbeträge durch Vorlage der Rechnung und Einfuhrbelege im Original nachzuweisen *(§ 18 Abs. 9 Satz 4 UStG, § 62 Abs. 2 UStDV).* ⁵Im Einzelfall können irrtümlich verwandte Voranmeldungs-Vordrucke hingenommen werden, vorausgesetzt, daß kein Mißbrauch zu befürchten ist. ⁶In Zweifelsfällen ist der Unternehmer unter Übersendung des Antragsvordrucks und eines Merkblatts um die richtige Antragstellung zu bitten.

4. ¹Nach Ablauf des Kalenderjahres hat der Unternehmer bei dem Finanzamt eine *Steuer*erklärung abzugeben. ²Das Finanzamt hat die Steuer für das Kalenderjahr festzusetzen. ³Hierbei sind die Vorsteuerbeträge nicht zu berücksichtigen, die im Vorsteuer-Vergütungsverfahren vergütet worden sind (§ 62 Abs. 1 Satz 1 UStDV).

5. ¹Erfüllt der Unternehmer nach Beginn des neuen Kalenderjahres zunächst die Voraussetzungen des Vorsteuer-Vergütungsverfahrens und stellt er den Vergütungsantrag bei dem bisher zuständigen Finanzamt, so ist hierin ein Antrag zu sehen, die Zuständigkeit für die Vergütung *nach* § 5 Abs. 1 Nr. 8 FVG auf das Finanzamt zu übertragen. ²Stellt der Unternehmer den Vergütungsantrag beim Bundesamt für Finanzen und beantragt er nicht die Übertragung der Zuständigkeit auf das Finanzamt, ist das Vorsteuer-Vergütungsverfahren vom Bundesamt für Finanzen durchzuführen.

(2) ¹Ist bei einem im Ausland ansässigen Unternehmer *das allgemeine* Besteuerungs*verfahren* durchzuführen und besitzt das Finanzamt keine Kenntnis darüber, ob der Unternehmer im lau-

Besteuerungsverfahren § 18 UStG

fenden Kalenderjahr bereits die Vergütung von Vorsteuerbeträgen im Vorsteuer-Vergütungsverfahren beantragt hat, hat das Finanzamt beim Bundesamt für Finanzen entsprechend anzufragen. ²Bejaht das Bundesamt für Finanzen die Frage, hat der Unternehmer die abziehbaren Vorsteuerbeträge auch im *allgemeinen* Besteuerungsverfahren durch Vorlage der Rechnungen und Einfuhrbelege im Original nachzuweisen (§ 62 Abs. 2 UStDV). ³Die Belege sind in gleicher Weise zu entwerten wie im Vorsteuer-Vergütungsverfahren.

245. Unternehmerbescheinigung für Unternehmer, die im Inland ansässig sind

¹Unternehmern, die in der Bundesrepublik Deutschland ansässig sind und die für die Beantragung der Vergütung von Vorsteuerbeträgen in einem anderen Staat eine Bestätigung ihrer Unternehmereigenschaft benötigen, ist von dem zuständigen Finanzamt eine Bescheinigung nach dem Muster in Abschnitt 243 Abs. 6 auszustellen. ²Das gilt auch für Organgesellschaften und Zweigniederlassungen im Inland, die zum Unternehmen eines im Ausland ansässigen Unternehmers gehören.

Verwaltungsanweisungen

- Keine Anwendung der Nullregelung nach § 52 Abs. 2 Nr. 2 UStDV bei Reiseleistungen im Abzugsverfahren (FinMin Hessen 11. 5. 1990, UR 1991, 32);

- Erfassung ausländischer Händler (OFD Saarbrücken 4. 3. 1994, UR 1995, 202);

- Nutzung gemeinschaftsrechtlicher Informationshilfen für die zwischenstaatliche Aushilfe (BMF 31. 3. 1994, UR 1994, 205);

- Durchführung von Umsatzsteuer-Sonderprüfungen (BMF 16. 5. 1994, UR 1994, 289);

- Mitwirkung der Kfz-Zulassungsstellen bei der Besteuerung des innergemeinschaftlichen Erwerbs neuer Fahrzeuge (BMF 31. 5. 1994, UR 1994, 332 und 4. 1. 1996, UR 1996, 72);

- Abgabe der Umsatzsteuer-Erklärung nach einer Schätzung (FinMin Niedersachsen 14. 9. 1994, UR 1995, 160);

- Merkblatt Umsatzsteuer-Abzugsverfahren (BMF 11. 10. 1994, StEd 1994, 646);

- Zulassung abweichender Vordrucke vom Umsatzsteuer-Voranmeldungsverfahren (BMF 13. 10. 1994, BStBl I, 800);

- Vorsteuer-Vergütungsverfahren; Zulassung eines vom amtlichen Vordruck abweichenden Vordrucks (BMF 13. 12. 1994, UR 1995, 80 und 22. 1. 1997, BStBl I, 182);

- Muster „Fahrzeugeinzelbesteuerung" nach § 18 Abs. 5a (BMF 19. 12. 1994, BStBl 1995 I, 63);

- Verordnung für die örtliche Zuständigkeit für die Umsatzsteuer im Ausland ansässiger Unternehmer (BMF 21. 2. 1995, BStBl I, 204);

- grenzüberschreitende Personenbeförderung von im Ausland zugelassenen Omnibussen (BMF 7. 3. 1995, BStBl I, 205);

- Beförderungseinzelbesteuerung; Durchführung der Erstattungen und Nacherhebungen nach Einspruchsentscheidungen (BFH 9. 3. 1995, UR 1995, 158);

- USt-Abzugsverfahren (OFD Saarbrücken 20. 4. 1995, UR 1997, 75);

- Zentrale Erstattungsbehörde im Vorsteuer-Vergütungsverfahren der übrigen Mitgliedstaaten (BMF 26. 5. 1995, StEd 1995, 385);
- Unterzeichnung von USt-Voranmeldungen (OFD Magdeburg 6. 7. 1995, UR 1995, 461);
- örtliche Zuständigkeit bei im Ausland ansässigen Unternehmern (OFD Düsseldorf 31. 7. 1995, UR 1995 409);
- Antragsfrist nach § 61 Abs. 1 Satz 2 UStDV (MdF Sachsen-Anhalt 14. 8. 1995, StEd 1995, 616 und BMF 18. 7. 1995, BStBl I, 382);
- Anrechnung der im Abzugsverfahren vom Leistungsempfänger einbehaltenen und abgeführten Umsatzsteuer-Voranmeldungen (BMF 21. 8. 1995, BStBl I, 418);
- Dauerfristverlängerungen in den Fällen des § 18 Abs. 4a UStG (BMF 13. 11. 1995, BStBl I, 765);
- Abgabe von USt-Voranmeldungen mittels Telefax (OFD Nürnberg 28. 11. 1995, UR 1996, 207);
- Neuregelung des USt-Voranmeldungsverfahrens ab dem 1. 1. 1996 (BMF 13. 12. 1995, BStBl I, 828 und OFD Düsseldorf 30. 7. 1996, StEd 1996, 584);
- ustl. Erfassung von Unternehmen, die grenzüberschreitenden Omnibusverkehr betreiben (Hess. FinMin 23. 1. 1996, UR 1996, 355);
- Vorsteuer-Vergütungsverfahren; Änderungen durch das JStG 1996 (BMF 7. 2. 1996, BStBl I, 118);
- Festsetzung von Verspätungszuschlägen wegen verspäteter bzw. unterlassener Abgabe von USt-Voranmeldungen (BMF 25. 4. 1996, StEd 1996, 429);
- Kontrollverfahren zur Erfassung von Unternehmen, die Personenbeförderungen mit nicht im Inland zugelassenen Kraftomnibussen durchführen (BMF 18. 6. 1996, UR 1996, 277 und Nds. FinMin 18. 6. 1996, StEd 1996, 489);
- Muster Umsatzsteuer-Voranmeldungs- und Vz-Verfahren 1997 (BMF 11. 10. 1996, BStBl I, 1207);
- Vorsteuer-Vergütungsverfahren; Gegenseitigkeit mit Drittstaaten (BMF 28. 11. 1996, BStBl I, 1394);
- USt-Vordrucke: Muster eines USt-Heftes (BMF 22. 1. 1997, BStBl I, 172).

Rechtsprechung

- Haftung des Leistungsempfängers im Abzugsverfahren (BFH 31. 1. 1985, UR 1985, 155);
- zur Adressierung eines Umsatzsteuer-Bescheides (BFH 17. 7. 1986, BStBl II, 834);
- zur Anrechnung (Verrechnung) von Überschüssen an Umsatzsteuer-Voranmeldungen gegenüber Steuerschulden (BFH 5. 8. 1986, BStBl 1987 II, 8);

Besteuerungsverfahren § 18 UStG

- Mitteilung des jeweiligen Kontostandes in der Umsatzsteuerfestsetzung für den Besteuerungszeitraum ist VA (BFH 16. 10. 1986, UR 1987, 47);

- Fortsetzungsfeststellungsinteresse an einem angefochtenen Umsatzsteuer-Voranmeldungsbescheid (BFH 18. 12. 1986, BStBl 1987 II, 222);

- zur Behandlung von Umsatzsteuer-Bescheiden im Konkursfall (BFH 16. 7. 1987, UR 1987, 295);

- Umsatzsteuer-Sonderprüfung und AO-Änderungssperre nach § 173 Abs. 2 AO (BFH 26. 11. 1987, BStBl 1988 II, 124);

- Vorsteuervergütungsverfahren nach §§ 59 ff. UStDV (BFH 28. 4. 1988, BStBl II, 748);

- Abgabefrist für Umsatzsteuer-Voranmeldungen und Festsetzung von Verspätungszuschlägen (BFH 18. 8. 1988, BStBl II, 929);

- Adressierung und Bekanntgabe von Umsatzsteuer-Bescheiden an Körperschaften des öffentlichen Rechts (BFH 18. 8. 1988, UR 1988, 382);

- Haftung eines GmbH-Geschäftsführers für die Umsatzsteuer (BFH 7. 11. 1989, UR 1990, 194);

- Haftung im Umsatzsteuer-Abzugsverfahren nach § 51 UStDV (BFH 23. 5. 1990, BStBl II, 1095 und 25. 5. 1990, BStBl 1991 II, 235);

- Frist zur Abgabe der Umsatzsteuer-Jahreserklärung (BFH 30. 3. 1992, BFH/NV 1993, 392);

- Dauerfristverlängerung (BFH 29. 10. 1993, BFH/NV 1994, 589);

- offenbare Unrichtigkeit einer Festsetzung bei Kennzifferverwechselung im EW-Bogen (BFH 15. 3. 1994, UR 1996, 165);

- Verhältnis USt-Voranmeldungsbescheid zur Jahressteuerfestsetzung (BFH 17. 3. 1994, HFR 1994, 664 und 16. 5. 1995, BStBl 1996 II, 259);

- Anmeldung fingierter Umsätze (BGH 23. 3. 1994, HFR 1994, 736);

- das Abzugsverfahren nach §§ 51 ff. UStDV ist EG-konform (BFH 24. 8. 1994, BStBl 1995 II, 188);

- gesonderte Feststellung von Besteuerungsgrundlagen nach §§ 180 ff. AO bei der USt (BFH 8. 6. 1995, BStBl II, 822);

- Aufrechnung mit rückständigen VZ-Beträgen auch nach Erlaß eines Jahressteuerbescheids möglich (BFH 22. 8. 1995, BStBl II, 916);

- strafrechtliches Verhältnis zwischen Jahressteuererklärungen und Voranmeldungen (BGH 16. 11. 1995, HFR 1996, 364);

- keine Berücksichtigung von Zweitschriften im Vorsteuer-Vergütungsverfahren (FG Köln 26. 6. 1996, StEd 1996, 610);

- zu den Voraussetzungen einer Unternehmensbescheinigung nach § 61 Abs. 3 UStDV (EuGH 26. 9. 1996, UR 1996, 430);

- Erlaß eines Haftungsbescheids nach § 55 UStDV ohne Beitreibungsversuch beim ausländischen Unternehmer muß nicht ermessensfehlerhaft sein (FG Brandenburg 6. 2. 1997, StEd 1997, 222).

UStG

§ 18a¹) Zusammenfassende Meldung

(1) ¹Der Unternehmer im Sinne des § 2 hat bis zum 10. Tag nach Ablauf jedes Kalendervierteljahres (Meldezeitraum), in dem er innergemeinschaftliche Warenlieferungen ausgeführt hat, beim Bundesamt für Finanzen eine Meldung nach amtlich vorgeschriebenem Vordruck abzugeben (Zusammenfassende Meldung), in der er die Angaben nach Absatz 4 zu machen hat. ²Dies gilt auch, wenn er Lieferungen im Sinne des § 25b Abs. 2 ausgeführt hat. ³Satz 1 gilt nicht für Unternehmer, die § 19 Abs. 1 anwenden. ⁴Sind dem Unternehmer die Fristen für die Abgabe der Voranmeldungen um einen Monat verlängert worden (§§ 46 bis 48 der Durchführungsverordnung), gilt diese Fristverlängerung für die Abgabe der Zusammenfassenden Meldung entsprechend. ⁵Die Zusammenfassende Meldung muß vom Unternehmer eigenhändig unterschrieben sein. ⁶Für die Anwendung dieser Vorschrift gelten auch nichtselbständige juristische Personen im Sinne des § 2 Abs. 2 Nr. 2 als Unternehmer. ⁷Die Landesfinanzbehörden übermitteln dem Bundesamt für Finanzen die erforderlichen Angaben zur Bestimmung der Unternehmer, die nach Satz 1 zur Abgabe der Zusammenfassenden Meldung verpflichtet sind. ⁸Diese Angaben dürfen nur zur Sicherstellung der Abgabe der Zusammenfassenden Meldung verwendet werden. ⁹Das Bundesamt für Finanzen übermittelt den Landesfinanzbehörden die Angaben aus den Zusammenfassenden Meldungen, soweit diese für steuerliche Kontrollen benötigt werden.

(2) Eine innergemeinschaftliche Warenlieferung im Sinne dieser Vorschrift ist

1. eine innergemeinschaftliche Lieferung im Sinne des § 6a Abs. 1 mit Ausnahme der Lieferungen neuer Fahrzeuge an Abnehmer ohne Umsatzsteuer-Identifikationsnummer;

2. eine innergemeinschaftliche Lieferung im Sinne des § 6a Abs. 2.

(3) (weggefallen)

(4) ¹Die Zusammenfassende Meldung muß folgende Angaben enthalten:

1. für innergemeinschaftliche Warenlieferungen im Sinne des Absatzes 2 Nr. 1

    a) die Umsatzsteuer-Identifikationsnummer jedes Erwerbers, die ihm in einem anderen Mitgliedstaat erteilt worden ist und unter der die innergemeinschaftlichen Warenlieferungen an ihn ausgeführt worden sind, und

    b) für jeden Erwerber die Summe der Bemessungsgrundlagen der an ihn ausgeführten innergemeinschaftlichen Warenlieferungen;

---

1) Anm.: § 18a Abs. 1, 4 und 5 i. d. F. des Art. 1 Nr. 11 Umsatzsteuer-Änderungsgesetz 1997 v. 12. 12. 96 (BGBl I, 1851); Abs. 2 und 6 i. d. F., Abs. 3 weggefallen gem. Art. 20 Nr. 14 JStG 1996 v. 11. 10. 95 (BGBl I, 1250); Abs. 9 i. d. F. des Art. 20 Nr. 26 StMBG v. 21. 12. 93 (BGBl I, 2310). – Vgl. hierzu VO v. 13. 5. 93 (BGBl I, 726).

Zusammenfassende Meldung § 18a UStG

2. für innergemeinschaftliche Warenlieferungen im Sinne des Absatzes 2 Nr. 2
   a) die Umsatzsteuer-Identifikationsnummer des Unternehmers in den Mitgliedstaaten, in die er Gegenstände verbracht hat, und
   b) die darauf entfallende Summe der Bemessungsgrundlagen;
3. für Lieferungen im Sinne des § 25b Abs. 2
   a) die Umsatzsteuer-Identifikationsnummer eines jeden letzten Abnehmers, die diesem in dem Mitgliedstaat erteilt worden ist, in dem die Versendung oder Beförderung beendet worden ist,
   b) für jeden letzten Abnehmer die Summe der Bemessungsgrundlagen der an ihn ausgeführten Lieferungen und
   c) einen Hinweis auf das Vorliegen eines innergemeinschaftlichen Dreiecksgeschäfts.

²§ 16 Abs. 6 und § 17 sind sinngemäß anzuwenden.

(5) ¹Die Angaben nach Absatz 4 Nr. 1 und 2 sind für den Meldezeitraum zu machen, in dem die Rechnung für die innergemeinschaftliche Warenlieferung ausgestellt wird, spätestens jedoch für den Meldezeitraum, in dem der auf die Ausführung der innergemeinschaftlichen Warenlieferung folgende Monat endet. ²Die Angaben für Lieferungen im Sinne des § 25b Abs. 2 sind für den Meldezeitraum zu machen, in dem diese Lieferungen ausgeführt worden sind.

(6) ¹Hat das Finanzamt den Unternehmer von der Verpflichtung zur Abgabe der Voranmeldungen und Entrichtung der Vorauszahlungen befreit (§ 18 Abs. 2 Satz 3), kann er die Zusammenfassende Meldung abweichend von Absatz 1 bis zum 10. Tag nach Ablauf jedes Kalenderjahres abgeben, in dem er innergemeinschaftliche Warenlieferungen ausgeführt hat, wenn
1. die Summe seiner Lieferungen und sonstigen Leistungen im vorangegangenen Kalenderjahr 400 000 Deutsche Mark nicht überstiegen hat und im laufenden Kalenderjahr voraussichtlich nicht übersteigen wird,
2. die Summe seiner innergemeinschaftlichen Warenlieferungen im vorangegangenen Kalenderjahr 30 000 Deutsche Mark nicht überstiegen hat und im laufenden Kalenderjahr voraussichtlich nicht übersteigen wird und
3. es sich bei den in Nummer 2 bezeichneten Warenlieferungen nicht um Lieferungen neuer Fahrzeuge an Abnehmer mit Umsatzsteuer-Identifikationsnummer handelt.

²Absatz 5 gilt entsprechend.

(7) Erkennt der Unternehmer nachträglich, daß eine von ihm abgegebene Zusammenfassende Meldung unrichtig oder unvollständig ist, so ist er verpflichtet, die ursprüngliche Zusammenfassende Meldung innerhalb von drei Monaten zu berichtigen.

(8) ¹Auf die Zusammenfassenden Meldungen sind ergänzend die für Steuererklärungen geltenden Vorschriften der Abgabenordnung anzuwenden. ²§ 152 Abs. 2 der Abgabenordnung ist mit der Maßgabe anzuwenden, daß der Verspätungszuschlag 1 v. H. der Summe aller nach Absatz 4 Satz 1 Nr. 1 Buchstabe b und Nr. 2 Buchstabe b zu meldenden Bemessungsgrundlagen für innergemeinschaftliche Warenlieferungen im Sinne des Absatzes 2 nicht übersteigen und höchstens 5 000 Deutsche Mark betragen darf.

(9) ¹Zur Erleichterung und Vereinfachung der Abgabe und Verarbeitung von Zusammenfassenden Meldungen kann das Bundesministerium der Finanzen durch Rechtsverordnung mit Zustimmung des Bundesrates bestimmen, daß die Zusammenfassende Meldung auf maschinell verwertbaren Datenträgern oder durch Datenfernübertragung übermittelt werden kann. ²Dabei können insbesondere geregelt werden:
1. die Voraussetzungen für die Anwendung des Verfahrens,
2. das Nähere über Form, Inhalt, Verarbeitung und Sicherung der zu übermittelnden Daten,
3. die Art und Weise der Übermittlung der Daten,
4. die Zuständigkeit für die Entgegennahme der zu übermittelnden Daten,
5. der Umfang und die Form der für dieses Verfahren erforderlichen besonderen Erklärungspflichten des Unternehmers.

³Zur Regelung der Datenübermittlung kann in der Rechtsverordnung auf Veröffentlichungen sachverständiger Stellen verwiesen werden; hierbei sind das Datum der Veröffentlichung, die Bezugsquelle und eine Stelle zu bezeichnen, bei der die Veröffentlichung archivmäßig gesichert niedergelegt ist.

6. EG-Richtlinie

Abschnitt XIII: Pflichten der Steuerschuldner

Artikel 22   Verpflichtungen im inneren Anwendungsbereich

...

(6) ...

   b) Jeder Steuerpflichtige mit einer Umsatzsteuer-Identifikationsnummer muß außerdem eine Aufstellung vorlegen, die Angaben über die Erwerber mit einer Umsatzsteuer-Identifikationsnummer enthält, denen er Gegenstände nach Maßgabe des Artikels 28c Teil A Buchstaben a) und d) geliefert hat, sowie über die Empfänger mit einer Umsatzsteuer-Identifikationsnummer der in Unterabsatz 5 genannten Umsätze.

   Diese Aufstellung ist für jedes Kalenderquartal innerhalb eines Zeitraums und nach Modalitäten vorzulegen, die von den Mitgliedstaaten festzulegen sind; diese treffen die erforderlichen Maßnahmen, damit auf jeden Fall die Bestimmungen über die Zusammenarbeit der Verwaltungen im Bereich der indirekten Steuern eingehalten werden.

   Die Aufstellung muß folgende Angaben enthalten:

   – die Umsatzsteuer-Identifikationsnummer des Steuerpflichtigen im Inland, unter der er Lieferungen von Gegenständen gemäß Artikel 28c Teil A Buchstabe a) bewirkt hat;

- *die Umsatzsteuer-Identifikationsnummer jedes Erwerbers, die diesem in einem anderen Mitgliedstaat erteilt worden ist und unter der ihm die Gegenstände geliefert wurden;*
- *und für jeden Erwerber den Gesamtbetrag der Lieferungen von Gegenständen, die der Steuerpflichtige bewirkt hat. Diese Beträge werden für das Kalenderquartal ausgewiesen, in dem der Steueranspruch eingetreten ist.*

Die Aufstellung muß außerdem folgende Angaben enthalten:
- *für die Lieferungen von Gegenständen nach Artikel 28c Teil A Buchstabe d) die Umsatzsteuer-Identifikationsnummer des Steuerpflichtigen im Inland, seine Umsatzsteuer-Identifikationsnummer im Bestimmungsmitgliedstaat sowie den nach Artikel 28e Absatz 2 festgelegten Gesamtbetrag dieser Lieferungen;*
- *den Betrag der Berichtigungen gemäß Artikel 11 Teil C Absatz 1. Diese Beträge sind für das Kalendervierteljahr zu erklären, in dem die Berichtigung dem Erwerber mitgeteilt wird.*

In den Fällen gemäß Artikel 28b Teil A Absatz 2 Unterabsatz 3 hat der Steuerpflichtige mit Umsatzsteuer-Identifikationsnummer im Inland in der Aufstellung folgende Einzelangaben zu machen:
- *seine Umsatzsteuer-Identifikationsnummer im Inland, unter der er den innergemeinschaftlichen Erwerb und die nachfolgende Lieferung der Gegenstände bewirkt hat;*
- *die Umsatzsteuer-Identifikationsnummer des Empfängers der vom Steuerpflichtigen bewirkten nachfolgenden Lieferung, die diesem im Bestimmungsmitgliedstaat der versandten oder beförderten Gegenstände erteilt worden ist;*
- *und für jeden einzelnen dieser Empfänger den Gesamtbetrag - ohne Mehrwertsteuer - der auf diese Weise vom Steuerpflichtigen im Bestimmungsmitgliedstaat der versandten oder beförderten Gegenstände bewirkten Lieferungen. Diese Beträge sind für das Quartal anzugeben, in dem der Steueranspruch eingetreten ist.*

...

(12) Der Rat kann die einzelnen Mitgliedstaaten auf Vorschlag der Kommission einstimmig ermächtigen, besondere Maßnahmen einzuführen, um die in Absatz 6 Buchstabe b) vorgesehenen Meldeverpflichtungen zu vereinfachen. Diese Vereinfachungsmaßnahmen, die die sichere Überwachung der innergemeinschaftlichen Umsätze nicht beeinträchtigen, können die Form der folgenden Bestimmungen annehmen:

...

b) Die Mitgliedstaaten, die den Steuerzeitraum, für den der Steuerpflichtige die Erklärung nach Absatz 4 abzugeben hat, auf mehr als drei Monate festlegen, können den Steuerpflichtigen ermächtigen, die Aufstellung für denselben Zeitraum vorzulegen, wenn der Steuerpflichtige die folgenden drei Voraussetzungen erfüllt:
- *der jährliche Gesamtbetrag der von ihnen gelieferten Gegenstände und der von ihnen erbrachten Dienstleistungen im Sinne der Artikel 5, 6 und des Artikels 28a Absatz 5 beläuft sich ohne Mehrwertsteuer auf nicht mehr als den Gegenwert von 200 000 ECU in Landeswährung;*
- *der jährliche Gesamtbetrag der von ihnen gemäß Artikel 28c Teil A bewirkten Lieferungen von Gegenständen beläuft sich ohne Mehrwertsteuer auf nicht mehr als den Gegenwert von 15 000 ECU in Landeswährung;*
- *bei den von ihnen bewirkten Lieferungen gemäß Artikel 28c Teil A handelt es sich nicht um neue Fahrzeuge.*

...

Verordnungen

**Verordnung (EWG) Nr. 218/92 des Rates
vom 27. Januar 1992
über die Zusammenarbeit der Verwaltungsbehörden auf dem
Gebiet der indirekten Besteuerung (MWSt.)**
(ABl. EG 1992 Nr. L 24, 1)

Der Rat der Europäischen Gemeinschaften –

gestützt auf den Vertrag zur Gründung der Europäischen Wirtschaftsgemeinschaft, insbesondere auf Artikel 99,
auf Vorschlag der Kommission[1]),
nach Stellungnahme des Europäischen Parlaments[2]),
nach Stellungnahme des Wirtschafts- und Sozialausschusses[3]),
in Erwägung nachstehender Gründe:

Die Verwirklichung des Binnenmarktes gemäß Artikel 8a des Vertrages erfordert die Schaffung eines Raumes ohne Binnengrenzen, in dem der freie Verkehr von Waren, Personen, Dienstleistungen und Kapital gewährleistet ist. Der Binnenmarkt erfordert Änderungen in den Rechtsvorschriften über die Mehrwertsteuer, wie dies in Artikel 99 des Vertrages vorgesehen ist.

Zur Vermeidung von Steuerausfällen für die Mitgliedstaaten müssen die zur Vollendung des Binnenmarktes und für die Übergangszeit zu treffenden Steuerharmonisierungsmaßnahmen auch die Einrichtung eines gemeinsamen Systems des Informationsaustausches für innergemeinschaftliche Geschäfte zwischen den zuständigen Behörden der Mitgliedstaaten umfassen.

Um die Abschaffung der Kontrollen zu steuerlichen Zwecken an den Binnengrenzen in Übereinstimmung mit den in Artikel 8a des Vertrages gesetzten Zielen zu ermöglichen, ist es notwendig, daß das Übergangssystem bei der Mehrwertsteuer nach der Richtlinie 91/680/EWG[4]) zur Änderung der Richtlinie 77/388/EWG[5]) wirksam und ohne Betrugsmöglichkeiten, die zu Wettbewerbsverzerrungen führen könnten, eingerichtet wird.

Mit der vorliegenden Verordnung wird ein gemeinsames System des Informationsaustausches für innergemeinschaftliche Geschäfte vorgesehen, das die Richtlinie 77/799/EWG[6]), zuletzt geändert durch die Richtlinie 79/1070/EWG[7]), ergänzen und steuerlichen Zwecken dienen soll.

Die Kommission sollte von den Mitgliedstaaten alle Informationen bezüglich der Mehrwertsteuer erhalten, die auf Gemeinschaftsebene von Interesse sein könnten.

Durch die Errichtung des gemeinsamen Systems der Verwaltungszusammenarbeit kann die Rechtsstellung von Personen insbesondere aufgrund des Informationsaustausches über ihren steuerlichen Status berührt werden.

---

1) **Anm.:** ABl. EG 1990 Nr. C 187, 23, und ABl. EG 1991 Nr. C 131, 5.
2) **Anm.:** ABl. EG 1990 Nr. C 328, 265, und Stellungnahme vom 17. 1. 1992.
3) **Anm.:** ABl. EG 1990 Nr. C 332, 124.
4) **Anm.:** ABl. EG 1991 Nr. L 376, 1.
5) **Anm.:** ABl. EG 1977 Nr. L 145, 1.
6) **Anm.:** ABl. EG 1977 Nr. L 336, 15.
7) **Anm.:** ABl. EG 1979 Nr. L 331, 8.

Es ist dafür zu sorgen, daß die Bestimmungen über die Kontrolle der indirekten Steuern in einem ausgewogenen Verhältnis zu dem Bedarf der Verwaltungen an einer wirksamen Kontrolle und dem Verwaltungsaufwand für die steuerpflichtigen Personen stehen.

Ein solches System macht es erforderlich, einen Ständigen Ausschuß für die Zusammenarbeit der Verwaltungsbehörden einzusetzen.

Die Mitgliedstaaten und die Kommission müssen ein wirkungsvolles System für die elektronische Speicherung und Übertragung bestimmter Daten zum Zwecke der Mehrwertsteuerkontrolle einrichten.

Es ist dafür Sorge zu tragen, daß die im Rahmen einer solchen Zusammenarbeit erteilten Auskünfte nicht unbefugten Personen zugänglich gemacht werden, damit die Grundrechte von Bürgern und Unternehmen geschützt bleiben. Die Behörde, der diese Auskünfte erteilt werden, sollte diese daher nicht ohne Genehmigung des Mitgliedstaates, der sie erteilt hat, für andere Zwecke als die der Besteuerung oder zur Durchführung gerichtlicher Verfahren wegen eines Verstoßes gegen das Steuerrecht der betreffenden Mitgliedstaaten verwenden. Die Behörde, der die Auskünfte erteilt werden, muß die Informationen ferner mit dem gleichen Maß an Vertraulichkeit behandeln, die diese in dem Mitgliedstaat genießen, der sie zur Verfügung gestellt hat, wenn dieser dies verlangt.

Es bedarf der Zusammenarbeit zwischen den Mitgliedstaaten und der Kommission zum Zwecke der laufenden Bewertung der Verfahren der Zusammenarbeit und der Zusammenführung der Erfahrung auf den betreffenden Gebieten mit dem Ziel, diese Verfahren zu verbessern und geeignete Gemeinschaftsregeln festzulegen –

hat folgende Verordnung erlassen:

Artikel 1

Diese Verordnung regelt die Modalitäten, nach denen die in den Mitgliedstaaten mit der Anwendung der Vorschriften auf dem Gebiet der Mehrwertsteuer beauftragten Verwaltungsbehörden untereinander und mit der Kommission zusammenarbeiten, um die Einhaltung der genannten Vorschriften zu gewährleisten.

Hierzu regelt sie Verfahren für den DV-gestützten Austausch von für die Mehrwertsteuer relevanten Informationen über innergemeinschaftliche Geschäfte und für den sich daran anschließenden Informationsaustausch zwischen den zuständigen Behörden der Mitgliedstaaten.

Artikel 2

(1) Im Sinne dieser Verordnung bedeuten:

- *„zuständige Behörde" die gemäß Absatz 2 als Korrespondenzstelle benannte Behörde;*
- *„ersuchende Behörde" die zuständige Behörde eines Mitgliedstaats, die ein Ersuchen um Amtshilfe stellt;*
- *„ersuchte Behörde" die zuständige Behörde eines Mitgliedstaates, an die ein Ersuchen um Amtshilfe gerichtet wird;*
- *„Person"*
  - *eine natürliche Person,*
  - *eine juristische Person,*
  - *sofern diese Möglichkeit nach den geltenden Rechtsvorschriften besteht, eine Personenvereinigung, der die Rechtsfähigkeit zuerkannt wurde, die aber nicht über die Rechtsstellung einer juristischen Person verfügt;*

- *„Zugang gewähren"* die Ermöglichung des Zugangs zu der betreffenden elektronischen Datenbank sowie die DV-gestützte Bereitstellung von Daten;
- *„Umsatzsteuer-Identifikationsnummer"* die in Artikel 22 Absatz 1 Buchstaben c, d und e der Richtlinie 77/388/EWG vorgesehene Nummer;
- *„innergemeinschaftliche Geschäfte"* die innergemeinschaftliche Warenlieferung und die innergemeinschaftliche Dienstleistung im Sinne dieses Absatzes;
- *„innergemeinschaftliche Warenlieferung"* eine Lieferung von Gegenständen, die in der Aufstellung gemäß Artikel 22 Absatz 6 Buchstabe b der Richtlinie 77/388/EWG anzuzeigen ist;
- *„innergemeinschaftliche Dienstleistung"* die Erbringung von Dienstleistungen, die unter Artikel 28b Teile C, D und E der Richtlinie 77/388/EWG fallen;
- *„innergemeinschaftlicher Erwerb von Gegenständen"* die Erlangung des Rechts, nach Artikel 28a Absatz 3 der Richtlinie 77/388/EWG, wie ein Eigentümer über einen beweglichen körperlichen Gegenstand zu verfügen.

(2) Jeder Mitgliedstaat nennt den anderen Mitgliedstaaten und der Kommission die zuständigen Behörden, die er für die Zwecke der Anwendung dieser Verordnung als Korrespondenzstellen benennt. Darüber hinaus benennt jeder Mitgliedstaat eine zentrale Behörde, die für die Verbindung zu den anderen Mitgliedstaaten auf dem Gebiet der Zusammenarbeit der Verwaltungsbehörden in erster Linie zuständig ist.

(3) Die Kommission veröffentlicht das Verzeichnis der zuständigen Behörden im Amtsblatt der Europäischen Gemeinschaften und bringt es bei Bedarf auf den neuesten Stand.

TITEL I
Informationsaustausch – Allgemeine Bestimmungen
Artikel 3

(1) Die Verpflichtung zur Leistung von Amtshilfe im Sinne dieser Verordnung schließt nicht die Übermittlung von Auskünften oder Unterlagen ein, die die in Artikel 1 genannten Verwaltungsbehörden auf Antrag der Justizbehörden erhalten.

Im Falle eines Amtshilfeersuchens werden diese Auskünfte oder Unterlagen jedoch in allen Fällen mitgeteilt, in denen die Justizbehörden bei einem entsprechenden Antrag ihre Zustimmung erteilen.

(2) Diese Verordnung schränkt die in anderen Vereinbarungen oder Instrumenten enthaltenen Regelungen über die Zusammenarbeit in Steuerfragen nicht ein.

(3) Diese Verordnung berührt nicht die Anwendung der die gegenseitige Rechts- und Amtshilfe in Strafsachen betreffenden Vorschriften in den Mitgliedstaaten.

TITEL II
Austausch von für die Mehrwertsteuer relevanten Informationen
über innergemeinschaftliche Geschäfte
Artikel 4

(1) Die zuständige Behörde jedes Mitgliedstaates unterhält eine elektronische Datenbank, in der sie Informationen speichert und bearbeitet, die sie gemäß Artikel 22 Absatz 6 Buchstabe b der Richtlinie 77/388/EWG sammelt. Um die Verwendung dieser Informationen im

Rahmen der in der vorliegenden Verordnung vorgesehenen Verfahren zu ermöglichen, sind die Informationen mindestens fünf Jahre lang ab dem Ende des Kalenderjahres, in dem die Informationen zur Verfügung gestellt werden müssen, zu speichern. Die Mitgliedstaaten gewährleisten die Aktualisierung, Ergänzung und genaue Führung der Datenbank. Nach dem Verfahren des Artikels 10 sind die Kriterien festzulegen, nach denen bestimmt wird, welche Ergänzungen nicht relevant, wesentlich oder zweckmäßig sind und somit nicht vorgenommen zu werden brauchen.

(2) Auf der Grundlage der gemäß Absatz 1 gesammelten Daten kann die zuständige Behörde eines Mitgliedstaates von jedem anderen Mitgliedstaat folgende Informationen unmittelbar und unverzüglich erhalten oder direkt abrufen:

– *die von dem Mitgliedstaat, der die Auskunft erhält, erteilten Umsatzsteuer-Identifikationsnummern zusammen mit*

– *dem Gesamtwert aller innergemeinschaftlichen Warenlieferungen, die an die Personen, denen solche Nummern erteilt wurden, von allen Unternehmen, die in dem auskunfterteilenden Mitgliedstaat eine Umsatzsteuer-Identifikationsnummer erhalten haben, getätigt wurden; die Werte sind in der Währung des Mitgliedstaates, der die Auskünfte erteilt, auszudrücken und müssen sich jeweils auf ein Kalenderquartal beziehen.*

(3) Wenn die zuständige Behörde eines Mitgliedstaates dies zur Kontrolle innergemeinschaftlichen Erwerbs für erforderlich hält, kann sie ausschließlich zur Bekämpfung der Steuerhinterziehung auf der Grundlage der gemäß Absatz 1 gesammelten Daten folgende weitere Informationen unmittelbar und unverzüglich erhalten oder direkt abrufen:

– *die Umsatzsteuer-Identifikationsnummern aller Personen, die die in Absatz 2 zweiter Gedankenstrich genannten Lieferungen getätigt haben, zusammen mit*

– *dem Gesamtwert dieser Lieferungen von jeder dieser Personen an jede betreffende Person, der eine Umsatzsteuer-Identifikationsnummer nach Absatz 2 erster Gedankenstrich erteilt wurde; die Werte sind in der Währung des Mitgliedstaates, der die Auskünfte erteilt, auszudrücken und müssen sich jeweils auf ein Kalenderquartal beziehen.*

(4) Ist die zuständige Behörde eines Mitgliedstaates aufgrund dieses Artikels verpflichtet, Zugang zu Informationen zu gewähren, so muß sie dieser Pflicht hinsichtlich der Informationen gemäß den Absätzen 2 und 3 binnen drei Monaten ab dem Ende des Kalenderquartals, auf das sich die Informationen beziehen, nachkommen. Abweichend hiervon ist in den Fällen, in denen der Datenbestand gemäß Absatz 1 durch weitere Informationen ergänzt wird, so bald wie möglich, in jedem Fall jedoch spätestens drei Monate nach dem Quartal, in dem die zusätzlichen Informationen erfaßt wurden, Zugang zu diesen Ergänzungen zu gewähren; die Bedingungen, unter denen die berichtigten Informationen zugänglich gemacht werden können, werden nach dem Verfahren des Artikels 10 festgelegt.

(5) Unterhalten die zuständigen Behörden der Mitgliedstaaten für die Anwendung dieses Artikels Datenbestände in elektronischen Datenbanken und tauschen sie solche Daten auf elektronischem Wege aus, so treffen sie die notwendigen Maßnahmen, um die Einhaltung des Artikels 9 zu gewährleisten.

Artikel 5

(1) Sind die nach Artikel 4 erteilten Auskünfte unzureichend, so kann die zuständige Behörde eines Mitgliedstaates jederzeit in Einzelfällen einen Antrag auf Erteilung weiterer Auskünfte stellen. Die ersuchte Behörde erteilt die Auskünfte so bald wie möglich, in jedem Fall jedoch spätestens drei Monate nach Erhalt des Antrages.

(2) In den Fällen nach Absatz 1 übermittelt die ersuchte Behörde der ersuchenden Behörde zumindest die Rechnungsnummern, -daten und -beträge für bestimmte einzelne Geschäfte zwischen Personen in den betroffenen Mitgliedstaaten.

Artikel 6

(1) Die zuständige Behörde jedes Mitgliedstaates unterhält eine elektronische Datenbank, in der ein Verzeichnis der Personen gespeichert wird, die von diesem Mitgliedstaat eine Umsatzsteuer-Identifikationsnummer erhalten haben.

(2) Die zuständige Behörde eines Mitgliedstaates kann jederzeit die Bestätigung der Gültigkeit der Umsatzsteuer-Identifikationsnummer, unter der eine Person eine innergemeinschaftliche Warenlieferung oder Dienstleistung getätigt oder erhalten hat, auf der Grundlage der gemäß Artikel 4 Absatz 1 gesammelten Daten unmittelbar erhalten oder sich übermitteln lassen. Auf besonderen Antrag übermittelt die ersuchte Behörde auch den Zeitpunkt der Erteilung und gegebenenfalls den Zeitpunkt des Ablaufs der Gültigkeit der Umsatzsteuer-Identifikationsnummer.

(3) Auf Antrag teilt die zuständige Behörde unverzüglich auch den Namen und die Anschrift der Person mit, der die Nummer zugeteilt wurde, sofern diese Angaben von der ersuchenden Behörde nicht im Hinblick auf eine etwaige künftige Verwendung gespeichert werden.

(4) Die zuständigen Behörden der einzelnen Mitgliedstaaten gewährleisten, daß Personen, die an innergemeinschaftlichen Warenlieferungen oder Dienstleistungen beteiligt sind, eine Bestätigung der Gültigkeit einer Umsatzsteuer-Identifikationsnummer einer bestimmten Person erhalten können.

(5) Unterhalten die zuständigen Behörden der Mitgliedstaaten für die Anwendung dieses Artikels Datenbestände in elektronischen Datenbanken und tauschen sie solche Daten auf elektronischem Wege aus, so treffen sie die notwendigen Maßnahmen, um die Einhaltung von Artikel 9 zu gewährleisten.

TITEL III
Voraussetzungen für den Informationsaustausch
Artikel 7

(1) Die ersuchte Behörde eines Mitgliedstaats erteilt der ersuchenden Behörde eines anderen Mitgliedstaats die Auskünfte gemäß Artikel 5 Absatz 2 unter der Voraussetzung, daß

– Anzahl und Art der Auskunftsersuchen dieser ersuchenden Behörde innerhalb eines bestimmten Zeitraums dieser ersuchten Behörde keinen unverhältnismäßig großen Verwaltungsaufwand verursachen,

– diese ersuchende Behörde die üblichen Informationsquellen ausgeschöpft hat, die sie unter den gegebenen Umständen zur Erlangung der erbetenen Auskünfte genutzt haben könnte, ohne die Erreichung des angestrebten Ergebnisses zu gefährden,

– diese ersuchende Behörde um Amtshilfe nur dann ersucht, wenn sie selbst in der Lage ist, der ersuchenden Behörde eines anderen Mitgliedstaates die gleiche Unterstützung zu leisten.

Die Kommission unterbreitet gemäß dem Verfahren des Artikels 10 und unter Berücksichtigung der Erfahrungen im ersten Jahr der Anwendung der Neuregelung der Zusammenarbeit der Verwaltungsbehörden vor Juli 1994 allgemeine Kriterien zur Bestimmung der Tragweite dieser Verpflichtungen.

(2) Kann eine ersuchende Behörde den allgemeinen Bestimmungen nach Absatz 1 nicht nachkommen, so teilt sie dies unter Angabe ihrer Gründe unverzüglich der ersuchten Behörde mit. Ist eine ersuchte Behörde der Auffassung, daß die allgemeinen Bestimmungen nach Absatz 1 nicht eingehalten werden und daß somit keine Verpflichtung zur Auskunftserteilung besteht, so teilt sie dies unter Angabe ihrer Gründe unverzüglich der ersuchenden Behörde mit. Die ersuchende Behörde und die ersuchte Behörde bemühen sich um ein Einvernehmen. Kommt innerhalb eines Monats ab dem Zeitpunkt der Mitteilung kein Einvernehmen zustande, so kann jede der beiden Behörden die Prüfung der Angelegenheit gemäß Artikel 11 beantragen.

(3) Dieser Artikel berührt nicht die Anwendung der Richtlinie 77/799/EWG in bezug auf den Informationsaustausch gemäß Artikel 5 Absatz 1.

Artikel 8

Werden Informationen gemäß Artikel 5 ausgetauscht und sehen die innerstaatlichen Rechtsvorschriften in einem Mitgliedstaat die Unterrichtung der von dem Informationsaustausch betroffenen Person vor, so können diese Vorschriften weiter angewandt werden, es sei denn, ihre Anwendung würde die Untersuchung wegen Steuerhinterziehung in einem anderen Mitgliedstaat beeinträchtigen; auf ausdrücklichen Antrag der ersuchenden Behörde unterläßt die ersuchte Behörde in einem solchen Fall diese Unterrichtung.

Artikel 9

(1) Die Auskünfte, die im Rahmen der Durchführung dieser Verordnung in irgendeiner Form übermittelt werden, haben vertraulichen Charakter. Sie fallen unter das Berufsgeheimnis und genießen den Schutz, den das innerstaatliche Recht des Mitgliedstaates, der sie erhalten hat, für Auskünfte dieser Art gewährt, ebenso wie den Schutz, den die entsprechenden Vorschriften, die auf die Gemeinschaftsinstanzen Anwendung finden, vorsehen.

Diese Auskünfte dürfen in jedem Fall

– nur den unmittelbar den mit der Festsetzung, mit der Erhebung oder administrativen Kontrolle der Steuern befaßten Personen zum Zweck der Steuerfestsetzung zur Verfügung gestellt werden oder aber Bediensteten der Gemeinschaftsorgane, deren Amtspflichten einen Zugang zu diesen Informationen erfordern;

– im Zusammenhang mit Gerichtverfahren oder Verwaltungsverfahren verwendet werden, die Sanktionen wegen Nichtbeachtung der Steuergesetze zur Folge haben können.

(2) Abweichend von Absatz 1 gestattet die zuständige Behörde des Mitgliedstaats, der die Auskünfte erteilt, daß diese im ersuchenden Mitgliedstaat für andere Zwecke verwendet werden, wenn die Auskünfte nach den Rechtsvorschriften des ersuchten Mitgliedstaats dort für ähnliche Zwecke verwendet werden könnten.

(3) Ist die ersuchende Behörde der Auffassung, daß Auskünfte, die ihr von der ersuchten Behörde erteilt wurden, für die zuständige Behörde eines dritten Mitgliedstaats nützlich sein können, kann sie diese der letztgenannten mit Zustimmung der ersuchten Behörde übermitteln.

TITEL IV

Verfahren zur Konsultation und zur Koordinierung
Artikel 10

(1) Die Kommission wird von einem Ständigen Ausschuß für die Zusammenarbeit der Verwaltungsbehörden auf dem Gebiet der indirekten Besteuerung, nachstehend „Ausschuß" genannt, unterstützt. Der Ausschuß setzt sich aus Vertretern der Mitgliedstaaten und einem Vertreter der Kommission zusammen, der den Vorsitz führt.

(2) Die Maßnahmen zur Anwendung von Artikel 4 und Artikel 7 Absatz 1 werden nach dem Verfahren der Absätze 3 und 4 des vorliegenden Artikels beschlossen.

(3) Der Vertreter der Kommission unterbreitet dem Ausschuß einen Entwurf der zu treffenden Maßnahmen. Der Ausschuß gibt seine Stellungnahme zu diesem Entwurf innerhalb einer Frist ab, die der Vorsitzende unter Berücksichtigung der Dringlichkeit der betreffenden Frage festsetzen kann. Die Stellungnahme wird mit der Mehrheit der Stimmen abgegeben, wobei die Stimmen der Mitgliedstaaten gemäß Artikel 148 Absatz 2 des Vertrages gewogen werden. Der Vorsitzende nimmt an der Abstimmung nicht teil.

(4) a) Die Kommission erläßt die beabsichtigten Maßnahmen, wenn sie mit der Stellungnahme des Ausschusses übereinstimmen.

b) Stimmen die beabsichtigten Maßnahmen mit der Stellungsnahme des Ausschusses nicht überein oder liegt keine Stellungnahme vor, so unterbreitet die Kommission dem Rat unverzüglich einen Vorschlag für die zu treffenden Maßnahmen. Der Rat beschließt mit qualifizierter Mehrheit.
Hat der Rat nach Ablauf einer Frist von drei Monaten nach seiner Befassung keinen Beschluß gefaßt, so werden die vorgeschlagenen Maßnahmen von der Kommission erlassen, es sei denn, der Rat hat sich mit einfacher Mehrheit gegen die genannten Maßnahmen ausgesprochen.

Artikel 11

Die Mitgliedstaaten prüfen und bewerten zusammen mit der Kommission das Funktionieren der in dieser Verordnung vorgesehenen Regelungen für die Zusammenarbeit der Verwaltungsbehörden und die Kommission faßt die Erfahrungen der Mitgliedstaaten, insbesondere hinsichtlich neuer Arten der Umgehung oder Hinterziehung von Steuern oder des Steuerbetrugs zusammen, um das Funktionieren dieser Regelungen zu verbessern. Die Mitgliedstaaten übermitteln der Kommission zu diesem Zweck auch für die Mehrwertsteuer relevante Informationen zu innergemeinschaftlichen Geschäften, wenn diese Informationen auf Gemeinschaftsebene von Interesse sein können.

Artikel 12

(1) In Fragen von bilateralem Interesse können die zuständigen Behörden der Mitgliedstaaten untereinander direkt Auskünfte erteilen. Die zuständigen Behörden der Mitgliedstaaten können im gegenseitigen Einvernehmen den von ihnen bestimmten Behörden die Erlaubnis erteilen, untereinander in einzeln bestimmten Fällen oder in bestimmten Kategorien von Fällen direkt Auskünfte auszutauschen.

(2) Zur Durchführung dieser Verordnung treffen die Mitgliedstaaten alle erforderlichen Maßnahmen, um

a) zwischen den in Artikel 1 genannten zuständigen Behörden eine einwandfreie interne Koordinierung sicherzustellen;

b) zwischen den Behörden, die sie zum Zwecke dieser Koordinierung besonders ermächtigen, eine unmittelbare Zusammenarbeit herzustellen;

c) *geeignete Vereinbarungen abzuschließen, die ein reibungsloses Funktionieren der in dieser Verordnung vorgesehenen Regelungen für den Austausch von Auskünften gewährleisten.*

(3) Die Kommission übermittelt den zuständigen Behörden der einzelnen Mitgliedstaaten alle Auskünfte, die ihr erteilt werden und die sie erteilen kann, sobald ihr diese zur Verfügung stehen.

TITEL V

Schlußbestimmungen
Artikel 13

Die Mitgliedstaaten verzichten auf jeden Anspruch auf Erstattung der sich aus der Durchführung dieser Verordnung ergebenden Kosten, mit Ausnahme der gegebenenfalls an Sachverständige gezahlten Entschädigungen.

Artikel 14

(1) Die Kommission erstattet dem Europäischen Parlament und dem Rat alle zwei Jahre ab dem Inkrafttreten dieser Verordnung einen Bericht über den Stand der Anwendung dieser Verordnung, insbesondere auf Grundlage der in Artikel 11 vorgesehenen ständigen Überprüfung.

(2) Die Mitgliedstaaten teilen der Kommission den Wortlaut aller innerstaatlichen Rechtsvorschriften mit, die sie auf dem unter diese Verordnung fallenden Gebiet erlassen.

Artikel 15

Diese Verordnung tritt am dritten Tag nach ihrer Veröffentlichung im Amtsblatt der Europäischen Gemeinschaften in Kraft.

Der Informationsaustausch aufgrund dieser Verordnung beginnt erst ab dem 1. Januar 1993.

Diese Verordnung ist in allen ihren Teilen verbindlich und gilt unmittelbar in jedem Mitgliedstaat.

Verordnung über die Abgabe von Zusammenfassenden Meldungen auf maschinell verwertbaren Datenträgern
(Datenträger-Verordnung über die Abgabe Zusammenfassender Meldungen – ZMDV) vom 13. Mai 1993
(BStBl I S. 859)

Auf Grund des § 18a Abs. 9 des Umsatzsteuergesetzes in der Fassung der Bekanntmachung vom 8. Februar 1991 (BGBl I S. 350), der durch Artikel 1 Nr. 23 des Gesetzes vom 25. August 1992 (BGBl I S. 1548) eingefügt worden ist, verordnet der Bundesminister der Finanzen:

§ 1 Grundsatz

(1) Unternehmer, die mechanische Arbeitsgänge bei der Führung von Büchern und Aufzeichnungen mittels automatischer Einrichtungen erledigen oder von einem datenverarbeitenden Unternehmen durchführen lassen, können nach Zulassung durch das Bundesamt für Finanzen die Zusammenfassenden Meldungen nach § 18a des Umsatzsteuergesetzes auf maschinell verwertbaren Datenträgern abgeben oder durch datenverarbeitende Unternehmen abgeben lassen (Datenübermittlung).

(2) Datenverarbeitende Unternehmen im Sinne des Absatzes 1 sind Unternehmen, die mechanische Arbeitsgänge bei der Führung von Büchern und Aufzeichnungen für andere Unternehmer mittels automatischer Einrichtungen erledigen. Als datenverarbeitende Unternehmen gelten auch öffentlich-rechtliche Datenverarbeitungszentralen.

(3) Die Übermittlung von Daten auf maschinell verwertbaren Datenträgern durch einen Unternehmer oder ein datenverarbeitendes Unternehmen steht der Abgabe einer Zusammenfassenden Meldung nach amtlich vorgeschriebenem Vordruck gleich, wenn der Unternehmer oder das datenverarbeitende Unternehmen nach Maßgabe der §§ 2 bis 6 zugelassen ist und die Daten mängelfrei nach Maßgabe der §§ 7 bis 10 an das Bundesamt für Finanzen übermittelt hat.

§ 2 Zulassung

(1) Die Datenübermittlung durch den Unternehmer oder durch ein datenverarbeitendes Unternehmen bedarf der Zulassung. In den Fällen des § 3 Abs. 3 gilt die Zulassung als erteilt, soweit das Bundesamt für Finanzen nicht widerspricht.

(2) Die Zulassung kann mit Nebenbestimmungen versehen werden.

(3) Für das Zulassungsverfahren gelten die Vorschriften der Abgabenordnung.

§ 3 Antrag

(1) Die Zulassung der Datenübermittlung ist nach einem vom Bundesamt für Finanzen zu bestimmenden Muster zu beantragen.

(2) Der Antrag des Unternehmers hat zu enthalten:

1. *die Umsatzsteuer-Identifikationsnummer (USt-IdNr.),*
2. *die Erklärung, daß § 7 und die Anlagen 1 bis 3 zu dieser Verordnung beachtet werden,*
3. *Angaben über den voraussichtlichen Beginn der Versendung der Datenträger,*
4. *einen in der vorgesehenen Form beschriebenen Test-Datenträger,*
5. *die Erklärung, ob die Erstellung und Übermittlung der Daten vom Unternehmer selbst oder von einem datenverarbeitenden Unternehmen ausgeführt werden,*
6. *die Bezeichnung der für die Erstellung der Datenträger benutzten ADV-Anlage einschließlich des Betriebssystems,*
7. *gegebenenfalls die Bezeichnung der für die Erstellung der Datenträger eingesetzten Standard-Software mit der Versicherung, daß die Standard-Software unverändert von der dem Bundesamt für Finanzen bekannten Version eingesetzt wird,*
8. *eine Versicherung mit folgendem Inhalt:*

    a) wenn der Unternehmer die mechanischen Arbeitsgänge bei der Führung von Büchern und Aufzeichnungen mittels automatischer Einrichtungen erledigt:

    „Ich versichere, daß ich die Unterlagen und Angaben, die für die Datenübermittlung erforderlich sind, nach bestem Wissen und Gewissen vollständig und richtig verarbeiten werde. Ich werde die ausgedruckten oder auf Bildträger ausgegebenen Daten überprüfen und gemäß § 9 Abs. 3 der Datenträger-Verordnung über die Abgabe Zusammenfassender Meldungen vom 13. Mai 1993 (BGBl I S. 726) eine berichtigte Zusammenfassende Meldung abgeben, wenn ich eine Unvollständigkeit oder Unrichtigkeit feststelle. Die ausgedruckten oder auf Bildträger ausgegebenen Daten werde ich nach Maßgabe des § 147 der Abgabenordnung aufbewahren.

Mir ist folgendes bekannt:

Wer vorsätzlich oder leichtfertig entgegen seinen Verpflichtungen nach § 18a UStG eine Zusammenfassende Meldung nicht, nicht richtig, nicht vollständig oder nicht rechtzeitig abgibt, nicht oder nicht rechtzeitig berichtigt, handelt ordnungswidrig. Die Ordnungswidrigkeit kann mit einer Geldbuße bis zu zehntausend Deutsche Mark geahndet werden (§ 26a des Umsatzsteuergesetzes). Wer dadurch eine Hinterziehung oder leichtfertige Verkürzung von Umsatzsteuer in einem anderen Mitgliedstaat der Europäischen Gemeinschaften bewirkt, kann sich gemäß § 370 der Abgabenordnung strafbar machen oder gemäß § 378 der Abgabenordnung ordnungswidrig handeln."

b) wenn der Unternehmer die mechanischen Arbeitsgänge bei der Führung von Büchern und Aufzeichnungen von einem datenverarbeitenden Unternehmen durchführen läßt:

„Ich versichere, daß ich die Unterlagen und Angaben, die für die Datenübermittlung durch das datenverarbeitende Unternehmen erforderlich sind, diesem nach bestem Wissen und Gewissen vollständig und richtig zur Verfügung stellen werde. Ich werde die vom datenverarbeitenden Unternehmen übermittelten Daten überprüfen und gemäß § 9 Abs. 4 der Datenträger-Verordnung über die Abgabe Zusammenfassender Meldungen vom 13. Mai 1993 (BGBl I S. 726) eine berichtigte Zusammenfassende Meldung abgeben, wenn ich eine Unvollständigkeit oder Unrichtigkeit feststelle. Die mir vom datenverarbeitenden Unternehmen übermittelten Daten werde ich nach Maßgabe des § 147 der Abgabenordnung aufbewahren.

Mir ist folgendes bekannt:

Wer vorsätzlich oder leichtfertig entgegen seinen Verpflichtungen nach § 18a UStG eine Zusammenfassende Meldung nicht, nicht richtig, nicht vollständig oder nicht rechtzeitig abgibt, nicht oder nicht rechtzeitig berichtigt, handelt ordnungswidrig. Die Ordnungswidrigkeit kann mit einer Geldbuße bis zu zehntausend Deutsche Mark geahndet werden (§ 26a des Umsatzsteuergesetzes). Wer dadurch eine Hinterziehung oder leichtfertige Verkürzung von Umsatzsteuer in einem anderen Mitgliedstaat der Europäischen Gemeinschaften bewirkt, kann sich gemäß § 370 der Abgabenordnung strafbar machen oder gemäß § 378 der Abgabenordnung ordnungswidrig handeln."

(3) Werden die Datenträger vom Unternehmer mit Standard-Software oder von einem datenverarbeitenden Unternehmen erstellt und übermittelt, und ist die Standard-Software dem Bundesamt für Finanzen bekannt oder das datenverarbeitende Unternehmen bereits zugelassen, reicht eine Mitteilung des Unternehmers nach einem vom Bundesamt für Finanzen zu bestimmenden Muster mit der Bezeichnung der Standard-Software oder des datenverarbeitenden Unternehmens und den Angaben zu Absatz 2 Nr. 1, 2, 3, 4, 5, 7 und 8 oder Nr. 1, 2, 3, 4, 5 und 8 aus.

(4) Von der Übersendung eines Test-Datenträgers kann auf Antrag des Unternehmens abgesehen werden, wenn die Datenträger von einem datenverarbeitenden Unternehmen erstellt und übermittelt werden sollen und das datenverarbeitende Unternehmen bereits mit einem Zulassungsantrag einen in der vorgeschriebenen Form beschriebenen Test-Datenträger vorgelegt hat. Dasselbe gilt bei unverändertem Einsatz von Standard-Software.

(5) Wird die Zulassung zur Datenübermittlung von einem datenverarbeitenden Unternehmen beantragt, reichen die Angaben zu Absatz 2 Nr. 2, 3, 4, 6 und 7 aus.

§ 4 Erteilung der Zulassung

(1) Das Bundesamt für Finanzen erteilt die Zulassung durch schriftlichen Verwaltungsakt.

(2) Dieser Verwaltungsakt hat Angaben zu enthalten über:
1. *Art, Inhalt und Aufbau des Datenträgers (§ 7),*
2. *den Beginn der Datenübermittlung,*
3. *etwaige Nebenbestimmungen.*

§ 5 Ablehnung der Zulassung

Der Antrag auf Zulassung ist durch schriftlichen Verwaltungsakt abzulehnen, wenn der Unternehmer oder das vom Unternehmer beauftragte datenverarbeitende Unternehmen die technischen Voraussetzungen für eine Datenübermittlung nach den §§ 7 bis 10 nicht erfüllt oder nicht die Gewähr für eine ordnungsgemäße Durchführung der Datenübermittlung bietet.

§ 6 Widerruf der Zulassung

Die Zulassung kann auf Antrag des Unternehmers oder aus wichtigem Grund widerrufen werden. Insbesondere kann sie widerrufen werden, wenn bei den übermittelten Datenträgern wiederholt Mängel festgestellt werden, die zu einer erheblichen Störung des Arbeitsablaufs beim Bundesamt für Finanzen führen.

§ 7 Art, Inhalt und Aufbau des Datenträgers

Für die Datenübermittlung sind Datenträger zu verwenden, die die in der Anlage 1 genannten DIN-Normen erfüllen. Der Inhalt und Aufbau der auf den Datenträgern zu übermittelnden Daten richtet sich nach Anlage 2.

§ 8 Datenträgerversand

(1) Jeder zu übermittelnde Datenträger ist vom Unternehmer oder dem datenverarbeitenden Unternehmen mit folgenden Angaben zu versehen:

1. *Name des Unternehmers oder datenverarbeitenden Unternehmens, USt-IdNr. des Unternehmers oder Zulassungsnummer des datenverarbeitenden Unternehmens,*
2. *Datenträger-Kennzeichen,*
3. *Bezeichnung „ZMDV",*
4. *Name des Empfängers in der Kurzform „BfF",*
5. *laufende Nummer des Datenträgers und die Gesamtzahl der mit diesem Datenträger übermittelten Datenträger,*
6. *Datum, an dem der Datenträger beschrieben worden ist,*
7. *Zeichendichte in Bits/mm oder Bpi.*

Der Unternehmer oder das datenverarbeitende Unternehmen hat sicherzustellen, daß die Daten auf dem Datenträger nicht unbeabsichtigt überschrieben werden können.

(2) Den zu übermittelnden Datenträgern ist ein Begleitschreiben nach amtlich vorgeschriebenem Vordruck, das auch maschinell gefertigt werden kann, beizufügen. In dem Begleitschreiben muß die richtige Verarbeitung der zu übermittelnden Daten bescheinigt werden; es muß vom Unternehmer unterschrieben sein.

(3) Die Datenträger sind sicher verpackt zu versenden; mehrere nach Absatz 2 zusammengehörende Datenträger sind zusammen zu versenden.

§ 9 Datensicherung

(1) Vor der Übermittlung müssen die Daten den in der Anlage 3 dargestellten programmgesteuerten Schlüssigkeits- und Vollständigkeitsprüfungen unterworfen werden.

(2) Die für die Datenübermittlung bestimmten Programme sind vor der ersten Benutzung und nach jeder Änderung zu prüfen. Hierbei sind ein Protokoll über den durchgeführten Testlauf und eine Programmauflistung zu erstellen, die drei Jahre aufzubewahren sind. Die Aufbewahrungsfrist beginnt mit dem Schluß des Kalenderjahres, in dem die Programme letztmalig verwendet worden sind.

(3) Vom Unternehmer, der die mechanischen Arbeitsgänge bei der Führung von Büchern und Aufzeichnungen mittels automatischer Einrichtungen erledigt, sind die für die Datenübermittlung bestimmten Daten unverzüglich in leicht verständlicher Form auszudrucken oder auf Bildträger auszugeben und nach Maßgabe des § 147 der Abgabenordnung aufzubewahren. Binnen eines Monats hat er diese Daten zu überprüfen und innerhalb von drei Monaten eine berichtigte Zusammenfassende Meldung abzugeben, wenn er eine Unvollständigkeit oder Unrichtigkeit feststellt.

(4) Vom datenverarbeitenden Unternehmen sind die für die Datenübermittlung bestimmten Daten des einzelnen Unternehmers unverzüglich in leicht nachprüfbarer Form dem Unternehmer zu übermitteln, von diesem unverzüglich in leicht verständlicher Form auszudrukken oder auf Bildträger auszugeben und nach Maßgabe des § 147 oder Abgabenordnung aufzubewahren. Binnen eines Monats hat der Unternehmer diese Daten zu überprüfen und innerhalb von drei Monaten eine berichtigte Zusammenfassende Meldung abzugeben, wenn er eine Unvollständigkeit oder Unrichtigkeit feststellt.

(5) Der Unternehmer oder das datenverarbeitende Unternehmen hat sicherzustellen, daß alle zur Datenübermittlung bestimmten Daten mindestens so lange wiederhergestellt werden können, bis das Bundesamt für Finanzen den übermittelten Datenträger zurückgibt und die ordnungsgemäße Verarbeitung bestätigt (Freigabe). Die gesetzlichen Buchführungs-, Aufzeichnungs- und Aufbewahrungspflichten bleiben von der Freigabe unberührt.

(6) Die zur Datenübermittlung bestimmten Daten sollen in der Weise gesichert werden, daß sie auf einen zweiten Datenträger kopiert werden.

§ 10 Annahme und Zurückweisung von Datenträgern

(1) Zuständig für die Annahme der Datenträger ist das Bundesamt für Finanzen.

(2) Stellt das Bundesamt für Finanzen Mängel fest, die eine ordnungsgemäße Übernahme der Daten beeinträchtigen, so hat es den Unternehmer oder das datenverarbeitende Unternehmen über die Mängel zu unterrichten und Gelegenheit zu geben, sie innerhalb einer bestimmten Frist zu beseitigen.

§ 11 Prüfungsrechte des Bundesamtes für Finanzen

Das Bundesamt für Finanzen ist nach Stellung eines Antrags auf Zulassung oder nach Erteilung der Zulassung zur Datenübermittlung befugt, die für die Ermittlung und Übermittlung der Daten bestimmten Arbeitsanleitungen und Programme des Unternehmers oder des datenverarbeitenden Unternehmens zu prüfen. Es bestimmt den Zeitpunkt der Prüfung. Auf Antrag des Unternehmers oder des datenverarbeitenden Unternehmens soll der Beginn der Prüfung auf einen anderen Zeitpunkt verlegt werden, wenn dafür wichtige Gründe vorgetragen werden.

§ 12 Inkrafttreten

Diese Verordnung tritt mit Wirkung vom 1. Januar 1993 in Kraft.

UStR

245a. Verpflichtung zur Abgabe der Zusammenfassenden Meldung

(1) [1]*Mit der Schaffung des Binnenmarktes zum 1. 1. 1993 und dem Wegfall der Erhebung der EUSt sowie der Warenkontrollen an den Binnengrenzen der EG wurde zur Überwachung der Besteuerung von innergemeinschaftlichen Erwerben das Mehrwertsteuer-Informationsaustausch-System (MIAS) in der EG geschaffen.* [2]*Das MIAS basiert auf den Zusammenfassenden Meldungen (ZM), die ein Unternehmer, der innergemeinschaftliche Lieferungen durchführt, in jedem EG-Mitgliedstaat abzugeben hat (Artikel 22 Absatz 6 Buchstabe b der 6. EG-Richtlinie).* [3]*Die Daten in den ZM ermöglichen es den EG-Mitgliedstaaten, die Erwerbsbesteuerung zu kontrollieren.* [4]*Dies ist nur möglich, wenn die Meldung einer innergemeinschaftlichen Lieferung für denselben Zeitraum erfolgt, in dem der entsprechende Erwerb zu versteuern ist.* [5]*Die Einzelheiten des MIAS enthält die Verordnung (EWG) Nr. 218/92 des Rates vom 27. 1. 1992 über die Zusammenarbeit der Verwaltungsbehörden (MWSt.) – ABl. EG 1992 Nr. L 24 S. 1 – (Zusammenarbeits-VO).*

(2) [1]*Eine ZM muß jeder Unternehmer abgeben, der während eines Meldezeitraums innergemeinschaftliche Warenlieferungen ausgeführt hat.* [2]*Für Meldezeiträume, in denen keine innergemeinschaftlichen Warenlieferungen ausgeführt wurden, sind keine ZM abzugeben.*

(3) [1]*Nichtselbständige juristische Personen im Sinne von § 2 Abs. 2 Nr. 2 UStG (Organgesellschaften) müssen eigene ZM für die von ihnen ausgeführten innergemeinschaftlichen Warenlieferungen abgeben.* [2]*Dies gilt unabhängig davon, daß diese Vorgänge umsatzsteuerlich weiterhin als Umsätze des Organträgers behandelt werden und in dessen Voranmeldungen und Steuererklärungen für das Kalenderjahr anzumelden sind.* [3]*Die meldepflichtigen Organgesellschaften benötigen zu diesem Zweck eine eigene USt-IdNr.*

(4) Kleinunternehmer im Sinne von § 19 Abs. 1 UStG müssen keine ZM abgeben.

(5) Führen pauschalierende Land- und Forstwirte innergemeinschaftliche Lieferungen im Sinne des § 6a UStG aus, so müssen sie diese in der ZM angeben, obwohl § 4 Nr. 1 Buchstabe b UStG gemäß § 24 Abs. 1 UStG keine Anwendung findet.

245b. Abgabefrist

[1]*ZM sind bis zum 10. Tag nach Ablauf des Meldezeitraums (Kalendervierteljahr oder unter den Voraussetzungen des § 18a Abs. 6 UStG das Kalenderjahr) beim Bundesamt für Finanzen abzugeben.* [2]*Ist dem Unternehmer vom Finanzamt die einmonatige Dauerfristverlängerung für die Abgabe der Voranmeldung (vgl. hierzu Abschnitt 228) gewährt worden, so gilt diese Dauerfristverlängerung für die Abgabe der ZM entsprechend.* [3]*Die Landesfinanzbehörden teilen dem Bundesamt für Finanzen mit, welchen Unternehmen diese Dauerfristverlängerung gewährt wurde.* [4]*Ein Antrag auf Dauerfristverlängerung nur für die Abgabe der ZM ist unzulässig.*

245c. Angaben für den Meldezeitraum

(1) [1]*In der ZM ist für jeden Erwerber getrennt die Summe der Bemessungsgrundlagen der in dem Meldezeitraum ausgeführten innergemeinschaftlichen Warenlieferungen unabhängig davon anzugeben, ob der Unternehmer seine Umsätze nach vereinbarten oder nach vereinnahmten Entgelten versteuert.* [2]*Maßgeblich sind die umsatzsteuerlichen Bemessungsgrundlagen der ausgeführten Warenlieferungen (vgl. § 10 UStG).* [3]*Es sind somit die Beträge*

Zusammenfassende Meldung   245d, 245e UStR   **§ 18a UStG**

anzugeben, die auch in den Voranmeldungen und Steuererklärungen für das Kalenderjahr zusammengefaßt für alle innergemeinschaftlichen Lieferungen angemeldet werden.

(2) ¹Wegen der Umrechnung von Werten in ausländischer Währung in Deutsche Mark vgl. Abschnitt 222. ²Hat der Unternehmer die Rechnung für eine innergemeinschaftliche Warenlieferung, die er im letzten Monat eines Meldezeitraums ausgeführt hat, erst nach Ablauf des Meldezeitraums ausgestellt, so ist für die Umrechnung grundsätzlich der Durchschnittskurs des auf den Monat der Ausführung der Lieferung folgenden Monats heranzuziehen. ³Für die Anmeldung solcher Lieferungen in den Voranmeldungen und Steuererklärungen gilt Entsprechendes (§ 18b Satz 3 UStG).

245d. Änderung der Bemessungsgrundlage

(1) ¹Nachträgliche Änderungen der umsatzsteuerlichen Bemessungsgrundlage für innergemeinschaftliche Warenlieferungen, z. B. durch Rabatte und Uneinbringlichkeit, sind in der ZM für den Meldezeitraum zu berücksichtigen, in dem die nachträgliche Änderung der Bemessungsgrundlage eingetreten ist. ²Entsprechend ist zu verfahren, wenn innergemeinschaftliche Lieferungen ganz oder teilweise rückgängig gemacht werden (Rechnungsstornierungen). ³Gegebenenfalls ist der Änderungsbetrag mit der Summe der Bemessungsgrundlagen für innergemeinschaftliche Warenlieferungen, die im maßgeblichen Zeitraum ausgeführt wurden, zu saldieren. ⁴Die zu meldende Summe der Bemessungsgrundlagen kann negativ sein. ⁵Der negative Betrag ist mit einem Minuszeichen zu kennzeichnen.

(2) ¹Die zu meldende Summe der Bemessungsgrundlagen kann ausnahmsweise aufgrund von Saldierungen 0 DM betragen. ²In diesem Fall ist als Summe der Bemessungsgrundlagen 0 zu melden.

(3) Von nachträglichen Änderungen der Bemessungsgrundlage sind die Berichtigungen von Angaben zu unterscheiden, die bereits bei ihrer Meldung unrichtig oder unvollständig sind (vgl. Abschnitt 245e).

245e. Berichtigung der ZM

(1) ¹Die Berichtigung einer unrichtigen oder unvollständigen ZM muß gesondert auf amtlichem Vordruck für den Meldezeitraum erfolgen, in dem die unrichtigen oder unvollständigen Angaben gemacht wurden. ²In der berichtigten ZM dürfen die Angaben, die in der ursprünglichen ZM korrekt gemeldet wurden, nicht wiederholt werden (sogenannte Nettoberichtigung). ³Abweichend hiervon können alle Angaben für den Meldezeitraum wiederholt werden, wenn berichtigte ZM maschinell erstellt werden. ⁴In diesem Fall sind die berichtigten Angaben deutlich zu kennzeichnen (z. B. indem ein „x" vorangestellt wird). ⁵Satz 4 gilt nicht für die Abgabe von berichtigten ZM auf maschinell verwertbaren Datenträgern.

(2) Wurde eine nicht zutreffende Summe der Bemessungsgrundlagen gemeldet, so ist in der berichtigten ZM unter der USt-IdNr. des Erwerbers der korrekte Betrag anzugeben, nicht jedoch der Unterschiedsbetrag zwischen der ursprünglich gemeldeten Summe der Bemessungsgrundlagen und dem korrekten Betrag.

(3) ¹Ist eine ausländische USt-IdNr. zu berichtigen, so ist diese USt-IdNr. erneut aufzuführen und als Summe der Bemessungsgrundlagen der Betrag 0 anzugeben. ²Damit werden die ursprünglichen Angaben gelöscht. ³Die zutreffenden Angaben sind erneut vollständig zu machen. ⁴Wurden nicht durchgeführte innergemeinschaftliche Warenlieferungen gemeldet, so sind diese Angaben entsprechend Satz 1 zu löschen.

(4) *¹Wird eine unrichtige oder unvollständige ZM vorsätzlich oder leichtfertig nicht oder nicht rechtzeitig berichtigt, so kann dies als Ordnungswidrigkeit geahndet werden (vgl. § 26a UStG). ²Rechtzeitig ist die Berichtigung, wenn sie innerhalb von 3 Monaten, nachdem der Unternehmer die Unrichtigkeit oder Unvollständigkeit erkannt hat, vorgenommen wird. ³Für die Fristwahrung ist der Zeitpunkt des Eingangs der berichtigten ZM beim Bundesamt für Finanzen maßgeblich.*

245f. Vordrucke, die von den amtlich vorgeschriebenen Vordrucken für die ZM abweichen

Hinsichtlich der Zulassung abweichender Vordrucke für die ZM wird auf das BMF-Schreiben vom 12. 3. 1993 (BStBl I S. 290) sowie die späteren hierzu im Bundessteuerblatt Teil I veröffentlichten BMF-Schreiben hingewiesen.

245g. Abgabe der ZM auf maschinell verwertbaren Datenträgern

(1) *¹Nach der Verordnung über die Abgabe von ZM auf maschinell verwertbaren Datenträgern (ZMDV) vom 13. 5. 1993 (BGBl. I S. 726, BStBl I S. 859) können ZM auch auf maschinell verwertbaren Datenträgern abgegeben werden. ²Die Teilnahme an der Datenübermittlung ist freiwillig. ³Unternehmer, die mechanische Arbeitsgänge bei der Führung von Büchern und Aufzeichnungen mit automatischen Einrichtungen erledigen oder von einem datenverarbeitenden Unternehmen durchführen lassen, können die ZM auf maschinell verwertbaren Datenträgern abgeben oder durch datenverarbeitende Unternehmen abgeben lassen. ⁴Zu den datenverarbeitenden Unternehmen gehören auch die öffentlich-rechtlichen Datenverarbeitungszentralen.*

(2) *¹Die Teilnahme des Unternehmens an diesem Verfahren ist von seiner Zulassung oder der des datenverarbeitenden Unternehmens durch das Bundesamt für Finanzen abhängig (§ 2 ZMDV). ²Der Antrag ist abzulehnen, wenn der Unternehmer oder das vom Unternehmer beauftragte datenverarbeitende Unternehmen die technischen Voraussetzungen für die Datenübermittlung nicht erfüllt oder nicht gewährleistet, daß die Datenübermittlung ordnungsgemäß durchgeführt wird (§ 5 ZMDV). ³Die Zulassung kann auf Antrag des Unternehmers oder aus wichtigem Grund widerrufen werden (§ 6 ZMDV). ⁴Die Übermittlung der Daten auf maschinell verwertbaren Datenträgern steht der Abgabe einer ZM nach amtlich vorgeschriebenem Vordruck gleich, wenn die Zulassung erfolgt ist und die Daten mängelfrei an das Bundesamt für Finanzen, Bonn, übermittelt werden (§ 1 Abs. 1 ZMDV). ⁵Den zu übermittelnden Datenträgern ist ein Begleitschreiben nach amtlich vorgeschriebenem Vordruck – das auch maschinell gefertigt werden kann – beizufügen. ⁶Das Begleitschreiben muß vom Unternehmer unterschrieben sein (§ 8 Abs. 2 ZMDV).*

Verwaltungsanweisungen

- Amtlicher Vordruck ZM (BMF 31. 3. 1994, BStBl I, 265);
- ZM: Zulassung abweichender Vordrucke (BMF 6. 4. 1994, BStBl I, 274);
- Bevollmächtigung zur Abgabe der ZM (OFD Hannover 21. 7. 1994, StEd 1994, 524);
- Verfahrensbeschreibung USt-Kontrollverfahren (BMF 27. 10. 1995, UR 1996, 495);
- ZM: Anleitung zum amtlich vorgeschriebenen Vordruck (BMF 12. 2. 1996, BStBl I, 141) und überarbeitete Fassung (BMF 12. 2. 1997, BStBl I, 283).

UStG

§ 18b[1]) Gesonderte Erklärung innergemeinschaftlicher Lieferungen im Besteuerungsverfahren

[1]Der Unternehmer im Sinne des § 2 hat für jeden Voranmeldungs- und Besteuerungszeitraum in den amtlich vorgeschriebenen Vordrucken (§ 18 Abs. 1 bis 4) die Bemessungsgrundlagen seiner innergemeinschaftlichen Lieferungen und seiner Lieferungen im Sinne des § 25b Abs. 2 gesondert zu erklären. [2]Die Angaben sind in dem Voranmeldungszeitraum zu machen, in dem die Rechnung für die innergemeinschaftliche Lieferung ausgestellt wird, spätestens jedoch in dem Voranmeldungszeitraum, in dem der auf die Ausführung der innergemeinschaftlichen Lieferung folgende Monat endet. [3]Die Angaben für Lieferungen im Sinne des § 25b Abs. 2 sind in dem Voranmeldungszeitraum zu machen, in dem diese Lieferungen ausgeführt worden sind. [4]§ 16 Abs. 6 und § 17 sind sinngemäß anzuwenden. [5]Erkennt der Unternehmer nachträglich vor Ablauf der Festsetzungsfrist, daß in einer von ihm abgegebenen Voranmeldung (§ 18 Abs. 1) die Angaben zu innergemeinschaftlichen Lieferungen unrichtig oder unvollständig sind, so ist er verpflichtet, die ursprüngliche Voranmeldung unverzüglich zu berichtigen. [6]Die Sätze 2 bis 5 gelten für die Steuererklärung (§ 18 Abs. 3 und 4) entsprechend.

6. EG-Richtlinie

Abschnitt XIII: Pflichten der Steuerschuldner

Artikel 22   Verpflichtungen im inneren Anwendungsbereich

...

(4) ...

c) *(abgedruckt zu § 18 UStG)*

...

---

1) **Anm.:** § 18b i. d. F. des Art. 1 Nr. 12 Umsatzsteuer-Änderungsgesetz 1997 v. 12. 12. 96 (BGBl I, 1851).

UStG

§ 18c[1]) Meldepflicht bei der Lieferung neuer Fahrzeuge
¹Zur Sicherung des Steueraufkommens durch einen regelmäßigen Austausch von Auskünften mit anderen Mitgliedstaaten auf der Grundlage der Gegenseitigkeit kann das Bundesministerium der Finanzen mit Zustimmung des Bundesrates durch Rechtsverordnung bestimmen, daß Unternehmer (§ 2) und Fahrzeuglieferer (§ 2a) der Finanzbehörde ihre innergemeinschaftlichen Lieferungen neuer Fahrzeuge an Abnehmer ohne Umsatzsteuer-Identifikationsnummer melden müssen. ²Dabei können insbesondere geregelt werden:
1. die Art und Weise der Meldung;
2. der Inhalt der Meldung;
3. die Zuständigkeit der Finanzbehörden;
4. der Abgabezeitpunkt der Meldung;
5. die Ahndung der Zuwiderhandlung gegen die Meldepflicht.

6. EG-Richtlinie

Abschnitt XIII: Pflichten der Steuerschuldner

Artikel 22 Verpflichtungen im inneren Anwendungsbereich
...
(6) ...
d) Hinsichtlich der Lieferungen von neuen Fahrzeugen unter den in Artikel 28c Teil A Buchstabe b) angegebenen Bedingungen durch einen Steuerpflichtigen mit einer Umsatzsteuer-Identifikationsnummer an einen Käufer ohne Umsatzsteuer-Identifikationsnummer oder durch einen Steuerpflichtigen im Sinne des Artikels 28a Absatz 4 treffen die Mitgliedstaaten die erforderlichen Vorkehrungen, damit der Verkäufer alle erforderlichen Informationen mitteilt, um die Anwendung der Mehrwertsteuer und ihre Überprüfung durch die Verwaltung zu ermöglichen.
...

---

1) **Anm.:** § 18c Satz 1 i. d. F. des Art. 20 Nr. 26 StMBG v 21. 12. 93 (BGBl I, 2310).

UStG

§ 18d Vorlage von Urkunden
¹Die Finanzbehörden sind zur Erfüllung der Auskunftsverpflichtung nach Artikel 5 der Verordnung (EWG) Nr. 218/92 des Rates vom 27. Januar 1992 über die Zusammenarbeit der Verwaltungsbehörden auf dem Gebiet der indirekten Besteuerung (MWSt.) (ABl. EG 1992 Nr. L 24 S. 1) berechtigt, von Unternehmern die Vorlage der jeweils erforderlichen Bücher, Aufzeichnungen, Geschäftspapiere und anderen Urkunden zur Einsicht und Prüfung zu verlangen. ²§ 97 Abs. 3 der Abgabenordnung gilt entsprechend. ³Der Unternehmer hat auf Verlangen der Finanzbehörde die in Satz 1 bezeichneten Unterlagen vorzulegen.

Verordnungen

Verordnung (EWG) Nr. 218/92 des Rates
vom 27. Januar 1992
über die Zusammenarbeit der Verwaltungsbehörden auf dem Gebiet
der indirekten Besteuerung (MWSt.)
(ABl. EG 1992 Nr. L 24, 1)

...

Artikel 5

(abgedruckt zu § 18a UStG)

...

UStR

245h. Zuständigkeit und Verfahren

(1) Die für die Beantwortung von Einzelauskunftsersuchen gemäß Artikel 5 Zusammenarbeits-VO erforderlichen Ermittlungen werden von den Hauptzollämtern durchgeführt (§ 5 Absatz 1 Nr. 9 Buchstabe d FVG).

(2) ¹Das Hauptzollamt kann die Vorlage der Bücher, Aufzeichnungen, Geschäftspapiere und anderer Urkunden an Amtsstelle verlangen. ²Mit Einverständnis des Vorlagepflichtigen oder wenn die Unterlagen für eine Vorlage an Amtsstelle ungeeignet sind, können die Urkunden auch beim Vorlagepflichtigen eingesehen und geprüft werden. ³Das Verfahren unterliegt den Bestimmungen der Dienstanweisung zur Durchführung von Einzelauskunftsersuchen im Rahmen der Zusammenarbeit der Verwaltungsbehörden der EG-Mitgliedstaaten auf dem Gebiet der indirekten Besteuerung (MWSt.) – USt-EADA – (BStBl 1993 I S. 725).

Verwaltungsanweisungen

- Einzelauskunftsersuchen gem. Art. 5 ZusammenarbeitsV: Zuständigkeitsregelung (BMF 30. 3. 1993, UR 1993, 209);
- Nutzung staatlicher Informationsmöglichkeiten für die zwischenstaatliche Amtshilfe in USt-Sachen (OFD Erfurt 9. 4. 1996, StEd 1996, 505).

UStG

§ 18e Bestätigungsverfahren

Das Bundesamt für Finanzen bestätigt dem Unternehmer im Sinne des § 2 auf Anfrage die Gültigkeit einer Umsatzsteuer-Identifikationsnummer sowie den Namen und die Anschrift der Person, der die Umsatzsteuer-Identifikationsnummer von einem anderen Mitgliedstaat erteilt wurde.

Verordnungen

**Verordnung (EWG) Nr. 218/92 des Rates
vom 27. Januar 1992
über die Zusammenarbeit der Verwaltungsbehörden auf dem Gebiet
der indirekten Besteuerung (MWSt.)**
(ABl. EG 1992 Nr. L 24, 1)

...

Artikel 6

...

(4) (abgedruckt zu § 18a UStG)

...

UStR

245i. Bestätigung der USt-IdNr.

(1) Der Unternehmer kann Bestätigungsanfragen schriftlich, telefonisch oder per Telekopie an das Bundesamt für Finanzen – Außenstelle –, Postanschrift: 66738 Saarlouis, stellen.

(2) Die Anfrage muß folgende Angaben enthalten:
- *die USt-IdNr. des anfragenden Unternehmers (oder ggf. die Steuernummer, unter der er umsatzsteuerlich geführt wird),*
- *die USt-IdNr. des Empfängers der innergemeinschaftlichen Lieferung, die von einem anderen EG-Mitgliedstaat erteilt wurde.*

(3) ¹Der anfragende Unternehmer kann zusätzlich zu der zu überprüfenden USt-IdNr. auch den Namen und die Anschrift des Inhabers der ausländischen USt-IdNr. überprüfen lassen. ²Das Bundesamt für Finanzen teilt in diesem Fall detailliert mit, inwieweit die angefragten Angaben von dem EG-Mitgliedstaat, der die USt-IdNr. erteilt hat, als zutreffend gemeldet werden. ³Die Informationen beziehen sich jeweils auf USt-IdNr./Name/Ort/Postleitzahl/Straße des ausländischen Kunden. ⁴Anfragen nach Bestätigung von mehreren USt-IdNrn. sind schriftlich zu stellen. ⁵Das Bundesamt für Finanzen teilt das Ergebnis der Bestätigungsanfrage in jedem Fall schriftlich mit.

(4) ¹Das Finanzamt kann Bestätigungsanfragen telefonisch stellen. ²Das gilt auch für zusätzliche Anfragen nach Namen und Anschrift des Inhabers der ausländischen USt-IdNr.

245j. Übersicht über den Aufbau der USt-IdNrn. der EG-Mitgliedstaaten

Mitgliedstaat	Aufbau*	Ländercode	Format**
Österreich	ATU99999999¹	AT	1 Block mit 9 Zeichen
Belgien	BE999 999 999	BE	3 Blöcke mit je 3 Ziffern
Dänemark	DK99 99 99 99	DK	4 Blöcke mit je 2 Ziffern
Deutschland	DE999999999	DE	1 Block mit 9 Ziffern
Griechenland	EL99999999	EL	1 Block mit 8 Ziffern
Spanien	ESX9999999X²	ES	1 Block mit 9 Zeichen
Finnland	FI99999999	FI	1 Block mit 8 Ziffern
Frankreich	FRXX 999999999	FR	1 Block mit 2 Zeichen, 1 Block mit 9 Ziffern
Vereinigtes Königreich	GB999 9999 99 oder GB 999 9999 99 999³ oder GBGD999⁴ oder GBHA999⁵	GB	1 Block mit 3 Ziffern, 1 Block mit 4 Ziffern und 1 Block mit 2 Ziffern; oder wie vor ergänzt durch einen Block von 3 Ziffern; oder 1 Block mit 5 Zeichen
Irland	IE9S99999L	IE	1 Block mit 8 Zeichen
Italien	IT99999999999	IT	1 Block mit 11 Ziffern
Luxemburg	LU99999999	LU	1 Block mit 8 Ziffern
Niederlande	NL999999999B99⁶	NL	1 Block mit 12 Zeichen
Portugal	PT999999999	PT	1 Block mit 9 Ziffern
Schweden	SE999999999999	SE	1 Block mit 12 Ziffern

Anmerkungen:
* Aufbau:
9: 1 Ziffer
X: 1 Buchstabe oder 1 Ziffer
S: 1 Buchstabe, 1 Ziffer, „+" oder „*"
L: 1 Buchstabe
** Format ohne Ländercode
¹ Die dem Ländercode folgende 1. Stelle ist immer „U".
² Das erste und letzte Zeichen können Buchstabe oder Ziffer sein, beide können jedoch nicht Ziffern sein
³ Unterscheidet Unternehmen in Gruppen (vergleichbar: Organschaft).
⁴ Unterscheidet Abteilungen von Verwaltungen (GD: Government Departments).
⁵ Unterscheidet Gesundheitsbehörden (HA: Health Authorities).
⁶ Die dem Ländercode folgende 10. Stelle ist immer „B".

Verwaltungsanweisungen

- Ustl. Bestätigungsverfahren wird benutzerfreundlicher (BMF 14. 10. 1994, StEd 1994, 638);
- Einzelauskunftsersuchen – Frankreich – (BMF 9. 10. 1995, UR 1996, 171).

UStG

§ 19[1]) Besteuerung der Kleinunternehmer

(1) ¹Die für Umsätze im Sinne des § 1 Abs. 1 Nr. 1 bis 3 geschuldete Umsatzsteuer wird von Unternehmern, die im Inland oder in den in § 1 Abs. 3 bezeichneten Gebieten ansässig sind, nicht erhoben, wenn der in Satz 2 bezeichnete Umsatz zuzüglich der darauf entfallenden Steuer im vorangegangenen Kalenderjahr 32 500 Deutsche Mark nicht überstiegen hat und im laufenden Kalenderjahr 100 000 Deutsche Mark voraussichtlich nicht übersteigen wird. ²Umsatz im Sinne des Satzes 1 ist der nach vereinnahmten Entgelten bemessene Gesamtumsatz, gekürzt um die darin enthaltenen Umsätze von Wirtschaftsgütern des Anlagevermögens. ³Satz 1 gilt nicht für die nach § 14 Abs. 3 und § 25b Abs. 2 geschuldete Steuer. ⁴In den Fällen des Satzes 1 finden die Vorschriften über die Steuerbefreiung innergemeinschaftlicher Lieferungen (§ 4 Nr. 1 Buchstabe b, § 6a), über den Verzicht auf Steuerbefreiungen (§ 9), über den gesonderten Ausweis der Steuer in einer

---

1) **Anm.:** § 19 Abs. 1 und 3 i. d. F. des Art. 1 Nr. 13 Umsatzsteuer-Änderungsgesetz 1997 v. 12. 12. 96 (BGBl I, 1851).

Rechnung (§ 14 Abs. 1), über die Angabe der Umsatzsteuer-Identifikationsnummern in einer Rechnung (§ 14a Abs. 2) und über den Vorsteuerabzug (§ 15) keine Anwendung. ⁵§ 15a ist nur anzuwenden, wenn sich die für den Vorsteuerabzug maßgebenden Verhältnisse bei einem Wirtschaftsgut ändern, das von dem Unternehmer bereits vor Beginn des Zeitraums erstmalig verwendet worden ist, in dem die Steuer nach Satz 1 nicht erhoben wird.

(2) ¹Der Unternehmer kann dem Finanzamt bis zur Unanfechtbarkeit der Steuerfestsetzung (§ 18 Abs. 3 und 4) erklären, daß er auf die Anwendung des Absatzes 1 verzichtet. ²Nach Eintritt der Unanfechtbarkeit der Steuerfestsetzung bindet die Erklärung den Unternehmer mindestens für fünf Kalenderjahre. ³Sie kann nur mit Wirkung vom Beginn eines Kalenderjahres an widerrufen werden. ⁴Der Widerruf ist spätestens bis zur Unanfechtbarkeit der Steuerfestsetzung des Kalenderjahres, für das er gelten soll, zu erklären.

(3) ¹Gesamtumsatz ist die Summe der vom Unternehmer ausgeführten steuerbaren Umsätze im Sinne des § 1 Abs. 1 Nr. 1 bis 3 abzüglich folgender Umsätze:
1. der Umsätze, die nach § 4 Nr. 8 Buchstabe i, Nr. 9 Buchstabe b und Nr. 11 bis 28 steuerfrei sind;
2. der Umsätze, die nach § 4 Nr. 8 Buchstabe a bis h, Nr. 9 Buchstabe a und Nr. 10 steuerfrei sind, wenn sie Hilfsumsätze sind.

²Soweit der Unternehmer die Steuer nach vereinnahmten Entgelten berechnet (§ 13 Abs. 1 Nr. 1 Buchstabe a Satz 4 oder § 20), ist auch der Gesamtumsatz nach diesen Entgelten zu berechnen. ³Hat der Unternehmer seine gewerbliche oder berufliche Tätigkeit nur in einem Teil des Kalenderjahres ausgeübt, so ist der tatsächliche Gesamtumsatz in einen Jahresgesamtumsatz umzurechnen. ⁴Angefangene Kalendermonate sind bei der Umrechnung als volle Kalendermonate zu behandeln, es sei denn, daß die Umrechnung nach Tagen zu einem niedrigeren Jahresgesamtumsatz führt.

(4) ¹Absatz 1 gilt nicht für die innergemeinschaftlichen Lieferungen neuer Fahrzeuge. ²§ 15 Abs. 4a ist entsprechend anzuwenden.

6. EG-Richtlinie

Abschnitt XIV: Sonderregelungen

Artikel 24   Sonderregelung für Kleinunternehmen

(1) Mitgliedstaaten, in denen die normale Besteuerung von Kleinunternehmen wegen deren Tätigkeit oder Struktur auf Schwierigkeiten stoßen würde, können unter den von ihnen festgelegten Beschränkungen und Voraussetzungen – vorbehaltlich der Konsultation nach Artikel 29 – vereinfachte Modalitäten für die Besteuerung und Steuererhebung, insbesondere Pauschalregelungen, anwenden, die jedoch nicht zu einer Steuerermäßigung führen dürfen.

(2) Bis zu einem Zeitpunkt, der vom Rat auf Vorschlag der Kommission einstimmig festgelegt wird, der jedoch nicht später liegen darf als der Zeitpunkt, zu dem die Einfuhrbesteuerung und die steuerliche Entlastung der Ausfuhr im Handelsverkehr zwischen den Mitgliedstaaten beseitigt werden, gilt folgendes:
a) *Mitgliedstaaten, die von der Möglichkeit nach Artikel 14 der Zweiten Richtlinie des Rates vom 11. April 1967 Gebrauch gemacht und Steuerbefreiungen oder degressive Steuerermäßigungen eingeführt haben, dürfen diese sowie deren Durchführungsbestimmungen beibehalten, wenn sie mit dem System der Mehrwertsteuer im Einklang stehen.*

Mitgliedstaaten, in denen für Steuerpflichtige, deren Jahresumsatz geringer als der in nationalen Währungen ausgedrückte Gegenwert von 5000 ECU zum Umrechnungskurs am Tag der Genehmigung dieser Richtlinie ist, eine Steuerbefreiung gilt, können diese Steuerbefreiungen auf 5000 ECU erhöhen.

Mitgliedstaaten, die eine degressive Steuerermäßigung anwenden, dürfen die obere Grenze für diese Ermäßigung nicht heraufsetzen und diese Ermäßigung nicht günstiger gestalten.

b) *Mitgliedstaaten, die von dieser Möglichkeit nicht Gebrauch gemacht haben, können den Steuerpflichtigen, deren Jahresumsatz maximal dem in nationalen Währungen ausgedrückten Gegenwert von 5000 ECU zum Umrechnungskurs am Tag der Genehmigung dieser Richtlinie entspricht, eine Steuerbefreiung gewähren. Sie können gegebenenfalls den Steuerpflichtigen, deren Jahresumsatz die von diesen Staaten für die Steuerbefreiung festgelegte Höchstgrenze überschreitet, eine degressive Steuerermäßigung gewähren.*

c) *Mitgliedstaaten, in denen für Steuerpflichtige, deren Jahresumsatz genauso groß wie oder größer als der in nationalen Währungen ausgedrückte Gegenwert von 5000 ECU ist, eine Steuerbefreiung gilt, können diese Befreiung zur Wahrung des realen Wertes erhöhen.*

(3) Die Begriffe „Steuerbefreiung" und „degressive Steuerermäßigung" finden auf Lieferungen von Gegenständen und Dienstleistungen Anwendung, die von Kleinunternehmen bewirkt werden.

Die Mitgliedstaaten haben die Möglichkeit, bestimmte Umsätze von der in Absatz 2 vorgesehenen Regelung auszunehmen. Auf keinen Fall gilt Absatz 2 für die Umsätze nach Artikel 4 Absatz 3.

Auf jeden Fall sind die Lieferungen von neuen Fahrzeugen, die unter den Bedingungen des Artikels 28c Teil A bewirkt werden, sowie die Lieferungen von Gegenständen bzw. die Dienstleistungen, die von einem Steuerpflichtigen, der nicht im Inland ansässig ist, bewirkt bzw. erbracht werden, von der Befreiung gemäß Absatz 2 ausgeschlossen.

(4) Als Umsatz, der für die Anwendung des Absatzes 2 zugrunde zu legen ist, gilt der Betrag, abzüglich der darauf entfallenden Mehrwertsteuer, der in den Artikel 5 und 6 bezeichneten Lieferungen von Gegenständen und Dienstleistungen, soweit diese besteuert werden, einschließlich der steuerfreien Umsätze mit Erstattung der auf der vorausgehenden Stufe entrichteten Steuern nach Artikel 28 Absatz 2, sowie der Betrag der nach Artikel 15 steuerfreien Umsätze und der Betrag der Immobiliengeschäfte, der Finanzgeschäfte nach Artikel 13 Teil B Buchstabe d) und der Versicherungsleistungen, es sei denn, daß diese Umsätze den Charakter von Hilfsumsätzen haben.

Die Veräußerungen von körperlichen oder nicht körperlichen Investitionsgütern des Unternehmens bleiben bei der Ermittlung dieses Umsatzes jedoch außer Ansatz.

(5) Steuerpflichtige, für die eine Steuerbefreiung gilt, haben kein Recht auf Vorsteuerabzug nach Artikel 17 und dürfen die Mehrwertsteuer in ihren Rechnungen oder an deren Stelle tretenden Dokumenten nicht ausweisen.

(6) Steuerpflichtige, die für die Steuerbefreiung in Betracht kommen, können entweder für die normale Mehrwertsteuerregelung oder für die Anwendung der vereinfachten Modalitäten nach Absatz 1 optieren. In diesem Fall gelten für sie die in den einzelstaatlichen Rechtsvorschriften gegebenenfalls vorgesehenen degressiven Steuerermäßigungen.

(7) Steuerpflichtige, für die die degressive Steuerermäßigung gilt, werden vorbehaltlich der Anwendung des Absatzes 1 als der normalen Mehrwertsteuerregelung unterliegende Steuerpflichtige betrachtet.

(8) Die Kommission erstattet dem Rat nach Konsultierung der Mitgliedstaaten alle vier Jahre, erstmals am 1. Januar 1982, über die Anwendung der Bestimmungen dieses Artikels Bericht. Sie fügt diesem Bericht in Anbetracht der Notwendigkeit einer allmählichen Konvergenz der einzelstaatlichen Regelungen erforderlichenfalls Vorschläge bei:

a) zur Verbesserung der Sonderregelung für Kleinunternehmen;

b) zur Angleichung der einzelstaatlichen Regelungen für die Befreiungen und degressiven Ermäßigungen in bezug auf die Mehrwertsteuer;

c) die Angleichung des in Absatz 2 genannten Höchstbetrags von 5000 ECU.

(9) Der Rat wird zu gegebener Zeit beschließen, ob die Verwirklichung der in Artikel 4 der ersten Richtlinie des Rates vom 11. April 1967 genannten Ziele die Einführung einer Sonderregelung für Kleinunternehmen erforderlich macht, und wird gegebenenfalls über die gemeinsamen Beschränkungen und Bedingungen für die Anwendung dieser Regelung befinden. Bis zur Einführung einer solchen Regelung können die Mitgliedstaaten ihre eigenen Sonderregelungen beibehalten, die sie entsprechend den Bestimmungen dieses Artikels und der künftigen Rechtsakte des Rates anwenden.

UStR

246. Nichterhebung der Steuer

(1) [1]Nach § 19 Abs. 1 UStG ist die Steuer, die *ein im Inland oder in den in § 1 Abs. 3 UStG genannten Gebieten ansässiger* Kleinunternehmer für seine steuerpflichtigen Umsätze schuldet, unter bestimmten Voraussetzungen nicht zu erheben. [2]Die Regelung bezieht sich auf die Steuer für die in § 1 Abs. 1 Nr. 1 und 3 UStG bezeichneten Lieferungen und sonstigen Leistungen sowie auf die Steuer für den in § 1 Abs. 1 Nr. 2 UStG bezeichneten Eigenverbrauch. [3]Die Steuer für die Einfuhr von Gegenständen (§ 1 Abs. 1 Nr. 4 UStG) *und für den innergemeinschaftlichen Erwerb (§ 1 Abs. 1 Nr. 5 UStG, vgl. auch Abschnitt 15a Abs. 2)* hat der Kleinunternehmer hingegen abzuführen. [4]Das gilt auch für die Steuer, die nach § 16 Abs. 5 UStG von der zuständigen Zolldienststelle im Wege der *Beförderungseinzelbesteuerung* erhoben wird (vgl. Abschnitt 221).

(2) [1]Bei der Ermittlung der in § 19 Abs. 1 UStG bezeichneten Grenzen von *32 500 DM* und 100 000 DM ist jeweils von dem Gesamtumsatz im Sinne des § 19 Abs. 3 UStG auszugehen (vgl. Abschnitt 251). [2]Der Gesamtumsatz ist hier jedoch stets nach vereinnahmten Entgelten zu berech-

nen. ³Außerdem ist bei der Umsatzermittlung nicht auf die Bemessungsgrundlagen im Sinne des § 10 UStG abzustellen, sondern auf die vom Unternehmer vereinnahmten Bruttobeträge. ⁴In den Fällen des § 10 Abs. 4 und 5 UStG ist der jeweils in Betracht kommenden Bemessungsgrundlage ggf. die darauf entfallende Umsatzsteuer hinzuzurechnen. ⁵Daher ist z. B. bei der Entnahme eines Gegenstandes für nichtunternehmerische Zwecke (Eigenverbrauch im Sinne des § 1 Abs. 1 Nr. 2 Buchstabe a UStG) der nach § 10 Abs. 4 UStG maßgebliche Wert zuzüglich der darauf entfallenden Steuer anzusetzen.

(3) ¹Bei der Grenze von 100 000 DM kommt es darauf an, ob der Unternehmer diese Bemessungsgröße voraussichtlich nicht überschreiten wird. ²Maßgebend *ist die zu Beginn eines Jahres vorzunehmende Beurteilung der Verhältnisse für das laufende Kalenderjahr.* ³*Dies gilt auch, wenn der Unternehmer in diesem Jahr sein Unternehmen erweitert (vgl. BFH-Urteil vom 7. 3. 1995 – BStBl II S. 562).* ⁴Ist danach ein voraussichtlicher Umsatz zuzüglich der Steuer von nicht mehr als 100 000 DM zu erwarten, so ist dieser Betrag auch dann maßgebend, wenn der tatsächliche Umsatz zuzüglich der Steuer im Laufe des Kalenderjahres die Grenze von 100 000 DM überschreitet (vgl. auch Absatz 4). ⁵Bei einer Änderung der Unternehmensverhältnisse während des laufenden Kalenderjahres *durch Erbfolge* ist Absatz 5 zu beachten. ⁶Der Unternehmer hat dem Finanzamt auf Verlangen die Verhältnisse darzulegen, aus denen sich ergibt, wie hoch der Umsatz des laufenden Kalenderjahres voraussichtlich sein wird.

(4) ¹Nimmt der Unternehmer seine gewerbliche oder berufliche Tätigkeit im Laufe eines Kalenderjahres neu auf, so ist in diesen Fällen allein auf den voraussichtlichen Umsatz (vgl. Absatz 3) des laufenden Kalenderjahres abzustellen (vgl. auch BFH-Urteil vom 19. 2. 1976 – BStBl II S. 400). ²Entsprechend der Zweckbestimmung des § 19 Abs. 1 UStG ist hierbei die Grenze von *32 500* DM und nicht die Grenze von 100 000 DM maßgebend. ³Es kommt somit nur darauf an, ob der Unternehmer nach den Verhältnissen des laufenden Kalenderjahres voraussichtlich die Grenze von *32 500* DM nicht überschreitet (BFH-Urteil vom 22. 11. 1984 – BStBl 1985 II S. 142).

(5) ¹Geht ein Unternehmen im Wege der Erbfolge auf den Unternehmer über, so ist zu berücksichtigen, daß er keinen Einfluß auf den Zeitpunkt der Änderung seiner Unternehmensverhältnisse hatte. ²Zur Vermeidung einer unbilligen Härte kann daher der Unternehmer in diesen Fällen die Besteuerung für das laufende Kalenderjahr so fortführen, wie sie für den jeweiligen Teil des Unternehmens ohne Berücksichtigung der Gesamtumsatzverhältnisse anzuwenden wäre. ³Hat z. B. der Unternehmer für sein bisheriges Unternehmen die Besteuerung nach den allgemeinen Vorschriften angewendet, der Rechtsvorgänger aber für den anderen Unternehmensteil aufgrund der dafür bestehenden Verhältnisse von § 19 Abs. 1 UStG Gebrauch gemacht, so kann der Unternehmer diese beiden Besteuerungsformen bis zum Ablauf des Kalenderjahres fortführen, in dem die Erbfolge eingetreten ist. ⁴Dem Unternehmer bleibt es allerdings überlassen, für das ganze Unternehmen einheitlich die Besteuerung nach den allgemeinen Vorschriften anzuwenden.

(6) ¹Bei der Ermittlung der maßgeblichen Grenzen von *32 500* DM und 100 000 DM bleiben die Umsätze von Wirtschaftsgütern des Anlagevermögens unberücksichtigt. ²Das gilt sowohl bei einer Veräußerung als auch bei einer Entnahme für nichtunternehmerische Zwecke. ³Ob ein Wirtschaftsgut des Anlagevermögens vorliegt, ist nach den für das Einkommensteuerrecht maßgebenden Grundsätzen zu beurteilen. ⁴Die Ausnahme erstreckt sich auch auf entsprechende Wirtschaftsgüter, die einkommensteuerrechtlich nicht zu einem Betriebsvermögen gehören, z. B. bei der Veräußerung von Einrichtungsgegenständen durch einen nichtgewerblichen Vermieter von Ferienwohnungen.

247. Verzicht auf die Anwendung des § 19 Abs. 1 UStG

(1) ¹Der Unternehmer kann dem Finanzamt erklären, daß er auf die Anwendung des § 19 Abs. 1 UStG verzichtet. ²Er unterliegt damit der Besteuerung nach den allgemeinen Vorschriften des Gesetzes. ³Die Erklärung nach § 19 Abs. 2 Satz 1 UStG kann der Unternehmer bis zur Unanfechtbarkeit der Steuerfestsetzung abgeben. ⁴Im einzelnen gilt hierzu folgendes:

1. ¹Die Erklärung gilt vom Beginn des Kalenderjahres an, für das der Unternehmer sie abgegeben hat. ²Beginnt der Unternehmer seine gewerbliche oder berufliche Tätigkeit während des Kalenderjahres, so gilt die Erklärung vom Beginn dieser Tätigkeit an.
2. ¹Für die Erklärung ist keine bestimmte Form vorgeschrieben. ²Berechnet der Unternehmer in den Voranmeldungen oder in der *Steuererklärung für das Kalenderjahr* die Steuer nach den allgemeinen Vorschriften des Umsatzsteuergesetzes, so ist darin grundsätzlich eine Erklärung im Sinne des § 19 Abs. 2 Satz 1 UStG zu erblicken (vgl. auch BFH-Urteil vom 19. 12. 1985 – BStBl 1986 II S. 420). ³In Zweifelsfällen ist der Unternehmer zu fragen, welcher Besteuerungsform er seine Umsätze unterwerfen will.

(2) ¹Vor Eintritt der Unanfechtbarkeit der Steuerfestsetzung kann der Unternehmer die Erklärung mit Wirkung für die Vergangenheit zurücknehmen. ²Nimmt der Unternehmer die Erklärung zurück, so kann er die Rechnungen, in denen er die Umsatzsteuer gesondert ausgewiesen hat, in entsprechender Anwendung des § 14 Abs. 2 Satz 2 UStG berichtigen.

(3) ¹Nach Eintritt der Unanfechtbarkeit der Steuerfestsetzung bindet die Erklärung den Unternehmer mindestens für fünf Kalenderjahre (§ 19 Abs. 2 Satz 2 UStG). ²Die Fünfjahresfrist ist vom Beginn des ersten Kalenderjahres an zu berechnen, für das die Erklärung gilt.

(4) ¹Für die Zeit nach Ablauf der Fünfjahresfrist kann der Unternehmer die Erklärung mit Wirkung vom Beginn eines Kalenderjahres an widerrufen (§ 19 Abs. 2 Satz 3 UStG). ²Der Widerruf ist spätestens bis zur Unanfechtbarkeit der Steuerfestsetzung des Kalenderjahres, für das er gelten soll, zu erklären (§ 19 Abs. 2 Satz 4 UStG). ³Im Falle des Widerrufs kann der Unternehmer die Rechnungen, in denen er die Umsatzsteuer gesondert ausgewiesen hat, in entsprechender Anwendung des § 14 Abs. 2 Satz 2 UStG berichtigen.

(5) ¹Hinsichtlich der Steuerfestsetzung ist zu berücksichtigen, daß die Umsatzsteuer eine Anmeldungssteuer ist. ²Die nach § 18 Abs. 3 UStG abzugebende *Steuererklärung für das Kalenderjahr* steht deshalb – erforderlichenfalls nach Zustimmung der Finanzbehörde – einer Steuerfestsetzung gleich (§ 168 AO). ³Eine Steuerfestsetzung ist ferner die Festsetzung der Umsatzsteuer durch Steuerbescheid (§ 155 AO). ⁴Keine Steuerfestsetzungen im Sinne des § 19 Abs. 2 Satz 1 UStG sind die Voranmeldung und die Festsetzung einer Umsatzsteuer-Vorauszahlung. ⁵Durch ihre Unanfechtbarkeit wird deshalb die Möglichkeit, eine Erklärung nach § 19 Abs. 2 Satz 1 UStG abzugeben, nicht ausgeschlossen.

(6) ¹Eine Steuerfestsetzung ist unanfechtbar, wenn auf die Einlegung eines Rechtsbehelfs wirksam verzichtet oder ein Rechtsbehelf wirksam zurückgenommen worden ist, wenn die Rechtsbehelfsfrist ohne Einlegung eines förmlichen Rechtsbehelfs abgelaufen oder wenn gegen den Verwaltungsakt oder die gerichtliche Entscheidung kein Rechtsbehelf mehr gegeben ist. ²Dabei ist unter Unanfechtbarkeit die formelle Bestandskraft der erstmaligen Steuerfestsetzung zu verstehen, die auch in einer Steuerfestsetzung unter Vorbehalt der Nachprüfung oder in einer Steueranmeldung bestehen kann (vgl. BFH-Urteil vom 19. 12. 1985 – BStBl 1986 II S. 420).

248. bis 250. (weggefallen)
251. Gesamtumsatz

(1) ¹Zum Gesamtumsatz im Sinne des § 19 Abs. 3 UStG gehören auch die Umsätze, die nach § 1 Abs. 3 UStG wie Umsätze im Inland zu behandeln sind, sowie die Umsätze, die dem Abzugs-

verfahren nach § 51 UStDV unterliegen. ²Das gilt auch, wenn der Leistungsempfänger von der Ausnahmeregelung des § 52 Abs. 2 UStDV Gebrauch gemacht hat. ³Dagegen sind die Umsätze, bei denen nach § 50 UStDV auf die Erhebung der Steuer verzichtet wird, als nicht steuerbar anzusehen. ⁴Für die Ermittlung des Gesamtumsatzes ist die für die Besteuerung in Betracht kommende Bemessungsgrundlage (Abschnitte 149 bis 159 *sowie Abschnitte 274 und 276a Abs. 8 bis 14)* anzusetzen.

(2) ¹Von den steuerbaren Umsätzen sind für die Ermittlung des Gesamtumsatzes die in § 19 Abs. 3 UStG genannten steuerfreien Umsätze abzuziehen. ²*Ob ein Umsatz als steuerfrei zu berücksichtigen ist, richtet sich nach den Vorschriften des laufenden Kalenderjahres.* ³Der Abzug ist nicht vorzunehmen, wenn der Unternehmer die in Betracht kommenden Umsätze nach § 9 UStG *wirksam* als steuerpflichtig behandelt hat *(vgl. BFH-Urteil vom 15. 10. 1992 – BStBl 1993 II S. 209).* ⁴Als Hilfsumsätze sind die Umsätze zu betrachten, die zwar zur unternehmerischen Tätigkeit des Unternehmens gehören, jedoch nicht den eigentlichen Gegenstand des Unternehmens bilden (BFH-Urteil vom 24. 2. 1988 – BStBl II S. 622). ⁵Hierzu *zählen* z. B.:

1. die Gewährung und Vermittlung von Krediten sowie die Umsätze von fremden Zahlungsmitteln oder Geldforderungen, z. B. Wechseln, im Zusammenhang mit Warenlieferungen,

2. der Verkauf eines Betriebsgrundstücks,

3. die Verschaffung von Versicherungsschutz für die Arbeitnehmer.

(3) ¹*Die nach § 19 Abs. 3 Satz 3 UStG vorzunehmende Umrechnung des tatsächlichen Gesamtumsatzes in einen Jahresgesamtumsatz ist auch durchzuführen, wenn die gewerbliche oder berufliche Tätigkeit von vornherein auf einen Teil des Kalenderjahres begrenzt war (BFH-Urteil vom 27. 10. 1993 – BStBl 1994 II S. 274).* ²Die Umsätze aus der Veräußerung oder Entnahme des Anlagevermögens sind nicht *in* einen Jahresgesamtumsatz umzurechnen. ³Sie sind deshalb vor der Umrechnung aus dem tatsächlichen Gesamtumsatz auszuscheiden und nach der Umrechnung des restlichen Umsatzes dem ermittelten Betrag hinzuzurechnen.

252. Verhältnis des § 19 zu § 24 UStG

Auf Abschnitt *269 Abs. 4* und Abschnitt *270 Abs. 2 und 3* wird hingewiesen.

253. Wechsel der Besteuerungsform

Übergang von der Anwendung des § 19 Abs. 1 UStG zur Regelbesteuerung oder zur Besteuerung nach § 24 UStG

(1) Umsätze, die der Unternehmer vor dem Übergang zur Regelbesteuerung ausgeführt hat, fallen auch dann unter § 19 Abs. 1 UStG, wenn die Entgelte nach diesem Zeitpunkt vereinnahmt werden.

(2) ¹Umsätze, die der Unternehmer nach dem Übergang ausführt, unterliegen der Regelbesteuerung. ²Hat der Unternehmer Entgelte für diese Umsätze vor dem Übergang vereinnahmt (Anzahlungen), *so hat er die Anzahlungen im ersten Besteuerungs- bzw. Voranmeldungszeitraum nach dem Übergang nach den allgemeinen Vorschriften des Umsatzsteuergesetzes der Umsatzsteuer zu unterwerfen.*

(3) Zur Anwendung des § 15 UStG wird auf Abschnitt 191 Abs. *5* hingewiesen.

(4) Ändert sich nach dem Übergang die Bemessungsgrundlage für Umsätze, die vor dem Übergang ausgeführt worden sind, so ist zu beachten, daß auf diese Umsätze § 19 Abs. 1 UStG anzuwenden ist.

(5) ¹Im Falle des Übergangs von der Anwendung des § 19 Abs. 1 UStG zur Besteuerung nach § 24 UStG gelten die Absätze 1, 2 und 4 sinngemäß. ²Der Vorsteuerabzug regelt sich vom Zeitpunkt des Übergangs an ausschließlich nach § 24 Abs. 1 Satz 4 UStG.

Übergang von der Regelbesteuerung oder von der Besteuerung nach § 24 UStG zur Anwendung des § 19 Abs. 1 UStG

(6) ¹Umsätze, die der Unternehmer vor dem Übergang von der Regelbesteuerung zur Anwendung des § 19 Abs. 1 UStG ausgeführt hat, unterliegen der Regelbesteuerung. ²Werden Entgelte für diese Umsätze nach dem Übergang vereinnahmt (Außenstände), gilt folgendes:

1. ¹Hat der Unternehmer die Steuer vor dem Übergang nach vereinbarten Entgelten berechnet, so waren die Umsätze bereits vor dem Übergang zu versteuern, und zwar in dem Besteuerungs- bzw. Voranmeldungszeitraum, in dem sie ausgeführt wurden (§ 13 Abs. 1 Nr. 1 Buchstabe a UStG). ²Eine Besteuerung zum Zeitpunkt der Entgeltsvereinnahmung entfällt.

2. Hat der Unternehmer die Steuer vor dem Übergang nach vereinnahmten Entgelten berechnet, so sind die Umsätze nach dem Übergang der Regelbesteuerung zu unterwerfen, und zwar in dem Besteuerungs- bzw. Voranmeldungszeitraum, in dem die Entgelte vereinnahmt werden (§ 13 Abs. 1 Nr. 1 Buchstabe b UStG).

(7) ¹Umsätze, die der Unternehmer nach dem Übergang ausführt, fallen unter § 19 Abs. 1 UStG. ²Sind Anzahlungen für diese Umsätze vor dem Übergang vereinnahmt *und der Umsatzsteuer unterworfen* worden, so *ist die entrichtete Steuer zu erstatten, sofern keine Rechnungen ausgestellt wurden, die zum Vorsteuerabzug berechtigen.*

(8) Zur Anwendung des § 15 UStG wird auf Abschnitt 191 Abs. 6 hingewiesen.

(9) ¹Ändert sich nach dem Übergang die Bemessungsgrundlage für Umsätze, die vor dem Übergang ausgeführt worden sind, so ist bei der Berichtigung der für diese Umsätze geschuldeten Steuerbeträge (§ 17 Abs. 1 Nr. 1 und Abs. 2 UStG) zu beachten, daß die Umsätze der Regelbesteuerung unterlegen haben. ²Entsprechendes gilt für die Berichtigung von vor dem Übergang abgezogenen Steuerbeträgen nach § 17 Abs. 1 Nr. 2 und Abs. 2 und 3 UStG.

(10) ¹Im Falle des Übergangs von der Besteuerung nach § 24 UStG zur Anwendung des § 19 Abs. 1 UStG gelten die Absätze 6 und 7 sinngemäß. ²Der Vorsteuerabzug ist bis zum Zeitpunkt des Übergangs durch die Anwendung der Durchschnittsbesteuerung abgegolten. ³Nach dem Zeitpunkt des Übergangs ist ein Vorsteuerabzug nicht mehr möglich.

Verwaltungsanweisungen

- Erlangung von Vorteilen durch Einschaltung von Kleinunternehmern (OFD Düsseldorf 24. 4. 1991, DStR 1991, 843).

Rechtsprechung

- Verträge zwischen nahen Angehörigen beim Pkw-Kauf und Gestaltungsmißbrauch (BFH 13. 7. 1989, BStBl 1990 II, 100; 29. 3. 1990, BFH/NV 1991, 129; Niedersächsisches FG 20. 6. 1989, DStR 1989, 781);
- wirksame Option nach § 19 Abs. 2 UStG (FG Baden-Württemberg 26. 7. 1991, UR 1993, 130);
- Gesamtumsatz (BFH 15. 10. 1992, BStBl 1993 II, 209);
- Vorsteuerberichtigung beim Kleinunternehmer (BFH 11. 11. 1993, BStBl 1994 II, 582);
- Wegfall des Steuerabzugsbetrags nach § 19 Abs. 3 UStG 1980 hat keinen Einfluß auf den Verzicht der Regelung nach § 19 Abs. 1 UStG (BFH 20. 10. 1994, BStBl 1995 II, 215);
- zur Anwendung der Umsatzgrenzen (BFH 7. 3. 1995, BStBl II, 562);
- Berichtigung der Vorsteuer beim Übergang vom allgemeinen Verfahren zur Kleinunternehmerregelung (BFH 28. 6. 1995, BStBl II, 805);
- Rechtsanwalt als Kleinunternehmer (BFH 5. 1. 1996, UR 1996, 271).

UStG

§ 20[1]) Berechnung der Steuer nach vereinnahmten Entgelten

(1) ¹Das Finanzamt kann auf Antrag gestatten, daß ein Unternehmer,
1. dessen Gesamtumsatz (§ 19 Abs. 3) im vorangegangenen Kalenderjahr nicht mehr als 250 000 Deutsche Mark betragen hat, oder
2. der von der Verpflichtung, Bücher zu führen und auf Grund jährlicher Bestandsaufnahmen regelmäßig Abschlüsse zu machen, nach § 148 der Abgabenordnung befreit ist, oder
3. soweit er Umsätze aus einer Tätigkeit als Angehöriger eines freien Berufs im Sinne des § 18 Abs. 1 Nr. 1 des Einkommensteuergesetzes ausführt,

die Steuer nicht nach den vereinbarten Entgelten (§ 16 Abs. 1 Satz 1), sondern nach den vereinnahmten Entgelten berechnet. ²Erstreckt sich die Befreiung nach Nummer 2 nur auf einzelne Betriebe des Unternehmers und liegt die Voraussetzung nach Nummer 1 nicht vor, so ist die Erlaubnis zur Berechnung der Steuer nach den vereinnahmten Entgelten auf diese Betriebe zu beschränken. ³Wechselt der Unternehmer die Art der Steuerberechnung, so dürfen Umsätze nicht doppelt erfaßt werden oder unversteuert bleiben.

---

1) **Anm.:** § 20 Abs. 2 neu angefügt gem. Art. 20 Nr. 17 JStG 1996 v. 11. 10. 95 (BGBl I, 1250).

Berechnung der Steuer nach vereinnahmten Entgelten § 20 UStG

(2) Vom 1. Januar 1996 bis zum 31. Dezember 1998 gilt Absatz 1 Satz 1 Nr. 1 mit der Maßgabe, daß bei Unternehmern, für deren Besteuerung nach dem Umsatz nach § 21 Abs. 1 Satz 1 der Abgabenordnung ein Finanzamt in dem in Artikel 3 des Einigungsvertrages bezeichneten Gebiet zuständig ist, an die Stelle des Betrags von 250 000 Deutsche Mark der Betrag von 1 Million Deutsche Mark tritt.

6. EG-Richtlinie

Abschnitt VII: Steuertatbestand und Steueranspruch

Artikel 10
...
(2) (abgedruckt zu § 13 UStG)
...

UStR

254. Berechnung der Steuer nach vereinnahmten Entgelten

[1]Der Antrag auf Genehmigung der Besteuerung nach vereinnahmten Entgelten ist an keine Frist gebunden. [2]Dem Antrag ist grundsätzlich unter dem Vorbehalt jederzeitigen Widerrufs zu entsprechen, wenn der Unternehmer eine der Voraussetzungen des § 20 Abs. 1 UStG erfüllt. [3]Die Genehmigung erstreckt sich wegen des Prinzips der Abschnittsbesteuerung stets auf das volle Kalenderjahr. [4]*Es handelt sich um einen* begünstigenden Verwaltungsakt, der unter den Voraussetzungen der §§ 130, 131 AO zurückgenommen oder widerrufen werden kann.

Verwaltungsanweisungen

- Genehmigung der Besteuerung nach vereinnahmten Entgelten (OFD München 21. 12. 1995, UR 1996, 140).

Rechtsprechung

- Beendigung der Unternehmereigenschaft bei der Ist-Versteuerung (FG Nürnberg 30. 5. 1995, UR 1996, 264).

UStG

§ 21[1]) Besondere Vorschriften für die Einfuhrumsatzsteuer

(1) Die Einfuhrumsatzsteuer ist eine Verbrauchsteuer im Sinne der Abgabenordnung.

(2) [1]Für die Einfuhrumsatzsteuer gelten die Vorschriften für Zölle sinngemäß; ausgenommen sind die Vorschriften über den aktiven Veredelungsverkehr nach dem Verfahren der Zollrückvergütung und über den passiven Veredelungsverkehr. [2]Für die Einfuhr abschöpfungspflichtiger Gegenstände gelten die Vorschriften des Abschöpfungserhebungsgesetzes sinngemäß.

(2a) [1]Abfertigungsplätze außerhalb der in § 1 Abs. 1 Nr. 4 bezeichneten Gebiete, auf denen dazu befugte deutsche Zollbedienstete Amtshandlungen nach Absatz 2 vornehmen, gehören insoweit zu den in § 1 Abs. 1 Nr. 4 bezeichneten Gebieten. [2]Das gleiche gilt für ihre Verbindungswege mit den in § 1 Abs. 1 Nr. 4 bezeichneten Gebieten, soweit auf ihnen einzuführende Gegenstände befördert werden.

(3) Die Zahlung der Einfuhrumsatzsteuer kann ohne Sicherheitsleistung aufgeschoben werden, wenn die zu entrichtende Steuer nach § 15 Abs. 1 Nr. 2 in voller Höhe als Vorsteuer abgezogen werden kann.

(4) [1]Entsteht für den eingeführten Gegenstand nach dem Zeitpunkt des Entstehens der Einfuhrumsatzsteuer eine Zollschuld oder eine Verbrauchsteuer oder wird für den eingeführten Gegenstand nach diesem Zeitpunkt eine Verbrauchsteuer unbedingt, so entsteht gleichzeitig eine weitere Einfuhrumsatzsteuer. [2]Das gilt auch, wenn der Gegenstand nach dem in Satz 1 bezeichneten Zeitpunkt bearbeitet oder verarbeitet worden ist. [3]Bemessungsgrundlage ist die entstandene Zollschuld oder die entstandene oder unbedingt gewordene Verbrauchsteuer. [4]Steuerschuldner ist, wer den Zoll oder die Verbrauchsteuer zu entrichten hat. [5]Die Sätze 1 bis 4 gelten nicht, wenn derjenige, der den Zoll oder die Verbrauchsteuer zu entrichten hat, hinsichtlich des eingeführten Gegenstandes nach § 15 Abs. 1 Nr. 2 zum Vorsteuerabzug berechtigt ist oder dazu berechtigt wäre, wenn der Gegenstand für sein Unternehmen eingeführt worden wäre.

(5) Die Absätze 2 bis 4 gelten entsprechend für Gegenstände, die nicht Waren im Sinne des Zollrechts sind und für die keine Zollvorschriften bestehen.

---

1) **Anm.:** § 21 Abs. 2 und 5 i. d. F., Abs. 2a eingefügt gem. Art. 20 Nr. 20 StMBG v. 21. 12. 93 (BGBl I, 2310).

6. EG-Richtlinie

Abschnitt VII: Steuertatbestand und Steueranspruch

Artikel 10

...

(3) (abgedruckt zu § 13 UStG)

Abschnitt VIII: Besteuerungsgrundlage

Artikel 11

...

B. Bei der Einfuhr von Gegenständen

...

(3) In die Besteuerungsgrundlage sind einzubeziehen, soweit nicht bereits darin enthalten:

a) die außerhalb des Einfuhrmitgliedstaats sowie die aufgrund der Einfuhr geschuldeten Steuern, Zölle, Abschöpfungen und sonstigen Abgaben, mit Ausnahme der zu erhebenden Mehrwertsteuer;

...

Abschnitt XII: Steuerschuldner

Artikel 21 Steuerschuldner gegenüber dem Fiskus

Die Mehrwertsteuer schuldet

...

2. bei der Einfuhr: die Person oder Personen, die vom Mitgliedstaat der Einfuhr als Steuerschuldner bezeichnet oder anerkannt wird oder werden.

Abschnitt XIII: Pflichten der Steuerschuldner

...

Artikel 23 Pflichten bei der Einfuhr

Bezüglich der Einfuhr von Gegenständen bestimmen die Mitgliedstaaten die Einzelheiten für die Abgabe der Steuererklärung und die Zahlung, die daraufhin erfolgen muß.

Insbesondere können die Mitgliedstaaten vorsehen, daß die bei der Einfuhr von Gegenständen von Steuerpflichtigen oder Steuerschuldnern oder bestimmten Gruppen von ihnen zu entrichtende Mehrwertsteuer nicht zum Zeitpunkt der Einfuhr zu entrichten ist, unter der Voraussetzung, daß sie als solche in einer nach Artikel 22 Absatz 4 abgegebenen Steuererklärung angegeben wird.

EUStBV

§§ 1–16 *(abgedruckt zu § 5 UStG)*

UStG

§ 22[1]) Aufzeichnungspflichten

(1) ¹Der Unternehmer ist verpflichtet, zur Feststellung der Steuer und der Grundlagen ihrer Berechnung Aufzeichnungen zu machen. ²Diese Verpflichtung gilt in den Fällen des § 14 Abs. 3 auch für Personen, die nicht Unternehmer sind. ³Ist ein land- und forstwirtschaftlicher Betrieb nach § 24 Abs. 3 als gesondert geführter Betrieb zu behandeln, so hat der Unternehmer Aufzeichnungspflichten für diesen Betrieb gesondert zu erfüllen.

(2) Aus den Aufzeichnungen müssen zu ersehen sein:

1. die vereinbarten Entgelte für die vom Unternehmer ausgeführten Lieferungen und sonstigen Leistungen. ²Dabei ist ersichtlich zu machen, wie sich die Entgelte auf die steuerpflichtigen Umsätze, getrennt nach Steuersätzen, und auf die steuerfreien Umsätze verteilen. ³Dies gilt entsprechend für die Bemessungsgrundlagen nach § 10 Abs. 4 Nr. 1 und 2, wenn Lieferungen und sonstige Leistungen im Sinne des § 1 Abs. 1 Nr. 1 Satz 2 Buchstabe b und Nr. 3 sowie des § 10 Abs. 5 ausgeführt werden. ⁴Aus den Aufzeichnungen muß außerdem hervorgehen, welche Umsätze der Unternehmer nach § 9 als steuerpflichtig behandelt hat. ⁵Bei der Berechnung der Steuer nach vereinnahmten Entgelten (§ 20) treten an die Stelle der vereinbarten Entgelte die vereinnahmten Entgelte. ⁶Im Falle des § 17 Abs. 1 Satz 2 hat der Unternehmer, der die auf die Minderung des Entgelts entfallende Steuer an das Finanzamt entrichtet, den Betrag der Entgeltsminderung gesondert aufzuzeichnen;

2. die vereinnahmten Entgelte und Teilentgelte für noch nicht ausgeführte Lieferungen und sonstige Leistungen. ²Dabei ist ersichtlich zu machen, wie sich die Entgelte und Teilentgelte auf die steuerpflichtigen Umsätze, getrennt nach Steuersätzen, und auf die steuerfreien Umsätze verteilen. ³Nummer 1 Satz 4 gilt entsprechend;

3. die Bemessungsgrundlagen für den Eigenverbrauch. ²Nummer 1 Satz 2 gilt entsprechend;

---

1) **Anm.:** § 22 Abs. 2 und 6 i. d. F. des Art. 20 Nr. 21 und 26 StMBG v. 21. 12. 93 (BGBl I, 2310); Abs. 4a und 4b i. d. F. des Art. 20 Nr. 18 JStG 1996 v. 11. 10. 95 (BGBl I, 1250).

4. die wegen unberechtigten Steuerausweises nach § 14 Abs. 2 und 3 geschuldeten Steuerbeträge;

5. die Entgelte für steuerpflichtige Lieferungen und sonstige Leistungen, die an den Unternehmer für sein Unternehmen ausgeführt worden sind, und die vor Ausführung dieser Umsätze gezahlten Entgelte und Teilentgelte, soweit für diese Umsätze nach § 13 Abs. 1 Nr. 1 Buchstabe a Satz 4 die Steuer entsteht, sowie die auf die Entgelte und Teilentgelte entfallenden Steuerbeträge. ²Sind steuerpflichtige Lieferungen und sonstige Leistungen im Sinne des § 1 Abs. 1 Nr. 1 Satz 2 Buchstabe b und Nr. 3 sowie des § 10 Abs. 5 ausgeführt worden, so sind die Bemessungsgrundlagen nach § 10 Abs. 4 Nr. 1 und 2 und die darauf entfallenden Steuerbeträge aufzuzeichnen;

6. die Bemessungsgrundlagen für die Einfuhr von Gegenständen (§ 11), die für das Unternehmen des Unternehmers eingeführt worden sind, sowie die dafür entrichtete oder in den Fällen des § 16 Abs. 2 Satz 4 zu entrichtende Einfuhrumsatzsteuer;

7. die Bemessungsgrundlagen für den innergemeinschaftlichen Erwerb von Gegenständen sowie die hierauf entfallenden Steuerbeträge.

(3) ¹Die Aufzeichnungspflichten nach Absatz 2 Nr. 5 und 6 entfallen, wenn der Vorsteuerabzug ausgeschlossen ist (§ 15 Abs. 2 und 3). ²Ist der Unternehmer nur teilweise zum Vorsteuerabzug berechtigt, so müssen aus den Aufzeichnungen die Vorsteuerbeträge eindeutig und leicht nachprüfbar zu ersehen sein, die den zum Vorsteuerabzug berechtigenden Umsätzen ganz oder teilweise zuzurechnen sind. ³Außerdem hat der Unternehmer in diesen Fällen die Bemessungsgrundlagen für die Umsätze, die nach § 15 Abs. 2 und 3 den Vorsteuerabzug ausschließen, getrennt von den Bemessungsgrundlagen der übrigen Umsätze, ausgenommen die Einfuhren und die innergemeinschaftlichen Erwerbe, aufzuzeichnen. ⁴Die Verpflichtung zur Trennung der Bemessungsgrundlagen nach Absatz 2 Nr. 1 Satz 2, Nr. 2 Satz 2 und Nr. 3 Satz 2 bleibt unberührt.

(4) In den Fällen des § 15a hat der Unternehmer die Berechnungsgrundlagen für den Ausgleich aufzuzeichnen, der von ihm in den in Betracht kommenden Kalenderjahren vorzunehmen ist.

(4a) Gegenstände, die der Unternehmer zu seiner Verfügung vom Inland in das übrige Gemeinschaftsgebiet verbringt, müssen aufgezeichnet werden, wenn

1. an den Gegenständen im übrigen Gemeinschaftsgebiet Arbeiten ausgeführt werden,

2. es sich um eine vorübergehende Verwendung handelt, mit den Gegenständen im übrigen Gemeinschaftsgebiet sonstige Leistungen ausgeführt werden und der Unternehmer in dem betreffenden Mitgliedstaat keine Zweigniederlassung hat oder

3. es sich um eine vorübergehende Verwendung im übrigen Gemeinschaftsgebiet handelt und in entsprechenden Fällen die Einfuhr der Gegenstände aus dem Drittlandsgebiet vollständig steuerfrei wäre.

(4b) Gegenstände, die der Unternehmer von einem im übrigen Gemeinschaftsgebiet ansässigen Unternehmer mit Umsatzsteuer-Identifikationsnummer zur Ausführung einer sonstigen Leistung im Sinne des § 3a Abs. 2 Nr. 3 Buchstabe c erhält, müssen aufgezeichnet werden.

(5) Ein Unternehmer, der ohne Begründung einer gewerblichen Niederlassung oder außerhalb einer solchen von Haus zu Haus oder auf öffentlichen Straßen oder an anderen öffentlichen Orten Umsätze ausführt oder Gegenstände erwirbt, hat ein Steuerheft nach amtlich vorgeschriebenem Vordruck zu führen.

(6) Das Bundesministerium der Finanzen kann mit Zustimmung des Bundesrates durch Rechtsverordnung
1. nähere Bestimmungen darüber treffen, wie die Aufzeichnungspflichten zu erfüllen sind und in welchen Fällen Erleichterungen bei der Erfüllung dieser Pflichten gewährt werden können, sowie
2. Unternehmer im Sinne des Absatzes 5 von der Führung des Steuerheftes befreien, sofern sich die Grundlagen der Besteuerung aus anderen Unterlagen ergeben, und diese Befreiung an Auflagen knüpfen.

6. EG-Richtlinie

Abschnitt XIII: Pflichten der Steuerschuldner

Artikel 22   Verpflichtungen im inneren Anwendungsbereich

...

(2) a) Jeder Steuerpflichtige hat Aufzeichnungen zu führen, die so ausführlich sind, daß sie die Anwendung der Mehrwertsteuer und die Überprüfung durch die Steuerverwaltung ermöglichen.

b) Jeder Steuerpflichtige muß ein Register der Gegenstände führen, die er für Zwecke seiner Umsätze gemäß Artikel 28a Absatz 5 Buchstabe b) fünfter, sechster und siebter Gedankenstrich nach Orten außerhalb des in Artikel 3 bezeichneten Gebiets, aber innerhalb der Gemeinschaft versandt oder befördert hat oder die für seine Rechnung dorthin versandt oder befördert wurden.

Jeder Steuerpflichtige hat Aufzeichnungen zu führen, die so ausführlich sind, daß sie die Identifizierung der Gegenstände ermöglichen, die an ihn aus einem anderen Mitgliedstaat von einem in diesem Mitgliedstaat Steuerpflichtigen mit Umsatzsteuer-Identifikationsnummer oder für dessen Rechnung im Zusammenhang mit einer Dienstleistung im Sinne von Artikel 9 Absatz 2 Buchstabe c) dritter oder vierter Gedankenstrich versandt worden sind.

...

UStDV

§ 63 Aufzeichnungspflichten

(1) Die Aufzeichnungen müssen so beschaffen sein, daß es einem sachverständigen Dritten innerhalb einer angemessenen Zeit möglich ist, einen Überblick über die Umsätze des Unternehmers und die abziehbaren Vorsteuern zu erhalten und die Grundlagen für die Steuerberechnung festzustellen.

(2) ¹Entgelte, Teilentgelte, Bemessungsgrundlagen nach § 10 Abs. 4 und 5 des Gesetzes, nach § 14 Abs. 2 und 3 des Gesetzes geschuldete Steuerbeträge sowie Vorsteuerbeträge sind am Schluß jedes Voranmeldungszeitraums zusammenzurechnen. ²Im Falle des § 17 Abs. 1 Satz 2 des Gesetzes sind die Beträge der Entgeltsminderungen am Schluß jedes Voranmeldungszeitraums zusammenzurechnen.

(3) ¹Der Unternehmer kann die Aufzeichnungspflichten nach § 22 Abs. 2 Nr. 1 Satz 1, 3, 5 und 6, Nr. 2 Satz 1 und Nr. 3 Satz 1 des Gesetzes in folgender Weise erfüllen:

1. Das Entgelt oder Teilentgelt und der Steuerbetrag werden in einer Summe statt des Entgelts oder des Teilentgelts aufgezeichnet.

2. Die Bemessungsgrundlage nach § 10 Abs. 4 und 5 des Gesetzes und der darauf entfallende Steuerbetrag werden in einer Summe statt der Bemessungsgrundlage aufgezeichnet.

3. Bei der Anwendung des § 17 Abs. 1 Satz 2 des Gesetzes werden die Entgeltsminderung und die darauf entfallende Minderung des Steuerbetrags in einer Summe statt der Entgeltsminderung aufgezeichnet.

²§ 22 Abs. 2 Nr. 1 Satz 2, Nr. 2 Satz 2 und Nr. 3 Satz 2 des Gesetzes gilt entsprechend. ³Am Schluß jedes Voranmeldungszeitraums hat der Unternehmer die Summe der Entgelte und Teilentgelte, der Bemessungsgrundlagen nach § 10 Abs. 4 und 5 des Gesetzes sowie der Entgeltsminderungen im Falle des § 17 Abs. 1 Satz 2 des Gesetzes zu errechnen und aufzuzeichnen.

(4) ¹Dem Unternehmer, dem wegen der Art und des Umfangs des Geschäfts eine Trennung der Entgelte und Teilentgelte nach Steuersätzen (§ 22 Abs. 2 Nr. 1 Satz 2 und Nr. 2 Satz 2 des Gesetzes) in den Aufzeichnungen nicht zuzumuten ist, kann das Finanzamt auf Antrag gestatten, daß er die Entgelte und Teilentgelte nachträglich auf der Grundlage der Wareneingänge oder, falls diese hierfür nicht verwendet werden können, nach anderen Merkmalen trennt. ²Entsprechendes gilt für die Trennung nach Steuersätzen bei den Bemessungsgrundlagen nach § 10 Abs. 4 und 5 des Gesetzes (§ 22 Abs. 2 Nr. 1 Satz 3 und Nr. 3 Satz 2 des Gesetzes). ³Das Finanzamt darf nur ein Verfahren zulassen, dessen steuerliches Ergebnis nicht wesentlich von dem Ergebnis einer nach Steuersätzen getrennten Aufzeichnung der Entgelte, Teilentgelte und sonstigen Bemessungsgrundlagen abweicht. ⁴Die Anwendung des Verfahrens kann auf einen in der Gliederung des Unternehmens gesondert geführten Betrieb beschränkt werden.

(5) ¹Der Unternehmer kann die Aufzeichnungspflicht nach § 22 Abs. 2 Nr. 5 des Gesetzes in der Weise erfüllen, daß er die Entgelte oder Teilentgelte und die auf sie entfallenden Steuerbeträge (Vorsteuern) jeweils in einer Summe, getrennt nach den in den Eingangsrechnungen angewandten Steuersätzen, aufzeichnet. ²Am Schluß jedes Voranmeldungszeitraums hat der Unternehmer die Summe der Entgelte und Teilentgelte und die Summe der Vorsteuerbeträge zu errechnen und aufzuzeichnen.

§ 64 Aufzeichnung im Falle der Einfuhr

Der Aufzeichnungspflicht nach § 22 Abs. 2 Nr. 6 des Gesetzes ist genügt, wenn die entrichtete oder in den Fällen des § 16 Abs. 2 Satz 4 des Gesetzes zu entrichtende Einfuhrumsatzsteuer mit einem Hinweis auf einen entsprechenden zollamtlichen Beleg aufgezeichnet wird.

§ 65 Aufzeichnungspflichten der Kleinunternehmer

¹Unternehmer, auf deren Umsätze § 19 Abs. 1 Satz 1 des Gesetzes anzuwenden ist, haben an Stelle der nach § 22 Abs. 2 bis 4 des Gesetzes vorgeschriebenen Angaben folgendes aufzuzeichnen:

1. die Werte der erhaltenen Gegenleistungen für die von ihnen ausgeführten Lieferungen und sonstigen Leistungen;
2. den Eigenverbrauch. ²Für seine Bemessung gilt Nummer 1 entsprechend.

²Die Aufzeichnungspflichten nach § 22 Abs. 2 Nr. 4 und 7 des Gesetzes bleiben unberührt.

§ 66 Aufzeichnungspflichten bei der Anwendung allgemeiner Durchschnittsätze

Der Unternehmer ist von den Aufzeichnungspflichten nach § 22 Abs. 2 Nr. 5 und 6 des Gesetzes befreit, soweit er die abziehbaren Vorsteuerbeträge nach einem Durchschnittsatz (§§ 69 und 70) berechnet.

§ 66a Aufzeichnungspflichten bei der Anwendung des Durchschnittsatzes für Körperschaften, Personenvereinigungen und Vermögensmassen im Sinne des § 5 Abs. 1 Nr. 9 des Körperschaftsteuergesetzes

Der Unternehmer ist von den Aufzeichnungspflichten nach § 22 Abs. 2 Nr. 5 und 6 des Gesetzes befreit, soweit er die abziehbaren Vorsteuerbeträge nach dem in § 23a des Gesetzes festgesetzten Durchschnittsatz berechnet.

§ 67 Aufzeichnungspflichten bei der Anwendung der Durchschnittsätze für land- und forstwirtschaftliche Betriebe

¹Unternehmer, auf deren Umsätze § 24 des Gesetzes anzuwenden ist, sind für den land- und forstwirtschaftlichen Betrieb von den Aufzeichnungspflichten nach § 22 des Gesetzes befreit. ²Ausgenommen hiervon sind die Bemessungsgrundlagen für die Umsätze im Sinne des § 24 Abs. 1 Satz 1 Nr. 2 des Gesetzes. ³Die Aufzeichnungspflichten nach § 22 Abs. 2 Nr. 4 und 7 des Gesetzes bleiben unberührt.

§ 68 Befreiung von der Führung des Steuerheftes

(1) Unternehmer im Sinne des § 22 Abs. 5 des Gesetzes sind von der Verpflichtung, ein Steuerheft zu führen, befreit,

1. wenn sie im Inland eine gewerbliche Niederlassung besitzen und ordnungsmäßige Aufzeichnungen nach § 22 des Gesetzes in Verbindung mit den §§ 63 bis 66 dieser Verordnung führen,
2. soweit ihre Umsätze nach den Durchschnittsätzen für land- und forstwirtschaftliche Betriebe (§ 24 Abs. 1 Satz 1 Nr. 1 und 3 des Gesetzes) besteuert werden,
3. soweit sie mit Zeitungen und Zeitschriften handeln.

(2) In den Fällen des Absatzes 1 Nr. 1 stellt das Finanzamt dem Unternehmer eine Bescheinigung über die Befreiung von der Führung des Steuerheftes aus.

UStR

255. Ordnungsgrundsätze

(1) ¹Die allgemeinen Ordnungsvorschriften der §§ 145 und 146 AO gelten in Übereinstimmung mit § 63 Abs. 1 UStDV auch für die Aufzeichnungen für Umsatzsteuerzwecke. ²Die Aufzeichnungen sind grundsätzlich im Geltungsbereich des Umsatzsteuergesetzes zu führen (§ 146 Abs. 2 Satz 1 AO). ³Sie sind dort mit den zugehörigen Belegen für die Dauer der Aufbewahrungsfrist (§ 147 Abs. 3 AO) geordnet aufzubewahren. ⁴Das Finanzamt kann jederzeit verlangen, daß der Unternehmer diese Unterlagen vorlegt. ⁵Zur Führung der Aufzeichnungen bei Betriebsstätten und Organgesellschaften außerhalb des Geltungsbereichs des Umsatzsteuergesetzes vgl. § 146 Abs. 2 Sätze 2 ff. AO.

(2) ¹Die Aufzeichnungen und die zugehörigen Belege können unter bestimmten Voraussetzungen als Wiedergaben auf einem Bildträger – z. B. Mikrofilm – oder auf anderen Datenträgern – z. B. Magnetband, Magnetplatte oder Diskette – aufbewahrt werden (§ 147 Abs. 2 AO). ²Das bei der Aufbewahrung von Bild- oder anderen Datenträgern angewandte Verfahren muß den Grundsätzen ordnungsmäßiger Buchführung, insbesondere den Anforderungen des BMF-Schreibens vom 1. 2. 1984 (BStBl I S. 155) und den diesem Schreiben beigefügten „Mikrofilm-Grundsätzen" sowie den „Grundsätzen ordnungsmäßiger Speicherbuchführung" (Anlage zum BMF-Schreiben vom 5. 7. 1978, BStBl I S. 250), entsprechen. ³Unter dieser Voraussetzung können die Originale der Geschäftsunterlagen grundsätzlich vernichtet werden (vgl. aber Abs. 3). ⁴Diese Aufbewahrungsformen bedürfen keiner besonderen Genehmigung. ⁵Für das Lesbarmachen der nicht im Original aufbewahrten Aufzeichnungen und Geschäftsunterlagen ist § 147 Abs. 5 AO zu beachten.

(3) ¹Die Mikroverfilmung kann auch auf zollamtliche Belege – z. B. Quittungen über die Entrichtung von Einfuhrumsatzsteuer – angewandt werden. ²Mikrofilmaufnahmen der Belege über Einfuhrumsatzsteuer bzw. Mikrokopien dieser Belege sind als ausreichender Nachweis für den Vorsteuerabzug nach § 15 Abs. 1 Nr. 2 UStG anzuerkennen. ³*Dies gilt auch für die Anerkennung von mikroverfilmten Zollbelegen zur Ausstellung von Ersatzbelegen oder zur Aufteilung zum Zwecke des Vorsteuerabzugs, wenn die vollständige oder teilweise Ungültigkeit des Originalbelegs auf der Mikrofilmaufnahme bzw. der Mikrokopie erkennbar ist.*

(4) ¹Die am Schluß eines Voranmeldungszeitraums zusammenzurechnenden Beträge (§ 63 Abs. 2 UStDV) müssen auch für den jeweiligen Besteuerungszeitraum zusammengerechnet werden. ²Die Entgelte für empfangene Leistungen des Unternehmers (§ 22 Abs. 2 Nr. 5 UStG) und die Bemessungsgrundlagen für die Einfuhr von Gegenständen, die für das Unternehmen bestimmt sind (§ 22 Abs. 2 Nr. 6 UStG), brauchen für umsatzsteuerliche Zwecke nicht zusammengerechnet zu werden.

(5) Die Verpflichtung zur Aufzeichnung der nach § 14 Abs. 3 UStG geschuldeten Steuer und zur Zusammenrechnung dieser Beträge (§ 63 Abs. 2 Satz 1 UStDV) gilt auch für Personen, die nicht Unternehmer sind (§ 22 Abs. 1 Satz 2 UStG).

256. Umfang der Aufzeichnungspflichten

(1) ¹Der Umfang der Aufzeichnungspflichten ergibt sich aus § 22 Abs. 2 bis *4b* UStG in Verbindung mit §§ 63 bis 67 UStDV. ²Soweit die geforderten Angaben aus dem Rechnungswesen

oder den Aufzeichnungen des Unternehmers für andere Zwecke eindeutig und leicht nachprüfbar hervorgehen, brauchen sie nicht noch gesondert aufgezeichnet zu werden.

(2) ¹Der Unternehmer ist sowohl bei der Sollversteuerung als auch bei der Istversteuerung verpflichtet, nachträgliche Minderungen oder Erhöhungen der Entgelte aufzuzeichnen. ²Die Verpflichtung des Unternehmers, in den Aufzeichnungen ersichtlich zu machen, wie sich die Entgelte auf die steuerpflichtigen Umsätze, getrennt nach Steuersätzen, und auf die steuerfreien Umsätze verteilen, gilt entsprechend für nachträgliche Entgeltsänderungen.

(3) ¹In den Fällen des § 17 Abs. 1 Satz 2 UStG hat der Schuldner der auf die Entgeltsminderungen entfallenden Steuer – sogenannter Zentralregulierer – die Beträge der jeweiligen Entgeltsminderungen gesondert von seinen Umsätzen aufzuzeichnen (§ 22 Abs. 2 Nr. 1 Satz 6 UStG). ²Er hat dabei die Entgeltsminderungen ggf. nach steuerfreien und steuerpflichtigen Umsätzen sowie nach Steuersätzen zu trennen.

(4) ¹Aus den Aufzeichnungen müssen die Umsätze hervorgehen, die der Unternehmer nach § 9 UStG als steuerpflichtig behandelt (§ 22 Abs. 2 Nr. 1 Satz 4 UStG). ²Wird eine solche Leistung zusammen mit einer steuerpflichtigen Leistung ausgeführt und für beide ein einheitliches Entgelt vereinbart, so kann aus Vereinfachungsgründen darauf verzichtet werden, den auf die einzelne Leistung entfallenden Entgeltsteil zu errechnen und den Entgeltsteil, der auf die freiwillig versteuerte Leistung entfällt, gesondert aufzuzeichnen.

(5) ¹Unternehmer, die ihre Umsätze nach vereinbarten Entgelten versteuern, haben neben den vereinbarten Entgelten auch sämtliche vor der Ausführung von Leistungen vereinnahmten Entgelte und Teilentgelte aufzuzeichnen. ²Aufgezeichnet werden müssen nicht nur die vor der Ausführung der Leistung vereinnahmten Entgelte und Teilentgelte, für die die Steuer nach § 13 Abs. 1 Nr. 1 Buchstabe a *Satz 4* UStG mit dem Ablauf des Voranmeldungszeitraums der Vereinnahmung entsteht, sondern auch die im voraus vereinnahmten Entgelte und Teilentgelte, die auf steuerfreie Umsätze entfallen.

(6) ¹Soweit die für noch nicht ausgeführte steuerpflichtige Leistungen vereinnahmten Entgelte und Teilentgelte auf Umsätze entfallen, die verschiedenen Steuersätzen unterliegen, sind sie nach § 22 Abs. 2 Nr. 2 Satz 2 UStG entsprechend getrennt aufzuzeichnen. ²Entgelte und Teilentgelte, die im voraus für Umsätze vereinnahmt werden, die der Unternehmer nach § 9 UStG als steuerpflichtig behandelt, müssen nach § 22 Abs. 2 Nr. 2 Satz *3* UStG gesondert aufgezeichnet werden (siehe auch Absatz 4).

(7) ¹In den Fällen des § 1 Abs. 1 Nr. 1 Satz 2 Buchstabe b und Nr. 3 UStG müssen als Bemessungsgrundlage für Lieferungen nach § 10 Abs. 4 Nr. 1 UStG der Einkaufspreis zuzüglich der Nebenkosten für den Gegenstand oder für einen gleichartigen Gegenstand oder mangels eines Einkaufspreises die Selbstkosten jeweils zum Zeitpunkt des Umsatzes aufgezeichnet werden. ²Für sonstige Leistungen nach § 10 Abs. 4 Nr. 2 UStG sind die jeweils entstandenen Kosten aufzuzeichnen (§ 22 Abs. 2 Nr. 1 Satz 3 UStG). ³Das gleiche gilt, sofern für die Besteuerung die Mindestbemessungsgrundlagen (§ 10 Abs. 5 UStG) in Betracht kommen. ⁴Soweit der Unternehmer bei Sachzuwendungen und sonstigen Leistungen an Arbeitnehmer von lohnsteuerlichen Werten ausgeht (vgl. Abschnitt 12 Abs. 8), sind diese aufzuzeichnen.

(8) ¹Die Verpflichtung des Unternehmers, die Entgelte für steuerpflichtige Lieferungen und sonstige Leistungen, die an ihn für sein Unternehmen ausgeführt sind, und die darauf entfallende Steuer aufzuzeichnen (§ 22 Abs. 2 Nr. 5 UStG), erstreckt sich auch auf nachträgliche Entgeltsminderungen und die entsprechenden Steuerbeträge. ²Werden dem Unternehmer Entgeltsminderungen für steuerfreie und steuerpflichtige Umsätze gewährt, so kann das Finanzamt auf Antrag

gestatten, daß er sie nach dem Verhältnis dieser Umsätze aufteilt. ³Das gleiche gilt, wenn die Umsätze an den Unternehmer verschiedenen Steuersätzen unterliegen. ⁴Eine Aufteilung nach dem Verhältnis der vom Unternehmer bewirkten Umsätze ist nicht zulässig.

(9) ¹Die Aufzeichnung der Entgelte für empfangene steuerpflichtige Leistungen (§ 22 Abs. 2 Nr. 5 UStG) und der Einfuhrumsatzsteuer (§ 22 Abs. 2 Nr. 6 UStG in Verbindung mit § 64 UStDV) ist nicht erforderlich, wenn der Vorsteuerabzug nach § 15 Abs. 2 und 3 UStG ausgeschlossen ist oder deshalb entfällt, weil die Steuer in den Rechnungen nicht gesondert ausgewiesen ist. ²Hiervon werden die Aufzeichnungspflichten nach anderen Vorschriften (z. B. § 238 Abs. 1, §§ 266, 275, 276 Abs. 1 HGB, §§ 141, 143 AO) nicht berührt.

(10) Körperschaften, Personenvereinigungen und Vermögensmassen im Sinne des § 5 Abs. 1 Nr. 9 KStG, insbesondere Vereine, die ihre abziehbaren Vorsteuerbeträge nach dem Durchschnittsatz des § 23a UStG berechnen, sind von den Aufzeichnungspflichten nach § 22 Abs. 2 Nr. 5 und 6 UStG befreit (§ 66a UStDV).

(11) ¹Wird im Zusammenhang mit einer Einfuhr eine Lieferung an den Unternehmer bewirkt, sind entweder die Einfuhrumsatzsteuer – insbesondere in den Fällen des § 3 Abs. 7 UStG – oder das Entgelt und die darauf entfallende Steuer – in den Fällen des § 3 Abs. 8 UStG – aufzuzeichnen. ²Maßgebend ist, welchen Steuerbetrag der Unternehmer als Vorsteuer abziehen kann.

(12) ¹Wegen der weiteren Aufzeichnungspflichten

1. in den Fällen der Berichtigung des Vorsteuerabzugs nach § 15a UStG *vgl.* Abschnitt 219,

2. bei Reiseleistungen im Sinne des § 25 Abs. 1 UStG *vgl.* Abschnitt 276,

3. im Rahmen des Umsatzsteuer-Abzugsverfahrens (§ 18 Abs. 8 Nr. 2 UStG, § 56 UStDV) *vgl.* Abschnitt 239,

4. bei *der Differenzbesteuerung (§ 25a Abs. 6 UStG) vgl. Abschnitt 276a,*

5. *bei der Verpflichtung zur Führung des Umsatzsteuerhefts vgl. BMF-Schreiben vom 12. 11. 1993 (BStBl I S. 946),*

6. *bei innergemeinschaftlichen Verbringensfällen (Abschnitt 15b Abs. 16) vgl. Abschnitt 256a Abs. 3.*

256a. Aufzeichnungspflichten bei innergemeinschaftlichen Warenlieferungen und innergemeinschaftlichen Erwerben

(1) ¹Die allgemeinen Aufzeichnungspflichten gelten auch für innergemeinschaftliche Warenlieferungen (§ 22 Abs. 2 Nr. 1 UStG) und innergemeinschaftliche Erwerbe (§ 22 Abs. 2 Nr. 7 UStG). ²Nach § 22 Abs. 2 Nr. 1 UStG hat der Unternehmer die Bemessungsgrundlage und die ggf. darauf entfallende Steuer für die innergemeinschaftlichen Lieferungen und für die fiktiven Lieferungen in den Fällen des innergemeinschaftlichen Verbringens von Gegenständen vom inländischen in den ausländischen Unternehmensteil aufzuzeichnen. ³Aufzuzeichnen sind auch die innergemeinschaftlichen Lieferungen von neuen Fahrzeugen. ⁴Nach § 22 Abs. 2 Nr. 7 UStG sind die innergemeinschaftlichen Erwerbe getrennt von den übrigen Aufzeichnungen der Bemessungsgrundlagen und Steuerbeträge aufzuzeichnen. ⁵Hierunter fallen die Lieferungen im Sinne des § 1a Abs. 1 UStG und die innergemeinschaftlichen Verbringensfälle zwischen dem ausländischen und dem inländischen Unternehmensteil, die als fiktive Lieferungen gelten (vgl. Abschnitt 15b). ⁶Zu den besonderen Aufzeichnungspflichten vgl. Abs. 3 bis 5.

(2) ¹*Der Unternehmer ist auch für innergemeinschaftliche Lieferungen und innergemeinschaftliche Erwerbe verpflichtet, nachträgliche Minderungen oder Erhöhungen der Bemessungsgrundlagen aufzuzeichnen.* ²*Die Verpflichtung des Unternehmers, in den Aufzeichnungen ersichtlich zu machen, wie sich die Bemessungsgrundlagen auf die steuerpflichtigen innergemeinschaftlichen Erwerbe, getrennt nach Steuersätzen, und auf die steuerfreien innergemeinschaftlichen Lieferungen verteilen, gilt entsprechend für nachträgliche Entgeltsänderungen (vgl. Abschnitt 256 Abs. 2).*

(3) ¹*Der Unternehmer hat besondere Aufzeichnungspflichten in den Fällen zu beachten, in denen Gegenstände, die – ohne die Voraussetzungen für ein steuerbares Verbringen zu erfüllen – vom Inland zu seiner Verfügung (unternehmensintern) in das übrige Gemeinschaftsgebiet gelangen (§ 22 Abs. 4a UStG).* ²*Der Unternehmer muß die Gegenstände in den folgenden Fällen der ihrer Art nach vorübergehenden Verwendung und der befristeten Verwendung (vgl. Abschnitt 15b Abs. 9 bis 12) aufzeichnen, die im übrigen Gemeinschaftsgebiet nicht zu einer Erwerbsbesteuerung führen:*

1. ¹*An den Gegenständen werden im übrigen Gemeinschaftsgebiet Arbeiten, z. B. Reparaturarbeiten, ausgeführt (§ 22 Abs. 4a Nr. 1 UStG).* ²*Vgl. dazu Abschnitt 15b Abs. 10 Nr. 4.*

2. ¹*Die Gegenstände werden zur vorübergehenden Verwendung in das übrige Gemeinschaftsgebiet zur Ausführung sonstiger Leistungen verbracht, und der Unternehmer hat in dem Mitgliedstaat keine Zweigniederlassung (§ 22 Abs. 4a Nr. 2 UStG).* ²*Vgl. dazu Beispiel 4 in Abschnitt 15b Abs. 10 Nr. 2 und Abs. 10 Nr. 5.*

3. ¹*Das Verbringen der Gegenstände zur befristeten Verwendung in das übrige Gemeinschaftsgebiet wäre im Fall der Einfuhr uneingeschränkt steuerfrei, z. B. Ausstellungsstücke für Messen im übrigen Gemeinschaftsgebiet (§ 22 Abs. 4a Nr. 3 UStG).* ²*Vgl. dazu Abschnitt 15b Abs. 12.* ³*Aufzuzeichnen sind auch die Fälle der vorübergehenden Verwendung eines Gegenstandes bei einer Werklieferung, die im Bestimmungsmitgliedstaat steuerbar ist, wenn der Gegenstand wieder in das Inland zurückgelangt.* ⁴*Vgl. dazu Beispiel 3 in Abschnitt 15b Abs. 10 Nr. 1.*

(4) *Die besonderen Aufzeichnungspflichten gelten jeweils als erfüllt, wenn sich die aufzeichnungspflichtigen Angaben aus Buchführungsunterlagen, Versandpapieren, Karteien, Dateien und anderen im Unternehmen befindlichen Unterlagen eindeutig und leicht nachprüfbar entnehmen lassen.*

(5) ¹*Die besonderen Aufzeichnungen sind zu berichtigen, wenn der Gegenstand im Bestimmungsland untergeht oder veräußert wird oder wenn die Verwendungsfristen überschritten werden.* ²*An die Stelle der besonderen Aufzeichnungen treten die allgemeinen Aufzeichnungspflichten für innergemeinschaftliche Lieferungen.* ³*Vgl. dazu Abschnitt 15b Abs. 13.*

(6) ¹*Die in § 1a Abs. 3 Nr. 1 UStG genannten Erwerber sind zur Aufzeichnung nach § 22 Abs. 2 Nr. 7 UStG verpflichtet, wenn sie die Erwerbsschwelle überschritten, zur Erwerbsbesteuerung optiert oder Gegenstände im Sinne des § 1a Abs. 5 UStG erworben haben.* ²*Juristische Personen, die auch Unternehmer sind, haben die für das Unternehmen vorgenommenen Erwerbe grundsätzlich getrennt von den nicht für das Unternehmen bewirkten Erwerben aufzuzeichnen.* ³*Eine entsprechende Trennung in den Aufzeichnungen ist nicht erforderlich, soweit die Steuerbeträge, die auf die für das Unternehmen vorgenommenen innergemeinschaftlichen Erwerbe entfallen, vom Vorsteuerabzug ausgeschlossen sind.*

257. Aufzeichnungen bei Aufteilung der Vorsteuern

(1) ¹Unternehmer, die nach § 15 Abs. 4 UStG nur teilweise zum Vorsteuerabzug berechtigt sind und die deshalb die angefallenen Vorsteuerbeträge aufzuteilen haben, brauchen außer den

Vorsteuerbeträgen, die voll vom Vorsteuerabzug ausgeschlossen sind, auch die vom Vorsteuerabzug ausgeschlossenen anteiligen Vorsteuerbeträge nicht gesondert aufzuzeichnen. ²Aufgezeichnet werden müssen aber in den Fällen, in denen Vorsteuerbeträge nur teilweise abziehbar sind,

1. die Entgelte für die betreffenden steuerpflichtigen Leistungen an den Unternehmer, die für diese Leistungen gesondert in Rechnung gestellten gesamten Steuerbeträge und die als Vorsteuern abziehbaren Teilbeträge,

2. die vorausgezahlten Entgelte und Teilentgelte für die betreffenden steuerpflichtigen Leistungen an den Unternehmer, die dafür gesondert in Rechnung gestellten gesamten Steuerbeträge und die als Vorsteuern abziehbaren Teilbeträge,

3. die gesamten Einfuhrumsatzsteuerbeträge für die für das Unternehmen eingeführten Gegenstände und die als Vorsteuern abziehbaren Teilbeträge sowie die Bemessungsgrundlagen für die Einfuhren oder Hinweise auf die entsprechenden zollamtlichen Belege,

4. die Bemessungsgrundlage für den innergemeinschaftlichen Erwerb von Gegenständen und die als Vorsteuern abziehbaren Teilbeträge.

(2) In den Fällen der Vorsteueraufteilung sind die Bemessungsgrundlagen für die Umsätze, die nach § 15 Abs. 2 und 3 UStG den Vorsteuerabzug ausschließen, getrennt von den Bemessungsgrundlagen der übrigen Umsätze mit Ausnahme der Einfuhren *und der innergemeinschaftlichen Erwerbe* aufzuzeichnen, und zwar unabhängig von der allgemeinen Verpflichtung zur Trennung der Bemessungsgrundlagen nach § 22 Abs. 2 UStG.

258. Erleichterungen der Aufzeichnungspflichten

(1) ¹Durch § 63 Abs. 3 und 5 UStDV werden die Aufzeichnungspflichten nach § 22 Abs. 2 UStG allgemein erleichtert. ²Den Unternehmern ist es hiernach gestattet, für ihre Umsätze und die an sie ausgeführten Umsätze die jeweiligen Bruttobeträge einschließlich der Steuer getrennt nach Steuersätzen aufzuzeichnen und am Schluß eines Voranmeldungszeitraums insgesamt in Bemessungsgrundlage und Steuer aufzuteilen. ³Beträge für die an den Unternehmer ausgeführten Umsätze dürfen in das Verfahren der Bruttoaufzeichnung nur einbezogen werden, wenn in der jeweiligen Rechnung die Steuer in zutreffender Höhe gesondert ausgewiesen ist. ⁴Die Bruttoaufzeichnung darf außerdem nicht für die Leistungen des Unternehmers vorgenommen werden, für die in den Rechnungen die Steuer zu Unrecht oder zu hoch ausgewiesen ist.

(2) Bei der Einfuhr genügt es, wenn die entrichtete oder in den Fällen des § 16 Abs. 2 Satz 4 UStG zu entrichtende Einfuhrumsatzsteuer aufgezeichnet und dabei auf einen entsprechenden zollamtlichen Beleg hingewiesen wird (§ 64 UStDV).

(3) ¹Kleinunternehmer im Sinne des § 19 Abs. 1 UStG müssen nur die Werte der Gegenleistungen, die sie für ihre Leistungen vereinnahmt haben, und die Werte des Eigenverbrauchs aufzeichnen (§ 65 UStDV). ²Als Wert der erhaltenen Gegenleistungen ist grundsätzlich der vereinnahmte Preis anzugeben.

(4) ¹Unternehmer, die ihre abziehbaren Vorsteuerbeträge nach Durchschnittssätzen (§§ 23, 23a UStG, §§ *66a*, 69, 70 Abs. 1 UStDV) berechnen, brauchen die Entgelte oder Teilentgelte für die empfangenen Leistungen sowie die dafür in Rechnung gestellten Steuerbeträge nicht aufzuzeichnen. ²Ebenso entfällt die Verpflichtung zur Aufzeichnung der Einfuhrumsatzsteuer. ³Soweit neben den Durchschnittssätzen Vorsteuern gesondert abgezogen werden können (§ 70 Abs. 2 UStDV), gelten die allgemeinen Aufzeichnungspflichten.

(5) Land- und Forstwirte, die ihre Umsätze nach den Durchschnittssätzen des § 24 UStG versteuern, haben die Bemessungsgrundlagen für die Lieferung und den Eigenverbrauch der in der Anlage des Umsatzsteuergesetzes nicht aufgeführten Sägewerkserzeugnisse und Getränke sowie von alkoholischen Flüssigkeiten aufzuzeichnen (§ 67 UStDV).

(6) Die Erleichterungen berühren nicht die Verpflichtung zur Aufzeichnung der Steuerbeträge, die nach § 14 Abs. 2 oder 3 UStG geschuldet werden.

259. Erleichterungen für die Trennung der Bemessungsgrundlagen

Grundsätze

(1) [1]Der Unternehmer kann eine erleichterte Trennung der Bemessungsgrundlagen nach Steuersätzen (§ 63 Abs. 4 UStDV) nur mit Genehmigung des Finanzamts vornehmen. [2]Das Finanzamt hat die Genehmigung schriftlich unter dem Vorbehalt des jederzeitigen Widerrufs zu erteilen. [3]In der Genehmigungsverfügung sind die zugelassenen Erleichterungen genau zu bezeichnen. [4]Eine vom Unternehmer ohne Genehmigung des Finanzamts vorgenommene erleichterte Trennung der Bemessungsgrundlagen kann aus Billigkeitsgründen anerkannt werden, wenn das angewandte Verfahren bei rechtzeitiger Beantragung hätte zugelassen werden können.

(2) [1]Entsprechende Erleichterungen können auf Antrag auch für die Trennung in steuerfreie und steuerpflichtige Umsätze sowie für nachträgliche Entgeltsminderungen gewährt werden. [2]Die Finanzämter können auch andere als die in den Absätzen 8 ff. bezeichneten Verfahren zulassen, wenn deren steuerliches Ergebnis nicht wesentlich von dem Ergebnis einer nach Steuersätzen getrennten Aufzeichnung abweicht. [3]Ob ein abweichendes Verfahren oder ein Wechsel des Verfahrens zugelassen werden kann und wie das Verfahren ausgestaltet sein muß, hat das Finanzamt in jedem Einzelfall zu prüfen.

Aufschlagsverfahren

(3) [1]Die Aufschlagsverfahren (Absätze 8 bis 15) kommen vor allem für Unternehmer in Betracht, die nur erworbene Waren liefern, wie z. B. Lebensmitteleinzelhändler, Milchhändler, Drogisten, Buchhändler. [2]Sie können aber auch von Unternehmern angewendet werden, die – wie z. B. Bäcker oder Fleischer – neben erworbenen Waren in erheblichem Umfang hergestellte Erzeugnisse liefern. [3]Voraussetzung ist jedoch, daß diese Unternehmer, sofern sie für die von ihnen hergestellten Waren die Verkaufsentgelte oder die Verkaufspreise rechnerisch ermitteln, darüber entsprechende Aufzeichnungen führen. [4]Die Verfahren können bei einem Unternehmer insoweit *nicht angewendet werden*, als Lieferungen von Speisen und Getränken zum Verzehr an Ort und Stelle ausgeführt werden, die der Steuer nach dem allgemeinen Steuersatz unterliegen. [5]Für die übrigen Umsätze kann der Unternehmer aber eine Trennung der Bemessungsgrundlage nach den bezeichneten Verfahren vornehmen.

(4) [1]Eine Trennung der Bemessungsgrundlagen nach dem Verhältnis der Eingänge an begünstigten und an nichtbegünstigten Waren kann nur in besonders gelagerten Einzelfällen zugelassen werden. [2]Die Anwendung brancheneinheitlicher Durchschnittsaufschlagsätze oder eines vom Unternehmer geschätzten durchschnittlichen Aufschlagsatzes kann nicht genehmigt werden. [3]Die Berücksichtigung eines Verlustabschlags für Verderb, Bruch, Schwund, Diebstahl usw. bei der rechnerischen Ermittlung der nichtbegünstigten Umsätze aufgrund der Wareneingänge ist, sofern Erfahrungswerte oder andere Unterlagen über die Höhe der Verluste nicht vorhanden sind, von der Führung zeitlich begrenzter Aufzeichnungen über die eingetretenen Verluste abhängig zu machen (vgl. BFH-Urteil vom 18. 11. 1971 – BStBl 1972 II S. 202).

(5) Die von den Unternehmern im Rahmen eines zugelassenen Verfahrens angewandten Aufschlagsätze unterliegen der Nachprüfung durch die Finanzämter.

(6) ¹In Fällen, in denen ein Unternehmen oder ein Betrieb erworben wird, sind bei der Anwendung eines Aufschlagsverfahrens (Absätze 8 bis 15) die übertragenen Warenbestände als Wareneingänge in die rechnerische Ermittlung der begünstigten und der nichtbegünstigten Umsätze einzubeziehen. ²Diese Berechnung ist für den Voranmeldungszeitraum vorzunehmen, der nach der Übertragung der Warenbestände endet. ³Der Unternehmer hat die bei dem Erwerb des Unternehmens oder Betriebs übernommenen Warenbestände aufzuzeichnen und dabei die Waren, deren Lieferungen nach § 12 Abs. 1 UStG dem allgemeinen Steuersatz unterliegen, von denen zu trennen, auf deren Lieferungen nach § 12 Abs. 2 Nr. 1 UStG der ermäßigte Steuersatz anzuwenden ist. ⁴Die Gliederung nach den auf die Lieferungen anzuwendenden Steuersätzen kann auch im Eröffnungsinventar vorgenommen werden.

(7) ¹Entsprechendes gilt, wenn ein Unternehmen gegründet wird. ²In diesem Falle sind bei einer erleichterten Trennung der Bemessungsgrundlagen nach den Wareneingängen die vor der Eröffnung angeschafften Waren (Waren-Anfangsbestand) in die rechnerische Ermittlung der begünstigten und der nichtbegünstigten Umsätze für den ersten Voranmeldungszeitraum einzubeziehen.

Anwendung tatsächlicher und üblicher Aufschläge

(8) ¹Die erworbenen Waren, deren Lieferungen dem ermäßigten Steuersatz unterliegen, sind im Wareneingangsbuch oder auf dem Wareneinkaufskonto getrennt von den übrigen Waren aufzuzeichnen, deren Lieferungen nach dem allgemeinen Steuersatz zu versteuern sind. ²Auf der Grundlage der Wareneingänge sind entweder die Umsätze der Waren, die dem allgemeinen Steuersatz unterliegen, oder die steuerermäßigten Umsätze rechnerisch zu ermitteln. ³Zu diesem Zweck ist im Wareneingangsbuch oder auf dem Wareneinkaufskonto für diese Waren neben der Spalte „Einkaufsentgelt" eine zusätzliche Spalte mit der Bezeichnung „Verkaufsentgelt" einzurichten. ⁴Die Waren der Gruppe, für die die zusätzliche Spalte „Verkaufsentgelt" geführt wird, sind grundsätzlich einzeln und mit genauer handelsüblicher Bezeichnung im Wareneingangsbuch oder auf dem Wareneinkaufskonto einzutragen. ⁵Statt der handelsüblichen Bezeichnung können Schlüsselzahlen oder Symbole verwendet werden, wenn ihre eindeutige Bestimmung aus der Eingangsrechnung oder aus anderen Unterlagen gewährleistet ist. ⁶Bei der Aufzeichnung des Wareneingangs sind aufgrund der tatsächlichen oder üblichen Aufschlagsätze die tatsächlichen bzw. voraussichtlichen Verkaufsentgelte für die betreffenden Waren zu errechnen und in die zusätzliche Spalte des Wareneingangsbuchs oder des Wareneinkaufskontos einzutragen. ⁷Nach Ablauf eines Voranmeldungszeitraums sind die in der zusätzlichen Spalte aufgezeichneten tatsächlichen oder voraussichtlichen Verkaufsentgelte zusammenzurechnen. ⁸Die Summe bildet den Umsatz an begünstigten bzw. nichtbegünstigten Waren und ist nach Hinzurechnung der Steuer unter Anwendung des in Betracht kommenden Steuersatzes von der Summe der im Voranmeldungszeitraum vereinbarten oder vereinnahmten Entgelte zuzüglich Steuer (Bruttopreise) abzusetzen. ⁹Der Differenzbetrag stellt die Summe der übrigen Entgelte zuzüglich der Steuer nach dem anderen Steuersatz dar.

(9) ¹Anstelle der Aufgliederung im Wareneingangsbuch oder auf dem Wareneinkaufskonto kann auch für eine der Warengruppen ein besonderes Buch geführt werden. ²Darin sind die begünstigten oder nichtbegünstigten Waren unter ihrer handelsüblichen Bezeichnung mit Einkaufsentgelt und tatsächlichem oder voraussichtlichem Verkaufsentgelt aufzuzeichnen. ³Statt der handelsüblichen Bezeichnung können Schlüsselzahlen oder Symbole verwendet werden (vgl. Absatz 8). ⁴Die Aufzeichnungen müssen Hinweise auf die Eingangsrechnungen oder auf die Eintragungen im Wareneingangsbuch oder auf dem Wareneinkaufskonto enthalten.

(10) ¹Die Verkaufsentgelte, die beim Wareneingang besonders aufzuzeichnen sind, können bereits auf den Rechnungen nach Warenarten zusammengestellt werden. ²Dabei genügt es, im Wareneingangsbuch, auf dem Wareneinkaufskonto oder in einem besonderen Buch die Sammelbezeichnungen für diese Waren anzugeben und die jeweiligen Summen der errechneten Verkaufsentgelte einzutragen. ³Zur weiteren Vereinfachung des Verfahrens können die Einkaufsentgelte von Waren mit gleichen Aufschlagsätzen in gesonderten Spalten zusammengefaßt werden. ⁴Die aufgezeichneten Einkaufsentgelte für diese Warengruppen sind am Schluß des Voranmeldungszeitraums zusammenzurechnen. ⁵Aus der Summe der Einkaufsentgelte für die einzelne Warengruppe sind durch Hinzurechnung der Aufschläge die Verkaufsentgelte und damit rechnerisch die Umsätze an diesen Waren zu ermitteln.

(11) ¹Das Verfahren kann in der Weise abgewandelt werden, daß der Unternehmer beim Wareneingang sowohl für die begünstigten als auch für die nichtbegünstigten Waren die tatsächlichen bzw. voraussichtlichen Verkaufsentgelte gesondert aufzeichnet. ²Nach Ablauf des Voranmeldungszeitraums werden die gesondert aufgezeichneten Verkaufsentgelte für beide Warengruppen zusammengerechnet. ³Den Summen dieser Verkaufsentgelte wird die Steuer nach dem jeweils in Betracht kommenden Steuersatz hinzugesetzt. ⁴Der Gesamtbetrag der im Voranmeldungszeitraum vereinbarten oder vereinnahmten Entgelte zuzüglich Steuer (Bruttopreise) wird nach dem Verhältnis zwischen den rechnerisch ermittelten Verkaufspreisen beider Warengruppen aufgeteilt.

(12) ¹Macht der Unternehmer von der Möglichkeit des § 63 Abs. 5 UStDV Gebrauch, so kann er anstelle der Einkaufsentgelte und Verkaufsentgelte die Einkaufspreise und Verkaufspreise (Entgelt und Steuerbetrag in einer Summe) aufzeichnen. ²Außerdem kann ein Unternehmer, der die Einkaufsentgelte aufzeichnet, durch Hinzurechnung der Aufschläge und der in Betracht kommenden Steuer die Verkaufspreise errechnen und diese in seinen Aufzeichnungen statt der Verkaufsentgelte angeben.

Anwendung eines gewogenen Durchschnittsaufschlags

(13) ¹Die erworbenen Waren, deren Lieferungen dem ermäßigten Steuersatz unterliegen, sind im Wareneingangsbuch oder auf dem Wareneinkaufskonto getrennt von den übrigen Waren aufzuzeichnen, deren Lieferungen nach dem allgemeinen Steuersatz zu versteuern sind. ²Die Umsätze der Waren, die dem allgemeinen Steuersatz unterliegen, oder die steuerermäßigten Umsätze sind auf der Grundlage der Einkaufsentgelte unter Berücksichtigung des gewogenen Durchschnittsaufschlagsatzes für die betreffende Warengruppe rechnerisch zu ermitteln. ³Diese rechnerische Ermittlung ist grundsätzlich für die Umsatzgruppe vorzunehmen, die den geringeren Anteil am gesamten Umsatz bildet. ⁴Zu der rechnerischen Umsatzermittlung sind am Schluß eines Voranmeldungszeitraums die Einkaufsentgelte der betreffenden Warengruppe zusammenzurechnen. ⁵Dem Gesamtbetrag dieser Einkaufsentgelte ist der gewogene Durchschnittsaufschlag hinzuzusetzen. ⁶Die Summe beider Beträge bildet den Umsatz der betreffenden Warengruppe und ist nach Hinzurechnung der Steuer unter Anwendung des in Betracht kommenden Steuersatzes von der Summe der im Voranmeldungszeitraum vereinbarten oder vereinnahmten Entgelte zuzüglich Steuer (Bruttopreise) abzusetzen. ⁷Der Differenzbetrag stellt die Summe der übrigen Entgelte zuzüglich der Steuer nach dem anderen Steuersatz dar.

(14) ¹Der gewogene Durchschnittsaufschlagsatz ist vom Unternehmer festzustellen. ²Dabei ist von den tatsächlichen Verhältnissen in mindestens drei für das Unternehmen repräsentativen Monaten eines Kalenderjahrs auszugehen. ³Der Unternehmer ist – sofern sich die Struktur seines Unternehmens nicht ändert – berechtigt, den von ihm ermittelten gewogenen Durchschnittsaufschlagsatz für die Dauer von 5 Jahren anzuwenden. ⁴Nach Ablauf dieser Frist oder im Falle einer

Änderung der Struktur des Unternehmens ist der Durchschnittsaufschlagsatz neu zu ermitteln. ⁵Als Strukturänderung ist auch eine wesentliche Änderung des Warensortiments anzusehen. ⁶Absatz 12 gilt entsprechend.

Filialunternehmen

(15) ¹Von Filialunternehmen kann die Trennung der Bemessungsgrundlagen statt nach den vorbezeichneten Verfahren (Absätze 8 bis 14) auch in der Weise vorgenommen werden, daß die tatsächlichen Verkaufsentgelte der Waren, deren Lieferungen dem ermäßigten Steuersatz unterliegen oder nach dem allgemeinen Steuersatz zu versteuern sind, im Zeitpunkt der Auslieferung an den einzelnen Zweigbetrieb gesondert aufgezeichnet werden. ²Eine getrennte Aufzeichnung der Wareneingänge ist in diesem Falle entbehrlich. ³Nach Ablauf eines Voranmeldungszeitraums sind die Verkaufsentgelte für die in diesem Zeitraum an die Zweigbetriebe ausgelieferten Waren einer der gesondert aufgezeichneten Warengruppen zusammenzurechnen. ⁴Die Summe dieser Verkaufsentgelte ist nach Hinzurechnung der Steuer unter Anwendung des in Betracht kommenden Steuersatzes von der Summe der im Voranmeldungszeitraum vereinbarten oder vereinnahmten Entgelte zuzüglich Steuer (Bruttopreise) abzusetzen. ⁵Aus dem verbleibenden Differenzbetrag ist die Steuer unter Zugrundelegung des anderen Steuersatzes zu errechnen. ⁶Absätze 11 und 12 gelten entsprechend.

Verfahren für Personenbeförderungsunternehmen

(16) ¹Die Finanzämter können Beförderungsunternehmen, die neben steuerermäßigten Personenbeförderungen im Sinne des § 12 Abs. 2 Nr. 10 UStG auch Personenbeförderungen ausführen, die dem allgemeinen Steuersatz unterliegen, auf Antrag gestatten, die Entgelte nach dem Ergebnis von Repräsentativerhebungen dieser Unternehmen zu trennen. ²Die repräsentativen Verkehrszählungen müssen in angemessenen Zeiträumen bzw. bei Änderungen der Verhältnisse wiederholt werden.

Verfahren für Spediteure, Frachtführer, Verfrachter, Lagerhalter, Umschlagunternehmer und dergleichen

(17) ¹Spediteuren und anderen Unternehmern, die steuerfreie Umsätze im Sinne des § 4 Nr. 3 und 5 UStG ausführen – z. B. Frachtführern, Verfrachtern, Lagerhaltern und Umschlagunternehmern –, kann auf Antrag gestattet werden, folgendes Verfahren anzuwenden:

²In den Aufzeichnungen brauchen grundsätzlich nur die Entgelte für steuerpflichtige Umsätze von den gesamten übrigen in Rechnung gestellten Beträgen getrennt zu werden. ³Eine getrennte Aufzeichnung der durchlaufenden Posten sowie der Entgelte für nicht steuerbare Umsätze, die den Vorsteuerabzug nicht ausschließen, und steuerfreie Umsätze nach § 4 Nr. 3 und 5 UStG ist nicht erforderlich. ⁴Gesondert aufgezeichnet werden müssen aber die Entgelte

1. für steuerermäßigte Umsätze im Sinne des § 12 Abs. 2 UStG,

2. für die nach § 4 Nr. 1 und 2 UStG steuerfreien Umsätze sowie

3. für die nach § 4 Nr. 8 ff. UStG steuerfreien Umsätze und für die nicht steuerbaren Umsätze, die den Vorsteuerabzug ausschließen.

⁵Unberührt bleibt die Verpflichtung des Unternehmers zur Führung des Ausfuhr- und Buchnachweises für die nach § 4 Nr. 1 bis 3 und 5 UStG steuerfreien Umsätze.

(18) Die Genehmigung dieses Verfahrens ist mit der Auflage zu verbinden, daß der Unternehmer, soweit er Umsätze bewirkt, die nach § 15 Abs. 2 und 3 UStG den Vorsteuerabzug ausschließen, die Vorsteuerbeträge nach § 15 Abs. 4 UStG diesen und den übrigen Umsätzen genau zurechnet.

UStG § 22a — Fiskalvertretung

Nachträgliche Entgeltsminderungen

(19) ¹Unternehmer, für die eine erleichterte Trennung der Bemessungsgrundlagen zugelassen worden ist, sind berechtigt, nachträgliche Minderungen der Entgelte z. B. durch Skonti, Rabatte und sonstige Preisnachlässe nach dem Verhältnis zwischen den Umsätzen, die verschiedenen Steuersätzen unterliegen, sowie den steuerfreien und nicht steuerbaren Umsätzen eines Voranmeldungszeitraums aufzuteilen. ²Einer besonderen Genehmigung bedarf es hierzu nicht.

(20) ¹Die Finanzämter können auch anderen Unternehmern, die in großem Umfang Umsätze ausführen, die verschiedenen Steuersätzen unterliegen, auf Antrag widerruflich Erleichterungen für die Trennung nachträglicher Entgeltsminderungen gewähren. ²Diesen Unternehmern kann ebenfalls gestattet werden, die Entgeltsminderungen eines Voranmeldungszeitraums in dem gleichen Verhältnis aufzuteilen, in dem die nicht steuerbaren, steuerfreien und den verschiedenen Steuersätzen unterliegenden Umsätze des gleichen Zeitraums zueinander stehen. ³Voraussetzung für die Zulassung dieses Verfahrens ist, daß die Verhältnisse zwischen den Umsatzgruppen innerhalb der einzelnen Voranmeldungszeiträume keine nennenswerten Schwankungen aufweisen. ⁴Bei der Anwendung dieses Verfahrens kann aus Vereinfachungsgründen grundsätzlich außer Betracht bleiben, ob bei einzelnen Umsätzen tatsächlich keine Entgeltsminderungen eintreten oder ob die Höhe der Entgeltsminderungen bei den einzelnen Umsätzen unterschiedlich ist. ⁵Soweit jedoch für bestimmte Gruppen von Umsätzen Minderungen der Entgelte in jedem Falle ausscheiden, sind diese Umsätze bei der Aufteilung der Entgeltsminderungen nicht zu berücksichtigen.

Beispiel:
¹Landwirtschaftliche Bezugs- und Absatzgenossenschaften gewähren für ihre Umsätze im Bezugsgeschäft (Verkauf von Gegenständen des landwirtschaftlichen Bedarfs), nicht jedoch für ihre Umsätze im Absatzgeschäft (Verkauf der von Landwirten angelieferten Erzeugnisse) Warenrückvergütungen. ²Sie haben bei einer vereinfachten Aufteilung dieser Rückvergütungen nur von den Umsätzen im Bezugsgeschäft auszugehen.

Verwaltungsanweisungen

- Merkblatt zur erleichterten Trennung der Bemessungsgrundlagen (BMF 14. 10. 1994 – IV C 3 – S 7390 – 4/94).

UStG

§ 22a[1]) Fiskalvertretung

(1) Ein Unternehmer, der weder im Inland noch in einem der in § 1 Abs. 3 genannten Gebiete seinen Wohnsitz, seinen Sitz, seine Geschäftsleitung oder eine Zweig-

---

1) Anm.: §§ 22a bis 22e eingefügt gem. Art. 1 Nr. 14 Umsatzsteuer-Änderungsgesetz 1997 v. 12. 12. 96 (BGBl I, 1851).

niederlassung hat und im Inland ausschließlich steuerfreie Umsätze ausführt und keine Vorsteuerbeträge abziehen kann, kann sich im Inland durch einen Fiskalvertreter vertreten lassen.

(2) Zur Fiskalvertretung sind die in den §§ 3 und 4 Nr. 9 Buchstabe c des Steuerberatungsgesetzes genannten Personen befugt.

(3) Der Fiskalvertreter bedarf der Vollmacht des im Ausland ansässigen Unternehmers.

Verwaltungsanweisungen

- Siehe zu § 22e

UStG

§ 22b[1]) Rechte und Pflichten des Fiskalvertreters

(1) ¹Der Fiskalvertreter hat die Pflichten des im Ausland ansässigen Unternehmers nach diesem Gesetz als eigene zu erfüllen. ²Er hat die gleichen Rechte wie der Vertretene.

(2) ¹Der Fiskalvertreter hat unter der ihm nach § 22d Abs. 1 erteilten Steuernummer eine Steuererklärung (§ 18 Abs. 3 und 4) abzugeben, in der er die Besteuerungsgrundlagen für jeden von ihm vertretenen Unternehmer zusammenfaßt. ²Dies gilt für die Zusammenfassende Meldung entsprechend.

(3) ¹Der Fiskalvertreter hat die Aufzeichnungen im Sinne des § 22 für jeden von ihm vertretenen Unternehmer gesondert zu führen. ²Die Aufzeichnungen müssen Namen und Anschrift der von ihm vertretenen Unternehmer enthalten.

Verwaltungsanweisungen

- Siehe zu § 22e

---

1) **Anm.:** S. Anm. zu § 22a

UStG

§ 22c[1]) Ausstellung von Rechnungen im Falle der Fiskalvertretung
Die Rechnung hat folgende Angaben zu enthalten:
1. den Hinweis auf die Fiskalvertretung,
2. den Namen und die Anschrift des Fiskalvertreters,
3. die dem Fiskalvertreter nach § 22d Abs. 1 erteilte Umsatzsteuer-Identifikationsnummer.

Verwaltungsanweisungen

- Siehe zu § 22e

UStG

§ 22d[1]) Steuernummer und zuständiges Finanzamt
(1) Der Fiskalvertreter erhält für seine Tätigkeit eine gesonderte Steuernummer und eine gesonderte Umsatzsteuer-Identifikationsnummer nach § 27a, unter der er für alle von ihm vertretenen im Ausland ansässigen Unternehmen auftritt.
(2) Der Fiskalvertreter wird bei dem Finanzamt geführt, das für seine Umsatzbesteuerung zuständig ist.

Verwaltungsanweisungen

- Siehe zu § 22e

---

1) **Anm.:** S. Anm. zu § 22a.

Allgemeine Durchschnittssätze § 23 UStG

UStG

§ 22e¹) Untersagung der Fiskalvertretung

(1) Die zuständige Finanzbehörde kann die Fiskalvertretung der in § 22a Abs. 2 mit Ausnahme der in § 3 des Steuerberatungsgesetzes genannten Person untersagen, wenn der Fiskalvertreter wiederholt gegen die ihm auferlegten Pflichten nach § 22b verstößt oder ordnungswidrig im Sinne des § 26a handelt.

(2) Für den vorläufigen Rechtsschutz gegen die Untersagung gelten § 361 Abs. 4 der Abgabenordnung und § 69 Abs. 5 der Finanzgerichtsordnung.

Verwaltungsanweisungen

- Einführung eines Fiskalvertreters im Umsatzsteuerrecht (Senator f. Finanzen Bremen 9. 12. 1996, StEd 1997, 867 und OFD Münster 27. 2. 1997, RIW 1997, 436).

UStG

Sechster Abschnitt: Besondere Besteuerungsformen

§ 23²) Allgemeine Durchschnittssätze

(1) Das Bundesministerium der Finanzen kann mit Zustimmung des Bundesrates zur Vereinfachung des Besteuerungsverfahrens für Gruppen von Unternehmern, bei denen hinsichtlich der Besteuerungsgrundlagen annähernd gleiche Verhältnisse vorliegen und die nicht verpflichtet sind, Bücher zu führen und auf Grund jährlicher Bestandsaufnahmen regelmäßig Abschlüsse zu machen, durch Rechtsverordnung Durchschnittssätze festsetzen für

1. die nach § 15 abziehbaren Vorsteuerbeträge oder die Grundlagen ihrer Berechnung oder
2. die zu entrichtende Steuer oder die Grundlagen ihrer Berechnung.

(2) Die Durchschnittssätze müssen zu einer Steuer führen, die nicht wesentlich von dem Betrage abweicht, der sich nach diesem Gesetz ohne Anwendung der Durchschnittssätze ergeben würde.

---

1) **Anm.:** S. Anm. zu § 22a.
2) **Anm.:** § 23 Abs. 1 i. d. F. des Art. 20 Nr. 26 StMBG v. 21. 12. 93 (BGBl I, 2310).

(3) ¹Der Unternehmer, bei dem die Voraussetzungen für eine Besteuerung nach Durchschnittssätzen im Sinne des Absatzes 1 gegeben sind, kann beim Finanzamt bis zur Unanfechtbarkeit der Steuerfestsetzung (§ 18 Abs. 3 und 4) beantragen, nach den festgesetzten Durchschnittssätzen besteuert zu werden. ²Der Antrag kann nur mit Wirkung vom Beginn eines Kalenderjahres an widerrufen werden. ³Der Widerruf ist spätestens bis zur Unanfechtbarkeit der Steuerfestsetzung des Kalenderjahres, für das er gelten soll, zu erklären. ⁴Eine erneute Besteuerung nach Durchschnittssätzen ist frühestens nach Ablauf von fünf Kalenderjahren zulässig.

6. EG-Richtlinie

Abschnitt XIV: Sonderregelungen

Artikel 24   Sonderregelung für Kleinunternehmen
(1) Mitgliedstaaten, in denen die normale Besteuerung von Kleinunternehmen wegen deren Tätigkeit oder Struktur auf Schwierigkeiten stoßen würde, können unter den von ihnen festgelegten Beschränkungen und Voraussetzungen – vorbehaltlich der Konsultation nach Artikel 29 – vereinfachte Modalitäten für die Besteuerung und Steuererhebung, insbesondere Pauschalregelungen, anwenden, die jedoch nicht zu einer Steuerermäßigung führen dürfen.
...

UStDV

§ 69¹)   Festsetzung allgemeiner Durchschnittssätze
(1) ¹Zur Berechnung der abziehbaren Vorsteuerbeträge nach allgemeinen Durchschnittssätzen (§ 23 des Gesetzes) werden die in der Anlage bezeichneten Vomhundertsätze des Umsatzes als Durchschnittssätze festgesetzt. ²Die Durchschnittssätze gelten jeweils für die bei ihnen angegebenen Berufs- und Gewerbezweige.
(2) Umsatz im Sinne des Absatzes 1 ist der Umsatz, den der Unternehmer im Rahmen der in der Anlage bezeichneten Berufs- und Gewerbezweige im Inland ausführt, mit Ausnahme der Einfuhr, des innergemeinschaftlichen Erwerbs und der in § 4 Nr. 8, 9 Buchstabe a, Nr. 10 und 21 des Gesetzes bezeichneten Umsätze.

---

1) Anm.: § 69 Abs. 2 i. d. F. des Art. 21 Nr. 19 JStG 1996 v. 11. 10. 95 (BGBl I, 1250).

(3) Der Unternehmer, dessen Umsatz (Absatz 2) im vorangegangenen Kalenderjahr 120 000 Deutsche Mark überstiegen hat, kann die Durchschnittsätze nicht in Anspruch nehmen.

§ 70 Umfang der Durchschnittsätze

(1) ¹Die in Abschnitt A der Anlage bezeichneten Durchschnittsätze gelten für sämtliche Vorsteuerbeträge, die mit der Tätigkeit der Unternehmer in den in der Anlage bezeichneten Berufs- und Gewerbezweigen zusammenhängen. ²Ein weiterer Vorsteuerabzug ist insoweit ausgeschlossen.

(2) ¹Neben den Vorsteuerbeträgen, die nach den in Abschnitt B der Anlage bezeichneten Durchschnittsätzen berechnet werden, können unter den Voraussetzungen des § 15 des Gesetzes abgezogen werden:

1. *die Vorsteuerbeträge für Gegenstände, die der Unternehmer zur Weiterveräußerung erworben oder eingeführt hat, einschließlich der Vorsteuerbeträge für Rohstoffe, Halberzeugnisse, Hilfsstoffe und Zutaten;*
2. *die Vorsteuerbeträge*
   - *a) für Lieferungen von Gebäuden, Grundstücken und Grundstücksteilen,*
   - *b) für Ausbauten, Einbauten, Umbauten und Instandsetzungen bei den in Buchstabe a bezeichneten Gegenständen,*
   - *c) für Leistungen im Sinne des § 4 Nr. 12 des Gesetzes.*

²Das gilt nicht für Vorsteuerbeträge, die mit Maschinen und sonstigen Vorrichtungen aller Art in Zusammenhang stehen, die zu einer Betriebsanlage gehören, auch wenn sie wesentliche Bestandteile eines Grundstücks sind.

Anlage *(zu den §§ 69 und 70)*

Abschnitt A: Durchschnittsätze für die Berechnung sämtlicher Vorsteuerbeträge
(§ 70 Abs. 1)

I. Handwerk

1. **Bäckerei:** *5,2 v. H. des Umsatzes. Handwerksbetriebe, die Frischbrot, Pumpernickel, Knäckebrot, Brötchen, sonstige Frischbackwaren, Semmelbrösel, Paniermehl und Feingebäck, darunter Kuchen, Torten, Tortenböden, herstellen und die Erzeugnisse überwiegend an Endverbraucher absetzen. Die Caféumsätze dürfen 10 vom Hundert des Umsatzes nicht übersteigen.*
2. **Bau- und Möbeltischlerei:** *8,4 v. H. des Umsatzes. Handwerksbetriebe, die Bauelemente und Bauten aus Holz, Parkett, Holzmöbel und sonstige Tischlereierzeugnisse herstellen und reparieren, ohne daß bestimmte Erzeugnisse klar überwiegen.*
3. **Beschlag-, Kunst- und Reparaturschmiede:** *7,0 v. H. des Umsatzes. Handwerksbetriebe, die Beschlag- und Kunstschmiedearbeiten einschließlich der Reparaturarbeiten ausführen.*
4. **Buchbinderei:** *4,9 v. H. des Umsatzes. Handwerksbetriebe, die Buchbindearbeiten aller Art ausführen.*
5. **Druckerei:** *6,0 v. H. des Umsatzes. Handwerksbetriebe, die folgende Arbeiten ausführen:*
   1. *Hoch-, Flach-, Licht-, Sieb- und Tiefdruck.*

UStG § 23   *Anlage*   *Allgemeine Durchschnittsätze*

2. *Herstellung von Weichpackungen, Bild-, Abreiß- und Monatskalendern, Spielen und Spielkarten, nicht aber von kompletten Gesellschafts- und Unterhaltungsspielen.*
3. *Zeichnerische Herstellung von Landkarten, Bauskizzen, Kleidermodellen u. ä. für Druckzwecke.*
6. **Elektroinstallation:** *8,5 v. H. des Umsatzes. Handwerksbetriebe, die die Installation von elektrischen Leitungen sowie damit verbundener Geräte einschließlich der Reparatur- und Unterhaltungsarbeiten ausführen.*
7. **Fliesen- und Plattenlegerei, sonstige Fußbodenlegerei und -kleberei:** *8,1 v. H. des Umsatzes. Handwerksbetriebe, die Fliesen, Platten, Mosaik und Fußböden aus Steinholz, Kunststoffen, Terrazzo und ähnlichen Stoffen verlegen, Estricharbeiten ausführen sowie Fußböden mit Linoleum und ähnlichen Stoffen bekleben, einschließlich der Reparatur- und Instandhaltungsarbeiten.*
8. **Friseure:** *4,2 v. H. des Umsatzes. Damenfriseure, Herrenfriseure sowie Damen- und Herrenfriseure.*
9. **Gewerbliche Gärtnerei:** *5,6 v. H. des Umsatzes. Ausführung gärtnerischer Arbeiten im Auftrage anderer, wie Veredeln, Landschaftsgestaltung, Pflege von Gärten und Friedhöfen, Binden von Kränzen und Blumen, wobei diese Tätigkeiten nicht überwiegend auf der Nutzung von Bodenflächen beruhen.*
10. **Glasergewerbe:** *8,6 v. H. des Umsatzes. Handwerksbetriebe, die Glaserarbeiten ausführen, darunter Bau-, Auto-, Bilder- und Möbelarbeiten.*
11. **Hoch- und Ingenieurhochbau:** *5,9 v. H. des Umsatzes. Handwerksbetriebe, die Hoch- und Ingenieurhochbauten, aber nicht Brücken- und Spezialbauten, ausführen, einschließlich der Reparatur- und Unterhaltungsarbeiten.*
12. **Klempnerei, Gas- und Wasserinstallation:** *7,9 v. H. des Umsatzes. Handwerksbetriebe, die Bauklempnerarbeiten und die Installation von Gas- und Flüssigkeitsleitungen sowie damit verbundener Geräte einschließlich der Reparatur- und Unterhaltungsarbeiten ausführen.*
13. **Maler- und Lackierergewerbe, Tapezierer:** *3,5 v. H. des Umsatzes. Handwerksbetriebe, die folgende Arbeiten ausführen:*
    1. *Maler- und Lackiererarbeiten, einschließlich Schiffsmalerei und Entrostungsarbeiten. Nicht dazu gehört das Lackieren von Straßenfahrzeugen.*
    2. *Aufkleben von Tapeten, Kunststoffolien und ähnlichem.*
14. **Polsterei- und Dekorateurgewerbe:** *8,9 v. H. des Umsatzes. Handwerksbetriebe, die Polsterer- und Dekorateurarbeiten einschließlich Reparaturarbeiten ausführen. Darunter fallen auch die Herstellung von Möbelpolstern und Matratzen mit fremdbezogenen Vollpolstereinlagen, Federkernen oder Schaumstoff- bzw. Schaumgummikörpern, die Polsterung fremdbezogener Möbelgestelle sowie das Anbringen von Dekorationen, ohne Schaufensterdekorationen.*
15. **Putzmacherei:** *11,4 v. H. des Umsatzes. Handwerksbetriebe, die Hüte aus Filz, Stoff und Stroh für Damen, Mädchen und Kinder herstellen und umarbeiten. Nicht dazu gehört die Herstellung und Umarbeitung von Huthalbfabrikaten aus Filz.*
16. **Reparatur von Kraftfahrzeugen:** *8,5 v. H. des Umsatzes. Handwerksbetriebe, die Kraftfahrzeuge, ausgenommen Ackerschlepper, reparieren.*
17. **Schlosserei und Schweißerei:** *7,4 v. H. des Umsatzes. Handwerksbetriebe, die Schlosser- und Schweißarbeiten einschließlich der Reparaturarbeiten ausführen.*

Allgemeine Durchschnittsätze   *Anlage*   **§ 23 UStG**

18. ***Schneiderei:*** *5,6 v. H. des Umsatzes. Handwerksbetriebe, die folgende Arbeiten ausführen:*

1. *Maßfertigung von Herren- und Knabenoberbekleidung, von Uniformen und Damen-, Mädchen- und Kinderoberbekleidung, aber nicht Maßkonfektion.*
2. *Reparatur- und Hilfsarbeiten an Erzeugnissen des Bekleidungsgewerbes.*

19. ***Schuhmacherei:*** *6,1 v. H. des Umsatzes. Handwerksbetriebe, die Maßschuhe, darunter orthopädisches Schuhwerk, herstellen und Schuhe reparieren.*

20. ***Steinbildhauerei und Steinmetzerei:*** *7,9 v. H. des Umsatzes. Handwerksbetriebe, die Steinbildhauer- und Steinmetzerzeugnisse herstellen, darunter Grabsteine, Denkmäler und Skulpturen einschließlich der Reparaturarbeiten.*

21. ***Stukkateurgewerbe:*** *4,1 v. H. des Umsatzes. Handwerksbetriebe, die Stukkateur-, Gipserei- und Putzarbeiten, darunter Herstellung von Rabitzwänden, ausführen.*

22. ***Winder und Scherer:*** *1,9 v. H. des Umsatzes. In Heimarbeit Beschäftigte, die in eigener Arbeitsstätte mit nicht mehr als zwei Hilfskräften im Auftrag von Gewerbetreibenden Garne in Lohnarbeit umspulen.*

23. ***Zimmerei:*** *7,6 v. H. des Umsatzes. Handwerksbetriebe, die Bauholz zurichten, Dachstühle und Treppen aus Holz herstellen sowie Holzbauten errichten und entsprechende Reparatur- und Unterhaltungsarbeiten ausführen.*

II. Einzelhandel

1. ***Blumen und Pflanzen:*** *5,5 v. H. des Umsatzes. Einzelhandelsbetriebe, die überwiegend Blumen, Pflanzen, Blattwerk, Wurzelstücke und Zweige vertreiben.*

2. ***Brennstoffe:*** *11,7 v. H. des Umsatzes. Einzelhandelsbetriebe, die überwiegend Brennstoffe vertreiben.*

3. ***Drogerien:*** *10,2 v. H. des Umsatzes. Einzelhandelsbetriebe, die überwiegend vertreiben:*
Heilkräuter, pharmazeutische Spezialitäten und Chemikalien, hygienische Artikel, Desinfektionsmittel, Körperpflegemittel, kosmetische Artikel, diätetische Nährmittel, Säuglings- und Krankenpflegebedarf, Reformwaren, Schädlingsbekämpfungsmittel, Fotogeräte und Fotozubehör.

4. ***Elektrotechnische Erzeugnisse, Leuchten, Rundfunk-, Fernseh- und Phonogeräte:***
11,0 v. H. des Umsatzes. Einzelhandelsbetriebe, die überwiegend vertreiben:
Elektrotechnische Erzeugnisse, darunter elektrotechnisches Material, Glühbirnen und elektrische Haushalts- und Verbrauchergeräte. Leuchten, Rundfunk-, Fernseh-, Phono-, Tonaufnahme- und -wiedergabegeräte, deren Teile und Zubehör, Schallplatten und Tonbänder.

5. ***Fahrräder und Mopeds:*** *11,4 v. H. des Umsatzes. Einzelhandelsbetriebe, die überwiegend Fahrräder, deren Teile und Zubehör, Mopeds und Fahrradanhänger vertreiben.*

6. ***Fische und Fischerzeugnisse:*** *6,4 v. H. des Umsatzes. Einzelhandelsbetriebe, die überwiegend Fische, Fischerzeugnisse, Krebse, Muscheln und ähnliche Waren vertreiben.*

7. ***Kartoffeln, Gemüse, Obst und Südfrüchte:*** *6,3 v. H. des Umsatzes. Einzelhandelsbetriebe, die überwiegend Speisekartoffeln, Gemüse, Obst, Früchte – auch Konserven – sowie Obst- und Gemüsesäfte vertreiben.*

UStG § 23 *Anlage* *Allgemeine Durchschnittsätze*

8. **Lacke, Farben und sonstiger Anstrichbedarf:** *10,5 v. H. des Umsatzes.* Einzelhandelsbetriebe, die überwiegend Lacke, Farben, sonstigen Anstrichbedarf, darunter Malerwerkzeuge, Tapeten, Linoleum, sonstigen Fußbodenbelag, aber nicht Teppiche, vertreiben.

9. **Milch, Milcherzeugnisse, Fettwaren und Eier:** *6,3 v. H. des Umsatzes.* Einzelhandelsbetriebe, die überwiegend Milch, Milcherzeugnisse, Fettwaren und Eier vertreiben.

10. **Nahrungs- und Genußmittel:** *8,1 v. H. des Umsatzes.* Einzelhandelsbetriebe, die überwiegend Nahrungs- und Genußmittel aller Art vertreiben, ohne daß bestimmte Warenarten klar überwiegen.

11. **Oberbekleidung:** *11,5 v. H. des Umsatzes.* Einzelhandelsbetriebe, die überwiegend vertreiben:
Oberbekleidung für Herren, Knaben, Damen, Mädchen und Kinder, auch in sportlichem Zuschnitt, darunter Berufs- und Lederbekleidung, aber nicht gewirkte und gestrickte Oberbekleidung, Sportbekleidung, Blusen, Hausjacken, Morgenröcke und Schürzen.

12. **Reformwaren:** *8,2 v. H. des Umsatzes.* Einzelhandelsbetriebe, die überwiegend vertreiben:
Reformwaren, darunter Reformnahrungsmittel, diätetische Lebensmittel, Kurmittel, Heilkräuter, pharmazeutische Extrakte und Spezialitäten.

13. **Schuhe und Schuhwaren:** *11,1 v. H. des Umsatzes.* Einzelhandelsbetriebe, die überwiegend Schuhe aus verschiedenen Werkstoffen sowie Schuhwaren vertreiben.

14. **Süßwaren:** *6,4 v. H. des Umsatzes.* Einzelhandelsbetriebe, die überwiegend Süßwaren vertreiben.

15. **Textilwaren verschiedener Art:** *11,5 v. H. des Umsatzes.* Einzelhandelsbetriebe, die überwiegend Textilwaren vertreiben, ohne daß bestimmte Warenarten klar überwiegen.

16. **Tiere und zoologischer Bedarf:** *8,6 v. H. des Umsatzes.* Einzelhandelsbetriebe, die überwiegend lebende Haus- und Nutztiere, zoologischen Bedarf, Bedarf für Hunde- und Katzenhaltung und dergleichen vertreiben.

17. **Unterhaltungszeitschriften und Zeitungen:** *6,2 v. H. des Umsatzes.* Einzelhandelsbetriebe, die überwiegend Unterhaltungszeitschriften, Zeitungen und Romanhefte vertreiben.

18. **Wild und Geflügel:** *6,3 v. H. des Umsatzes.* Einzelhandelsbetriebe, die überwiegend Wild, Geflügel und Wildgeflügel vertreiben.

III. Sonstige Gewerbebetriebe

1. **Eisdielen:** *5,6 v. H. des Umsatzes.* Betriebe, die überwiegend erworbenes oder selbsthergestelltes Speiseeis zum Verzehr auf dem Grundstück des Verkäufers abgeben.

2. **Fremdenheime und Pensionen:** *6,3 v. H. des Umsatzes.* Unterkunftsstätten, in denen jedermann beherbergt und häufig auch verpflegt wird.

3. **Gast- und Speisewirtschaften:** *8,3 v. H. des Umsatzes.* Gast- und Speisewirtschaften mit Ausschank alkoholischer Getränke – ohne Bahnhofswirtschaften –.

4. **Gebäude- und Fensterreinigung:** *1,5 v. H. des Umsatzes.* Betriebe für die Reinigung von Gebäuden, Räumen und Inventar, einschließlich Teppichreinigung, Fensterputzen, Schädlingsbekämpfung und Schiffsreinigung. Nicht dazu gehören die Betriebe für Hausfassadenreinigung.

5. **Personenbeförderung mit Personenkraftwagen:** *5,6 v. H. des Umsatzes. Betriebe zur Beförderung von Personen mit Taxis oder Mietwagen.*
6. **Wäschereien:** *6,1 v. H. des Umsatzes. Hierzu gehören auch Mietwaschküchen, Wäschedienst, aber nicht Wäscheverleih.*

IV. Freie Berufe

1. a) **Bildhauer:** *6,6 v. H. des Umsatzes.*
   b) **Grafiker** *(nicht Gebrauchsgrafiker): 4,9 v. H. des Umsatzes.*
   c) **Kunstmaler:** *4,9 v. H. des Umsatzes.*
2. **Selbständige Mitarbeiter bei Bühne, Film, Funk, Fernsehen und Schallplattenproduzenten:** *3,4 v. H. des Umsatzes. Natürliche Personen, die auf den Gebieten der Bühne, des Films, des Hörfunks, des Fernsehens, der Schallplatten-, Bild- und Tonträgerproduktion selbständig Leistungen in Form von eigenen Darbietungen oder Beiträge zu Leistungen Dritter erbringen.*
3. **Hochschullehrer:** *2,7 v. H. des Umsatzes. Umsätze aus freiberuflicher Nebentätigkeit zur unselbständig ausgeübten wissenschaftlichen Tätigkeit.*
4. **Journalisten:** *4,5 v. H. des Umsatzes. Freiberuflich tätige Unternehmer, die in Wort und Bild überwiegend aktuelle politische, kulturelle und wirtschaftliche Ereignisse darstellen.*
5. **Schriftsteller:** *2,4 v. H. des Umsatzes. Freiberuflich tätige Unternehmer, die geschriebene Werke mit überwiegend wissenschaftlichem, unterhaltendem oder künstlerischem Inhalt schaffen.*

Abschnitt B: *Durchschnittssätze für die Berechnung eines Teils der Vorsteuerbeträge (§ 70 Abs. 2)*

1. **Architekten:** *1,8 v. H. des Umsatzes. Architektur-, Bauingenieur- und Vermessungsbüros, darunter Baubüros, statische Büros und Bausachverständige, aber nicht Film- und Bühnenarchitekten.*
2. **Hausbandweber:** *3,0 v. H. des Umsatzes. In Heimarbeit Beschäftigte, die in eigener Arbeitsstätte mit nicht mehr als zwei Hilfskräften im Auftrag von Gewerbetreibenden Schmalbänder in Lohnarbeit weben oder wirken.*
3. **Patentanwälte:** *1,6 v. H. des Umsatzes. Patentanwaltspraxis, aber nicht die Lizenz- und Patentverwertung.*
4. **Rechtsanwälte und Notare:** *1,4 v. H. des Umsatzes. Rechtsanwaltspraxis mit und ohne Notariat sowie das Notariat, nicht aber die Patentanwaltspraxis.*
5. **Schornsteinfeger:** *1,5 v. H. des Umsatzes.*
6. **Steuerberatung, Wirtschaftsprüfung, wirtschaftliche Unternehmensberatung:** *1,6 v. H. des Umsatzes. Steuerberater, Steuerbevollmächtigte, Wirtschaftsprüfer und vereidigte Buchprüfer. Nicht dazu gehören Treuhandgesellschaften für Vermögensverwaltung.*

UStR

260. Anwendung der Durchschnittssätze

(1) ¹Die in der Anlage zur UStDV festgesetzten Durchschnittssätze sind für den Unternehmer und für das Finanzamt verbindlich. ²Insbesondere ist nicht zu prüfen, ob und ggf. inwieweit die

UStG § 23 261 UStR *Allgemeine Durchschnittssätze*

danach ermittelte Vorsteuer von der tatsächlich entstandenen Vorsteuer abweicht. ³Die Anwendung des Durchschnittsatzes ist deshalb auch dann nicht zu beanstanden, wenn im Einzelfall eine erhebliche Abweichung festgestellt wird *(vgl. BFH-Urteil vom 11. 1. 1990 – BStBl II S. 405).*

(2) ¹Die Durchschnittsätze können nur von solchen Unternehmern in Anspruch genommen werden, deren Umsatz in den einzelnen in der Anlage der UStDV bezeichneten Berufs- und Gewerbezweigen im vorangegangenen Kalenderjahr *120 000 DM* nicht überstiegen hat und die außerdem nicht verpflichtet sind, Bücher zu führen und aufgrund jährlicher Bestandsaufnahmen regelmäßig Abschlüsse zu machen. ²Auf den Gesamtumsatz des Unternehmers wird nicht abgestellt.

(3) ¹Hat der Unternehmer, der einen Durchschnittsatz in Anspruch nehmen will, seine gewerbliche oder berufliche Tätigkeit nur in einem Teil des vorangegangenen Kalenderjahres ausgeübt, so ist der tatsächliche Umsatz in einen Jahresumsatz umzurechnen. ²§ 19 Abs. 3 UStG ist entsprechend anzuwenden. ³Bei Betriebseröffnungen innerhalb des laufenden Kalenderjahres ist der voraussichtliche Umsatz dieses Jahres maßgebend. ⁴Das gilt auch dann, wenn sich nachträglich herausstellen sollte, daß der tatsächliche Umsatz vom voraussichtlichen Umsatz abweicht. ⁵Erwirbt ein Unternehmer ein anderes Unternehmen im Wege der Gesamtrechtsnachfolge, so kann für die Berechnung des Umsatzes des vorangegangenen Kalenderjahres von einer Zusammenrechnung der Umsätze des Unternehmers und seines Rechtsvorgängers abgesehen werden (vgl. Abschnitt 246 Abs. 4).

261. Berufs- und Gewerbezweige

(1) ¹Der Abgrenzung der einzelnen Berufs- und Gewerbezweige liegt in den Fällen des Abschnitts A Teile I bis III und des Abschnitts B Nr. 1, 3 bis 6 der Anlage der UStDV die „Systematik der Wirtschaftszweige" Ausgabe 1961 – herausgegeben vom Statistischen Bundesamt – zugrunde. ²Diese Systematik kann bei Zweifelsfragen zur Abgrenzung herangezogen werden.

(2) ¹Die Anwendung der Durchschnittssätze wird nicht dadurch ausgeschlossen, daß die Unternehmer der in der Anlage der UStDV bezeichneten Berufs- und Gewerbezweige auch Umsätze ausführen, die üblicherweise in das Gebiet anderer Berufs- oder Gewerbezweige fallen. ²Bei den Handelsbetrieben müssen jedoch die Umsätze der in der Anlage der UStDV jeweils bezeichneten Gegenstände überwiegen. ³In allen anderen Fällen können die Durchschnittssätze eines Berufs- oder Gewerbezweigs dann angewendet werden, wenn die Umsätze aus der zusätzlichen Tätigkeit 25 v. H. des gesamten Umsatzes aus dem jeweiligen Berufs- oder Gewerbezweig – einschließlich des Umsatzes aus der zusätzlichen Tätigkeit – nicht übersteigen. ⁴Werden diese Anteile überschritten, so können die in Betracht kommenden Durchschnittssätze zwar auf die Umsätze aus der Haupttätigkeit, nicht aber auf die Umsätze aus der Nebentätigkeit angewendet werden. ⁵Für die Nebentätigkeit besteht jedoch die Möglichkeit, einen anderen Durchschnittsatz in Anspruch zu nehmen, soweit die betreffende Nebentätigkeit unter einen der in der Anlage der UStDV bezeichneten Berufs- und Gewerbezweige fällt.

(3) ¹Die Grenzen zwischen den Berufen der Journalisten und Schriftsteller (Abschnitt A Teil IV Nr. 4 und 5 der Anlage der UStDV) sind nicht immer eindeutig, da auch die Grundlage des Journalistenberufs eine schriftstellerische oder dieser ähnliche Betätigung ist. ²Der Journalist ist im Hauptberuf regelmäßig für Zeitungen oder Zeitschriften tätig. ³Er kann jedoch auch in Nachrichten- und Korrespondenzbüros, bei Pressestellen, in der Werbung oder bei Film und Funk arbeiten. ⁴Der Journalist sammelt überwiegend aktuelle Informationen und Nachrichten entweder mit Hilfe von Nachrichtenbüros oder durch Reisen, Reportagen, Umfragen usw. und verarbeitet

dieses Nachrichten- und Informationsmaterial in die für den Auftraggeber erforderliche überwiegend schriftstellerische Form.

(4) Die für Schriftsteller festgesetzten Durchschnittssätze können auch von Komponisten, Liederdichtern und Librettisten angewendet werden.

(5) ¹Bei den unter Abschnitt A Teil IV Nr. 2 der Anlage der UStDV genannten Berufen bedeutet die Aufnahme in die Verordnung nicht, daß die Angehörigen dieses Berufskreises stets als selbständige Unternehmer im Sinne des Umsatzsteuerrechts anzusehen sind. ²Diese Frage ist vielmehr nach den allgemeinen Grundsätzen zu entscheiden. ³Zu den selbständigen Mitarbeitern bei Bühne, Film, Funk usw. können gehören:

Aufnahmeleiter, Bühnenarchitekten, Bühnenbildner, Choreographen, Chorleiter, Conférenciers, Cutter, Dirigenten, Dramaturgen, Graphiker, Kabarettisten, Kameraleute, Kapellmeister, Kostümbildner, Lektoren, Maskenbildner, Musikarrangeure, Musikberater, Musiker, Produktionsassistenten, Produktionsleiter, Regisseure, Sänger, Schauspieler, Souffleusen, Sprecher, Standfotografen, Tänzer und Tonmeister.

(6) ¹Der für Patentanwälte (Abschnitt B Nr. 3 der Anlage der UStDV) festgesetzte Durchschnittssatz kann auch von Erlaubnisscheininhabern (Patentingenieure) in Anspruch genommen werden. ²Es handelt sich dabei um Personen, die eine freiberufliche Tätigkeit als Rechtsberater und -vertreter auf dem Gebiet des gewerblichen Rechtsschutzes aufgrund eines Erlaubnisscheins ausüben, den ihnen der Präsident des Deutschen Patentamtes erteilt hat.

262. Umfang der Durchschnittssätze

(1) ¹Die Vorschrift des § 70 UStDV bestimmt in Verbindung mit der Anlage der UStDV den Umfang der Durchschnittssätze. ²Der wesentliche Teil der festgesetzten Durchschnittssätze dient der Berechnung der gesamten abziehbaren Vorsteuer. ³Soweit die Durchschnittssätze der Berechnung nur eines Teils der abziehbaren Vorsteuer dienen, sind die zusätzlich abziehbaren Vorsteuerbeträge in § 70 Abs. 2 UStDV besonders aufgeführt.

(2) ¹Die Vorsteuern des Unternehmers werden durch die Durchschnittssätze insoweit nicht abgegolten, als die Umsätze an den Unternehmer vor dem Übergang zur Besteuerung nach Durchschnittssätzen für sein Unternehmen ausgeführt oder die Gegenstände vor diesem Zeitpunkt für sein Unternehmen *ins Inland* eingeführt *oder aus dem übrigen Gemeinschaftsgebiet erworben* worden sind. ²Auf den Zeitpunkt des Eingangs der Rechnung oder der Entrichtung der Einfuhrumsatzsteuer kommt es nicht an. ³Der Unternehmer kann deshalb die bezeichneten Vorsteuern zusätzlich zu den nach Durchschnittssätzen berechneten Vorsteuern von seiner Steuer absetzen.

(3) ¹Bei Beendigung der Besteuerung nach Durchschnittssätzen gilt die Regelung nach Absatz 2 entsprechend. ²Hiernach sind die Vorsteuern durch die Durchschnittssätze insoweit abgegolten, als die Umsätze an den Unternehmer ausgeführt oder die Gegenstände für sein Unternehmen *ins Inland* eingeführt *oder aus dem übrigen Gemeinschaftsgebiet erworben* worden sind, bevor der Unternehmer zur Besteuerung ohne Anwendung der Durchschnittssätze übergegangen ist. ³Der Unternehmer kann deshalb diese Vorsteuern nicht zusätzlich absetzen, auch wenn er die Rechnung erst nach dem Übergang erhalten hat oder die Einfuhrumsatzsteuer erst nach diesem Zeitpunkt entrichtet worden ist.

263. Verfahren

(1) Wegen der Frage, wann eine Steuerfestsetzung unanfechtbar ist, wird auf Abschnitt 247 Abs. 6 verwiesen.

(2) ¹Für den Antrag auf Besteuerung nach einem festgesetzten Durchschnittsatz ist keine besondere Form vorgeschrieben. ²Berechnet der Unternehmer in den Voranmeldungen oder in der Jahreserklärung die Vorsteuer nach einem Durchschnittsatz, so ist darin ein Antrag zu sehen. ³Eines besonderen Bescheides bedarf es nur bei Ablehnung des Antrages.

(3) Ein Widerruf im Sinne des § 23 Abs. 3 Satz 2 UStG liegt nicht vor, wenn der Antrag auf Besteuerung nach Durchschnittsätzen zurückgenommen wird, bevor die Steuerfestsetzung zumindest eines Kalenderjahres, für das ein Durchschnittsatz in Anspruch genommen wurde, unanfechtbar geworden ist.

(4) ¹Der Wegfall von Voraussetzungen für die Anwendung von Durchschnittsätzen (Überschreiten der *120 000*-DM-Genze oder Eintritt der Buchführungspflicht) gilt nicht als Widerruf, wenn der Unternehmer die Durchschnittsätze für das Kalenderjahr wieder in Anspruch nimmt, bei dessen Beginn die Voraussetzungen zuerst wieder vorliegen. ²Macht der Unternehmer von dieser Möglichkeit keinen Gebrauch, so gilt dies als Widerruf mit Wirkung vom Beginn des Kalenderjahres ab, für das die Durchschnittsätze zuerst nicht mehr angewendet werden durften.

Rechtsprechung

- Vorsteuerabzug nach Durchschnittsätzen (BFH 11. 1. 1990, BStBl II, 405);
- zur Bemessung der Vorsteuerpauschale bei unselbständigen Hochschullehrern (BFH 11. 8. 1994, BStBl 1995 II, 346; **Anm.:** § 69 Abs. 2 UStDV wurde durch das JStG 1996 mit Wirkung ab 1. 1. 1996 angepaßt);
- Anwendung der Vorsteuer-Durchschnittsätze (BFH 17. 8. 1994, BFH/NV 1995, 1102);
- Vorsteuerabzug nach Durchschnittsätzen bei Fremdenheimen und Pensionen (BFH 18. 5. 1995, BStBl II, 751).

UStG

§ 23a Durchschnittsatz für Körperschaften, Personenvereinigungen und Vermögensmassen im Sinne des § 5 Abs. 1 Nr. 9 des Körperschaftsteuergesetzes

(1) ¹Zur Berechnung der abziehbaren Vorsteuerbeträge (§ 15) wird für Körperschaften, Personenvereinigungen und Vermögensmassen im Sinne des § 5 Abs. 1 Nr. 9 des Körperschaftsteuergesetzes, die nicht verpflichtet sind, Bücher zu führen und auf Grund jährlicher Bestandsaufnahmen regelmäßig Abschlüsse zu machen, ein Durchschnittsatz von 7 vom Hundert des steuerpflichtigen Umsatzes, mit Ausnahme der Einfuhr und des innergemeinschaftlichen Erwerbs, festgesetzt. ²Ein weiterer Vorsteuerabzug ist ausgeschlossen.

Durchschnittssätze für luf Betriebe § 24 UStG

(2) Der Unternehmer, dessen steuerpflichtiger Umsatz, mit Ausnahme der Einfuhr und des innergemeinschaftlichen Erwerbs, im vorangegangenen Kalenderjahr 60 000 Deutsche Mark überstiegen hat, kann den Durchschnittssatz nicht in Anspruch nehmen.

(3) ¹Der Unternehmer, bei dem die Voraussetzungen für die Anwendung des Durchschnittssatzes gegeben sind, kann dem Finanzamt spätestens bis zum zehnten Tag nach Ablauf des ersten Voranmeldungszeitraums eines Kalenderjahres erklären, daß er den Durchschnittssatz in Anspruch nehmen will. ²Die Erklärung bindet den Unternehmer mindestens für fünf Kalenderjahre. ³Sie kann nur mit Wirkung vom Beginn eines Kalenderjahres an widerrufen werden. ⁴Der Widerruf ist spätestens bis zum zehnten Tag nach Ablauf des ersten Voranmeldungszeitraums dieses Kalenderjahres zu erklären. ⁵Eine erneute Anwendung des Durchschnittssatzes ist frühestens nach Ablauf von fünf Kalenderjahren zulässig.

6. EG-Richtlinie

Abschnitt XIV: *Sonderregelungen*
Artikel 24 Sonderregelung für Kleinunternehmen
(1) (abgedruckt zu § 23 UStG)
...

Rechtsprechung

- Zur Frist für die Abgabe der Erklärung nach § 23a Abs. 3 Satz 1 UStG (BFH 30. 3. 1995, BStBl II, 567).

UStG

§ 24[1]) Durchschnittssätze für land- und forstwirtschaftliche Betriebe
(1) ¹Für die im Rahmen eines land- und forstwirtschaftlichen Betriebes ausgeführten Umsätze wird die Steuer vorbehaltlich der Sätze 2 bis 4 wie folgt festgesetzt:
1. für die Lieferungen und den Eigenverbrauch von forstwirtschaftlichen Erzeugnissen, ausgenommen Sägewerkserzeugnisse, auf fünf vom Hundert,

---

1) Anm.: § 24 Abs. 1 i. d. F. des Art. 1 Gesetz zur Änderung des UStG v. 22. 3. 96 (BGBl I, 526); Abs. 2 und 4 i. d. F. des Art. 20 Nr. 22 StMBG v. 21. 12. 93 (BGBl I, 2310).

2. für die Lieferungen und den Eigenverbrauch der in der Anlage nicht aufgeführten Sägewerkserzeugnisse und Getränke sowie von alkoholischen Flüssigkeiten, ausgenommen die Lieferungen in das Ausland und die im Ausland bewirkten Umsätze, auf fünfzehn vom Hundert,
3. für die übrigen Umsätze im Sinne des § 1 Abs. 1 Nr. 1 bis 3 auf neuneinhalb vom Hundert

der Bemessungsgrundlage. ²Die Befreiungen nach § 4 mit Ausnahme der Nummern 1 bis 7 bleiben unberührt; § 9 findet keine Anwendung. ³Die Vorsteuerbeträge werden, soweit sie den in Satz 1 Nr. 1 bezeichneten Umsätzen zuzurechnen sind, auf fünf vom Hundert, in den übrigen Fällen des Satzes 1 auf neuneinhalb vom Hundert der Bemessungsgrundlage für diese Umsätze festgesetzt. ⁴Ein weiterer Vorsteuerabzug entfällt. ⁵§ 14 ist mit der Maßgabe anzuwenden, daß der für den Umsatz maßgebliche Durchschnittsatz in der Rechnung zusätzlich anzugeben ist. ⁶Abweichend von § 15 Abs. 1 steht dem Leistungsempfänger der Abzug des ihm gesondert in Rechnung gestellten Steuerbetrages nur bis zur Höhe der für den maßgeblichen Umsatz geltenden Steuer zu.*)

(2) ¹Als land- und forstwirtschaftlicher Betrieb gelten
1. die Landwirtschaft, die Forstwirtschaft, der Wein-, Garten-, Obst- und Gemüsebau, die Baumschulen, alle Betriebe, die Pflanzen und Pflanzenteile mit Hilfe der Naturkräfte gewinnen, die Binnenfischerei, die Teichwirtschaft, die Fischzucht für die Binnenfischerei und Teichwirtschaft, die Imkerei, die Wanderschäferei sowie die Saatzucht,
2. Tierzucht- und Tierhaltungsbetriebe, soweit ihre Tierbestände nach den §§ 51 und 51a des Bewertungsgesetzes zur landwirtschaftlichen Nutzung gehören.

²Zum land- und forstwirtschaftlichen Betrieb gehören auch die Nebenbetriebe, die dem land- und forstwirtschaftlichen Betrieb zu dienen bestimmt sind. ³Ein Gewerbebetrieb kraft Rechtsform gilt auch dann nicht als land- und forstwirtschaftlicher Betrieb, wenn im übrigen die Merkmale eines land- und forstwirtschaftlichen Betriebes vorliegen.

(3) Führt der Unternehmer neben den in Absatz 1 bezeichneten Umsätzen auch andere Umsätze aus, so ist der land- und forstwirtschaftliche Betrieb als ein in der Gliederung des Unternehmens gesondert geführter Betrieb zu behandeln.

(4) ¹Der Unternehmer kann spätestens bis zum 10. Tag eines Kalenderjahres gegenüber dem Finanzamt erklären, daß seine Umsätze vom Beginn des vorangegangenen Kalenderjahres an nicht nach den Absätzen 1 bis 3, sondern nach den allgemeinen Vorschriften dieses Gesetzes besteuert werden sollen. ²Die Erklärung bindet den Unternehmer mindestens für fünf Kalenderjahre; im Falle der Geschäftsveräußerung ist der Erwerber an diese Frist gebunden. ³Sie kann mit Wirkung vom Beginn eines Kalenderjahres an widerrufen werden. ⁴Der Widerruf ist spätestens bis zum 10. Tag nach Beginn dieses Kalenderjahres zu erklären. ⁵Die Frist nach Satz 4 kann verlängert werden. ⁶Ist die Frist bereits abgelaufen, so kann sie rückwirkend verlängert werden, wenn es unbillig wäre, die durch den Fristablauf eingetretenen Rechtsfolgen bestehen zu lassen.

---

*) Amtl. Anm.: Siehe § 28 Abs. 3.

6. EG-Richtlinie

Abschnitt XIV: Sonderregelungen

Artikel 25   Gemeinsame Pauschalregelung für landwirtschaftliche Erzeuger

(1) Die Mitgliedstaaten können auf landwirtschaftliche Erzeuger, bei denen die Anwendung der normalen Mehrwertsteuerregelung oder gegebenenfalls der vereinfachten Regelung nach Artikel 24 auf Schwierigkeiten stoßen würde, als Ausgleich für die Belastung durch die Mehrwertsteuer, die auf die von den Pauschallandwirten bezogenen Gegenstände und Dienstleistungen gezahlt wird, eine Pauschalregelung nach diesem Artikel anwenden.

(2) Im Sinne dieses Artikels gelten als
- *„landwirtschaftlicher Erzeuger" ein Steuerpflichtiger, der seine Tätigkeit im Rahmen eines nachstehend definierten Betriebs ausübt;*
- *„landwirtschaftlicher, forstwirtschaftlicher oder Fischereibetrieb" die Betriebe, die in dem einzelnen Mitgliedstaat im Rahmen der in Anhung A genannten Erzeugertätigkeiten als solche gelten;*
- *„Pauschallandwirt" ein landwirtschaftlicher Erzeuger, der unter die in Absatz 3 und den folgenden Absätzen vorgesehene Pauschalregelung fällt;*
- *„landwirtschaftliche Erzeugnisse" die Gegenstände, die aus den in Anhang A aufgeführten Tätigkeiten hervorgehen und die von den landwirtschaftlichen, forstwirtschaftlichen oder Fischereibetrieben des einzelnen Mitgliedstaats erzeugt werden;*
- *„landwirtschaftliche Dienstleistungen" die in Anhang B aufgeführten Dienstleistungen, die von einem landwirtschaftlichen Erzeuger mit Hilfe seiner Arbeitskräfte und/oder der normalen Ausrüstung seines landwirtschaftlichen, forstwirtschaftlichen oder Fischereibetriebs vorgenommen werden;*
- *„Mehrwertsteuer-Vorbelastung" die Mehrwertsteuer-Gesamtbelastung, die auf den Gegenständen und Dienstleistungen ruht, welche von der Gesamtheit aller der Pauschalregelung unterliegenden landwirtschaftlichen, forstwirtschaftlichen und Fischereibetriebe jedes Mitgliedstaats bezogen worden sind, soweit diese Steuer bei einem der normalen Mehrwertsteuerregelungen unterliegenden landwirtschaftlichen Erzeuger nach Artikel 17 abzugsfähig sein würde;*
- *„Pauschalausgleich-Prozentsätze" die Prozentsätze, die die Mitgliedstaaten nach Absatz 3 festsetzen und in den in Absatz 5 genannten Fällen anwenden, damit die Pauschallandwirte den pauschalen Ausgleich der Mehrwertsteuer-Vorbelastung erlangen;*
- *„Pauschalausgleich" der Betrag, der sich aus der Anwendung des in Absatz 3 vorgesehenen Pauschalausgleich-Prozentsatzes auf den Umsatz des Pauschallandwirts in den in Absatz 5 gennanten Fällen ergibt.*

(3) Die Mitgliedstaaten legen bei Bedarf die Pauschalausgleich-Prozentsätze fest und teilen, bevor sie diese Sätze anwenden, der Kommission ihre Höhe mit. Diese Prozentsätze werden anhand der allein für die Pauschallandwirte geltenden makroökonomischen Daten der letzten drei Jahre bestimmt. Sie dürfen nicht dazu führen, daß die Pauschal-

landwirte insgesamt Erstattungen erhalten, die über die Mehrwertsteuer-Vorbelastung hinausgehen. Die Mitgliedstaaten können diese Prozentsätze bis auf Null herabsetzen. Die Prozentsätze können auf einen halben Punkt ab- oder aufgerundet werden.

Die Mitgliedstaaten können die Höhe der Pauschalausgleich-Prozentsätze für die Forstwirtschaft, die einzelnen Teilbereiche der Landwirtschaft und die Fischerei unterschiedlich festlegen.

(4) Die Mitgliedstaaten können die Pauschallandwirte von den Pflichten befreien, die den Steuerpflichtigen nach Artikel 22 obliegen.

Wenn sie von dieser Möglichkeit Gebrauch machen, treffen die Mitgliedstaaten die Maßnahmen, die für eine korrekte Anwendung der in Abschnitt XVIa enthaltenen Übergangsregelung für die Besteuerung innergemeinschaftlicher Umsätze erforderlich sind.

(5) Die in Absatz 3 vorgesehenen Pauschalausgleich-Prozentsätze werden auf folgenden Preis – ohne Steuer – angewendet:

a) den Preis der landwirtschaftlichen Erzeugnisse, die die Pauschallandwirte an andere Steuerpflichtige als jene geliefert haben, für die im Inland die Pauschalregelung des vorliegenden Artikels gilt;

b) den Preis der landwirtschaftlichen Erzeugnisse, die die Pauschallandwirte unter den in Artikel 28c Teil A vorgesehenen Bedingungen an nichtsteuerpflichtige juristische Personen geliefert haben, für die in dem Bestimmungs-Mitgliedstaat der versandten oder beförderten landwirtschaftlichen Erzeugnisse die in Artikel 28a Absatz 1 Buchstabe a) Unterabsatz 2 vorgesehene Ausnahmeregelung nicht gilt;

c) den Preis der landwirtschaftlichen Dienstleistungen, die von Pauschallandwirten an andere Steuerpflichtige als jene erbracht werden, für die im Inland die Pauschalregelung des vorliegenden Artikels gilt.

Dieser Ausgleich schließt jeden weiteren Vorsteuerabzug aus.

(6) Für Lieferungen landwirtschaftlicher Erzeugnisse und Dienstleistungen gemäß Absatz 5 sehen die Mitgliedstaaten vor, daß die Zahlung des Pauschalausgleichs geschieht:

a) entweder durch den Abnehmer oder Leistungsempfänger. In diesem Fall darf der steuerpflichtige Abnehmer oder Dienstleistungsempfänger unter den Bedingungen gemäß Artikel 17 und nach den von den Mitgliedstaaten festgelegten Einzelheiten von der Steuer, die er im Inland zu entrichten hat, den Betrag des Pauschalausgleichs, den er den Pauschallandwirten gezahlt hat, abziehen.

Die Mitgliedstaaten bewilligen dem Abnehmer oder Leistungsempfänger die Erstattung des Betrags des Pauschalausgleichs, den er den Pauschallandwirten im Rahmen eines der folgenden Umsätze gezahlt hat:

– unter den Bedingungen nach Artikel 28c Teil A erfolgte Lieferungen landwirtschaftlicher Erzeugnisse, soweit der Abnehmer ein Steuerpflichtiger oder eine nichtsteuerpflichtige juristische Person ist, der/die als solcher/solche in einem anderen Mitgliedstaat handelt, in dem die Ausnahmeregelung nach Artikel 28a Absatz 1 Buchstabe a) Unterabsatz 2 für ihn/sie nicht gilt;

– unter den Bedingungen nach Artikel 15 und Artikel 16 Absatz 1 Teile B, D und E erfolgte Lieferungen landwirtschaftlicher Erzeugnisse für einen außerhalb der Gemeinschaft ansässigen steuerpflichtigen Abnehmer, soweit der Abnehmer diese landwirtschaftlichen Erzeugnisse für Zwecke seiner in Artikel 17 Absatz 3 Buchstaben a) und b) aufgeführten Umsätze oder die Erbringung seiner Dienstleistun-

gen verwendet, die als im Inland erbracht gelten und für die gemäß Artikel 21 Nummer 1 Buchstabe b) nur der Empfänger die Steuer schuldet;
- landwirtschaftliche Dienstleistungen, die für einen innerhalb der Gemeinschaft, jedoch in einem anderen Mitgliedstaat ansässigen steuerpflichtigen Leistungsempfänger oder für einen außerhalb der Gemeinschaft ansässigen steuerpflichtigen Leistungsempfänger erbracht werden, soweit der Leistungsempfänger diese Dienstleistungen für Zwecke seiner in Artikel 17 Absatz 3 Buchstaben a) und b) aufgeführten Umsätze oder für die Erbringung seiner Dienstleistungen verwendet, die als im Inland erbracht gelten und für die gemäß Artikel 21 Ziffer 1 Buchstabe b) nur der Empfänger die Steuer schuldet.

Die Mitgliedstaaten legen die Einzelheiten der Erstattungen fest; sie können sich insbesondere auf die Bestimmungen des Artikels 17 Absatz 4 stützen;

b) *oder durch den Fiskus.*

(7) Die Mitgliedstaaten treffen alle zweckdienlichen Maßnahmen für eine wirksame Kontrolle der Zahlung des Pauschalausgleichs an die Pauschallandwirte.

(8) Bei den in Absatz 5 nicht genannten Lieferungen landwirtschaftlicher Erzeugnisse und landwirtschaftlicher Dienstleistungen wird davon ausgegangen, daß die Zahlung des Pauschalausgleichs durch den Abnehmer oder Dienstleistungsempfänger geschieht.

(9) Jeder Mitgliedstaat hat die Möglichkeit, bestimmte Gruppen landwirtschaftlicher Erzeuger sowie diejenigen landwirtschaftlichen Erzeuger von der Pauschalregelung auszunehmen, bei denen die Anwendung der normalen Mehrwertsteuerregelung oder gegebenenfalls der vereinfachten Regelung nach Artikel 24 Absatz 1 keine verwaltungstechnischen Schwierigkeiten mit sich bringt.

Machen die Mitgliedstaaten von der in diesem Artikel vorgesehenen Möglichkeit Gebrauch, so treffen sie alle zweckdienlichen Maßnahmen, um sicherzustellen, daß die unter den in Artikel 28b Teil B Absatz 1 genannten Bedingungen ausgeführten Lieferungen von landwirtschaftlichen Erzeugnissen in gleicher Weise besteuert werden, wenn die Lieferung von einem Pauschallandwirt oder von einem Steuerpflichtigen, der kein Pauschallandwirt ist, erbracht wird.

(10) Jeder Pauschallandwirt hat nach den von den Mitgliedstaaten festgelegten Einzelheiten und Voraussetzungen das Recht, für die Anwendung der normalen Mehrwertsteuerregelung oder gegebenenfalls der vereinfachten Regelung nach Artikel 24 Absatz 1 zu optieren.

(11) Vor Ablauf des fünften Jahres nach Inkrafttreten dieser Richtlinie legt die Kommission dem Rat neue Vorschläge über die Anwendung der Mehrwertsteuer auf Umsätze von landwirtschaftlichen Erzeugnissen und Dienstleistungen vor.

(12) Machen die Mitgliedstaaten von der in diesem Artikel vorgesehenen Möglichkeit Gebrauch, so legen sie die einheitliche Mehrwertsteuer-Bemessungsgrundlage für die Anwendung des Systems der eigenen Mittel nach der gemeinsamen Berechnungsmethode des Anhangs C fest.

...

UStDV

§ 71 Verkürzung der zeitlichen Bindungen für land- und forstwirtschaftliche Betriebe

¹*Der Unternehmer, der eine Erklärung nach § 24 Abs. 4 Satz 1 des Gesetzes abgegeben hat, kann von der Besteuerung des § 19 Abs. 1 des Gesetzes zur Besteuerung nach § 24 Abs. 1 bis 3 des Gesetzes mit Wirkung vom Beginn eines jeden folgenden Kalenderjahres an übergehen.* ²*Auf den Widerruf der Erklärung ist § 24 Abs. 4 Satz 4 des Gesetzes anzuwenden.*

UStR

264. Umsätze im Rahmen eines land- und forstwirtschaftlichen Betriebes

(1) ¹Die Durchschnittssätze sind nur auf Umsätze anzuwenden, die im Rahmen eines land- und forstwirtschaftlichen Betriebes ausgeführt werden. ²Ob ein land- und forstwirtschaftlicher Betrieb vorliegt, ist nach den Grundsätzen zu beurteilen, die bei der Abgrenzung für die Zwecke der Einkommen- und Gewerbesteuer maßgebend sind. ³Dies gilt auch für die Feststellung, ob ein land- und forstwirtschaftlicher Nebenbetrieb gegeben ist (vgl. BFH-Urteil vom 12. 1. 1989 – BStBl II S. 432, und *R* 135 EStR *1993*). ⁴*Die Anerkennung eines land- und forstwirtschaftlichen Nebenbetriebs setzt einen land- und forstwirtschaftlichen Hauptbetrieb desselben Unternehmers voraus (BFH-Urteil vom 12. 3. 1992 – BStBl II S. 982).* ⁵Liegt danach ein land- und forstwirtschaftlicher Haupt- oder Nebenbetrieb vor, erstreckt sich die Durchschnittsbesteuerung auch auf die Umsätze zugekaufter Erzeugnisse und auf die aus land- und forstwirtschaftlichen Erzeugnissen hergestellten Gegenstände, z. B. Konserven, Sauerkraut. ⁶Bei den als land- und forstwirtschaftliche Nebenbetriebe anerkannten Substanzbetrieben sind die Durchschnittssätze auch auf die Umsätze der dort gewonnenen Erzeugnisse, z. B. Ton, Lehm, Kies und Sand, anzuwenden.

(2) ¹Die Durchschnittsbesteuerung erstreckt sich nicht auf Gewerbebetriebe kraft Rechtsform (§ 24 Abs. 2 UStG). ²Hierzu gehören insbesondere Betriebe der Land- und Forstwirtschaft in der Form von Kapitalgesellschaften oder von Erwerbs- und Wirtschaftsgenossenschaften, die nach § 2 Abs. 2 GewStG als Gewerbebetriebe gelten. ³Eine gewerblich geprägte Personengesellschaft im Sinne des § 15 Abs. 3 Nr. 2 EStG kann die Durchschnittsbesteuerung ebenfalls nicht anwenden. ⁴Gemeinschaftliche Tierhaltung gilt nur dann als landwirtschaftlicher Betrieb im Sinne des § 24 Abs. 2 Nr. 2 UStG, wenn auch sämtliche Voraussetzungen des § 51a BewG erfüllt sind (vgl. BFH-Urteil vom 26. 4. 1990 – BStBl II S. 802).

(3) ¹Bei Land- und Forstwirten, die für ihren land- und forstwirtschaftlichen Betrieb die Durchschnittsbesteuerung des § 24 UStG anwenden, ist die vorübergehende Beherbergung von Betriebsfremden – Feriengästen – in die Durchschnittsbesteuerung einzubeziehen, wenn die betreffenden Wohnungen und Wohnräume nach den bewertungsrechtlichen Vorschriften zum land- und forstwirtschaftlichen Vermögen gehören (Abschnitt 1.02 Abs. 10 und Abschnitt 1.03 Abs. 7 der Richtlinien zur Bewertung des land- und forstwirtschaftlichen Vermögens, BStBl 1967 I S. 397). ²Die Beherbergungsumsätze in diesen Wohnungen und Wohnräumen unterliegen somit dann der Durchschnittsbesteuerung des § 24 UStG, wenn weniger als 4 Zimmer und weniger als 6 Betten zur Beherbergung von Fremden bereitgehalten werden und außer dem Morgenfrühstück keine Hauptmahlzeit gewährt wird. ³Weitere Voraussetzung ist, daß die Zimmer insgesamt für

einen Zeitraum von weniger als sechs Wochen im Jahr an Feriengäste vermietet werden oder die Vermietung nur dadurch ermöglicht wird, daß der Betriebsinhaber seinen Wohnbedarf vorübergehend einschränkt.

(4) ¹Die Aufzucht und das Halten von fremdem Vieh durch Landwirte kann den im Rahmen eines land- und forstwirtschaftlichen Betriebes ausgeführten Umsätzen zuzurechnen sein oder eine davon losgelöste gewerbliche Tätigkeit darstellen. ²Die Abgrenzung ist umsatzsteuerlich nach den Grundsätzen vorzunehmen, die für die Zwecke der Einkommensteuer und Gewerbesteuer gelten (vgl. R 124a, 135 EStR). ³Ein Unternehmer, der überwiegend mit erworbenem Vieh Handel treibt und daneben erworbenes Magervieh zum Zwecke des Verkaufs als Schlachtvieh mästet, unterhält einen einheitlichen Gewerbebetrieb. ⁴Die Lieferungen des selbstgemästeten Schlachtviehs sind deshalb keine Umsätze im Sinne des § 24 Abs. 1 UStG (BFH-Urteil vom 16. 12. 1976 – BStBl 1977 II S. 273). ⁵Die Zierfischzucht in Teichen fällt nicht unter § 24 Abs. 2 Nr. 1 UStG. ⁶Zur Frage, inwieweit die Aufzucht von Köderfischen, Testfischen, Futterfischen und Besatzfischen in Teichen als land- und forstwirtschaftlicher Betrieb gilt, vgl. BFH-Urteil vom 13. 3. 1987 (BStBl II S. 467). *⁷Zur Behandlung der Pensionspferdehaltung und Zurverfügungstellung von Reitanlagen vgl. BFH-Urteile vom 16. 7. 1987 – BStBl 1988 II S. 83 und vom 23. 9. 1988 – BStBl 1989 II S. 111, zur Vermietung von Pferden zu Reitzwecken vgl. BFH-Urteil vom 24. 1. 1989 – BStBl II S. 416.* ⁸Veräußert ein Landwirt, der neben seinem landwirtschaftlichen Erzeugerbetrieb einen gewerblichen Absatzbetrieb unterhält, landwirtschaftliche Erzeugnisse an Dritte, so sind die entsprechenden Umsätze im Rahmen des gewerblichen Unternehmens ausgeführt, wenn durch dieses die mit den Umsätzen verbundene Verkaufstätigkeit ausgeübt wird (vgl. BFH-Urteil vom 31. 7. 1987 – BStBl II S. 870). ⁹Umsätze aus einem Tierzuchtbetrieb werden dann nicht im Rahmen eines landwirtschaftlichen Betriebs ausgeführt, wenn dem Unternehmer für die Tierhaltung nicht in ausreichendem Umfang selbst bewirtschaftete Grundstücksflächen zur Verfügung stehen (vgl.BFH-Urteil vom 29. 6. 1988 – BStBl II S. 922). ¹⁰Zur Abgrenzung der gewerblichen von der landwirtschaftlichen Tierzucht und Tierhaltung vgl. auch BFH-Urteil vom 12. 8. 1982 (BStBl 1983 II S. 36).

(5) *¹Die Anwendung des § 24 UStG setzt voraus, daß der landwirtschaftliche Betrieb noch bewirtschaftet wird (BFH-Urteil vom 21. 4. 1993 – BStBl II S. 696).* ²Ein Unternehmer, der seinen landwirtschaftlichen Betrieb verpachtet und dessen unternehmerische Betätigung im Bereich der Landwirtschaft sich in dieser Verpachtung erschöpft, betreibt mit der Verpachtung keinen landwirtschaftlichen Betrieb im Sinne des § 24 UStG (vgl. BFH-Urteile vom 21. 2. 1980 – BStBl II S. 613 und vom 29. 6. 1988 – BStBl II S. 922).

(6) *¹Nach § 1 Abs. 1a UStG unterliegen die Umsätze im Rahmen einer Geschäftsveräußerung an einen anderen Unternehmer für dessen Unternehmen nicht der Umsatzsteuer. ²Dies gilt auch bei der Veräußerung eines land- und forstwirtschaftlichen Betriebs oder Teilbetriebs sowie bei der Einbringung eines Betriebs oder Teilbetriebs in eine Gesellschaft, und zwar auch dann, wenn einzelne Wirtschaftsgüter von der Veräußerung ausgenommen werden. ³Eine Geschäftsveräußerung kann auch vorliegen, wenn verpachtete Gegenstände nach Beendigung der Pacht veräußert werden (vgl. BFH-Urteil vom 10. 5. 1961 – BStBl III S. 322); vgl. auch Abschnitt 5.*

265. Erzeugnisse im Sinne des § 24 Abs. 1 Satz 1 UStG

(1) ¹Als forstwirtschaftliche Erzeugnisse (§ 24 Abs. 1 Satz 1 Nr. 1 UStG) kommen insbesondere in Betracht: Stammholz (Stämme und Stammteile), Schwellenholz, Stangen, Schichtholz, Industrieholz, Brennholz, sonstiges Holz – z. B. Stockholz, Pfähle, Reisig – und forstliche Nebenerzeugnisse wie Forstsamen, Rinde, Baumharz, Weihnachtsbäume, Schmuckgrün, Waldstreu,

Pilze und Beeren. ²Voraussetzung ist, daß diese Erzeugnisse im Rahmen der Forstwirtschaft anfallen. ³Bei Lieferungen von Weihnachtsbäumen und Schmuckreisig aus Sonderkulturen – d. h. außerhalb des Waldes – durch land- und forstwirtschaftliche Betriebe handelt es sich nicht um Umsätze von forstwirtschaftlichen Erzeugnissen, sondern um eigenständige landwirtschaftliche Umsätze, die unter § 24 Abs. 1 Nr. 3 UStG fallen. ⁴Zur Forstwirtschaft gehören Hoch-, Mittel- und Niederwald, Schutzwald – z. B. Wasser-, Boden-, Lawinen-, Klima-, Immissions-, Sicht- und Straßenschutzwald sowie Schutzwaldungen mit naturkundlichen Zielsetzungen und Waldungen für Forschung und Lehre –, Erholungswald und Nichtwirtschaftswald – z. B. Naturparks, Nationalparks, Landschaftsschutzgebiete und Naturschutzgebiete –, auch wenn die Erzeugung von Rohholz ausgeschlossen oder nicht beabsichtigt ist. ⁵Holz aus Weidenbau, Baumschulen, Obstgärten und Parkanlagen sowie Flurholz außerhalb des Waldes und Alleebäume, Grenzbäume u. ä. rechnen nicht zur Forstwirtschaft.

(2) ¹In der Anlage des UStG nicht aufgeführte Sägewerkserzeugnisse (§ 24 Abs. 1 Satz 1 Nr. 2 UStG) sind insbesondere Balken, Bohlen, Kanthölzer, besäumte und unbesäumte Bretter sowie Holzwolle und Holzmehl. ²Zu den Getränken und alkoholischen Flüssigkeiten im Sinne des § 24 Abs. 1 Satz 1 Nr. 2 UStG zählen insbesondere Wein, Obstwein und andere alkoholische Getränke, Traubenmost, Frucht- und Gemüsesäfte sowie Alkohol und Sprit. ³Nicht darunter fallen Milch (aus Kapitel 4 des Zolltarifs), Milchmischgetränke mit einem Anteil an Milch von mindestens 75 v. H. des Fertigerzeugnisses sowie Wasser, nicht aber Mineralwasser.

(3) ¹Der Durchschnittsatz nach § 24 Abs. 1 Satz 1 Nr. 3 UStG gilt insbesondere für die Umsätze der wichtigsten landwirtschaftlichen Erzeugnisse wie z. B. Getreide, Getreideerzeugnisse, Vieh, Fleisch, Milch, Obst, Gemüse und Eier sowie die Hilfsumsätze. ²Als Hilfsumsätze sind die Umsätze zu betrachten, die zwar zur unternehmerischen Tätigkeit gehören, jedoch nicht den eigentlichen Gegenstand des Unternehmens bilden – z. B. der Verkauf gebrauchter landwirtschaftlicher Geräte – (vgl. BFH-Urteil vom 24. 2. 1988 – BStBl II S. 622).

266. Steuerfreie Umsätze im Sinne des § 4 Nr. 8 ff. UStG im Rahmen eines land- und forstwirtschaftlichen Betriebes

¹Die Durchschnittsbesteuerung des § 24 UStG umfaßt alle im Rahmen eines land- und forstwirtschaftlichen Betriebes ausgeführten Umsätze und die diesen Umsätzen zuzurechnenden Vorsteuern. ²Die Steuerbefreiungen des § 4 Nr. 8 ff. UStG bleiben jedoch unberührt. ³Die Vorschrift des § 9 UStG ist für sie nicht anzuwenden. ⁴Für diese Umsätze ist somit ein Durchschnittsatz nicht festgesetzt. ⁵Ein besonderer Abzug der diesen Umsätzen zuzurechnenden Vorsteuern entfällt. ⁶Diese Regelung ist insbesondere für die Verkäufe und Verpachtungen land- und forstwirtschaftlicher Grundstücke von Bedeutung, auf die auch im Rahmen des § 24 UStG die Steuerbefreiungen des § 4 Nr. 9 Buchstabe a oder Nr. 12 UStG anzuwenden sind.

267. Ausfuhrlieferungen und Umsätze im Ausland bei land- und forstwirtschaftlichen Betrieben

(1) ¹Die Durchschnittsbesteuerung umfaßt auch die Umsätze im Sinne des § 4 Nr. 1 bis 7 UStG und die Umsätze im Ausland. ²*Dies bedeutet, daß auch innergemeinschaftliche Lieferungen nach § 4 Nr. 1 Buchstabe b, § 6a Abs. 1 UStG durch Land- und Forstwirte, die die Durchschnittsbesteuerung anwenden, unter die Besteuerung fallen.* ³Vorsteuern, die mit diesen Umsätzen in wirtschaftlichem Zusammenhang stehen, können nicht gesondert abgezogen werden.

(2) Der für die Ausfuhrlieferungen und die Umsätze im Ausland geltende Durchschnittsatz ist auch auf solche Umsätze anzuwenden, für die ohne die Anwendung des § 24 UStG eine niedrigere oder keine Umsatzsteuer zu zahlen wäre.

268. Vereinfachungsregelung für Umsätze von Getränken und alkoholischen Flüssigkeiten

(1) ¹Bei Umsätzen von Getränken und alkoholischen Flüssigkeiten ist der Durchschnittsatz für die Vorsteuer niedriger als der Durchschnittsatz für die Steuer. ²Betragen diese Umsätze im Kalenderjahr nicht mehr als 2 400 DM, so kann von der Erhebung der darauf entfallenden Steuer abgesehen werden, wenn der Unternehmer in dem betreffenden Kalenderjahr daneben nur folgende Umsätze ausführt:

1. Umsätze, die unter § 24 UStG fallen, sofern dafür eine Steuer nicht zu entrichten ist (also keine Umsätze von in der Anlage des UStG nicht aufgeführten Sägewerkserzeugnissen),

2. Umsätze, die unter § 19 Abs. 1 UStG fallen,

3. Umsätze, die nach § 15 Abs. 2 in Verbindung mit Abs. 3 UStG den Vorsteuerabzug ausschließen.

(2) ¹Die Vereinfachungsregelung ist auch auf die Entrichtung der Vorauszahlungen anzuwenden, wenn zu erwarten ist, daß die Umsatzgrenze von 2 400 DM im laufenden Kalenderjahr nicht überschritten wird (vgl. hierzu Abschnitt 230 Abs. 2). ²Die Pflicht zur Aufzeichnung der Umsätze, für die die Vereinfachungsregelung gilt, bleibt unberührt.

269. Zusammentreffen der Durchschnittsbesteuerung mit anderen Besteuerungsformen

(1) ¹Führt ein Unternehmer neben Umsätzen im Rahmen eines land- und forstwirtschaftlichen Betriebes auch noch andere Umsätze aus, ist insoweit § 24 UStG nicht anwendbar (§ 24 Abs. 3 UStG). ²Das bedeutet, daß der Unternehmer mit den außerhalb des land- und forstwirtschaftlichen Betriebes ausgeführten Umsätzen der Besteuerung nach den dafür geltenden Vorschriften unterliegt.

(2) ¹Abziehbar im Sinne von § 15 Abs. 1 UStG sind nur die Vorsteuern, die diesen Umsätzen zuzurechnen sind. ²Sind Vorsteuerbeträge teilweise diesen Umsätzen und teilweise den Umsätzen im Rahmen des land- und forstwirtschaftlichen Betriebes zuzurechnen, z. B. für *den Erwerb eines einheitlichen Gegenstandes*, sind sie der *tatsächlichen* Verwendung entsprechend aufzuteilen.

Beispiel:
¹Ein Unternehmer erwirbt einen Gegenstand *und verwendet ihn* zu 30 v. H. im land- und forstwirtschaftlichen Betrieb und zu 70 v. H. im gewerblichen Betrieb. ²Beträgt die beim Bezug des Gegenstandes gesondert in Rechnung gestellte Steuer *5 000,–* DM, so ist ein Anteil von 30 v. H. = *1 500,–* DM durch die Durchschnittsbesteuerung nach § 24 UStG abgegolten. ³Der verbleibende Anteil von 70 v. H. = *3 500,–* DM ist den Umsätzen aus dem Gewerbebetrieb zuzurechnen und daher gesondert abziehbar *(vgl. BFH-Urteil vom 16. 12. 1993 – BStBl 1994 II S. 339).*

(3) ¹Bezieht ein Unternehmer, der neben einem – unter die Regelbesteuerung fallenden – Landhandel eine – unter § 24 UStG fallende – Landwirtschaft betreibt, Sachen im Sinne der §§ 91 ff. BGB, z. B. Düngemittel, im Rahmen des Landhandels, die später teilweise im landwirtschaftlichen Betriebsteil verwendet werden, so sind die betreffenden Vorsteuerbeträge nach Maßgabe einer entsprechenden Zuordnungsentscheidung des Unternehmers (§ 15 Abs. 4 UStG) ggf. im

Schätzungswege aufzuteilen (vgl. BFH-Urteil vom 26. 2. 1987 – BStBl II S. 685). ²Die Aufteilung der Vorsteuerbeträge in solche, die nach § 15 Abs. 1 Nr. 1 UStG abziehbar sind, und solche, die im Rahmen der Vorsteuerpauschalierung (§ 24 Abs. 1 Sätze 3 und 4 UStG) berücksichtigt werden, ist regelmäßig auch dann durchzuführen, wenn die für den landwirtschaftlichen Unternehmensteil angeschaffte Warenmenge relativ gering ist (vgl. BFH-Urteil vom 25. 6. 1987 – BStBl 1988 II S. 150).

(4) *¹Hat ein Land- und Forstwirt eine Erklärung nach § 24 Abs. 4 Satz 1 UStG nicht abgegeben, führt er aber neben den in § 24 Abs. 1 UStG bezeichneten Umsätzen auch andere Umsätze aus, so sind für die Anwendung des § 19 Abs. 1 UStG bei der Ermittlung des jeweils maßgeblichen Gesamtumsatzes die land- und forstwirtschaftlichen Umsätze und die anderen Umsätze zu berücksichtigen. ²Soweit der Unternehmer die im land- und forstwirtschaftlichen Betrieb bewirkten Umsätze nicht aufgezeichnet hat (§ 67 UStDV), sind sie nach den Betriebsmerkmalen und unter Berücksichtigung der besonderen Verhältnisse zu schätzen. ³Die Anwendung des § 19 Abs. 1 UStG beschränkt sich auf die Umsätze außerhalb der Durchschnittsbesteuerung des § 24 Abs. 1 bis 3 UStG. ⁴Die Steuer für die Umsätze des land- und forstwirtschaftlichen Betriebs ist hingegen zu entrichten.*

270. Verzicht auf die Durchschnittsbesteuerung

(1) ¹Die Erklärung des Unternehmers, daß er auf die Durchschnittsbesteuerung verzichtet (§ 24 Abs. 4 Satz 1 UStG), ist nicht an eine bestimmte Form gebunden. ²Berechnet der Unternehmer in der ersten Voranmeldung des Kalenderjahres die Vorauszahlung unter Zugrundelegung der allgemeinen Vorschriften des Gesetzes, so kann darin eine solche Erklärung gesehen werden. ³Hat ein Unternehmer mehrere land- und forstwirtschaftliche Betriebe, so kann er die Erklärung nur einheitlich für alle Betriebe vornehmen. ⁴Entsprechendes gilt für den Widerruf (§ 24 Abs. 4 Satz 3 UStG).

(2) ¹Für Umsätze im Rahmen eines land- und forstwirtschaftlichen Betriebes im Sinne des § 24 Abs. 2 UStG geht die Durchschnittsbesteuerung des § 24 Abs. 1 bis 3 UStG der Besteuerung nach den anderen Vorschriften des Gesetzes vor. ²Das gilt auch in bezug auf die Anwendung des § 19 Abs. 1 UStG. ³Land- und Forstwirte können daher für ihre im Rahmen des land- und forstwirtschaftlichen Betriebes ausgeführten Umsätze die Regelung des § 19 Abs. 1 UStG nur in Anspruch nehmen, wenn sie nach § 24 Abs. 4 Satz 1 UStG auf die Durchschnittsbesteuerung des § 24 Abs. 1 bis 3 UStG verzichten. ⁴Will ein Land- und Forstwirt nach dem Ausscheiden aus der Durchschnittsbesteuerung des § 24 Abs. 1 bis 3 UStG von § 19 Abs. 1 UStG keinen Gebrauch machen, muß er eine weitere Erklärung nach § 19 Abs. 2 Satz 1 UStG abgeben.

(3) ¹Die Erklärung nach § 24 Abs. 4 Satz 1 UStG bindet den Unternehmer grundsätzlich mindestens für fünf Kalenderjahre. ²*Bei der Veräußerung eines land- und forstwirtschaftlichen Betriebs (Geschäftsveräußerung nach § 1 Abs. 1a UStG, Abschnitt 5) ist der Betriebserwerber als Rechtsnachfolger des Veräußerers anzusehen und demgemäß an die Optionsfrist gebunden.* ³In den Fällen, in denen der Unternehmer nach dem Ausscheiden aus der Durchschnittsbesteuerung des § 24 Abs. 1 bis 3 UStG die Vorschrift des § 19 Abs. 1 UStG anwendet, kann er jedoch die Erklärung mit Wirkung vom Beginn eines jeden folgenden Kalenderjahres an widerrufen (§ 71 UStDV). ⁴Das gilt nicht, wenn der Unternehmer nach dem Ausscheiden aus der Durchschnittsbesteuerung des § 24 Abs. 1 bis 3 UStG eine weitere Erklärung nach § 19 Abs. 2 Satz 1 UStG abgegeben hat. ⁵In diesem Fall gilt für ihn die Bindungsfrist des § 19 Abs. 2 Satz 2 UStG.

(4) Zum Vorsteuerabzug beim Wechsel der Besteuerungsform wird auf Abschnitt 191 Abs. 6 hingewiesen.

Durchschnittssätze für luf Betriebe § **24 UStG**

271. Ausstellung von Rechnungen bei land- und forstwirtschaftlichen Betrieben

¹Der Unternehmer ist nach Maßgabe des § 14 Abs. 1 UStG berechtigt, über die im Rahmen des land- und forstwirtschaftlichen Betriebes ausgeführten Lieferungen und sonstigen Leistungen Rechnungen auszustellen und die Steuer gesondert auszuweisen. ²In den Rechnungen ist außer dem Steuerbetrag der für den Umsatz maßgebliche Durchschnittssatz anzugeben. ³Weist der Unternehmer einen höheren Steuerbetrag aus, als er im Rahmen der Durchschnittsbesteuerung gesondert in Rechnung stellen darf, schuldet er nach § 14 Abs. 2 UStG diesen Mehrbetrag; er hat diesen Betrag an das Finanzamt abzuführen. ⁴Das gleiche gilt, wenn in einer Gutschrift im Sinne von § 14 Abs. 5 UStG ein höherer Steuerbetrag ausgewiesen worden ist. ⁵Bei einer Berichtigung des ausgewiesenen Steuerbetrages ist § 17 Abs. 1 UStG entsprechend anzuwenden. ⁶Außer den Vorschriften des § 14 Abs. 1 und 2 UStG ist im Rahmen des § 24 UStG auch § 14 Abs. 3 UStG anzuwenden (vgl. Abschnitt 190). ⁷Bei Abrechnungen, die in Form von Gutschriften erfolgen (vgl. § 14 Abs. 5 UStG), kann die Umsatzsteuer aus dem jeweiligen Bruttopreis ermittelt werden. ⁸Die in Betracht kommenden Divisoren und Faktoren ergeben sich aus Abschnitt 194 Abs. 3.

Verwaltungsanweisungen

- Gesellschaftsgründungen in der Land- und Forstwirtschaft (OFD Düsseldorf 18. 3. 1991, DStR 1991, 685 und OFD Nürnberg 13. 2. 1995, UR 1995, 317);

- Anwendung der Vorschrift durch eine Personengesellschaft (OFD Münster 4. 11. 1992, DB 1992, 2528 und OFD Frankfurt a. M. 10. 10. 1996, StEd 1996, 821);

- rückwirkende Verlängerung der Optionsfrist nach § 24 Abs. 4 UStG (BMF 5. 1. 1993, UR 1993, 400);

- Einbringungsfälle in der Land- und Forstwirtschaft (OFD München 27. 5. 1994, DStR 1994, 1012 und OFD Nürnberg 29. 1. 1996, UR 1996, 239);

- Holzrücken und anschließende Holzlieferung als einheitliche Leistung (OFD Saarbrücken 28. 2. 1995, UR 1997, 76);

- ust. Behandlung der Verpachtung eines Jagdrechts (OFD Magdeburg 12. 10. 1995, UR 1996, 207);

- Vorsteuerberichtigung nach § 15a UStG bei Land- und Forstwirten (BMF 29. 12. 1995, BStBl I, 831 und 22. 2. 1996, BStBl I, 150; s. auch die Nachweise zu § 15a UStG);

- USt bei Personengesellschaften, die sowohl land- und forstwirtschaftlich als auch gewerblich tätig sind (MdF Sachsen-Anhalt 9. 1. 1996, UR 1996, 244).

Rechtsprechung

- Vorsteuerabzug bei teilweise landwirtschaftlichem und teilweise gewerblichem Unternehmen (BFH 25. 6. 1987, BStBl 1988 II, 150);

UStG § 25 *Besteuerung von Reiseleistungen*

- Pferdepension als gewerblicher Betrieb (BFH 31. 7. 1987, BStBl 1988 II, 870);
- Massentierhaltung als gewerblicher Betrieb (BFH 29. 6. 1988, BStBl II, 922);
- Tiermast als Bestandteil des landwirtschaftlichen Betriebs (BFH 13. 7. 1989, BStBl II, 1036);
- land- und forstwirtschaftlicher Nebenbetrieb (BFH 12. 3. 1992, BStBl II, 982);
- Wohnfertighaus ist kein landwirtschaftliches Betriebsvermögen (BFH 29. 4. 1993, UR 1995, 71);
- Vorsteuerabzug eines einheitlichen Gegenstandes (Mähdrescher), der sowohl für den landwirtschaftlichen als auch für den gewerblichen Betrieb angeschafft worden ist (BFH 16. 12. 1993, BStBl 1994 II, 339);
- landwirtschaftliche Betriebsteilung zwischen Ehegatten (BFH 22. 8. 1994, UR 1995, 313);
- Verpachtung eines kommunalen Jagdbetriebs (OVG Saarlouis 7. 11. 1994, UR 1996, 57);
- Vorsteuerabzug eines einheitlichen Gegenstandes (Mähdrescher), der für den landwirtschaftlichen Betrieb angeschafft worden ist und auch im später eröffneten Gewerbebetrieb verwendet wird (BFH 10. 11. 1994, BStBl 1995 II, 218);
- Grenzen der Zusammenrechnung von räumlich auseinanderliegenden Hofstellen (FG Baden-Württemberg 16. 12. 1994, UR 1996, 273);
- Durchschnittsbesteuerung im Beitrittsgebiet (BFH 7. 3. 1995, BStBl II, 521);
- keine Null-Regelung für Landwirte mit Durchschnittbesteuerung (BFH 5. 5. 1995, UR 1996, 165);
- die Verpachtung einzelner landwirtschaftlicher Flächen unterliegt im Rahmen eines landwirtschaftlichen Betriebs der Durchschnittsatzbesteuerung (BFH 11. 5. 1995, BStBl II, 610);
- Begriff des land- und forstwirtschaftlichen Betriebs (BFH 12. 6. 1995, BFH/NV 1996, 191);
- über den Strukturwandel entwickelten Grundsätze sind bei Zweifeln über das Bestehen eines landwirtschaftlichen Betriebs anzuwenden (BFH 9. 5. 1996, BStBl II, 550).

UStG

§ 25[1]) Besteuerung von Reiseleistungen

(1) [1]Die nachfolgenden Vorschriften gelten für Reiseleistungen eines Unternehmers, die nicht für das Unternehmen des Leistungsempfängers bestimmt sind, soweit der Unternehmer dabei gegenüber dem Leistungsempfänger im eigenen Namen auftritt und Reisevorleistungen in Anspruch nimmt. [2]Die Leistung des Unternehmers ist als sonstige Leistung anzusehen. [3]Erbringt der Unternehmer an einen Leistungsempfänger im Rahmen einer Reise mehrere Leistungen dieser Art,

---

1) **Anm.:** § 25 Abs. 2 i. d. F. des Art. 20 Nr. 26 StMBG v. 21. 12. 93 (BGBl I, 2310).

so gelten sie als eine einheitliche sonstige Leistung. ⁴Der Ort der sonstigen Leistung bestimmt sich nach § 3a Abs. 1. ⁵Reisevorleistungen sind Lieferungen und sonstige Leistungen Dritter, die den Reisenden unmittelbar zugute kommen.

(2) ¹Die sonstige Leistung ist steuerfrei, soweit die ihr zuzurechnenden Reisevorleistungen im Drittlandsgebiet bewirkt werden. ²Die Voraussetzung der Steuerbefreiung muß vom Unternehmer nachgewiesen sein. ³Das Bundesministerium der Finanzen kann mit Zustimmung des Bundesrates durch Rechtsverordnung bestimmen, wie der Unternehmer den Nachweis zu führen hat.

(3) ¹Die sonstige Leistung bemißt sich nach dem Unterschied zwischen dem Betrag, den der Leistungsempfänger aufwendet, um die Leistung zu erhalten, und dem Betrag, den der Unternehmer für die Reisevorleistungen aufwendet. ²Die Umsatzsteuer gehört nicht zur Bemessungsgrundlage. ³Der Unternehmer kann die Bemessungsgrundlage statt für jede einzelne Leistung entweder für Gruppen von Leistungen oder für die gesamten innerhalb des Besteuerungszeitraums erbrachten Leistungen ermitteln.

(4) ¹Abweichend von § 15 Abs. 1 ist der Unternehmer nicht berechtigt, die ihm für die Reisevorleistungen gesondert in Rechnung gestellten Steuerbeträge als Vorsteuer abzuziehen. ²Im übrigen bleibt § 15 unberührt.

(5) Für die sonstigen Leistungen gilt § 22 mit der Maßgabe, daß aus den Aufzeichnungen des Unternehmers zu ersehen sein müssen:
1. der Betrag, den der Leistungsempfänger für die Leistung aufwendet,
2. die Beträge, die der Unternehmer für die Reisevorleistungen aufwendet,
3. die Bemessungsgrundlage nach Absatz 3 und
4. wie sich die in den Nummern 1 und 2 bezeichneten Beträge und die Bemessungsgrundlage nach Absatz 3 auf steuerpflichtige und steuerfreie Leistungen verteilen.

6. EG-Richtlinie

Abschnitt XIV: Sonderregelungen

...

Artikel 26 Sonderregelung für Reisebüros

(1) Die Mitgliedstaaten wenden die Mehrwertsteuer auf die Umsätze der Reisebüros nach den Vorschriften dieses Artikels an, soweit die Reisebüros gegenüber den Reisenden im eigenen Namen auftreten und für die Durchführung der Reise Lieferungen und Dienstleistungen anderer Steuerpflichtiger in Anspruch nehmen. Die Vorschriften dieses Artikels gelten nicht für Reisebüros, die lediglich als Vermittler handeln und auf die Artikel 11 Teil A Absatz 3 Buchstabe c) anzuwenden ist. Im Sinne dieses Artikels gelten als Reisebüros auch Reiseveranstalter.

UStG § 25 6. *EGRL Art. 28, Anh. E; § 72 UStDV Besteuerung von Reiseleistungen*

(2) Die bei Durchführung der Reise vom Reisebüro erbrachten Umsätze gelten als eine einheitliche Dienstleistung des Reisebüros an den Reisenden. Sie wird in dem Mitgliedstaat besteuert, in dem das Reisebüro den Sitz seiner wirtschaftlichen Tätigkeit oder eine feste Niederlassung hat, von wo aus es die Dienstleistung erbracht hat. Für diese Dienstleistung gilt als Besteuerungsgrundlage und als Preis ohne Steuer im Sinne des Artikels 22 Absatz 3 Buchstabe b) die Marge des Reisebüros, das heißt die Differenz zwischen dem vom Reisenden zu zahlenden Gesamtbetrag ohne Mehrwertsteuer und den tatsächlichen Kosten, die dem Reisebüro durch die Inanspruchnahme von Lieferungen und Dienstleistungen anderer Steuerpflichtiger entstehen, soweit diese Umsätze dem Reisenden unmittelbar zugute kommen.

(3) Werden die Umsätze, für die das Reisebüro andere Steuerpflichtige in Anspruch nimmt, von diesen außerhalb der Gemeinschaft erbracht, so wird die Dienstleistung des Reisebüros einer nach Artikel 15 Nummer 14 befreiten Vermittlungstätigkeit gleichgestellt. Werden diese Umsätze sowohl innerhalb als auch außerhalb der Gemeinschaft erbracht, so ist nur der Teil der Dienstleistung des Reisebüros als steuerfrei anzusehen, der auf die Umsätze außerhalb der Gemeinschaft entfällt.

(4) Beim Reisebüro ist der Vorsteuerabzug oder die Rückerstattung der Steuern in jedem Mitgliedstaat für die Steuern ausgeschlossen, die dem Reisebüro von anderen Steuerpflichtigen für die in Absatz 2 bezeichneten Umsätze in Rechnung gestellt werden, welche dem Reisenden unmittelbar zugute kommen.

...

Abschnitt XVI: Übergangsbestimmungen

Artikel 28

...

(3) Während der in Absatz 4 genannten Übergangszeit können die Mitgliedstaaten
a) die in Anhang E aufgeführten nach Artikel 13 oder 15 befreiten Umsätze weiterhin besteuern;

...

Anhang E: Liste der in Artikel 28 Absatz 3 Buchstabe a) vorgesehenen Umsätze

...

15. in Artikel 26 genannte Dienstleistungen der Reisebüros sowie diejenigen der Reisebüros, die im Namen und für Rechnung des Reisenden tätig werden, für Reisen außerhalb der Gemeinschaft

UStDV

§ 72 Buchmäßiger Nachweis bei steuerfreien Reiseleistungen
(1) Bei Leistungen, die nach § 25 Abs. 2 des Gesetzes ganz oder zum Teil steuerfrei sind, ist § 13 Abs. 1 entsprechend anzuwenden.
(2) Der Unternehmer soll regelmäßig folgendes aufzeichnen:
1. die Leistung, die ganz oder zum Teil steuerfrei ist,

Besteuerung von Reiseleistungen   272 *UStR*   **§ 25 UStG**

2. *den Tag der Leistung,*
3. *die der Leistung zuzurechnenden einzelnen Reisevorleistungen im Sinne des § 25 Abs. 2 des Gesetzes und die dafür von dem Unternehmer aufgewendeten Beträge,*
4. *den vom Leistungsempfänger für die Leistung aufgewendeten Betrag,*
5. *die Bemessungsgrundlage für die steuerfreie Leistung oder für den steuerfreien Teil der Leistung.*

(3) Absatz 2 gilt entsprechend für die Fälle, in denen der Unternehmer die Bemessungsgrundlage nach § 25 Abs. 3 Satz 3 des Gesetzes ermittelt.

UStR

272. Besteuerung von Reiseleistungen

(1) [1]§ 25 UStG gilt für alle Unternehmer, die Reiseleistungen erbringen, ohne Rücksicht darauf, ob dies allein Gegenstand des Unternehmens ist. [2]Die Vorschrift hat besondere Bedeutung für die Veranstalter von Pauschalreisen. [3]Es ist aber nicht erforderlich, daß der Unternehmer ein Bündel von Einzelleistungen erbringt. [4]Eine Reiseleistung im Sinne des § 25 Abs. 1 UStG liegt auch vor, wenn der Unternehmer nur eine Leistung erbringt, z. B. Vermietung von Ferienwohnungen ohne Anreise und Verpflegung. [5]Die Besteuerung nach § 25 UStG kann auch für Sprach- und Studienreisen in Betracht kommen. [6]Als Reiseleistungen sind insbesondere anzusehen:

1. Beförderung zu den einzelnen Reisezielen, Transfer,
2. Unterbringung und Verpflegung,
3. Betreuung durch Reiseleiter,
4. Durchführung von Veranstaltungen.

[7]Leistungsempfänger ist der Besteller der Reiseleistung. [8]Der Leistungsempfänger und der Reisende brauchen nicht identisch zu sein, z. B. ein Vater schenkt seiner Tochter eine Pauschalreise.

(2) [1]Da § 25 UStG keine Anwendung findet, soweit Reiseleistungen eines Unternehmers für das Unternehmen des Leistungsempfängers bestimmt sind, unterliegen insbesondere Kettengeschäfte (vgl. Beispiele 1 und 2) und Incentive-Reisen (vgl. Beispiel 3) in den jeweiligen Vorstufen nicht der Besteuerung nach § 25 UStG. [2]In diesen Fällen erfolgt die Besteuerung nach den allgemeinen Vorschriften des Umsatzsteuergesetzes. [3]Die Beurteilung der Steuerbarkeit, Nichtsteuerbarkeit und die Steuerfreiheit richtet sich für die erbrachten Leistungen insbesondere nach den folgenden Vorschriften:

1. § 3*b* Abs. 1 in Verbindung mit § 26 Abs. 3 UStG für Beförderungsleistungen im grenzüberschreitenden Luftverkehr,
2. § 3*b* Abs. *1* UStG für andere Beförderungsleistungen,
3. § 3a Abs. 2 Nr. 1 Buchstabe a UStG für Beherbergungsleistungen,
4. § 3 Abs. 6 UStG für Verpflegungsleistungen.

Beispiel 1 (Kettengeschäft):

¹Der Reiseunternehmer B kauft beim Reiseunternehmer A eine komplette Pauschalreise nach Italien ein. ²Sie schließt ein: Beförderung mit der Eisenbahn, Transfer, Unterkunft und Verpflegung am Zielort. ³Der Reiseunternehmer B bietet den Reisenden diese Pauschalreise seinerseits im Rahmen seines Reiseprogramms in eigenem Namen an.

⁴In diesem Fall unterliegt nur die Leistung des Reiseunternehmers B an den Reisenden der Besteuerung nach § 25 UStG. ⁵Die Umsätze auf der Vorstufe (Reiseunternehmer A an Reiseunternehmer B) unterliegen der Besteuerung nach den allgemeinen Vorschriften des Gesetzes. ⁶Daraus folgt:

a) Bei der Beförderung mit der Eisenbahn unterliegt nur die Beförderungsleistung auf dem Streckenanteil, der auf das Inland entfällt, der Besteuerung (*§ 3b Abs. 1 Satz 2 UStG*).

b) Der Transfer ist als Beförderungsleistung im Ausland nicht steuerbar (*§ 3b Abs. 1 Satz 1 UStG*).

c) ¹Bei der Unterbringung im Hotel handelt es sich um eine sonstige Leistung der in § 4 Nr. 12 UStG bezeichneten Art, die nach § 3a Abs. 2 Nr. 1 Buchstabe a UStG nicht steuerbar ist. ²Die Verpflegungsleistungen sind nicht steuerbar, da der Ort der Lieferung nach § 3 Abs. 6 UStG im Ausland liegt.

Beispiel 2 (Kettengeschäft):

¹Der Reiseunternehmer A kauft bei einer Luftverkehrsgesellschaft Beförderungskapazitäten über Beförderungsleistungen im grenzüberschreitenden Verkehr mit Luftfahrzeugen ein und gibt einen Teil dieser Beförderungskapazitäten an den Reiseunternehmer B weiter, der sie seinerseits den Reisenden im Rahmen seines Reiseprogramms in eigenem Namen anbietet.

²In diesem Fall unterliegt nur die Leistung des Reiseunternehmers B an den Reisenden der Besteuerung nach § 25 UStG. ³Die Umsätze auf den beiden Vorstufen (Luftverkehrsgesellschaft an Reiseunternehmer A und Reiseunternehmer A an Reiseunternehmer B) sind wie folgt zu behandeln: Für die Leistung der Luftverkehrsgesellschaft an den Reiseunternehmer A wird die Umsatzsteuer unter den Voraussetzungen des § 26 Abs. 3 UStG nicht erhoben. ⁴Die Umsatzsteuer für die Leistung des Reiseunternehmers A an den Reiseunternehmer B ist aus Gründen der Gleichbehandlung aller Reiseunternehmer ebenfalls nicht zu erheben, wenn der Reiseunternehmer A für die Leistung an den Reiseunternehmer B keine Rechnung mit gesondertem Ausweis der Steuer erteilt hat. ⁵Für den Reiseunternehmer B stellt das an den Reiseunternehmer A für den Einkauf der Beförderungskapazitäten entrichtete Entgelt die Aufwendung für eine Reisevorleistung dar.

Beispiel 3 (Incentive-Reisen):

¹Die Firma X kauft bei einem Reiseunternehmer eine Kreuzfahrt ab Hafen Genua. ²Der Reisepreis umfaßt auch die Anreise mit dem Bus und eine Hotelübernachtung in Genua. ³Die Reise dient als Belohnung für besondere Arbeitsleistungen eines Arbeitnehmers der Firma X.

⁴Die Besteuerung der einzelnen Reiseleistungen erfolgt beim Reiseunternehmer entsprechend der Beurteilung unter Nummer 2 bis 4. ⁵Die Leistung der Firma X unterliegt der Besteuerung nach § 25 UStG. ⁶Zur Bemessungsgrundlage siehe Abschnitt 274 Abs. 5.

(3) ¹Erklärt der Leistungsempfänger nicht ausdrücklich, daß er die Reise für Zwecke seines Unternehmens erwirbt, oder bringt er dies nicht durch das Verlangen des gesonderten Steuerausweises in der Rechnung des Reiseunternehmers zum Ausdruck, kann der Reiseunternehmer grundsätzlich die Besteuerung nach § 25 UStG vornehmen. ²Hat der Reiseunternehmer im Vertrauen auf eine Erklärung seines Leistungsempfängers die Reiseleistung nach den allgemeinen Vorschriften des Gesetzes versteuert und stellt sich später heraus, daß diese Erklärung unrichtig war und die Leistung nach § 25 UStG hätte versteuert werden müssen, kann von einer Berichtigung abgesehen werden, wenn der Reiseunternehmer diese nicht ausdrücklich verlangt.

(4) ¹§ 25 Abs. 1 UStG gilt nicht, soweit der Unternehmer Reiseleistungen entweder ausschließlich vermittelt oder soweit einzelne Reiseleistungen im Rahmen einer Pauschalreise vermittelt werden. ²Die Besteuerung der Vermittlungsleistungen richtet sich nach den allgemeinen Vorschriften des Umsatzsteuergesetzes. ³Die Steuerbefreiung nach § 4 Nr. 5 UStG ist zu beachten (vgl. Abschnitt 53).

Beispiel 1:
Ein Reisebüro vermittelt Pauschalreisen oder andere Reiseleistungen eines Reiseunternehmers.
Beispiel 2:
[1]Ein Reisebüro vermietet in eigenem Namen ein fremdes Ferienhaus. [2]Die Anreise erfolgt für den einzelnen Reisenden im Regelzug der *Deutschen Bahn AG*. [3]Diese Beförderungsleistung wird durch das Reisebüro nur vermittelt.

(5) [1]Alle bei Durchführung der Reise erbrachten Leistungen gelten als einheitliche sonstige Leistung des Reiseveranstalters an den Leistungsempfänger, soweit der Reiseveranstalter gegenüber dem Leistungsempfänger in eigenem Namen auftritt und für die Durchführung der Reise Lieferungen und sonstige Leistungen Dritter (Reisevorleistungen) in Anspruch nimmt. [2]Die sonstige Leistung wird nach § 3a Abs. 1 UStG an dem Ort ausgeführt, von dem aus der Reiseveranstalter sein Unternehmen betreibt. [3]Wird die sonstige Leistung von einer Betriebsstätte des Reiseveranstalters ausgeführt, gilt der Ort der Betriebsstätte als Leistungsort.

(6) Für die Frage des Auftretens in eigenem Namen bei Reiseleistungen vgl. BFH-Urteil vom 20. 11. 1975 – BStBl 1976 II S. 307.

(7) [1]§ 25 Abs. 1 UStG gilt nicht, soweit der Unternehmer Reiseleistungen durch Einsatz eigener Mittel – z. B. eigene Beförderungsmittel, eigenes Hotel, Betreuung durch angestellte Reiseleiter – erbringt. [2]In diesen Fällen gelten für die Eigenleistungen die allgemeinen umsatzsteuerrechtlichen Vorschriften (vgl. BFH-Urteil vom 20. 11. 1975 – BStBl 1976 II S. 307). [3]Bei Reisen, die sich auch auf das Ausland erstrecken, unterliegen der Besteuerung daher die jeweiligen im Inland erbrachten Einzelleistungen. [4]Folgende Vorschriften sind zu beachten:

1. § 3a Abs. 1 UStG bei Betreuung durch angestellte Reiseleiter,
2. *§ 3b Abs. 1* und § 26 Abs. 3 UStG für Beförderungsleistungen,
3. § 3a Abs. 2 Nr. 1 Buchstabe a UStG für Beherbergungsleistungen,
4. § 3 Abs. 6 UStG für Verpflegungsleistungen.

[5]Eigene Mittel sind auch dann gegeben, wenn der Unternehmer einen Omnibus ohne Fahrer oder im Rahmen eines Gestellungsvertrages ein bemanntes Beförderungsmittel anmietet. [6]Der Unternehmer erbringt dagegen keine Reiseleistung unter Einsatz eigener Mittel, wenn er sich zur Ausführung einer Beförderung eines Omnibusunternehmers bedient, der die Beförderung in eigenem Namen, unter eigener Verantwortung und für eigene Rechnung ausführt. [7]Der Omnibusunternehmer bewirkt in diesem Falle eine Beförderungsleistung an den Unternehmer, die als Reisevorleistung anzusehen ist (vgl. auch das Beispiel in Abschnitt *42a Abs. 1*).

(8) [1]Reisevorleistungen sind alle Leistungen, die von einem Dritten erbracht werden und dem Reisenden unmittelbar zugute kommen. [2]In Betracht kommen alle Leistungen, die der Reisende in Anspruch nehmen würde, wenn er die Reise selbst durchführen würde, insbesondere Beförderung, Unterbringung und Verpflegung.

Beispiel:
[1]Ein Reiseveranstalter führt eine Pauschalreise durch. [2]Er bedient sich für die Beförderung, Unterbringung und Verpflegung anderer Unternehmer. [3]Insoweit sind Reisevorleistungen gegeben.

[3]Keine Reisevorleistungen sind die folgenden Leistungen dritter Unternehmer, die nur mittelbar dem Reisenden zugute kommen:
1. Ein selbständiges Reisebüro vermittelt die Pauschalreisen des Reiseveranstalters.
2. Eine Kraftfahrzeugwerkstatt setzt auf einer Busreise das Fahrzeug instand.

(9) ¹Gemischte Reiseleistungen liegen vor, wenn der Unternehmer sowohl Leistungen mit eigenen Mitteln erbringt (Absatz 7) als auch Reisevorleistungen in Anspruch nimmt (Absatz 8). ²In diesen Fällen ist § 25 UStG nur anwendbar, soweit der Unternehmer gegenüber dem Leistungsempfänger in eigenem Namen auftritt und Reisevorleistungen in Anspruch nimmt. ³Für die im Rahmen einer solchen Reise erbrachten Leistungen mit eigenen Mitteln gelten die allgemeinen Vorschriften (siehe Absatz 7). ⁴Der einheitliche Reisepreis muß in diesem Falle aufgeteilt werden.

> **Beispiel:**
> ¹Im Rahmen einer Pauschalreise befördert der Unternehmer die Reisenden im eigenen Bus. ²Unterbringung und Verpflegung erfolgen in einem fremden Hotel.
>
> ³In diesem Falle unterliegt die Beförderungsleistung der Besteuerung nach den allgemeinen Vorschriften; die Unterbringungs- und Verpflegungsleistung unterliegt der Besteuerung nach § 25 Abs. 3 UStG.

(10) Liegen für eine einheitliche Reiseleistung im Sinne des § 25 Abs. 1 Satz 2 UStG die Voraussetzungen einer Steuerbefreiung nach § 4 UStG vor, z. B. § 4 Nr. 25 UStG, so wird die Anwendung dieser Befreiungsvorschrift durch die Regelung des § 25 UStG nicht ausgeschlossen.

(11) ¹Eine im Reisepreis enthaltene Reiserücktrittskostenversicherung ist Bestandteil der einheitlichen Reiseleistung im Sinne des § 25 Abs. 1 Satz 3 UStG und keine selbständige Leistung, auf die die Befreiungsvorschrift des § 4 Nr. 10 Buchstabe b UStG anzuwenden ist. ²Die auf die Reiserücktrittskostenversicherung entfallende anteilige Marge ist somit nicht steuerfrei.

273. Steuerfreiheit von Reiseleistungen

(1) ¹Nach § 25 Abs. 2 UStG ist eine Reiseleistung steuerfrei, soweit die ihr zuzurechnenden Reisevorleistungen ausschließlich im Drittlandsgebiet erbracht werden. ²Zu den Reisevorleistungen können insbesondere Unterkunft, Verpflegung und die Beförderung von Personen gehören.

> **Beispiel:**
> ¹*Ein Reiseveranstalter bietet eine Flugrundreise in den USA bzw. eine Schiffskreuzfahrt in der Karibik zu einem Pauschalpreis an.* ²*Hin- und Rückreise sind in dem Preis nicht enthalten.*
>
> ³*Die in der Beförderung der Reisenden bestehenden Reisevorleistungen werden im Drittlandsgebiet erbracht.* ⁴*Erfolgen auch alle übrigen Reisevorleistungen im Drittlandsgebiet, ist die Reiseleistung des Veranstalters insgesamt steuerfrei.*

(2) ¹Die einheitliche sonstige Leistung ist insgesamt steuerpflichtig, wenn die in Absatz 1 bezeichneten Reisevorleistungen ausschließlich im Gemeinschaftsgebiet bewirkt werden. ²Zu den Reisevorleistungen gehören insbesondere die Unterkunft und die Verpflegung im Gemeinschaftsgebiet.

(3) ¹Werden die Reisevorleistungen nur zum Teil im Drittlandsgebiet, im übrigen aber im Gemeinschaftsgebiet erbracht, so ist die Reiseleistung nur insoweit steuerfrei, als die Reisevorleistungen auf das Drittlandsgebiet entfallen. ²Dies gilt auch für Reisevorleistungen, die in der Beförderung von Personen mit Flugzeugen und Schiffen bestehen. ³Erstreckt sich somit eine Beförderung sowohl auf das Drittlandsgebiet als auch auf das Gemeinschaftsgebiet, so hat der Reiseveranstalter die gesamte Beförderungsleistung nach Maßgabe der zurückgelegten Strecken in einen auf das Drittlandsgebiet und in einen auf das Gemeinschaftsgebiet entfallenden Anteil aufzuteilen.

> **Beispiel:**
> ¹*Ein Reiseveranstalter bietet eine Flugreise in die USA ab München zu einem Pauschalpreis an.*

²Die Reiseleistung des Veranstalters ist insoweit steuerpflichtig, als die Personenbeförderung im Flugzeug (Reisevorleistung) über Gemeinschaftsgebiet führt.

(4) ¹Erstreckt sich eine Personenbeförderung im Luftverkehr (Reisevorleistung) sowohl auf das Drittlandsgebiet als auch auf das Gemeinschaftsgebiet, so kann der Reiseveranstalter abweichend von Absatz 3 aus Vereinfachungsgründen wie folgt verfahren:
- ²Liegt der Zielort der Personenbeförderung im Drittlandsgebiet, gilt die Beförderungsleistung (Reisevorleistung) insgesamt als im Drittlandsgebiet erbracht.

Beispiel 1:
¹Ein Reiseveranstalter bietet eine Flugreise von Düsseldorf nach den Kanarischen Inseln zu einem Pauschalpreis an.
²Da der Zielort der Reise im Drittlandsgebiet liegt, gilt die Beförderungsleistung insgesamt als im Drittlandsgebiet erbracht. ³Erfolgen auch alle übrigen Reisevorleistungen im Drittlandsgebiet, ist die Reiseleistung des Veranstalters insgesamt steuerfrei.

- ³Liegt der Zielort der Personenbeförderung im Gemeinschaftsgebiet, gilt die Beförderungsleistung (Reisevorleistung) insgesamt als im Gemeinschaftsgebiet erbracht.

Beispiel 2:
¹Ein Reiseveranstalter bietet eine Flugreise von Düsseldorf nach Athen zu einem Pauschalpreis an.
²Da der Zielort der Reise im Gemeinschaftsgebiet liegt, gilt die Beförderungsleistung als im Gemeinschaftsgebiet erbracht. ³Erfolgen auch alle übrigen Reisevorleistungen im Gemeinschaftsgebiet, ist die Reiseleistung des Veranstalters insgesamt steuerpflichtig.

⁴Hin- und Rückflug sind bei der Anwendung der Vereinfachungsregelung als eine Reisevorleistung anzusehen. ⁵Der Zielort bestimmt sich nach dem Hinflug. ⁶Zwischenlandungen aus flugtechnischen Gründen berühren die Anwendung der Vereinfachungsregelung nicht.

(5) ¹Macht ein Reiseveranstalter von der Vereinfachungsregelung nach Absatz 4 Gebrauch, so muß er diese Regelung bei allen von ihm veranstalteten Reisen anwenden. ²Er kann jedoch jederzeit dazu übergehen, seine in einer Personenbeförderung bestehenden Reisevorleistungen insgesamt nach den Streckenanteilen (Absatz 3) aufzuteilen. ³Hat der Reiseveranstalter den steuerfreien Anteil seiner Reiseleistungen nach Absatz 3 ermittelt, kann er zum Verfahren nach Absatz 4 nur übergehen, wenn die Ermittlung nach Absatz 3 nachweisbar mit unzumutbaren Schwierigkeiten verbunden ist.

(6) Erstreckt sich eine Personenbeförderung bei Kreuzfahrten mit Schiffen im Seeverkehr sowohl auf das Drittlandsgebiet als auch auf das Gemeinschaftsgebiet, so kann der Reiseveranstalter abweichend von Absatz 3 von der Berücksichtigung des auf das Gemeinschaftsgebiet entfallenden Anteils der gesamten Beförderungsstrecke wegen Geringfügigkeit dieses Anteils absehen.

Beispiel:
¹Ein Reiseveranstalter bietet eine Kreuzfahrt im Mittelmeer an, die in Genua beginnt und endet.
²Die in der Beförderung der Reisenden bestehenden Reisevorleistungen sind als im Drittlandsgebiet erbracht anzusehen. ³Die Reiseleistung des Veranstalters ist steuerfrei.

274. Bemessungsgrundlage bei Reiseleistungen

(1) ¹Abweichend von § 10 UStG ist Bemessungsgrundlage lediglich die Differenz (Marge) zwischen dem Betrag, den der Leistungsempfänger entrichtet, und den Aufwendungen für die Reisevorleistungen, *jedoch abzüglich der Umsatzsteuer.*

Beispiel 1:

¹Ein Reiseveranstalter mit Sitz oder Betriebsstätte im Inland führt eine Bahnpauschalreise im Inland aus. ²Der Preis beträgt 440 DM. ³Es nehmen 40 Personen teil. ⁴Der Reiseveranstalter hat für Reisevorleistungen aufzuwenden:

1. an die *Deutsche Bahn AG* für die Fahrt (einschließlich Umsatzsteuer)   3 200,– DM
2. an Hotel für Unterkunft (einschließlich Umsatzsteuer)   12 000,– DM

Die Marge für die Leistung des Reiseveranstalters ermittelt sich wie folgt:

Reisepreis (Aufwendungen der Reiseteilnehmer)		17 600,– DM
./. Reisevorleistungen		
für Fahrt	3 200,– DM	
für Unterkunft	12 000,– DM	
		15 200,– DM
Marge		2 400,– DM
./. darin enthaltene Umsatzsteuer *(13,04* v. H. = Steuersatz *15 v. H.*)		313,04 DM
Bemessungsgrundlage		2 086,96 DM

²Zu den Aufwendungen für Reisevorleistungen gehören auch die Aufwendungen, die der Unternehmer aufgrund vertraglicher Vereinbarung für nicht ausgenutzte Kapazitäten zahlen muß.

Beispiel 2:

Der Reiseunternehmer, der einem Hotel die Abnahme einer bestimmten Zahl von Zimmern oder auch aller Zimmer garantiert hat, muß das dafür vertraglich vereinbarte Entgelt auch dann in voller Höhe entrichten, wenn er die gebuchten Zimmer nicht alle oder nicht für den vereinbarten Abnahmezeitraum belegen kann.

³Werden im Abrechnungsverkehr zwischen Leistungsträgern und Reiseveranstaltern Reisevorleistungen ausgehend vom sog. Bruttowert (Verkaufspreis abzüglich Provisionen zuzüglich Umsatzsteuer auf den Provisionsbetrag) berechnet, handelt es sich bei den Provisionen regelmäßig um Entgelts- bzw. Reisevorleistungsminderungen und nicht um Vergütungen für besondere (Vermittlungs-)Leistungen. ⁴Der Wert der Reisevorleistungen ist dann identisch mit dem Wert einer agenturmäßigen Nettoberechnung. ⁵Die in den Abrechnungen des Leistungsträgers auf den Provisionsbetrag gesondert ausgewiesene Umsatzsteuer wird weder vom Leistungsträger noch vom Reiseveranstalter nach § 14 Abs. 3 UStG geschuldet. ⁶Aufwendungen für Reisevorleistungen in fremder Währung sind nach § 16 Abs. 6 UStG in dem Zeitpunkt umzurechnen, in dem die Aufwendungen geleistet worden sind.

(2) ¹Treffen bei einer Reise Leistungen des Unternehmers mit eigenen Mitteln und Leistungen Dritter zusammen (vgl. Abschnitt 272 Abs. 9), sind für die Berechnung der Marge die eigenen Leistungen grundsätzlich im prozentualen Verhältnis zu den Fremdleistungen auszuscheiden. ²Die eigenen Leistungen sind mit den dafür aufgewendeten Kosten (einschließlich Umsatzsteuer) anzusetzen.

Beispiel:

¹Ein Reiseveranstalter mit Sitz oder Betriebsstätte im Inland führt eine Omnibuspauschalreise im Inland aus. ²Der Preis beträgt 600 DM. ³Es nehmen 50 Personen teil. ⁴Dem Unternehmer entstehen folgende Aufwendungen:

Besteuerung von Reiseleistungen 274 UStR § **25 UStG**

	DM	v. H.
1. Eigenleistungen		
a) Beförderung mit eigenem Bus	4 000,–	
b) Betreuung am Zielort durch angestellte Reiseleiter	1 000,–	
insgesamt	5 000,–	20
2. Reisevorleistungen Dritter		
Unterkunft und Verpflegung	20 000,–	80
	25 000,–	100

Die Marge errechnet sich wie folgt:

Reisepreis (Aufwendungen der Reiseteilnehmer)	30 000,–	DM
./. 20 v. H. für Eigenleistungen	6 000,–	DM
	24 000,–	DM
./. Reisevorleistungen	20 000,–	DM
Marge	4 000,–	DM
./. darin enthaltene Umsatzsteuer (*13,04* v. H.= Steuersatz *15* v. *H.*)	521,74	DM
Marge = Bemessungsgrundlage	3 478,26	DM

Der Unternehmer hat mit *15* v. *H.* zu versteuern:

a) seine Eigenleistung (6 000 DM ./. darin enthaltene Umsatzsteuer in Höhe von *13,04* v. *H.* = Steuersatz *15* v. *H.*)	5 217,40 DM
b) die *Reiseleistung*	3 478,26 DM
	8 695,66 DM

[3]Die Eigenleistungen können auch in anderer Weise ermittelt werden, wenn dies zu einem sachgerechten Ergebnis führt.

(3) [1]Ist die einheitliche sonstige Leistung teils steuerfrei und teils steuerpflichtig (vgl. Abschnitt 273 Abs. *3),* so ist die Bemessungsgrundlage für die unter § 25 UStG fallenden Umsätze im Verhältnis der Reisevorleistungen im Sinne des § 25 Abs. 2 UStG zu den übrigen Reisevorleistungen aufzuteilen.

Beispiel:

[1]Ein Reiseveranstalter mit Sitz oder Betriebsstätte im Inland führt *von einem inländischen Flughafen* eine Flugpauschalreise *nach Prag aus.* [2]Der Preis beträgt 1 100 DM. [3]Es nehmen 80 Personen teil. [4]Der Veranstalter hat an Reisevorleistungen aufzuwenden:

1. Flugkosten	20 000,–	DM
2. Kosten für Unterkunft und Verpflegung im Hotel (einschließlich Umsatzsteuer)	60 000,–	DM
insgesamt	80 000,–	DM
Die Marge errechnet sich wie folgt:		
Reisepreis (Aufwendungen der Reiseteilnehmer)	88 000,–	DM
./. Reisevorleistungen	80 000,–	DM
Gesamtmarge	8 000,–	DM
davon entfallen		

a) auf Unterkunft und Verpflegung im Drittlandsgebiet 75 v. H. der Reisevorleistungen – steuerfrei nach § 25 Abs. 2 UStG –	6 000,– DM	
b) auf den Flug 25 v. H. der Reisevorleistungen = 2 000,– DM. Da nur 60 v. H. der Flugstrecke über Gemeinschaftsgebiet führt, beträgt der nach § 25 Abs. 2 UStG steuerfreie Anteil 800,– DM, der steuerpflichtige Anteil	1 200,– DM	
./. darin enthaltene Umsatzsteuer (13,04 v. H. = Steuersatz 15 v. H.)	156,48 DM	
steuerpflichtig	1 043,52 DM	

²Die Bemessungsgrundlage für die Flugpauschalreise beträgt danach für steuerfreie Umsätze *6 800,– DM* und für steuerpflichtige Umsätze *1 043,52 DM*.

(4) ¹Die Errechnung der Marge für die einzelne Leistung (vgl. Beispiele in den Absätzen 1 bis 3) kann bei Pauschalreisen mit erheblichen Schwierigkeiten verbunden sein. ²Eine Zuordnung der Reisevorleistungen wird vielfach abrechnungstechnische Probleme aufwerfen. ³§ 25 Abs. 3 letzter Satz UStG sieht deshalb Erleichterungen vor. ⁴Der Unternehmer hat danach die Möglichkeit, die Marge für bestimmte Gruppen von Reiseleistungen zu ermitteln. ⁵Dies kann z. B. die Marge für eine in sich abgeschlossene Reise, z. B. Kreuzfahrt, oder für sämtliche Reisen während eines bestimmten Zeitraums (Saison) in einen Zielort oder ein Zielgebiet sein. ⁶Er kann aber auch die Marge für seine gesamten innerhalb eines Besteuerungszeitraums bewirkten Reiseleistungen, soweit sie unter die Sonderregelung des § 25 UStG fallen, in einer Summe ermitteln.

Beispiel:

¹Der Unternehmer hat im Kalenderjahr Reiseleistungen in Höhe von insgesamt 2 700 000 DM bewirkt. ²An touristischen Direktaufwendungen sind ihm entstanden:

	DM	v. H.
Eigenleistungen		
Beförderungen mit eigenen Bussen (davon 40 v. H. Strecke im Inland = steuerpflichtig)	500 000,–	20
Reisevorleistungen		
1. Beförderungen mit Luftfahrzeugen a) über Gemeinschaftsgebiet 200 000,– DM b) über Drittlandsgebiet 300 000,– DM	500 000,–	20
2. Unterkunft und Verpflegung in EG-Mitgliedstaaten	1 000 000,–	40
3. Unterkunft und Verpflegung in Drittländern	500 000,–	20
	2 500 000,–	100

Die Marge errechnet sich wie folgt:		
Einnahmen aus Reiseleistungen	2 700 000,–	DM
./. 20 v. H. Eigenleistungen	540 000,–	DM
	2 160 000,–	DM
./. Reisevorleistungen	2 000 000,–	DM
Marge	160 000,–	DM
davon entfallen auf		

Reisevorleistungen i. S. von § 25 Abs. 2 UStG (Nr. 1b und Nr. 3) = 40 v. H. der gesamten Reisevorleistungen – steuerfrei –	64 000,– DM
Reisevorleistungen (Nr. 1a und Nr. 2) = 60 v. H. der gesamten Reisevorleistungen – steuerpflichtig –	96 000,– DM
./. darin enthaltene Umsatzsteuer (13,04 v. H.= Steuersatz 15 v. H.)	12 521,76 DM
Bemessungsgrundlage für steuerpflichtige Reiseleistungen	83 478,24 DM
Der Unternehmer hat danach mit 15 v. H. zu versteuern: steuerpflichtige Reiseleistungen	83 478,24 DM
seine Beförderungsleistung mit eigenen Bussen, soweit sie auf das Inland entfällt (40 v. H. der Einnahmen aus den Eigenleistungen i. H. von 540 000 DM = 216 000 DM	
./. darin enthaltene Umsatzsteuer i. H. von 13,04 v. H.= Steuersatz 15 v. H.)	187 826,04 DM
	271 304,28 DM
Nach § 25 Abs. 2 UStG sind steuerfrei	64 000,– DM
Nicht steuerbar sind die auf das Ausland entfallenden Beförderungsleistungen (§ 3b Abs. 1 UStG)	324 000,– DM

(5) Für den Unternehmer, der eine „Incentive-Reise" für sein Unternehmen erwirbt, gilt folgendes:

1. ¹Wird die Reise einem Betriebsangehörigen als Sachzuwendung im Sinne des § 1 Abs. 1 Nr. 1 Satz 2 Buchstabe b UStG (vgl. Abschnitt 272 Abs. 2 Beispiel 3) oder gegen Entgelt überlassen, so bewirkt der Unternehmer damit eine Reiseleistung, die der Besteuerung nach § 25 UStG unterliegt. ²Im Falle einer Sachzuwendung ergibt sich jedoch keine Marge, weil sich die Kosten nach § 10 Abs. 4 Nr. 2 UStG mit den Aufwendungen des Unternehmers für den Erwerb der Reise decken. ³Das gleiche gilt, wenn eine Barzahlung des Arbeitnehmers für die Reise die Aufwendungen des Unternehmers für den Erwerb der Reise nicht übersteigt. ⁴Der Abzug der auf den Erwerb der Reise entfallenden Vorsteuer ist in diesen Fällen nach § 25 Abs. 4 UStG ausgeschlossen.

2. ¹Wird die Reise nicht gegen Entgelt oder als Sachzuwendung weitergegeben, sondern im Unternehmen verwendet, z. B. für Dienstreisen von Angestellten, als Kundengeschenk, als Prämie für Handelsvertreter usw., so bewirkt der Unternehmer keine Reiseleistung im Sinne des § 25 UStG. ²Er kann in diesem Falle die auf den Erwerb der Reise entfallende Vorsteuer unter den Voraussetzungen des § 15 UStG absetzen. ³Bei Zuwendung der Reise an einen Geschäftsfreund wird jedoch ein Eigenverbrauch nach § 1 Abs. 1 Nr. 2 Buchstabe c UStG vorliegen.

(6) ¹Durch die Erleichterungen bei der Ermittlung der Bemessungsgrundlage nach § 25 Abs. 3 UStG wird die Verpflichtung zur Abgabe von Umsatzsteuer-Voranmeldungen nicht berührt. ²Soweit in diesen Fällen die Höhe der Marge für die im Voranmeldungszeitraum bewirkten Umsätze noch nicht feststeht, bestehen keine Bedenken, daß der Unternehmer in der Umsatzsteuer-Voranmeldung als Bemessungsgrundlage geschätzte Beträge zugrundelegt, die anhand der Kalkulation oder nach Erfahrungssätzen der Vorjahre zu ermitteln sind. ³Das gleiche gilt in den Fällen, in denen der Unternehmer zwar die Marge für jede einzelne Leistung ermittelt, ihm aber am Ende des Voranmeldezeitraums die Höhe der Reisevorleistung für die in diesem Zeitraum bewirkten Leistungen noch nicht bekannt ist. ⁴Es muß dabei gewährleistet sein, daß sich nach endgültiger Feststellung der Bemessungsgrundlage nicht regelmäßig höhere Abschlußzahlungen ergeben.

275. Vorsteuerabzug bei Reiseleistungen

(1) ¹Vom Vorsteuerabzug ausgeschlossen sind die Umsatzsteuerbeträge, die auf Reisevorleistungen entfallen, auf Leistungen Dritter also, die den Reisenden unmittelbar zugute kommen. ²Umsatzsteuerbeträge, die dem Unternehmer für andere für sein Unternehmen ausgeführte Lei-

stungen in Rechnung gestellt werden, sind dagegen unter den Voraussetzungen des § 15 UStG als Vorsteuern abziehbar. ³Hierzu gehören z. B. Vorsteuerbeträge, die bei Geschäftsreisen des Unternehmers oder Dienstreisen seiner Angestellten sowie beim Erwerb von Einrichtungsgegenständen, Büromaschinen und Büromaterial anfallen. ⁴Der Vorsteuerabzug steht dem Unternehmer auch zu, wenn die empfangene Leistung zwar mit der Reise unmittelbar zusammenhängt, aber dem Reisenden lediglich mittelbar zugute kommt (vgl. hierzu Abschnitt 272 Abs. 8 Nr. 1 und 2).

(2) ¹Die Berechtigung zum Vorsteuerabzug entfällt nur insoweit, als der Unternehmer Reiseleistungen bewirkt, die nach § 25 UStG der Besteuerung unterliegen. ²Allerdings kommt es nicht darauf an, ob der Unternehmer für die steuerpflichtigen Reiseleistungen tatsächlich Umsatzsteuer zu entrichten hat. ³Nicht beansprucht werden kann der Vorsteuerabzug deshalb auch in den Fällen, in denen es für die Reiseleistung im Sinne des § 25 Abs. 1 Satz 1 UStG an einer Bemessungsgrundlage (§ 25 Abs. 3 UStG) fehlt. ⁴Eine Bemessungsgrundlage nach § 25 Abs. 3 UStG ergibt sich dann nicht, wenn die vom Unternehmer für Reisevorleistungen aufgewendeten Beträge genauso hoch sind wie der vom Leistungsempfänger für die Reiseleistung gezahlte Betrag oder wenn die Beträge für Reisevorleistungen den vom Leistungsempfänger gezahlten Betrag übersteigen (vgl. Abschnitt 274 Abs. 5 Nr. 1). ⁵Ausgeschlossen ist der Vorsteuerabzug folglich insbesondere auch bei „Incentive-Reisen" (vgl. Abschnitt 272 Abs. 2 Beispiel 3 und Abschnitt 274 Abs. 5), die der Unternehmer erwirbt und Arbeitnehmern entweder als Sachzuwendung überläßt oder ohne Aufschlag weiterberechnet.

(3) ¹Der Ausschluß des Vorsteuerabzugs nach § 25 Abs. 4 Satz 1 UStG gilt u. a. auch für im Ausland ansässige Reiseveranstalter sowie bei im Ausland befindlichen Betriebsstätten eines im Inland ansässigen Reiseveranstalters. ²Ein im Ausland ansässiger Reiseveranstalter, der im Inland Reisevorleistungen in Anspruch nimmt, kann deshalb die ihm für diese Reisevorleistungen in Rechnung gestellte Umsatzsteuer nicht als Vorsteuer abziehen. ³Ebensowenig kann eine Vergütung dieser Umsatzsteuer in dem besonderen Verfahren nach § 18 Abs. 9 UStG, §§ 59 bis 61 UStDV begehrt werden. ⁴Der im Inland ansässige Reiseveranstalter, der im Ausland eine Betriebsstätte unterhält, ist auch insoweit nicht zum Vorsteuerabzug berechtigt, als dieser Betriebsstätte für die von ihr in Anspruch genommenen Reisevorleistungen Umsatzsteuer in Rechnung gestellt worden ist.

(4) ¹Der Vorsteuerabzug ist nach § 15 Abs. 3 Nr. 1 Buchstabe a UStG nicht ausgeschlossen, wenn die Reiseleistung nach § 25 Abs. 2 UStG steuerfrei ist. ²Das gleiche gilt nach § 15 Abs. 3 Nr. 2 Buchstabe a UStG für Reiseleistungen im Ausland und für unentgeltliche Reiseleistungen, die im Inland bzw. bei Zahlung eines Entgelts nach § 25 Abs. 2 UStG umsatzsteuerfrei wären. ³Durch diese Regelung wird sichergestellt, daß der Unternehmer den Vorsteuerabzug für alle empfangenen Leistungen beanspruchen kann, die wirtschaftlich den nach § 25 Abs. 2 UStG steuerfreien oder entsprechenden nicht steuerbaren Reiseleistungen ganz oder teilweise zuzurechnen sind, z. B. die Vermittlung einer Pauschalreise durch einen anderen Unternehmer oder die Lieferung von Reiseprospekten und Katalogen an den Unternehmer. ⁴Für die in § 25 Abs. 2 Satz 1 UStG bezeichneten Reisevorleistungen entfällt der Vorsteuerabzug, denn diese Leistungen unterliegen im Inland nicht der Besteuerung.

276. Aufzeichnungspflichten bei Reiseleistungen

(1) ¹Unternehmer, die nicht nur Reiseleistungen im Sinne des § 25 Abs. 1 Satz 1 UStG ausführen, müssen die Aufzeichnungen für diese Leistungen und für die übrigen Umsätze gegeneinander abgrenzen. ²Zu den übrigen Umsätzen zählen insbesondere auch die Reiseleistungen, auf die § 25 UStG nicht anzuwenden ist, z. B. Reiseleistungen, die für das Unternehmen des

Leistungsempfängers bestimmt sind, und Reiseleistungen, die der Unternehmer mit eigenen Mitteln erbringt (vgl. Abschnitt 272 Abs. 2 und 7).

(2) ¹Die Aufzeichnungspflicht des Unternehmers erstreckt sich nicht nur auf die umsatzsteuerpflichtigen Reiseleistungen im Sinne des § 25 Abs. 1 Satz 1 UStG, sondern umfaßt auch die nach § 25 Abs. 2 UStG umsatzsteuerfreien Reiseleistungen. ²Führt der Unternehmer sowohl umsatzsteuerpflichtige als auch umsatzsteuerfreie Reiseleistungen aus, so muß aus seinen Aufzeichnungen nach § 25 Abs. 5 Nr. 4 UStG hervorgehen, welche Leistungen steuerpflichtig und welche steuerfrei sind. ³Dazu ist es erforderlich, daß entweder in den Aufzeichnungen die steuerpflichtigen und die steuerfreien Reiseleistungen voneinander abgegrenzt oder die steuerpflichtigen Reiseleistungen getrennt von den steuerfreien aufgezeichnet werden.

(3) ¹Im einzelnen ist nach § 25 Abs. 5 UStG über die Reiseleistungen folgendes aufzuzeichnen:

1. der Betrag, den der Leistungsempfänger für die Leistungen aufwendet,
2. die Beträge, die der Unternehmer für Reisevorleistungen aufwendet, und
3. die Bemessungsgrundlage nach § 25 Abs. 3 UStG.

²Der Unternehmer muß zwar die Bemessungsgrundlage nach § 25 Abs. 3 UStG errechnen. ³Die Berechnungen selbst braucht er aber nicht aufzuzeichnen und aufzubewahren.

Aufzeichnung der von den Leistungsempfängern für Reiseleistungen aufgewendeten Beträge (§ 25 Abs. 5 Nr. 1 UStG)

(4) ¹Aufgezeichnet werden müssen die für Reiseleistungen vereinbarten – berechneten – Preise einschließlich der Umsatzsteuer. ²Ändert sich der vereinbarte Preis nachträglich, so hat der Unternehmer auch den Betrag der jeweiligen Preisminderung oder Preiserhöhung aufzuzeichnen.

(5) ¹Der Unternehmer muß grundsätzlich den Preis für jede einzelne Reiseleistung aufzeichnen. ²Das gilt auch dann, wenn nach § 25 Abs. 3 Satz 3 UStG die Bemessungsgrundlage statt für die einzelne Leistung für bestimmte Gruppen von Reiseleistungen oder für die in einem Besteuerungszeitraum erbrachten Reiseleistungen insgesamt ermittelt wird. ³Führt der Unternehmer an einen Leistungsempfänger mehrere Reiseleistungen im Sinne des § 25 Abs. 1 Satz 1 UStG aus, so braucht er nur den Gesamtpreis für diese Reiseleistungen aufzuzeichnen.

(6) ¹Soweit der Unternehmer gemischte Reiseleistungen ausführt, bei denen er einen Teil der Leistungen mit eigenen Mitteln erbringt, muß aus den Aufzeichnungen hervorgehen, auf welchen Umsatz § 25 UStG anzuwenden ist und welcher Umsatz nach den allgemeinen Vorschriften des Umsatzsteuergesetzes zu versteuern ist. ²Dazu sind neben dem für die Reise berechneten Gesamtpreis der auf die Reiseleistung nach § 25 Abs. 1 Satz 1 UStG entfallende Preisanteil und der anteilige Preis oder das Entgelt für die mit eigenen Mitteln des Unternehmens erbrachten Leistungen aufzuzeichnen. ³Ermittelt der Unternehmer nach § 25 Abs. 3 Satz 3 UStG die Bemessungsgrundlage für Gruppen von Reiseleistungen oder für die in einem Besteuerungszeitraum ausgeführten Reiseleistungen insgesamt, so können die Gesamtbeträge der Preisanteile für Reiseleistungen im Sinne des § 25 Abs. 1 Satz 1 UStG und der Preisanteile bzw. Entgelte, die auf die mit eigenen Mitteln erbrachten Leistungen entfallen, errechnet und aufgezeichnet werden.

Aufzeichnung der vom Unternehmer für Reisevorleistungen aufgewendeten Beträge (§ 25 Abs. 5 Nr. 2 UStG)

(7) ¹Grundsätzlich sind die für Reisevorleistungen vereinbarten – berechneten – Preise einschließlich der Umsatzsteuer aufzuzeichnen. ²Ändert sich die Preise für Reisevorleistungen nachträglich, so ist dies in den Aufzeichnungen festzuhalten.

UStG § 25

Besteuerung von Reiseleistungen

(8) ¹Aufgezeichnet werden müssen auch die Preise für die in § 25 Abs. 2 Satz 1 UStG aufgeführten Reisevorleistungen, die zur Steuerbefreiung der betreffenden Reiseleistungen führen. ²Nimmt der Unternehmer neben Reisevorleistungen, die eine Steuerbefreiung der jeweiligen Reiseleistung nach sich ziehen, auch andere Reisevorleistungen in Anspruch, so sind die beiden Gruppen von Reisevorleistungen in den Aufzeichnungen deutlich voneinander abzugrenzen.

(9) ¹Aus den Aufzeichnungen des Unternehmers muß grundsätzlich hervorgehen, für welche Reiseleistung die einzelne Reisevorleistung in Anspruch genommen worden ist. ²Hat der Unternehmer die in Anspruch genommene Reisevorleistung für mehrere Reiseleistungen verwendet, so ist in den Aufzeichnungen außer dem Gesamtpreis anzugeben, welche Teilbeträge davon auf die einzelnen Reiseleistungen entfallen. ³Das gleiche gilt, wenn der Unternehmer eine Rechnung erhält, in der ihm mehrere Reisevorleistungen berechnet werden.

(10) ¹Ermittelt der Unternehmer nach § 25 Abs. 3 Satz 3 UStG für bestimmte Gruppen von Reiseleistungen oder für die in einem Besteuerungszeitraum ausgeführten Reiseleistungen die Bemessungsgrundlage insgesamt, so entfällt die Verpflichtung, in den Aufzeichnungen die Reisevorleistungen ganz oder anteilig den einzelnen Reiseleistungen zuzuordnen. ²Aus den Aufzeichnungen des Unternehmers muß in diesen Fällen lediglich zu ersehen sein, daß die Reisevorleistungen für eine bestimmte Gruppe von Reiseleistungen oder die in einem Besteuerungszeitraum ausgeführten Reiseleistungen in Anspruch genommen worden sind.

Aufzeichnung der Bemessungsgrundlage für Reiseleistungen (§ 25 Abs. 5 Nr. 3 UStG)

(11) ¹Aufgezeichnet werden müssen sowohl die Bemessungsgrundlagen für umsatzsteuerpflichtige Reiseleistungen als auch die Bemessungsgrundlagen für umsatzsteuerfreie Reiseleistungen. ²Ist nach § 25 Abs. 2 UStG nur ein Teil einer Reiseleistung umsatzsteuerfrei, so muß aus den Aufzeichnungen des Unternehmers hervorgehen, wie hoch die Bemessungsgrundlage für diesen Teil der Reiseleistung ist und welcher Betrag als Bemessungsgrundlage auf den umsatzsteuerpflichtigen Teil der Reiseleistung entfällt.

(12) ¹Grundsätzlich ist die Bemessungsgrundlage für jede einzelne Reiseleistung oder für den jeweiligen Teil einer Reiseleistung aufzuzeichnen. ²Führt der Unternehmer an einen Leistungsempfänger mehrere Reiseleistungen aus, so braucht er nur den Gesamtbetrag der Bemessungsgrundlage für diese Reiseleistungen aufzuzeichnen. ³Unternehmer, die nach § 25 Abs. 3 Satz 3 UStG verfahren, haben lediglich die Gesamtbemessungsgrundlagen für die jeweiligen Gruppen von Reiseleistungen oder den Gesamtbetrag der Bemessungsgrundlagen für die innerhalb eines Besteuerungszeitraums ausgeführten Reiseleistungen aufzuzeichnen.

(13) ¹Ändert sich die Bemessungsgrundlage für eine Reiseleistung nachträglich, so muß in den Aufzeichnungen angegeben werden, um welchen Betrag sich die Bemessungsgrundlage verringert oder erhöht hat. ²Der Betrag der berichtigten Bemessungsgrundlage braucht nicht aufgezeichnet zu werden.

Verwaltungsanweisungen

- Ustl. Behandlung von Sprach- und Studienreisen (OFD Münster 13. 3. 1986, UR 1986, 191);
- Vermittlung oder Selbstveranstaltung durch Reisebüros (OFD Koblenz 13. 3. 1990, DStR 1990, 457).

Differenzbesteuerung § 25a UStG

Rechtsprechung

- Bei Reiseleistungen ist den zivilrechtlichen Beziehungen grundsätzlich zu folgen, wenn die tatsächliche Behandlung keine eigene ustl. Beurteilung verlangt (BFH 16. 3. 1995, BStBl II, 651).

UStG

§ 25a[1]) Differenzbesteuerung

(1) Für die Lieferungen im Sinne des § 1 Abs. 1 Nr. 1 und 3 und den Eigenverbrauch im Sinne des § 1 Abs. 1 Nr. 2 Satz 2 Buchstabe a von beweglichen körperlichen Gegenständen gilt eine Besteuerung nach Maßgabe der nachfolgenden Vorschriften (Differenzbesteuerung), wenn folgende Voraussetzungen erfüllt sind:
1. [1]Der Unternehmer ist ein Wiederverkäufer. [2]Als Wiederverkäufer gilt, wer gewerbsmäßig mit beweglichen körperlichen Gegenständen handelt oder solche Gegenstände im eigenen Namen öffentlich versteigert.
2. [1]Die Gegenstände wurden an den Wiederverkäufer im Gemeinschaftsgebiet geliefert. [2]Für diese Lieferung wurde
   a) Umsatzsteuer nicht geschuldet oder nach § 19 Abs. 1 nicht erhoben oder
   b) die Differenzbesteuerung vorgenommen.
3. Die Gegenstände sind keine Edelsteine (aus Positionen 71.02 und 71.03 des Zolltarifs) oder Edelmetalle (aus Positionen 71.06, 71.08, 71.10 und 71.12 des Zolltarifs).

(2) [1]Der Wiederverkäufer kann spätestens bei Abgabe der ersten Voranmeldung eines Kalenderjahres gegenüber dem Finanzamt erklären, daß er die Differenzbesteuerung von Beginn dieses Kalenderjahres an auch auf folgende Gegenstände anwendet:
1. Kunstgegenstände (Nummer 53 der Anlage zu § 12 Abs. 2 Nr. 1 und 2), Sammlungsstücke (Nummer 49 Buchstabe f und Nummer 54 der Anlage zu § 12 Abs. 2 Nr. 1 und 2) oder Antiquitäten (Position 97.06 des Zolltarifs), die er selbst eingeführt hat, oder
2. Kunstgegenstände, wenn die Lieferung an ihn steuerpflichtig war und nicht von einem Wiederverkäufer ausgeführt wurde.

[2]Die Erklärung bindet den Wiederverkäufer für mindestens zwei Kalenderjahre.

---

1) Anm.: § 25a i. d. F. des Art. 1 Nr. 10 Gesetz zur Änderung des UStG und anderer Gesetze v. 9. 8. 94 (BGBl I, 2058). – Zur Anwendung der Differenzbesteuerung ab 1. 1. 95 s. BMF v. 28. 11. 94 (BStBl I, 869).

UStG § 25a — Differenzbesteuerung

(3) ¹Der Umsatz wird bemessen
1. bei Lieferungen nach dem Betrag, um den der Verkaufspreis den Einkaufspreis für den Gegenstand übersteigt; bei Lieferungen im Sinne des § 1 Abs. 1 Nr. 1 Satz 2 Buchstabe b und Nr. 3 und in den Fällen des § 10 Abs. 5 tritt an die Stelle des Verkaufspreises der Wert nach § 10 Abs. 4 Nr. 1;
2. beim Eigenverbrauch nach dem Betrag, um den der Wert nach § 10 Abs. 4 Nr. 1 den Einkaufspreis für den Gegenstand übersteigt.

²Die Umsatzsteuer gehört nicht zur Bemessungsgrundlage. ³Im Fall des Absatzes 2 Nr. 1 gilt als Einkaufspreis der Wert im Sinne des § 11 Abs. 1 zuzüglich der Einfuhrumsatzsteuer. ⁴Im Fall des Absatzes 2 Nr. 2 schließt der Einkaufspreis die Umsatzsteuer des Lieferers ein.

(4) ¹Der Wiederverkäufer kann die gesamten innerhalb eines Besteuerungszeitraums ausgeführten Umsätze nach dem Gesamtbetrag bemessen, um den die Summe der Verkaufspreise und der Werte nach § 10 Abs. 4 Nr. 1 die Summe der Einkaufspreise dieses Zeitraums übersteigt (Gesamtdifferenz). ²Die Besteuerung nach der Gesamtdifferenz ist nur bei solchen Gegenständen zulässig, deren Einkaufspreis 1 000 DM nicht übersteigt. ³Im übrigen gilt Absatz 3 entsprechend.

(5) ¹Die Steuer ist mit dem allgemeinen Steuersatz nach § 12 Abs. 1 zu berechnen. ²Die Steuerbefreiungen, ausgenommen die Steuerbefreiung für innergemeinschaftliche Lieferungen (§ 4 Nr. 1 Buchstabe b, § 6a), bleiben unberührt. ³Abweichend von § 15 Abs. 1 ist der Wiederverkäufer in den Fällen des Absatzes 2 nicht berechtigt, die entrichtete Einfuhrumsatzsteuer oder die gesondert ausgewiesene Steuer für die an ihn ausgeführte Lieferung als Vorsteuer abzuziehen.

(6) ¹Die Vorschrift über den gesonderten Steuerausweis in einer Rechnung (§ 14 Abs. 1) findet keine Anwendung. ²§ 22 gilt mit der Maßgabe, daß aus den Aufzeichnungen des Wiederverkäufers zu ersehen sein müssen
1. die Verkaufspreise oder die Werte nach § 10 Abs. 4 Nr. 1,
2. die Einkaufspreise und
3. die Bemessungsgrundlagen nach den Absätzen 3 und 4.

³Wendet der Wiederverkäufer neben der Differenzbesteuerung die Besteuerung nach den allgemeinen Vorschriften an, hat er getrennte Aufzeichnungen zu führen.

(7) Es gelten folgende Besonderheiten:
1. Die Differenzbesteuerung findet keine Anwendung
   a) auf die Lieferungen und den Eigenverbrauch eines Gegenstandes, den der Wiederverkäufer innergemeinschaftlich erworben hat, wenn auf die Lieferung des Gegenstandes an den Wiederverkäufer die Steuerbefreiung für innergemeinschaftliche Lieferungen im übrigen Gemeinschaftsgebiet angewendet worden ist,
   b) auf die innergemeinschaftliche Lieferung eines neuen Fahrzeugs im Sinne des § 1b Abs. 2 und 3.
2. Der innergemeinschaftliche Erwerb unterliegt nicht der Umsatzsteuer, wenn auf die Lieferung der Gegenstände an den Erwerber im Sinne des § 1a Abs. 1 die Differenzbesteuerung im übrigen Gemeinschaftsgebiet angewendet worden ist.

Differenzbesteuerung 6. EGRL Art. 28o **§ 25a UStG**

3. Die Anwendung des § 3c und die Steuerbefreiung für innergemeinschaftliche Lieferungen (§ 4 Nr. 1 Buchstabe b, § 6a) sind bei der Differenzbesteuerung ausgeschlossen.

(8) ¹Der Wiederverkäufer kann bei jeder Lieferung auf die Differenzbesteuerung verzichten, soweit er Absatz 4 nicht anwendet. ²Bezieht sich der Verzicht auf die in Absatz 2 bezeichneten Gegenstände, ist der Vorsteuerabzug frühestens in dem Voranmeldungszeitraum möglich, in dem die Steuer für die Lieferung entsteht.

6. EG-Richtlinie

Abschnitt XVIb: Übergangsbestimmungen für Gebrauchtgegenstände, Kunstgegenstände, Sammlungsstücke oder Antiquitäten

Artikel 28o

(1) Die Mitgliedstaaten, die am 31. Dezember 1992 auf Lieferungen von Gebrauchtfahrzeugen durch steuerpflichtige Wiederverkäufer eine andere als die in Artikel 26a Teil B vorgesehene Sonderregelung angewandt haben, können diese Regelung für die Dauer des in Artikel 28l genannten Zeitraums beibehalten, sofern diese Regelung die nachstehenden Bedingungen erfüllt oder dergestalt angepaßt wird, daß sie diese erfüllt:

a) Die Sonderregelung gilt nur für Lieferungen von Fahrzeugen im Sinne des Artikels 28a Absatz 2 Buchstabe a), die als Gebrauchtgegenstände im Sinne des Artikels 26a Teil A Buchstabe d) gelten, wenn sie durch steuerpflichtige Wiederverkäufer im Sinne des Artikels 26a Teil A Buchstabe e) bewirkt werden und nach Artikel 26a Teil B Absätze 1 und 2 der Sonderregelung über die Differenzbesteuerung unterliegen. Die Lieferungen von neuen Fahrzeugen im Sinne des Artikels 28a Absatz 2 Buchstabe b), die unter den in Artikel 28c Teil A vorgesehenen Bedingungen erfolgen, sind von dieser Sonderregelung ausgeschlossen.

b) Die für jede der unter Buchstabe a) genannten Lieferungen geschuldete Steuer entspricht dem Betrag der Steuer, die erhoben würde, wenn diese Lieferung der normalen Mehrwertsteuerregelung unterläge, abzüglich des Betrags der Mehrwertsteuer, die als in dem von dem steuerpflichtigen Wiederverkäufer für das Fahrzeug entrichteten Einkaufspreis enthalten gilt.

c) Die Mehrwertsteuer, die als in dem von dem steuerpflichtigen Wiederverkäufer für das Fahrzeug entrichteten Einkaufspreis enthalten gilt, wird nach folgendem Verfahren berechnet:

  – der zugrunde zu legende Einkaufspreis ist der Einkaufspreis im Sinne des Artikels 26a Teil B Absatz 3;

- in diesem vom steuerpflichtigen Wiederverkäufer entrichteten Einkaufspreis gilt die Mehrwertsteuer als enthalten, die geschuldet worden wäre, wenn der Lieferant des steuerpflichtigen Wiederverkäufers auf seine Lieferung die normale Mehrwertsteuerregelung angewandt hätte;

- der zugrunde zu legende Steuersatz ist der in dem Mitgliedstaat, in dem gemäß Artikel 8 der Ort der Lieferung an den steuerpflichtigen Wiederverkäufer als gelegen gilt, angewandte Steuersatz gemäß Artikel 12 Absatz 1.

d) Die für jede der unter Buchstabe a) genannten Lieferungen geschuldete und gemäß Buchstabe b) festgesetzte Steuer muß mindestens dem Steuerbetrag entsprechen, der erhoben worden wäre, wenn die betreffende Lieferung der Sonderregelung über die Differenzbesteuerung gemäß Artikel 26a Teil B Absatz 3 unterlegen hätte.

Für die Anwendung der vorgenannten Bestimmungen können die Mitgliedstaaten für den Fall, daß die Lieferung der Sonderregelung über die Differenzbesteuerung unterlegen hätte, vorsehen, daß diese Differenz mit mindestens 10 v. H. des Verkaufspreises im Sinne von Teil B Absatz 3 hätte angesetzt werden müssen.

e) Der steuerpflichtige Wiederverkäufer ist nicht berechtigt, in der von ihm ausgestellten Rechnung oder einem anderen an deren Stelle tretenden Dokument die Steuer für die Lieferungen, für die er diese Sonderregelung anwendet, gesondert auszuweisen.

f) Ein Steuerpflichtiger ist nicht berechtigt, die für die Lieferung eines Gebrauchtfahrzeugs durch einen steuerpflichtigen Wiederverkäufer geschuldete oder entrichtete Steuer als Vorsteuer abzuziehen, wenn die Lieferung dieser Gegenstände von dem steuerpflichtigen Wiederverkäufer gemäß Buchstabe a) besteuert worden ist.

g) Abweichend von Artikel 28a Absatz 1 Buchstabe a) unterliegt der innergemeinschaftliche Erwerb von Fahrzeugen nicht der Mehrwertsteuer, wenn der Verkäufer ein steuerpflichtiger Wiederverkäufer ist, der als solcher handelt, und das betreffende Gebrauchtfahrzeug im Mitgliedstaat des Beginns des Versands oder der Beförderung gemäß Buchstabe a) besteuert worden ist.

h) Artikel 28b Teil B und Artikel 28c Teil A Buchstaben a) und g) gelten nicht für die Lieferung von Gebrauchtfahrzeugen, die der Mehrwertsteuer gemäß Buchstabe a) unterliegen.

(2) Abweichend von Absatz 1 erster Satz ist das Königreich Dänemark berechtigt, für die Dauer des in Artikel 28l genannten Zeitraums die in Absatz 1 Buchstaben a) bis h) vorgesehene Sonderregelung anzuwenden.

(3) Wenden die Mitgliedstaaten die Sonderregelung für öffentliche Versteigerungen gemäß Artikel 26a Teil C an, so wenden sie diese Sonderregelung auch auf die Lieferung von Gebrauchtfahrzeugen an, die von einem Veranstalter einer öffentlichen Versteigerung bewirkt wird, der in eigenem Namen aufgrund eines Kommissionsvertrags zum Verkauf dieser Gegenstände im Wege einer öffentlichen Versteigerung für Rechnung eines steuerpflichtigen Wiederverkäufers handelt, sofern die von diesem steuerpflichtigen Wiederverkäufer bewirkte Lieferung von Gebrauchtfahrzeugen im Sinne von Artikel 5 Absatz 4 Buchstabe c) gemäß den Absätzen 1 und 2 steuerpflichtig ist.

(4) Die Bundesrepublik Deutschland wird ermächtigt, bis zum 30. Juni 1999 für die Lieferungen von Kunstgegenständen, Sammlungsstücken und Antiquitäten durch einen steuerpflichtigen Wiederverkäufer, die diesem nach Maßgabe von Artikel 26a Teil B Absatz 2 geliefert worden sind, diesen steuerpflichtigen Wiederverkäufern die Möglich-

keit der Anwendung der Sonderregelung für steuerpflichtige Wiederverkäufer oder der Regelbesteuerung wie folgt einzuräumen:

a) Für die Anwendung der Sonderregelung für steuerpflichtige Wiederverkäufer auf deren Lieferungen bestimmt sich die Bemessungsgrundlage nach Artikel 11 Teil A Absätze 1, 2 und 3.

b) Soweit die Gegenstände für Zwecke seiner gemäß Buchstabe a) besteuerten Umsätze verwendet werden, ist der steuerpflichtige Wiederverkäufer befugt, von der von ihm geschuldeten Steuer folgende Beträge abzuziehen:

- die geschuldete oder entrichtete Mehrwertsteuer für Lieferungen von Kunstgegenständen, Sammlungsstücken und Antiquitäten durch einen anderen steuerpflichtigen Wiederverkäufer, sofern die Lieferung dieses anderen steuerpflichtigen Wiederverkäufers gemäß Buchstabe a) besteuert worden ist;

- die Mehrwertsteuer, die als im Einkaufspreis der Kunstgegenstände, Sammlungsstücke und Antiquitäten eingeschlossen gilt, welche ihm von einem anderen steuerpflichtigen Wiederverkäufer geliefert werden oder geliefert worden sind, sofern auf die Lieferung dieses anderen steuerpflichtigen Wiederverkäufers die Mehrwertsteuer nach Maßgabe der Sonderregelung über die Differenzbesteuerung gemäß Artikel 26a Teil B im Einkaufspreis erhoben worden ist, in dessen Hoheitsgebiet der nach Artikel 8 festgelegte Ort dieser Lieferung als gelegen gilt.

Das Recht auf Vorsteuerabzug entsteht, wenn der Anspruch auf die Steuer entsteht, die für die nach Buchstabe a) besteuerte Lieferung geschuldet wird.

c) Zur Anwendung der Bestimmungen des Buchstabens b) zweiter Gedankenstrich bestimmt sich der Einkaufspreis für die Kunstgegenstände, Sammlungsstücke oder Antiquitäten, deren Lieferung durch den steuerpflichtigen Wiederverkäufer nach Buchstabe a) besteuert wird, nach Artikel 26a Teil B Absatz 3, wobei die Steuer, die als in diesem Einkaufspreis enthalten gilt, nach folgendem Verfahren berechnet wird:

- In dem Einkaufspreis gilt die Mehrwertsteuer als enthalten, die erhoben worden wäre, wenn die von dem Lieferanten erzielte steuerpflichtige Differenz 20 v. H. des Einkaufspreises entsprochen hätte.

- Der zugrunde zu legende Steuersatz ist der in dem Mitgliedstaat geltende Steuersatz im Sinne von Artikel 12 Absatz 1, in dem der nach Artikel 8 festgelegte Ort dieser der Sonderregelung über die Differenzbesteuerung unterliegenden Lieferung als gelegen gilt.

d) Wenn er die normale Mehrwertsteuerregelung auf die Lieferung von Kunstgegenständen, Sammlungsstücken oder Antiquitäten anwendet, die ihm von einem anderen steuerpflichtigen Wiederverkäufer geliefert worden und gemäß Buchstabe a) besteuert worden sind, ist der steuerpflichtige Wiederverkäufer berechtigt, von der von ihm zu entrichtenden Steuer die Mehrwertsteuer gemäß Buchstabe b) abzuziehen.

e) Es gilt der auf diese Lieferungen zum 1. Januar 1993 anwendbare Steuersatz.

f) Für die Anwendung des Artikels 26a Teil B Absatz 2 vierter Gedankenstrich, des Teils C Absatz 1 vierter Gedankenstrich und des Teils D Buchstaben b) und c) gelten die nach Buchstabe a) besteuerten Lieferungen von Kunstgegenständen, Sammlungsstücken und Antiquitäten in den Mitgliedstaaten als Lieferungen, die der Mehrwertsteuer nach der Sonderregelung über die Differenzbesteuerung gemäß Artikel 26a Teil B unterliegen.

UStG § 25a

g) Werden die nach Buchstabe a) besteuerten Lieferungen von Kunstgegenständen, Sammlungsstücken oder Antiquitäten nach Maßgabe von Artikel 28c Teil A bewirkt, so ist auf der Rechnung gemäß Artikel 22 Absatz 3 ein Vermerk anzubringen, daß die Sonderregelung über die Differenzbesteuerung nach Artikel 28o Absatz 4 angewandt worden ist.

UStR

| **276a. *Differenzbesteuerung***

Anwendungsbereich

(1) [1]*§ 25a UStG enthält eine Sonderregelung für die Besteuerung der Lieferungen nach § 1 Abs. 1 Nr. 1 und 3 UStG und des Entnahmeeigenverbrauchs nach § 1 Abs. 1 Nr. 2 Satz 2 Buchstabe a UStG von beweglichen körperlichen Gegenständen einschließlich Kunstgegenständen, Sammlungsstücken und Antiquitäten, sofern für diese Gegenstände kein Recht zum Vorsteuerabzug bestand.* [2]*Da es sich bei den Gegenständen in aller Regel um solche handelt, die bereits einmal nach der allgemeinen Verkehrsauffassung „gebraucht" worden sind, werden sie nachfolgend als Gebrauchtgegenstände bezeichnet.* [3]*Edelsteine und Edelmetalle sind nach § 25a Abs. 1 Nr. 3 UStG von der Differenzbesteuerung ausgenommen.* [4]*Edelsteine im Sinne der Vorschrift sind rohe oder bearbeitete Diamanten sowie (andere) Edelsteine (z. B. Rubine, Saphire, Smaragde) und Schmucksteine der Positionen 71.02 und 71.03 des Zolltarifs.* [5]*Synthetische und rekonstituierte Steine rechnen nicht dazu.* [6]*Edelmetalle im Sinne der Vorschrift sind Silber, Gold und Platin – einschließlich Iridium, Osmium, Palladium, Rhodium und Ruthenium – (aus Positionen 71.06, 71.08, 71.10 und 71.12 des Zolltarifs).* [7]*Edelmetallegierungen und -plattierungen gehören grundsätzlich nicht dazu.* [8]*Aus Edelsteinen oder Edelmetallen hergestellte Gegenstände (z. B. Schmuckwaren, Gold- und Silberschmiedewaren) fallen nicht unter die Ausnahmeregelung.*

(2) [1]*Der Anwendungsbereich der Differenzbesteuerung ist auf Wiederverkäufer beschränkt.* [2]*Als Wiederverkäufer gelten Unternehmer, die im Rahmen ihrer gewerblichen Tätigkeit üblicherweise Gebrauchtgegenstände erwerben und sie anschließend, gegebenenfalls nach Instandsetzung, im eigenen Namen wieder verkaufen (gewerbsmäßige Händler), und die Veranstalter öffentlicher Versteigerungen, die Gebrauchtgegenstände im eigenen Namen und auf eigene oder fremde Rechnung versteigern.* [3]*Der An- und Verkauf der Gebrauchtgegenstände kann auf einen Teil- oder Nebenbereich des Unternehmens beschränkt sein.*

Beispiel:
[1]*Ein Kreditinstitut veräußert die von Privatpersonen sicherungsübereigneten Gebrauchtgegenstände.* [2]*Der Verkauf der Gegenstände unterliegt der Differenzbesteuerung.* [3]*Das Kreditinstitut ist insoweit als Wiederverkäufer anzusehen.*

(3) [1]*Der Ort der Lieferung der Gegenstände an den Wiederverkäufer muß im Inland oder im übrigen Gemeinschaftsgebiet liegen.* [2]*Wird ein Gegenstand im Drittlandsgebiet erworben und in das Inland eingeführt, unterliegt die anschließende Lieferung oder Entnahme des Gegenstandes nur unter den Voraussetzungen des § 25a Abs. 2 UStG der Differenzbesteuerung.*

(4) [1]*Der Unternehmer muß die Gegenstände für sein Unternehmen erworben haben.* [2]*Diese Voraussetzung ist nicht erfüllt, wenn der Wiederverkäufer Gegenstände aus seinem Privatvermö-*

gen in das Unternehmen eingelegt hat. ³Wird aus mehreren Einzelgegenständen, die jeweils für sich die Voraussetzungen der Differenzbesteuerung erfüllen, ein einheitlicher Gegenstand hergestellt oder zusammengestellt, unterliegt die anschließende Lieferung oder Entnahme dieses „neuen" Gegenstandes nicht der Differenzbesteuerung. ⁴Das gilt auch, wenn von einem erworbenen Gebrauchtgegenstand anschließend lediglich einzelne Teile geliefert oder entnommen werden (z. B. beim Ausschlachten eines Pkw).

(5) ¹Die Differenzbesteuerung setzt nach § 25a Abs. 1 Nr. 2 UStG ferner voraus, daß für die Lieferung des Gegenstandes an den Wiederverkäufer Umsatzsteuer im Gemeinschaftsgebiet nicht geschuldet oder nach § 19 Abs. 1 UStG nicht erhoben oder die Differenzbesteuerung im Gemeinschaftsgebiet vorgenommen wurde. ²Der Wiederverkäufer kann die Regelung danach anwenden, wenn er den Gegenstand im Inland oder im übrigen Gemeinschaftsgebiet erworben hat von

1. einer Privatperson oder einer juristischen Person des öffentlichen Rechts, die nicht Unternehmer ist,

2. einem Unternehmer aus dessen nichtunternehmerischem Bereich,

3. einem Unternehmer, der mit seiner Lieferung des Gegenstandes unter eine Steuerbefreiung fällt, die zum Ausschluß vom Vorsteuerabzug führt,

4. einem Kleinunternehmer, der nach dem Recht des für die Besteuerung zuständigen Mitgliedstaates von der Steuer befreit oder auf andere Weise von der Besteuerung ausgenommen ist, oder

5. ¹einem anderen Wiederverkäufer, der auf die Lieferung ebenfalls die Differenzbesteuerung angewendet hat. ²Die Differenzbesteuerung ist hiernach auch bei Verkäufen von Händler an Händler möglich.

³Der Erwerb eines Gegenstandes von einem Land- und Forstwirt, der auf die Umsätze aus seinem land- und forstwirtschaftlichen Betrieb die Durchschnittsatzbesteuerung des § 24 UStG anwendet, erfüllt nicht die Voraussetzung des § 25a Abs. 1 Nr. 2 Buchstabe a UStG. ⁴Von der Differenzbesteuerung sind Gebrauchtgegenstände ausgenommen, die im übrigen Gemeinschaftsgebiet erworben worden sind, sofern der Lieferer dort die Steuerbefreiung für innergemeinschaftliche Lieferungen angewendet hat (§ 25a Abs. 7 Nr. 1 Buchstabe a UStG).

(6) ¹Der Wiederverkäufer kann mit Beginn des Kalenderjahres, in dem er eine entsprechende Erklärung abgibt, die Differenzbesteuerung auch anwenden, wenn er

1. Kunstgegenstände, Sammlungsstücke oder Antiquitäten selbst eingeführt hat oder

2. Kunstgegenstände vom Künstler selbst oder von einem anderen Unternehmer, der kein Wiederverkäufer ist, erworben hat und dafür Umsatzsteuer geschuldet wurde.

²Dabei kann die Differenzbesteuerung auf einzelne Gruppen dieser Gegenstände („Kunstgegenstände" oder „Sammlungsstücke" oder „Antiquitäten") beschränkt werden. ³Die Begriffe Kunstgegenstände und Sammlungsstücke sind nach den gleichen Merkmalen wie für Zwecke der Steuerermäßigung nach § 12 Abs. 2 Nr. 1 und 2 UStG abzugrenzen (vgl. Nummern 53 und 54 sowie Nummer 49 Buchstabe f der Anlage zu § 12 Abs. 2 Nr. 1 und 2 UStG). ⁴Antiquitäten sind andere Gegenstände als Kunstgegenstände und Sammlungsstücke, die mehr als 100 Jahre alt sind (Position 97.06 des Zolltarifs).

(7) ¹Die Differenzbesteuerung für die in Absatz 6 bezeichneten Gegenstände ist von einer formlosen Erklärung abhängig, die spätestens bei Abgabe der ersten Voranmeldung des Kalenderjahres beim Finanzamt einzureichen ist. ²In der Erklärung müssen die Gegenstände bezeichnet

werden, auf die sich die Differenzbesteuerung erstreckt. ³An die Erklärung ist der Wiederverkäufer für mindestens zwei Kalenderjahre gebunden. ⁴Soweit der Wiederverkäufer die Differenzbesteuerung anwendet, ist er abweichend von § 15 Abs. 1 UStG nicht berechtigt, die entrichtete Einfuhrumsatzsteuer oder die gesondert ausgewiesene Steuer für die an ihn ausgeführte Lieferung als Vorsteuer abzuziehen.

Bemessungsgrundlage

(8) ¹Wird ein Gebrauchtgegenstand durch den Wiederverkäufer nach § 1 Abs. 1 Nr. 1 Satz 1 UStG geliefert, ist als Bemessungsgrundlage der Betrag anzusetzen, um den der Verkaufspreis den Einkaufspreis für den Gegenstand übersteigt; die in dem Unterschiedsbetrag enthaltene Umsatzsteuer ist herauszurechnen. ²Nebenkosten, die nach dem Erwerb des Gegenstandes angefallen, also nicht im Einkaufspreis enthalten sind, z. B. Reparaturkosten, mindern nicht die Bemessungsgrundlage. ³Soweit selbst eingeführte Kunstgegenstände, Sammlungsstücke oder Antiquitäten nach § 25a Abs. 2 Nr. 1 UStG in die Differenzbesteuerung einbezogen werden, gilt als Einkaufspreis der nach den Vorschriften über den Zollwert ermittelte Wert des eingeführten Gegenstandes zuzüglich der Einfuhrumsatzsteuer. ⁴Im Fall des § 25a Abs. 2 Nr. 2 UStG schließt der Einkaufspreis die vom Lieferer in Rechnung gestellte Umsatzsteuer ein.

(9) ¹Lieferungen nach § 1 Abs. 1 Nr. 1 Satz 2 Buchstabe b und Nr. 3 UStG, Lieferungen, für die die Mindestbemessungsgrundlage (§ 10 Abs. 5 UStG) anzusetzen ist, und der Entnahmeeigenverbrauch nach § 1 Abs. 1 Nr. 2 Satz 2 Buchstabe a UStG werden nach dem Unterschied zwischen dem tatsächlichen Einkaufspreis und dem Einkaufspreis zuzüglich der Nebenkosten für den Gegenstand zum Zeitpunkt des Umsatzes (§ 10 Abs. 4 Nr. 1 UStG) – abzüglich Umsatzsteuer – bemessen. ²Bei den vorbezeichneten Lieferungen und dem Entnahmeeigenverbrauch kommt eine Differenzbesteuerung im Normalfall bereits im Hinblick auf das EuGH-Urteil vom 27. 6. 1989 (EuGHE 1989 S. 1925, UR 1989 S. 373) und die BFH-Beschlüsse vom 29. 8. 1991 (BStBl 1992 II S. 267) und vom 17. 12. 1992 (BStBl 1994 II S. 370) nicht in Betracht, weil der Unternehmer für den Gegenstand selbst nicht zum Vorsteuerabzug berechtigt war.

(10) ¹Nimmt ein Wiederverkäufer beim Verkauf eines Neugegenstandes einen Gebrauchtgegenstand in Zahlung und leistet der Käufer in Höhe der Differenz eine Zuzahlung, ist im Rahmen der Differenzbesteuerung als Einkaufspreis nach § 25a Abs. 3 UStG der tatsächliche Wert des Gebrauchtgegenstandes anzusetzen. ²Dies ist der Wert, der bei der Ermittlung des Entgelts für den Kauf des neuen Gegenstandes tatsächlich zugrunde gelegt wird. ³Bei der Inzahlungnahme von Gebrauchtfahrzeugen in der Kraftfahrzeugwirtschaft ist grundsätzlich nach Abschnitt 153 Abs. 4 zu verfahren. ⁴Wenn jedoch die Höhe der Entgeltsminderung nicht nachgewiesen und das Neuwagenentgelt nicht um einen „verdeckten Preisnachlaß" gemindert wird, kann im Rahmen der Differenzbesteuerung der Betrag als Einkaufspreis für das Gebrauchtfahrzeug angesetzt werden, mit dem dieses in Zahlung genommen, d. h. auf den Neuwagenpreis angerechnet wird.

Beispiel:
¹Der Verkaufspreis eines fabrikneuen Kraftwagens beträgt 17 250 DM (15 000 DM + 2 250 DM Umsatzsteuer). ²Im Kaufvertrag zwischen dem Kraftfahrzeughändler und dem Kunden (Nichtunternehmer) wird vereinbart, daß

– der Händler ein Gebrauchtfahrzeug des Kunden mit 8 500 DM in Zahlung nimmt und
– der Kunde den Restbetrag von 8 750 DM in bar bezahlt.

³Der Kraftfahrzeughändler verkauft das Gebrauchtfahrzeug nach einem Monat für 10 000 DM an einen Nichtunternehmer im Inland.

1. Berücksichtigung des verdeckten Preisnachlasses

    a) Ermittlung des tatsächlichen Wertes des Gebrauchtfahrzeugs nach Abschnitt 153 Abs. 4:

Verkaufserlös für das Gebrauchtfahrzeug	10 000,– DM
./. Reparaturkosten	500,– DM
./. Verkaufskosten (15 v. H. von 10 000 DM)	1 500,– DM
tatsächlicher Wert des Gebrauchtfahrzeugs	8 000,– DM
verdeckter Preisnachlaß	500,– DM

b) Bemessungsgrundlage für den Verkauf des Neufahrzeugs:

Barzahlung des Kunden	8 750,– DM
+ tatsächlicher Wert des Gebrauchtfahrzeugs	8 000,– DM
	16 750,– DM
./. darin enthaltene Umsatzsteuer (Steuersatz 15 v. H.)	2 184,78 DM
Bemessungsgrundlage	14 565,22 DM

c) Bemessungsgrundlage für den Verkauf des Gebrauchtfahrzeugs nach § 25a Abs. 3 Nr. 1 UStG:

Verkaufspreis	10 000,– DM
./. tatsächlicher Wert des Gebrauchtfahrzeugs (= Einkaufspreis i. S. d. § 25a Abs. 3 UStG)	8 000,– DM
Differenz	2 000,– DM
./. darin enthaltene Umsatzsteuer (Steuersatz 15 v. H.)	260,87 DM
Bemessungsgrundlage für die Differenzbesteuerung	1 739,13 DM

2. Nichtberücksichtigung des verdeckten Preisnachlasses

a) Bemessungsgrundlage für den Verkauf des Neufahrzeugs:

Barzahlung des Kunden	8 750,– DM
+ Anrechnungswert des Gebrauchtfahrzeugs	8 500,– DM
	17 250,– DM
./. darin enthaltene Umsatzsteuer	2 250,– DM
Bemessungsgrundlage	15 000,– DM

b) Bemessungsgrundlage für den Verkauf des Gebrauchtfahrzeugs nach § 25a Abs. 3 Nr. 1 UStG:

Verkaufspreis	10 000,– DM
./. Anrechnungswert des Gebrauchtfahrzeugs	8 500,– DM
Differenz	1 500,– DM
./. darin enthaltene Umsatzsteuer	195,65 DM
Bemessungsgrundlage für die Differenzbesteuerung	1 304,35 DM

[4]Die Summe der Bemessungsgrundlagen beträgt in beiden Fällen 16 304,35 DM.

(11) [1]Die Bemessungsgrundlage ist vorbehaltlich des Absatzes 12 für jeden Gegenstand einzeln zu ermitteln (Einzeldifferenz). [2]Ein positiver Unterschiedsbetrag zwischen dem Verkaufspreis – oder dem an seine Stelle tretenden Wert – und dem Einkaufspreis eines Gegenstandes kann für die Berechnung der zu entrichtenden Steuer nicht mit einer negativen Einzeldifferenz aus dem Umsatz eines anderen Gegenstandes oder einer negativen Gesamtdifferenz (vgl. Absatz 12) verrechnet werden. [3]Bei einem negativen Unterschiedsbetrag beträgt die Bemessungsgrundlage 0 DM; dieser Unterschiedsbetrag kann auch in späteren Besteuerungszeiträumen nicht berücksichtigt werden. [4]Wird ein Gegenstand nicht im Jahr der Anschaffung veräußert oder entnommen, ist der noch nicht berücksichtigte Einkaufspreis im Jahr der tatsächlichen Veräußerung oder Entnahme in die Berechnung der Einzeldifferenz einzubeziehen.

(12) [1]Bei Gegenständen, deren Einkaufspreis den Betrag von 1 000 DM nicht übersteigt, kann die Bemessungsgrundlage anstatt nach der Einzeldifferenz nach der Gesamtdifferenz ermittelt werden. [2]Die Gesamtdifferenz ist der Betrag, um den die Summe der Verkaufspreise und der Werte

nach § 10 Abs. 4 Nr. 1 UStG die Summe der Einkaufspreise – jeweils bezogen auf den Besteuerungszeitraum – übersteigt; die in dem Unterschiedsbetrag enthaltene Umsatzsteuer ist herauszurechnen. ³Für die Ermittlung der Verkaufs- und Einkaufspreise sind die Absätze 8 bis 10 entsprechend anzuwenden. ⁴Kann ein Gegenstand endgültig nicht mehr veräußert oder entnommen werden (z. B. wegen Diebstahl oder Untergang), so ist die Summe der Einkaufspreise entsprechend zu mindern. ⁵Die Voraussetzungen für die Ermittlung der Bemessungsgrundlage nach der Gesamtdifferenz müssen grundsätzlich für jeden einzelnen Gegenstand erfüllt sein. ⁶Wendet der Wiederverkäufer für eine Mehrheit von Gegenständen oder für Sachgesamtheiten einen Gesamteinkaufspreis auf (z. B. beim Kauf von Sammlungen oder Nachlässen) und werden die Gegenstände üblicherweise später einzeln verkauft, so kann wie folgt verfahren werden:

1. Beträgt der Gesamteinkaufspreis bis zu 1 000 DM, kann aus Vereinfachungsgründen von der Ermittlung der auf die einzelnen Gegenstände entfallenden Einkaufspreise abgesehen werden.

2. ¹Übersteigt der Gesamteinkaufspreis den Betrag von 1 000 DM, ist der auf die einzelnen Gegenstände entfallende Einkaufspreis grundsätzlich im Wege sachgerechter Schätzung zu ermitteln. ²Die Schätzung kann auf wertbestimmende Einzelgegenstände solange beschränkt werden, bis der Gesamtbetrag für die restlichen Gegenstände 1 000 DM oder weniger beträgt.

Beispiel:
¹Der Antiquitätenhändler A kauft eine Wohnungseinrichtung für 6 000 DM. ²Dabei ist er insbesondere an einer antiken Truhe (geschätzter anteiliger Einkaufspreis 3 000 DM) und einem Weichholzschrank (Schätzpreis 1 600 DM) interessiert. ³Die restlichen Einrichtungsgegenstände, zu denen ein Fernsehgerät (Schätzpreis 500 DM) gehört, will er an einen Trödelhändler verkaufen.
⁴A muß beim Weiterverkauf der Truhe und des Weichholzschranks die Bemessungsgrundlage nach der Einzeldifferenz ermitteln. ⁵Das Fernsehgerät hat er den Gegenständen zuzuordnen, für die die Bemessungsgrundlage nach der Gesamtdifferenz ermittelt wird. ⁶Das gleiche gilt für die restlichen Einrichtungsgegenstände. ⁷Da ihr Anteil am Gesamtpreis 900 DM beträgt, kann von einer Ermittlung der auf die einzelnen Gegenstände entfallenden Einkaufspreise abgesehen werden.

(13) ¹Die Gesamtdifferenz kann nur einheitlich für die gesamten innerhalb eines Besteuerungszeitraums ausgeführten Umsätze ermittelt werden, die sich auf Gegenstände mit Einkaufspreisen bis zu 1 000 DM beziehen. ²Es ist nicht zulässig, die Gesamtdifferenz innerhalb dieser Preisgruppe auf bestimmte Arten von Gegenständen zu beschränken. ³Für Gegenstände, deren Einkaufspreis 1 000 DM übersteigt, ist daneben die Ermittlung nach der Einzeldifferenz vorzunehmen. ⁴Die positive Gesamtdifferenz eines Besteuerungszeitraums kann nicht mit einer negativen Einzeldifferenz verrechnet werden. ⁵Ist die Gesamtdifferenz eines Besteuerungszeitraums negativ, beträgt die Bemessungsgrundlage 0 DM; der negative Betrag kann nicht in späteren Besteuerungszeiträumen berücksichtigt werden. ⁶Bei der Berechnung der Besteuerungsgrundlagen für die einzelnen Voranmeldungszeiträume ist entsprechend zu verfahren. ⁷Allerdings können innerhalb desselben Besteuerungszeitraums negative mit positiven Gesamtdifferenzen einzelner Voranmeldungszeiträume verrechnet werden.

(14) Ein Wechsel von der Ermittlung nach der Einzeldifferenz zur Ermittlung nach der Gesamtdifferenz und umgekehrt ist nur zu Beginn eines Kalenderjahres zulässig.

Steuersatz, Steuerbefreiungen

(15) ¹Bei der Differenzbesteuerung ist die Steuer stets mit dem allgemeinen Steuersatz zu berechnen. ²Dies gilt auch für solche Gegenstände, für die bei der Besteuerung nach den allgemeinen Vorschriften der ermäßigte Steuersatz in Betracht käme (z. B. Kunstgegenstände und Sammlungsstücke). ³Wird auf eine Lieferung in das übrige Gemeinschaftsgebiet die Differenzbesteuerung angewendet, ist die Steuerbefreiung für innergemeinschaftliche Lieferungen ausgeschlossen. ⁴Die übrigen Steuerbefreiungen des § 4 UStG bleiben unberührt.

Verbot des offenen Steuerausweises, Aufzeichnungspflichten

(16) ¹*Das Verbot des gesonderten Ausweises der Steuer in einer Rechnung gilt auch dann, wenn der Wiederverkäufer einen Gebrauchtgegenstand an einen anderen Unternehmer liefert, der eine gesondert ausgewiesene Steuer aus dem Erwerb dieses Gegenstandes als Vorsteuer abziehen könnte.* ²*Liegen die Voraussetzungen für die Differenzbesteuerung vor und weist ein Wiederverkäufer für die Lieferung eines Gebrauchtgegenstandes – entgegen der Regelung in § 25a Abs. 6 Satz 1 UStG – die auf die Differenz entfallende Steuer gesondert aus, schuldet er die gesondert ausgewiesene Steuer nach § 14 Abs. 3 UStG.* ³*Zusätzlich zu dieser Steuer schuldet er für die Lieferung des Gegenstandes die Steuer nach § 25a UStG.*

(17) ¹*Der Wiederverkäufer, der Umsätze von Gebrauchtgegenständen nach § 25a UStG versteuert, hat für jeden Gegenstand getrennt den Verkaufspreis oder den Wert nach § 10 Abs. 4 Nr. 1 UStG, den Einkaufspreis und die Bemessungsgrundlage aufzuzeichnen (§ 25a Abs. 6 Satz 2 UStG).* ²*Aus Vereinfachungsgründen kann er in den Fällen, in denen lediglich ein Gesamteinkaufspreis für mehrere Gegenstände vorliegt, den Gesamteinkaufspreis aufzeichnen,*

1. *wenn dieser den Betrag von 1 000 DM insgesamt nicht übersteigt oder*

2. *soweit er nach Abzug der Einkaufspreise einzelner Gegenstände den Betrag von 1 000 DM nicht übersteigt.*

³*Die besonderen Aufzeichnungspflichten gelten als erfüllt, wenn sich die aufzeichnungspflichtigen Angaben aus den Buchführungsunterlagen entnehmen lassen.* ⁴*Der Wiederverkäufer hat die Aufzeichnungen für die Differenzbesteuerung getrennt von den übrigen Aufzeichnungen zu führen.*

Besonderheiten im innergemeinschaftlichen Warenverkehr

(18) ¹*Die Differenzbesteuerung kann vorbehaltlich des Absatzes 19 auch auf Lieferungen vom Inland in das übrige Gemeinschaftsgebiet angewendet werden.* ²*Sie ist in diesem Fall stets im Inland vorzunehmen; die Regelung des § 3c UStG und die Steuerbefreiung für innergemeinschaftliche Lieferungen im Sinne von § 4 Nr. 1 Buchstabe b i. V. m. § 6a UStG finden keine Anwendung.*

(19) ¹*Die Differenzbesteuerung ist ausgeschlossen, wenn der Wiederverkäufer ein neues Fahrzeug im Sinne von § 1b Abs. 2 und 3 UStG in das übrige Gemeinschaftsgebiet liefert.* ²*Die Lieferung ist im Inland unter den Voraussetzungen des § 4 Nr. 1 Buchstabe b i. V. m. § 6a UStG als innergemeinschaftliche Lieferung steuerfrei.* ³*Der Erwerber des neuen Fahrzeugs hat im übrigen Gemeinschaftsgebiet einen innergemeinschaftlichen Erwerb zu besteuern.*

(20) Wird bei der Lieferung eines Gegenstandes vom übrigen Gemeinschaftsgebiet in das Inland die Differenzbesteuerung im übrigen Gemeinschaftsgebiet angewendet, entfällt eine Erwerbsbesteuerung im Inland.

Verzicht auf die Differenzbesteuerung

(21) ¹*Ein Verzicht auf die Anwendung der Differenzbesteuerung ist bei jeder einzelnen Lieferung eines Gebrauchtgegenstandes möglich.* ²*Abschnitt 148 Abs. 3 und 4 ist sinngemäß anzuwenden.* ³*Im Fall der Besteuerung nach der Gesamtdifferenz ist ein Verzicht ausgeschlossen.* ⁴*Der Verzicht ist auch für solche Gegenstände möglich, für die der Wiederverkäufer nach § 25a Abs. 2 UStG die Anwendung der Differenzbesteuerung erklärt hat.* ⁵*In diesem Fall kann er die entrichtete Einfuhrumsatzsteuer und die ihm berechnete Umsatzsteuer frühestens in der Voranmeldung als Vorsteuer geltend machen, in der er auch die Steuer für die Lieferung anmeldet.* ⁶*Der Verzicht auf die Differenzbesteuerung nach § 25a Abs. 8 UStG hat zur Folge, daß auf die Lieferung die allgemeinen Vorschriften des Umsatzsteuergesetzes anzuwenden sind.*

Verwaltungsanweisungen

- Ustl. Behandlung des Car-Garantiemodells (OFD Freiburg 2. 9. 1996, UR 1996, 434).

Rechtsprechung

- Berichtigung der USt nach § 14 Abs. 2 UStG ist möglich (BFH 13. 11. 1996, StEd 1997, 130, entgegen Abschn. 276a Abs. 16 UStR).

UStG

§ 25b[1]) Innergemeinschaftliche Dreiecksgeschäfte

(1) ¹Ein innergemeinschaftliches Dreiecksgeschäft liegt vor, wenn

1. drei Unternehmer über denselben Gegenstand Umsatzgeschäfte abschließen und dieser Gegenstand unmittelbar vom ersten Lieferer an den letzten Abnehmer gelangt,
2. die Unternehmer in jeweils verschiedenen Mitgliedstaaten für Zwecke der Umsatzsteuer erfaßt sind,
3. der Gegenstand der Lieferungen aus dem Gebiet eines Mitgliedstaates in das Gebiet eines anderen Mitgliedstaates gelangt und
4. der Gegenstand der Lieferungen durch den ersten Lieferer oder den ersten Abnehmer befördert oder versendet wird.

²Satz 1 gilt entsprechend, wenn der letzte Abnehmer eine juristische Person ist, die nicht Unternehmer ist oder den Gegenstand nicht für ihr Unternehmen erwirbt und die in dem Mitgliedstaat für Zwecke der Umsatzsteuer erfaßt ist, in dem sich der Gegenstand am Ende der Beförderung oder Versendung befindet.

(2) Im Fall des Absatzes 1 wird die Steuer für die Lieferung an den letzten Abnehmer von diesem geschuldet, wenn folgende Voraussetzungen erfüllt sind:

1. Der Lieferung ist ein innergemeinschaftlicher Erwerb vorausgegangen;
2. der erste Abnehmer ist in dem Mitgliedstaat, in dem die Beförderung oder Versendung endet, nicht ansässig. ²Er verwendet gegenüber dem ersten Lieferer und dem letzten Abnehmer dieselbe Umsatzsteuer-Identifikationsnummer, die ihm von einem anderen Mitgliedstaat erteilt worden ist als dem, in dem die Beförderung oder Versendung beginnt oder endet;

---

[1] Anm.: § 25b eingefügt gem. Art. 1 Nr. 15 Umsatzsteuer-Änderungsgesetz 1997 v. 12. 12. 96 (BGBl I, 1851).

3. der erste Abnehmer erteilt dem letzten Abnehmer eine Rechnung im Sinne des § 14a Abs. 1a und 2, in der die Steuer nicht gesondert ausgewiesen ist, und
4. der letzte Abnehmer verwendet eine Umsatzsteuer-Identifikationsnummer des Mitgliedstaates, in dem die Beförderung oder Versendung endet.

(3) Im Fall des Absatzes 2 gilt der innergemeinschaftliche Erwerb des ersten Abnehmers als besteuert.

(4) Für die Berechnung der nach Absatz 2 geschuldeten Steuer gilt die Gegenleistung als Entgelt.

(5) Der letzte Abnehmer ist unter den übrigen Voraussetzungen des § 15 berechtigt, die nach Absatz 2 geschuldete Steuer als Vorsteuer abzuziehen.

(6) ¹§ 22 gilt mit der Maßgabe, daß aus den Aufzeichnungen zu ersehen sein müssen
1. beim ersten Abnehmer, der eine inländische Umsatzsteuer-Identifikationsnummer verwendet, das vereinbarte Entgelt für die Lieferung im Sinne des Absatzes 2 sowie der Name und die Anschrift des letzten Abnehmers;
2. beim letzten Abnehmer, der eine inländische Umsatzsteuer-Identifikationsnummer verwendet:
    a) die Bemessungsgrundlage der an ihn ausgeführten Lieferung im Sinne des Absatzes 2 sowie die hierauf entfallenden Steuerbeträge,
    b) der Name und die Anschrift des ersten Abnehmers.

²Beim ersten Abnehmer, der eine Umsatzsteuer-Identifikationsnummer eines anderen Mitgliedstaates verwendet, entfallen die Aufzeichnungspflichten nach § 22, wenn die Beförderung oder Versendung im Inland endet.

UStG

Siebenter Abschnitt: Durchführung, Bußgeld-, Übergangs- und Schlußvorschriften

§ 26[1]) Durchführung

(1) ¹Die Bundesregierung kann mit Zustimmung des Bundesrates durch Rechtsverordnung zur Wahrung der Gleichmäßigkeit bei der Besteuerung, zur Beseitigung von Unbilligkeiten in Härtefällen oder zur Vereinfachung des Besteuerungsverfahrens den Umfang der in diesem Gesetz enthaltenen Steuerbefreiungen, Steuerermäßigungen und des Vorsteuerabzugs näher bestimmen sowie die zeitlichen Bindungen nach § 19 Abs. 2, § 23 Abs. 3 und § 24 Abs. 4 verkürzen. ²Bei der

---

1) Anm.: § 26 i. d. F. des Art. 20 Nr. 26 StMBG v. 21. 12. 93 (BGBl I, 2310).

UStG § 26 — Durchführung

näheren Bestimmung des Umfangs der Steuerermäßigung nach § 12 Abs. 2 Nr. 1 kann von der zolltariflichen Abgrenzung abgewichen werden.

(2) Das Bundesministerium der Finanzen kann mit Zustimmung des Bundesrates durch Rechtsverordnung den Wortlaut derjenigen Vorschriften des Gesetzes und der auf Grund dieses Gesetzes erlassenen Rechtsverordnungen, in denen auf den Zolltarif hingewiesen wird, dem Wortlaut des Zolltarifs in der jeweils geltenden Fassung anpassen.

(3) ¹Das Bundesministerium der Finanzen kann unbeschadet der Vorschriften der §§ 163 und 227 der Abgabenordnung anordnen, daß die Steuer für grenzüberschreitende Beförderungen von Personen im Luftverkehr niedriger festgesetzt oder ganz oder zum Teil erlassen wird, soweit der Unternehmer keine Rechnungen mit gesondertem Ausweis der Steuer (§ 14 Abs. 1) erteilt hat. ²Bei Beförderungen durch ausländische Unternehmer kann die Anordnung davon abhängig gemacht werden, daß in dem Land, in dem der ausländische Unternehmer seinen Sitz hat, für grenzüberschreitende Beförderungen im Luftverkehr, die von Unternehmern mit Sitz in der Bundesrepublik Deutschland durchgeführt werden, eine Umsatzsteuer oder ähnliche Steuer nicht erhoben wird.

(4) (weggefallen)

(5) Das Bundesministerium der Finanzen kann mit Zustimmung des Bundesrates durch Rechtsverordnung näher bestimmen, wie der Nachweis bei den folgenden Steuerbefreiungen zu führen ist:

1. Artikel III Nr. 1 des Abkommens zwischen der Bundesrepublik Deutschland und den Vereinigten Staaten von Amerika über die von der Bundesrepublik zu gewährenden Abgabenvergünstigungen für die von den Vereinigten Staaten im Interesse der gemeinsamen Verteidigung geleisteten Ausgaben (BGBl 1955 II S. 823);

2. Artikel 67 Abs. 3 des Zusatzabkommens zu dem Abkommen zwischen den Parteien des Nordatlantikvertrages über die Rechtsstellung ihrer Truppen hinsichtlich der in der Bundesrepublik Deutschland stationierten ausländischen Truppen (BGBl 1961 II S. 1183, 1218);

3. Artikel 14 Abs. 2 Buchstabe b und d des Abkommens zwischen der Bundesrepublik Deutschland und dem Obersten Hauptquartier der Alliierten Mächte, Europa, über die besonderen Bedingungen für die Einrichtung und den Betrieb internationaler militärischer Hauptquartiere in der Bundesrepublik Deutschland (BGBl 1969 II S. 1997, 2009).

(6) Das Bundesministerium der Finanzen kann dieses Gesetz und die auf Grund dieses Gesetzes erlassenen Rechtsverordnungen in der jeweils geltenden Fassung mit neuem Datum und unter neuer Überschrift im Bundesgesetzblatt bekanntmachen.

6. EG-Richtlinie

Abschnitt X: Steuerbefreiungen

*Artikel 15 Steuerbefreiungen bei Ausfuhren nach einem Drittland,
gleichgestellten Umsätzen und grenzüberschreitenden Beförderungen*
Unbeschadet sonstiger Gemeinschaftsbestimmungen befreien die Mitgliedstaaten unter den Bedingungen, die sie zur Gewährleistung einer korrekten und einfachen Anwendung der nachstehenden Befreiungen sowie zur Verhütung von Steuerhinterziehungen, Steuerumgehungen und etwaigen Mißbräuchen festsetzen, von der Steuer:
...
10. (abgedruckt zu § 4 Nr. 7 UStG)
...

Abschnitt XV: Vereinfachungsmaßnahmen

Artikel 27
(1) Der Rat kann auf Vorschlag der Kommission einstimmig jeden Mitgliedstaat ermächtigen, von dieser Richtlinie abweichende Sondermaßnahmen einzuführen, um die Steuererhebung zu vereinfachen oder Steuerhinterziehungen oder -umgehungen zu verhüten. Die Maßnahmen zur Vereinfachung der Steuererhebung dürfen den Betrag der im Stadium des Endverbrauchs fälligen Steuer nur in unerheblichem Maße beeinflussen.
...
(5) Die Mitgliedstaaten, die am 1. Januar 1977 Sondermaßnahmen von der Art der in Absatz 1 genannten angewandt haben, können sie aufrechterhalten, sofern sie diese der Kommission vor dem 1. Januar 1978 mitteilen und unter der Bedingung, daß diese Sondermaßnahmen – sofern es sich um Maßnahmen zur Erleichterung der Steuererhebung handelt – dem in Absatz 1 festgelegten Kriterium entsprechen.
...

Abschnitt XVI: Übergangsbestimmungen

Artikel 28
...
(3) Während der in Absatz 4 genannten Übergangszeit können die Mitgliedstaaten
...
b) die in Anhang F aufgeführten Umsätze unter den in den Mitgliedstaaten bestehenden Bedingungen weiterhin befreien;
...

Anhang F: Liste der in Artikel 28 Absatz 3 Buchstabe b) vorgesehenen Umsätze

...

17. Beförderungen von Personen
Die Beförderung von Begleitgütern der Reisenden, wie Gepäck und Kraftfahrzeuge, oder die Dienstleistungen im Zusammenhang mit der Beförderung der Personen sind von der Steuer zu befreien, soweit die Beförderungen dieser Personen steuerfrei sind

...

UStDV

§ 73 Nachweis der Voraussetzungen der in bestimmten Abkommen enthaltenen Steuerbefreiungen

(1) Der Unternehmer hat die Voraussetzungen der in § 26 Abs. 5 des Gesetzes bezeichneten Steuerbefreiungen wie folgt nachzuweisen:

1. *bei Lieferungen und sonstigen Leistungen, die von einer amtlichen Beschaffungsstelle in Auftrag gegeben worden sind, durch eine Bescheinigung der amtlichen Beschaffungsstelle nach amtlich vorgeschriebenem Vordruck (Abwicklungsschein),*
2. *bei Lieferungen und sonstigen Leistungen, die von einer deutschen Behörde für eine amtliche Beschaffungsstelle in Auftrag gegeben worden sind, durch eine Bescheinigung der deutschen Behörde.*

(2) ¹Zusätzlich zu Absatz 1 muß der Unternehmer die Voraussetzungen der Steuerbefreiungen im Geltungsbereich dieser Verordnung buchmäßig nachweisen. ²Die Voraussetzungen müssen eindeutig und leicht nachprüfbar aus den Aufzeichnungen zu ersehen sein. ³In den Aufzeichnungen muß auf die in Absatz 1 bezeichneten Belege hingewiesen sein.

(3) Das Finanzamt kann auf die in Absatz 1 Nr. 1 bezeichnete Bescheinigung verzichten, wenn die vorgeschriebenen Angaben aus anderen Belegen und aus den Aufzeichnungen des Unternehmers eindeutig und leicht nachprüfbar zu ersehen sind.

(4) Bei Beschaffungen oder Baumaßnahmen, die von deutschen Behörden durchgeführt und von den Entsendestaaten oder den Hauptquartieren nur zu einem Teil finanziert werden, gelten Absatz 1 Nr. 2 und Absatz 2 hinsichtlich der anteiligen Steuerbefreiung entsprechend.

UStR

277. Luftverkehrsunternehmer

(1) ¹Die niedrigere Festsetzung oder der Erlaß von Umsatzsteuer nach § 26 Abs. 3 UStG für grenzüberschreitende Beförderungen im Luftverkehr setzt voraus, daß die Leistungen von einem Luftverkehrsunternehmer erbracht werden. ²Luftverkehrsunternehmer im Sinne dieser Vorschrift sind Unternehmer, die die Beförderung selbst durchführen oder die als Vertragspartei mit dem

Reisenden einen Beförderungsvertrag abschließen und sich hierdurch in eigenem Namen zur Durchführung der Beförderung verpflichten.

(2) ¹Unter den in Absatz 1 bezeichneten Voraussetzungen können auch Veranstalter von Pauschalreisen als Luftverkehrsunternehmer angesehen werden. ²*Die niedrigere Festsetzung oder der Erlaß der Umsatzsteuer nach § 26 Abs. 3 UStG ist dann jedoch auf die Fälle beschränkt, in denen der Veranstalter die Reisenden mit seinen eigenen Mitteln befördert (vgl. Abschnitt 272 Abs. 7) oder Beförderungsleistungen an Unternehmer für ihr Unternehmen erbringt (vgl. Abschnitt 272 Abs. 2 Beispiel 2).*

278. Grenzüberschreitende Beförderungen im Luftverkehr

(1) ¹Eine grenzüberschreitende Beförderung liegt vor, wenn sich eine Beförderung sowohl auf das Inland als auch auf das Ausland erstreckt (§ 3b Abs. 1 Satz 3 UStG). ²Die niedrigere Festsetzung oder der Erlaß der Umsatzsteuer nach § 26 Abs. 3 UStG kommt für folgende grenzüberschreitende Beförderungen im Luftverkehr in Betracht:

1. von einem ausländischen Flughafen zu einem Flughafen im Inland,
2. von einem Flughafen im Inland zu einem ausländischen Flughafen,
3. von einem ausländischen Flughafen zu einem ausländischen Flughafen über das Inland.

³Die niedrigere Festsetzung oder der Erlaß der Umsatzsteuer kommt jedoch nicht in Betracht bei Beförderungen vom Inland *in die nicht zum Inland gehörenden Gebiete der Bundesrepublik Deutschland (vgl. § 1 Abs. 2 UStG)* und umgekehrt, z. B. Flüge zwischen Hamburg und Helgoland, sowie bei Beförderungen *zwischen den nicht zum Inland gehörenden Gebieten der Bundesrepublik Deutschland* über das Inland, z. B. Rundflüge von Helgoland über das Inland.

(2) ¹Zwischenlandungen im Inland schließen die niedrigere Festsetzung oder den Erlaß der Umsatzsteuer nicht aus, wenn der Fluggast mit demselben Flugzeug weiterfliegt oder wenn er deshalb in das nächste Anschlußflugzeug umsteigt, weil das erste Flugzeug seinen gebuchten Zielflughafen nicht anfliegt. ²Wenn der Fluggast dagegen in einem Flughafen (A) im Inland seinen Flug unterbricht, d. h. seinen Aufenthalt über den nächstmöglichen Anschluß hinaus ausdehnt, und sein Zielflughafen (B) oder der nächste Flughafen, in dem er seinen Flug wiederum unterbricht (C), im Inland liegt, so entfällt die niedrigere Festsetzung oder der Erlaß der Umsatzsteuer für die Teilstrecke A bis B (oder C).

(3) ¹Wird der Flug unterbrochen, so kann bei der Berechnung des anteiligen Entgelts für die Beförderungsleistung im Inland von der Differenz der Flugpreise zwischen dem ausländischen Flughafen und den beiden im Inland liegenden Flughäfen ausgegangen werden, z. B. Tokio–Frankfurt mit Zwischenaufenthalt in Hamburg; steuerpflichtig ist die Differenz der Flugpreise Tokio–Frankfurt und Tokio–Hamburg. ²Dies kann in Einzelfällen dazu führen, daß für die im Inland erbrachte Beförderungsleistung ein Entgelt nicht anzusetzen ist.

(4) ¹Soweit die Luftverkehrsunternehmen die Flugunterbrechungen im einzelnen nur mit erheblichem Verwaltungsaufwand ermitteln können, dürfen die anteiligen Entgelte für steuerpflichtige Beförderungsleistungen geschätzt werden. ²Dies gilt nur, soweit keine Rechnungen ausgestellt worden sind, die zum Vorsteuerabzug berechtigen. ³Das Schätzungsverfahren ist vorab im Einvernehmen mit dem zuständigen Finanzamt festzulegen.

279. Beförderung über Teilstrecken durch verschiedene Luftfrachtführer

¹Wird eine grenzüberschreitende Beförderung von mehreren aufeinanderfolgenden Luftfrachtführern ausgeführt, so gilt sie nach dem Luftverkehrsrecht als eine einzige Beförderung, sofern sie

UStG § 26 *Durchführung*

als einheitliche Leistung vereinbart worden ist (Artikel 1 Abs. 3 Satz 1 des Warschauer Abkommens in der Fassung von Den Haag 1955, BGBl 1958 II S. 312). ²Eine grenzüberschreitende Beförderung, die nach dem Luftverkehrsrecht als eine einzige Beförderung anzusehen ist, gilt auch im Sinne des § 26 Abs. 3 UStG als eine einzige Beförderung und damit insgesamt als eine grenzüberschreitende Beförderung im Luftverkehr. ³Den an dieser Leistung beteiligten Luftfrachtführern kann deshalb die Umsatzsteuer nach § 26 Abs. 3 UStG auch dann erlassen werden, wenn sich ihr Leistungsteil nur auf das Inland erstreckt. ⁴Eine niedrigere Festsetzung oder ein Erlaß der Umsatzsteuer kommt jedoch nicht in Betracht, wenn der Fluggast im Inland den Flug unterbricht, d. h. seinen Aufenthalt über den nächstmöglichen Anschluß hinaus ausdehnt (vgl. Abschnitt 278 Abs. 2).

280. Gegenseitigkeit

¹Haben Luftverkehrsunternehmer ihren Sitz nicht in der Bundesrepublik Deutschland, kann die Umsatzsteuer in der Regel nur im Falle der Gegenseitigkeit niedriger festgesetzt oder erlassen werden (§ 26 Abs. 3 Satz 2 UStG). ²Es ist jedoch möglich, die Umsatzsteuer auch dann niedriger festzusetzen oder zu erlassen, wenn in den Ländern dieser Unternehmer die Gegenseitigkeit nicht voll gewährleistet ist. ³Hier kommen insbesondere die Fälle in Betracht, in denen die von deutschen Luftverkehrsunternehmern im Ausland für die einzelne Beförderungsleistung erhobene Umsatzsteuer unverhältnismäßig niedrig ist oder in denen die Voraussetzungen der Gegenseitigkeit nur in einem Teilbereich, z. B. Charterverkehr, erfüllt sind.

281. Zuständigkeit

Für die niedrigere Festsetzung oder den Erlaß der Umsatzsteuer gilt folgende Regelung:

1. Unter den Voraussetzungen des § 26 Abs. 3 UStG kann die Umsatzsteuer für grenzüberschreitende Beförderungen im Luftverkehr niedriger festgesetzt oder erlassen werden, wenn es sich um folgende Unternehmer handelt:

    a) Luftverkehrsunternehmer mit Sitz in der Bundesrepublik Deutschland und

    b) Luftverkehrsunternehmer mit Sitz außerhalb der Bundesrepublik Deutschland, wenn die Länder, in denen sie ihren Sitz haben, in dem vom *BMF* herausgegebenen Verzeichnis der Länder aufgeführt sind, zu denen die Gegenseitigkeit festgestellt ist.

2. ¹Über die Einzelfälle entscheiden bei den in Nummer 1 bezeichneten Luftverkehrsunternehmern die obersten Landesfinanzbehörden oder die von ihnen beauftragten nachgeordneten Dienststellen. ²Eine Einschaltung des BMF ist – unabhängig von der Höhe des Steuerbetrages – nicht erforderlich.

3. ¹Bei Luftverkehrsunternehmern mit Sitz in Ländern, die in dem Verzeichnis der Länder, zu denen die Gegenseitigkeit festgestellt ist, nicht aufgeführt sind, ist *das* BMF einzuschalten. ²Das gilt auch, wenn sich Zweifel ergeben, ob von dem Land, in dem das Luftverkehrsunternehmen seinen Sitz hat, die Voraussetzung der Gegenseitigkeit noch erfüllt wird.

282. (weggefallen)

Verwaltungsanweisungen

- Beschaffungsverfahren der USA nach Art. 67 Abs. 3 NATO-ZAbk (BMF 1. 10. 1991, BStBl I, 961);

Allgemeine Übergangsvorschriften § 27 UStG

- Beschaffungsverfahren der Niederlande nach Art. 67 Abs. 3 NATO-ZAbk (BMF 23. 9. 1994, BStBl 1995 II, 58);
- Vergünstigungen aufgrund NATO-HQ-Ergänzungsabkommen (BMF 28. 4. 1993, BStBl I, 400 und 2. 6. 1995, BStBl I, 353);
- Verzeichnis der Staaten, zu denen Gegenseitigkeit nach § 26 Abs. 3 UStG festgestellt ist (BMF 12. 3. 1996, BStBl I, 210, Stand: 1. März 1996);
- USt-Vergünstigungen aufgrund Zusatzabkommen zum NATO-Truppenstatut; Liste der amtlichen Beschaffungsstellen (BMF 25. 7. 1996, BStBl I, 1142).

Rechtsprechung

- Bedeutung einer Bescheinigung nach § 73 Abs. 1 Nr. 2 UStDV (BFH 15. 9. 1994, BFH/NV 1995, 462).

UStG

§ 26a Bußgeldvorschriften

(1) Ordnungswidrig handelt, wer vorsätzlich oder leichtfertig
1. entgegen § 14a Abs. 1 Satz 3 ein Doppel der Rechnung nicht aufbewahrt,
2. entgegen § 18a Abs. 1 Satz 1 in Verbindung mit Abs. 4 Satz 1, Abs. 5 oder Abs. 6 eine Zusammenfassende Meldung nicht, nicht richtig, nicht vollständig oder nicht rechtzeitig abgibt oder entgegen § 18a Abs. 7 eine Zusammenfassende Meldung nicht oder nicht rechtzeitig berichtigt oder
3. entgegen § 18d Satz 3 die dort bezeichneten Unterlagen nicht, nicht vollständig oder nicht rechtzeitig vorlegt.

(2) Die Ordnungswidrigkeit kann mit einer Geldbuße bis zu zehntausend Deutsche Mark geahndet werden.

§ 27[1]) Allgemeine Übergangsvorschriften

(1) ¹Änderungen dieses Gesetzes sind, soweit nichts anderes bestimmt ist, auf Umsätze im Sinne des § 1 Abs. 1 Nr. 1 bis 3 und 5 anzuwenden, die ab dem Inkrafttreten der maßgeblichen Änderungsvorschrift ausgeführt werden. ²Das gilt für Lieferungen und sonstige Leistungen auch insoweit, als die Steuer dafür nach § 13 Abs. 1 Nr. 1 Buchstabe a Satz 4 oder Buchstabe b Satz 1 vor dem Inkrafttreten der Änderungsvorschrift entstanden ist. ³Die Berechnung dieser Steuer ist für den Vor-

---
1) Anm.: § 27 Abs. 2 i. d. F. des Art. 20 Nr. 23 StMBG v. 21. 12. 93 (BGBl I, 2310).

anmeldungszeitraum zu berichtigen, in dem die Lieferung oder sonstige Leistung ausgeführt wird.

(2) § 9 Abs. 2 ist nicht anzuwenden, wenn das auf dem Grundstück errichtete Gebäude

1. Wohnzwecken dient oder zu dienen bestimmt ist und vor dem 1. April 1985 fertiggestellt worden ist,
2. anderen nichtunternehmerischen Zwecken dient oder zu dienen bestimmt ist und vor dem 1. Januar 1986 fertiggestellt worden ist,
3. anderen als in den Nummern 1 und 2 bezeichneten Zwecken dient oder zu dienen bestimmt ist und vor dem 1. Januar 1998 fertiggestellt worden ist,

und wenn mit der Errichtung des Gebäudes in den Fällen der Nummern 1 und 2 vor dem 1. Juni 1984 und in den Fällen der Nummer 3 vor dem 11. November 1993 begonnen worden ist.

(3) § 14 Abs. 1 Satz 3 und 4 ist auch auf Rechnungen für Umsätze anzuwenden, die vor dem 1. Januar 1990 ausgeführt werden, soweit beim leistenden Unternehmer die Steuerfestsetzungen für die betreffenden Besteuerungszeiträume nicht bestandskräftig sind.

§ 27a[1]) Umsatzsteuer-Identifikationsnummer

(1) [1]Das Bundesamt für Finanzen erteilt Unternehmern im Sinne des § 2 auf Antrag eine Umsatzsteuer-Identifikationsnummer. [2]Abweichend von Satz 1 erteilt das Bundesamt für Finanzen Unternehmern, die § 19 Abs. 1 oder ausschließlich § 24 Abs. 1 bis 3 anwenden oder die nur Umsätze ausführen, die zum Ausschluß vom Vorsteuerabzug führen, auf Antrag eine Umsatzsteuer-Identifikationsnummer, wenn sie diese für innergemeinschaftliche Lieferungen oder innergemeinschaftliche Erwerbe benötigen. [3]Satz 2 gilt für juristische Personen, die nicht Unternehmer sind oder die Gegenstände nicht für ihr Unternehmen erwerben, entsprechend. [4]Im Falle der Organschaft wird auf Antrag für jede juristische Person eine eigene Umsatzsteuer-Identifikationsnummer erteilt. [5]Der Antrag auf Erteilung einer Umsatzsteuer-Identifikationsnummer nach den Sätzen 1 bis 4 ist schriftlich zu stellen. [6]In dem Antrag sind Name, Anschrift und Steuernummer, unter der der Antragsteller umsatzsteuerlich geführt wird, anzugeben.

(2) [1]Die Landesfinanzbehörden übermitteln dem Bundesamt für Finanzen die für die Erteilung der Umsatzsteuer-Identifikationsnummer nach Absatz 1 erforderlichen Angaben über die bei ihnen umsatzsteuerlich geführten natürlichen und juristischen Personen und Personenvereinigungen. [2]Diese Angaben dürfen nur für die Erteilung einer Umsatzsteuer-Identifikationsnummer, für Zwecke der Verordnung (EWG) Nr. 218/92 des Rates vom 27. Januar 1992 über die Zusammenarbeit der Verwaltungsbehörden auf dem Gebiet der indirekten Besteuerung (MWSt.) (ABl. EG Nr. L 24 S. 1), für die Umsatzsteuerkontrolle sowie für Zwecke der Amtshilfe zwischen den zuständigen Behörden anderer Staaten in Umsatzsteuersachen verarbeitet oder genutzt werden. [3]Das Bundesamt für Finanzen übermittelt den Landesfinanzbehörden die erteilten Umsatzsteuer-Identifikationsnummern und die Daten, die sie für die Umsatzsteuerkontrolle benötigen.

---

1) Anm.: § 27a Abs. 2 i. d. F. des Art. 20 Nr. 19 JStG 1996 v. 11. 10. 95 (BGBl I, 1250).

6. EG-Richtlinie

Abschnitt XIII: Pflichten der Steuerschuldner

Artikel 22 Verpflichtungen im inneren Anwendungsbereich

(1) a) Jeder Steuerpflichtige hat die Aufnahme, den Wechsel und die Beendigung seiner Tätigkeit als Steuerpflichtiger anzuzeigen.

b) Unbeschadet von Buchstabe a) muß jeder Steuerpflichtige im Sinne des Artikels 28a Absatz 1 Buchstabe a) Unterabsatz 2 den innergemeinschaftlichen Erwerb von Gegenständen anzeigen, wenn die Bedingungen für die Anwendung der in diesem Artikel vorgesehenen Ausnahmeregelung nicht erfüllt sind.

c) Die Mitgliedstaaten treffen die erforderlichen Vorkehrungen, damit jeder Steuerpflichtige eine eigene Umsatzsteuer-Identifikationsnummer erhält,

– der im Inland Lieferungen von Gegenständen bewirkt bzw. Dienstleistungen erbringt, für die ein Recht auf Vorsteuerabzug besteht, wobei es sich um andere Dienstleistungen als jene handelt, für die ausschließlich der Dienstleistungsempfänger gemäß Artikel 21 Nummer 1 Buchstabe b) die Steuer schuldet oder um andere Umsätze als eine Lieferung von Gegenständen oder eine Dienstleistung, für die der Empfänger oder der Abnehmer die Steuer schuldet; hiervon ausgenommen sind die in Artikel 28a Absatz 4 genannten Steuerpflichtigen. Die Mitgliedstaaten haben jedoch die Möglichkeit, einigen der in Artikel 4 Absatz 3 genannten Steuerpflichtigen keine Umsatzsteuer-Identifikationsnummer zuzuweisen;

– der in Absatz 1 Buchstabe b) genannt ist, sowie der, der das in Artikel 28a Absatz 1 Buchstabe a) Unterabsatz 3 vorgesehene Optionsrecht ausgeübt hat;

– der im Inland den innergemeinschaftlichen Erwerb von Gegenständen für Zwecke seiner Umsätze bewirkt, die sich aus wirtschaftlichen Tätigkeiten gemäß Artikel 4 Absatz 2 ergeben, die er im Ausland erbringt.

d) Der persönlichen Umsatzsteuer-Identifikationsnummer wird zur Kennung des Mitgliedstaates, der sie erteilt hat, ein Präfix nach dem internationalen Standardcode ISO-3166 Alpha 2 vorangestellt.

e) Die Mitgliedstaaten treffen die erforderlichen Vorkehrungen, damit ihr Identifikationssystem die Unterscheidung der im Buchstaben c) genannten Steuerpflichtigen ermöglicht und somit die korrekte Anwendung der in diesem Abschnitt vorgesehenen Übergangsregelung für die Besteuerung der innergemeinschaftlichen Umsätze sicherstellt.

...

UStG § 27a   *282a UStR*   *Umsatzsteuer-Identifikationsnummer*

UStR

282a. Antrag auf Erteilung der USt-IdNr.

(1) ¹*Der Antrag ist schriftlich an das Bundesamt für Finanzen – Außenstelle –, 66738 Saarlouis, zu richten.* ²*Bei der steuerlichen Neuaufnahme kann der Unternehmer die Erteilung einer USt-IdNr. auch bei dem zuständigen Finanzamt beantragen.* ³*Dieser Antrag wird, zusammen mit den erforderlichen Angaben über die umsatzsteuerliche Erfassung, an das Bundesamt für Finanzen weitergeleitet.* ⁴*Jeder Unternehmer erhält nur eine USt-IdNr.* ⁵*Wegen der Besonderheiten bei Organgesellschaften und bei juristischen Personen des öffentlichen Rechts vgl. Abs. 3.*

(2) ¹*Antragsberechtigt ist jeder Unternehmer.* ²*Unternehmer, die § 19 Abs. 1 UStG anwenden oder nur Umsätze tätigen, die zum vollen Ausschluß vom Vorsteuerabzug führen, und juristische Personen, die nicht Unternehmer sind oder die Gegenstände nicht für ihr Unternehmen erwerben, erhalten nur dann eine USt-IdNr., wenn sie diese benötigen, weil ihre Bezüge aus anderen EG-Mitgliedstaaten im Inland als innergemeinschaftliche Erwerbe zu besteuern sind (vgl. hierzu § 1a Abs. 1 Nr. 2b, Abs. 3 und 4 UStG, Abschnitt 15a Abs. 2).* ³*Pauschalierende Land- und Forstwirte erhalten eine USt-IdNr., wenn sie Bezüge aus anderen EG-Mitgliedstaaten im Inland als innergemeinschaftliche Erwerbe versteuern.* ⁴*Dies ist dem zuständigen Finanzamt anzuzeigen, wobei gleichzeitig die Erteilung einer USt-IdNr. beantragt werden kann.* ⁵*Land- und Forstwirte erhalten auch dann eine USt-IdNr., wenn sie diese zur Abgabe von ZM benötigen (vgl. Abschnitt 245a Abs. 5).*

(3) ¹*Organkreise erhalten eine gesonderte USt-IdNr. für den Organträger und jede einzelne Organgesellschaft, die innergemeinschaftliche Lieferungen ausführt.* ²*Der Antrag ist vom Organträger zu stellen.* ³*Der Antrag muß folgende Angaben enthalten:*

– *Steuernummer, unter der der Organkreis umsatzsteuerlich geführt wird,*
– *Name und Anschrift des Organträgers,*
– *USt-IdNr. des Organträgers (soweit bereits erteilt),*
– *Bezeichnung des Finanzamts, bei dem der Organkreis umsatzsteuerlich geführt wird,*
– *Namen und Anschriften der einzelnen Organgesellschaften, die am innergemeinschaftlichen Handelsverkehr teilnehmen,*
– *Steuernummern, unter denen die Organgesellschaften ertragsteuerlich geführt werden,*
– *Bezeichnung der zuständigen Finanzämter, bei denen die Organgesellschaften ertragsteuerlich geführt werden.*

⁴*Für die großen Gebietskörperschaften Bund und Länder wird zugelassen, daß einzelne Organisationseinheiten (z. B. Ressorts, Behörden und Ämter) als Steuerpflichtige ihre innergemeinschaftlichen Erwerbe der Umsatzsteuer unterwerfen.* ⁵*Insoweit können auch diese eine USt-IdNr. erhalten.*

Zeitlich begrenzte Fassungen § **28 UStG**

Verwaltungsanweisungen

- Buchmäßiger Nachweis der USt-IdNr. (BMF 1. 12. 1992, UR 1993, 34).

UStG

§ 28[1]) Zeitlich begrenzte Fassungen einzelner Gesetzesvorschriften
(1) (weggefallen)
(2) (weggefallen)
(3) § 24 Abs. 1 gilt vom 1. Januar bis zum 31. Dezember 1992 in folgender Fassung:
„(1) ¹Für die im Rahmen eines land- und forstwirtschaftlichen Betriebes ausgeführten Umsätze wird die Steuer vorbehaltlich der Sätze 2 bis 4 wie folgt festgesetzt:
1. für die Lieferungen und den Eigenverbrauch von forstwirtschaftlichen Erzeugnissen, ausgenommen Sägewerkserzeugnisse, auf fünf vom Hundert,
2. für die Lieferungen und den Eigenverbrauch der in der Anlage nicht aufgeführten Sägewerkserzeugnisse und Getränke sowie von alkoholischen Flüssigkeiten, ausgenommen die Ausfuhrlieferungen und die im Ausland bewirkten Umsätze, auf vierzehn vom Hundert,
3. für die übrigen Umsätze im Sinne des § 1 Abs. 1 Nr. 1 bis 3 auf acht vom Hundert

der Bemessungsgrundlage. ²Die Umsätze im Rahmen einer Betriebsveräußerung unterliegen nicht der Steuer. ³Eine Betriebsveräußerung im Sinne des Satzes 2 liegt vor, wenn ein land- und forstwirtschaftlicher Betrieb oder Teilbetrieb übereignet oder in eine Gesellschaft eingebracht wird, auch wenn einzelne Wirtschaftsgüter davon ausgenommen werden. ⁴Die Befreiungen nach § 4 mit Ausnahme der Nummern 1 bis 6 bleiben unberührt; § 9 findet keine Anwendung. ⁵Die Vorsteuerbeträge werden, soweit sie den in Satz 1 Nr. 1 bezeichneten Umsätzen zuzurechnen sind, auf fünf vom Hundert, in den übrigen Fällen des Satzes 1 auf acht vom Hundert der Bemessungsgrundlage für diese Umsätze festgesetzt. ⁶Ein weiterer Vorsteuerabzug entfällt. ⁷§ 14 ist mit der Maßgabe anzuwenden, daß der für den Umsatz maßgebliche Durchschnittssatz in der Rechnung zusätzlich anzugeben ist. ⁸Abweichend von § 15 Abs. 1 steht dem Leistungsempfänger der Abzug des ihm gesondert in Rechnung gestellten Steuerbetrages nur bis zur Höhe der für den maßgeblichen Umsatz geltenden Steuer zu."

---

1) Anm.: § 28 Abs. 1 weggefallen gem. Art. 12 Abs. 44 Nr. 3 PTNeuOG v. 14. 9. 94 (BGBl I, 2325); Abs. 4 i. d. F. des Art. 20 Nr. 20 JStG 1996 v. 11. 10. 95 (BGBl I, 1250).

(4) § 12 Abs. 2 Nr. 10 gilt bis zum 31. Dezember 1998 in folgender Fassung:
„10. a) die Beförderungen von Personen mit Schiffen,
b) die Beförderungen von Personen im Schienenbahnverkehr mit Ausnahme der Bergbahnen, im Verkehr mit Oberleitungsomnibussen, im genehmigten Linienverkehr mit Kraftfahrzeugen, im Kraftdroschkenverkehr und die Beförderungen im Fährverkehr
aa) innerhalb einer Gemeinde oder
bb) wenn die Beförderungsstrecke nicht mehr als fünfzig Kilometer beträgt."

§ 29 Umstellung langfristiger Verträge

(1) ¹Beruht die Leistung auf einem Vertrag, der nicht später als vier Kalendermonate vor dem Inkrafttreten dieses Gesetzes abgeschlossen worden ist, so kann, falls nach diesem Gesetz ein anderer Steuersatz anzuwenden ist, der Umsatz steuerpflichtig, steuerfrei oder nicht steuerbar wird, der eine Vertragsteil von dem anderen einen angemessenen Ausgleich der umsatzsteuerlichen Mehr- oder Minderbelastung verlangen. ²Satz 1 gilt nicht, soweit die Parteien etwas anderes vereinbart haben. ³Ist die Höhe der Mehr- oder Minderbelastung streitig, so ist § 287 Abs. 1 der Zivilprozeßordnung entsprechend anzuwenden.

(2) Absatz 1 gilt sinngemäß bei einer Änderung dieses Gesetzes.

6. EG-Richtlinie

Abschnitt IX: Steuersätze

Artikel 12

...

(2) Die Mitgliedstaaten können im Falle einer Änderung der Sätze:

– *in den unter Absatz 1 Buchstabe a) vorgesehenen Fällen eine Regulierung vornehmen, um dem Satz Rechnung zu tragen, der zum Zeitpunkt der Lieferung der Gegenstände oder der Erbringung von Dienstleistungen anzuwenden ist;*

– *alle geeigneten Übergangsmaßnahmen treffen.*

...

UStR

283. Zivilrechtliche Ausgleichsansprüche für umsatzsteuerliche Mehr- und Minderbelastungen

(1) ¹Die Vorschrift des § 29 UStG sieht für Lieferungen und sonstige Leistungen einschließlich der Teilleistungen unter bestimmten Voraussetzungen den Ausgleich umsatzsteuerlicher Mehr- und Minderbelastungen vor, die sich durch Gesetzesänderungen ergeben. ²Den Vertragspartnern werden zivilrechtliche Ausgleichsansprüche in folgenden Fällen eingeräumt:

1. bei einer Erhöhung der umsatzsteuerlichen Belastung dem leistenden Unternehmer gegen den Leistungsempfänger und

2. bei einer Verringerung der umsatzsteuerlichen Belastung dem Leistungsempfänger gegen den leistenden Unternehmer.

³Das gleiche gilt, wenn der Umsatz steuerpflichtig, steuerfrei oder nicht steuerbar wird. ⁴Auf die Höhe der Belastungsänderung kommt es nicht an.

(2) Über die Berechtigung und die Höhe von Ausgleichsansprüchen nach § 29 UStG entscheiden in Streitfällen die ordentlichen Gerichte.

(3) ¹Als angemessen im Sinne des § 29 Abs. 1 Satz 1 UStG ist grundsätzlich der volle Ausgleich der umsatzsteuerlichen Mehr- oder Minderbelastung anzusehen (vgl. BGH-Urteile vom 22. 3. 1972, NJW 1972 S. 874, und vom 28. 6. 1973, BGHZ Bd. 61 S. 1013, NJW 1973 S. 1744). ²Ist die Höhe der umsatzsteuerlichen Mehr- oder Minderbelastung streitig, so schreibt § 29 Abs. 1 Satz 3 UStG vor, daß § 287 Abs. 1 ZPO entsprechend anzuwenden ist. ³Danach entscheidet das Gericht über die Höhe der Mehr- oder Minderbelastung unter Würdigung aller Umstände nach freier Überzeugung.

(4) ¹Ein Ausgleichsanspruch entsteht nach § 29 Abs. 1 Satz 2 UStG nicht, soweit die Vertragspartner etwas anderes vereinbart haben. ²Der Ausschluß eines Ausgleichsanspruchs kann ausdrücklich vereinbart werden. ³Er kann sich aber auch aus einer allgemeinen vertraglichen Vereinbarung, z. B. durch die Vereinbarung eines Festpreises, ergeben. ⁴Die Vertragspartner können einen Ausgleichsanspruch entweder ganz oder teilweise ausschließen.

(5) ¹Für bestimmte Leistungsbereiche sind Entgelte – Vergütungen, Gebühren, Honorare usw. – vorgeschrieben, in denen die Umsatzsteuer für die Leistung nicht enthalten ist, z. B. nach der Bundesgebührenordnung für Rechtsanwälte, der Steuerberatergebührenverordnung, der Kostenordnung und der Honorarordnung für Architekten und Ingenieure. ²Soweit Unternehmer in diesen Fällen berechtigt sind, die für die jeweilige Leistung geschuldete Umsatzsteuer zusätzlich zu berechnen, können etwaige umsatzsteuerliche Mehr- oder Minderbelastungen von vornherein in voller Höhe ausgeglichen werden. ³Der Geltendmachung eines Ausgleichsanspruchs nach § 29 UStG bedarf es nicht.

(6) ¹Durch § 29 Abs. 1 UStG wird der Ausgleich einer umsatzsteuerlichen Mehr- oder Minderbelastung ausschließlich für Belastungsänderungen durch das Umsatzsteuergesetz 1980 geregelt. ²Diese Ausgleichsregelung ist nach § 29 Abs. 2 UStG auf Belastungsänderungen entsprechend anzuwenden, die sich durch Änderungen des Umsatzsteuergesetzes ergeben. ³Ausgleichsansprüche kommen für Leistungen bzw. Teilleistungen in Betracht, die ab dem Inkrafttreten der jeweiligen Änderungsvorschrift bewirkt werden. ⁴Das gilt auch insoweit, als dafür bei

UStG § 29
Umstellung langfristiger Verträge

der Istversteuerung Steuer vor dem Inkrafttreten der Änderungsvorschrift entstanden ist *(§ 13 Abs. 1 Nr. 1 Buchstabe a Satz 4 oder Buchstabe b Satz 1 UStG).* [5]Voraussetzung für den Ausgleichsanspruch ist, daß der Vertrag, auf dem die Leistung beruht, nicht später als vier Kalendermonate vor dem Inkrafttreten der Gesetzesänderung abgeschlossen worden ist.

Stichwortverzeichnis

Die Zahlen verweisen auf die Seiten.

Abbauverträge 232
Abbruchkosten 50
Abfälle 115
Abholfall 309
– Abnehmernachweis 322 f.
Abnehmer, ausländischer 304, 310 f.
Abnehmernachweis 308, 322 ff.
Abstellplätze, für Fahrzeuge 229 ff.
Abtretung 353, 414, 513
Abzahlungsgeschäft 126
Abzugsverfahren 526 ff., 540 ff.
– Anmeldung 546
– Anrechnung 548
– Ansässigkeit 541
– Aufzeichnungen 549
– Bescheinigung 527 f., 541
– Einbehaltung 540 ff.
– Haftung 546 f.
– Nullregelung 527, 542
– Sicherungsübereignung 541
– Steuerberechnung 544 ff.
– Zwangsversteigerung 541
Ärzte 243 ff.
– in Krankenhäusern 92
– Praxisfortführung durch Erben 248
– Steuerbefreiung 243 ff., 287
– Unternehmer 92
Altenheime 252, 254 f.
Amtliche Wertzeichen 216
Anlage, zum UStG 374 ff.
– zur UStDV 613 ff.
Antiquitäten 647, 649 ff.
Antragsfrist, für Steuervergütung 290
Antragsverfahren, Steuervergütung 292 f.
Anzahlungen, Mindest-Istversteuerung 417
– Rechnungen 426 ff.
Apotheke 256, 262
Apparate, Apparategemeinschaften 249, 254
– kieferorthopädische 245
– medizinisch-technische Großgeräte 256
Arbeitnehmer, Beförderung 407
– Reisekosten 37
– Sachzuwendungen und sonstige Leistungen 63 ff., 73
– Sammelbeförderungen 73 f.
– Überlassung von 92
Arbeitsgemeinschaften 58

Architekten 140
– Sollversteuerung 415 f.
Aufmerksamkeiten 37
Aufsichtsrat, Arbeitnehmervertreter 92
– Ort der Leistung 133
Aufteilung der Vorsteuern 451, 482 ff.
– Aufzeichnungen 602 f.
– bei Körperschaften des öffentlichen Rechts 486 f.
– bei Vereinen 101 ff.
– Erleichterungen 485
Aufzeichnungspflichten 528 f., 594 ff.
– Abzugsverfahren 549
– Aufschlagsverfahren 604 ff.
– Durchschnittsätze 598
– Erleichterungen 597, 603 ff.
– innergemeinschaftliche Lieferungen 601 f.
– innergemeinschaftlicher Erwerb 601 f.
– Kleinunternehmer 603
– Land- und Forstwirtschaft 604
– Ordnungsgrundsätze 599
– Reiseleistungen 644 ff.
– Umfang 599 f.
– Vorsteuerabzug 501 f.
Ausbietungsgarantien 215
Ausfuhr 187 ff.
– Lohnveredelung 331 ff.
– nach einem Drittland 179 f., 206 f.
– Pkw 320 f.
– sonstige Leistungen 194 ff.
– Steuerbefreiung 185, 187 ff.
– Steuervergütung 288 f.
Ausfuhrerklärung 316
Ausfuhrlieferungen 303 ff., 309 f.
– Abgrenzung Lohnveredelung 334 f.
– im Reiseverkehr 322 ff.
Ausfuhrnachweis 305 ff., 312 ff.
– bei Lohnveredelungen 333 f.
– bei Pkw 321
– Bescheinigungen/ Belege 315
– in Be- und Verarbeitungsfällen 316 f.
– in Beförderungsfällen 313 ff.
– in Versendungsfällen 315 f.
– Nachprüfbarkeit 312 f.
– sonstige Leistungen 194 ff.
Ausgleichsansprüche, zivilrechtliche 671
Ausländischer Abnehmer 310
Ausland 38, 69

673

Stichwortverzeichnis

Ausrüstung von
 Beförderungsmitteln 311 f.
Ausschluß des Vorsteuerabzugs 442, 477 ff.
– steuerfreie Umsätze 479 f.
– Umsätze im Ausland 481
– unentgeltliche Leistungen 482
Austauschverfahren,
 Kraftfahrzeugwirtschaft 361 f.
Automaten 213, 385, 425

Baubetreuung 125
Bauen auf fremdem Grund und Boden 50
Bausparkassenvertreter 224 f.
Bauwirtschaft, Sollversteuerung 414
Be- und Verarbeitung vor der Ausfuhr 307, 316 f.
Beförderungen 128 f.
– Arbeitnehmer 407
– aus einem Freihafen 193
– Begriff 188
– bei der Ausfuhr 184, 194 ff.
– bei der Durchfuhr 194 ff.
– Berufsverkehr 404
– erhöhtes Beförderungsentgelt 353
– grenzüberschreitende 179 f., 188 ff., 191, 206 f., 663
– Güterbeförderung 151 ff.
– Krankenfahrten 257 f., 262
– Luftverkehr 662 f.
– Ort der Beförderungsleistung 156 ff.
– Ort der Lieferung 115
– Personenverkehr 402 ff., 507 ff.
– Sammelbeförderungen 73
– Teilstrecken durch verschiedene Luftfrachtführer 663 f.
– von Personen mit Schiffen 177 f., 402
Beförderungseinzelbesteuerung 507 f., 536
Beförderungslieferung,
 innergemeinschaftliche 174 f.
Beförderungsmittel 134, 137 ff.
– Ausrüstung und Versorgung 311 f.
– Vermietung von 137 f.
Beförderungsstrecken 155 f.
Befristete Verwendung 82 f.
Beherbergung 276 f.
– Steuerbefreiungen 261
Beköstigung 276 f.
– Steuerbefreiungen 261
Belege 195 f.
Belegmäßiger Nachweis 187, 190 f.

Bemessungsgrundlage 349 ff.
– Änderungen 510 ff.
– Differenzbesteuerung 654 ff.
– Durchschnittsbeförderungsentgelt 352, 367
– Eigenverbrauch 364 f.
– Einfuhr 370 ff.
– Entgelt 352 ff.
– Kosten 364 f.
– Reiseleistungen 640 ff.
– Tausch 361 ff.
– tauschähnlicher Umsatz 361 ff.
Beratung 133, 147
Berichtigung des Vorsteuerabzugs 491 ff.
– Änderung der Bemessungsgrundlage 510 ff.
– Änderung der Verhältnisse 495 ff.
– Anwendungsgrundsätze 494 f.
– Berichtigungsverfahren 499 f.
– Berichtigungszeitraum 494, 498
– Land- und Forstwirtschaft 631
– Vereinfachungen 494, 501
Berichtigung von Rechnungen 433 f.
Bescheinigungsverfahren,
 Abzugsverfahren 527 f., 542
– Steuerbefreiung für Ersatzschulen etc. 272 f.
– Steuerbefreiung für Theater etc. 268
– Unternehmerbescheinigung 553, 555
– Vergütungsverfahren 555
Besorgung, einer innergemeinschaftlichen Güterbeförderung 169 f.
Besorgungsleistungen 130 f.
Bestätigungsverfahren 580 f.
Besteuerung, nach vereinnahmten Entgelten 417 f., 529 f.
Besteuerungsform 629 f.
Besteuerungsgrundlage 505, 511
Besteuerungsverfahren,
 Abzugsverfahren 526 ff., 540 ff.
– Beförderungseinzelbesteuerung 507 f., 536
– Fahrzeugeinzelbesteuerung 509, 536 f.
– Vorsteuer-Vergütungsverfahren 530 f., 549 ff.
Besteuerungszeitraum 504
Betrieb gewerblicher Art 88, 105
Betriebsgrundlagen, wesentliche 55
Betriebsstätte 132 f., 138
Betriebsvorrichtungen 235 ff.
Bildagenturen 394
Blinde 263 f.
Blindenwaren 265
Blindenwerkstätten 263 ff.

Stichwortverzeichnis

Blut 257 f.
Bootsliegeplätze 139
Branntweine 264
Briefmarken, Sammler von 93
– Steuerbefreiung 216
– Vorsteuerabzug 486
Bruchteilsgemeinschaft 91
Buchmäßiger Nachweis 187, 197, 203 f., 321 f., 334, 634 f.
– Ausfuhr 197
– bei Reiseleistungen 634 f.
– Einfuhr 197
– Lohnveredelungen 334
– Luftfahrt 341
– Seeschiffahrt 341
– Vermittlungsleistungen 200 f., 203
Bürgschaften 215
Bußgeldvorschriften 665

Cafeteria 67, 261, 399
Campingplätze 139, 231 f.
Chemiker 148
– klinischer 248
Chöre, Steuerbefreiung 266 f.
– Steuersatz 388

Datenverarbeitung 133
Dauerfristverlängerung 505 f., 525 f., 534 f.
– Sondervorauszahlung 506
– Verfahren 506
Denkmäler 267
Dentist 246, 388
Depotkunden 214
Deutsche Post AG 226 f.
Deutsche Telekom AG 225 f.
Deutscher Blindenverband 260
Deutscher Caritasverband 260
Deutscher Paritätischer Wohlfahrtsverband 260
Deutsches Jugendherbergswerk 278
Deutsches Rotes Kreuz 260
Diagnosekliniken 252 f., 256
Diakonisches Werk 260
Dienstleistungen 41, 134 f.
Differenzbesteuerung 647 ff.
– Aufzeichnungspflichten 657
– Bemessungsgrundlage 654 ff.
– innergemeinschaftlicher Warenverkehr 657
– Steuerbefreiungen 656
– Steuersatz 656

– Verzicht 657
Dingliche Nutzungsrechte 140, 234 f.
Diplomaten, diplomatische Missionen 86, 206 ff.
– innergemeinschaftlicher Erwerb 86
– Lieferungen an 206 ff.
Dolmetscher 133
Dreiecksgeschäfte, innergemeinschaftliche 439, 658 f.
Drittlandsgebiet 38, 70
Drogerie 615
Druckerei 613 f.
Druckerzeugnisse 55, 319 f.
Durchlaufende Posten 360
Durchschnittssätze 611 ff., 617 ff.
– Festsetzung 612 f.
– Land- und Forstwirtschaft 621 ff., 626 ff.
– Umfang 613 ff., 619
– Vereine 620
– Verfahren 619 f.
– Vorsteuerbeträge 613 ff.
Durchschnittsbeförderungsentgelt 352, 367
Durchschnittskurse 504, 509

Edelmetallumsätze 148
Ehrenamtliche Tätigkeit 282 f.
Eigenbeleg, Ausstellung 466 f.
Eigengeschäft 122
Eigengesellschaft 109
Eigenverbrauch 37, 58 ff.
– Aufwendungs- 61 f.
– Bemessungsgrundlage 349 f., 364 f.
– Einheitlichkeit der Leistung 59
– Entnahme- 59 f., 76
– Gesellschaften 62 f.
– Leistungs- 60 f.
– Ort des 59
– Pkw 59, 61
– Steuerbefreiung 286 ff.
– Verwendungs- 60 f.
– Vorsteuerabzug 59, 61
Einfuhr, Ausrüstungsgegenstände 299
– für Organisationen der Wohlfahrtspflege 300
– Investitionsgüter 299
– landwirtschaftliche Erzeugnisse 299
– sonstige Leistungen im Zusammenhang mit 187 ff.
– Steuerbefreiung 185, 295 ff.
– Verzicht auf Erhebung der Steuer 526
– vorübergehende Verwendung 301
Einfuhrumsatzsteuer, Abzug 471 ff.

675

Stichwortverzeichnis

– Bemessungsgrundlage 370 ff.
– Erstattung/Erlaß 303
– Sondervorschriften 592 ff.
– Steuerschuldner 593
– Vorsteuerabzug 468 ff.
**Einfuhrumsatzsteuer-
Befreiungsverordnung** 298 ff.
Einheitlichkeit der Leistung 125
Einlagengeschäft 214
Einrichtungen, allgemeinbildende 269
– berufsbildende 269
Einzelauskunftsersuchen, Zuständigkeit 579
Einzelbesteuerung 504
Eisenbahnen, des Bundes,
Steuerbefreiungen 204 f.
Eisenbahnfrachtverkehr, internationaler 184, 188, 191, 194
Emissionsgeschäft 214
Endrechnung 427 ff.
Eng verbundene Umsätze 255 f.
Entgelt 352 ff.
– Berechnung 461 f.
– freiwillige Zahlung 352 f.
– Minderung des 359 f.
– Teilentgelt 426 ff.
– Trennung der Entgelte 603 f.
– Übernahme von Verbindlichkeiten 215
– vereinnahmtes 417 f., 529 f., 590 f.
– von dritter Seite 356
– Zahlungen an Dritte 353 f.
– Zuschüsse 355 ff.
Entschädigung 50, 212
Entschädigungsleistungen, nach dem BauGB 49
Entstehung der Steuer 410 f.
– nach vereinbarten Entgelten 413 f.
Erbbaurecht 121, 220
Erbe, Fortführung einer Praxis 248
– Unternehmer 94
– Vorsteuerberichtigung 496
Ergänzungsschulen 270 f.
Ermäßigter Steuersatz 373 ff.
Ersatzschulen 270
Erwerbsschwelle 172, 175
EuGH 74
Europäische Gemeinschaft 69 f.

Factoring 94, 212, 213
Fährverkehr 405
Fälligkeit 528
Fahrausweise 423, 426

– Vorsteuerabzug 447, 462
Fahrzeuge 45
– Erwerb von neuen 84 ff.
– Fahrzeugeinzelbesteuerung 509 f., 536 f.
– Fahrzeuglieferer 114
– Meldepflicht 518 ff., 578
– Ort der Leistung 173
– Rechnung 439
– Steuerbefreiung 325 ff.
– Zulassungsstelle 518 ff.
Ferienwohnung, Vermittlung von 140
Filialunternehmer 607
Filme, Auftragsproduktion 146
– Lehrfilme 396
– Lieferung 146
– Vorführung 389
Finanzumsätze 148
Fischzucht 622
Fiskalvertreter 608 ff.
– Aufzeichnungen 609
– Pflichten 609
– Rechnungen 610
– Rechte 609
– Steuernummer 610
– zuständiges Finanzamt 610
Fiskalvertretung 608 ff.
– befugte Personen 609
– Untersagung 611
Fleurop 432
Forderung, Abtretung 353, 414, 513
– Uneinbringlichkeit 512 f.
– Verkauf 414
Forschungsbetriebe,
Unternehmereigenschaft 100 ff.
– Vorsteuerabzug 100 ff.
Forschungstätigkeit, Umsätze staatlicher Hochschulen 269
Fortbildung 270 f.
Fotografen 394
Fotokopien 122, 190, 396
Frachtbrief 189, 316
Frachtführer 188 f., 607
Frauenmilch 257 f.
Freihäfen 38, 70 f.
– Güterbeförderungen 171
– Lagerung 70
– Lieferung in 317
– Veredelungsverkehr 70 f.
Freihafenlagerung, Einfuhrumsatzsteuer-Befreiung 301 f.
Freihafen-Veredelung, Einfuhrumsatzsteuer-Befreiung 302

Stichwortverzeichnis

Freizeitgegenstände 456
Fremdenheime 616
Friedhofsverwaltung 107
Friseur 614
Fristverlängerung 505 f.
Fußballspieler 48
Fußpfleger 247
Fußpraktiker 247

Garagen 230
Garantieleistungen 215, 458 f.
Gastarbeiter 311
Gaststätten 616
Gebäuderestwertentschädigung 50
Gebrauchsgraphiker 393 f., 617
Gegenleistung 47, 353
Gegenseitigkeit 664
Gegenstand der Lieferung 120
Geistliche Genossenschaften 284 f.
Geldforderungen 209 ff., 213
– Umsätze 485
Geldwechselgeschäfte 213
Gelegenheitsgeschenke 64
Gelegenheitsverkehr,
  Beförderungseinzelbesteuerung 507 f., 536
– Durchschnittsbeförderungsentgelt 350, 367
– Streckenanteile 508 f.
– Verzicht 504
Gemeinnützige Einrichtungen,
  Steuerbefreiung 259 ff.
– Steuersatz 397 ff.
– Vorsteuerabzug 620 f.
Gemeinsames Versandverfahren 313 f.
Gemeinschaftliches
  Versandverfahren 313 f.
Gemeinschaftspraxen 248
Gemeinschuldner 91, 514
Gemischte Verträge 232 f.
Gesamtrechtsnachfolger 496
Gesamtumsatz 587 f.
Gesamtvollstreckungsverfahren 514
Geschäftsführung 49, 94
Geschäftsveräußerung im ganzen 55 f.
Gesellschaften, Geschäftsführung 49, 94
– Halten von Beteiligungen 93
– Leistungsaustausch 37
– Vorsteuerabzug 487 f.
Gesellschafter, Vorsteuerabzug 487 f.
Gesellschafterbeitrag, nicht steuerbarer 56
Gesellschaftsanteile 209 ff., 215

Gesellschaftsverhältnisse 56
Gesetzliche Zahlungsmittel 213
Gestellung von Arbeitskräften, Betriebshelfer 285
– geistliche Genossenschaften 284 f.
– juristische Personen des öffentlichen
  Rechts 107
– land- und forstwirtschaftliche Arbeitskräfte 285
– Leistungsaustausch 48 f.
– Ort der sonstigen Leistung 134
Getränke 384, 629
Gewährleistung 53 f.
Gewinn, Gewinngemeinschaft 49
– Gewinnpoolung 49, 89
Girokonto 48, 93
Gold 209 ff.
– Goldmünzen 148, 216 f.
– Lieferungen von 198
– sonstige Leistungen 148
– Steuerbefreiung 213, 216 f.
Graphik-Designer 393 f.
Graphiker 393 f., 617, 619
Grenzbahnhöfe 317 ff.
Grenzüberschreitende
  Beförderungen 151 f., 188 ff.
– Luftverkehr 663 f.
– Ort der Leistung 151 ff.
– Reiseleistung 636 f.
– Steuerbefreiung 179 f., 184 ff., 206 f.
– Vermittlung von 199 ff.
– von einem Drittland 191
Grenzüberschreitender Warenverkehr,
  Steuerbefreiung 180 f., 186
Grenzzollstelle 314 f.
Grunderwerbsteuer 220 f., 354
Grunderwerbsteuergesetz 218 ff.
Grundstücke, Einräumung von Leitungsrechten 53
– Entgelt 354
– Mindestbemessungsgrundlage 366 f.
– Ort der Leistung 139 f.
– Vorsteueraufteilung 458
Grundstücksmakler 140
Grundstückssachverständiger 140
Grundstückszubehör 52
Güterabfertigungsstellen 317 ff.
Güterbeförderungen 156 ff., 188 ff.
– Ausfuhr 194 ff.
– Durchfuhr 194 ff.
– Einfuhr 189 ff.

677

Stichwortverzeichnis

– Freihafen 171
– innergemeinschaftliche 151 f., 154, 162 ff., 468
– Steuerpflicht 197
Güterbesichtiger 338
Gutachten, Auftrags- 356
– durch Ärzte 243 f.
– Ort der Leistung 143 f.
– Steuersatz 393
Gutschriften, Rechnungen 424
– unberechtigter Steuerausweis 436
– Vorsteuerabzug 454 f.

Hafenbetriebe 339
Haftung beim Abzugsverfahren 528, 546 f.
Handelschemiker 148
Handelspapier 214
Handelsübliche Bezeichnung 419, 425
Handelsvertreter, Ausgleichszahlungen 53
– Leistungsort 138
Haushaltshilfen 285
Havariekommissar 338
Hebamme 242
Heilbäder 374, 401
Heileurhythmisten 248
Heilpraktiker 246
Helgoland 38, 156, 161
Hilfsumsätze 486
– bei Vereinen 100
– Schausteller 396
– Zahnärzte 388
Hochschulen, staatliche 269
Hoheitliche Tätigkeit, Abgrenzung 105
– Eigengesellschaften 109

Incentive-Reisen 636
Informationen 133, 148
Ingenieure 133, 148
– Sollversteuerung 415 f.
Inkasso 214
Inland 38, 39, 69
Innengesellschaft 49, 91
Innenumsätze, Rechnungen 424
– Vorsteuerabzug 455
Innergemeinschaftliche Beförderungslieferung, Ort 174 f.
Innergemeinschaftliche Dreiecksgeschäfte 439, 658 f.
– Steuerschuldner 658 f.

Innergemeinschaftliche Güterbeförderungen 151, 154, 468
– gebrochene 165 f.
– Nebentätigkeit 154
– Ort der 162 ff.
– Ort der Besorgung 169 f.
– Ort der Vermittlungsleistung 168 f.
– Vermittlung 152, 154, 168 f.
Innergemeinschaftliche Lieferungen 179, 325 ff.
– Aufzeichnungspflichten 601 f.
– Entstehung der Steuer 410
– Erklärungspflicht 577 f.
– Nachweis 327 f.
– Rechnungen 439 f.
– Steuerbefreiung 179, 325 ff.
– ZusammenarbeitsV 562 ff.
– Zusammenfassende Meldung 555 ff.
Innergemeinschaftliche Versendungslieferung, Ort 174 f.
Innergemeinschaftlicher Erwerb 44, 77 ff.
– Aufzeichnungspflichten 601 f.
– Ausnahmen 83 ff.
– Bemessungsgrundlage 349
– Entstehung der Steuerschuld 410
– Erwerbsschwelle 79
– juristische Personen des öffentlichen Rechts 79
– neue Fahrzeuge 84 ff.
– Ort des 176
– Steuerbefreiung 293 f.
– Verbringen 77, 79 ff.
– Vorsteuerabzug 441 f.
– ZusammenarbeitsV 562 ff.
Innergemeinschaftlicher Verkehr, von Fahrzeugen 44
Innergemeinschaftlicher Warenverkehr, Differenzbesteuerung 656

Journalisten 391 f., 617, 618 f.
Jugendherbergen 278 ff.
Jugendhilfe 280 ff.
Jugendliche 276
Jugendpflege 275 ff.
Jungholz 37
Juristische Personen des öffentlichen Rechts 104 ff.
– Hoheitliche Tätigkeit 105 ff.
– Unternehmer 105 ff.
– Vorsteuerabzug 486 f.

Stichwortverzeichnis

Kameramänner 394
Kammermusikensembles 266 f., 388
Katasterbehörden 89, 105 f.
Kegelbahnanlage 236
Kettengeschäfte 636
Kirchliche Einrichtungen 397
Kleinbeträge 447
Kleinbetragsrechnungen 460 ff.
Kleinunternehmer 582 ff.
– Aufzeichnungen 598, 603
– Gesamtumsatz 587 f.
– Nichterhebung der USt 585 ff.
– Vorsteuerabzug 451
– Wechsel der Besteuerungsform 588 f.
Klinischer Chemiker 248
Kommissionsgeschäft 115
Komponist 619
Konkurs, Besteller-Konkurs 124 f.
– Freigabe von Sicherungsgut 51
– Gesamtvollstreckungsverfahren 51, 125
– Rechnungserteilung nach Konkurseröffnung 424
– Unternehmer 91
– Verwertung von Sachen und Forderungen 51 f.
– Vorsteuerberichtigung 514
Konkursverwalter 91
Kontokorrentverkehr, Forderungsausfall 127
– Steuerbefreiung 214
Kontokorrentzinsen 126
Kosten, Bemessungsgrundlage 364 f.
– Kostenerstattung 54
– Mindestbemessungsgrundlage 367
Kraftfahrzeugwirtschaft, Austauschverfahren 361 f.
Krankenfahrten 257 f.
Krankengymnast 242
Krankenhäuser, angestellte Ärzte 256
– Apotheke 256
– medizinisch-technische Großgeräte 256
– Steuerbefreiung 252 f.
– Zentralwäschereien 256
Krankenpfleger 247
Krankenschwester 247
Kredite, Gewährung, Vermittlung 209 ff.
– Nichtabnahmeentschädigung 212
– Verwaltung von - und Kreditsicherheiten 134
Künstler 394 f.
Kunstgegenstände 647, 649 ff.

Kunstwerke 393
Kureinrichtungen, Bereitstellung 401
Kurse 273 f.
Kurtaxe 106
Kurverwaltung 106

Lagerung von Waren 189 ff., 194 ff.
Land- und Forstwirtschaft 89, 621 ff.
– Aufzeichnungspflichten 598
– Durchschnittsätze 626 ff.
– Getränke 629
– Hilfsumsätze 628
– innergemeinschaftliche Lieferungen 628
– Nebenbetrieb 622
– Pauschalbesteuerung 623 ff.
– Rechnungen 631
– Verpachtung 628
– Vorsteuerabzug 629 f.
– Vorsteuerberichtigung 631
Langfristige Verträge 670 f.
Leasing 122
Leergut 354 f.
Lehrer, selbständige 271 f.
Leistungen, an gesetzliche Sozialversicherungsträger 285
– dem Schulzweck dienende 272
– eines Unternehmers 455 f.
– für ein Unternehmen 456 ff.
– unentgeltliche 431
– verbilligte 431
Leistungsaustausch 47 ff.
– bei Gesellschaftsverhältnissen 56
– Gestellung von Arbeitskräften 48 f.
Leistungsempfänger 456
– Begriff 162
– Ort der Leistung 144 f.
Leistungskommission 121
Lichtbilder 394
Lieferschwelle 172
– verbrauchsteuerpflichtiger Waren 173
Lieferungen, Altteile 361
– Begriff 37, 115 f., 120 ff.
– Eigenverbrauch 59 f.
– Entstehung der Steuer 413 f.
– in Freihäfen 317
– Lehr- und Lernmaterial 272
– Ort 115 f., 118 f., 120 f.
– von Gegenständen 40
Linienverkehr 402 ff.
– mit Kraftomnibussen 403 f.
Logopäden 247

679

Stichwortverzeichnis

Lohnveredelungen, Abgrenzung Ausfuhrlieferung 334 f.
– an Gegenständen der Ausfuhr 307 f., 330 ff.
Lohnveredelungen an Gegenständen der Ausfuhr 330 ff.
– Begriff 331
– Buchnachweis 334
– Vorsteuerabzug 469
Lotsen 339
Lotterie 221
Luftbildaufnahmen 394
Luftfahrt 177 f., 204, 336 f., 339 f.
– Ort der Lieferung 177 f.
– Steuerbefreiung 182 f., 204
– Umsätze für die 336 f., 339 f.
Luftverkehr 662 f.
– grenzüberschreitende Beförderungen 660

Malergewerbe 614
Margen, bei Reiseleistungen 640 ff.
Markenrechte 145
Marktforscher 390
Masseure 247
Materialbei- und -gestellung 124
Medizinische Bademeister 247
Medizinisch-technische Assistentin 248
Messe 141
– ausländische Durchführungsgesellschaften 142
Mikroverfilmung 313, 599
Milchwirtschaft 387
Mindestbemessungsgrundlage 366 f.
Mindest-Istversteuerung 417
Mineralöle 264
Mitgliedsbeiträge 54 f., 100 ff.
Mittelberg 37
Montagen 129
Münzen 93, 148, 216 f.
Museen 267, 388
Musik, Ensembles v. Musikern 266 f.
– Musiker 394 f.
– Musikwerke 393
– Solist 268
Mutterhäuser 284

Nachhaltigkeit 93 f.
Nachweis, belegmäßiger 187, 190 f.
– buchmäßiger 187, 321 f., 328 f.
– für Steuervergütung 290, 292

– innergemeinschaftliche Lieferungen 327 f.
Nahestehende Personen 63
NATO 660
Nebenleistungen 125
– bei Ein- und Ausfuhren 188
– bei Güterbeförderungen 166 f.
– bei Seeschiffahrt 339
– bei Theaterleistungen 266
– bei Vermietung 229
– bei Zirkus und Schaustellern 396
– Personenbeförderung 405 f.
Nießbrauch 121
Nordatlantikvertrag 86, 205 f.
Notare 138, 140, 147
Nullregelung 542 ff.

Option, Erklärung 343
– Optionsgeschäfte 214
– Widerruf 343
– Zeitpunkt der Erklärung 343
Orchester 266 f., 388
Ordergeschäfte 450 f., 475
Organgesellschaften 95
Organschaft 95 ff.
– Begriff 95
– Beschränkung auf das Inland 97 ff.
– Vorsteuerberichtigung 496
Organträger, Ansässigkeit 97
– im Ausland 98 f.
– im Inland 97 f.
Ort der Dienstleistung 134 f.
– bei Bearbeitung beweglicher Gegenstände 136
– bei Begutachtung beweglicher Gegenstände 136
– bei Vermittlung 136
Ort der Leistung,
Leistungsempfänger 144 f.
Ort der Lieferung 115 f., 118 f., 128 ff., 172 ff.
– Beförderung 115
– beim Reihengeschäft 129
– Versendung 115
Ort der sonstigen Leistung 132 ff.
– Arbeiten an beweglichen Gegenständen 133
– Beförderungsleistungen 156 ff.
– Erfüllungsgehilfe 149
– Grundstücksumsätze 139 ff.
– Leistungskatalog 145 f.
– Messen und Ausstellungen 141 ff.
– Vermietung beweglicher Gegenstände 134

680

Stichwortverzeichnis

– Vermietung von
  Beförderungsmitteln 137 f., 150
Ort der Tätigkeit 143 f.
Ort des Eigenverbrauchs 59

Pacht 227 ff.
Parkanlage 61
Parkflächen 138
Patentanwälte 147
Patente 145
Pauschalierung des Vorsteuerabzugs 448, 466 f.
Pauschalreisen 635 f.
Pauschbeträge, Reisekosten 464 ff.
Personalrabatt 48
Personalverpflegung 65 f.
Personenbeförderungen 156 ff.
– ausländische Kraftomnibusse 507 ff.
– Bemessungsgrundlage 350
– mit Schiffen 177 f., 402
– mit Taxen 405
– Nahverkehr 403 ff.
– Ort der Lieferung 177 f.
– Steuerbefreiung 204
– Unternehmer der 504
– Vermittlung 200
Personenbeförderungsunternehmen 607
Pfandgeld 354 f.
Pfandleiher 51, 353
Pflanzen, Lieferungen von 615
– Zucht von 385
Pflegedienste, ambulant 252
Pflegeheime 254 f.
Pkw, Ausfuhr 320 f.
– Eigenverbrauch 59, 61
– Sammelbeförderung 68
– Überlassung an Arbeitnehmer 37, 69
Politische Parteien 262
Postsendung 319
Praxisfortführung durch Erben 248
Preisnachlaß, verdeckter 362
Presseagenturen 391 f.
Pro-rata-Satz, Vorsteuerabzug 445 f.
Provisionen 353
Prozeßzinsen 53
Psychagogen 246
Psychotherapeuten 246

Rabatt 359 f., 608
Rechnungen 419 ff.

– Angaben in einer 422, 425 f.
– Anzahlung 426 ff.
– Ausstellung 440 f., 610
– Begriff 423 f.
– Berichtigung 433 f.
– Entgelt von dritter Seite 356
– Fahrausweise 423, 426
– Gefälligkeits- 435
– Gutschriften 424 f.
– Kleinbeträge 447, 460 ff.
– Landwirte 631
– Rückgabe 434
– Scheinfirmen 455
– unberechtigter Steuerausweis 435 ff.
– unentgeltliche Leistungen 431
– unrichtiger Steuerausweis 432 ff.
– verbilligte Leistungen 431
– Verbringen 440
– zivilrechtlicher Anspruch auf 424
Rechte, Ort der Leistung 133, 145 f.
  Steuersatz 388 ff.
– Übertragung von 121
Rechtsanwalt 147, 360
Reden 392 f.
Reihengeschäft 67, 309 f., 317
– Ort der Lieferung 129
Reisebüro 201 ff., 634, 637
Reisegepäck 406
Reisekosten 447 f., 463 ff.
– Pauschbeträge 464 ff.
Reiseleistungen 632, 635 ff.
Reiseveranstalter 202, 551, 635 ff.
Reisevorleistungen 633, 637
Reithalle 237
Rennwett- und Lotteriegesetz 218 ff., 221
Reparaturleistungen 335 f.
Rotes Kreuz 260
Rückgabe von Rechnungen 434
Rücklieferung 48
Rundfunkanstalten 105

Sachen, Verwertung von 50 ff.
Sachgesamtheit 120
Sachverständige 54, 133, 144, 147
Sachzuwendungen an Arbeitnehmer 37, 63 ff.
– Aufmerksamkeiten 37
– Belegschaftsrabatte 65
– Bemessungsgrundlage 65
– entgeltliche 261
– Getränke und Genußmittel 67
– Sammelbeförderungen 68

681

Stichwortverzeichnis

- Überlassung von Pkw 69
- unentgeltliche 63
- verbilligte 65
Sägewerkserzeugnisse 621, 628
Sammelbezeichnungen 425
Sammlermünzen 213
Sammlungsstücke 647, 649 ff.
Sauna 247, 400 f.
Schadensersatz 52 ff.
Schätzung von Vorsteuerbeträgen 477
Schausteller 383, 396
Schienenverkehr 403
Schiffahrt 178, 204
Schiffsausrüstung 337 f.
Schiffsmakler 338
Schleppen von Schiffen 339
Schriftsteller 391, 618 f.
Schuldübernahme 48
Schulen 270 ff.
- private 269
Schwimmbäder 108 f., 234, 236, 400 f.
Seeschiffahrt 335 ff.
- Steuerbefreiungen 182 f.
Segelboote 138
Sicherheiten 215
Sicherungsgut 50 ff.
Silber 148
Silbermünzen 148
Skonto 126
Software 121, 148, 390
Sollversteuerung, Bauwirtschaft 414
Sondervermögen 215 f.
Sondervorauszahlung 525, 533 f.
Sonstige Leistungen 116, 121, 132 ff.
- Abgrenzung zur Lieferung 121
- Arbeiten an Gegenständen 133
- Begriff 116
- Eigenverbrauch 61
- Entstehung der Steuer 413 f.
- Ort der 132 ff.
- Steuerbefreiung 184, 189 ff.
- Telekommunikation 134
Sozialhilfeempfänger 251
Sozialversicherungsträger, Leistungen an 285
Sozietät 90 f.
Spediteurbescheinigung 316
Spediteure 189 f.
Sportanlagen 235 ff.
Sportunterricht 281

Sportveranstaltungen 274 f., 281
Steueranmeldung 528
Steuerausweis, bei Vereinen 100
- gesonderter 419, 422 ff., 453 ff.
- kein gesonderter 459 f.
- unberechtigter 435 ff.
- unrichtiger 432 ff.
- zu hoher 432 ff.
- zu niedriger 434 f.
Steuerbare Umsätze 40 f., 47 ff.
Steuerbefreiungen 661
- Abbauverträge 232
- Ablagerungsverträge 232
- Ärzte 243 ff.
- ärztliche Befunderhebung 254 ff.
- Altenheime 252, 254 f.
- Ausfuhren nach einem Drittland 179 f., 206 f.
- Ausfuhrlieferungen 179 ff., 303 ff.
- Ausnahmen 197
- Bausparkassenvertreter 224 f.
- Beförderungen von Kranken 257 f., 262
- Beherbergung 261
- Beherbergung und Beköstigung von Jugendlichen 276
- bei der Ausfuhr 185
- bei der Einfuhr 185
- beim grenzüberschreitenden Warenverkehr 185
- Beköstigung 261
- besondere 180 f.
- Blinde 263
- Blutkonserven 257
- Büchereien 265
- Bürgschaften 215
- Campingflächen 231 f.
- Chemiker, klinische 248
- Dauerwohnrechte 234
- Diagnosekliniken 252 f., 256
- ehrenamtliche Tätigkeit 282 f.
- Eigenverbrauch 59
- Einfuhr 295 ff.
- Einlagengeschäft 214
- Einschränkung des Verzichts 343 ff.
- Eisenbahnen des Bundes 204 f.
- Emissionsgeschäft 214
- Ergänzungsschulen 270 f.
- Ersatzschulen 270 f.
- Frauenmilch 257
- Fußpfleger und -praktiker 247
- Geldforderungen 213
- Gemeinschaftspraxen 248
- gemischte Verträge 232 f.
- Gesellschaftsanteile 215

Stichwortverzeichnis

- Gestellung von Arbeitskräften 284 f.
- gleichgestellte Umsätze 206 f.
- Gold 213, 216 f.
- Goldmünzen 216 f.
- grenzüberschreitende Beförderung 179 f., 184 ff., 206 f.
- grenzüberschreitender Warenverkehr 41 ff., 180 f.
- Grunderwerbsteuer 220 f.
- Grundstücke 227 ff.
- Heileurhythmisten 248
- Heilpraktiker 246
- Inkasso 214
- innergemeinschaftlicher Erwerb 293 f.
- Jugendherbergen 278 ff.
- Jugendhilfe 280 ff.
- Kaufanwartschaftsverhältnisse 234
- Krankenhäuser 252 f.
- Krankenpfleger und -schwestern 247
- Kreditsicherheiten 211 f.
- Land- und Forstwirtschaft 628
- Logopäden 247
- Lohnveredelungen 179 ff., 330 ff.
- Luftfahrt 182 f., 204
- Masseure/medizinische Bademeister 247
- medizinisch-technische Assistentin 248
- Museen 267
- NATO-Truppen 660
- Orchester/Chöre 266 f.
- Parkflächen 138
- Praxis- und Apparategemeinschaften 249, 254
- Psychagogen/Psychotherapeuten 246
- Reiseleistungen 638 f.
- Rennwett- und Lotteriegesetz 222 f.
- Sauna 247
- Seeschiffahrt 182 f., 335 ff.
- Sondervermögen 215 f.
- sonstige Leistungen 184, 189 ff.
- Sozialversicherung 250 f.
- Sportanlagen 235 ff.
- Sportveranstaltungen 274 f.
- stille Gesellschaft 215
- Theater 266
- Tierparks, zoologische Gärten 268
- Umsätze staatlicher Hochschulen 269
- Veranstaltungen wissenschaftlicher Art 273 f.
- Verbindlichkeiten 215
- Vermittlungsleistungen 199 ff.
- Versicherungsleistungen 222 f.
- Versicherungsschutz 222 f.
- Verzicht auf 341 ff.
- Voraussetzungen 662
- Vorsteuerabzug 479 f.
- Wertpapiere 214
- Wertzeichen 216
- Wohnungseigentümergesellschaften 241 f.
- Zahlungsverkehr 214
- Zahnärzte 245 f.

Steuerbegünstigte Einrichtungen, Zusammenschlüsse 399 f.

Steuerberater 147, 617

Steuerberechnung 503 f., 506 ff., 527
- bei Kreditverkäufen 535
- im Abzugsverfahren 544 ff.
- Tabelle 461 f.
- Umrechnung in fremde Währung 509

Steuerbevollmächtigter 617

Steuernummer, Fiskalvertreter 610

Steuerpflichtiger 89

Steuersatz 373 ff., 381 f.
- Änderung des 384
- Anlage zu § 12 Abs. 2 Nr. 1 und 2 UStG 374 ff.
- Berechnung 461 f.
- Differenzbesteuerung 656
- Eigenverbrauch 59
- Filme 374, 389
- gemeinnützige Einrichtungen 374, 397 ff.
- Kureinrichtungen 374, 401
- Nahverkehr 403 ff.
- Schwimmbäder 400 f.
- Theater usw. 373, 388 f.
- Urheberrechte 373, 389 ff.
- Vatertierhaltung 373, 386 f.
- Verzehr an Ort und Stelle 373, 384 f.
- Vieh- und Pflanzenzucht 373, 385 f.
- Zahnärzte und -techniker 373, 388
- Zirkus usw. 373, 396

Steuerschuldner 312 f., 410, 420
- innergemeinschaftliche Dreiecksgeschäfte 658 f.
- Pflichten 421, 522 ff., 560 ff., 667

Steuervergütung 288 ff.
- Antragsfrist 290
- Antragsverfahren 292 f.
- Nachweis der Voraussetzungen 290, 292
- Vergütungsberechtigte 290
- Voraussetzungen 291
- Wiedereinfuhr 293

Stille Gesellschaft 91, 215

Stromlieferung 229

Studentenwerke 261, 399

Stundungszinsen 126

Tänzer 394 f., 619

Tätigkeit, berufliche 92 ff.

Stichwortverzeichnis

– gewerbliche 92 ff.
– selbständige 92
– wirtschaftliche 89
Tageskurs 504
Tausch 116, 349
– Bemessungsgrundlage 361 ff.
Tauschähnlicher Umsatz 116, 349
– Bemessungsgrundlage 361 ff.
Taxen 405
Teilbetriebsveräußerung, einkommensteuerrechtliche 56
Teilleistungen 416 f.
Teilnehmergebühr 275
Telekommunikation, Ort der sonstigen Leistungen 134
Tennisplatz 236 f.
Territorialität 39
Testamentsvollstrecker 91 f.
Theater, Nebenleistungen 266
– Steuerbefreiung 266, 268
– Steuersatz 373, 388 f.
Tierärzte 242
Tierpark 268
Tierzucht 373, 386, 622, 627
Trennung der Bemessungsgrundlagen und Entgelte 604 ff.
Trinkgeld 353

Übergangsvorschriften 659, 665 f.
Überlassung, entgeltliche 57 f.
– unentgeltliche 57 f.
Übersetzer 392
Übersetzungen 133
Überweisungsverkehr 214
Umlagen 242
Umrechnung 509
Umsätze, aus Forschungstätigkeit 269
– eng verbundene 255 f.
– steuerbare 40 f.
Umsatzsteuer-Erklärung 532
– auf Datenträger 533 f.
– für die Fahrzeugeinzelbesteuerung 509 f., 536 f.
– gesonderte 577
Umsatzsteuer-Heft 598
Umsatzsteuer-Identifikationsnummer 666 ff.
– Antrag auf Erteilung 668
– Bestätigungsverfahren 580 f.
– Rechnung 439 ff.

– Übersicht 581 f.
Umsatzsteuer-Sonderprüfung 537 ff.
– Durchführung 539 f.
– Kriterien 537 ff.
– Vorbereitung 539 f.
Umsatzsteuer-Voranmeldung 515 ff.
– Datenträger 533 f.
– Dauerfristverlängerung 525 f., 534 f.
– Vordruck 532
Umschlag 152, 162
Umzugskosten 449, 467
Uneinbringlichkeit von Forderungen 512 f.
Unentgeltliche Leistungen 62 ff.
Unfreie Versendungen 449 f., 467 f.
Unternehmen 95
Unternehmer 88, 90 ff.
– ausländischer 547 f.
– Beginn und Ende der Unternehmereigenschaft 94 f.
– Nachhaltigkeit 93 f.
– Selbständigkeit 92
– Unternehmerbescheinigung 553, 555
Unternehmereigenschaft, bei Forschungsbetrieben 100 ff.
– bei Vereinen 100 ff.
Urheberrechte 145 f.
Urkunden 579

Verbindlichkeiten 47, 215
Verbindungsstrecken 155, 158 ff.
Verbringen 79 ff.
– Begriff des innergemeinschaftlichen 79 ff.
– Rechnung 440
– Steuerbefreiung 326
Vereine, Mindestbemessungsgrundlage 366
– Steuersatz 399
– Unternehmer 100 ff.
– Vorsteuerabzug 100 ff.
– Vorsteuerpauschalierung 601
Vereinnahmte Entgelte 590 f.
– Besteuerung 417 f.
Verfügungsmacht 116, 120
Vergleichsverwalter 91
Vergütungsberechtigte 290
Verkehrsbetriebe 406
Verkehrsverbund 406
Vermietung, Abstandssumme zur vorzeitigen Aufgabe des Objekts 228
– Altenheime 252, 254 f.
– bewegliche Gegenstände 134
– Campingflächen 231 f.

Stichwortverzeichnis

- Grundstücke 227 ff.
- Option zur Steuerpflicht 342 ff.
- Ort der Leistung 134
- Sportanlagen 235 ff.

Vermietung und Verpachtung 139
Vermittlung 122 f.
- Ausfuhr 199 ff.
- bei Seeschiffahrt 339
- einer innergemeinschaftlichen Güterbeförderung 152, 154, 168 f.
- Kredite 209 ff.
- Ort der Dienstleistung 136
- Ort der Leistung 133
- Reisebüros 201 ff.
- Steuerbefreiung 199 ff.
- von Grundstücksvermietungen 140

Vermittlungsleistung, Ort der 168 f.
Vermögensverwalter 138
Verpachtung eines landwirtschaftlichen Betriebs 627 f.
Versandhandel 172 ff.
- Lieferschwelle 175
- Rechnung 441

Versendung, bei Ausfuhr 315 f.
- Bemessungsgrundlage 353
- Lieferung 128 f.
- nach Grenzbahnhöfen 317 ff.
- nach Güterabfertigungsstellen 317 ff.
- Ort der Lieferung 115

Versendungslieferung,
 innergemeinschaftliche 174 f.
Versicherungsleistung 222 f.
Versicherungsmakler 224 f.
Versicherungsschutz 222 f.
Versicherungsvertreter 224 f.
Versorgung von
 Beförderungsmitteln 311 f.
Verträge, besonderer Art 233 f.
- gemischte 232 f.
- langfristige 670 f.

Vervielfältigungsrecht 390
Verwahrung 214
Verwaltung, von Edelmetallgeschäften 148
- von Sondervermögen 215 f.
- von Versorgungseinrichtungen 216
- von Wertpapieren 214

Verwaltungsgemeinkosten 486
Verwendung, befristete 82 f.
- vorübergehende 81 f.

Verwertung von Rechten und
 Sachen 50 ff.
Verwertungsrechte 390 ff.

Verzehr an Ort und Stelle 373, 384 f.
Verzicht, auf Differenzbesteuerung 657
- auf Durchschnittsatzbesteuerung 630
- auf Nichterhebung der Steuer 587
- auf Steuerbefreiung 341 ff.
- Einschränkung des - auf Steuerbefreiungen 343 ff.

Viehhaltung 627
Viehzucht 385
Volkshochschulen 274
Vorfälligkeitsentschädigung 212
Vorsteuerabzug 441 f., 447
- Aufteilung der Vorsteuerbeträge 451, 482 ff.
- Ausschluß 442, 477 ff.
- bei Forschungsbetrieben 100 ff.
- bei Vereinen 100 ff.
- beim Abzugsverfahren 449, 455
- berechtigter Personenkreis 451 f.
- Billigkeitsgründe 477
- Eigenverbrauch 59, 61
- erfolglose Unternehmer 94
- Fahrausweise 423, 426, 462
- Freizeitgegenstände 456
- Garantieleistungen 458 f.
- gesonderte Inrechnungstellung 452 ff.
- Gutschriften 454 f.
- Innenumsatz 455
- juristische Person des öffentlichen Rechts 486 f.
- Kleinbetragsrechnung 460 ff.
- Kleinunternehmer 451
- Land- und Forstwirtschaft 629 f.
- ohne gesonderten Steuerausweis 459 f.
- Pro-rata-Satz 445 f.
- Recht auf 521
- Reisekosten 447 f., 463 ff.
- Reiseleistungen 453, 643 f.
- Schätzung 477
- Scheinfirmenrechnungen 455
- Umfang 521
- Umzugskosten 449, 467
- unfreie Versendungen 449, 467 f.
- Vereine 601
- Verlust der Originalrechnung 476
- Voraussetzungen 476 f.
- Werbegeschenke 478
- Zahlung vor Leistungsbezug 460

Vorsteuerberichtigung, Gesamtvollstreckungsverfahren 514
- Konkurs 514

Vorsteuer-Vergütungsverfahren 530 f., 549 ff.

685

Stichwortverzeichnis

– Ausschluß   550 f.
– bei Ausfuhren   550
– Berechtigte   530
– berechtigte Unternehmer   549 f.
– Bescheinigung   527, 542
– Gegenseitigkeit   518
– Reiseveranstalter   551
– Zeitraum   530, 551
Vorträge   274, 392
Vorübergehende Verwendung   81 f.

Währung   509
Warenterminkontrakte   48
Warenumschließungen   354 f.
Warenverkehr, grenzüberschreitender   180 f.
Wartungsleistungen   144
Wechsel, Inzahlungnahme   418
– Kosten des Protestes   53
– Umsätze   485
– Vorzinsen/Diskont   360
Werbegemeinschaft   54 f.
Werbeprämie   359 f.
Werbung   133, 146 f.
Werkleistung   123 ff.
Werklieferung   123 ff.
Werkstätten für Behinderte   398
Wertpapiere   209 ff., 214
Wertzeichen   216
Wesentliche Betriebsgrundlagen   55
Widerruf   583, 587, 612, 620 f., 622, 630
Wiedereinfuhr, von Gegenständen   293
Wirtschaftlicher Geschäftsbetrieb   397 ff.
Wirtschaftsprüfer   147, 617
Wohlfahrtseinrichtungen   259 ff.
Wohnungseigentümergemeinschaft   241 f.

Zahlungsaufschub   507
Zahlungsmittel   213
Zahlungsverkehr   213
Zahlungszuschläge   126 ff.
Zahnärzte, Eigenverbrauch   388
– Steuerbefreiung   245 f.
– Zahnersatz   245 f., 388
Zahntechniker   388
Zeitung   145
Zentralregulierer   512
Zielzinsen   126
Zinsen   53, 126 ff.
Zirkus   373, 396
Zivilrechtliche Ausgleichsansprüche   424
Zoologische Gärten   268
ZusammenarbeitsV   562 ff.
– Einzelauskunftsersuchen   579
Zusammenfassende Meldung,
 Abgabefrist   558 ff., 574
– Abgabepflicht   574
– Änderung der Bemessungsgrundlage   575
– Angaben   574 f.
– auf Datenträgern   569 ff., 576
– Berichtigung   575 f.
– Vordruck   576
Zusammenschlüsse, steuerbegünstigter
 Einrichtungen   399 f.
Zuschüsse   355 ff.
– echte   357 ff.
– nicht steuerbare   357 ff.
Zwangsverwaltung   91
Zwangsvollstreckung   51
Zweckbetrieb   397 ff.
Zweckverband   104